"十一五"国家重点图书

风景园林手册系列
风景名胜区工作手册
（上册）

住房和城乡建设部风景名胜区管理办公室　编著

中国建筑工业出版社

图书在版编目（CIP）数据

风景名胜区工作手册／住房和城乡建设部风景名胜区管理办公室编著．—北京：中国建筑工业出版社，2011.3

"十一五"国家重点图书．风景园林手册系列

ISBN 978-7-112-12909-6

I.①风…II.①住…III.①风景区-管理-中国-手册②名胜古迹区-管理-中国-手册 IV.①F592.6-62

中国版本图书馆CIP数据核字（2011）第026956号

责任编辑：郑淮兵　杜　洁
责任设计：董建平
责任校对：刘　钰

"十一五"国家重点图书
风景园林手册系列
风景名胜区工作手册
住房和城乡建设部风景名胜区管理办公室　编著

*

中国建筑工业出版社出版、发行（北京西郊百万庄）
各地新华书店、建筑书店经销
北京中科印刷有限公司印刷

*

开本：880×1230毫米　1/32　印张　52½　字数：1710千字
2011年7月第一版　　2011年7月第一次印刷
定价：128.00元（上、下册）
ISBN 978-7-112-12909-6
　　（20180）

版权所有　翻印必究
如有印装质量问题，可寄本社退换
（邮政编码　100037）

《风景名胜区工作手册》编辑委员会

顾　问：仇保兴

主　任：陆克华
副主任：李如生
编　委：（以姓氏笔画为序）

丁新权	马苏红	王　春	王　翔	左小平
邢海峰	朱卫荣	刘　文	许　奇	杨　光
杨生年	李　群	李子钊	李金路	李晓肃
李海涛	李道鹏	吴锡熹	何小兵	邹桂武
宋海燕	张　兴	张　海	张进科	张晓天
张晓鸣	张富文	张殿纯	陈　青	陈维华
周日良	郑贵林	赵健溶	胡新民	洪　冰
贾建中	梁文钊	韩志刚	葛怀军	傅玉良

主　编：厉　色

序

我国风景名胜资源承载了华夏文明五千年丰厚的积淀，凝结了大自然亿万年的天工造化，集我国农耕文化、儒释道文化和皇室宫廷文化之大成，是数千年来华夏先祖认识自然、寄情于自然并与自然和谐相处的历史佐证，也是我国极为珍贵的自然和历史文化瑰宝。

20 世纪 80 年代初以来，国务院先后公布了七批共 208 处国家级风景名胜区，加上 701 个省级风景名胜区，风景名胜区总数已经达到 909 个，风景名胜区的总面积已经占我国国土面积的 2.03%。经过几代风景名胜区工作者的开拓、实践和不懈努力，初步建立了具有中国特色并与世界国家公园体系接轨的风景名胜区制度。风景名胜区制度的建立，是我国对自然与文化遗产资源实行统一保护管理的开端，是我国实行改革开放以来对特殊的、不可再生的公共资源在管理机制和制度上的一项创新，是我国社会文明发展到崭新阶段的重要标志，也是理性地认识和尊重自然、注重文化和坚持走科学发展道路的必然产物。

风景名胜区管理是以自然与文化资源为依托、以保护国家公共资源为前提、最大限度地满足社会公众的精神和文化需求，以实现社会效益、环境效益和经济效益为综合目标的特殊行业。与其他行业（企业）追求经济效益和直接开发行为不同，风景名胜资源开发是以科学发展观为指导，对自然和文化内涵的挖掘，风景名胜资源利用应严格贯彻国家有关法律法规和相关政策，按照自然和人文资源保护的规律并遵循人类和自然和谐共处的原则。因此，风景名胜区工作者应该是公权力的代表者、公共资产的管理者、公共资源的保护者和公共关系的协调者，肩负着国家赋予的神圣职责。

应该看到，正处在转型期的风景名胜区管理体制仍不能完全适应公共资源管理和保护的要求，风景名胜区还有诸多新问题、新矛盾有待解决，还面临来自各方面的严峻挑战。为此，我们要坚持科学管理、科学决策、科学发展，秉持生物多样性和文化多样性保护理念，总结和借鉴国内外自然与文化遗产资源管理和保护的先进经验，深入研究在工业化、城市化高速发展的形势下风景名胜资源管理的规律,积极探讨保护资源的有效方法,逐步规范和完善风景名胜区的管理模式,明确并落实法律赋予的各项职责。

本手册阐述了我国的风景名胜区制度,汇集了风景名胜区建立30年来制度建设、法制建设、景区管理以及资源保护等方面的文件资料,经系统整理、编辑并付梓出版,将有助于加强风景名胜区工作者能力建设,有助于扩大风景名胜区工作的社会影响,也有助于推进风景名胜区的可持续发展。

谨为序

住房和城乡建设部副部长
2010年9月1日

前　　言

中国风景名胜区行业经过近 30 年的发展，在资源的管理、规划、保护以及法制建设等方面进行了大量的实践，同时也积累了丰富的资料文献。为了适应新时期风景名胜区行业发展的要求，满足各级风景名胜区管理部门、各相关部门、机构、组织以及广大公众的需求，我们决定编辑出版这本系统、全面反映风景名胜区行业的管理体系和法规制度的工具书——《风景名胜区工作手册》。

风景名胜区工作手册的内容包括风景名胜区综述、风景名胜区法规、风景名胜区重要文件、风景名胜区地方法规、风景名胜区相关法律、风景名胜区相关法规、风景名胜区标准规范、国际公约等。风景名胜区相关资料和信息部分包括中国风景名胜区事业大事记，国家级风景名胜区名录，省级风景名胜区名录，中国世界遗产名录，中国国家自然遗产、国家自然与文化遗产预备名录，相关国际组织名录等。手册还收录了中国国家级风景名胜区，中国国家自然遗产、国家自然与文化遗产徽志的标准彩图和矢量图等，以供使用者参考。

工作手册的编辑工作从 2007 年年底开始，截止到 2009 年年底，历经 2 年时间，在编辑出版的过程中，得到各省、自治区、直辖市建设行政主管部门、各级风景名胜区及有关院校的专家学者的宝贵支持，中国建筑工业出版社给予了热情的帮助。厉色同志撰写了风景名胜区综述和中国风景名胜区事业大事记，张成渝同志承担了第八部分相关国际公约和重要文件中《关于原真性的奈良文件》和《巴拉宪章》的翻译工作。为此，特表示衷心的感谢。编辑内容全面的《风景名胜区工作手册》在中国风景名胜区行业尚属首次，由于涉及内容繁多，尤其是工作手册的风景名胜区大事记部分，资料搜集的时间跨度较大，部分资料可能存在遗误，已经核实过的资料数据可能出现变更，未能及时改过，疏漏和不当之处在所难免，敬请读者谅解并给予批评指正。

编　者
2010 年 9 月 1 日

目 录

上 册

概述 ·· 1

第一部分　风景名胜区综述

一、风景名胜区概况 ··· 14
二、风景名胜资源 ·· 22
三、风景名胜区法制体系和制度建设 ··································· 32
四、风景名胜区管理体制 ··· 35
五、风景名胜区规划和监管 ·· 45
六、风景名胜资源保护 ·· 55
七、风景名胜区旅游服务和经营 ··· 64
八、世界遗产保护与国际交流 ··· 67
九、风景名胜区理论建设及科研成果 ··································· 71
十、风景名胜区干部和专业人才队伍建设 ···························· 81

第二部分　风景名胜区法规及国务院重要文件

一、风景名胜区条例 ··· 86
二、国务院批转国家城建总局等部门《关于加强风景名胜保护管理工作的报告》的通知 ·· 96
三、国务院批转城乡建设环境保护部等部门《关于审定第一批国家重点风景名胜区的请示》的通知 ···································· 100
四、国务院批转建设部关于审定第二批国家重点风景名胜区报告的通知 ·· 104
五、国务院办公厅转发建设部关于加强风景名胜区工作报告的通知 ·· 107

六、国务院关于发布第三批国家重点风景名胜区名单的通知 …………………………………………………………………… 110
七、国务院办公厅关于加强风景名胜区保护管理工作的通知 …………………………………………………………………… 112
八、国务院办公厅关于加强和改进城乡规划工作的通知 ………… 114
九、国务院关于印发全国生态环境保护纲要的通知 …………… 119
十、国务院关于加强城乡规划监督管理的通知 ………………… 128
十一、国务院关于发布第四批国家重点风景名胜区名单的通知 …………………………………………………………………… 133
十二、国务院关于发布第五批国家重点风景名胜区名单的通知 …………………………………………………………………… 135
十三、国务院办公厅转发文化部、建设部、文物局等部门关于加强我国世界文化遗产保护管理工作意见的通知 ………… 137
十四、国务院办公厅关于加强我国非物质文化遗产保护工作的意见 ………………………………………………………… 141
十五、国务院关于加强文化遗产保护的通知 ……………………… 150
十六、国务院关于发布第六批国家重点风景名胜区名单的通知 …………………………………………………………………… 156
十七、国务院关于发布第七批国家重点风景名胜区名单的通知 …………………………………………………………………… 157

第三部分　国家建设行政主管部门关于风景名胜区的重要文件

一、城乡建设环境保护部关于发布《风景名胜区管理暂行条例实施办法》的通知 ……………………………………………… 160
二、建设部关于发布中国国家风景名胜区徽志的通知 ………… 171
三、建设部关于中国国家风景名胜区徽志使用办法的通知 …… 173
四、建设部关于中国国家风景名胜区徽志设置问题的补充通知 …………………………………………………………………… 174
五、建设部关于印发《风景名胜区环境卫生管理标准》的通知 …………………………………………………………………… 175

六、建设部关于印发《风景名胜区建设管理规定》的通知 ········· 178

七、关于成立建设部风景名胜区管理办公室的通知 ············ 181

八、建设部关于发布《中国风景名胜区形势与展望》绿皮书的
通知 ··· 182

九、关于聘请建设部风景名胜专家顾问的通知 ················· 188

十、建设部关于印发《风景名胜区安全管理标准》的通知 ········ 190

十一、建设部关于发布国家标准《风景名胜区规划规范》的通知
··· 192

十二、关于加强风景名胜区规划管理工作的通知 ············· 193

十三、关于印发《城市古树名木保护管理办法》的通知 ········ 195

十四、建设部关于对四川省风景名胜区出让、转让经营权问题的
复函 ·· 199

十五、关于发布《国家重点风景名胜区规划编制审批管理办法》
的通知 ·· 201

十六、关于贯彻落实《国务院关于加强城乡规划监督管理的通
知》的通知 ·· 204

十七、建设部关于立即制止在风景名胜区开山采石加强风景名胜
区保护的通知 ··· 213

十八、关于加强城市生物多样性保护工作的通知 ············· 214

十九、关于开展城市规划和风景名胜区监管信息系统建设试点
工作的通知 ·· 217

二十、建设部关于进一步加强和改进风景名胜区工作的请示
··· 233

二十一、建设部办公厅关于开展国家重点风景名胜区综合整治工
作的通知 ··· 240

二十二、建设部关于做好国家重点风景名胜区核心景区划定与保
护工作的通知 ··· 245

二十三、建设部关于印发《国家重点风景名胜区总体规划编制报
批管理规定》的通知 ··· 247

二十四、关于国家重点风景名胜区监督管理信息系统建设工作指
导意见 ·· 253

二十五、关于印发《国家重点风景名胜区审查办法》的通知
··· 271

二十六、关于加快和全面推进国家重点风景名胜区监管系统建设
　　　　的通知 ………………………………………………………… 289
二十七、关于做好建立《中国国家自然遗产、国家自然与文化双
　　　　遗产预备名录》工作的通知 ………………………………… 298
二十八、关于搞好国家重点风景名胜区数字化建设试点工作的通
　　　　知 ……………………………………………………………… 302
二十九、建设部关于公布首批《中国国家自然遗产、国家自然与
　　　　文化双遗产预备名录》的通报 ……………………………… 305
三十、关于严格限制在风景名胜区内进行影视拍摄等活动的通知
　　　　…………………………………………………………………… 308
三十一、关于开展国家重点风景名胜区综合整治互查工作的通
　　　　知 ……………………………………………………………… 310
三十二、关于认真做好《风景名胜区条例》宣传贯彻工作的通
　　　　知 ……………………………………………………………… 313
三十三、关于印发《国家级风景名胜区徽志使用管理办法》的
　　　　通知 …………………………………………………………… 315
三十四、关于印发《国家级风景名胜区综合整治验收考核标准》
　　　　的通知 ………………………………………………………… 318
三十五、关于印发《国家级风景名胜区监管信息系统建设管理
　　　　办法（试行）》的通知 ………………………………………… 323
三十六、关于做好 2008 年国家级风景名胜区监管信息系统建设
　　　　暨推进数字化景区试点工作的通知 ………………………… 328
三十七、关于做好国家级风景名胜区规划实施和资源保护状况
　　　　年度报告工作的通知 ………………………………………… 331
三十八、关于加强"中国丹霞"世界自然遗产地保护管理工作
　　　　的通知 ………………………………………………………… 336
三十九、关于国家级风景名胜区数字化景区建设工作的指导意
　　　　见 ……………………………………………………………… 337
四十、关于进一步加强世界遗产保护管理工作的通知 …………… 341

第四部分　风景名胜区地方法规

一、北京市 ……………………………………………………………… 344

1. 北京市人民政府关于加强八达岭—十三陵风景名胜区规划管理的规定 …… 344
2. 北京市明十三陵保护管理办法 …… 345
3. 北京市长城保护管理办法 …… 348
4. 北京市公园风景名胜区安全管理规范（试行）…… 352

二、天津市 …… 356
  关于盘山风景名胜区规划建设管理若干问题的暂行规定 …… 356

三、河北省 …… 361
1. 河北省风景名胜区管理条例 …… 361
2. 承德避暑山庄及周围寺庙保护管理条例 …… 368

四、山西省 …… 375
1. 山西省风景名胜区条例 …… 375
2. 山西省五台山风景名胜区环境保护条例 …… 384
3. 恒山风景名胜区保护条例 …… 387

五、辽宁省 …… 393
1. 辽宁省风景名胜保护管理暂行条例 …… 393
2. 鞍山千山风景名胜区条例 …… 397
3. 大连市风景名胜区管理条例 …… 402
4. 本溪市风景名胜资源保护管理条例 …… 408
5. 大连金石滩国家旅游度假区管理条例 …… 415

六、吉林省 …… 420
  吉林市松花湖国家级风景名胜区管理条例 …… 420

七、黑龙江省 …… 428
1. 黑龙江省风景名胜区管理条例 …… 428
2. 黑龙江省镜泊湖风景名胜区管理规定 …… 437
3. 哈尔滨市太阳岛风景名胜区管理条例 …… 443

八、江苏省 …… 452
1. 江苏省风景名胜区管理条例 …… 452
2. 南京市中山陵园风景区管理条例 …… 457
3. 江苏省太湖风景名胜区条例 …… 462
4. 无锡市太湖风景名胜区保护管理实施细则 …… 469
5. 江苏省云台山风景名胜区管理条例 …… 473

6. 南京市雨花台风景名胜区管理条例 ………………………… 479
   7. 苏州市风景名胜区条例 ……………………………………… 483
   8. 江苏省风景名胜区规划编制纲要 …………………………… 490
   9. 无锡市蠡湖惠山风景区管理办法 …………………………… 494
   10. 南京市玄武湖景区保护条例 ……………………………… 500
   11. 南京市中山陵园风景区保护和管理条例 ………………… 507
九、浙江省 ………………………………………………………… 514
   1. 浙江省风景名胜区管理条例 ………………………………… 514
   2. 杭州西湖风景名胜区管理条例 ……………………………… 522
   3. 浙江省普陀山风景名胜区条例 ……………………………… 532
   4. 《风景名胜区条例》行政罚款自由裁量权适用规则 ……… 540
   5. 浙江省方岩风景名胜区保护管理办法 ……………………… 550
   6. 浙江省江郎山风景名胜区保护管理办法 …………………… 557
   7. 德清县下渚湖湿地风景区管理办法 ………………………… 564
十、安徽省 ………………………………………………………… 572
   1. 黄山风景名胜区管理条例 …………………………………… 572
   2. 九华山风景名胜区管理条例 ………………………………… 576
   3. 淮南市舜耕山风景区管理条例 ……………………………… 582
   4. 合肥市大蜀山风景名胜区管理办法 ………………………… 584
十一、福建省 ……………………………………………………… 590
   1. 福建省风景名胜区管理规定 ………………………………… 590
   2. 福建省武夷山世界文化和自然遗产保护条例 ……………… 594
   3. 厦门市鼓浪屿历史风貌建筑保护条例 ……………………… 600
   4. 厦门市鼓浪屿风景名胜区管理办法 ………………………… 605
   5. 福州市风景名胜区管理条例 ………………………………… 608
十二、江西省 ……………………………………………………… 615
   1. 江西省风景名胜区管理办法 ………………………………… 615
   2. 江西省庐山风景名胜区管理条例 …………………………… 622
   3. 江西省三清山风景名胜区管理条例 ………………………… 628
   4. 江西省龙虎山和龟峰风景名胜区条例 ……………………… 635
   5. 南昌市梅岭风景名胜区条例 ………………………………… 643
   6. 南昌滕王阁名胜区保护条例（修正）……………………… 650
十三、山东省 ……………………………………………………… 654

1. 山东省风景名胜区管理条例 ………………………………… 654
2. 泰山风景名胜区保护管理条例 ……………………………… 662
3. 泰山风景名胜区服务项目经营管理办法 …………………… 669
4. 泰安市实施泰山风景名胜区管理相对集中行政处罚权规定 ……………………………………………………………… 673
5. 日照市风景名胜区管理办法 ………………………………… 760
十四、河南省 ……………………………………………………… 769
 郑州市黄河风景名胜区管理办法 …………………………… 769

概　述

中国特色风景名胜区制度的建立，是我国改革开放以来社会公共资源领域发生的历史性的重大变革之一。风景名胜区设立近30年来，在党中央、国务院的高度重视与正确领导下，在国家建设行政主管部门和各级地方政府以及相关行业部门的大力支持下，在有关专家和社会公众的广泛参与下，经过各级风景名胜区干部员工开拓性工作和不懈努力，风景名胜区的机构与法规建设、科学规划与管理、资源保护与监测、精神文明建设等方面取得了显著的成绩，使一大批中华民族乃至全世界珍贵的自然与文化遗产纳入了国家管理和保护的机制，开创了我国风景名胜区事业。近30年来，在各级人民政府的高度重视和领导下，经过各级风景名胜区的共同努力和辛勤工作，我国风景名胜区事业取得了令世人瞩目和前所未有的发展。

一、我国风景名胜区事业的发展与成就

（一）强化了风景名胜区法制建设

为了应对快速发展的城市化和市场化背景下风景名胜区面临的严峻挑战，依法保护风景名胜资源，国家先后制定并颁布了一系列法规、规章制度和一系列规范性文件。继1985年6月国务院颁布我国第一个风景名胜区专项法规——《风景名胜区管理暂行条例》之后，为了适应不断发展的新形势，强化风景名胜区管理，国务院于2006年9月颁布了《风景名胜区条例》。《条例》确立了风景名胜区的基本原则，进一步在风景名胜区的设立、规划、保护、利用和管理等方面作出明确规定，为新时期风景名胜区依法行政奠定了重要基础，使我国风景名胜区资源管理、规划及保护进入了一个更高的阶段。2007年全国人大常委会审议通过了《中华人民共和国城乡规划法》，该法于2008年1月开始实施，对风景名胜区规划的建设和管理提出了明确的

法律要求。住房和城乡建设部先后出台了《国家重点风景名胜区总体规划编制报批管理规定》、《国家重点风景名胜区审查办法》、《国家级风景名胜区监管信息系统建设管理办法（试行）》、《关于做好国家级风景名胜区规划实施和资源保护状况年度报告工作的通知》等一系列配套制度和规范性文件。与此同时，各级地方人大和政府也加快推进本地区风景名胜区的立法工作，先后有19个省、自治区、直辖市制定、颁发了地方性法规，有82个国家级风景名胜区实现了"一区一法"。各级风景名胜区在保护风景名胜资源、做好日常管理和旅游服务的同时，遵照《风景名胜区条例》及国务院有关文件要求，结合各地区的实际情况，健全和完善了相关管理制度。通过上述一系列政策法规、部门规章、法规性文件的制定和执行，更加完善了风景名胜区管理的法规体系，有力地保障和促进了风景名胜区保护、规划、管理和利用等各项工作的顺利开展。

（二）健全了风景名胜区管理体系

自1982年以来，国务院先后审定公布了七批国家级风景名胜区。目前，全国风景名胜区总数已达909处，占国土总面积的2.03%，其中国家级风景名胜区208处，省级风景名胜区701处，形成了在我国自然与文化遗产资源管理领域占有重要地位的风景名胜区行业。根据国务院《风景名胜区条例》关于实行统一管理的原则以及分级管理的有关规定，国家级和省级两级风景名胜区管理机构从风景名胜区工作的实际出发，承担风景名胜区管理、规划以及资源保护等法律赋予的相关职能。各省、自治区建设主管部门、直辖市风景名胜区主管部门严格履行监督和管理职责，对各级风景名胜区管理机构的工作进行指导和监督，确保了风景名胜区管理体系的规范化和统一性。通过建立统一的资源管理和保护机制，各地风景名胜区采取有力措施封闭风景名胜区内采石场，封山育林，退田还湖，清理墓葬，拆除违章建筑，抢救和恢复了一批濒于毁灭的名胜古迹，保护了一大批珍贵的风景名胜资源，为中国乃至全人类保存了具有典型性的自然本底和文化遗产，风景名胜区在保护生物多样性和文化多样性等方面的重要作用得以充分发挥。与此同时，各级风景名胜区以科学发展观为指导，在实践中不断创新机制，积极探索和引进科学管理方式，使风景名胜区成为国家精神文明和生态文明建设的重要基地，成为拉动国家旅游经济快速发展的主要载体。

(三) 强化了风景名胜区规划建设管理

风景名胜区设立近30年来，住房和城乡建设部、地方各级建设行政主管部门始终坚持强化风景名胜区规划建设管理，建立并完善了风景名胜区规划的编制和审批制度，不断加强对风景名胜区规划编制和实施的监管工作。截至目前，除新一批21处国家级风景名胜区外，前六批187处国家级风景名胜区中，已有173处风景名胜区编制完成并上报了总体规划，约占国家级风景名胜区总数的93%，其中有118处总体规划已经国务院批准实施。通过加强规划编制审批和实施管理，提高了风景名胜区总体规划的覆盖面，为风景名胜资源的保护与监管工作提供了重要依据。同时，按照《城乡规划法》、《风景名胜区条例》的有关规定，加大了对风景名胜区规划实施的监管力度，对各地上报的重大建设项目选址方案组织专家和有关方面进行严格审查和论证，加强并规范了国家级风景名胜区重大建设项目选址核准工作。通过风景名胜区重大建设项目选址审批制度的建立和实施，推进了风景名胜区依法管理、依法行政，使开发建设行为逐步得到规范，确保风景名胜资源的有效保护、依法监管及合理开发利用。

目前，全国大多数风景名胜区依据总体规划划定风景名胜区界线，明确保护范围并制定了相应的保护措施。部分省级建设行政主管部门积极探索规划建设管理的规律，实行了风景名胜区建设选址审批书制度和建设工程初步设计报批制度，建立了风景名胜区规划管理制度，对风景名胜区规划和实施进行全程监管。各级风景名胜区管理机构还不断加强与国家重点院校、科研机构的合作，结合风景名胜区规划编制，开展大量的生物物种、地质资源和历史文化的基础调查和科学研究工作，取得了一系列重要成果。

(四) 提升了风景名胜区监管水平

按照《风景名胜区条例》要求，住房和城乡建设部在各级地方政府有力支持和风景名胜区的积极配合下，创新景区监测模式，推动数字化建设。自2001年以来，利用中央和地方财政资金1.5亿元，运用现代科技手段，逐步建立部、省、风景名胜区三级监管信息系统和数字化景区体系，取得了大量风景名胜资源定期监测的重要成果。截至目前，住房和城乡建设部所属部门已完成对原有187处国家级风景名胜区管理信息系统的卫星遥感数据采集工作，建立了管理信息系统基础数据库，大多数国家级风景名胜区配备了专职技术人员和电脑等专用设备；组织180余处国家级风景名胜区信息管理部门的专业人员开展了现场培训工作。按照风景名胜区保护监管工作的要求，近年来，住房和城乡建设部连续开展国家级风景名胜区遥感监测核查工作，共抽查了50多处国家级风景名胜区，采集卫星遥感影像数据面积超过23万km^2，监测数据面积达到8.8万km^2，共发现变化图斑2800多处，并对其中1300多处存在疑似建设问题的变化图斑进行了核查处理，对存在的违规建设问题进行了及时的纠正。为了适应风景名胜区提升现代化管理水平的需要，在部分国家级风景名胜区开展了数字化景区建设试点工作，探索将信息化技术与风景名胜区管理相结合的崭新模式，充分利用高科技信息化手段，提高了风景名胜区的日常管理、资源保护和旅游服务的水平，最终实现"资源保护数字化、景区管理智能化、信息整合网络化"的数字化景区建设目标。

（五）加强了自然与文化遗产资源的保护

我国于1985年加入《保护世界文化和自然遗产公约》。1987年，我国第一批遗产地被列入联合国教科文组织《世界遗产名录》。目前，我国世界遗产总数达40处，其中，有泰山、黄山、武陵源、九寨沟等32处国家级风景名胜区被列为世界自然遗产、世界自然与文化双遗产和世界文化遗产，成为举世瞩目的人类共同遗产。为加强世界遗产的管理，各地根据实际情况，加快立法步伐，配套出台了一批世界遗产地方法规和管理规定。四川省、安徽省、山东省、湖南省、福建省、云南省分别颁布世界遗产保护与管理专项法规，提高了遗产地的管理实效，规范了遗产地的保护、开发、游览、接待服务等行为。针对遗产地内出现的违法违规建设和开发行为，建设部等九部委还下发了《关于加强和改善世界遗产保护管理工作的意见》，并根据上述文件的要求，对世界遗产地出现的问题进行查处，开展针对遗产地管理和保护的专项综合整治工作，遏制了遗产地"城市化、商业化、人工化"现象，提高了遗产地的管理水平。

为了进一步完善我国自然遗产、自然与文化双遗产申报和保护机制，住房和城乡建设部分别于2006年和2009年，公布了两批中国国家自然遗产、国家自然与文化双遗产预备名录，共有56处风景名胜区和保护地被列入预备名录。初步建立了我国遗产申报管理的国家遗产名录、世界遗产预备名单、世界遗产名录三级申报和管理体系。为了我国全面、有效地实施对遗产资源的管理，改善我国世界遗产地的管理状况，住房和城乡建设部还采取各种措施加强对外交流和遗产保护领域的合作，借鉴世界各国的遗产管理和保护的经验，与此同时，积极向世界全面展示我国世界遗产资源的风采，扩大我国世界遗产工作的国际影响。

（六）促进了区域文化和旅游经济的发展

风景名胜区集中了我国自然山水之精华和悠久文化之精粹，是进行爱国主义教育的课堂，健康身心的场所，传播科学的博物馆。在我国改革开放初期，风景名胜区行业根据中央人民政府对风景名胜区的一系列部署，以建设"具有观赏、文化或者科学价值，自然景观、人文景观比较集中，环境优美，可供人们游览或者进行科学、文化活动的区域"为目标，在各级地方人民政府的高度重视和有力支持下，充分发挥风景名胜区的文化、科普和旅游功能，积极开展丰富多样的活动，带动和活跃了区域旅游经济，风景名胜区已成为人民群众理想的旅游目的地和开展文化活动的场所。风景名胜区设立以来，接待国内外游客量逐年增长，全国各级风景名胜区的接待游客人次、直接和间接旅游收入均占据国内旅游市场的半壁江山，为国家旅游经济的发展做出了重要贡献。我国独特而丰富的风景名胜资源，吸引了越来越多的中外游客，其中包括很多国家的元首、政要和知名人士，许多国际友人通过在风景名胜区的游览活动了解中国，认识中国，风景名胜区已经成为联结中国和世界人民友谊的桥梁和纽带。港澳台同胞、海外侨胞通过风景名胜区领略祖国的壮美河山，增强了民族自豪感和归属感，增强了中华民族的凝聚力和民族振兴的认同感。

随着国家旅游经济的快速发展，中央和各级地方人民政府不断加大对风景名胜区建设资金的支持力度，修建景区道路、游步道，建设景区垃圾处理、环境监测、安全防护、消防设施、游人服务等公益设施；逐步建设了一大批基础设施和接待服务设施，极大地改善了公众的旅游环境，扩大了旅游接待规模；景区内交通、通信、电力等设施得到全面提升。与此同时，风景名胜区吸引了社会和民间资本投入资源保护和旅游服务经营项目，形成了多元化投资、多种经营、结构合理、服务配套的风景名胜区旅游服务市场格局。经过各级广大干部、员工的不懈努力，用了短短二十多年的时间，我国风景名胜区逐步建成了具有一定规模的基础设施和接待服务设施，迅速形成了较强的旅游服务接待能力，拉动了所在地区包括宾馆餐饮、文化娱乐、交通运输、园林绿化、建筑与工程、广告宣传、环境技术、商业贸易以及工艺纪念品开发生产等旅游综合服务产业，扩大了地方就业，对地区经济和社会发展产生了重大而深刻的影响。一些地处"老、少、边、穷"经济落后地区的风景名胜区，积极利用风景名胜资源带动当地社区旅游发展。风景名胜区所在地由于旅游经济的快速起步，短短几年时间便形成了一批文化活跃、经贸繁华的乡镇；有的偏僻地区甚至建设了国际机场、火车站、现代通信和综合服务设施。目前，一大批风景名胜区摆脱了贫困状况，不仅成为带动国家旅游经济持续、快速发展的重要因素，而且推动了地区旅游村镇和旅游小城镇建设。

二、坚持科学发展观，坚定不移地走可持续发展道路

在新的历史时期，风景名胜区事业处在继往开来、逐步走向规范化的重要阶段，同时也是面临诸多困难，应对严峻挑战的关键时期。风景名胜区工作坚持"科学规划统一、管理、严格保护、永续利用"的原则，始终不渝地贯彻和落实科学发展观，以构建文明、和谐和可持续发展的风景名胜区为目标，深化改革，勇于创新，积极探索中国特色的风景名胜资源科学保护和规范化管理之路，创造性地完成好风景名胜区的各项工作。

（一）提高认识，处理好风景名胜资源保护与利用的关系

从30年的发展历程看，我国风景名胜区事业还处于初创和探索阶段，正处在国民经济高速运转、市场经济体制转轨和政治体制改革不断深化的重要时期，正面临突飞猛进的城市化和市场化进程带来的巨大压力。风景名胜区事业在取得巨大成就的同时，由于地缘环境、区域经济发展等方面的原因，各地风景名胜区的发展很不平衡；很多风景名胜区管理机构既负责公共资源管理、保护的职能，还承担着监管景区经营和服务的繁重任务，加之正在改革和完善中的管理体制方面存在的问题，导致各类情况并存、诸多矛盾相互交织，其中最为突出的有两种矛盾，一是风景名胜区可持续发展与管理机制弱化、法制滞后的矛盾，二是自然与文化遗产资源的保护与旅游开发的矛盾。一

些风景名胜区违法违规建设和盲目开发行为屡有发生，不同程度地破坏了自然与文化遗产的真实性和完整性；部分风景名胜区擅自出让或变相转让国家风景名胜区的管理权和经营权，违法违规或随意处置风景名胜资源的现象时有发生；部分风景名胜区规划工作滞后，管理体制不顺，管理力量薄弱，机构设置不合理；一些管理干部的素质不能适应新时期资源管理的要求，不能有效履行职责；部分处于边远或经济欠发达地区的风景名胜区，自身造血功能薄弱，地方旅游经济发展缓慢，风景名胜区管理和保护经费短缺，致使一些自然禀赋优异、人文资源独特的风景名胜区不能实施有效的管理。这些矛盾和问题不同程度地制约和影响了风景名胜区可持续发展。

各级风景名胜区要在正视当前风景名胜区存在的问题前提下，充分认识到问题的严重性和紧迫性，认真研究解决问题的对策与措施，保障风景名胜区事业的健康发展。要认真落实《风景名胜区条例》，贯彻执行"科学规划、统一管理、严格保护、永续利用"的风景名胜区工作原则，坚持把资源保护放在首要位置，正确处理好资源保护与开发利用的关系。在工作中要始终做到资源保护优先、开发服从保护，克服只顾短期和局部利益、忽视长远和全局利益的错误倾向，防止在风景名胜区快速发展阶段出现的急功近利、过度开发和错位开发的行为，切实扭转风景名胜区城市化、人工化、商业化的倾向。要动员全社会关心、爱护和支持风景名胜区事业，充分调动各方面的积极性，通过各方面的共同努力，真正实现我国风景名胜资源的有效保护和永续利用。

（二）强化责任，落实好风景名胜区各项管理职能

风景名胜区管理机构是风景名胜区管理的主体，也是第一责任单位。加强风景名胜区依法行政，首先要进一步明确风景名胜区管理机构依法管理景区的主体地位，落实各项管理职责，完善风景名胜区管理机制。地方各级政府要重视并强化风景名胜区管理机构的管理职能，为其依法履行职责、做好风景名胜区各项工作提供保障。风景名胜区管理机构要建立健全风景名胜资源的各项管理制度，切实履行管理职能，不得将规划、管理和监督等职能委托给企业，更不得从事以赢利为目的的经营活动。风景名胜区内的各类开发利用活动，必须符合风景名胜区规划，必须服从风景名胜区管理机构的统一管理。设在风景名胜区内的所有单位，除各自业务受上级主管部门的领导外，都

必须服从管理机构对风景名胜区的统一规划和管理。

风景名胜区管理机构要依法规范监管行为，积极探讨和逐步建立特许经营机制，对景区内基建项目设计施工、基础设施维护保养、物业管理、环境卫生、交通服务、景区保安、宾馆饭店、购物销售、信息通信和文化展演等经营性项目，不仅要遵循市场规律采用招标等公平竞争的方式确定经营者，同时要依照相关法规进行监管。风景名胜区门票专营权是政府对风景名胜资源实行统一管理的重要手段，门票收益是风景名胜区实行有效保护和管理的主要经济来源，也是风景名胜区实行特许经营制度的重要前提。门票收入应贯彻"取之于景区，用之于景区"的原则，用于风景名胜区管理和资源保护。风景名胜资源有偿使用是经国务院《风景名胜区条例》明确的国家管理风景名胜资源的一项资源保护政策，是国家风景名胜区特许经营制度重要的组成部分，也是未来国家发展风景名胜区事业长期实行的经济政策。要根据风景名胜区的特点和现实状况，加快建立和推行风景名胜资源有偿使用机制，逐步完善风景名胜资源有偿使用费的收缴形式、取费标准以及资源有偿使用费的管理使用和监督，从而推动风景名胜区管理机制和管理手段的创新，实现风景名胜资源保护方式上的良性循环。

（三）突出规划，强化风景名胜区总体规划的龙头作用

规划是风景名胜区管理和资源保护的重要依据，科学编制规划是做好风景名胜区工作的前提。各级风景名胜区要加快推进风景名胜区规划的编制工作，采取有效措施，认真编制风景名胜区保护规划，全面提高规划编制的质量，根据风景名胜区资源保护和环境容量的要求，突出风景名胜区规划的科学性和前瞻性，充分发挥规划的宏观指导作用，合理确定开发利用的限度，科学组织风景名胜区的游览活动。要强化规划审批程序的管理，维护规划的权威性和严肃性，确保风景名胜区规划各项强制性要求的有效实施。对于国家级风景名胜区重大建设项目和一般建设项目，要加强分类管理与审批，建立风景名胜区建设项目选址分类分级审批制度。各地方主管部门要注重风景名胜区体系规划和风景名胜区保护发展规划的编制，从区域的整体、协调和可持续发展角度出发，真正把风景名胜区的资源保护和管理建立在科学研究、科学规划、科学决策、科学实施的基础之上。

要加强对风景名胜区规划的监督和管理，坚决维护风景名胜区规划的法定地位，强调规划实施对风景名胜资源保护的必要性和风景区

可持续发展的重要性，严格依照规划控制风景名胜区内的各类建设活动以及外围保护地带的各项建设。要提升风景名胜区规划的执行力，纠正地方政府和城乡规划管理部门擅自修改经批准的风景名胜区规划。认真组织对风景名胜区建设方案的论证和环境影响评价工作，严格依据法定程序审批，及时纠正风景名胜区建设活动中各种违反规划管理的行为，切实解决部分风景名胜区存在的破坏性开发建设等问题。要努力建立和完善项目管理、监督评估机制，加强对景区保护状况的监管监测，加大对风景区内违法违规建设行为的查处力度，认真做好国家级风景名胜区规划实施和资源保护状况年度报告工作，对违法违规建筑、破坏景区资源的事件，要依照有关法律法规，坚决予以纠正。特别是要加强建设项目审批后的督查管理，依法严肃查处规划管理部门和景区管理人员对规划实施监管不力，对违法违规行为的失职、渎职行为，以保证风景名胜区规划的有效监管和顺利实施。

（四）加强法制建设，完善风景名胜区的各项规范和标准

国务院颁布的《风景名胜区条例》是风景名胜区行业的基本法，各级风景名胜区要切实做好《条例》的贯彻落实工作，依法解决和处理管理体制、规划实施、风景名胜资源保护、资源利用以及相关方权益等问题，认真化解当前风景名胜区存在的各种矛盾。要明确风景名胜区管理部门和机构的职责和权限，加强对市场经济条件下风景名胜区法制建设重要性的认识，加大对风景名胜区各类问题的解决力度，使风景名胜区工作各个环节真正做到有法可依、有法必依、执法必严、违法必究。在推进法制建设的同时，要重视推进风景名胜区管理制度创新，要对风景名胜区管理体制、规划、保护、利用、建设和经营管理等方面存在的长期制约性因素和瓶颈问题进行调查研究，加快《风景名胜区条例》配套性法规及规章制度的制定，完善特许经营、资源有偿使用以及风景名胜区详细规划编制等有关规定，为完善风景名胜区立法提供依据，逐步健全风景名胜区的法律法规体系，使我国风景名胜区在良好的法制化条件下稳定、健康发展。要建立和完善风景名胜区行业管理技术规范和标准体系，研究制定与风景名胜区保护管理相关的国家标准和技术规范，为风景名胜区规范化、科学化管理奠定基础。各级风景名胜区管理机构应当依据有关规定，制定和完善风景名胜区建筑施工、信息化建设、客户服务、安全管理、卫生管理、游乐活动管理等方面的制度，明确各项技术要求和操作手段，最

大限度地实现风景名胜区内各项管理行为和活动的规范化。

要加强对国务院《风景名胜区条例》发布后出台的相关地方性法规或政府规章进行调研，对近年来颁布的城乡规划、集体林权制度改革、节约集约用地、退耕还林、新农村建设等法律和政策进行研究，依据《条例》对各地方特殊层面和新近涉及的突出问题进行重点探讨。在此基础上，紧密结合各地风景名胜区发展的实际，完善风景名胜区地方性法规或政府规章，有针对性地提出制度、规定、要求和措施，逐步规范风景名胜区的资源保护、规划建设和开发利用、经营管理模式，进一步明确和强化风景名胜区管理机构设置及其职能配置的要求。要作出有针对性、更具操作性并能直接指导本地具体实践的制度安排，深化和细化各项规定和措施，进一步落实《风景名胜区条例》的各项规定和要求。

（五）发挥资源优势，运用科技手段保护和展示风景名胜资源

温家宝总理指出："风景名胜区集中了大量珍贵的自然和文化遗产，是自然史和文化史的天然博物馆。"我国风景名胜区资源的特殊性、脆弱性、稀缺性和不可再生性，决定了其保护手段必须审慎、严谨、科学。随着高科技在各个领域的应用以及信息化在我国各行业的普及，传统的管理方法和手段已经不能适应风景名胜区发展的需要。各级风景名胜区要从风景名胜资源工作的性质和特点出发，对风景名胜资源保护和管理的手段进行创新，充分运用科技手段，提高资源的保护和管理水平。要进一步完善风景名胜区管理信息系统建设，借助卫星遥感技术、地理信息系统、管理信息系统和网络技术等高新手段，加强对风景名胜资源的保护和监管，实现对风景名胜区的规划实施情况、资源与环境保护状况、开发建设情况等的大范围、可视化、短周期的动态监测，及时发现风景名胜区保护管理和利用中存在的问题，并采取积极措施加以解决。要进一步加快风景名胜区数字化建设，完善全国统一的风景名胜区管理信息系统网络平台，充分发挥风景名胜区综合数据中心和景区管理指挥调度中心的作用，整合景区管理电子政务、景区电子商务、卫星联播信息发布、GPS车辆调度、景区视频监控、景区规划管理、景区资源网络展示等系统的效能，通过数字化景区建设，对景区安全秩序、行政管理、资源保护、经营服务等方面工作实施数字化管理，建立起全方位的景区保护管理电子监控系统和风景名胜资源网络展示系统，提高各级景区的管理水平和服务质量，降低风景名胜区运营成本，加强风景名胜区防范风险能力，实现风景名胜区"资源保护数字化、景区管理智能化、信息整合网络化"的目标。与此同时，要加强环境监测系统的建设，以及对风景区范围的大气、水、森林、地质等综合信息进行收集和分析，建立森林火险、地震、泥石流、病虫害等灾害监测系统，为景区保护、科研、开发提供科学决策依据。

各级风景名胜区主管部门和管理机构要强化风景名胜区的宣传、教育和展陈功能，加强风景名胜资源保护的公众宣传教育工作，形成全社会关心、爱护、支持风景名胜区事业的良好氛围。探索风景名胜资源的整体保护机制、社会参与机制和惠益分享机制等，形成全社会共同保护风景名胜资源的强大合力。各级风景名胜区管理机构要以构建和谐景区为目标，通过构建充满活力、安定有序、诚信友爱、人与自然和谐相处的风景名胜区，实现和推进和谐风景名胜区建设。要在严格保护好资源的前提下，重视对资源的合理开发和利用，使风景名胜区在带动区域经济发展、提高公众的资源与环境意识、满足城乡居民的文化需求以及精神文明建设等方面发挥更为突出的作用。

（六）加强干部队伍建设，为风景名胜区事业发展提供保障

风景名胜区事业的快速发展，对各级风景名胜区干部员工的素质提出了更高要求，培养和造就一支专业化、高素质的风景名胜区管理干部队伍，是风景名胜区可持续发展的重要保障。由于我国各级风景名胜区一线管理干部来源广泛、更换频繁，导致目前专业管理干部匮乏，业务素质参差不齐，不仅制约了风景名胜区的规范化管理，也在一定程度上影响到借鉴和吸收国内外遗产资源保护和管理的经验。尽管近年来风景名胜区逐步引进了各类专业人才，干部员工队伍的整体素质有所改善，但从总体上看，仍然不能适应风景名胜区事业发展的要求。为此，要结合新时期风景名胜区发展的规律和管理工作的特点，有针对性地强化各级干部员工的业务技能培训和职业道德教育，分别从部、省、风景名胜区三个层面加强一线干部职工的定期培训和轮训，提高风景名胜区干部员工的从业素质和专业化水平；要注重对地方政府主管领导干部的培训，提高地方政府决策层的风景名胜资源保护意识和管理水平。要加强各级风景名胜区管理机构的能力建设，提高景区管理和决策的科学性，建立风景名胜区领导干部任职资格和工作目标考核责任制，努力加强风景名胜后备队伍的建设，造就一支专业过硬、素质优良、服务优质、结构合理、勤勉敬业的高素质队伍。

要从风景名胜区事业发展的战略角度出发，鼓励科研教育部门和专业机构开展风景名胜基础科学研究，充分发挥科研院所和重点院校的作用，支持和鼓励专家、学者参与风景名胜科学体系建设和基础学科研究。要扩大理论和科学研究成果的转化、应用与传播，充分发挥理论对实践的指导作用，积极推进风景名胜科学理论体系的完善和创新，促进科研和教学更好地为风景名胜区工作服务。地方各级政府和风景名胜区管理机构应加强与科研部门和重点院校在重点领域的合作，有条件的风景名胜区应设置风景名胜专家委员会，定期或不定期邀请有关专家参与景区的重大决策，采取多种形式为风景名胜区提供技术咨询和专业指导；要尊重并采纳风景名胜专家的建议和意见，为风景名胜区事业的发展营造科技保障和专业支撑的氛围。

（七）树立科学发展观，用先进的理念指导风景名胜区工作

在新的历史时期，我国风景名胜区的周边环境发生着日新月异的变化，新理念、新模式、新技术层出不穷，如何适应新形势，如何应对来自各个方面的挑战，进一步管理和保护好风景名胜资源，是风景名胜区行业现在和未来必须思考和解决的现实而重大的问题。为此，各级风景名胜区要全面贯彻落实国务院《风景名胜区条例》，坚持"科学规划、统一管理、严格保护、永续利用"的工作方针，以科学发展观为指导，深化各项改革，妥善处理保护与利用的关系，努力化解当前围绕风景名胜区改革和发展中出现的各种矛盾。以高度的社会责任感和历史使命感做好风景名胜区各项工作。要坚持解放思想、实事求是的思想路线，大力发扬求真务实、勇于创新的精神，统筹协调各方面的利益关系，着力构建文明、诚信、人与自然和谐相处的风景名胜区，从而实现我国风景名胜区事业的健康和可持续发展。

第一部分

风景名胜区综述

一、风景名胜区概况

我国风景名胜区是在由计划经济向市场经济转轨和政治体制改革的特殊时期建立的。1978年，党的十一届三中全会确定了解放思想、实事求是的指导思想，提出并确立改革开放的方略，风景名胜资源管理和保护问题被列入中央人民政府的议事日程。国务院于1978年初召开第三次全国城市工作会议，会议针对"文化大革命"期间风景名胜资源遭受严重破坏的状况，研究制订了《关于加强城市建设工作的意见》。意见中明确提出对现有的园林、绿地、名胜、古迹和风景区，要加强管理。同年4月，中共中央批准了第三次全国城市工作会议研究制定的《关于加强城市建设工作的意见》（中发〔1978〕13号）。国家建委于1978年12月在山东省济南市召开的全国城市园林绿化工作会议上明确提出："要分级确定自然风景区"；"自然风景区应设立专门管理机构，负责景区的保护管理和规划建设工作。"会议提出关于搞好风景区保护管理工作的意见："自然风景区要保持完整的自然面貌；风景区建设要统一规划，统一管理。"这次会议对风景区的设立、保护、规划、建设、管理等提出了具体的指导性意见。会议提出的风景区工作意见对于我国风景名胜区事业具有非常重要的历史意义。

1979年，国务院〔1979〕70号文件明确规定全国自然风景区由国家城市建设总局归口管理，正式把自然风景区的管理与维护职责赋予国家城市建设总局。自此，我国风景名胜区工作纳入了中央人民政府的管理，风景名胜区开始进入实质性创建阶段。1981年3月，国务院在批转《关于加强风景名胜区保护管理工作的报告》的通知（国发〔1981〕38号）中，对风景名胜区资源的调查、管理体制和机构设置、规划建设、保护管理等方针政策都作了明确的规定，同时，第一次正式明确使用"风景名胜区"名称。国务院1982年11月正式发文，批准审定公布第一批44处国家重点风景名胜区；于1985年6月颁布了第一个专项法规——《风景名胜区管理暂行条例》，从而正式形成了我国风景名胜区的基本形式和架构。

在党中央、国务院的高度重视与正确领导下,在国家建设行政主管部门、各相关部门、地方人民政府和社会各界的支持下,经过几代风景名胜区工作者的开拓、实践和不懈努力,建立了具有中国特色的风景名胜区制度。自 1982 年以来,国务院先后审定公布了七批国家级风景名胜区。截至 2009 年底,全国设立风景名胜区 909 处,总面积为 19.5 万 km^2,占国土总面积的 2.03%。其中,国家级风景名胜区 208 处,总面积 10.07 万 km^2;省级风景名胜区 701 处,总面积 9.43 万 km^2。我国用了不到 30 年的时间,完成了风景名胜区从无到有、从小到大的历史性转变,建立起了国家风景名胜区管理体系(图 1-1 ~ 图 1-4),形成了在我国自然和文化遗产资源管理中占主导地位的风景名胜区行业,为我国风景名胜资源的可持续发展奠定了重要的基础。

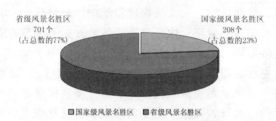

图 1-1　全国风景名胜区数量比例图

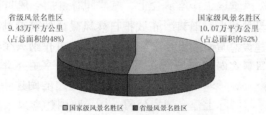

图 1-2　全国风景名胜区面积比例图

风景名胜区制度的建立是我国实行改革开放和现代化建设的重要组成部分,是改革开放以来我国建设事业取得的重要成果,是我国社会文明发展到崭新阶段的必然产物,也是我国对世界自然和文化遗产资源保护事业的重大贡献。风景名胜区体制的建立，标志着我国将自然和文化遗产资源纳入各级政府的监管，并依据法律法规实施科学规划和保护的开始。改革开放30年以来，风景名胜区在维护国土风貌、优化生态环境、弘扬民族文化、激发爱国热情、构建和谐社会等方面发挥着不可替代的重要作用。风景名胜区在机构与法规建设、资源调查与评估、规划建设与管理、资源保护与利用等方面取得了显著的成绩，大批风景名胜资源作为国家珍贵的公共资源得到科学和有效的保护，风景名胜区作为国家旅游经济发展的重要支撑，为满足广大人民群众精神和文化生活需求、发展区域经济作出了重大贡献。

(一) 风景名胜区的性质

在我国设立风景名胜区的重要时期，中央人民政府通过一系列法规和制度建设，对风景名胜区及其基本架构和性质加以确定。《风景名胜区管理暂行条例》明确规定风景名胜区"是指具有观赏、文化或者科学价值，自然景物、人文景物比较集中，环境优美，具有一定规模和范围，可供人们游览、休息或进行科学、文化活动的地区。"《中国风景名胜区形势与展望》绿皮书（建设部，1994）指出："风景名胜区是经政府审定命名的风景名胜资源集中的地域。"国务院在2006年9月颁布的《风景名胜区条例》中，进一步对风景名胜区的性质作出了明确定位：风景名胜区"是指具有观赏、文化或者科学价值，自然景观、人文景观比较集中，环境优美，可供人们游览或者进行科学、文化活动的区域。"

我国风景名胜区筹备之初，1979年3月，在国家建委城市建设总局召开的自然风景区工作座谈会上，城建园林部门、风景区管理单位的代表及有关专家，根据我国风景名胜资源特点和管理机制状况，提出借鉴世界国家公园的先进理念，吸收世界各国的成熟经验，与国际普遍设立的国家公园相对应的建议。《中国风景名胜区形势与展望》绿皮书（建设部，1994）在有关风景名胜区定位的阐述中指出："中国风景名胜区与国际上建立国家公园一样，我国建立风景名胜区，是要为国家保留一批珍贵的风景名胜资源（包括生物资源），同时科学地建设管理,合理地开发利用。"绿皮书还明确指出："我国风景名胜区与国际上的国家公园(National Park)相对应,同时又有自己的特点。"

风景名胜区是依据国家相关法律法规设立，并通过地方人民政府或由地方人民政府派出机构实施管理的特定区域，也是国家风景名胜

第一部分 风景名胜区综述 17

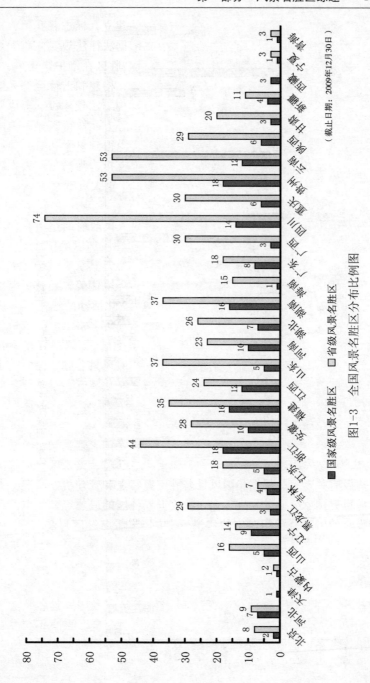

图1-3 全国风景名胜区分布比例图

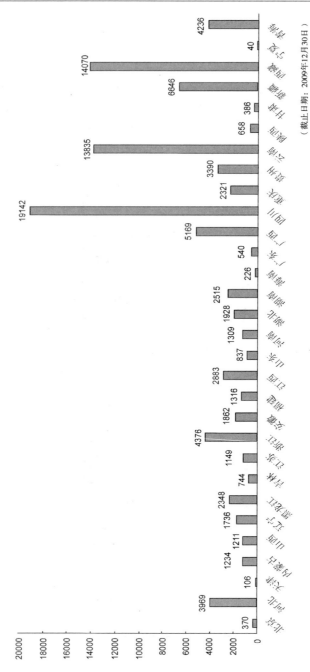

图 1-4 国家级风景名胜区面积分布表（单位：km²）
（截止日期：2009年12月30日）

资源最为集中、资源价值最高的地域。国家级风景名胜区的管理范围和区划界线经国务院审批的风景名胜区总体规划加以明确。国家对风景名胜区行业有明确的界定。建设部在《中国风景名胜区形势与展望》绿皮书中指出：风景名胜区事业是特殊的资源事业。在2002年国家颁布的《国民经济行业分类》（GB/T4754—2002）标准中，风景名胜区行业按其行业性质和特点，被明确列入"公共设施管理业"（1058—81），并在具体分类名称中确定为"风景名胜区管理"（8132）；该标准还明确了风景名胜区管理是指"对具有一定规模的自然景观、人文景观的管理和保护活动，以及对环境优美，具有观赏、文化和科学价值的风景名胜区的保护和管理活动。"

（二）风景名胜区的主要作用

风景名胜区是我国国家自然和文化资源的精华，是国家社会文明的标志，对维系和振奋民族精神、弘扬和延续民族文化具有无可估量的作用。《中国风景名胜区形势与展望》绿皮书阐述了国家设立风景名胜区的主要目的，同时也明确了我国风景名胜区的主要作用：

1. 保护生态、生物多样性与环境

自人类进入工业社会以来，人们征服自然，改造甚至破坏环境，开发资源（甚至是掠夺性开发），给大自然造成严重破坏，生态失衡，生物多样性严重减少，环境恶化，反过来又威胁人类自身的生存。在这伤痕累累的地球上，难得保存下来的优美的原生自然风景孤岛，就成了人们回归大自然和开展科学文化教育活动的理想地域。我国建立的风景名胜区为中国乃至世界保存了具有典型代表性的自然本底，因此，保护生态、生物多样性与环境是风景名胜区最基本的作用。

2. 发展旅游事业，丰富文化生活

风景名胜区是我们回归大自然的首先选择。中华民族历史上就有崇尚山水、热爱自然、登高涉险的传统，现代社会的紧张生活使人们更乐于游览山河，开阔胸襟，陶冶情操，锻炼体魄，访胜猎奇，增长胆识。风景名胜区的壮丽山河、灿烂文化、历史文物、民俗风情，足以引起我们的骄傲、自信、自强和自豪，能够激发人们特别是青少年热爱家乡、热爱祖国的感情，增强海内外炎黄子孙的爱国热情和民族凝聚力。

3. 开展科研和文化教育，促进社会进步

风景名胜区是研究地球变化、生物演替等自然科学的天然实验室和博物馆，是开展科普教育的生动课堂；风景名胜区内的优秀文化资源，是历史上留下来的宝贵遗产，可供研究借鉴，对发展人类文明、促进社会进步具有重要作用。

4. 通过合理开发，发挥经济效益和社会效益

风景名胜区既有多种资源，有直接的经济效益，又可通过风景名胜区"搭台"，通过合理开发，产生更大的经济效益和社会效益，带动当地经济的发展、信息的交流、文化知识的传播以及人们素质的提高，为群众脱贫开辟捷径。不少边远地区建立风景名胜区后，群众收入得到成倍增长，开放度迅速提高，有利于整个国家均衡发展。

（三）风景名胜区的分级

我国风景名胜区在设立初期就确定了分级管理的体制。根据国务院《风景名胜区管理暂行条例》的有关规定，风景名胜区按其自然禀赋、文化科学价值、景区范围及其规模、游览条件等划分为三级，即国家重点风景名胜区、省级风景名胜区、市（县）级风景名胜区。按《风景名胜区管理暂行条例》规定的程序，风景名胜区由县级以上人民政府分别审定。确定风景名胜区级别的条件为：

（1）具有一定观赏、文化或科学价值，环境优美，规模较小，设施简单，以接待本地区游人为主的定为市（县）级风景名胜区；

（2）具有较重要观赏、文化或科学价值，景观有地方代表性，有一定规模和设施条件，在省内外有影响的定为省级风景名胜区；

（3）具有重要的观赏、文化或科学价值，景观独特，国内外著名，规模较大的定为国家重点风景名胜区。

随着我国风景名胜区事业的发展，国务院 2006 年 9 月颁布的《风景名胜区条例》对风景名胜区的设立作出重新规定，将原有的三级风景名胜区改为二级风景名胜区，即国家级风景名胜区和省级风景名胜区；同时明确了国家级风景名胜区和省级风景名胜区的分级条件：自然景观和人文景观能够反映重要自然变化过程和重大历史文化发展过程，基本处于自然状态或者保持历史原貌，具有国家代表性的，可以申请设立国家级风景名胜区；具有区域代表性的，可以申请设立省级风景名胜区。

（四）风景名胜区的类型

我国风景名胜区的地理分布特征明显，历史文化积淀丰厚，现有的 208 处国家级风景名胜区大多分布在江河湖泊、名山大川以及人文史迹集中的区域，形成了我国风景名胜区类别多元、内涵丰富的构成体系。为了将不同类型的风景名胜区加以区分，便于实行科学规划、分类保护和有效利用，2008年8月11日，住房和城乡建设部批准《风景名胜区分类标准》为行业标准（编号为CJJ/T121-2008）。《风景名胜区分类标准》根据我国风景名胜区的地理分布特征，并结合自然与人文资源的特点，将风景名胜区分为14个类别，从而明确了我国风景名胜区的基本类型（表1-1）。

风景名胜区分类表 表1-1

分类名称	类别特征
历史圣地类	指中华文明始祖遗存集中或重要活动，以及与中华文明形成和发展关系密切的风景名胜区。不包括一般的名人或宗教胜迹
山岳类	以山岳地貌为主要特征的风景名胜区。此类风景名胜区具有较高生态价值和观赏价值。包括一般的人文胜迹
岩洞类	以岩石洞穴为主要特征的风景名胜区。包括溶蚀、侵蚀、塌陷等成因形成的岩石洞穴
江河类	以天然及人工河流为主要特征的风景名胜区。包括季节性河流、峡谷和运河
湖泊类	以宽阔水面为主要特征的风景名胜区。包括天然或人工形成的水体
海滨海岛类	以海滨地貌为主要特征的风景名胜区。包括海滨基岩、岬角、沙滩、滩涂、潟湖和海岛岩礁等
特殊地貌类	以典型、特殊地貌为主要特征的风景名胜区。包括火山熔岩、热田汽泉、沙漠碛滩、蚀余景观、地质珍迹、草原、戈壁等
城市风景类	指位于城市边缘，兼有城市公园绿地日常休闲、娱乐功能的风景名胜区。其部分区域可能属于城市建设用地
生物景观类	以特色生物景观为主要特征的风景名胜区
壁画石窟类	以古代石窟造像、壁画、岩画为主要特征的风景名胜区
纪念地类	以名人故居、军事遗址、遗迹为主要特征的风景名胜区。包括其历史特征、设施遗存和环境
陵寝类	以帝王、名人陵寝为主要内容的风景名胜区。包括陵区的地上、地下文物和文化遗存，以及陵区的环境
民俗风情类	以特色传统民居、民俗风情和特色物产为主要特征的风景名胜区
其他类	未包括在上述类别中的风景名胜区

资料来源：《风景名胜区分类标准》（CJJ/T121-2008）。

《风景名胜区分类标准》是结合我国国情和资源现状制定的行业标准,《分类标准》的制定,奠定了我国风景名胜区分类体系的基础,有利于风景名胜区的科学规划,规范化管理和资源保护,有利于我国风景名胜区与世界自然和文化遗产资源保护界在管理和规划等方面的交流与合作。《分类标准》在保留我国风景名胜区行业分类体系特点的同时,在一定程度上实现了与世界国家公园分类体系的接轨。

（五）风景名胜区的功能

风景名胜区的功能是指其针对社会不同类型、不同层面的需求所发挥的有利的作用或能效。在特定的区域范围内,具备对社会有益且能满足社会相应需求的功能,是风景名胜区设立的前提条件。所以,风景名胜区必须具备多种功能,而且这些功能要有益于社会经济和文化的发展,可直接或间接地被社会所利用。

风景名胜区的功能概括归纳为五个方面：一是生态类功能。风景区有保护自然资源、改善生态与环境、防害减灾、造福社会的生态防护功能。二是游憩类功能。风景区有培育山水景胜、提供游憩胜地、陶冶身心、促进人与自然协调发展的游憩健身功能。三是景观类功能。风景区有树立国家和地区形象、美化大地景观、创造健康优美的生存空间的景观形象功能。四是科教类功能。风景区有展现历代科技文化、纪念先人先事先物、增强德智育人的寓教于游的功能。五是经济类功能。风景区有一、二、三产业的潜能,有推动旅游经济、脱贫增收、调节城乡结构、带动地区全面发展的经济催化功能（《风景名胜区规划规范》实施手册. 贾建中,张国强,2003年）。

二、风景名胜资源

我国地处太平洋西岸,东西相距约5200km,南北相距约5500km,面积与欧洲相当,是世界上面积最大的国家之一;在如此幅员辽阔的国土上,从温带到亚热带,分布着极为丰富的自然景观资源,这些独特的自然景观是大自然经过亿万年演化的结晶,是天工造化的产物。我国是具有5000多年悠久历史的文明古国,中华民族创造了辉煌灿烂的华夏文化,其中留存在名山大川之间大量的历史人文资源,凝结着无数先民的劳动创造和聪明才智，是数千年来华夏先祖认识自然、寄情于山水、与自然和谐相处的不可再生的史迹遗址和实物佐证，这些自然景观和历史胜迹如璀璨的群星，构成了我国风景名胜区独具特色和绚丽多彩的景观资源。

（一）风景名胜资源的定义及性质

1987年，城乡建设环境保护部发布的《风景名胜区管理暂行条例实施办法》中明确指出："风景名胜资源系指具有观赏、文化或科学价值的山河、湖海、地貌、森林、动植物、化石、特殊地质、天文气象等自然景物和文物古迹、革命纪念地、历史遗址、园林、建筑、工程设施等人文景物和它们所处环境以及风土人情等。"

风景名胜资源是由多种类型的资源组合构成的有机整体。风景名胜资源的定义有广义和狭义之分，广义的风景名胜资源应当包括山岳、江河、湖泊、土地、森林、草原、野生动植物、矿藏、海域、大气以及历史人文资源等构成风景名胜区资源系统的所有要素；狭义的风景名胜资源则特指某项单一类型的资源。风景名胜区内的每一类型资源都是自然和人文资源的组成部分，都以存在于大的资源环境中为先决条件。风景名胜资源不因人为意志或认识而改变其内在关系和基本属性。例如，在现行的制度和体制条件下，我国风景名胜区内的土地、林地以及生产资料等所有制形式有所不同，存在国家所有和集体所有两种不同形式，部分资源存在多个权利人，但就资源性质而言，风景名胜资源是自然和人文资源构成的有机整体，任何单一资源不能代表，也不可能涵盖整体的风景名胜资源系统。

风景名胜资源的公共属性是其最基本的特性，其公共性主要体现在：(1) 风景名胜资源属于国家即全民所有而非某个部门或利益集团所有，风景名胜区由具有公权力的各级人民政府或政府派驻机构实施统一管理。(2) 公众具有风景名胜资源的享用权。风景名胜资源涉及国家的可持续发展，涉及社会文明和国计民生，与广大公众的利益息息相关。公众享有利用风景名胜资源游览或进行科学、文化活动的权利；风景名胜资源要向公众展示、供游客观光游览而非封闭保存，要供子孙后代永续利用而非仅仅为当代人所享用。(3) 公众对风景名胜资源享有监督权。国家通过法律法规明确了公众对风景名胜资源管理、规划和保护的监督权，公众在享有和利用风景名胜资源权益的同时，"任何单位和个人都有保护风景名胜资源的义务，并有权制止、检举破坏风景名胜资源的行为（国务院《风景名胜区条例》，2006年）。"（4）公众对风景名胜资源的有效管理和完好保护享有参与权。《风景名胜区条例》明确规定："风景名胜区规划经批准后，应当向社会公布，任何组织和个人有权查阅。""编制风景名胜区规划，应当广泛征求有关部门、公众和专家的意见；必要时，应当进行听证。风景名胜区规划报送审批的材料应当包括社会各界的意见以及意见采纳的情况和未予采纳的理由。"

风景名胜区的自然与文化遗产资源作为满足社会需求的特殊的公共资源，其公共属性在我国文物资源、环境资源、矿产资源、水资源、野生动物资源等多项法律中均加以明确。国务院于1995年、2002年先后在有关文件（国办发［1995］23号、国发［2002］13号）中明确指出："风景名胜资源属国家所有，必须依法加以保护。""风景名胜资源是不可再生的国家资源。"作为国家的公共资源，风景名胜资源不仅是国家旅游经济的物质载体，还承载着我国的民族精神、社会文明和价值理念。风景名胜资源与其他资源在物质形态方面有相同之处并具有经济属性，但更为重要的是其社会属性、文化属性以及与人类生存和发展紧密关联的生态环境属性。为了加强对国家自然资源的管理和可持续利用，依据有关法律法规，关系国家可持续发展战略和国计民生的公共资源的配置，必须确保政府管理机构和国有经济的控制力。

（二）风景名胜资源分类

风景名胜区集中了我国最为珍贵的自然和人文资源，景观丰富、类型多样，风景名胜资源是我国风景名胜区存在的基础和具有典型意义的精华所在。风景名胜资源可分为自然资源与人文资源两大类（表1-2）。自然资源包括：山川、河流、湖泊、海滨、岛屿、森林、动植物、特殊地质、地貌、溶洞、化石、天文气象等。人文资源包括：文物古迹、历史遗址、革命纪念地、园林、建筑、工程设施、宗教寺庙、民俗风情等（《中国风景名胜区形势与展望》绿皮书，建设部，1994）。

（三）风景名胜资源的价值

风景名胜资源是一种社会财富，是以景物环境为载体的，人类实践创造的，有普遍社会价值的财富（《风景科学导论》丁文魁1993）。风景名胜资源在社会民生中享有特殊的地位，与国家的社会、经济、

风景名胜资源分类表　　　　　　　　　　　　表1-2

大类	中类	小 类
自然景源	天景	日月星光、虹霞蜃景、风雨阴晴、气候景象、自然声象、云雾景观、冰雪霜露、其他天景
	地景	大尺度山地、山景、奇峰、峡谷、洞府、石林石景、沙景沙漠、火山熔岩、蚀余景观、洲岛屿礁、海岸景观、海底地形、地质珍迹、其他地景
	水景	泉井、溪流、江河、湖泊、潭池、瀑布跌水、沼泽滩涂、海湾海域、冰雪冰川、其他水景
	生景	森林、草地草原、古树名木、珍稀生物、植物生态类群、动物群栖息地、物候季相景观、其他生物景观
人文景源	园景	历史名园、现代公园、植物园、动物园、庭宅花园、专类游园、陵园墓园、其他园景
	建筑	风景建筑、民居宗祠、文娱建筑、商业服务建筑、宫殿衙署、宗教建筑、纪念建筑、工交建筑、工程构筑物、其他建筑
	胜迹	遗址遗迹、摩崖题刻、石窟、雕塑、纪念地、科技工程、游娱文体场地、其他胜迹
	风物	节假庆典、民族民俗、宗教礼仪、神话传说、民间文艺、地方人物、地方物产、其他风物

资料来源：《风景名胜区规划规范》（GB50298-1999）。

文化有着密切的联系，是汇集社会价值、环境价值和经济价值为一体的复合型资源，因此，其价值不仅大大高于单一资源的价值，也高于单一资源价值的简单叠加。风景名胜资源代表着国家江山社稷的形象，是我国对外文化宣传和民族形象的载体，在我国人民的政治活动和精神文化生活中占据着不可替代的特殊地位，由此产生的综合效应，可激发爱国热情，增进民族自豪感，从而转化为社会生产力，产生无数的精神文化产品，进而成为推动社会经济发展和文明进步的重要因素。因此，风景名胜资源的多重价值在我国社会文化、国民经济中发挥着举足轻重的作用，在国家可持续发展战略中也居有特殊地位（表1-3）。

1. 风景名胜资源的社会价值

风景名胜资源在社会物质文明和精神文明建设中所发挥的重要作用是不可替代的，其社会价值主要体现在旅游休闲、文学艺术、科学研究和科普教育四个方面。作为旅游休闲活动的载体，风景名胜资源

风景名胜资源价值　　　　　　　　　　　　　　　　　　　表1-3

类型	分类	内容
社会价值	旅游休闲价值	游览赏景、休闲娱乐、体验民俗、登山健身、观鸟垂钓、郊野露营、体育竞技等
	文学艺术价值	摄影、美术、电影、电视、文学、音乐、歌舞等文学艺术形式的创作素材
	科学研究价值	景观生态学、地质学、地理学、动物学、植物学、水文学、气象学、人类学、遗传学、社会学、历史学、民族学、宗教学、考古学、民俗学、美学、文学以及旅游学等学科的基础研究、资源的应用研究等
	科普教育价值	教学实习、专业培训、民族历史文化教育、爱国主义教育、生态环境教育、国防教育、革命传统教育等
	社会形象价值	作为中华民族和国家意志和精神的象征性载体,对于形成民族认同感和归属感具有特殊价值,如万里长城、黄河、长江等
经济价值	旅游经济价值	景区服务项目、产品销售、旅游消费、景区门票等产生的经济收益
	物产经济价值	林业、农业、畜牧业、渔业、医药业、工业等产品的商业价值
	文化经济价值	自然科学和社会科学研究成果产生的市场效益;文学、艺术、影视、新闻、出版等产生的商业价值及其宣传广告收益等
	环境经济价值	维系生态、改善人居环境等所产生直接或间接的经济效益
环境价值	物种生境价值	生物多样性、地质多样性、生物物种的生存、保存物种基因的遗传价值、增加生物生产量、防治病虫害等
	维系生态价值	调节气候、涵养水分、维系生态平衡、湿地保护、固碳作用、营养物质循环、降解污染物、增加生物生产量、防治病虫害等
	人居环境价值	美化和净化人居环境、优化人类生产环境等
存在价值		1. 当代人为风景名胜资源的存在所表现的支付意愿,包括因受益于自然和文化遗产资源的知识而衍生的综合效益等; 2. 未来持续利用风景名胜资源满足人类精神文化和道德需求所体现的社会价值和经济价值; 3. 为维系人类生存和社会发展的需求,将可能利用的风景名胜区内环境资源的预期价值,如水体、濒危物种等。

不仅满足广大公众日益增长的精神文化需求,还作为国家江山社稷的象征,蕴涵在中华文化的理念之中,寄托着民族的情感和民族精神,同时也展示着国家和民族的形象。在科教兴国战略中,风景名胜资源

对于文学艺术、美学观赏、科学研究、文史研究、科普教育都具有重要价值。

2. 风景名胜资源的经济价值

风景名胜资源作为国家发展旅游的重要载体,其旅游经济价值是毋庸置疑的,除此之外,其经济价值还体现在物产经济价值和文化经济价值两个方面。风景名胜资源的旅游经济价值包括风景名胜区旅游活动产生的旅游消费、旅游服务、旅游产品销售等;物产经济价值包括风景名胜区内的水资源、植物资源、动物资源、矿产资源等产生的直接或间接的经济价值;文化经济价值包括借助风景名胜资源进行文学、美术、摄影和影视创作产生的商业价值等。风景名胜资源对社会公众的激励和鼓舞作用还产生间接经济效益,但在社会精神文明建设和软科学研究方面产生的经济效益往往具有一定的非显性和后发性。

3. 风景名胜资源的环境价值

风景名胜区的自然资源是生态系统的构成要素,是生物物种生存、繁衍的基本生境,具有保存物种基因的遗传价值,在维系生态的平衡方面发挥着至关重要的作用。自然资源对生态系统、生物多样性和地质多样性的存在价值所具有的重要性,从它们对科学价值、社会价值、美学价值和生命支撑价值方面看,对于当代人或后人具有极为重要的意义(《澳大利亚自然遗产宪章》1999年)。

4. 风景名胜资源的存在价值

风景名胜资源被社会普遍认识、利用并容易被社会所承认的价值,大多是现实的、直观的和显性的,而存在价值是风景名胜资源非常重要而往往容易被忽略的方面。风景名胜资源的存在价值包括物质形态的预期价值、精神方面产生的隐性价值以及其他潜在的价值,它是对风景名胜资源非商业性功能或尚未发现功能的价值的一种认知,也是对风景名胜资源存在或未来存在所具有的价值的判断。

(四)风景名胜资源的功能

风景名胜资源的功能主要是教育启智功能、旅游休闲功能、科学研究功能、维系生态功能和传承文化功能。支持风景名胜资源功能的三个基本要素是:(1)风景名胜资源的禀赋。自然和人文资源是否具备独特性、完整性、珍稀性及其美学特征,能否对人们感官系统产生影响,并通过对景观、景物的观赏和体验获得美的享受,进而从中得到愉悦、陶冶或启智的效果,是风景名胜资源具有吸引力的基本条件,也是发挥其功能的前提性要素。(2)社会对风景名胜资源的需求。风景名胜资源具有的多重价值导致社会对其需求的多元化,这些需求包括精神文化需求、教育启智需求、生态平衡需求、科研科考需求、休闲健身需求等,社会需求是风景名胜资源发挥其功能效应的重要条件。(3)风景名胜资源的可利用性。风景名胜资源只有得到科学的规划、完好的保护以及规范化管理,其自然与人文资源的内涵得到很好发掘,具备可进入条件和可利用条件,能够满足公众对自然与人文资源多方面的需求,是风景名胜资源实现其功能效应的重要保障。

(五)风景名胜资源的特征

1. 风景名胜资源的独特性

我国风景名胜区的自然遗产资源分布在几个不同的大跨度的气候带和形态迥异的地质带,由于独特的地理区位和地形、地貌条件,集中了多姿多彩的景观和丰富的生物资源。风景名胜资源的类型包括水景资源、地貌景观资源、动物资源、植物资源、气象景观资源等,形成了我国丰富而独特的资源景观系统。其中有无与伦比的奇丽景观与震撼人心的气候奇观结合的典范,有世界上温带生物多样性最丰富、庇护着大量濒临灭绝的动植物物种的区域,有堪称范例的世界上湿润热带到亚热带最为壮观的喀斯特景观等,诸如此类负有盛名的自然景观数量众多,不可尽举。我国风景名胜资源的独特性、丰富性及其价值得到世界遗产专家的充分肯定和高度评价。联合国教科文组织世界遗产中心前主任马·德罗斯特考察黄山风景名胜区后留言:"黄山具有伟大的文化意义,拥有无与伦比的美丽,是最特别的世界遗产。"世界自然保护联盟(IUCN)专家桑塞尔博士考察九寨沟风景名胜区后指出:"我们在这里发现了世界上最壮观、最神奇的一处自然景观。""九寨沟的山峰峥嵘陡峭,造型奇特,实属罕见。"卢卡斯博士对九寨沟的评价是:"这里湖水的色彩太丰富了,有的颜色我在英语中一时还找不到恰当的词语来形容。"

在中华五千年文明发展进程中,不仅形成了崇尚自然、敬重山水的中华民族传统文化,也形成了人与自然和谐共存、自然景观与人文景观相互融合的特征。那些在名山大川中孕育的农耕田园文化、五岳文化、长江文化、黄河文化、历史建筑文化、宗教文化等,无一不是自然景观与人文杰作完美的融合,其形成无不以自然形态为背景,与自然景观结有难以分隔的特殊情缘。风景名胜区的传统文化如朱子理学与武夷山、潇湘文化与洞庭湖、徽州文化与黄山、吴越文化与太湖等，作为植根于本土的区域文化现象，体现了自然与人文资源互为影响和相互依存关系。大量历史人文资源以其独特的方式融会在具有突出价值的自然环境之中，形成了具有极高美学价值的与中华民族精神和文化生活紧密联系的人文景观。在 20 世纪末，我国的世界自然与文化混合遗产地曾一度占到本国遗产地总数的 17.4%，远远高于世界同类型遗产地占遗产地总数 4% 的比例，这在世界上是罕见的，充分反映我国自然资源和人文资源相互融合、和谐共生的显著特征，这一特征确立了我国风景名胜资源在世界自然和文化遗产中的特殊地位。

2. **风景名胜资源的完整性**

我国风景名胜资源形态不是单一构成，而是融合了自然资源和人文资源的综合性的巨系统，其整体性包含两个层面的内容：一是风景名胜区自然资源的整体性。风景名胜区的自然环境是一个大尺度空间的生境系统，是一切生物和非生物资源存在的基础和前提。无论从生境系统的自然规律还是从自然景观角度看，生境系统及其生物资源（森林植被、生物群落等）与非生物资源（地质、地貌、流域、山脉、湖泊等）是非隔绝的、开放性和动态性系统，是互为存在条件的统一体，任何一类资源都以在大自然整体环境中存在为前提，任何一类资源如果从自然生境中分离开来，不仅将失去其原有的意义和价值，而且使自然生境系统失衡，最终导致大自然整体环境的破坏。二是自然资源与人文资源的整体性。从大尺度空间界定风景名胜资源，不仅是由包括水资源、物种资源、矿产资源、地质资源、气象资源等不同形态的自然资源构成，也包括历史遗址遗迹、历史风貌建筑等人文资源。因此，风景名胜资源的完整性不仅包括物质形态与非物质形态的自然资源，还涵盖了包括不同历史时期、不同区域、不同民族文化在内的人文资源。经历了数千年的演进与融合，风景名胜区的自然景观与人文景观已经成为相互依存的整体，两者之间的关系是相得益彰和密不可分的。其原因一方面是长期积淀过程中在景观格局上形成的适应性，另一方面是民族文化和传统形成的对人文景观与自然环境之间关系的认同性，两者往往表现出相互依赖的关系（如山水特征与历史建筑风格、自然环境与传统文化等），一种资源以另一种资源的存在为条件，使风景名胜资源的各个要素之间具有不可分割性。从资源的整体构成看，风景名胜区诸多资源之间已经形成紧密联系而又互为补充、互为作用的关系,其中任何一种资源出现异常的变量,都会对资源的完整性带来直接或间接的影响。

3. 风景名胜资源的原真性

自然和人文资源的原真性是风景名胜资源基本而重要的特性,是认识和评鉴资源价值的依据,也是风景名胜资源区别于其他一般性资源的价值所在,自然和文化资源只有具备并保留其原真性,才能得到社会的认可并在国际上享有崇高的地位。任何一种风景名胜资源都具有其本体的合理性和规律性,要保留其社会价值、文化价值、经济价值和科学价值,就必须尊重风景名胜资源的基本特性和客观规律,使其原真性不被人为地随意改变,并经得起当代和历史的检验。经人为改造、加工、变动的历史古迹遗址和自然景观,将改变或模糊资源原有的状态和质量,使自然与人文资源的性质、特征以及本体的基本结构发生变异,资源的真实性将不复存在,从而也失去其原有的价值。

自然与文化资源的原真性理念是遗产资源保护界一贯坚持的普遍共识和原则,原真性主要体现在自然与人文景观景物的位置、体量、形式、规模、特征、颜色、材质等方面保持真实和完整状态。资源的原真性主要有三方面内容:一是资源本体的原真性。资源本体是指保护地的历史古迹和遗址、自然与人文景观,包括非物质形态的遗产资源。本体的原真性是自然与人文资源的首要条件,也是保持自然与人文资源价值的最基本要素。二是资源关联物的原真性。与自然和人文资源有关联的景物,是与自然和人文资源整体构成有机联系的要素,即是资源整体存在的必要条件,一旦关联物被变动或改造,势必不同程度地影响到资源本体,最终直接或间接地破坏资源的原真性。因此,关联物的完好维护是确保自然与人文资源安全的重要保障。三是资源环境的原真性。自然与人文资源存在的物理位置及其空间环境,也是维系资源整体性的重要条件,资源环境的变化会对自然与人文资源本体产生间接影响,不仅会改变景观的视觉环境,同时也直接影响风景名胜资源的真实性和可信度,降低自然与人文资源展陈、体验、科普或研究的质量。

4. 风景名胜资源的脆弱性

风景名胜区的自然与文化资源面临的威胁主要有三个主要因素,即社会因素、经济因素和自然因素。社会因素主要是景观景物的人工化、不规范的旅游行为、失控的游客容量、人为导致的外来种入侵等；经济因素主要来自城市化建设、集约农业、捕猎捕捞、水利设施建设、矿产开采、交通道路建设以及风景名胜区周边区域的各类产业开发等；自然因素主要来自地质灾害、气象灾害、生物病虫害、气候灾害等。

风景名胜区的自然资源与环境是复杂的适应性生态系统，在不受外界干扰的情况下，生态系统内各种不稳定因素和作用相互抑制和抵消，最终靠自然的自持力、恢复力和自我调节来维持生态的平衡，但其平衡力是有限度的和脆弱的，其生命过程一旦受外界干预和影响，承载的临界范围被打破，生态系统将失去平衡，自然资源安全将受到威胁。此外，风景名胜资源与社会、经济、文化有着密切的联系，随着我国社会经济的高速发展和人民群众物质文化生活水平的日益提高，社会经济和现代文化对风景名胜区的渗透和影响力不断加大，历史人文资源也不同程度地面临来自现代都市文化、市场化开发等人为的影响和干预，面临着被变异而失去原生态性的严重威胁。目前，在部分风景名胜区出现的"超常规"、"跨越式"发展的指导思想支配下，在前所未有的盲目、超量和错位的开发面前，风景名胜区的生物多样性和文化多样性显得尤为脆弱，由此导致的资源过度损耗或破坏是不可挽回和难以补救的。

5. 风景名胜资源的不可替代性

风景名胜区的自然和文化资源是国家特殊的精神和物质财富，其景观以及内涵是我国当代及未来物质文明和精神文明发展取之不竭的源泉，自然和文化资源对国家旅游经济的推动作用、对中华民族产生的凝聚力和精神鼓舞作用、对我国可持续发展战略的重要性是其他类型资源无法替代的。随着各国对资源可持续利用的高度重视以及科学技术水平的不断提高，逐渐出现了一些可再生资源或替代性资源，人类创造和发明的许多新材料、新技术，使国家未来的一些战略性资源的可替代和可再生成为可能，但无论社会经济、文化和科技发展到何种地步，风景名胜资源的独特性、完整性、原真性及其时空的不可逆性是其他战略资源无法替代的。在风景名胜区内，试图通过各种手段或形式产生某种风景名胜资源的替代品，都不可能达到自然和文化资源原有的独特性效果，其价值与原真性资源无法比拟，其行为也将导致资源完整性的破坏。联合国教科文组织世界遗产委员会《实施世界遗产公约操作指南》在文化与自然遗产资源的有关内容中指出："文化与自然遗产是无价的,不可替代的,它不仅属于某个国家,更是全人类共同的财产。任何一个这种无价之宝的退化消失,都将导致全人类遗产的贫竭。"

三、风景名胜区法制体系和制度建设

从1982年国务院公布第一批国家重点风景名胜区以来,为了强化风景名胜区的管理,依法保护风景名胜资源,制定了一系列法规和规章制度。1985年6月,国务院颁布我国第一个关于风景名胜区工作的专项行政法规——《风景名胜区管理暂行条例》(后简称《暂行条例》),《暂行条例》以法律形式确立了风景名胜区制度,为我国风景名胜区创业初期的制度建设、规划、管理以及风景名胜资源保护提供重要的法律依据,将我国风景名胜区工作纳入法制化轨道。《暂行条例》颁布后,国务院先后制定颁布了关于加强风景名胜区工作、加强风景名胜区保护管理、加强和改进城乡规划工作以及加强城乡规划监督管理等一系列风景名胜区管理的规范性文件。国家建设行政主管部门相继制定了《风景名胜区管理暂行条例实施办法》、《风景名胜区环境卫生管理标准》、《风景名胜区建设管理规定》、《风景名胜区管理处罚规定》、《国家重点风景名胜区规划编制审批管理办法》、《国家重点风景名胜区总体规划编制报批管理规定》、《建设部关于加强风景名胜区规划管理工作的通知》以及《关于开展国家重点风景名胜区综合整治工作的通知》等一系列部门规章及规范性文件,以保障国家法规的有效贯彻执行,为我国风景名胜区的可持续发展提供了法制保障。

20世纪90年代以来,我国城镇建设和旅游经济高速发展,出现了很多新情况、新问题,给风景名胜资源管理和保护工作带来了新的挑战。2006年9月,针对风景名胜区管理实践中出现的问题,在广泛调查研究及征求意见的基础上,国务院制定颁布了《风景名胜区条例》,通过立法程序进一步完善风景名胜区制度。《风景名胜区条例》突出了八个方面的规定性内容:(1)明确了风景名胜区工作"科学保护、统一管理、严格保护、永续利用"的原则;(2)强调了优先和严格保护风景名胜资源的重要性,强化了对风景名胜区的保护措施;

(3) 严格规定了风景名胜区规划的编制和审批程序，强调了风景名胜区规划的科学性和严肃性；(4) 重新确立了国家和省级风景名胜区的二级设立机制；(5) 明确了风景名胜区管理机构的执法主体地位，规定了风景名胜区管理机构对风景名胜区实行统一管理；(6) 对风景名胜区内经营性活动作出规定，明确了风景名胜资源有偿使用和风景名胜区门票收缴管理制度；(7) 明确了社会公众保护风景名胜资源的义务以及对风景名胜区的监督权、参与权；(8) 增加了对违法违规行为的行政责任追究制度，加大了对破坏风景名胜资源行为的处罚力度。《风景名胜区条例》的颁布实施，是我国风景名胜区事业发展的一个新的重要里程碑，它标志着我国政府对风景名胜区资源实行规范化、法制化管理又步入了一个新的更高的阶段，对在新的历史时期规范和指导风景名胜区各项工作具有十分重要的历史意义和现实意义，对风景名胜区事业的进一步发展起到十分重要的保障和促进作用。

在风景名胜事业发展过程中，全国绝大部分省区结合各地实际情况，与国家风景名胜区法规相衔接，制定了相应的地方性法规和规章，形成了较为完整的风景名胜区管理法规体系。截至2009年，河北、辽宁、黑龙江、江苏、浙江、湖南、广东、广西、云南、贵州、四川、重庆、山东、陕西、云南等大部分省（自治区、直辖市）人大先后制定并颁布了本省的风景名胜区保护管理地方法规和配套管理办法；江西、湖北、福建等省（自治区、直辖市）人民政府以政府令的形式颁布了风景名胜区保护管理的地方法规和配套管理办法。北京、安徽、云南、陕西、山东、湖南、贵州、新疆等19个省（自治区、直辖市）的82处风景名胜区制定了风景名胜区法规或管理办法。这些法规在我国市场经济转型期复杂的历史条件下，对风景名胜区的行政管理、规划建设、资源保护和旅游服务等发挥了重要的规范指导作用。

近30年来，在对风景名胜区的依法保护、规划和管理的过程中，国家的相关法律法规如《城乡规划法》、《环境保护法》、《水污染防治法》、《森林法》、《海洋环境保护法》、《水法》、《文物保护法》、《土地管理法》、《野生动物保护法》、《宗教事务条例》等也发挥了重要的作用。各级风景名胜区根据相关法律法规，把健全和完善各项管理制度与景区环境综合整治工作紧密结合起来，建立健全了包括资源保护、能力建设、景区管理、业务培训、规划监督、安全消防、环境卫生以及经营服务等方面的规章制度，使风景名胜区的综合管理实现规范化、制度化。

在国家建设行政主管部门的大力推动和指导下，各级风景名胜区严格履行法律法规赋予的各项职责，在依法对风景名胜区实施管理的同时，紧紧依靠地方政府和法制部门，对风景名胜区实行综合执法模式进行了积极的探索。2004年5月，泰安市人民政府公布实施了我国第一部风景名胜区相对集中行政处罚权的法规——《泰安市实施泰山风景名胜区管理相对集中行政处罚权规定》。同年8月，我国第一个在国家级风景名胜区设立的综合管理行政执法机构——泰山管理行政执法局成立。泰山管理行政执法局作为泰安市政府实施景区管理相对集中行政处罚权的行政机关，依法行使景区内的风景名胜、文物、林业、园林、旅游五个方面的法律、法规、规章规定的全部行政处罚权和相应的行政强制措施权；行使景区内规划建设、土地、地质矿产和水资源、安全生产、卫生、环境保护、物价、交通、道路交通安全、工商行政管理共十个方面法律、法规、规章规定的部分行政处罚权和相应的行政强制措施权。这项重大改革较好地解决了风景名胜区内多头执法、重复行政、职责交叉、权责脱节问题，为解决我国风景名胜区普遍存在的管理机构执法主体和执法时效等问题进行了有益的探索。

2007年10月，杭州西湖风景名胜区管理委员会经报杭州市人民政府法制部门法律审查通过并备案，正式公布《〈风景名胜区条例〉行政罚款自由裁量权适用规则》、《〈杭州西湖风景名胜区管理条例〉行政罚款自由裁量权适用规则》，这是我国风景名胜区行业第一个涉及风景区的自由裁量权的法律文件，同时，也创造了风景名胜区内行政执法的规范性、适应性处罚公式。自由裁量权使用规则不仅保障了当事人的合法权益免于不合理侵害，而且健全了执法监督机制，使行政执法人员在实施行政行为时做到公正、公平、合理，确保法律、法规和规章的规范实施。自由裁量权适用规则为相关法律法规的有效实施创造良好的条件，完成我国风景名胜区的行政执法程序从"弹性处理"向"依据标准"的转变。

四、风景名胜区管理体制

（一）风景名胜区的管理机制

1981年2月，国家城市建设总局会同国务院有关部门，向国务院提交了《关于加强风景名胜保护管理工作的报告》。报告提出对全国风景资源进行调查，确定风景名胜区的等级和范围；建议将一些闻名中外、具有独特的自然和人文景观、规模较大的风景名胜区应列为国家重点风景名胜区；建立健全风景名胜区的管理体制和管理机构，实行统一管理；加强风景名胜的保护工作。自此，全国各省区的风景名胜区管理机制建设工作相继展开。

1982年5月，第五届全国人大常委会第23次会议通过《关于国务院部委机构改革实施方案的决议》，国务院确定全国风景名胜区工作由城乡建设环境保护部市容园林局主管，同时下设风景名胜区处，这是国家建设行政主管部门第一次在内设机构中正式设立风景名胜区专门管理机构。1985年6月，国务院颁布的《风景名胜区管理暂行条例》，从国家法规层面对中央和地方政府机构管理风景名胜区工作作出规定：国务院建设主管部门负责全国风景名胜区的监督管理工作。国务院其他有关部门按照国务院规定的职责分工，负责风景名胜区的有关监督管理工作。各省、自治区人民政府建设主管部门和直辖市人民政府风景名胜区主管部门，负责本行政区域内风景名胜区的监督管理工作。各省、自治区、直辖市人民政府其他有关部门按照规定的职责分工，负责风景名胜区的有关监督管理工作。从而明确了中央人民政府及各地方人民政府有关部门风景名胜区管理和监督工作的各项职责。各省区在历次机构改革中都明确了建设主管部门对各级风景名胜区的管理。北京市、重庆市人民政府明确了由城市园林绿化部门作为风景名胜区主管部门，并加强对风景名胜区行业的监管。

各级风景名胜区所在的地县级以上地方人民政府根据国家法律法规有关风景名胜区管理机构的规定，在充分考虑当地的实际情况的基础上，根据风景名胜区特点、等级、所涉及的范围和区域以及管理的实际需要，按照有利于风景名胜区的保护和利用，有利于协调各方利益,有利于监督管理的原则,依法设置风景名胜区管理机构,负责风景名胜区的保护、利用和统一管理工作。

为了强化对全国风景名胜区工作的指导和监管,更好地协调在风景名胜区工作与各有关部门的关系,1993年12月,建设部根据国务院批准的"三定"方案,决定成立建设部风景名胜区管理办公室;建设部风景名胜区管理办公室设在建设部城市建设司,由城建司司长兼任办公室主任,分管风景名胜区工作的副司长兼任副主任。建设部风景名胜区管理办公室主要承担五项职责:(1)负责制定全国风景名胜区的发展战略;(2)受国务院委托,审查各地国家级风景名胜区总体规划;(3)负责风景名胜区保护、建设和管理工作中与有关部委的协调与合作;(4)负责与地方政府协调,加强风景名胜区的管理;(5)负责风景名胜区申报世界遗产项目的工作及与联合国教科文组织、国外国家公园系统等国际组织开展交流与合作。

经过改革开放以来近30年的不懈努力和建设发展,我国风景名胜资源完成了由松散型管理向制度化、规范化的集中管理模式的转变。根据国务院《风景名胜区条例》规定,我国风景名胜区形成了国务院主管部门、分管部门监督管理与地方人民政府管理机构负责日常管理的机制,有史以来第一次建立中央、地方政府主管部门以及风景名胜区的三级管理机制,形成了与世界国家公园体系相类似的中国特色的风景名胜区管理体制。

(二)风景名胜区管理机构

国务院公布首批国家级风景名胜区不久,即根据风景名胜区设立初期的实际情况,对风景名胜区的管理机构建设提出了原则性要求。从目前的整体状况看,尽管已经设立的国家级风景名胜区管理机构在名称和性质方面大致相同,但鉴于所在地行政管理、资源保护范围以及风景名胜资源类型等方面存在的差异,现阶段全国风景名胜区在机构设置形式、行政级别、管理职能等方面仍处于几种管理模式并存的状况。全国国家级风景名胜区管理机构的设置可归纳为政府职能机构、政府协调议事机构和政府派出机构三个主要类型:

1. **政府职能机构**

政府管理机构以风景名胜区规划范围及部分周边过渡地带为行政辖区设立人民政府,对风景名胜区直接实施完全政府职能的行政管理。政府管理机构等同于一般的地方人民政府,管理机构为政府职能部门，具有行政管理权，有明确的行政执法、规划建设、管理监督和资源保护等相应的职能权属，负责风景名胜区内所有行政事务的管理。政府管理机构的优势在于执法主体地位明确，法律依据相对充分，能调动多种行政管理手段对风景名胜区实施统一管理、规划建设和资源保护。由于政府管理机构本身是一级政府，机构所属管理部门不仅承担风景名胜区管理的所有职能，还包括部分与风景名胜区管理无直接关系的许多社区综合管理职能，客观上存在机构设置大而全、管理目标分散、管理成本过大等问题。

2. 政府协调议事机构

政府协调议事机构主要是为协调和处理风景名胜区内重大事项而设立的政府专门机构。政府协调议事机构的特点：一是具有相对较高的行政规格，协调力度较大，其决策具有一定的权威性。政府协调议事机构的基本形式是由风景名胜区所在地省、地或县（市）级人民政府主要分管领导牵头、各相关行政主管部门（包括建设、林业、文物、旅游、文化主管部门或乡镇政府等）作为成员单位组成的风景名胜区管理委员会；省级管理委员会日常办公机构设在建设行政主管部门，地、县（市）级人民政府设立的管理委员会日常办公机构设在风景名胜区。二是机构管理和协调范围较大，可就风景名胜区的某些重大事项实行有效的跨部门、跨辖区的协调和处理。三是政府协调议事机构不属实职性的管理职能机构，主要职责是协调相关政府行政主管部门或辖区间涉及风景名胜区总体规划、资源管理以及重大建设项目等方面的事项。

3. 政府派出机构

政府派出机构是由风景名胜区所在地人民政府设置的具有部分政府管理职能的专门机构，大多隶属于当地一级地方人民政府，也有部分由上级政府委托当地政府代管，管理机构的组织人事权在各级地方政府，其基本形式是设立专门的风景名胜区机构（管理委员会、管理局或管理处），作为地方政府的派出机构，负责风景名胜区的日常管理工作。政府派出机构接受人民政府或者有关主管部门依法委托的职权，具有地方政府授予的部分行政管理职能。目前，我国国家级风景名胜区管理机构中大多数属于政府派出机构。

与政府机构相比，政府派出机构基本可适应风景名胜区工作的需要，管理机构的部门设置相对集中，事业单位、政府职能以及相对企业化的管理是这类管理机构的主要特征。由于所在地政府施政情况的差异，各地风景名胜区政府派出机构的管理职能、权限等存在一定的差别。政府派出机构存在的问题是：作为执法主体实施统一管理的法律依据不足，法律地位尚不明确，大多数风景名胜区内的土地、规划、林业、公安等行政执法权限不同程度地仍在地方政府相关职能部门，难以实行相对集中的行政执法。此外，由于政府派出机构大多属于事业单位，管理机构的经费较少纳入财政预算（有的甚至完全自收自支），使公共资源管理很难得到国家计划资金的支持。

近年来，一些地方政府为理顺风景名胜区的管理体制，对景区实行全面有效的管理，依据国家和地方的有关法规，采取积极措施，赋予风景名胜区一定的政府管理职能，以强化对风景名胜区的统一管理、规划和保护。有的地方政府授权风景名胜区政府派出机构对区内所有行政事务行使管理，包括独立财政、工商税务以及行政执法等职能，有的管理机构受地方政府委托直接管理（或代管、托管）风景名胜区内的乡镇（街、区）。这类政府派出机构具有一定的行政管理职权，除没有人大和政协机构外，其职能和机构设置与所在地人民政府基本相同。

在政府派出机构中，还存在其他为数很少的三种管理机构形式。第一种是两种保护地共管模式。此类管理机构一般处在风景名胜区与其他类型保护地重叠（如自然保护区）的地区，承担对两种类型保护地实施管理和保护的职责，并接受两个行业行政主管部门的指导和监管，即"一套人马、两块牌子"的管理机构模式。第二种是两个行业共管模式。此类管理机构被地方政府赋予两个以上行业的管理职能（如风景、旅游），承担除风景名胜区管理之外的其他相关行业的管理职责，也接受两个行业行政主管部门的指导和监管。第三种是由其他行业行政主管部门管理模式，目前有林业、文物、旅游、文化等行业主管部门负责对风景名胜区进行业务管理和指导。

风景名胜区管理范围较大，区内资源类型多样，涉及的相关部门和单位较多，为了使风景名胜区管理机构有效地行使政府赋予的各项管理职能，所在地政府依据《风景名胜区条例》关于统一管理的原则，从风景名胜区管理的现实需要出发，赋予风景名胜区管理机构相应的行政级别，以强化管理机构的管理和协调能力。目前，国家级风景名胜区管理机构的行政级别大多为副县级或县级，部分国家级风景名胜区的行政级别为副地级甚至是地级。从行业发展总的趋势看，由于风景名胜区的社会关注度不断提高，在地区社会文化和经济发展中的作用日益突出，在所在地政府的高度重视和支持下，各级风景名胜区管理机构的地位在逐步提高和强化。

从当前我国风景名胜区管理机构建设的现况看，全国208个国家级风景名胜区中大部分设立了统一的管理机构。由于风景名胜区行业发展过程处于社会政治和经济的转型时期，各省区自然地理状况迥异，社区和经济条件差别较大，风景名胜区管理机构存在几种不同的模式。目前，少部分风景名胜区仍存在多头管理，个别风景名胜区存在以企代政等现象，有的国家级风景名胜区尚未建立统一的管理机构。针对这些问题，在各级风景名胜区所在地方政府、建设行政主管部门的指导、支持下，根据国务院《风景名胜区条例》有关风景名胜区实行"统一管理"的原则以及"风景名胜区管理机构不得将规划、管理和监督等行政管理职能委托给企业或者个人行使"的规定，各级风景名胜区积极进行整顿和纠正，采取措施理顺管理体制、规范机构设置，逐步完善相应的管理职能。就整体而言，各级风景名胜区管理机构能够履行国家赋予的各项职责，并在发展国家旅游经济、保护自然和文化遗产、促进社区精神文明建设、推动地区经济结构调整等方面发挥着举足轻重的作用。

（三）**风景名胜区工作原则及管理职责**

风景名胜区管理机构的职责取决于风景名胜资源的性质，即风景名胜区管理机构必须具有管理公共资源相应的职能，因此，风景名胜区管理机构的管理职责由中央人民政府通过相关法规加以规定。国务院《风景名胜区条例》对风景名胜区工作原则以及管理职责作出一系列规定，《条例》明确了国家对风景名胜区实行"科学规划、统一管理、严格保护、永续利用"的原则，并对风景名胜区的公共资源管理、公共设施管理、规划和建设管理、游览和治安管理、环境和环卫管理、经营和服务管理、公共收益管理以及监督执法等管理职能作出具体规定。部分地方政府为了对风景名胜区实施有效的管理，根据风景名胜区所在地的实际情况，还赋予管理机构社区管理和相关公共事务管理等职能。

根据《风景名胜区条例》和国务院所属部门关于职责分工的有关规定，全国风景名胜区的监督管理工作由建设行政主管部门负责。监督管理工作具体职责包括：(1) 对设立国家级风景名胜区，进行组织论证，并提出审查意见报国务院审批；(2) 审批国家级风景名胜区的详细规划；(3) 核准国家级风景名胜区内修建缆车、索道、水库、公路、铁路等重大建设工程项目的选址方案；(4) 对国家级风景名胜区的规划实施情况、资源保护状况进行监督检查和评估，对发现的问题及时纠正和查处；(5) 依据法律法规，制定风景名胜区相关的管理办法和规定，对省、自治区建设行政主管部门、直辖市风景名胜区主管部门和各级风景名胜区管理机构的工作进行监督和指导，对违法行为进行查处。《风景名胜区条例》还明确了国务院其他有关部门分别在各自的职权范围内行使监督检查和指导的职责。

各省、自治区人民政府建设主管部门和直辖市风景名胜区主管部门对风景名胜区的监督管理职责主要包括：(1) 会同其他有关部门组织对设立省级风景名胜区进行论证，提出审查意见，报省、自治区、直辖市人民政府批准公布；(2) 组织编制国家级风景名胜区规划；(3) 审批省级风景名胜区的详细规划；(4) 对本行政区域内的风景名胜区管理机构的工作进行监督和指导，对违法行为进行查处。各省、自治区、直辖市的其他有关部门在各自的职权范围内，依据法律法规的规定，负责风景名胜区的有关监督管理工作。

风景名胜区管理机构代表国家意志并行使国家法规赋予的各项管理职责，运用行政、法律、经济、教育和科技等手段对风景名胜区实施管理，负责处理和协调部门、单位、社区以及各利益相关方之间的关系，履行对国家公共资源管理、保护和利用的使命，以满足全社会精神文明和物质文明的需求。依据国务院《风景名胜区条例》和国家相关法律法规，风景名胜区管理机构的主要职责见表1-4。

风景名胜区管理机构职责一览表 表1-4

类 别	内 容
监督执法管理	检查、监督风景名胜区内各类违法违规行为和活动；制止景区内的违规行为；对违法违规建设活动进行处罚，并限期恢复原状或者采取其他补救措施
规划建设管理	依照有关法律、法规对风景名胜区规划和景区内建设活动实施监管；对规划实施情况进行监督检查和评估；根据有关规定审核建设活动并办理审批手续，依照有关法律、法规的规定办理审批手续；根据风景名胜区规划，对风景名胜区规划实施情况进行动态监测；向国务院建设主管部门报送风景名胜区规划实施情况；负责组织景区基础设施和公共服务设施的建设

续表

类别	内容
经营服务管理	依照有关法律、法规的规定审核景区内各项经营活动，并依照有关法律、法规的规定报有关主管部门批准；督促风景名胜区内的经营单位接受有关部门依据法律、法规进行的监督检查；依照有关法律、法规和风景名胜区规划，采用招标等公平竞争的方式确定经营者
风景资源管理	建立健全风景名胜资源保护的各项管理制度；对风景名胜区内的重要景观进行调查、鉴定，并制定相应的保护措施；对资源保护状况进行监督检查和评估；保护民族民间传统文化；建立风景名胜区管理信息系统，对风景名胜区资源保护情况进行动态监测；采取有效措施，保护好周围景物、水体、林草植被、野生动物资源和地形地貌；景区环卫管理；负责风景名胜区资源有偿使用费的收缴；向国务院建设主管部门报送风景名胜区土地、森林等自然资源保护的情况
景区游览管理	开展健康有益的游览观光和文化娱乐活动；建立健全景区安全保障制度，调控游客容量和维护景区游览秩序，实施景区游览安全管理，保障游客安全；负责风景名胜区门票的出售
公共设施管理	合理利用风景名胜资源，改善交通、服务设施和游览条件；管理和维护景区基础设施和公共服务设施；设置风景名胜区标志和路标、安全警示等标牌；对景区的交通、服务等项目实施监管
宣教科研管理	普及历史文化和科学知识；开展爱国主义教育、青少年科普教育、环保教育；组织开展科学研究工作，挖掘和整理景区自然科学、人文历史；宣传、展示风景名胜资源
社区事务管理	受所在地政府的委托或授权管理风景名胜区内的村镇、社区（街区）

（四）风景名胜区数字化建设

在全球进入经济一体化和信息技术被广泛应用的大趋势下，我国各行业的管理和服务已经全面进入数字化时代，传统的管理模式和手段已经不能适应形势发展的需要。2001年7月，为了控制游客数量、保护生态环境、拓展旅游服务市场，四川九寨沟风景名胜区率先提出"数字景区"理念，并建立风景名胜区行业第一个具有电子商务功能的旅游服务网站，实施了网上购票和网络化营销，此举成为风景名胜区行业数字化建设的开端。

2004年，建设部和科技部共同启动数字化景区建设工作，推荐黄山和九寨沟风景名胜区纳入国家"十五"科技攻关项目——数字景区示范工程。2005年10月，建设部发出《关于召开国家重点风景名胜区监管信息系统暨数字化景区建设工作会议的通知》（建城景函［2005］124号），决定在四川省九寨沟召开国家重点风景名胜区监管信息系统暨数字化景区建设工作会议，会议提出研究和推动国家重点风景名胜区数字化景区建设工作，推广九寨沟国家重点风景名胜区管理局数字化景区建设的经验。为了积极、稳妥地推进数字化建设工作，建设部对国家重点风景名胜区数字化建设试点工作作出部署，在全国选定部分国家重点风景名胜区作为试点，就数字化建设工作进行重点指导和扶持，提出了数字化景区建设试点工作的目标和具体任务，同时启动国家重点风景名胜区数字化管理平台建设。

1. 数字化建设的基本目标和主要内容

按照建设行政主管部门风景名胜区监管信息系统建设工作部署，国家级风景名胜区开始监管信息系统网络平台的调试工作。2007年12月，国家级风景名胜区网络平台开通试运行，实现了我国国家级风景名胜区遥感监测等信息数据的网络化传输和政务信息发布，实现了政府行政主管部门面向风景名胜区行业提供政策法规以及相关文件资料的查询服务，同时也促进了风景名胜区行业的信息交流，使我国风景名胜区信息化管理上了一个台阶。

风景名胜区数字化建设是在新形势下总结先进风景名胜区管理经验，借鉴较成熟的数字城市建设经验，在综合运用现代信息技术基础上，推出的一项重大举措。其宗旨是通过数字化建设、创新风景名胜区管理模式，从整体上提升现代化管理和服务水平，为风景名胜区发展注入新的活力。

建设部在《关于搞好国家重点风景名胜区数字化建设试点工作的通知》（建城景函［2005］143号）中，提出了实现国家重点风景名胜区数字化建设试点工作的基本目标：一是完成10个以上国家重点风景名胜区的数字化试点建设和验收工作，使这些景区在资源保护、规划建设、旅游服务、规范管理等各领域的数字化信息资源得到有效整合，并在全国风景名胜区中实现数字化管理单项或多项系统领先水平，为全面推开数字化景区建设提供示范经验；二是建设并试运行全国统一的国家重点风景名胜区数字化管理平台和公众商务信息网，初步形成国家重点风景名胜区管理数据中心，为全面推动数字化景区建设奠定基础；三是完成有关风景名胜区数字化建设的标准、规范等起草编制工作，为全面推动数字化景区建设提供技术保障。

风景名胜区数字化建设内容概括起来可以分为两个层面和两个中心的建设：即基础层、应用层和指挥调度中心、数据中心。

基础层：包括通信网络设施、信息安全保障及一些基础软件平台。

应用层：即面向风景名胜区各职能部门的应用信息系统：一是为加强资源保护管理建设的环境监测系统，生物、文物资源监测系统，规划监测系统，森林防火系统等；二是支持景区日常管理的OA办公系统、规划管理信息系统、GPS车辆调度系统、"三台合一"接处警系统、视频监控系统、电子门禁系统、LED大屏幕信息发布系统等；三是满足经营服务和相关产业发展的电子商务、旅游服务、客户关系管理系统等。

指挥调度中心：通过对景区管理、资源保护和经营服务等主要环节和关键节点信息的集中整合、调控，实现对风景名胜区各职能部门的统一组织、协调和调度。

数据中心：对各业务系统数据的集中管理和共享服务，包括遥感（RS）数据、地理信息（GIS）数据、GPS全球定位数据、多媒体（MEDIA）数据，以及其他综合业务信息数据（图1-5）。

2. 风景名胜区数字化建设的绩效

数字化建设作为风景名胜区行业近年来出现的新生事物，在各有关部门、机构和科技人员的支持和配合下，经过各级风景名胜区的不懈努力和积极探索，数字化建设取得了丰硕的成果，积累了大量成熟的经验，有效地保护风景名胜资源，降低景区运营成本，增强景区综合防范能力和应对突发事件的能力。数字化景区建设绩效大致可归纳为以下几个方面：

1）改变了景区传统的管理与服务模式。风景名胜区运用现代科技和市场化手段，在引进国际先进理念，借鉴国内其他行业的数字化建设经验的基础上，结合风景名胜区的具体情况和现实需求，把数字化建设作为创新景区管理机制的重要途径和手段，从组织机制、景区管理和经营服务等方面大胆探索，形成了以信息网络为平台，以数字化指挥中心为核心，为风景区提供保护、管理、服务、营销等全方位服务的数字化管理体系，创建了全新的景区管理与服务模式。数字化建设已经是风景区优化管理、提升服务的最佳选择和主要手段，

2）数字化景区建设的绩效显著。通过数字化景区建设，推动信

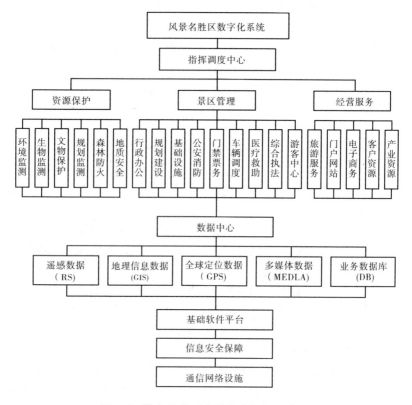

图 1-5 数字化景区建设基本框架示意图

息技术在景区监测、森林防火、资源监控、交通调度、电子导游、景区票务等一系列科技成果在风景区的推广和应用,很大程度上解决了长期存在的游客疏导、指挥调度、实时监控、信息咨询等方面的瓶颈问题,实现了以信息带管理、以信息促保护、以信息增效益,实现了提高管理效率、提高服务质量以及降低管理成本的多项目标,取得了明显的社会效益、环境效益和经济效益。数字化建设已经成为景区发展新的、强有力的助推器。

3)整合社会和市场资源为数字化建设服务。风景名胜区将数字化建设中与科技产业有关的经营服务性项目,通过市场化运作的方式,整合科技资源、旅游资源、社会资源,吸纳社会力量为数字化建设提供支持,发挥科技企业在技术、人才和资金方面的优势,建立景区管理、资源保护与相关科技产业发展的良性互动机制；最大限度地调动社会资源，共同参与风景名胜区数字化建设，从而有力地推动了信息技术最新科研成果在风景名胜区的推广和应用。

4）建立了高素质数字化管理的人才队伍。风景名胜区在抓数字化硬件建设的同时注重软件建设，通过开展数字化建设理论研讨、与其他行业的经验交流、分期分批进行专业技术培训等多种形式，加强景区信息管理和服务部门干部员工的能力建设，培养和造就了一大批能够驾驭数字化景区建设的专业技术人才，为实现数字化系统集成的最佳效应发挥了主力军作用，也为风景名胜区的数字化建设提供了可靠的人力资源保障。

五、风景名胜区规划和监管

在我国风景名胜区筹建阶段，为了加快风景名胜区建设的步伐，1979年4月，国家城市建设总局在杭州召开自然风景区工作座谈会，来自18个省市（区）城建园林部门和21个风景区管理机构的代表及有关专家、干部，对自然风景区保护、规划和管理机制建设提出大量意见和建议。会议着重研究了风景区的保护和规划工作，提出在进行风景区资源调查的基础上着手风景区总体规划的编制工作，我国部分重点风景名胜区全面、系统的规划工作自此展开。

（一）风景名胜区规划体系

1. 风景名胜区规划定义

风景名胜区规划从广义上讲，是国家在特定区域内对自然与文化遗产资源实行管理、保护、建设的基本手段和重要依据，是风景名胜区最重要的和基本的技术规范，是遵循事物发展客观规律，运用科学的思想、理论和方法，潜心研究与谋划的产物，是为实现风景名胜区可持续发展战略目标制定的蓝图，也是做好风景名胜区工作的前提和重要基础。从狭义上讲，风景名胜区规划是"为了实现风景名胜区的发展目标而制定一定时期内的系统性的优化行动计划的决策过程。它要决定诸如性质、特征、作用、价值、利用目的、开发方针、保护范围、规模容量、景区划分、功能分区、游览组织、工程技术、管理措施和投资效益等重大问题的对策；提出正确处理保护和使用、远期与近期、整体与局部、技术与艺术等关系的方法，达到使区内与外界有关的各项事业协调发展的目的"（1993、《风景科学导论》．丁文魁）。

2. 风景名胜区规划的基本任务及其主要目的

我国风景名胜区规划具有较强的综合性、政策性和协调性。风景名胜区规划的主要目的是发挥风景区的整体大于局部之和的优势，实现风景优美、设施方便、社会文明，并突出其独特的景观形象、游憩魅力和生态环境，促使风景区适度、稳定、协调和可持续发展（2003.《风景名胜区规划规范》实施手册．贾建中，张国强）。其基本任务"是在一定空间和时间范围内对各种规划要素的系统分析和统筹安排，这种综合与协调职能，涉及所在地的资源、环境、历史、现状、社会经济发展态势等广泛领域"（《风景名胜区规划规范》（GB50298 – 1999））。

风景名胜区规划的主要任务是：一是综合分析评价现状；二是依据风景区的发展条件，从其历史、现状、发展趋势和社会需求出发，明确风景区的发展方向、目标和途径；三是发展景物形象、组织游赏条件、调动景感潜能；四是对风景区的结构与布局、人口容量及生态原则等方面作出统筹部署；五是对风景游赏主体系统，旅游设施配套系统、居民社会经营管理系统，以及相关专项规划和主要发展项目进行综合安排；六是提出相应的实施步骤和配套措施（2003.《风景名胜区规划规范》实施手册．贾建中，张国强）。风景名胜区规划的内容包括："确定风景名胜区的性质、容量、划定范围和保护地带、合理地划分景区和功能分区，组织游览交通线路和游人的划定、综合协调各项事业的关系，统筹安排各项公用设施和工程技术设施，提出保护和开发利用风景名胜资源的技术和管理措施，核算开发建设资金和效益。"（1988.《风景名胜区规划问题》．王秉洛）

3. 风景名胜区规划的法律地位

国家对风景名胜区规划工作高度重视。国务院 1985 年颁布的《风景名胜区管理暂行条例》对风景名胜区规划的组织编制部门、规划编制内容、规划论证和审批等作出了相应的规定。在国家旅游经济快速发展及城市化、工业化进程不断加快的新形势下，为了完善风景名胜区规划体系，通过规划手段调控和实现风景名胜区的各项资源保护和利用目标，确立风景名胜区规划的法定地位，国务院 2006 年颁布《风景名胜区条例》，进一步对风景名胜区规划作出原则规定，进一步明确了风景名胜区规划的法律地位，同时也明确了风景名胜区规划体系和规划审批制度，为风景名胜区规划的监督和实施提供了法律依据。

《风景名胜区条例》有关规划的主要内容包括：（1）明确规定风景名胜区规划编制分为总体规划和详细规划两个阶段；（2）规定了风景名胜区规划的组织编制和审批程序，明确规定国家级风景名胜区的总体规划的最终审批权在国务院，管理和监督主体是国家建设行政主管部门，执行主体是风景名胜区管理机构及其所属部门；对省级风景名胜区总体规划的审批程序作出相应的规定；（3）对风景名胜区总体规划和详细规划编制包括的内容及其应当体现的原则作出规定；（4）对风景名胜区总体规划编制单位的资质等级和招标方式作出规定；（5）规定了风景名胜区总体规划编制期限和规划有效期限；（6）对风景名胜区规划的监督、实施、修改等作出规定。

风景名胜区规划遵循国家的《城乡规划法》、《环境保护法》、《森林法》、《文物保护法》、《土地管理法》相关法律法规的有关规定和要求，尊重有关自然和文化遗产保护国际公约的要求。

4. 风景名胜区规划规范

为了提高风景名胜区规划编制的科学性和规范化，建设部会同国家质量技术监督部门于1999年11月颁布了强制性国家标准——《风景名胜区规划规范》（GB50298-1999），《规划规范》是在总结我国风景名胜区设立以来近30年的规划实践以及吸收世界国家公园规划先进理念的基础上制定的，是我国第一部关于风景名胜区规划的专项技术规范。《规划规范》从风景基本术语、风景资源评价、规划范围、性质、目标、分区与结构布局、游览设施、基础工程、居民社区调控、经济发展和土地利用等方面，对风景名胜区规划、规划成果以及规划深度等作出具体规定。

根据风景名胜资源类型、性质和功能的不同，《规划规范》将风景名胜区保护范围分为生态保护区、自然景观保护区、史迹保护区、风景恢复区、风景游览区和发展控制区，并对保护范围分区作出规定（表1-5）。

根据风景名胜资源的特点和保护程度的区别，《规划规范》将风景名胜区保护范围分为特级保护区、一级保护区、二级保护区和三级保护区,并对保护范围的级别划分作出规定(表1-6)。

风景名胜区保护范围分区表　　　　　　　　　　表1-5

保护范围分区	保护范围分区规定
生态保护区	对风景区内有科学研究价值或其他保存价值的生物种群及其环境,应划出一定的范围与空间作为生态保护区
自然景观保护区	对需要严格限制开发行为的特殊天然景源和景观,应划出一定的范围与空间作为自然景观保护区
史迹保护区	在对风景区内各级文物和有价值的历代史迹遗址的周围,应划出一定的范围与空间作为史迹保护区
风景恢复区	对风景区内需要重点恢复、培育、抚育、涵养、保持的对象与地区,例如森林与植被、水源与水土、浅海及水域生物、珍稀濒危生物、岩溶发育条件等,宜划出一定的范围与空间作为风景恢复区
风景游览区	对风景区的景物、景点、景群、景区等各级风景结构单元和风景游赏对象集中地,可以划出一定的范围与空间作为风景游览区
发展控制区	在风景区范围内,对上述五类保育区以外的用地与水面及其他各项用地,均应划为发展控制区

风景名胜区保护范围分级表　　　　　　　　　　表1-6

保护范围分级	保护范围分级规定
特级保护区	风景区内的自然保护核心区以及其他不应进入游人的区域应划为特级保护区
一级保护区	在一级景点和景物周围应划出一定范围与空间作为一级保护区,宜以一级景点的视域范围作为主要划分依据
二级保护区	在景区范围内,以及景区范围之外的非一级景点和景物周围应划为二级保护区
三级保护区	在风景区范围内,对以上各级保护区之外的地区应划为三级保护区

　　为了对不同类别的风景名胜区实行科学规划和有效保护,合理利用风景名胜资源,住房和城乡建设部于2008年12月颁布了《风景名胜区分类标准》,《分类标准》根据我国风景名胜区及其资源的特征,将我国风景名胜区分为14个主要类别,不仅有助于对不同类别风景名胜区进行分类管理,也使风景名胜区规划建立在更为科学的基础之上。

5. 风景名胜区规划原则

风景名胜区规划是驾驭整个风景区保护、建设、管理、发展的基本依据和手段，是在一定空间和时间范围内对各种规划要素的系统分析和统筹安排，规划的综合与协调职能，涉及所在地的资源、环境、历史、现状、社会经济发展等广泛领域，需要深入调查研究，提取并把握主要矛盾和对策，充分考虑风景、社会、经济三方面的综合效益，因地制宜地突出本风景区的特征。其原则为：（1）风景区规划必须符合我国国情，因地制宜地突出本风景区特性。（2）应当依据资源特征、环境条件、历史情况、现状特点，以及国民经济和社会发展趋势，统筹兼顾，综合安排。（3）应严格保护自然与文化遗产，保护原有景观特征和地方特色，维护生物多样性和生态良性循环，防止污染和其他公害，充实科教审美特征，加强地被和植物景观培育。（4）应充分发挥景源的综合潜力，发现风景游览欣赏主体，配置必要的服务设施与措施，改善风景区运营管理机能，创造风景优美、设施方便、社会文明、生态环境良好、景观形象和游赏魅力独特，人与自然协调发展的风景游憩境域。（5）应合理权衡风景环境、社会、经济三方面的综合效益，权衡风景区自身健全发展与社会需求之间关系，防止人工化、城市化、商业化倾向，促使风景区有度、有序、有节律地持续发展（2003《风景名胜区规划规范》实施手册. 贾建中、张国强）。

6. 风景名胜区规划与相关规划的关系

风景名胜区规划范围跨度较大，内容广泛，涉及行业、部门及社区较多，因此，风景名胜区规划难免与其他相关部门的规划发生关系，这些规划包括国土规划、区域规划、城市总体规划、城镇体系规划、土地利用总体规划、交通网络规划、环境保护规划等。如何通过风景名胜区规划实现有效保护自然资源和历史文化遗产的各项目标，保持地方特色、民族特色和传统风貌，促进风景名胜资源的合理利用与综合利用，兼顾城乡统筹、合理布局、节约土地、集约发展以及改善生态环境的原则，是体现新时期风景名胜区规划综合性、科学性和完整性的重要标志。应该以科学发展观为指导，从构建和谐的、可持续发展风景名胜区的高度出发，做好与相关规划之间的衔接与协调工作。要在严格执行《风景名胜区条例》有关规定和要求，坚持贯彻"严格保护、统一管理、合理开发、永续利用"的原则的前提下，认真考虑风景名胜区内及其周边各利益相关方的关系，从风景区管理和保护的整体情况出发，满足各相关部门的合理要求，兼顾各相关方的利益；充分发挥风景名胜区规划综合分析、有序协调、统筹兼顾的优势，处理好诸多由于条块关系形成的各类矛盾。

7. 风景名胜区规划体系建设

1982 年风景名胜区设立以来，随着国民经济和社会文化事业的快速发展，国家建设行政主管部门不断加强风景名胜区规划编制和管理工作，建立并完善了国家风景名胜区规划评审和审批机制，制定了风景名胜区的规划审批制度（图1-6），形成了全国风景名胜区规划体系。部分省级建设主管部门积极探索规划管理的经验，实行了风景名胜区建设选址审批书制度和建设工程初步设计报批制度，对风景名胜区规划和实施过程进行全程序监管。

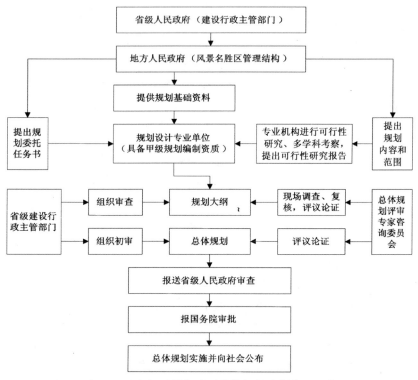

图1-6 国家级风景名胜区总体规划编制审批程序

近年来，部分地方建设行政主管部门根据自身的区域特点，从整体上突出区域的共性和内在关系，充分考虑未来时期区域范围风景名胜区的发展与战略性问题，发挥政府的综合和宏观调控的优势，编制了省域范围的风景名胜区体系规划，从总体上为区域风景名胜资源的整合、监管以及协调提供了有利条件。各级风景名胜区管理机构不断加强与国家重点院校、科研机构的合作，结合风景名胜区总体规划的编制，开展风景名胜区生态环境、生物物种资源的调查研究和监测工作，完成了一大批风景名胜资源管理、保护和利用的专项规划成果，从整体上充实和丰富了风景名胜区规划体系的内涵。

经过30年来的探索与实践，在各级建设行政主管部门、规划设计部门、科研机构、高等院校以及风景名胜区的共同努力下，风景名胜区规划工作从基础起步，遵循国家有关方针政策并紧密联系地方的实际，注重结合自然规律和景区环境特点，从人与自然和谐相处和社会经济全面进步的高度，突出风景名胜资源的文化内涵和地方特色，全面发挥风景名胜区各项功能，积极探索风景名胜区规划对区域协调发展的指导作用，建立了适合我国国情的风景名胜区规划体系。

（二）规划监管及信息系统建设

风景名胜区事业的发展离不开科学规划的指导，近年来，国务院高度重视风景名胜区的规划管理工作，先后多次发文强调要"科学编制风景名胜区规划"；"认真组织编制风景名胜区规划，并严格按规划实施"，对风景名胜区规划管理工作提出明确要求。2000—2002年，为了维护城乡规划的权威性和严肃性，强化对风景名胜区规划的监管，有效地保护风景名胜资源，国务院相继发布《国务院办公厅关于加强和改进城乡规划工作的通知》（国办发［2000］25号）和《关于加强城乡规划监督管理的通知》（国发［2002］13号），通知强调：不准在风景名胜区内设立各类开发区、度假区等。要按照"严格保护、统一管理、合理开发、永续利用"的原则，认真组织编制风景名胜区规划，并严格按规划实施。规划未经批准的，一律不得进行各类项目建设。要正确处理风景名胜资源保护与开发利用的关系，切实解决当前存在的破坏性开发建设等问题。为切实做好风景名胜区规划工作，建设部对风景名胜区规划的编制审批和监督管理作出了统一部署。同时，根据国务院要求，建设部会同有关部门，通过风景名胜区规划审查部际联席会议对各地风景名胜区规划编制进行指导和监督。

为了在风景名胜区面临城市化和市场化巨大压力的形势下，对规划实施进行有效的监督和管理，2002年5月国务院《关于加强城乡规划监督管理的通知》首次提出要抓紧建立全国城乡规划和风景名胜区规划管理动态信息系统，采用现代技术手段，加强对全国城乡规划建设情况的动态监测。建设部发出了《关于开展城市规划和风景名胜区监管信息系统建设试点工作的通知》（建科信函［2002］143号）、《关于国家重点风景名胜区监督管理信息系统工作指导意见》（建城［2003］220号）等一系列重要文件，贯彻国务院关于加强风景名胜区监督管理工作的指示精神，首先开展了以部分国家级风景名胜区为监测对象，基于遥感技术、GIS技术、MIS技术和网络技术，采用遥感、地形、总体规划、详规数据比对和专家判读的方法，通过实施大范围、可视化、短周期的动态监测体系建设的试点工作，正式启动了国家重点风景名胜区监督管理信息系统建设。

1. 监管信息系统建设管理原则及主要内容

国家级风景名胜区监管信息系统是综合运用遥感技术等信息化手段，以风景名胜区规划为依据，对国家级风景名胜区资源保护和利用状况进行动态监测，服务于建设（园林）主管部门和国家级风景名胜区管理机构的辅助管理系统。为规范国家级风景名胜区监管信息系统建设和管理，建立健全国家级风景名胜区科学监测体系和监管机制，2007年，建设部以通知形式印发了《国家级风景名胜区监管信息系统建设管理办法（试行）》。通知提出了"统一标准、科学监测、精心核查、客观反映"的基本工作准则，进一步明确了监管信息系统建设的管理机制，同时对国家级风景名胜区监测核查程序、组织协调和监督检查作出了规定。

2003年，建设部发出《关于国家重点风景名胜区监督管理信息系统建设工作指导意见》（建城［2003］220号），明确提出监测内容主要是国家重点风景名胜区内的土地利用、建设工程（是否符合规划和规定的审批程序）和生态环境（含地形、地貌、植被、河流等）。《指导意见》对监督管理信息系统建设工作提出具体要求：（1）建立健全监管机制。建设部成立国家重点风景名胜区监管中心，受建设部委托，具体组织协调国家重点风景名胜区监督管理信息系统工作；各省、自治区、直辖市建设行政主管部门和风景名胜区管理机构要成立监管专职机构。（2）完善监管技术成果。包括国家重点风景名胜区遥感监测结果汇总统计、监测结果专题图编制、监测结果公告、三级监管系统部署、系统培训和运行、监测基础数据建库、规划数据建库、遥感和监测结果数据建库等。(3) 严格实施监管工作标准。按照建设部统一部署、统一监测标准、统一系统平台（GIS、软件）、资源共享等要求开展监管工作，同时对省级建设行政主管部门和风景名胜区管理机构的组织实施监管提出了具体要求。(4) 建立监管技术培训和服务体系。(5) 及时处理监测中发现的问题。

2. 监管信息系统管理手段及技术流程

风景名胜区规划实施情况的监督管理采用遥感（RS）、地理信息系统（GIS）技术与实地调查相结合的手段来实现（图1-7）。具体技术流程如下：

(1) 利用地形图数据对遥感影像数据进行纠正配准处理。

(2) 通过遥感数据以及规划数据（总规和详规）的比对，进行差异图斑的识别。识别方法主要包括：多时相遥感影像图的比较，遥感影像数据与规划数据的比较，专家经验目视识别比较，并辅以公众监督举报等。

(3) 在识别出差异图斑后，进行行政核查。核查方式有两种：一是图面和资料核查；二是通过实地勘查的方式进行核查。

(4) 核查结果经反馈后进入到系统中复核。

(5) 对复核结果进行后期处理，包括进行分类统计分析、专题制图和专题报告等。

(6) 监测结果整理并报建设行政主管部门。

3. 风景名胜区监管信息系统成效

建设国家级风景名胜区监管信息系统，是认真贯彻落实科学发展观，统筹城乡和地区经济、社会、环境协调发展，利用高科技手段，强化国家级风景名胜区管理，实施科学保护、科学决策的重要举措，推动建立建设部、省级建设主管部门、风景名胜区三级监管体系，变被动查处为实时动态监管，实现对风景名胜区内部的土地利用、建设工程及生态环境状况的全面监测和快速查询，大幅度提升了规划监管的准确性和效率，从而最终实现了对风景名胜区规划的有效监测核查和监管。这项工作的开展，从根本上改变了建设行政主管部门对风景名胜区监督检查和监测的原有模式，使我国风景名胜区规划监管工作步入了信息化、规范化、常态化的新阶段。

经过各级建设行政主管部门和风景名胜区的共同努力，截至2007年底，建设部全年共对30个省的181个国家级风景名胜区（209个风

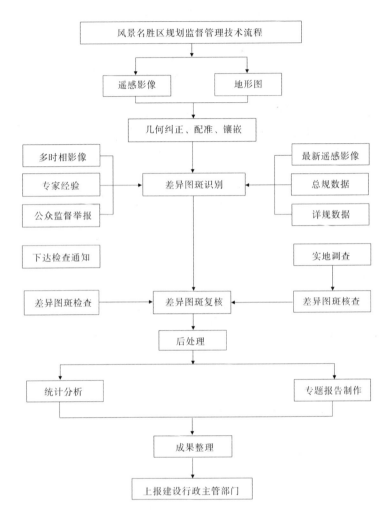

图 1-7 风景名胜区规划监督管理技术流程
(转自建设部信息化工作领导小组办公室、科学技术司、城乡规划司、城市建设司 2002 年 11 月《城市规划和风景名胜区监督管理信息系统实施方案》)

景名胜区管理机构)的监管信息系统工作进行了现场业务指导,共有 170 个国家级风景名胜区完成了监管信息系统建设工作,基本完成了遥感数据库的本底库建设。建立健全了国家级风景名胜区科学监测体系和监管机制。中央和地方财政投入 1.5 亿元,运用现代科技手段,逐步建立部、省、风景名胜区三级监管信息系统和数字化景区体系。完成了16个省级主管部门、10个世界遗产地和44个国家级风景名胜区的监管信息系统建设工作，确定了北京八达岭、湖南南岳衡山等24个国家级风景名胜区为数字化景区试点单位。采购遥感数据8.5万km^2，对其中3万km^2范围内的457个图斑进行了核查，核查面积1860hm^2。黄山和九寨沟风景名胜区的数字景区建设工程被评为国家"十五"科技攻关示范工程。

六、风景名胜资源保护

改革开放以来，我国城乡建设规模逐年扩大，工业化进程不断加快，市场经济理念对风景名胜区的原有管理和经营模式的基础构成了巨大冲击，自然和文化资源保护工作面临前所未有的挑战。如何处理好特殊时期出现的诸多矛盾，如何强化管理机制，有效地保护好风景名胜资源，是摆在各级政府和风景名胜区机构面前十分重要和紧迫的任务。早在1981年国家酝酿筹备风景名胜区制度的初期，国家城市建设总局会同有关部局根据"文革"期间资源遭受严重破坏的情况，向国务院提交《关于加强风景名胜保护管理工作的报告》，提出要加强风景名胜的保护工作。风景名胜区内的地形、地貌、水体、山石、动物、植物、土壤、大气等必须严加保护；严禁任何人在风景名胜区内毁林、垦荒、狩猎、放牧、凿石、取土，风景名胜区内污染严重的工厂要限期治理或迁出。疗养所、疗养院、饭店等单位排放的废水、废气、废渣，要符合国家规定的环境保护标准，占用风景点和游览区的机关、部队、企事业单位要限期退出。

在党中央、国务院的领导下，国家建设主管部门与有关部门共同承担起抢救、恢复和保护风景名胜资源的工作。1978年，国务院在城市工作会议上要求加强风景名胜区和文物古迹的管理；国家建委多次研究全国风景名胜区的保护和规划工作，为尽快落实风景名胜资源保护措施，提出建立全国风景名胜区体系、对风景名胜区实施分级管理的构想。中共中央办公厅、国务院办公厅于1983年和1984年先后五次发文，解决杭州西湖、江西庐山和陕西骊山等风景名胜区的资源保护问题。与此同时，各省区地方政府响应中央的部署，积极采取措施，封闭风景名胜区内的采石场，清理整顿墓葬，拆除违章建筑，实施退田还湖、退耕还林工程，抢救并恢复了一大批濒于倒塌、湮没的历史名胜古迹，使风景名胜资源遭受破坏的局面得到控制。

（一）风景名胜资源保护法制建设

1982年，国务院在《批转城乡建设环境保护部等部门关于审定第一批国家重点风景名胜区的请示的通知》（国发［1982］136号）中要求，切实做好风景名胜区的保护和管理工作。1985年国务院颁布的《风景名胜区管理暂行条例》，首次将风景名胜资源的"严格保护"列入风景名胜区十六字工作方针；同时，针对风景名胜资源保护作出了一系列的规定：任何单位和个人不得侵占风景名胜区的土地；风景名胜区内的一切景物和自然环境，必须严格保护，不得破坏或随意改变；在风景名胜区及其外围保护地带内的各项建设，都应当与景观相协调，不得建设破坏景观、污染环境、妨碍游览的设施；在游人集中的游览区内，不得建设宾馆、招待所以及休养、疗养机构；在珍贵景物周围和重要景点上，除必须的保护和附属设施外，不得增建其他工程设施；切实保护好林木植被和动、植物种的生长、栖息条件；严禁砍伐古树名木；对风景名胜区内的重要景物、文物古迹、古树名木，都应当进行调查、鉴定，并制定保护措施，组织实施等。

《暂行条例》是中央人民政府第一次明确运用法律、行政、科技、经济、教育等综合手段保护风景名胜资源的专项法规。《暂行条例》颁布后，国家建设行政主管部门调动各方面的资源，从风景名胜区管理机制、制度建设、规划编制等方面着手，制定并发布了一系列涉及风景名胜资源保护的法规性文件，加强了各级风景名胜区在资源保护方面的制度建设，推出了一系列针对性的强化措施，使风景名胜资源保护工作实现了法制化、规范化和制度化。

随着我国改革的深化和经济社会的发展，尤其是国家旅游经济的快速发展，使风景名胜区工作面临严峻的挑战，风景名胜资源保护工作出现了许多新的亟待解决的问题。为适应新时期风景名胜区管理工作的需要，正确处理风景名胜资源保护与开发利用的关系，进一步明确管理和保护的规定，有效保护风景名胜资源，国务院于2006年9月颁布《风景名胜区条例》，进一步明确了风景名胜资源保护的原则和措施，确定了资源保护在风景名胜区工作中的优先与核心地位；对风景名胜资源保护和风景名胜区内违禁行为作出更为全面的规定，同时也对风景名胜区管理机构的职责和管理行为作出具体的规定，以确保国家风景名胜资源的安全（表1-7、表1-8）。

风景名胜资源保护规定及法律依据　　　　　　　表1-7

序号	风景名胜资源保护规定	法律依据
1	任何单位和个人都有保护风景名胜资源的义务，并有权制止、检举破坏风景名胜资源的行为	《风景名胜区条例》第六条
2	设立风景名胜区，应当有利于保护和合理利用风景名胜资源	《风景名胜区条例》第七条
3	风景名胜区总体规划的编制，应当体现人与自然和谐相处、区域协调发展和经济社会全面进步的要求，坚持保护优先、开发服从保护的原则，突出风景名胜资源的自然特性、文化内涵和地方特色	《风景名胜区条例》第十三条
4	风景名胜区规划应当按照经审定的风景名胜区范围、性质和保护目标	《风景名胜区条例》第十七条
5	风景名胜区内的景观和自然环境，应当根据可持续发展的原则，严格保护，不得破坏或者随意改变	《风景名胜区条例》第二十四条
6	风景名胜区管理机构应当建立健全风景名胜资源保护的各项管理制度	《风景名胜区条例》第二十四条
7	风景名胜区内的居民和游览者应当保护风景名胜区的景物、水体、林草植被、野生动物和各项设施	《风景名胜区条例》第二十四条
8	风景名胜区管理机构应当对风景名胜区内的重要景观进行调查、鉴定，并制定相应的保护措施	《风景名胜区条例》第二十五条
9	在国家级风景名胜区内修建缆车、索道等重大建设工程，项目的选址方案应当报国务院建设主管部门核准	《风景名胜区条例》第二十八条
10	风景名胜区内的建设项目应当符合风景名胜区规划，并与景观相协调，不得破坏景观、污染环境、妨碍游览	《风景名胜区条例》第三十条
11	在风景名胜区内进行建设活动的，建设单位、施工单位应当制定污染防治和水土保持方案，并采取有效措施，保护好周围景物、水体、林草植被、野生动物资源和地形地貌	《风景名胜区条例》第三十条
12	国家建立风景名胜区管理信息系统，对风景名胜区规划实施和资源保护情况进行动态监测	《风景名胜区条例》第三十一条

续表

序号	风景名胜资源保护规定	法律依据
13	国家级风景名胜区所在地的风景名胜区管理机构应当每年向国务院建设主管部门报送风景名胜区规划实施和土地、森林等自然资源保护的情况；国务院建设主管部门应当将土地、森林等自然资源保护的情况，及时抄送国务院有关部门	《风景名胜区条例》第三十一条
14	风景名胜区管理机构应当根据风景名胜区的特点，保护民族民间传统文化	《风景名胜区条例》第三十二条
15	风景名胜区的门票收入和风景名胜资源有偿使用费应当专门用于风景名胜资源的保护和管理以及风景名胜区内财产的所有权人、使用权人损失的补偿。	《风景名胜区条例》第三十八条
16	风景名胜区内涉及自然资源保护、利用、管理和文物保护以及自然保护区管理的，还应当执行国家有关法律、法规的规定	《风景名胜区条例》第三十四条
17	其他法律、法规涉及风景名胜资源保护的有关规定	《中华人民共和国城乡规划法》、《中华人民共和国文物保护法》、《中华人民共和国土地管理法》、《中华人民共和国环境保护法》、《中华人民共和国森林法》、《中华人民共和国海洋环境保护法》等

风景名胜区有关违禁行为规定及法律依据　　　　表1-8

序号	有关违禁行为规定	法律依据
1	禁止开山、采石、开矿、开荒、修坟立碑等破坏景观、植被和地形地貌的活动	《风景名胜区条例》第二十六条
2	禁止修建储存爆炸性、易燃性、放射性、毒害性、腐蚀性物品的设施	《风景名胜区条例》第二十六条
3	禁止在景物或者设施上刻划、涂污；禁止乱扔垃圾	《风景名胜区条例》第二十六条
4	禁止违反风景名胜区规划，在风景名胜区内设立各类开发区和在核心景区内建设宾馆、招待所、培训中心、疗养院以及与风景名胜资源保护无关的其他建筑物；已经建设的，应当按照风景名胜区规划，逐步迁出	《风景名胜区条例》第二十七条

续表

序号	有关违禁行为规定	法律依据
5	风景名胜区内的建设项目应当符合风景名胜区规划,并与景观相协调,不得破坏景观、污染环境、妨碍游览	《风景名胜区条例》第三十条
6	禁止超过允许容量接纳游客和在没有安全保障的区域开展游览活动	《风景名胜区条例》第三十六条
7	风景名胜区管理机构不得从事以营利为目的的经营活动,不得将规划、管理和监督等行政管理职能委托给企业或者个人行使	《风景名胜区条例》第三十九条
8	风景名胜区管理机构的工作人员,不得在风景名胜区内的企业兼职	《风景名胜区条例》第三十九条
9	违反有关规定,在国家级风景名胜区内修建缆车、索道等重大建设工程,项目的选址方案未经国务院建设主管部门核准,县级以上地方人民政府有关部门核发选址意见书	《风景名胜区条例》第四十二条
10	违反有关规定,个人在风景名胜区内进行开荒、修坟立碑等破坏景观、植被、地形地貌的活动	《风景名胜区条例》第四十三条
11	违反有关规定,未经风景名胜区管理机构审核,在风景名胜区内设置、张贴商业广告,举办大型游乐等活动,改变水资源、水环境自然状态的活动及其他影响生态和景观的活动	《风景名胜区条例》第四十五条
12	违反本条例的规定,施工单位在施工过程中,对周围景物、水体、林草植被、野生动物资源和地形地貌造成破坏	《风景名胜区条例》第四十六条
13	违反风景名胜区规划,在风景名胜区内设立各类开发区	《风景名胜区条例》第四十七条
14	风景名胜区规划批准前批准在风景名胜区内进行建设活动	《风景名胜区条例》第四十七条
15	超过允许容量接纳游客或者在没有安全保障的区域开展游览活动	《风景名胜区条例》第四十八条
16	将规划、管理和监督等行政管理职能委托给企业或者个人行使	《风景名胜区条例》第四十八条
17	允许风景名胜区管理机构的工作人员在风景名胜区内的企业兼职的	《风景名胜区条例》第四十八条

续表

序号	有关违禁行为规定	法律依据
18	审核同意在风景名胜区内进行不符合风景名胜区规划的建设活动；发现违法行为不予查处	《风景名胜区条例》第四十八条
19	其他法律、法规涉及风景名胜区违禁行为的规定	《中华人民共和国城乡规划法》、《中华人民共和国文物保护法》、《中华人民共和国土地管理法》、《中华人民共和国环境保护法》、《中华人民共和国森林法》、《中华人民共和国海洋环境保护法》等

为了科学保护风景名胜资源，通过规划规范落实资源保护措施，根据风景名胜资源类型、性质和功能的不同，建设部颁布的《风景名胜区规划规范》(GB50298-1999)中，对风景名胜区分区保护作出规定(表1-9)。

风景名胜区分区保护规定一览表　　　表1-9

保护范围分区	保护规定
生态保护区	在生态保护区内，可以配置必要的研究和安全防护性设施，应禁止游人进入，不得搞任何建筑设施，严禁机动交通及其设施进入
自然景观保护区	在自然景观保护区内，可以配置必要的步行游览和安全防护设施，宜控制游人进入，不得安排与其无关的人为设施，严禁机动交通及其设施进入
史迹保护区	在史迹保护区内，可以安置必要的步行游览和安全防护设施，宜控制游人进入，不得安排旅宿床位，严禁增设与其无关的人为设施，严禁机动交通及其设施进入，严禁任何不利于保护的因素进入
风景恢复区	在风景恢复区内，可以采用必要技术措施与设施；应分别限制游人和居民活动，不得安排与其无关的项目与设施，严禁对其不利的活动
风景游览区	在风景游览区内，可以进行适度的资源利用行为，适宜安排各种游览欣赏项目；应分级限制机动交通及旅游设施的配置。并分级限制居民活动进入
发展控制区	在发展控制区内，可以准许原有土地利用方式与形态，可以安排同风景区性质与容量相一致的各项旅游设施及基地，可以安排有序的生产、经营管理等设施，应分别控制各项设施的规模与内容

根据风景名胜资源的特点和保护程度的区别,《风景名胜区规划规范》将风景名胜区的分级保护作出规定(表1-10)。

风景名胜区分级保护规定一览表　　　　　　　　表1-10

保护范围分级	保护规定
特级保护区	特级保护区应以自然地形地物为分界线,其外围应有较好的缓冲条件,在区内不得搞任何建筑设施
一级保护区	一级保护区内可以安置必需的步行游赏道路和相关设施,严禁建设与风景无关的设施,不得安排旅宿床位,机动交通工具不得进入此区
二级保护区	二级保护区内可以安排少量旅宿设施,但必须限制与风景游赏无关的建设,应限制机动交通工具进入本区
三级保护区	在三级保护区内,应有序控制各项建设与设施,并应与风景环境相协调

(二)风景名胜资源保护机制

各级风景名胜区根据国家赋予的使命和法律授予的职责,始终坚持探索和创新风景名胜资源保护的机制,经过近30年的实践,围绕风景名胜资源保护的机制建设,积累了大量成熟的经验,总结了许多行之有效的做法,制定了完善的风景名胜资源保护制度,为建立中国特色的风景名胜资源保护机制打下了坚实的基础。

风景名胜资源保护机制主要体现在六个方面:

1)机构建设。有的风景名胜区设专门机构负责或兼管的资源保护部门,有的将资源保护职责设在所属某一部门指派专人负责,从组织机制上保障风景名胜资源保护措施和项目的实施。

2)保护制度。风景名胜区管理机构在森林和古树名木保护、动植物资源保护、历史风貌保护、人文资源保护、地质地貌保护、病虫害防治等方面制定了一系列制度;结合景区的实际,制定资源保护目标责任制,将环境和资源保护目标完成情况纳入各级管理干部年度考核。

3)资源监测。对景区文物、古建筑、古树名木保护状况进行定期检查;对森林植被、珍稀和濒危物种进行监测;对景区游客容量进行监控,制定高峰期游客疏导、分流方案;建立资源监测并完善重大突发性自然灾害应急预案。

4)环境保护。景区内实施全天候保洁、垃圾分类收集、无害化处置、危险品处置等环保措施;严格控制景区空气质量、地表水质、噪声排放；对景区内旅游服务设施、餐饮业、宾馆等生活污水处理后达标排放；倡导在景区内使用低排放标准机动车（船）和清洁能源。

5）资源教育。风景名胜区通过举办各种活动，并利用游客中心、展陈系统和信息系统等形式，宣传生态资源、生物多样性、珍稀和濒危物种保护、民族和民俗文化、历史遗址遗迹、宗教文化等方面的知识和理念，提高游客和广大公众环境和资源保护意识。

6）社会参与。与景区周边社会团体、机关院校、企业实体、部队以及有关部门建立资源保护协作关系；鼓励并动员广大社会公众、志愿者积极参与景区的资源保护行动。

（三）党中央、国务院的高度重视和社会监督

20世纪90年代初，受全国性的市场大开发以及旅游经济大环境的影响，我国部分风景名胜区在指导思想上出现偏颇，追求眼前利益和局部利益，忽视长远利益和全局利益，导致违规开发和过度建设行为不断出现，风景名胜资源的真实性和完整性再次面临威胁。针对一个时期出现的问题，党中央、国务院给予高度重视，仅2002年间，朱镕基总理、温家宝副总理、李岚清副总理等中央领导同志对风景名胜区作出15次重要批示和指示。2002年3月1日，朱镕基总理在国家旅游局等六部门《关于规划建设国家旅游度假区、国家生态旅游示范区、国家旅游扶贫实验区有关工作的请示》的批示中指出：现在只搞旅游开发区建设，不顾生态环境破坏问题已经越来越严重了，搞得不好要把老本吃掉。3月10日，朱镕基总理在中央人口资源环境座谈会上讲到人口资源环境面临问题时指出："有些地方在旅游开发中任意破坏自然景观和人文景观。"5月2日，朱镕基总理在《关于报送对黄山有关问题的情况的函》上批示：要重视黄山的规划和保护。6月，国务院总理朱镕基和副总理温家宝相继就南岳衡山风景名胜区资源环境保护问题作出重要批示："南岳衡山要重新规划，重整山河，旅游业才会有真正的前途。"7月3日，温家宝副总理在国务院收文见传4857号"网称南岳三峰大兴土木"一文上批示：如此大兴土木，不仅破坏景区而且引起山体灾害，情况不知确否，请参酌。8月8日，温家宝副总理在《互联网信息摘要》题为"有人在换着角度'吃'泰山"的报道上批示："对开山采石应严格规划和管理，在风景名胜区内应当明令禁止，山体、植被破坏，难以恢复，所付的代价甚多，教训极其深刻。"8月24日，朱镕基总理在国家旅游局《关于对南岳衡

山景区违规建设情况的调查报告》上批示:"要下决心整顿拆除,重新规划,重整山河,旅游业才有真正的前途。"为了落实国务院领导同志的一系列重要指示,贯彻落实国务院文件精神,认真履行职责,各级建设行政主管部门坚持风景名胜区的"科学规划、统一管理、严格保护、永续利用"的工作原则,采取措施强化风景名胜区规划的综合调控作用,规范景区经营开发的行为,强化风景名胜区管理机构的行政管理职能,为有效地保护风景名胜资源做了大量的工作。

风景名胜区资源保护事业始终得到社会各界和广大公众的高度关注和宝贵支持,针对部分风景名胜区出现的过度开发、错位开发、违法开发问题,广大社会公众、行业社团组织、专家学者、新闻媒体以及各级人大代表、政协委员从不同角度,采取多种方式对风景名胜资源的保护状况进行监督。多年来,许多专家学者本着对风景名胜区事业高度负责的精神,畅所欲言、建言献策,就风景名胜区的科学管理、遏制破坏风景名胜资源和非法开发建设行为、加强风景名胜基础理论和相关学科研究、提高风景区管理干部素质和专业人才培养、风景名胜区的立法建设、风景名胜资源上市问题以及生物多样性保护等一系列重大问题,提出了大量宝贵的意见和建议。一个广泛的社会参与和舆论监督氛围的形成,成为保障风景名胜资源安全的重要因素。

(四)风景名胜区综合整治工作

针对20世纪90年代初以来,受经济大开发热潮的影响,一些风景名胜区出现的管理混乱、急功近利、过度开发、轻视保护的状况,为了强化风景名胜区的保护和管理工作,2003年,建设部根据《国务院关于加强城乡规划监督管理的通知》(国发〔2002〕13号)精神,在全国国家级风景名胜区开展了包括管理机构设置、标牌标志设立、总体规划编制、核心保护区设立、依法查处破坏风景名胜资源违法违规案例六个方面的综合整治工作。

经过五年的风景名胜区综合整治工作,部分风景名胜区对不符合规定的管理体制实行政企分开、事企分开,实现风景名胜区管理与企业经营的分离,规范了风景名胜区的管理行为。各风景名胜区管理部门严格执行建设部《国家重点风景名胜区标志、标牌设立标准》,精心设置和规范了风景名胜区内的标志、标牌,共设置形象统一、中外文对照和规范美观的标志、标牌3.6万个,拆除不符合要求或破旧的标牌、广告牌15万多块。国家级风景名胜区基本完成核心景区划定,设立风景名胜区界桩、界碑 2.1 万多块,划定核心景区面积 5 万 km²,加大了对各类破坏风景名胜资源的违法违规事件查处的力度。中央和地方累计投入综合整治资金 350 多亿元,查处各类风景名胜区违法违规案件 12 万多起,拆除违规宾馆、酒店、度假村等楼堂馆所 2000 多家,拆除面积 189.7 万 m²;拆除违章建(构)筑物 15 万多处,拆违面积 600 万 m²;取缔违规商业摊点 2.4 万处,关闭非法采石场、挖沙场、小煤窑 2534 处,恢复绿地 789.8 万 m²,疏浚治理河流 200 多条,治理水域污染 4100km²,退田还湖、退地还海 1000km²,退耕还林 3 万 km²,搬迁居民 19689 户 76538 人。

这次综合整治工作是 1882 年风景名胜区设立以来,国家建设行政主管部门开展的规模最大、时间最长、成效最显著、影响和涉及面最广的一次风景名胜资源保护行动。在各级地方人民政府的高度重视和积极支持下,通过各级风景名胜区卓有成效的工作,综合整治工作取得了举世瞩目的成果,强化了风景名胜资源保护的长效机制,风景名胜区资源保护状况和环境面貌得到了极大的改善。

我国风景名胜区在资源保护方面取得的一系列成果,得到世界自然与文化遗产专家的充分肯定和高度赞赏。世界自然保护联盟(IUCN)专家莱斯·莫洛伊博士(Les Molloy)认为:武夷山九曲溪的游览没有使用机动船,而用古朴的竹筏,既无噪声,又无污染,这种永续利用旅游资源的方式,在中国是典范。联合国教科文组织世界遗产中心副主任基肖尔·劳(Kishore Rao)认为:峨眉山是一个能够给人留下深刻印象、回味无穷的世界遗产地。峨眉山对世界遗产的管理和保护,不仅在中国,在亚太地区和世界范围内对正在申遗的地区来说,堪称典范。

七、风景名胜区旅游服务和经营

为了满足广大公众的精神和文化需求,最大限度地实现风景名胜区的社会价值、生态价值和经济价值,全国各级风景名胜区把强化科学管理与提供优质服务结合起来,以构建和谐、诚信和可持续发展的风景名胜区为宗旨,运用行政、道德、法律和经济等综合手段,广泛地动员和整合相关社会力量，把景区内的交通运输、餐饮住宿、商品经营、信息咨询、旅行社等行业纳入监管目标，着力提高景区从业服务人员的素质和服务技能，提升风景区管理水平和服务质量，使景区的旅游服务市场得到不断的改善和优化。

各级风景名胜区充分发挥景区展陈和宣传窗口的作用，大力加强游客中心建设，在提高服务质量的基础上不断完善游客中心的功能。很多风景区建有长期开放的游人中心，免费向游客提供导游图、科普读物和专题出版物、宣传图册、研究论著、音像制品等资料，采用多媒体触摸屏、大屏幕图像、实物或模型等科技手段展示自然和文化资源，为游客提供景区游览信息、气象预报、游程安排等咨询服务。部分风景区利用自身的资源优势，设立自然科学和历史人文方面的主题博物馆、展览馆，长期定点展陈人文历史、动植物资源、地质科普、传统民俗、宗教文化和历史风貌建筑等有关内容，大力弘扬民族文化，激发了游客的爱国热情，增强了中华民族的凝聚力；部分风景区还充分发挥游人中心宣传和教育功能，编辑整理青少年读物和教育资料，推出适合青少年的展陈形式和解说内容。各级风景名胜区通过建立爱国主义教育基地、青少年科普教育基地、环境与资源保护教育基地、国防教育基地和社会实践基地，向广大游客特别是青少年进行爱国主义、革命传统和中华民族历史文化的教育。通过采取一系列的有效措施和开展丰富多彩的活动，一大批风景名胜区不仅成为促进地方旅游经济发展和活跃社区文化的龙头，同时也成为展示和宣传区域形象的品牌。

各级风景名胜区在完成繁重的管理和保护工作的同时，注重解决社会劳动力就业问题，提供大量的景区管理、维护和服务就业岗位，安置了大批城镇待业人员和农村劳动力在风景名胜区就业。一些风景名胜区根据当地的条件和资源禀赋，帮扶景区原住民脱贫致富，帮助农民开拓旅游经营和服务市场，发展地方特色农副业和传统手工业，开办农家乐、家庭旅馆和旅游产品销售点，围绕景区旅游开展多种经营，在当地社区经济发展起到了重要的促进和带动作用。目前，大部分风景名胜区的人均收入普遍高于周边地区，部分风景名胜区的旅游经济收益已经跃居本省区的前列；各级风景名胜区已经成为区域发展旅游经济依托的基地，为国家旅游经济的发展作出了重要贡献。

目前，全国风景名胜区行业正处在快速发展的重要时期，如何在现有体制和规制条件下，规范风景名胜区管理机构的经营行为，充分发挥风景名胜资源的功能，解决风景名胜区生存和发展问题，是各级风景名胜区面临的重要课题。针对风景名胜区旅游经营状况，各级风景名胜区创新发展理念，开拓发展模式，将风景名胜区事业与时代发展、社会发展以及新兴旅游经济的发展紧密联系起来，通过发展处理好风景名胜资源保护与利用的矛盾，通过发展促进风景名胜区一系列问题的解决。根据《风景名胜区条例》的有关规定，风景名胜区管理机构依照有关法律、法规和风景名胜区规划，采用招标等公平竞争的方式确定风景名胜区内旅游、服务项目的经营者；从有利于强化政府管理职能、有利于风景名胜资源保护，有利于规范旅游服务市场的角度出发，逐步实行风景名胜区内的宾馆、餐饮、娱乐与文化服务、运输服务、园艺花木的种植销售、农副土特产品的加工销售、建筑与工程服务、广告服务、环境服务等经营性项目的特许经营，逐步规范经营性项目的准入模式，充分发挥市场机制的调节作用，合理地配置风景名胜区内的市场资源，明确政府与经营企业的权力、义务和责任，积极探讨风景名胜区特许经营制度和资源有偿使用制度，最终实现规范和活跃风景名胜区旅游服务市场的目标。

鉴于风景名胜区的旅游服务市场尚处在初级阶段，近年来，为了推动风景名胜区的自然与文化资源保护，提升风景名胜区旅游管理和服务水平，扭转部分风景名胜区旅游过度商业化的倾向，正确引导相关产业和企业的投资项目和开发方向，同时，动员全社会参与风景名胜资源的保护，在世界保护组织的积极倡导和推动下，各级风景名胜区积极探讨风景资源保护与永续利用相协调的可持续旅游，借鉴世界各国国家公园的成熟经验，通过推进人与自然和谐共处的旅游模式，倡导文明健康的旅游方式和真正意义上的生态旅游，倡导低碳旅游方式，提升游客的旅游质量和品位，探索我国风景名胜区特色的可持续旅游最佳规范和途径，使风景名胜区的经营理念从盲目的快餐型旅游向理性的体验型旅游转变，从单纯的数量旅游向质量旅游转变，从过度商业化旅游向可持续的生态旅游转变。在新的历史时期，风景名胜区的可持续旅游之路将会越走越宽。

八、世界遗产保护与国际交流

　　风景名胜区的自然和文化资源不仅是中华民族的珍贵遗产，也是全人类共同的遗产和财富。尽管我国的世界遗产保护工作起步较晚，但作为我国风景名胜区的一项重要工作，已经成为我国可持续发展战略和构建和谐社会的重要组成部分。从20世纪80年代后期开始，为了有效地管理和保护我国的自然与文化遗产资源，1985年12月，我国签署了《保护世界文化和自然遗产公约》，成为国际保护文化和自然遗产的成员。根据国务院的职能分工，建设部承担我国的世界自然遗产、世界自然与文化双遗产的申报和保护监督工作。在世界遗产相关法制建设滞后、保护资金不足、专业人才缺乏的情况下，建设部从1986年开始，根据《保护世界文化和自然遗产公约》的规定和联合国教科文组织世界遗产委员会的有关要求，在地方政府和建设行政主管部门以及风景名胜区的大力支持和配合下，组织开展申报世界遗产工作。截至2009年底，我国已经有泰山、黄山、武陵源、九寨沟、黄龙、峨眉山—乐山大佛、武夷山、庐山、青城山—都江堰、武当山、承德避暑山庄、云南三江并流、八达岭长城、十三陵、三清山、五台山等32处著名国家级风景名胜区被联合国教科文组织批准列入《世界遗产名录》，其中世界自然遗产8处，世界自然和文化混合遗产4处，世界文化遗产9处，世界文化景观遗产2处，占我国世界遗产地总数的58%。

　　为了进一步完善我国的世界自然遗产、自然与文化双遗产申报和保护机制，适应世界遗产申报和管理工作新形势，根据联合国教科文组织世界遗产委员会和中国联合国教科文组织全委会的要求，住房和城乡建设部分别于2006年和2009年，公布了两批中国国家自然遗产、国家自然与文化双遗产预备名录共56处，初步建立了我国遗产申报管理的国家遗产名录、世界遗产预备名单、世界遗产名录三级申报和管理体系，进一步完善了我国世界自然遗产、自然与文化双遗产申报和保护机制，为新时期加强对我国遗产资源的管理奠定了良好基础。

　　为了满足广大公众的精神和文化需求，最大限度地实现风景名胜区的社会价值、生态价值和经济价值,全国各级风景名胜区把强化科学管理与提供优质服务结合起来,以构建和谐、诚信和可持续发展的风景名胜区为宗旨,运用行政、道德、法律和经济等综合手段,广泛地动员和整合相关社会力量,把景区内的交通运输、餐饮住宿、商品经营、信息咨询、旅行社等行业纳入监管目标,着力提高景区从业服务人员的素质和服务技能,提升风景区管理水平和服务质量,使景区的旅游服务市场得到不断的改善和优化。

各级风景名胜区充分发挥景区展陈和宣传窗口的作用,大力加强游客中心建设,在提高服务质量的基础上不断完善游客中心的功能。很多景区建有长期开放的游人中心,免费向游客提供导游图、科普读物和专题出版物、宣传图册、研究论著、音像制品等资料,采用多媒体触摸屏、大屏幕图像、实物或模型等科技手段展示自然和文化资源,为游客提供景区游览信息、气象预报、游程安排等咨询服务。很多景区利用自身的资源优势,设立自然科学和历史人文方面的主题博物馆、展览馆,长期定点展陈人文历史、动植物资源、地质科普、传统民俗、宗教文化和历史风貌建筑等有关内容,大力弘扬民族文化,激发了游客的爱国热情,增强了中华民族的凝聚力;部分风景区还充分发挥游人中心宣传和教育功能,编辑整理青少年读物和教育资料,推出适合青少年的展陈形式和解说内容。各级风景区通过建立爱国主义教育基地、青少年科普教育基地、环境与资源保护教育基地、国防教育基地和社会实践基地,向广大游客特别是青少年进行爱国主义、革命传统和中华民族历史文化的教育。通过采取一系列的有效措施和开展丰富多彩的活动,一大批风景名胜区不仅成为促进地方旅游经济发展和活跃社区文化的龙头,同时也成为展示和宣传区域形象的品牌。

我国在自然和文化遗产资源管理和保护工作取得的成就,得到了联合国教科文组织(UNESCO)、世界自然保护联盟(IUCN)、国际古迹遗址理事会(ICOMOS)等国际自然和文化遗产专家的关注和赞许。1998年联合国教科文组织遗产中心和IUCN专家在黄山保护监测评估报告中指出:"黄山有许多做法都是实际工作中的创举,应推广到全世界其他遗产地学习和借鉴",一年后,黄山风景名胜区获得了联合国教科文组织1999年度国际保护管理文化景观奖。世界遗产中心前主任冯德·罗斯特先生称赞峨眉山"是世界遗产保护管理最好的地方之一";IUCN 专家莱斯·莫洛伊先生评价武夷山"是中国人民永续利用自然资源的典范。"联合国教科文组织世界遗产中心世界遗产专家卢卡斯博士评价泰山时说:"泰山把自然与文化独特地结合在一起了,它将使国际自然保护协会的委员们大开眼界,要重新评价自然与文化的关系,这是中国对世界人类的巨大贡献。"

多年来,我国风景名胜区不断加强与世界各国在遗产地、国家公园管理领域的合作。与此同时,在《世界自然与文化遗产保护公约》、《生物多样性保护公约》、《湿地保护公约》等国际公约的框架内,加强与联合国教科文组织、世界自然保护联盟,国际古迹遗址理事会,美国国家公园管理局,意大利自然公园、景观和保护联盟等国际组织的联系与合作,在自然资源管理与保护、生物多样性、规范与技术标准、专业技术培训等方面建立了广泛的对话与合作机制,推动了我国世界遗产地和风景名胜区的生物多样性保护、环境污染防治、资源管理和能力建设。1998 年以来,建设部风景名胜区管理办公室与美国国家公园管理局先后 4 次签署有关《中美关于国家公园及其他自然文化遗产保护地管理与保护谅解备忘录》。根据达成的合作协议内容,中美双方相互派团进行专题考察和友好访问,在国家公园管理体制、规划建设、法律法规以及资源保护等方面进行了广泛的交流。在有关部门和国际组织的积极协调下,我国风景名胜区先后与美国、德国、日本、瑞士、加拿大、克罗地亚等国家的国家公园建立了"友好公园"关系,增进了自然与文化遗产保护领域的国际间了解与合作(表 1-11)。

风景名胜区与世界各国国家公园建立友好关系一览表　　表 1-11

序号	名　　　称	合作形式	日期
1	泰山风景名胜区——德国阿尔卑斯山	友好山	1998 年
2	庐山风景名胜区——日本松岛町市	友好城市	1999 年
3	黄山风景名胜区——瑞士少女峰	友好山	2002 年
4	九寨沟风景名胜区——澳大利亚摇篮山国家公园	友好公园	2003 年
5	庐山风景名胜区——奥地利艾森武尔谨世界地质公园	友好公园	2004 年
6	庐山风景名胜区——希腊雷斯沃斯·佩德菲尔德世界地质公园	友好公园	2004 年

续表

序号	名 称	合作形式	日期
7	庐山风景名胜区——英国马博·奥克大理石拱洞世界地质公园	友好公园	2004 年
8	黄山风景名胜区——美国约塞米蒂国家公园	友好公园	2006 年
9	庐山风景名胜区——菲律宾巧克力山	友好山	2006 年
10	九寨沟风景名胜区——克罗地亚普利维斯国家公园	友好公园	2007 年
11	河南云台山风景名胜区——美国大峡谷国家公园	友好公园	2007 年
12	泰山风景名胜区——日本富士山	友好山	2007 年
13	庐山风景名胜区——德国贝尔吉施·奥登瓦尔德世界地质公园	友好公园	2007 年
14	九寨沟风景名胜区——美国约塞米蒂国家公园	友好公园	2007 年
15	中国南方喀斯特世界遗产地——美国猛犸洞国家公园（中国南方喀斯特世界遗产地包括云南石林、贵州荔波、重庆武隆三个风景名胜区）	友好公园	2009 年
16	千岛湖风景名胜区——加拿大千岛	友好景区	2009 年
17	泰山风景名胜区——巴西阿拉里提世界地质公园	友好公园	2009 年
18	庐山风景名胜区——美国胡德山国家森林公园	友好公园	2009 年
19	庐山风景名胜区——巴西阿拉里皮世界地质公园	友好公园	2009 年
20	庐山风景名胜区——澳大利亚卡纳文科世界地质公园	友好公园	2009 年
21	丹霞山风景名胜区——美国泽恩国家公园	友好公园	2009 年
22	泰山风景名胜区——韩国汉拿山	友好山	2009 年
23	八达岭长城风景名胜区——加拿大渥太华里多运河景区	友好景区	2010 年

  为了加强与国际自然保护组织的沟通和联系，扩大自然资源管理和保护领域的国际交流，我国风景名胜区行业和国家建设主管部门的代表多次参加联合国教科文组织、世界自然保护联盟（IUCN）等国际组织召开的重要国际会议和重大活动，建设部多次派团参加联合国教科文组织世界遗产委员会召开的世界遗产大会，多次与世界自然保护联盟、美国内政部国家公园管理局等国际保护组织、机构展开合作，先后在我国世界遗产地就"中国自然遗产国家战略"、"中国世界

遗产地生物多样性"等重要议题联合举办研讨会、论坛。近年来,建设部所属部门和行业协会多次派代表出席了在日本东京、屋久岛召开的东亚世界遗产地生物多样性保护研讨会,先后出席世界自然保护联盟在南非德班召开的第五届世界公园大会,在泰国曼谷召开的第三届世界自然保护大会和在西班牙巴塞罗那召开的第四届世界自然保护大会等,就世界范围自然保护的策略以及行动计划、人与自然生存资源的破坏带来的冲击、生物多样性保护、能力建设、世界范围自然保护的科学技术和实践经验等相关主题进行了深入而广泛的交流和研讨,学习、吸收各国自然资源保护的先进理念、研究成果和管理经验,扩大我国世界遗产地和风景名胜区与国际保护组织、机构在资源管理和生物多样性等领域的合作,共同促进世界自然资源保护事业的可持续发展。

九、风景名胜区理论建设及科研成果

　　风景名胜区制度筹建和初创阶段,风景名胜区工作者和专家们就深深意识到,对于关系到国家公共资源可持续发展的重要事业,必须要有完备的基础理论支撑,要有系统的科学理论加以指导,从而完成国家和人民赋予的风景名胜资源管理和保护的历史使命和重托,保障风景名胜区事业健康和可持续发展。20世纪70年代末80年代初,为了尽快建立风景名胜区管理体系,解决风景名胜区基本架构和基础理论问题,用科学的理论指导风景名胜区工作的实践,使全国风景名胜区工作步入正轨并得以健康发展,在各级政府主管部门的高度重视下,一大批重点院校、科研单位、风景园林设计机构、行业学会(协会)专业委员会的专家学者与风景名胜区工作者一道,大力协同,一边借鉴和吸收世界国家公园的成熟经验,一边紧密结合风景名胜区工作的特点和需求,开始对风景名胜区事业发展进程中一系列理论和实践问题进行广泛调研和深入探讨。几代风景名胜区工作者和专家、学者以实践带动理论研究,以理论研究成果指导和服务于实践,经过30年来的不懈奋斗,取得了一系列开拓性的理论和科研成果,为建立和完善风景名胜区制度发挥了极为重要的作用。

（一）理论与实践的结合

1981年，中央人民政府明确提出将设立风景名胜区并对风景名胜资源进行调查达到后，清华大学、同济大学、浙江美术学院、杭州大学和上海园林科研所等一批重点院校和科研机构的教授、专家，针对性的开展调研，提出了风景名胜区管理机制、资源保护以及风景区规划等重大理论建设问题。当年，中国建筑学会园林绿化学术委员会在昆明召开风景名胜区规划设计学术讨论会，对风景名胜资源的评价、风景区的性质、风景区规划、基础设施建设、风景资源保护、游客量控制等理论问题进行探讨研究。1984年，北京大学地理系风景研究室承担的城乡建设环境保护部的重点课题——《泰山风景资源综合考察评价及其保护利用研究》，参与专题研究的3个系的13个学科的教授和专家，对泰山的地质概貌、森林植被、气象气候、水文、历史地理、建筑园林、美学、文字、碑刻、摩崖石刻、管理体制、旅游经济等多种学科进行综合考察研究。开始了我国首次对风景名胜资源进行综合考察评价及保护利用进行多学科系统研究项目。

1988年，同济大学城市建筑规划学院专家应用卫星遥感、航测技术和计算机图像处理技术，首次对国家风景名胜资源信息进行大规模集取。该项研究以江西省三清山风景名胜区为中心，汲取了1/4景陆地卫星D号（LANDSATD）记录的专题地图（TM）数字磁带（CCT）图像数据，其覆盖范围为8000 km^2，并借助计算机图像处理技术，对风景名胜区的环境、景观资源等信息数据进行了分类提取。该项研究了提供了包括行政范围现状、道路交通现状、植被分布现状、土质分布现状、各类水体现状、居落分布现状、地质情况现状、土地利用现状等31项数据分析成果。为高科技信息技术在我国风景名胜区监管方面的应用作出了有益的尝试。

为了发挥各方面的优势，创新科研工作机制，探索风景区实践与科研相结合道路，一些风景名胜区管理机构与相关院校、科研机构开展了多种形式的合作。九寨沟风景名胜区管理局、黄龙风景名胜区管理局与四川大学、阿坝州政府联合设立四川大学九寨黄龙旅游经济研究中心，开展对世界遗产地旅游经济研究；江西省三清山风景名胜区与中国地质科学院在三清山建立世界花岗岩景观研究中心，对三清山地质地貌和花岗岩景观特征进行科学研究；北京石花洞风景名胜区管理委员会与中国科学院地质与地球物理研究所联合建立"中科院地质与地球物理研究所岩溶沉积与古气候实验室北京石花洞观测站",以风景名胜区为基地开展地球古地理、古气候等方面的研究。云南玉龙雪山风景名胜区管委会与中科院寒旱区环境与工程研究所共同建立中国第二个冰川观测站——"玉龙雪山冰川与环境观测研究站",为玉龙雪山冰川资源的开发利用提供科学研究平台。由风景名胜区管理机构与重点院校、科研院所等有关机构共同形成的合作机制,为我国风景名胜区科研工作奠定的基础。

(二) 初步形成风景科学体系

风景科学从一开始,这门学科就体现了高度的务实性,具有极为旺盛的生命力(《风景科学导论》丁文魁1993)。从20世纪80年代至今,在风景名胜区体制建设和发展过程中,规划设计单位、相关重点院校以及科研院所通过大量的调查研究,建立了中国特色的风景名胜区规划体系,为制定风景名胜区工作方针和政策、建立和完善风景名胜区管理机制提供了大量咨询和技术服务,同时也为风景科学理论建设奠定了基础。中国城市规划设计研究院、中国·城市建设研究院、北京大学、清华大学、同济大学、中国科学院、中国社会科学院等一批重点院校、科研机构的相关科研团队,在国家建设行政主管部门的主导和支持下,结合风景名胜区总体规划的编制,展开了多学科的科研工作和基础理论研究,在世界遗产管理、科学规划、资源保护与可持续利用等方面取得了一系列的理论和科研成果。上世纪80年代以来,同济大学景观遗产研究团队始终坚持风景理论的探讨和研究,不断瞄准世界文化与自然遗产保护的新趋势、新理念,在风景名胜区保护与管理研究、文化景观价值研究、世界遗产理论研究、中国景观教育的发展与创新、游憩生态冲击与可持续发展、风景名胜区遗产资源利用系统规划研究、景观资源学的学科特点、风景名胜区规划理念研究、探索风景名胜区事业与新兴旅游经济以及社会发展规划的关系等方面,填补我国风景名胜区和世界遗产理论研究领域的多项空白。近年来,清华大学资源保护与风景旅游研究团队紧密结合风景区和世界遗产地的实际与需求,相继开展了20个重点科研项目,研究领域包括世界遗产地和风景名胜区的资源保护、旅游管理、社区协调、体系规划以及世界遗产申报文本编制、世界遗产提名地保护管理规划、遗产地预备名录研究等,发表科研论文数十篇,在国际会议或论坛上作主题演讲或专题发言10余次,与众多相关国际组织建立了良好的学术交流和协作关系，在我国风景名胜区和世界遗产研究领域发挥了重要作用。几代风景名胜区专家学者，凭着对自然和文化遗产资源深厚的感情和对我国风景名胜区事业高度的责任感，长期致力于风景科学和规划理论的研究，立足国内，沟通国际，借用国际视野促进中国本土的风景理论研究和与之相对应的科学体系建设，为风景科学理论的确立和完善做出了卓越的贡献。

1988年，建国以来第一本系统研究风景名胜区理论的论文集《风景名胜研究》出版。论文集收集了全国40余所大专院校、科研机构和相关主管部门50余位作者的科研学术成果，内容涉及风景名胜区管理、风景资源保护、规划设计理论、风景美学、历史与民族文化、风景地学、旅游科学等多个学科，论文集还介绍了世界各国国家公园事业的情况及发展趋势。自此，一系列风景名胜区理论专著、文集、文献陆续出版，内容涉及风景名胜区现时工作中的多个重要领域。这一阶段的学术理论成果为我国风景科学基础理论研究奠定了基础，逐步完善和丰富了风景科学基础理论体系，为我国风景科学发展做出了开拓性贡献。1993年，同济大学风景旅游系教授丁文魁在专著《风景科学导论》出版，《风景科学导论》明确提出风景科学是一门综合性新兴科学，全面、系统地阐述了风景科学的定义、研究领域、学科分支以及风景资源的性质和价值。《风景科学导论》明确指出：风景科学是研究风景本质（物质与精神），探索风景资源的成因、发展和演化的客观规律，揭示风景资源的自然属性和社会属性，分析各种风景资源的时间、空间分布特征，研究风景区对人类社会的价值，制定风景地区开发利用和保护管理的对策，达到造福人类目的的综合性科学。该专著还提出了风景科学的主要任务：一是探索风景和风景资源演化的规律，即其基本特征、基本机构、形成原因、变化过程的规律；二是揭示人类社会与风景之间的关系，人的活动与风景资源演化的关系，正确认识人类进步和风景资源合理利用的关系，达到全社会能够对风景资源永续利用的目的；三是研究风景资源对人类社会经济文化的影响，以促进人类文明的发展；四是寻找风景资源保护、保存、防治、整治、法律、管理措施及系统控制的优化方案。为我国风景科学理论体系的建立奠定了基础（图1-8）。

实践证明，风景名胜区可持续发展必须建立在科学研究、科学规划与科学管理的基础上，风景规划体系和理论体系建设是做好风景名

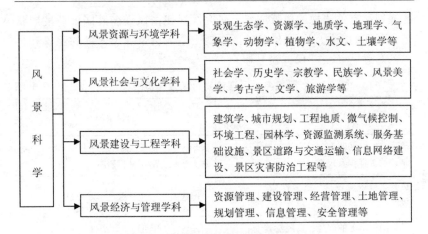

图 1-8　风景科学研究领域架构示意图
（资料来源：《风景科学导论》丁文魁 1993）

胜区工作的前提。进入 21 世纪以来，我国国民经济的腾飞，带动城市建设、新农村建设及国家旅游经济以前所未有的速度发展。因此，充实并完善风景规划科学理论体系，发挥规划在景区管理、资源保护与合理利用等方面的指导和规范作用显的愈来愈重要。承担风景名胜区规划的城乡规划单位、重点院校、科研院所的一大批规划工作者和专家，为风景名胜区规划科学体系建设进行了大量的探索和研究。2003 年，由中国城市规划设计研究院风景园林所张国强、贾建中二位专家主编的《风景规划——风景名胜区规划规范手册》，在总结我国风景名胜区多年来规划编制与实践的基础上，对风景名胜区规划的性质、功能、内涵以及原则等基础理论问题作出诠释。同时，基于区域社会经济和风景名胜区协调发展的思路，结合风景区规划的典型案例，阐述了风景名胜区规划规范的要点和程式，丰富并充实了我国风景名胜区规划理论体系。

　　1995 年，建设部正式发文，聘请来自各重点院校、科研机构和相关主管部门的 26 位同志为建设部风景名胜专家顾问，从而建立我国风景名胜区行业第一支高规格的多学科专家队伍。在国家建设行政主管部门的直接领导下，专家顾问根据赋予的职责和风景名胜区行业的要求，参与评议申报国家级的风景名胜区；协助审议国家级风景名胜区的总体规划；受委托监督检查风景名胜资源保护状况以及风景名胜区规划和有关法规的执行情况；研究探讨我国风景名胜区事业发展状况和存在的问题，为风景名胜区发展中重大决策提出大量的建议和技术咨询意见（表1-12、表1-13）。

风景名胜区理论研讨项目一览表　　　　表1-12

理论研讨项目	研讨日期	研讨单位
风景名胜区的制度建设、管理机制、资源保护及规划	1981年	清华大学、同济大学、浙江美术学院、杭州大学和上海园林科研所
风景名胜资源评价、资源性质、景区规划及基础设施建设	1981年	中国建筑学会园林绿化学术委员会
风景园林审美的起源、发展及其审美特征	1991年	中国风景园林学会
风景园林美的主体意义及其与自然、生态、文化的关系	1990年	中国风景园林学会风景名胜区专业委员会
风景规划设计、人文、交通、流域、森林、民俗等相关学科研讨	1991年	中国规划学术研究会中国风景环境专业委员会
丹霞地貌旅游开发学术研讨	1991年	中国地理学会区域旅游开发研究会
喀斯特与洞穴风景旅游资源研究	1994年	中国地理学会喀斯特与洞穴专业组、中科院地理研究所、云南省地理研究所
市场经济下风景名胜资源的管理和保护	1995年	中国风景园林学会风景名胜专业委员会
古树名木存在的意义、价值及其保护措施	1997年	中国风景园林学会园林植物专业委员会
洞穴二氧化碳处理及洞穴游客量控制	1998年	中国风景园林学会风景名胜专业委员会
风景名胜区发展状况及对策、景观环境与持续旅游	1999年	中国风景名胜区协会、台湾自然生态保育协会
转轨时期国家文化与自然遗产资源管理体制	2000年	中国社会科学院环境与发展研究中心
国家公园暨保护区生物多样性研讨	2002年	中国风景名胜区协会、台湾自然生态保育协会等

续表

理论研讨项目	研讨日期	研讨单位
世界遗产地规划和建筑设计、旅游业开发和自然、文化遗产保护及大学在保护文化遗产中的作用学术研讨	2002年	清华大学建筑学院 联合国教科文组织世界遗产中心、中国联合国教科文组织全国委员会、建设部
国家公园生态网络规划和监测体系研讨	2004年	建设部风景名胜区管理办公室赴荷兰考察组
动植物多样性、水体、植被及多元文化研讨	2005年	四川省阿坝州人民政府、九寨沟风景名胜区管理局、美国加州大学、四川大学
三清山地质地貌与世界各地花岗岩景观比较分析研讨	2006年	三清山风景名胜区管理委员会
九寨沟生态环境与可持续发展战略规划国际研讨	2007年	九寨沟风景名胜区管理局、四川大学、美国加州大学
风景名胜区综合执法工作研讨	2007年	中国风景名胜区协会泰安市人民政府
三清山风景名胜区生物多样性与生态保护研讨	2007年	中国科学院、沈阳大学、中科院沈阳应用生态研究所
中国风景名胜区数字化建设论坛	2007年	建设部
国家级风景名胜区监管信息系统及网络平台研讨	2009年	住房和城乡建设部
丹霞地貌国际学术讨论	2009年	中国地质学会旅游地学与地质公园分会、中国地理学会地貌第四纪专业委员会、中山大学、中国丹霞地貌旅游开发研究会
世界遗产保护高峰论坛	2009年	中国风景名胜区协会、中国文物学会、福建省南平市人民政府、福建省武夷山市人民政府

风景名胜区科研课题一览表　　　　　　表1-13

科研课题	日期	研究单位
泰山风景资源综合考察评价及其保护利用研究	1984年	北京大学地理系风景研究室

续表

科研课题	日期	研究单位
泰山风景名胜区宇宙地质研究	1984 年	中法地质学家联合考察组
泰山古树名木多学科研究	1987 年	泰山风景名胜区管委会、山东农业大学、山东林校、泰安气象局
城市市政公用事业"九五"和"十五"计划及 2000 和 2015 年规划预测研究——风景园林部分	1994 年	建设部城市建设研究院风景园林研究所
北京石花洞风景名胜区洞穴石笋气候变化记录和洞穴环境变化研究	1995 年	中国科学院地质与地球物理研究所
我国季风海洋性冰川以及冻土、水资源、环境变化研究	1996 年	云南玉龙雪山风景名胜区管委会、中科院寒旱区环境与工程研究所
国家风景资源保护评价指标体系研究	1999 年	中国风景名胜区协会资源保护工作部、安徽师范大学生态环境研究室
杀灭灯光植物及保持洞穴景观稳定性技术研究	2000 年	中国科学院地理科学和资源研究所、中国地质科学院水文地质工程地质研究所、中国地质科学院岩溶地质研究所等
乐山大佛造像岩体防风化技术、水体侵蚀及与风化作用关系项目研究课题	2002 年	中科院成都分院科技处、生物研究所、山地灾害与环境研究所、计算机应用研究所、有机化学研究所和乐山大佛风景名胜区管委会
风景名胜区游径的生态环境影响评价及景观美学影响评价研究	2002 年	四川九寨沟风景名胜区管理局
风景名胜区的基本术语研究	2002 年	中国·城市建设研究院风景园林研究所
国家风景园林行业发展的中远期层面对我国风景名胜区的数量及发展趋势规划预测	2002 年	中国·城市建设研究院风景园林研究所
风景名胜区规划的性质及功能等相关基础理论研究	2003 年	中国城市规划设计研究院风景园林所
中国国家公园和保护区体系的理论与实践研究	2003 年	清华大学资源保护与风景旅游研究所教授杨锐
世界文化与自然遗产申报咨询与规划理论与实践研究	2004 年	清华规划院风景旅游数字技术研究所

续表

科研课题	日 期	研究单位
"十五"国家科技攻关计划《城市规划、建设、管理与服务的数字化工程》项目、《数字城市综合应用示范研究》课题——"数字九寨沟"电子商务、门禁票务和智能化监控系统研究	2005 年	九寨沟风景名胜区管理局
三清山生物多样性综合科考研究	2006 年	三清山风景名胜区管委会、中山大学生命科学院
浙江省风景名胜区特许经营管理研究	2006 年	浙江省风景名胜区协会、浙江工商大学旅游学院
博格达生物圈资源综合普项目	2006 年	新疆天山天池风景名胜区管委会、中科院新疆分院、新疆生地所
生态脆弱区世界自然遗产地生态保育技术开发课题	2006 年	中科院成都生物研究所
《风景名胜区分类标准》和《国家级风景名胜区分类》研究	2007 年	中国·城市建设研究院风景园林研究所
旅游目的地资源营销商业模式、数字旅游服务模式和运营机制研究	2007 年	中国·城市建设研究院风景园林研究所
北京市风景名胜区村庄民居景观风貌研究	2007 年	中国·城市建设研究院风景园林研究所
九寨沟世界遗产地环境与生物多样性保护研究	2007 年	九寨沟风景名胜区管理局、克罗地亚的普利维斯国家公园
完善中国混合遗产预备清单的国家战略预研究	2008 年	清华大学资源保护与风景旅游研究所
全新世以来大兴安岭中段地区高分辨率的古气候变化与生态环境响应记录研究（研究对象为内蒙古扎兰屯风景名胜区柴河景区的月亮天池）	2009 年	中国科学院地质与地球物理研究所

为了加强风景科学理论研讨和学术交流，多年来一些风景名胜区管理机构和政府主管部门、行业学会（协会）、重点院校及科研院所，与联合国教科文组织（UNESCO）有关机构、世界自然保护联盟（IUCN）、国际古迹遗址理事会（ICOMOS）、保护国际（CI）、大自然保护协会（TNC）、世界自然基金会（WWF）以及美国、加拿大、法国

等国家公园管理机构建立了交流合作机制,根据风景名胜区事业的实践和需求,组织召开了一系列学术会议、研讨会、论坛,与境外同行联合开展对我国风景名胜区和世界遗产地的科学考察、研究以及诸多领域的学术交流。许多专家学者以及风景区工作者翻译、整理了大量有关世界国家公园的文献和资料、国际保护组织的公约、文件和文献,包括世界自然和文化保护组织机构的重要文献和文件,为我国借鉴世界国家公园和世界遗产地的经验,建立和完善我国风景科学体系做了大量基础工作。

中国风景园林学会风景名胜区专业委员会1990年成立以来,利用自身优势,充分发挥专家队伍的作用,积极开展风景名胜区学术交流活动,进行理论探索,传播先进技术,普及科学技术知识,参与重要项目和发展战略的论证与研究,向社会提供科学技术咨询服务,开展国际学术交流活动,促进风景名胜区与世界各国资源保护组织的科技合作,为提高我国风景名胜区管理、规划和资源保护水平做了大量的卓有成效的工作。中国风景名胜区协会专家委员会积极协助国家建设行政主管部门行使各项管理职能,对风景名胜区事业发展中亟待解决的政策法规、规范化管理、科学规划与合理利用等方面的问题展开调查研究,积极探讨建设中国特色风景名胜区事业涉及的重大理论和实践问题,在有力地配合建设行政主管部门的中心工作的同时,促进了全国风景名胜区管理水平整体提升。

在风景名胜区事业发展的历程中,行业学会(协会)主办的各种杂志、刊物发挥了重要作用。由浙江省园林学会和杭州市园林文物局编辑的《园林与名胜》于1988年正式发行,后改由中国风景名胜区协会筹备组和杭州市园林文物局共同主办,更名为《风景名胜》,并作为中国风景名胜区协会的行业刊物。1991年,中国风景名胜区协会科教宣传部与同济大学联合主办编辑《风景科学》学刊,学刊为全国风景名胜学术界最早的学术性刊物。1994年,中国风景园林学会出版编辑工作部与科普教育工作部编辑发行的学术刊物——《中国园林》、《园林》。2000年,中国风景名胜区协会创办了行业刊物《中国风景名胜》。在国家建设行政部门的指导下,这些刊物积极反映风景名胜区行业的成就和情况,探讨风景名胜资源保护、规划建设、科学管理以及旅游服务等方面的理论问题,普及与风景名胜资源有关的自然、地理、历史、美学等方面知识,为我国风景名胜区行业搭建了信息交流、理论研讨的平台。

风景科学涉及社会科学和自然科学的多个学科和边缘学科，是一个跨部门、跨学科的综合性很强的风景科学体系，是需要几代人长期而大量的实践加以完善的系统工程，也是需要多个部门和行业的科研力量与风景名胜区工作者共同参与并为之努力奉献的事业。要客观的看待和认识我国风景科学体系建设的现状，从总体上看，尽管经过风景名胜工作者和专家、学者30多年的不懈努力，坚持在实践中探索，不断地积累经验，初步形成了包括风景科学原理、风景科学基础理论和风景规划理论的风景科学体系，确立了风景科学作为一门新兴的综合学科的地位。与世界国家公园科学理论体系的整体发展相比，由于我国风景名胜区事业起步较晚，也囿于诸多的历史原因，风景科学体系建设仍然处于初级阶段，有很多理论问题有待深入研究和完善，许多新的理论尚待消化和吸收，构建一个符合中国国情并具有中国特色的风景科学理论体系任重而道远。

十、风景名胜区干部和专业人才队伍建设

管理干部和专业人才队伍建设始终是风景名胜区事业科学发展的重要保障，也关系到风景名胜区的可持续发展战略的顺利实施。

风景名胜区发展的进程中，始终面临的管理干部调动频繁，来源广泛，从事风景资源管理和保护的专业干部、技术人员严重匮乏的问题，一线干部队伍的学识水平和专业素质难以适应风景名胜区事业发展的需要。为了适应新时期风景名胜资源管理的要求，培养和建立一支高素质、专业化的风景名胜区管理干部队伍，各级建设行政主管部门和风景名胜区在有关院校、科研机构的大力配合下，根据风景区亟待解决的问题制定研习培训主题，采取分期培训、分批轮训等多种形式，开展在职管理干部的业务培训工作。1984年，城乡建设环境保护部在同济大学举办第一期风景名胜区领导干部研习班，这也是我国建设行政主管部门举办的第一个风景名胜区行业领导干部研习班。自此，各级建设行政主管部门、中国风景名胜区协会、中国风景园林学会等相继与重点院校、联合国教科文组织培训机构合作，共同举办风

景名胜区领导干部研习班、理论研讨班等,有效地提高了风景区一线管理干部的专业素质和理论水平。为了拓宽风景名胜区专业人才培养的渠道,一些风景名胜区采取"请进来、走出去"的方式,与世界各国国家公园展开合作,取得了良好的效果。2007年,九寨沟风景名胜区管理局根据与美国约塞米蒂国家公园的有关协定,派出多名工作人员参加在美国约塞米蒂国家公园举行的培训合作项目,合作项目内容包括国家公园的水体监测、水文监测、大气监测、生态恢复、外来物种入侵、动物调查、GIS应用、社区管理与建设、景区经营等。该合作项目通过近一年的针对性强化培训,使风景名胜区的生物多样性保护、自然遗产监测、讲解展陈、景区服务经营和社区管理等重点岗位专业人员素质和理论水平有了显著的提高,有力地促进了风景名胜区的各项工作。

风景名胜区制度设立以来,为了适应风景名胜资源管理和保护工作的需要,专业人才队伍建设不断得到加强。1984年,北京大学地理系利用北京大学综合性大学的优势,组织了与风景科学相关的16个学科的专家教授,成立风景研究室(风景研究室设在地理系),并开始培养风景名胜资源管理与保护方向的研究生。北京大学世界遗产中心重点围绕世界自然、自然与文化遗产开展教学、科研和规划工作。该中心在教学中以风景科学理论为基础,兼学理工等相关知识,培养有理论研究和规划实践能力的硕士生和博士生。1993年,同济大学风景科学与旅游系成立,该系坚持服务于风景名胜区专业人才队伍的培养,为培养国家风景名胜区专业人才,根据我国风景名胜区事业发展的需要,设置了规划设计系列、工程管理系列、环境生态系列、经济管理系列、资源利用系列、文史社会系列、外语系列和计算机系列等专业课程,形成了与风景名胜区事业发展相适应的系统的教学体系。近10年来,清华大学资源保护与风景旅游研究所在承担了多项风景名胜区总体规划编制、详细设计以及相关基础理论研究工作的同时,以重点科研项目为平台,培养硕士、博士、博士后共16位,为我国风景名胜区事业专业人才的培养、建设作出了突出贡献。

随着我国城市园林绿化建设的发展和风景名胜区制度的建立,北京林业大学、同济大学等院校风景园林专业得到发展和完善,至20世纪90年代,风景园林规划与设计专业形成了本科、硕士、博士三级培养体系。1997年,国家对学科专业目录进行调整,风景园林规划与设计专业一度并入城市规划与设计专业,不再以单独的专业出现,该专业的本科招生也相应停止,使我国风景园林事业以及风景名胜区行业人才匮乏的问题日益突出。2005 年,中国风景园林学会向国务院学位委员会、建设部、教育部、中国科协等部门提交了《关于要求恢复风景园林规划与设计学科并将该学科正名为风景园林学科(Landscape Architecture)作为国家工学类一级学科的报告》。当年,国务院学位委员会批准设立风景园林专业硕士。2006 年,中国风景园林学会教育分会(筹)各委员单位、有关高校和业内专家联合签名,向有关主管部门呼吁恢复风景园林专业,并向教育部提交了《关于申请以"风景园林学科(Landscape Architecture)"统一规范国内相关专业并作为工学类一级学科的报告》。2006 年 3 月,教育部恢复风景园林专业的本科招生,风景园林专业被列入教育部公布的当年高考新增专业名单。风景园林本科专业和硕士专业的重新设立,是继风景名胜区制度设立以来的一件大事,这一举措对完善我国风景名胜与园林专业人才培养体系具有重要意义。

第二部分
风景名胜区法规
及国务院重要文件

一、风景名胜区条例

(2006年9月6日国务院第149次常务会议通过　中华人民共和国国务院第474号令公布　自2006年12月1日起施行)

第一章　总　　则

第一条　为了加强对风景名胜区的管理，有效保护和合理利用风景名胜资源，制定本条例。

第二条　风景名胜区的设立、规划、保护、利用和管理，适用本条例。

本条例所称风景名胜区，是指具有观赏、文化或者科学价值，自然景观、人文景观比较集中，环境优美，可供人们游览或者进行科学、文化活动的区域。

第三条　国家对风景名胜区实行科学规划、统一管理、严格保护、永续利用的原则。

第四条　风景名胜区所在地县级以上地方人民政府设置的风景名胜区管理机构，负责风景名胜区的保护、利用和统一管理工作。

第五条　国务院建设主管部门负责全国风景名胜区的监督管理工作。国务院其他有关部门按照国务院规定的职责分工，负责风景名胜区的有关监督管理工作。

省、自治区人民政府建设主管部门和直辖市人民政府风景名胜区主管部门，负责本行政区域内风景名胜区的监督管理工作。省、自治区、直辖市人民政府其他有关部门按照规定的职责分工，负责风景名胜区的有关监督管理工作。

第六条　任何单位和个人都有保护风景名胜资源的义务，并有权制止、检举破坏风景名胜资源的行为。

第二章　设　　立

第七条　设立风景名胜区，应当有利于保护和合理利用风景名胜资源。

新设立的风景名胜区与自然保护区不得重合或者交叉；已设立的风景名胜区与自然保护区重合或者交叉的，风景名胜区规划与自然保护区规划应当相协调。

第八条　风景名胜区划分为国家级风景名胜区和省级风景名胜区。

自然景观和人文景观能够反映重要自然变化过程和重大历史文化发展过程，基本处于自然状态或者保持历史原貌，具有国家代表性的，可以申请设立国家级风景名胜区；具有区域代表性的，可以申请设立省级风景名胜区。

第九条　申请设立风景名胜区应当提交包含下列内容的有关材料：

（一）风景名胜资源的基本状况；

（二）拟设立风景名胜区的范围以及核心景区的范围；

（三）拟设立风景名胜区的性质和保护目标；

（四）拟设立风景名胜区的游览条件；

（五）与拟设立风景名胜区内的土地、森林等自然资源和房屋等财产的所有权人、使用权人协商的内容和结果。

第十条　设立国家级风景名胜区，由省、自治区、直辖市人民政府提出申请，国务院建设主管部门会同国务院环境保护主管部门、林业主管部门、文物主管部门等有关部门组织论证，提出审查意见，报国务院批准公布。

设立省级风景名胜区，由县级人民政府提出申请，省、自治区人民政府建设主管部门或者直辖市人民政府风景名胜区主管部门，会同其他有关部门组织论证，提出审查意见，报省、自治区、直辖市人民政府批准公布。

第十一条　风景名胜区内的土地、森林等自然资源和房屋等财产的所有权人、使用权人的合法权益受法律保护。

申请设立风景名胜区的人民政府应当在报请审批前，与风景名胜区内的土地、森林等自然资源和房屋等财产的所有权人、使用权人充分协商。

因设立风景名胜区对风景名胜区内的土地、森林等自然资源和房屋等财产的所有权人、使用权人造成损失的，应当依法给予补偿。

第三章 规 划

第十二条 风景名胜区规划分为总体规划和详细规划。

第十三条 风景名胜区总体规划的编制，应当体现人与自然和谐相处、区域协调发展和经济社会全面进步的要求，坚持保护优先、开发服从保护的原则，突出风景名胜资源的自然特性、文化内涵和地方特色。

风景名胜区总体规划应当包括下列内容：

（一）风景资源评价；
（二）生态资源保护措施、重大建设项目布局、开发利用强度；
（三）风景名胜区的功能结构和空间布局；
（四）禁止开发和限制开发的范围；
（五）风景名胜区的游客容量；
（六）有关专项规划。

第十四条 风景名胜区应当自设立之日起 2 年内编制完成总体规划。总体规划的规划期一般为 20 年。

第十五条 风景名胜区详细规划应当根据核心景区和其他景区的不同要求编制，确定基础设施、旅游设施、文化设施等建设项目的选址、布局与规模，并明确建设用地范围和规划设计条件。

风景名胜区详细规划，应当符合风景名胜区总体规划。

第十六条 国家级风景名胜区规划由省、自治区人民政府建设主管部门或者直辖市人民政府风景名胜区主管部门组织编制。

省级风景名胜区规划由县级人民政府组织编制。

第十七条 编制风景名胜区规划，应当采用招标等公平竞争的方式选择具有相应资质等级的单位承担。

风景名胜区规划应当按照经审定的风景名胜区范围、性质和保护目标，依照国家有关法律、法规和技术规范编制。

第十八条 编制风景名胜区规划，应当广泛征求有关部门、公众和专家的意见；必要时，应当进行听证。

风景名胜区规划报送审批的材料应当包括社会各界的意见以及意见采纳的情况和未予采纳的理由。

第十九条 国家级风景名胜区的总体规划，由省、自治区、直辖市人民政府审查后，报国务院审批。

国家级风景名胜区的详细规划，由省、自治区人民政府建设主管部门或者直辖市人民政府风景名胜区主管部门报国务院建设主管部门审批。

第二十条 省级风景名胜区的总体规划，由省、自治区、直辖市人民政府审批，报国务院建设主管部门备案。

省级风景名胜区的详细规划，由省、自治区人民政府建设主管部门或者直辖市人民政府风景名胜区主管部门审批。

第二十一条 风景名胜区规划经批准后，应当向社会公布，任何组织和个人有权查阅。

风景名胜区内的单位和个人应当遵守经批准的风景名胜区规划，服从规划管理。

风景名胜区规划未经批准的，不得在风景名胜区内进行各类建设活动。

第二十二条 经批准的风景名胜区规划不得擅自修改。确需对风景名胜区总体规划中的风景名胜区范围、性质、保护目标、生态资源保护措施、重大建设项目布局、开发利用强度以及风景名胜区的功能结构、空间布局、游客容量进行修改的，应当报原审批机关批准；对其他内容进行修改的，应当报原审批机关备案。

风景名胜区详细规划确需修改的，应当报原审批机关批准。

政府或者政府部门修改风景名胜区规划对公民、法人或者其他组织造成财产损失的，应当依法给予补偿。

第二十三条 风景名胜区总体规划的规划期届满前2年，规划的组织编制机关应当组织专家对规划进行评估，作出是否重新编制规划的决定。在新规划批准前，原规划继续有效。

第四章 保　　护

第二十四条 风景名胜区内的景观和自然环境，应当根据可持续发展的原则，严格保护，不得破坏或者随意改变。

风景名胜区管理机构应当建立健全风景名胜资源保护的各项管理制度。

风景名胜区内的居民和游览者应当保护风景名胜区的景物、水体、林草植被、野生动物和各项设施。

第二十五条 风景名胜区管理机构应当对风景名胜区内的重要景观进行调查、鉴定，并制定相应的保护措施。

第二十六条 在风景名胜区内禁止进行下列活动：

（一）开山、采石、开矿、开荒、修坟立碑等破坏景观、植被和地形地貌的活动；

（二）修建储存爆炸性、易燃性、放射性、毒害性、腐蚀性物品的设施；

（三）在景物或者设施上刻划、涂污；

（四）乱扔垃圾。

第二十七条 禁止违反风景名胜区规划，在风景名胜区内设立各类开发区和在核心景区内建设宾馆、招待所、培训中心、疗养院以及与风景名胜资源保护无关的其他建筑物；已经建设的，应当按照风景名胜区规划，逐步迁出。

第二十八条 在风景名胜区内从事本条例第二十六条、第二十七条禁止范围以外的建设活动，应当经风景名胜区管理机构审核后，依照有关法律、法规的规定办理审批手续。

在国家级风景名胜区内修建缆车、索道等重大建设工程，项目的选址方案应当报国务院建设主管部门核准。

第二十九条 在风景名胜区内进行下列活动，应当经风景名胜区管理机构审核后，依照有关法律、法规的规定报有关主管部门批准：

（一）设置、张贴商业广告；

（二）举办大型游乐等活动；

（三）改变水资源、水环境自然状态的活动；

（四）其他影响生态和景观的活动。

第三十条 风景名胜区内的建设项目应当符合风景名胜区规划，并与景观相协调，不得破坏景观、污染环境、妨碍游览。

在风景名胜区内进行建设活动的，建设单位、施工单位应当制定污染防治和水土保持方案，并采取有效措施，保护好周围景物、水体、林草植被、野生动物资源和地形地貌。

第三十一条 国家建立风景名胜区管理信息系统，对风景名胜区规划实施和资源保护情况进行动态监测。

国家级风景名胜区所在地的风景名胜区管理机构应当每年向国务

院建设主管部门报送风景名胜区规划实施和土地、森林等自然资源保护的情况；国务院建设主管部门应当将土地、森林等自然资源保护的情况，及时抄送国务院有关部门。

第五章　利用和管理

第三十二条　风景名胜区管理机构应当根据风景名胜区的特点，保护民族民间传统文化，开展健康有益的游览观光和文化娱乐活动，普及历史文化和科学知识。

第三十三条　风景名胜区管理机构应当根据风景名胜区规划，合理利用风景名胜资源，改善交通、服务设施和游览条件。

风景名胜区管理机构应当在风景名胜区内设置风景名胜区标志和路标、安全警示等标牌。

第三十四条　风景名胜区内宗教活动场所的管理，依照国家有关宗教活动场所管理的规定执行。

风景名胜区内涉及自然资源保护、利用、管理和文物保护以及自然保护区管理的，还应当执行国家有关法律、法规的规定。

第三十五条　国务院建设主管部门应当对国家级风景名胜区的规划实施情况、资源保护状况进行监督检查和评估。对发现的问题，应当及时纠正、处理。

第三十六条　风景名胜区管理机构应当建立健全安全保障制度，加强安全管理，保障游览安全，并督促风景名胜区内的经营单位接受有关部门依据法律、法规进行的监督检查。

禁止超过允许容量接纳游客和在没有安全保障的区域开展游览活动。

第三十七条　进入风景名胜区的门票，由风景名胜区管理机构负责出售。门票价格依照有关价格的法律、法规的规定执行。

风景名胜区内的交通、服务等项目，应当由风景名胜区管理机构依照有关法律、法规和风景名胜区规划，采用招标等公平竞争的方式确定经营者。

风景名胜区管理机构应当与经营者签订合同，依法确定各自的权利义务。经营者应当缴纳风景名胜资源有偿使用费。

第三十八条　风景名胜区的门票收入和风景名胜资源有偿使用

费，实行收支两条线管理。

风景名胜区的门票收入和风景名胜资源有偿使用费应当专门用于风景名胜资源的保护和管理以及风景名胜区内财产的所有权人、使用权人损失的补偿。具体管理办法，由国务院财政部门、价格主管部门会同国务院建设主管部门等有关部门制定。

第三十九条 风景名胜区管理机构不得从事以营利为目的的经营活动，不得将规划、管理和监督等行政管理职能委托给企业或者个人行使。

风景名胜区管理机构的工作人员，不得在风景名胜区内的企业兼职。

第六章 法律责任

第四十条 违反本条例的规定，有下列行为之一的，由风景名胜区管理机构责令停止违法行为、恢复原状或者限期拆除，没收违法所得，并处 50 万元以上 100 万元以下的罚款：

（一）在风景名胜区内进行开山、采石、开矿等破坏景观、植被、地形地貌的活动的；

（二）在风景名胜区内修建储存爆炸性、易燃性、放射性、毒害性、腐蚀性物品的设施的；

（三）在核心景区内建设宾馆、招待所、培训中心、疗养院以及与风景名胜资源保护无关的其他建筑物的。

县级以上地方人民政府及其有关主管部门批准实施本条第一款规定的行为的，对直接负责的主管人员和其他直接责任人员依法给予降级或者撤职的处分；构成犯罪的，依法追究刑事责任。

第四十一条 违反本条例的规定，在风景名胜区内从事禁止范围以外的建设活动，未经风景名胜区管理机构审核的，由风景名胜区管理机构责令停止建设、限期拆除，对个人处 2 万元以上 5 万元以下的罚款，对单位处 20 万元以上 50 万元以下的罚款。

第四十二条 违反本条例的规定，在国家级风景名胜区内修建缆车、索道等重大建设工程，项目的选址方案未经国务院建设主管部门核准，县级以上地方人民政府有关部门核发选址意见书的，对直接负责的主管人员和其他直接责任人员依法给予处分；构成犯罪的，依法追究刑事责任。

第四十三条 违反本条例的规定，个人在风景名胜区内进行开荒、修坟立碑等破坏景观、植被、地形地貌的活动的，由风景名胜区管理机构责令停止违法行为、限期恢复原状或者采取其他补救措施，没收违法所得，并处 1000 元以上 1 万元以下的罚款。

第四十四条 违反本条例的规定，在景物、设施上刻划、涂污或者在风景名胜区内乱扔垃圾的，由风景名胜区管理机构责令恢复原状或者采取其他补救措施，处 50 元的罚款；刻划、涂污或者以其他方式故意损坏国家保护的文物、名胜古迹的，按照治安管理处罚法的有关规定予以处罚；构成犯罪的，依法追究刑事责任。

第四十五条 违反本条例的规定，未经风景名胜区管理机构审核，在风景名胜区内进行下列活动的，由风景名胜区管理机构责令停止违法行为、限期恢复原状或者采取其他补救措施，没收违法所得，并处 5 万元以上 10 万元以下的罚款；情节严重的，并处 10 万元以上 20 万元以下的罚款：

（一）设置、张贴商业广告的；
（二）举办大型游乐等活动的；
（三）改变水资源、水环境自然状态的活动的；
（四）其他影响生态和景观的活动。

第四十六条 违反本条例的规定，施工单位在施工过程中，对周围景物、水体、林草植被、野生动物资源和地形地貌造成破坏的，由风景名胜区管理机构责令停止违法行为、限期恢复原状或者采取其他补救措施，并处 2 万元以上 10 万元以下的罚款；逾期未恢复原状或者采取有效措施的，由风景名胜区管理机构责令停止施工。

第四十七条 违反本条例的规定，国务院建设主管部门、县级以上地方人民政府及其有关主管部门有下列行为之一的，对直接负责的主管人员和其他直接责任人员依法给予处分；构成犯罪的，依法追究刑事责任：

（一）违反风景名胜区规划在风景名胜区内设立各类开发区的；
（二）风景名胜区自设立之日起未在 2 年内编制完成风景名胜区总体规划的；
（三）选择不具有相应资质等级的单位编制风景名胜区规划的；
（四）风景名胜区规划批准前批准在风景名胜区内进行建设活动

的；

（五）擅自修改风景名胜区规划的；

（六）不依法履行监督管理职责的其他行为。

第四十八条 违反本条例的规定，风景名胜区管理机构有下列行为之一的，由设立该风景名胜区管理机构的县级以上地方人民政府责令改正；情节严重的，对直接负责的主管人员和其他直接责任人员给予降级或者撤职的处分；构成犯罪的，依法追究刑事责任：

（一）超过允许容量接纳游客或者在没有安全保障的区域开展游览活动的；

（二）未设置风景名胜区标志和路标、安全警示等标牌的；

（三）从事以营利为目的的经营活动的；

（四）将规划、管理和监督等行政管理职能委托给企业或者个人行使的；

（五）允许风景名胜区管理机构的工作人员在风景名胜区内的企业兼职的；

（六）审核同意在风景名胜区内进行不符合风景名胜区规划的建设活动的；

（七）发现违法行为不予查处的。

第四十九条 本条例第四十条第一款、第四十一条、第四十三条、第四十四条、第四十五条、第四十六条规定的违法行为，依照有关法律、行政法规的规定，有关部门已经予以处罚的，风景名胜区管理机构不再处罚。

第五十条 本条例第四十条第一款、第四十一条、第四十三条、第四十四条、第四十五条、第四十六条规定的违法行为，侵害国家、集体或者个人的财产的，有关单位或者个人应当依法承担民事责任。

第五十一条 依照本条例的规定，责令限期拆除在风景名胜区内违法建设的建筑物、构筑物或者其他设施的，有关单位或者个人必须立即停止建设活动，自行拆除；对继续进行建设的，作出责令限期拆除决定的机关有权制止。有关单位或者个人对责令限期拆除决定不服的，可以在接到责令限期拆除决定之日起15日内，向人民法院起诉；期满不起诉又不自行拆除的，由作出责令限期拆除决定的机关依法申请人民法院强制执行，费用由违法者承担。

第七章 附 则

第五十二条 本条例自 2006 年 12 月 1 日起施行。1985 年 6 月 7 日国务院发布的《风景名胜区管理暂行条例》同时废止。

二、国务院批转国家城建总局等部门《关于加强风景名胜保护管理工作的报告》的通知

国发〔1981〕38号

各省、市、自治区人民政府，国务院各部委、各直属机构：

国务院同意国家城建总局、国务院环境保护领导小组、国家文物局、旅游总局《关于加强风景名胜保护管理工作的报告》。希望各地结合实际情况，制定有关实施办法，采取有力措施，切实把这项工作做好。

中华人民共和国国务院
一九八一年三月十七日

关于加强风景名胜保护管理工作的报告

国务院：

我国历史悠久，山河壮丽。风景名胜、文物古迹之多，为世界罕见。搞好风景名胜的保护管理工作，对于丰富人民的文化生活，促进旅游事业的发展，为"四化"建设服务，具有重要意义。"文化大革命"期间，不少风景名胜受到严重破坏，树木被砍伐，环境被污染，文物古迹被毁坏。有的游览胜地被长期占用，变成了禁区。粉碎"四人帮"之后，情况有所好转，许多地方重视了风景名胜的保护管理工作。但是，问题仍然很多。当前突出的问题是：风景名胜区没有划定范围，管理体制和管理机构不健全；在风景名胜区内开山取石、毁林垦荒、滥伐树木、污染环境等现象仍未停止；风景名胜区的维护、建设工作跟不上旅游发展的需要。由于缺乏统一管理，在一些游人集中的风景点，出现了一些单位及个人争抢地盘，搭棚设摊，推销商品的情况，把优美的游览胜地，变成了杂乱的市场。广大群众和部分全国

人大代表、政协委员一再呼吁，要求加强对风景名胜的保护管理工作。我们认为，划定风景名胜区的范围，建立健全管理体制和管理机构，制定有关政策法令和规章制度，加强风景名胜的保护管理工作已刻不容缓。现提出如下意见：

（一）对全国风景资源进行调查，确定风景名胜区的等级和范围。

建议由各省、市、自治区城建园林、文物和环境保护等部门组织力量，对各地的风景名胜资源分期分批进行调查，当前要首先对重点的风景名胜区进行调查，做出评价、鉴定，确定风景名胜区的等级和范围。对一些闻名中外、具有独特的自然和人文景观、规模较大的风景名胜区应列为国家重点风景名胜区。

国家重点风景名胜区的名单及其范围由所在省、市、自治区人民政府提出，送国家城建总局审查汇总，报国务院批准。第一批申请列为国家重点风景名胜区的名单和范围，请各地于一九八一年九月以前报送。范围的划定要保持风景面貌完整，满足旅游需要，不受行政区划的限制。为了保证风景名胜区不受污染，保护生态环境，在风景名胜区的外围，还应根据需要划出一定的保护地带。风景名胜区的范围划定后，要立碑刻文，标明区界，建立档案。

（二）建立健全风景名胜区的管理体制和管理机构，实行统一管理。

风景名胜区的保护、管理和规划建设业务，由各级城市建设部门归口负责。涉及环保、文物、旅游、农林、商业服务等方面的问题，应在省、市、自治区人民政府领导下，由城建部门牵头，商同各有关部门协调解决。要充实和加强风景名胜区的管理机构。各管理机构要认真贯彻执行国家的有关政策法令，负责风景名胜区的保护、规划、建设和管理，统一安排园林、文物、环保、旅游服务各方面在风景名胜区的任务和工作。原设在风景名胜区的文物单位和旅游服务机构等，应遵守和执行风景名胜区的规章制度和管理机构的统一规定，但现行管理体制不变，其内部业务仍归各主管部门直接领导。城市郊区的风景名胜区，由城市园林部门直接管理，不另设机构。

风景名胜区必须加强管理，经常保持整洁、安静、优美的环境和良好的秩序。要妥善安排游人的食宿、交通等各项工作，改善经营管理，提高服务质量。

（三）加强风景名胜区的保护工作。

风景名胜区的地形、地貌、水体、山石、动物、植物、土壤、大气等必须严加保护。重要的景点、古树名木和文物古迹要建立说明牌和保护标志，严格按照国家规定进行保护。要防止山林火灾和树木的病虫害。妥善安排好风景区内农民的生产和生活，严禁任何人在风景名胜区内毁林、垦荒、狩猎、放牧、凿石、取土。风景名胜区内污染严重的工厂要限期治理或迁出。休养所、疗养院、饭店等单位排放的废水、废气、废渣，要符合国家规定的环境保护标准。占用风景点和游览区的机关、部队、企事业单位要限期退出。

　　要发动群众保护风景资源，要向游人和风景名胜区的职工、社员广泛宣传保护风景名胜的意义和国家有关政策法令，使保护风景名胜成为群众性的工作。风景名胜区内可建立群众性的保护小组。对保护风景名胜有功的要奖励，对损坏风景名胜的要处罚。

　　各风景名胜区管理机构要制订出保护管理办法，报省、市、自治区人民政府批准执行，送国家城建总局备案。

　　（四）有计划地进行风景名胜区的开发和建设。

　　风景名胜区的开发建设要统一规划、统一安排。各省、市、自治区城建部门和风景名胜区管理机构要组织技术力量，对风景名胜区的总体布局、绿化、交通、水、电、旅游服务设施等进行全面规划。根据财力可能分期开发，逐年建设。城市郊区风景名胜区的规划，要纳入城市建设总体规划。国家重点风景名胜区的规划由国家城建总局组织审查，报国务院批准后，由省、市、自治区城建园林部门组织实施。

　　风景名胜区内的各项建设要按上级批准的规划和基建程序进行，由风景名胜区管理机构统一安排实施，各单位不得各自为政。在风景名胜区不准建设与风景、旅游无关的建筑物。在保护地带内不准建设有害环境的工厂和单位。在风景点和公共游览区内不准建设旅馆和休养、疗养机构。

　　风景名胜区的建设首先要恢复和发展林木植被，保持自然生态，增加山林野趣。建筑形式一定要因地制宜，保持当地的特色，与景观协调一致，切不可损害风景名胜的自然风貌。要勤俭节约，充分利用原有设施，不要大拆大建。风景名胜区的维护和建设资金主要是地方财政投资和风景名胜区自己的收入。

　　以上如无不当，请批转各地参照执行。

国 家 城 市 建 设 总 局
国务院环境保护领导小组
国 家 文 物 事 业 管 理 局
中国旅行游览事业管理总局
一九八一年二月十日

三、国务院批转城乡建设环境保护部等部门《关于审定第一批国家重点风景名胜区的请示》的通知

国发〔1982〕136号

各省、市、自治区人民政府,国务院各部委、各直属机构:

　　国务院同意城乡建设环境保护部、文化部和国家旅游局《关于审定第一批国家重点风景名胜区的请示》,现发给你们,望遵照执行。各地区、各部门要按照《国务院批转国家城建总局等部门〈关于加强风景名胜保护管理工作的报告〉的通知》(国发〔1981〕38号文)和本通知的要求,切实做好风景名胜的保护和管理工作。

中华人民共和国国务院
一九八二年十一月八日

关于审定第一批国家重点风景名胜区的请示

国务院:

　　根据《国务院批转国家城建总局等部门〈关于加强风景名胜保护管理工作的报告〉的通知》(国发〔1981〕38号文)的要求,各省、市、自治区对重点风景名胜区进行了调查、评价和鉴定,已有二十二个省、市、自治区提出了五十五处,要求列为国家重点风景名胜区。

　　今年三月到四月期间,全国政协城建组、文化组和原城建总局分别邀请部分驻京政协委员和有关园林、建筑、城市规划、地理、美术、文物、旅游、环保等方面的专家学者开会,讨论加强风景名胜的保护问题并评议了国家重点风景名胜区名单,大家一致认为,我国山河壮丽,历史悠久,自然风景和名胜古迹遍布全国。一些年来由于各种原因,许多重要风景名胜遭到不同程度的破坏,近年来一些风景区

的开发建设缺乏统一规划。加强风景名胜区的保护和管理工作已刻不容缓，应尽早确定国家重点风景名胜区名单，制订保护管理办法，明确管理体制，使我国一些世所罕见的壮丽自然景观和名胜古迹切实得到保护。经过讨论和评定，提出了四十四处风景名胜区（名单附后），作为第一批国家重点风景名胜区（台湾省的风景名胜区待台湾回归祖国后另定），请审定。

当前，各地要继续按照国务院国发［1981］38号文件的要求、做好风景名胜区的保护和管理工作。

（一）抓紧编制国家重点风景名胜区的规划，划定范围。各地城乡建设环境保护部门要组织科技力量，深入调查研究，认真编制国家重点风景名胜区的规划．提出保护和管理范围。风景名胜区的规划和管理范围要从保持景区自然和人文景观的完整，有利于保护，便于管理和组织旅游出发、不应受行政区划的限制。为了保持国家重点风景名胜区的特色，维护生态平衡，避免环境污染，还要在风景名胜区外围划出一定的保护地带。国家重点风景名胜区的规划和范围经城乡建设环境保护部审查后，报国务院批准，并立碑标明区界，建立档案。

（二）加强领导，实行统一管理。国家重点风景名胜区的管理机构要在省、市、自治区人民政府的领导下，全面安排风景名胜区内各方面的工作，其主要任务是采取有效措施，保证风景名胜不再受到破坏和污染，保持和发扬景观原有特色，按照合理的环境容量和现有的物质、技术条件安排好旅游。使风景名胜区环境优美，秩序良好，成为有益于人民群众身心健康，进行科普教育，激发爱国主义热情，建设社会主义精神文明的游览胜地。

（三）严格保护景区植被和地形地貌，维护自然生态。在风景名胜区规划范围内，严禁砍伐林木、破坏植被和进行开山取石、挖沙取土、围湖造田等破坏地形地貌的活动。

（四）积极稳妥地做好风景名胜区的开发建设工作。风景名胜区的一切建设均要按照规划要求有计划地进行，重要建设项目要报上一级城乡建设部门审批。旅游设施要因地制宜，要保持地方特色，同自然环境相协调。目前尚不具备对外开放条件的风景名胜区．应搞好保护和管理工作，加强绿化建设。

（五）继续做好风景名胜资源的调查、评价和鉴定工作。凡符合国家重点风景名胜区条件的，可陆续呈报国务院审批。建议各省、市、自治区人民政府分批审定省级风景名胜区,并送城乡建设环境保护部备案。

以上妥否,请批示。

附:第一批国家重点风景名胜区名单(四十四处)

城乡建设环境保护部
文　化　部
国　家　旅　游　局
一九八二年十月二十八日

第一批国家重点风景名胜区名单

1. 北京市八达岭—十三陵风景名胜区
2. 河北省承德避暑山庄外八庙风景名胜区
3. 河北省秦皇岛北戴河风景名胜区
4. 山西省五台山风景名胜区
5. 山西省恒山风景名胜区
6. 辽宁省鞍山千山风景名胜区
7. 黑龙江省镜泊湖风景名胜区
8. 黑龙江省五大连池风景名胜区
9. 江苏省太湖风景名胜区
10. 江苏省南京钟山风景名胜区
11. 浙江省杭州西湖风景名胜区
12. 浙江省富春江—新安江风景名胜区
13. 浙江省雁荡山风景名胜区
14. 浙江省普陀山风景名胜区
15. 安徽省黄山风景名胜区
16. 安徽省九华山风景名胜区
17. 安徽省天柱山风景名胜区
18. 福建省武夷山风景名胜区
19. 江西省庐山风景名胜区
20. 江西省井冈山风景名胜区

21. 山东省泰山风景名胜区
22. 山东省青岛崂山风景名胜区
23. 河南省鸡公山风景名胜区
24. 河南省洛阳龙门风景名胜区
25. 河南省嵩山风景名胜区
26. 湖北省武汉东湖风景名胜区
27. 湖北省武当山风景名胜区
28. 湖南省衡山风景名胜区
29. 广东省肇庆星湖风景名胜区
30. 广西壮族自治区桂林漓江风景名胜区
31. 四川省峨眉山风景名胜区
32. 四川省黄龙寺—九寨沟风景名胜区
33. 四川省青城山—都江堰风景名胜区
34. 四川省剑门蜀道风景名胜区
35. 重庆市缙云山风景名胜区
36. 重庆市长江三峡风景名胜区
37. 贵州省黄果树风景名胜区
38. 云南省路南石林风景名胜区
39. 云南省大理风景名胜区
40. 云南省西双版纳风景名胜区
41. 陕西省华山风景名胜区
42. 陕西省临潼骊山风景名胜区
43. 甘肃省麦积山风景名胜区
44. 新疆天山天池风景名胜区

四、国务院批转建设部关于审定第二批国家重点风景名胜区报告的通知

国发〔1988〕51号

各省、自治区、直辖市人民政府,国务院各部委、各直属机构:

国务院同意建设部《关于审定第二批国家重点风景名胜区的报告》,现将第二批(四十处)国家重点风景名胜区名单公布于后。

风景名胜资源是中华民族珍贵的自然与文化历史遗产。做好风景名胜区的保护、建设、管理工作,对于保护祖国壮丽河山与文物古迹,维护生态平衡,开展旅游、带动地方经济文化发展具有重要作用。这项工作综合性强,涉及许多方面,各级人民政府都要重视对风景名胜区工作的领导。当地人民政府要切实搞好统一规划,加强综合管理,组织协调好有关部门的关系,保持风景名胜区内原有各单位的业务渠道不变,照顾其隶属关系,维护其合法权益,调动各方面的积极性,把风景名胜区保护好,建设好,管理好。

中华人民共和国国务院
一九八八年八月一日

关于审定第二批国家重点风景名胜区的报告

国务院:

自一九八二年十一月国务院审定公布第一批国家重点风景名胜区以来,我国风景名胜区事业发展很快。各级人民政府普遍加强了风景资源的保护和风景名胜区的建设管理工作,不少地方还组织力量进行了风景名胜资源的调查评价和风景名胜区规划的编制工作。到去年底,各地审定公布了一百处省级风景名胜区和一批市(县)级风景名胜区。据一九八六年统计,第一批四十四个国家重点风景名胜区全年接待国内外游人一亿五千四百余万人次,促进了地方经济和文化事业

的发展。实践表明,风景名胜区事业的发展给社会带来的环境效益、社会效益和经济效益是明显的。但随着我国人民物质文化生活水平的提高和旅游业的发展,目前风景区数量不足,容量太小,保护建设和管理工作跟不上等问题日益突出。尤其在旅游旺季,风景区人满为患的现象普遍存在,急待增加新的景区,更重要的是我国众多的具有重要科学、文化价值的风景名胜资源急需保护,并按规划进行合理利用,以使中华民族这批珍贵的文化和自然遗产得到科学的系统管理,促进社会主义物质文明和精神文明建设的发展。

为适应形势发展需要,从一九八五年到现在,全国有三十一个省、自治区人民政府陆续向国务院报告,要求审定列为第二批国家重点风景名胜区的有七十一处,总面积约二万三千八百平方公里。我部收到国务院批办任务后,对上报材料进行了综合审理,广泛征求了有关部门和地方政府的意见,并于一九八七年十月,由全国政协科技组、文化组在北京邀请了部分政协委员、有关学科专家以及文物、城建、环保、地质、林业、宗教、财政等部门代表,讨论评议了各地要求列为国家重点风景名胜区的名单,提出了一些调整的建议。大家一致认为,国家抓好风景名胜区工作意义重大,应要求各级政府在指导思想、立法、建设等方面继续加强这项工作。

根据《风景名胜区管理暂行条例》的规定,综合考虑各方面的意见和情况,现提出四十处作为第二批国家重点风景名胜区(名单附后),请予审定。

中华人民共和国建设部
一九八八年三月十五日

第二批国家重点风景名胜区名单

1. 河北省野三坡风景名胜区
2. 河北省苍岩山风景名胜区
3. 山西省黄河壶口瀑布风景名胜区
4. 辽宁省鸭绿江风景名胜区
5. 辽宁省金石滩风景名胜区
6. 辽宁省兴城海滨风景名胜区
7. 辽宁省大连海滨—旅顺口风景名胜区

8. 吉林省松花湖风景名胜区
9. 吉林省"八大部"—净月潭风景名胜区
10. 江苏省云台山风景名胜区
11. 江苏省蜀岗—瘦西湖风景名胜区
12. 浙江省天台山风景名胜区
13. 浙江省嵊泗列岛风景名胜区
14. 浙江省楠溪江风景名胜区
15. 安徽省琅琊山风景名胜区
16. 福建省清源山风景名胜区
17. 福建省鼓浪屿—万石山风景名胜区
18. 福建省太姥山风景名胜区
19. 江西省三清山风景名胜区
20. 江西省龙虎山风景名胜区
21. 山东省胶东半岛海滨风景名胜区
22. 湖北省大洪山风景名胜区
23. 湖南省武陵源风景名胜区
24. 湖南省岳阳楼洞庭湖风景名胜区
25. 广东省西樵山风景名胜区
26. 广东省丹霞山风景名胜区
27. 广西桂平西山风景名胜区
28. 广西花山风景名胜区
29. 四川省贡嘎山风景名胜区
30. 四川省金佛山风景名胜区
31. 四川省蜀南竹海风景名胜区
32. 贵州省织金洞风景名胜区
33. 贵州省㵲阳河风景名胜区
34. 贵州省红枫湖风景名胜区
35. 贵州省龙宫风景名胜区
36. 云南省三江并流风景名胜区
37. 云南省昆明滇池风景名胜区
38. 云南省丽江—玉龙雪山风景名胜区
39. 西藏雅砻河风景名胜区
40. 宁夏西夏王陵风景名胜区

五、国务院办公厅转发建设部关于加强风景名胜区工作报告的通知

国办发〔1992〕50号

各省、自治区、直辖市人民政府，国务院各部委、各直属机构：

建设部《关于加强风景名胜区工作的报告》，已经国务院批准，现转发给你们，请贯彻执行。

中华人民共和国国务院
一九九二年九月三日

关于加强风景名胜区工作的报告

国务院：

自一九八二年国务院审定公布第一批国家级风景名胜区以来，风景名胜区工作有很大进展。目前，全国有国家级风景名胜区八十四处，省级风景名胜区二百五十六处，县（市）级风景名胜区一百三十七处，总面积八点五万平方公里，占国土面积的0.9%。这是我们中华民族重要的自然文化遗产和宝贵财富，是国家的重要资源，也是发展旅游事业的基础。保护好、管理好、建设好风景名胜区，对于维护国土风貌，优化生态环境，弘扬民族文化，激发爱国热情，促进旅游事业，推动地区经济的发展，扩大对外开放，建设社会主义物质文明和精神文明，都具有十分重要的作用。

风景名胜区建设起步晚，基础差，还存在一些亟待解决的问题。主要是：旅游事业迅速发展，国内外游客猛增，许多风景名胜区基础设施不足，服务水平低，接待能力不能满足需要；资源保护和开发建设所需资金严重不足，缺乏配套的经济政策，致使一些风景名胜资源不能及时得到保护和开发利用。为了切实加强我国风景名胜区的保护、建设与管理，使我国的风景名胜区工作在"八五"期间上一个新

的台阶，现提出以下意见：

一、抓住有利时机，加快风景名胜区建设的步伐。为了适应进一步扩大改革开放，加速经济发展的新形势，一些具备条件的风景名胜区应利用其地理位置和经济基础较好的优势，进行外引内联，多方面探索合作开发风景名胜区的新途径，以加强景区建设，扩大游人接待容量，适应地区经济发展的需要，其他风景名胜区要积极争取有关部门的支持，发挥社会各方面的积极性，增加收入，提高接待水平和服务质量。在建设中，要优先安排水、电、交通、绿化、环境卫生、环境保护等基础设施的建设项目，以满足游人的需要。内地的风景区也要积极增辟资金来源，在加强资源和环境保护的基础上，首先搞好景区内外道路交通的建设，逐步完善其他基础设施，促进风景名胜区建设的稳步发展。

二、开展风景名胜区达标管理活动。为了尽快使各级风景名胜区的管理逐步走上规范化的轨道，提高环境质量、服务质量和管理水平，在全国风景名胜区中逐步开展资源保护、环境卫生、安全游览、文明管理等各项达标活动。基础较好、管理工作较强的风景名胜区，要全面开展达标管理活动；不具备开展全面达标条件的风景名胜区，要抓紧搞好开展达标管理活动的各项基础性工作，重点抓好资源保护和环境管理，创建文明卫生风景区，逐步达标。风景名胜区要采用多种生动活泼的形式，对游人进行风景名胜区文化、科学知识的宣传和教育，倡导文明游览的新风尚。各地风景名胜区主管部门要抓好风景名胜区达标管理工作，制定有关标准，健全规章制度，落实必要的资金，把创建文明、安全、卫生风景名胜区的活动扎扎实实地开展起来，使风景名胜区的景观风貌、环境质量和管理水平提高到一个新的水平。

三、加强风景名胜区规划工作。风景名胜区规划是风景名胜区保护、建设和管理工作的依据。各地要加强风景名胜区规划的编制、评审和批复工作。规划由各单位上级主管部门共同参加制定。现有八十四处国家级风景名胜区的总体规划，要在一九九三年全部完成编制上报审批。省级和县（市）级风景名胜区规划，也要明确要求，抓紧完成规则编制和报批工作。同时，要制订风景名胜区实施规划建设的有关规定，加强规划实施过程中的监督、检查和管理。对违反规划、违章建设、破坏资源的事件，各级人民政府要依法严肃进行处理。

四、加强风景名胜资源的保护工作。风景名胜区是我们中华民族重要的自然文化遗产和宝贵财富，是稀有的、不可再生的国家资源，通过保护维修使其长久地保存，供人们游览、观赏和利用，是一件利在当代，造福子孙的大事。各级人民政府、特别是各级城市建设行政主管部门要切实担负起对国家风景名胜资源的保护责任，依法加强对风景名胜资源的保护和管理。要抓紧起草《风景名胜区法》，争取早日公布实施。地方各级人民政府应把风景名胜区事业列入国民经济和社会发展计划，在资金上给予应有的扶持。为使风景名胜区具有自我保护、自我发展的能力，江苏、浙江、辽宁、福建、湖南等省的一些风景名胜区，经过当地政府的批准，收取风景名胜资源保护费，实行风景名胜资源有偿使用，所收费用专项用于资源的保护和维修的做法，对加强风景名胜区的保护、建设和管理起到了积极的促进作用。建议在有条件的地区，进一步扩大试点，逐步推广。

五、要进一步加强对风景名胜区工作的领导。风景名胜区工作综合性强，涉及许多方面，各级人民政府要进一步加强对风景名胜区工作的领导，组织协调好各有关部门的关系，加快现有风景名胜区的建设。要按照国务院《风景名胜区管理暂行条例》的要求，建立健全风景名胜区管理机构，行使地方政府授予的相应的行政管理职能，对风景名胜区实行统一规划和管理。设在风景名胜区内的所有单位，除各自业务受上级主管部门领导外，都要积极支持风景名胜区管理机构行使管理的职责，风景名胜区管理机构要调动各方面的积极性，切实做好风景名胜区的保护、建设及管理等各项工作。为了有效地对风景名胜区进行管理，今后凡由于风景名胜区管理工作不力，在规定时期内未达到标准的，要提出批评，限期整治。逾期仍无好转，致使资源遭到严重破坏的，可由主管风景名胜区的行政主管部门报经原审定机关批准，降低或撤销该风景名胜区的原有级别。

以上报告如无不当，请批转各地区、各部门贯彻执行。

中华人民共和国建设部
一九九二年六月三十日

六、国务院关于发布第三批国家重点风景名胜区名单的通知

国函 [1994] 4 号

各省、自治区、直辖市人民政府,国务院有关部门:

第三批国家重点风景名胜区名单已经国务院审定,现予发布。

风景名胜资源是不可再生的自然和文化遗产。保护工作是第一位的。只有在保护好资源的前提下,才能永续利用。地方各级人民政府要加强对风景名胜区工作的领导,搞好保护和利用的统一规划和管理。组织协调好有关部门的关系,保持风景名胜区内各单位的业务渠道不变,维护其合法权益。国务院各有关部门要密切配合,加强协作,促进风景名胜区各项工作的发展。

附:第三批国家重点风景名胜区名单(共35处)

中华人民共和国国务院
一九九四年一月十日

第三批国家重点风景名胜区名单

1. 天津市盘山风景名胜区
2. 河北省嶂石岩风景名胜区
3. 山西省北武当山风景名胜区
4. 山西省五老峰风景名胜区
5. 辽宁省凤凰山风景名胜区
6. 辽宁省本溪水洞风景名胜区
7. 浙江省莫干山风景名胜区
8. 浙江省雪窦山风景名胜区
9. 浙江省双龙风景名胜区
10. 浙江省仙都风景名胜区

11. 安徽省齐云山风景名胜区
12. 福建省桃源洞—鳞隐石林风景名胜区
13. 福建省金湖风景名胜区
14. 福建省鸳鸯溪风景名胜区
15. 福建省海坛风景名胜区
16. 福建省冠豸山风景名胜区
17. 河南省王屋山—云台山风景名胜区
18. 湖北省隆中风景名胜区
19. 湖北省九宫山风景名胜区
20. 湖南省韶山风景名胜区
21. 海南省三亚热带海滨风景名胜区
22. 四川省西岭雪山风景名胜区
23. 四川省四面山风景名胜区
24. 四川省四姑娘山风景名胜区
25. 贵州省荔波樟江风景名胜区
26. 贵州省赤水风景名胜区
27. 贵州省马岭河峡谷风景名胜区
28. 云南省腾冲地热火山风景名胜区
29. 云南省瑞丽江—大盈江风景名胜区
30. 云南省九乡风景名胜区
31. 云南省建水风景名胜区
32. 陕西省宝鸡天台山风景名胜区
33. 甘肃省崆峒山风景名胜区
34. 甘肃省鸣沙山—月牙泉风景名胜区
35. 青海省青海湖风景名胜区

七、国务院办公厅关于加强风景名胜区保护管理工作的通知

国办发［1995］23号

各省、自治区、直辖市人民政府，国务院各部委、各直属机构：

为进一步加强风景名胜区保护和管理工作，制止在风景名胜区内违章建设等行为，经国务院同意，现就有关问题通知如下：

一、风景名胜资源是珍贵的、不可再生的自然和文化遗产，要正确处理好经济建设和资源保护的关系，把保护风景名胜资源放在风景名胜区工作的首位，坚持严格保护、统一管理、合理开发、永续利用的原则，保障风景名胜区事业健康发展。

二、风景名胜资源属国家所有，必须依法加以保护。各地区、各部门不得以任何名义和方式出让或变相出让风景名胜资源及其景区土地。

三、风景名胜区是风景名胜资源集中、环境优美、供广大群众游览的场所，其性质不得改变，并不准在风景名胜区景区内设立各类开发区、度假区等。

四、要认真执行风景名胜区总体规划，严格控制各类建设活动。风景名胜区的游览接待服务设施建设或改造，要按总体规划要求，安排在景区外围的现有城镇或游览接待基地，并充利用现有设施。风景名胜区内的各项建设，必须符合规划要求，建设前要严格按有关规定履行审批手续，严禁违章建设。

五、各地人民政府要按照《风景名胜区管理暂行条例》规定，加强对风景名胜区工作的领导，风景名胜区所在地人民政府要强化统一管理，组织协调好有关部门的关系，保持风景名胜区内各单位业务渠道不变，维护其合法权益。对管理混乱、资源保护不力的，各地要采取有力措施解决，对造成资源破坏、已不具备风景名胜区条件的，要报请原审定机关撤销其命名，并依法追究有关负责人和直接责任人的责任。

六、建设部要按照《风景名胜区管理暂行条例》规定，进一步加

强对全国风景名胜区工件的指导和监督检查，与国务院有关部门密切协作，促进风景名胜区各项工作健康发展。

一九九五年三月三十日

八、国务院办公厅关于加强和改进城乡规划工作的通知

国办发 [2000] 25 号

各省、自治区、直辖市人民政府,国务院各部委、各直属机构:

为了实现党的十五大提出的我国跨世纪发展战略目标,促进城乡经济、社会和环境协调发展,进一步提高城乡规划工作水平,经国务院同意,现就加强和改进城乡规划工作有关问题通知如下:

一、充分认识城乡规划的重要性,进一步明确城乡规划工作的基本原则

(一)城乡规划是政府指导和调控城乡建设和发展的基本手段,是关系我国社会主义现代化建设事业全局的重要工作。加强城乡规划工作,对于实现城乡经济、社会和环境协调发展具有重要意义。改革开放以来,我国的城乡规划工作取得显著成绩,人居环境得到明显改善,城乡面貌发生巨大变化。但是,目前仍存在一些不容忽视的问题:有些地方不顾城乡建设和发展的客观规律,有法不依,执法不严,随意违反城乡规划,盲目建设,导致土地资源浪费和城乡建设布局失调;相当多的城镇没有制定切合实际的详细规划,随意批租土地进行建设;小城镇和乡村的规划与管理薄弱,不少地方建设混乱;规划实施缺乏监督机制,违法建设屡禁不止。当前,社会主义市场经济体制正在逐步建立和完善,经济结构正在进行战略性调整,城镇化进程逐步加快。各地区、各部门要充分认识城乡规划的重要性,高度重视城乡规划工作,切实发挥城乡规划对城乡土地和空间资源利用的指导和调控作用,促进城乡经济、社会和环境协调发展。

(二)城乡规划工作,必须遵循城乡建设和发展的客观规律,立足国情,面对现实,面向未来,因地制宜,统筹兼顾,综合部署;必须坚持以经济建设为中心,科学确定城市和村镇的性质、发展方向、规模和布局,统筹安排各项基础设施建设;必须坚持可持续发展战略,合理和节约利用土地资源,正确处理近期建设与长远发展、局部利益与整体利益、经济发展与环境保护、现代化建设与历史文化保护

等关系；必须坚持依法管理，逐步实现城乡规划的法制化。

二、切实加强和改进规划编制工作，严格规范审批和修改程序

（一）抓紧城镇体系规划编制工作。省域城镇体系规划是指导本省（自治区）城镇发展的依据。编制省域城镇体系规划，要从区域整体出发，妥善处理城镇建设和区域发展的关系，综合评价本行政区域城镇的发展条件，统筹安排区域基础设施，避免重复建设，限制不符合区域整体利益和长远利益的开发活动，引导城镇合理布局和城乡协调发展，并为城市总体规划和县域城镇体系规划的编制提供依据。各省、自治区省域城镇体系规划的编制工作原则上要在2002年底前完成。建设部要会同有关部门严格按照《省域城镇体系规划审查办法》做好审查工作。

（二）重点编制好县域（包括县级市，下同）城镇体系规划。县域城镇体系规划要在省域城镇体系规划指导下，合理确定城镇的数量和布局，明确发展重点，选定中心镇，统筹安排城乡居民点与基础设施的建设，严格控制国道、省道两侧的建设，尽快改变村镇建设散乱状况，促进小城镇健康发展。县域城镇体系规划报省级人民政府审批，经济比较发达地区应在2001年底前完成，其他地区原则上应在2002年底前完成。建设部要通过试点，加强对县域城镇体系规划编制与审批工作的指导。

（三）改进城市规划的编制工作，加快制定城市详细规划。对须报国务院审批的城市总体规划，要严格按照《城市总体规划审查工作规则》进行审查，充分发挥有关部门和专家的作用，确保规划质量，提高工作效率。由国务院审批总体规划的城市必须在2000年底前完成本期规划的修编工作。地方人民政府要参照上述审查规则，进一步规范规划的审查、报批工作，严格把关，切实提高规划的法定地位。设市城市要按照批准的总体规划，抓紧制定城市详细规划，特别是要认真做好重点开发建设地区、重点保护地区和重要地段详细规划的制定工作。在城市规划编制和实施过程中，要根据本城市的功能和特点，开展城市设计，把民族传统、地方特色和时代精神有机结合起来，精心塑造富有特色的城市形象。

（四）加强小城镇和村庄规划的编制工作。小城镇和村庄的规划要在县域城镇体系规划指导下，合理确定规模，统筹配置基础设施和公共建筑，集中规划乡镇企业建设用地。小城镇和村庄规划要注意同经济发展和居民生活水平相适应，因地制宜，紧凑布局，节约用地，保护环境，注重实效。中心镇规划要达到详细规划深度。小城镇和村庄的规划须报县级人民政府批准。

（五）认真编制和完善历史文化名城保护规划。历史文化名城保护规划，要在充分研究城市发展历史和传统风貌基础上，正确处理现代化建设与历史文化保护的关系，明确保护原则和工作重点，划定历史街区和文物古迹保护范围及建设控制地带，制定严格的保护措施和控制要求，并纳入城市总体规划。

（六）科学编制风景名胜区规划。风景名胜区规划必须认真贯彻严格保护、永续利用的方针。要根据国家有关规定和风景名胜区的特点，按照生态保护和环境容量的要求，严格控制开发利用活动。在风景名胜区景区内不准规划建设宾馆、招待所、各类培训中心及休、疗养院所。各地区、各部门不得以任何名义和方式出让或变相出让风景名胜资源及其景区土地，不准在风景名胜区内设立各类开发区、度假区等；擅自进行开发建设的，要坚决予以纠正。国家重点风景名胜区内的重大建设项目规划和近期建设详细规划，由省级主管部门审查，报建设部批准后，方可实施。国家重点风景名胜区尚未编制规划的，应在2002年底前完成规划编制工作。

（七）地方人民政府在修改规划时，凡涉及城市总体规划中确定的性质、规模、发展方向、布局等主要内容的，必须报原审批机关审批。

三、加强城乡规划实施的监督管理，推进城乡规划法制化

（一）坚持把城乡规划作为城乡建设和管理的基本依据。城市规划区、村庄和集镇规划区内的一切建设用地和建设活动必须遵守批准的规划。要充分发挥城市详细规划对于优化城市土地资源配置和利用的调控作用。凡建设项目所在地段没有编制详细规划或者建设项目不符合详细规划的，不得办理规划许可证。擅自修改规划、违反规划的，要依法从严查处。

（二）统一组织实施城乡规划。省域和县域城镇体系规划分别由省级和县级人民政府统一组织实施，各有关部门要密切配合，加强协调，采取有效措施，确保城镇体系规划的顺利实施。城市规划由城市人民政府统一组织实施。市一级规划管理权不得下放，擅自下放的要立即纠正。城市行政区域内的各类开发区和旅游度假区的规划建设，都要纳入城市的统一规划管理。

（三）严格规划许可制度。城市规划区内的各项建设要依法办理建设项目选址意见书、建设用地规划许可证和建设工程规划许可证。村庄和集镇规划区内的各项建设要依法办理建设项目选址意见书，并按照有关规定取得开工许可，未取得规划许可证件，不得批准用地和进行建设。

（四）坚持建设项目选址意见书审查制度。国家审批的大中型建设项目选址，由项目所在地的市、县人民政府城乡规划行政主管部门提出审查意见，报省、自治区、直辖市及计划单列市人民政府城乡规划行政主管部门核发建设项目选址意见书，并报建设部备案。对于不符合规划要求的，建设部要予以纠正。

（五）加强建设工程实施过程中的规划管理。城乡规划行政主管部门要加强对规划实施的经常性管理，对建设工程性质变更和新建、改建、扩建中违反规划要求的，应及时查处、限期纠正。工程竣工后，城乡规划行政主管部门未出具认可文件的，有关部门不得发给房屋产权证明等有关文件。

（六）建立健全城乡规划的监督检查制度。各级人民政府要对其审批规划的实施情况进行监督检查，认真查处和纠正各种违法违规行为。地方人民政府特别是城市人民政府每年要对规划实施情况，向同级人民代表大会常务委员会作出报告，同时报上级城乡规划行政主管部门备案。建设部要着重对经国务院批准的省域城镇体系规划、城市总体规划、国家重点风景名胜区规划的实施情况进行检查，查处违反规划的行为。

（七）加强城乡规划的法制建设。建设部要会同有关部门抓紧城乡规划法规制定和修改工作，加快制定和修订城乡规划技术标准和规范，进一步完善城乡规划法规体系；各地人民政府特别是城市人民政府要结合本地实际，制定和完善地方城乡规划法规，把城乡规划工作逐步纳入标准化、规范化、法制化轨道。

四、加强对城乡规划工作的领导

（一）城乡规划工作是各级人民政府的重要职责。各级人民政府要把城乡规划纳入国民经济和社会发展规划，把城乡规划工作列入政府的重要议事日程，及时协调解决城乡规划中的矛盾和问题。城市人民政府的主要职责是抓好城市的规划、建设和管理。地方人民政府的主要领导,特别是市长、县长,要对城乡规划负总责。对城乡规划工作领导或监管不力,造成重大失误的,要追究主要领导和有关责任人的责任。

(二)健全管理机构,加强队伍建设。各级人民政府要稳定城乡规划管理机构和专业队伍,要根据规划编制和研究工作需要,配备相应专业技术人员;要把城乡规划工作经费纳入财政预算,切实予以保证。城乡规划行政主管部门要加强自身队伍建设,不断提高工作人员的政治素质和业务素质。要积极开展基础理论研究和政策研究,充分利用现代技术和手段,提高城乡规划工作水平。要做到政务公开,依法行政,自觉接受社会和公众的监督。城乡规划行政主管部门的工作人员要敢于坚持原则,不怕得罪人。对玩忽职守、滥用职权、徇私舞弊的,由其所在单位或者上级主管部门给予行政处分;构成犯罪的,要依法追究刑事责任。

(三)加强教育、培训和宣传工作,大力普及城乡规划知识。各级领导要带头学习城乡规划知识。国家行政学院、地方行政学院要把城乡规划列为国家公务员必修课。要加强对市长、分管副市长、县长、分管副县长和乡镇长的培训,并对其掌握城乡规划知识的情况进行严格考核。建设部要进一步办好市长培训班。要向社会各界普及城乡规划知识,电视、广播、报刊等新闻媒体要加强宣传,提高全民的规划意识。

(四)各地区、各部门要积极支持城乡规划行政主管部门的工作,各级领导要以身作则,维护规划的权威性。

加强和改进城乡规划工作是一项功在当代、利在千秋的大事。各级人民政府及其城乡规划行政主管部门一定要加强领导,狠抓落实。国务院责成建设部会同监察部督促检查本通知的贯彻执行情况,每年向国务院作出书面报告。

二〇〇〇年三月十三日

九、国务院关于印发全国生态环境保护纲要的通知

国发〔2000〕38号

生态环境保护是功在当代、惠及子孙的伟大事业和宏伟工程。坚持不懈地搞好生态环境保护是保证经济社会健康发展，实现中华民族伟大复兴的需要。为全面实施可持续发展战略，落实环境保护基本国策，巩固生态建设成果，努力实现祖国秀美山川的宏伟目标，特制订本纲要。

一、当前全国生态环境保护状况

（一）当前生态环境保护工作取得的成绩和存在的问题

1. 全国生态环境保护取得了一定成绩。改革开放以来，党和政府高度重视环境保护工作，采取了一系列保护和改善生态环境的重大举措，加大了生态环境建设力度，使我国一些地区的生态环境得到了有效保护和改善。主要表现在：植树造林、水土保持、草原建设和国土整治等重点生态工程取得进展；长江、黄河上中游水土保持重点防治工程全面实施；重点地区天然林资源保护和退耕还林还草工程开始启动；建立了一批不同类型的自然保护区、风景名胜区和森林公园；生态农业试点示范、生态示范区建设稳步发展；环境保护法制建设逐步完善。

2. 全国生态环境状况仍面临严峻形势。目前，一些地区生态环境恶化的趋势还没有得到有效遏制，生态环境破坏的范围在扩大，程度在加剧，危害在加重。突出表现在：长江、黄河等大江大河源头的生态环境恶化呈加速趋势，沿江沿河的重要湖泊、湿地日趋萎缩，特别是北方地区的江河断流、湖泊干涸、地下水位下降严重，加剧了洪涝灾害的危害和植被退化、土地沙化；草原地区的超载放牧、过度开垦和樵采，有林地、多林区的乱砍滥伐，致使林草植被遭到破坏，生态功能衰退，水土流失加剧；矿产资源的乱采滥挖，尤其是沿江、沿岸、沿坡的开发不当，导致崩塌、滑坡、泥石流、地面塌陷、沉降、海水倒灌等地质灾害频繁发生；全国野生动植物物种丰富区的面积不

断减少，珍稀野生动植物栖息地环境恶化，珍贵药用野生植物数量锐减，生物资源总量下降；近岸海域污染严重，海洋渔业资源衰退，珊瑚礁、红树林遭到破坏，海岸侵蚀问题突出。生态环境继续恶化，将严重影响我国经济社会的可持续发展和国家生态环境安全。

（二）当前生态环境恶化的原因

3. 资源不合理开发利用是造成生态环境恶化的主要原因。一些地区环境保护意识不强，重开发轻保护，重建设轻维护，对资源采取掠夺式、粗放型开发利用方式，超过了生态环境承载能力；一些部门和单位监管薄弱，执法不严，管理不力，致使许多生态环境破坏的现象屡禁不止，加剧了生态环境的退化。同时，长期以来对生态环境保护和建设的投入不足，也是造成生态环境恶化的重要原因。切实解决生态环境保护的矛盾与问题，是我们面临的一项长期而艰巨的任务。

二、全国生态环境保护的指导思想、基本原则与目标

（一）全国生态环境保护的指导思想和基本原则

4. 全国生态环境保护的指导思想。高举邓小平理论伟大旗帜，以实施可持续发展战略和促进经济增长方式转变为中心，以改善生态环境质量和维护国家生态环境安全为目标，紧紧围绕重点地区、重点生态环境问题，统一规划，分类指导，分区推进，加强法治，严格监管，坚决打击人为破坏生态环境行为，动员和组织全社会力量，保护和改善自然恢复能力，巩固生态建设成果，努力遏制生态环境恶化的趋势，为实现祖国秀美山川的宏伟目标打下坚实基础。

5. 全国生态环境保护的基本原则。坚持生态环境保护与生态环境建设并举。在加大生态环境建设力度的同时，必须坚持保护优先、预防为主、防治结合，彻底扭转一些地区边建设边破坏的被动局面。

坚持污染防治与生态环境保护并重。应充分考虑区域和流域环境污染与生态环境破坏的相互影响和作用，坚持污染防治与生态环境保护统一规划，同步实施，把城乡污染防治与生态环境保护有机结合起来，努力实现城乡环境保护一体化。

坚持统筹兼顾，综合决策，合理开发。正确处理资源开发与环境保护的关系，坚持在保护中开发，在开发中保护。经济发展必须遵循自然规律，近期与长远统一、局部与全局兼顾。进行资源开发活动必须充分考虑生态环境承载能力，绝不允许以牺牲生态环境为代价，换取眼前的和局部的经济利益。

坚持谁开发谁保护、谁破坏谁恢复、谁使用谁付费制度。要明确生态环境保护的权、责、利，充分运用法律、经济、行政和技术手段保护生态环境。

（二）全国生态环境保护的目标

6. 全国生态环境保护目标是通过生态环境保护，遏制生态环境破坏，减轻自然灾害的危害；促进自然资源的合理、科学利用，实现自然生态系统良性循环；维护国家生态环境安全，确保国民经济和社会的可持续发展。

近期目标。到2010年，基本遏制生态环境破坏趋势。建设一批生态功能保护区，力争使长江、黄河等大江大河的源头区，长江、松花江流域和西南、西北地区的重要湖泊、湿地，西北重要的绿洲，水土保持重点预防保护区及重点监督区等重要生态功能区的生态系统和生态功能得到保护与恢复；在切实抓好现有自然保护区建设与管理的同时，抓紧建设一批新的自然保护区，使各类良好自然生态系统及重要物种得到有效保护；建立健全生态环境保护监管体系，使生态环境保护措施得到有效执行，重点资源开发区的各类开发活动严格按规划进行，生态环境破坏恢复率有较大幅度提高；加强生态示范区和生态农业县建设，全国部分县（市、区）基本实现秀美山川、自然生态系统良性循环。

远期目标。到2030年，全面遏制生态环境恶化的趋势，使重要生态功能区、物种丰富区和重点资源开发区的生态环境得到有效保护，各大水系的一级支流源头区和国家重点保护湿地的生态环境得到改善；部分重要生态系统得到重建与恢复；全国50%的县（市、区）实现秀美山川、自然生态系统良性循环，30%以上的城市达到生态城市和园林城市标准。到2050年，力争全国生态环境得到全面改善，实现城乡环境清洁和自然生态系统良性循环，全国大部分地区实现秀美山川的宏伟目标。

三、全国生态环境保护的主要内容与要求

（一）重要生态功能区的生态环境保护

7. 建立生态功能保护区。江河源头区、重要水源涵养区、水土保持的重点预防保护区和重点监督区、江河洪水调蓄区、防风固沙区和重要渔业水域等重要生态功能区，在保持流域、区域生态平衡，减轻自然灾害，确保国家和地区生态环境安全方面具有重要作用。对这些

区域的现有植被和自然生态系统应严加保护，通过建立生态功能保护区，实施保护措施，防止生态环境的破坏和生态功能的退化。跨省域和重点流域、重点区域的重要生态功能区，建立国家级生态功能保护区；跨地（市）和县（市）的重要生态功能区，建立省级和地（市）级生态功能保护区。

8. 对生态功能保护区采取以下保护措施：停止一切导致生态功能继续退化的开发活动和其他人为破坏活动；停止一切产生严重环境污染的工程项目建设；严格控制人口增长，区内人口已超出承载能力的应采取必要的移民措施；改变粗放生产经营方式，走生态经济型发展道路，对已经破坏的重要生态系统，要结合生态环境建设措施，认真组织重建与恢复，尽快遏制生态环境恶化趋势。

9. 各类生态功能保护区的建立，由各级环保部门会同有关部门组成评审委员会评审，报同级政府批准。生态功能保护区的管理以地方政府为主，国家级生态功能保护区可由省级政府委派的机构管理，其中跨省域的由国家统一规划批建后，分省按属地管理；各级政府对生态功能保护区的建设应给予积极扶持；农业、林业、水利、环保、国土资源等有关部门要按照各自的职责加强对生态功能保护区管理、保护与建设的监督。

（二）重点资源开发的生态环境保护

10. 切实加强对水、土地、森林、草原、海洋、矿产等重要自然资源的环境管理，严格资源开发利用中的生态环境保护工作。各类自然资源的开发，必须遵守相关的法律法规，依法履行生态环境影响评价手续；资源开发重点建设项目，应编报水土保持方案，否则一律不得开工建设。

11. 水资源开发利用的生态环境保护。水资源的开发利用要全流域统筹兼顾，生产、生活和生态用水综合平衡，坚持开源与节流并重，节流优先，治污为本，科学开源，综合利用。建立缺水地区高耗水项目管制制度，逐步调整用水紧缺地区的高耗水产业，停止新上高耗水项目，确保流域生态用水。在发生江河断流、湖泊萎缩、地下水超采的流域和地区，应停上新的加重水平衡失调的蓄水、引水和灌溉工程；合理控制地下水开采，做到采补平衡；在地下水严重超采地区，划定地下水禁采区，抓紧清理不合理的抽水设施，防止出现大面积的地下漏斗和地表塌陷。继续加大二氧化硫和酸雨控制力度，合理开发利用和保护大气水资源;对于擅自围垦的湖泊和填占的河道,要限期退耕还湖还水。通过科学的监测评价和功能区划,规范排污许可证制度和排污口管理制度。严禁向水体倾倒垃圾和建筑、工业废料,进一步加大水污染特别是重点江河湖泊水污染治理力度,加快城市污水处理设施、垃圾集中处理设施建设。加大农业面源污染控制力度,鼓励畜禽粪便资源化,确保养殖废水达标排放,严格控制氮、磷严重超标地区的氮肥、磷肥施用量。

12. 土地资源开发利用的生态环境保护。依据土地利用总体规划,实施土地用途管制制度,明确土地承包者的生态环境保护责任,加强生态用地保护,冻结征用具有重要生态功能的草地、林地、湿地。建设项目确需占用生态用地的,应严格依法报批和补偿,并实行"占一补一"的制度,确保恢复面积不少于占用面积。加强对交通、能源、水利等重大基础设施建设的生态环境保护监管,建设线路和施工场址要科学选比,尽量减少占用林地、草地和耕地,防止水土流失和土地沙化。加强非牧场草地开发利用的生态监管。大江大河上中游陡坡耕地要按照有关规划,有计划、分步骤地实行退耕还林还草,并加强对退耕地的管理,防止复耕。

13. 森林、草原资源开发利用的生态环境保护。对具有重要生态功能的林区、草原,应划为禁垦区、禁伐区或禁牧区,严格管护;已经开发利用的,要退耕退牧,育林育草,使其休养生息。实施天然林保护工程,最大限度地保护和发挥好森林的生态效益;要切实保护好各类水源涵养林、水土保持林、防风固沙林、特种用途林等生态公益林;对毁林、毁草开垦的耕地和造成的废弃地,要按照"谁批准谁负责,谁破坏谁恢复"的原则,限期退耕还林还草。加强森林、草原防火和病虫鼠害防治工作,努力减少林草资源灾害性损失;加大火烧迹地、采伐迹地的封山育林育草力度,加速林区、草原生态环境的恢复和生态功能的提高。大力发展风能、太阳能、生物质能等可再生能源技术,减少樵采对林草植被的破坏。

发展牧业要坚持以草定畜,防止超载过牧。严重超载过牧的,应核定载畜量,限期压减牲畜头数。采取保护和利用相结合的方针,严格实行草场禁牧期、禁牧区和轮牧制度,积极开发秸秆饲料,逐步推行舍饲圈养办法,加快退化草场的恢复。在干旱、半干旱地区要因地制宜调整粮畜生产比重,大力实施种草养畜富民工程。在农牧交错区进行农业开发，不得造成新的草场破坏；发展绿洲农业，不得破坏天然植被。对牧区的已垦草场，应限期退耕还草，恢复植被。

14. 生物物种资源开发利用的生态环境保护。生物物种资源的开发应在保护物种多样性和确保生物安全的前提下进行。依法禁止一切形式的捕杀、采集濒危野生动植物的活动。严厉打击濒危野生动植物的非法贸易。严格限制捕杀、采集和销售益虫、益鸟、益兽。鼓励野生动植物的驯养、繁育。加强野生生物资源开发管理，逐步划定准采区，规范采挖方式，严禁乱采滥挖；严格禁止采集和销售发菜，取缔一切发菜贸易，坚决制止在干旱、半干旱草原滥挖具有重要固沙作用的各类野生药用植物。切实搞好重要鱼类的产卵场、索饵场、越冬场、洄游通道和重要水生生物及其生境的保护。加强生物安全管理，建立转基因生物活体及其产品的进出口管理制度和风险评估制度；对引进外来物种必须进行风险评估，加强进口检疫工作，防止国外有害物种进入国内。

15. 海洋和渔业资源开发利用的生态环境保护。海洋和渔业资源开发利用必须按功能区划进行，做到统一规划，合理开发利用。切实加强海岸带的管理，严格围垦造地建港、海岸工程和旅游设施建设的审批，严格保护红树林、珊瑚礁、沿海防护林。加强重点渔场、江河出海口、海湾及其他渔业水域等重要水生资源繁育区的保护，严格渔业资源开发的生态环境保护监管。加大海洋污染防治力度，逐步建立污染物排海总量控制制度，加强对海上油气勘探开发、海洋倾废、船舶排污和港口的环境管理，逐步建立海上重大污染事故应急体系。

16. 矿产资源开发利用的生态环境保护。严禁在生态功能保护区、自然保护区、风景名胜区、森林公园内采矿。严禁在崩塌滑坡危险区、泥石流易发区和易导致自然景观破坏的区域采石、采砂、取土。矿产资源开发利用必须严格规划管理，开发应选取有利于生态环境保护的工期、区域和方式，把开发活动对生态环境的破坏减少到最低限度。矿产资源开发必须防止次生地质灾害的发生。在沿江、沿河、沿湖、沿库、沿海地区开采矿产资源，必须落实生态环境保护措施，尽量避免和减少对生态环境的破坏。已造成破坏的，开发者必须限期恢复。已停止采矿或关闭的矿山、坑口，必须及时做好土地复垦。

17. 旅游资源开发利用的生态环境保护。旅游资源的开发必须明确环境保护的目标与要求，确保旅游设施建设与自然景观相协调。科学确定旅游区的游客容量，合理设计旅游线路，使旅游基础设施建设与生态环境的承载能力相适应。加强自然景观、景点的保护，限制对重要自然遗迹的旅游开发，从严控制重点风景名胜区的旅游开发，严格管制索道等旅游设施的建设规模与数量，对不符合规划要求建设的设施，要限期拆除。旅游区的污水、烟尘和生活垃圾处理，必须实现达标排放和科学处置。

（三）生态良好地区的生态环境保护

18. 生态良好地区特别是物种丰富区是生态环境保护的重点区域，要采取积极的保护措施，保证这些区域的生态系统和生态功能不被破坏。在物种丰富、具有自然生态系统代表性、典型性、未受破坏的地区，应抓紧抢建一批新的自然保护区。要把横断山区、新青藏接壤高原山地、湘黔川鄂边境山地、浙闽赣交界山地、秦巴山地、滇南西双版纳、海南岛和东北大小兴安岭、三江平原等地区列为重点，分期规划建设为各级自然保护区。对西部地区有重要保护价值的物种和生态系统分布区，特别是重要荒漠生态系统和典型荒漠野生动植物分布区，应抢建一批不同类型的自然保护区。

19. 重视城市生态环境保护。在城镇化进程中，要切实保护好各类重要生态用地。大中城市要确保一定比例的公共绿地和生态用地，深入开展园林城市创建活动，加强城市公园、绿化带、片林、草坪的建设与保护，大力推广庭院、墙面、屋顶、桥体的绿化和美化。严禁在城区和城镇郊区随意开山填海、开发湿地，禁止随意填占溪、河、渠、塘。继续开展城镇环境综合整治，进一步加快能源结构调整和工业污染源治理，切实加强城镇建设项目和建筑工地的环境管理，积极推进环保模范城市和环境优美城镇创建工作。

20. 加大生态示范区和生态农业县建设力度。国家鼓励和支持生态良好地区，在实施可持续发展战略中发挥示范作用。进一步加快县（市）生态示范区和生态农业县建设步伐。在有条件的地区，应努力推动地级和省级生态示范区的建设。

四、全国生态环境保护的对策与措施

（一）加强领导和协调，建立生态环境保护综合决策机制

21. 建立和完善生态环境保护责任制。要把地方各级政府对本辖区生态环境质量负责、各部门对本行业和本系统生态环境保护负责的责任制落到实处。明确资源开发单位、法人的生态环境保护责任。实

行严格的考核、奖罚制度。对于严格履行职责，在生态环境保护中作出重大贡献的单位和个人，应给予表彰、奖励。对于失职、渎职，造成生态环境破坏的，应依照有关法律法规予以追究。要把生态环境保护和建设规划纳入各级经济和社会发展的长远规划和年度计划，保证各级政府对生态环境保护的投入。建立生态环境保护与建设的审计制度，确保投入与产出的合理性和生态效益、经济效益与社会效益的统一。

22. 积极协调和配合，建立行之有效的生态环境保护监管体系。国务院各有关部门要各司其职，密切配合，齐心协力，共同推进全国生态环境保护工作。环保部门要做好综合协调与监督工作，计划、农业、林业、水利、国土资源和建设等部门要加强自然资源开发的规划和管理，做好生态环境保护与恢复治理工作。在国家确定生态环境重点保护与监管区域的基础上，地方各级政府要结合本地实际，确定本辖区的生态环境重点保护与监管区域，形成上下配套的生态环境保护与监管体系。西部地区各级政府和有关部门要把搞好西部地区的生态环境保护和建设放在优先位置，确保国家西部大开发战略的顺利实施。

23. 保障生态环境保护的科技支持能力。各级政府要把生态环境保护科学研究纳入科技发展计划，鼓励科技创新，加强农村生态环境保护、生物多样性保护、生态恢复和水土保持等重点生态环境保护领域的技术开发和推广工作。在生态环境保护经费中，应确定一定比例的资金用于生态环境保护的科学研究和技术推广，推动科研成果的转化，提高生态环境保护的科技含量和水平。建立早期预警制度，加强生态环境恶化趋势的预测预报。

24. 建立经济社会发展与生态环境保护综合决策机制。各地要抓紧编制生态功能区划，指导自然资源开发和产业合理布局，推动经济社会与生态环境保护协调、健康发展。制定重大经济技术政策、社会发展规划、经济发展计划时，应依据生态功能区划，充分考虑生态环境影响问题。自然资源的开发和植树种草、水土保持、草原建设等重大生态环境建设项目，必须开展环境影响评价。对可能造成生态环境破坏和不利影响的项目，必须做到生态环境保护和恢复措施与资源开发和建设项目同步设计，同步施工，同步检查验收。对可能造成生态环境严重破坏的，应严格评审，坚决禁止。

（二）加强法制建设，提高全民的生态环境保护意识

25. 加强立法和执法，把生态环境保护纳入法治轨道。严格执行环境保护和资源管理的法律、法规，严厉打击破坏生态环境的犯罪行为。抓紧有关生态环境保护与建设法律法规的制定和修改工作，制定生态功能保护区生态环境保护管理条例，健全、完善地方生态环境保护法规和监管制度。

26. 认真履行国际公约，广泛开展国际交流与合作。认真履行《生物多样性公约》、《国际湿地公约》、《联合国防治荒漠化公约》、《濒危野生动植物国际贸易公约》和《保护世界文化和自然遗产公约》等国际公约，维护国家生态环境保护的权益，承担与我国发展水平相适应的国际义务，为全球生态环境保护作出贡献。广泛开展国际交流与合作，积极引进国外的资金、技术和管理经验，推动我国生态环境保护的全面发展。

27. 加强生态环境保护的宣传教育，不断提高全民的生态环境保护意识。深入开展环境国情、国策教育，分级开展生态环境保护培训，提高生态环境保护与经济社会发展的综合决策能力。重视生态环境保护的基础教育、专业教育，积极搞好社会公众教育。城市动物园、植物园等各类公园，要增加宣传设施，组织特色宣传教育活动，向公众普及生态环境保护知识。进一步加强新闻舆论监督，表扬先进典型，揭露违法行为，完善信访、举报和听证制度，充分调动广大人民群众和民间团体参与生态环境保护的积极性，为实现祖国秀美山川的宏伟目标而努力奋斗。

二〇〇〇年十二月十一日

十、国务院关于加强城乡规划监督管理的通知

国发 [2003] 13 号

为加强城乡规划监督管理，国务院于 5 月 15 日，以国发 [2002] 13 号文件，向各省、自治区、直辖市人民政府，国务院各部委、各直属机构发出关于加强城乡规划监督管理的通知。通知全文如下：

改革开放以来，我国城乡建设发展很快，城乡面貌发生显著变化。但近年来，在城市规划和建设中出现了一些不容忽视的问题，一些地方不顾当地经济发展水平和实际需要，盲目扩大城市建设规模；在城市建设中互相攀比，急功近利，贪大求洋，搞脱离实际、劳民伤财的所谓"形象工程"、"政绩工程"；对历史文化名城和风景名胜区重开发、轻保护；在建设管理方面违反城乡规划管理有关规定，擅自批准开发建设等。这些问题严重影响了城乡建设的健康发展。城乡规划和建设是社会主义现代化建设的重要组成部分，关系到国民经济持续快速健康发展的全局。为进一步强化城乡规划对城乡建设的引导和调控作用，健全城乡规划建设的监督管理制度，促进城乡建设健康有序发展，现就有关问题通知如下：

一、端正城乡建设指导思想，明确城乡建设和发展重点

城乡规划建设是一项长期而艰巨的任务，各地一定要认真贯彻江泽民同志"三个代表"重要思想，坚持以经济建设为中心，坚持为最广大人民群众服务，实施可持续发展战略；要实事求是，讲求实效，量力而行，逐步推进。

当前城市建设的重点，是面向中低收入家庭的住房建设、危旧房改造和城市生活污水、垃圾处理等必要的市政基础设施建设以及文化设施建设，改善人居环境，完善城市综合服务功能。要充分考虑财力、物力的可能，从不同地区的经济、社会发展水平和资源、环境、文化条件出发，确定合理的建设规模和发展速度，提高城乡建设投资的社会效益。要坚持走内涵与外延相结合、以内涵为主的发展道路，严格控制土地供应总量，优化用地结构和城市布局，促进经济结构的合理调整，注重保护并改善生态环境和人文环境。

发展小城镇，首先要做好规划，要以现有布局为基础，重点发展县城和规模较大的建制镇，防止遍地开花。地方各级人民政府要积极支持与小城镇发展密切相关的区域基础设施建设，为小城镇发展创造良好的区域条件和投资环境。

二、大力加强对城乡规划的综合调控

城乡规划是政府指导、调控城乡建设和发展的基本手段。各类专门性规划必须服从城乡规划的统一要求，体现城乡规划的基本原则。区域重大基础设施建设，必须符合省域城镇体系规划确定的布局和原则。市一级规划的行政管理权不得下放，擅自下放的要立即纠正。行政区划调整的城市，应当及时修编城市总体规划和近期建设规划。

城市规划由城市人民政府统一组织实施。在城市规划和建设中，要坚持建设项目选址意见审查制度。各类重大项目的选址，都必须依据经批准的省域城镇体系规划和城市总体规划。因特殊情况，选址与省域城镇体系规划和城市总体规划不一致的，必须经专门论证；如论证后认为确需按所选地址建设的，必须先按法定程序调整规划，并将建设项目纳入规划中，一并报规划原批准机关审定。要严格控制设立各类开发区以及大学城、科技园、度假区等，城市规划区及其边缘地带的各类开发区以及大学城、科技园、度假区等的规划建设，必须纳入城市的统一规划和管理。要发挥规划对资源，特别是对水资源、土地资源的配置作用，注意对环境和生态的保护。建设部、国土资源部等有关部门，要按照《中共中央关于做好农户承包地使用权流转工作的通知》（中发［2001］18号）精神，研究制定加强城乡结合部规划建设和土地管理的具体政策措施。

三、严格控制建设项目的建设规模和占地规模

各地区在当前城市规划和建设中，要严格依照城市总体规划，确定具体的建设项目。要严格控制建设项目规模，坚决纠正贪大浮夸、盲目扩大城市占地规模和建设规模，特别是占用基本农田的不良倾向。特别要严格控制超高层建筑、超大广场和别墅等建设项目，不得超过规定标准建设办公楼。各级政府在审批城乡规划时，以及各级计划部门在审批建设项目时，要严格掌握尺度。凡拖欠公务员、教师、离退休人员工资，不能及时发放最低生活保障金的城市，不得用财政资金新上脱离实际的各类楼堂馆所和不求效益的基础设施项目。

城市规划区内的建设项目，都必须严格执行《中华人民共和国城

市规划法》。各项建设的用地必须控制在国家批准的用地标准和年度土地利用计划的范围内。凡不符合上述要求的近期建设规划，必须重新修订。城市建设项目报计划部门审批前，必须首先由规划部门就项目选址提出审查意见；没有规划部门的"建设用地规划许可证"，土地部门不得提供土地；没有规划部门的"建设工程规划许可证"，有关商业银行不得提供建设资金贷款。

四、严格执行城乡规划和风景名胜区规划编制和调整程序

地方各级人民政府必须加强对各类规划制定的组织和领导，按照政务公开、民主决策的原则，履行组织编制城乡规划和风景名胜区规划的职能。规划方案应通过媒体广泛征求专家和群众意见。规划审批前，必须组织论证。审批城乡规划，必须严格执行有关法律、法规规定的程序。

总体规划和详细规划，必须明确规定强制性内容。任何单位和个人都不得擅自调整已经批准的城市总体规划和详细规划的强制性内容。确需调整的，必须先对原规划的实施情况进行总结，就调整的必要性进行论证，并提出专题报告，经上级政府认定后方可编制调整方案；调整后的总体规划和详细规划，必须按照规定的程序重新审批。调整规划的非强制性内容，应当由规划编制单位对规划的实施情况进行总结，提出调整的技术依据，并报规划原审批机关备案。

各地要高度重视历史文化名城保护工作，抓紧编制保护规划，划定历史文化保护区界线，明确保护规则，并纳入城市总体规划。历史文化保护区要依据总体规划确定的保护原则制定控制性详细规划。城市建设必须与历史文化名城的整体风貌相协调。在历史文化保护区范围内严禁随意拆建，不得破坏原有的风貌和环境，各项建设必须充分论证，并报历史文化名城审批机关备案。

风景名胜资源是不可再生的国家资源，严禁以任何名义和方式出让或变相出让风景名胜区资源及其景区土地，也不得在风景名胜区内设立各类开发区、度假区等。要按照"严格保护、统一管理、合理开发、永续利用"的原则，认真组织编制风景名胜区规划，并严格按规划实施。规划未经批准的，一律不得进行各类项目建设。在各级风景名胜区内应严格限制建设各类建筑物、构筑物。确需建设保护性基础设施的，必须依据风景名胜区规划编制专门的建设方案，组织论证，进行环境影响评价，并严格依据法定程序审批。要正确处理风景名胜资源保护与开发利用的关系，切实解决当前存在的破坏性开发建设等问题。

五、健全机构，加强培训，明确责任

各级人民政府要健全城乡规划管理机构，把城乡规划编制和管理经费纳入公共财政预算，切实予以保证。设区城市的市辖区原则上不设区级规划管理机构，如确有必要，可由市级规划部门在市辖区设置派出机构。

要加强城乡规划知识培训工作，重点是教育广大干部特别是领导干部要增强城市规划意识，依法行政。全国设市城市市长和分管城市建设工作的副市长，都应当分期、分批参加中组部、建设部和中国科协举办的市长研究班、专题班。未参加过培训的市长要优先安排。各省（区、市）也应当建立相应的培训制度，各级城乡规划行政主管部门的领导更要加强学习，不断更新城乡规划业务知识，提高管理水平。

城乡规划工作是各级人民政府的重要职责。市长、县长要对城乡规划的实施负行政领导责任。各地区、各部门都要维护城乡规划的严肃性，严格执行已经批准的城乡规划和风景名胜区规划。对于地方人民政府及有关行政主管部门违反规定调整规划、违反规划批准使用土地和项目建设的行政行为，除应予以纠正外，还应按照干部管理权限和有关规定对直接责任人给予行政处分。对于造成严重损失和不良影响的，除追究直接责任人责任外，还应追究有关领导的责任，必要时可给予负有责任的主管领导撤职以下行政处分；触犯刑律的，依法移交司法机关查处。城乡规划行政主管部门工作人员受到降级以上处分者和触犯刑律者，不得再从事城乡规划行政管理工作，其中已取得城市规划师执业资格者，取消其注册城市规划师执业资格。对因地方人民政府有关部门违法行政行为而给建设单位（业主）和个人造成损失的，地方人民政府要依法承担赔偿责任。

对建设单位、个人未取得建设用地规划许可证、建设工程规划许可证进行用地和项目建设，以及擅自改变规划用地性质、建设项目或扩大建设规模的，城市规划行政主管部门要采取措施坚决制止，并依法给予处罚；触犯刑律的，依法移交司法机关查处。

六、加强城乡规划管理监督检查

要加强和完善城乡规划的法制建设，建立和完善城乡规划管理监督制度，形成完善的行政检查、行政纠正和行政责任追究机制，强化对城乡规划实施情况的督查工作。

建设部要对国务院审批的城市总体规划、国家重点风景名胜区总体规划的实施情况进行经常性的监督检查，要会同国家文物局对国家历史文化名城保护规划实施情况进行监督检查；对检查中发现的问题要及时纠正，对有关责任人要追究行政责任，并向国务院报告。要抓紧建立全国城乡规划和风景名胜区规划管理动态信息系统，采用现代技术手段，加强对全国城乡规划建设情况的动态监测。

各省（区、市）人民政府也要采取相应措施，对本行政区域内的城乡规划实施情况进行严格监督。地方各级人民政府都要采取切实有效的措施，充实监督检查力量，强化城乡规划行政主管部门的监督检查职能，支持规划管理部门依法行政。要建立规划公示制度，经法定程序批准的总体规划和详细规划要依法向社会公布。城市人民政府应当每年向同级人民代表大会或其常务委员会报告城乡规划实施情况。要加强社会监督和舆论监督，建立违法案件举报制度，充分发挥宣传舆论工具的作用，增强全民的参与意识和监督意识。

近期，建设部要会同监察部、国土资源部等有关部门，组织联合检查组，对地方的城乡规划和风景名胜区规划检查工作情况进行监督。对严重违反城乡规划、破坏环境、铺张浪费和弄虚作假的，要公开曝光。对规划管理混乱、自然和历史文化遗产破坏严重的历史文化名城和风景名胜区，要给予公开警告直至取消相应名称。各省（区、市）人民政府要按照本通知要求，对本行政区域内城乡规划和风景名胜区规划执行情况进行一次全面检查。对发现的问题，要依法处理。检查工作要在 2002 年 10 月底之前完成，并将检查结果及查处情况向国务院报告。

二〇〇二年五月十五日

十一、国务院关于发布第四批国家重点风景名胜区名单的通知

国函〔2002〕40号

各省、自治区、直辖市人民政府，国务院各部委、各直属机构：

第四批国家重点风景名胜区名单已经国务院审定，现予发布。

风景名胜区是珍贵的自然和文化遗产，是不可再生的资源。地方各级人民政府要加强对风景名胜区各项工作的领导，搞好风景名胜区的统一规划和管理，正确处理风景名胜资源保护与开发利用的关系，严格保护好风景名胜区内的景物和自然环境。国务院有关部门要密切配合，加强协作，促进风景名胜区各项工作的开展。

附：第四批国家重点风景名胜区名单（共32处）

中华人民共和国国务院
2002年5月17日

第四批国家重点风景名胜区名单

1. 北京市石花洞风景名胜区
2. 河北省西柏坡—天桂山风景名胜区
3. 河北省崆山白云洞风景名胜区
4. 内蒙古自治区扎兰屯风景名胜区
5. 辽宁省青山沟风景名胜区
6. 辽宁省医巫闾山风景名胜区
7. 吉林省仙景台风景名胜区
8. 吉林省防川风景名胜区
9. 浙江省江郎山风景名胜区
10. 浙江省仙居风景名胜区
11. 浙江省浣江—五泄风景名胜区

12. 安徽省采石风景名胜区
13. 安徽省巢湖风景名胜区
14. 安徽省花山谜窟—渐江风景名胜区
15. 福建省鼓山风景名胜区
16. 福建省玉华洞风景名胜区
17. 江西省仙女湖风景名胜区
18. 江西省三百山风景名胜区
19. 山东省博山风景名胜区
20. 山东省青州风景名胜区
21. 河南省石人山风景名胜区
22. 湖北省陆水风景名胜区
23. 湖南省岳麓山风景名胜区
24. 湖南省崀山风景名胜区
25. 广东省白云山风景名胜区
26. 广东省惠州西湖风景名胜区
27. 重庆市芙蓉江风景名胜区
28. 四川省石海洞乡风景名胜区
29. 四川省邛海—螺髻山风景名胜区
30. 陕西省黄帝陵风景名胜区
31. 新疆库木塔格沙漠风景名胜区
32. 新疆博斯腾湖风景名胜区

十二、国务院关于发布第五批国家重点风景名胜区名单的通知

国函〔2004〕5号

各省、自治区、直辖市人民政府，国务院各部委、各直属机构：

第五批国家重点风景名胜区名单已经国务院审定，现予发布。

风景名胜区是珍贵的自然和文化遗产，是不可再生的资源。地方各级人民政府要加强对风景名胜区各项工作的领导，搞好风景名胜区的统一规划和管理，正确处理风景名胜资源保护与开发利用的关系，严格保护风景名胜区内的景物和自然环境。国务院有关部门要密切配合，加强协作，促进风景名胜区各项工作的开展。

附：第五批国家重点风景名胜区名单（共26处）

中华人民共和国国务院
二〇〇四年一月十三日

第五批国家重点风景名胜区名单（共26处）

江苏省	三山风景名胜区
浙江省	方岩风景名胜区
	百丈漈—飞云湖风景名胜区
安徽省	太极洞风景名胜区
福建省	十八重溪风景名胜区
	青云山风景名胜区
江西省	梅岭—滕王阁风景名胜区
	龟峰风景名胜区
河南省	林虑山风景名胜区
湖南省	猛洞河风景名胜区
	桃花源风景名胜区

广东省	罗浮山风景名胜区
	湖光岩风景名胜区
重庆市	天坑地缝风景名胜区
四川省	白龙湖风景名胜区
	光雾山—诺水河风景名胜区
	天台山风景名胜区
	龙门山风景名胜区
贵州省	都匀斗篷山—剑江风景名胜区
	九洞天风景名胜区
	九龙洞风景名胜区
	黎平侗乡风景名胜区
云南省	普者黑风景名胜区
	阿庐风景名胜区
陕西省	合阳洽川风景名胜区
新疆维吾尔自治区	
	赛里木湖风景名胜区

十三、国务院办公厅转发文化部、建设部、文物局等部门关于加强我国世界文化遗产保护管理工作意见的通知

国办发 [2004] 18 号

各省、自治区、直辖市人民政府,国务院各部委、各直属机构:

　　文化部、建设部、文物局、发展改革委、财政部、国土资源部、林业局、旅游局、宗教局《关于加强我国世界文化遗产保护管理工作的意见》已经国务院同意,现转发给你们,请认真贯彻执行。

二〇〇四年二月十五日

文化部、建设部、文物局、发展改革委、财政部、国土资源部、林业局、旅游局、宗教局关于加强我国世界文化遗产保护管理工作的意见

　　目前,我国拥有世界文化遗产21处,具有极高的历史、科学、文化和艺术价值,是中华民族文化的精粹,是不可再生的宝贵资源。在党中央、国务院的高度重视下,在世界文化遗产所在地各级人民政府和有关部门积极努力下,我国世界文化遗产保护管理工作不断加强,世界文化遗产地及周边环境不断改善,社会效益和经济效益日益增强。但是,保护管理的形势仍十分严峻,一是一些地方世界文化遗产保护意识淡薄,重申报、重开发,轻保护、轻管理的现象比较普遍;二是少数地方对世界文化遗产进行超负荷利用和破坏性开发,存在商业化、人工化和城镇化倾向,使世界文化遗产的真实性、完整性受到损害;三是管理体制不顺,管理层次总体偏低,有的地方机构重叠,职能交叉;四是保护管理法制不健全,存在有法不依和无法可依

的情况；五是保护管理经费严重不足。为加强和改善我国世界文化遗产的保护管理工作，现提出以下意见：

一、提高认识，端正世界文化遗产保护管理工作的指导思想

加强对世界文化遗产的保护管理，对于传承中华民族的优秀文化，弘扬和培育民族精神，增强民族自豪感和凝聚力，传播科学文化知识，促进旅游事业发展，加强同世界各国的文化交流，具有十分重要的意义和作用。各有关地区和部门要充分认识保护管理好世界文化遗产的重要性和紧迫性，严格执行《中华人民共和国文物保护法》和《风景名胜区管理暂行条例》等有关法律法规，认真履行《保护世界文化和自然遗产公约》，坚持"保护为主、抢救第一、合理利用、加强管理"的方针，确保世界文化遗产的真实性和完整性。要正确处理保护与利用、长远利益与眼前利益、整体利益与局部利益的关系，不能以牺牲和破坏世界文化遗产为代价无限度地开发利用，换取一时的经济利益。世界文化遗产保护管理属于社会公益性事业，是政府的职责。地方各级人民政府必须加强领导，统筹规划，统一管理，落实责任，把世界文化遗产保护管理作为一项重要工作坚持不懈地抓下去，逐步解决工作中存在的种种问题，确保世界文化遗产保护管理工作健康有序地进行。

二、强化责任，加强对世界文化遗产保护管理工作的领导

（一）国务院批准建立的国家文物保护部际联席会议，负责审定世界文化遗产保护规划，协调解决保护管理工作中的重大问题。国务院文物行政主管部门承担部际联席会议的日常工作，负责世界文化遗产保护和管理的监督工作。国务院国土资源、建设、林业、宗教、文物等部门，根据有关法律法规和国务院赋予的职能，依照世界文化遗产保护规划，对世界文化遗产地区域内的实体资源实施行业管理。要建立世界文化遗产保护的专家咨询机制和监测巡视制度，对世界文化遗产保护规划和专项法规的实施情况进行经常性的监督检查。

（二）世界文化遗产所在地省级人民政府要建立世界文化遗产保护管理协调机制，负责协调、指导本地区世界文化遗产保护管理工作。省级人民政府要加强对世界文化遗产所在地保护管理机构工作的指导，严格督促和检查。目前由县级人民政府管理的世界文化遗产保护管理机构，对其中贯彻执行国家法律法规不力、管理混乱并造成文化遗产毁损的，可由省级人民政府指定的机构负责实施管理。

（三）有关地方各级人民政府要坚持科学决策，依法行政，建立目标管理责任制和行政责任追究制，确保工作到位，责任到位，措施到位。要及时解决和排除保护管理工作中存在的问题和隐患，不得违反国家有关规定，将世界文化遗产租赁、承包、转让给个人、社会团体或企事业单位经营。已经租赁、承包或转让的，省级人民政府要进行检查，对违规的要限期纠正。对因失职、渎职行为造成世界文化遗产破坏的，要追究有关领导和责任人的责任。

三、加大力度，全面推进世界文化遗产的保护管理工作

（一）健全法制，规范管理。有关地区要根据遗产地的具体情况，制订和完善世界文化遗产保护的地方性法规和管理规章，明确保护管理工作的具体制度要求、保护标准和目标及相关的法律责任。要制订世界文化遗产地保护规划，明确世界文化遗产保护范围、保护措施和目标，并按程序审批。世界文化遗产的保护规划和目标措施，应当纳入当地的土地利用总体规划、城市和村镇建设规划、风景名胜区总体规划以及国民经济和社会发展计划，任何单位和个人不得擅自调整世界文化遗产保护规划。

（二）加大对世界文化遗产保护经费的投入和管理。各级财政部门应不断加大对世界文化遗产保护管理经费的投入，并采取措施鼓励个人、企业和社会团体对世界文化遗产保护的捐赠。全国重点文物保护专项资金的分配要重点向世界文化遗产倾斜。世界文化遗产保护范围内的经营项目实行特许经营，并将有偿出让的收入用于世界文化遗产的保护。根据"收支两条线"的原则，世界文化遗产的门票收入要实行专户集中统一管理，并全部用于世界文化遗产的保护管理。

（三）加强队伍建设，提高世界文化遗产保护管理人员素质。要深化改革，精简机构，优化结构，分流和压缩行政管理人员，建立健全专门执法监督队伍。要加强培训，提高世界文化遗产管理人员素质，逐步使专业人员达到职工总数的40％以上，并实行世界文化遗产保护管理人员持证上岗制度。世界文化遗产保护管理机构的主要负责人要分批接受系统培训，并取得国务院文物行政主管部门颁发的资格证书。

（四）利用科学技术加强世界文化遗产的保护。要加强对世界文化遗产保护管理工作规律性的研究，掌握世界文化遗产的各类基础资料和信息，充分发挥高新技术在保护管理工作中的作用，提高世界文化遗产保护管理工作的科技含量。要加强档案建设工作，尽快建立我国世界文化遗产管理动态信息系统和预警系统，加强对世界文化遗产保护情况的监测。

（五）通过宣传教育，普及与世界文化遗产相关的法律法规和知识，让更多人分享世界文化遗产蕴含的丰富价值，增强人民群众对世界文化遗产保护的意识，努力形成全社会关心、爱护并参与遗产保护的风气。要广泛动员全社会关心并支持世界文化遗产保护工作，充分发挥新闻媒体和群众监督作用，把世界文化遗产工作置于全社会的监督和支持之下。要在科学保护的前提下合理开发利用，充分发挥世界文化遗产的教育、科学和文化、宣传作用，不断提高世界文化遗产的社会效益和经济效益，推动当地经济社会的全面、协调和可持续发展。

十四、国务院办公厅关于加强我国非物质文化遗产保护工作的意见

国办发 [2005] 18号

各省、自治区、直辖市人民政府,国务院各部委、各直属机构:

我国是一个历史悠久的文明古国,不仅有大量的物质文化遗产,而且有丰富的非物质文化遗产。党和国家历来重视文化遗产保护,弘扬优秀传统文化,为此做了大量工作并取得了显著成绩。但是,随着全球化趋势的增强,经济和社会的急剧变迁,我国非物质文化遗产的生存、保护和发展遇到很多新的情况和问题,面临着严峻形势。为贯彻落实党的十六大有关扶持对重要文化遗产和优秀民间艺术的保护工作的精神,履行我国加入联合国教科文组织《保护非物质文化遗产公约》的义务,经国务院同意,现就进一步加强我国非物质文化遗产保护工作,提出以下意见:

一、充分认识我国非物质文化遗产保护工作的重要性和紧迫性

非物质文化遗产是各族人民世代相承、与群众生活密切相关的各种传统文化表现形式和文化空间。非物质文化遗产既是历史发展的见证,又是珍贵的、具有重要价值的文化资源。我国各族人民在长期生产生活实践中创造的丰富多彩的非物质文化遗产,是中华民族智慧与文明的结晶,是连结民族情感的纽带和维系国家统一的基础。保护和利用好我国非物质文化遗产,对落实科学发展观,实现经济社会的全面、协调、可持续发展具有重要意义。

非物质文化遗产与物质文化遗产共同承载着人类社会的文明,是世界文化多样性的体现。我国非物质文化遗产所蕴含的中华民族特有的精神价值、思维方式、想象力和文化意识,是维护我国文化身份和文化主权的基本依据。加强非物质文化遗产保护,不仅是国家和民族发展的需要,也是国际社会文明对话和人类社会可持续发展的必然要求。

随着全球化趋势的加强和现代化进程的加快,我国的文化生态发生了巨大变化,非物质文化遗产受到越来越大的冲击。一些依靠口授

和行为传承的文化遗产正在不断消失,许多传统技艺濒临消亡,大量有历史、文化价值的珍贵实物与资料遭到毁弃或流失境外,随意滥用、过度开发非物质文化遗产的现象时有发生。加强我国非物质文化遗产的保护已经刻不容缓。

二、非物质文化遗产保护工作的目标和方针

工作目标:通过全社会的努力,逐步建立起比较完备的、有中国特色的非物质文化遗产保护制度,使我国珍贵、濒危并具有历史、文化和科学价值的非物质文化遗产得到有效保护,并得以传承和发扬。

工作指导方针:保护为主、抢救第一、合理利用、传承发展。正确处理保护和利用的关系,坚持非物质文化遗产保护的真实性和整体性,在有效保护的前提下合理利用,防止对非物质文化遗产的误解、歪曲或滥用。在科学认定的基础上,采取有力措施,使非物质文化遗产在全社会得到确认、尊重和弘扬。

工作原则:政府主导、社会参与,明确职责、形成合力;长远规划、分步实施,点面结合、讲求实效。

三、建立名录体系,逐步形成有中国特色的非物质文化遗产保护制度

认真开展非物质文化遗产普查工作。要将普查摸底作为非物质文化遗产保护的基础性工作来抓,统一部署、有序进行。要在充分利用已有工作成果和研究成果的基础上,分地区、分类别制订普查工作方案,组织开展对非物质文化遗产的现状调查,全面了解和掌握各地各民族非物质文化遗产资源的种类、数量、分布状况、生存环境、保护现状及存在问题。要运用文字、录音、录像、数字化多媒体等各种方式,对非物质文化遗产进行真实、系统和全面的记录,建立档案和数据库。

建立非物质文化遗产代表作名录体系。要通过制定评审标准并经过科学认定,建立国家级和省、市、县级非物质文化遗产代表作名录体系。国家级非物质文化遗产代表作名录由国务院批准公布。省、市、县级非物质文化遗产代表作名录由同级政府批准公布,并报上一级政府备案。

加强非物质文化遗产的研究、认定、保存和传播。要组织各类文化单位、科研机构、大专院校及专家学者对非物质文化遗产的重大理论和实践问题进行研究,注重科研成果和现代技术的应用。组织力量对非物质文化遗产进行科学认定，鉴别真伪。经各级政府授权的有关单位可以征集非物质文化遗产实物、资料，并予以妥善保管。采取有效措施，防止珍贵的非物质文化遗产实物和资料流出境外。对非物质文化遗产的物质载体也要予以保护，对已被确定为文物的，要按照《中华人民共和国文物保护法》的相关规定执行。充分发挥各级图书馆、文化馆、博物馆、科技馆等公共文化机构的作用，有条件的地方可设立专题博物馆或展示中心。

建立科学有效的非物质文化遗产传承机制。对列入各级名录的非物质文化遗产代表作，可采取命名、授予称号、表彰奖励、资助扶持等方式，鼓励代表作传承人（团体）进行传习活动。通过社会教育和学校教育，使非物质文化遗产代表作的传承后继有人。要加强非物质文化遗产知识产权的保护。研究探索对传统文化生态保持较完整并具有特殊价值的村落或特定区域，进行动态整体性保护的方式。在传统文化特色鲜明、具有广泛群众基础的社区、乡村，开展创建民间传统文化之乡的活动。

四、加强领导，落实责任，建立协调有效的工作机制

要发挥政府的主导作用，建立协调有效的保护工作领导机制。由文化部牵头，建立中国非物质文化遗产保护工作部际联席会议制度，统一协调非物质文化遗产保护工作。文化行政部门与各相关部门要积极配合，形成合力。同时，广泛吸纳有关学术研究机构、大专院校、企事业单位、社会团体等各方面力量共同开展非物质文化遗产保护工作。充分发挥专家的作用，建立非物质文化遗产保护的专家咨询机制和检查监督制度。

地方各级政府要加强领导，将保护工作列入重要工作议程，纳入国民经济和社会发展整体规划，纳入文化发展纲要。加强非物质文化遗产保护的法律法规建设，及时研究制定有关政策措施。要制定非物质文化遗产保护规划，明确保护范围、保护措施和目标。中国民族民间文化保护工程是非物质文化遗产保护工作的重要组成部分，要根据其总体规划，有步骤、有重点地循序渐进，逐步实施，为创建中国特色的非物质文化遗产保护制度积累经验。

各级政府要不断加大非物质文化遗产保护工作的经费投入。通过政策引导等措施，鼓励个人、企业和社会团体对非物质文化遗产保护工作进行资助。要加强非物质文化遗产保护工作队伍建设。通过有计划的教育培训，提高现有人员的工作能力和业务水平；充分利用科研院所、高等院校的人才优势和科研优势，大力培养专门人才。

要充分发挥非物质文化遗产对广大未成年人进行传统文化教育和爱国主义教育的重要作用。各级图书馆、文化馆、博物馆、科技馆等公共文化机构要积极开展对非物质文化遗产的传播和展示。教育部门和各级各类学校要逐步将优秀的、体现民族精神与民间特色的非物质文化遗产内容编入有关教材，开展教学活动。鼓励和支持新闻出版、广播电视、互联网等媒体对非物质文化遗产及其保护工作进行宣传展示，普及保护知识，培养保护意识，努力在全社会达成共识，营造保护非物质文化遗产的良好氛围。

附件：
1. 国家级非物质文化遗产代表作申报评定暂行办法
2. 非物质文化遗产保护工作部际联席会议制度
3. 非物质文化遗产保护工作部际联席会议成员名单

国务院办公厅
二〇〇五年三月二十六日

附件1：

国家级非物质文化遗产代表作申报评定暂行办法

第一条 为加强非物质文化遗产保护工作，规范国家级非物质文化遗产代表作的申报和评定工作，根据中华人民共和国宪法第二十二条"国家保护名胜古迹、珍贵文物和其他重要历史文化遗产"及相关法律、法规，制定本办法。

第二条 非物质文化遗产指各族人民世代相承的、与群众生活密切相关的各种传统文化表现形式（如民俗活动、表演艺术、传统知识和技能，以及与之相关的器具、实物、手工制品等）和文化空间。

第三条 非物质文化遗产可分为两类：（1）传统的文化表现形式，如民俗活动、表演艺术、传统知识和技能等；（2）文化空间，即定期举行传统文化活动或集中展现传统文化表现形式的场所，兼具空间性和时间性。

非物质文化遗产的范围包括：
（一）口头传统，包括作为文化载体的语言；
（二）传统表演艺术；
（三）民俗活动、礼仪、节庆；
（四）有关自然界和宇宙的民间传统知识和实践；
（五）传统手工艺技能；
（六）与上述表现形式相关的文化空间。
第四条 建立国家级非物质文化遗产代表作名录的目的是：
（一）推动我国非物质文化遗产的抢救、保护与传承；
（二）加强中华民族的文化自觉和文化认同，提高对中华文化整体性和历史连续性的认识；
（三）尊重和彰显有关社区、群体及个人对中华文化的贡献，展示中国人文传统的丰富性；
（四）鼓励公民、企事业单位、文化教育科研机构、其他社会组织积极参与非物质文化遗产的保护工作；
（五）履行《保护非物质文化遗产公约》，增进国际社会对中国非物质文化遗产的认识，促进国际间的文化交流与合作，为人类文化的多样性及其可持续发展作出中华民族应有的贡献。
第五条 国家级非物质文化遗产代表作的申报评定工作由非物质文化遗产保护工作部际联席会议（以下简称部际联席会议）办公室具体实施。部际联席会议办公室要与各有关部门、单位和社会组织相互配合、协调工作。
第六条 国家级非物质文化遗产代表作的申报项目，应是具有杰出价值的民间传统文化表现形式或文化空间；或在非物质文化遗产中具有典型意义；或在历史、艺术、民族学、民俗学、社会学、人类学、语言学及文学等方面具有重要价值。
具体评审标准如下：
（一）具有展现中华民族文化创造力的杰出价值；
（二）扎根于相关社区的文化传统，世代相传，具有鲜明的地方特色；
（三）具有促进中华民族文化认同、增强社会凝聚力、增进民族团结和社会稳定的作用，是文化交流的重要纽带；
（四）出色地运用传统工艺和技能，体现出高超的水平；

（五）具有见证中华民族活的文化传统的独特价值；

（六）对维系中华民族的文化传承具有重要意义，同时因社会变革或缺乏保护措施而面临消失的危险。

第七条 申报项目须提出切实可行的十年保护计划，并承诺采取相应的具体措施，进行切实保护。这些措施主要包括：

（一）建档：通过搜集、记录、分类、编目等方式，为申报项目建立完整的档案；

（二）保存：用文字、录音、录像、数字化多媒体等手段，对保护对象进行真实、全面、系统的记录，并积极搜集有关实物资料，选定有关机构妥善保存并合理利用；

（三）传承：通过社会教育和学校教育等途径，使该项非物质文化遗产的传承后继有人，能够继续作为活的文化传统在相关社区尤其是青少年当中得到继承和发扬；

（四）传播：利用节日活动、展览、观摩、培训、专业性研讨等形式，通过大众传媒和互联网的宣传，加深公众对该项遗产的了解和认识，促进社会共享；

（五）保护：采取切实可行的具体措施，以保证该项非物质文化遗产及其智力成果得到保存、传承和发展，保护该项遗产的传承人（团体）对其世代相传的文化表现形式和文化空间所享有的权益，尤其要防止对非物质文化遗产的误解、歪曲或滥用。

第八条 公民、企事业单位、社会组织等，可向所在行政区域文化行政部门提出非物质文化遗产代表作项目的申请，由受理的文化行政部门逐级上报。申报主体为非申报项目传承人（团体）的，申报主体应获得申报项目传承人（团体）的授权。

第九条 省级文化行政部门对本行政区域内的非物质文化遗产代表作申报项目进行汇总、筛选，经同级人民政府核定后，向部际联席会议办公室提出申报。中央直属单位可直接向部际联席会议办公室提出申报。

第十条 申报者须提交以下资料：

（一）申请报告：对申报项目名称、申报者、申报目的和意义进行简要说明；

（二）项目申报书：对申报项目的历史、现状、价值和濒危状况等进行说明；

（三）保护计划：对未来十年的保护目标、措施、步骤和管理机制等进行说明；

（四）其他有助于说明申报项目的必要材料。

第十一条 传承于不同地区并为不同社区、群体所共享的同类项目，可联合申报；联合申报的各方须提交同意联合申报的协议书。

第十二条 部际联席会议办公室根据本办法第十条的规定，对申报材料进行审核，并将合格的申报材料提交评审委员会。

第十三条 评审委员会由国家文化行政部门有关负责同志和相关领域的专家组成，承担国家级非物质文化遗产代表作的评审和专业咨询。评审委员会每届任期四年。评审委员会设主任一名、副主任若干名，主任由国家文化行政部门有关负责同志担任。

第十四条 评审工作应坚持科学、民主、公正的原则。

第十五条 评审委员会根据本办法第六条、第七条的规定进行评审，提出国家级非物质文化遗产代表作推荐项目，提交部际联席会议办公室。

第十六条 部际联席会议办公室通过媒体对国家级非物质文化遗产代表作推荐项目进行社会公示，公示期30天。

第十七条 部际联席会议办公室根据评审委员会的评审意见和公示结果，拟订入选国家级非物质文化遗产代表作名录名单，经部际联席会议审核同意后，上报国务院批准、公布。

第十八条 国务院每两年批准并公布一次国家级非物质文化遗产代表作名录。

第十九条 对列入国家级非物质文化遗产代表作名录的项目，各级政府要给予相应支持。同时，申报主体必须履行其保护计划中的各项承诺，按年度向部际联席会议办公室提交实施情况报告。

第二十条 部际联席会议办公室组织专家对列入国家级非物质文化遗产代表作名录的项目进行评估、检查和监督，对未履行保护承诺、出现问题的，视不同程度给予警告、严重警告直至除名处理。

第二十一条 本《暂行办法》由部际联席会议办公室负责解释。

第二十二条 本《暂行办法》自发布之日起施行。

附件2：

非物质文化遗产保护工作部际联席会议制度
文化部　发展改革委　教育部　国家民委　财政部
建设部　旅游局　宗教局　文物局

为贯彻落实党的十六大关于"扶持对重要文化遗产和优秀民间艺术的保护工作"的精神，加强我国非物质文化遗产保护工作，建立非物质文化遗产保护工作部际联席会议制度，统一协调解决非物质文化遗产保护工作中的重大问题。

一、部际联席会议的职能

（一）拟订我国非物质文化遗产保护工作的方针政策，审定我国非物质文化遗产保护规划；

（二）协调处理我国非物质文化遗产保护中涉及的重大事项；

（三）审核"国家级非物质文化遗产代表作国家名录"名单，上报国务院批准公布；

（四）承办国务院交办的有关非物质文化遗产保护方面的其他工作，重大问题向国务院请示、报告。

二、联席会议成员单位

部际联席会议由文化部、发展改革委、教育部、国家民委、财政部、建设部、旅游局、宗教局、文物局组成。

文化部为部际联席会议牵头单位，文化部部长任部际联席会议召集人，文化部副部长任部际联席会议成员兼秘书长。各成员单位有关负责同志任部际联席会议成员。

各有关部门根据有关法律法规和国务院赋予的职能开展工作。部际联席会议办公室设在文化部，负责日常工作。

三、部际联席会议工作规则和要求

（一）部际联席会议定期召开例会。根据需要或按照领导同志指示，可临时召开会议。会议的议题主要包括：传达贯彻党中央、国务院领导同志关于我国非物质文化遗产保护工作的指示精神；研究、协调非物质文化遗产保护工作中的重大问题，提出政策措施和建议；审议部际联席会议办公室提交的"国家级非物质文化遗产代表作名录"

名单，上报国务院。

（二）部际联席会议讨论达成的意见要形成会议纪要，印发部际联席会议各成员单位。会议所决定的事项，按照各成员单位职能，分工负责，具体落实。

（三）各成员单位应积极参加部际联席会议，相互配合，相互支持，形成合力，充分发挥部际联席会议的作用。

附件3：

非物质文化遗产保护工作部际联席会议成员名单

召集人：孙家正（文化部部长）
成　员：周和平（文化部副部长）
　　　　李盛霖（发展改革委副主任）
　　　　章新胜（教育部副部长）
　　　　周明甫（国家民委副主任）
　　　　张少春（财政部部长助理）
　　　　仇保兴（建设部副部长）
　　　　顾朝曦（旅游局副局长）
　　　　齐晓飞（宗教局副局长）
　　　　童明康（文物局副局长）
秘书长：周和平（兼）

十五、国务院关于加强文化遗产保护的通知

国发〔2005〕42号

各省、自治区、直辖市人民政府，国务院各部委、各直属机构：

我国是历史悠久的文明古国。在漫长的岁月中，中华民族创造了丰富多彩、弥足珍贵的文化遗产。党中央、国务院历来高度重视文化遗产保护工作，在全社会的共同努力下，我国文化遗产保护取得了明显成效。与此同时，也应清醒地看到，当前我国文化遗产保护面临着许多问题，形势严峻，不容乐观。为了进一步加强我国文化遗产保护，继承和弘扬中华民族优秀传统文化，推动社会主义先进文化建设，国务院决定从2006年起，每年六月的第二个星期六为我国的"文化遗产日"。现就加强文化遗产保护有关问题通知如下：

一、充分认识保护文化遗产的重要性和紧迫性

文化遗产包括物质文化遗产和非物质文化遗产。物质文化遗产是具有历史、艺术和科学价值的文物，包括古遗址、古墓葬、古建筑、石窟寺、石刻、壁画、近代现代重要史迹及代表性建筑等不可移动文物，历史上各时代的重要实物、艺术品、文献、手稿、图书资料等可移动文物；以及在建筑式样、分布均匀或与环境景色结合方面具有突出普遍价值的历史文化名城（街区、村镇）。非物质文化遗产是指各种以非物质形态存在的与群众生活密切相关、世代相承的传统文化表现形式，包括口头传统、传统表演艺术、民俗活动和礼仪与节庆、有关自然界和宇宙的民间传统知识和实践、传统手工艺技能等以及与上述传统文化表现形式相关的文化空间。

我国文化遗产蕴含着中华民族特有的精神价值、思维方式、想象力，体现着中华民族的生命力和创造力，是各民族智慧的结晶，也是全人类文明的瑰宝。保护文化遗产，保持民族文化的传承，是连结民族情感纽带、增进民族团结和维护国家统一及社会稳定的重要文化基础，也是维护世界文化多样性和创造性，促进人类共同发展的前提。加强文化遗产保护，是建设社会主义先进文化，贯彻落实科学发展观和构建社会主义和谐社会的必然要求。

文化遗产是不可再生的珍贵资源。随着经济全球化趋势和现代化进程的加快，我国的文化生态正在发生巨大变化，文化遗产及其生存环境受到严重威胁。不少历史文化名城（街区、村镇）、古建筑、古遗址及风景名胜区整体风貌遭到破坏。文物非法交易、盗窃和盗掘古遗址古墓葬以及走私文物的违法犯罪活动在一些地区还没有得到有效遏制，大量珍贵文物流失境外。由于过度开发和不合理利用，许多重要文化遗产消亡或失传。在文化遗存相对丰富的少数民族聚居地区，由于人们生活环境和条件的变迁，民族或区域文化特色消失加快。因此，加强文化遗产保护刻不容缓。地方各级人民政府和有关部门要从对国家和历史负责的高度，从维护国家文化安全的高度，充分认识保护文化遗产的重要性，进一步增强责任感和紧迫感，切实做好文化遗产保护工作。

二、加强文化遗产保护的指导思想、基本方针和总体目标

（一）指导思想：坚持以邓小平理论和"三个代表"重要思想为指导，全面贯彻和落实科学发展观，加大文化遗产保护力度，构建科学有效的文化遗产保护体系，提高全社会文化遗产保护意识，充分发挥文化遗产在传承中华文化，提高人民群众思想道德素质和科学文化素质，增强民族凝聚力，促进社会主义先进文化建设和构建社会主义和谐社会中的重要作用。

（二）基本方针：物质文化遗产保护要贯彻"保护为主、抢救第一、合理利用、加强管理"的方针。非物质文化遗产保护要贯彻"保护为主、抢救第一、合理利用、传承发展"的方针。坚持保护文化遗产的真实性和完整性，坚持依法和科学保护，正确处理经济社会发展与文化遗产保护的关系，统筹规划、分类指导、突出重点、分步实施。

（三）总体目标：通过采取有效措施，文化遗产保护得到全面加强。到2010年，初步建立比较完备的文化遗产保护制度，文化遗产保护状况得到明显改善。到2015年，基本形成较为完善的文化遗产保护体系，具有历史、文化和科学价值的文化遗产得到全面有效保护；保护文化遗产深入人心，成为全社会的自觉行动。

三、着力解决物质文化遗产保护面临的突出问题

（一）切实做好文物调查研究和不可移动文物保护规划的制定实施工作。加强文物资源调查研究，并依法登记、建档。在认真摸清底

数的基础上，分类制定文物保护规划，认真组织实施。国务院文物行政部门要统筹安排世界文化遗产、全国重点文物保护单位保护规划的编制工作，省级人民政府具体组织编制，报国务院文物行政部门审查批准后公布实施。国务院文物行政部门要对规划实施情况进行跟踪监测，检查落实。要及时依法划定文物保护单位的保护范围和建设控制地带，设立必要的保护管理机构，明确保护责任主体，建立健全保护管理制度。其他不可移动文物也要依据文物保护法的规定制定保护规划，落实保护措施。坚决避免和纠正过度开发利用文化遗产，特别是将文物作为或变相作为企业资产经营的违法行为。

（二）改进和完善重大建设工程中的文物保护工作。严格执行重大建设工程项目审批、核准和备案制度。凡涉及文物保护事项的基本建设项目，必须依法在项目批准前征求文物行政部门的意见，在进行必要的考古勘探、发掘并落实文物保护措施以后方可实施。基本建设项目中的考古发掘要充分考虑文物保护工作的实际需要，加强统一管理，落实审批和监督责任。

（三）切实抓好重点文物维修工程。统筹规划、集中资金，实施一批文物保护重点工程，排除重大文物险情，加强对重要濒危文物的保护。实施保护工程必须确保文物的真实性，坚决禁止借保护文物之名行造假古董之实。要对文物"复建"进行严格限制，把有限的人力、物力切实用到对重要文物、特别是重大濒危文物的保护项目上。严格工程管理，落实文物保护工程队伍资质制度，完善从业人员管理制度，建立健全各类文物保护技术规范，确保工程质量。

（四）加强历史文化名城（街区、村镇）保护。进一步完善历史文化名城（街区、村镇）的申报、评审工作。已确定为历史文化名城（街区、村镇）的，地方人民政府要认真制定保护规划，并严格执行。在城镇化过程中，要切实保护好历史文化环境，把保护优秀的乡土建筑等文化遗产作为城镇化发展战略的重要内容，把历史名城（街区、村镇）保护规划纳入城乡规划。相关重大建设项目，必须建立公示制度，广泛征求社会各界意见。国务院有关部门要对历史文化名城（街区、村镇）的保护状况和规划实施情况进行跟踪监测，及时解决有关问题；历史文化名城（街区、村镇）的布局、环境、历史风貌等遭到严重破坏的，应当依法取消其称号，并追究有关人员的责任。

（五）提高馆藏文物保护和展示水平。高度重视博物馆建设，加强对藏品的登记、建档和安全管理，落实藏品丢失、损毁追究责任制。实施馆藏文物信息化和保存环境达标建设，加大馆藏文物科技保护力度。提高陈列展览质量和水平，充分发挥馆藏文物的教育作用。加强博物馆专业人员培养，提高博物馆队伍素质。坚持向未成年人等特殊社会群体减、免费开放，不断提高服务质量和水平。

（六）清理整顿文物流通市场。加强对文物市场的调控和监督管理，依法严格把握文物流通市场准入条件，规范文物经营和民间文物收藏行为，确保文物市场健康发展。依法加强文物商店销售文物、文物拍卖企业拍卖文物的审核备案工作。坚决取缔非法文物市场，严厉打击盗窃、盗掘、走私、倒卖文物等违法犯罪活动。严格执行文物出入境审核、监管制度，加强鉴定机构队伍建设，严防珍贵文物流失。加强国际合作，对非法流失境外的文物要坚决依法追索。

四、积极推进非物质文化遗产保护

（一）开展非物质文化遗产普查工作。各地区要进一步做好非物质文化遗产的普查、认定和登记工作，全面了解和掌握非物质文化遗产资源的种类、数量、分布状况、生存环境、保护现状及存在的问题，及时向社会公布普查结果。3年内全国基本完成普查工作。

（二）制定非物质文化遗产保护规划。在科学论证的基础上，抓紧制定国家和地区非物质文化遗产保护规划，明确保护范围，提出长远目标和近期工作任务。

（三）抢救珍贵非物质文化遗产。采取有效措施，抓紧征集具有历史、文化和科学价值的非物质文化遗产实物和资料，完善征集和保管制度。有条件的地方可以建立非物质文化遗产资料库、博物馆或展示中心。

（四）建立非物质文化遗产名录体系。进一步完善评审标准，严格评审工作，逐步建立国家和省、市、县非物质文化遗产名录体系。对列入非物质文化遗产名录的项目，要制定科学的保护计划，明确有关保护的责任主体，进行有效保护。对列入非物质文化遗产名录的代表性传人，要有计划地提供资助，鼓励和支持其开展传习活动，确保优秀非物质文化遗产的传承。

（五）加强少数民族文化遗产和文化生态区的保护。重点扶持少数民族地区的非物质文化遗产保护工作。对文化遗产丰富且传统文化生态保持较完整的区域，要有计划地进行动态的整体性保护。对确属濒危的少数民族文化遗产和文化生态区，要尽快列入保护名录，落实保护措施，抓紧进行抢救和保护。

五、明确责任，切实加强对文化遗产保护工作的领导

（一）加强领导，落实责任。地方各级人民政府和有关部门要将文化遗产保护列入重要议事日程，并纳入经济和社会发展计划以及城乡规划。要建立健全文化遗产保护责任制度和责任追究制度。成立国家文化遗产保护领导小组，定期研究文化遗产保护工作的重大问题，统一协调文化遗产保护工作。地方各级人民政府也要建立相应的文化遗产保护协调机构。要建立文化遗产保护定期通报制度、专家咨询制度以及公众和舆论监督机制，推进文化遗产保护工作的科学化、民主化。要充分发挥有关学术机构、大专院校、企事业单位、社会团体等各方面的作用，共同开展文化遗产保护工作。

（二）加快文化遗产保护法制建设，加大执法力度。加强文化遗产保护法律法规建设，推进文化遗产保护的法制化、制度化和规范化。积极推动《非物质文化遗产保护法》、《历史文化名城和历史文化街区、村镇保护条例》等法律、行政法规的立法进程，争取早日出台。抓紧制定和起草与文物保护法相配套的部门规章和地方性法规。抓紧研究制定保护文化遗产知识产权的有关规定。要严格依照保护文化遗产的法律、行政法规办事，任何单位或者个人都不得作出与法律、行政法规相抵触的决定；各级文物行政部门等行政执法机关有权依法抵制和制止违反有关法律、行政法规的决定和行为。严厉打击破坏文化遗产的各类违法犯罪行为，重点追究因决策失误、玩忽职守，造成文化遗产破坏、被盗或流失的责任人的法律责任。充实文化遗产保护执法力量，加大执法力度，做到执法必严，违法必究。因执法不力造成文化遗产受到破坏的，要追究有关执法机关和有关责任人的责任。

（三）安排专项资金，加强专业人才队伍建设。各级人民政府要将文化遗产保护经费纳入本级财政预算，保障重点文化遗产经费投入。抓紧制定和完善有关社会捐赠和赞助的政策措施，调动社会团体、企业和个人参与文化遗产保护的积极性。加强文化遗产保护管理机构和专业队伍建设，大力培养文化遗产保护和管理所需的各类专门人才。加强文化遗产保护科技的研究、运用和推广工作，努力提高文化遗产保护工作水平。

（四）加大宣传力度，营造保护文化遗产的良好氛围。认真举办"文化遗产日"系列活动，提高人民群众对文化遗产保护重要性的认识，增强全社会的文化遗产保护意识。各级各类文化遗产保护机构要经常举办展示、论坛、讲座等活动，使公众更多地了解文化遗产的丰富内涵。教育部门要将优秀文化遗产内容和文化遗产保护知识纳入教学计划，编入教材，组织参观学习活动，激发青少年热爱祖国优秀传统文化的热情。各类新闻媒体要通过开设专题、专栏等方式，介绍文化遗产和保护知识，大力宣传保护文化遗产的先进典型，及时曝光破坏文化遗产的违法行为及事件，发挥舆论监督作用，在全社会形成保护文化遗产的良好氛围。

与此同时，国务院有关部门也要切实研究解决自然遗产保护中存在的问题，加强自然遗产保护工作。

二〇〇五年十二月二十二日

十六、国务院关于发布第六批国家重点风景名胜区名单的通知

国函〔2005〕107号

各省、自治区、直辖市人民政府,国务院各部委、各直属机构:

第六批国家重点风景名胜区名单已经国务院审定,现予发布。

风景名胜区是珍贵的、不可再生的自然文化遗产。地方各级人民政府要正确处理开发利用与资源保护的关系,统一规划和管理风景名胜区,切实做好风景名胜资源的保护和管理工作。国务院有关部门要密切配合,加强对风景名胜区有关工作的指导,促进风景名胜区各项工作的开展。

中华人民共和国国务院
二〇〇五年十二月三十一日

第六批国家重点风景名胜区名单(共10处)

浙江省	方山—长屿硐天风景名胜区
安徽省	花亭湖风景名胜区
江西省	高岭—瑶里风景名胜区
	武功山风景名胜区
	云居山—柘林湖风景名胜区
河南省	青天河风景名胜区
	神农山风景名胜区
湖南省	紫鹊界梯田—梅山龙宫风景名胜区
	德夯风景名胜区
贵州省	紫云格凸河穿洞风景名胜区

十七、国务院关于发布第七批国家重点风景名胜区名单的通知

国函〔2009〕152号

各省、自治区、直辖市人民政府,国务院各部委、各直属机构:

第七批国家级风景名胜区名单已经国务院审定,现予发布。

风景名胜区是中华民族珍贵的、不可再生的自然文化遗产。地方各级人民政府要正确处理开发利用与资源保护的关系,科学规划、统一管理,切实做好风景名胜资源的保护和管理工作。国务院有关部门要密切配合,加强对风景名胜区有关工作的指导和监督检查,促进风景名胜区可持续发展。

中华人民共和国国务院
二〇〇九年十二月二十八日

第七批国家级风景名胜区名单(共21处)

黑龙江省	太阳岛风景名胜区
浙江省	天姥山风景名胜区
福建省	佛子山风景名胜区
	宝山风景名胜区
	福安白云山风景名胜区
江西省	灵山风景名胜区
河南省	桐柏山—淮源风景名胜区
	郑州黄河风景名胜区
湖南省	苏仙岭—万华岩风景名胜区
	南山风景名胜区
	万佛山—侗寨风景名胜区
	虎形山—花瑶风景名胜区

           东江湖风景名胜区
广东省　梧桐山风景名胜区
贵州省　平塘风景名胜区
　　　　　榕江苗山侗水风景名胜区
　　　　　石阡温泉群风景名胜区
　　　　　沿河乌江山峡风景名胜区
　　　　　瓮安江界河风景名胜区
西藏自治区　纳木错—念青唐古拉山风景名胜区
　　　　　　　唐古拉山—怒江源风景名胜区

第三部分

国家建设行政主管部门关于风景名胜区的重要文件

一、城乡建设环境保护部关于发布《风景名胜区管理暂行条例实施办法》的通知

[87] 城城字第 281 号

各省、自治区、直辖市建设厅（建委），北京市、上海市、天津市园林局：

按照国务院国发［1985］76 号文发布的《风景名胜区管理暂行条例》的规定，我部制定了《风景名胜区管理暂行条例实施办法》，现发给你们贯彻实施。请各地将实施中的情况和存在问题函告我部。

一九八七年六月十日

附件：

风景名胜区管理暂行条例实施办法

第一章 总 则

第一条 根据国务院发布的《风景名胜区管理暂行条例》国发［1985］76 号和国家有关规定，制定本办法。

第二条 风景名胜资源系指具有观赏、文化或科学价值的山河、湖海、地貌、森林、动植物、化石、特殊地质、天文气象等自然景物和文物古迹、革命纪念地、历史遗址、园林、建筑、工程设施等人文景物和它们所处环境以及风土人情等。

风景名胜区系指风景名胜资源集中、自然环境优美、具有一定规模和游览条件，经县级以上人民政府审定命名、划定范围，供人游览、观赏、休息和进行科学文化活动的地域。

第三条 风景名胜资源须经过调查、评价，确定其特点和价值。风景名胜资源调查内容和评价的要求见本办法附件一。

第四条 风景名胜区按《风景名胜区管理暂行条例》规定的程序，由县级以上人民政府分别审定。各级风景名胜区的条件分别为：（一）具有一定观赏、文化或科学价值，环境优美，规模较小，设施简单，以接待本地区游人为主的定为市（县）级风景名胜区；（二）具有较重要观赏、文化或科学价值，景观有地方代表性，有一定规模和设施条件，在省内外有影响的定为省级风景名胜区；（三）具有重要的观赏、文化或科学价值，景观独特，国内外著名，规模较大的定为国家重点风景名胜区。

申报列为国家重点风景名胜区的材料要求见本办法附件二。

第五条 城乡建设环境保护部和地方县级以上城乡建设部门主管风景名胜区工作，对各级风景名胜区实行归口管理，其主要任务是在所属人民政府领导下，组织风景名胜资源调查和评价；申报审定风景名胜区；组织编制和审批风景名胜区规划；制定管理法规和实施办法；监督和检查风景名胜区保护、建设、管理工作。

第六条 风景名胜区管理机构在风景名胜区范围内行使主管人民政府授予的行政管理职能，受上级人民政府城乡建设部门业务指导。其主要任务是根据《风景名胜区管理暂行条例》和规划，对风景名胜区的资源保护、开发建设和经营活动实行统一管理。

第七条 风景名胜区规划批准后，应在风景名胜区主要入口建立入口标志并沿划定的范围立桩，标明区界。

国家重点风景名胜区的入口标志内容和标徽图案由建设部公布。入口标志可根据风景名胜区特点因地制宜设计制作，要求朴素自然、庄重大方、具有永久纪念性。国家重点风景名胜区的入口标志设计由建设部审定。

第二章 保 护

第八条 保护国家风景名胜，人人有责。在风景名胜区内的所有机关、单位、部队、居民和游人都必须爱护风景名胜区的景物、林木、设施和环境，遵守有关规定。

第九条 风景名胜区管理机构必须把风景名胜区的保护工作列为

首要任务，配备必要的力量和设备，建立健全规章制度，落实保护责任。同时，要搞好宣传工作，对景物、景点、景区要设立言简意赅的说明和醒目的保护标牌，其形式应因地制宜，与周围景观相协调。

第十条 风景名胜区要建立健全植树绿化、封山育林、护林防火和防治病虫害的规章制度。落实各项管理责任制，按照规划要求进行抚育管理。

风景名胜区内的林木均属特殊用途林，不得砍伐。必要的疏伐、更新以及确需砍伐的林木，必须经风景名胜区管理机构同意，报经地方主管部门批准后，始得进行。

风景名胜区要妥善地解决区内居民的生活燃料问题，一时尚不能完全避免燃用薪柴的，可在景观价值较低的区域规划一定数量的薪炭林，供近期使用。

第十一条 风景名胜区内的古树名木要严加保护，严禁砍伐、移植，要进行调查、鉴定、登记造册，建立档案。经鉴定的古树名木要悬挂标牌。具有特殊价值和意义的还应专门介绍。

风景名胜区应建立责任制度，落实古树名木的保护复壮措施，及时搞好松土、施肥、补洞、防止病虫和预防风雪雷雨灾害工作。要切实保护好古树名木的生息环境，严防游人、人工设施、施工活动、大气和水体污染对古树名木的损害。

第十二条 风景名胜区应当加强对水体的保护管理，制止可能导致水体污染、破坏的活动和过度的利用；对河流、湖泊等应及时进行清理和疏浚，不得随意围、填、堵、塞或作其他改变，对水源地，应按国家有关规定加强保护和管理。

第十三条 风景名胜区要切实维护好动物的栖息环境，严禁伤害和滥捕野生动物。要宣传普及野生动物的生态知识和保护知识，形成爱护野生动物的良好风尚。

第十四条 风景名胜区的地貌必须严加保护，禁止开山采石、挖沙取土等经营活动。风景名胜区内维护工程必须就地取用的沙石料，应在不破坏地貌的前提下由地方主管部门安排适当地点，限量采取。

第十五条 风景名胜区的古建筑、古园林、石刻等文物古迹、革命遗迹、遗址和其他人文景物及其所处的环境要严格保护，定期维护，做好管理工作，建立健全责任制度，落实防火、避雷、防洪、防震、防蛀等措施。

第十六条 风景名胜区应保持原有的自然和历史风貌。禁止在风景名胜区内大兴土木和大规模地进行改变地貌和自然环境的活动,防止风景名胜区的人工化和城市化倾向。

第三章 规　　划

第十七条 风景名胜区规划是切实的保护、合理地开发建设和科学地管理风景名胜区的综合部署。经批准的规划是风景名胜区保护、建设和管理工作的依据。

第十八条 风景名胜区规划根据《风景名胜区管理暂行条例》的规定及本办法的要求进行编制。

第十九条 风景名胜区规划应在所属人民政府领导下,由城乡建设部门或风景区管理机构会同文物、环保、旅游、农林、水利、电力、交通、邮电、商业、服务等有关部门组织编制。

第二十条 风景名胜区规划文件的编制,可委托国内有资格的规划、设计、科研单位或大专院校协助进行。要指定技术总负责人,负责组织、协调、汇总规划。

第二十一条 编制风景名胜区规划首先要搞好对风景名胜资源的多学科综合考察,收集完整的基础资料。

风景名胜区规划基础资料,由规划文件编制单位负责收集并充实完善。全部资料经整理后由风景名胜区管理机构永久保存。

第二十二条 风景名胜区规划应遵循以下原则:

(一)认真贯彻国家有关保护和开发利用风景名胜资源的方针政策,保护自然文化遗产,维护生态平衡,充分发挥风景名胜区的环境、社会和经济上的效益,协调各项事业之间关系。

(二)充分认识资源的特点和价值,突出本风景名胜区特性和自然环境的主导作用。风景名胜区要区别于城市公园,切忌大搞"人工化"造景。

(三)深入地调查研究,搞清风景名胜资源的历史和现状,坚持因地制宜、实事求是地解决规划问题的工作方法。

第二十三条 风景名胜区范围,应当根据景观完整,维持自然和历史风貌,保护生态环境,形成一定规模,便于组织游览和管理等需要,在规划中划定,在总体规划批准后确认生效。

在风景名胜区外围根据保持景观特色，维护风景名胜区自然环境和生态平衡，防止污染和控制建设活动等需要，在风景名胜区规划中划定保护地带。保持原行政管理和隶属关系不变。对该保护地带，在风景区规划批准后，由风景名胜区管理机构根据规划提出环境要求，由当地行政管理机关实施。

第二十四条 风景名胜区规划审批：

（一）市、县级风景名胜区规划，由市、县城乡建设部门审查后，报市、县人民政府审批，并向省级城乡建设主管部门备案。

（二）省级风景名胜区规划，由风景名胜区管理机构所在市、县人民政府报省、自治区、直辖市人民政府审批，并向城乡建设环境保护部备案。

（三）国家重点风景名胜区规划，由所在省、自治区、直辖市人民政府报国务院审批。

（四）国家重点风景名胜区的详细规划，一般由所在省、自治区、直辖市建设厅（建委）审批。特殊重要的区域详细规划，经省级建设部门审查后报建设部审批。

第二十五条 报送审批国家重点风景名胜区规划文件的规定见本办法附件三。

第二十六条 风景名胜区规划批准后，必须严格执行，任何组织和个人不得擅自改变。如确实需要对规划作重大修改或需要增建重大工程项目时，必须经过风景名胜区主管部门同意报原受理审批的人民政府批准。

第四章 建　　设

第二十七条 任何单位和个人在风景名胜区内占用土地，建设房屋或其他工程等都要经风景名胜区管理机构按规划进行审查同意，按有关规定，办理审批手续。

要严格控制风景名胜区内的建设规模，风景名胜区土地和设施都应有偿使用。

第二十八条 在《风景名胜区管理暂行条例》发布前，已经占用风景名胜区的单位和个人，由管辖的人民政府、管理机构或主管部门根据《条例》和本办法进行清理，区别情况，分别对待。凡属污染环境、破坏景观和自然风貌，严重妨碍游览活动的都要限期治理或逐步迁出；迁出前，不得扩建、新建设施。风景名胜区内原有的有碍景观的工程设施，要按规划要求进行遮掩，改造或者拆除。

第二十九条 在风景名胜区及其外围保护地带内不得建设工矿企业、铁路、站场、仓库、医院等同风景和游览无关或破坏景观、污染环境、妨碍游览的单位和设施，按规划建设的各项设施，其布局、高度、体量、造型和色彩等，都必须与周围景观和环境相协调。

第三十条 在游人集中的游览区和自然环境保留地内，不得建设旅馆、招待所、休疗养机构、管理机构、生活区以及其他大型工程等设施。

第三十一条 风景名胜区建设项目，特别是特殊重要的工程项目，如大型水库、公路、火车站、缆车索道等，其可行性研究报告或设计任务书，在报请计划主管部门审批之前，必须经同级城乡建设主管部门审查同意。工程的初步设计分别由地方各级城乡建设部门审批。未经风景名胜区管理机构签证许可，任何工程均不得施工。

风景名胜区规划批准前不得兴建重大建设项目。个别特需兴建的，其规模与选址必须经过可行性分析和技术论证，经风景名胜区管理机构同意，报上一级城乡建设部门审批。

第三十二条 在风景名胜区及其外围保护地带内各项建设项目在施工过程中，必须采取有效措施保护景物及周围的林木、植被、水体、地貌，不得造成污染和破坏。施工结束后，必须及时清理场地，进行绿化，恢复环境原貌。

第三十三条 风景名胜区管理机构应以规划为依据，积极组织各项设施的统一开发建设和管理。集中各个渠道的资金，用于风景名胜区维护和开发建设。任何建设项目，都不能违反规划，不得为了争取资金而迁就投资单位的不合理要求。

第五章 管 理

第三十四条 为使各类风景名胜资源都受到保护，使各有关事业协调发展，风景名胜区管理机构对设在风景名胜区范围内的园林、文物、环保、农林、科研、宗教、工交、商业、服务、环卫、治安等所有单位实行统一规划和管理。各单位的原有业务渠道和经费渠道不变。

风景名胜区内所有单位和个人,应遵守风景名胜区规划,服从统一管理。

第三十五条 风景名胜区要加强治安、安全管理,要设置维护游览秩序和治安的机构或专门人员,配备必要的装备,加强治安巡逻和检查。对寻衅闹事、扰乱秩序和进行违法犯罪活动的不法分子,要严厉打击,确保国家财产和游人的安全。对船、车、缆车、索道、码头等交通设施、游览活动器械、险要道路、繁忙道口及危险地段要定期检查,落实责任制度,加强管理和维护,及时排除危岩险石和其他不安全因素。在危险地段及水域或猛兽出没、有害生物生长地区要设置安全标志,作出防范说明。在没有安全保障的区域,不得开展游览活动。

第三十六条 风景名胜区要有计划地组织游览活动。风景名胜区管理机构,应同有关地区的交通、铁道、公安等部门密切配合,安排好输送游人的计划和做好疏导工作,禁止超过允许容量接纳游人。因超容量引起的人身安全和景物破坏事故,要追究有关领导和管理者的责任。

第三十七条 风景名胜区要妥善处理生活污水、垃圾,不断改善环境卫生,加强监督和检查,严禁随意排泄或倾倒。

要按照国家规定,加强对饮食和服务业的卫生管理,对于不符合规定和卫生要求的要及时处理。

第三十八条 风景名胜区应当有计划地组织当地群众,发展具有地方特色的生产和服务事业,生产游览纪念品,提供多种服务,停止那些破坏景观、污染环境的生产事业。

第三十九条 在风景名胜区内进行经营活动的单位和个人,都必须经风景名胜区管理机构同意并持有营业执照,在规定的区域和营业范围经营。

第四十条 风景名胜区根据资源的特点,开展多种多样的游览休息和科学文化活动。有条件的应按照规划逐步地建立游人咨询中心,采取多种形式介绍风景名胜区,指导游览活动,提供服务。风景名胜区的一切游览活动都要讲求科学、文明、有益于人们身心健康,排除低级、落后、迷信等不健康的活动。

第四十一条 风景名胜区要做好文明游览的宣传教育工作。引导游人遵守公共秩序，爱护风景名胜资源，爱护公物，注重卫生。每个风景名胜区都要制定游览注意事项，认真贯彻执行。

第四十二条　风景名胜区应当建立健全档案制度，对风景名胜区的历史沿革、资源状况、范围界限、生态环境、各项设施、建设活动、生产经济、游览接待等情况进行调查统计研究，形成完整的资料，妥善保存。

第四十三条　风景名胜区要加强职工队伍的建设，提高职工的素质。要采取脱产学习、业余学习、轮训和游览淡季集训等多种形式，提高职工队伍的政治素质和文化技术水平，掌握风景名胜区工作的基本知识和方法。对风景名胜区的领导干部和骨干人员，都要进行风景名胜区管理的专门培训。

第六章　附　　则

第四十四条　本办法附件1为《风景名胜区调查评价提纲》；

附件2为《关于申请列为国家重点风景名胜区申报材料的规定》；

附件3为《关于风景名胜区规划内容和上报材料的规定》。三个附件均为本办法的组成部分。

第四十五条　本办法适用于全国各级风景名胜区。

第四十六条　各地可根据《风景名胜区管理暂行条例》和本办法制订实施细则。

第四十七条　本办法由城乡建设环境保护部负责解释。

第四十八条　本办法于发布之日起施行。

附件1：

风景名胜区调查评价提纲

一、风景名胜资源调查内容

（一）自然景物：

1. 山岳、峡谷、熔岩、岩熔、冰川、火山等特殊地貌、典型地质现象、地质剖面、海蚀、岛屿等；

2. 江河、湖海、溪潭、瀑布、泉源等；

3. 野生动植物、森林、草原、古树名木、观赏花木等；

4. 日出、彩霞、云海、雪景、佛光、海市蜃楼等。

（二）人文景物，

1. 古建筑、古园林、摩崖石刻、石窟、古墓、古代工程、古战场等历史遗迹和遗址；

2. 近现代革命活动遗址、战场遗址以及有纪念意义的近现代工程、造型艺术作品等；

3. 有地方和民族特色的村寨、民居、集市和节日活动等风土民情。

二、环境质量调查内容

（一）有关地震、断层、火山、滑坡、泥石流、水土流失等情况；

（二）有关气候特征、温度、湿度、降水量、风向、风速、寒暑季期等；

（三）有关的水域特征、水位、水温、水量、潮汐、凌汛、泥沙含量等情况；

（四）有关土壤、植被、大气、水质以及污染源的状况；

（五）有关自然灾害、人为破坏、地方病及有害动植物等情况。

三、开发利用条件调查内容

（一）内外交通状况；

（二）公用服务设施状况（包括食宿、购物、文娱、医疗、邮政、银行、厕所等情况）；

（三）基础工程设施状况（包括供水、排水、供电、通讯、环卫、污水处理、防灾安全设施等）；

（四）社会经济文化状况（包括人口、民族、生产、物资供应、群众生活水平、文化教育等）；

（五）管理工作状况（包括管理体制、机构设置、立法工作等）。

四、风景名胜区评价依据

（一）景物的观赏、文化和科学价值及其分布和环境规模；

（二）自然环境质量；

（三）开发利用条件。

从以上三方面综合评定，以（一）、（二）两项为主要依据。

附件 2：

关于申请列为国家重点风景名胜区申报材料的规定

一、省、自治区、直辖市人民政府关于申请列为国家重点风景名胜区的报告（三十份）；
二、风景名胜资源调查评价报告（五份）；
三、风景名胜现状分布图及地理位置图（五份）；
四、重要景点、景物的图纸、照片和有关材料（五份）。

附件 3：

关于风景名胜区规划内容和上报材料的规定

一、风景名胜区规划内容（文字说明和图表）
（一）现状（包括历史沿革，景物与环境评价，接待服务条件，管理状况等）；
（二）总体布局规划（包括明确风景名胜区的性质与特点，功能分区，景区划分与游览路线组织，确定风景名胜区管理范围和外围保护地带，总容量和分区容量分析）；
（三）风景名胜资源保护规划；
（四）天然植被抚育和绿化规划；
（五）人文景物维护与利用规划；
（六）交通规划；
（七）基础工程设施规划；
（八）旅游服务、生产生活和管理设施规划；
（九）近期建设规划（包括重要景区、服务基地、大型建设项目的规划设计、技术经济论证和投资估算等）；
（十）管理规划（包括实施规划的管理体制、机构设置、立法执法措施等）。
二、规划图纸，一般采用五千分之一至二万五千分之一的比例；详细规划图纸一般采用二千分之一或千分之一的比例。

三、上报国家重点风景名胜区规划的文件和材料

1. 省、自治区、直辖市人民政府关于报请审批风景名胜区规划的报告（三十份）；

2. 风景名胜区规划文件和图纸（二十份）；

3. 风景名胜区规划基础资料（五份）。

二、建设部关于发布中国国家风景名胜区徽志的通知

[90] 建城字第 439 号

各省、自治区、直辖市建委（建设厅），各计划单列市建委：

为切实保护国家风景资源，加强国家风景名胜区的规划管理，唤起群众对国家风景资源的爱护，按照《风景名胜区管理暂行条例实施办法》的规定，中国国家风景名胜区徽志图案经多次方案修改和专家评选，已由建设部审查通过，现予公布。为维护中国国家风景名胜区徽志使用的严肃性，特通知如下：

一、经国务院批准的国家重点风景名胜区必须设置中国国家风景名胜区徽志。中国国家风景名胜区徽志由建设部统一制作，由风景名胜区所在的省、自治区、直辖市风景名胜区主管部门向建设部申请。

二、中国国家风景名胜区徽志应置于风景名胜区主要入口的标志物上。入口标志物由风景名胜区所在地的省、自治区、直辖市风景名胜区主管部门组织设计，报建设部审批。

三、中国国家风景名胜区徽志应置于风景名胜区入口标志物正面，同面大字镌刻风景名胜区名称，小字镌刻"国务院　年　月　日审定"，"　　省（自治区、直辖市）人民政府　年　月　日立"字样。

四、入口标志物正面除按上述要求设计外，其背面镌刻风景名胜区简介，内容包括风景名胜区的地理位置、历史沿革、四至界限、总面积、景区（景点）名称、风景资源和周围环境概况等，要言简意赅，便于阅览。

五、中国国家风景名胜区徽志的其他使用范围和办法，由建设部另行规定。

一九九〇年九月三日

附件1：

中国国家风景名胜区徽志图案

附件2：

中国国家风景名胜区徽志图案说明

  徽志为圆形图案，正中部万里长城和山水图案象征祖国悠久历史、名胜古迹和自然风景；两侧由银杏树叶和茶树叶组成的环形图案象征风景名胜区优美的自然生态环境和植物景观。图案下半部汉字为"中国国家风景名胜区"，上半部英文字为"NATIONAL PARK OF CHINA"。意译为"中国国家公园"。

三、建设部关于中国国家风景名胜区徽志使用办法的通知

建城〔1991〕107号

各省、自治区、直辖市建委（建设厅），北京市市政管理委员会，各计划单列市建委：

我部于一九九〇年九月三日以〔90〕建城字第439号文公布了中国国家风景名胜区徽志图案，现对"徽志"的使用办法通知如下：

一、中国国家风景名胜区徽志（以下简称"徽志"）限用于经国务院批准公布的国家重点风景名胜区。"徽志"由建设部统一制作，为青铜铸造，直径80cm，边缘高度8cm，设置于国家重点风景名胜区主要入口的标志物上，设置的设计方案报部城市建设司审批。

二、代表国家重点风景名胜区的旗、徽和国家重点风景名胜区使用的各种标牌、印刷品、宣传品、信笺等使用"徽志"图案必须与公布的"徽志"图案一致，不得对"徽志"图案作增加、删减、变形、组合或其他任何修改。

三、国家重点风景名胜区生产经营的旅游商品、纪念章以及包装物上均不得使用"徽志"图案。

四、对"徽志"及其入口标志物有意进行污损、破坏的，要按照国家有关规定对肇事者进行处罚乃至追究法律责任。

对使用"徽志"图案因粗制滥造或置放不当，造成不良影响者，要限期作出处理。

实施中的情况和问题，请及时告部城建司。

一九九一年二月二十五日

四、建设部关于中国国家风景名胜区徽志设置问题的补充通知

建城〔1991〕546号

各省、自治区、直辖市建委（建设厅），北京市市政管理委员会，各计划单列市建委：

我部以〔90〕建城字第439号文和建城〔1991〕107号文印发了《关于发布中国国家风景名胜区徽志的通知》和《关于中国国家风景名胜区徽志使用办法的通知》。现就中国国家风景名胜区徽志的设置问题补充通知如下：

〔90〕建城字第439号文第三款内容为：中国国家风景名胜区徽志应置于风景名胜区入口标志物正面，同面大字镌刻风景名胜区名称，小字镌刻"国务院　　年　月　日审定"，"　省（自治区、直辖市）人民政府　　年　月　日立。"

现将第三款内容改为：中国国家风景名胜区徽志应置于风景名胜区入口标志物的正面。标志物正面要用大字镌刻风景名胜区名称，小字镌刻"中华人民共和国国务院　　年　月　日审定"，用更小的字体镌刻"　　省（自治区、直辖市）人民政府、中华人民共和国建设部　　年　月　日立"其他仍按上述两个"通知"规定执行。

一九九一年八月九日

五、建设部关于印发《风景名胜区环境卫生管理标准》的通知

建城〔1992〕812号

各省、自治区、直辖市建委（建设厅），北京市市政管理委员会，各计划单列市建委：

为进一步加强风景名胜区环境卫生管理工作，开展风景名胜区环境卫生管理达标活动，创造良好的游览环境，促进风景名胜区事业的发展，我部组织制定了《风景名胜区环境卫生管理标准》，现印发给你们，请结合本地区实际情况贯彻执行。

附件：风景名胜区环境卫生管理标准

中华人民共和国建设部
一九九二年十一月十六日

附件：
风景名胜区环境卫生管理标准

一、组织管理

1. 风景名胜区主管单位设有环境卫生管理机构，根据国家有关规定，负责风景名胜区的环境卫生和饮食服务卫生管理工作。
2. 按照国务院《风景名胜区管理暂行条例》和有关环境卫生法规，制定出环境卫生管理办法和工作制度。
3. 有环境卫生专业队伍，负责环境卫生清扫、垃圾粪便的处理以及对游人污染环境行为的管理。

二、环境卫生管理

1. 风景名胜区内按规划设置公共厕所、垃圾箱、果皮箱等公共设施。定期清理、保持清洁卫生。
2. 主要景点的公共厕所为深坑无害化厕所或水冲厕所，并有专人

管理。做到基本无臭味、无蚊蝇、无蛆虫、无随地便溺现象。

3. 妥善处理粪便、污水，对垃圾等废弃物做到日产日清，对粪便和垃圾要设立处理场。

4. 风景名胜区的废水、废气、废渣等有害物质要按国家有关标准经过处理后排放，无随意排污现象。

5. 风景名胜区内道路完好、清洁。

6. 主要游览区无牲畜粪便，绿地中无垃圾和其他废弃物。

7. 驻景区单位、住户落实"门前三包"，经常保持周围环境整洁。门前无乱搭、乱建、乱堆、乱挂。

8. 驻景区居民有良好的卫生习惯，不随地吐痰，不乱丢污物，不乱倒垃圾，不乱泼污水，不随地大、小便。

三、容貌管理

1. 各类自然景物、人文景物保存完好，无破败荒芜现象，周围环境经常保持整洁、清新，无损伤景物、污染环境和影响观瞻现象。

2. 景区内的道路、公共场地上无违章堆物、搭建，施工场地围栏作业，做到工完场清。

3. 景区内供游人游览、休息的设施、建筑物保持完好、整洁、无残墙断壁。景点的山石、树木以及各处墙壁上无乱刻、乱画、任意钉凿、涂抹迹象。

4. 景区内的景点介绍说明牌、标志牌需在指定地点设置。做到定期维修、油饰，保持图文清晰，清洁美观。

5. 景区河、湖等各种水域无倾倒废弃物和超标排放污水现象。做到定期疏浚，保持水流畅通、水面清洁。

6. 景区内的工作人员及从业人员仪表端庄，衣着整洁。

四、行业卫生管理

1. 风景名胜区内各行各业环境清洁卫生，室外绿化、美化，室内地面、四壁、顶棚清洁，食堂卫生，厕所内外干净，粪便清运及时。

2. 饮食服务行业和食品加工单位严格执行《食品卫生法》及有关卫生管理条例，不出售有害、有毒、受污染以及腐烂变质食品，无鼠害、虫害污染。经县级以上卫生防疫部门检验，卫生合格率达百分之九十以上；餐具、茶具消毒合格率达百分之九十五以上。

3. 饮用水要经过消毒、净化，达到国家生活饮用水标准。

4. 旅馆、招待所、客房各类用具有清洗消毒作业制度，室内无苍蝇、臭虫、虱子、跳蚤、蟑螂，被单、褥单、枕加一客一换。

5. 个体摊贩要定点挂证经营，商品摆放整齐，经常保持摊位常保持摊及周围清洁，无尘土污染和虫蝇。

6. 经允许进入景区的车、船等交通运输工具保持整洁容貌，无漏油、排污等影响环境卫生现象。

六、建设部关于印发《风景名胜区建设管理规定》的通知

建城 [1993] 848 号

各省、自治区、直辖市建委（建设厅），北京市市政管理委员会，各计划单列市建委：

根据国务院《风景名胜区管理暂行条例》和建设部《风景名胜区管理暂行条例实施办法》，遵照国家有关基本建设的管理法规，我部制定了《风景名胜区建设管理规定》，现印发给你们，请遵照执行。

附件：风景名胜区建设管理规定

中华人民共和国建设部
一九九三年十二月二十日

附件：

风景名胜区建设管理规定

第一条 为了严格保护风景名胜资源，维护风景名胜区正常的建设秩序，加强建设管理工作，根据《风景名胜区管理暂行条例》、《风景名胜区管理暂行条例实施办法》及国家有关基本建设管理法规，制定本规定。

第二条 在风景名胜区内进行各项建设，必须遵守本规定，并按照风景名胜区规划进行。

第三条 任何单位或者个人在风景名胜区内建设房屋或其他工程等，应经风景名胜区管理机构审查同意。风景名胜区的土地、资源和设施实行有偿使用。

第四条 在风景名胜区及其外围保护地带内，不得建设工矿企业、铁路、站场、仓库、医院等同风景和游览无关以及破坏景观、污染环境、妨碍游览的项目和设施。

在游人集中的游览区和自然环境保留地内,不得建设旅馆、招待所、休疗养机构、管理机构、生活区以及其他大型工程等设施。

按规划进行建设的项目,其布局、高度、体量、造型和色彩等,都必须与周围景观和环境相协调。

第五条 凡在风景名胜区进行的各项建设都应由建设单位填写《建设选址审批书》,分级上报建设行政主管部门审批。下列建设应从严控制,严格审查:

1. 公路、索道与缆车;
2. 大型文化、体育与游乐设施;
3. 旅馆建筑;
4. 设置中国国家风景名胜区徽志的标志建筑;
5. 由上级建设主管部门认定的其他重大建设项目。

第六条 对前条所列的五类建设项目选址,实行分级审批。属于国家级风景名胜区的由省级建设主管部门审查后报国务院建设行政主管部门或其授权部门审批;属于省级和县(市)级风景名胜区的报省级建设行政主管部门或其授权部门审批。

在各级风景名胜区进行前条所列五类以外的其他建设项目选址,由省级建设行政主管部门或其授权部门审批。

第七条 各级审查机关在收到《建设选址审批书》后,要依据国家有关规定和各风景名胜区规划,严格审查,一个月内批复。

第八条 经审查批准的项目,由建设单位持经批准的《建设选址审批书》,按国家规定报有关部门办理立项等有关手续。

第九条 已立项的建设项目的可行性研究报告、初步设计和设计任务书,在报请计划部门审批之前,必须经同级建设行政主管部门审查同意。

第十条 凡承担风景名胜区建设项目设计任务的设计单位,应向风景名胜区管理机构的上级主管部门提交设计资质证书,经确认后方可进行设计。

凡承担风景名胜区建设项目施工任务的施工单位,应向当地风景名胜区管理机构提交施工资质证书,经确认后方可进行施工。

第十一条 施工场地应文明整齐,不得乱堆乱放。位于游览区内的施工场地要设立围栏,以维护景容和游览安全。

竣工后,由施工单位清理施工场地,恢复植被。

第十二条 工程竣工后,审批该项目选址的建设行政主管部门应参加验收。

第十三条 违反本规定的,按国家有关法规处理。情节严重,构成犯罪的,依法追究刑事责任。

第十四条 本规定由建设部解释。

第十五条 本规定自发布之日起施行。

附件:

建设选址审批书

一、建设单位:

二、基本情况:

项目名称、性质、占地面积、建设规模、供水与能源需求量、三废处理方式。

三、建设依据:

项目与总体规划的协调关系。

项目与风景区门交通、水、电、通信等基础设施规划的衔接。

项目配套生活设施与风景区生活供应设施规划的衔接与协调。

四、风景名胜区管理机构意见:

五、风景专家评估意见:

六、上级建设主管部门审查意见:

七、关于成立建设部风景名胜区管理办公室的通知

建人［1993］918号

各省、自治区、直辖市建委（建设厅），各计划单列市建委：

根据国务院批准的建设部"三定"方案，为加强对全国风景名胜区工作的领导和管理，更好地协调在风景名胜区工作中与各有关部门的关系，促进风景名胜区的健康发展，决定成立建设部风景名胜区管理办公室。

建设部风景名胜区管理办公室设在建设部城市建设司。由城建司司长兼任办公室主任，分管风景名胜区工作的副司长兼任副主任。

办公室的职责是：负责指导制定全国风景名胜区的发展战略；受国务院委托，审查各地国家级风景名胜区总体规划；负责风景名胜区保护、建设和管理工作中与有关部委的协调与合作；负责与地方政府协调，加强风景名胜区的管理；负责风景名胜区申报世界遗产项目的工作及与联合国教科文组织、国外国家公园系统等国际组织开展交流和合作。

一九九三年十二月三十日

八、建设部关于发布《中国风景名胜区形势与展望》绿皮书的通知

各省、自治区、直辖市建委、建设厅,北京市市政管委,首都规委,各计划单列市建委:

为了加强风景名胜区的管理工作,我部制订了《中国风景名胜区形势与展望》绿皮书,现予发布。

中华人民共和国建设部
一九九四年三月四日

附件:

《中国风景名胜区形势与展望》绿皮书

中国山河壮丽,景观奇特,历史悠久,文化灿烂,具有丰富的风景名胜资源,这是大自然和前人留给我们的宝贵遗产。但是,由于历史的局限,风景名胜区一直未被当作国家的重要资源事业,也没有形成科学的统一管理体系。党的十一届三中全会以后,风景名胜区事业取得长足进展,呈现出有史以来未曾有过的兴盛局面。现已形成了国家级、省级和县(市)级风景名胜区相结合的体系,拥有512处风景名胜区,面积约9.6万km^2,占国土面积的1%。接待国内外游人量逐年增长,1993年近3亿人次,回笼货币200多亿元人民币,为国家作出了贡献。然而,在建立社会主义市场经济体制的形势下,如何看待风景名胜区,如何保护管理好风景名胜区,不少新的问题严肃地摆在我们面前。建设部作为国务院授权管理全国风景名胜区的行政主管部门,现就全面贯彻党和国家关于风景名胜区事业的方针政策作如下阐述,以指导全国风景名胜区继续沿着健康轨道前进。

一、风景名胜区事业十五年发展的回顾

1. 百废待兴,举步维艰。由于"文化大革命"造成的严重创伤,

各地风景名胜满目疮痍,宝贵的资源遭到严重破坏:

(1) 自然资源破坏严重。有的风景名胜区开山采石,破坏山体。有的风景名胜区围湖造田,湖泊淤塞,水体污染。有的风景名胜区放火烧荒,水土流失。有的风景名胜区树木被盗伐,甚至大规模地砍伐原始森林,成片山林被"剃光头"。

(2) 人文资源遭到浩劫。在"文化大革命"中,有的风景名胜区文物古迹被毁,碑刻塑像被砸,寺庙古建被拆,破坏相当严重,损失无法弥补。

2. 拨乱反正,加强保护。面临严峻现实,在党中央、国务院的领导下,建设部门从制止破坏、保护资源着手,开展工作。1978 年,国务院在城市工作会议上要求加强风景名胜区和文物古迹的管理。之后,国家建委提出建立全国风景名胜区体系,实施分级管理。1979 年,国家建委又研究全国风景名胜区的保护和规划工作。中共中央办公厅、国务院办公厅 1983 年和 1984 年先后五次发文,解决杭州西湖风景名胜区、庐山风景名胜区和骊山风景名胜区的保护管理问题。各地也采取措施,封闭风景名胜区内开山采石场,清理墓葬,拆除违章建筑,退田还湖,退耕还林,抢救恢复了一批濒于倒塌、湮没的名胜古迹,风景名胜资源保护工作取得显著成绩。

3. 建立体系,面向世界。1981 年,国务院批转国家城建总局等单位《关于加强风景名胜保护管理工作的报告》,要求各地对风景名胜资源进行调查评价。在各省、自治区、直辖市人民政府申报的基础上,1982 年,国务院审定公布了我国第一批国家重点风景名胜区 44 处。这批名单的公布,具有十分深远的历史意义和重要的现实意义。我国已把风景名胜区这一宝贵的自然与文化资源以政府的名义予以确定,严加保护,具有古老神韵的名山大川重新焕发出青春风采。1985 年,国务院发布了《风景名胜区管理暂行条例》。1987 年,风景名胜区主管部门建设部发布了《风景名胜区管理暂行条例实施办法》。1988 年,国务院审定公布了第二批国家重点风景名胜区 40 处。1992 年,国务院批准建设部召开了全国风景名胜区工作会议。国务院办公厅批转了建设部《关于加强风景名胜区工作的报告》。1994 年,国务院审定公布了第三批国家重点风景名胜区 35 处。现在,全国有国家级风景名胜区 119 处。省级风景名胜区 256 处,县(市)级风景名胜区 137 处,共计 512 处,面积约 9.6 万 km^2,占国土面积的 1%,建立了以国家级风景名胜区为骨干,国家级、省级、县(市)级风景名胜区相结合的中国风景名胜区体系。建立各级风景名胜区的审批权分别属于国务院、省级和县(市)级人民政府;各级风景名胜区总体规划审批权亦在国务院、省级和县(市)级人民政府。

1985年,全国人大批准我国加入联合国教科文组织《保护世界文化和自然遗产公约》。为了以国际标准保护我国的风景名胜资源,提高我国风景名胜区在国际上的地位,建设部随即着手开展申报列入世界遗产名录的工作。现在,我国已有泰山、黄山、武陵源、九寨沟、黄龙五处风景名胜区被列入世界遗产。中国的风景名胜区正走向世界,更加广泛地展现其珍贵价值和绚丽风姿。

4. 当前形势,相当严峻。

(1)一部分同志对风景名胜区事业的性质认识模糊,指导思想出现偏差,把风景名胜区这一特殊的资源事业等同于经济产业,片面追求经济效益。

(2)风景名胜区管理体制不顺,各家插手,政出多门,各行其是,从部门利益和局部利益出发,画地为牢,造成资源破坏和管理混乱。

(3)开发建设违反规划,缺乏科学论证,急功近利,破坏性建设增多,破坏自然景观而使风景名胜区人工化、城市化倾向严重。

对此,我们要看到问题的严重性,要有紧迫感、危机感,否则,将会出现历史性的重大失误。

二、科学准确地认识风景名胜区的性质,全面充分地发挥风景名胜区的作用

中国风景名胜区与国际上的国家公园(National Park)相对应,同时又有自己的特点。中国国家级风景名胜区的英文名称为 National Park of China。风景名胜区是经政府审定命名的风景名胜资源集中的地域。风景名胜资源可分为自然资源与人文资源两大类。自然资源包括:山川、河流、湖泊、海滨、岛屿、森林、动植物、特殊地质、地貌、溶洞、化石、天文气象等。人文资源包括:文物古迹、历史遗址、革命纪念地、园林、建筑、工程设施、宗教寺庙、民俗风情等。风景名胜资源既珍贵,又脆弱,一旦破坏,不可再生。我国确定风景名胜区的标准是:具有观赏、文化或科学价值. 自然景物、人文景物比较集中,环境优美,可供人们游览、休息,或进行科学文化教育活

动,具有一定的规模和范围。因此,风景名胜区事业是国家社会公益事业。与国际上建立国家公园一样,我国建立风景名胜区,是要为国家保留一批珍贵的风景名胜资源(包括生物资源),同时科学地建设管理,合理地开发利用。

风景名胜区的主要作用是:

(1)保护生态、生物多样性与环境。自人类进入工业社会以来,人们征服自然,改造甚至破坏环境,开发资源(甚至是掠夺性开发),给大自然造成严重破坏,生态失衡,生物多样性严重减少,环境恶化,反过来又威胁人类自身的生存。在这伤痕累累的地球上,难得保存下来的优美的原生自然风景孤岛,就成了人们回归大自然和开展科学文化教育活动的理想地域。我国建立的512处风景名胜区,为中国乃至世界保存了512处具有典型代表性的自然本底,因此,保护生态、生物多样性与环境是风景名胜区最基本的作用。

(2)发展旅游事业,丰富文化生活。风景名胜区是我们回归大自然的首先选择。中华民族历史上就有崇尚山水、热爱自然、登高涉险的传统,现代社会的紧张生活使人们更乐于游览山河,开阔胸襟,陶冶情操,锻炼体魄,访胜猎奇,增长胆识。风景名胜区的壮丽山河、灿烂文化、历史文物、民俗风情,足以引起我们的骄傲、自信、自强和自豪,能够激发人们特别是青少年热爱家乡、热爱祖国的感情,增强海内外炎黄子孙的爱国热情和民族凝聚力。

(3)开展科研和文化教育,促进社会进步。风景名胜区是研究地球变化、生物演替等自然科学的天然实验室和博物馆,是开展科普教育的生动课堂;风景名胜区内的优秀文化资源,是历史上留下来的宝贵遗产,可供研究借鉴,对发展人类文明、促进社会进步具有重要作用。

(4)通过合理开发,发挥经济效益和社会效益。风景名胜区既有多种资源,有直接的经济效益,又可通过风景名胜区"搭台",通过合理开发,产生更大的经济效益和社会效益,带动当地经济的发展、信息的交流、文化知识的传播以及人们素质的提高,为群众脱贫开辟捷径。不少边远地区建立风景名胜区后,群众收入得到成倍增长,开放度迅速提高,有利于整个国家均衡发展。

三、风景名胜区的发展方向及对策

风景名胜区是我国辽阔国土上自然景物与人文景物高度集中的具

有典型意义的精华所在。各国政府为保护自然,保护人类赖以生存的家园,设立占国土面积一定比例的国家公园。我国的风景名胜区将与世界各国的国家公园一起,共同维系地球上已经十分脆弱的自然生态和生物多样性。各级建设主管部门和各地风景名胜区管理机构,肩负着管理国家这块瑰宝的历史使命,责任重大。在当前建立社会主义市场经济体制的新形势下,要根据风景名胜区的特点,探索改革与合理的路子,对风景名胜区加强行政管理,强化各级风景名胜区行政主管部门的调控职能与手段。我们要进一步提高认识,端正思想,明确方向,制订正确的发展纲领和目标,不辜负党和政府的重托,不辜负人民的期望,无愧于大自然对神州大地的恩赐与厚爱。

1. 必须强调资源保护工作的首要地位。风景名胜区工作的基本方针是:"严格保护,统一管理,合理开发,永续利用。"在任何情况下,都应严格贯彻执行这一方针,并贯穿于风景名胜区各项工作的始终,全面落实。风景名胜区的各种自然资源和人文资源组成各具特色的景观,是风景名胜区的本底。鉴于风景名胜资源的珍贵性和脆弱性,要把资源保护工作放在高于一切的首要地位,严格保护各种资源,完备保存,永传于世。

2. 风景名胜区必须实行统一管理。对风景名胜区这一法定区域实行统一管理,这是由风景名胜资源的特点所决定的。风景名胜区是多种资源的有机综合体,不可分割。这种综合资源的价值不仅大大高于各单项资源的价值,也高于各单项资源价值的简单叠加。只有实行统一管理,才能科学、合理地配置各类资源,充分发挥资源的综合性功能,避免造成资源破坏。根据国家法规,风景名胜区可设政府管理,也可设管理机构管理。风景名胜区管理机构的设置要适应工作需要。并赋予它相应的政府管理职能,以有效地开展管理工作。设在风景名胜区内的所有单位,除各自业务受上级主管部门领导外,都必须服从统一管理。

3. 进一步协调与各业务部门的关系。建设部门是国务院授权的风景名胜区行政主管部门。相关行业部门包括旅游、文物、林业、宗教、土地、环保、民政、公安、工商、交通、通讯、电力等。风景名胜区各项事业相互依存,要争取各个部门支持,形成一股合力,有效地保护和利用各种资源,促进各项事业共同繁荣,促进整个风景名胜区的发展。那种只站在部门的立场上,片面强调本行业独立性的观点是不正确的，将会损害风景名胜区的整体利益，反过来也会影响本行业自身的发展。

4. 制定法规，强化管理。我国风景名胜区事业起步较晚，基础薄弱，管理水平偏低，距国家要求和国外同行业标准差距不小，亟需加强管理，改变面貌。为此，要采取以下措施：

（1）认真执行国务院颁发的《风景名胜区管理暂行条例》，及早制订《中华人民共和国风景名胜区法》。

（2）各地依据国家法规和当地情况，通过地方人大或者政府，建立健全地方法规，加强风景名胜资源的保护，加强执法监督。

（3）制订管理标准。在风景名胜区逐步开展资源保护、环境卫生、安全游览、文明经营等项达标活动，通过长期扎实的工作，提高总体管理水平。

（4）加强建设管理。不得在风景名胜区各景区范围内设立开发区、度假区，不得出让土地，严禁出卖转让风景名胜资源。各建设项目必须按规划组织实施，并遵照建设部《风景名胜区建设管理规定》，严格履行审批程序。

5. 加强规划编制和实施。各地要加紧编制或修订各风景名胜区总体规划和详细规划，报经政府和建设部门批准后实施。同时，要加强规划实施过程中的管理工作，严格执行规划，防止随意性和瞎指挥。

6. 开展科学研究，加强人才培养。各风景名胜区要全面开展资源考察研究，摸清家底，为管理工作奠定科学基础，完善技术标准体系。要加强科技人才和管理人才的培养，提高业务素质，提高科学决策水平。

7. 对管理混乱的风景名胜区，由上级建设主管部门提出警告，限期整改。如逾期仍无好转，导致资源遭到严重破坏，可报经原审定单位批准，降低或撤销该风景名胜区的级别。

九、关于聘请建设部风景名胜专家顾问的通知

建城 [1995] 304 号

各省、自治区、直辖市建委（建设厅），北京市市政管理委员会，各计划单列市建委：

为加强风景名胜资源的保护，加强风景名胜区的规划、建设和管理工作，充分发挥各有关专家在这些方面的积极作用，经研究，现决定聘请建设部风景名胜专家顾问。风景名胜专家顾问的主要任务是：参与对申请列为国家级风景名胜区的评议；协助审议国家级风景名胜区的总体规划；受委托监督检查风景名胜资源保护情况，以及风景名胜区规划和有关法规的执行情况；研究探讨我国风景名胜区事业发展状况和存在的问题，提出政策建议和技术咨询专家顾问在建设部领导下开展工作，具体工作由建设部风景名胜区管理办公室负责组织。专家顾问聘期三年，可视需要进行调整，可以续聘。

附件：建设部风景名胜专家顾问名单

一九九五年五月三十一日

附件：

建设部风景名胜专家顾问名单

储传亨　建设部科技委主任
朱畅中　清华大学教授
陈从周　同济大学教授
郑孝燮　建设部科技委顾问
谢凝高　北京大学教授
孙筱祥　北京林业大学教授
周维权　清华大学教授

罗哲文　国家文物局古建专家组负责人
王献溥　中国科学院研究员
潘　江　地矿部研究员
梁永基　北京林业大学教授
陈昌笃　北京大学教授
李嘉乐　中国风景园林学会副理事长、高工
甘伟林　中国风景园林学会副理事长、高工
胡理琛　中国风景园林学会副理事长、高工
丁文魁　同济大学教授
马纪群　建设部高级工程师
施奠东　杭州市园林文物局高工
陈安泽　中国地质学会研究员
林源祥　上海农业大学教授
张国强　中国城市规划研究院高工
陈明松　建设部城市建设研究院高工
熊世尧　四川省城乡规划设计院高工
钱振越　四川省建委高级工程师
朱观海　江西省城乡规划设计院高工
胡喜来　辽宁省城乡规划设计院高工

十、建设部关于印发《风景名胜区安全管理标准》的通知

建城〔1995〕159号

各省、自治区、直辖市建委（建设厅），北京市市政管理委员会、首都规划建设委员会、北京、天津、上海园林局，各计划单列市建委，深圳市城管办：

  为进一步加强风景名胜区安全管理工作，开展风景名胜区安全管理达标活动，创造安全的游览环境，促进风景名胜区事业的发展，我们组织制定了《风景名胜区安全管理标准》，现印发给你们，请结合本地区实际情况贯彻执行。

  附件：风景名胜区安全管理标准

一九九五年三月二十九日

附件：

风景名胜区安全管理标准

  一、组织领导

  1. 风景名胜区各级安全管理机构健全，并根据《风景名胜区管理暂行条例》等国家有关规定，对风景名胜区认真进行安全管理。

  2. 各项安全管理制度健全，按照"谁主管，谁负责"的原则，风景名胜区安全管理部门与驻景区各单位，逐级签订安全管理责任书，职工中无严重违法和责任事故。

  二、游览安全管理

  1. 游览设施安全管理制度健全，有专人负责管理，严格遵守操作规程，定期检查。

2. 在游览危险地段及水域或猛兽出没、有害动植物生长地区，安全防护措施完善，有专人负责安全，设有必要的提示、警告标志。

3. 在游人、车辆通行的地方施工，设立标志，采取可靠的安全防护措施。

4. 无超容量接待游人现象，无游人挤踩伤亡事故，应急安全救助措施完善。

三、治安安全管理

1. 加强景区治安管理。无盗窃文物、盗伐破坏森林、损毁名胜古迹等重大事件；无聚众斗殴、闹事、抢夺财物等重大事件；不发生重大刑事案件。

2. 开展健康、文明的文娱活动，严厉打击各种有害活动。封建迷信、卖淫嫖娼、赌博等不法活动得到有效控制。

四、交通安全管理

1. 严格执行交通法规，并制定景区安全行车制度。

2. 认真抓好车辆管理，景区内各种机动车辆有保养、检修制度。

3. 景区内的道路符合规定标准，及时维修，并按道路交通管理的有关规定设置标志，保障道路畅通，确保进入风景名胜区的车辆安全行驶。

4. 游船、缆车、索道、码头等交通游览设施安全管理制度健全，保证运行安全，不发生责任死亡和重大伤害事故。

五、消防安全管理

1. 严格执行《消防条例》和《古建筑消防管理规则》等消防法规，按要求配备灭火器材，分布合理。消防器材登记造册，专人管理，定期检查。

2. 火警通讯设备和器材有保养制度，保持完好，确保通讯畅通。建立安全用电制度，保证用电安全，无因违章用电引起的事故发生。

3. 消防车辆及时维修保养，专车专用，随时保持警戒状态。

4. 制定林木防火管理办法。重点部位禁烟禁火标志醒目，并有专人监督管理。全年火警控制在十起以内，做到"有火不成灾"，古建筑、古树名木无火灾。

十一、建设部关于发布国家标准《风景名胜区规划规范》的通知

建标［1999］267号

国务院各有关部门，各省、自治区、直辖市建委（建设厅）、有关计委、计划单列市建委，新疆生产建设兵团：

根据国家计委《一九八九年工程建设标准定额制订修订计划》（计综合［1989］30号文附件十）的要求，由建设部会同有关部门共同制订的《风景名胜区规划规范》，经有关部门会审，批准为强制性国家标准，编号 GB50298-1999，自 2000 年 1 月 1 日起执行。

本规范由建设部负责管理，中国城市规划设计研究院负责具体解释工作，建设部标准定额研究所组织中国建筑工业出版社出版发行。

中华人民共和国建设部
一九九九年十一月十日

十二、关于加强风景名胜区规划管理工作的通知

建城〔2000〕94号

各省、自治区、直辖市建委（建设厅），北京市市政管理委员会，各计划单列市建委、深圳市城管办，北京、天津、上海、重庆市园林局：

为贯彻落实《国务院办公厅关于加强和改进城乡规划工作的通知》（国办发〔2000〕25号）精神，加强风景名胜区规划管理，以保证我国风景名胜区事业的健康发展，现就有关事项通知如下：

一、各地要按照国务院办公厅通知要求，研究贯彻执行的具体措施，切实做好风景名胜区规划编制和实施的管理及监督工作。各级风景名胜区管理部门必须认真按照规划进行建设，严格控制开发利用活动，坚决制止违法违章建设。要认真研究工作中出现的新情况、新问题，及时提出切实有效的解决方法及管理措施。

二、各地要根据国家有关规定和风景名胜区的特点，按照生态保护和环境容量的要求，对各项开发利用活动进行科学合理的安排。在风景名胜区景区内不准规划建设宾馆、招待所、各类培训中心及休、疗养院（所）。各地区、各部门不得以任何名义和方式出让或变相出让风景名胜资源及景区土地，不准在风景名胜区内设立各类开发区、度假区等；擅自进行开发建设的，要坚决予以纠正。

三、各地要加强对风景名胜区规划编制工作的领导，科学地组织好风景名胜区规划的编制工作。尚未编制规划的国家重点风景名胜区，应在2002年底前完成规划编制工作。规划已经批准实施的国家重点风景名胜区，需要进行规划修编的，在拟修编之前，应就原规划执行情况、修编的理由、范围等，由省级建设行政主管部门书面报建设部；由建设部对有关问题进行审查、并经批准后，方可组织进行修编。经修编的规划未经批准前，要严格按原批准的规划执行。

四、各地要加强对风景名胜区规划建设项目的管理，严格执行《风景名胜区建设管理规定》和规划审批制度。国家重点风景名胜区内的重大建设项目规划和近期建设详细规划，由省级建设行政主管部

门审查，报建设部批准后，方可实施。

五、各地在近期内要对风景名胜区规划编制实施情况以及建设活动进行一次全面检查，重点检查违反规划、擅自进行开发建设的行为；在风景名胜区设立各类开发区、度假区的行为以及以各种名义或方式出让或变相出让风景名胜资源及其景区土地的行为。对上述违反规定的行为，要坚决查处。各地在贯彻国务院办公厅通知和本通知中有什么问题和建议，请及时与我部城市建设司联系。

中华人民共和国建设部
二〇〇〇年四月二十八日

十三、关于印发《城市古树名木保护管理办法》的通知

建城〔2000〕192号

各省、自治区、直辖市建委（建设厅），直辖市园林局，计划单列市建委，深圳市城管办：

为切实加强城市古树名木保护管理工作，我部制定了《城市古树名木保护管理办法》，现印发给你们，请认真贯彻执行。

2000年9月1日

城市古树名木保护管理办法

第一条 为切实加强城市古树名木的保护管理工作，制定本办法。

第二条 本办法适用于城市规划区内和风景名胜区的古树名木保护管理。

第三条 本办法所称的古树，是指树龄在一百年以上的树木。

本办法所称的名木，是指国内外稀有的以及具有历史价值和纪念意义及重要科研价值的树木。

第四条 古树名木分为一级和二级。

凡树龄在300年以上，或者特别珍贵稀有，具有重要历史价值和纪念意义、重要科研价值的古树名木，为一级古树名木；其余为二级古树名木。

第五条 国务院建设行政主管部门负责全国城市古树名木保护管理工作。

省、自治区人民政府建设行政主管部门负责本行政区域内的城市

古树名木保护管理工作。

城市人民政府城市园林绿化行政主管部门负责本行政区域内城市古树名木保护管理工作。

第六条　城市人民政府城市园林绿化行政主管部门应当对本行政区域内的古树名木进行调查、鉴定、定级、登记、编号，并建立档案，设立标志。

一级古树名木由省、自治区、直辖市人民政府确认，报国务院建设行政主管部门备案；二级古树名木由城市人民政府确认，直辖市以外的城市报省、自治区建设行政主管部门备案。

城市人民政府园林绿化行政主管部门应当对城市古树名木，按实际情况分株制定养护、管理方案，落实养护责任单位、责任人，并进行检查指导。

第七条　古树名木保护管理工作实行专业养护部门保护管理和单位、个人保护管理相结合的原则。

生长在城市园林绿化专业养护管理部门管理的绿地、公园等的古树名木，由城市园林绿化专业养护管理部门保护管理。

生长在铁路、公路、河道用地范围内的古树名木，由铁路、公路、河道管理部门保护管理。

生长在风景名胜区内的古树名木，由风景名胜区管理部门保护管理。

散生在各单位管界内及个人庭院中的古树名木，由所在单位和个人保护管理。

变更古树名木养护单位或者个人，应当到城市园林绿化行政主管部门办理养护责任转移手续。

第八条　城市园林绿化行政主管部门应当加强对城市古树名木的监督管理和技术指导，积极组织开展对古树名木的科学研究，推广应用科研成果，普及保护知识，提高保护和管理水平。

第九条　古树名木的养护管理费用由古树名木责任单位或者责任人承担。

抢救、复壮古树名木的费用，城市园林绿化行政主管部门可适当给予补贴。

城市人民政府应当每年从城市维护管理经费、城市园林绿化专项资金中划出一定比例的资金用于城市古树名木的保护管理。

第十条 古树名木养护责任单位或者责任人应按照城市园林绿化行政主管部门规定的养护管理措施实施保护管理。古树名木受到损害或者长势衰弱，养护单位和个人应当立即报告城市园林绿化行政主管部门，由城市园林绿化行政主管部门组织治理复壮。

对已死亡的古树名木，应当经城市园林绿化行政主管部门确认，查明原因，明确责任并予以注销登记后，方可进行处理。处理结果应及时上报省、自治区建设行政部门或者直辖市园林绿化行政主管部门。

第十一条 集体和个人所有的古树名木，未经城市园林绿化行政主管部门审核，并报城市人民政府批准的，不得买卖、转让。捐献给国家的，应给予适当奖励。

第十二条 任何单位和个人不得以任何理由、任何方式砍伐和擅自移植古树名木。

因特殊需要，确需移植二级古树名木的，应当经城市园林绿化行政主管部门和建设行政主管部门审查同意后，报省、自治区建设行政主管部门批准；移植一级古树名木的，应经省、自治区建设行政主管部门审核，报省、自治区人民政府批准。

直辖市确需移植一、二级古树名木的，由城市园林绿化行政主管部门审核，报城市人民政府批准。

移植所需费用，由移植单位承担。

第十三条 严禁下列损害城市古树名木的行为：

（一）在树上刻划、张贴或者悬挂物品；

（二）在施工等作业时借树木作为支撑物或者固定物；

（三）攀树、折枝、挖根摘采果实种子或者剥损树枝、树干、树皮；

（四）距树冠垂直投影5m的范围内堆放物料、挖坑取土、兴建临时设施建筑、倾倒有害污水、污物垃圾，动用明火或者排放烟气；

（五）擅自移植、砍伐、转让买卖。

第十四条 新建、改建、扩建的建设工程影响古树名木生长的，建设单位必须提出避让和保护措施。城市规划行政部门在办理有关手续时，要征得城市园林绿化行政部门的同意，并报城市人民政府批准。

第十五条 生产、生活设施等生产的废水、废气、废渣等危害古树名木生长的，有关单位和个人必须按照城市绿化行政主管部门和环境保护部门的要求，在限期内采取措施，清除危害。

第十六条　不按照规定的管理养护方案实施保护管理，影响古树名木正常生长，或者古树名木已受损害或者衰弱，其养护管理责任单位和责任人未报告，并未采取补救措施导致古树名木死亡的，由城市园林绿化行政主管部门按照《城市绿化条例》第二十七条规定予以处理。

第十七条　对违反本办法第十一条、十二条、十三条、十四条规定的，由城市园林绿化行政主管部门按照《城市绿化条例》第二十七条规定，视情节轻重予以处理。

第十八条　破坏古树名木及其标志与保护设施，违反《中华人民共和国治安管理处罚条例》的，由公安机关给予处罚，构成犯罪的，由司法机关依法追究刑事责任。

第十九条　城市园林绿化行政主管部门因保护、整治措施不力，或者工作人员玩忽职守，致使古树名木损伤或者死亡的，由上级主管部门对该管理部门领导给予处分；情节严重、构成犯罪的，由司法机关依法追究刑事责任。

第二十条　本办法由国务院建设行政主管部门负责解释。

第二十一条　本办法自发布之日起施行。

十四、建设部关于对四川省风景名胜区出让、转让经营权问题的复函

建城函 [2001] 80 号

四川省建设厅:

你厅《关于我省风景名胜区出让、转让经营权的请示》(川建厅景发 [2001] 0231 号) 收悉,经研究,答复如下:

一、风景名胜区是国家极其珍贵的、不可再生的自然和文化资源,任何形式的出让或转让(包括变相的以经营权为名义的出让、转让)与我国现行的法律法规不符。根据国务院《风景名胜区管理暂行条例》规定,"风景名胜区依法设立人民政府,全面负责风景名胜区的保护、利用、规划和建设","风景名胜区没有设立人民政府的,应当设立管理机构,在所属人民政府领导下,主持风景名胜区的管理工作。"《国务院办公厅关于加强风景名胜区保护管理工作的通知》(国办发 [1995] 23 号) 和《国务院办公厅关于加强和改进城乡规划工作的通知》(国办发 [2000] 25 号) 都明确规定,"各地区、各部门不得以任何名义和方式出让或变相出让风景名胜资源及其景区土地","不准在风景名胜区内设立各类开发区、度假区等。"因此,任何地区、部门都没有将"风景名胜区的经营权向社会公开整体或部分出让、转让给企业经营管理"的权利。

二、根据国务院确定的"严格保护、统一管理、合理开发、永续利用"的风景名胜区工作方针,在国家所有、政府监管、符合规划前提下,可以鼓励社会各方面投资建设风景名胜区内交通、服务、宾馆、饭店、商店、通讯等旅游设施项目。对基础设施维护保养、绿化、环境卫生、保安等具有物业管理性质的服务项目,可以委托相应的管理公司负责经营管理。风景名胜区门票是政府对风景名胜资源实行统一管理的重要手段,门票收入是风景名胜区实行有效保护和管理的重要经济来源,也是风景名胜区实行特许经营和委托经营的重要前提,不属于经营内容,不能将风景名胜资源和门票专营权出让或转

让。

　　三、要进一步加强风景名胜区保护监督的力度，严格按照国务院《风景名胜区管理暂行条例》和国务院办公厅《关于加强和改进城乡规划工作的通知》，加强风景名胜区总体规划、详细规划和项目建设规划的编制、审批和实施管理，"国家重点风景名胜区内的重大建设项目规划和近期建设详细规划由省级主管部门审查，报建设部批准后，方可实施。"要定期对风景名胜区资源保护状况和规划实施情况进行监督检查，任何部门和个人不遵守规划或违反规划进行建设和开发经营，造成不良影响和资源破坏的，要依法追究责任。

　　专此函复。

二〇〇一年三月二十六日

十五、关于发布《国家重点风景名胜区规划编制审批管理办法》的通知

建城[2001] 83号

各省、自治区建设厅,直辖市建委、规划局、园林局:

根据国办发[2000] 25号文件和经国务院批准的建设部《关于将国家重点风景名胜区总体规划审查工作纳入城市总体规划部际联席会议审议的请示》规定,现将《国家重点风景名胜区规划编制审批管理办法》印发给你们,请贯彻执行。

中华人民共和国建设部
二〇〇一年四月二十日

附件:

国家重点风景名胜区规划编制审批管理办法

第一条 为加强国家重点风景名胜区规划编制和审批的管理,根据《中华人民共和国城市规划法》、《风景名胜区管理暂行条例》及其他相关法规,制定本办法。

第二条 国家重点风景名胜区规划的编制和审批,遵守本办法。

第三条 国家重点风景名胜区规划应当与国土规划、区域规划、土地利用总体规划、城市规划及其他相关规划相衔接。

位于经国务院批准的城市规划区内的国家重点风景名胜区,其风景名胜区总体规划应当纳入城市规划。

第四条 国家重点风景名胜区规划由风景名胜区所在地的县级以上地方人民政府组织编制。

省、自治区、直辖市内跨行政区的国家重点风景名胜区规划,由

其共同的上一级人民政府组织编制；跨省、自治区、直辖市的国家重点风景名胜区规划，由建设部组织有关省、自治区、直辖市编制。

第五条 国家重点风景名胜区规划分总体规划和详细规划两个阶段。

第六条 国家重点风景名胜区总体规划和详细规划应当由具备甲级规划编制资质的单位编制。

第七条 国家重点风景名胜区总体规划应当确定风景名胜区性质、范围、总体布局和公用服务设施配套，划定严格保护地区和控制建设地区，提出保护利用原则和规划实施措施。

第八条 编制国家重点风景名胜区总体规划前应当先编制规划纲要。规划纲要应确定总体规划的目标、框架和主要内容。

风景名胜区总体规划纲要编制完成后，省、自治区、直辖市建设（规划）行政主管部门应当组织专家组，按本规定的审查重点对规划纲要进行现场调查和复核，提出审查意见。编制单位应根据审查意见，对总体规划纲要进行修改完善。

第九条 国家重点风景名胜区总体规划编制完成后，省、自治区、直辖市建设（规划）行政主管部门应当会同有关部门并邀请有关专家进行评审，提出评审意见。省级建设（规划）主管部门组织提出的评审意见，应当作为进一步修改完善总体规划的依据。

第十条 总体规划经修改完善后，省、自治区、直辖市建设（规划）行政主管部门应当提出初审意见，并汇总整理有关部门和专家的意见，一并报送省、自治区、直辖市人民政府审查。

第十一条 国家重点风景名胜区总体规划由省、自治区、直辖市人民政府报国务院审批。

报国务院审批的国家重点风景名胜区总体规划的材料包括：规划文本、规划报告、图纸以及省、自治区、直辖市人民政府的送审报告。

第十二条 建设部接国务院交办文件后，首先对申报的有关材料进行初步审核，对有关材料不齐全或内容不符合要求的，建设部可将其退回，补充完善后由有关省、自治区、直辖市人民政府另行上报。对有关材料基本符合要求的，应及时将有关材料分送部际联席会议组成部门征求意见。各部门应就与其管理职能相关的内容提出书面意见，并在材料送达之日起 5 周内将书面意见反馈建设部。逾期按无意见处理。

第十三条 建设部负责综合部际联席会议组成部门的意见并及时反馈给有关地方人民政府。有关地方人民政府应根据有关部门的意见，对总体规划及有关材料进行相应修改，不能采纳的，应作出必要的说明，并在材料送达之日起3周内将修改后的总体规划及有关材料和说明报建设部。

第十四条 建设部在做好前期工作的基础上，组织召开部际联席会议，协调有关部门和地方的意见，并对拟批复总体规划的风景名胜区的性质、范围、总体布局等主要内容进行审议。会议由部际联席会议组成部门、有关地方人民政府的代表及有关专家参加。工作周期一般为3周。

建设部应预先向部际联席会议组成部门书面函告风景名胜区总体规划审查工作的进度和计划。

第十五条 国家重点风景名胜区详细规划应当依据总体规划，对风景名胜区规划地段的土地使用性质、保护和控制要求、环境与景观要求、开发利用强度、基础设施建设等管理规定。

第十六条 详细规划编制完成后，省、自治区、直辖市建设（规划）行政主管部门应当组织有关专家进行评审，提出评审意见。编制单位应当根据评审意见，对详细规划进行修改完善。

第十七条 国家重点风景名胜区的重点保护区、重要景区的详细规划，由省、自治区、直辖市建设（规划）行政主管部门初审，报建设部审批；其他地区的详细规划，由省、自治区、直辖市建设（规划）行政主管部门审批。

第十八条 报建设部审批的国家重点风景名胜区详细规划应当包括下列材料：规划文本、图纸以及规划评审意见和省、自治区、直辖市建设（规划）行政主管部门的初审报告。

第十九条 经批准的国家重点风景名胜区规划，任何单位和个人不得擅自改变。对风景名胜区性质、范围、布局等重大内容以及详细规划进行调整或者修改，应当报原审批机关审查同意。调整或者修改后的规划应当报原审批机关批准后实施。

第二十条 本办法由建设部负责解释。

第二十一条 本办法自发布之日起施行。

十六、关于贯彻落实《国务院关于加强城乡规划监督管理的通知》的通知

建规〔2002〕204号

各省、自治区、直辖市建设厅、规划委（局）、园林局、编委办公室、计委、财政厅（局）、监察厅（局）、国土资源厅（局）、文化厅（局）、旅游局、文物局：

《国务院关于加强城乡规划监督管理的通知》（国发〔2002〕13号，以下简称《通知》），对城乡规划建设工作提出了明确要求，各地区、各有关部门必须从实践"三个代表"重要思想的高度，认真贯彻落实《通知》精神，切实端正城乡规划建设指导思想，充分发挥城乡规划的综合调控作用，促进城乡经济社会的健康发展。各省（区）建设行政主管部门、城市规划行政主管部门（以下统称城乡规划部门）和城市园林行政主管部门要会同有关部门，把贯彻落实《通知》和《国务院办公厅关于加强和改进城乡规划工作的通知》（国办发〔2000〕25号）（以下简称国办发〔2000〕25号文件）精神作为当前和今后一段时期的重要工作抓紧抓好。现就有关问题通知如下：

一、抓紧编制和调整近期建设规划

近期建设规划是实施城市总体规划的近期安排，是近期建设项目安排的依据。各地要对照《通知》要求，依据批准的城市总体规划、国民经济和社会发展五年计划纲要，考虑本地区资源、环境和财力条件，对总体规划实施情况进行检查，调整或编制到2005年的近期建设规划，要与五年计划纲要起止年限相适应。合理确定近期城市重点发展区域和用地布局，重点加强生态环境建设，安排城市基础设施、公共服务设施、经济适用房、危旧房改造的用地，制定保障实施的相关措施。近期建设规划应注意与土地利用总体规划相衔接，严格控制占地规模，不得占用基本农田。各项建设用地必须控制在国家批准的用地标准和年度土地利用计划的范围内，严禁安排国家明令禁止项目的用地。自2003年7月1日起，凡未按要求编制和调整近期建设规划

的，停止新申请建设项目的选址，项目不符合近期建设规划要求的，城乡规划部门不得核发选址意见书，计划部门不得批准建设项目建议书，国土资源行政主管部门不得受理建设用地申请。

近期建设规划应当先组织专家进行充分论证，征求同级人民代表大会常务委员会意见，由地方人民政府批准，报上级政府的城乡规划部门备案，国务院审批总体规划的城市，报建设部备案。

二、明确城乡规划强制性内容

强制性内容涉及区域协调发展、资源利用、环境保护、风景名胜资源保护、自然与文化遗产保护、公众利益和公共安全等方面，是正确处理好城市可持续发展的重要保证。城镇体系规划、城市总体规划已经批准的，要补充完善强制性内容。新编制的规划，特别是详细规划和近期建设规划，必须明确强制性内容。规划确定的强制性内容要向社会公布。

省域城镇体系规划中的强制性内容包括：城市发展用地规模与布局；区域重大基础设施布局；需要严格保护的区域和控制开发的区域及控制指标；毗邻城市的城市取水口、污水排放口的位置和控制范围；区域性公共设施的布局。

城市总体规划中的强制性内容包括：铁路、港口、机场等基础设施的位置；城市建设用地范围和用地布局；城市绿地系统、河湖水系，城市水厂规模和布局及水源保护区范围，城市污水处理厂规模和布局，城市的高压线走廊、微波通道和收发信区保护范围，城市主、次干道的道路走向和宽度，公共交通枢纽和大型社会停车场用地布局，科技、文化、教育、卫生等公共服务设施的布局，历史文化名城格局与风貌保护、建筑高度等控制指标，历史文化保护区和文物保护单位以及重要的地下文物埋藏区的具体位置、界线和保护准则，城市防洪标准、防洪堤走向，防震疏散、救援通道和场地，消防站布局，重要人防设施布局，地质灾害防护等。

详细规划中的强制性内容包括：规划地段各个地块的土地使用性质、建设量控制指标、允许建设高度，绿地范围，停车设施、公共服务设施和基础设施的具体位置，历史文化保护区内及涉及文物保护单位附近建、构筑物控制指标，基础设施和公共服务设施建设的具体要求。

规划的强制性内容不得随意调整，变更规划的强制性内容，组织论证，必须就调整的必要性提出专题报告，进行公示，经上级政府认定后方可组织和调整方案，重新按规定程序审批。调整方案批准后应报上级城乡规划部门备案。

三、严格建设项目选址与用地的审批程序

各类重大建设项目，必须符合土地利用总体规划、省域城镇体系规划和城市总体规划。尚未完成省域城镇体系规划编制的各省、自治区，要按照国办发［2000］25号文件要求，在今年年底前完成编制省域城镇体系规划。因特殊情况，选址与省域城镇体系规划和城市总体规划不一致的，必须经专门论证；如论证后认为确需按所选地址建设的，必须先按法定程序调整规划，并将建设项目纳入规划中，一并报规划原批准机关审定。

依据省域城镇体系规划对区域重大基础设施和区域性重大项目选址，由项目所在地的市、县人民政府城乡规划部门提出审查意见，报省、自治区、直辖市及计划单列市人民政府城乡规划部门核发建设项目选址意见书，其中国家批准的项目应报建设部备案。涉及世界文化遗产、文物保护单位和地下文物埋藏区的项目，经相应的文物行政主管部门会审同意。对于不符合规划要求的，建设部要予以纠正。在项目可行性报告中，必须附有城乡规划部门核发的选址意见书。计划部门批准建设项目，建设地址必须符合选址意见书。不得以政府文件、会议纪要等形式取代选址程序。各省、自治区、直辖市城乡规划部门会同计划等部门要依照国办发［2000］25号文件和建设部、国家计委《建设项目选址规划管理办法》（建规［1991］583号），制定各类重大项目选址审查管理规定。

各地区、各部门要严格执行《土地管理法》规定的建设项目用地预审制度。建设项目可行性研究阶段，建设单位应当依法向有关政府国土资源行政主管部门提出建设项目用地预审申请。凡未依法进行建设项目用地预审或未通过预审的，有关部门不得批准建设项目可行性研究报告，国土资源行政主管部门不得受理用地申请。

四、认真做好历史文化名城保护工作

历史文化名城保护规划是城市总体规划的重要组成部分。各地城乡规划部门要会同文物行政主管部门制定历史文化名城保护规划和历史文化保护区规划。历史文化名城保护规划要确定名城保护的总体目标和名城保护重点，划定历史文化保护区、文物保护单位和重要的地

下文物埋藏区的范围、建设控制地区，提出规划分期实施和管理的措施。历史文化保护区保护规划应当明确保护原则，规定保护区内建、构筑物的高度、地下深度、体量、外观形象等控制指标，制定保护和整治措施。尚未完成历史文化名城和历史文化保护区保护规划编制的，必须在今年年底前完成。

各地要按照文化遗产保护优先的原则，切实做好城市文化遗产的保护工作。历史文化保护区保护规划一经批准，应当报同级人民代表大会常务委员会备案。在历史文化保护区内建设活动，必须就其必要性进行论证；其中拆除旧建筑和建设新建筑的，应当进行公示，听取公众意见，按程序审批，批准后报历史文化名城批准机关备案。

五、加强风景名胜区的规划监督管理

风景名胜资源归国家所有，各级政府及其管理机构要严格履行管理职责。建设部和省级城乡规划部门、直辖市园林部门应当加强对风景名胜资源保护管理的监督。风景名胜区应当设立管理机构，在所属人民政府的领导下主持风景名胜区的管理工作。设在风景名胜区内的所有单位，除各自业务受上级主管部门领导外，都必须服从管理机构对风景名胜区的统一规划和管理。不得将景区规划管理和监督的职责交由企业承担。

要加快风景名胜区规划的编制工作。国家重点风景名胜区尚未完成规划编制的，要按国办［2000］25号文件的规定在今年底前完成编制；1990年底以前编制的，要组织重新修编；今年国务院公布的第四批国家重点风景名胜区，要在2003年6月底前编制完成总体规划。省市级风景名胜区的规划编制工作也要抓紧进行。风景名胜区规划中要划定核心保护区（包括生态保护区、自然景观保护区和史迹保护区）保护范围，制定专项保护规划，确定保护重点和保护措施。核心保护区内严格禁止与资源保护无关的各种工程建设。风景名胜区规划与当地土地利用总体规划应协调一致。风景名胜区规划未经批准的，一律不得进行工程建设。

严格控制风景名胜区建设项目。要按照经批准的风景名胜区总体规划、建设项目规划和近期建设详细规划要求确定各类设施的选址和规模。符合规划要求的建设项目，要按照规定的批准权限审批。国家重点风景名胜区内的重大建设项目规划由省级城乡规划部门审查，报建设部审批，凡涉及文物保护单位的，应按《文物保护法》规定的程序报批。总体规划中未明确的重大建设项目，确需建设的，必须调整规划，按规定程序报批。对未经批准擅自新开工建设的项目要责令停工并依法拆除。

各地要对风景名胜区内的设施进行全面检查，对不符合总体规划、未按规定程序报批的项目，要登记造册，做出计划，限期拆除。省级城乡规划部门要于年底前将清理检查结果报建设部。

六、提高镇规划建设管理水平

做好规划是镇发展的基本条件。镇的规划要符合城镇体系布局，规划建设指标必须符合国家规定，防止套用大城市的规划方法和标准。严禁高能耗、高污染企业向镇转移，各镇不得为国家明确强制退出和限制建设的各类企业安排用地。严格规划审批管理制度，重点镇的规划要逐步实行省级备案核准制度。重点镇要着重建设好基础设施，特别是供水、排水和道路，营造好的人居环境。要高度重视移民建镇的建设。对受资源环境限制和确定退耕还林、退耕还湖需要搬迁的村镇，要认真选择安置地点，不断完善功能，切实改善移民的生活条件，确保农民的利益。要建立和完善规划实施的监督机制。较大公共设施项目必须符合规划，严格建设项目审批程序，乡镇政府投资建设项目应当公示资金来源，严肃查处不切实际的"形象工程"。要严格按规划管理公路两侧的房屋建设，特别是商业服务用房建设。要分类指导不同地区、不同类型镇的建设，抓好试点及示范。要建立健全规划管理机制，配备合格人员。规划编制和管理所需经费按照现行财政体制划分，由地方财政统筹安排。

七、切实加强城乡结合部规划管理

城乡结合部是指规划确定为建设用地，国有土地和集体所有用地混杂地区；以及规划确定为农业用地，在国有建设用地包含之中的地区。要依据土地利用总体规划和城市总体规划编制城乡结合部详细规划和近期建设规划，复核审定各地块的性质和使用条件。着重解决好集体土地使用权随意流转、使用性质任意变更以及管理权限不清、建设混乱等突出问题，尽快改变城乡结合部建设布局混乱，土地利用效率低，基础设施严重短缺，环境恶化的状况。城乡规划部门和国土资源行政主管部门要对城乡结合部规划建设和土地利用实施有效的监督管理，重点查处未经规划许可或违反规划许可条件进行建设的行为。防止以土地流转为名擅自改变用途。各地要对本地区城乡结合部土地使用权流转和规划建设情况进行全面清查，总结经验，研究制定对策和措施。建设部和国土资源部要依照国务院《通知》的要求，研究加强城乡结合部规划建设和土地管理的政策措施，切实做好城乡结合部管理工作。

八、加强规划集中统一管理

各地要根据《通知》规定，健全、规范城乡规划管理机构。设区城市的市辖区原则上不设区级规划管理机构，如确有必要，可由设区的市规划部门在市辖区设置派出机构。城市各类开发区以及大学城、科技园、度假区的规划等必须符合城镇体系规划和城市总体规划，由市城乡规划部门统一管理。市一级规划的行政管理权擅自下放的要立即纠正。省级城乡规划部门要会同有关部门对市、县行使规划管理权限的情况进行检查，对未按要求纠正的要进行督办，并向省级人民政府、建设部和中央有关部门报告。

城市规划区与风景名胜区重叠地区，风景名胜区规划与城市总体规划必须相一致。各项建设项目的审批，必须符合风景名胜区和城市总体规划管理的有关规定，征求城市园林部门意见，由城乡规划部门会同有关部门统一管理。其他风景名胜区，由省（区）城乡规划部门、直辖市园林行政主管部门与所在市人民政府确定的派出机构，并会同相关业务部门，统一规划管理。

九、建立健全规划实施的监督机制

城乡规划管理应当受同级人大、上级城乡规划部门的监督，以及公众和新闻舆论的监督。城乡规划实施情况每年应当向同级人民代表大会常务委员会报告。下级城乡规划部门应当就城乡规划的实施情况和管理工作，向上级城乡规划部门提出报告。城乡规划部门要将批准的城乡规划、各类建设项目以及重大案件的处理结果及时向社会公布，应当逐步将旧城改造等建设项目规划审批结果向社会公布，批准开发企业建设住宅项目规划必须向社会公布。国家级和省级风景名胜区规划实施情况，依据管理权限，应当每年向建设部和省（区）城乡规划部门提出报告。城乡规划部门、城市园林部门可以聘请监督人员，及时发现违反城乡规划和风景名胜区规划的情况，并设立举报电话和电子信箱等，受理社会公众对违法建设案件的举报。

对城乡规划监督的重点是：规划强制性内容的执行，调整规划的程序，重大建设项目选址，近期建设规划的制定和实施，历史文化名城保护规划和风景名胜区规划的执行,历史文化保护区和风景名胜区范围内的建设,各类违法建设行为的查处情况。

加快建立全国城乡规划和风景名胜区规划管理动态信息系统。建设部应在2003年年底前实现对直辖市、省会城市等大城市、国家重点风景名胜区特别是其核心景区的各类开发活动和规划实施情况的动态监测。省（区）城乡规划部门、直辖市园林部门也要建立相应的动态管理信息系统。

十、规范城乡规划管理的行政行为

各级城乡规划部门、城市园林部门的机构设置要适应依法行政、统一管理和强化监督的需要。领导干部应当有相应管理经历,工作人员要具备专业职称、职业条件。要健全各项规章制度,建立严格的岗位责任制,强化对行政行为的监督。规划管理机构不健全、不能有效履行管理和监督职能的,应当尽快整改。要切实保障城乡规划和风景名胜区规划编制和管理的资金,城乡规划部门、城市园林部门要将组织编制和管理的经费,纳入年度财政预算。财政部门应加强对经费使用的监督管理。

各级地方人民政府及其城乡规划部门、城市园林部门要严格执行《城市规划法》、《文物保护法》、《环境保护法》、《土地管理法》及《风景名胜区管理暂行条例》等法律法规,认真遵守经过审批具有法律效力的各项规划,确保规划依法实施。各级城乡规划部门要提高工作效率,明确建设项目规划审批规则和审批时限,加强建设项目规划审批后的监督管理,及时查处违法建设的行为。要进一步严格规章制度,城乡规划和风景名胜区规划编制、调整、审批的程序、权限、责任和时限,对涉及规划强制性内容执行、建设项目"一书两证"核发、违法建设查处等关键环节,要做出明确具体的规定。要建章立制,强化对行政行为的监督,切实规范和约束城乡规划部门和工作人员的行政行为。

要建立有效的监督制约工作机制,规划的编制与实施管理应当分开。规划的编制和调整,应由具有国家规定的规划设计资质的单位承担,管理部门不再直接编制和调整规划。规划设计单位要严格执行国家规定的标准规范,不得迎合业主不符合标准规范的要求。改变规划管理部门既编制、调整又组织实施规划,纠正规划管理权缺乏监督制约,自由裁量权过大的状况。

十一、建立行政纠正和行政责任追究制度

对城乡规划管理中违反法定程序和技术规范审批规划，违反规划批准建设，违反近期建设规划批准建设，违反省域城镇体系规划和城市总体规划批准重大项目选址、违反法定程序调整规划强制性内容批准建设、违反历史文化名城保护规划、违反风景名胜区规划和违反文物保护规划批准建设等行为，上级城乡规划部门和城市园林部门要及时责成责任部门纠正；对于造成后果的，应当依法追究直接责任人和主管领导的责任；对于造成严重影响和重大损失的，还要追究主要领导的责任。触犯刑律的，要移交司法机关依法查处。

城乡规划部门、城市园林部门对违反城乡规划和风景名胜区规划案件要及时查处，对违法建设不依法查处的，要追究责任。上级部门要对下级部门违法案件的查处情况进行监督，督促其限期处理，并报告结果。对不履行规定审批程序的，默许违法建设行为的，以及对下级部门监管不力的，也要追究相应的责任。

十二、提高人员素质和规划管理水平

各级城乡规划部门、城市园林部门要加强队伍建设，提高队伍素质。要建立健全培训制度，加强职位教育和岗位培训，要不断更新业务知识，切实提高管理水平。建设部将按照国务院的要求，组织编写城乡规划、历史文化名城保护、风景名胜区保护等教材，提供市长、城乡规划和风景名胜区管理机构等领导干部培训使用，以及安排好课程教育。国家重点风景名胜区的主要管理人员，都应当参加建设部与有关部门组织的培训班，掌握必要的专业知识。各省、自治区、直辖市也要建立相应的培训制度，城乡规划部门、城市园林部门应当会同有关部门组织好对所辖县级市的市长，以及县长、乡镇长的培训。要大力做好宣传工作，充分发挥电视、广播、报刊等新闻媒体的作用，向社会各界普及规划建设知识，增强全民的参与意识和监督意识。

各地要尽快结合本地的实际情况，研究制定贯彻落实《通知》的意见和具体措施，针对存在问题，组织检查和整改。要将贯彻落实的工作分解到各职能部门，提出具体要求，规定时间进度，明确检查计划，要精心组织，保证检查和整改的落实。建设部会同国家计委、监察部、国土资源部、国家文物局等部门对各地贯彻落实情况进行监督和指导，并将于今年三季度末进行重点检查，向国务院做出专题报告。

中华人民共和国建设部
中央机构编制委员会办公室
中华人民共和国国家发展计划委员会
中华人民共和国财政部
中华人民共和国监察部
中华人民共和国国土资源部
中华人民共和国文化部
中华人民共和国国家旅游局
中华人民共和国国家文物局

二〇〇二年八月二日

十七、建设部关于立即制止在风景名胜区开山采石加强风景名胜区保护的通知

建城 [2002] 213 号

各省、自治区建设厅，直辖市建委、规划局、园林局：

最近，一些风景名胜区内不同程度发生了开山采石、毁坏林木、破坏植被的现象，有的因此引发了山体滑坡，使自然生态环境遭到严重破坏，使国家财产和人民群众生命安全受到极大损失。根据国务院领导批示精神，为切实加强风景名胜区自然山体和森林植被的保护工作，必须立即制止开山、采石等违法行为对风景名胜资源造成的破坏。经研究，现就有关事项通知如下：

一、风景名胜资源是珍贵的、不可再生的自然和文化遗产。风景名胜区地形地貌、自然山体和林木植被是风景名胜资源极其重要的组成部分。各地要把风景名胜资源保护工作放在首要地位，采取切实有效的措施，严格保护风景名胜区自然山体的完整和森林植被的完好。任何部门、任何单位和任何个人不得在风景名胜区内进行或批准进行开山采石、挖沙取土以及其他任何形式的严重破坏地形、地貌和自然环境的活动。

二、各省、自治区、直辖市建设（规划、园林）行政主管部门在本通知下发后，要会同有关部门立即组织力量进行全面清理整顿，限期恢复植被。对位于道路、居民点和游人可达地区遭到破坏的山体要采取有效工程措施加固或组织人员撤离，防止山体滑坡造成重大人员伤亡和财产损失。对因开山采石使风景资源遭受严重破坏，山体植被难以恢复的，要进行专项调查并依照法律法规追究有关单位和人员的责任。

三、各省、自治区、直辖市建设（规划、园林）行政主管部门要将清理检查结果于九月十五日前报建设部。建设部要对各地清理整顿情况进行抽查，对贯彻不力的地区和部门要进行通报，并追究相关人员的责任。

中华人民共和国建设部
二〇〇二年八月十四日

十八、关于加强城市生物多样性保护工作的通知

建城〔2002〕249号

各省、自治区建设厅,直辖市建委、园林局,新疆建设兵团建设局,解放军总后勤部营房部:

生物多样性是人类赖以生存和发展的基础。加强城市生物多样性的保护工作,对于维护生态安全和生态平衡、改善人居环境等具有重要意义。为切实加强城市生物多样性保护工作,根据国务院领导的指示精神,通知如下:

一、提高认识,增强生物多样性保护工作的紧迫感

生物多样性保护工作在国际生物多样保护工作中有重要地位和特殊意义。1992年6月在联合国召开的环境与发展大会上,通过了《生物多样性公约》。我国是生物物种极为丰富的国家,我国政府于1993年正式批准加入该公约。随后,国务院批准了《中国生物多样性保护行动计划》、《中国生物多样性保护国家报告》。近年来,我国生物多样性保护工作取得明显成效。

但一些地方城市对生物多样性保护工作没有引起足够的重视,本土化、乡土化的物种保护和利用不够;片面追求大草坪、大广场的建设;大量引进国外的草种、树种和花卉;盲目大面积更换城市树种;大量移栽大树、古树;自然植物群落和生态群落破坏严重;城市园林绿化植物物种减少、品种单一;盲目填河、填沟、填湖;城市河流、湖泊、沟渠、沼泽地、自然湿地面临高强度开发建设;完整的良性循环的城市生态系统和生态安全面临威胁,部分地区的生态环境开始恶化。因此,各级城乡建设(园林)部门急需将加强生物多样性保护工作作为一项重点工作和紧迫任务抓紧抓好。

二、开展生物资源调查,制定和实施生物多样性保护计划

各省、自治区建设厅、直辖市园林局要组织开展城市规划区内的生物多样性物种资源的普查。各城市要尽快组织编制《生物多样性保护规划》和实施计划;有条件的城市和园林科研机构要加强生物多样性的研究,积极开展生物资源生态系统调查、生态环境及物种变化的

监测、生物资源（特别是乡土物种和濒危物种）的调查和检测；生物多样性的重点地区要强化措施，切实加强珍稀、濒危物种的繁育和研究基地建设。

要高度重视和切实加强自然的植物群落和生态群落的保护。对城市规划区内的河湖、池塘、坡地、沟渠、沼泽地、自然湿地、茶园、果园等生态和景观的敏感区域，各级园林绿化行政主管部门要按照《城市绿线管理办法》（建设部令第112号）的规定，编制保护利用规划，划定绿线，严格保护，永续利用。

要划定国家重点生物多样性保护区。对生物多样性丰富和生态系统多样化的地区、稀有濒危物种自然分布的地区、物种多样性受到严重威胁的地区、既有独特的多样性生态系统的地区以及跨地区生物多样性重点地区，建设部和各地园林绿化行政主管部门要将其列入重点生物多样性保护区，严格保护其系统内生物的繁衍与进化，维持系统内的物质能量流动与生态过程。各省市要采取切实措施，确定保护范围、健全保护机构、制定保护法规，促进重点地区、重点区域的生物多样性保护管理工作。

三、突出重点，做好生物多样性保护管理工作

生物多样性保护工作主要是保护生态系统的多样性、物种的多样性和遗传基因的多样性。各地要结合本地的实际情况，突出做好就地保护、移地保护工作，积极进行优良的园林绿化材料的遗传驯化，加强和促进本地乡土物种的保护和合理利用。要按国务院《城市绿化条例》"苗圃面积占建城区面积的2%"的规定，加快苗圃、花圃、草圃建设，尤其是要注重加强大苗培育基地建设，加强乡土树种的保护培育，引进培育适宜树种，丰富植物物种多样性。

要注重和加强珍稀濒危物种的移地保护。全面贯彻执行《城市古树名木保护管理办法》，对古树名木要普查建档，划定保护范围，落实责任单位，落实责任人，落实养护管理资金。对城市现有的绿地和树木实施就地保护。凡大批量的大树迁移和大规模的树木抚育更新的，要组织专家论证签署意见，并经省级园林绿化行政主管部门批准。

对公共绿地、居住区绿地、道路绿化、风景林地、单位附属绿地、防护绿地建设，要加强植物配置设计的审批，合理界定植物品种的数量，丰富植物物种。要按照《道路绿化设计规范》的规定，进行道路绿化的规划建设,每条主干道都要按规定建设绿地游园,各城市都要建设园林景观路。

加快动物园、植物园等建设,充分发挥公园在生物多样性研究和保护中的重要作用。到 2005 年每个市辖区、县都要有公园。2010 年争取在建成区的主要街区建有一座公园。注重发挥公园在生物多样性方面的科普教育阵地的作用,不断提高公众的生物多样性保护的意识。

四、切实加强生物多样性保护管理工作的领导

加强城市生物多样性保护工作是各级建设(园林)部门的重要职责。国务院批准的建设部"三定方案"规定了建设部指导城市规划区内生物多样性保护工作的管理职能。2001 年 5 月,国务院发布的《国务院关于加强城市绿化建设的通知》也明确提出,"要加强城市绿地系统生物多样性的研究,特别要加强区域性物种保护与开发的研究。"

各地建设(园林)部门要会同有关部门,认真履行生物多样性保护职责,切实做好本地区的生物多样性保护。各地园林绿化行政主管部门要把多样性保护作为重要的职责和主要工作来抓,要配备专门人员、落实相应资金,研究制定生物多样性保护工作的政策措施,加强对生物多样的宣传教育,切实搞好生物多样性的保护和管理工作。

二〇〇二年十一月六日

十九、关于开展城市规划和风景名胜区监管信息系统建设试点工作的通知

建科信函 [2002] 143 号

有关省建设厅：

为贯彻国务院关于加强城市规划和风景名胜区监督管理工作的指示精神，推动建设事业信息化发展，经研究，决定组织"全国城市规划监督管理信息系统"和"国家重点风景名胜区监督管理信息系统"（以下简称"规划和风景监管系统"）建设，并在2002年年底前首先开展建设试点。现将试点工作有关事项通知如下：

一、试点省市

经建设部研究，全国城市规划监督管理信息系统试点城市为广东省广州市、河北省邯郸市、湖北省襄樊市。国家重点风景名胜区监督管理信息系统试点风景名胜区为山东泰山风景名胜区、安徽黄山风景名胜区、湖南武陵源风景名胜区。

二、试点工作的主要内容

以城市规划和风景名胜区为监测对象，基于遥感技术、GIS技术、MIS技术和网络技术，采用遥感、地形、总规、详规数据比对和专家判读的方法，达到大范围、可视化、短周期的动态监测效果。

三、试点单位的主要工作任务

为监管信息系统建设提供监测所需的市、风景名胜区基础数据和规划数据，承担市、风景名胜区的监测目标核查工作，协助建设部进行监管信息系统的建设。

四、试点工作的计划进度及工作成果

试点工作自2002年11月18日开始，到12月20日完成相关工作。试点工作的成果是提供试点城市和试点风景名胜区的年度监测报告，试点城市和试点风景名胜区监测结果专题图集，开发完成一套监管软件和建立与试点联网运行的监管系统。

五、试点工作的组织与分工

建设部科技司负责试点工作的总体组织协调；规划司和城建司负责系统建设的业务需求以及业务成果的组织管理；综合财务司负责部级系统建设所需经费筹措；建设部信息中心负责试点技术实施的组织管理。

六、系统建设试点工作要求

1. 请你们充分认识建立"规划和风景监管系统"的重要性和必要性，重视监管系统建设工作。加强领导，建立相应的组织协调机构，指定机构和人员牵头负责。根据建设部的统一部署，配合监管系统项目实施组，按照系统实施方案（见附件一）做好系统建设试点工作。

2. 各地要按时间进度要求为监管信息系统建设提供监测所需的基础数据和规划数据（具体要求见附件二）。

3. 在规划和风景监管系统建设中如有问题和建议，请及时与建设部信息化工作领导小组办公室、规划司、城建司联系，联系人及联系方式见附件三。

附件一：《城市规划和风景名胜区监管信息系统实施方案》
附件二：《试点单位提供数据标准和要求》
附件三：试点工作有关单位联系人通讯录（略）

建设部信息化工作领导小组办公室
建　设　部　科　学　技　术　司
建　设　部　城　乡　规　划　司
建　设　部　城　市　建　设　司
二〇〇二年十一月十九日

附件1：

城市规划和风景名胜区监管信息系统实施方案

为了贯彻国家领导和部领导的指示精神，确保全国城市规划和风景名胜区监督管理系统在建设部以及试点城市、试点风景名胜区的顺利实施，在参考《全国城市规划监督管理信息系统设计》和《国家级风景名胜区监督管理信息系统方案》的基础上,制定本实施方案。

一、建设背景

根据《国务院关于加强城乡规划监督管理的通知》(国发[2002]13号)的指示精神,"要抓紧建立全国城乡规划和风景名胜区规划管理动态信息系统,采用现代技术手段,加强对全国城乡规划建设情况和动态监测。"

全国城市规划和风景名胜区监督管理系统将充分发挥航空航天多源遥感数据的优势,通过 RS、GIS、网络、数据库技术的综合应用,支持和辅助城市规划和风景名胜区的行政监督,对城市规划和风景名胜区建设进行全面监测和快速调查,及时发现各类重大违法违章开发建设活动,为国家行政主管部门提供决策和处理的依据。

二、监测目标

本次监测目标限定在三个试点城市和三个试点风景名胜区。对检测目标地监测模式分为基本监测和重点监测。基本监测:对试点城市规划区和风景名胜区的整体现状进行监测。重点监测:选择试点城市和风景名胜区重点区域和目标,通过遥感数据、地形数据、规划数据叠加和专家经验等手段,对比发现差异目标,达到重点监测目的,重点监测是本项目开发和研究的关键内容。

(一) 基本监测内容

以国务院 13 号文和建设部等九部委 204 号文明确要求的城乡规划强制性内容,结合遥感监测可见技术条件特性,将下列规划强制性内容作为基本监测内容。

1. 城市规划基本监测

(1) 重大建设工程,如:建筑物、构筑物和基础设施等;

(2) 城市建设用地范围和用地布局;

(3) 城市绿地系统、河湖水系,城市水厂规模和布局及水源保护区范围,城市污水处理厂规模和布局;

(4) 城市主、次干道的道路走向和宽度,公共交通枢纽和大型社会停车场用地布局;

(5) 违法违章工程。

2. 风景名胜区基本监测

(1) 景观资源监测。地形地貌、森林植被、文物古建、水体景观;

(2) 土地利用监测。风景名胜区建设用地范围和布局;

（3）建设工程监测。风景名胜区内各项建设活动，特别是一些重大建设项目，如铁路、站场、仓库、医院、工矿企业、公路、索道、缆车、大型文化、体育与游乐设施、旅馆建筑、水利工程等；

（4）生态环境监测。森林覆盖率、水土流失、地质灾害、环境污染、森林火灾、森林病虫害；

（5）违法违章工程。

（二）重点监测内容

在基本监测内容的基础上，根据本项目建设周期短、数据复杂、临时标准制订、软件系统开发等各方面条件限制，结合监测业务主管部门实际监管工作的急需，我们将本次重点监测目标集中在土地利用和建设工程两个方面。

1. 城市规划重点监测

（1）土地利用监测

重点监测对象是试点城市规划区用地边界范围变化、城市规划区和建成区之间的城乡结合部土地利用变化状况。

监测指标包括土地的用地性质、用地面积、用地位置等。

（2）建设工程监测

重点监测对象是试点城市规划区范围内的重大建设项目和城乡结合部的建设工程情况。

监测指标主要有建筑性质、建筑面积、建筑位置等。

2. 风景名胜区重点监测

（1）土地利用监测

重点监测对象是试点风景名胜区内土地利用变化情况。

监测指标包括土地的用地性质、用地面积、用地位置等。

（2）建设工程监测

重点监管对象是试点风景名胜区内各项建设活动，特别是一些重大建设项目，如铁路、站场、仓库、医院、工矿企业、公路、索道、缆车、大型文化、体育与游乐设施、旅馆、水利工程等。

监测指标主要有建筑性质、建筑面积、建筑位置等。

三、技术路线

（一）监测方法

城市规划和风景名胜区的监督管理采用遥感（RS）、地理信息系统（GIS）技术与实地调查相结合的手段来实现。具体技术流程如下：

第一步：利用地形图数据对遥感影像数据进行纠正配准处理；

第二步：通过遥感数据以及规划数据（总规和详规）的比对，进行差异图斑的识别。识别方法主要包括：多时相遥感影像图的比较，遥感影像数据与规划数据的比较，专家经验目视识别比较，并辅以公众监督举报等；

第三步：在识别出差异图斑后，进行行政核查。核查方式有两种：一是图面和资料核查，由各试点单位进行图面和资料差异图斑的核查；二是通过实地勘查的方式进行核查；

第四步：核查结果经反馈后进入到系统中复核；

第五步：对复核结果进行后期处理，包括进行分类统计分析、专题制图和专题报告等；

第六步：监测结果整理和网上发布。

具体技术流程如图3-1所示。

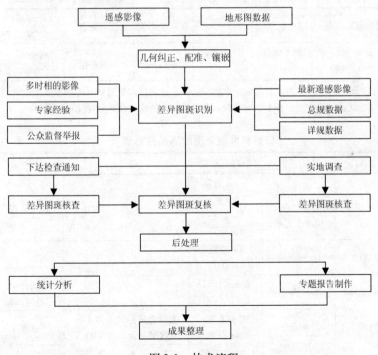

图3-1 技术流程

（二）监测范围

在2002年底需要实现的监测范围包括三个试点城市和三个试点风景名胜区，分别如下：

三个试点城市：广州、邯郸、襄樊；

三个试点风景名胜区：泰山、黄山、武陵源。

监测的主要内容如前面重点监测中所描述。

（三）监测数据

1. 数据种类

（1）遥感影像（卫片）

综合考虑监测精度、时间要求以及试点城市和试点风景名胜区遥感数据的实际情况等因素，对遥感影像数据的基本要求及目前可能采用的遥感数据情况描述如下（表3-1、表3-2）。

对遥感影像数据的基本要求　　　　　　　　　　　　　表3-1

目　的	范　围	空间分辨率	影像产品	影像数据	时段要求
城市规划监管	城市规划区	2.5~5m	真彩色影像	全色多光谱	2个时段（间隔半年以上）
国家重点风景名胜区监管	整个风景名胜区	2.5~5m（10m）	真彩色影像	全色多光谱	2个时段（间隔半年以上）

注：1. 风景名胜区如果没有高分辨率影像数据，目前可以使用10m分辨率数据；
　　2. 试点单位中至少有1个城市和1个风景名胜区应具有2个时段的数据。

目前有可能采用的遥感数据情况　　　　　　　　　　　表3-2

卫　星	原始数据	处理后数据	备　注	提供商
SPOT 5	2.5m全色 5m全色 10m多光谱	2.5m真彩 2.5m伪彩 5m真彩 5m伪彩		视宝公司
IKONOS 2	4m多光谱	4m真彩 4m伪彩		四维公司
QuickBird	2.44m多光谱	2.8m真彩 2.8m伪彩		超图公司 卫星地面站
资源2	35m全色	35m真彩 35m伪彩	需要合适的其他多光谱数据融合（如TM）	总参
SPOT2，3	10m全色	10m真彩 10m伪彩	需要合适的其他多光谱数据融合（如TM）	视宝公司

(2) 地形图数据

地形图数据主要用来对遥感数据、规划数据等进行位置的配准和纠正，并利用其行政区划边界以及注记层信息对监管所在区域进行标识。

要求的地形图数据的比例尺范围主要是 1:5000（或 1:10000），局部地区可以是 1:2000、1:25000、1:50000。

(3) 规划数据

i. 总体规划图

总体规划图主要用来与遥感数据进行比对，实现大范围的土地利用监管、建设工程监管等。

数据要求：

(a) 总体规划图的专题图主要包括用地规划、防洪规划、绿地规划等；

(b) 图形文件及其文本说明一并提供；

(c) 总体规划图需要经过配准，能与地形图叠加显示。

ii. 详细规划图

详细规划图主要用来与遥感数据进行比对，实现较大范围的土地利用监管、建设工程监管等。

数据要求：

(a) 详细规划图的专题图主要包括建筑、用地规划、防洪规划、绿地规划等；

(b) 比例尺范围大致在 1:2000 左右；

(c) 图形文件及其文本说明一并提供；

(d) 详细规划图数据需要经过配准，能与地形图叠加显示。

2. 数据格式

(1) 遥感影像（卫片）

购买的卫星数据尽量采用 BIL 格式。经过处理后，在系统中采用的数据格式为 GeoTiff。

(2) 矢量数据

为了能够按时完成部及试点单位监管系统的建设，矢量数据的格式定为 MapInfo 的 TAB 文件格式，各试点单位的数据应采用统一的坐标系统。

(3) 文本说明数据

规划数据所带的文本数据采用电子格式。

（四）监测数据库

系统中将要建立的数据库除了业务管理的数据之外，包含的数据实体主要由监测参照数据和监管数据两大部分组成。监测参照数据即前面提到的数据源：卫星遥感数据、各级比例尺的地形图数据、规划专题图数据等。监测数据主要包括监测对象数据以及逐步建立的监管成果数据。

具体如下：

1. 地形图数据库：各级比例尺的地形图数据，比例尺范围大致包括1∶2000、1∶5000。1∶250000的地形图行政区划边界以及注记层信息等。

2. 遥感影像数据库。

3. 规划专题数据库。

4. 监测对象数据库。

5. 监测成果数据库。

四、工作计划

（一）任务安排

2002年城市规划和风景名胜区监督管理系统的建设工作由建设部科技司负责总体组织协调，规划司和城建司负责监管业务组织管理和业务，信息中心负责技术组织管理，由北京建设数字科技有限责任公司和建设综合勘察研究设计院两家单位负责项目技术实施，广州、邯郸、襄樊三个城市和泰山、黄山、武陵源三个风景名胜区作为项目试点单位。

（二）时间安排（表3-3、图3-2）

时间安排　　　　　　　　　　　　　　　表3-3

序号	任务名称	时间安排	负责小组	备注
1	需求分析	11.15–11.22	项目技术组	
2	试点建设动员会	11.18	各试点市、区	科技司、规划司、城建司主持和参加
3	实施设计	11.19–11.26	项目技术组	（包括数据库设计）
4	系统的搭建、开发	11.23–12.12	项目技术组	期间至少一次讨论或是演示（大致在12月2日）
5	集成测试	12.12–12.15	项目技术组	

续表

序号	任务名称	时间安排	负责小组	备 注
6	遥感影像数据收集与处理	11.15 – 12.10	项目数据组	
7	遥感影像数据建库	11.20 – 12.12	项目技术组 项目数据组	与数据收集过程同步进行
8	试点市、风景名胜区地形、规划数据提交	11.18 – 11.29	各试点市、区	项目协调组催办落实
9	规划数据建库	11.20 – 12.5	项目技术组 项目数据组	与数据收集过程同步进行
10	差异图斑的识别	11.27 – 12.15	项目技术组 项目数据组	部分数据处理完后即可进行（至少完成一个试点单位）
11	监管成果整理	12.7 – 12.18	项目技术组 项目数据组	专题图制作、统计结果分析
12	试点单位培训	12.15 – 12.17	项目协调组 项目技术组	
13	现场调试	12.15 – 12.18	项目技术组	
14	试运行	12.18 – 12.19	项目协调组 项目技术组	
15	建设成果汇报	12.7 – 12.20	项目协调组 项目技术组 项目数据组	准备成果汇报资料，组织成果汇报
16	项目验收	12.21 – 12.31	技术监督单位	科技司、规划司、城建司组织并参加

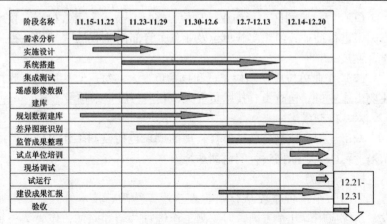

图 3-2　试点系统开发进度甘特图（2002.11.15 – 2002.12.20）

五、保障措施

（一）组织保障

（1）成立部系统建设协调组：由科技司、办公厅、财务司、规划司、城建司、信息中心组成。

（2）项目实施单位：下设三个管理组。

a）项目管理组：由实施单位管理人员组成。主要负责与业务主管和试点单位沟通、协助业务数据收集、评审会议组织实施、合同签订和履行、相关文档编制和印刷等管理性工作。

b）项目技术组：由实施单位技术人员组成。主要负责数据收集整理、系统设计、系统开发、系统测试、系统安装、开发文档编制和系统维护等技术性工作。

c）项目专家组：由组织实施单位和有关科研院所专家组成。负责对数据评估、关键技术自寻、解决方案评估、成果质量进行评价和检查等。

（二）技术保障

1. 采用临时标准

在系统中必须使用部分临时性的技术标准。如遥感影像目标解析临时标准、数据转换临时标准、监管审核标准、专题图集制作标准等。为节省宝贵工期，本次项目开发中不编制正式标准，项目完成后，随监管工作的全面展开和深入，将逐步形成正式的标准。

2. 强化检查制度

（1）每一监测区实行作业员自检、互检，技术负责人检查，技术专家组进行抽查，组织实施单位及业务主管部门验收的"三检一查一验"制度；

（2）作业单位应明确检查员和技术负责人，每一监测区的监测作业要由作业员、检查员、技术负责人认真填写质量跟踪卡。

六、提交成果

城市规划和风景名胜区监督管理的成果包括监测工作报告、监测结果专题图集、联网运行的监测系统。

（一）监测工作报告

监测工作报告主要从行政管理、业务管理、技术管理、技术开发、系统应用等几个方面，对监测工作进行总结和归纳，作为下一步全面推开监测工作的基本经验和参考。

(二)监测结果专题图集

监管成果主要通过专题图和统计报告表现(表3-4、表3-5)。专题图一般由影像图、地形图、规划图、差异图斑层叠加在一起显示。它是以专题图集的形式结集出版。示意图如图3-3所示。

监测结果统计样例一 表3-4

序号	监测图斑号	变更图幅号	图斑中心点坐标		实地是否变化	用地性质			面积			差异面积百分比	差异原因	备注
			X	Y		监测	规划	实际	监测	规划	实际			
1	2	3	4	5	6	7	8	9	10	11	12	13	14	15

监测结果统计样例二 表3-5

监测区	差异图斑正确率(%)	地方核查上报数		实地核查上报数		实际核查图斑数		实际核查面积		口径不一致	
		违反规划	符合规划	违反规划	符合规划	违反规划	符合规划	违反规划	符合规划	图斑个数	占地面积

图3-3 监管结果专题图

(三) 联网运行的监测系统

城市规划与风景名胜区监管系统是一个由建设部和试点单位联网运行的应用系统。根据建设部和各试点单位的不同任务,监管系统以业务功能为标准分为中央版和地方版。

1. 城市规划与风景名胜区监管信息系统(中央版)

主要是实现遥感数据的预处理、监管数据的处理和分析、监管审核、网上发布以及系统维护等功能。城市规划与风景名胜区监管试点系统(中央版)的结构示意图如图3-4所示。

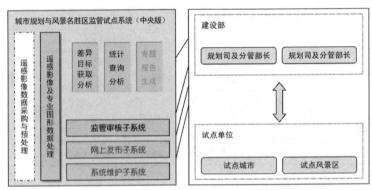

图3-4 监管试点系统(中央版)结构示意图

城市规划与风景名胜区监管试点系统(中央版)的建设包括几方面的内容:

(1) 遥感影像数据的采购和预处理。主要由部科技司向卫片提供商采购,由卫片提供商对遥感影像数据进行预处理;

(2) 遥感影像及专业图形数据处理。主要是对预处理后的遥感数据进行纠正、配准处理;对专业图形数据(如地形图、总体规划图、详细规划图等)进行配准、数据格式转换等处理,使具体试点单位的遥感数据与专业图形数据的坐标系统一致,达到叠加分析要求。同时通过遥感影像与专业数据的比较,得到初步的差异目标;

(3) 系统构成。城市规划和风景名胜区监管信息系统(中央版),主要由监管数据分析子系统、监管审核子系统、网上发布子系统、系统维护子系统组成。监管数据分析子系统主要实现差异目标数据的获取、监测结果的查询统计分析以及专题图的生成;监管审核子系统主要对监管对象进行审核业务管理;网上发布子系统实现监管结果的网上公示，并实现公众的监督举报等。

图 3-5 和图 3-6 分别是城市规划与风景名胜区监管系统（中央版，分别给规划司和城建司使用）的启动界面和监管业务信息界面。

图 3-5　监管系统启动界面

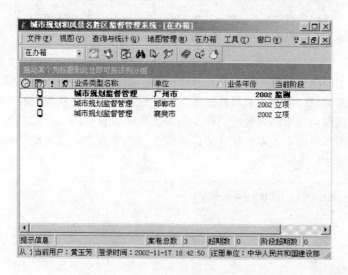

图 3-6　监管审核业务信息界面

图 3-7 是城市规划与风景名胜区监管系统（中央版）中的城市规划监管审核子系统中的监管信息显示界面。图中，底层为卫星遥感影像，叠加地形图行政区域边界和注记信息，在影像图上叠加差异目标图斑层——图中的红色块，标识监管对象变化和差异。系统中根据不同监管对象的不同性质以不同颜色的色块来表示。

图 3-7 监测信息显示界面

2. 城市规划与风景名胜区监管系统（地方版）

主要功能包括：核查任务接收功能：在线或离线接收建设部监测出的差异目标的图形和属性记录表格。核查结果填写功能：将本市或本区范围内核查结果登记到核查结果表格中。核查结果上报功能：在线或离线将本市或本区核查通过系统上报给建设部。其系统结构示意图如图 3-8 所示。

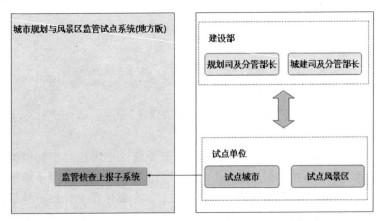

图 3-8 监管系统（地方版）结构示意图

附件2：

试点单位提供数据标准和要求

一、数据标准

种 类	图 形	文本/表格	比例尺	形式	最低要求
1. 地形数据	地形图		1：5000	电子	必须提供其中一种比例尺地形图
	地形图		1：10000	电子	
	地形图		1：25000	电子	
	地形图		1：500 1：1000 1：2000	电子	前三种没有时必须提供其中一种比例尺地形图
2. 总规数据	总规图集	总规编制说明	1：10000 1：25000	电子	必须提供其中一种比例尺，至少提供土地利用专题规划图
	总规各专题规划图	各专业规划编制说明	1：10000 1：25000	电子	
3. 分规数据	分规各专题规划图	各专业分规划编制说明地块控制指标表	1：10000 1：25000 1：5000	电子	必须提供其中一种比例尺，至少提供土地利用专题规划图和地块控制指标表
4. 控规数据	控规各专业规划图	专业分规划编制说明地块控制指标表	1：1000 1：2000 1：5000	电子	必须提供其中一种比例尺，至少提供土地利用专题规划图和地块控制指标表
5. 影像数据	正射影像图	成像时间、精度、波谱等说明资料	1：5000 1：10000 1：20000	电子	必须提供其中一种比例尺图

二、截止时间

关于截止时间的说明。确定截止时间主要考虑，一方面本次试点工作时间紧任务重。全部试点周期仅30天。参加工作各方均缺乏经验，需要收集和处理数据种类繁多，最终监测需求需在试点工作中摸索和细化等。另一方面，本次监测工作成败的关键是基于遥感和规划数据的比对和分析，没有符合提交标准的试点单位数据，此项试点工作将无法完成。因此，试点单位能否及时提供数据，实施单位能否及时处理和分析数据，成为本次试点工作的关键工作环节。为此，我们要求各试点单位数据提供截止日期为：2002年11月29日。

三、若干说明

1. 总归数据提交具体要求

根据试点城市、风景区有的有新批准的规划，有的没有新批准的规划的实际情况，我们要求各试点城市、风景区提供三种类型的总规图和总规编制说明。第一种经过国务院或地方政府近五年正式批准的总规数据；第二种正在编制过程中未经相应机构批准的总规数据；第三种经过国务院或地方政府正式批准，但批准时间超过十年的，同时将近十年相应审批机构批准的调整性补充总规数据一并提供。如果能够提供第一种或第二种总规数据，可以不提供第三种总规数据。

2. 分规和详规数据提交具体要求

根据分规和详规编制有逐片覆盖、逐年编制、逐年调整的特点，各试点城市、风景区尽可能提供不同时间形成的分规和详规数据，新老分规和详规数据存在重复和矛盾的，以最新编制的分规和详规数据为准。

3. 数据提供形式和范围具体要求

电子形式数据。为便于数据整理分析和缩短项目建设周期，我们希望各试点城市和风景区，尽最大努力提供 GIS、CAD、TIF 格式的图形、影像数据，WORD 格式的文本数据，EXCEL、SQL – SERVERD、ORACLE 等格式的表格数据。

其他形式数据。如果某类数据没有电子数据，请必须提供图纸、航空相片、规划图册等资料。

电子数据和其他形式数据都需要尽可能注明比例尺、坐标系等数据基本参数。

以上各种形式的数据按照城市规划区范围和风景名胜区规划区范围提交。

二十、建设部关于进一步加强和改进风景名胜区工作的请示

建城〔2003〕26号

国务院：

为贯彻落实镕基、岚清、其琛、家宝等国务院领导近年来对风景名胜区工作的多次批示、讲话和《国务院关于加强城乡规划监督管理的通知》（国发〔2002〕13号）、《国务院办公厅关于加强和改进城乡规划工作的通知》（国办发〔2000〕25号），建设部去年对如何进一步加强和改进风景名胜区工作进行了多次研究，并针对当前风景名胜区资源保护中存在的问题，会同监察部、国土资源部在去年第四季度进行了执法检查，与国家计委、科技部、财政部、环保总局、国务院法制办等部门提出了加强和改进的措施。现将有关情况和拟进一步采取的措施报告如下：

一、当前风景名胜区资源保护面临的主要问题

随着经济的发展、社会的进步和旅游经济的兴起，我国风景名胜区也取得了长足的进步和发展，一大批珍贵的风景名胜资源纳入了国家保护和管理的轨道。全国已建立各级风景名胜区677个，其中国家重点风景名胜区151个，列入世界遗产名录的有12处。现在风景名胜区年游人量达到9亿多人次，比10年前1亿多的游人量增加了8倍多。各地以风景名胜区为载体，通过发展旅游业，带动了地方经济与社会的发展，提高了人民生活水平。这些成绩的取得，对于推动国民经济持续快速健康发展，增加综合国力，改善和提高人民生活水平作出了重要贡献。但与此同时，一些风景名胜区由于管理不善，自然景观和环境遭受严重破坏，主要表现在以下几个方面：

（一）风景名胜区内大兴土木，人口增加，商业设施建设无度。随着地方经济的快速发展，一些风景名胜区过度开发，在风景名胜区建设宾馆、疗养院、培训中心等比较普遍。如在湖南省南岳衡山风景名胜区，湖南省、衡阳市和南岳区一些部门，以建业务用房为名建造

楼堂馆所。陕西黄河壶口瀑布河床上兴建一座体量庞大的宾馆。华山风景名胜区的华山西峰顶部电力部门建设的宾馆不仅破坏山体,污水向山下排放,形成宽达10多米的黑色水流。该风景名胜区今年又违规建设客运索道,后经建设部查处,该项目现已停工。1998年,联合国教科文组织世界遗产中心专家考察武陵源风景名胜区后尖锐指出:"武陵源的自然环境已变成像个被围困的孤岛,局限于深耕细作的农业和迅速发展的旅游业包围之中","武陵源的旅游设施已经超越限度,对景区的美学价值造成了相当大的影响",并"提请中国政府对景区内及其周围地区旅游业的发展给予关注,使其建立在可持续发展的基础上。"

一些风景名胜区人口迅速增长,原有的村庄、居民点迅速扩大,新的集镇街区不断形成,各种生产经营活动日趋活跃,环境污染严重,风景名胜区自然文化风貌黯然失色。一些风景名胜区内按规划要求应搬迁、缩减的居民点,因人口只进不出,规模反而不断扩大。南岳衡山风景名胜区核心景区内,除有关单位建设了旅游宾馆、招待所等服务设施30多处外,当地村民建造的房屋有350栋(共324户,1456人),建筑面积8.47万 m^2。在风景名胜区内集中建设的两条商业街中,其中有一条商业街是由附近村民、个体商户逐年建设而成,有固定摊点门面34家,建筑面积700多 m^2。目前,不少风景名胜区在正确处理区内居民生产生活、发展旅游经济和风景资源保护关系上还没有形成有效的协调机制。

(二)开山采石、断水截流,超容量利用,生态环境恶化,安全隐患增加。在崂山风景名胜区内,一些乡镇企业和农民大面积开山采石,使部分海滨景观遭受严重破坏。泰山风景名胜区内自20世纪70年代以来,在泰山西麓有大大小小的采石场50多处。还有一些风景名胜区砍伐森林,超量利用水资源,致使植被受损,水源枯竭,古树死亡,草甸退化,冰川融化,临近"濒危"状态。敦煌著名景点月牙泉受地面蒸发和超量开采地下水等自然和人为因素影响,水面面积逐年减少,致使月牙泉水源枯竭,面临永久消失的危险。昆明滇池、大理洱海边大量兴建水泥厂等小企业,使水体严重污染。一些著名的山岳型风景名胜区,可游览地区容量有限,生态环境脆弱,由于没有管理措施,导致游览区游人过量集中,酿成安全事故。华山风景名胜区2001年4月8日举办庙会时游人拥挤混乱,造成17人死亡,5人受伤。贵州省马岭河峡谷风景名胜区1999年10月3日因游客过多，限乘20人的缆车，超载乘坐了36人，致使索道钢绳突然断裂，酿成14人死亡、22人重伤。泰山南天门和中天门，每逢节假日均形成上、下山两股人潮相互顶托，极易发生安全事故。

（三）风景名胜区内人工化、园林化问题突出，人造景观品位低下，自然风貌遭到破坏。一些风景名胜区修建人工景点，粗制滥造，品位低下。承德避暑山庄在皇家园林内违规建设城市动物园，严重破坏了古建筑遗址和山庄整体风貌。泰山风景名胜区在千年古刹灵岩寺内建造水族馆和时装模特泥雕群。有的风景名胜区内未经批准在风景名胜区修建寺庙、佛堂、露天佛像，以封建迷信内容吸引游客。南岳衡山风景名胜区1993年至1995年在磨镜台建造占地2万m^2的人工景点"鬼都"。南海市西樵山风景名胜区内修建寺庙群和体量庞大的露天大佛。有的在自然景观为主的风景名胜区内建仿古建筑或新开景点，修建亭、台、楼、榭，把城市公园建造手法移植到风景名胜区开发建设中去，"人工化"、"公园化"现象严重，损害了原生景观。石林风景名胜区依照城市做法大面积种植草坪和花木，建造了大型水幕电影广场和夜景工程，破坏了自然景观。大理在著名的三塔的轴线上又新建现代钟楼，与古塔争辉，严重破坏景观和谐统一。

二、风景名胜区资源遭到人为破坏的原因

风景名胜资源遭到人为破坏的原因是多方面的，但主要有以下几个方面：

（一）风景名胜区规划编制和管理工作相对滞后。我国现有151个国家重点风景名胜区。大多数有总体规划但基本上是在20世纪80年代末和90年代初编制的，规划内容中对资源保护的指令性条款和指导性条款不明确，可操作性内容少，监督力度不够。近期一些地方又出现了以招商引资和项目开发规划代替经批准的风景名胜区总体规划的做法。还有一些风景名胜区尚未编制总体规划或虽已编制但未报批；有的风景名胜区甚至有意延缓规划编制和报批；风景名胜区详细规划编制普遍滞后；致使这些风景名胜区的开发建设缺乏规划指导、控制和监督，盲目开发、重复建设、无序发展。

（二）法制不健全，监督不力，管理滞后。国务院1985年发布的《风景名胜区管理暂行条例》（以下简称《暂行条例》）已施行了17年。《暂行条例》原则性的规定多，规范性、程序性、强制性的规定少,处罚力度不够,有待于进一步修订完善。《暂行条例》的不足也影响到地方性法规的处罚力度。加之各地执法队伍不健全,执法力量严重不足,影响了对执法监督检查的效力。湖南南岳衡山风景名胜区内的违法违章建设在20世纪80年代初期至90年代屡屡发生,但却始终没有得到及时有效的制止的一个重要原因是地方风景名胜区主管部门有法不依,执法不严,违法不纠,疏于管理。

《暂行条例》规定:风景名胜区"应当设立管理机构,在所属人民政府领导下,主持风景名胜区的管理工作。设在风景名胜区内的所有单位,除各自业务受上级主管部门领导外,都必须服从管理机构对风景名胜区的统一规划和管理。"但由于种种原因,各地风景名胜区管理机构设置不规范,机构的名称、性质、职能、隶属关系等均不相同。有的政企合一,政企不分。有的政事不分、以事代政,难以行使政府职能。有的风景名胜区将规划、建设管理职能转让给企业,以企代政。也有少数风景名胜区,如青海湖、昆明滇池,至今尚未建立统一的管理机构,处于"批而未建"、"建而未管"的状态。由于机构设置混乱,严重妨碍了风景名胜区规划的实施和对建设开发项目的监管。另外,建设部和各省、自治区、直辖市建设行政主管部门作为全国和各省(区、市)的风景名胜区主管部门,管理人员不足,影响到对风景名胜区工作的全面指导和有效监管,也是造成风景名胜资源保护管理不力的原因。

(三)重开发,轻保护,片面追求经济收益,开发过度。1995年、2000年和2002年,国务院曾多次颁发文件,强调风景名胜资源和土地属国家所有,各地区、各部门不得以任何名义和方式出让或变相出让风景名胜资源及其景区土地。但有些风景名胜区为招商引资,在未确定保护范围和制定监管标准的情况下,就大面积批租土地,进行房地产开发。一些贫困及边远地区由于缺乏资金来源,将珍贵的风景名胜资源混同于一般经济资源,把风景名胜区当作经济开发区,将风景名胜区资源和土地出让或变相出让。福建省莆田凤凰山风景名胜区,当地的房地产开发公司取得土地使用权后,在风景名胜区内搞旅游别墅区开发,将大面积的山坡夷为平地,景观面貌受到破坏,水体受到污染。有的地方将风景名胜区门票收费权出让转让所筹措资金挪作它用,或搞房地产项目开发,或搞人工景点建设,导致风景名胜区内人为破坏加剧。

三、加强和改进风景名胜区保护工作的几点措施

（一）进一步加强风景名胜区规划编制和管理工作。根据《国务院关于加强城乡规划监督管理的通知》精神，建设部等九部委已发文要求：所有国家重点风景名胜区在今年年底前必须完成总体规划编制报批，其中，1990年底以前编制完成的总体规划，要组织重新修编；2002年由国务院公布的第四批国家重点风景名胜区，必须在2003年6月底前编制完成总体规划。总体规划要确定生态环境保护的内容、目标和措施；要划定史迹、自然景观等核心保护区；统筹考虑保护与利用的关系，根据风景名胜区生态保护和环境容量要求，制定游览设施建设专项规划和经济发展引导规划，合理配置风景名胜区内各类游览设施和居民点建设用地。风景名胜区规划未经批准的，一律不得进行工程建设。要利用遥感、图像监测等先进的科技手段，加强对风景名胜区保护状况的监管监测，及时发现和制止各种破坏景观和生态环境的违法行为。为此，建设部商财政部、科技部等部门，争取科技立项和财政专项经费支持这项工作。

（二）完善法制建设，加强部门协调，转变政府职能。针对这些年来风景名胜区管理中的问题和《暂行条例》实施中的不足，建设部抓紧修改《暂行条例》，争取在今年上半年报国务院，以便尽快批准实施。

为加强对风景名胜区的监管，拟采取以下措施，进一步加强部门协调，理顺管理体制：

1. 发挥部际联席会议作用，加强部门协调工作。建设部应定期或不定期通过风景名胜区总体规划部际联席会议，与计委、旅游、林业、文物等相关部门共同研究审议国家重点风景名胜区总体规划以及涉及风景名胜区保护与利用的重大问题和重大政策。建设部在不增加总人员编制的情况下，要充实调整有关人员，切实履行"三定"规定赋予的国家重点风景名胜区及其规划的审查报批和保护监督职能。

2. 要加强风景名胜区规划建设的集中统一管理。明确位于城市规划区内的风景名胜区由所在地市以上城乡规划部门统一管理；其他风景名胜区由省建设行政主管部门、直辖市园林行政主管部门与所在市人民政府确定的派出机构进行统一规划管理；对跨不同行政区划的风景名胜区，由其共同的上一级政府主管部门进行协调并设立派出机构，解决跨地区的规划和保护等问题。

3. 风景名胜区管理应逐步实行政企分开。要明确风景名胜区管理机构的主要职责就是对风景名胜区资源的有效保护和合理利用以及对规划建设项目的监督管理。风景名胜区内交通、服务、宾馆、饭店、商店、通讯等旅游设施项目，以及基础设施维护保养、绿化、环境卫生、保安等具有物业管理性质的服务项目，可以由风景名胜区管理机构委托相应的管理公司负责经营管理。

（三）进一步深化和规范风景名胜区体制改革。随着计划经济转向市场经济，一些风景名胜区的投资开发建设机制也发生了变化，出现投资主体多元化和承包经营、合作经营、委托经营等多种经营方式，这对弥补政府财政投入不足，加快旅游配套服务设施建设有积极的作用。但由于法制不健全，管理没跟上，也出现管理和运作不规范的问题。因此，要进一步深化风景名胜区体制的改革，探索市场经济条件下的风景名胜资源保护方法。充分调动社会各方面的积极性，利用市场经济的原则，来促进风景名胜区保护与发展，实现风景名胜区可持续利用，推动地方经济长远发展和当地群众脱贫致富。

风景名胜资源属国家所有。1992年国务院批准的建设部《关于加强风景名胜区工作的报告》已明确规定："收取风景名胜资源保护费，实行风景名胜资源有偿使用，所收费用专项用于资源的保护和维修。"该项政策对加强风景名胜区的保护、建设和管理起到了积极的促进作用。要进一步明确风景名胜区的门票收入是风景名胜区资源保护费的重要形式和来源，要用于风景名胜区的建设和资源保护，不得挪作他用。各级财政、审计部门要加强对风景名胜区门票等收费收支的监督检查，确保门票收入按照规定使用。门票管理具体办法由建设部商计委、财政等部门制定。

（四）正确处理风景名胜资源保护与开发利用的关系，带动旅游小城镇建设。当前，一些地方在风景名胜区建设上的投入不足，有些风景名胜资源难以得到合理的开发利用。随着经济的发展和进一步对外开放，国内外游客日益增多，对旅游、观光、度假景点的需求也在增加。因此，应在严格保护资源、理顺资源保护与开发利用关系的前提下，根据需要和可能，对一些重点风景名胜区的基础设施进行改建或扩建，扩大环境容量。风景名胜区旅游设施和基础设施建设项目，应符合规划并按国发［2002］13号文件和建设部等九部委［2002］204号文件规定的程序报批；西部等欠发达地区要按照规划，适当开发建设一批新的风景名胜区和风景点，逐步满足旅游发展的需要。

在严格保护资源的基础上，合理规划建设小城镇。建设部将会同有关部门共同研究制定如何按照"山上游，山下住"、"沟内游，沟外住"等原则，规划建设一批旅游小城镇，一方面解决核心景区内人口迁移问题，另一方面通过小城镇的建设，带动当地旅游经济的发展。对风景名胜区内的居民点的迁移建议比照移民建镇、退耕还林等模式办理，所需资金从门票等收入中解决，切实做到在保护风景名胜资源的同时，带动和繁荣地方经济的发展。

根据国务院领导关于风景名胜区工作的批示精神，建设部将继续会同有关部门抓好对在风景名胜区内违规建设行为的查处工作。同时，会同中央电视台、人民日报等媒体，对违规建设等行为适度曝光，并加大宣传力度，使我国风景名胜区其正做到"严格保护，统一管理，合理开发，永续利用"。

以上妥否，请批示。

附件：略

中华人民共和国建设部
中华人民共和国国家计委
中华人民共和国财政部
中华人民共和国科技部
中华人民共和国环保总局
国 务 院 法 制 办
2003 年 2 月 13 日

二十一、建设部办公厅关于开展国家重点风景名胜区综合整治工作的通知

建办城 [2003] 12 号

各省、自治区建设厅，直辖市建委（园林局）：

为了贯彻落实国务院《关于加强城乡规划监督管理的通知》（国发 [2002] 13 号）和九部委《关于贯彻落实〈国务院关于加强城乡规划监督管理的通知〉的通知》（建规 [2002] 204 号）的要求，全面加强风景名胜区管理工作，根据建设部 2003 年工作安排，决定在全国国家重点风景名胜区开展综合整治工作。

国家重点风景名胜区综合整治工作的主要内容是，风景名胜区标牌、标志的设立情况，风景名胜区的机构设置情况，是否划定了风景名胜区核心保护区，依法查处破坏风景名胜资源行为的情况。

各省、自治区建设厅、直辖市建委（园林局）要高度重视风景名胜区综合整治工作，按照国家重点风景名胜区综合整治工作方案认真部署和检查。各风景名胜区要按本通知要求，切实做好综合整治工作。

附件：1. 国家重点风景名胜区综合整治工作方案
　　　2. 国家重点风景名胜区标志、标牌设立标准

二〇〇三年三月十一日

附件1：

国家重点风景名胜区综合整治工作方案

根据建设部 2003 年工作计划，为全面贯彻落实国务院《关于加强城乡规划监督管理的通知》（国发 [2002] 13 号，以下简称《通知》）和九部委《关于贯彻落实〈国务院关于加强城乡规划监督管理

的通知〉的通知》（建规［2002］204号，以下简称《贯彻通知》）要求，2003年在全国国家重点风景名胜区开展综合整治工作。

一、指导思想与目的

针对目前一些风景名胜区存在的管理不善，资源破坏现象严重，特别是标牌、名称、标志混乱的状况，通过对国家重点风景名胜区进行以标志、标牌整顿为重点的综合整治工作，进一步加强风景名胜区的基础管理工作，全面提高管理水平，树立国家重点风景名胜区的良好形象。

二、整治的重点内容

（一）标志、标牌的设置情况

按照《国家重点风景名胜区标志、标牌标准》，对国家重点风景名胜区标志及标牌设置进行全面清理和整治，做到形象统一，标识清晰，规范设置。

（二）机构设置情况

根据国务院《风景名胜区管理暂行条例》和《〈贯彻通知〉的通知》规定，风景名胜区应当设立管理机构，在所属人民政府的领导下主持风景名胜区的管理工作。设在风景名胜区内的所有单位，都必须服从管理机构对风景名胜区的统一规划和管理。不得将景区规划管理和监督的职责交由企业承担。重点检查政企是否分开，机构是否健全，级别是否适合，管理是否到位。

（三）划定风景名胜区核心保护区的情况

风景名胜区规划中要明确划定核心保护区（包括生态保护区、自然景观保护区和史迹保护区）保护范围，制定专项保护规划，确定保护重点和保护措施。核心保护区内严格禁止与资源保护无关的各种工程建设。重点检查核心景区是否划定，桩界是否清楚，规划是否明确，措施是否落实。

（四）查处风景名胜区内违法违规建设的情况

任何部门、任何单位和任何个人不得在风景名胜区内进行或批准进行开山采石、挖沙取土以及其他任何形式的严重破坏地形、地貌和自然环境的活动。重点检查是否有上述违法行为？查处了没有？恢复了没有？杜绝了没有？

（五）建立健全管理制度的情况

在保护风景名胜资源的前提下，做好风景名胜区的日常管理工作。景区管理符合建设部发布的《风景名胜区环境卫生标准》和《风景名胜区安全管理标准》及各项相关标准。重点检查是否达标，是否巩固，是否科学化、规范化、制度化。

三、组织和检查

国家重点风景名胜区综合整治工作，主要由省、自治区、直辖市主管部门负责组织进行，各风景名胜区管理机构具体组织落实。综合整治检查工作由各省、自治区、直辖市主管部门负责，在此基础上，建设部将组织力量抽查。对通过综合整治检查、成绩突出的国家重点风景名胜区，授予综合整治优秀奖，并在全国通报表扬；对未通过综合整治检查，要在全国通报批评，并限期完成；对综合整治工作组织不力，资源破坏严重，不设置国家重点风景名胜区标志的国家重点风景名胜区，将报请国务院取消其国家重点风景名胜区的称号。

四、工作进度与计划

（一）三月底前召开各省、自治区、直辖市风景名胜主管部门参加的风景名胜综合整治工作会，动员和部署国家重点风景名胜区综合整治工作。

（二）四月至六月底，各国家重点风景名胜区组织进行综合整治工作，并向省级主管部门提出书面报告。

（三）七月底前，由各省、自治区、直辖市主管部门根据综合整治工作重点和工作内容组织检查，并将检查结果汇总报建设部。

（四）八月底前，建设部根据各省、自治区、直辖市主管部门检查结果，组成检查组进行抽查。

（五）十一月份，对综合整治工作成绩突出的单位和个人进行表彰。

五、有关部署和要求

（一）各省、自治区、直辖市主管部门要高度重视综合整治工作，严格按照《通知》和《贯彻通知》的要求，认真组织辖区内风景名胜区综合整治工作。

（二）各国家重点风景名胜区管理机构要按照《通知》的要求，制订详细的工作方案和计划；要全面自查，突出重点，集中力量，抓好整改，要加强领导、精心组织、全面动员、落实责任，认真做好综合整治工作。

（三）各省、自治区、直辖市主管部门在检查、抽查期间要严格遵守廉政建设的有关规定。

附件2：

国家重点风景名胜区标志、标牌设立标准
（试行）

一、总则

1.1 为了加强国家重点风景名胜区标志、标牌的规范化管理，提高国家重点风景名胜区的管理水平，改善风景名胜区的形象，根据国务院《风景名胜区管理暂行条例》和国家有关规定，特制定本标准。

1.2 经国务院批准建立的国家重点风景名胜区，必须按本标准规定设立风景名胜区的标志、标牌。

1.3 国家重点风景名胜区的标志应庄重醒目、简洁大方，布置于风景名胜区的入口处显著位置或重要地段。

1.4 国家重点风景名胜区内各种标志、标牌应在统一中追求特色，形成各风景名胜区的系列标识，从而形成特点鲜明的全国风景名胜区的标识系列。

1.5 国家重点风景名胜区的标志、标牌应进行专门设计和审查，由省级建设行政主管部门批准，报建设部备案。

1.6 建设部和各省、市、自治区主管部门定期对各个风景名胜区的标志、标牌设立工作进行检查。

二、标志

2.1 国家重点风景名胜区的标志由建设部1993年颁布的国家风景名胜区徽志和风景名胜区名称、国务院批准时间以及建设部监制等内容组成。

2.2 国家重点风景名胜区标志应安置在风景名胜区主要和次要出入口附近的显著位置。在进入风景名胜区之前的公路接口处，应设立风景名胜区的引导性标志。

2.3 国家重点风景名胜区标志安置形式，可以选择卧式或者立式两种形式：

2.3.1 立式的尺寸参照标准：
通高：3.0~4.2m；
宽：0.9~1.6m；
厚：0.15~0.3m。
2.3.2 卧式的尺寸参照标准：
高：1.5~2.2m；
宽：3.0~4.5m；
厚：0.3~0.6m。
2.4 标志中的字体、字型、颜色、格式应符合以下规定：
2.4.1 字体：黑体；
2.4.2 字型：魏碑、隶书；
2.4.3 字体颜色：靛蓝色、深绿色；
2.4.4 字体格式：凹字、凸字。不宜用平字。
2.5 风景名胜区标志材料可以根据当地特点，选择石质、木质或金属（青铜或亚光不锈钢）材料。同一风景名胜区内的标志宜选择一种材料，不能超过两种材料。
2.6 各风景名胜区可根据具体的标志安置环境，按照上述标准选择立式或卧式形式，单独设计。

三、标牌

3.1 国家重点风景名胜区内标牌主要包括：景区、景点等游览设施，道路、停车场等交通设施，宾馆、旅馆等接待设施，游客中心、展览、商店、餐饮、医疗等服务设施，娱乐、健身、康复、体育等游娱设施以及其他相关设施的引导和指示标牌。
3.2 标牌内容一般由国家重点风景名胜区徽志图案和指示名称组成。
3.3 各类标牌中的国家重点风景名胜区徽志应该是单色图案，徽志图案应位于标牌左侧，图案颜色与标牌底色和字色相协调。
3.4 同一个风景名胜区内标牌的字体、风格、式样、底色、材料应该一致，徽志图案的色彩、形式应该统一。

四、附则

4.1 本标准自公布之日起开始试行。
4.2 本标准由建设部城市建设司负责解释。

二十二、建设部关于做好国家重点风景名胜区核心景区划定与保护工作的通知

建城〔2003〕77号

各省、自治区建设厅,直辖市建委、规划局、园林局,新疆生产建设兵团建设局:

为了贯彻落实建设部等九部委《关于贯彻落实〈国务院关于加强城乡规划监督管理的通知〉的通知》(建规〔2002〕204号)的要求,切实做好国家重点风景名胜区特别是核心景区划定与保护工作,现通知如下:

一、进一步提高风景名胜区核心景区划定和保护工作的认识。风景名胜资源是中华民族珍贵的自然与文化遗产,是不可再生的国家资源。国家重点风景名胜区核心景区作为风景名胜资源最集中的区域,是衡量风景名胜区自然景观、历史文化、生态环境品质和价值高低的重要条件,是实现可持续利用的基础,是特别需要加强保护的区域。各省、自治区建设行政主管部门、直辖市园林行政主管部门和各国家重点风景名胜区管理机构在全面加强对风景名胜区的保护和管理的同时,应当把对核心景区的保护工作摆到十分重要的位置,突出抓好。

二、明确核心景区的概念。国家重点风景名胜区核心景区是指风景名胜区范围内自然景物、人文景物最集中的、最具观赏价值、最需要严格保护的区域,包括规划中确定的生态保护区、自然景观保护区和史迹保护区。

三、科学划定核心景区范围。要依据风景名胜资源性质、特点和管理条件,科学界定风景名胜区核心景区的范围,作为编制风景名胜区规划的强制性内容和景区保护和管理的依据。总体规划正在编制或修编的,可以结合总体规划编制或修编同时进行。风景名胜区总体规划已经批准的,总体规划确定的风景名胜区内生态保护区、自然景观保护区、史迹保护区等相关区域,应当划为核心保护区。

四、国家重点风景名胜区管理机构应尽快完成对核心景区的划定

工作，最迟不得晚于 2003 年年底前完成。核心景区划定后，要经省级建设（园林）行政主管部门逐个进行核定并报建设部备案，凡有条件的都要打桩立界予以明确界定。

五、要编制核心景区专项保护规划。核心景区专项保护规划是风景名胜区总体规划保护专项规划的重要组成部分。核心景区专项保护规划要对核心景区保护管理和质量现状作出评定，对核心景区的划定、保护和管理的要求与措施予以明确规定。对核心景区内不符合规划、未经批准以及与核心景区资源保护无关的各项建筑物、构筑物，都应当提出搬迁、拆除或改作他用的处理方案。

六、要确定核心景区保护重点和保护措施。在核心景区内严格禁止与资源保护无关的各种工程建设，严格限制建设各类建筑物、构筑物。符合规划要求的建设项目，要严格按照规定的程序进行报批；手续不全的，不得组织实施。

七、要落实核心景区的保护责任。国家重点风景名胜区管理机构的主要负责人是核心景区保护的第一责任人，要按照权责一致的原则层层落实保护责任制。

八、加强对核心景区保护工作的监督。建设部将结合国家重点风景名胜区遥感监测系统的建立，严格实施对核心景区保护的动态监测。各省、自治区建设行政主管部门、直辖市园林行政主管部门应设立专职人员，对核心景区保护情况进行监督，及时发现和制止各种破坏景观和生态环境的行为。

各省、自治区建设行政主管部门、直辖市园林行政主管部门应在每年 12 月底前将本地区国家重点风景名胜区核心景区保护和管理状况的监督检查情况向建设部作出定期报告。

二〇〇三年四月十一日

二十三、建设部关于印发《国家重点风景名胜区总体规划编制报批管理规定》的通知

建城［2003］126号

各省、自治区建设厅，直辖市建委、规划局、园林局：

为了贯彻《国务院关于加强城乡规划监督管理的通知》（国发［2002］13号），加强国家重点风景名胜区总体规划编制和报批的管理，进一步提高规划编制的规范性和科学性，现将《国家重点风景名胜区总体规划编制报批管理规定》印发给你们，请贯彻执行。

附件：国家重点风景名胜区总体规划报批文件格式

二〇〇三年六月二十五日

国家重点风景名胜区总体规划编制报批管理规定

第一条 为了加强国家重点风景名胜区总体规划编制和报批的管理，根据《风景名胜区管理暂行条例》及其他相关法规，制定本规定。

第二条 国家重点风景名胜区总体规划（以下简称风景名胜区总规）的编制和报批，遵守本规定。

第三条 风景名胜区总规的编制，要按照国家有关行政法规、部门规章的规定以及标准规范的要求进行。

第四条 风景名胜区总规应当与国土规划、区域规划、土地利用总体规划、城市规划及其他相关规划相衔接。

位于经国务院批准的城市规划区内的国家重点风景名胜区，其风景名胜区总规应当纳入城市规划。

第五条 风景名胜区总规由风景名胜区所在地的县级以上人民政府组织编制。

省、自治区、直辖市内跨行政区的风景名胜区总规，由其共同的

上一级人民政府组织编制。

第六条 风景名胜区总规应当由具备甲级规划编制资质的单位编制。

第七条 编制风景名胜区总规前应当先编制规划纲要。

规划纲要应确定规划的指导思想、目标、主要内容。

规划纲要编制完成后，省、自治区、直辖市人民政府主管部门应当组织专家组，对规划纲要进行现场调查和复核，提出审查意见。编制单位应根据审查意见，对规划纲要进行修改完善。

第八条 风景名胜区总规的报批文件应包括规划文本、规划说明书、规划图纸、基础资料汇编四个部分。

第九条 规划文本是实施风景名胜区总规的行动指南和规范，应以法规条文方式书写，直接表述风景名胜区总规的规划结论，对风景名胜资源的保护应当作出强制性规定，对资源的合理利用应当作出引导和控制性规定。

规划文本条文内容应明确简练，利于执行，体现规划内容的指导性、强制性和可操作性。

第十条 规划文本一般应包括以下的内容：

（一）总则；

（二）风景名胜区范围与性质；

（三）风景资源评价结论；

（四）规划目标与发展规模：

（五）功能分区与规划布局；

（六）保护培育规划；

（七）风景游赏规划；

（八）典型景观规划；

（九）游览设施规划；

（十）道路交通规划；

（十一）基础工程规划；

（十二）居民社会调控规划；

（十三）经济发展引导规划；

（十四）土地利用协调规划；

（十五）近期保护与发展规划；

（十六）实施规划的措施建议；

(十七)附则。

第十一条 总则应包括规划编制目的、依据、指导思想与原则、规划期限以及涉及本规划的其他相关规定。

规划分期一般为十五至二十年。近期规划期限一般为五年。

第十二条 确定风景名胜区的范围,应当保持自然景物、人文景物的完整性和地域分布的连续性,有利于资源和生态的保护和利用,兼顾与行政区划的协调,并应明确详细的四至界限,利于设立界标。

第十三条 风景资源评价一般阐述资源分类和风景资源价值重要性等方面的评价结论。

第十四条 规划目标一般应包括风景资源的保护目标和资源合理利用的发展目标。

发展规模要以确定环境、生态、人口合理容量为基础,制定发展的控制规模。

第十五条 功能分区应明确规定用地布局,采用分级方式规定不同分区用地可开发利用的强弱程度,体现资源保护和开发利用不同程度的要求。

根据不同分区用地可开发利用的强度规定,要统筹兼顾,协调安排,综合划定各级景区、各类保护区、服务基地区、居民区和其他需要的功能区,并对风景名胜区资源保护、基础工程、服务设施等制定科学合理的总体布局。

第十六条 保护培育规划应确定分类和分级保护地区,分别规定相应的保护培育规定和措施要求。

在保护培育规划中,要将分类和分级保护规划中确定的重点保护地区(如重要的自然景观保护区、生态保护区、史迹保护区),划为核心景区,确定其范围界限,并对其保护措施和管理要求作出强制性的规定。

保护培育规划中应根据实际需要注意对当地历史文化、民族文化、传统习俗等非物质文化的保护提出规定。

第十七条 风景游赏规划应提出景区的景观特征和游赏主题,并提出游赏景点以及游赏路线、游程、解说等内容的组织安排。

第十八条 游览服务设施应相对集中,规模合理,设置符合用地布局和功能分区的要求,并应严格限定在核心景区以及其他实施严格保护区域以外的地区。

第十九条　基础工程规划一般包括道路交通、给水排水、供电能源、邮电通讯、环境卫生、环境保护、防火、防洪、防灾等专项规划。

第二十条　居民社会调控规划主要对涉及的旅游城镇、社区、居民村（点）和管理服务基地提出发展、控制或搬迁的调控要求。

第二十一条　经济发展引导规划应提出适合本风景名胜区经济发展的方向和途径，对不利于风景资源和生态环境保护的经济生产项目提出限制和调整的要求。

第二十二条　对居民社会调控、经济发展引导等若干专项规划，可以根据风景名胜区的类型、规模、资源特点、社会及区域条件和规划需求等实际情况，确定是否需要编制。

第二十三条　土地利用协调规划应按照用地布局、功能分区和规划布局的要求和安排，按用地分类和使用性质，进行用地的综合平衡和协调配置。

第二十四条　近期保护与发展规划应对5年近期规划期内的保护和建设项目作出合理的安排，并提出初步的项目投资预算。

第二十五条　实施规划的措施建议可包括规划公布、法制建设、实施保障政策、机构与队伍建设等方面的内容。

第二十六条　附则一般包括规划解释权限单位、实施日期、规划实施监督部门等。

第二十七条　规划说明书是对规划文本的详细说明，是对规划内容的分析研究和对规划结论的论证阐述。

规划说明书应在规划文本内容的基础上增加有关现状分析和说明。

第二十八条　规划说明书可以对规划编制过程、规划中需要把握的重大问题等作前言或后记予以说明。

编制的规划属于新一轮修编的，应当在说明书前言或后记中说明对上一轮规划实施情况的评述，对存在的问题进行分析和阐述，对修编规划背景、重大调整内容等作出说明。

第二十九条　规划说明书应阐述风景名胜区地理位置、自然与社会经济条件、发展概况与现状等基本情况，对风景名胜区的发展战略与规划对策进行分析与说明，并对照规划文本中的条文内容，对相应内容的现状条件、存在问题等作出分析或说明，对规划确定的原则、目标、规定、结论、措施等内容进行必要的说明。

第三十条 在风景名胜资源评价的说明中,对现状基础资料充分研究和风景名胜资源内涵与特有价值的充分揭示,是编制规划的基本依据和重要基础工作。

风景名胜区资源调查评价的内容包括资源调查、环境质量调查、开发利用条件调查、风景名胜区评价依据等。

第三十一条 规划纲要、规划中涉及的有关主要专题研究成果、重大问题专题研究报告、专业评审意见、有关审批文件等,可以作为附件汇编于规划说明书中。

第三十二条 规划图纸应当准确表示规划内容所处的地域或空间位置,规划图纸所表达的内容清晰、准确,与规划文本内容相符。现状图、规划图应当分别表示。

所有规划图纸应图例一致,并应与其他相关的规划图例保持一致。

规划图纸的内容和深度要求应符合规划规范的要求。

第三十三条 基础资料汇编主要是整理汇编规划工作中涉及或使用的各相关基础资料、数据统计、参考资料、论证依据等内容。

基础资料汇编一般涉及区域状况、历史沿革、自然与环境资源条件、资源保护与利用状况、人文活动、经济条件、人工设施与基础工程条件、土地利用以及其他资料。

第三十四条 基础资料汇编中的文字资料、数据、附图等要准确清晰、简明扼要,统计数据要反映近期状况、准确有效,并可文字叙述与图、表相结合。

第三十五条 风景名胜区总规编制完成后,省、自治区、直辖市人民政府主管部门应当会同有关部门并邀请专家进行评审,提出评审意见,为进一步修改完善规划提供依据。

第三十六条 风景名胜区总规经主管部门审查后,报审定该风景名胜区的人民政府审批。

第三十七条 经批准的风景名胜区总规,任何单位和个人不得擅自改变。对风景名胜区性质、范围、布局等重大内容进行调整或者修改,应当报原审批机关审查同意。调整或者修改后的规划应当报原审批机关批准后实施。

第三十八条 本规定自发布之日起施行。

附件：国家重点风景名胜区总体规划报批文件格式

附件：

国家重点风景名胜区总体规划报批文件格式

（一）规划文本要求 A4 版，装订成册。封面内容包括规划项目名称、注明"规划文本"、规划期限、规划编制单位（含风景名胜区管理机构或其所在地县级以上人民政府）、规划上报日期。

（二）规划说明书可采用 A4 版或 A3 版，装订成册。封面内容注明"规划说明书"，其他内容同规划文本。

（三）规划图纸可采用 A4 版或 A3 版，与规划文本合订成册。规划图纸为 A3 版的，图纸可以折叠并与规划文本装订成 A4 版规格，也可以单独装订图册。

规划图纸要标明项目名称、图名、图例、风玫瑰、比例尺、规划期限、规划日期、编制单位等内容。

（四）基础资料汇编可采用 A4 版或 A3 版。封面内容注明"基础资料汇编"，其他内容同规划文本。

（五）在规划文本、规划说明书、基础资料汇编的扉页，应当注明项目名称、委托方、承担方（编制单位）、编制单位企（事）业法人代码、规划设计证书级别及编号、项目负责人及参加人姓名等，并加盖编制单位成果专用章。

二十四、关于国家重点风景名胜区监督管理信息系统建设工作指导意见

建城〔2003〕220号

各省、自治区建设厅，直辖市园林局：

为贯彻落实《国务院关于加强城乡规划监督管理的通知》（国发〔2002〕13号）和《关于贯彻"国务院关于加强城乡规划监督管理的通知"的通知》（建规〔2002〕204号）中有关"建设部应在2003年底前实现对直辖市、省会城市等大城市、国家重点风景名胜区，特别是其核心景区的各类开发活动和规划实施情况的动态监测"的要求，建设部决定自2003年起开始建立国家重点风景名胜区监督管理信息系统，对国家重点风景名胜区进行动态监测。现提出国家重点风景名胜区监督管理信息系统工作指导意见。

一、基本原则

国家重点风景名胜区监督管理信息系统的建设和监测遵循"统一部署、分级监管、分步实施"的原则。

建设部负责对全国151个国家重点风景名胜区监督管理信息系统进行统一部署，并负责对国家重点风景名胜区核心景区进行监测管理；省、自治区、直辖市建设行政主管部门负责本地区国家重点风景名胜区监测、核查工作；各风景名胜区管理机构负责风景名胜区有关基础资料收集、核查、自查、上报工作。

建设部在2003年底以前，组织完成19个首批国家重点风景名胜区（均属世界遗产）监督管理信息系统建设和遥感监测工作，其名单和工作进度安排详见附件一、附件二。在2004年底以前组织完成其余国家重点风景名胜区监督管理信息系统建设和遥感监测的推广工作，实现对151个国家重点风景名胜区遥感动态监测。

二、监测对象

国家重点风景名胜区监督管理信息系统的监测内容主要是国家重点风景名胜区内的土地利用和建设工程是否符合规划和规定的审批程

序、生态环境（含地形、地貌、植被、河流等）是否相对稳定（见附件三）等。

（一）土地利用监测，即对风景名胜区内土地利用情况进行动态监测，监测指标包括土地的用地性质、用地面积、用地位置等。

（二）建设工程监测，即对风景名胜区内各项建设活动，特别是一些重大建设项目，如铁路、站场、仓库、医院、工矿企业、公路、索道、缆车、大型文化体育与游乐设施、旅馆建筑、水利工程等，进行动态监测，监测指标主要有建筑性质、建筑面积、建筑位置等。

（三）生态环境监测，即对地质构造、植被覆盖、水体的变化情况进行监测。

三、工作分工

建设部主要负责的核查任务下达、核查结果审查和核查结果公告；并负责监测标准统一制定、基础数据统一收集，遥感数据的统一采集加工等。

省级建设行政主管部门主要负责本省（区、市）内国家重点风景名胜区核查任务下达、核查结果审查、核查结果上报建设部主管部门。

国家重点风景名胜区管理机构主要负责完成部、省下达监测核查任务、填写监测目标核查表单、核查结果上报省级建设行政主管部门。

四、技术内容

全国151个国家重点风景名胜区监测技术工作主要包括监测基础数据准备、遥感影像获取、遥感影像预处理、监测目标变化；部级建设行政主管部门进行监测目标初审和核查任务下达；省级建设行政主管部门进行核查任务下达和回收；景区管理机构进行核查并上报核查结果到省级建设行政主管部门；省级建设行政主管部门进行审核并上报部；部对省级建设行政上报核查结果进行审核汇总并发布年度监测公告等。整个监测技术流程是在建设部统一部署的《全国重点风景名胜区监督管理信息系统》软件平台支撑下进行。

五、工作费用

全国151个国家重点风景名胜区监管信息系统建设，按照"统一规划、统一标准、统一采购"的原则，采取部、省、风景名胜区三级共同出资方式。由建设部筹集专项资金作为部、省、风景名胜区三级监管系统建设的启动资金，其余配套资金由风景名胜区管理机构筹集，省级建设行政主管部门视情况给予适当补助。该项资金用于系统建设、遥感数据采购、加工处理等。

六、工作要求

（一）建立健全监管机制。建设部成立国家重点风景名胜区监管中心，受建设部委托，具体组织协调国家重点风景名胜区监督管理信息系统工作；各省、自治区、直辖市建设行政主管部门和风景名胜区管理机构要成立监管专职机构，做到专人、专责、专机、专网，承担有关基础资料收集、自查、核查、监测和上报工作，及时反馈信息，对监测发现的问题认真负责，保证上报核查结果的真实性。

（二）完善监管技术成果。包括国家重点风景名胜区遥感监测结果汇总统计、监测结果专题图编制、监测结果公告、三级监管系统部署、系统培训和运行、监测基础数据建库、规划数据建库、遥感和监测结果数据建库、遥感监测标准制订、整改计划的实施等。

（三）严格实施监管工作标准。按照建设部统一部署、统一监测标准、统一系统平台（GIS、软件）、资源共享等监管工作要求，省级建设行政主管部门组织完成本省（区、市）内风景名胜区监管系统运行、标准执行、结果审核、汇总统计和上报，上报和组织本省整改计划的实施；风景名胜区管理机构组织完成本景区监管系统运行、标准执行、结果核查、汇总统计和上报，编报和实施整改计划。

（四）建立监管技术培训和服务体系。受监测的风景名胜区管理机构需要提供风景名胜区地形图数据，总体规划图数据，核心景区详细规划数据（见附件四）。建设部风景名胜区监管中心负责制定和实施监测工作所需的地形图数据、总体规划图数据、核心景区详细规划数据和遥感监测数据的信息分类编码与图示图例标准规范，负责编制、监管信息系统培训工作，并提供遥感监测业务相关的技术服务。

（五）及时处理监测中发现问题。对监测中发现的全国重点风景名胜区违反总体规划和有关规定的重大问题，由部提出整改意见并适时予以通报；对监测中发现的一般问题，由省级建设行政主管部门提出限期整改计划并组织实施，报部备案。

各省、自治区、直辖市建设行政主管部门要根据本意见，结合本地实际，贯彻实施。

附件：

1. 2003年首批建立国家重点风景名胜区监管系统的景区名单（略）
2. 2003年国家重点风景名胜区监管系统建设工作进度安排（略）
3. 2003年国家重点风景名胜区监管系统核查统计表式
4. 2003年国家重点风景名胜区监管系统监测数据收集规定

中华人民共和国建设部
二〇〇三年十一月十八日

附件3：

2003 年国家重点风景名胜区
监管系统核查统计表式

建设部城市建设司制
2003 年 10 月 22 日

1. 风景区遥感监测核查结果基层表指标（部级、省级通用表式）

变化特征	变化特征（项）	总体规划用地性质									核查变更用地性质									建设项目情况				部、省、景区三级确认变化性质意见						详细说明
		风景游赏用地	游览设施用地	居民社会用地	交通与工程用地	林园地	耕地	草地	水域	滞留用地	风景游赏用地	游览设施用地	居民社会用地	交通与工程用地	林园地	耕地	草地	水域	滞留用地	两证一书（项目选址意见书／建设用地规划许可证／建设工程规划许可证）	审批文号（申请文号／批准文号）	景区类别（核心景区／外围景区）		建设部 是否符合总规（是／否） 说明		省 是否符合总规（是／否） 说明		景区 是否符合总规（是／否） 说明		
面积变化	监测变化后地物类别																													
	监测变化前地物类别																													
	核查结果图斑面积																													
	监测变化图斑面积																													
	监测变化图斑编号																													

2. 风景区遥感监测核查结果汇总统计表式（部级专用表式）

2.1 风景区总体规划监测核查结果汇总统计表

总规用地性质	监测变化情况			核查结果情况														
	监测变化目标总数	监测面积	核查面积	违反规划						符合规划						其他情况		
				目标个数	监测面积	核查面积	占目标%	占变化面积%	占核查面积%	目标个数	监测面积	核查面积	占目标%	占变化面积%	占核查面积%	核查面积	占变化面积%	占核查面积%
风景游赏用地																		
游览设施用地																		
居民社会用地																		
交通与工程用地																		
林　地																		
园　地																		
耕　地																		
草　地																		
水　域																		
滞留用地																		
其他用地																		
合　计																		

2.2 风景区变更用地性质和规模监测核查结果汇总统计表

变更用地性质	监测变化情况			核查结果情况															
				违反规划						符合规划						其他情况			
	监测变化目标总数	监测面积	核查面积	目标个数	监测面积	核查面积	占变化目标%	占变化面积%	占核查面积%	目标个数	监测面积	核查面积	占变化目标%	占变化面积%	占核查面积%	核查面积	占变化目标%	占变化面积%	占核查面积%
风景游赏用地																			
游览设施用地																			
居民社会用地																			
交通与工程用地																			
林 地																			
园 地																			
耕 地																			
草 地																			
水 域																			
滞留用地																			
其他用地																			
合 计																			

2.3 核心景区总体规划监测核查结果汇总统计表

总规用地性质	监测变化情况			核查结果情况													
	监测变化目标总数	监测面积	核查面积	违反规划				符合规划				其他情况					
				目标个数	监测面积	核查面积	占变化目标%	占变化面积%	占核查面积%	目标个数	监测面积	核查面积	占变化目标%	占变化面积%	占核查面积%	目标个数	监测面积	核查面积	占变化目标%	占变化面积%	占核查面积%
风景游赏用地																					
游览设施用地																					
居民社会用地																					
交通与工程用地																					
林　地																					
园　地																					
耕　地																					
草　地																					
水　域																					
滞留用地																					
其他用地																					
合　计																					

2.4 核心景区变更用地性质和规模监测核查结果汇总统计表

变更用地性质	监测变化情况			核查结果情况														
				违反规划						符合规划						其他情况			
	监测变化目标总数	监测面积	核查面积	目标个数	监测面积	核查面积	占变化目标%	占变化面积%	占核查面积%	目标个数	监测面积	核查面积	占变化目标%	占变化面积%	占核查面积%	核查面积	占变化目标%	占变化面积%	占核查面积%
风景游赏用地																			
游览设施用地																			
居民社会用地																			
交通与工程用地																			
林　地																			
园　地																			
耕　地																			
草　地																			
水　域																			
潜留用地																			
其他用地																			
合　计																			

3 外围景区监测核查结果汇总统计表

总规用地性质	监测变化情况			核查结果情况													
	监测变化目标总数	监测面积	核查面积	违反规划					符合规划					其他情况			
				目标个数	监测面积	核查面积	占变化目标%	占变化面积%	占核查面积%	目标个数	监测面积	核查面积	占变化目标%	占变化面积%	占核查面积%	核查面积	占变化目标%	占变化面积%	占核查面积%
风景游赏用地																	
游览设施用地																	
居民社会用地																	
交通与工程用地																	
林　地																	
园　地																	
耕　地																	
草　地																	
水　域																	
滞留用地																	
其他用地																	
合　计																	

4. 风景区遥感监测核查结果基层表和汇总表指标解释
4.1 基层表指标
风景区遥感监测结果基层表指标

* 监测变化图斑编号：变化图斑的唯一编号。

* 监测变化图斑面积：监测变化图斑的图上量测面积，以平方米为单位。

* 核查结果图斑面积：实地量测的变化面积，以平方米为单位。

* 监测变化前地物类别：变化前的地物类别，以遥感影像可以识别的分类为准，定为7大类（表）。

地物类别 表

序号	类　　别	说　　　明
1	建　　筑	建筑物或其施工场地等
2	道　　路	
3	水　　体	
4	耕　　地	各种农田等
5	绿　　地	植被覆盖良好的绿化用地
6	裸露山体	无植被覆盖、或被开挖的山体
7	其　　他	不属于上述地类或不能确定的地类

* 监测变化后地物类别：变化后的地物类别，分类同上。

* 总体规划用地性质：变化图斑所在地块的总体规划用地性质。用地性质的分类引用自国家标准 GB50298—1999《风景名胜区规划规范》中风景区用地分类的大类和中类，并提供一个补充类别：其他用地。核查填报以大类为主，需要用中类说明的可按中类填报。对于总规中没有注明用地性质等各种特殊情况，用地性质按特殊类别——"其他用地"填报，并在说明一栏中补充情况说明。变化图斑覆盖多个规划地块时，按图斑覆盖面积最大的规划地块的用地性质填报，并在说明一栏中补充情况说明。

* 核查变更用地性质：变化图斑所在地块的实际用地性质。用地性质的分类同总规用地性质分类。核查填报以大类为主，但对变化图斑所在地块有建设项目的，必须按中类填报实际用地性质。变化图斑覆盖多个建设项目时，按图斑覆盖面积最大的建设项目的用地性质填报，并在说明一栏中补充其他建设项目的实际用地性质情况说明。

* 两证一书情况：变化图斑所属地块的建设项目两证一书情况。无建设项目的不需填写。

* 项目选址意见书：变化图斑所属地块的建设项目的选址意见书文号，有建设项目但无选址意见书的可不填写，但需在说明一栏补充问题说明。变化图斑所属地块有多个建设项目的，以占最大面积的建设项目为准，在说明一栏中补充其他的说明。

* 建设用地规划许可证：变化图斑所属地块的建设项目的用地规划许可证号，填报规定同上。

* 建设工程规划许可证：变化图斑所属地块的建设项目的建设工程规划许可证号，填报规定同上。

* 审批文号：变化图斑所属地块的建设项目无两证一书，但有审批手续的填写此栏。无建设项目的不需填写。

* 申请文号：变化图斑所属地块的建设项目审批手续的申请文号。有建设项目但无申请文号的可不填写，但需在说明一栏补充问题说明。变化图斑所属地块有多个建设项目的，以占最大面积的建设项目为准，在说明一栏中补充其他的说明。

* 批准文号：变化图斑所属地块的建设项目审批手续的批准文号。填报规定同上。

* 景区类别：变化图斑所属地块的景区保护类别。景区保护类别分为核心景区和外围景区两类。核心景区的定义引用自建设部文件建城［2003］77号《关于做好国家重点风景名胜区核心景区划定与保护工作的通知》，位于核心景区外、景区规划范围内的统称为外围景区。

* 是否符合总规：变化图斑所在地块的用地性质是否符合总规规划规定，分为是、否、需说明三种情况，对于不能直接判定的，按需说明填报，并在说明一栏补充情况说明。

* 详细说明：用做填写对以上填报内容的补充说明。

4.2 汇总统计表指标

4.2.1 风景区总体规划监测核查结果汇总统计表指标

按总规用地性质分别统计变化图斑符合总体规划的情况。

* 主栏：监测变化情况：所有监测图斑情况；

违反规划情况：违反总规的监测图斑情况；

符合规划情况：符合总规的监测图斑情况；

其他情况：不能直接判定是否符合，需要说明的以及还未给出判定等的监测图斑情况；

＊宾栏：总规用地性质大类，用地性质分类说明参见4.1.1节风景区遥感监测结果基层表指标；

＊其他指标：

目标个数：该类的变化图斑个数；

监测面积：该类的变化图斑总监测面积；

核查面积：该类的变化图斑总核查面积；

占变化目标%：该类变化图斑个数占图斑总数的百分比；

占变化面积%：该类变化图斑总监测面积占全部图斑总监测面积的百分比；

占核查面积%：该类变化图斑总核查面积占全部图斑总核查面积的百分比。

4.2.2 风景区变更用地性质和规模监测核查结果汇总统计表指标

按变化图斑的实际用地性质分别统计变化图斑符合总体规划的情况。

＊主栏：监测变化情况：所有监测图斑情况；

违反规划情况：违反总规的监测图斑情况；

符合规划情况：符合总规的监测图斑情况；

其他情况：不能直接判定是否符合，需要说明的以及还未给出判定等的监测图斑情况；

＊宾栏：实际用地性质大类，用地性质分类说明参见4.1.1节风景区遥感监测结果基层表指标；

＊其他指标：参见4.2.1节。

4.2.3 核心景区总体规划监测核查结果汇总统计表指标

按核心景区内变化图斑的规划用地性质分别统计变化图斑符合总体规划的情况。

＊主栏：监测变化情况：所有监测图斑情况；

违反规划情况：违反总规的监测图斑情况；

符合规划情况：符合总规的监测图斑情况；

其他情况：不能直接判定是否符合，需要说明的以及还未给出判定等的监测图斑情况；

＊宾栏：规划用地性质大类，用地性质分类说明参见4.1.1节风景区遥感监测结果基层表指标；

＊其他指标：参见4.2.1节。

4.3 核心景区变更用地性质和规模监测核查结果汇总统计表指标

按核心景区内变化图斑的实际用地性质分别统计变化图斑符合总体规划的情况。

＊主栏：监测变化情况：所有监测图斑情况；

违反规划情况：违反总规的监测图斑情况；

符合规划情况：符合总规的监测图斑情况；

其他情况：不能直接判定是否符合，需要说明的以及还未给出判定等的监测图斑情况；

＊宾栏：实际用地性质大类，用地性质分类说明参见4.1.1节风景区遥感监测结果基层表指标；

＊其他指标：参见4.2.1节。

4.4 外围景区监测核查结果汇总统计表指标

按外围景区内变化图斑的规划用地性质分别统计变化图斑符合总体规划的情况。

＊主栏：监测变化情况：所有监测图斑情况；

违反规划情况：违反总规的监测图斑情况；

符合规划情况：符合总规的监测图斑情况；

其他情况：不能直接判定是否符合，需要说明的以及还未给出判定等的监测图斑情况；

＊宾栏：规划用地性质大类，用地性质分类说明参见4.1.1节风景区遥感监测结果基层表指标；

＊其他指标：参见4.2节。

附件4：

2003年国家重点风景名胜区监管系统监测数据收集规定

根据国家重点风景名胜区监管系统建设推广工作实际情况和遥感监测技术要求，各风景名胜区需要配合建设部提供必要的监测基础数

据,现将各类数据的说明和收集要求规定如下:

一、卫星遥感数据

卫星遥感数据是用于遥感监测的主要数据。卫星数据的采集是由地面站通过对卫星发送指令,控制卫星在飞临监测区域时启动数据采集,从而获得该时刻的监测区遥感影像图。

按照卫星采集数据的分辨率不同,遥感数据分为高分辨率(10m以内)、中分辨率(10~80m)、低分辨率(80m以上)三类。高分辨率影像数据主要用于规划、测绘、城建等方面;中分辨率影像数据主要用于资源、环境调查、地质灾害监测;低分辨率影像数据主要用于宏观观测对象,如气象、海洋等。

国家重点风景名胜区遥感监测强调监测目标的识别,监测重点为风景区近期以及此后的保护和建设情况,因此全部采用高分辨率遥感数据,数据的采集时间规定为2000年以后,两期数据的时相间隔为1年以上。符合上述要求的卫星指标如下表:

序号	遥感种类	星种	产品类型	分辨率	时相要求	数据采集时间
1	卫星遥感影像	SPOT-5	全色	2.5m	2个时段(间隔1年以上)	2000年后
			多光谱	10m		
		IKONOS	全色	1m		
			多光谱	4m		
		QuickBird	全色	0.7m		
			多光谱	2.5m		

综合考虑遥感数据的采购成本以及订购要求,特制定如下遥感数据订购参考原则:

序号	风景区规模(km^2)	监测范围	适用星种	备注
1	小型(20以内)	规划范围	IKONOS 或 QuickBird	资金条件允许时,应尽量采用高分辨率星种
		核心景区	IKONOS 或 QuickBird	
2	中型(21~100)	规划范围	IKONOS 或 QuickBird	
		核心景区	IKONOS 或 QuickBird	
3	大型(101~500)	规划范围	IKONOS 或 SPOT5	
		核心景区	IKONOS 或 QuickBird	
4	特大型(500以上)	规划范围	SPOT5	
		核心景区	IKONOS 或 QuickBird	

各风景名胜区卫星遥感数据由建设部统一组织采购、加工和分

发。

二、地形图数据

各风景名胜区地形图数据主要用来对遥感数据、规划数据等进行几何纠正和配准。各风景名胜区提交的地形图数据以最新制图的 1：10000 数据为宜，如果没有最新的 1：10000 地形图，可以相近比例尺的地形图替代。若不具备地形图资料的，应自行与测绘部门联系采购。具体要求如下：

序号	比例尺	格式要求	备注
1	小型： 1：2000～1：10000	标准要求： 电子格式（GIS 或是 AutoCAD 格式）； 扫描的栅格图，需提供对应的坐标文件或在图上注明坐标。	坐标系可以为经纬度坐标系、国家 54、80 坐标系（需注明中央经线或代号）或地方独立坐标系
2	中型： 1：10000～1：25000		
3	大型、特大： 1：10000～1：50000	最低要求： 纸图，图上必须注明坐标	

三、规划数据

风景名胜区的规划数据是遥感监测的依据，同时规划区范围和核心景区范围坐标要用来确定卫星采集数据的位置和面积，是遥感数据订购的必需数据之一。各风景名胜区需提交的规划相关数据有两组，规定如下：

（1）范围坐标数据

各风景名胜区需在遥感数据订购阶段先期提交规划区和核心景区的范围坐标。规划区范围应依据最新审批的风景区总体规划确定；已经划定核心景区的，核心景区范围按划定范围确定，还未划定核心景区的，参照国家重点风景名胜区核心景区划定办法，划定核心景区范围，并按此范围提供坐标。

范围坐标用于卫星数据采集的定位，坐标系必须为经纬度坐标系或国家 54、80 坐标系（采用国家坐标系的需注明中央经线或带号）。规划区（核心景区）包括多个相距较远的独立区域的，可按各独立区域单独提供坐标，每个独立区域应至少包括两个坐标点，能够描述该区域的最小外接矩形范围。各区域以及坐标点的相对位置关系以简图表示附后，以备核对，具备条件的风景区应提供绘于规划图和地形图上的坐标点图。坐标数据按下表格式提交：

单 位			风景名胜区	
坐标系		中央经线（带号）		
范围类别		□规划区	□核心景区	
区域	面积（km²）	序号	X（经度）	Y（纬度）
1		1		
		2		
		3		
		4		
		5		
		6		
2		1		
		2		
		3		
		4		
…				

范围简图

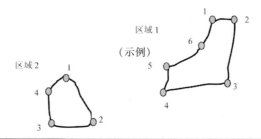

（2）规划资料 风景名胜区规划资料主要包括规划图数据和规划文本数据，提交数据应为经最新批准的规划数据。具体要求如下：

序号	规划图种类	格式要求	内容要求
1	总体规划图	1. 标准要求：规划图要求是电子格式（GIS 或是 AutoCAD 格式）；坐标参考和地形图一致，能和地形图叠加；规划图为扫描的栅格图。规划文本采用电子格式。 2. 最低要求：规划图为纸图。规划文本采用纸质方式提交	总体规划图中包括了核心景区范围图的不需要单独提供第 3 项。对总体规划中未确定核心景区范围的，需在核心景区范围划定后，提交核心景区范围图
2	详细规划图		
3	核心景区范围图		

二十五、关于印发《国家重点风景名胜区审查办法》的通知

建城 [2004] 9 号

各省、自治区建设厅，直辖市建委（园林局）：

为了进一步规范国家重点风景名胜区申报审查工作，我部制定了《国家重点风景名胜区审查办法》、《国家重点风景名胜区审查评分标准》及《国家重点风景名胜区申报书》。现将《国家重点风景名胜区审查办法》、《国家重点风景名胜区审查评分标准》、《国家重点风景名胜区申报书》印发给你们，请遵照执行。

附件：1. 国家重点风景名胜区审查评分标准
   2. 国家重点风景名胜区申报书

中华人民共和国建设部
二〇〇四年一月九日

国家重点风景名胜区审查办法

为了规范国家重点风景名胜区申报审查工作，确保国家重点风景名胜区的质量，根据国务院《风景名胜区管理暂行条例》，制定本办法。

一、申报国家重点风景名胜区，由风景名胜区所在地县级以上人民政府提出，经省级建设行政主管部门组织初评，由风景名胜区所在的省、自治区、直辖市人民政府提出申请报告，按规定程序报国务院。

二、对于跨市、县的风景名胜区，由所在地人民政府协商一致后，由上级人民政府向所在省、自治区、直辖市人民政府提出申请，

由省、自治区、直辖市人民政府报国务院。对于跨省、自治区、直辖市的风景名胜区，由涉及的省级人民政府按规定程序联合报国务院。

三、申报国家重点风景名胜区必须经省（自治区、直辖市）人民政府审定公布为省（自治区、直辖市）级风景名胜区二年以上，风景名胜区面积必须在 $10km^2$ 以上。

四、申报国家重点风景名胜区必须提交下列材料：

（一）省、自治区、直辖市人民政府关于申报列为国家重点风景名胜区的请示（30份）；

（二）风景名胜区资源调查评价报告（10份）；

（三）国家重点风景名胜区申报书（30份）；

（四）风景名胜区位置图、地形图、风景资源分布图、风景名胜区土地利用现状图等图件资料（10份）；

（五）重要景点、景物的图纸、照片、录像带、VCD和有关材料（10份）；

（六）同风景名胜区有关的省政府有关部门的审查意见（10份）；

（七）批准建立省（自治区、直辖市）级风景名胜区的文件、土地使用权属证等有关资料。

五、申报材料必须于每年的7月1日前报送，逾期则按次年度申报工作处理。

六、建设部成立由多学科、多专业组成的国家重点风景名胜区评审委员会，负责国家重点风景名胜区的评审、复查工作。

七、建设部收到国务院办公厅批办件之后，委托专业机构对申报材料进行审查。申报材料合格的，每年10月底前派出专家考察小组赴申报风景名胜区实地考察，并向国家重点风景名胜区评审委员会提交考察评估报告。

八、根据各地呈送的国家重点风景名胜区申报材料、专家考察评估报告和《国家重点风景名胜区审查评分标准》，建设部组织评审委员会全体会议对申报项目打分表决。经评审委员会全体委员三分之二以上（包括三分之二、含委员委托的代表或书面评审意见）表决通过的风景名胜区，具备报国务院审批的资格。

九、建设部根据评审委员会的结论，并征求有关部门意见，协商一致后报国务院。

十、凡批准建立的国家重点风景名胜区必须在一年内编制完成风景名胜区总体规划,并按规定程序报国务院审批。

十一、国家重点风景名胜区必须每年就风景名胜区的资源保护、规划编制及实施、基本建设、旅游发展、组织机构等内容提交书面报告。

十二、建设部对国家重点风景名胜区实行定期检查。对未按要求编制总体规划或严重违背总体规划、造成风景资源破坏的风景名胜区提出警告和书面整改意见,并在系统内通报。

十三、国家重点风景名胜区在接到整改意见后,必须在限期内进行整改,并取得明显成效。对于不进行整改或整改无效、已不具备国家重点风景名胜区条件的,由建设部报请国务院撤销其命名。

十四、本办法由建设部负责解释。

附件1:

国家重点风景名胜区审查评分标准

1 总则

1.1 国家重点风景名胜区评审指标由资源价值、环境质量和管理状况三个部分组成,其下又分14项具体指标。

1.2 根据各评审指标的重要程度,分别赋予一定的分值,总分100分。

2 细则

2.1 资源价值(70分)

2.1.1 典型性(15分)

a. 自然景观属国内同类型中的最好代表,或人文景观代表了国家历史文化的重要过程,提供了一种特有的见证或范例(12~15分);

b. 自然景观或人文景观具有一定的代表性,代表了省(自治区、直辖市)级水平(8~11分);

c. 自然景观或人文景观代表了地区级水平(4~7分);

d. 景观特征不明显,缺乏代表性(0~3分)。

2.1.2 稀有性(15分)

a. 具有世界上少有或国内唯一的自然景观和人文景观,或具有国家珍稀、濒危生态系统、野生动植物种,具有一定规模或数量(12~

15分）；

b. 有国内分布较少的、具有国家代表性的自然景观或文化遗迹（8~11分）；

c. 有在省内分布较少的、具有省级代表性的自然景观或文化遗迹（4~7分）；

d. 自然景观和人文景观较为普通（0~3分）。

2.1.3 丰富性（10分）

a. 资源类型丰富，景点数量众多，并且组合关系良好，或具有良好的生物多样性特征（8~10分）；

b. 景点数量较多，类型较少（5~7分）；

c. 景点数量及类型较少（3~4分）；

d. 资源类型单调，景点数量较少（0~2分）。

2.1.4 完整性（10分）

a. 自然景观和人文景观基本处于自然状态或保持历史原貌，人为干扰极少，核心景区内无居民（8~10分）；

b. 自然景观和人文景观保存基本完整，人为干扰较小，且不构成明显影响（5~7分）；

c. 风景名胜区内居民较多，人为干扰明显，但可以恢复（3~4分）；

d. 自然景观和人文景观受到明显破坏，且不可以恢复（0~2分）。

2.1.5 科学文化价值（5分）

a. 在科学研究、科学普及和历史文化方面具有很高的学术价值和教育意义（5分）；

b. 在科学研究、科学普及和历史文化方面具有一定的学术价值和教育意义（3分）；

c. 在科学研究、科学普及和历史文化方面学术研究和教育意义一般（1分）。

2.1.6 游憩价值（10分）

a. 风景名胜区在观光游览和休闲度假方面具有很高的利用价值，旅游开发条件良好，在全国范围内具有较大影响力（8~10分）；

b. 在观光游览和休闲度假方面具有较高的开发利用价值，在省（自治区、直辖市）域范围内具有较大影响力（5~7分）；

c. 在观光游览和休闲度假方面价值一般,仅满足当地游客的旅游需要(3~4分)。

2.1.7 风景名胜区面积(5分)

a. >500km² (5分);

b. 100~500km² (3~4分);

c. 50~100km² (2分);

d. 10~50km² (1分)。

2.2 环境质量(15分)

2.2.1 植被覆盖率(6分)

a. 风景名胜区植被覆盖率>70% (6分);

b. 风景名胜区植被覆盖率50%~70% (3~5分);

c. 风景名胜区植被覆盖率30%~50% (1~3分);

d. 风景名胜区植被覆盖率<30% (0分)。

2.2.2 环境污染程度(6分)

a. 风景名胜区地表水、地下水、大气、土壤等均达到国家相关规范规定的一级标准(5~6分);

b. 符合国家规范要求(3~4分);

c. 主要指标符合国家规范的要求(1~2分);

d. 主要指标明显不符合国家规范最低要求(0分)。

2.2.3 环境适宜性(3分)

a. 风景名胜区气候条件十分适宜于旅游活动,无自然灾害影响(3分);

b. 风景名胜区气候条件比较适宜于旅游活动(2分);

c. 一般(1分)。

2.3 管理状况(15分)

2.3.1 机构设置与人员配备(5分)

a. 具有健全的管理机构和相应的管理职权,且专业技术人员占管理人员的比例≥20% (5分);

b. 管理机构健全并配备相应的管理人员,但管理职权不太明确,不能有效行使统一管理职权(3~4分);

c. 已建立管理机构,但管理力度较弱,不能适应风景名胜区日常管理要求(1~2分);

d. 尚未建立管理机构(0分)。

2.3.2 边界划定和土地权属（4分）

a. 边界清楚，无土地使用权属纠纷，已获得全部土地使用权并领取了土地使用权属证（4分）；

b. 边界清楚，主要景区无土地使用权属纠纷，已获得土地使用权并领取土地使用权属证（3分）；

c. 边界清楚，虽有土地纠纷，但已达解决协议，并履行相应的法律程序（1~2分）；

d. 边界不清，土地使用权属存在较大争议，且无法达成协议（0分）。

2.3.3 基础工作（3分）

a. 完成综合科学考察，系统全面掌握资源、环境本底，建立起较为完善的档案资料，并能及时予以监测（3分）；

b. 基本掌握风景名胜区资源、环境本底（2分）；

c. 初步掌握风景名胜区资源、环境本底（1分）；

d. 基础工作尚未开展（0分）。

2.3.4 管理条件（3分）

a. 具备良好的基础设施与适宜的旅游服务设施，包括完备且先进的办公、保护、科研、宣传教育、交通、通讯、生活用房设施（3分）；

b. 基本具备管理所需的各项基础设施和旅游服务设施（2分）；

c. 初步具备管理所需的基础设施和旅游服务设施，但条件较差（1分）；

d. 基本不具备管理所必须的基础设施和旅游服务设施（0分）。

3 附则

3.1 根据《国家重点风景名胜区审查评分表》总分得分小于60分或资源价值得分小于50分时，具有否决意义。

3.2 已列为国家重点风景名胜区可参照《国家重点风景名胜区审查评分表》进行复核，当评分结果不满足3.1项要求时，按《国家重点风景名胜区审查办法》第十二条、第十三条规定处理。

国家重点风景名胜区评分表

国家重点风景名胜区名称								
指标及赋分								
资源价值（70分）	1.1 典型性	满分 15	得分	环境质量（15分）	2.1 植被覆盖率	满分 6	得分
	1.2 稀有性	满分 15	得分		2.2 环境污染度	满分 6	得分
	1.3 丰富性	满分 15	得分 10		2.3 环境适宜性	满分 3	得分
	1.4 完整性	满分 15	得分 10	管理状况（15分）	3.1 机构设置与人员配备	满分 5	得分
	1.5 科学文化价值	满分 5	得分		3.2 边界划定与土地权属	满分 4	得分
	1.6 游憩价值	满分 10	得分		3.3 基础工作	满分 3	得分
	1.7 风景名胜区面积	满分 5	得分		3.4 管理条件	满分 6	得分
总分				满分 100		得分	
评审结论								

评审委员签名：

年　月　日

附件2：　　　　　　　　　　　　　　　　　　编号

国家重点风景名胜区申报书

风景名胜区名称_____
申　报　单　位_____
申　报　时　间_____

中华人民共和国建设部

说　　明

一、申报书由国家建设部统一编号，申报单位不填。

二、"地点"指风景名胜区所在的县级行政区划单位名称。

三、"地理坐标"指风景名胜区所跨的经纬度范围。

四、风景名胜资源特点综述主要包括风景名胜资源典型性、稀有性、多样性、完整性的简明介绍。

五、风景名胜资源价值主要包括科学价值、文化价值、保健价值、游憩价值等内容。

六、"边界划定及土地权属"是指风景名胜区边界范围、土地权属使用证认领状况及是否存在土地使用权属纠纷。

七、"管理设施"主要包括风景名胜区的办公、保护、科研、宣传教育、交通、通信、生活用房等设施情况。

八、"科学基础工作"主要包括已完成的科研项目名称及成果、正在进行的科研项目名称、科研计划及国际合作交流计划等内容。

九、"规划及实施"主要包括省级风景名胜区总体规划的简明介绍及实施情况。

十、"旅游条件"主要包括旅游基础设施情况及年游人量、旅游收入等内容。

十一、"环境适宜性"主要包括风景名胜区气候条件、环境指标及自然灾害情况。

十二、"面积规模"主要指风景名胜区划定面积是否适宜。

十三、"管理协调状况"包括风景名胜区管理部门与区内有关部门的关系协调状况，区内是否有自然保护区、森林公园及国家重大基础建设工程。

十四、专家论证意见由申报单位在申报前组织专家论证后提出，须经专家签名方为有效。

十五、申报书所要求的附件必须齐全，其他附件由申报单位自行决定。

十六、申报书须填报一式 30 份。

十七、申报书一律用 A4 纸印制，翻印申报书时不得改变其格式和内容。

十八、申报书必须于每年 7 月 1 日前报送，逾期则作为次年度申报处理。

十九、申报书的内容和填报要求，由国家建设部负责解释。

风景名胜区名称	
风景名胜区类型	

地　点	

地理坐标	

总面积（公顷）	
始建时间、批准机构、批准文号	
省级风景名胜区批建时间和批准文号	
管理机构名称	
隶属关系	

人员编制		科技人员	
行政管理人员		工　人	
固定经费来源及数额（万元）			

风景名胜区特点（含典型性、稀有性、多样性、完整性）综述：

（此页不够可附页）

风景名胜资源价值（含科学价值、文化价值、保健价值、游憩价值）综述：

备注：

（此页不够可附页）

边界规定与土地权属:

管理设施:

科学基础工作:

规划及实施:

（此页不够可附页）

旅游条件：

环境适宜性：

面积规模：

管理协调状况：

（此页不够可附页）

专家论证意见：

主审专家签名：

年　月　日

参加论证专家名单

姓　名	单　　位	职称/职务

风景名胜区所在省、自治区、直辖市主管部门意见：

（公　章）

年　　月　　日

风景名胜区所在省、自治区、直辖市人民政府意见：

（公章）

年　　月　　日

国家重点风景名胜区评审委员会意见：

主审专家签名：

年　月　日

建设部意见：

（公章）

年　月　日

国家重点风景名胜区评审委员会名单

姓 名	单 位	职称/职务
备 注		

二十六、关于加快和全面推进国家重点风景名胜区监管系统建设的通知

建城函［2004］172号

各省、自治区建设厅，直辖市园林局：

按照《国务院关于加强城乡规划监督管理的通知》（国发［2002］13号）要求和建设部等九部委《关于贯彻〈国务院关于加强城乡规划监督管理的通知〉的通知》（建规［2002］204号）精神，建设部从2003年开始启动了国家重点风景名胜区监管信息系统建设工作，并制定下发了《关于国家重点风景名胜区监管信息系统建设工作的指导意见》（建城［2003］220号）。目前已经完成系统开发、运行和试点工作，并初步建立起首批14个省（市）、18个世界遗产地国家重点风景名胜区的监管信息系统，取得阶段性成果。为进一步贯彻落实国务院通知精神，加快国家重点风景名胜区监管信息系统建设，根据全国风景名胜区环境综合整治工作会议的要求，2004年国家重点风景名胜区监管信息系统建设工作要在31个省（市、自治区）和177个国家重点风景名胜区全面展开；2005年要完成全国第一轮国家重点风景名胜区核心景区的开发建设和规划实施情况的遥感监测工作。为此现将有关工作通知如下：

一、进一步提高对建设国家重点风景名胜区监管信息系统工作重要性的认识

国家重点风景名胜区是珍贵的国家自然和历史文化遗产。严格保护和永续利用好风景名胜资源，是建设部门和风景名胜区管理机构的重要职责。建设国家重点风景名胜区监管信息系统，是认真贯彻落实科学发展观，统筹城乡和地区经济、社会、环境协调发展，利用高科技手段，强化国家重点风景名胜区管理，实施科学保护、科学决策的重要举措。各地建设部门和风景名胜区管理机构，要以对国家、对人民、对历史高度负责的态度，进一步提高对国家重点风景名胜区监管信息系统建设工作重要意义的认识，认真组织学习国务院通知和建设

部有关文件，切实把国家重点风景名胜区监管信息系统建设工作列入重要议事日程，抓紧抓好，落到实处。

二、建设国家重点风景名胜区监管信息系统，近期应做好的几项工作

根据去年首批国家重点风景名胜区监管信息系统建设工作的经验，结合各地国家重点风景名胜区在规划、建设和管理等方面工作进展不平衡的实际，为保证全国风景名胜区监管信息系统建设总体进度的协调和顺利实施，近期应着重作好以下几项工作：

（一）加强机构，落实人员，配备设备。为进一步搞好国家重点风景名胜区管理，建设部加强了风景名胜区管理办公室的力量，并于今年上半年新组建了城乡规划管理中心风景名胜区监管处。各省（自治区）建设厅、直辖市园林局也要积极争取有关部门的支持，加强风景名胜区管理机构建设，充实管理力量。各省（自治区）建设厅、直辖市园林局和国家重点风景名胜区，尚未启动监管信息系统建设的，要求专职工作人员和机器设备必须8月31日前到岗到位。专职工作人员要填写登记表（附件1），由各省建设厅、直辖市园林局汇总，9月5日前报建设部风景名胜区管理办公室。监管系统运行环境及设备配置标准详见（附件2）。

（二）划定核心景区范围。根据建设部《关于做好国家重点风景名胜区核心景区规划》的强制性内容，也是监管信息系统建设的基础工作。尚未编制规划或规划中没有规定核心景区范围的，要求先划定核心景区范围，报省（自治区）建设厅、直辖市园林局核准，待今后纳入总体规划。核心景区上报材料技术要求详见（附件3）。各省（自治区）建设厅、直辖市园林局上报工作的最后截止时间为9月30日。

（三）收集提交地形图和规划资料。尚未编制总体规划的风景名胜区，要立即着手组织编制工作，最迟于2005年6月30日前完成；正在编制或修订规划的，要加快进度，2004年底完成上报；已经完成总体规划编制任务的，要加快核心景区的详细规划编制与报批。地形图和规划资料的印刷、电子文件要求见（附件4）。已完成规划编制工作的，上报材料由风景名胜区主要领导在参加监管信心系统培训班时送交。

（四）监管信息系统人员培训。根据计划安排，建设部将在9月

份举办两期省（市）主管部门和国家重点风景名胜区主要领导参加的监管信息系统培训班（通知另发）。今后将根据国家重点风景名胜区分布与监管信息系统建设进度情况，对省（自治区）建设厅、直辖市园林局和国家重点风景名胜的有关专职工作人员进行分片现场技术培训。

（五）确保监管信息系统建设资金。建设部已经筹备了部分专项经费用于监管系统建设启动工作，对验收合格的国家重点风景名胜区予以支持。各省（自治区）建设厅、直辖市园林局和国家重点风景名胜区自筹资金部分也要提前安排落实。2003年首批监测的世界遗产地国家重点风景名胜区，个别建设资金仍没落实的，应于9月30日前落实到位。

三、认真做好国家重点风景名胜区监管信息系统建设工作的验收和总结

（一）对人员、资金、设备、办公条件皆达到要求，按时完成国家重点风景名胜区监管信息系统建设任务的国家重点风景名胜区，由所在省（自治区）建设厅、直辖市园林局组织验收。

（二）对认真落实国务院和建设部通知要求，验收合格的省（自治区）建设厅、直辖市园林局、国家重点风景名胜区管理机构，建设部予以通报表彰。

（三）对不能如期完成国家重点风景名胜区监管信息系统建设的单位，建设部将予以通报批评。

四、切实加强对国家重点风景名胜区监管信息系统建设工作的组织领导

国家重点风景名胜区监管信息系统建设是一项庞大的系统工程，也是一项长期而复杂的日常工作任务。在管理环节上，涉及部、省（市、自治区）和风景名胜区三级；在工作内容上，需要行政管理和技术保障的密切配合。为此，各（自治区）建设厅、直辖市园林局都要明确一位分管领导，并加强机构，充实人员，具体负责协调、督促风景名胜区监管信息系统建设工作。各国家重点风景名胜区，要实行"一把手"负责制，成立专门工作班子，强化组织领导，确保风景名胜区监管信息系统建设如期达标验收和运行。

全国风景名胜区监管信息系统建设的具体组织协调工作，由建设部风景名胜区管理办公室负责。

附件1：专职工作人员要填写登记表
附件2：监管系统运行环境及设备配置标准
附件3：核心景区上报材料技术要求
附件4：地形图和规划资料的印刷、电子文件要求

中华人民共和国建设部
二〇〇四年八月十二日

附件1：

专职工作人员要填写登记表

单　位		所属省区	
地　址			
分管领导		职　务	
电　话		手　机	
专职人员		职　务	
性　别		年　龄	
学　历		电子邮箱	
电　话		手　机	
传　真		邮　编	
简　历			
单位意见		（公章） 年　月　日	

附件2：

监管系统运行环境及设备配置标准

一、硬件环境

（一）景区核查版

至少配备一台计算机，配置要求如下：

系统	配置	CPU	内存	硬盘
景区核查版	最低配置	PIII800	256M	1G
	推荐配置	P4 2.4G	512M	10G

（二）省级核查版

至少配备一台计算机，兼做办公用机和数据服务器；推荐配备两台计算机，分别用作办公用机和数据服务器。

系统	配置	用途	CPU	内存	硬盘
省级核查版	最低配置	办公用机（兼做数据库服务器）	PIII800	256M	5G
	推荐配置	办公用机	P4 2.4G	512M	10G
		数据库服务器	P4 2.4G	512M	40G

二、软件环境

（一）监管系统

国家重点风景名胜区监管系统：省级核查版、景区核查版。

（二）GIS 平台

采用 Mapinfo 平台，支持 Professional 和 RunTime 两种版本。

（三）操作系统

系统支持的操作系统平台有：Windows 98，Windows 2000，Windows XP。

（四）数据库软件

只有省级需要配备，采用 SQL SERVER 2000。

附件3：

核心景区上报材料技术要求

一、核心景区划定

国家重点风景名胜区核心景区是指风景名胜区范围内自然景物、人文景物最集中的、最具观赏价值、最需要严格保护的区域。

（一）采用分类保护法编制保护培育规划的风景名胜区，其规划中确定的生态保护区、自然景观保护区和史迹保护区等相关区域应当划为核心景区。

（二）采用分级保护法编制保护培育规划的风景名胜区，其规划中确定的特级和一级保护区应当划为核心景区；没有设立特级保护区的，其一级和二级保护区应当划为核心景区。

（三）保护培育规划当中上述两种方法都采用的，二者范围兼取。

（四）未编制总体规划或总体规划中未划定核心景区的，参照上述要求划定。

二、技术要求

（一）核心景区边界拐点坐标勘测以经纬度坐标为准。

（二）拐点坐标按下表格式填报。

（三）核心景区包括多个独立区域的，按各独立区域单独提供拐点坐标。

（四）各区域以及拐点的相对位置简图，按下表图示填报。

三、上报程序和时限

各省（自治区）建设厅、直辖市园林局按上述要求，组织辖区内国家重点风景名胜区管理机构进行核心景区范围的划定、坐标勘测和材料填报工作，核准汇总后于2004年9月30日前将相关材料上报至建设部风景名胜区管理办公室。

核心景区范围填报表

单位名称			所属省份	
区域序号	面积（km²）	拐点序号	东经（度 分 秒）	北纬（度 分 秒）
1		1		
		2		
		3		
		4		
		5		
		6		
		…		
2		1		
		2		
		3		
		4		
		5		
		6		
		…		
…				

范围简图（示例）

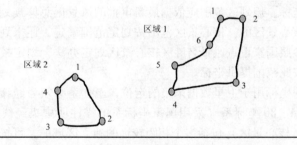

附件4：

地形图和规划资料的印刷、电子文件要求

一、地形图数据

各风景名胜区地形图数据主要用来对遥感数据、规划数据等进行几何纠正和配准。各风景名胜区提交的地形图数据以最新制图的1：

10000 数据为宜，如果没有最新的 1∶10000 地形图，可以相近比例尺的地形图替代。若不具备地形图资料的，应自行与测绘部门联系采购。具体要求如下：

序号	比例尺	格式要求	备注
1	小型：1∶2000~1∶10000	标准要求：电子格式（GIS 或是 AutoCAD 格式）；扫描的栅格图，需提供对应的坐标文件或在图上注明坐标。最低要求：纸图，图上必须注明坐标	坐标系可以为经纬度坐标系、国家 54、80 坐标系（需注明中央经线或代号）或地方独立坐标系
2	中型：1∶10000~1∶25000		
3	大型、特大：1∶10000~1∶50000		

二、规划数据

风景名胜区的规划数据是遥感监测的依据，同时规划区范围和核心景区范围坐标要用来确定卫星采集数据的位置和面积，是遥感数据订购的必需数据之一。各风景名胜区需提交的规划相关数据有两组，规定如下。

（1）范围坐标数据

各风景名胜区需在遥感数据订购阶段先期提交规划区和核心景区的范围坐标。规划区范围应依据最新审批的风景区总体规划确定；已经划定核心景区的，核心景区范围按划定范围确定，还未划定核心景区的，参照国家重点风景名胜区核心景区划定办法，划定核心景区范围，并按此范围提供坐标。

范围坐标用于卫星数据采集的定位，坐标系必须为经纬度坐标系或国家 54、80 坐标系（采用国家坐标系的需注明中央经线或带号）。规划区（核心景区）包括多个相距较远的独立区域的，可按各独立区域单独提供坐标，每个独立区域应至少包括两个坐标点，能够描述该区域的最小外接矩形范围。各区域以及坐标点的相对位置关系以简图表示附后，以备核对，具备条件的风景区应提供绘于规划图和地形图上的坐标点图。**坐标数据按下表格式提交：**

单 位		风景名胜区		
坐标系		中央经线（带号）		
范围类别		□规划区　　　　□核心景区		
区域	面积（km²）	序号	X（经度）	Y（纬度）

续表

1		1			
		2			
		3			
		4			
		5			
		6			
2		1			
		2			
		3			
		4			
…					

范围简图（示例）

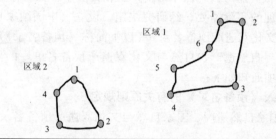

(2) 规划资料

风景名胜区规划资料主要包括规划图数据和规划文本数据，提交数据应为经最新批准的规划数据。具体要求如下：

序号	规划图种类	格式要求	内容要求
1	总体规划图	1. 标准要求：规划图要求是电子格式（GIS 或是 AutoCAD 格式）；坐标参考和地形图一致，能和地形图叠加；规划图为扫描的栅格图。规划文本采用电子格式。2. 最低要求：规划图为纸图。规划文本采用纸质方式提交	总体规划图中包括了核心景区范围图的不需要单独提供第3项。对总体规划中未确定核心景区范围的，需在核心景区范围划定后，提交核心景区范围图
2	详细规划图		
3	核心景区范围图		

二十七、关于做好建立《中国国家自然遗产、国家自然与文化双遗产预备名录》工作的通知

建城〔2005〕56号

各省、自治区建设厅,直辖市建委(园林局):

为保护我国遗产资源,完善工作机制,加强世界自然遗产和自然与文化双遗产申报、管理和保护工作,按照《保护世界文化和自然遗产公约》、《世界遗产公约操作指南》及相关法律、法规的要求,结合中国遗产管理的实际需要,经研究决定,设立《中国国家自然遗产、国家自然与文化双遗产预备名录》(以下简称《预备名录》),作为申请列入《世界自然遗产、自然与文化双遗产预备名单》的候选项目。现将有关事项通知如下:

一、列入《预备名录》的有关原则规定

《中国国家自然遗产、国家自然与文化双遗产预备名录》的入选原则如下:

(一)符合《保护世界文化和自然遗产公约》第1条和第2条规定的关于自然遗产、自然与文化双遗产标准和条件,符合《世界遗产公约操作指南》关于遗产真实性、完整性条件(见附件1),并具有相应保护管理措施的地域,均可申报列入《预备名录》。

(二)申报项目所在地的外围环境应进行整治并与遗产的历史与现状相协调。申报遗产地已经制定或拟制定保护管理法律、法规和保护规划。

(三)申报项目的遗产分类和地区分布要考虑代表性与平衡性,国内外遗产目录中所缺少的遗产类别及遗产地相对缺乏的地区,给予优先考虑。

(四)为保持遗产资源分布地域的完整性和满足保护范围划定的需要,鼓励并支持跨行政区域的联合申报项目。

二、《预备名录》的申报和评审程序

（一）申报单位。预备名录申报由项目所在地县级以上人民政府相关主管部门提出，由项目所在地的省、自治区建设厅，直辖市建委（园林局）对拟申报项目组织初审，填写《国家自然遗产、国家自然与文化双遗产预备名录申报书》（见附件2）报建设部。

对于跨市、县行政区域的联合申报，由项目所在地县级以上人民政府相关主管部门协商一致后，由其共同上一级人民政府相关主管部门提出申请。

（二）申报材料。1. 项目所在地县级以上人民政府相关主管部门的申请报告。2.《预备名录》申报书。3. 资源价值介绍（光盘及文字介绍）。4. 相关管理法规和规划文件。

（三）评审程序。1. 由建设部组织国内外专家，对申报项目及相关申报材料进行技术审查论证和必要的现场考察，提出初审意见。2. 建设部城建司提出复核意见。3. 建设部分管领导审定后，由建设部公布《预备名录》。

三、《预备名录》项目的监督管理

（一）《预备名录》实行动态管理。对列入《预备名录》的遗产地资源价值及保护状况进行定期监测。遗产地管理单位要依据制定的保护规划，结合遗产管理的有关要求每年进行一次自查，并向所在省、自治区建设厅，直辖市建委（园林局）提交自查报告。各省、自治区建设厅，直辖市建委（园林局）要进行复查，并向建设部提交年度复查报告。

（二）对于遗产资源保护工作，存在明显不足的，由建设部提出要求，限期整改。对于整改成效明显，符合列入《预备名录》条件的，经审定后撤销限期整改警告；因遗产资源退化和遭受严重破坏的，原审定公布机关可将其从《预备名录》除名。被除名的项目，须重新申报或审定通过后方可列入《预备名录》。

（三）《预备名录》是推荐列入《世界自然遗产、自然与文化双遗产预备名单》的候选名录。《预备名录》项目被推荐列入《世界自然遗产、自然与文化双遗产预备名单》后，将不在《预备名录》中保留。

（四）列入《预备名录》的项目，建设部和省级建设行政主管部门将在制订保护规划、资源监测、管理能力建设、科研、培训、国际合作等项目安排上给予一定的支持；在推荐申报世界遗产方面，将优先考虑资源保护比较好、管理能力比较强、申报工作准备充分的国家自然遗产、国家自然与文化双遗产项目。

设立《预备名录》，是进一步完善我国自然遗产、自然与文化双遗产保护机制的重要举措，也是实现我国遗产资源保护管理工作可持续发展的保障。请各地按照本通知的有关要求，积极组织开展国家自然遗产、国家自然与文化双遗产申报工作，进一步推进我国自然遗产、自然与文化双遗产资源保护和管理工作。

附件：1. 国家自然遗产、国家自然与文化双遗产预备名录标准
　　　2. 国家自然遗产、国家自然与文化双遗产预备名录申报书（略）

中华人民共和国建设部
二〇〇五年四月二十日

附件1：

国家自然遗产、国家自然与文化双遗产预备名录标准

一、国家自然遗产预备名录标准

（一）从美学或科学角度看，具有突出、普遍价值的由地质和生物结构或这类结构群组成的自然面貌；

（二）从科学或保护角度看，具有突出、普遍价值的地质和自然地理结构以及明确划定的濒危动植物物种生境区；

（三）从科学、保护或自然美学角度看，具有突出、普遍价值的天然名胜或明确划定的自然地带；

（四）构成代表地球演化史中重要阶段；

（五）构成代表进行中的重要地质过程（如冰河作用、火山活动等）、生物演化过程（如热带雨林、沙漠、冻土带等生物群落）以及人类与自然环境相互关系（如梯田农业景观）的突出例证；

（六）独特、稀少或绝妙的自然现象、地貌或具有罕见自然美的地带（如河流、山脉、瀑布等生态系统和自然地貌）；

（七）尚存的珍稀或濒危动植物物种的栖息地（包括举世关注的动植物聚居的生态系统）。
二、国家自然与文化双遗产预备名录标准
国家自然与文化双遗产除满足国家自然遗产标准外，还需满足以下关于文化遗产标准的有关要求。

（一）代表一种独特的艺术成就，一种创造的天才杰作；

（二）在一定时期内或世界某一文化区域内，对建筑艺术、纪念物艺术、城镇规划或景观设计方面的发展产生过重大影响；

（三）为一种已消逝的文明或文化传统提供一种独特的或至少是特殊的见证；

（四）作为一种建筑或建筑群或景观的杰出范例，展示出人类历史上一个（或几个）重要阶段；

（五）作为传统的人类居住地或使用地的杰出范例，代表一种（或几种）文化，尤其在不可逆转之变化的影响下变得易于损坏。

二十八、关于搞好国家重点风景名胜区数字化建设试点工作的通知

建城景函 [2005] 143 号

各省、自治区建设厅，直辖市园林局：

为贯彻落实"全国风景名胜区综合整治工作会议"和"国家重点风景名胜区监管信息系统暨数字化景区建设工作会议"精神，积极、稳妥地推进国家重点风景名胜区数字化建设工作。建设部城建司拟在全国选定部分国家重点风景名胜区作为试点，就数字化建设工作进行重点指导和扶持，同时启动国家重点风景名胜区管理平台等有关数字化建设。现将国家重点风景名胜区数字化建设试点工作有关事宜通知如下。

一、试点工作基本目标

数字化建设是整体提升风景名胜区现代化管理水平，促进景区环境、社会、经济效益协调发展的有效途径；也是风景名胜区创新管理模式、主动适应现代社会发展的必然要求；国家重点风景名胜区数字化建设试点工作，要经过一至两年努力，实现以下三个基本目标：

（一）完成10个以上国家重点风景名胜区的数字化试点建设和验收工作，使这些景区在资源保护、规划建设、旅游服务、规范管理等各领域的数字化信息资源得到有效整合，并在全国景区中实现数字化管理单项或多项系统领先水平，为全面推开数字化景区建设提供示范经验；

（二）建设并试运行全国统一的国家重点风景名胜区数字化管理平台和公众商务信息网，初步形成国家重点风景名胜区管理数据中心，为全面推开数字化景区建设奠定基础；

（三）完成有关风景名胜区数字化建设的标准、规范等起草编制工作，为全面推开数字化景区建设提供技术保障。

二、试点景区的选定

为保证数字化景区建设工作的顺利实施，试点景区的申报、推荐

和选择,应把握好以下几点要求:

(一)数字化建设试点景区的选择范围,仅限于已建监管信息系统的国家重点风景名胜区;

(二)资源保护与开发、规划建设、科研投入等方面有较好的基础;

(三)试点景区选定工作,采取景区申报、省级主管部门推荐和建设部城建司委托的专家组评议的方式择优录选。每个省(自治区、直辖市)原则上只能推荐一个备选试点景区;

(四)已经开展数字化建设的国家重点风景名胜区优先申报。

三、试点建设进度安排

(一)试点景区的推进工作分为四个阶段:

1. 2005年11月30日以前,符合条件的国家重点风景名胜区填报《国家重点风景名胜区数字化建设试点单位申报书》(见附件),省级主管部门提出推荐意见一并报建设部城建司;

2. 2005年12月31日以前,建设部城建司确定首批国家重点风景名胜区数字化建设试点单位名单,并予以公布;

3. 2006年5月31日以前,所有试点景区完成数字化建设总体方案的编制与评审,并在有关专家组的指导下,按照评审后的总体方案逐步实施;

4. 2006年12月至2007年6月,建设部城建司对首批国家重点风景名胜区数字化建设试点单位,根据不同类型和进度情况分期进行达标验收,总结试点经验。

(二)试点建设的其他几项主要工作:

1. 2005年年底以前,国家重点风景名胜区数字化管理平台试运行,实现监管信息系统遥感数据和有关信息报表、宣传资料的网络化传输;

2. 2005年年底以前,启动"中国国家重点风景名胜区公众商务信息网"建设,2006年年内实现面向社会公众的资讯和风景名胜区参观游览服务;

3. 2006年上半年,完成《国家重点风景名胜区数字化建设指南》的编制;年底前完成对国家重点风景名胜区数字化管理平台建设的验收工作。

四、对试点景区的要求

风景名胜区数字化建设，总体上是一项集信息化技术和管理科学为一体，内容复杂、结构庞大的系统工程；同时也是一项带有探索性和创新性、有较大难度的管理工作。因此，要求数字化建设试点景区：

（一）组建数字化建设专门工作班子，负责与数字化建设工作有关的业务，具体承办数字化建设工作中各有关部门的协调和调度；

（二）高度重视数字化景区建设总体方案，在建设部有关专家组的指导下，认真组织力量，及时做好总体方案的编制；同时对专家组的工作给予积极支持和配合；

（三）科学制定本景区数字化建设资金预算；本着先急后缓、突出重点原则，落实资金安排，确保数字化景区建设各项工作所需经费。

请各省、自治区建设厅和直辖市园林局，认真做好国家重点风景名胜区数字化建设试点单位的遴选和推荐工作，及时将填报好的《国家重点风景名胜区数字化建设试点单位申报书》上报建设部城建司。

联系人电话：安超　010－58934361、58934579（传真）

建设部城市建设司
二〇〇五年十一月四日

二十九、建设部关于公布首批《中国国家自然遗产、国家自然与文化双遗产预备名录》的通报

各省、自治区建设厅，直辖市建委（园林局）：

根据建设部《关于做好建立〈中国国家自然遗产、国家自然与文化双遗产预备名录〉工作的通知》（建城［2005］56号）精神和国家自然遗产、国家自然与文化双遗产预备名录标准，经对申报单位资源价值、管理状况综合评审，现将五大连池风景名胜区等30处符合国家自然遗产、国家自然与文化双遗产预备名录标准的申报单位列入首批《中国国家自然遗产、国家自然与文化双遗产预备名录》，并予以公布。

设立《中国国家自然遗产、国家自然与文化双遗产预备名录》，是进一步完善我国自然遗产、自然与文化双遗产保护机制的重要举措，也是实现我国遗产资源保护管理工作可持续发展的保障。希望列入《中国国家自然遗产、国家自然与文化双遗产预备名录》的单位总结经验，再接再厉，认真做好国家自然遗产、国家自然与文化双遗产保护、建设和管理的各项相关工作，在国家自然遗产、国家自然与文化双遗产保护管理方面取得更大成绩。希望各级管理部门积极组织开展中国国家自然遗产、国家自然与文化双遗产预备名录申报工作，进一步推进我国自然遗产、自然与文化双遗产资源保护和管理工作，不断提高我国国家自然遗产、国家自然与文化双遗产管理水平，促进各遗产地的持续健康发展。

附件：首批中国国家自然遗产、国家自然与文化双遗产预备名录名单

中华人民共和国建设部
二〇〇六年一月十二日

附件：

首批中国国家自然遗产、国家自然与文化双遗产预备名录名单

一、首批中国国家自然遗产预备名录名单（17处）
1. 黑龙江省五大连池风景名胜区
2. 吉林省长白山植被垂直景观及火山地貌景观
3. 福建省海坛风景名胜区
4. 江西省三清山风景名胜区
5. 江西省武功山风景名胜区
6. 河南省云台山风景名胜区
7. 湖南省崀山风景名胜区
8. 重庆市天坑地缝风景名胜区
9. 重庆市金佛山风景名胜区
10. 四川省贡嘎山风景名胜区
11. 四川省若尔盖湿地
12. 贵州省织金洞风景名胜区
13. 贵州省马岭河峡谷风景名胜区
14. 贵州平塘省级风景名胜区
15. 云南省澄江动物化石群保护地
16. 青海省青海湖风景名胜区
17. 新疆喀纳斯自治区级风景名胜区

二、首批中国国家自然与文化双遗产预备名录名单（13处）
1. 山西省五台山风景名胜区
2. 安徽省九华山风景名胜区
3. 福建省清源山风景名胜区
4. 江西省龙虎山风景名胜区
5. 江西省高岭—瑶里风景名胜区
6. 河南省嵩山风景名胜区
7. 湖南省南岳衡山风景名胜区

8. 湖南省紫鹊界—梅山龙宫风景名胜区
9. 贵州省黄果树风景名胜区及屯堡文化
10. 云南省大理苍山与南诏历史文化遗存
11. 陕西省华山风景名胜区
12. 甘肃省麦积山风景名胜区
13. 宁夏贺兰山—西夏王陵风景名胜区

三十、关于严格限制在风景名胜区内进行影视拍摄等活动的通知

建城电〔2006〕53号

各省、自治区建设厅,天津市建委,北京市、重庆市园林局:

最近,一些风景名胜区相继发生因影视拍摄等活动,造成植被、水体等风景名胜资源受到严重破坏,引起社会舆论的强烈关注。为切实加强对风景名胜资源的保护,严格限制在风景名胜区内影视拍摄活动,现将有关事项通知如下:

一、风景名胜资源是珍贵的、不可再生的自然和文化遗产,风景名胜区内地形地貌、自然山体、林木植被、河流水系、文物古迹等是风景名胜资源不可分割的有机组成部分。各地要把风景名胜资源保护工作放在极其重要的位置,采取切实有效措施,严格保护风景名胜资源的真实性和完整性。

二、各省、自治区建设厅、直辖市建委(园林局)和风景名胜区管理机构要严格禁止和限制在风景名胜区内进行影视拍摄和大型主题演艺等活动,不得在风景名胜区内进行或批准进行任何形式的因拍摄活动而影响或破坏地形地貌和自然环境的行为和活动。确需进行此类活动的,必须进行认真评估和论证,并提出保护方案,确保风景名胜区资源与环境得到严格保护。

三、根据《国务院对确需保留的行政审批项目设定行政许可的决定》(国务院令第412号)和《建设部关于纳入国务院决定的十五项行政许可的条件的规定》(建设部令第135号)关于"国家重点风景名胜区内重大建设项目选址由建设部核准"的规定,各省、自治区建设厅、直辖市建委(园林局)要对在风景名胜区内进行影视拍摄和大型主题演艺等活动进行审批,重点对保护方案和评估报告进行认真审查。经审核,在国家重点风景名胜区内进行此类活动可能对资源环境构成负面影响的,不得批准实施;各省、自治区建设厅、直辖市建委(园林局)如认为不构成负面影响的,应提出审查意见,报建设部核

准。

四、各省、自治区建设厅、直辖市建委（园林局）要立即组织力量，对本地区风景名胜区内的影视拍摄和大型主题演艺等活动及其建筑物和构筑物进行全面检查清理。对造成轻微毁损的，要限期恢复、赔偿损失；造成严重破坏的，除限期恢复外，还要依法追究有关单位和人员的经济与法律责任。

各省、自治区建设厅、直辖市建委（园林局）应将检查情况和处理结果于6月15日前报建设部城建司。

建 设 部

二〇〇六年五月十二日

三十一、关于开展国家重点风景名胜区综合整治互查工作的通知

建办城函 [2006] 605 号

各省、自治区建设厅,直辖市建委(园林局):

根据《关于做好 2006 年国家重点风景名胜区综合整治工作的通知》(建办城函 [2006] 117 号)分阶段检查的要求,为做好国家重点风景名胜区综合整治互查工作,现将有关事项通知如下:

一、检查重点

根据建办城函 [2006] 117 号文要求,互查工作重点对风景名胜区近一年来在理顺管理体制、查处违章建设、规划编制与报批、监管信息系统建设和规范化标志标牌设置等五方面的情况进行检查和考评,并有针对性地提出改进意见和建议。

二、检查方式

采取以省、自治区、直辖市为单位,单循环互查方式进行。各省(自治区、直辖市)派出检查组之前,首先完成自查工作。互查省份名单由我部城市建设司与各地协商确定。

检查包括听取汇报、实地考评和资料查阅三部分。

三、检查时间

综合整治互查时间集中安排在 2006 年 11 月至 12 月份,具体时间由检查小组与有关省、自治区、直辖市协商确定,并报我部城市建设司备案。

四、人员组成

为保证检查质量、提高检查效率,要求每个检查组由一位厅(局)级领导带队,成员由省级主管部门和本地区内风景名胜区的业务骨干 3 至 5 人组成。

五、工作要求

(一)本次互查工作是对明年综合整治全面检查验收的一次情况摸底。各省级主管部门和风景名胜区管理机构要精心组织,周密安

排，严明纪律，实事求是，切实取得实效。检查期间遇到的情况和问题，请及时与建设部城建司联系。

（二）互查工作结束后，各检查小组要将检查的基本情况、主要成绩、存在问题和检查结论形成书面报告，并附考评打分表，于2006年12月底前报我部城市建设司。

联系人电话：李振鹏　010－58933014

　　　　　　　安　超　010－58934361

附件：国家重点风景名胜区综合整治互查考评表

中华人民共和国建设部办公厅
二〇〇六年九月十五日

附件：

国家重点风景名胜区综合整治互查考评表

风景名胜区名称				
检查内容	主要项目	评分标准	分数	得分
机构设置及职能情况（20分）	机构设置	机构健全	10分	
		机构较健全	6分	
		机构不健全	3分	
		无管理机构	0分	
	管理职能	职能到位	10分	
		职能基本到位	5分	
		无管理职能或职能不到位	0分	
总体规划编制实施情况（30分）	总体规划编制	规划已编制并报批	10分	
		规划已编制但未报批	6分	
		规划正在编制	3分	
		无规划	0分	
	核心景区划定	已划定，有界桩、有保护规划	10分	
		已划定，无界桩或保护规划	5分	
		没有划定	0分	
	总体规划实施	严格贯彻实施	10分	
		基本能够贯彻实施	6分	
		贯彻实施不得力	3分	
		未实施	0分	

续表

检查内容	主要项目	评分标准	分数	得分
拆除违章建设情况（15分）	违章建筑拆除	全部拆除或无违章建筑	15分	
		基本拆除	10分	
		少量拆除	5分	
		没有拆除	0分	
监管信息系统建设情况（15分）	基本条件	已建立，并投入使用	15分	
		未建立，人员、资金、设备、数据已基本到位	10分	
		人员、资金、设备、数据部分具备	5分	
		人员、资金、设备、数据全部欠缺	0分	
标示标牌设置情况（20分）	标志	已设立，完全符合要求	15分	
		已设立，基本符合要求	5分	
		未设立或不符合要求	0分	
	标牌	设置规范	5分	
		设置较合理	2分	
		未设置	0分	
总分（100分）			100分	

三十二、关于认真做好《风景名胜区条例》宣传贯彻工作的通知

建城函 [2006] 275 号

各省、自治区建设厅,直辖市建委(园林局):

《风景名胜区条例》(以下简称《条例》)已由国务院颁布,将于今年 12 月 1 日实施。为了做好《条例》的宣传贯彻工作,现就有关事项通知如下:

一、充分认识《条例》的重要意义。风景名胜区是国家珍贵的自然和文化遗产,是不可再生的重要资源。《条例》的颁布实施,是风景名胜区事业发展的一个重要里程碑,各地建设主管部门要充分认识《条例》的重大意义,认真贯彻"科学发展、统一管理、严格保护、永续利用"的原则,把宣传和贯彻实施《条例》作为建设资源节约型、环境友好型社会和促进经济社会可持续发展的一项重要工作,切实加强领导,认真组织学习,严格履行职责,认真贯彻落实,把《条例》规定的各项制度、措施和要求落到实处,推进风景名胜区各项工作迈上一个新的台阶。

二、认真组织好《条例》的宣传。各地建设主管部门和风景名胜区管理部门要认真制定落实《条例》宣传计划,采取多种形式,突出宣传重点,主要领导要亲自抓,并指定专人负责,把宣传工作落到实处、收到实效。

各地和景区要在今年 11 月份开展《条例》专题宣传月活动。通过新闻媒体,对《条例》及宣传活动进行全面报道;发放各类宣传音像制品、小手册;组织开展知识竞赛、有奖问答、法律咨询服务等活动;统一宣传标语,在风景名胜区及有关城市主要街道张贴。要在游客集中的景区景点、游客中心、停车场、展览馆等场所,向游客和群众广泛宣传《条例》的基本内容,宣传严格保护风景名胜区的重要意义。通过宣传月活动,使《条例》深入人心,引起全社会的关心、重视和支持,营造保护风景名胜资源的浓厚社会氛围和良好舆论环境,

使保护风景名胜资源变成广大人民群众的自觉行动。

三、切实抓好《条例》的贯彻落实。各地风景名胜区管理部门要在当地政府和主管部门的统一领导下,结合本单位的实际,认真组织学习,制定实施方案。要通过集中学习教育,坚持边学边改,加强分类指导,深入持久开展学习贯彻活动,深入领会《条例》的精髓。各地要结合《条例》的学习贯彻,推进建立健全风景名胜区的设立、规划管理、资源保护和利用等各项制度,依据《条例》,完善各项规章制度,使保护和管理工作有章可循,有法可依。各级建设主管部门要加强组织领导和监督检查,督促和引导景区做好《条例》贯彻落实工作,强化资源保护意识,促进景区健康发展。

各省(自治区、直辖市)建设主管部门要在 2006 年 11 月底前,将本地区宣传《条例》的阶段工作总结和贯彻落实《条例》的具体实施方案报我部城建司。

中华人民共和国建设部
二〇〇六年十月十二日

三十三、关于印发《国家级风景名胜区徽志使用管理办法》的通知

建城〔2007〕93号

各省、自治区建设厅，直辖市建委（园林局）：

为加强风景名胜资源的保护与宣传，更好地树立国家级风景名胜区的统一品牌形象，规范国家级风景名胜区徽志的使用管理，我部制定了《国家级风景名胜区徽志使用管理办法》，现予印发。根据《风景名胜区条例》要求，对国家级风景名胜区徽志图案的中文标注进行了局部调整，现一并公布。

各地在施行过程中遇到的情况和问题，请及时告我部城市建设司。

附件：1. 国家级风景名胜区徽志使用管理办法
      2. 国家级风景名胜区徽志清样

中华人民共和国建设部
二〇〇七年四月三日

附件1：

国家级风景名胜区徽志使用管理办法

第一条 为加强风景名胜资源的保护与宣传，树立国家级风景名胜区的统一品牌形象，规范国家级风景名胜区徽志的使用管理，依据《风景名胜区条例》和国家有关规定制定本办法。

第二条 国家级风景名胜区徽志由建设部批准和公布。国家级风景名胜区徽志使用管理的具体工作，由建设部城市建设司（建设部风景名胜区管理办公室）负责。

未经建设部授权，任何组织和个人不得使用国家级风景名胜区徽

志。

第三条 国家级风景名胜区管理机构以及授权使用国家级风景名胜区徽志的其他组织，须严格执行本规定，共同维护国家级风景名胜区徽志的严肃性和公信力。

第四条 国家级风景名胜区徽志为圆形图案，中间部分系万里长城和自然山水缩影，象征伟大祖国悠久、灿烂的名胜古迹和江山如画的自然风光；两侧由银杏树叶和茶树叶组成的环形镶嵌，象征风景名胜区和谐、优美的自然生态环境。图案上半部英文"NATIONAL PARK OF CHINA"，直译为"中国国家公园"，即国务院公布的"国家级风景名胜区"；下半部为汉语"中国国家级风景名胜区"全称。

第五条 国家级风景名胜区徽志适用于以下范围：

（一）国家级风景名胜区主要入口标志物；

（二）国家风景名胜区管理机构使用的信笺、印刷品、宣传品、纪念品；

（三）国家风景名胜区会议及有关宣传活动用品；

（四）其他经建设部授权的有关事项。

第六条 国家级风景名胜区主要入口的标志物上，必须镶嵌由建设部统一标准并监制的国家级风景名胜区徽志。

（一）国家级风景名胜区徽志须置于风景名胜区入口标志物正面；

（二）标志物正面大字镌刻"国家级风景名胜区"名称，小字镌刻"国务院　年　月　日审定"，用更小的字体镌刻"中华人民共和国建设部　年　月　日立"字样；

（三）标志物背面镌刻国家级风景名胜区简介，内容包括风景名胜区的地理位置、历史沿革、四至界限、总面积、景区（景点）名称、风景名胜资源和周围环境概况等；

（四）简介文字要科学、系统，言简意赅，中英文对照，便于阅览。

第七条 国家级风景名胜区徽志用于国家级风景名胜区主要入口标志物以外的其他用途，徽志图案必须与建设部公布的国家级风景名胜区徽志相一致。

第八条 任何组织和个人不得盗用或仿冒国家级风景名胜区徽志，以及国家级风景名胜区徽志中所包含图形、文字的外观与内涵。

第九条 对使用国家级风景名胜区徽志，因粗制滥造、置放不当等造成不良影响的,各级风景名胜区主管部门或风景名胜区管理机构应及时予以纠正和处理。

第十条 对国家级风景名胜区徽志及其载体有意进行污损、破坏的,各级风景名胜区主管部门或风景名胜区管理机构要按照国家有关规定对责任者进行处罚,后果严重的应追究法律责任。

第十一条 对违反本办法规定盗用或仿冒国家级风景名胜区徽志的组织或个人,建设部将严肃查处并依法追究相关责任者的责任。

第十二条 本办法自印发之日起施行。

附件2:

国家级风景名胜区徽志清样

三十四、关于印发《国家级风景名胜区综合整治验收考核标准》的通知

建办城函〔2007〕291号

各省、自治区建设厅，直辖市建委（园林局）：

为做好国家级风景名胜区综合整治验收考核工作，我部组织制订了《国家级风景名胜区综合整治验收考核标准》（以下简称《验收标准》），现印发给你们，请遵照执行。

根据《关于做好国家级风景名胜区综合整治全面验收工作的通知》（建办城函〔2007〕207号）要求，我部将于今年5月下旬至7月下旬组织对国家级风景名胜区综合整治工作进行验收考核，验收考核将严格按照《验收标准》进行。通过验收考核，督促各风景名胜区建立长效管理机制，将《风景名胜区条例》的各项要求落到实处，促进风景名胜区事业健康持续发展。

具体考核验收时间将另行通知。

附件：《国家级风景名胜区综合整治验收考核标准》及说明

中华人民共和国建设部办公厅
二〇〇七年五月十日

附件：

《国家级风景名胜区综合整治验收考核标准》及说明

根据建设部2007年国家级风景名胜区综合整治验收工作的安排和要求，为了明确综合整治工作的各项考核标准，为综合整治工作的验收考核提供依据，特制定《国家级风景名胜区综合整治验收考核标

准》(以下简称《验收标准》)。

一、《验收标准》的基本框架和主要考核内容

1. 《验收标准》分为六个方面：（1）机构设置管理职能；（2）总体规划编制实施；（3）违规违章建设查处；（4）监管信息系统建设；（5）标志标牌规范设置；（6）管理规章制度建设。

2. 考核要点内容为17项。

二、考核办法及分值

1. 《验收标准》设定的考核满分为100分。

2. 通过考核对国家级风景名胜区综合整治工作进行分类排序，考核结果分出三个档次：（一）合格；（二）基本合格；（三）不合格。

3. 考核办法主要采用听取汇报、查阅文档、实地考察、材料审核。

三、考核程序说明

1. 凡《验收标准》中考核项注明"※"为验收不合格；注明"＊"的结论不得定为合格。

2. 建设部城建司负责对《验收标准》的说明和解释。

标准内容	考核要点	考核分值	考核方式	考核细则	备注	得分
一、机构设置管理职能	1. 按国家有关法律法规建立风景名胜区管理机构，赋予相应的职能，设置健全的内部管理机构，依法行使相应的管理职责，对风景名胜区实行有效的管理	6	听取汇报、查阅文档	1. 内部管理机构健全（4分）。国家级风景名胜区规划、资源保护、综合管理和行政执法四部门缺一项扣1分。 2. 在总体规划范围内依法实施有效管理（2分）。 3. 管理机构职能不到位、未能做到有效管理、体制没有理顺的；"＊"	※没有建立风景名胜区管理机构的，为不合格	
	2. 风景区内的所有单位，均按照《风景名胜区条例》规定，服从管理机构的统一规划和管理	6	听取汇报、查阅文档	区内没有统一协调的管理机构（6分）。没有达标扣6分，部分达标扣3分		
	3. 不得将风景名胜区的管理、规划、监督职能以及门票出售职能交ács或变相交由企业管理；无政企不分或以企代政问题	6	听取汇报、查阅文档	严格遵守该项有关法规（6分）。将风景名胜区的管理、规划、监督职能以及门票出售职能交由或变相交由企业管理；每一项扣3分。超过两项为验收不合格	※将行政管理、规划、监督职能以及门票出售管理职能交由企业行使的，为不合格	

续表

标准内容	考核要点	考核分值	考核方式	考核细则	备注	得分
二、总体规划编制实施	4. 严格按照《风景名胜区条例》规定，编制和实施经政府审批的风景名胜区总体规划和控制性详细规划	6	材料审核、查阅文档	1. 编制风景名胜区总体规划并上报省级政府审查（4分）。尚未完成总体规划编制上报工作的；"＊" 2. 编制建设项目控制性详细规划并按规划实施（2分）。没有编制扣去相应分	※没有编制风景名胜区总体规划的，为不合格	
	5. 在风景名胜区划定核心保护区范围，并对核心保护区范围勘界立桩	6	材料审核、实地考察	1. 划定风景名胜区核心保护区范围（4分）；没有划定核心景区范围的；"＊" 2. 对风景名胜区划定核心保护区范围并勘界立桩（2分）；没有设立界碑、界桩的；"＊"		
	6. 严格执行风景名胜区总体规划，对总体规划的实施进行有效的监管；严格执行建设项目报批制度	6	材料审核、查阅文档	1. 严格执行风景名胜区总体规划，严格执行建设项目报批制度（6分）。 2. 景区内发生违反总体规划案件，发现一例扣2分；未严格执行建设项目报批制度，发现一例扣2分。（未发生被省以上部门依法通报或查处的违反总体规划案件，须出具省级建设行政主管部门的证明材料） 3. 对违章建设制止纠正不力的；"＊"	※违章建设造成风景名胜资源明显破坏并在社会造成严重不良影响的，为不合格	
三、违规违章建设查处	7. 严格按照风景名胜区总体规划要求，对风景名胜区内的违规违章建设项目和案例进行调查摸底	6	听取汇报、查阅文档	1. 严格按照规划对违规违章建设项目情况进行调查摸底（6分）。 2. 未进行调查或调查不彻底，发现一例扣3分，扣完为止。（须出具省级建设行政主管部门的证明材料）		
	8. 根据调查情况，对风景名胜区内的违规违章建设项目和案例及时提出（限期拆除、整改或搬迁等）处理意见和规划	6	听取汇报、查阅文档	1. 及时提出（限期拆除、整改或搬迁等）处理意见（6分）。 2. 未提出处理意见或处理意见不当、力度不够，发现一例扣3分，扣完为止。（须出具省级建设行政主管部门的证明材料）		

续表

标准内容	考核要点	考核分值	考核方式	考核细则	备注	得分
三、违规违章建设查处	9. 按照规划要求，严格落实对风景名胜区内的违规违章建设项目和案例的处理意见	6	听取汇报、查阅文档	1. 严格落实处理意见，违规违章建筑和设施已按规划要求拆除、整改或搬迁（6分）。 2. 未按规划要求拆除、整改或搬迁违规违章建筑和设施；发现一例扣3分，扣完为止。（须出具省级建设行政主管部门的证明材料）		
四、监管信息系统建设	10. 监管信息系统软硬件建设	10	实地考察	1. 约谈监管信息系统工作人员，了解基本认识（2分）。 2. 查看办公场所（2分）。 3. 对照统一标准，检查系统软（3分）硬（3分）件配置	※没有建立风景名胜区监管信息系统的，为不合格	
	11. 监管信息系统应用情况	5	实地考察、材料审核	1. 约谈监管信息系统工作人员，了解业务熟练程度（2分）。 2. 检查地形图、规划资料和卫星遥感影像资料入机情况（2分）。 3. 已参与过遥感影像监测核查（1分）		
	12. 监管信息系统日常管理	3	实地考察、材料审核	1. 专职人员登记与变更情况（1分）。 2. 参加上级部门组织的业务培训（1分）。 3. 建立监管信息系统日常管理制度（1分）		
五、标志标牌规范设置	13. 在风景名胜区的主要出入口设置国家级风景名胜区标志	6	实地考察	按规定要求在各主要出入口设置国家级风景名胜区标志（6分）；未按规范要求设立国家级风景名胜区标志的，扣3分；在各主要出入口，每缺一处标志的，扣1分	※没有设立国家级风景名胜区标志的，为不合格	
	14. 按照规划和标准风景名胜区内各类标牌、标识配置齐全、设置规范，图文清晰，清洁美观，保持完好；标牌、标识上的说明必须标有中、英文两种以上文字	6	实地考察	1. 符合各项要求（6分）。 2. 各类标牌、标识、安全警示标志设置规范（3分）；标志、标牌设立不规范的；"*"。 3. 各类标牌、标识、安全警示标志图文清晰、清洁美观、保持完好（2分）；中英文两种以上标识（1分）。发现不符合上述要求扣去相应分		

续表

标准内容	考核要点	考核分值	考核方式	考核细则	备注	得分
六、管理规章制度建设	15. 行政管理、经营管理、内部管理、执法监督、廉政建设、管理责任追究等各项管理制度建立健全	6	查阅文档	六项规章制度健全（6分）。缺一项规章制度扣1分		
	16. 认真制订资源保护、规划建设管理以及交通运输、环境卫生、游览安全、旅游经营服务等各项管理规定，加强宣传教育，实施情况良好	6	查阅文档、实地考察	各项制度有效实施、成效明显（6分）。实施效果较差的，每一项扣1分		
	17. 风景名胜区各项内部管理（办公管理、人事管理、财务管理、档案管理、教育培训等）以及执法监督、廉政建设、管理责任追究等规章制度，认真实施，责任落实，效果良好	4	查阅文档、材料审核	各项制度有效实施、成效明显（4分）。实施效果较差、责任不落实的，每一项扣1分		

备注：考核中查阅文档涉及的资料和文件的有效期限以考核日期前6个月为准（文件期限不包括法规、规章和制度）。

三十五、关于印发《国家级风景名胜区监管信息系统建设管理办法（试行）》的通知

建城〔2007〕247号

各省、自治区建设厅，直辖市建委（园林局）：

为规范国家级风景名胜区监管信息系统建设管理，建立健全国家级风景名胜区科学监测体系和监管机制，依据《风景名胜区条例》，建设部组织制定了《国家级风景名胜区监管信息系统建设管理办法（试行）》，现印发各地执行。执行中遇到的问题，请及时告建设部城建司。

附件：国家级风景名胜区监管信息系统建设管理办法（试行）

中华人民共和国建设部
二〇〇七年十月二十六日

附件：

国家级风景名胜区监管信息系统建设管理办法

（试行）

第一章 总 则

第一条 为规范国家级风景名胜区监管信息系统建设管理，建立健全国家级风景名胜区科学监测体系和长效监管机制，根据《风景名胜区条例》和国家有关规定，制定本办法。

第二条 国家级风景名胜区监管信息系统是综合运用遥感技术等

信息化手段，以风景名胜区规划为依据，对国家级风景名胜区资源保护和利用状况进行动态监测，服务于建设（园林）主管部门和国家级风景名胜区管理机构的辅助管理系统。

第三条　建设部城市建设司（建设部风景名胜区管理办公室）负责国家级风景名胜区监管信息系统建设统筹、监测核查的统一部署和监督管理工作。

省级建设（园林）主管部门负责本部门以及辖区内国家级风景名胜区监管信息系统建设、具体组织监测核查和有关管理工作。

国家级风景名胜区管理机构负责本风景名胜区监管信息系统建设和有关监测核查的具体实施工作。

第四条　国家级风景名胜区监管信息系统建设和监测核查，坚持"统一标准、科学监测、精心核查、客观反映"的基本工作准则。

第五条　省级建设（园林）主管部门和国家级风景名胜区管理机构，应当确保风景名胜区监管信息系统建设维护资金和监管信息系统各项工作的正常开展。

第二章　系统建设

第六条　国家级风景名胜区监管信息系统，主要包括建设部监管信息系统管理平台和省级建设（园林）主管部门、国家级风景名胜区管理机构两个层面的子系统建设。

第七条　省级建设（园林）主管部门和国家级风景名胜区管理机构应按照监管信息系统建设的有关要求，配备计算机等硬件设备，并为监管信息系统建设提供相应的网络环境和办公场所。

第八条　省级建设（园林）主管部门和国家级风景名胜区管理机构应根据工作需求，安装监管信息系统通用和专用软件，保障监管信息子系统正常运行。

第九条　建设部组织技术力量，对各地国家级风景名胜区监管信息子系统建设提供系统安装、运行调试、软件升级、人才培训、业务指导等方面技术支持。

第十条　省级建设（园林）主管部门应按照监管信息系统建设有关技术规定，组织辖区内国家级风景名胜区管理机构及时提供风景名胜区经纬度坐标、核心景区范围、总体规划、地形图等基础信息资料的印刷文件和电子文件。

第十一条 省级建设（园林）主管部门和国家级风景名胜区管理机构应结合自身工作需要，加强基础数据库建设和监管信息子系统辅助景区日常管理的开发与应用。

第三章 监测核查

第十二条 国家级风景名胜区监测核查是在监管信息系统遥感监测成果基础上，对国家级风景名胜区的规划实施、资源保护、工程建设和地形地貌等方面的变化情况，组织开展的实地踏勘、校验和检查。

第十三条 国家级风景名胜区遥感监测核查分为普查、抽查和专项监测核查。

（一）普查是指每相隔若干年进行一次，对所有国家级风景名胜区同时开展的整体监测核查；

（二）抽查是对部分国家级风景名胜区的随机监测核查，原则上每年一到两次；

（三）专项监测核查是在特定情况下对特定国家级风景名胜区进行的监测核查。

第十四条 建设部组织相关专业机构，具体负责国家级风景名胜区遥感数据的采集、加工处理和遥感监测技术报告的编制工作。

第十五条 国家级风景名胜区遥感监测技术报告的主要内容包括监测概况、监测结果、技术路线、数据分析、成果图集、相关附件和核查工作建议等。

第十六条 国家级风景名胜区监测核查程序主要包括以下四个环节：

（一）建设部下发国家级风景名胜区遥感监测督查通知单，并通过监管信息系统管理平台发送相关监测数据；

（二）省级建设（园林）主管部门按照建设部要求，组织开展实地核查；

（三）根据上级要求和相关监测数据，国家级风景名胜区管理机构对监测区域变化情况进行或配合进行实地核查，审核建设项目报批手续，核查情况上报省级建设（园林）主管部门；

（四）省级建设（园林）主管部门对核查结果提出处理意见和建议，上报建设部。

第十七条　对核查中发现的问题，建设部将下发国家级风景名胜区监测核查整改通知，并根据实际情况进行相应处理。

第四章　专职人员

第十八条　国家级风景名胜区监管信息系统建设工作，实行专职人员管理制度；规模较大的国家级风景名胜区应有相应工作机构，具体负责相关业务工作。

第十九条　国家级风景名胜区监管信息系统专职人员应保持与上级监管信息系统业务部门的联系和信息渠道畅通，其主要职责是：

（一）按照上级主管部门要求，及时收集、整理、报送和更新有关信息资料；

（二）具体承担本单位的监管信息系统建设、维护和日常管理；

（三）协助做好国家级风景名胜区遥感监测与核查的有关具体工作；

（四）做好其他与监管信息系统建设管理有关的工作。

第二十条　国家级风景名胜区监管信息系统专职人员应符合以下基本条件：

（一）具有较高的政治思想觉悟和组织纪律观念；

（二）具备一定的公文写作能力；

（三）大学专科以上学历；

（四）从事风景名胜区管理工作两年以上；

（五）能够熟练地操作计算机和监管信息系统。

第二十一条　省级建设（园林）主管部门和国家级风景名胜区管理机构，应按照建设部有关要求指定国家级风景名胜区监管信息系统专职人员，并填报国家级风景名胜区监管信息系统专职人员登记表。

第二十二条　国家级风景名胜区监管信息系统专职人员发生岗位变化，须做好工作交接，并及时做好人员变更信息上报。

第二十三条　建设部定期组织监管信息系统专职人员业务培训。监管信息系统专职人员须认真参加相关培训学习和考核，不断提高自身业务技能。

第五章 监督管理

第二十四条 国家级风景名胜区管理机构需按照建设部制定的实施计划,完成监管信息系统建设;新批准设立的国家级风景名胜区,应在批准之日起一年内完成监管信息系统建设工作。

第二十五条 国家级风景名胜区管理机构应加强与监管信息系统建设工作相关的各项规章制度建设,逐步规范操作程序,提高风景名胜区遥感监测工作水平和效率。

第二十六条 国家级风景名胜区管理机构应在每年十月底以前,向建设部和省级建设(园林)主管部门提交遥感监测年度工作报告,书面说明监管信息系统运行维护、监测绩效、拓展应用、存在问题和下一年度工作计划安排等。

第二十七条 省级建设(园林)主管部门应加强辖区内国家级风景名胜区监管信息系统建设工作的组织协调和监督检查,并将监管信息系统建设纳入风景名胜区日常管理工作的重要内容。

第二十八条 国家级风景名胜区监管信息系统建设,纳入建设部组织的国家级风景名胜区管理评估和相关工作的考核内容。监管信息系统建设工作不达标的,不得参加建设部组织的相关综合性评比表彰。

第二十九条 建设部定期组织开展国家级风景名胜区监管信息系统工作检查。对在监管信息系统工作中取得优异成绩的主管部门、国家级风景名胜区管理机构,以及做出突出贡献的有关单位负责同志和专职人员,给予表彰奖励。

第三十条 对在国家级风景名胜区遥感监测核查工作中弄虚作假、失察漏报,造成不良后果的单位和个人,建设部予以通报批评,并依法进行责任追究。

第六章 附 则

第三十一条 开展省级风景名胜区监管信息系统建设管理工作的,参照本办法执行。

第三十二条 本办法自发布之日起施行。

三十六、关于做好2008年国家级风景名胜区监管信息系统建设暨推进数字化景区试点工作的通知

建办城函〔2008〕116号

各省、自治区建设厅，直辖市建委（园林局）：

为进一步搞好2008年国家级风景名胜区监管信息系统建设，加快推进风景名胜区数字化试点工作，现就有关事项通知如下：

一、总体目标

根据建设部有关风景名胜区工作的总体要求，今年国家级风景名胜区监管信息系统暨数字化景区试点工作的目标是：以国家级风景名胜区监管信息系统管理平台为依托，积极推进部、省、景区三级监管信息系统的网络化、规范化运行，强化遥感监测核查在风景名胜区规划实施和资源保护方面的技术支撑和应用，加快推进数字化景区试点建设工作，促进风景名胜区的健康发展。

二、主要工作任务

（一）督促尚未完成遥感数据采集的16个国家级风景名胜区加大采集力度，力争年内全面完成国家级风景名胜区遥感数据本底库建设。

（二）总结风景名胜区监管信息系统管理平台试运行经验，充实完善平台内容，确保平台的稳定运行，切实发挥平台在信息发布、网络传输、共享服务等方面的集成作用。

（三）依照《国家级风景名胜区监督管理信息系统建设管理办法（试行）》（建城〔2007〕247号）的有关规定，做好国家级风景名胜区遥感监测核查抽检工作。

（四）组织数字化景区试点阶段性工作总结与验收，积极推动数字化技术在风景名胜区管理中的实际应用。

（五）组织开展国家级风景名胜区宏观战略层面的、数字化管理系统的基础理论和可行性研究，为全面推动风景名胜区管理科学化、

信息化，实现又好又快发展奠定坚实基础。

三、具体工作要求

根据国家级风景名胜区监管信息系统和数字化景区试点建设工作的进度要求，2008年的监管信息系统工作重点将转向系统平台应用、推广和推进数字化景区建设，景区监管工作面临的任务也更加繁重和艰巨。各级建设主管部门和国家级风景名胜区管理机构，要进一步加大对景区监管工作的组织领导，精心谋划，专门部署，落实责任，切实把监管信息系统和数字化景区建设试点工作抓紧、抓好，抓出成效。

（一）密切协作，确保国家级风景名胜区监管信息系统管理平台共建工作。各级风景名胜区主管部门和管理机构要加强对平台建设有关工作的组织协调，安排专人专机保障平台在本地区、本单位的有效实施。要按照统一部署，组织监管信息系统管理员参加培训学习，保障监管信息系统技术工作的有效延伸和整体工作进度。目前还有少数景区监管信息系统建设缺项（主要是软件配置），今年内要补齐。

（二）加大风景名胜区遥感监测核查、自查工作力度。从今年开始，部里将加强对风景名胜区规划实施和资源保护情况的监管，有计划、有针对性地对部分国家级风景名胜区进行监测核查和现场检查。被抽检的国家级风景名胜区管理机构要积极配合，认真做好核查、自查工作。对核查、自查工作不力、问题严重的，依照有关规定通报批评，公开曝光，严肃处理。

（三）做好数字化景区试点建设验收准备工作。各数字化景区试点管理机构要认真做好数字化建设阶段工作总结，尚未完成数字化建设总体方案编制和评审的试点景区，要加快工作进度。2008年6月30日前仍未完成总体方案评审的，将取消其数字化景区试点资格。各项数字化建设工作进展良好的试点景区，要认真检查一期建设实施情况，对照工作要求，及时总结，查缺补漏，做好验收准备工作，推动后续建设工作的顺利开展。

（四）扩大试点范围，认真落实推进数字化景区建设的各项工作要求。在总结经验的基础上，适当扩大试点范围。对新的数字化试点景区确定，继续采用景区管理机构自主申报、省级主管部门审核推荐的办法择优选取。进一步探索扩大数字化景区建设的工作领域，积极会同相关方面组织开展相关基础理论和专项课题研究。按照国家"十一五"科技支撑计划的统一安排,指导有关科研单位探讨风景名胜区在资源营销、旅游宣传、导游服务等方面适应现代服务业发展需要的新型数字化旅游服务模式,研究推进数字旅游服务示范工程建设,为深化数字化景区的建设和服务领域提供科技支撑和示范经验。

各地在实施工作中遇到的具体情况和问题,请及时与我部城市建设司(建设部风景名胜区管理办公室)联系。

联系人及电话:安 超 010-58934361,58934579(传真)

电子信箱:ac4361@126.com

中华人民共和国建设部办公厅
二〇〇八年三月十一日

三十七、关于做好国家级风景名胜区规划实施和资源保护状况年度报告工作的通知

建办城函〔2009〕584号

各省、自治区住房和城乡建设厅,直辖市建委(园林局),各国家级风景名胜区管理机构:

为贯彻落实国务院《风景名胜区条例》规定,建立健全国家级风景名胜区规划实施和资源保护状况年度报告制度,切实做好年度报告的上报工作,现就年度报告报送工作的有关事项通知如下:

一、报送单位

按照《风景名胜区条例》有关规定,年度报告由国家级风景名胜区所在地的风景名胜区管理机构报送国务院建设主管部门,同时抄报省、自治区人民政府建设主管部门或直辖市人民政府风景名胜区主管部门。

二、报送内容和方式

(一)报送内容包括国家级风景名胜区规划实施和资源保护状况年度报告(附件1)和相关统计表(附件2、3)。

(二)年度报告和统计表应当以书面报告和电子文档的形式同时上报。电子文档原则上通过国家级风景名胜区监管信息系统网络平台(http://fj.cin.gov.cn)上报。

三、报送时间

各国家级风景名胜区管理机构应当于下一年度3月10日前将本年度报告和统计表报住房和城乡建设部。

四、有关要求

(一)各地要高度重视风景名胜区规划实施和资源保护状况年度报告工作,严格执行年度报告制度,按规定要求切实做好年度报告总结上报工作。

(二)请各省、自治区住房和城乡建设厅、直辖市建委(园林局)按照本通知要求,加强本辖区内国家级风景名胜区年度报告上报工作

的督促检查。省级风景名胜区规划实施和资源保护状况年度报告工作,各地可参照本通知精神执行。

(三)我部将加强对各地上报情况的监督核实,并会同国务院有关部门进行重点抽查。年度报告工作将作为考评国家级风景名胜区的重要依据。对存在漏报、拒报、虚报、瞒报问题的风景名胜区,将予以通报批评,并按有关规定进行处理。

各地在实施工作中遇到的具体问题,请及时与我部城市建设司联系。

联系人:赵健溶　孙铁
联系电话:010—58933014　58934361(传真)
电子信箱:brucest@126.com
附件:1. 国家级风景名胜区规划实施和资源保护状况年度报告基本内容和格式
　　　2. ____年度_____风景名胜区规划实施情况统计表
　　　3. _____风景名胜区重要景观资源统计表

中华人民共和国住房和城乡建设部办公厅
二〇〇九年六月二十八日

附件1:

国家级风景名胜区规划实施和资源保护状况年度报告基本内容和格式

一、风景名胜区基本情况

(一)风景名胜区基本概况。包括风景名胜区地理区位、历史沿革、人口情况(含常住人口、服务人口)、机构设置与人员配置、管理工作概述等方面情况。

(二)风景名胜区资源基本情况。包括重要景观资源类型、特征、价值、等级、数量(或面积);土地和森林资源基本情况(详述土地和林地资源的用地类型、面积、比例、权属等内容)等方面情况。如涉及自然保护区,应详细说明其名称、级别以及与风景名胜区交叉或重叠的面积等情况。

（三）风景名胜区规划编制与审批基本情况。包括已编制完成的总体规划和详细规划的名称、规划期限、规划面积和核心景区面积、规划范围及其经纬度坐标、核心景区范围及其经纬度坐标、详细规划总图、规划编制单位与时间、规划批准部门与批准时间等方面情况。

（本项内容原则上每5年报1次。如有规划调整、增编详细规划、风景名胜资源状况发生较大变化或重新开展资源动态调查与评价等情况，应及时上报）

二、风景名胜区规划实施和资源保护情况

（一）风景名胜区规划实施情况

1. 本年度内风景名胜区规划范围内的各类开发项目的建设、报批情况。

2. 本年度风景名胜区规划确定的搬迁、拆除或改造各类影响景观与环境的建筑和设施的措施与要求的落实情况。

3. 本年度风景名胜区游客量情况（包括年度总游客量、重要节假日游客量、超规划游客容量的天数及时段等）以及风景名胜区游人容量调控措施的制定与落实情况。

（二）风景名胜资源保护状况

1. 风景名胜区规划以及国家有关政策确定的资源保护规定和措施的落实情况。

（1）风景名胜区重要景观资源的保护情况。包括保护措施的制定与实施、资源真实性和完整性保护等方面情况。

（2）风景名胜区土地资源保护情况。包括土地利用调整变更情况，是否符合风景名胜区规划、土地利用规划，土地利用调整变更是否审批；加强耕地保护，严格控制建设用地；地质遗迹保护与地质灾害防治等方面情况。

（3）风景名胜区森林资源保护情况。包括森林植被用地调整变更情况，是否符合风景名胜区规划、土地利用规划，用地调整变更是否审批；植树造林与森林植被抚育；古树名木、野生植物及其栖息地保护、森林防火与病虫害防治等方面情况。

2. 其他保护性措施的实施情况。包括本年度风景名胜区保护资金投入与使用、风景名胜资源保护性设施的建设使用、风景名胜区资源与环境变化的动态监测、风景名胜区资源保护的科学研究等方面情况。

3. 对各类开发利用活动的监督管理。包括违反规划及国家有关政策规定的违章建设、违法占地、滥伐林木、非法狩猎、开山采石、污染水体、损毁文物古迹等影响或破坏风景名胜资源情况及其查处结果,对各类配套的环境保护设施的建设与使用情况的监督检查等方面情况。

三、小结

（一）本年度风景名胜区规划实施和资源保护工作所取得的成绩（要体现本年度与上一年度的对比情况）。

（二）存在的问题和改进的建议。

附件2：

表1　　　　　年度　　　　　　风景名胜区规划实施情况统计表

项目类型		序号	项目名称	建设进度		用地来源及性质	占地面积（m²）	总建筑面积（m²）	资金投入规模（万元）	审批情况		备注
				完工	在建					规划选址情况	规划许可情况	
符合规划的建设项目	资源保护性项目	1										
		2										
		3										
		……										
	开发建设性项目	1										
		2										
		3										
		……										

违反规划建设项目及查处情况	序号	项目名称	项目内容	占地面积（m²）	总建筑面积（m²）	违反规划内容	查处结果
	1						
	2						
	3						
	……						

注：本表所指规划为依照法定程序批准实施的风景名胜区总体规划、详细规划。

附件3：

表2　　　　　　风景名胜区重要景观资源统计表

类型	序号	名称	等级	位置	特征描述（含面积或数量）
自然景观资源	1				
	2				
	3				
	4				
	5				
	……				
人文景观资源	1				
	2				
	3				
	4				
	5				
	……				

注：1. 资源等级确定参见国家标准《风景名胜区规划规范（GB 50298-1999）》和风景名胜区规划；

2. 野生动物、植物等级除按照上述"1"款确定等级外，依照《野生动物保护法》、《野生植物保护条例》等有关法律法规，属省级以上重点保护野生动物、植物的，应在"等级"列中同时说明级别；

3. 文物古迹等级除按照上述"1"款确定等级外，依照《文物保护法》、《历史文化名城名镇名村保护条例》等有关法律法规，属省级以上文物保护单位或者历史文化名村、名镇、名城的，应在"等级"列中同时说明级别；

4. 人文景观资源中如有列入联合国教科文组织"人类口述和非物质遗产代表作"或经国务院批准为"国家级非物质文化遗产"的，应在"等级"列中同时说明；

5. 本表仅填报二级及以上景点、景物和省级及以上重点动植物、文物保护单位或历史文化名村、名镇、名城；

6. 本表可根据实际情况适当扩充；

7. 本表每5年上报1次。

三十八、关于加强"中国丹霞"世界自然遗产地保护管理工作的通知

建办城函 [2010] 623 号

湖南、浙江、福建、江西、广东、贵州省住房和城乡建设厅：

"中国丹霞"成功列入《世界遗产名录》，表明它的突出普遍价值得到国际公认，这既是荣誉，更是责任。根据《风景名胜区条例》、《保护世界文化和自然遗产公约》和第34届世界遗产委员会会议关于"中国丹霞"世界自然遗产地审议决议要求，现就做好"中国丹霞"世界自然遗产地（以下简称遗产地）保护管理工作通知如下：

一、建立和完善遗产地和风景名胜区保护管理的体制机制，建立健全规章制度，制定和严格落实各项保护措施，确保遗产地得到长期有效的保护，维护遗产价值的真实性和完整性。

二、严格遗产地的规划建设管理，妥善处理风景名胜区与遗产地的范围关系，通过强化风景名胜区行政管理机构的职能与编制，按照确定的遗产地的范围以及相关缓冲区和汇水区范围，统筹做好遗产地的管理。

三、严格执行国家有关景区门票价格管理的规定，不得擅自随意提高遗产地的门票价格；涉及门票价格调整的，要提前半年向社会公布，并按规定程序履行相关手续后方可实施。

四、进一步加强遗产地内生物多样性的保护管理，继续做好"中国丹霞"地貌的科学研究，做好有关"中国丹霞"重要科研成果的推广和宣传工作，积极支持、组织和参与有关丹霞地貌的国际会议。

请你厅将本通知转发各遗产地所在地人民政府和风景名胜区行政管理机构，并按照本通知要求，加强督促和指导，确保各项要求落到实处。我部将对上述要求落实情况进行监督检查。

中华人民共和国住房和城乡建设部办公厅
二〇一〇年八月十日

三十九、关于国家级风景名胜区数字化景区建设工作的指导意见

建城函［2010］226号

各省、自治区住房和城乡建设厅，直辖市建委（园林局），各国家级风景名胜区管理机构：

为积极推进风景名胜区信息化建设，稳步开展国家级风景名胜区（以下简称"风景名胜区"）数字化景区建设工作，提高风景名胜区现代化、信息化管理水平，实现风景名胜区事业又好又快发展，结合五年来风景名胜区数字化景区建设试点经验，现就做好风景名胜区数字化景区建设工作，提出以下指导意见。

一、指导思想和基本原则

（一）指导思想

风景名胜区数字化景区建设是风景名胜区在总结监管信息系统建设经验基础上开展的一项信息化建设工作。建设风景名胜区数字化景区，要综合运用现代信息技术，以信息化基础设施为支撑，以业务应用系统为纽带，以数据中心和指挥调度中心为核心，整合景区管理资源，实现信息共享，推进风景名胜区信息化建设。通过数字化景区建设，提高风景名胜区在资源环境保护、规划建设管理、游览组织管理与公共服务、游客安全保障、防灾减灾、应对突发事件等方面的管理和服务能力，改进管理方法，降低管理成本，提高管理效率。

（二）基本原则

1. 需求主导，突出重点。风景名胜区要结合自身条件和管理需要，按照数字化景区建设的特点和要求，积极组织开展数字化景区建设工作。工作中要量力而行，突出重点，以需求为导向，以管理应用和优化服务为重点，优先建设景区资源保护、规划、利用和管理需求迫切的项目。

2. 因地制宜，分类指导。风景名胜区的类型不同，数字化景区建设的需求和管理模式存在差异。要根据景区的类型和特点，实行分类

指导，因地制宜建立符合风景名胜区特点的数字化管理模式。

3. 总体规划，分步实施。风景名胜区要深入研究数字化景区建设的具体需要，统筹兼顾，科学论证，编制数字化景区建设规划，合理确定规划目标、建设内容和实施步骤，分步实施建设规划。

4. 实用节约，安全高效。风景名胜区要在满足数字化景区建设功能要求的前提下，增强成本效益意识，合理控制建设运行成本，优先选择业务流程稳定、管理效益明显、信息密集、实时性强、实用节约的项目，应用技术做到适度先进。要构筑完善的信息化安全防范体系，做到效率与安全并重。

二、主要任务

（一）编制数字化景区建设规划。数字化景区建设规划是开展信息化建设的基本依据。风景名胜区要按照国家以及住房城乡建设领域信息化建设的有关要求和技术规范，结合自身实际，以实际需求为导向，编制数字化景区建设规划，明确数字化建设的基本思路、总体目标、总体框架、建设内容、重点任务和实施方案等，确定分期建设目标和实施保障措施，经过专家论证通过，有计划有步骤地实施。

（二）建立健全数字化基础设施。基础设施是信息化建设的基础和前提。风景名胜区要按照数字化景区建设要求，逐步配备和完善计算机设备、网络设备、服务器设备、数据存储设备、安全设备、机房及配套等设施，构建结构合理、覆盖面广、容量充足、性能稳定的基础网络体系，为数字化建设提供保障。

（三）建立统一的数据中心。基础数据库和共享机制建设是信息化建设的关键。风景名胜区要以信息资源共享为突破口，提高基础数据的质量，统一数据标准，整合信息资源，建设统一的数据中心，从技术上和管理上建立一套有效的共享机制，为实现地理信息、规划建设、资源环境本底、遥感监测等基础数据与业务数据的互联共享以及不同系统互通互联、数据共享和系统集成奠定基础，实现信息资源集中、高效、便捷的管理和应用。

（四）建设统一高效的综合指挥调度中心。要通过建立风景名胜区综合指挥调度中心，改进传统管理模式，改善管理部门之间信息不畅、调度不良的问题。通过采用功能集成、网络集成、软件界面集成等多种集成技术，实现互通互联和交互操作，充分发挥集成应用的协同效应，实现对各个集成设备和系统的集中高效应用和对相关管理部门的统一协调和组织，构建统一指挥、快速反应的管理体系。

（五）加强应用系统建设。风景名胜区数字化景区建设，除风景名胜区监管信息系统等必备应用系统外，可以根据业务工作信息化管理的需要，全部或者有选择地建设视频监控（含森林防火）、应急救援、车辆运行监控调度、人员巡检监控调度、资源环境监测、规划建设管理、景区门禁票务、电子政务、电子商务、多媒体展示等应用系统，也可以自行开发建设其他应用系统，提高信息化管理水平。

（六）构筑安全防范体系。风景名胜区要按照国家信息安全有关要求，加强信息安全管理，采取技术与管理相结合的综合性保障措施，建立包括物理安全、网络安全、数据安全、系统安全、应用安全等内容的安全保障体系，制定并严格执行安全管理制度，确保设备和系统有效安全运行。

三、工作要求

（一）加强组织领导。各级风景名胜区管理部门要加强领导，积极稳步推进风景名胜区数字化景区建设。住房城乡建设部负责全国风景名胜区数字化景区建设的总体指导和监督实施，制订有关技术标准规范，并成立专家小组提供技术指导和服务。省级住房城乡建设（或风景名胜区）主管部门负责本辖区风景名胜区数字化景区建设的指导协调和监督实施。风景名胜区管理机构要设立专门工作机构，落实专业技术人员，稳步扎实推进数字化景区建设的各项工作。

（二）规范有序建设。风景名胜区数字化景区建设要遵循国家和住房城乡建设领域信息化建设的有关要求和技术规范，做到标准统一、网络互联、数据共享，推进信息资源共享，提高信息资源效益。要充分利用和整合现有基础设施、应用系统和信息资源，避免自成体系、重复建设等问题，促进景区内部以及景区与外部业务系统的互通互联。

（三）加强制度建设。风景名胜区要建立健全数字化景区建设的规章制度，制定包括规划立项、招标采购、设计施工、调试运行、项目验收、业务操作、日常运行、管理维护、文档管理、安全管理、应急管理、部门协作、绩效评估以及硬件、软件、人员、信息、数据等各方面的程序规范与管理制度，推进风景名胜区数字化建设与管理的规范化、制度化。

（四）搞好人才培养。风景名胜区要加强数字化景区人才队伍建设，在积极引进专业人才和技术支持协作单位同时，加大对现有干部职工的培训力度，积极开展信息化建设有关政策法规、技术规范、专业知识的培训辅导，努力提高现有管理人员专业技术能力，适应数字化景区建设的需要。

（五）加大资金投入。风景名胜区数字化景区建设需要一定的资金投入和保障。要积极拓宽融资渠道，加大资金支持力度，在充分利用自有资金的同时，积极争取财政资金、科研立项、银行贷款、社会投资等多方面的资金支持，为数字化景区建设提供可靠稳定的资金保障。

各地在实际工作中遇到的具体问题，请及时与我部风景名胜区管理办公室联系。

中华人民共和国住房和城乡建设部
二〇一〇年八月二十五日

四十、关于进一步加强世界遗产保护管理工作的通知

建城函 [2010] 240 号

各省、自治区住房和城乡建设厅，北京市园林绿化局，天津市城乡建设和交通委员会，重庆市园林事业管理局：

  自1985年我国政府加入《保护世界文化和自然遗产公约》以来，在党中央、国务院的正确领导下，我国世界遗产保护管理工作取得了显著成绩，有效保护了世界遗产资源，提高了遗产地的知名度，带动了遗产所在地经济发展。但在世界遗产保护管理工作中也出现一些问题，有的地方不切实际，缺乏研究，存在"申遗"过热的倾向；有的地方"重申报、轻管理"，"重开发、轻保护"的现象也很突出。为进一步加强世界自然遗产、自然与文化双遗产等相关世界遗产保护管理工作，现通知如下：

  一、深刻认识保护世界遗产的重要意义。我国现有各类世界遗产40处，位列全世界第三，已成为世界遗产大国。世界遗产是不可再生的珍贵资源，既代表一个国家的荣誉，更体现一个国家的责任。设立世界遗产的目的，就是为了保护和传承全人类共同的自然与文化遗产，促进世界遗产的永续利用，为人类社会的可持续发展做出贡献。目前，全球范围内世界遗产保护的压力越来越大，其保护状况将越来越受到更广泛的关注。要深入学习《保护世界文化和自然遗产公约》的精神，深刻领会保护世界遗产的重要意义，始终把世界遗产保护放在首位。要用科学和理性的态度，从全局出发，提高认识，端正目的，进一步增强世界遗产保护的责任感和使命感，加强世界遗产的科学保护。

  二、科学推进申报工作。目前，我国正处于旅游经济快速发展时期，一些地方对世界遗产申报工作热情空前高涨。与此同时，世界遗产评选标准更趋严格，审议程序更为规范，批准通过的项目比例逐年降低，世界遗产申报工作难度也越来越大。因此，要深入了解世界遗

产申报工作面临的新形势，认真学习有关世界遗产规则和国际惯例，加强与有关国际组织在世界遗产法规、信息、技术等方面的沟通和交流，参与有关世界遗产的国际交流活动，形成良性互动、协调推进的工作局面。要进一步加强世界遗产申报管理，有序开展世界遗产申报工作，实事求是，量力而行，科学推进，防止作为政绩工程一哄而上。

三、依法开展保护工作。要认真贯彻落实《城乡规划法》、《风景名胜区条例》、《城市绿化条例》等法律法规以及国家关于风景名胜区、历史文化名城（名镇、名村）和城市园林的有关保护管理规定，通过法制、行政和技术等多种手段，加大对世界遗产保护监管的力度，增强履约意识，提高履约能力，切实维护世界遗产的真实性和完整性。要探索完善世界遗产保护管理体制机制，依法制定和落实各项保护措施，严格规划建设管理，加强生物多样性、生态环境和文化景观的保护。要注意保护遗产地居民及其他利益相关者的合法权益。要结合世界遗产地定期报告工作的开展，提升世界遗产保护管理水平，实现世界遗产资源严格保护和可持续利用。

四、加大宣传力度。要正确引导新闻媒体对世界遗产保护管理工作的有关报道，积极宣传世界遗产保护管理工作的成果。世界遗产的宣传报道要做到客观公正，对恶意炒作、虚假报道的，要采取有力措施，坚决予以纠正。要积极宣传和倡导正确的世界遗产保护理念，引导全社会理性认识世界遗产，动员群众积极参与世界遗产保护管理，形成有利于世界遗产保护管理工作的良好舆论氛围。

五、加强能力建设。各级主管部门和遗产地管理机构要认真履行工作职责，加强机构建设，完善各项规章制度，规范门票管理，多渠道争取世界遗产保护资金，加大有关世界遗产科学研究、科普教育和培训工作，提高管理人员工作水平和素质，全面改进世界遗产保护管理工作，推进我国世界遗产保护事业健康发展。

中华人民共和国住房和城乡建设部
二〇一〇年九月七日

第四部分
风景名胜区地方法规

一、北京市

1. 北京市人民政府关于加强八达岭—十三陵风景名胜区规划管理的规定

(1992年12月19日北京市人民政府第23号令发布 自1993年1月1日起施行)

第一条 为保障八达岭—十三陵风景名胜区规划的实施,加强规划管理,根据国家和本市城市规划、文物保护的法律、法规,制定本规定。

第二条 凡在八达岭—十三陵风景名胜区进行建设,均须遵守本规定和《北京市文物保护单位保护范围及建设控制地带管理规定》。

本规定所称八达岭—十三陵风景名胜区,东至昌平县黑山寨沙岭,西至延庆县岔道城,南至昌平县南邵乡营坊,北至昌平县北界。

第三条 在八达岭—十三陵风景名胜区规划范围内,根据文物古迹、景点景观、古树名木等的分布状况和地形地貌等自然环境,划定一、二、三级保护区。

八达岭—十三陵风景名胜区的具体规划范围及其一、二、三级保护区的界限,按照市人民政府批准的《八达岭—十三陵风景名胜区总体规划》执行。

第四条 在八达岭—十三陵风景名胜区内进行建设,必须遵守下列规定:

(一)各项建设必须符合《八达岭—十三陵风景名胜区总体规划》和《北京市文物保护单位保护范围及建设控制地带管理规定》的规划建设要求。

(二)在一级保护区内,凡属《北京市文物保护单位保护范围及建设地带管理规定》中一类地带,除进行绿化和修筑消防通道外,不得建设任何建筑和地上附属建筑物。

（三）在一级保护区的非一类地带和二级保护区内，建设必要的旅游服务设施，须符合景区性质的要求，其建筑布局、规模、体量、高度、材料和色彩等应当与景观环境相协调。

（四）在三级保护区内新建、改建、扩建和翻建建设工程，不得破坏景观和环境风貌。

（五）在一级和二级保护区内，禁止开矿采石、挖沙取土、掘坑填塘等改变地形地貌的活动。在三级保护区内进行上述活动，须经主管机关批准，并须符合规划，服从规划管理。

第五条 在八达岭—十三陵风景名胜区进行建设需要申请用地的，必须取得市规划局核发的建设用地规划许可证。

第六条 在一级保护区进行工程建设，须报市规划局批准并核发建设工程规划许可证；在二级保护区进行工程建设和三级保护区的重要工程建设，应征得市规划局同意，由县规划局批准核发建设工程规划许可证；在三级保护区内进行非重要工程建设，由县规划局批准并核发建设工程规划许可证。

在八达岭—十三岭风景名胜区进行工程建设，凡属文物保护单位保护范围或建设控制地带范围内的，均须先经文物行政主管部门同意。

第七条 未取得建设用地规划许可证、建设工程规划许可证或者违反上述许可证的规定进行建设的，由城市规划管理部门依照有关城市规划管理的法律、法规予以处罚。

属于违反文物保护管理法律、法规的，由文物管理机关依法处理。

第八条 本规定执行中的具体问题，由市城市规划管理局负责解释。

第九条 本规定自1993年1月1日起施行。

2. 北京市明十三陵保护管理办法

（2002年7月16日北京市人民政府第50次常务会议审议通过 2002年7月27日北京市人民政府第101号令公布 自2002年9月1日起施行）

第一条　为加强对明十三陵的保护管理，根据有关法律、法规，制定本办法。

第二条　本办法适用于本市昌平区行政区域内东起蟒山，西至虎峪山，南起石牌坊，北至灰岭口范围内明十三陵保护区的保护管理工作。

保护区划分为保护范围和建设控制地带。保护范围、建设控制地带具体范围的划定和调整，由市文物行政主管部门会同市规划行政主管部门提出，经市人民政府核定并公布。

第三条　昌平区人民政府（以下简称区政府）负责本办法的组织实施。昌平区十三陵特区办事处（以下简称特区办事处）负责指导、协调有关部门和当地人民政府，做好明十三陵的保护管理工作。

文物、规划、环境保护、林业、园林等部门和城管监察组织应当按照各自职责，依法做好对明十三陵的保护管理和监督检查工作。

第四条　明十三陵的保护管理应当坚持有效保护、合理利用的原则。

第五条　区政府负责制定明十三陵的保护规划，依据市人民政府核定公布的明十三陵保护范围和建设控制地带的边界，设立界限标志。任何单位和个人不得擅自移动、拆除、损毁界限标志。

第六条　任何单位和个人不得改变文物原状，不得损毁、改建、拆除文物建筑及其附属物；在保护范围内不得进行其他建设工程，不得在建筑物内及其附近存放易燃、易爆及其他危及文物安全的物品。

在建设控制地带内使用土地和进行建设，必须符合国家和本市有关文物保护和规划的要求，依法进行。

对保护区内现有的不符合规划或者影响明十三陵文物和环境风貌的非文物建筑、构筑物，区政府应当依法制定整治搬迁方案，分期组织实施。

第七条　任何单位和个人都应当严格履行环境保护义务。在保护区内不得建设或者批准建设污染环境的项目；污染物排放不得超过国家和本市规定的标准，未经处理达标的污水不得排放；开展旅游活动、进行垃圾处置和设置停车设施等，应当符合生态旅游管理规范的要求。

第八条　保护区内的山地绿化应当以松、柏等乔木为主。对古树名木和风景林木，应当依法加强保护管理；严禁砍伐古树名木，不得擅自更新、采伐风景林木。

第九条 区政府应当限定保护范围内营业摊点的数量，并统一规划和合理划定经营区域。禁止在划定区域外设立营业摊点。

第十条 在保护范围内不得设立广告。在建设控制地带内严格限制设立广告，禁止设立大型商业广告；设立其他广告的，应当符合市政管理行政主管部门会同规划、文物等行政主管部门制定并公布的广告设置规划。

设置的广告和文物、导游等标志标牌的色调、体量、造型等应当符合设计要求，不得破坏文物和环境风貌。

第十一条 在保护区内不得进行开矿采石、挖沙取土、掘坑填塘、捕猎野生动物、修建公墓等破坏地形地貌、生态环境的活动；所建电力、通信、农田水利、种植、养殖等设施，不得危及文物安全，影响环境风貌。

第十二条 一切单位和个人都有保护明十三陵文物和环境风貌的义务。

任何单位和个人都有权对破坏明十三陵文物和环境风貌的行为予以制止和举报。

第十三条 特区办事处应当严格履行文物使用和保护管理的下列职责：

（一）保护明十三陵文物安全和环境风貌完好，做好防火、防盗、防汛、防蛀、防雷击等工作。

（二）按规定保养、修缮明十三陵文物建筑，保护明十三陵文物遗址。对明十三陵文物建筑的保养、修缮和对明十三陵文物遗址的保护应当在方案设计、施工工艺、材料选用、规制布局等各方面严格遵照传统方法，本着尊重历史、不改变历史原状的原则组织实施。

（三）建立巡查制度，对明十三陵文物和环境风貌状况进行经常性检查，发现破坏文物和环境风貌的行为应当予以制止，并提请有关部门处理。

第十四条 对违反本办法的，按照下列规定处理：

（一）对违反第五条规定，擅自移动、拆除、损毁界限标志的，由文物行政主管部门责令恢复原状，并可以处200元以上500元以下罚款。

（二）对违反第六条、第十一条规定，进行违法建设，或者违法设置电力、通信、农田水利、种植、养殖等设施的,由规划行政主管部门或者城管监察组织依法处理。

(三)对违反第八条规定,破坏古树名木、风景林木的,由林业行政主管部门依法处理。

(四)对违反第十条规定,设立广告和标志标牌不符合要求的,由城管监察组织责令拆除或者更换,并可以处 200 元以上 1000 元以下的罚款。

(五)对违反本办法其他规定的,由有关部门依法处理。

第十五条 对明十三陵保护管理负有职责的有关部门及其工作人员,应当恪尽职守,做好明十三陵的保护管理工作。对玩忽职守、滥用职权致使发生危及文物安全、影响环境风貌后果的,由其上级主管部门或者所在单位依法追究单位负责人和直接责任人员的行政责任;构成犯罪的,依法追究刑事责任。

第十六条 本办法自 2002 年 9 月 1 日起施行。

3. 北京市长城保护管理办法

(2003 年 5 月 22 日北京市人民政府第 8 次会议审议通过 2003 年 6 月 13 日北京市人民政府第 126 号令公布 自 2003 年 8 月 1 日起施行)

第一条 为了保护长城及其环境风貌,根据国家有关文物保护的法律、法规,结合本市实际情况,制定本办法。

第二条 本办法所称长城,是指本市行政区域内的长城主体和与长城主体有关的城堡、关隘、烽火台、敌楼等附属建筑及其他相关文物。

长城主体的附属建筑和相关文物的具体名录,由市文物行政主管部门确定,并向社会公布。

第三条 本市长城保护坚持原状保护、科学规划、合理利用的原则。

第四条 市文物行政主管部门负责对长城保护工作的统一管理和监督、指导。

长城沿线的区、县人民政府(以下简称区、县人民政府)负责组织实施本辖区内长城段的保护工作。区、县文物行政主管部门具体负责本辖区内长城段的保护管理工作。

规划、林业、环境保护、旅游等行政主管部门和城市管理综合执法组织应当按照各自职责，负责相关的长城保护管理工作。

一切单位和个人都有保护长城的义务。本市鼓励单位和个人以各种形式参与长城保护工作。

第五条 市文物行政主管部门应当制定长城总体保护方案。区、县人民政府应当根据长城总体保护方案，制定本辖区内长城段保护工作的具体实施方案。对影响长城安全和环境风貌的建筑物、构筑物，区、县人民政府应当制定整治搬迁方案，分期组织实施。

第六条 市文物、规划行政主管部门应当按照保护整体风貌、保留完整体系的原则，划定长城的保护范围和建设控制地带。

对急需保护的长城段，市文物、规划行政主管部门应当优先划定保护范围和建设控制地带；对近期不能划定保护范围和建设控制地带的长城段，市文物行政主管部门可以会同市规划行政主管部门划定临时保护区，并按照本办法及国家和本市有关文物保护单位保护范围和建设控制地带的规定管理。

第七条 区、县人民政府对本辖区内的长城段应当进行普查登记，设置保护标志，建立记录档案，并将记录档案报市文物行政主管部门备案。

第八条 区、县人民政府与长城沿线乡、镇的人民政府（以下简称乡、镇人民政府），乡、镇人民政府与长城沿线村的村民委员会，应当签订长城保护责任书，并建立相应的奖惩制度。

乡、镇人民政府应当组织本地区有关单位和个人做好长城保护管理工作。

第九条 长城管理使用单位应当负责所管理使用长城段的日常巡视检查和日常维护、修缮、抢险等保护工作，并保证保护工作的相应资金。没有管理使用单位的长城段，其日常巡视检查和日常维护、修缮、抢险等保护工作，由当地区、县人民政府负责。

长城管理使用单位发现所管理使用的长城段出现险情的，应当及时抢险，并向当地区、县文物行政主管部门报告。

长城管理使用单位对所管理使用的长城段，不按照文物行政主管部门的要求修缮，或者发现险情不及时抢险的，市文物行政主管部门可以指定具有文物保护工程资质的施工单位进行修缮、抢险，所需费用由负有修缮、抢险责任的长城管理使用单位承担。

第十条 对长城进行日常维护、修缮，应当坚持及时保护、不改变文物原状的原则；长城地面建筑已经全部被毁坏的，应当实施遗址保护。

第十一条 任何单位或者个人不得将长城转让、抵押或者折股作为企业资产经营。

利用长城开辟参观游览场所的，应当由当地区、县人民政府提出利用方案和保护措施，报市文物行政主管部门审核；市文物行政主管部门审核同意后，依法报请市人民政府批准。

未经批准，任何单位或者个人不得利用长城开辟参观游览场所。

第十二条 在长城保护范围和建设控制地带内不得进行开矿采石、挖沙取土、掘坑填塘、捕猎野生动物、擅伐林木等破坏地形地貌和生态环境的活动；建设电力、通信、农田水利、种植、养殖等设施和从事其他生产生活活动，不得危及长城安全，不得影响长城环境风貌。

在长城保护范围和建设控制地带内设置的文物、导游等标志标牌，其色调、体量、造型等应当与长城风貌相协调。

第十三条 长城建筑材料属于国家所有。任何单位或者个人不得非法占有长城建筑材料，不得利用长城建筑材料修建除长城以外的建筑物、构筑物。

本办法实施前利用长城建筑材料修建的建筑物、构筑物被拆除后，有关单位或者个人应当将长城建筑材料无偿移交当地的区、县文物行政主管部门。

第十四条 本市严格控制利用长城拍摄电影、电视和举办大型活动。

利用长城拍摄电影、电视或者举办大型活动的，应当依法经过批准，其搭设的临时设施、活动规模等不得危及长城安全。

第十五条 禁止从事下列危及长城安全的活动：

（一）在长城主体上设置摊点、通信设施；

（二）组织游览未批准为参观游览场所的长城；

（三）攀登未批准为参观游览场所的长城；

（四）刻划、涂污、损坏长城；

（五）非法移动、拆除、污损、破坏长城保护标志；

（六）在长城上架梯、挖坑、竖杆、堆积垃圾；

（七）其他危及长城安全的行为。

任何单位或者个人不得擅自利用长城设卡收费或者从事其他营利性活动。

第十六条 一切单位和个人都有权对破坏长城及其环境风貌的行为予以制止和举报。文物行政主管部门接到举报后，应当及时处理。

市文物行政主管部门对不履行长城保护职责的区、县人民政府和乡、镇人民政府有权予以通报。

第十七条 对违反本办法第十二条第二款规定，设置的文物、导游等标志标牌不符合要求的，由城市管理综合执法组织责令拆除或者更换，并可处200元以上1000元以下的罚款。

第十八条 对违反本办法第十三条第一款规定，非法占有长城建筑材料，或者利用长城建筑材料修建除长城以外的建筑物、构筑物的，由文物行政主管部门依法追回长城建筑材料；构成犯罪的，依法追究刑事责任。

第十九条 对违反本办法第十四条规定，利用长城拍摄电影、电视或者举办大型活动危及长城安全的，由文物行政主管部门责令停止活动；对已经造成长城损害的，依法处理。

第二十条 对违反本办法第十五条第一款第（一）项、第（二）项规定，或者违反本办法第十五条第二款规定的，由文物行政主管部门责令改正，并可处1000元以上3万元以下的罚款。

对违反本办法第十五条第一款第（三）项、第（四）项、第（五）项、第（六）项、第（七）项规定的，由文物行政主管部门责令改正，并可处200元以上500元以下的罚款。

第二十一条 对违反本办法的行为，其他法律、法规、规章已经规定了行政处罚的，由有关部门依法处理。

第二十二条 对依照本办法负有长城保护管理职责的区、县人民政府和乡、镇人民政府及其有关工作人员，未依法尽到保护管理长城的责任，发生危及长城安全、影响长城环境风貌后果的，或者违反本办法第十一条规定，将长城转让、抵押或者折股作为企业资产经营，或者擅自利用长城开辟参观游览场所的，由其上级主管部门或者所在单位依法追究直接负责的主管人员和其他直接责任人员的行政责任；

构成犯罪的,依法追究刑事责任。

第二十三条 本办法自 2003 年 8 月 1 日起施行。

4. 北京市公园风景名胜区安全管理规范(试行)

(2005 年 1 月 24 日北京市安全生产监督管理局颁布 自 2005 年 3 月 24 日起施行)

第一条 为加强全市公园、风景名胜区的安全管理,确保公园风景区的安全秩序,切实保障人民群众生命和财产安全,根据《中华人民共和国安全生产法》、《中华人民共和国消防法》、《中华人民共和国文物保护法》、《风景名胜区暂行条例》、《北京市消防条例》、《北京市安全生产条例》、《北京市公园条例》、北京市实施《中华人民共和国文物保护法》办法、《机关、团体、企业、事业单位消防安全管理规定》、《风景名胜区安全管理标准》等有关规定,结合我市基本情况,特制定本规范。

第二条 本规范所称的公园、风景名胜区指全市范围内已经注册的风景名胜区、公园。

第三条 公园、风景名胜区的法人代表对本单位的安全工作负总责。

第四条 公园、风景名胜区应建立健全各项安全责任制,明确职责,确定各级、各岗位的安全工作责任人。

第五条 公园、风景名胜区应设置安全管理机构或配备专兼职安全管理人员,每月至少召开一次安全会,研究、部署本单位的安全工作。

安全管理机构和安全管理人员须履行以下职责:

(一)制定和完善本单位的各项安全保卫制度,落实安全保卫防范措施;

(二)按照市人民政府的有关规定确定公园、风景名胜区内的重点要害部位,严格落实各项保卫措施,确保重点要害部位的安全;

(三)加强重点防范部位和贵重物品、危险物品的安全管理;

(四)组织安全检查,及时发现和消除安全隐患。对有关部门指出的事故隐患和提出的改进建议,在规定的期限内解决,并将结果报相关部门。对暂时难以解决的事故隐患,要采取相应的安全措施。

第六条 公园管理机构应当按照《公园设计规范》规定的游人容量接待游人。风景名胜区管理机构应按照《风景名胜区规划规范》规定的容量接待游人。

第七条 公园、风景名胜区举办大型活动的安全工作应当遵循"谁主办,谁负责"的原则,主办单位承担第一责任,审批单位承担监管责任。举办活动的主办单位应当制定相应的安全工作方案和应急预案。大型活动前,必须报上级主管部门同意,同时报当地公安、消防部门审查批准后方准进行。文物保护单位还应报市文物保护部门审查批准。

举办大型活动的公园、风景名胜区应履行下列安全责任:

(一)保证活动场所、设施符合国家安全标准和消防安全规范;

(二)安全出入口和安全通道要设置明显的标志标识保证畅通;

(三)必要时在场所入口处按公安机关的要求设立安全疏导缓冲区;

(四)配备应急广播、照明设施,并确保完好有效;

(五)安全技术防范设备、设施应当与举办活动的要求相适应。

第八条 公园、风景名胜区在遇有黄金周、主要节假日及大型活动等重点时期,景区、景点如展室、桥梁、狭窄路段等处人员过多(室内达到$1m^2$/人、室外达到$0.75m^2$/人)或遇有紧急情况和突发事件时,要立即启动应急预案,采取临时关闭景区、展馆、疏散游人等措施,并及时向有关部门报告。

正常开放时要派专人随时掌握入园的人流量,确保游人安全。

第九条 公园、风景名胜区要完善各项应急预案,每季度进行一次演练。有关责任人和职工能够掌握预案内容,履行预案规定的岗位职责。

第十条 公园、风景名胜区要加强对锅炉、压力容器等特种设备的安全技术管理工作,建立健全特种设备安全管理制度。并向特种设备监督管理部门注册登记,实行定期检验制度。未取得特种设备使用证的,不得投入运行;对存在安全隐患的特种设备,必须停止运行。

公园、风景名胜区使用特种设备的应建立特种设备技术档案。安全技术档案应当包括以下内容:

（一）特种设备的设计文件、制造单位、产品质量合格证明、使用维护说明等文件以及安装技术文件和资料；

（二）特种设备的定期检验和定期自行检查的记录；

（三）特种设备的日常使用状况记录；

（四）特种设备及其安全附件、安全保护装置、测量调控装置及有关附属仪器仪表的日常维护保养记录；

（五）特种设备运行故障和事故记录。

公园、风景名胜区特种作业人员必须经国家和本市特种作业人员安全技术考核，持证上岗。

第十一条 公园、风景名胜区应当加强文物、古树名木、名胜古迹等公园、风景名胜区内的自然遗产、文化遗产以及有关文化资源、自然资源的保护。

第十二条 公园建筑物、高大游乐设施、公园制高点等应当安装防雷设备，并在每年雷雨季节前进行检测维修，保证完好有效。

第十三条 公园、风景名胜区内的游船、缆车、索道、码头等交通游览设施及游乐项目未经有关部门的质量和安全检验合格不得运营。各类交通游览设施及游乐项目必须公示安全须知。各类设备、设施应当定期维护检查，保持完好、安全、有效。

第十四条 在游览危险地段、水域及有害动植物生长地区，应当完善安全防范措施，设置明显的警示标志，并应专人负责。非游泳区、非滑冰区、防火区、禁烟区应当设置明显的禁止标志。

第十五条 风景名胜区内的道路应当符合规定标准，及时维修，并结合风景名胜区特点，配合有关部门按道路交通管理的有关规定设置进行禁行、限速、警示等交通标志，保障交通安全。

第十六条 在公园、风景名胜区内施工，应当设置明显的施工标志，并提供安全防护措施。

第十七条 公园、风景名胜区内应当按照消防安全有关规定合理设置消防水源、消防设施，保证消防通道畅通并严格贯彻有关消防法规，建立义务消防队，组织相应的消防演习，并按要求配备消防器材。消防器材应当登记造册，专人管理，定期检查维修保养，保持完好。

第十八条 公园、风景名胜区要加强对辖区内古建筑的消防安全管理：

（一）凡古建筑的管理、使用单位，必须严格对一切火源、电源和各种易燃、易爆物品的管理。

禁止在古建筑保护范围内堆存柴草、木料等易燃可燃物品。严禁将煤气、液化石油气等引入古建筑物内。

（二）禁止利用古建筑当旅店、食堂、招待所或职工宿舍。禁止在古建筑的主要殿屋进行生产、生活用火。

（三）在重点要害场所，应设置"禁止烟火"的明显标志。指定为宗教活动场所的古建筑，如要点蜡、烧纸、焚香时，必须在配有消防设施、设备的指定地点，并派专人看管或采取值班巡查等措施。

（四）在古建筑物内安装电灯和其他电器设备，必须经文物行政管理部门和公安消防部门批准，并严格执行电气安全技术规程。

（五）凡与古建筑毗连的其他房屋，应有防火分隔墙或开辟消防通道。古建筑保护区的通道、出入口必须保持畅通，不得堵塞和侵占。

（六）古建筑需要修缮时，应由古建筑的管理与使用单位和施工单位共同制订消防安全措施，严格管理制度，明确责任，并报上级管理部门和当地公安机关审批后，才能开工。在修缮过程中，应有防火人员值班巡逻检查，遇有情况及时处理。

第十九条 公园、风景名胜区应当制定相应的林区防火管理办法。重点部位应当设置明显的禁烟禁火标志，并设专人管理。

第二十条 公园、风景名胜区应当建立安全用电制度，严禁违章用电，保证用电安全。

（一）公园、风景名胜区内配电装置的清扫和检修，一般每年不应少于两次。室外高压配电装置至少每半年一次，室内高压配电装置至少每年一次。清扫的内容：清扫电器设备上的尘土；进行电缆遥测和接地遥测；各部连接点和接地处的紧固情况；检查油式变压器是否缺油。

（二）安装或移动电气设备，必须由电工按照安全操作规程进行接线和安装。任何部位的线路、闸箱，开关必须符合安全规程，除电工外不许任何人擅自接电源或接线增容。

（三）所有电器设备均应安装漏电保护装置，漏电保护装置不准任何人擅自拆卸、移动，需要移动、保养维修时必须由电工办理。

第二十一条 本规范自2005年3月24日起施行。

二、天津市

关于盘山风景名胜区规划建设管理若干问题的暂行规定

(1994年4月28日蓟县第十二届人民政府第二十二次常务会议审议通过 蓟县人民政府蓟政发〔1994〕21号文颁布施行)

第一条 为了加强盘山国家级风景名胜区的管理,更好地保护、开发和利用风景名胜资源,适应我县旅游业和社会经济发展的需要,根据国务院《风景名胜区管理暂行条例》和有关法律、法规,制定本规定。

第二条 依照科学规划,合理开发,严格保护,加强管理的原则,到20世纪末,将盘山风景名胜区建设成为风光秀丽、景观完整、生态平衡、设施齐备,秩序井然、服务一流,集游览、度假、疗养和革命传统教育为一体的国家级风景名胜区。

第三条 盘山风景名胜区规划面积106km^2,西起宝平公路西4km处,东到五名山西脚下,南接邦喜公路,北至县界。

依据保持景观完整,维护自然环境和生态平衡的需要,将风景名胜区划分为三区:

(一)一级保护区(绝对保护区):西起双峰寺,东至千像寺,南达游览路南百米处,北至县界,规划面积9km^2。

(二)二级保护区(环境保护区):西起双峰寺至宝平公路,南起游览路南百米处至盘山公路,东起千像寺至九华峰,规划面积20km^2。

(三)三级保护区(环境协调区):西起宝平公路至路西4km处,东起九华峰至五名山西脚下,南起盘山公路至邦喜公路,规划面积77km^2。

第四条 盘山风景名胜区规划,由县人民政府组织编制,经天津市人民政府报国务院审批。

第五条 风景名胜区规划批准后，必须严格执行，任何组织和个人不得擅自改变，确需对规划作重大修改或需要增建重大工程项目时，必须经县、市人民政府同意，报国务院批准。

第六条 蓟县人民政府全面负责盘山风景名胜区的保护、利用、规划和建设工作。盘山风景名胜区管理处隶属县人民政府，在景区内行使县人民政府授予的行政管理职能。其主要职责是根据风景名胜区管理规定和规划，负责资源保护、开发利用、规划建设、环境整治、安全管理、游览服务、统一经营等。

第七条 县城建、规划、地矿、环保、文化、工商、旅游、林业、水利、交通、公安等部门应会同盘山风景名胜区管理处，按照各自职能，负责对风景名胜区有关法律、法规及规定的实施和监督检查。

第八条 盘山风景名胜区内的各乡、镇人民政府负责资源保护、规划实施和当地群众生产经营活动的组织管理工作。

第九条 盘山风景名胜区的所有机关、单位、部队、居民和游人都负有保护景物、林木、设施和环境的责任，所从事的生产、生活、经营和建设活动都应接受景区管理处、县有关部门和当地乡镇人民政府的监督和管理。

第十条 盘山风景名胜区管理处应会同当地乡、镇人民政府统筹安排当地群众的生产和生活，优先当地群众发展旅游业、商饮服务业、旅游用品加工业、交通运输业等。

第十一条 盘山风景名胜区尤其是二级保护区以内的建筑，应体现古朴、典雅、端庄的建筑风格，富有民族特色和传统文化气息，达到与盘山风光、景观和古建的和谐统一。

第十二条 在盘山风景名胜区内禁止下列行为：

（一）禁止破坏地形、地貌和植被。

（二）禁止新上采石、采矿企业。

（三）禁止建设污染环境的生产项目。

（四）禁止伤害和捕猎野生动物。

（五）禁止损坏名石、古树、奇松。

（六）禁止放牧和毁坏林木。

（七）禁止毁坏文物古迹、革命遗迹、遗址和其他人文景物。

（八）禁止在一级保护区和盘山公路、砖瓦窑路两侧和山前地带墓葬、立墓碑。

第十三条 在一级保护区内，除执行第十二条的规定外禁止下列行为：

（一）禁止开山采石、挖沙取土、开荒种地和砍伐林木。

（二）禁止乱倒垃圾、丢弃杂物、排放废水。

（三）禁止设立经济开发区和旅游度假区，建立宾馆、招待所以及休养、疗养机构。

（四）禁止在重要景物周围和重要景点上，增建除必要的保护和附属设施外的其他工程设施。

（五）禁止携带火种上山，从事火险作业。

第十四条 在二、三级保护区内，除执行第十二条规定外，对现有采矿企业作如下处理：

（一）盘山路（蓟官公路）以北，砖瓦窑路至葫芦峪路范围内南侧迎面可见山的采石采矿企业和各类采矿点，无论有无批准手续，均应立即下马。

（二）除本条（一）款外，在二级保护区内的现有采石采矿企业，未经县矿产部门批准的立即停产下马，经批准的，在一九九四年十二月三十一日前停产下马。

（三）除本条（一）、（二）款外，现有阳面山、可见山的采石采矿企业，未经县矿产部门批准的，立即停产下马，经批准的，由县地矿部门会同当地乡镇政府逐企业制定停产转产方案，有承包合同的予以调整，在一九九六年十二月三十一日前分期分批停产下马。

第十五条 凡在风景名胜区内从事开发建设和经营活动的单位和个人，均需经过批准，办理相关手续。

（一）在二级保护区内占用土地、建设房屋或其他工程，都应先报景区管理处和县规划土地管理局审核后报县人民政府审批。

（二）一级保护区内的土地由县政府统一开发管理，凡需租用和征用的，经景区管理处同意后，由县规划土地管理局审核，报县政府批准，乡、镇、村无权对外出租和出让。

（三）在一、二级保护区的机关、单位，出租、出让土地及地上建筑物，均须报经县政府批准，并收取出租、出让的增值费。

（四）在一、二级保护区内建设的各项设施，必须符合规划，经景区管理处和县规划部门批准，其布局、高度、体量、造型和色彩等，都必须与景区建筑风格相协调。

（五）盘山风景名胜区规划范围内，所有机关、单位改建、扩建工程，均需经县规划土地管理局审核，报县政府审批。

（六）在一、二级保护区，设立广告牌和其他宣传设施，需经景区管理处批准，其格调应与周围景观相协调。

（七）在一、二级保护区，确需打机井开采地下水的，需经县水利局审核，报县政府批准。

（八）一级保护区内从事生产、饮食、服务等经营活动的单位和个人，都必须经景区管理处批准，办理县工商局核发的营业执照，并在指定的区域和营业范围内经营。

（九）在一、二级保护区从事客运经营，设立停车场，须经景区管理处同意，分别报经县公安局、工商局和交通局批准。

（十）风景名胜区内已经建成的各类生产项目，其污染程度超标的，由县环保局监督，限期治理。

第十六条 盘山风景名胜区管理处、县有关部门和当地乡、镇人民政府应认真履行职责，落实管护措施、确保景区资源得到合理的开发和利用。

第十七条 风景名胜区管理处，应会同县宣传部、城乡建设委员会、文化局、旅游局、广播电视局等部门采取多种形式，加大对外宣传的力度，积极招揽游客，努力提高盘山风景名胜区的知名度和吸引力。

第十八条 盘山风景名胜区的旅游门票，由景区管理处统一负责制、出售和管理，任何单位和个人不得仿制或倒卖。游人一律凭票进区。

第十九条 对于保护风景名胜区有显著贡献或重要贡献的单位和个人，县政府和景区管理处给予表彰和奖励。

第二十条 违反本规定，有下列情形的，给予行政或经济处罚：

（一）侵占风景名胜区土地，随意出租出让，进行违章建设的，由县主管部门和管理处责令其退出所占土地收回出租、出让土地及地上建筑物，限期拆除违章建筑，并处以罚款。情节严重的依法惩处。

（二）损毁景物、林木、植被、开山采石、捕杀野生动物或污染、破坏环境的，由县有关部门和管理处责令其停止破坏活动，依法予以惩处。

（三）破坏风景名胜区游览秩序和安全保护制度的，由有关部门和管理处给予警告或罚款；属于违反治安管理规定的，由县公安机关依法处罚；情节严重，触犯刑律或违反国家有关森林、环境保护和文物保护法律的，由司法机关依法严惩。

第二十一条 本规定由县政府法制办公室负责解释。

第二十二条 本规定自发布之日起实施。

三、河北省

1. 河北省风景名胜区管理条例

(1996年11月3日河北省第八届人民代表大会常务委员会第二十三次会议通过　河北省第八届人民代表大会常务委员会第76号公告公布　自1997年1月1日起施行)

第一章　总　　则

第一条　为加强风景名胜区的管理，更好地规划、开发、建设、利用和保护风景名胜资源，根据国家有关法律、法规的规定，结合本省实际，制定本条例。

第二条　本条例所称的风景名胜区，是指风景名胜资源集中、环境优美、具有一定规模和游览条件，供人游览、观赏、休息和进行科学文化活动的地域。

风景名胜资源，包括具有观赏、文化、科学价值的地形地貌、山体、溶洞、河溪、湖泊、瀑布、林木植被、特殊地质环境等自然景观和宗教寺庙、园林建筑、石雕石刻等人文景观及其所处的环境。

第三条　在本省行政区域内从事风景名胜区的规划、开发、建设、利用、保护和管理活动，以及进入风景名胜区的单位和个人，必须遵守本条例。

第四条　风景名胜资源归国家所有。

一切单位和个人都有保护风景名胜资源和风景名胜区环境的义务，并有权对污染和破坏风景名胜资源和风景名胜区环境的单位和个人进行检举和控告。

各级人民政府应当加强对风景名胜区工作的领导，将风景名胜资源的开发、建设、利用和保护纳入国民经济和社会发展计划，并在政策上予以扶持。

第五条 风景名胜区的管理，必须坚持为人民服务的原则，面向社会，开展健康、有益的游览和文化娱乐活动，进行爱国主义和社会主义教育，普及历史、文化和科学知识。

第六条 风景名胜区按其景物的观赏、文化、科学价值和环境质量、规模大小、游览条件等标准，划分为国家重点风景名胜区、省级风景名胜区和市、县级风景名胜区。

第七条 省人民政府建设行政主管部门主管全省风景名胜区工作；市、县人民政府建设行政主管部门主管本行政区域的风景名胜区工作。其主要职责是：

（一）组织实施有关风景名胜区管理的法律、法规和规章；

（二）组织风景名胜资源的调查和评价；

（三）负责风景名胜区级别和称号的申报和审定；

（四）组织编制和审查风景名胜区规划；

（五）依法审批风景名胜区开发和建设项目；

（六）负责风景名胜区的综合开发、建设、利用、保护和管理工作；

（七）法律、法规规定的和当地人民政府授予的其他职责。

旅游、文物、宗教、交通、工商、公安、农林、水利、环保、土地、地矿等有关部门应当按照国家法律、法规规定的职责，配合建设行政主管部门和风景名胜区管理机构做好风景名胜区的管理工作。

第八条 风景名胜区设立统一的管理机构，行使本条例规定的管理职能，全面负责风景名胜区的管理工作，接受建设行政主管部门的管理。

跨行政区域的风景名胜区管理机构由其共同的上一级人民政府确定。

第九条 风景名胜区管理机构的主要职责是：

（一）保护风景名胜资源和生态环境，防治环境污染，维护风景名胜区的自然景观和人文景观；

（二）协助编制风景名胜区的总体规划和详细规划，并组织实施；

（三）负责风景名胜区基础设施和公共设施的建设、维护和具体管理工作；

（四）配合有关部门对风景名胜区内的文物保护、游人安全、环境卫生、治安、消防、商业和服务业进行管理；

（五）当地人民政府赋予的其他职责。

第二章 规　　划

第十条　风景名胜区必须编制规划。

风景名胜区规划分为总体规划和详细规划。风景名胜区的范围及其外围保护地带应当在总体规划中确定。

第十一条　风景名胜区规划由建设行政主管部门依照本条例和国家有关规定组织编制。

编制风景名胜区规划，应当征求文物、土地、林业、旅游等有关部门和专家的意见。

第十二条　风景名胜区规划的编制工作应当按下列规定委托具有相应资质证书的单位承担：

（一）国家重点风景名胜区的总体规划，委托持有甲级规划设计资质证书的单位承担；

（二）国家重点风景名胜区的详细规划和省级风景名胜区的总体规划，委托持有乙级以上规划设计资质证书的单位承担；

（三）省级风景名胜区的详细规划和市、县级风景名胜区的总体规划、详细规划，委托持有丙级以上规划设计资质证书的单位承担。

第十三条　编制风景名胜区规划应当遵循以下原则：

（一）统筹兼顾资源开发与资源保护、局部建设与整体建设、近期发展与远期发展的关系；

（二）保持自然景观和人文景观的原有风貌，维护景区的生态平衡，保证各类设施与景区环境相协调；

（三）风景名胜区的建设规模、开发程度和各项建设的标准应与当地经济发展要求相适应，并兼顾远期发展的需要；

（四）科学评价风景名胜资源的特点和价值，突出风景名胜区的特色，避免将自然景观人工化、风景名胜区城市化；

（五）风景名胜区总体规划与国土规划、土地利用总体规划、城市总体规划等有关规划相协调。

第十四条　风景名胜区规划按以下规定审批：

（一）国家重点风景名胜区的总体规划，由省人民政府报国务院审批；详细规划由设区的市建设行政主管部门或城市规划行政主管部

门报省建设行政主管部门审批,向国务院建设行政主管部门备案;

(二)省级风景名胜区的总体规划,由设区的市人民政府报省人民政府审批,向国务院建设行政主管部门备案;详细规划由设区的市建设行政主管部门审批,向省建设行政主管部门备案;

(三)市、县级风景名胜区的总体规划,由设区的市人民政府审批,向省建设行政主管部门备案;详细规划由市、县建设行政主管部门审批,向设区的市建设行政主管部门备案;

(四)跨行政区域风景名胜区的总体规划,由其共同的上级人民政府审批;详细规划由其共同的上级建设行政主管部门审批。

风景名胜区总体规划按照前款规定报请上级人民政府审批前,须经同级人民代表大会或其常务委员会审查同意。

第十五条 风景名胜区总体规划批准后,应当在风景名胜区及其外围保护地带的界线上设立界碑,并向社会公布。

第十六条 经批准的风景名胜区规划必须严格执行,任何单位和个人不得擅自变更。因特殊情况需要对风景名胜区的总体规划和详细规划进行调整、变更时,应按原审批程序报批。

第三章 开发和建设

第十七条 各级建设行政主管部门应当按照严格保护、统一管理、合理开发、永续利用的原则,根据国民经济发展计划和风景名胜区规划的要求,有计划、有步骤地组织开发、利用风景名胜资源。

开发、利用新的景区和风景名胜资源必须经专家论证,并报上一级人民政府审批。

第十八条 风景名胜区内不得设立污染环境、破坏景观、妨碍游览的工业项目或设施,不得滥造人文景观。

任何单位和个人不得以任何名义和方式出让和变相出让风景名胜资源。

第十九条 风景名胜区必须按照批准规划进行建设。

风景名胜区内的建设项目,应当委托具有相应资质的单位进行设计和施工,其建设项目的布局、高度、体量、造型、风格、色调等应当与周围的景观和环境相协调。

第二十条 风景名胜区规划批准前,不得在风景名胜区内建设永久性设施。因特殊情况确需建设的，应当按其级别分别报经国家、省、设区的市建设行政主管部门同意，并依法办理有关手续。

第二十一条　在风景名胜区内新建、扩建、改建建筑物和构筑物以及其他重要设施，必须按有关规定向建设行政主管部门申请核发风景名胜区建设许可证，按基本建设程序的规定办理有关审批手续。

第二十二条　在风景名胜区及其规划确定的外围保护地带内进行施工作业，必须采取相应措施，保护自然景观和人文景观的原有风貌以及周围的植被、水体和地貌。工程竣工后，施工单位应当及时清理场地，恢复环境原貌。

第二十三条　风景名胜区的资源和设施实行有偿使用。

依托风景名胜区从事各种经营活动的单位和个人，应当交纳风景名胜资源保护费，使用风景名胜区内供水、排水、环境卫生等设施的单位和个人，应当交纳风景名胜区设施维修费。任何单位和个人不得借风景名胜管理之名，收取本款规定之外的费用。

风景名胜资源保护费和风景名胜区设施维修费的收取、使用、管理办法，由省建设行政主管部门会同财政、物价等有关部门制定。

第四章　保护和管理

第二十四条　风景名胜区管理机构，应当根据风景名胜区规划，依法加强对风景名胜资源的保护和管理工作。

第二十五条　设在风景名胜区内的所有单位，除各自业务受上级主管部门领导外，都应当服从管理机构对风景名胜区的统一规划和管理。

第二十六条　风景名胜区管理机构和有关部门应当根据各自的职责，依照有关法律、法规的规定，实施风景名胜区的造林绿化、护林防火、水体保护和环境污染防治等工作，保护动植物的生存环境。

第二十七条　风景名胜区管理机构和文物等有关部门应当依照有关法律、法规的规定，对风景名胜区的古建筑、古园林、古石刻、历史遗址、古树名木等风景名胜资源进行调查、登记、建档，制定保护和管理措施，并负责组织实施。

第二十八条　在风景名胜区内，任何单位和个人不得从事以下活动：

（一）侵占土地，进行违章建设；
（二）擅自开山采石、挖沙取土、非法种植；
（三）砍伐古树名木，或者擅自砍伐风景林木；
（四）非法捕捉、伤害野生动物；
（五）未经检疫将动植物运入、运出风景名胜区；
（六）排放、倾倒污染环境的废水、废气和废渣；
（七）损坏景物或者擅自在景物上刻划、涂写；
（八）在禁火区域内吸烟、生火；
（九）其他危害风景名胜资源的活动。

第二十九条 风景名胜区及其规划确定的外围保护地带内的林木未经批准不得砍伐。按规定进行更新、抚育性采伐的，应当经风景名胜区管理机构同意后，报林业行政主管部门审批。

第三十条 在风景名胜区内采集动植物标本、野生药材和其他林副产品，除依照有关法律、法规的规定办理有关手续外，还应当向风景名胜区管理机构申请领取风景名胜区采集证，并按采集证的规定进行采集活动。

第三十一条 在风景名胜区内从事饮食、商业、交通运输等经营活动，应当经风景名胜区管理机构同意，并在指定的地点经营。

第三十二条 在风景名胜区内举办大型集会、游览活动，应当经风景名胜区管理机构同意，报当地公安部门审批，并制定相应的安全措施。

第三十三条 风景名胜区内的所有单位以及从事各种经营活动的个人，都应当承担风景名胜区管理机构指定区域内的环境卫生工作。

第五章　法律责任

第三十四条 违反本条例第十八条规定的，应当分别情况，由风景名胜区管理机构责令停止，恢复原貌，赔偿经济损失，并处以五千元以上五万元以下的罚款。

第三十五条 违反本条例第二十条和第二十一条规定的，应当分别情况，责令停止，限期拆除违章建筑，恢复原状，并处以每平方米三十元以下的罚款，不能恢复原状的处以每平方米一百元至二百元的罚款。

第三十六条　违反本条例第二十二条规定的,由风景名胜区管理机构责令停止,恢复原貌,赔偿经济损失,并处以五千元以上三万元以下的罚款。

第三十七条　违反本条例第二十八条规定的,应当分别情况,责令其停止非法活动,赔偿经济损失,情节轻微的,由风景名胜区管理机构给予批评教育或处以五十元以上一千元以下的罚款;造成重大损失的,处以一万元以上三万元以下的罚款,构成犯罪的,依法追究刑事责任。

第三十八条　违反本条例第二十九条和第三十条规定的,由风景名胜区管理机构没收违法所得,并处以五十元以上五千元以下的罚款。

第三十九条　违反本条例第三十一条和第三十三条规定的,由风景名胜区管理机构予以警告,可处一百元以上二千元以下的罚款。

第四十条　本条例规定的行政处罚,旅游、文物、林业、环保、土地、公安、消防等有关法律、法规对行使行政处罚权的部门和处罚方式另有规定的,按其规定执行;未作规定的,由风景名胜区管理机构按本条例的规定进行处罚。对同一个违法行为不得给予两次以上罚款的行政处罚。

第四十一条　风景名胜资源损失的赔偿费用,必须用于风景名胜区资源的补偿、保护和建设,不得挪作他用。

第四十二条　当事人对依据本条例作出的行政处罚决定不服的,可以依法申请行政复议或提起行政诉讼。逾期不申请复议、也不起诉、又不履行处罚决定的,由作出处罚决定的行政机关申请人民法院强制执行。

第四十三条　风景名胜区管理机构及其工作人员滥用职权、玩忽职守、徇私舞弊情节轻微的,由其所在单位或者上级主管部门给予行政处分;构成犯罪的,依法追究刑事责任。

第六章　附　　则

第四十四条　省人民政府可依据本条例制定实施办法。

第四十五条　本条例自 1997 年 1 月 1 日起施行。

2. 承德避暑山庄及周围寺庙保护管理条例

(2003年7月18日河北省第十届人民代表大会常务委员会第四次会议通过 2003年7月18日河北省人民代表大会常务委员会第8号公告公布 自2003年8月20日起施行)

第一章 总 则

第一条 为了加强对承德避暑山庄及周围寺庙的保护和管理，根据《中华人民共和国文物保护法》及有关法律法规，结合承德避暑山庄及周围寺庙实际，制定本条例。

第二条 凡在承德避暑山庄及周围寺庙保护范围和建设控制地带内从事保护管理、生产经营、开发建设、旅游、考察、宗教、文化等活动的组织和个人，应当遵守本条例。

第三条 承德避暑山庄及周围寺庙的保护和管理，应当与保护历史文化名城相结合，坚持保护为主、抢救第一、合理利用、加强管理的方针，正确处理文物保护与经济建设、社会发展的关系，确保文物安全。

承德市的城市建设和旅游开发应当遵循文物保护工作的方针，其活动不得对承德避暑山庄及周围寺庙造成损害，不得破坏承德避暑山庄及周围寺庙整体的历史风貌和自然环境。

第四条 承德避暑山庄及周围寺庙属于国家所有，不得转让、抵押，不得作为企业资产经营或者从事其他不利于文物保护的活动。确需改变用途的，应当由省人民政府报国务院批准。

第五条 承德市人民政府负责承德避暑山庄及周围寺庙的保护工作，组织编制承德避暑山庄及周围寺庙保护规划，并纳入城市总体规划。

承德市人民政府文物行政部门对承德避暑山庄及周围寺庙的保护实施监督管理。经国务院批准由宗教行政部门管理的寺庙，应当加强文物保护工作，并接受文物行政部门的业务指导和监督。

承德市人民政府文物行政部门可以委托承德避暑山庄及周围寺庙的保护管理机构，在其管理范围内对违反文物保护法律法规的行为实施行政处罚。

规划、建设、旅游、宗教、财政、文化、公安、国土资源、水务、林业、环保等部门，在各自的职责范围内，做好承德避暑山庄及周围寺庙的保护和管理工作。

第六条 承德市人民政府应当将承德避暑山庄及周围寺庙保护和管理工作所需经费列入本级财政预算，并随着财政收入的增长而增加。

承德避暑山庄及周围寺庙的门票收入，应当主要用于文物保护。

自然人、法人和其他组织捐赠、赞助的财物，应当纳入相关文物保护基金，专门用于文物保护。

第七条 承德市人民政府应当将承德避暑山庄及周围寺庙的保护和管理情况定期向市人民代表大会常务委员会和省人民政府报告。

第八条 省、市人民政府及其文物行政部门、有关部门对在承德避暑山庄及周围寺庙保护工作中作出突出贡献的单位或者个人，给予表彰或者奖励。

第二章 保护对象与保护范围

第九条 承德避暑山庄及周围寺庙的保护对象包括：

（一）承德避暑山庄及周围寺庙保护范围内的古建筑物、构筑物、附属建筑物及其遗址；

（二）承德避暑山庄及周围寺庙保护管理机构收藏、保管、登记注册的馆藏文物和重要资料；

（三）承德避暑山庄及周围寺庙保护范围内的地下文物；

（四）构成承德避暑山庄及周围寺庙整体的历史风貌和自然环境；

（五）其他依法应当保护的人文遗迹。

第十条 承德避暑山庄及周围寺庙保护范围由省人民政府划定。保护范围分为重点保护区和一般保护区。

在保护范围外，根据文物保护的需要划定建设控制地带。建设控制地带由省文物行政部门会同省建设行政部门划定，经省人民政府批准后予以公布。

省人民政府可以根据对历史文化名城和世界文化遗产保护的需要，对保护范围和建设控制地带进行调整。

第十一条　承德避暑山庄及周围寺庙应当设置保护标志和保护范围界桩，任何单位和个人不得擅自移动和破坏。

第三章　保护和管理

第十二条　承德市人民政府文物行政部门应当制定避暑山庄及周围寺庙文物保护的科学技术研究规划，采取有效措施，促进文物保护科学技术成果的应用，提高文物保护的质量和科学技术水平。

第十三条　承德避暑山庄及周围寺庙保护管理机构应当建立健全安全保卫和消防管理责任制，并按照国家有关规定配备防火、防盗、防雷击、防自然损坏的器材和设施，制定火灾、水灾、地震等灾害发生时的应急措施。

第十四条　承德避暑山庄及周围寺庙重点保护区内，除古建筑物、附属建筑物保养维护、抢险加固、修缮、保护性设施建设、迁移等保护工程和复原工程外，不得进行任何工程建设。现存的非文物建筑应当按照规划逐步拆除。

第十五条　承德避暑山庄及周围寺庙一般保护区内，因特殊需要进行工程建设或者爆破、钻探、挖掘等作业的，应当征得国家文物行政部门的同意并经省人民政府批准。

第十六条　建设控制地带内新建、改建、扩建建筑物或者构筑物，其形式、高度、体量、色调、建筑风格等应当与承德避暑山庄及周围寺庙的环境、历史风貌相协调。设计方案应当经省人民政府文物行政部门同意后，报省人民政府规划行政部门批准。

承德市人民政府应当对原有建筑物进行清理排查，对影响承德避暑山庄及周围寺庙历史风貌和自然环境的，应当限期拆除、迁移或者改建。

第十七条　在承德避暑山庄及周围寺庙的保护范围和建设控制地带内，不得建设污染环境的生产设施；建设其他设施，其污染物排放不得超过规定排放标准。已经建成的设施，其污染物排放超过规定排放标准的，限期治理。

第十八条　承德避暑山庄及周围寺庙的保护工程应当遵守下列规

定：

（一）文物保护工程必须遵守不改变文物原状的原则；

（二）承担文物保护工程的勘察、设计、施工、监理的单位，应当同时取得文物行政部门和建设行政部门发给的相应等级的资质证书；

（三）文物保护工程的勘察设计方案，应当报国家文物行政部门批准；

（四）文物保护工程应当按工序分阶段验收。重大工程告一段落时，由项目审批部门组织或者委托有关单位进行阶段验收；工程竣工后，经原申报部门初验合格后报项目审批部门验收。

第十九条 承德避暑山庄及周围寺庙文物保护管理机构应当严格执行保障馆藏文物安全的规章制度，对馆藏文物实行统一管理，防止文物流失。

馆藏文物的调拨、交换、借用应当根据文物的等级，逐级报文物行政部门批准。修复、复制、拓印、拍摄馆藏文物，应当依法履行报批手续，并在文物保护管理机构人员的监督下进行。

修复馆藏文物，不得改变其形状、色彩、纹饰、铭文等。

第二十条 承德避暑山庄及周围寺庙内的动物、植物，应当依法保护。

对古树名木应当建立专门档案，加强养护管理。

属于国家重点保护的野生动物对古建筑、树木及人员安全构成威胁需猎捕的，应当依法报相应的野生动物保护行政部门批准。

第二十一条 承德避暑山庄及周围寺庙设立必要的服务机构和设施，由文物行政部门统一规划，其设置与布局应当确保文物安全和历史风貌不受损害。

第二十二条 使用承德避暑山庄及周围寺庙古建筑的单位应当负责保护古建筑物、附属建筑物的安全，并履行保养和修缮义务。

第二十三条 承德避暑山庄及周围寺庙保护范围内禁止下列活动：

（一）开山取石、打井修渠、挖沙取土、建坟立碑、堆放垃圾及其他杂物；

（二）生产、储存、销售和使用易燃、易爆、剧毒、放射性、腐蚀性物品；

（三）出于商业目的的飞行器低空飞行；
（四）法律法规禁止的其他活动。

第二十四条　进入承德避暑山庄及周围寺庙的人员，禁止下列行为：

（一）在重点保护区内燃放烟花爆竹和野外用火；
（二）在设有禁止吸烟标志区域内吸烟；
（三）在防火戒严期内进入防火戒严区；
（四）挪用、损毁避雷、安全防范器材和设施；
（五）翻越、损坏围墙；
（六）攀折花木、践踏草坪、樵采、猎捕；
（七）撞靠、击打古建筑物、附属建筑物和树木；
（八）在文物、景物上涂污、刻划；
（九）在设有禁止拍摄标志区域内拍摄；
（十）法律法规禁止的其他行为。

第二十五条　在承德避暑山庄及周围寺庙举办或者从事下列活动，应当经市文物行政部门同意后，报相关部门批准，并在规定的时间、地点、范围内进行：

（一）展览；
（二）集会、文艺演出、体育比赛、培训或者其他有组织的群众性活动；
（三）设置通信、供电、供水、供气、排污等管线及设施；
（四）勘察、测量或者设置监测、测量标志及设施。

第四章　法律责任

第二十六条　在承德避暑山庄及周围寺庙保护和管理工作中有下列行为之一的，由其所在单位或者上级主管部门对负有责任的主管人员和其他直接责任人员依法给予行政处分；构成犯罪的，依法追究刑事责任：

（一）违反有关规定，借用或者非法侵占国有文物的；
（二）利用职务或者工作上的便利，侵吞、盗窃国有文物的；
（三）以权谋私，贪污、挪用文物保护经费的；
（四）不依法履行职责或者发现违法行为不予查处，造成文物及重要资料损坏或者流失的；

（五）滥用审批权限，造成景观破坏、文物损毁等严重后果的。

违反前款规定受到开除公职处分的人员，自被开除公职之日起十年内不得从事文物保护和管理工作。

第二十七条 有下列行为之一，尚不构成犯罪的，由市文物行政部门责令改正；造成严重后果的，处五万元以上五十万元以下罚款；情节严重的，由原发证机关吊销资质证书：

（一）擅自在保护范围内进行工程建设或者爆破、钻探、挖掘等作业的；

（二）在建设控制地带内进行工程建设，其设计方案未经文物行政部门同意并报规划行政部门批准，对承德避暑山庄及周围寺庙历史风貌造成破坏的；

（三）擅自迁移、拆除不可移动文物的；

（四）擅自修缮不可移动文物，明显改变文物原状的；

（五）未取得文物保护工程资质证书，擅自从事文物修缮、迁移、重建的。

第二十八条 有下列行为之一的，由文物行政部门依法给予处罚：

（一）违反本条例第十九条第三款规定的，给予警告；造成严重后果的，处二千元以上二万元以下罚款；

（二）违反本条例第二十二条规定的，责令其履行保养、修缮义务或者限期迁出；拒不履行义务或者未按期迁出的，处一千元以上五千元以下罚款；

（三）违反本条例第二十三条第（一）项规定的，责令其停止违法活动，限期恢复原状。不予恢复或者不能恢复原状的，处三百元以上三千元以下罚款；

（四）违反本条例第二十三条第（三）项规定的，责令其停止飞行，并处一千元以上五千元以下罚款；

（五）违反本条例第二十五条规定的，责令其停止违法活动，可以并处五百元以上五千元以下罚款；

（六）损毁文物保护标志或者界桩的，处三百元以上三千元以下罚款。

第二十九条 违反本条例第十六条规定的，由规划行政部门依法给予处罚。

第三十条　违反本条例第十七条规定的，由环境保护行政部门依法给予处罚。

第三十一条　有下列行为之一，由公安部门依法给予处罚；构成犯罪的，依法追究刑事责任：

（一）违反本条例第二十三条第（二）项规定的；

（二）使用枪击、爆炸、电击、投毒等危险方式猎捕及其他违反治安管理规定的；

（三）违反消防管理规定的；

（四）拒绝、阻碍文物行政部门依法执行公务的。

第三十二条　违反本条例第二十四条规定的，由承德避暑山庄及周围寺庙保护管理机构责令其停止违法活动，可以并处五十元以上二百元以下罚款。

第三十三条　当事人对行政处罚决定不服的，可以依法申请行政复议或者提起行政诉讼。逾期不申请行政复议或者提起行政诉讼，又不履行处罚决定的，由作出处罚决定的行政机关申请人民法院强制执行。

第三十四条　违反本条例规定，造成承德避暑山庄及周围寺庙文物灭失、损坏的，依法承担民事责任。

第五章　附　　则

第三十五条　本条例所称承德避暑山庄周围寺庙，是指环列在避暑山庄周围的清代寺庙群，包括溥仁寺、溥善寺（遗址）、普乐寺、安远庙、普宁寺、普佑寺、广缘寺、须弥福寿之庙、普陀宗乘之庙、广安寺（遗址）、罗汉堂（遗址）和殊像寺。

第三十六条　本条例自2003年8月20日起施行。

四、山西省

1. 山西省风景名胜区条例

(2006年11月30日山西省第十届人民代表大会常务委员会第二十七次会议通过 2006年11月30日山西省人民代表大会常务委员会公布 自2007年1月1日起施行)

第一章 总 则

第一条 为有效保护和合理利用风景名胜资源，加强对风景名胜区的管理，根据国家《风景名胜区条例》和其他有关法律、法规，结合本省实际，制定本条例。

第二条 本条例适用于本省行政区域内风景名胜区的设立、规划、保护、建设、利用和管理。

第三条 按照风景名胜资源的观赏、文化、科学价值和风景名胜区的环境质量、规模及游览条件，风景名胜区分为国家级风景名胜区和省级风景名胜区。

第四条 各级人民政府应当将风景名胜资源的保护和利用纳入国民经济和社会发展规划，加强对风景名胜区工作的领导，解决风景名胜区管理中的重大问题。

第五条 省人民政府建设行政主管部门负责本省行政区域内风景名胜区的监督管理工作，履行下列职责：

（一）组织调查、评价风景名胜资源；

（二）组织拟订本省风景名胜区发展规划；

（三）组织编制国家级风景名胜区总体规划和详细规划；

（四）审批省级风景名胜区详细规划；

（五）组织申请设立国家级风景名胜区，负责省级风景名胜区设立申请的组织论证和申报工作；

（六）按照分级管理的原则，审查或者批准风景名胜区建设工程项目的选址方案；

（七）监督风景名胜区规划的实施；

（八）法律、行政法规规定的其他职责。

设区的市、县（市、区）人民政府建设行政主管部门，依照有关法律、法规的规定，负责本行政区域内风景名胜区的相关工作。

第六条 县级以上人民政府有关部门应当在各自的职责范围内，依照有关法律、法规的规定，做好风景名胜区内护林防火、水资源保护、动植物保护、环境污染防治、食品卫生、宗教事务、文物保护、消防、交通安全和档案等方面的监督管理工作。

第七条 风景名胜区所在地的县级以上人民政府应当设立风景名胜区管理机构。风景名胜区跨县（市、区），并且所跨县（市、区）在同一个设区的市行政区域内的，由该设区的市人民政府设立风景名胜区管理机构；风景名胜区跨设区的市的，由省人民政府设立风景名胜区管理机构。

风景名胜区管理机构负责风景名胜区的保护、利用和统一管理工作，履行下列职责：

（一）建立健全和落实风景名胜资源保护的管理制度；

（二）调查和组织鉴定景区内的重要景观；

（三）依法审核景区内的建设活动和其他影响景区生态、景观的活动，受建设（规划）行政主管部门委托，核发建设用地规划许可证和建设工程规划许可证；

（四）保护民族民间传统文化；

（五）建立健全景区安全保障制度，加强安全管理，保障游览安全；

（六）依法在景区内行使行政处罚权；

（七）国家《风景名胜区条例》和本条例赋予的其他职责。

森林公园、地质公园与新设立的风景名胜区管理区域重合，且不涉及其他资源类型的，县级以上人民政府可以委托原管理机构履行风景名胜区管理机构的职责。

第八条 对保护和利用风景名胜资源做出显著成绩的单位和个人，人民政府应当给予表彰、奖励。

第二章 设 立

第九条 自然景观、人文景观比较集中，具有观赏、文化或者科学价值，环境优美，可供人们游览或者进行科学、文化活动的区域，可以申请设立风景名胜区。

县级以上人民政府可以按照省人民政府批准的《山西省风景名胜区体系规划》，组织对本行政区域内尚未纳入风景名胜区管理的风景名胜资源进行调查，并根据具体情况，做好申请设立风景名胜区的工作。

第十条 设立风景名胜区，应当保持景区自然景观、人文景观的完整性和地域分布的连续性，有利于资源和生态保护，同时兼顾与行政区划的协调。

第十一条 申请设立风景名胜区的，应当根据风景名胜资源的分布状况、特点和价值，在风景名胜区规划纲要中初步划定核心景区、景区及其外围保护地带。

第十二条 拟设立省级风景名胜区的，省人民政府建设行政主管部门应当会同同级发展和改革、环境保护、林业、文物等有关部门，组织对下列主要内容进行论证：

（一）风景名胜资源的状况、特点和价值；

（二）核心景区、景区及其外围保护地带的范围；

（三）风景名胜区的环境质量；

（四）设立风景名胜区的基本条件；

（五）风景名胜区的利用条件；

（六）风景名胜区的规划纲要；

（七）与风景名胜区内土地、森林等自然资源和房屋等财产所有权人、使用权人协商的内容和结果。

第十三条 风景名胜区的设立经过批准并公布后，风景名胜区管理机构应当按照批准的范围设立界碑并设置标志和路标、安全警示等标牌。

风景名胜区管理机构应当对设立的界碑和设置的标志、标牌定期检查、维护，必要时进行更新。

第三章 规 划

第十四条 风景名胜区规划的编制，应当符合国家《风景名胜区条例》第十三条规定，并遵循下列原则：

（一）总体规划应当与城镇体系规划、城市总体规划、土地利用总体规划相衔接，与自然保护区、水资源保护和利用、文物保护、森林公园、地质公园等相关规划相协调；

（二）统筹局部建设与整体建设、近期发展与远期发展；

（三）有利于科学合理地利用风景名胜资源，促进旅游产业发展；

（四）保持景区自然景观、人文景观的原有风貌，以及各类设施与周围环境相协调；

（五）严格维护风景名胜区的生态平衡和环境质量；

（六）科学评价风景名胜资源的特点和价值，突出风景名胜区的特点。

第十五条 国家级风景名胜区总体规划和详细规划，由省人民政府建设行政主管部门组织编制。

省级风景名胜区总体规划和详细规划，由县（市、区）人民政府组织编制。省级风景名胜区跨县（市、区），并且所跨县（市、区）在同一个设区的市行政区域内的，其规划由该设区的市人民政府组织编制；跨设区的市的，其规划由省人民政府建设行政主管部门组织编制。

第十六条 风景名胜区总体规划，应当自风景名胜区设立之日起2年内编制完成。

风景名胜区详细规划，应当根据核心景区和其他景区的不同要求编制。核心景区和其他景区内具有特殊价值的重要景点的详细规划，应当自总体规划批准之日起1年内编制完成。

风景名胜区详细规划未经批准的，任何单位和个人不得在该详细规划的规划范围内进行各类建设活动。

第十七条 国家级风景名胜区规划的编制，应当选择具有风景名胜区规划编制甲级资质的单位承担；省级风景名胜区规划的编制，应当选择具有风景名胜区规划编制乙级以上资质的单位承担。

风景名胜区规划的编制单位，应当依法通过招标等公平竞争的方式确定。

第十八条 风景名胜区规划报批前，编制单位应当通过召开座谈会、论证会、听证会，以及在报刊、网络等媒体上进行公示等方式，广泛征求有关部门、公众和专家的意见。

第十九条 在风景名胜区内从事各类建设活动的单位和个人，应当严格执行经过批准的风景名胜区规划。

风景名胜区内的建设工程和人造景观，其布局、体量、造型、风格、色调等，应当与景区生态环境、周围景观相协调。

第四章 保 护

第二十条 风景名胜区的保护与利用，应当坚持保护优先、利用服从保护的原则。

第二十一条 任何单位和个人都有保护风景名胜资源的义务，并有权制止、检举破坏风景名胜资源的行为。

风景名胜区管理机构负责受理对破坏风景名胜资源行为的检举，并应当为检举人保密，将对破坏行为的处理结果告知检举人。

第二十二条 风景名胜区管理机构应当对风景名胜区内的古建筑、古园林、历史遗迹、古树名木、野生动植物资源等进行调查、登记，并组织鉴定、建立档案，采取设置标志、限制游客流量等措施加以保护。

第二十三条 任何单位和个人不得在风景名胜区内从事下列活动：

（一）开山、采石、开矿、挖沙、取土、开荒、修坟立碑等破坏景观、植被、地形地貌的活动；

（二）修建储存爆炸性、易燃性、放射性、毒害性、腐蚀性物品的设施；

（三）以围、填、堵、截等方式破坏自然水系；

（四）采伐、毁坏古树名木或者采挖花草苗木；

（五）在景物或者设施上刻划、涂污；

（六）乱扔垃圾。

第二十四条 风景名胜区外围保护地带内的各项建设，应当与周围景观相协调。

禁止在风景名胜区外围保护地带从事破坏资源、影响景观、污染环境、妨碍游览的活动。

第二十五条 风景名胜区管理机构每年应当向省人民政府建设行政主管部门报送风景名胜区规划的实施情况，以及景区内古建筑、古园林、历史遗迹、古树名木、野生动植物资源的保护与利用情况。

省人民政府建设行政主管部门应当加强对风景名胜区规划实施情况的监督检查，并将景区内资源保护与利用的情况报送省人民政府及其有关部门。

第二十六条 省人民政府建设行政主管部门应当建立风景名胜区管理信息系统，对风景名胜区规划的实施情况和资源的保护与利用情况进行动态监测。

第二十七条 本条例施行前，在风景名胜区的核心景区和具有特殊价值的其他重要景点保护范围内建设的宾馆、招待所、培训中心、疗养院以及与风景名胜资源保护无关的其他建筑物，应当按照风景名胜区规划，逐步迁出。具体办法由省人民政府依法规定。

第二十八条 在风景名胜区内举办集会、游乐、体育、文化等大型活动，应当经风景名胜区管理机构审核，并依照有关法律、法规的规定报有关主管部门批准。主办单位应当制定安全预案，采取必要的措施。

第五章 建　　设

第二十九条 在国家级风景名胜区内修建缆车、索道、主要道路等涉及公共安全和资源保护与利用的重大建设工程，其项目的选址方案，经风景名胜区管理机构审核后，由省人民政府建设行政主管部门报国务院建设行政主管部门批准；其他建设工程项目的选址方案，由风景名胜区管理机构审核后，报省人民政府建设行政主管部门批准。

省级风景名胜区内涉及公共安全和资源保护与利用的重大建设工程，其项目的选址方案，由风景名胜区管理机构审核后，报省人民政府建设行政主管部门批准；其他建设工程项目的选址方案，由风景名胜区管理机构审核后，报风景名胜区所在地设区的市人民政府建设（规划）行政主管部门批准，该风景名胜区跨设区的市的，报省人民政府建设行政主管部门批准。

风景名胜区内建设工程项目的选址方案经过批准后，由批准机关向建设单位或者个人核发建设工程选址意见书。

第三十条 在风景名胜区内进行工程建设，需要申请使用土地的，建设单位或者个人应当持有关批准文件，向建设（规划）行政主管部门委托的风景名胜区管理机构申请领取风景名胜区建设用地规划许可证。受委托的风景名胜区管理机构应当按照法律、法规的规定审核，符合规定的，应当发给建设用地规划许可证；不符合规定的，应当书面告知申请人，并说明理由。

建设单位或者个人在取得风景名胜区建设用地规划许可证后，方可按照土地管理审批权限，向设立风景名胜区管理机构的人民政府土地行政部门申请使用土地。法律、法规规定应当报经其他有关部门同意的，应当事先报相关部门审核同意。

建设单位或者个人取得土地使用审批手续后，向建设（规划）行政主管部门委托的风景名胜区管理机构申请领取风景名胜区建设工程规划许可证。受委托的风景名胜区管理机构应当按照法律、法规的规定审核，符合规定的，应当发给建设工程规划许可证；不符合规定的，应当书面告知申请人，并说明理由。

第三十一条 风景名胜区建设工程选址意见书、建设用地规划许可证、建设工程规划许可证，由省人民政府建设行政主管部门统一监制。

第三十二条 风景名胜区内的建设工程，应当依法通过招标等公平竞争的方式选择具有相应资质的单位设计和施工。工程建设应当严格执行法律、法规有关招标投标、设计审查、质量监督和监理的规定。

第三十三条 风景名胜区内不得擅自进行临时建设。确需进行临时建设的，应当经风景名胜区管理机构审核，并报省人民政府建设行政主管部门批准。

风景名胜区内的临时性建筑物使用期限届满，该建筑物所有权人应当自届满之日起 15 日内拆除，但需要继续使用、不影响风景名胜区规划实施并经过原审批机关审核、批准的除外。

任何单位和个人不得在风景名胜区内临时使用的土地上建设永久性建筑物。

第三十四条 在风景名胜区和景区外围保护地带从事建设活动，

建设单位和施工单位应当采取有效措施，保护景物、水体、林草植被、野生动物资源和地形地貌，不得造成污染和破坏。

施工单位应当文明施工，并在施工现场设置围栏，保持现场整洁。工程竣工后，施工单位应当及时清理现场，恢复植被。

第三十五条　鼓励各类投资者、经营者按照风景名胜区规划从事宾馆、餐饮等服务项目的建设、经营和作业。

对风景名胜区内的供水、供热、供气、公共交通、垃圾和污水处理等公用事业，风景名胜区管理机构可以按照本省有关市政公用事业特许经营管理的规定确定投资者、经营者。

第三十六条　在风景名胜区内的寺庙、道观等宗教活动场所和文物保护单位的保护范围及建设控制地带从事工程建设的，应当严格遵守本章的有关规定。

第六章　利用和管理

第三十七条　风景名胜区内的个别景点，可以由风景名胜区管理机构通过招标等公平竞争的方式确定投资者、经营者。

第三十八条　风景名胜区内的各类经营者，都应当依法缴纳风景名胜资源有偿使用费。

风景名胜区管理机构与景区内各类经营者签订的合同中，应当有经营者缴纳风景名胜资源有偿使用费的内容。

第三十九条　风景名胜区管理机构应当加强安全管理，定期组织检测和维护游览设施，保障游客安全。

第四十条　风景名胜区门票价格，由省人民政府价格主管部门制定。门票由省人民政府财政部门统一监制。

第四十一条　风景名胜区的门票收入和风景名胜资源有偿使用费，实行收支两条线管理，专款专用，任何组织和个人不得挪用。其具体管理和使用，应当严格遵守国家有关规定。

第四十二条　风景名胜区内由企业或者个人依法投资建设的景点，其门票收入按照风景名胜区管理机构与经营者签订的合同所确定的比例进行分配。

第四十三条　风景名胜区管理机构不得从事以营利为目的的经营活动，不得将规划、管理和监督等行政管理职能委托给企业或者个人行使。

第七章 法律责任

第四十四条 违反本条例规定,国家《风景名胜区条例》和其他有关法律、法规已经作出处罚规定的,依照其规定处罚。

第四十五条 违反本条例规定,有下列行为之一,破坏风景名胜区内景观、植被、地形地貌的,由风景名胜区管理机构责令停止违法行为、采取补救措施,没收违法所得;构成犯罪的,依法追究刑事责任:

(一)挖沙、取土的;
(二)以围、填、堵、截等方式破坏自然水系的;
(三)采伐、毁坏古树名木的。

有前款第一项行为的,并处1000元以上1万元以下罚款;情节严重的,并处1万元以上10万元以下罚款。有前款第二项、第三项行为的,并处5万元以上10万元以下罚款;情节严重的,并处10万元以上20万元以下罚款。

第四十六条 违反本条例规定,在风景名胜区内采挖花草苗木的,由风景名胜区管理机构责令停止违法行为、采取补救措施,并给予警告;情节严重,使景观、植被、地貌受到破坏的,处50元以上1000元以下罚款。

第四十七条 违反本条例规定,国家级风景名胜区内重大建设工程项目以外的建设工程项目的选址方案和省级风景名胜区内建设工程项目的选址方案,没有依法经省人民政府建设行政主管部门或者设区的市人民政府建设(规划)行政主管部门批准,建设(规划)行政主管部门核发选址意见书的,对直接负责的主管人员和其他直接责任人员依法给予处分;构成犯罪的,依法追究刑事责任。

第四十八条 违反本条例规定,在风景名胜区内临时使用的土地上建设永久性建筑物,或者未经风景名胜区管理机构审核并经省人民政府建设行政主管部门批准,在风景名胜区内进行临时建设的,由风景名胜区管理机构责令停止建设;已经建设的,责令限期拆除,逾期未拆除的,依法强制拆除,拆除费用和由此引起的财产损失由违法行为人自行承担。

第四十九条 违反本条例规定，县级以上人民政府及其建设行政主管部门和其他有关部门、风景名胜区管理机构及其工作人员滥用职权、玩忽职守、徇私舞弊的，依照国家《风景名胜区条例》第四十条第二款、第四十七条、第四十八条的有关规定追究法律责任。

第五十条 本条例第四十五条、第四十六条规定的违法行为，有关部门依照法律、法规的规定已经处罚的，风景名胜区管理机构不再处罚。

第八章 附 则

第五十一条 本条例自 2007 年 1 月 1 日起施行。

2. 山西省五台山风景名胜区环境保护条例

（1997 年 1 月 21 日山西省第八届人民代表大会常务委员会第二十六次会议通过 自公布之日起施行）

第一条 为保护五台山风景名胜区自然景观和历史文化遗产，防治环境污染，促进旅游事业的发展，根据《中华人民共和国环境保护法》及其他有关法律、法规，制定本条例。

第二条 五台山风景名胜区是指五台县和繁峙县境内的东台景区、西台景区、南台景区、北台景区、中台景区、清凉景区、台怀景区、怀南景区、秘魔景区、九龙岗景区、草甸自然保护区等经国家批准划定的共 376km^2 的区域。

第三条 五台山风景名胜区内的所有单位和个人，以及进入五台山风景名胜区的旅游服务经营者和旅游者，均应遵守本条例。

第四条 五台山风景名胜区环境保护应坚持全面规划、防治结合、谁开发谁保护、谁污染谁治理的原则。

第五条 省人民政府及忻州地区行政公署应加强对五台山风景名胜区环境保护工作的领导，并给予必要的投入。五台县和繁峙县人民政府应对本县境内的五台山风景名胜区的环境质量负责,并将本县境内的五台山风景名胜区的环境保护纳入国民经济和社会发展规划和年度计划,采取措施确保本县境内五台山风景名胜区环境保护目标的实现,使五台山风景名胜区的环境与经济、社会协调发展。

五台山风景名胜区人民政府依照本条例和有关法律、法规的规定,负责本行政区域内的环境保护和管理工作,其所收取的资源保护费应当主要用于五台山风景名胜区的环境污染防治。

第六条 省人民政府环境保护行政主管部门负责制订五台山风景名胜区环境保护规划,并监督实施。忻州地区行政公署环境保护行政主管部门负责协调、监督五台县和繁峙县人民政府环境保护行政主管部门对本县境内的五台山风景名胜区环境保护工作实施统一监督管理。

第七条 五台县和繁峙县人民政府,应加强五台山风景名胜区内植树种草工作,提高景区植被覆盖率。

第八条 在五台山风景名胜区内,不得进行对景点环境有损害的一切生产、开发、建设活动;未经省规划行政主管部门批准,不得新建宾馆、招待所;商业网点及其他旅游服务设施的建设,必须符合规划要求。

第九条 在五台山风景名胜区内,禁止毁林毁草、开山取石、挖土采沙、开矿冶炼、建炉煅烧、改变水系等污染和破坏环境的活动。

第十条 在五台山风景名胜区内开发建设的项目,应严格执行国家和省建设项目环境保护的有关规定。已建成的设施,其污染物排放超过规定标准的,由环境保护行政主管部门提出意见,报同级人民政府责令限期治理,经治理仍达不到环境保护要求的,应迁出或拆除。

第十一条 在五台山风景名胜区内,超过国家规定标准排放大气污染物的单位,应按规定缴纳超标排污费;排放工业固体废物的单位,应按规定缴纳排污费。

第十二条 五台山风景名胜区应建设和完善污水排放系统和污水净化处理设施。排放污水的单位和个人,应按规定缴纳排污费。排放污水超过规定标准的,应进行净化处理。向污水排放者提供污水净化处理服务的,应收取污水净化处理费用。

第十三条 五台山风景名胜区内的燃煤锅炉必须采取消烟、除尘措施,烟尘排放应符合国家环境空气质量一类区域锅炉大气污染物排放标准。新安装的锅炉在正式投入使用前，其烟尘排放设施必须按规定程序报环境保护行政主管部门验收，达不到国家规定排放标准的，不得投入使用。已安装使用锅炉的烟尘排放设施，环境保护行政主管部门应进行验收。经验收合格的，发给合格证；不合格的，应限期治理。

第十四条　五台山风景名胜区内旅游设施集中的景区，应推行联片供热、电热等供暖方式。

五台山风景名胜区内的营业炉灶必须采用型煤、液化气、电等清洁燃料。禁止直接燃用原煤。

第十五条　五台山风景名胜区内各景点停车场，由风景区人民政府按照风景区总体规划设置。配有专用游览车和非机动游览车的景区，禁止其他机动车入内行驶。

第十六条　禁止在五台山风景名胜区各景点规定的保护范围内燃放烟花爆竹、焚烧树叶及其他杂物。

第十七条　五台山风景名胜区应按规划设置固体废物堆集点，生活垃圾推行袋装，实行分类收集、贮存、运输和无害化处置。禁止在景点随意堆放倾倒固体废物和丢弃塑料袋、易拉罐、纸屑等废物。

第十八条　任何单位和个人不得在五台山风景名胜区的景点使用高音喇叭或其他方式造成高噪声污染。

第十九条　禁止在五台山风景名胜区内捕猎和违法采集、销售国家以及本省保护的野生动植物及其产品。

第二十条　违反本条例规定的，按照有关法律、法规的规定给予处罚。

第二十一条　拒绝、阻碍有关行政主管部门及其执法人员依法执行公务，违反治安管理规定的，由公安机关依照《中华人民共和国治安管理处罚条例》的规定给予处罚；构成犯罪的，依法追究刑事责任。

第二十二条　行政执法人员滥用职权、玩忽职守、徇私舞弊的，由其所在单位或上级主管部门给予行政处分；构成犯罪的，依法追究刑事责任。

第二十三条　本条例具体应用中的问题，由省人民政府环境保护行政主管部门负责解释。

第二十四条　本条例自公布之日起施行。

3. 恒山风景名胜区保护条例

(2008年11月28日山西省第十一届人民代表大会常务委员会第七次会议通过 自2009年3月1日起施行)

第一章 总 则

第一条 为了加强恒山风景名胜区的管理，有效保护和合理利用恒山风景名胜资源，根据国务院《风景名胜区条例》、《山西省风景名胜区条例》和其他有关法律、法规，结合实际，制定本条例。

第二条 恒山风景名胜区是国家级风景名胜区，包括天峰岭景区、翠屏山景区、落子洼景区、天赐沟景区、龙盆峪景区、大川岭景区、千佛岭景区、上桦岭景区、神溪景区、凌云口景区、五峰山景区、西河口景区、王庄堡—汤头区等子景区。

第三条 恒山风景名胜区的规划、建设、保护、利用和管理，适用本条例。

第四条 恒山风景名胜区的保护，应当符合国务院批准的《恒山风景名胜区总体规划》，遵守科学规划、统一管理、严格保护、永续利用的原则。

第五条 恒山风景名胜区管理机构，依照有关法律、法规的规定，负责恒山风景名胜区的保护、利用和统一管理工作，其主要职责是：

（一）宣传、贯彻有关法律、法规，组织实施《恒山风景名胜区总体规划》；

（二）建立健全和落实风景名胜资源保护制度，调查和组织鉴定景区内的重要景观，保护和开发利用风景名胜资源，保护民族民间传统文化；

（三）依法审核景区内的建设活动和其他影响景区生态、景观的活动；

（四）建设、维护和管理风景名胜区基础及公共服务设施；

（五）制定和落实风景名胜区的管理制度，维护景区秩序，保障游览安全，依法在景区内行使相关行政处罚权；

（六）法律、法规和县级以上人民政府赋予的其他职责。

第六条 市、浑源县人民政府有关行政主管部门和恒山风景名胜区保护范围内的乡（镇）人民政府，应当按照各自职责，做好恒山风景名胜区内文物保护、护林防火、环境保护、水资源保护、动植物保护、公路养护、交通安全、游览市场、食品卫生、宗教事务、消防、治安等方面的监督管理工作。

第二章 规划和建设

第七条 《恒山风景名胜区总体规划》是恒山风景名胜区保护、建设和管理等各项活动的依据，应当严格执行。在景区内的单位和个人应当遵守恒山风景名胜区规划，服从规划管理。

第八条 浑源县城总体规划应当与恒山风景名胜区总体规划相协调。

恒山风景名胜区保护范围内的村庄和集镇规划应当符合恒山风景名胜区总体规划，其规划报审时，应当征得恒山风景名胜区管理机构的同意。

第九条 恒山风景名胜区保护范围的建筑物、构筑物及其他设施，其布局、高度、体量、造型和色彩等应当体现恒山风景特色，反映历史文化风貌，与周围景观和环境相协调。

第十条 恒山风景名胜区内文物保护单位保护范围和建设控制地带进行工程建设的，应当报文物保护行政主管部门审核。

第十一条 在恒山风景名胜区建设施工，应当严格按照文明施工的有关规定进行，采取有效措施保护景物、植被、水体、野生动物资源和地形地貌，不得造成污染与破坏。工程结束后及时清理场地，恢复环境原貌。

第十二条 恒山风景名胜区应当严格控制施工临时用地建设。确实需要临时建设的，应当经审核批准后方可建设，并在规定的使用期满后拆除，恢复环境原貌。

第三章 保 护

第十三条 恒山风景名胜区保护范围根据国务院批准的《恒山风景名胜区总体规划》确定,划分为特级、一级、二级和三级保护区。特级、一级保护区为核心保护区。

第十四条 市、浑源县人民政府应当按照保护优先、利用服从保护的原则,采取措施切实保护恒山风景名胜区原有的地形地貌和自然人文景观。

恒山风景名胜区管理机构应当建立健全恒山风景名胜资源保护的各项具体管理制度,落实保护责任,依法加强恒山风景名胜资源的保护。

恒山风景名胜区内的居民、游客和其他人员应当保护景区内的景物、水体、林草植被、野生动物和各项设施。

第十五条 恒山风景名胜区管理机构应当在恒山风景名胜区入口处设立风景名胜区标志,并沿划定范围设立界碑(桩),标明保护区界,任何单位和个人不得损毁或者擅自改变。

第十六条 恒山风景名胜区管理机构应当会同有关部门对恒山风景名胜资源采取下列保护措施:

(一)对古建筑、古墓葬、古长城、古文化遗址等文物古迹,建立档案,设立标志,实行专人重点保护,并落实避雷、防火、防洪、防盗、防破坏等措施;

(二)对古树名木进行鉴定、登记造册,挂牌标示,严加保护,并落实复壮措施;

(三)强化绿化责任,落实环境保护、护林防火和病虫害防治措施,必要时对重要景区实行定期封闭轮休;

(四)划定保护区域,保护野生动植物及其栖息生长环境;

(五)加强对地表水和地下水的监测,防止水体污染;

(六)加强对大气的监测,防止大气污染。

第十七条 恒山风景名胜区内禁止下列活动:

(一)开山、采石、开矿、开荒、修坟立碑等破坏景观、植被和地形地貌的活动;

(二)修建储存爆炸性、易燃性、放射性、毒害性、腐蚀性物品的设施；

（三）在景物或者设施上刻划、涂污；

（四）填堵河道或者破坏自然水系；

（五）砍伐、毁坏古树名木或者风景林木；

（六）乱扔垃圾；

（七）在禁火区域烧荒、野炊、燃放烟花爆竹，在非指定地点吸烟等违规用火；

（八）其他危害或者破坏风景名胜资源的活动。

第十八条 恒山风景名胜区特级保护区内不得修建任何建筑和设施；一级保护区内严禁建设与风景无关的建筑和设施；二级保护区内限制与风景游赏无关的建设；三级保护区内应当有序控制各项建设，其内的建筑或者设施应当与游览风景环境相协调。

第十九条 恒山风景名胜区保护区内进行下列活动，应当经恒山风景名胜区管理机构审核后，依照有关法律、法规的规定报有关主管部门批准：

（一）设置、张贴商业广告；

（二）举办大型集会、游乐、文化、体育活动；

（三）改变水资源、水环境自然状态的活动；

（四）采集野生药材；

（五）捶拓碑碣石刻；

（六）其他影响生态和景观的活动。

第二十条 恒山风景名胜区特级、一级、二级保护区内禁止挖沙、取土。

三级保护区内不得从事经营性挖沙、取土。因恒山景区道路和设施维护，确需在三级保护区挖沙、取土的，应当经恒山风景名胜区管理机构审核同意，报国土资源等有关行政主管部门批准后，在指定的地点挖取，并按规定恢复植被。

恒山风景名胜区内居民在三级保护区内挖沙、取土自用的，应当在恒山风景名胜区管理机构指定的地点挖取。

第二十一条 恒山风景名胜区内宗教场所的设立和管理，依照国家和省有关宗教事务管理的规定执行。

恒山风景名胜区内涉及文物保护和自然资源保护的，除执行国家和省有关风景名胜区保护的规定外，还应当执行国家和省有关文物保护和自然资源保护的规定。

第四章 管 理

第二十二条 浑源县人民政府及恒山风景名胜区管理机构，应当建立健全景区游览管理和安全管理制度，制订自然灾害等突发事件的应急预案。

第二十三条 恒山风景名胜区管理机构应当科学合理地确定游客容量和游览线路，在景区、景点设置游览标识，在险要部位设置安全设施和警示标志，经常对交通、游览设施进行检查和维护，确保游客安全。

禁止超过允许容量接纳游客和在没有安全保障的区域开展游览活动。

第二十四条 恒山风景名胜区管理机构应当建立健全防火组织，完善防火设施，做好建筑防火和森林防火的各项工作。

第二十五条 恒山风景名胜区内的单位和个人，应当搞好景区清扫保洁、垃圾拾捡和收集处理工作，确保游览环境清洁。

景区内生活、生产经营所排废水，应当经处理设施处理，达到国家规定的污水排放标准。

第二十六条 恒山风景名胜区管理机构应当协助公安部门加强景区内的治安管理，保障景区资源和财产的安全，保障游客人身和财产安全。

第二十七条 恒山风景名胜区管理机构，应当会同有关行政主管部门，加强对景区内的食品卫生、商品经营和服务质量等事项的监督和检查。

第二十八条 恒山风景名胜区内从事商业、服务、客运等经营活动的单位和个人，应当遵守恒山风景名胜区的管理规定，在指定的地点和划定的范围内依法经营，不得欺诈和误导游客，不得尾随兜售或者强买强卖。

第二十九条 利用恒山风景名胜区资源进行经营的单位和个人，应当依法缴纳风景名胜资源有偿使用费。

恒山风景名胜区的门票收入和风景名胜资源有偿使用费实行收支两条线管理，专门用于风景名胜区的保护、管理和风景名胜区内财产的所有权人、使用权人损失的补偿。

因景区规划造成景区内居民房屋等财产损失的，应当依法补偿；失去承包土地的，应当积极提供就业帮助。

第三十条 恒山风景名胜区标志实行有偿使用，未经恒山风景名胜区管理机构授权，任何单位和个人不得使用。

第五章 法律责任

第三十一条 违反本条例规定，国务院《风景名胜区条例》、《山西省风景名胜区条例》和其他有关法律、法规已作出处罚规定的，依照其规定处罚。

第三十二条 违反本条例规定，在恒山风景名胜区内进行下列活动的，由恒山风景名胜区管理机构责令停止违法行为，没收违法所得；造成损失的，依法承担赔偿责任：

（一）擅自采集野生药材；
（二）在禁牧区放牧；
（三）擅自捶拓碑碣石刻；
（四）在非指定地点吸烟。

有前款第一、二、三项行为的，可并处 100 元以上 500 元以下的罚款；情节严重的，可并处 500 元以上 1 万元以下的罚款。有前款第四项行为的，并处 50 元的罚款。

第三十三条 违反本条例有关规定的违法行为，有关部门已经依照有关法律、法规的规定予以处罚的，恒山风景名胜区管理机构不再处罚。

第三十四条 违反本条例规定，市、浑源县人民政府及其有关行政主管部门、恒山风景名胜区管理机构及其工作人员玩忽职守、滥用职权、徇私舞弊的，依照国务院《风景名胜区条例》第四十条第二款、第四十七条、第四十八条的有关规定追究法律责任。

第六章 附 则

第三十五条 本条例自 2009 年 3 月 1 日起施行。

五、辽宁省

1. 辽宁省风景名胜保护管理暂行条例

(1984年1月3日辽宁省第六届人民代表大会常务委员会第四次会议审议通过 辽宁省人民政府辽政发〔1984〕1号文发布 自发布之日起施行)

第一章 总 则

第一条 根据《中华人民共和国宪法》第九条、第二十二条、第二十六条和国家有关规定,为了加强我省风景名胜的保护管理工作,特制定本条例。

第二条 一切机关、团体、学校、部队、企业、事业单位和城乡居民以及国内外旅游者,均须遵守本条例。

第二章 保 护

第三条 一切风景名胜受国家保护。各级人民政府都要把保护所辖区风景名胜区、风景名胜资源的工作作为重要职责。所有部门、单位和个人都有保护风景名胜区、风景名胜资源的义务。

属于集体所有的风景名胜资源,必须按照国家有关规定统一进行保护和管理。

第四条 所有风景名胜资源均须查清、鉴定,并按国家规定确定等级。

国家重点风景名胜区,由省人民政府推荐,报国务院批准。

省级风景名胜区,由所在市人民政府推荐,报省人民政府批准,送城乡建设环境保护部备案。

市、县级风景名胜区,由隶属市、县人民政府(地区行政公署)审定,送上一级城乡建设环境保护部门备案。

未定为风景名胜区的风景名胜资源，由地方人民政府责成有关部门保护原貌，不得损毁。

第五条 所有风景名胜区必须由当地人民政府组织有关部门划定明确的范围，并立碑刻文，标明界区。范围的划定要保持风景面貌完整，满足旅游需要，不受行政区划和所有制限制。为了保持景观特色，维护生态环境，在风景名胜区的外围，要划定必要的保护地带。

划定范围涉及土地权属变更和居民动迁时，要按照《国家建设征用土地条例》和《辽宁省土地管理暂行条例》的有关规定办理。

第六条 风景名胜区的地形、地貌、水体、山石、岛屿、礁石、滩涂、动物、植物、土壤、大气等都是构成风景名胜区的自然景观资源，必须严加保护。严禁在风景名胜区内毁林、垦荒、狩猎、放牧、挖土、埋坟、凿石、取沙以及其他伤损植被的行为和污染环境；严禁在海水浴场内进行有害水域的养殖、捕捞及在滩涂上晾晒海产品和设障、圈地；严禁向海水浴场内排放有害污物。科研、教学单位必须在风景名胜区内进行科研或教学实习活动时，须经风景名胜区管理部门同意，在指定的范围内进行。

第七条 加强风景名胜区林木的保护，积极防治虫害。对古树名木，必须实行特殊保护，按照国家要求登记造册，建立档案，设置保护标志，制定保护措施，落实保护责任。风景名胜区的林木，只准进行抚育和必要的更新性质采伐。凡属更新性质的采伐，必须从严控制，无论数量多寡，均须经林权主管部门审核，报送有权批准该风景名胜区等级的领导机关批准。

风景名胜区内，禁止发生一切易引起火灾的行为，所有风景名胜区都要建立护林防火组织，落实防火技术措施，严防发生森林火灾。

第八条 对风景名胜区内的寺庙、碑碣、石刻、石雕、石窟、古建筑、古墓葬、革命遗址、历史遗迹等文物古迹和具有民间传说的重要人文景观，必须遵照《中华人民共和国文物保护法》和有关规定严加保护，及时修缮。严禁刻划、涂写、坐骑、占用、拆迁和其他破坏行为。

涉及文物古迹的开发、修缮等项工作，风景名胜区管理机构须报城乡建设和文化行政管理部门共同审定。已定为各级文物保护单位的，须按保护级别，由文化行政管理部门逐级上报。

第九条 任何单位或个人不得侵占风景名胜区。对于违背国家有关规定，擅自占用风景名胜区的行为，风景名胜管理部门有权制止。已占用风景名胜区的单位和个人，都必须限期迁出，并照章缴纳占用期间的占用费。占用海水浴场进行有害水域养殖的单位，应在当地人民政府统一规划下逐步撤出或转产，迁出前要限制养殖品种和范围。

第三章 规　　划

第十条 所有风景名胜区均须编制开发建设规划，并依据规划有计划地进行建设和管理。

第十一条 风景名胜区规划必须遵循如下原则：

1. 开发利用风景名胜资源，要坚持环境效益、社会效益和经济效益的统一；

2. 按照国家有关法令和规定，正确处理保护与开发、远期与近期、整体与局部的关系，对风景名胜区各项事业做出全面合理的安排；

3. 风景名胜资源的开发和风景名胜区的建设，必须维护整个环境的生态平衡，保持自然景观和文物古迹的原有风貌，突出当地特色；

4. 在风景名胜区内修建的建筑物、构筑物或其他设施，在选址、规模、体量、造型、色彩、装修等方面，都要保持与自然景观、自然环境相协调。

第十二条 省、市、县级风景名胜区的开发建设规划，由隶属地方人民政府审查同意，报有权批准其等级的领导机关审批，送上一级城乡建设环境保护部门备案。

第十三条 经批准风景名胜区规划具有法律效力，必须认真贯彻实施，任何单位和个人均无权改变。如必须修改时，须报请原规划审批机关同意，并送上一级主管部门备案。

第四章 管　　理

第十四条 风景名胜区的规划、建设和保护、管理，统由各级城乡建设部门负责。涉及其他各有关方面的问题，应在各级人民政府领导下，组织各有关部门统筹解决。

第十五条 所有风景名胜区都要建立专门的管理机构（规模较大

的风景名胜区，根据需要可组织有关部门参加的管理委员会），实行统一管理。任何部门不得各自为政，各行其是。

第十六条 风景名胜区内的服务项目，由风景名胜区管理机构统一安排、管理。商业部门要支持风景名胜区管理部门发展满足游人正常需要的服务项目。在不影响景观、环境、文物保护的原则下，风景名胜区管理部门要支持国营、集体商业和有照个体商贩进入经营，但必须经风景名胜区管理机构批准。进入风景名胜区进行经营的国营、集体商业和个体商贩，必须严格遵守各项政策和风景名胜区的规章制度，在指定的地点按规定项目进行文明经营，并照章向风景名胜区管理部门缴纳管理费。

第十七条 所有风景名胜区，都要设置必要的卫生设施，加强卫生管理，保持优美、整洁的良好环境。

第十八条 凡允许游览的景区、景点的险要部位，都要设置安全设施。未设安全设施的，要暂时封闭。危岩险石要妥善处理，险峰峭壁应设警牌，严禁攀登，确保游人安全。

第十九条 公安部门要积极配合风景名胜区的治安管理工作，及时制止、处理破坏风景名胜和危及游人安全的行为，严禁一切伤风败俗、封建迷信及有损社会主义精神文明建设的活动，确保景区的良好秩序。

第五章 奖 罚

第二十条 对保护风景名胜资源、建设风景名胜区有下列显著成绩或突出贡献的单位和个人，由各级人民政府给予精神鼓励或物质奖励：

1. 模范遵守本条例，保护风景名胜资源有突出贡献者；
2. 在风景名胜区规划、建设、管理等方面做出重要贡献者；
3. 长期从事风景名胜区工作并有显著成绩者。

第二十一条 对违反本条例有下列情形之一者，要根据情节轻重，分别给予批评教育、经济制裁、行政处分，触犯刑律的，要依法追究刑事责任：

1. 在风景名胜区内毁林、垦荒、狩猎、放牧、挖土、埋坟、凿石、取沙以及其他伤损植被的行为和污染环境、造成对风景名胜的损害者；

2. 破坏文物古迹、风景资源者；

3. 损害风景名胜区环境卫生，不听劝阻者；

4. 擅自进入风景名胜区搭棚设摊、串点叫卖、兜售商品经教育不改者；

5. 非法侵占风景名胜区不按期限退出者；

6. 因失职造成景物损伤、设施破坏或危及游人安全者；

7. 在风景名胜区内进行伤风败俗、封建迷信活动或有损社会主义精神文明建设者；

8. 利用风景名胜区进行非法活动者；

9. 违反风景名胜区规章制度，阻碍管理人员执行任务，破坏正常秩序者；

10. 对违反本条例的行为进行怂恿、包庇者。

第六章 附　　则

第二十二条 本条例与国家有关法令、规定有抵触时，按国家有关法令、规定执行。本省过去有关规定与本条例相抵触的，按本条例执行。

第二十三条 各市人民政府（地区行政公署）可根据本条例制定本地区的风景名胜保护管理实施细则以及有关收费、奖惩办法，并报省人民政府备案。

第二十四条 本条例自公布之日起施行。

2. 鞍山千山风景名胜区条例

（1998年10月30日鞍山市第十二届人民代表大会常务委员会第七次会议通过　1998年11月28日辽宁省第九届人民代表大会常务委员会第六次会议批准　根据2008年10月30日鞍山市第十四届人民代表大会常务委员会第六次会议通过，2008年11月28日辽宁省第十一届人民代表大会常务委员会第五次会议批准的《鞍山市人大常委会关于修改〈鞍山千山风景名胜区管理条

例〉的决定》修正)

第一条 为了加强对千山风景名胜区的管理,有效保护和合理利用风景名胜资源,根据国务院《风景名胜区条例》和相关法律、法规,制定本条例。

第二条 本条例适用于在鞍山市行政区域内的千山风景名胜区(以下简称风景区)及保护地带。

第三条 凡进入风景区的国内外旅游者,风景区和保护地带内的单位、居民与保护、管理、利用和开发风景名胜资源相关的机关、团体、部队、企事业单位及其他组织、个人,均须遵守本条例。

第四条 鞍山市千山风景名胜区管理委员会(以下简称管委会)是鞍山市人民政府的派出机构,代表市政府对风景区的规划、保护和利用实行统一管理。其主要职责是:

(一)保护风景区名胜资源、文物、自然生态环境;
(二)实施风景区规划,科学利用、合理开发风景名胜资源;
(三)植树绿化,护林防火,防治林木病虫害和防止水土流失;
(四)建设、管理和保护风景区设施,改善游览服务条件;
(五)审查、监督风景区内的建设项目和卫生防疫监察管理;
(六)保护佛教、道教正常的宗教活动;
(七)其他管理事项。

第五条 市政府各有关部门应当依法按照各自职责协助管委会做好风景区管理工作。

第六条 管委会负责具体组织实施经批准的风景区总体规划及其详细规划。风景区内村镇建设规划及集体土地、山林利用规划,应当服从风景区规划。

保护地带各项专业规划及其所在地城市分区规划的编制,应当征求管委会意见。

风景区规划按照法定程序编制和报批后,必须严格执行,任何单位和个人不得擅自调整和变更。确需调整和变更的,应当按照原审批程序办理。

第七条 风景区的一切自然景物和人文景物及其所处的环境,均属风景名胜资源。国家所有、集体所有的风景名胜资源均应当按照国家有关规定统一进行保护和管理。

第八条 对风景区内的寺庙、碑碣、石刻、石雕、古建筑、古墓葬等人文景物必须严格保护，禁止占用、拆迁、损毁、破坏等行为。对具有历史、艺术、科学价值的文物，必须遵照《中华人民共和国文物保护法》和有关规定严格保护，及时修缮。

第九条 对风景区的古树、名木、奇峰、异石、地热水、名泉和冰川遗迹必须实行特殊保护，应当建立档案，悬挂标牌，制定保护措施。

第十条 在风景区内禁止开山、采石、开矿、开荒、修坟立碑等破坏景观、植被和地形地貌的活动。

第十一条 对风景区的水体，除按风景区规划的要求整修、利用外，均应当保持原状，不得截流、改向或者作其他改变。

禁止向前款规定的水体排放、倾倒污水、垃圾及其他污染物。

管委会应当会同市相关部门对水体进行定期检测。

第十二条 加强风景区林木的保护，做好植树绿化、封山育林、护林防火和防止病虫害工作，按照规划要求进行抚育管理。

风景区内国有林木的抚育、更新性采伐，管委会必须预先提出计划，报林业主管部门审核批准。禁止采伐名木古树。

农村集体经济组织采伐风景区内集体所有的林木及农村居民采伐自留山和个人承包集体的林木，必须经管委会同意，再按有关规定办理有关审批手续。

不得擅自采挖苗木、花、草、药材及珍稀植物。因科研、教学需要采集标本、野生药材及其他林产品的，必须经管委会同意，在指定地点限量采集。

第十三条 风景区应当切实维护好动物的栖息、繁殖环境，为野生动物创造必要的栖息、繁殖条件。禁止猎捕和伤害野生动物。

第十四条 风景区和保护地带内，应当加强防火管理工作。管委会防火指挥部全面负责防火、灭火的组织领导；凡在风景区内和保护地带内的机关、部队、企事业单位和居（村）民委员会均为联防单位，应当签订联防协议；健全防火组织，完善防火设施，划定责任区，落实责任制。

一切进入风景区的机动车辆，必须配带灭火器，进入风景区的人员，禁止在规定的吸烟地点以外区域吸烟；禁止携带、存放易燃、易爆品；禁止篝火、野炊、烧荒、烧纸；禁止损坏防火设施。

第十五条 风景区内各项建设应当严格执行风景区规划。风景区内的建筑物布局、设计,均应当与周围景观相协调。工程施工时,必须严格保护施工现场周围的景物与环境。

禁止违反风景区规划,在风景区内设立各类开发区和在核心景区内建设宾馆、招待所、培训中心、疗养院以及与风景名胜资源保护无关的其他建筑;已经建设的,应当按照风景区规划,逐步迁出。

禁止在风景区内修建储存爆炸性、易燃性、放射性、毒害性、腐蚀性物品的设施。

在风景区内从事以上两款禁止范围以外的建设活动,应当经管委会审核后,依照有关法律、法规的规定办理审批手续。

第十六条 风景区内禁止建设工矿企业及有碍景观的工程设施。对原有企业及工程设施应当进行清理整顿,凡有碍观瞻的,应当限期改造、拆除或者外迁。

禁止在风景区内从事木材加工经营活动。

第十七条 在风景区内进行下列活动,应当经管委会审核后,依照有关法律、法规的规定报有关主管部门批准:

(一)设置、张贴商业广告;

(二)举办大型游乐等活动;

(三)改变水资源、水环境自然状态的活动;

(四)其他影响生态和景观的活动。

第十八条 保护地带内要保护好地貌、山体、林木植被,搞好封山育林、植树绿化。

保护地带内的各项建设,都应当与景观相协调,不得建设破坏景观、污染环境、妨碍游览的设施。

保护地带原行政管理和隶属关系、权属不变。管委会根据规划对保护地带提出环境要求,由当地行政管理机关实施。

千山东路倪家台至千山正门段公路两侧,鞍会公路上石桥至庙宇岭段公路两侧的建设规划、建筑物的设计,应当与风景区的景观相协调。

第十九条 管委会应当确定各景区、景点的游览接待容量和游览路线,制定旅游旺季疏导游客的具体方案,有计划地组织游览活动。不得超过允许容量接纳游人。

风景区的游览票价应当根据国家有关物价管理的规定确定。

第二十条 进入各游览区的车辆,必须执行管委会关于车辆的管理的规定，按指定路线行驶，在规定的地点停放。

第二十一条　风景区的服务网点和公用设施，由管委会统一规划和管理。进入风景区经营的单位和个人，应当按规定的地点和经营范围文明经营。

禁止倒卖风景区各类门票（证）。

第二十二条　管委会应当加强风景区内的卫生防疫监察管理。设置必要的卫生设施，妥善处理污水、垃圾，保持整洁优美的游览环境。对不符合卫生标准的，应当及时处理。

第二十三条　管委会应当加强风景区的安全管理。游览区的险要部位，都应当设置安全设施。未设安全设施或者安全设施损坏的，应当暂时封闭。危岩险石和其他不安全因素应当及时排除，险峰峭壁应当设警牌，保障游人安全。

第二十四条　风景区应当加强治安管理，经常进行治安巡逻检查，及时制止、处理破坏风景名胜资源和危及游人安全的行为。

第二十五条　进入风景区的旅游者和其他人员，应当爱护风景名胜资源和各项安全设施、公共设施，维护环境卫生和公共秩序，遵守风景区的有关规定。不准私自在景物上刻划、涂写；不准随地吐痰、便溺；不准乱扔果皮、食品、包装物；不准乱倒垃圾、污物。

第二十六条　违反本条例，有下列行为之一的，由管委会依据下列规定予以处罚：

（一）违反本条例第十条规定，在风景区内进行开山、采石、开矿等破坏景观、植被、地形地貌的活动的，责令停止违法行为、恢复原状或者限期拆除，没收违法所得，并处50万元以上100万元以下的罚款。个人在风景区内进行开荒、修坟立碑等破坏景观、植被、地形地貌的活动的，责令停止违法行为、限期恢复原状或者采取其他补救措施，没收违法所得，并处1000元以上1万元以下的罚款；

（二）违反本条例第十五条第二款、第三款规定的，责令停止违法行为、恢复原状或者限期拆除，没收违法所得，并处50万元以上100万元以下的罚款；

（三）违反本条例第十五条第四款规定，在风景区内从事禁止范围以外的建设活动，未经管委会审核的，责令停止建设、限期拆除，对个人处2万元以上5万元以下的罚款，对单位处20万元以上50万元以下的罚款；

（四）违反本条例第十七条规定的，责令停止违法行为、限期恢复原状或者采取其他补救措施，没收违法所得，并处5万元以上10万元以下的罚款；情节严重的，并处10万元以上20万元以下的罚款；

（五）违反本条例的规定，在景物、设施上刻划、涂污或者在风景区内乱扔垃圾的，责令恢复原状或者采取其他补救措施，处50元的罚款；刻划、涂污或者以其他方式故意损坏国家保护的文物、名胜古迹的，由公安机关按照治安管理处罚法的有关规定予以处罚；构成犯罪的，依法追究刑事责任。

第二十七条 本条例第二十六条规定的违法行为，依照有关法律、行政法规的规定，有关部门已经予以处罚的，管委会不再处罚。

第二十八条 风景区工作人员因失职而造成火灾、人身伤亡、景物损毁及其他事故的，分别由市人民政府、管委会根据情节轻重对责任人给予行政处分。构成犯罪的，依法追究刑事责任。

第二十九条 本条例自1999年1月1日起施行。

3. 大连市风景名胜区管理条例

（1995年12月26日辽宁省大连市第十一届人民代表大会常务委员会第二十三次会议通过 1996年5月21日辽宁省第八届人民代表大会常务委员会第二十一次会议批准 1996年10月1日起施行）

第一章 总 则

第一条 为加强风景名胜区管理，依法保护、利用和开发风景名胜资源，促进经济、文化等事业的发展，根据国务院《风景名胜区管理暂行条例》及国家有关规定，结合本市实际，制定本条例。

第二条 本条例适用于大连市辖区内各级风景名胜区的管理。

第三条 各级人民政府应加强领导，协调好有关部门的关系，维护其合法权益，做好风景名胜区的保护、规划、建设和管理工作。

第四条 对风景名胜区资源应坚持严格保护，统一管理，合理开发，永续利用和有偿使用的原则。

第五条　大连市城市建设管理局及各县、市、旅顺口区、金州区、大连经济技术开发区、金石滩国家旅游度假区的城市建设管理部门是同级人民政府或管理委员会风景名胜区的行政主管部门，应会同有关部门依法做好风景名胜资源的调查评价和风景名胜区的审核、申报以及监督管理等工作。

风景名胜区须设立管理机构，行使人民政府授予的行政管理职权，对风景名胜区的保护、建设和经营活动实行统一管理，业务上接受市风景名胜区行政主管部门的监督指导。

市及区、市、县人民政府其他有关部门，应根据各自职责分工，协同做好风景名胜区的保护和管理工作。

第六条　本条例所称风景名胜区系指经县级以上人民政府审定命名并划定范围的，风景名胜资源集中，自然环境优美，具有一定规模和游览条件，供人游览、休息和进行科学文化活动的区域。

风景名胜资源系指具有观赏、文化或科学价值的山河、湖海、地质地貌、云雾光景等自然景物和文物古迹、历史纪念物、园林、建筑物等人文景物及其所处环境。

第七条　风景名胜区按其景物的观赏、文化、科学价值和环境质量、规模大小、游览条件等，划分为三级：

（一）市、县级风景名胜区，由市、县风景名胜区行政主管部门提出风景名胜资源调查评价报告，报市、县人民政府批准，并报省建设行政主管部门备案；

（二）省级风景名胜区，由市、县人民政府提出风景名胜资源调查评价报告，报省人民政府批准；

（三）国家级风景名胜区的评价申报工作按国家有关规定办理。

第二章　保　　护

第八条　风景名胜资源属国家所有，各级人民政府应采取有效措施确保风景名胜资源不受损害。

任何单位和个人应保护风景名胜资源，爱护风景名胜区的景物、林木、设施和环境，不得擅自出让或变相出让风景名胜资源，不得侵占风景名胜区的土地。

第九条　经批准使用风景名胜区土地的单位出租、转让其土地使用权或改变土地使用性质的,须经风景名胜区管理机构同意,并报经其行政主管部门批准,按国家有关规定办理手续。属于污染风景名胜区环境,破坏景观和自然风貌及严重妨碍游览活动的厂区和宅区,由风景名胜区管理机构提出计划经同级行政主管部门审核,报同级人民政府批准后组织改建和拆迁。

第十条 在风景名胜区内,禁止下列行为:
(一) 采石取土、毁林开荒、建墓立碑等破坏山体地貌;
(二) 捕杀、伤害野生动物;
(三) 排放、倾倒废气、废水、废物等污染景区环境;
(四) 危害水体、污染滩涂及围堵、填塞水域;
(五) 攀折树木、损坏景物、影响景观;
(六) 其他破坏风景名胜资源的行为。

第十一条 风景名胜区的文物古迹、历史遗迹以及具有民间传说色彩和纪念意义的造型艺术作品等人文景观,必须按照《中华人民共和国文物保护法》和有关规定加以保护,及时修缮。文物古迹的修缮应依法报经主管部门批准,并保持其原貌。

第十二条 风景名胜区内军事设施的保护和管理,按《中华人民共和国军事设施保护法》和国家有关规定执行。

风景名胜区内部队的非军事设施的新建、改建和扩建,按本条例执行。

第十三条 风景名胜区内实行植树绿化和封山育林,以保护和发展具有地方特色的风景林木植被和动物生长栖息条件。对风景名胜区及其外围保护地带内的林木,不得砍伐,确需进行更新采伐的,须经风景名胜区管理机构审核,报林权主管部门审批。

绿化工程审批及树木的砍伐和移植等,按《大连市城市绿化管理条例》和《大连市林地管理条例》的规定执行。

第十四条 风景名胜区管理机构须做好护林防火工作,实行责任制,划定戒严区,规定戒严期。在戒严区和戒严期内,任何单位和个人不得擅自野外用火。

第三章 规 划

第十五条 风景名胜区的规划应纳入当地国民经济和社会发展计

划,按计划分步实施。

第十六条 风景名胜区规划分总体规划与详细规划。

总体规划包括:

(一) 确定风景名胜区性质;

(二) 确定风景名胜区范围及外围保护地带;

(三) 划定景区和其他功能分区;

(四) 确定游览接待容量;

(五) 确定保护和开发利用风景名胜资源的措施;

(六) 编制各专项规划;

(七) 估算投资和收益等。

详细规划包括:

(一) 保护、绿化、风景游览、公用设施等建设项目的可行性分析;

(二) 具体用地范围总平面布置;

(三) 建筑密度和高度等控制指标;

(四) 综合环境规划;

(五) 工程管线综合规划和竖向规划等。

第十七条 各级风景名胜区的规划,由城乡规划和城建行政主管部门牵头组织编制。编制规划应当广泛征求意见,进行科学论证。

风景名胜区总体规划和详细规划,报审定该风景名胜区的人民政府审批,并报上级城建行政主管部门备案。

第十八条 经批准的风景名胜区总体规划,具有法律效力,由当地人民政府公布。在总体规划中划定的风景名胜区范围及外围保护地带,应立标定界。

调整或修改风景名胜区规划须报原审批机关批准。

第四章 建 设

第十九条 风景名胜区的各项建设必须符合规划,突出风景名胜区的特点和地方特色,坚持保护第一的原则。在建设工程的选址、规模、体量、高度、色彩和风格等方面,应与自然景观、自然环境相协调。

第二十条 景区内的建设项目,须经管理机构审核同意,按有关规定办理审批手续。工程竣工后，其管理机构和主管部门应参加验收，验收合格后，建设单位和个人应向管理机构和主管部门提交工程竣工档案。

第二十一条 因建设需要征用、占用已经依法确权给有关单位和个人使用的土地、沿海滩涂、浅海水域的，应按国家规定办理有关手续和给予补偿。

在鱼、虾、蟹回游通道及名贵经济贝类资源地进行施工建设的，要建造过鱼设施或其他补救设施，避免或减少对渔业资源的损害。

第二十二条 除经批准允许建设的人文景观、服务设施和保护设施外，不得建设工矿企业、铁路、站场、仓库等与风景游览无关或破坏景观、污染环境、妨碍游览的项目和设施。

第二十三条 在风景名胜区及其外围保护地带内进行建设项目设计施工的单位，应向管理机构提交设计、施工资质证书和保护周围环境的措施方案；施工中，应保护景物及周围的植被、水体、地貌，不得造成污染和破坏；施工结束后，应清理场地，绿化环境，恢复原貌。

第五章 管 理

第二十四条 风景名胜区管理机构应成立专门管理队伍，配备管理人员，建立健全各项规章制度，依据规划，定期对风景名胜区的保护、开发和利用等进行监督检查。

风景名胜区内的所有单位和个人都应服从景区的统一管理。

第二十五条 风景名胜区内的险要路径、拥挤道口及危险地段应设置必要的安全设施和标志。安全标志应清晰醒目。

第二十六条 风景名胜区管理机构应做好游览专用车、船、缆车等工具以及游艺娱乐设施的日常安全管理工作。进入风景名胜区的各种交通工具须按规定线路、场站行驶和停放。

经营游乐业务的单位须按有关规定对游艺娱乐设施进行管理和维护，保证游人的安全。

第二十七条 从事经营活动的单位和个人，应按规定办理有关证、照，缴纳场地、设施使用费，依法在规定的地点和营业范围内文明经商、公平交易、优质服务。

第二十八条 风景名胜区管理机构须加强环境卫生管理,设置必要的卫生设施,废弃物应按规定标准进行处理,不得污染环境。

第二十九条 进行科学研究、教学实习和拍摄电影电视的单位或个人须经管理机构同意后,方可在指定的范围内活动。

第三十条 利用风景名胜资源从事经营活动的单位和个人,应缴纳风景名胜资源使用费。使用费全部缴财政专户管理,专款用于风景名胜区的维护和建设。

第三十一条 门票等各项收费价格,由市城建部门制定报市财政、物价部门审核,按规定的管理权限批准。

第六章 奖励与处罚

第三十二条 认真执行本条例,在风景名胜区保护、规划、建设和管理等方面做出显著成绩的单位和个人,由风景名胜区所在市及区、市、县人民政府或风景名胜区主管部门给予表彰和奖励。

第三十三条 违反本条例的,由风景名胜区管理机构给予警告、限期改正、停止违法行为、恢复原状、赔偿损失和没收非法所得等处罚,有下列行为之一的,可并处罚款:

(一)违反本条例第九条规定的,按非法收入的2倍处以罚款。

(二)违反本条例第十条规定之一,造成经济损失的,按造成经济损失的2倍处以罚款;未造成经济损失的,对单位处以1000元以上3000元以下罚款,对个人处以50元以上500元以下罚款。

(三)违反本条例第二十条、第二十三条规定的,处以1000元以上5000元以下罚款。

(四)违反本条例第二十六条第一款规定的,处以50元以上100元以下罚款。

第三十四条 违反本条例第二十六条第二款、第二十七条、第二十九条规定的,由风景名胜区管理机构予以取缔,可并处500元以上5000元以下罚款。

第三十五条 违反本条例,未按规划要求对风景名胜区进行保护、开发、利用和管理的,由城建主管部门给予警告、责令改正、恢复原状等处罚,可并处1万元以上3万元以下罚款。

第三十六条 管理人员玩忽职守、滥用职权、徇私舞弊的,由其所在单位或上级主管部门给予行政处分；造成经济损失的，依法予以赔偿；构成犯罪的，由司法机关依法追究刑事责任。

第三十七条 违反本条例涉及工商行政、物价、规划土地、文物保护、环境保护、环境卫生和食品卫生管理的，由有关部门按法律、法规处理。

第三十八条 实施行政处罚，应下达处罚决定书，实施罚没款处罚，应当使用财政部门统一印制的罚没款票据。罚没款一律上缴同级财政部门。

第三十九条 当事人对行政处罚不服的，可以在接到处罚通知书之日起15日内，依法申请复议；对复议决定不服的，可以在接到复议决定之日起15日内，向人民法院起诉。当事人也可以在接到处罚通知书之日起15日内，直接向人民法院起诉。当事人逾期不申请复议、不向人民法院起诉又不履行处罚决定的，由作出处罚决定的机关申请人民法院强制执行。

第四十条 扰乱治安秩序，妨碍管理人员执行公务的，由公安机关依照《中华人民共和国治安管理处罚条例》的规定处罚；构成犯罪的，由司法机关依法追究刑事责任。

第七章 附 则

第四十一条 对未经审批但已评价定为风景名胜资源的，可参照本条例执行。

第四十二条 大连市人民政府可根据本条例制定单项实施办法。

第四十三条 本条例应用中的具体问题由大连市人民政府负责解释。

第四十四条 本条例自1996年10月1日起施行。

4. 本溪市风景名胜资源保护管理条例

（1996年9月28日辽宁省人民代表大会常委会通过 自公布之日起施行）

第一章 总 则

第一条 为有效保护和合理开发利用风景名胜资源，加强风景名胜区管理，根据国家和省有关法律、法规，结合本市实际，制定本条例。

第二条 本条例所称风景名胜资源系指自然环境优美，具有观赏、文化或科学价值的山河、湖泊、地貌、溪潭、溶洞、泉源、瀑布、森林、动植物、特殊地质、天文气象等自然景物和文物古迹、革命纪念地、历史遗址、园林、建筑、摩崖石刻、工程设施等人文景物和它们所处环境及风土人情等。

本条例所称风景名胜区系指风景名胜资源集中、自然环境优美、具有一定规模和游览条件，经县级以上人民政府审定命名、划定范围，供人游览、观赏、休息和进行科学文化活动的地域。

第三条 本条例适用于本溪市行政区域内一切风景名胜资源和各级风景名胜区。

第四条 市风景名胜资源行政主管部门负责全市风景名胜资源的管理工作。行使下列职能：

（一）组织风景名胜资源调查和评价；

（二）申报审查风景名胜区；

（三）编制全市风景名胜资源规划和组织编制市级以上风景名胜区规划，会同有关部门审批省级、市级风景名胜区详细规划；

（四）负责贯彻实施有关法律、法规和规章；

（五）监督和检查风景名胜区保护、建设、管理工作。

市人民政府有关部门，应依照法律、法规和规章规定的职责，配合风景名胜资源行政主管部门做好风景名胜资源的保护管理工作。

第五条 自治县（区）人民政府应明确风景名胜资源行政主管部门，负责行使本级政府对本行政区域内风景名胜资源和风景名胜区的保护管理职能。

第六条 风景名胜资源的开发利用必须坚持严格保护、统一管理、合理开发、永续利用的方针。

依托风景名胜资源进行经营活动的，应当缴纳风景名胜资源有偿使用费。

第七条 各级人民政府应当将风景名胜资源的保护管理和开发利用纳入地方国民经济和社会发展计划，促进其发展。

第八条 对认真执行本条例，做出显著成绩和重要贡献的单位和个人，应予表彰或奖励。

第二章 调查、评价

第九条 风景名胜资源应按照国家规定进行调查、评价，确定其特点和价值。

第十条 风景名胜资源的调查、评价由市风景名胜资源行政主管部门组织有关部门和专家进行。

第十一条 风景名胜资源调查、评价结果，应形成规范的调查评价报告，报本级人民政府和上级主管部门。

第三章 风景名胜区的设立

第十二条 风景名胜资源具备设立风景名胜区条件的，可按规定设立风景名胜区。风景名胜区分为国家重点、省级、市级、县（区）级。

国家重点、省级、市级风景名胜区按国家规定设立与申报。

县（区）级风景名胜区是指具有一定观赏、文化和科学价值，环境优美，规模较小，设施简单，以接待本地游人为主，由自治县（区）风景名胜资源主管部门提出调查评价报告，报自治县（区）人民政府审定公布，并报省、市级主管部门备案的风景名胜区。

风景名胜区应划定明确的范围，立碑刻文，标明区界。范围的划定，不受行政区划和所有制的限制。

不具备设立风景名胜区条件的风景名胜资源，由市风景名胜资源主管部门划定保护范围，报市人民政府审定公布，并设立标志。

第十三条 风景名胜区应设立专门的管理机构，负责风景名胜区的管理工作。设在风景名胜区内的所有单位，除各自业务受上级主管部门领导外，都必须服从管理机构对风景名胜区的统一规划和管理。

第十四条 市级以上风景名胜区管理机构的设立由市人民政府决定。

县（区）级风景名胜区管理机构的设立由自治县（区）人民政府确定。

第四章 保 护

第十五条 风景名胜资源受国家保护。任何单位和个人都有保护风景名胜资源的义务，不得有破坏风景名胜资源的行为。

第十六条 风景名胜资源的开发利用与风景名胜区的建设，必须坚持"保护第一"的原则，防止自然风貌的人工化和景区环境的城市化；不得破坏景观、污染环境、妨碍游览。

第十七条 在风景名胜资源保护范围内，禁止下列行为：

（一）出租或出让风景名胜资源；

（二）砍伐古树名木、风景林木，毁林开荒；

（三）捕猎野生动物；

（四）损坏文物，在景物上刻画、涂写；

（五）在禁火区内用火。

第十八条 在风景名胜区内，除应遵守第十七条规定外，还必须遵守下列规定：

（一）禁止设立开发区；

（二）禁止出让土地；

（三）不得擅自建墓立碑；

（四）不得擅自闸沟造田、开矿挖煤、开山采石、挖沙取土和就地取用建筑材料。

第十九条 风景名胜区内的古建筑、古园林、历史遗址等人文景观，应按照《中华人民共和国文物保护法》和有关规定保护、修缮。文物古迹的修缮应依法报经有关部门批准，并保持其原貌。

第二十条 风景名胜区内的林木，不得擅自采伐。确需进行更新、抚育性采伐的，须经风景名胜资源主管部门审查同意后，按国家和省的有关规定核发采伐许可证。

第二十一条 风景名胜资源保护范围和风景名胜区内应加强水体的保护，防止水体污染。

第二十二条 风景名胜资源保护范围和风景名胜区内应维护野生动物的栖息环境。

第五章 规　　划

第二十三条　风景名胜资源及风景名胜区应当编制规划。

风景名胜资源规划由市风景名胜资源主管部门组织编制，报市人民政府审批。

风景名胜区规划由风景名胜区管理机构负责编制。风景名胜区总体规划经主管部门审查后，报审定风景名胜区的人民政府审批，并报上级主管部门备案。

国家重点风景名胜区详细规划，按国家规定报批；省级、市级风景名胜区详细规划，由市风景名胜资源主管部门审批；县（区）级风景名胜区详细规划，由自治县（区）风景名胜资源主管部门审批。

第二十四条　编制规划应遵循以下原则：

（一）贯彻执行国家有关保护和开发利用风景名胜资源的法律、法规，正确处理保护与利用、远期与近期、整体与局部的关系；

（二）符合有关城市总体规划；

（三）突出风景名胜区的特色；

（四）保持自然景观和人文景观的风貌，各项建设设施应与景区环境相协调；

（五）风景名胜区的发展应当同国家和地方经济发展水平相适应，并为长远发展留有余地。

第二十五条　经批准的规划，必须执行，任何单位或个人都不得擅自变更。规划确需调整，要按程序报原审批机关批准。

第六章　管　　理

第二十六条　风景名胜资源保护范围和风景名胜区内的建设项目，须经风景名胜资源行政主管部门依据规划审查同意，按国家和省的有关规定审批，未经批准，不得建设。

第二十七条　风景名胜区规划批准前，不得建设永久性建筑。确需设置的临时性设施，须经市风景名胜资源行政主管部门同意。临时设施因风景名胜区保护、建设和管理需要拆除时，建设或使用单位必须按有关规定予以拆除。

风景名胜区规划批准前已有的建筑物，凡不符合风景名胜区规划的，须按有关规定拆迁。

第二十八条 各项建设项目在施工过程中，必须采取措施，保护景物及周围的林木、植被、水体、地貌，不得造成污染和破坏。施工结束后，必须立即清理场地，恢复环境原貌。

第二十九条 溶洞和风景名胜区内地下热水的开发利用，应经过勘察和论证，提出方案和保护措施，经市风景名胜资源行政主管部门审查同意，按国家和省的有关规定审批。

第三十条 风景名胜区管理机构应配合有关部门加强治安、安全、经营等各项活动的管理，开展科学文明的游览活动，保护风景名胜资源、国家财产的安全。

第七章 罚 则

第三十一条 违反本条例，由风景名胜资源行政主管部门按下列规定予以处罚：

（一）违反第十七条第（一）项规定，责令停止出租转让行为，没收非法所得，并处以非法所得额二倍的罚款，对直接责任者罚款五百元；

（二）违反第十七条第（四）项规定，在景物上刻画、涂写的，进行批评教育，责令停止侵害行为，并处以十元以上五十元以下罚款；

（三）违反第十八条第（一）项规定，责令停止开发活动，恢复原貌，没收非法所得，并处以一万元以上三万元以下罚款；

（四）违反第十八条第（三）项规定，责令限期迁出，逾期不迁出，按无主坟处理。

（五）违反第二十六条规定，责令立即停止建设，限期拆除，恢复原貌，并处以工程造价百分之三至百分之五的罚款；逾期不拆除的，申请人民法院强制执行，并处以工程造价百分之五至百分之十的罚款；

（六）违反第二十七条第一款规定，责令限期拆除，逾期不拆除的，申请人民法院强制执行，并处以拆除费用二倍的罚款；

（七）违反第二十八条规定，施工结束后未按期清理场地，恢复环境原貌的，责令限期改正，并处以每平方米三十元以下罚款；

（八）违反第二十九条规定，未经市风景名胜资源主管部门审批的，责令立即停止侵害活动，恢复原貌，没收非法所得，并处以一万元以上三万元以下罚款。

第三十二条 在风景名胜资源保护范围和风景名胜区内违反国家有关法律、法规规定的，按有关规定处理。

第三十三条 违反本条例情节严重，触犯刑律构成犯罪的，由司法机关依法追究刑事责任。

第三十四条 违反本条例规定，拒绝、阻挠风景名胜资源行政主管部门或风景名胜区管理机构工作人员执行公务的，由公安机关依照《中华人民共和国治安管理处罚条例》的规定处罚；构成犯罪的，依法追究刑事责任。

第三十五条 由于管理混乱和对资源保护不力，造成资源破坏，已不具备风景名胜区条件的，要报请原审定机关撤销其命名，并依法追究有关负责人和直接责任人的责任。

第三十六条 风景名胜资源主管部门及风景名胜区管理机构的工作人员玩忽职守、滥用职权、徇私舞弊的，由其所在单位或上级主管部门给予行政处分。构成犯罪的，由司法机关依法追究刑事责任。

第三十七条 当事人对行政处罚不服的，可在接到处罚通知之日起十五日内，向作出处罚决定的上一级机关申请复议；对复议决定不服的，可以在接到复议决定之日起十五日内，向人民法院起诉。当事人也可以在接到处罚通知之日起十五日内，直接向人民法院起诉。当事人逾期不申请复议，也不向人民法院提起诉讼，又不履行处罚决定的，由作出处罚决定的机关申请人民法院强制执行。

第八章 附 则

第三十八条 市人民政府可依据本条例制定实施办法。

第三十九条 本条例应用中的具体问题，由市人民政府负责解释。

第四十条 本条例自公布之日起施行。

5. 大连金石滩国家旅游度假区管理条例

(1995年1月19日辽宁省大连市第十一届人民代表大会常务委员会第十五次会议通过 1995年5月30日辽宁省第八届人民代表大会常务委员会第十四次会议批准 自公布之日起施行)

第一章 总 则

第一条 为了加强对大连金石滩国家旅游度假区的管理,加快旅游设施建设,发展旅游事业,促进对外开放和经济、社会发展,根据国家法律、法规及有关规定,结合大连市实际情况,制定本条例。

第二条 大连金石滩国家旅游度假区(以下简称度假区)是经中华人民共和国国务院批准设立的,以接待海外旅游者为主的综合性旅游度假区。

第三条 度假区的建设与发展,必须符合国际旅游要求和大连市经济、社会发展规划,坚持外引和内联、引进先进的旅游产品项目和科学的管理经验相结合,以发展高创汇的旅游行业为主,适当发展为旅游业服务的生产性企业为辅的原则。

第四条 度假区必须加强规划管理,为投资者提供良好的投资环境。任何单位和个人不得破坏度假区内的自然、人文景观以及其他旅游资源。

第五条 鼓励中国境内外的企业、其他组织和个人,在度假区投资,开发旅游设施(包括基础设施)和经营旅游项目和产品。

第六条 度假区内的企业、事业单位和机关团体的职工,有权依法建立工会组织,开展工会活动,维护职工的合法权益。

第七条 度假区内的一切单位和个人必须遵守中华人民共和国的法律、法规和本条例,其合法权益受法律保护。

第二章 行政管理

第八条 度假区设立管理委员会(以下简称度假区管委会),在大连市人民政府领导下,对度假区行政事务实施统一管理。

第九条 度假区管委会行使下列职权:

(一)编制度假区的总体规划和发展计划,经市人民政府批准后,负责组织实施;

(二)依法制定和发布度假区的有关具体管理规定;

(三)按规定审批度假区的投资项目;

(四)负责度假区内的财政税收、劳动人事、文教卫生、规划土地、城建房产、环境保护、道路交通、治安消防、旅游事业等行政管理工作;

(五)负责度假区内的各项基础公用设施的建设和管理;

(六)按有关规定管理度假区的进出口业务;

(七)对市政府各部门设在度假区内的派出机构的工作进行监督管理;

(八)对度假区内的企业、事业单位依法进行监督管理;

(九)市政府授予的其他职权。

第十条 度假区内中方人员短期因公出境和派赴境外培训,或度假区内单位和个人邀请境外人员到度假区从事业务活动的,经度假区管委会审核后,到市外事办公室办理审批手续。

第十一条 大连市人民政府有关部门,应加强对度假区管委会所属职能部门的业务指导,支持度假区管委会对度假区实施统一管理。

第三章 投资及经营管理

第十二条 投资者可以采取独资、合资、合作等方式在度假区内兴办企业或设立代表机构。鼓励投资开发和经营下列项目:

(一)游览、娱乐、体育项目;

(二)宾馆(酒店)、别墅、餐饮和购物等服务项目;

(三)为旅游业服务的生产性企业;

(四)与度假区相配套的公用、基础设施等建设项目;

(五)其他旅游和服务项目。

度假区内禁止兴办污染环境的项目。

第十三条 度假区内允许外商独资经营为我国法律所允许的专门为境外旅游者服务的旅游服务项目。

第十四条　度假区内，经批准可以开办外汇商店或中外合资、合作的零售商业企业；可以开办中外合资经营的第一类旅行社，经营海外旅游业务。

　　具体审批程序按国家有关规定办理。

　　第十五条　在度假区内兴办企业，应向度假区管委会提出立项申请，经批准后，按有关规定办理土地使用证书、营业执照、财政和税务登记等手续。

　　第十六条　度假区内企业，可自行确定内部机构、人员编制、招聘职工条件、工资分配形式和依法确定职工工资标准。

　　企业招聘职工，不受区界限制，职工一律实行劳动合同制。

　　第十七条　企业必须按照国家规定保障职工依法享有劳动、休息、职业技能培训、取得劳动报酬、获得劳动、安全、卫生保护及法律法规规定的其他权利；按规定为职工办理养老、工伤、医疗、失业、生育等社会保险；严格执行国家关于计划生育、女职工和未成年工特殊保护的规定。严禁招用未满十六周岁的童工。

　　第十八条　度假区内企业应建立财务、会计账簿。对进出口免税及海关按保税货物办理的物资，应建立海关认可的专门账簿。

　　企业应按规定向有关部门报送会计、统计报表，并接受监督。企业的年度会计报表，应经中国注册的会计师验证并出具证明。

　　第十九条　度假区内的企业改变名称、经营场所、法定代表人、经济性质、经营范围、经营方式、注册资本、经营期限以及分立、合并、终止等，均应依照有关规定办理变更、设立、注销登记手续。

　　第二十条　度假区内的外商投资企业的外商所得利润、外籍员工的薪水以及其他合法收入，均可在依法纳税后汇出境外。

第四章　规划、土地与基本建设管理

　　第二十一条　度假区总体规划和详细规划，由度假区管委会会同市政府有关部门组织编制，报市政府批准后组织实施。

　　经批准的度假区总体规划和详细规划，任何单位和个人不得擅自更改，确需局部调整时，应经市政府批准。

　　第二十二条　度假区内的国有土地实行有偿、有期使用制度。中国境内外的企业、事业单位、其他经济组织和个人（法律另有规定的除外），均可通过土地出让和有偿划拨等方式，在度假区内获得土地使用权。

度假区内土地使用权出让，由度假区管委会依据国家和省、市关于国有土地出让的有关规定组织进行。

申请在度假区有偿划拨用地的单位和个人，应凭在度假区兴办项目的批准文件和有关资料，到度假区管委会办理用地手续，签订土地使用合同，一次性缴清征地费和开发配套费，领取土地使用证，取得土地使用权，并按年度缴纳土地使用费。

第二十三条 依法取得土地使用权的土地使用者，须按土地使用或土地出让合同规定的期限破土动工。逾期者，缴销土地使用证，其已交付的征地费、开发配套费或出让金不予退还。

依法取得土地使用权的土地使用者，不得随意改变土地用途和用地范围，如需改变应重新办理有关手续。

第二十四条 以出让方式取得土地使用权，并按土地使用权出让合同规定的期限和条件投资开发、利用土地的，土地使用权可依法进行转让、出租、抵押，并按规定办理登记。自土地使用权期满之日起，土地使用权和地上建筑物、其他附着物所有权由大连市人民政府无偿取得，土地使用者应当交还土地使用证，并依照规定办理注销登记。

以有偿划拨方式取得土地使用权的，土地使用权不得擅自转让、出租、抵押。如需转让、出租、抵押的，应经度假区管委会批准，签订土地使用权出让合同，补交土地使用权出让金。

第二十五条 在度假区内新建、扩建、改建建筑物、构筑物和其他设施的单位和个人，应持相应的规划、建设手续和详细设计文件，报经度假区管委会审查批准，领取《选址意见书》、《建设用地规划许可证》、《建设工程规划许可证》、《建设工程开工许可证》后，方可开工。工程施工过程中和竣工时，应接受度假区管委会所属有关管理部门的工程检查和竣工验收，并在工程竣工验收后六个月内，向度假区管委会所属档案管理部门报送符合规定标准的工程档案资料。

第二十六条 度假区内进行临时建设的，应到度假区管委会所属有关管理部门办理临时建设批准手续。

临时建筑和其他附属设施，必须在其批准的使用期满时拆除，并按要求清理场地；在使用期限内，度假区建设需要时，按有关规定处理。

第五章　优惠待遇

第二十七条　度假区内的外商投资企业在投资总额内进口自用的建筑材料、生产经营设备，在合理数量的范围内，按照有关规定免征关税和增值税、消费税。

第二十八条　度假区内的外商投资企业为生产出口旅游商品而进口的原材料、零部件、元器件、配套件、辅料、包装材料，海关按保税货物的有关规定办理。

第二十九条　度假区内的企业，经海关批准，可设立保税工厂、保税仓库，海关按照有关规定进行监管。

第三十条　建设度假区基础设施所需进口的机器、设备和其他基建物资，按照有关规定免征进口关税和增值税。

第三十一条　经批准，度假区内可开办中外合资经营的旅游汽车公司。对其购置的国产车，在核定的数量内，国家免征横向配套费、车辆购置附加费。对国内企业在区内开办的旅游汽车公司，可参照上述规定执行。其车辆限于区内旅游汽车公司自用，不得转售。具体手续按国家有关规定办理。

第三十二条　在度假区内进行高科技、旅游含量比重大和文化、体育、教育、医疗卫生投资项目以及基础建设投资项目，根据实际需要，按不同地段和用途，在土地使用年限、费用数额、缴费办法等方面给予优惠。

第三十三条　度假区内的企业，除享受本条例规定的优惠待遇外，还享受国家、省、市规定的其他有关优惠待遇。

第六章　附　　则

第三十四条　大连市人民政府可依照本条例制定单项管理办法。

第三十五条　本条例应用中的具体问题由大连市人民政府负责解释。

第三十六条　本条例自公布之日起施行。

六、吉林省

吉林市松花湖国家级风景名胜区管理条例

（1994年10月27日吉林省吉林市第十一届人民代表大会常务委员会第十二次会议通过 1995年1月18日吉林省第八届人民代表大会常务委员会第十四次会议批准 1995年3月1日起施行）

第一章 总 则

第一条 为加强松花湖国家级风景名胜区的管理，更好地保护、利用和开发风景名胜资源，根据国务院《风景名胜区管理暂行条例》、《吉林省松花江三湖保护区管理条例》等有关法律、法规的规定，结合松花湖国家级风景名胜区的实际，制定本条例。

第二条 松花湖国家级风景名胜区（以下简称风景区）是经国务院批准的以水旷、山幽、林秀、雪佳等自然景观为主体的，供游览观光、度假休养，开展科学文化活动的国家重点风景名胜区。其范围包括丰满水电大坝以上40km以内水域以及丰满区的丰满街道和江南、丰满旺起，蛟河市的松江、天南五个乡的沿湖地区，总面积为500km^2。

第三条 凡在风景区范围内从事有关活动的单位及个人，均须遵守本条例。

第四条 风景区内的土地、森林、水等资源权属关系不变。资源开发利用，须经有关主管部门批准。

第五条 风景区的总体规划纳入三湖保护区的总体规划。景区详细规划，抄报省松花江三湖保护委员会备案。

第六条 风景区必须贯彻"严格保护，合理开发，统一管理，永续利用"的方针，做到环境效益，经济效益，社会效益相统一。

第七条 风景区行政管理部门是风景区的主管部门。风景区内所有单位，除各自业务受上级主管部门领导外，都必须服从风景区行政管理部门的统一规划和管理。风景区行政管理部门的职责是：

（一）贯彻执行有关法律、法规、规章和政策；

（二）组织编制和实施风景区总体规划及景区详细规划；

（三）保护风景区的自然资源和生态环境；

（四）按规划审查、监督风景区内的建设项目，并参与验收；

（五）保护、管理风景区内的公共设施与环境卫生；

（六）审查、监督风景区内的经营活动；

（七）负责与风景区保护、管理有关的其他事宜。

市城建、公安、交通、工商、水利、林业、土地、环保、卫生等部门及有关县（市）区人民政府应按各自职责协同风景区行政管理部门做好风景区的保护、管理工作。

第八条 在风景区内从事活动的单位和个人都有爱护、保护风景区资源与设施的义务和举报、制止破坏风景区资源与设施行为的权利。

第九条 对模范执行本条例，在风景区保护、开发建设和管理中作出重要贡献的单位和个人，给予表彰和奖励。

第二章 资源与环境保护

第十条 风景区的山、水、林及生态环境是湖区的主体和重要资源，风景区行政管理部门应会同有关部门制定保护措施，落实保护责任制，加强管理。

第十一条 风景名胜资源不得破坏、侵占、出让或转让。

第十二条 风景区内实行封山育林、植树绿化，严格控制采伐树木。必要的抚育更新、卫生伐及开发建设占用林地的，应符合风景区的总体规划，经风景区行政管理部门审查同意后，报林业部门批准。

第十三条 风景区行政管理部门应协助有关部门做好森林防火和病虫害防治、水土保持工作。

第十四条 在重点景区采集标本、野生药材和其他林副产品的，应经风景区行政管理部门同意，按规定报有关部门批准。

第十五条 风景区为禁猎区，要保护野生及珍稀动物，严禁狩猎。

第十六条　风景区内的绿地未经风景区行政管理部门审核同意,任何单位和个人不得侵占或改变用途。古树、名木应建立档案和标志,予以重点保护和管理,严禁砍伐破坏。

第十七条　在风景区沿湖区域内禁止建设工矿企业,不准采石、挖沙、取土、开垦荒地。

第十八条　松花湖水体必须按国家地面水环境质量二类标准管理。所有排污物必须经过处理,严格执行环保部门规定的排污标准。严禁直接向湖内排放污水、粪便和倾倒垃圾。

第十九条　机动船只必须安装防止油污染装置和卫生设施,污油、污物到指定地点倾倒、处理。

第二十条　风景区内的疗养院(所)不准开办传染病科目和污染环境的治疗项目。

第二十一条　风景区内严格控制噪声污染,机动车辆、船只不得使用高音喇叭,营业性场所严禁使用室外扬声器招徕顾客。

第二十二条　风景区内严格控制大气污染,大气环境质量应按国家规定的一类标准管理。严禁锅炉烟尘超标准排放。

第二十三条　风景区内经批准建设的工程项目,必须设有防止污染的设施和水土保持设施,并与主体工程同时设计,同时施工,达不到要求的不得投产使用。风景区内凡有污染的单位应限期治理,逾期达不到要求的,必须实行关、停、迁。

第二十四条　设立松花湖风景名胜资源保护基金,其具体筹集办法和使用范围由市人民政府另行制定。

第三章　规划与建设

第二十五条　经国务院批准的风景区总体规划,是风景区保护、建设和管理工作的依据,是吉林市城市总体规划的一部分。景区的详细规划依据风景区总体规划进行编制,经市政府同意,报省主管部门批准实施。

第二十六条　必须严格执行风景区规划,任何单位和个人无权擅自改变,确需调整或修改的,须报原批准机关审批。

第二十七条　在风景区内进行各种建设,包括临时建筑,由建设单位(个人)向风景区行政管理部门提出申请,风景区行政管理部门依据规划和初步设计会同三湖保护区管理机构等有关部门审查,报城市规划部门批准,并按有关规定办理林业、土地、水土保持等手续后,方可施工。

第二十八条 严格控制下列建设项目:

(一) 公路、索道、缆车;

(二) 大型文化、体育、游乐设施;

(三) 旅馆建筑;

(四) 设置中国国家风景名胜区徽志的标志建筑;

(五) 由上级建设主管部门认定的其他重大建设项目。

确需建设的,由建设单位填报《建设选址审批书》及《环境影响评价报告书》,经风景区主管部门及环境保护等部门审查,经市政府和省建设主管部门同意,报国务院建设行政主管部门或其授权部门审批。

第二十九条 风景区内的新建、改建、扩建工程,必须按规划要求进行。沿湖区域新建工程距最高水痕线不得少于100m,并留有绿化带。

第三十条 风景区沿湖区域内的农民建设住宅以及其他设施的,应符合风景区规划的要求,经所在县(市)人民政府批准,并报风景区行政管理部门备案。

第三十一条 景区出入口由风景区行政管理部门依据详细规划设置。

第三十二条 凡承担风景区规划与建设项目设计任务的单位,应向风景区行政管理部门提交资质证书,经确认后方可进行规划与建筑设计。各项建筑设计的高度、体量、色调、风格等必须与景观相协调。

第三十三条 在风景区内从事建筑施工的单位必须遵守下列规定:

(一) 严格按批准的位置和设计进行施工;

(二) 施工现场设置防护围栏;

(三) 施工过程中,采取有效措施保护景物及周围的林木、植被、水体、地貌,不得造成污染和破坏水土资源;

(四) 修建临时设施和堆放物料场地须经风景区行政管理部门办理手续;

（五）施工结束后，及时清理场地，恢复环境原貌。

第四章　景区管理

第三十四条　风景区内各单位应按规划搞好环境的绿化、美化。风景区行政管理部门和责任单位必须按职责分工搞好环境清扫和保洁工作。

第三十五条　风景区内严格控制设置广告牌。确需设广告牌以及牌匾、宣传画廊、路标等的，须经风景区行政管理部门审批，要简明、整洁、美观、大方，与周围景观景物相协调。

第三十六条　严格控制风景区的常住人口，沿湖区域不得新迁入住户。

第三十七条　风景区内严格控制经营业户总量。在风景区内从事各类经营活动的单位及个人，必须经风景区行政管理部门审查同意，到工商行政管理部门办理营业执照后方可开业。

第三十八条　风景区内的经营单位和个人，必须在批准的地点、项目和范围内经营，严格执行国家物价、工商管理法规和政策，做到文明经商，不得强行揽客，强买强卖。

第三十九条　凡进入风景区的各种车辆，应做到车容整洁，车况良好，按规定路线和车速行驶，并在指定地点停放。

第四十条　严格控制湖上机动船只数量。新增船只经风景区行政管理部门审核同意后，到交通部门办理审批手续。凡生产性船只还须到水行政主管部门办理审批手续。各种船只应在指定地点停泊，严格执行航运规则。禁止无证船只行驶和营运。

第四十一条　游人和风景区内的居民应严格遵守有关规定，自觉维护风景区的环境和秩序，禁止下列行为：

（一）向湖内或随地乱扔果皮核、食品包装物和其他杂物及随地便溺；

（二）攀折损坏树木或在树木、建筑物和其他公共设施上乱刻、乱画；

（三）破坏、损坏公共设施；

（四）防火期内野外动火、吸烟；

（五）到码头和船舶密集区游泳和进行其他水上游乐活动；

（六）从事危害公共秩序的其他活动。

第四十二条 风景区应加强安全管理。不安全区域不得开放。已开发的景区安全防险告示要清晰醒目，危岩险石应及时排除，车、船、码头等交通工具和设施及险要路段要定期检查，加强维护和管理。

第四十三条 风景名胜资源实行有偿使用。风景区行政管理部门负责收取风景名胜资源有偿使用费，用于风景区的维护、建设和管理。

有偿使用费收取办法由市人民政府制定，报省人民政府批准后施行。

第五章 法律责任

第四十四条 违反本条例的，由风景区行政管理部门和有关部门，依据法律、法规规定的各自职责，按下列规定予以处罚。构成犯罪的，依法追究刑事责任。

（一）违反第十一条、第十七条规定，破坏、侵占风景名胜资源或开矿、采石、挖沙、取土等，责令其立即停止，赔偿经济损失，并处以赔偿额2倍以内的罚款。擅自出让、转让风景资源的，按国家有关规定处罚，并没收非法所得。

（二）违反本条例第十二条、第十四条、第十五条、第十六条规定，按国家、省、市有关法律、法规的规定处罚。风景区内占用林地、绿地、砍伐树木，未经风景区行政管理部门同意的，对单位处以1000元至5000元罚款，对个人处以100元至500元罚款。

（三）违反第十八条、第二十二条规定，直接向湖内排放污水、粪便，倾倒垃圾和锅炉烟尘超标准排放的除责令限期改正外，并对单位处以1000元至5000元罚款，对直接责任者处以100元至500元的罚款。

（四）违反第十九条规定，机动船只不安装防污染装置，废油不到指定地点倾倒，对湖水造成污染的，除责令停航外，对船主处以500元至2000元罚款。

（五）违反第二十条规定，开办传染病科目和污染环境的治疗项目的，责令停办，对单位或个人处以3000元至10000元罚款。

（六）违反第二十一条规定的，责令立即改正，并处以 100 元至 500 元罚款。

（七）违反第二十六条规定，擅自改变、调整、修改规划的，按有关规划管理的法规予以处罚。

（八）违反第二十七条、第二十八条、第二十九条规定，不按规划要求，未经批准擅自选址建设的，责令立即停建、拆除，并处以工程造价 3% 至 10% 的罚款。

（九）违反第三十三条规定，未按批准的位置和设计施工的，施工现场不设置防护围栏，擅自修建临时设施或堆放物料影响周围环境的，破坏林木植被造成污染的，责令限期改正或恢复原貌，并处以 400 元至 2000 元的罚款，或处以所造成损失 5 至 10 倍的罚款。

（十）违反第三十四条规定，未按职责分工搞好环境清扫、保洁的，限期改正，并处以责任单位或个人 100 元至 500 元罚款。

（十一）违反第三十五条规定，擅自设置广告牌、牌匾、宣传画廊、路标等，责令立即拆除，并处其造价 1 至 3 倍的罚款。

（十二）违反第三十六条规定，在沿湖区域新迁入住户的，责令其迁出，并处当事人 500 元至 1000 元罚款。

（十三）违反第三十七条、第三十八条规定，未经风景区行政管理部门审查同意，擅自经营的业户，责令停业，并处以 800 元至 2000 元罚款。未在批准的地点、项目和范围内经营或强买强卖的，按有关工商管理法规予以处罚。

（十四）违反第三十九条规定，乱停乱放车辆，影响景区交通的，处以 20 元至 100 元罚款。

（十五）违反第四十条规定，擅自增加船只，未按指定地点停泊以及无证船只营运的，处 500 元至 5000 元罚款。

（十六）违反第四十一条规定，除对游人、居民进行批评教育外，处以 5 元至 50 元罚款。危害公共秩序的，按有关规定处罚。

（十七）违反第四十三条规定，未按期缴纳费用的单位或个人，限期缴纳，并按每日 3‰ 收取滞纳金。限期内无故仍不缴纳的，责令停业。

第四十五条 当事人对处罚决定不服的，可在接到处罚决定书之日起十五日内，向作出处罚决定的上一级行政机关申请复议或直接向人民法院起诉，逾期不申请复议，不起诉，又不执行的，由作出处罚决定的机关申请人民法院强制执行。

第四十六条 风景区行政管理工作人员,在执行本条例中有滥用职权,玩忽职守,徇私舞弊行为,给风景区工作造成损失的,由所在单位或其上级主管部门给予行政处分,构成犯罪的由司法机关依法追究刑事责任。

第六章 附　　则

第四十七条 本条例所称沿湖区域是指最高水痕线向外延伸 2.5km 以内的区域(在此范围内有山脊的以第一层山脊为界)。

第四十八条 本条例由吉林市人民代表大会常务委员会负责解释。

第四十九条 本条例自 1995 年 3 月 1 日起施行。

七、黑龙江省

1. 黑龙江省风景名胜区管理条例

（2000年6月6日黑龙江省第九届人大常务委员会第十七次会议通过 自2000年7月1日起施行）

第一章 总 则

第一条 为加强风景名胜区管理，合理利用风景名胜资源，保障风景名胜区事业健康、可持续发展，繁荣旅游产业，根据国家有关法律、法规，结合本省实际，制定本条例。

第二条 本条例适用于本省辖区内风景名胜区的设立、规划、建设、保护和管理。

第三条 本条例所称风景名胜区是指风景名胜资源比较集中，具有一定规模和游览条件，经审定命名，划定范围，供人们游览、观赏、休息和进行科学文化教育活动的地域。

本条例所称风景名胜资源是指具有游览、观赏、文化和科学价值的自然景观和人文景观及其所处的环境。

第四条 风景名胜区工作应当坚持严格保护、统一管理、合理开发、永续利用的方针和为公众服务的原则，面向社会，开展健康、有益的游览和文化活动。

第五条 省建设行政主管部门主管本省辖区内的风景名胜区工作，并组织实施本条例。

市（含行署，下同）、县（含县级市，下同）建设行政主管部门主管本辖区内相应等级的风景名胜区工作，具体实施本条例。

农垦、森工系统的风景名胜区管理工作委托省农垦总局、森工总局负责，并接受省建设行政主管部门的指导与监督。

第六条 风景名胜区经批准机关公布后，人民政府应当依照国务院有关规定设立风景名胜区管理机构。风景名胜区管理机构根据法律、法规和风景名胜区规划，负责风景名胜区的统一规划、建设和管理，并在业务上加强与有关行政主管部门的协调、配合。其主要职责是：

（一）宣传、贯彻有关法律、法规、规章和政策；
（二）实施风景名胜区规划；
（三）保护风景名胜区资源及其生态环境；
（四）宣传风景名胜区景观特色及科学文化价值；
（五）组织开发、利用风景名胜资源；
（六）建设、维护和管理风景名胜区配套设施；
（七）制定风景名胜区公共规则；
（八）负责风景名胜区内游人安全保护和防火工作；
（九）行使本条例授权的行政处罚权；
（十）法律、法规和地方人民政府依法赋予的其他职责。

第七条　风景名胜区内不得重复设立管理机构。

风景名胜区的管理区域与自然保护区、森林公园、旅游度假区等管理区域重叠交叉，并有多个管理机构的，人民政府应当组织协调，成立一个管理机构，实行统一管理。

第八条　设在风景名胜区内的所有单位，涉及风景名胜区的保护、开发、建设和管理活动的，都必须服从风景名胜区管理机构的统一规划和管理。

第九条　风景名胜资源归国家所有。任何单位和个人均有保护风景名胜资源和风景名胜区环境的义务。

第十条　各级人民政府应当加强对风景名胜区工作的领导，将风景名胜资源的保护、开发、建设和利用纳入国家经济和社会发展计划，并在政策上给予扶持。

在风景名胜区的保护、规划、建设和管理工作中做出显著成绩的单位和个人，由人民政府和有关部门给予表彰和奖励。

第二章　设立和变更

第十一条　风景名胜区按照国务院规定，分为国家重点、省级、市县级风景名胜区三个等级。

第十二条 符合下列条件的，可以申请设立风景名胜区：

（一）有重要的游览、观赏、文化或者科学价值，景观独特，规模较大，有相应的配套设施，在国内外有较高知名度的，可以申请设立国家重点风景名胜区；

（二）有比较重要的游览、观赏、文化或者科学价值，景观有特色，具备一定规模，有相应的配套设施，在省内外影响较大的，可以申请设立省级风景名胜区；

（三）有一定的游览、观赏、文化或者科学价值，环境优美，规模较小的，可以申请设立市县级风景名胜区。

第十三条 设立风景名胜区，由建设行政主管部门会同有关部门提出申请，由所在地人民政府申报，提出风景名胜资源调查评价报告，经省建设行政主管部门审查同意后，按照国务院规定报有关人民政府审定公布。

自然保护区、森林公园、旅游度假区等可以设立同名风景名胜区，但在申请设立风景名胜区之前，应当报请省有关行政主管部门批准。

第十四条 风景名胜区的风景名胜资源或其配套设施和服务条件发生重大变化，已不具备该风景名胜区等级条件的，应当撤销该风景名胜区或者降低其等级。

撤销风景名胜区或者降低其等级的，由批准公布该风景名胜区的人民政府的建设行政主管部门报请人民政府审定公布。撤销市县级风景名胜区的，应当报省建设行政主管部门备案。

第十五条 风景名胜区内或其周边地区有重大风景名胜资源发现，或者原有的风景名胜资源价值经重新评估，具备升级条件的，可以申请重新划定风景名胜区范围或者提高风景名胜区等级。

第三章 规划和建设

第十六条 风景名胜区规划由风景名胜区管理机构在所隶属的人民政府领导下，会同有关部门按照规定的内容和程序编制。

风景名胜区总体规划应当包括风景名胜区的现状、性质、范围、外围保护地带、功能区分、保护和开发风景名胜资源的措施、环境容量预测、配套设施的统筹安排、投资与效益的估算以及各项专业规划等内容。

风景名胜区详细规划应当包括风景名胜区开发建设具体方案、资源和景观具体保护措施、建设控制指标、建设项目的选址安排以及重大建设项目的景观设计方案等内容。

第十七条 编制风景名胜区规划应当遵循以下原则：

（一）贯彻、执行国家和省有关法律、法规；

（二）科学处理保护与利用、远期与近期、整体与局部的关系；

（三）符合城市总体规划、土地利用总体规划、生态环境保护规划，并与其他专业规划相协调；

（四）风景名胜区的建设规模、建设标准、定额指标以及风景名胜资源的开发程度应当与经济发展水平相适应，并为长远发展留有余地；

（五）风景名胜区内建设项目的布局、高度、体量、造型、风格以及色调应当与周围景观环境相协调；

（六）保护自然景观和人文景观风貌，维护生态平衡；

（七）科学评价风景名胜资源的特点和价值，突出风景名胜特色。

第十八条 国家重点、省级风景名胜区的总体规划和详细规划，由甲级规划设计单位编制；市县级风景名胜区的总体规划和详细规划，由乙级或者乙级以上的规划设计单位编制。

第十九条 风景名胜区规划实行分级审批：

（一）国家重点风景名胜区总体规划，由所在地市人民政府提交省风景名胜区规划技术鉴定委员会组织技术鉴定后，经省人民政府同意，报国务院审批；其详细规划由所在地市人民政府审查同意后，报省建设行政主管部门批准。

（二）省级风景名胜区总体规划，由所在地市人民政府提交省风景名胜区规划技术鉴定委员会组织技术鉴定后，报省人民政府审批；其详细规划由所在地市人民政府审查后，报省建设行政主管部门批准。

（三）市县级风景名胜区总体规划，由其上一级建设行政主管部门审查同意后，经省风景名胜区规划技术鉴定委员会组织技术鉴定后，由市县人民政府审批，同时报省建设行政主管部门备案；其详细规划由上一级建设行政主管部门批准。

第二十条 经批准的风景名胜区总体规划和详细规划必须严格执

行,任何单位和个人不得擅自变更;确需变更的,应当按照原批准程序报批。

风景名胜区内的村庄、集镇、农场、林场、建制镇规划,应当按风景名胜区总体规划的要求进行编制;已编制的不符合风景名胜区总体规划要求的,应当进行调整或者重新编制。

第二十一条 风景名胜区应当严格按照批准的规划进行建设。

第二十二条 风景名胜区设立后,在其总体规划和详细规划未批准前,不得在风景名胜区范围内建设永久性建筑和设施;确需建设的,应当按照风景名胜区的等级,报同级建设行政主管部门审查同意,并依法办理其他有关审批手续。

在风景名胜区内不得新建各种工矿企业、仓库、货场及进行房地产开发;风景名胜区核心区内,除必需的保护和附属设施外,不得增建其他建筑和设施。

风景名胜区设立前已有的建筑物或者其他设施,凡不符合已批准的规划的,应当按照有关规定,在风景名胜区所隶属的人民政府规定的期限内拆除或者迁移。

第二十三条 在风景名胜区的非核心区内新建、扩建、改建工程项目,建设单位应当持规定的文件向风景名胜区管理机构提出申请,经其初步审查同意后,按下列规定报批:

(一)国家重点风景名胜区及其外围保护地带、省级风景名胜区内的缆车、索道、滑道;大型文化、体育、交通、游乐设施;商服建筑、宗教寺庙等重要建设项目以及省人民政府规定的其他项目,由省建设行政主管部门核发建设选址审批书、建设用地规划许可证和建设工程规划许可证。

(二)市县级风景名胜区以及前项规定以外的其他建设项目,由风景名胜区管理机构签发建设选址审批书,由市县建设行政主管部门核发建设用地规划许可证和建设工程规划许可证。

(三)风景名胜区在城市规划区范围内的,由风景名胜区所在地的市人民政府规划行政主管部门根据建设选址审批书核发建设用地规划许可证和建设工程规划许可证。

建设单位依法取得有关批准文件,经风景名胜区管理机构现场验线后,方可办理开工手续。

第二十四条 在风景名胜区内施工作业,施工单位应当采取有效措施，保护自然景观和人文景观的原有风貌以及周围的植被、水体。工程竣工后，施工单位应当及时清理施工场地，恢复环境原貌。

第二十五条 风景名胜区内的建设项目竣工后，应当依法组织验收；未经验收或者验收不合格的，不得交付使用。

第四章 保护和管理

第二十六条 风景名胜区管理机构应当根据风景名胜区规划，加强风景名胜资源的保护与管理工作。

风景名胜区管理机构应当在有关行政主管部门的指导下，依法实施风景名胜区内的造林绿化、护林防火、水体保护、自然遗迹保护和环境污染防治等保护生态环境的工作。

第二十七条 风景名胜区管理机构应当会同有关部门对管辖区域内的古建筑、古园林、历史遗迹和其他人文景观以及古树名木等风景名胜资源进行调查、鉴定和登记，并设立保护标志。

第二十八条 对风景名胜区内存在不安全因素的景点、水面和路段，风景名胜区管理机构应当划定警戒范围，设置界标，悬挂明显的警示标志。

第二十九条 任何单位和个人未经依法批准并征得风景名胜区管理机构同意，不得以任何名义擅自出让或者变相出让风景名胜区内的资源。

第三十条 在风景名胜区内及其外围保护地带采集物种标本、野生药材和其他林副产品以及砍伐林木、取水，应当经风景名胜区管理机构同意后，依法报经有关行政主管部门批准。

第三十一条 风景名胜区内禁止下列行为：

（一）挖沙、采石、取土、开荒、填塘；

（二）修筑坟墓；

（三）排放超标准废水、废气、噪声以及倾倒固体废物；

（四）砍伐古树名木；

（五）偷猎或捕捉野生动物；

（六）涂写、刻画景物或者公共设施；

（七）乱扔废弃物、攀折林木花草；

（八）在禁火地点吸烟、动火。

第三十二条 未经风景名胜区管理机构同意和有关行政主管部门依法批准,在风景名胜区内不得从事下列活动:

(一) 占用土地和水面;
(二) 种植、养殖;
(三) 泄放湖水;
(四) 运入未经检疫的动植物;
(五) 建造人文景观;
(六) 设置、张贴广告;
(七) 临时占用、挖掘道路;
(八) 摆摊设点经营;
(九) 圈占景点收费。

第三十三条 在风景名胜区内从事饮食、商业、旅游、交通运输等经营活动,应当报请风景名胜区管理机构同意,并依法办理其他有关审批手续。

第三十四条 风景名胜区内的单位以及从事经营活动的个人,应当承担占用范围内的绿化美化和环境卫生工作。

风景名胜区管理机构应当对管辖区域内的生活垃圾、建筑垃圾组织统一清运和进行无害化处理,并实行有偿服务。

第三十五条 风景名胜区管理机构应当健全风景名胜区档案,对风景名胜区的历史沿革、资源状况、范围界限、生态环境、服务设施以及建设活动的基本情况和有关资料,应当整理归档,妥善保存。

第三十六条 风景名胜资源实行有偿使用。凡依托风景名胜区从事经营和建设活动的单位和个人,除依法从事生产活动的林业、水产、农业等单位和个人外,均应当交纳风景名胜资源有偿使用费,用于风景名胜资源的保护、管理和开发。

风景名胜资源有偿使用费的具体收取标准,由省价格管理部门会同省财政、省建设行政主管部门制定。

第五章 法律责任

第三十七条 违反本条例规定,由省建设行政主管部门或者市、县建设行政主管部门,按照职责权限责令停止违法行为,限期改正,并给予下列处罚:

（一）违反本条例第二十二条第一款、第二款、第三十二条（五）项规定，可以恢复风景名胜资源原貌的，限期恢复原貌，并处以1万元以上5万元以下罚款，不能恢复原貌的，按照建筑物面积或者设施占地面积，处以每平方米500元以上1000元以下的罚款；

（二）违反本条例第二十二条第三款规定，逾期未拆除或者未迁移的，对责任单位或者责任人处以建筑物面积或者设施占地面积每平方米10元以上30元以下的罚款，并依法强制拆除或者迁移；

（三）违反本条例第二十五条规定，工程项目竣工未经验收或者验收不合格交付使用的，按照有关法律、法规予以处罚。

第三十八条 违反本条例规定，由风景名胜区管理机构责令停止违法行为，限期改正，并给予下列处罚：

（一）违反本条例第二十四条规定，对施工单位处以5000元以上5万元以下的罚款。

（二）违反本条例第二十九条、第三十二条（九）项规定，没收违法所得，并可处以违法所得20%以下的罚款。

（三）违反本条例第三十一条（一）、（二）项、第三十二条（一）项规定，责令限期恢复风景名胜资源原貌，并可按照风景名胜资源被破坏情况，处以1万元以上5万元以下的罚款，有违法所得或者非法财物的，予以没收。

（四）违反本条例第三十一条（四）项、第三十二条（三）项规定，处以5万元以上10万元以下的罚款，有违法所得的，予以没收；

（五）违反本条例第三十一条（六）、（七）、（八）项规定的，给予警告，并可处以不超过100元的罚款；

（六）违反本条例第三十二条（二）、（四）、（六）项规定，没收违法所得或者非法财物，并可处以100元以上500元以下的罚款；

（七）违反本条例第三十二条（七）项规定，占用道路的，处以1000元以上2000元以下的罚款，挖掘道路的，按照挖掘面积每平方米处以200元以上500元以下的罚款；

（八）违反本条例第三十三条规定，处以1000元以上5000元以下的罚款，有违法所得的，予以没收；

（九）违反本条例第三十四条第一款规定，给予警告，并可处以100元以上500元以下的罚款。

第三十九条 违反本条例规定，擅自变更经批准的风景名胜区总体规划和详细规划的，由省建设行政主管部门责令停止违法行为，限期改正；逾期未改正的，由其上级人民政府追究主管人员和直接责任人员的行政责任。

第四十条 违反本条例其他规定，由有关行政主管部门给予行政处罚。

第四十一条 妨碍建设行政主管部门或者风景名胜区管理机构执行公务的，由公安机关按照《中华人民共和国治安管理处罚条例》的规定给予处罚。

第四十二条 建设行政主管部门或者风景名胜区管理机构实施行政处罚时，应当按照《中华人民共和国行政处罚法》规定的程序执行。

第四十三条 当事人对行政处罚不服的，可以依法申请行政复议或者提起行政诉讼；当事人逾期未申请行政复议或者未提起行政诉讼，又不履行行政处罚决定的，由作出行政处罚决定的机关依法申请人民法院强制执行。

第四十四条 建设行政主管部门或者风景名胜区管理机构工作人员玩忽职守、滥用职权、徇私舞弊，尚未构成犯罪的，由其所在单位或者上级主管部门给予行政处分。

第四十五条 违反本条例规定，给国家、集体及个人造成损失的，应当依法履行赔偿责任。

第四十六条 违反本条例规定构成犯罪的，依法追究刑事责任。

第六章 附 则

第四十七条 风景名胜资源有偿使用费的具体收取标准，应当在本条例施行之日起12个月内制订公布。

第四十八条 本条例具体应用问题由省建设行政主管部门负责解释。

第四十九条 本条例自2000年7月1日起施行。

2. 黑龙江省镜泊湖风景名胜区管理规定

(1990年1月1日黑龙江省人民政府第十九号令发布 自1990年1月1日起施行)

第一章 总 则

第一条 为加强镜泊湖风景名胜区的管理和资源保护、利用，根据国家《风景名胜区管理暂行条例》和《风景名胜区管理暂行条例实施办法》及有关规定，结合镜泊湖风景名胜区的实际情况，制定本规定。

第二条 镜泊湖风景名胜区（以下简称湖区），是国家重点风景名胜区。湖区范围包括：镜泊湖、钻心湖、小北湖的水体；迎湖面及其沟汊5km以内的植被；火山日森林及一、二号地下熔岩洞和公路两侧一百米以内的植被；渤海国上京龙泉遗址。

第三条 湖区内的山、河、湖泊、森林、动植物、地貌、特殊地质等自然景物和文物古迹、历史遗址及园林、建筑、工程设施等人文景物，均属风景名胜区资源，应加强保护。

第四条 黑龙江省镜泊湖管理局（以下简称管理局）是湖区的管理机构，负责本规定的组织实施并对湖区保护、开发和建设实行统一管理。其职责是：

（一）保护湖区资源、自然生态环境；

（二）组织实施湖区规划，合理开发建设；

（三）按湖区总体规划，对湖区建设、改建、扩建项目进行审核，提出意见，并对建设情况进行监督检查；

（四）建设、管理、保护湖区基础设施和其他公共设施；

（五）对湖区内与游览有关的经营活动实施统一管理；

（六）完成省人民政府、牡丹江市人民政府交办的其他有关事项。

第五条 湖区内的所有单位除各自业务受上级主管部门领导外，都必须服从管理局的统一管理。

第六条 省人民政府、牡丹江市人民政府和宁安县人民政府的有关部门,设在湖区内的行政管理机构除接受派出部门的领导外,应接受管理局的领导,依法行使管理职权,共同把湖区管好。

第七条 湖区内的单位、居民和游人都有爱护、保护湖区资源与设施的义务和制止、举报破坏湖区资源与设施的权利。

第八条 为落实"以湖养湖"的方针,管理局可对湖区内基本建设单位收取景观景物建设基金,对经营单位收取公共事业费,具体收费标准由管理局会同省物价局另行制定。

第九条 管理局及各行政管理机构的工作人员应依法行使管理职权,忠于职守、秉公办事,清正廉洁。

第二章 资源保护与管理

第十条 管理局应把湖区的资源保护工作列为首要任务,搞好宣传教育,制定保护措施,落实保护责任,加强监督检查。

第十一条 湖区内的森林和林木属特殊用途林,禁止砍伐。必要的疏伐、更新,须经管理局按审批程序报林业主管部门批准。外围保护地带的林木,不分权属,都应按规划和规程进行抚育管理。

第十二条 管理局应对湖区内的重要景物、文物古迹、名木古树进行调查、鉴定、登记造册、建立档案、悬挂标牌、落实责任,加强保护和管理。

第十三条 湖区内禁止开山取石、挖沙取土、开荒种地。

第十四条 在湖区内采集标本、野生药材和其他土特产,须经管理局同意,限定数量,在指定范围内采集。

第十五条 湖区内及外围保护地带为禁猎区,严禁狩猎。

第十六条 白石砬子、小孤山、珍珠门、老鹳磁子和渤海国上京龙泉府遗址的外城墙、内城墙、宫城墙及其他遗址、城子厚山城、城墙砬子山城等是湖区的珍贵景观,应加强管理和维护,禁止游人攀登。

第十七条 镜泊湖的水域是湖区的主体和重要资源,应加强保护和管理。

第十八条 湖区水资源的利用应按流域规划,统筹兼顾、科学调度、节约使用,发挥多功能效益,严格控制蓄水海拔高程。

为保证水资源的合理利用，设立由牡丹江市人民政府牵头，有关单位参加的协调机构，实行统一调度。

第十九条 镜泊湖水域不准筑坝拦湖，不准截断上游水源。

第二十条 湖区内的水产资源应严加保护，严格控制捕捞强度。渔业生产单位的捕捞计划和投放鱼苗计划，应报管理局备案。

第二十一条 禁止无证捕鱼，不准截沟堵汊捕鱼，不准毒鱼、电鱼、炸鱼和使用非法网具捕鱼。

第三章 规划与建设管理

第二十二条 湖区的总体规划是湖区开发建设的依据，湖区的各项建设必须按照总体规划、小区规划和专业规划进行。

第二十三条 湖区各单位都应在总体规划指导下编制小区规划，建立档案，并报管理局备案。

第二十四条 严格控制在湖区内建设宾馆、疗养院等设施，确需建设的，须同湖区的自然环境和景观景物相协调。不准建设破坏景观、妨碍游览的设施，有碍游览、交通等建筑设施，应按规划要求限期改造或拆除。

第二十五条 在湖区内新建工程的单位，须向管理局提出申请，报送项目设计等有关文件，经管理局审查同意，按基本建设程序履行审批手续。项目批准后，须经管理局到现场确定方位，划定面积后，方准施工。

湖区内各单位现有建筑物需要扩大面积、改变造型的，须报经管理局批准。

第二十六条 在湖区内建设工程，凡需占用土地和林地的，须经土地和林业主管部门批准，按规定缴纳税费。

第二十七条 在湖区内建筑施工，必须采取有效措施，保护景观景物、植被、水体、地貌，不得造成污染和破坏。工程结束后应及时清理场地，按园林规划要求，进行绿化、美化。

第四章 环境与卫生管理

第二十八条 湖区内各单位都应制定绿化规划，搞好本小区的绿化、美化。

第二十九条　湖区设置的标牌、牌匾、宣传画廊、路标等要简明、整洁、美观、大方，与周围的景观景物相协调。

第三十条　湖区内严禁新建工矿企业和污染环境的设施，已有的应限期治理。

第三十一条　向湖内排放污水必须经过净化处理并达到国家排放标准，方可排放。

第三十二条　严禁向湖内倾倒垃圾和污物。各单位应设专用容器存放垃圾，并及时送往垃圾处理场。旅游旺季应作到日产日清。

第三十三条　游人要讲究卫生，保护湖区环境和公共设施。不准向湖内或随地乱扔玻璃瓶、罐头盒等杂物。不准在景观景物及公共设施上乱刻、乱画、乱写。

第三十四条　湖区内严格控制噪声污染。不准各种机动车辆、船只鸣放高音喇叭；各种音响设备的音量不准超过国家规定的标准。

第三十五条　各单位都应建立爱卫会，制定卫生制度，落实区域卫生责任制。

第三十六条　湖区内的饮食服务行业和食品加工业应严格执行《食品卫生法》和省有关规定，不准出售有害、有毒、腐烂变质的食品。

第三十七条　饮用水要经过消毒、净化，达到国家生活饮用水标准。

第三十八条　湖区内的疗养院，不准开办传染性疾病和污染环境的治疗项目。

第五章　工商、税务与物价管理

第三十九条　到湖区内从事商业、饮食服务经营活动的单位和个人，须经管理局审核、签署意见，到工商行政管理部门办理营业执照后方准营业。

第四十条　到湖区内从事商业、饮食服务经营活动的单位和个人取得营业执照后，必须到税务部门进行登记，依法纳税。

第四十一条　经营单位和个人必须按照工商行政管理部门批准的经营范围和管理局指定的地点经营，不准擅自改变经营性质，扩大经营范围，变更经营地点。

第四十二条 经营单位和个人，必须执行国家物价和工商行政管理法规和政策，实行合法经营，不准抬高物价、掺杂使假、短尺少秤、以次充好。

第六章 治安与安全管理

第四十三条 社会治安和安全管理工作实行谁主管谁负责的原则，各单位应配备专职或兼职保卫人员，落实治安防范责任制。

第四十四条 应加强流动人口的管理。对到湖区内疗养、施工、从事经营活动等暂住人员要依法进行登记管理。

第四十五条 严禁酗酒滋事、寻衅闹事、聚群斗殴、严禁赌博、卖淫嫖娼、吸毒、封建迷信、传播与观看淫秽物品等违法犯罪活动。

第四十六条 凡进入湖区内的各种车辆要做到车容整洁、车况良好、文明驾驶、听从指挥，按规定路线和车速行驶，并到指定地点停车。

瀑布人行路禁止各种机动车和畜力行驶；背河路禁止大货车、拖拉机行驶。

第四十七条 严格控制新增机动船只。确需增加的，须经管理局同意，有关部门批准，方可下水营运。

第四十八条 各种船只应按规定航线航行，在指定地点停泊。严格执行航运安全规定。

舢板船区和游泳区，除救援艇外，禁止其他机动船驶入和靠岸。

第四十九条 游泳人员要注意安全，严禁到码头和船舶密集区游泳。

第五十条 应做好湖区内的护林防火和安全防火工作，划分防火责任区，明确防火任务和责任。各单位都应建立消防组织，制定防火公约，配备必需的灭火工具。

第五十一条 防火期内严禁在野外吸烟弄火。五级风以上不准生火。

第五十二条 湖区内不准乱设卡、滥收费。确需设卡或收费的，须经管理局同意，报省人民政府批准。

第七章 接待与服务

第五十三条 各经营单位应加强职工的职业道德教育与业务技术培训,提高职工的政治业务素质和服务水平。

第五十四条 宾馆、招待所、饭店、医疗、邮电、交通等服务经营单位和个人应文明服务,做到热情、礼貌、方便、周到。

第五十五条 各经营单位应开展健康有益、丰富多彩的文化体育活动,活跃湖区的文化生活。

第五十六条 管理局应经常组织湖区内的单位和个人,开展文明生产、文明服务、护林防火、安全保卫、清洁卫生等竞赛活动,对成绩突出的单位和个人,管理局应给予表扬或奖励。

第八章 奖励与处罚

第五十七条 对保护湖区资源作出显著成绩的单位和个人,由管理局给予表彰奖励。

第五十八条 违反本规定的下列行为给予以下处罚:

(一)未经批准私建滥建的,视情节轻重,责令停建、限期拆除、恢复原状,并处以五百元以上一万元以下罚款;

(二)破坏地貌、植被和捕杀野生动物及私捕滥捞各种鱼类的,视情节轻重,责令停止破坏行为、赔偿经济损失,可单处或并处一百元以上三千元以下罚款;

(三)损失自然人文景物,情节轻微的,给予警告、赔偿经济损失,或处以十元以上二百元以下罚款;情节严重的,除赔偿经济损失外,处以三百元以上五千元以下罚款。

第五十九条 违反本规定的其他行为,按有关法律、法规进行处理。

第六十条 管理局及各行政管理机构的工作人员违反本规定的,应从严处理。

第六十一条 违反本规定,触犯刑律的,依法追究刑事责任。

第六十二条 被处罚当事人对处罚不服的,可按有关规定向作出处罚决定机关的上级主管部门申请复议或向当地人民法院起诉。

第九章 附 则

第六十三条 本规定由黑龙江省镜泊湖管理局负责解释。

第六十四条 本规定与国家法律、法规相抵触的，执行国家规定。

第六十五条 本规定自1990年1月1日起施行。《镜泊湖旅游区和自然保护区管理办法》同时废止。

3. 哈尔滨市太阳岛风景名胜区管理条例

(2006年4月6日哈尔滨市第十二届人民代表大会常务委员会第二十二次会议通过 2006年6月9日黑龙江省第十届人民代表大会常务委员会第二十一次会议批准 自2006年8月1日起施行)

第一章 总 则

第一条 为加强太阳岛风景名胜区管理，科学利用风景名胜资源，保护生态环境，根据国务院《风景名胜区管理暂行条例》、《黑龙江省风景名胜区管理条例》等有关法律、法规的规定，结合本市实际情况，制定本条例。

第二条 本条例适用于太阳岛风景名胜区（以下简称风景名胜区）及其外围保护地带的管理。

第三条 风景名胜区的范围，东起滨洲铁路，西至规划四环高架路，南起松花江主流北岸（含滩地），北至改线前进堤。

风景名胜区外围保护地带的范围，东起规划四环高架路，西至十九号肇公路，南起松花江主流北岸（含滩地），北至改线前进堤。

第四条 风景名胜区管理应当坚持科学规划、严格保护、统一管理、合理开发、永续利用、服务公众的原则。

第五条 本条例由市人民政府负责组织实施。

风景名胜区管理机构负责日常的管理工作。

建设、规划、城市管理、国土资源、工商、环境保护、水务、农业综合、交通、公安、畜牧、供热等有关行政主管部门及派驻到风景名胜区的管理机构，应当按照各自职责，负责风景名胜区的有关管理工作。

第六条 任何单位和个人都有爱护风景名胜资源、风景名胜区环境及设施的义务，有权制止、检举违反本条例的行为。

第二章 规划和建设

第七条 风景名胜区的建设、保护、利用和管理，应当按照风景名胜区规划进行。

第八条 编制风景名胜区规划应当遵循下列原则：

（一）符合有关法律、法规的规定；

（二）符合本市城市总体规划和其他有关规划；

（三）有利于保护生态环境，建设项目应当与风景名胜区环境相协调；

（四）有利于风景名胜资源的保护和科学利用；

（五）有利于公众开展健康、有益的游览和文化娱乐活动；

（六）协调处理好保护与建设、近期与远期、局部与整体的关系。

第九条 风景名胜区规划由市规划行政主管部门会同市城市管理、国土资源、环境保护、水务等有关行政主管部门及风景名胜区管理机构负责编制，按照国家有关规定程序报批后实施。

编制风景名胜区规划应当广泛征求有关部门、专家和群众意见，进行多方案比较和论证。

任何单位和个人不得擅自变更风景名胜区规划。确需变更的，应当举行听证会，广泛听取意见，并按照原审批程序报批。

第十条 风景名胜区内不得建设仓库、加油站、医院、学校、工厂及畜禽饲养场等与风景名胜区环境、功能不协调的工程项目。

风景名胜区核心区内不得建设宾馆、度假村、招待所、休养（疗养）机构以及居民住宅。

对已建成的不符合本条一、二款规定的建筑物和设施，应当在市人民政府规定的期限内拆除或者迁移，并依法给予补偿。

风景名胜区核心区的范围由市人民政府划定后报省人民政府审批。

第十一条 风景名胜区内建设项目的规划选址、建设项目平面布置、单体设计，应当符合风景名胜区规划要求，并依法办理审批手续。

建设项目中防治污染的设施，应当与主体工程同时设计、同时施工、同时投入使用。

建设项目竣工后，风景名胜区管理机构参与工程验收。

第十二条 在风景名胜区内，建设单位应当按照风景名胜区管理机构的统一要求，对施工现场进行围挡，对施工现场出入口的道路进行硬质覆盖，并采取有效措施保护周围景物、树木、植被、水体和地貌，不得造成污染和损坏；施工结束后，应当及时清理场地，按规定进行绿化，保持环境整洁美观。

第十三条 在风景名胜区内设置施工工棚、季节性经营网点简易设施及其他临时简易设施，应当符合风景名胜区规划，不得对风景名胜区环境和资源造成破坏，并应当经风景名胜区管理机构批准。

第十四条 风景名胜区管理机构应当在水务行政主管部门的指导和监督下，负责景区内河道、湖泊的堤防建设、保护和管理工作。

建设单位需要在风景名胜区内河道、堤防及护坡堤内占用、挖掘及建设的，应当经市水务行政主管部门批准。

市水务行政主管部门在办理批准手续时，应当征求风景名胜区管理机构的意见。

第十五条 风景名胜区管理机构应当按照城市防洪规划要求对风景名胜区内的单位和个人进行防洪教育，普及防洪知识，负责围堤堤防及堤防保护地范围内的检查和监督，保证防洪工程设施符合规定的标准。

新建工程设施应当满足防洪、河道管理要求。

任何单位和个人不得有损坏风景名胜区内的水利设施设备、擅自开发利用水资源及违反其他水利规定的行为。

第十六条 风景名胜区内应当采用集中供热方式或者使用清洁能源供暖；非供暖锅炉和茶炉、炉灶等应当使用清洁能源。

第三章　资源和环境保护

第十七条 风景名胜区管理机构应当对风景名胜区内的保护性建筑、园林、树木、绿地、野生动物等风景名胜资源进行登记，并采取有效措施进行保护。

第十八条 风景名胜区管理机构应当对风景名胜区的历史沿革、资源状况、生态环境、各项设施、规划建设等情况进行调查，形成完整的资料，建立风景名胜资源管理档案。

第十九条 风景名胜区管理机构应当组织实施风景名胜区内的树木、花草的抚育、养护及病虫害防治工作，保护林木植被的生长条件。

第二十条 任何单位和个人不得擅自在风景名胜区内占用、挖掘绿地或者砍伐、移植、修剪树木。因风景名胜区建设确需占用、挖掘绿地或者砍伐、移植、修剪树木的，应当经风景名胜区管理机构批准，并按规定缴纳绿地占用挖掘费、恢复费、树木赔偿费以及树木成活保证金。

属于林业造林规划内的林地、林木的管理，按照林业管理的法律、法规、规章的规定执行。

任何单位和个人不得砍伐、损坏古树名木。

第二十一条 风景名胜区内不得非法捕捉、捕捞、伤害、猎杀动物。

风景名胜区的水域为常年禁渔区，但在风景名胜区管理机构划定的水域内可以钓鱼。

风景名胜区管理机构应当会同有关行政主管部门，有计划地组织进行人工鱼类增殖放流活动并实施管理。

第二十二条 风景名胜区内应当控制取用地下水。因特殊情况需要取用地下水的，应当经市水务行政主管部门批准。

市水务行政主管部门在办理批准手续时，应当征求风景名胜区管理机构的意见。

第二十三条 风景名胜区内应当控制利用风景名胜资源从事经营服务网点的数量。

风景名胜区管理机构应当会同市工商行政管理部门对风景名胜区

内的经营服务网点进行统一规划。工商行政管理部门应当按照统一规划和有关法律、法规的规定进行审批。

第二十四条 风景名胜资源应当通过招投标的方式有偿使用。单位和个人使用风景名胜区内道路、停车场、广场、水域、房产、空间等风景名胜资源从事经营活动，应当按照省的有关规定交纳风景名胜资源有偿使用费，并到有关行政主管部门办理批准手续。

风景名胜资源有偿使用所获得的收入，应当实行财政专户存储，专项用于风景名胜区的建设、保护和管理，不得挪作他用。

第二十五条 在风景名胜区内不得有下列影响环境保护的行为：

（一）向水体排放、倾倒污水、垃圾和其他废弃物；

（二）排放有毒、有害气体；

（三）储存易燃、易爆、有毒、有害物品；

（四）排放超过国家规定标准的噪声；

（五）其他影响风景名胜区环境保护的行为。

第二十六条 风景名胜区管理机构应当会同有关行政主管部门，加强对风景名胜区外围保护地带的原始地貌、林木植被、野生动物、自然景观、资源和生态环境的保护。

第二十七条 风景名胜区外围保护地带内不得有下列行为：

（一）擅自开垦土地、滩地、烧荒；

（二）擅自挖沙、取土、钻探、打井；

（三）建坟，倾倒垃圾、残土；

（四）毁坏草地、树木；

（五）捕杀、采集野生动植物；

（六）其他影响保护原始地貌、林木植被、野生动物、自然景观等资源和生态环境的行为。

第四章 容貌和秩序管理

第二十八条 进入风景名胜区的车辆应当按照规定的路线行驶，在指定的地点停放，服从风景名胜区管理机构的管理。

风景名胜区内的专用游览观光车辆和船只应当使用清洁能源，按照指定的线路、水域运行，不得超员、违价经营。其他车辆、船只不得从事营运活动。

第二十九条　任何单位和个人不得擅自占用、挖掘风景名胜区内的道路。需要占用、挖掘道路的，应当到风景名胜区管理机构办理审批手续，并按照批准的时间、位置进行占用、挖掘和修复。

第三十条　经批准在风景名胜区内从事经营活动的单位和个人不得有下列行为：

（一）在非指定的经营地点、区域揽客、出售商品或者提供服务；

（二）在景物周围圈占摄影位置；

（三）滥收费、强买强卖、欺诈游客；

（四）其他违法经营行为。

第三十一条　风景名胜区内游乐项目的经营者，应当在游乐设施的危险区域、部位设置警示标志，指定人员负责安全管理，并定期对游乐设施进行检查和维修。

风景名胜区管理机构和有关行政主管部门，应当按照职责对风景名胜区内游乐项目的安全进行监督和管理，发现安全隐患及时进行处理。

第三十二条　风景名胜区管理机构应当建立安全管理制度，制定突发事件应急预案。在重大活动和旅游旺季期间，应当根据安全需要控制参加活动人员和游人的数量，落实各项安全措施，做好参加活动人员和游人的组织疏导工作。

第三十三条　利用风景名胜资源从事公益性活动的单位和个人，应当经风景名胜区管理机构审查批准，并在指定的时间、路线或者区域进行活动。

第三十四条　风景名胜区内设置牌匾、宣传画廊、路标、条幅、旗幌、灯箱等，应当与风景名胜区景观和周围环境相协调，并经风景名胜区管理机构批准。

风景名胜区内应当控制设置户外广告。符合风景名胜区规划可以设置的，应当按照本条例第二十四条一款的规定执行。

第三十五条　风景名胜区环境卫生清扫服务单位，应当组织清扫保洁人员按照规定对风景名胜区内的道路、广场等进行清扫、保洁，及时清除垃圾，保持环境的清洁。

风景名胜区管理机构应当经常对风景名胜区内的清扫、保洁和垃圾清除情况进行检查，发现问题及时责令环境卫生清扫服务单位限时改正。

第三十六条 风景名胜区内的单位和个体工商业户,应当保持工作或者经营区域的环境整洁。

第三十七条 风景名胜区内不得有下列影响容貌、环境卫生、秩序的行为:

(一)破坏景观景物和游览、服务、公共交通及其他市政公用设施;

(二)在设施等景物上涂写、刻画、粘贴;

(三)攀折、刻划、钉栓、摇晃树木,采摘花卉、野果、野菜,破坏绿地;

(四)遛狗、放牧牲畜、放养家禽;

(五)垦荒种地、砍柴打草;

(六)烧荒、野炊、露天烧烤、焚烧垃圾、枯枝落叶;

(七)丢弃火种;

(八)随地吐痰、吐口香糖、便溺,随地泼污水或者丢弃果皮、烟头、包装物、冰棍杆;

(九)倾倒垃圾、残土、残冰、污雪等废弃物;

(十)擅自占用、围圈、填埋、堵截、遮掩水体或者水面;

(十一)挖沙取土;

(十二)其他破坏风景名胜资源、有碍游览、扰乱公共秩序的行为。

第五章 法律责任

第三十八条 违反本条例有下列行为之一的,由集中行使行政处罚权的行政执法机关按下列规定处罚:

(一)违反本条例第十三条规定,未经批准擅自设置施工工棚、简易设施的,责令拆除,处以500元以上3000元以下罚款。

(二)违反本条例第二十四条一款规定,未通过招投标方式取得风景名胜资源使用权擅自使用风景名胜区内道路、停车场、广场、水域、房产、空间等风景名胜资源从事经营活动的,责令改正,对单位处以2000元以上2万元以下罚款;对个人处以200元以上500元以下罚款。

(三)违反本条例第二十八条规定,进入风景名胜区的车辆未按指定的路线、地点行驶、停放的；游览观光车、船只未按指定的线路、水域运行或者超员的，责令改正，处以200元以上1000元以下罚款。

（四）违反本条例第二十九条规定，擅自占用道路的，责令改正，处以500元以上3000元以下罚款；擅自挖掘道路的，责令恢复原状，按照挖道面积每平方米修复费5倍以上10倍以下罚款。

（五）违反本条例第三十七条（一）项规定，破坏、损坏景观景物和游览、服务、公共交通及其他市政公用设施的，责令赔偿损失，处以赔偿费3倍以上5倍以下罚款。

（六）违反本条例第三十七条（五）项规定，垦荒种地、砍柴打草的，责令改正，处以100元以上500元以下罚款。

（七）违反本条例第三十七条（七）项规定，丢弃火种的，给予警告，并处以50元以上100元以下罚款。

（八）违反本条例第三十七条（十）、（十一）项规定，擅自占用、围圈、填埋、堵截、遮掩水体或者水面，挖沙取土的，责令限期恢复原貌，有违法所得或者非法财物的，予以没收；情节严重的，并处以1万元以上5万元以下罚款。

第三十九条　违反本条例第十二条，第三十四条一款，第三十七条（二）、（四）、（六）、（八）、（九）项规定的，由集中行使行政处罚权的行政执法机关按照《哈尔滨市市容环境卫生管理条例》的相关规定处罚。

第四十条　违反本条例第二十条一、三款，第三十七条（三）项规定的，由集中行使行政处罚权的行政执法机关按照《哈尔滨市城市绿化条例》的相关规定处罚。

第四十一条　违反本条例其他规定的，由有关部门按照有关法律、法规、规章的规定实施处罚。

第四十二条　风景名胜区管理机构、有关行政主管部门有下列行为之一的，由具有行政执法监督权的部门责令改正；对直接负责的主管人员和其他直接责任人员依法给予行政处分；造成损失的，依法承担赔偿责任：

（一）对风景名胜区建设行为监管不到位，使风景名胜区环境遭受破坏的；

（二）对风景名胜资源保护不力，造成资源浪费或者被破坏的；

（三）对环境保护不力，造成环境污染的；

（四）对安全监管不力，出现安全事故，造成人员和财产重大损失的；

（五）违法实施行政许可、收费、处罚的。

第四十三条 风景名胜区管理机构和有关行政主管部门，应当加强对工作人员的管理，建立健全各项管理制度，公布投诉电话，认真受理游客投诉。

风景名胜区管理机构和有关行政主管部门的工作人员，应当依法履行职责，秉公执法，不得玩忽职守、滥用职权、徇私舞弊。

违反本条二款规定的，由其所在单位或者上级机关给予行政处分。

第六章 附 则

第四十四条 本条例自 2006 年 8 月 1 日起施行。1997 年 2 月 16 日市人大常务委员会发布并根据 2004 年 12 月 18 日公布的《关于修改〈哈尔滨高新技术产业开发区条例〉等十六部地方性法规的决定》修正的《哈尔滨市太阳岛风景区管理条例》同时废止。

八、江苏省

1. 江苏省风景名胜区管理条例

(2004年4月16日江苏省第十届人民代表大会常务委员会第九次会议通过 自公布之日起施行)

第一章 总 则

第一条 为了加强对本省风景名胜区的管理，更好地保护、开发和利用风景名胜资源，根据国家有关法律、法规，结合本省实际情况，制定本条例。

第二条 风景名胜资源系指具有观赏、文化或者科学价值的山河、湖海、地貌、森林、动植物、化石、特殊地质、天文气象等自然景物和文物古迹、革命纪念地、历史遗址、园林、建筑、工程设施等人文景物及其所处环境和风土人情等。

风景名胜区系指风景名胜资源集中、自然环境优美、具有一定规模和游览条件、经县级以上人民政府审定命名、划定范围，供人们游览、观赏、休息和进行科学文化活动的地域。

第三条 风景名胜区按其景物的观赏、文化、科学价值和环境质量、规模大小、游览条件等，划分为三级：市、县级风景名胜区，由市、县建设部门提出风景名胜资源调查评价报告，报市、县人民政府审定公布，并报省建设行政主管部门备案；

省级风景名胜区，由市、县人民政府提出风景名胜资源调查评价报告，报省人民政府审定公布，并报建设部备案；

国家重点风景名胜区，由省人民政府提出风景名胜资源调查评价报告，报国务院审定公布。

第四条 各级人民政府应组织有关部门认真做好风景名胜区的规划、建设、保护和管理工作，保证国家有关法律、法规的贯彻实施。

县级以上人民政府建设行政主管部门是同级人民政府的风景名胜区主管部门，其主要职责是：组织风景名胜区资源调查、评价、申报、审定风景名胜区；组织编制风景名胜区规划；贯彻执行国家管理风景名胜区的法律、法规和政策；负责风景名胜区的建设、保护和管理工作。

县级以上人民政府可以根据需要，建立风景名胜区管理委员会，决定风景名胜区工作中的重大问题，协调有关部门之间的工作。

第五条 风景名胜资源的开发利用，由各级人民政府纳入国民经济及社会发展计划。

第二章 规 划

第六条 风景名胜区规划是风景名胜区进行建设、保护、管理的依据。县级以上人民政府应编制风景名胜区总体规划、景区规划和详细规划。

第七条 风景名胜区规划应当纳入当地城市规划和村镇规划，并与经济发展规划相协调。

第八条 风景名胜区规划，应当注意保护自然文化遗产，维护生态平衡。

风景名胜区范围，应当保持景观完整，维护自然和历史风貌，保护生态环境，形成一定规模，便于组织游览和管理。

风景名胜区保护地带，应当保持景观特色，维护风景名胜区自然环境和生态平衡，防止污染和控制建设活动。

第九条 风景名胜区规划的审批：

（一）市、县级风景名胜区的总体规划及省级风景名胜区的景区规划，由市、县建设行政主管部门报市、县人民政府审批，并报省建设行政主管部门备案。

（二）省级风景名胜区的总体规划和国家重点风景名胜区的景区规划，由所在市、县人民政府报省人民政府审批，并报建设部备案。

（三）国家重点风景名胜区的总体规划，由省人民政府报国务院审批。国家重点风景名胜区的详细规划，由所在市、县建设行政主管部门报省建设行政主管部门审批。特殊重要的区域详细规划，经省建设行政主管部门审查后，报建设部审批。

（四）跨行政区的风景名胜区的总体规划，由上一级人民政府审批。

第十条 调整或修改风景名胜区规划，必须报原审批机关批准。

第十一条 风景名胜区总体规划批准后，应标明风景名胜区及其保护地带内的界址，并向群众公布。

第三章 建　　设

第十二条 风景名胜区主管部门应当按照规划进行建设，根据财力、物力，积极开发、利用风景名胜资源，逐步改善服务设施和游览条件。

第十三条 在风景名胜区和保护地带内的建设项目，都应按国家规定的基本建设程序办理；建设项目的规划选址和初步设计，应征得风景名胜区主管部门同意。

第十四条 在风景名胜区内的建设项目（包括扩建、翻建各种建筑物），其布局、高度、体量、造型、色彩等都应与周围景观和环境相协调。

第十五条 在风景名胜区保护地带内的工业项目（包括乡镇村办企业）、公共设施和居民住宅的建设，都应符合风景名胜区规划的要求。

第十六条 风景名胜区道路、输变电线路、通信、供水、排水、供气等主要基础设施建设，应列入各有关部门的建设计划。

第十七条 风景名胜资源应实行有偿使用，凡利用风景名胜资源而受益的单位或个人，应缴纳风景名胜资源费，专项用于风景名胜区的保护和建设。具体收费办法由省建设行政主管部门会同省财政、物价部门商定，报省人民政府批准后执行。

第四章 保　　护

第十八条 风景名胜是国家的重要资源和社会的宝贵财富，保护风景名胜是各级人民政府的重要职责，是每个公民应尽的义务。

第十九条 风景名胜区的土地，任何单位和个人都不得侵占。

第二十条 在风景名胜区和保护地带内，不得建设破坏景观、污染环境、妨碍游览的设施。

在游人集中的游览区内，不得建设宾馆、招待所、度假村以及休养、疗养机构。

在珍贵景物周围和重要景点上，除必需的保护设施外，不得增建其他工程设施。

风景名胜区内已建的设施，由当地人民政府进行清理，区别情况，分别对待。凡属污染环境，破坏景观和自然风貌，严重妨碍游览活动的，应限期治理或逐步迁出；迁出前，不得扩建、新建设施。

规划确定修复开放的景点，原使用单位和个人在办理划拨、征用土地等手续后，必须在限期内迁出，并在迁出前负责保护。

第二十一条　风景名胜区的山石、地貌和水土资源必须严加保护。严禁开山采石、挖沙取土、毁林开荒、围湖造田、建墓立碑等破坏风景资源和景观环境的活动。

非经国务院授权的有关主管部门或者省人民政府同意，不得在风景名胜区内开采矿产资源。

第二十二条　切实保护风景名胜区的林木、动植物，保护自然生态，严禁捕杀各类野生动物。未经县级以上建设行政主管部门和林业部门批准，不得擅自砍伐林木。

在风景名胜区内采集动植物标本、野生药材，必须经管理机构同意，在限定的数量和范围内进行。

第二十三条　严格保护古树名木、古建筑、革命遗址和文物古迹，并悬挂标志，建立档案，切实采取防腐、防震、防洪、避雷以及防治病虫害等保护措施，确保安全。

风景名胜区内文物保护和管理，应当执行《中华人民共和国文物保护法》。

第二十四条　风景名胜区必须加强防火安全管理。严禁在山林中燃放鞭炮、烟火等有碍安全的活动。

第五章　管　　理

第二十五条　各级风景名胜区应当按照国家规定，建立健全管理机构，其等级和人员配备分别由省、市人民政府根据风景名胜区的级别、规模和承担的任务予以规定。

风景名胜区的管理机构，应根据风景名胜区的规划，依法对风景名胜资源进行保护、建设、管理。

第二十六条 在风景名胜区内的单位，凡涉及风景名胜资源保护与开发、利用的活动，必须服从风景名胜区管理机构的统一管理。

第二十七条 在风景名胜区内为游览活动服务的商业、饮食、交通运输等行业和个体摊贩应当经风景名胜区管理机构同意，在规定的地点和营业范围内经营。

第二十八条 在风景名胜区内应当开展健康、有益的游览和文化娱乐活动，宣传社会主义和爱国主义，普及历史、文化和科学知识；指导游览者遵守公共秩序，保护风景名胜资源，爱护公共财物，保持整洁卫生。

第六章 奖　　惩

第二十九条 在保护风景名胜区工作中，单位和个人符合下列条件之一的，由县级以上人民政府或者风景名胜区主管部门给予表扬和奖励：

（一）在规划、建设、保护、管理风景名胜区工作中成绩显著的；

（二）在风景名胜资源的调查和开展科学研究活动中作出贡献的；

（三）在维护国家风景名胜区的法律、法规，同破坏风景资源的行为作斗争中作出贡献的。

第三十条 违反本条例规定，有下列行为之一的，由县级以上人民政府建设行政主管部门给予处罚：

（一）侵占风景名胜区土地，进行违章建设的，责令退出所占土地，拆除违章建筑，并可根据情节，处以每平方米一百元以上二百元以下的罚款；

（二）损毁景物和林木植被，捕杀野生动物，污染或者破坏环境的，责令停止破坏活动，赔偿经济损失，并可根据情节，处以一千元以上三万元以下的罚款；

（三）破坏风景名胜区游览秩序和安全制度，不听劝阻的，给予警告，并可处以一百元以上五千元以下的罚款。

前款行为，属于违反治安管理规定的，由公安机关依法处罚。违反国家规划、土地、森林、环境保护和文物保护等法律、法规的，由有关部门依法给予处罚；情节严重，构成犯罪的，由司法机关依法追究刑事责任。

第七章 附 则

第三十一条 本条例自公布之日起施行。

1982年5月30日江苏省第五届人大常委会第十四次会议批准的《江苏省风景名胜保护暂行条例》同时废止。

2. 南京市中山陵园风景区管理条例

(1998年5月19日南京市第十二届人民代表大会常务委员会第二次会议制定 1998年8月28日江苏省第九届人民代表大会常务委员会第四次会议批准 自1998年10月1日起施行)

第一章 总 则

第一条 为了加强对中山陵园风景区的保护和管理，合理开发和科学利用风景名胜资源，根据有关法律、法规，结合本市实际，制定本条例。

第二条 本条例所称的中山陵园风景区（以下简称风景区）是国家重点风景名胜区——南京钟山风景名胜区的主体部分，其范围包括：中山门、宁杭公路、孝陵卫至马群以北；环陵路至岔路口以西；岔路口、王家湾、蒋王庙、太平门沿城墙至中山门以东围合的区域。其中，中山陵、明孝陵为风景区核心保护区；核心保护区外一定范围为规划控制区；其余地带为外围保护区。

第三条 凡在风景区范围内从事有关活动的单位和个人，均须遵守本条例。

第四条 中山陵园管理局（以下简称管理局）是风景区的管理机构，负责组织实施本条例。

规划、国土、文物、公安、环保、旅游等有关部门应当按照各自职责，协同做好风景区的管理工作。

第五条 风景区内的所有单位和个人应当服从管理局在风景区规划、资源保护、开发建设、经营活动和环境卫生等方面的统一管理。

一切单位和个人都有保护风景名胜资源、风景区环境的义务，并有权检举、制止污染和破坏风景名胜资源、风景区环境的行为。

第二章 规划和建设

第六条 风景区资源的保护和开发、利用，必须制定规划。风景区规划由市人民政府依据南京钟山风景名胜区总体规划，组织规划、文物、管理局及有关部门共同编制，由市人民政府报省人民政府审批，并报建设部备案。

市规划主管部门会同管理局以及有关单位，根据风景区规划，组织编制各景区的详细规划，报省建设行政主管部门审批。特殊重要的区域详细规划，经省建设行政主管部门审查后，报建设部审批。

第七条 编制风景区规划和各景区详细规划必须遵循以下原则：

（一）符合有关保护和利用风景名胜资源的法律、法规的规定；

（二）与南京钟山风景名胜区总体规划、国土规划和城市总体规划相协调；

（三）保持自然景观和人文景观的原有风貌，维护风景区的生态平衡，各项建设设施应当与风景区环境相协调。

第八条 风景区规划和各景区详细规划批准后，任何单位和个人必须严格执行，不得擅自改变。因特殊情况需要对风景区规划和各景区详细规划进行调整、变更时，应按原审批程序报批。

第九条 核心保护区内，除进行保护性维修、完善基础设施或者恢复原有纪念性建筑外，严禁新建其他任何建筑和设施。

规划控制区内，不得建设风景区规划和各景区详细规划以外的其他建设项目。

第十条 在规划控制区、外围保护区内，任何单位和个人不得擅自新建或者扩建房屋和设施。根据规划确需新建或者扩建房屋和设施的，必须经管理局审查，并按有关规定办理审批手续。

单位经批准维修、翻建房屋和设施的，应控制在原用地范围，其布局高度、体量、造型、色彩等应与周围景观和环境相协调。

个人经批准维修、翻建房屋和设施的,必须按照"原地、原面积、原结构"的原则进行。

第十一条 规划控制区、外围保护区内已有的建筑和设施,由管理局进行清理;对污染环境、破坏景观、妨碍游览的,应当限期治理或者逐步迁出。

第十二条 规划控制区、外围保护区内经批准的建设项目在施工过程中,施工单位必须采取有效措施保护景物及周围的植被、水体、地貌,不得造成污染和破坏,并维护景观和游览安全。施工结束后,应当及时清理场地,恢复环境原貌。

第三章 保护和管理

第十三条 风景区内的纪念性建筑、文物古迹、历史遗址、园林等人文景物和林木植被、野生动植物、地形地貌、山体岩石、泉湖水体等自然景物,均属风景名胜资源,应当严加保护。

第十四条 风景区内的风景名胜资源实行有偿使用制度。利用风景名胜资源而受益的单位和个人,应当按规定向管理局交纳风景名胜资源有偿使用费,专项用于风景区的保护、建设和管理。

第十五条 核心保护区、规划控制区内的重要景点,应当制定完整具体的保护和管理措施。其他景物、文物古迹、古树名木等风景名胜资源,应当制定相应的保护措施,并严格组织实施。

管理局对重要的风景名胜资源应当建立档案。

第十六条 风景区内严禁下列行为:

(一)在文物、景物上涂写、刻画、张贴;

(二)擅自摆摊设点;

(三)攀折、刻画树木和采摘花卉;

(四)倾倒垃圾、排放污水;

(五)捕猎野生动物;

(六)毁林开垦、建坟立碑、砍柴、放牧;

(七)燃烧树叶、荒草、垃圾;

(八)在禁火区内吸烟、动用明火;

(九)损毁景物、林木植被和公用设施;

(十)有关法律、法规禁止的其他行为。

第十七条　核心保护区内的林木,任何单位和个人不得擅自砍伐。确需采伐、更新的,由管理局报市人民政府批准后方可实施。

因规划控制区、外围保护区的开发、工程建设需要砍伐少量非珍贵树木的,必须报管理局审批;砍伐树木十棵以上的,由管理局预审,报市人民政府审批。

第十八条　在风景区采集物种标本的,应当报经管理局同意后,在指定地点限量采集。

第十九条　因保护风景区道路、维护设施需要采沙取土的,应当报经管理局同意后,在核心保护区、规划控制区以外限量挖取。

第二十条　进入风景区的车辆,应当服从管理局的管理。机动货车、重型车辆应当在有关部门办理景区通行证后,方可进入风景区。

第二十一条　在风景区内设置户外广告载体、标牌、标语的,应当经管理局同意,并办理有关手续。

禁止在核心保护区内设置户外广告。

第二十二条　在风景区内占用、挖掘道路的,应当经管理局同意,并办理有关手续。

第二十三条　风景区为烟尘控制区和噪声达标区。凡在风景区内的单位和个人,其生产、生活或者服务性设备向大气排放污染物和向环境排放噪声的,必须采取防治措施,符合国家和省、市规定的排放标准。

第二十四条　管理局应当采取有效措施,管理好风景区内的环境卫生和饮食服务卫生工作。

风景区内所有单位和住户应当做好责任区域内的环境卫生工作。

第二十五条　管理局应当有计划地组织风景区的旅游活动,旅游高峰期间,应当制定安全疏导游客的方案,确保良好的旅游秩序。

第二十六条　管理局应当加强风景区的治安、安全工作,保证游客安全和景物完好,建立和维护良好的公共秩序。

第四章　法律责任

第二十七条　违反本条例规定,有下列行为之一的,由管理局责令其限期改正,赔偿经济损失,可以并处罚款:

(一)攀折、刻划树木或者采摘花卉以及损毁公用设施的,处以五十元以下罚款。

（二）燃烧树叶、荒草、垃圾或者在禁火区内吸烟、动用明火的，处以十元以上五百元以下罚款；造成严重后果的，处以一千元以上五千元以下罚款；构成犯罪的，依法追究刑事责任。

（三）破坏风景区游览秩序和安全制度，经教育拒不改正的，处以二十元以上五百元以下罚款。

（四）侵占风景区土地进行违法建设的，责令其限期退出所占土地，拆除违法建筑，并根据情节轻重，处以每平方米一百元以上二百元以下罚款。

（五）擅自开垦土地和采沙取土的，责令其限期恢复原状，并处以二百元以上二千元以下罚款。

（六）建坟立碑的，责令其限期迁出，恢复地形原貌，并处以五百元以上二千元以下罚款。

（七）捕杀野生动物的，没收捕杀工具；没有猎获物的，处以一千元以上二千元以下罚款；有猎获物的，没收猎获物，并处以二千元以上五千元以下罚款。

（八）损毁景物、林木植被、园林建筑或者倾倒垃圾、排放污水污染、破坏环境的，处以一千元以上三万元以下罚款。

违反本条例规定，前款未规定处罚的，由有关部门依照相关法律、法规进行处罚。

第二十八条　当事人对行政处罚决定不服的，可以依法申请复议，或者提起诉讼。

当事人逾期不申请复议，也不提起诉讼，又不履行行政处罚决定的，由作出处罚决定的机关申请人民法院强制执行。

第二十九条　管理局违反本条例规定的，由市人民政府或者有关执法机关依法进行查处，并可对有关主管人员和直接责任人员给予行政处分。

第三十条　管理局工作人员玩忽职守、滥用职权、徇私舞弊，构成犯罪的，依法追究刑事责任；尚不构成犯罪的，依法给予行政处分。

第五章　附　　则

第三十一条　本条例的附件《中山陵园风景区核心保护区、规划控制区范围表》与本条例具有同等法律效力。

第三十二条 本条例自 1998 年 10 月 1 日起施行。南京市人民政府 1996 年 8 月 31 日发布施行的《南京市中山陵园风景区管理办法》同时废止。

3. 江苏省太湖风景名胜区条例

(2007 年 3 月 30 日江苏省第十届人民代表大会常务委员会第二十九次会议通过　2007 年 3 月 30 日江苏省人民代表大会常务委员会第 131 号公告公布　自 2007 年 6 月 1 日起施行)

第一章 总　则

第一条 为了加强太湖风景名胜区管理，严格保护和合理利用太湖风景名胜资源，根据有关法律、行政法规，结合太湖风景名胜区实际，制定本条例。

第二条 太湖风景名胜区的规划、保护、利用和管理，适用本条例。

本条例所称太湖风景名胜区，包括木渎、石湖、光福、东山、西山、甪直、同里、虞山、梅梁湖、蠡湖、锡惠、马山、阳羡等十三个景区和泰伯庙、泰伯墓两个独立景点。具体范围以国务院批准的《太湖风景名胜区总体规划》确定的区域为准。

第三条 太湖风景名胜区实行科学规划、统一管理、严格保护、永续利用的原则。

第四条 太湖风景名胜区所在地县级以上地方人民政府应当正确处理城乡建设与风景名胜资源保护的关系，采取有效措施，加强保护太湖风景名胜区的自然景观、人文景观及其所处的大气、水体、地貌等自然环境；对破坏严重的景观、自然环境等风景名胜资源，应当加大投入，限期治理，恢复原貌。

第五条 省人民政府建设主管部门负责太湖风景名胜区的监督管理工作。

省人民政府设立的太湖风景名胜区管理机构（以下简称省管理机构）负责太湖风景名胜区的保护、利用和统一管理工作。太湖风景名胜区所在地设区的市、县（市）人民政府设立的风景名胜区管理机构（以下简称市、县管理机构）依照有关法律、法规和本条例的规定，负责本辖区内景区、景点的保护、利用和管理工作。市、县管理机构业务上接受省管理机构的指导。

太湖风景名胜区所在地县级以上地方人民政府其他有关部门按照各自职责分工，负责太湖风景名胜区的有关监督管理工作。

第六条 任何单位和个人都有保护风景名胜资源的义务，并有权制止、检举破坏风景名胜资源的行为。

对保护太湖风景名胜资源作出重要贡献的单位和个人，由县级以上地方人民政府或者风景名胜区管理机构给予表彰和奖励。

第二章 规 划

第七条 太湖风景名胜区规划分为总体规划和详细规划。

第八条 太湖风景名胜区总体规划的编制，应当体现人与自然和谐、区域协调发展和经济社会全面进步的要求，坚持保护优先、开发服从保护的原则，突出太湖独特的自然山水与吴文化交融的特点，强化对太湖自然岸线形态、湖岛、山体、湿地与沿湖地带以及历史文化街区、村镇和不可移动文物的保护，保存江南水乡的独特风貌，保持太湖水系的完整性。

太湖风景名胜区总体规划应当包含太湖风景名胜区的范围、性质、风景资源评价、保护目标、生态资源保护措施、重大建设项目布局、开发利用强度以及太湖风景名胜区的功能结构、空间布局、禁止开发和限制开发的范围、游船容量、游客容量、环境影响的篇章或者说明等内容。

太湖风景名胜区总体规划与土地利用总体规划、城市总体规划、湖泊保护规划以及有关文物保护的规划之间应当相互衔接。

太湖风景名胜区总体规划应当将太湖风景名胜区内人文自然景观集中、最具观赏价值、最需要严格保护的区域，划为核心景区。

第九条 太湖风景名胜区详细规划应当符合总体规划，并根据核心景区和核心景区外的其他景区的不同要求编制，确定基础设施、旅游设施、文化设施等建设项目的选址、布局与规模，明确建设用地范围和规划设计条件。

第十条 太湖风景名胜区总体规划由省建设主管部门组织编制，征求有关设区的市、县（市）人民政府和省有关部门意见，经省人民政府审查后，报国务院审批。

太湖风景名胜区详细规划由省建设主管部门会同有关设区的市、县（市）人民政府组织编制，报国务院建设主管部门审批。

第三章 保 护

第十一条 太湖风景名胜区内的景观和自然环境，应当根据可持续发展的原则，严格保护，不得破坏或者随意改变。

市、县管理机构应当会同有关部门对太湖风景名胜区内的人文景观和自然景观进行调查和登记，建立健全太湖风景名胜资源保护的各项管理制度。

第十二条 太湖风景名胜区所在地人民政府应当根据太湖风景名胜区规划，确定核心景区的保护目标和管理要求，制定相应的保护措施。

第十三条 太湖风景名胜区所在地人民政府应当按照太湖风景名胜区规划要求，对风景名胜区内的历史文化街区、村镇和不可移动文物、古树名木等需要重点保护的资源制定特殊保护措施，并按照原有风貌及时组织抢救、维护。

第十四条 太湖风景名胜区所在地人民政府应当采取有效措施，加强对河流、湖泊等水体和湿地的保护，有计划、有步骤地治理太湖，严格控制并逐步减少渔业养殖的规模和范围，治理工业、农业面源、生活污水等各种污染源，改造出入湖河道，保护和恢复太湖良好的自然生态。

第十五条 太湖风景名胜区区域内水体列为太湖流域水污染防治一级保护区，适用《江苏省太湖水污染防治条例》有关一级保护区的规定。

太湖风景名胜区内的所有污染物必须经过处理。禁止将未经处理或者处理未达到国家或者省规定标准的生产、生活污水排入水体。禁止向水体倾倒垃圾及其他污染物。

在太湖水域航行、停泊、作业的船舶，应当遵守《江苏省内河水域船舶污染防治条例》的规定。

第十六条 进入或者居住在太湖风景名胜区的人员，应当自觉遵守太湖风景名胜区的有关规定，保护太湖风景名胜区的景物、水体、林草植被、野生动物和各项设施，维护环境卫生和公共秩序。

第十七条 在太湖风景名胜区内禁止进行下列活动：

（一）开山、采石、开矿、开荒、填湖、修坟立碑等破坏景观、植被和地形地貌的活动；

（二）修建储存爆炸性、易燃性、放射性、毒害性、腐蚀性物品的设施或者堆放、弃置、处理废渣、尾矿、油料、含病原体污染物以及其他有毒有害物质；

（三）在景物或者设施上刻划、涂污；

（四）乱扔垃圾。

第十八条 禁止违反太湖风景名胜区规划，在太湖风景名胜区内设立各类开发区、工业集中区、生产性企业和在核心景区内建设宾馆、招待所、培训中心、疗养院、商业用房、住宅、餐厅以及与保护太湖风景名胜资源无关的其他建筑物。本条例实施前已有的上述建筑物不得以改造、修缮的名义扩大规模，并应当按照太湖风景名胜区规划的要求，逐步迁出。

第十九条 在太湖风景名胜区内从事风景名胜区管理法律、行政法规禁止范围以外的建设活动，投资额在一千万元以上或者占地面积 $5000m^2$ 以上的建设项目以及在核心景区建设的项目，经省管理机构审核后，依照有关法律、法规办理审批手续；其他建设项目经市、县管理机构审核后，依照有关法律、法规办理审批手续。市、县管理机构办理审核的建设项目应当报省管理机构备案。

前款规定建设项目的具体标准，因情况变化需要调整的，由省人民政府决定。

第二十条 在太湖风景名胜区内设置、张贴商业广告、举办大型游乐等活动，应当经市、县管理机构审核后，依照有关法律、法规报有关部门批准。

在太湖风景名胜区内从事改变水资源、水环境自然状态和其他影响生态和景观的活动，应当经省管理机构审核后，依照有关法律、法规报有关部门批准。

第二十一条　在太湖风景名胜区内进行下列活动，有关部门在审批前，应当征求市、县管理机构的意见：

（一）设置穿越景区的空中、水上游览航线；

（二）科学考察、采集标本；

（三）拍摄影视片；

（四）其他涉及风景名胜资源保护和利用的活动。

第二十二条　在太湖风景名胜区内进行建设活动的，建设单位、施工单位应当制定景观修复、植被保护、污染防治和水土保持方案，并采取有效措施，保护好周围景物、水体、林草植被、野生动物资源和地形地貌。

第二十三条　省管理机构建立太湖风景名胜区管理信息系统。

市、县管理机构负责对所辖景区、景点的太湖风景名胜区规划实施和资源保护情况进行动态监测，定期向省建设主管部门报送监测报告。省建设主管部门应当定期向省人民政府报告太湖风景名胜区规划实施和资源保护情况。

第四章　利用和管理

第二十四条　太湖风景名胜区所在地人民政府应当按照太湖风景名胜区规划，合理利用资源，改善交通、服务设施等游览条件。

市、县管理机构应当按照太湖风景名胜区规划，设立规范的太湖风景名胜区景区、景点标志、界桩、路标和安全警示等标牌、标识。

第二十五条　太湖风景名胜区内水、土地、林木等资源的开发利用，应当符合太湖风景名胜区规划，并依法办理相关审批手续；已经进行的开发利用活动不符合太湖风景名胜区规划要求的，省建设主管部门应当责令其限期改正。

第二十六条　太湖风景名胜区内的国家森林公园、旅游度假区、农业示范园区、地质公园等专类园区，涉及风景名胜资源保护和建设的活动，应当服从太湖风景名胜区规划要求。法律、行政法规另有规定的，从其规定。

第二十七条　在太湖风景名胜区内，已建博物馆、保管所或者辟为参观游览场所的国有文物保护单位，不得作为企业资产经营。对涉及不可移动文物的工程项目，应当依据文物保护法律、法规办理审批手续。

太湖风景名胜区内设立宗教活动场所，应当依照有关法律、法规办理审批手续。

第二十八条 太湖风景名胜区内的建设项目应当符合太湖风景名胜区规划的要求，其布局、高度、体量、造型、风格和色调等，应当和周围环境相协调。不得建设破坏景观、危害安全、污染环境、影响防洪和降低水功能区水质、妨碍游览的项目和设施。

第二十九条 市、县管理机构应当建立健全安全保障制度，加强安全管理，建立健全应急管理机制，及时处理突发事件。

禁止超过允许容量接纳游船、游客。禁止在没有安全保障的区域开展游览活动。

第三十条 省建设主管部门应当加强对太湖风景名胜区规划实施情况、资源保护状况的监督检查。对发现的问题，应当依法及时纠正、处理。

第五章　法律责任

第三十一条 违反本条例规定，县级以上地方人民政府及其有关部门有下列行为之一的，对直接负责的主管人员和其他直接责任人员依法给予处分；构成犯罪的，依法追究刑事责任：

（一）违反太湖风景名胜区规划在太湖风景名胜区内设立各类开发区、工业集中区、生产性企业的；

（二）将博物馆、保管所或者辟为参观游览场所的国有文物保护单位作为企业资产经营的；

（三）不依法履行监督管理职责的其他行为。

第三十二条 违反本条例规定，市、县管理机构超越职权审核同意在太湖风景名胜区内进行建设活动的，由设立该管理机构的人民政府责令改正，对直接负责的主管人员和其他直接责任人员给予降级或者撤职的处分。

违反本条例规定，市、县管理机构超过允许容量接纳游船、游客或者在没有安全保障的区域开展游览活动，或者未按规定报送太湖风景名胜区规划实施和资源保护情况监测报告的，由设立该管理机构的人民政府责令改正；情节严重的，对直接负责的主管人员和其他直接责任人员给予降级或者撤职的处分。

第三十三条　违反本条例规定，有下列行为之一的，由市、县管理机构责令停止违法行为、恢复原状或者限期拆除，没收违法所得，并处以五十万元以上一百万元以下的罚款：

（一）在太湖风景名胜区内进行开山、采石、开矿、填湖等破坏景观、植被、地形地貌活动的；

（二）在太湖风景名胜区内修建储存爆炸性、易燃性、放射性、毒害性、腐蚀性物品设施或者堆放、弃置、处理废渣、尾矿、油料、含病原体污染物以及其他有毒有害物质的；

（三）在核心景区内建设宾馆、招待所、培训中心、疗养院、商业用房、住宅、餐厅以及与太湖风景名胜资源保护无关的其他建筑物的。

县级以上地方人民政府及其有关部门批准实施前款规定的行为的，对直接负责的主管人员和其他直接责任人员依法给予降级或者撤职的处分；构成犯罪的，依法追究刑事责任。

第三十四条　违反本条例规定，个人在太湖风景名胜区内进行开荒、修坟立碑等破坏景观、植被、地形地貌活动的，由市、县管理机构责令停止违法行为、限期恢复原状或者采取其他补救措施，没收违法所得，并处以一千元以上一万元以下的罚款。

第三十五条　违反本条例规定，在太湖风景名胜区内从事法律、行政法规禁止范围以外的建设活动，未经省或者市、县管理机构审核的，由省或者市、县管理机构责令停止建设、限期拆除，对个人处以二万元以上五万元以下的罚款，对单位处以二十万元以上五十万元以下的罚款。

第三十六条　违反本条例规定，未经市、县管理机构审核，在太湖风景名胜区内设置、张贴商业广告、举办大型游乐等活动的，由市、县管理机构责令停止违法行为、限期恢复原状或者采取其他补救措施，没收违法所得，并处以五万元以上十万元以下的罚款；情节严重的，并处以十万元以上二十万元以下的罚款。

违反本条例规定，未经省管理机构审核，在太湖风景名胜区内从事改变水资源、水环境自然状态和其他影响生态、景观活动的，由省管理机构责令停止违法行为、限期恢复原状或者采取其他补救措施，没收违法所得，并处以五万元以上十万元以下的罚款；情节严重的，并处以十万元以上二十万元以下的罚款。

第三十七条 违反本条例规定,在景物、设施上刻划、涂污或者在太湖风景名胜区内乱扔垃圾的,由市、县管理机构责令恢复原状或者采取其他补救措施,处以五十元的罚款;刻划、涂污或者以其他方式故意损坏国家保护的文物、名胜古迹的,按照治安管理处罚法和文物保护法的有关规定予以处罚;构成犯罪的,依法追究刑事责任。

第三十八条 违反本条例规定,施工单位在施工过程中,对周围景物、水体、林草植被、野生动物资源和地形地貌造成破坏的,由市、县管理机构责令停止违法行为、限期恢复原状或者采取其他补救措施,并处以二万元以上十万元以下的罚款;逾期未恢复原状或者采取有效措施的,责令停止施工。

第三十九条 违反本条例规定的行为,应当由市、县管理机构进行查处而未依法查处的,省管理机构可以责令其依法查处;逾期仍不查处的,省管理机构可以依法查处。

本条例规定的违法行为,依照有关法律、法规,有关部门已经予以处罚的,省或者市、县管理机构不再处罚。

第六章 附 则

第四十条 本条例自 2007 年 6 月 1 日起施行。

4. 无锡市太湖风景名胜区保护管理实施细则

第一章 总 则

第一条 太湖风景名胜区是国家重点风景名胜区之一。为切实加强太湖风景区的保护、管理和开发建设,根据国务院发布的《风景名胜区管理暂行条例》以及《江苏省风景名胜保护暂行条例》的规定,特制定本细则。

第二条 太湖风景区分景点、景区、保护地带三级保护,景点是风景名胜的精华所在,应严格保护;景区是由若干景点和完整的景观环绕组成的区域，应重点保护；保护地带是景区外围保护自然景观和生态环境的地带。太湖风景名胜规划大纲和各景区规划以及规划所划定的景点、景区、保护地带等范围，为本细则保护、管理的依据和实施保护、管理的范围。

第三条　太湖风景名胜是国家的重要资源和社会的宝贵财富。加强保护和管理工作，是各级人民政府的职责，也是每个公民应尽的义务。风景区内所有机关、部队、团体、学校、工矿及其他企事业单位，乡（镇）村和个人，均应遵守本细则。

第四条　市、县（市）城乡建设委员会（局）为所辖景区的主管部门，园林局（处）为所辖景区的管理部门，负责本细则的实施。

第二章　风景名胜资源的保护

第五条　风景区的山石、水体、林木植被等自然景物，文物、古迹、园林、古建筑等人文景物，大气、水源、地貌等自然环境，都必须严格保护，不得随意改变和破坏。

第六条　在景点、景区、保护地带内严禁毁林开荒、围湖筑坝、破坏水体和地貌等活动。对已围湖或拦湖部分，应按规划进行处理。

第七条　根据《江苏省风景名胜保护暂行条例》和《江苏省山石资源管理办法》，在景点、景区严禁开山采石，挖沙取土。

当地农田水利，修筑道路和群众建房等确需就近在景区内采石取土，须经市、县（市）城乡建设部门会同风景区管理部门审查批准，并在指定地点和范围内限量开采。

在保护地带的商业性开山采石，挖沙取土，须经市、县（市）城乡建设部门会同风景区管理部门审查批准。

对景区内现有开山宕口，由市、县（市）城乡建设部门会同风景区管理部门进行全面清查，按景观要求，区别不同情况，妥善处理。对采石迹地，须进行环境治理与绿化覆盖，交市、县（市）城乡建设部门统一规划、建设和管理。

第八条　根据《江苏省人民政府关于殡葬管理的实施办法》，严禁在景点、景区筑坟立碑。

在保护地带内建回民公墓、华侨公墓和港澳台同胞回内地安葬的公墓，须经县（市）以上民政部门会同风景区管理部门审查同意，报省民政厅批准后，按指定地点和要求兴建。

对现有公墓，由市、县（市）民政部门会同风景区管理部门，按照省、市殡葬管理的有关规定进行处理。

第九条 风景区内应按规划做好分区封山育林、植树绿化工作，形成具有自己特色的林木植被景观。各级人民政府应对所辖山区有计划、有步骤地加强营造林木和改造单一林相，并建立护林组织，采取有效措施，保护风景林和自然植被。

景点、景区和保护地带内的林木，不准任意砍伐。确需进行更新、疏伐的，应征得所辖景区管理部门同意，由地方主管部门批准。

第十条 风景区内古树名木严禁砍伐、移植。所辖景区管理机构应对古树名木作出调查、鉴定，登记造册，建立档案，并设立保护标志，采取科学的保护措施，委托所在单位指定专人养护管理，严格保护。

第十一条 严禁在景点、景区的建筑物和竹木、石刻、假山上刻字涂写；不准攀折树木花草，不准狩猎，不准损坏公共设施。

第十二条 太湖水体保护应严格执行《太湖水源保护条例》的有关规定。

第十三条 风景区内的文物古迹应按《中华人民共和国文物保护法》和《太湖风景名胜区文物保护、利用规划》进行保护和管理。

第三章 建设活动的管理

第十四条 太湖风景区的各项建设，必须服从景区的统一规划和管理。

第十五条 严禁任何单位和个人侵占景点。在景点内不得建设与风景游览无关的建筑物；不得建设旅馆、招待所、休养院、疗养院、度假村。建设与风景游览有关的设施，必须认真做好规划设计，履行审批手续。景点的规划，应经省太湖风景区管理部门审批；单体的设计应经市风景区管理部门审批，报省太湖风景区管理部门备案。

本细则公布前已占用景点（房屋）的单位和个人，在迁出前，负有保护和维修之责，并不得再行改建或扩建。

第十六条 在景区和保护地带内，禁止新建、扩建破坏景观、污染环境和妨碍游览的工矿企业和其他设施。

现有对环境有害的工矿企业和其他单位，应限期治理、转产或搬迁，现有休、疗养机构和旅馆等单位的排放物，必须符合国家规定的环境保护标准。现有有碍景观的工程设施，应按规划要求进行遮掩，改造或拆除。

第十七条 在景区内建设的建构筑物，其布局、高度、体量、造型和色彩等，都必须和周围环境相协调。

第十八条 在景区和保护地带内的一切建设项目都应根据风景区的规划要求，并按国家规定的基本建设程序办理。其规划选址和初步设计应经市、县（市）风景区管理部门同意，并报省太湖风景区管理部门备案。省太湖风景区管理部门可根据需要参加会审。

第十九条 在景点、景区和保护地带内施工，必须采取措施，保护好周围的山石、溪流、泉地、林木植被和文物古迹。施工结束后，应及时清理场地，搞好绿化。

第四章 经营活动的管理

第二十条 风景区内应开展有益于身心健康的参观游览和文化娱乐活动，禁止封建迷信、庸俗低级等有害身心健康的经营活动。

第二十一条 景点由景区管理部门直接经营，也可由景区管理机构与当地乡（镇）、村或其他方面联合经营，也可经县以上风景区管理部门批准，由当地乡（镇）、村或其他有关方面单独经营，但都必须服从景区管理部门的统一管理。

第二十二条 在景区经营旅游、商业饮食服务、交通运输等行业的单位和个人，都必须持有工商行政管理部门发给的营业执照，服从当地景区管理所（处）的管理，在指定的地点和营业范围内经营。

第二十三条 景区管理部门应做好景点内的环境卫生，增添必要的设施，妥善处理生活污水和废弃物。并按卫生部门的规定，加强对饮食和服务业的卫生管理。

第二十四条 景区管理部门要加强安全管理，保障景点内建筑物、桥梁、道路、山石及各种交通游览设施的安全可靠。

第二十五条 进入区内的游览者应自觉遵守游览守则，服从管理人员管理。

第五章 奖励与惩罚

第二十六条 对保护、管理太湖风景名胜区作出显著成绩的单位和个人，由市、县（市）人民政府给予表扬和奖励。

第二十七条 对违反本细则规定，有下列行为或后果的单位和个人，由风景区管理部门视情节轻重，给予必要的处理。

（一）造成风景名胜损毁的。

（二）侵占风景区内土地，进行违章建设的。

（三）妨碍安全，扰乱秩序，且不听劝阻的。

（四）风景区管理部门的工作人员，滥用职权、玩忽职守，破坏规划，造成风景名胜损毁或因失职造成重大事故的。

第二十八条 严重破坏风景区名胜触犯刑律的，由司法机关依法追究刑事责任。

第六章 附 则

第二十九条 本细则由无锡市园林管理局负责解释。

第三十条 本细则自公布之日起执行。

5. 江苏省云台山风景名胜区管理条例

（2007年1月16日江苏省第十届人民代表大会常务委员会第二十八次会议通过 2007年1月16日江苏省人民代表大会常务委员会第127号公告公布 自2007年3月1日起施行）

第一章 总 则

第一条 为了加强云台山风景名胜区管理，有效保护和合理利用风景名胜资源，根据国务院《风景名胜区条例》和有关法律、行政法规，结合云台山风景名胜区实际，制定本条例。

第二条　本条例适用于云台山风景名胜区（以下简称风景区）的规划、保护、建设、利用和管理等活动。

第三条　风景区的范围以国务院批准的《云台山风景名胜区总体规划》（以下简称风景区总体规划）确定的范围为准。

风景区分为一级保护区、二级保护区和三级保护区。保护区的具体界线由连云港市人民政府（以下简称市人民政府）根据风景区总体规划划定并公布。

第四条　风景区管理坚持科学规划、统一管理、严格保护、永续利用的原则。

第五条　省人民政府建设行政主管部门（以下简称省建设部门）负责风景区的监督管理工作。

市人民政府设立的风景区管理机构（以下简称管理机构），依据有关法律、法规和本条例的规定，负责风景区的保护、利用和统一管理工作。

景区所在地区人民政府和市规划、建设、国土资源、环境保护、公安、交通、旅游、工商、文物、宗教、林业、海洋与渔业等部门按照各自职责，共同做好风景区的保护与管理工作。

第六条　连云港市人民代表大会常务委员会应当加强对风景名胜区管理的法律、法规以及风景区规划贯彻执行情况的监督。

第七条　管理机构应当加强风景名胜区管理法律、法规的宣传，增强公众自觉保护风景名胜资源的意识。

任何单位和个人都有保护风景名胜资源的权利和义务，有权检举和制止破坏风景名胜资源的行为。

对在风景区保护和管理工作中作出重要贡献的单位和个人，由市人民政府或者管理机构给予表彰和奖励。

第二章　规　　划

第八条　风景区规划是风景区保护、建设、利用和管理的依据。

风景区规划分为风景区总体规划和详细规划。

第九条　风景区总体规划的修编，按照国务院《风景名胜区条例》的规定执行。

省建设部门会同市人民政府，根据风景区总体规划、省海洋功能区划和连云港市城市总体规划，组织编制风景区详细规划，并依法报经批准。

风景区详细规划应当根据景区保护的不同要求编制，确定基础设施、旅游设施、文化设施等建设项目的选址、布局与规模，并明确建设用地范围和规划设计条件。

第十条 市人民政府应当组织管理机构和有关部门，根据风景区总体规划、详细规划，制定风景区内旅游发展、环境保护、基础设施建设和人口控制等实施计划。

第十一条 风景区规划一经批准，任何单位和个人不得擅自改变。确需对风景区总体规划中的风景区范围、性质、保护目标、生态资源保护措施、重大建设项目布局、开发利用强度以及风景区的功能结构、空间布局、游客容量进行修改，或者对风景区详细规划进行修改的，应当依法报经原审批机关批准。

第三章 保 护

第十二条 管理机构应当会同有关部门对风景区内的纪念性建筑、文物古迹、历史遗址、园林等人文景观和古树名木、野生动植物、地形地貌、山体岩石、泉湖水体等自然景观进行调查和登记，按照风景区规划的要求和分类保护的原则，建立健全资源保护的各项管理制度。

对海清寺塔、藤花落史前城址、玉女峰、郁林观石刻、延福观、大桅尖、孔望山摩崖造像、马耳峰、将军崖岩画等重要景点和重点文物保护单位，应当根据其特点制定相应的保护措施，实行严格保护。

第十三条 风景区的建设活动，应当符合风景区总体规划和详细规划。

一级保护区内禁止建设与原景物景象景点等风景无关的工程设施。

二级保护区、三级保护区的核心景区内，禁止建设宾馆、招待所、培训中心、疗养院以及与风景名胜资源保护无关的其他建筑物。

第十四条 风景区一级保护区、二级保护区内，不得新建、扩建工业企业；三级保护区内，不得新建、扩建污染环境、妨碍景观的工业企业。

市人民政府应当制定计划,逐步将风景区内已有的污染环境、妨碍景观的工业企业迁出景区。

第十五条 风景区内的重点保护海域,包括前三岛周围四海里内海珍品自然保护区域,海滨浴场以及浅海水产养殖区等,不得设置排污口和建设破坏景观的海岸工程。在海滨景观带的海域内控制海水养殖规模。

海滨一级保护区内,禁止填海毁坏沙滩,保持苏马湾、大沙湾和连岛北部的完整性。

第十六条 风景区内禁止下列行为:

(一)开山、采石、开矿、开荒、修坟立碑等破坏景观、植被和地形地貌的活动;

(二)在文物、景物或者设施上涂写、刻划;

(三)盗伐、攀折、刻划林木;

(四)捕杀野生动物;

(五)焚烧树叶、荒草、垃圾;

(六)在禁火区内吸烟、动用明火;

(七)乱扔垃圾;

(八)损毁公用设施;

(九)修建储存爆炸性、易燃性、放射性、毒害性、腐蚀性物品的设施;

(十)法律、法规禁止的其他行为。

第十七条 管理机构和有关部门应当制定风景区内水体保护的具体措施,落实保护责任,明确保护要求,防治水体污染。

禁止向风景区内的水体排放污水、倾倒垃圾和其他废弃物。

第十八条 风景区内的林木,应当进行抚育管理,不得砍伐;确需进行更新、抚育性采伐的,应当依法报经林业主管部门批准。

管理机构和有关部门应当做好植树绿化和防治病虫害工作,保护林木植被和物种生长条件。

在风景区内采集物种、标本、野生药材和其他林副产品,应当经管理机构同意,在限定的数量和指定的范围内进行。

第十九条 对景观、植被资源破坏严重的地区,当地人民政府应当采取封山育林等措施,逐步恢复景观和植被。

第四章 建 设

第二十条 风景区的建设应当按照规划进行，根据财力和物力，合理利用风景名胜资源。

市人民政府及其有关部门应当加强风景区内道路、通信、供水、排水、供电、供气等基础设施建设，改善交通、服务设施和游览条件。

第二十一条 在风景区内从事本条例禁止范围以外的建设活动，应当经管理机构审核后，依照有关法律、法规的规定办理审批手续。

第二十二条 风景区内经批准新建、改建、扩建的建筑物、构筑物和其他设施，不得超出批准的规划用地范围，其布局、高度、体量、造型、色调等应当符合批准文件的要求，并与周围景观和环境相协调。

第二十三条 建设项目在施工过程中，应当采取有效措施，保护周围景物、林木、植被、水体和地貌，不得造成污染和损坏。建设项目竣工后，建设单位应当及时清理场地，进行绿化，恢复周围环境原貌。

第五章 管 理

第二十四条 市人民政府应当采取限制迁入和居民搬迁等措施，严格控制并逐步减少风景区内的常住人口和暂住人口数量。

第二十五条 设在风景区的所有单位，进入、居住在风景区的个人，应当服从管理机构的统一管理，自觉遵守风景区的有关规定，保护风景名胜资源，爱护公共设施，维护环境卫生和公共秩序。

第二十六条 风景区内的交通、商业等服务项目，应当由管理机构依照有关法律、法规和风景区规划，通过招标等公平竞争的方式确定经营者。

管理机构应当与经营者签订合同，依法确定各自的权利义务。经营者应当按照合同约定的地点和营业范围从事经营活动。

经营者应当缴纳风景名胜资源有偿使用费。风景名胜资源有偿使用费依法实行收支两条线管理，专项用于风景区的保护和管理以及风景区内财产的所有权人、使用权人损失的补偿。

第二十七条 管理机构应当采取措施，限制机动车辆进入核心景区。确需进入的,应当服从统一管理,按照指定的路线、地点行驶和停放。

第二十八条　管理机构应当加强对风景区规划实施情况的动态监督管理,及时发现和制止各种破坏景观和生态环境的行为。

第二十九条　管理机构和有关部门应当对风景区内的公用设施进行定期检查和维护,在风景区的险要部位设置必要的安全设施和警示牌,制定应急预案,做好风景区的安全防范和管理工作。

第三十条　管理机构和有关部门应当制定防火、避雷、防震等专项措施,健全防火组织,完善防火设施,加强对风景区内文物古迹、古树名木的保护。

第三十一条　管理机构应当妥善处理污水、垃圾,加强监督检查,维护景区容貌,改善环境卫生。对沟谷、洞穴、水体等不易清扫的地方,应当定期清理。

第三十二条　管理机构应当建立健全档案制度,对风景区的历史沿革、发展变化、资源状况、范围界限、生态环境、各项设施、开发建设、旅游接待、经营状况等方面进行调查统计,形成完整资料,妥善保存。

第六章　法律责任

第三十三条　违反本条例规定,有下列行为之一的,由管理机构责令改正,造成经济损失的,责令赔偿损失,可以并处罚款:

(一)修坟立碑的,责令限期迁出,恢复地形原貌,处以一千元以上五千元以下罚款;

(二)擅自在核心景区从事商业经营活动的,处以二十元以上二百元以下罚款;

(三)在禁火区内吸烟的,处以二十元以上一百元以下罚款,焚烧树叶、荒草、垃圾或者在禁火区内动用明火的,处以五十元以上五百元以下罚款;造成后果的,处以一千元以上五千元以下罚款,构成犯罪的,依法追究刑事责任。

对在风景区内违法从事建设活动等违反本条例规定的其他行为,由管理机构或者有关部门依照国务院《风景名胜区条例》等相关法律、法规进行处罚。

第三十四条 管理机构和有关部门工作人员，在执行本条例过程中滥用职权、玩忽职守、徇私舞弊的，由其所在单位或者上级主管部门给予行政处分；构成犯罪的，由司法机关依法追究刑事责任。

第七章　附　　则

第三十五条 本条例自 2007 年 3 月 1 日起施行。

6. 南京市雨花台风景名胜区管理条例

（1999 年 7 月 16 日南京市第十二届人民代表大会常务委员会第十次会议制定　1999 年 8 月 20 日江苏省第九届人民代表大会常务委员会第十一次会议批准　自 1999 年 10 月 1 日起施行）

第一章　总　　则

第一条 为了加强雨花台风景名胜区的保护和管理，根据有关法律、法规，结合本市实际，制定本条例。

第二条 本条例所称的雨花台风景名胜区（以下简称风景区），其范围包括：雨花东路至雨花台街以南，纬八路以北，雨花台街、共青团路以东，雨花东路及宁溧路以西围合的区域；望江矶皖南事变三烈士墓环行道以南，三烈士墓以北，花木村水塘防火道以东，沙石场道路以西界桩围合的区域。

风景区分为核心保护区和一般保护区。烈士群雕以南、忠魂亭以北、环陵路西干道以东、纪念碑至东炮台道路以西围合的区域，以及东殉难处、西殉难处、知名烈士墓为核心保护区；核心保护区以外为一般保护区。

第三条 任何单位和个人在风景区内必须遵守本条例。

第四条 雨花台烈士陵园管理局（以下简称管理局）是风景区的管理机构，负责实施本条例。

建设、规划、国土、园林、公安、市容、环保、文物、旅游和工商行政等有关部门,应当按照各自职责,协同做好风景区的管理工作。

第五条 风景区内任何单位和个人应当服从管理局在风景区规划、资源保护、开发建设、经营活动和环境卫生等方面的统一管理。

任何单位和个人都有保护风景名胜资源、风景区环境的义务,并有权检举和制止破坏风景名胜资源、污染风景区环境的行为。

第六条 管理局应当充分利用风景名胜资源,开展健康有益的游览和文化娱乐活动,宣传爱国主义、集体主义和社会主义,普及历史、文化和科学知识。

第二章 规划和建设

第七条 风景区的保护、建设、利用,必须制定规划。

风景区总体规划由市人民政府组织建设、规划、文物、管理局等有关部门和单位编制,并报省人民政府审批。

各景区的详细规划由市规划主管部门会同管理局及有关单位,根据风景区总体规划组织编制,并按规定报批。

第八条 编制风景区规划必须遵循以下原则:

(一)符合有关保护和利用风景名胜资源等法律、法规的规定;

(二)符合南京市城市总体规划;

(三)保持自然景观和人文景观的原有风貌,保护风景区生态环境,各项建设设施应当与风景区环境相协调。

第九条 风景区规划经批准后,任何单位和个人都必须严格执行,不得擅自改变。因特殊情况确需调整、变更风景区总体规划或者各景区详细规划时,必须按照原审批程序报批。

第十条 核心保护区内,除进行保护性维修、完善基础设施或者恢复原有纪念性建筑外,不得新建其他建筑物和设施。

第十一条 一般保护区内,不得擅自新建或者改建、扩建建筑物和设施。确需新建、改建、扩建建筑物和设施的,必须符合风景区规划,并经管理局审查,按照有关规定办理审批手续。

单位经批准新建、改建、扩建的建筑物和设施,不得超出批准的规划用地范围,其布局、高度、体量、造型、色调等应当与周围景观和环境相协调。

个人不得新建房屋和设施。经批准维修、改建的房屋和设施,必须在原地进行,并且不得超出原占地面积和建筑高度。

第十二条 风景区内已有的建筑和设施,凡是污染环境、破坏景观、妨碍游览的,应当限期治理或者逐步迁出。

第十三条 在风景区内施工的单位和个人,必须采取措施保护环境和资源,维护景物完好,保证游客安全。

第三章 保护和管理

第十四条 风景区内的纪念性建筑、文物古迹、历史遗址、园林等人文景物和林木植被、野生动植物、地形地貌、山体岩石、泉湖水体等自然景物,均属风景名胜资源,应当加以保护。

第十五条 风景区内的风景名胜资源实行有偿使用制度。利用风景名胜资源而受益的单位和个人,应当按规定向管理局交纳风景名胜资源有偿使用费。

风景名胜资源有偿使用费应当专项用于风景名胜区的保护、建设和管理。

第十六条 风景区内禁止下列行为:
(一)非机动车辆擅自进入风景区;
(二)携带兽类宠物进入风景区;
(三)攀折、刻划树木和采摘花卉、损毁公用设施;
(四)乱扔废弃物;
(五)擅自进入倒影池、雨花湖、忠魂池;
(六)在文物、景物上涂写、刻划、张贴;
(七)从事封建迷信活动、行乞、酗酒滋事;
(八)擅自摆摊设点、兜售物品;
(九)燃烧树叶、荒草、垃圾,在禁火区内吸烟、动用明火;
(十)损毁景物、林木植被;
(十一)擅自开垦土地、挖沙取土、私埋乱葬;
(十二)捕猎野生动物;
(十三)法律、法规禁止的其他行为。

第十七条 风景区内的树木,任何单位或者个人不得擅自砍伐。

核心保护区内确需砍伐、更新树木的，应当经市人民政府批准。

一般保护区内需要砍伐非珍贵树木的，应当经管理局批准；砍伐树木十棵以上的，应当经市人民政府批准。禁止砍伐风景区内的古树名木。

第十八条 在风景区采集物种标本的，应当经管理局同意，在指定地点限量采集。

第十九条 机动车辆在办理景区通行手续后方可进入风景区，并须服从管理局的管理，按指定路线行驶，在指定地点停放。

第二十条 核心保护区内禁止设置户外广告。非经管理局同意，不得设置标牌、标语。一般保护区内设置户外广告、标牌、标语的，应当经管理局同意，并办理有关手续。

第二十一条 在风景区内占用、挖掘道路的，应当经管理局同意，并办理有关手续。

第二十二条 风景区内的任何单位和个人不得随意倾倒垃圾；排放的烟尘、污水和噪声，必须符合国家和省、市规定的排放标准。

第二十三条 管理局应当对风景区重要的纪念性建筑、文物古迹、古树名木和重要的景物进行登记，制定相应的保护措施。

第二十四条 管理局应当采取措施，管理好风景区内的环境卫生和饮食服务卫生。

第二十五条 管理局应当加强风景区的治安、安全工作，确保良好的公共秩序。旅游高峰期间应当制定安全疏导人员的方案，保证游客安全。

管理局应当履行消防安全职责，完善消防设施，防止火灾发生。

第四章 法律责任

第二十六条 违反本条例规定，有下列行为之一的，由管理局责令改正，造成经济损失的，责令赔偿损失，可以并处罚款：

（一）违反第十六条第（一）项、第（二）项、第（三）项、第（四）、第（五）项规定的，处以五十元以下罚款；

（二）违反第十六条第（六）项、第（七）项、第（八）项、第十九条规定的，处以二十元以上二百元以下罚款；

（三）违反第十六条第（九）项规定的，处以十元以上五百元以下罚款；造成严重后果的，处以一千元以上五千元以下罚款；

（四）违反第十六条第（十）项、第二十二条规定的，处以一百元以上一千元以下罚款；情节严重的，处以一千元以上三万元以下罚款；

（五）违反第十六条第（十一）项规定的，处以二百元以上二千元以下罚款；

（六）违反第十六条第（十二）项规定的，没收捕猎工具；没有猎获物的，处以一千元以上二千元以下罚款；有猎获物的，没收猎获物，处以二千元以上五千元以下罚款；

（七）违反第十一条规定的，责令其限期退出所占土地，拆除违法建筑，处以每平方米一百元以上二百元以下罚款。

法律、法规规定由其他部门处罚的，依照法律、法规的规定执行。

第二十七条　当事人对行政处罚决定不服的，可以依法申请复议或者提起诉讼。当事人不依法申请复议或者提起诉讼，又不履行行政处罚决定的，由作出处罚决定的机关申请人民法院强制执行。

第二十八条　管理局工作人员玩忽职守、滥用职权、徇私舞弊的，由其所在单位给予行政处分；构成犯罪的，依法追究刑事责任。

第五章　附　　则

第二十九条　本条例自 1999 年 10 月 1 日起施行。南京市人民政府 1997 年 1 月 23 日发布施行的《南京市雨花台风景名胜区管理办法》同时废止。

7. 苏州市风景名胜区条例

(2009 年 6 月 26 日苏州市第十四届人民代表大会常务委员会第十一次会议制定　2009 年 7 月 29 日江苏省第十一届人民代表大会常务委员会第十次会议批准　自 2009 年 10 月 1 日起施行)

第一章 总 则

第一条 为了加强对风景名胜区的管理，有效保护和合理利用风景名胜资源，根据国务院《风景名胜区条例》、《江苏省风景名胜区管理条例》、《江苏省太湖风景名胜区条例》和有关法律、法规，结合本市实际，制定本条例。

第二条 本市行政区域内风景名胜区的设立、规划、保护、利用和管理适用本条例。

本条例所称风景名胜区，是指具有观赏、文化或者科学价值，自然景观、人文景观比较集中，环境优美，可供人们游览或者进行科学、文化活动，并经县级以上人民政府批准公布的区域。

第三条 各级人民政府应当将风景名胜资源的保护、利用和管理纳入地方国民经济和社会发展规划，加强对风景名胜区工作的领导，加大保护投入。

第四条 市、县级市（区）人民政府应当建立风景名胜区生态补偿机制，加大财政转移支付力度，设立生态补偿资金，用于因设立、保护风景名胜区而受到影响的单位和个人的相应补偿，促进风景名胜区所在地产业结构调整、生产生活方式转变、生态保护和修复、公共基础设施建设、环境综合整治。

第五条 市园林和绿化主管部门（以下称市风景名胜区主管部门）负责本行政区域内风景名胜区的监督管理工作。

县级市（区）人民政府应当明确风景名胜区主管部门，负责本行政区域内风景名胜区的监督管理工作。

市、县级市（区）风景名胜区主管部门按照各自权限，具体履行国务院《风景名胜区条例》、《江苏省风景名胜区管理条例》、《江苏省太湖风景名胜区条例》规定的风景名胜区管理机构的行政管理职责和本条例规定的职责。

市、县级市（区）人民政府其他有关部门按照规定的职责分工，负责风景名胜区的相关监督管理工作。

第六条 各风景名胜区（点）日常管理机构，具体负责本风景名胜区（点）的保护、利用和日常管理工作。

第七条 任何单位和个人都有保护风景名胜资源的义务，并有权制止、检举破坏风景名胜资源的行为。

对在风景名胜资源保护和管理工作中做出显著成绩和重要贡献的单位和个人，由各级人民政府或者风景名胜区主管部门予以表彰和奖励。

第二章 设 立

第八条 设立风景名胜区应当有利于保护和合理利用风景名胜资源。

第九条 风景名胜区划分为国家级风景名胜区、省级风景名胜区和市县级风景名胜区。

符合国家级风景名胜区、省级风景名胜区条件的，可以依法申请设立国家级风景名胜区、省级风景名胜区。

自然景观和人文景观能够反映本地重要自然变化过程和历史文化发展进程，基本处于自然状态或者保持历史原貌，具有地域代表性的，可以申请设立市县级风景名胜区。

第十条 申请设立市县级风景名胜区应当提交包含下列内容的有关材料：

（一）风景名胜资源的基本状况；

（二）拟设立风景名胜区的范围以及核心景区、保护地带的范围；

（三）拟设立风景名胜区的性质和保护目标；

（四）拟设立风景名胜区的游览条件；

（五）与拟设立风景名胜区内的土地、森林等自然资源和房屋等财产的所有权人、使用权人协商的内容和结果；

（六）拟设立风景名胜区的日常管理机构。

第十一条 设立市级风景名胜区的，由区人民政府或者市有关部门、单位向市人民政府提出申请。市风景名胜区主管部门会同有关部门组织论证，提出审查意见，报市人民政府批准、公布，并报省建设主管部门备案。

设立县级风景名胜区的，由镇人民政府或者县级市有关部门、单位向县级市人民政府提出申请。县级市风景名胜区主管部门会同有关部门组织论证，提出审查意见，报县级市人民政府批准、公布，并报市风景名胜区主管部门和省建设主管部门备案。

跨区域设立市县级风景名胜区的，由所跨区域人民政府联合提出申请，或者由风景名胜区主管部门提出申请。

第十二条 风景名胜区内的土地、森林等自然资源和房屋等财产的所有权人、使用权人的合法权益受法律保护。

设立风景名胜区的，申请人应当在报请审批前，与风景名胜区内的土地、森林等自然资源和房屋等财产的所有权人、使用权人充分协商。

因设立风景名胜区对风景名胜区内的土地、森林等自然资源和房屋等财产的所有权人、使用权人造成损失的，应当依法给予补偿。

第三章 规 划

第十三条 设立风景名胜区应当依法编制风景名胜区规划。

风景名胜区规划是风景名胜区保护、利用和管理的依据。

风景名胜区规划分为总体规划和详细规划。

第十四条 风景名胜区总体规划的编制，应当符合下列要求：

（一）符合城市总体规划、土地利用总体规划，并与镇规划、村庄规划以及水资源保护、文物保护、森林保护等规划相衔接；

（二）科学评价风景名胜资源的特点和价值，突出风景名胜区的特色；

（三）风景名胜区的环境容量、保护措施、经济技术指标与经济发展水平相适应，并为长远发展留有余地；

（四）保持自然景观和人文景观风貌，维护景区生态平衡，促进风景名胜区自然资源和人文资源的可持续利用；

（五）协调处理好保护与利用、近期与远期、局部与整体的关系。

第十五条 市县级风景名胜区应当自设立之日起二年内编制完成总体规划。总体规划的规划期一般为二十年。

详细规划应当在总体规划批准后一年内编制完成。

第十六条 市级风景名胜区总体规划、详细规划由市风景名胜区主管部门组织编制，报市人民政府批准，并报省建设主管部门备案；县级风景名胜区总体规划、详细规划由县级市风景名胜区主管部门组织编制，报县级市人民政府批准，并报市风景名胜区主管部门和省建设主管部门备案。

经批准的市县级风景名胜区规划不得擅自修改。确需修改的，应当依法进行。

第十七条 市县级风景名胜区总体规划和详细规划应当通过招投标等公平竞争的方式，委托具有相应资质等级的单位编制。

第十八条 市县级风景名胜区规划经批准后，应当向社会公布。

市县级风景名胜区规划在法定期限内编制完成前，风景名胜区内涉及居民日常生产生活所急需的建设活动，有关部门在审批时，应当征求风景名胜区主管部门的意见。

第十九条 编制或者修编涉及风景名胜区的各项专业规划和风景名胜区所在地城镇总体规划、村庄规划时，应当征求风景名胜区主管部门的意见。

第四章 保 护

第二十条 风景名胜区（点）日常管理机构应当对风景名胜区内的水体、动植物、地质地貌等自然景观和园林建筑、宗教场所、文物古迹等人文景观进行调查、登记，建立保护管理制度，制定保护措施，落实保护责任。

第二十一条 禁止违反风景名胜区规划，在风景名胜区内设立各类经济开发区、工业集中区，建设影响景区环境的生产性企业以及污染环境、破坏景观、妨碍游览的工程项目和设施。

禁止在风景名胜区核心景区内建设宾馆、招待所、度假村、疗养院、培训中心以及与风景名胜资源保护无关的其他建筑物。

禁止在风景名胜区保护地带内修建污染环境、破坏景观、妨碍游览的工程项目和设施。

对已有的不符合风景名胜区规划的项目和设施应当限期治理或者依法拆迁。

第二十二条 风景名胜区内严格限制影视拍摄和大型实景演艺活动。确需进行影视拍摄和大型实景演艺活动的，影视制作和演出举办单位应当制定风景名胜资源保护方案和措施，有关部门在审批前应当征求风景名胜区主管部门的意见。

第二十三条 在风景名胜区内设置、张贴大型商业广告、举办大型游乐等活动、改变水资源、水环境自然状态的活动以及其他影响生态和景观的活动，应当经风景名胜区主管部门审核后，依照有关法律、法规报有关部门批准。

第二十四条　在风景名胜区内进行下列活动，有关部门在审批前，应当征求风景名胜区主管部门的意见：

（一）设置穿越景区的空中、水上游览航线；

（二）科学考察，采集标本；

（三）其他涉及风景名胜资源保护和利用的活动。

第二十五条　风景名胜区主管部门应当建立风景名胜区管理信息系统，对风景名胜区的资源保护、规划管理和利用情况进行动态监管。

风景名胜区（点）日常管理机构应当实时向风景名胜区主管部门报送动态监管信息；每年向风景名胜区主管部门报送风景名胜区规划实施情况，以及水体、动植物、地质地貌等自然景观和园林建筑、宗教场所、文物古迹等人文景观保护的情况。

风景名胜区主管部门与政府其他有关部门应当加强沟通，及时相互通报风景名胜区监督管理动态信息。

第二十六条　在风景名胜区内的建设项目，应当经风景名胜区主管部门审核后依照有关法律、法规的规定办理审批手续。

在风景名胜区内恢复或者设立宗教场所的，应当先征求风景名胜区主管部门的意见，再按照规定报宗教事务部门审批。

风景名胜区建设涉及宗教场所的，应当与宗教场所管理组织协商，并征求宗教事务部门意见。

第五章　利用和管理

第二十七条　风景名胜区主管部门应当加强对风景名胜区（点）日常管理机构的指导和监督，定期对风景名胜区规划的实施情况、资源保护状况进行监督检查和评估。

第二十八条　风景名胜区（点）日常管理机构应当根据风景名胜区总体规划，设立风景名胜区及其核心景区、保护地带的标志、界桩和路标等标识、标牌。

第二十九条　风景名胜区（点）日常管理机构应当建立健全安全保障制度和应急管理机制，加强安全管理和从业人员教育，及时处置突发事件,保证游览安全。

风景名胜区(点)日常管理机构应当在没有安全保障的区域设置警示标志,禁止开展游览活动。禁止超过允许容量接纳游客。

第三十条 风景名胜区(点)日常管理机构应当加强对风景名胜区的环境卫生设施建设和环境卫生管理。有关单位和个人应当做好日常卫生保洁工作。

第三十一条 风景名胜区门票价格依照有关价格的法律、法规的规定执行。

风景名胜区的门票由风景名胜区(点)日常管理机构负责出售。门票经营权不得出让或者承包。

第三十二条 风景名胜区(点)日常管理机构应当根据有关法律、法规和风景名胜区规划,合理布局、统一设置风景名胜区内的经营网点,并与周围景观相协调。

风景名胜区(点)日常管理机构可以根据保护景观和安全、环境卫生方面的需要,对风景名胜区内经营的商品、服务项目、食品的加工方法以及使用的燃料、包装物等作出规定。

第三十三条 在风景名胜区内依法取得经营权的经营者,应当依法办理相关手续,在核定地点、范围内合法、文明经营。

禁止在风景名胜区内擅自破墙、搭棚、设摊、设点、占道经营。

第六章 法律责任

第三十四条 违反本条例规定的行为,法律、法规已有处罚规定的,从其规定。

违反本条例规定的行为,应当由风景名胜区主管部门处罚的,可以根据《中华人民共和国行政处罚法》的规定,委托符合条件的风景名胜区(点)日常管理机构实施。

违反本条例规定的行为,有关部门已经依法予以处罚的,风景名胜区主管部门不再处罚。

第三十五条 在市县级风景名胜区内违反本条例第二十一条第一款至第三款、第二十三条、第二十九条第二款的行为,由风景名胜区主管部门依照国务院《风景名胜区条例》、《江苏省风景名胜区管理条例》、《江苏省太湖风景名胜区条例》的规定,追究法律责任。

第三十六条　违反本条例第三十三条第二款规定的，由风景名胜区主管部门责令改正，可以处以二百元以上二千元以下罚款；情节严重的，处以二千元以上一万元以下罚款。

第三十七条　各级人民政府、风景名胜区主管部门和其他有关部门、风景名胜区（点）日常管理机构及其工作人员玩忽职守、徇私舞弊、滥用职权的，由其所在单位或者上级机关对直接负责的主管人员和其他直接责任人员依法给予行政处分；构成犯罪的，依法追究刑事责任。

第七章　附　　则

第三十八条　本条例自 2009 年 10 月 1 日起施行。

8. 江苏省风景名胜区规划编制纲要

（江苏省建设委员会 1994 年 2 月 2 日印发）

为加强风景名胜区规划工作，根据国务院《风景名胜区管理暂行条例》、建设部《风景名胜区管理暂行条例实施办法》、《江苏省风景名胜区管理条例》，特作如下规定：

一、规划基础资料

（一）自然条件及地理环境资料：应附有地形图和行政区划图及邻近风景名胜区的情况资料。

（二）景观资料：自然景观和人文景观的现状；历史和现场踏勘评价材料；标明景点的平面图和主要景点的图片及有关材料。

（三）技术基础资料：地质、地震、水文、气象、土壤、植物、动物等自然情况资料。

（四）现有服务设施和工程设施资料：交通电力、邮电通信、供水排水、水利防洪、食宿服务、医疗环卫、安全保卫等设施和公共建筑、古旧建筑、民房等状况。

（五）社会经济资料：人口、土地、水源、能源、矿藏、对外交通、农副业生产、乡镇企事业单位及其经济体制状况等。

（六）环境保护资料：工矿企业、科研医疗、生活服务、仓储等设备的排污、放射性、易燃爆、电磁辐射以及地方性传染病资料；区内水、空气、土壤中重要物质或元素的本底值。

二、规划编制

风景名胜区规划按其任务、内容和深度，一般分为规划大纲、总体规划、景区规划及详细规划四阶段进行。规划工作量较小的风景名胜区可根据实际情况适当简化程序。

（一）规划大纲

风景名胜区规划大纲是根据审定和命名风景名胜区的人民政府文件，在对风景名胜资源深入调查研究基础上对风景名胜区的性质类型、特色和容量作出论证，划定范围和保护地带，对总体布局、各项开发建设和保护措施提出纲要性安排。经过批准的规划大纲是编制总体规划的依据，是保护和建设的指导原则。

国家重点风景名胜区在编制总体规划前，需先行编制总体规划大纲；省、市、县级风景名胜区可从简。

1. 风景名胜区规划大纲的内容：

（1）风景名胜资源基本情况和开发利用条件的调查和评价报告；

（2）规划依据；

（3）风景名胜区性质类型、基本特色、开发利用与建设前景；

（4）风景名胜区构成，管辖范围和保护地带划定情况的说明；

（5）环境容量的分析和测算；

（6）专项规划。

风景名胜保护规划（包括保护区划）、景区划分、依据、特色及开发建设设想；

游览路线的组织和交通设施规划；

旅游基地接待点与休疗养设施，布局和建设要点；

自然植被抚育和绿化规划与技术措施要点；

各项事业综合发展的安排设想；

各项公用设施和工程设施的规划要点及对各类建设的要求；

风景名胜区经营管理规划设想；

分期实施计划、开发建设投资匡算和经济效益估算；实施规划的组织管理措施。

2. 风景名胜区规划大纲的图纸（比例一般可用万分之一或二万五千分之一）

（1）现状图（附地理位置示意图）

要标出景区、重要景点、景物的分布和名称，山石、水体、丛林、建筑、村落、道路、交通港、站、农田……有关地上物的位置和名称。

（2）管辖范围与保护区划图

要标明风景名胜区及其外围保护地带的具体范围四至坐标和所属行政区划。风景名胜区内部，根据《风景名胜区管理暂行条例》、《风景名胜区管理暂行条例实施办法》规定，结合用地分析，确定分级保护区划作为控制建设的依据。

（3）总体布局及各项工程设施综合图

（二）总体规划

风景名胜区总体规划是根据批准的规划大纲，进一步从技术上安排落实，划分相应用地，制定实施规划的步骤措施。经批准的总体规划是各项工程建设的依据，也可以据以编制建设项目计划任务书。

1. 风景名胜区总体规划文件

风景名胜区总体规划文件要求见《风景名胜区管理暂行条例实施办法》附件三。

2. 风景名胜区总体规划图纸（比例一般可用五千分之一或五万分之一）

（1）现状图；

（2）保护规划图；

（3）用地分析图；

（4）规划总图；

（5）景区、景点的组织和参观游览路线规划图；

（6）风景林和植物景观规划图；

（7）旅游基地、服务设施规划图；

（8）各项公用设施和工程设施规划图；

（9）农副产品、旅游纪念品生产规划图；

（10）近期建设规划图。

规划图纸根据实际情况可适当合并或增减。

（三）景区规划

风景名胜区景区规划是在总体规划基础上，为规划实施管理和编制详细规划提供依据，景区规划主要适用于总体规划已经批准，用地规模较大，功能繁杂的风景名胜区。

景区规划根据风景名胜区所需解决的问题确定不同的要求。其主要内容是：对景区用地不同功能要求进行分类和区划；确定建筑高度、密度的控制指标；确定道路红线和横断面，各项交通设施的布局，以及控制点坐标和标高；协调并确定各项公用设施和工程设施布局；规定风景林和植物景观区带，河湖水系以及景点范围和建设控制区。

1. 景区规划的文件：

综合报告及各项技术经济分析；

2. 景区规划的图纸（比例一般可用二千分之一）：

（1）景区现状图（附景区位置图）；

（2）景区用地利用规划图（各项用地的定性、定量、定位的规划）；

（3）景区规划总平面图；

（4）红（道路）、绿（风景林和植物景观）、蓝（河湖水系）、紫（景点和景物）、黑（供电高压走廊）五线规划图；

（5）景观和环境保护规划图；

（6）建筑密度和空间布局规划图；

（7）地上地下工程管线规划综合图（管线现状、规划走向及容量、平面与竖向控制关系）；

（8）景区风景林和植物景观规划图。

（四）详细规划

风景名胜区景区详细规划是在总体规划的景区规划的指导下，为近期建设公共游览区或景区重要地段的景物保护、参观游览、建设项目及公用设施和工程设施作具体安排、进行规划定位，提出设计要求、确定控制点坐标与标高；或对已安排计划的新建、改建景点与重大建设项目进行总平面布置，作出可行性分析、综合环境设计、工程和竖向设计，并估算工程量和总造价，为规划管理和工程设计提供依据。主要内容有：

景点规划设计（包括综合环境设计等）；

景区重要地段的规划设计(包括主入口、游路景观、旅游基地、接待和商业服务设施等);

风景林和植物景观规划设计;

公用设施和工程设施详细规划设计等。

1. 详细规划的文件:

规划说明书和技术经济分析。

2. 详细规划的图纸(比例不小于五百分之一):

(1)现状图;

(2)规划设计图(平面);

(3)竖向设计图;

(4)景区内主要建筑物(构筑物)方案设计图;

(5)种植设计图;

(6)各项工程设施的综合规划设计图。

用于说明规划设计意图和效果的其他各种有关辅助性用图可视实际需要灵活掌握。

9. 无锡市蠡湖惠山风景区管理办法

(2008年3月27日无锡市人民政府第3次常务会议审议通过 自2008年5月1日起施行)

第一章 总 则

第一条 为加强蠡湖惠山风景区的保护和管理,维护蠡湖惠山风景区的游览秩序和观光环境,根据国务院《风景名胜区条例》、《江苏省太湖水污染防治条例》等法律法规,结合本市实际,制定本办法。

第二条 本办法所称蠡湖惠山风景区(以下简称风景区)是指在蠡湖、十八湾和惠山地区已建成的开放式景观区域和经市人民政府同意纳入风景区管理的其他相关区域。

第三条 风景区的保护和管理遵循保护优先原则,坚持严格保护、统一管理、合理开发和永续利用的方针。

第四条 无锡市蠡湖惠山景区管理委员会（以下简称市蠡管委）是市政府承担风景区行政管理职能的常设机构，对风景区实施统一领导、协调和管理。

市建设、规划、市政、水利、交通、环保、农林、城管等部门和滨湖区人民政府按照各自职责，协同做好风景区保护和管理工作。

第五条 市蠡管委履行下列职责：

（一）依法对风景名胜资源、自然生态环境实施保护和管理；

（二）建立健全风景区管理的各项制度，维护风景区的正常游览秩序，落实安全措施，保护风景区景观，保持风景区设备设施完好，制止损坏风景区景观和设备设施的行为；

（三）做好风景区水域水质监测、调水和疏浚的协调、督促工作；

（四）对风景区范围标界立碑，设立标志；

（五）负责风景区资源状况、生态环境、地域文化的研究、发掘和保护，建立科学的管理体系；

（六）创造条件，方便市民休闲、游览，并适度发展自然、文化景观，观光旅游和水上活动项目；

（七）市人民政府授予或者委托行使的其他职权。

所有单位和个人在风景区范围内涉及风景资源保护和管理的各项活动和事宜，应当接受市蠡管委的统一管理。

第六条 风景区内的纪念性建筑、文物古迹、历史遗址、园林等人文景观和林木植被、野生动植物、地形地貌、山体岩石、泉湖水体等自然景观，应当严加保护。

第七条 公民、法人或者其他组织有保护风景区资源、自然生态环境和设施设备的义务，并有权举报、制止违反本办法的行为。

对在风景区保护、建设和管理中做出重要贡献的，由市人民政府或者市蠡管委给予表彰和奖励。

第二章 规划与建设

第八条 风景区规划应当依法编制并保持相对稳定；因城市建设确需修改风景区规划的，应当按照《中华人民共和国城乡规划法》的有关规定执行。

第九条　风景区规划编制应当有利于风景区生态环境保护，并满足游览休闲需要。

风景区规划应当明确水面功能分区、重点保护内容、景点规划、旅游开发容量、码头泊位等内容，并突出对水体的保护。

第十条　除按照规划建设景观、休闲服务配套设施以及公共基础设施外，风景区范围内严格限制建设其他建（构）筑物。

第十一条　在风景区内从事风景名胜区法律、法规禁止范围以外的建设活动，投资额在 1000 万元以上、占地面积在 5000m^2 以上的建设项目以及在核心景区建设的项目，应当经省太湖风景名胜区管理机构审核，依照有关法律法规办理审批手续；其他建设项目应当经市蠡管委审核后，依照有关法律法规办理审批手续。

风景区内新建、扩建、改建建（构）筑物，其体量、外观结构、高度、色调应当与周围景观相协调，不得损坏风景区自然景观与人文景观。

风景区内配套服务用房的体量、用途、外观结构、高度、色调不得擅自改变。

第十二条　在风景区范围内从事工程建设的施工单位，应当按照批准的方案进行施工，并采取有效措施保护林木、植被、水体、地貌，不得造成污染和破坏；建设项目完工后，应当及时清场、绿化，恢复环境原貌。

第十三条　未经批准，禁止在风景区内搭建建（构）筑物。

确需进行临时建设的，应当经市蠡管委审核，并依照有关法律法规办理审批手续。

临时建（构）筑物及其设施在批准期限届满后，建设单位应当及时拆除并恢复风景区原貌。

第三章　保护与管理

第十四条　风景区内经营性资源的开发利用，应当以风景资源的保护为前提，按照风景区保护、开发、利用规划及其功能要求，统筹兼顾，充分发挥综合效益。

在风景区内从事经营服务活动的，应当依法缴纳风景名胜资源有偿使用费，专项用于风景区的保护和管理。

第十五条 在风景区内从事下列活动,应当经市蠡管委审核后,依法报有关主管部门批准:

(一) 设置、张贴商业广告,设立单位引导标识;
(二) 拍摄电影、电视片;
(三) 设置穿越风景区的空中、水上游览航线;
(四) 科学考察、采集标本;
(五) 其他涉及风景区资源保护和利用的活动。

第十六条 在风景区内从事下列活动,有关行政管理部门在办理行政审批手续时,应当征求市蠡管委的意见:

(一) 进行表演和组织有关活动;
(二) 设置商业和服务网点;
(三) 举办大型公益和商业等各类活动;
(四) 砍伐、移植、修剪树木;
(五) 占用、挖掘道路。

第十七条 在风景区内从事生产和经营活动的,应当履行保护经营场所周边环境和卫生的义务,不得违反规定排放污水,不得超出核定的经营场所、范围。

第四章 水域管理

第十八条 市蠡管委会同有关职能部门负责对风景区水域的保护和管理。

第十九条 风景区水域内不得从事下列活动:

(一) 经营性养殖;
(二) 垂钓、捕捞鱼虾等水生动物和采摘水生植物;
(三) 洗涤污物,清洗机动车辆或者洗涤残留有毒有害物的容器;
(四) 擅自游泳;
(五) 在水域或者岸坡随意倾倒或者堆放垃圾、粪便、废土;
(六) 其他影响和破坏水环境的行为。

第二十条 严格控制风景区水域内经营性旅游船舶的总量。

经营性旅游船舶的管理办法由市蠡管委、交通等部门另行制定。

第二十一条 风景区水域内的旅游经营项目实行准入制,由市蠡管委依据准入条件,通过公开竞争、有偿使用的方式确定经营者。

禁止风景区水域内船舶从事餐饮活动。

禁止非经营性船舶从事或者变相从事经营活动。

第二十二条　市蠡管委应当划分不同旅游船舶的活动区域，设立明显的标志和告示牌，杜绝各类安全隐患。

第五章　游览秩序

第二十三条　风景区内的单位和个人，应当爱护各项基础设施、安全设施和接待服务设施，严禁破坏、非法改变用途或者随意移动。

第二十四条　风景区内禁止下列违反环境卫生管理规定的行为：

（一）随地吐痰、便溺；

（二）乱扔、乱倒废弃物；

（三）吊挂、晾晒物品；

（四）其他有碍环境卫生的行为。

第二十五条　风景区内禁止下列破坏绿化的行为：

（一）擅自占用绿地或者改变绿地用途；

（二）挖掘、折损或者刻划树木；

（三）采摘花果；

（四）在绿地内堆放杂物、挖坑取土或者倚树搭棚；

（五）践踏花坛或者封闭的绿地、草坪；

（六）其他损坏绿化或者绿化设施的行为。

第二十六条　风景区内禁止下列损毁市政公用设施和其他公共设施的行为：

（一）在建（构）筑物、雕塑等公共设施上涂写、刻划或者擅自悬挂、张贴宣传品；

（二）损坏废物箱、公用电话亭、路灯和其他照明设施；

（三）毁坏、污损路牌、喷水设施、公告栏和画廊；

（四）损坏和擅自拆动涵洞、水闸、桥梁、堤岸、码头、栏杆等设施；

（五）其他损毁公共设施的行为。

第二十七条　风景区内禁止下列影响游览秩序的行为：

（一）擅自堆放物品；

（二）无证设摊经营或者兜售物品；

（三）随地躺卧、露宿；
（四）携犬进入；
（五）流浪乞讨；
（六）算命、占卜、焚烧纸钱及杂耍卖艺等迷信和不健康的活动；
（七）发出严重干扰他人的噪声；
（八）其他有碍观瞻或者妨碍他人游览观光的行为。

第二十八条　风景区山体范围内不得从事下列活动：
（一）开山、采石和取土；
（二）开荒、填塘和建坟；
（三）捕捉、伤害野生动物；
（四）在禁火区吸烟、生火；
（五）其他有损山体林相、植被等生态和景观的活动。

第二十九条　进入风景区的车辆，应按照规定车道和车速行驶；除下列车辆外，其他任何车辆不得擅自进入禁行区域：
（一）残疾人专用非机动车辆；
（二）正在执行任务的特种车辆。

第六章　罚　　则

第三十条　违反本办法第十三条第三款规定，由市蠡管委责令限期改正，逾期未改正的，可以处以5000元以上1万元以下罚款。

第三十一条　违反本办法第十七条规定，超出核定的经营场所、范围经营的，由市蠡管委责令限期改正，并可处以1000元以上1万元以下罚款。

第三十二条　违反本办法第十九条规定，在风景区水域内擅自垂钓、捕捞鱼虾等水生动物，采摘水生植物或者擅自游泳的，由市蠡管委责令限期改正，可处以200元以下罚款。

第三十三条　违反本办法第二十一条第三款规定的，由市蠡管委责令限期改正，并可处以1万元以上3万元以下罚款。

第三十四条　违反本办法第二十五条规定，在风景区内擅自采摘花果，践踏花坛或者封闭的绿地、草坪的，由市蠡管委责令限期改正，可处以200元以下罚款。

第三十五条　违反本办法第二十六条第（三）项、第（四）项规定的，由市蠡管委责令限期改正，可处以 200 元以上 1000 元以下罚款；违反本办法第二十七条第（六）项规定的，由市蠡管委责令限期改正，可处以 100 元以上 500 元以下罚款；造成损失的，还应当依法承担赔偿责任。

第三十六条 违反本办法规定，有关法律、法规已有处罚规定的，从其规定。

违反本办法规定，有关部门已经依法予以处罚的，市蠡管委不再处罚。

第三十七条 国家机关及其工作人员在风景区管理活动中徇私舞弊、滥用职权、玩忽职守的，由其所在单位或者上级主管部门依法给予行政处分；构成犯罪的，依法追究刑事责任。

第七章 附 则

第三十八条 风景区的具体范围及其调整，由市蠡管委报经市人民政府同意后向社会公布。

第三十九条 本办法自 2008 年 5 月 1 日起施行。市人民政府 2005 年 12 月 26 日发布的《无锡市蠡湖风景区管理办法》（市政府第 78 号令）同时废止。

10. 南京市玄武湖景区保护条例

（2010 年 4 月 30 日南京市第十四届人民代表大会常务委员会第十六次会议制定 2010 年 5 月 27 日江苏省第十一届人民代表大会常务委员会第十五次会议批准 2010 年 6 月 17 日南京市人民代表大会常务委员会公告第 3 号公布 自 2010 年 10 月 1 日起施行）

第一章 总 则

第一条 为了加强玄武湖景区的保护和管理，合理开发和永续利用景区资源,根据国务院《风景名胜区条例》以及有关法律、法规,结合本市实际,制定本条例。

第二条 玄武湖景区(以下简称景区)是南京钟山风景名胜区的组成部分,其范围以玄武湖公园为主体,东面、北面至龙蟠路(包括神策门公园),西面、南面至明城墙,以及九华山公园、鸡鸣寺、北极阁公园。

景区外围控制地带的范围为东面至龙蟠路以东100m,北面至沪宁铁路,西面至中央路,南面至北京东路,以及玄武湖至紫金山、鼓楼至北极阁的景观走廊。

第三条 景区的规划、建设、保护、利用和管理,适用本条例。

景区内明城墙等文物的保护以及宗教活动场所的管理,依照有关法律、法规执行。

第四条 市人民政府应当将景区的保护和管理纳入国民经济和社会发展规划,保障经费投入,加强基础设施和文化旅游设施建设;建立景区保护和管理协调机制,及时协调、决定和组织实施景区资源的保护和管理工作。

第五条 市园林行政主管部门负责组织实施本条例,宗教事务、文物行政主管部门以及玄武区人民政府按照职责与管辖,负责景区相关的保护和管理。玄武湖管理机构具体实施玄武湖公园的保护和管理工作。

市、区有关行政主管部门应当按照各自职责,协同做好景区的保护和管理工作。

第六条 任何单位和个人都有保护景区资源、环境和设施的义务,有权举报、制止破坏景区环境、资源和设施的行为。

第二章 规划和建设

第七条 市人民政府应当组织有关单位根据南京钟山风景名胜区总体规划编制景区详细规划。景区详细规划应当体现景区的自然生态特性和历史文化内涵,保持玄武湖、紫金山、明城墙等景观的协调统一,突出景区亲水特色和休闲功能。

景区详细规划应当确定景区资源保护方案,明确基础设施、游览设施、文化设施等建设项目的布局、选址与规模,以及建设用地范围和规划设计条件等。

市人民政府及其有关行政主管部门应当根据景区详细规划,科学整治景区环境,合理开发利用景区资源。

第八条 市园林、宗教事务、文物行政主管部门以及玄武区人民政府应当根据景区详细规划制定景区设计。

景区设计应当根据景区自然生态环境和不同区位功能及景观的需要,设计特色景观,配套公共基础设施和游览休闲服务设施。

第九条 经批准的景区详细规划和景区设计不得擅自改变。确需进行调整、变更的,应当按照原审批程序报批。

第十条 景区内的建设项目应当符合景区详细规划和景区设计,并依法报经批准。建设项目的性质、布局、高度、体量、造型、色彩等,应当与景区的自然风貌、历史文化以及明城墙等景观相协调,不得危害安全、污染环境、破坏景观、妨碍游览。

景区内不符合景区详细规划和景区设计的建筑和设施,应当限期整改、迁出或者拆除。

第十一条 禁止在玄武湖公园新建、扩建宾馆、饭店、培训中心、疗养院以及其他与景区资源保护无关的建筑和设施。

在玄武湖公园新建、改建、扩建建设项目,应当经玄武湖管理机构审核后,依法报经批准。

第十二条 景区外围控制地带内建设项目的高度和体量,应当按照南京钟山风景名胜区总体规划、景区详细规划严格控制,不得新建高层建筑。因公共利益确需新建高层建筑的,市规划行政主管部门应当进行景观视线影响分析,事先公示征求意见,并报经市人民政府批准。

第十三条 规划、建设等行政主管部门和公安机关交通管理部门应当扩大中央路至玄武门的渠化道路半径,增加景区主要出入口的通透性,并规划建设景区各出入口及其周边的道路和停车场,合理分流景区周边车辆,确保景区周围道路畅通。

第十四条 景区四周的城市夜景灯光亮化,应当按照景区景观功能的区域要求设计。

玄武湖公园的灯光亮化应当与景区自然生态环境相协调。

第三章 保护和利用

第十五条 景区内的水体、文物古迹、明城墙、历史遗址、历史风貌建筑以及地形地貌、植被、古树名木、野生动物等,均为景区资源,应当严格保护。

有关行政主管部门应当按照职责,建立景区资源保护制度,落实保护责任。对景区内文物古迹、古树名木等资源,景区管理单位应当进行调查和登记,设置标牌。

禁止任何单位和个人侵占、出让或者变相出让景区土地等资源。

第十六条 市人民政府应当组织园林、规划、建设、旅游、文物、宗教事务、环境保护等行政主管部门以及玄武区人民政府,根据景区详细规划统一编制景区资源整合、利用和发展计划。

第十七条 景区管理单位应当结合景区的自然生态特性和历史文化内涵,培育景区文化、水上休闲、娱乐等特色旅游项目,合理确定游览线路和接待容量。

第十八条 市人民政府及其有关行政主管部门应当采取措施,加强对玄武湖的保护,提升玄武湖水质,改善玄武湖生态环境。

第十九条 景区内水体的水流、水源,除按照规划要求整治、利用外,应当保持原状,不得截流、改向。

任何单位和个人不得占用、围圈、填堵玄武湖水体、水面。因公共基础设施建设需要临时利用玄武湖水体、水面的,市园林行政主管部门应当会同有关行政主管部门进行论证,并报经市人民政府批准。

第二十条 景区应当实施雨污分流,完善雨污分流管网设施建设。景区内建设项目排放的污水,应当进入城市污水排放管网。

禁止向玄武湖水体排放污水。通向玄武湖水体的排污口,必须关闭。

第二十一条 环境保护行政主管部门应当定期监测玄武湖水质。玄武湖管理机构发现玄武湖水质异常的,应当及时告知有关行政主管部门,并配合治理。

建设行政主管部门应当定期组织清淤,实施生态修复。玄武湖管理机构应当合理布局水生植物,可以适量放养对水体质量、水生植物无害的水生动物,但不得投放饵料喂养;应当及时组织清理、打捞玄武湖水面漂浮物，制止清洗机动车辆或者洗涤残留有毒有害污染物的物品以及其他影响和破坏水环境的行为，保持水体、水面清洁。

第二十二条　玄武湖常规水位应当保持在黄海标高 10.2m、正负 5cm 范围内。水位不足或者超出范围时，玄武湖管理机构应当告知城市排水行政主管部门，城市排水行政主管部门应当及时引水、排水。

第二十三条　在景区游览的游客，应当遵守景区游览管理规定，不得破坏景观环境、游览秩序。

第二十四条　景区内禁止下列行为：
（一）刻划、涂写污损景物和设施；
（二）擅自砍伐林木，损毁绿地；
（三）捕猎野生动物，擅自捕鱼、采摘植物；
（四）在划定的垂钓区外垂钓；
（五）倾倒、在岸坡堆放或者焚烧垃圾等废弃物；
（六）乞讨、打卦、测字、算命等；
（七）其他破坏景区资源、设施的行为。

第四章　管理和监督

第二十五条　市园林行政主管部门应当履行下列职责：
（一）编制玄武湖公园保护和发展规划；
（二）参与编制景区详细规划、制定景区设计；
（三）承担景区保护和管理协调机制的日常工作；
（四）监督检查景区内公园园景园容养护和管理工作；
（五）组织审核景区设置旅游服务设施的方案；
（六）指导景区内园林绿化、专类园建设、游览服务等；
（七）法律、法规规定的其他职责。

第二十六条　规划、建设、环境保护、宗教事务、文物、水行政等主管部门以及玄武区人民政府应当依据本条例规定，按照职责与管辖履行规划建设、水体保护、文物保护等职责。

第二十七条　玄武湖管理机构应当履行下列职责：
（一）实施玄武湖公园基础设施建设和维护计划；
（二）保护和管理玄武湖公园内景区资源和公共基础设施；
（三）完善游览休闲的设施和功能；

（四）依法审核有关建设项目和举办活动的申请；
（五）建立监督管理制度，维护公园秩序；
（六）受理投诉举报，依法实施行政处罚；
（七）法律、法规规定的其他职责。

第二十八条 景区管理单位应当建立健全景区安全保障制度，加强游览安全管理，在危险地带设置安全警示标牌和防护设施，建立应急管理机制，落实救助机构和救助人员职责，及时处理突发事件。

公安机关应当加强景区治安和消防安全管理，指导和协助景区管理单位采取有效措施，保护公共财产，保障游客生命财产安全。

第二十九条 在玄武湖公园从事下列活动，应当经玄武湖管理机构审核后，依法报有关行政主管部门批准：

（一）挖掘、占用道路；
（二）临时占用绿地；
（三）举办大型游乐、体育活动，拍摄商业性影视作品等；
（四）设置、张贴商业广告；
（五）其他涉及景区资源保护、利用的活动。

玄武湖管理机构接到申请人的申请后，应当自受理之日起七日内提出审核意见。

第三十条 在景区内施工，应当在规定的区域内作业，并采取有效措施，保护景观植被，不得污染水体，不得妨碍游览安全。施工结束后，应当及时清理现场，恢复环境原貌。

第三十一条 在景区开展大型游乐、体育活动，拍摄商业性影视作品等，应当在指定的时间、区域内进行。

第三十二条 玄武湖管理机构应当对玄武湖公园内用于观光游览等经营服务的船舶、车辆实行总量控制。

玄武湖公园内用于观光游览等经营服务的船舶、车辆以及驾驶人应当经玄武湖管理机构审核，并依法取得相关证照后，方可营运。

玄武湖公园内用于观光游览等经营服务的船舶、车辆，应当使用电力、天然气等清洁能源，按照规定配备安全、卫生设施，保持运行安全、整洁美观，并按照指定线路和站点行驶或者停靠。

第三十三条 除景区的观光游览和养护车辆，抢险、消防、治安等执行公务的特种车辆以及残疾人专用非机动车辆外，其他车辆禁止进入玄武湖公园。

第三十四条 玄武湖公园内经营服务网点由市园林行政主管部门组织统一规划,并与周围景观、景物相协调。

在玄武湖公园从事经营活动的单位和个人,其经营场所、地点和服务项目,应当符合玄武湖公园经营网点规划,并领取营业执照后,在玄武湖管理机构指定的区域、地点依法经营。

第三十五条 景区内从事食品销售、餐饮服务等经营活动,应当符合安全、卫生和环境保护的要求。

第五章 法律责任

第三十六条 违反本条例规定,在玄武湖公园有下列行为之一的,由玄武湖管理机构按照下列规定予以处罚:

(一)未经审核新建、改建、扩建建设项目的,责令停止建设、限期拆除,对个人可以处二万元以上五万元以下的罚款,对单位可以处二十万元以上五十万元以下的罚款;

(二)在划定的垂钓区外垂钓或者在玄武湖擅自捕鱼、采摘植物的,予以制止,责令改正;拒不改正的,可以处五十元以上二百元以下的罚款;

(三)非法占用、围圈、填堵玄武湖水体、水面的,责令限期改正,并处以二万元以上十万元以下的罚款;

(四)未经审核挖掘、占用道路、绿地,或者举办大型体育活动、拍摄商业性影视作品的,责令限期改正,可以并处二千元以上二万元以下的罚款;

(五)在指定的区域、地点外从事经营活动的,责令限期改正;逾期不改正的,可以处一百元以上五百元以下的罚款;

(六)车辆擅自进入玄武湖公园的,予以制止,责令改正;拒不改正的,对驾驶人处以五十元以上二百元以下的罚款。

第三十七条 违反本条例规定,向玄武湖水体排放污水的;在玄武湖水域内清洗机动车辆或者洗涤残留有毒有害污染物的物品以及从事其他影响和破坏水环境的行为的;在景区内捕猎野生动物的,分别由城市管理、环境保护和林业行政主管部门依法处罚。

第三十八条 阻碍国家机关工作人员依法执行职务的,由公安机关依法给予治安管理处罚;构成犯罪的,由司法机关依法追究刑事责任。

第三十九条 违反本条例规定,有关行政主管部门、玄武湖管理机构及其工作人员滥用职权、玩忽职守、徇私舞弊的,由其所在单位或者上级行政主管部门给予行政处分;构成犯罪的,依法追究刑事责任。

第六章 附 则

第四十条 本条例自 2010 年 10 月 1 日起施行。

11. 南京市中山陵园风景区保护和管理条例

(1998 年 5 月 19 日南京市第十二届人民代表大会常务委员会第二次会议制定 1998 年 8 月 28 日江苏省第九届人民代表大会常务委员会第四次会议批准 根据 2004 年 5 月 27 日南京市第十三届人民代表大会常务委员会第十次会议通过,2004 年 6 月 17 日江苏省第十届人民代表大会常务委员会第十次会议批准的《关于修改〈南京市中山陵园风景区管理条例〉的决定》第一次修正 根据 2009 年 8 月 28 日南京市第十四届人民代表大会常务委员会第十一次会议通过,2010 年 11 月 19 日江苏省第十一届人民代表大会常务委员会第十八次会议批准《关于修改〈南京市中山陵园风景区管理条例〉的决定》第二次修正)

第一章 总 则

第一条 为了加强中山陵园风景区的保护和管理,永续利用风景名胜资源,根据国务院《风景名胜区条例》等有关法律、法规,结合本市实际,制定本条例。

第二条 中山陵园风景区(以下简称风景区)是国家重点风景名胜区钟山风景名胜区的主体部分,是民主革命先行者孙中山先生的陵寝及世界文化遗产明孝陵所在地,拥有独特的历史文化、自然景观和生态资源。其范围包括：中山门、宁杭公路、孝陵卫至马群以北；环陵路至岔路口以西；岔路口、王家湾、蒋王庙、太平门沿城墙至中山门以东围合的区域。

风景区分核心景区和核心景区外围地带，其范围按照依法批准的钟山风景名胜区中山陵园风景区详细规划确定的界线划定，并向社会公告。

第三条 凡在风景区范围内从事有关活动的单位和个人，均应遵守本条例。

第四条 市人民政府应当加强对风景区保护和管理工作的监督。

中山陵园风景区管理机构（以下简称风景区管理机构）依据本条例负责风景区的保护、利用和统一管理工作。其主要职责是：

（一）宣传、贯彻有关风景区保护和管理的法律、法规和规章；

（二）参与制定并组织实施风景区详细规划和各景区设计；

（三）制定并组织实施风景区保护和管理制度；

（四）负责风景名胜资源的调查、评价、登记、建档以及保护和合理利用工作；

（五）协调风景区内有关单位保护和利用风景区资源的工作；

（六）会同有关部门管理风景区内基础设施及其他公共设施；

（七）负责风景区保护、利用和管理的其他事项。

建设、规划、国土资源、文物、公安、环境保护、市政公用、市容、旅游、园林、农林等有关部门应当按照各自职责，协同做好风景区的保护和管理工作。

第五条 风景区内的所有单位和个人应当服从风景区管理机构在规划实施、资源保护和利用以及环境卫生等方面的统一管理。

任何单位和个人都有保护风景名胜资源和风景区环境的义务，并有权检举制止损毁、破坏和污染风景名胜资源、风景区环境的行为。

第二章 规划和建设

第六条 风景区资源的保护和利用，必须制定规划。风景区详细规划应当依据钟山风景名胜区总体规划编制。

风景区管理机构应当会同市规划管理部门以及有关单位，根据风景区详细规划制定各景区设计。

风景区详细规划和各景区设计依法报经批准后公布实施。

第七条 编制风景区详细规划和制定各景区设计必须遵循以下原则：

（一）坚持科学规划和统一管理，符合有关保护、利用和管理风景名胜资源的法律、法规的规定；

（二）符合城市总体规划和钟山风景名胜区总体规划；

（三）保持自然景观和人文景观的原有风貌，维护风景区的生态平衡，各项建设项目应当与风景区环境相协调。

第八条 风景区详细规划和各景区设计，任何单位和个人必须严格遵守，不得擅自改变。特殊情况需要对风景区详细规划和各景区设计进行调整、变更时，应按原审批程序报批。

第九条 风景区内，任何单位和个人不得违法新建、改建和扩建房屋及设施。进行保护性维修、完善基础设施或者恢复原有纪念性建筑以及其他确需的建设项目，应当符合风景区详细规划和各景区设计，经风景区管理机构报市人民政府审核后，依法办理审批手续。

经批准维修、翻建房屋和设施的，应控制在原用地范围，其布局、高度、体量、造型、色彩等应与周围景观和环境相协调。

第十条 核心景区内不得新建、新设餐饮娱乐场所。风景区内已有的餐饮娱乐场所等建筑和设施，由风景区管理机构会同有关部门负责清理。凡是不符合风景区详细规划和各景区设计或者污染环境、破坏景观、妨碍游览的，责令其限期治理；治理后仍不符合风景区保护要求的，应当迁出风景区。

第十一条 风景区内经批准的建设项目，其建设和施工单位应当服从风景区管理机构及相关部门的监督管理。建设和施工单位必须采取有效措施保护景物及周围的植被、水体、地貌，不得造成污染和破坏，并维护景观和游览安全。施工结束后，应当及时清理场地，恢复环境原貌。

第三章 保护、利用和管理

第十二条 风景区内的纪念性建筑、文物古迹、历史遗址、园林等人文景物和林木植被、野生动植物、地形地貌、山体岩石、泉湖水体等自然景物，均属风景名胜资源，应当严格保护。

风景区管理机构应当采取措施，加强对珍稀、濒危动植物资源的保护和管理，经批准可以在风景区内划定保护区域。

第十三条　免费开放孙中山先生陵寝，具体开放时间和方式经市人民政府批准后，由风景区管理机构向社会公告。

第十四条　风景区内的风景名胜资源实行有偿使用制度。利用风景名胜资源而受益的单位和个人，应当按规定向风景区管理机构交纳风景名胜资源有偿使用费，专项用于风景区的保护、利用和管理。

第十五条　风景区内禁止下列行为：

（一）在文物、景物上涂写、刻划、张贴；

（二）擅自摆摊设点和兜售物品；

（三）攀折、刻划林木、采摘花卉和挖掘草药；

（四）倾倒垃圾、排放污水；

（五）捕猎野生动物；

（六）毁林开垦、建坟立碑、砍柴、放牧；

（七）动用明火以及燃烧树叶、荒草、垃圾；

（八）在禁火区内吸烟；

（九）损毁景物、林木植被和公用设施；

（十）有关法律、法规禁止的其他行为。

第十六条　核心景区内的林木，任何单位和个人不得擅自砍伐、移植。确需采伐、移植、更新林木的，由风景区管理机构报市人民政府批准后方可实施。

核心景区外围地带内，因风景区的保护性建设确需砍伐、移植少量非珍贵树木的，必须报风景区管理机构审批；砍伐、移植树木十棵以上的，经风景区管理机构审核，报市人民政府审批。

第十七条　进入风景区采集物种标本的，应当报经风景区管理机构同意后，在指定地点限量采集。

第十八条　因保护风景区道路、维护设施需要采沙取土的，应当报经风景区管理机构同意后，在核心景区以外限量挖取。

第十九条　风景区管理机构应当会同公安机关交通管理部门制定风景区车辆通行管理办法。

进入风景区的车辆，应当服从风景区管理机构的管理。机动货车、重型车辆应当经风景区管理机构同意后，方可进入风景区。

第二十条　在风景区内设置户外广告载体、标牌、标语的，应当经风景区管理机构同意，并办理有关手续。

禁止在核心景区内设置户外商业广告。

第二十一条 在风景区内因规划建设等确需占用、挖掘道路的，应当经风景区管理机构同意，并办理有关手续。施工结束后，应当及时恢复原状。

第二十二条 风景区内的任何单位和个人，其生产、生活或者服务性设备以及进入风景区的交通工具向大气排放污染物和向环境排放噪声的，必须采取防治措施，符合国家和省、市规定的排放标准。

市环境保护管理部门应当定期对风景区环境质量进行监测，风景区管理机构应当及时跟踪监测结果，必要时采取相应的措施。

第二十三条 风景区管理机构应当采取有效措施，管理风景区内的环境卫生和饮食服务卫生。

风景区内所有单位和住户应当负责责任区域内的环境卫生工作。

第二十四条 风景区管理机构应当合理规划、设置紫金山登山线路，并在登山路口公示登山道示意图，方便登山活动。

风景区管理机构应当在登山道沿途设置线路标志和禁行区域标志，建立必要的安全防护设施和废弃物收集等便民设施。

在紫金山进行登山活动的任何单位和个人，应当自觉保护生态景观，维护环境卫生，服从风景区管理机构的管理，按照紫金山登山道示意图标明的登山线路，安全、文明登山。

第二十五条 风景区管理机构应当加强风景区的治安、安全工作，采取必要的安全保障措施，在危险地带设置警示标志，制定旅游高峰期间安全疏导游客等应急预案，建立和维护良好的公共秩序，保障游客安全和景物完好。

风景区管理机构接到有关投诉、举报后应当在十五日内处理完毕；情况复杂需要调查的，经批准可以延长至三十日；应当由其他有关部门处理的，应当在五日内转交有关部门处理，并告知投诉人、举报人。

第四章 法律责任

第二十六条 违反本条例规定，有下列行为之一的，由风景区管理机构责令其改正，并可以视情节轻重予以相应处罚：

（一）攀折、刻划林木、采摘花卉、挖掘草药，经劝阻拒不改正的，处以五十元罚款；

（二）在禁火区内吸烟的，处以一百元罚款；动用明火以及燃烧树叶、荒草、垃圾的，对个人处以二百元以上二千元以下罚款，对单位处以一万元以上五万元以下罚款；造成损失的，应当予以赔偿，并依法承担相应责任；

（三）未按照登山道示意图标明的线路登山，经劝阻拒不改正的，处以五十元罚款；

（四）擅自砍伐、移植以及其他损害林木的，按照规定标准赔偿，并处以损害林木价值一至五倍罚款；

（五）擅自摆摊设点和兜售物品的，处以一百元以上二千元以下罚款；

（六）捕猎野生动物的，没收捕猎工具；没有猎获物的，处以一千元以上二千元以下罚款；有猎获物的，没收猎获物，并处以二千元以上五千元以下罚款；

（七）在风景区内进行毁林开垦、建坟立碑、擅自采沙取土等活动的，责令停止违法行为、限期恢复原状或者采取其他补救措施，没收违法所得，并处以一千元以上一万元以下罚款；

（八）未经批准或者不按照批准要求在风景区内从事建设活动的，责令停止建设、限期拆除，对个人处以二万元以上五万元以下罚款，对单位处以二十万元以上五十万元以下罚款；

（九）排放未经处理或者处理后未达标污水的，责令停止违法行为，处以一万元以上三万元以下罚款；导致水资源、水环境自然状态发生改变的，责令限期恢复原状或者采取其他补救措施，同时承担治理责任，并处以五万元以上十万元以下罚款；情节严重的，并处以十万元以上二十万元以下罚款。

第二十七条　无经营许可证或者车辆营运证的单位和个人在风景区内从事营运活动的，由风景区管理机构予以制止，受市客运管理部门委托没收其违法所得，并处以五千元以上二万元以下罚款。

机动货车、重型车辆擅自进入风景区的，风景区管理机构有权予以制止，并交由公安机关交通管理部门依法处罚。

无导游证人员在风景区内从事揽客导游活动的，经风景区管理机构教育、劝阻仍不改正的，交由旅游管理部门依法处罚。

第二十八条　违反本条例规定,依照有关法律、法规,有关部门已经予以处罚的,风景区管理机构不再处罚。

第二十九条　风景区管理机构及有关部门有下列情形之一的,由市人民政府或者有关执法机关依法查处,并可对有关主管人员和直接责任人员给予行政处分:

(一)审核同意在风景区内进行不符合风景区规划的建设活动的;

(二)不依法行使行政许可和行政处罚权的;

(三)发现违法行为不予查处造成后果的;

(四)不依法履行保护、管理和监督职责的其他行为。

第三十条　风景区管理机构工作人员玩忽职守、滥用职权、徇私舞弊,构成犯罪的,依法追究刑事责任;尚不构成犯罪的,依法给予行政处分。

第五章　附　　则

第三十一条　本条例自1998年10月1日起施行。南京市人民政府1996年8月31日发布施行的《南京市中山陵园风景区管理办法》同时废止。

九、浙江省

1. 浙江省风景名胜区管理条例

(1996年6月29日经浙江省第八届人民代表大会常务委员会第二十八次会议通过 浙江省第八届人民代表大会常务委员会第48号公告公布,自公布之日起施行)

第一章 总 则

第一条 为加强风景名胜区的管理,更好地保护、利用和开发风景名胜资源,根据国家有关法律、法规的规定,结合本省实际,制定本条例。

第二条 本条例所称的风景名胜区,是指风景名胜资源集中,自然环境优美,具有一定规模和游览条件,经县级以上人民政府审定命名、划定范围,供人们游览、观赏、休闲和进行科学文化活动的地域。

本条例所称的风景名胜资源,是指具有观赏、文化、科学价值的江河、湖海、瀑布、山体、溶洞、特殊地质地貌、林木植被、野生动物、天文气象等自然景观和文物古迹、宗教寺庙、革命纪念地、古文化遗址、园林、建筑等人文景观及其所处的环境、风土人情等。

第三条 风景名胜区按其景观的观赏、文化、科学价值和环境质量、规模大小等因素,划分为市、县级和省级、国家级风景名胜区。市、县级风景名胜区由市、县人民政府审定公布,省级风景名胜区由省人民政府审定公布,国家级风景名胜区由省人民政府报国务院审定公布。

第四条 县级以上人民政府应当将风景名胜区事业纳入国民经济和社会发展计划,加强对风景名胜区工作的领导,组织有关部门依法做好风景名胜区的保护、规划、建设和管理工作,实现环境效益、社会效益、经济效益的统一。

风景名胜区工作必须把保护风景名胜资源放在首位，坚持严格保护、统一管理、合理开发、永续利用的方针。

第五条 省人民政府建设行政主管部门主管全省的风景名胜区工作。

市（地）人民政府建设行政主管部门、县级人民政府建设行政主管部门或县级人民政府授权的风景名胜区主管部门（以下简称市、县风景名胜区主管部门），主管本行政区域内的风景名胜区工作。

林业、水利、文物、环保、旅游、土地、宗教、工商、交通、地矿、卫生和公安等部门应当按照法律、法规规定的职责，共同做好风景名胜区保护管理工作。

第六条 风景名胜区应当设立管理机构，按照省、市、县人民政府授予的行政管理职能，负责风景名胜区的保护、规划、建设和管理工作。

风景名胜区内的单位，业务受其上级主管部门和单位领导，其合法权益受法律保护，涉及风景名胜区的保护、开发、建设和管理的活动，必须服从风景名胜区管理机构对风景名胜区的统一规划和管理。

第二章 保　　护

第七条 风景名胜区应当由市、县人民政府组织有关部门，按批准的风景名胜区范围及其外围保护地带标明区界，设立界碑。

第八条 风景名胜资源不得出让或变相出让。

风景名胜区的景区内不得设立各类开发区、度假区，景区内的土地不得出让或变相出让。

第九条 风景名胜区及其外围保护地带内，禁止修建破坏景观、危害安全、妨碍游览的工程项目和设施。对已有的不符合规定的项目和设施，应当拆除；个别能够采取补救措施的，经风景名胜区主管部门同意，可以采取补救措施，限期整改。

风景名胜区内严禁设置储存易燃易爆和有毒有害物品的仓库、堆场，风景名胜区的景区内不得建设工厂，已有的仓库、堆场、工厂应当限期搬迁。

在景区内的公共游览区，不得建设宾馆、招待所、度假村、培训中心、休疗所等住宿设施。

第十条 严格控制在风景名胜区内兴建民用住宅。确需建造的，必须在风景名胜区规划确定的居住区内，按统一规划进行建造。居住区外已有的住宅，不得翻建、改建、扩建，并应当按照风景名胜区管理机构的统一安排，逐步迁入居住区。

第十一条 风景名胜区及其外围保护地带内的工程项目和设施排放的污染物，必须经过处理，达到国家和地方规定的排放标准，并按指定的地点排放。未达到排放标准或未按指定地点排放的，必须限期整改；逾期未整改或整改后仍未达到标准的，应当责令停产或搬迁。

风景名胜区及其外围保护地带内不得设置垃圾堆场。风景名胜区及其外围保护地带内的垃圾，必须及时清理运出。

第十二条 风景名胜区内的地形地貌必须严格保护，未经有关行政管理部门和风景名胜区管理机构批准，不得擅自开山采石、采矿、挖沙取土、建坟或其他改变地形地貌等活动。

第十三条 风景名胜区及其外围保护地带内的林木，应当按规划要求进行抚育管理，不得砍伐。因林相改造、更新抚育等原因确需砍伐的，必须经风景名胜区管理机构同意后，依法报林业部门批准。

在风景名胜区采集标本、野生药材和其他林副产品，应当经风景名胜区管理机构同意后，按规定报有关部门批准，并在指定地点限量采集。

第十四条 风景名胜区内江河、湖泊、水库、瀑布、泉水等水体必须按照国家有关水污染防治法律、法规的规定严格保护，任何单位和个人不得向水体倾倒垃圾或其他污染物，不得擅自围、填、堵、塞、引或作其他改变。

第十五条 禁止任何单位和个人在风景名胜区内进行下列活动：
（一）非法占用风景名胜资源或土地；
（二）擅自建造、设立宗教活动场所或塑造佛像、神像等塑像；
（三）砍伐、损伤古树名木；
（四）擅自捕杀野生动物；
（五）损坏文物；
（六）损坏公共设施；
（七）在禁火区内吸烟、生火、烧香点烛、燃放烟花爆竹；
（八）将未经检疫部门同意的动植物带入风景名胜区；

（九）其他可能危害风景名胜资源的活动。

第十六条 风景名胜区内的文物保护管理，应当按照《中华人民共和国文物保护法》和《浙江省文物保护管理条例》等有关法律、法规的规定执行。

第十七条 风景名胜区内，依托风景名胜资源从事经营的单位和个人，必须缴纳风景名胜区维护管理费。在风景名胜区内进行建设的单位和个人，除公用基础设施建设项目外，必须缴纳公用基础设施配套费。

风景名胜区维护管理费、公用基础设施配套费的收入，主要用于风景名胜区的景观维护、建设和环境保护、基础设施建设等方面。具体收费标准和办法，由市、县人民政府提出方案，报经省财政、物价主管部门批准后实施。

第三章 规 划

第十八条 风景名胜区规划是风景名胜区保护、建设和管理工作的依据。编制风景名胜区规划必须遵循以下原则：

（一）与国民经济和社会发展计划相衔接，与当地区域国土规划和城市规划相协调；

（二）符合有关保护和利用风景名胜资源的法律、法规的规定；

（三）注重保护自然景观的完整风貌和人文景观的历史风貌，突出风景名胜区景观特色；

（四）协调处理保护与建设、近期与远期、局部与整体的关系，对风景名胜区各项事业作出全面规划。

第十九条 风景名胜区的总体规划，在市、县人民政府领导下，由市、县风景名胜区主管部门会同林业、水利、土地、文物、环保、旅游、交通、宗教等有关部门编制；详细规划在总体规划指导下，由市、县风景名胜区主管部门会同有关部门编制。

第二十条 风景名胜区总体规划主要包括：风景名胜区的性质、范围及其外围保护地带、景区划分、功能分区（包括公共游览区、居住区、禁火区等）、环境容量和游人规模预测、游览路线及游程、环境保护、绿化、公用基础设施和旅游服务设施等各项专业规划，近期发展目标及主要建设项目，实施总体规划的措施等。

详细规划主要包括：景区性质、特色、范围，景点保护方案，绿化、游览设施、旅游服务设施和其他基础设施的布局，重要建筑的方案设计等。

第二十一条　风景名胜区规划的编制工作应当按国家有关规定，委托具有相应资质等级的专业规划设计单位承担。

第二十二条　风景名胜区规划实行分级审批：

（一）市、县级风景名胜区的总体规划和详细规划，由市、县人民政府审批；

（二）省级风景名胜区的总体规划，由省人民政府审批；详细规划，由省建设行政主管部门或其委托的部门审批；

（三）国家级风景名胜区的总体规划，由省人民政府审查同意后，报国务院审批；详细规划，由省建设行政主管部门审批。

国家级、省级风景名胜区的详细规划批准后，应当抄送有关的省行政管理部门。

第二十三条　经批准的风景名胜区规划，必须严格执行，任何单位和个人不得擅自改变。

风景名胜区规划实施过程中，对风景名胜区性质、发展规模、总体布局、用地及功能分区、规划期限等内容需作重大修改的，必须报请原审批机关审批。

第二十四条　风景名胜区内的村庄、集镇、建制镇规划，应当按风景名胜区总体规划的要求进行编制；已编制的不符合总体规划要求的村庄、集镇、建制镇规划，应当根据总体规划进行调整。

第四章　建　　设

第二十五条　风景名胜区必须严格按照批准的规划进行建设。

在风景名胜区的详细规划批准前，不得进行永久性的建设。个别确需建设的项目，其选址与规模必须经过可行性分析和技术论证，按风景名胜区详细规划审批限报经批准。

第二十六条　建设项目的选址、布局、高度、造型、风格、色调应当与周围景观和环境相协调。

第二十七条　风景名胜区内的旅游建设项目，应当有利于社会主义精神文明建设，不得建设有低级、庸俗、封建迷信等不健康内容的项目。

第二十八条 国家级风景名胜区内的公路、索道、缆车、大型文化设施、体育设施与游乐设施、旅馆建筑、设置风景名胜区徽志的标志性建筑等重大建设项目的选址，由风景名胜区管理机构提出审核意见，报市、县风景名胜区主管部门进行审查，符合风景名胜区规划要求的，按规定程序报建设部审批同意后，办理立项等有关手续。

国家级风景名胜区内的其他建设项目和省级风景名胜区内所有建设项目的选址，由风景名胜区管理机构提出审核意见，报市、县风景名胜区主管部门进行审查，符合风景名胜区规划要求的，报省建设行政主管部门或其委托的部门审批同意后，办理立项等有关手续。

市、县级风景名胜区内所有建设项目的选址，由风景名胜区管理机构提出审核意见，符合风景名胜区规划要求的，报市、县风景名胜区主管部门审批同意后，办理立项等有关手续。

风景名胜区内建设项目的选址，法律、法规规定须报经有关部门同意的，应当先经有关部门审核同意。

第二十九条 风景名胜区内建设项目立项后，需要申请用地的，建设单位或个人应当持有关批准文件，向市、县风景名胜区主管部门或其委托的风景名胜区管理机构申请《风景名胜区建设用地规划许可证》。市、县风景名胜区主管部门或其委托的风景名胜区管理机构根据规划和建设项目的性质、规模核定其用地位置和界限，按规定程序核发《风景名胜区建设用地规划许可证》。

建设单位或个人在取得《风景名胜区建设用地规划许可证》后，方可按土地审批管理权限向县级以上人民政府土地管理部门申请用地。法律、法规规定须报经有关部门同意的，应当先经有关部门审核同意。

第三十条 建设单位或个人在办理选址、立项和用地审批手续后，应当按照规定程序和要求编制建设项目设计方案、进行初步设计和施工图设计。

市、县风景名胜区主管部门或其委托的风景名胜区管理机构审核认可建设项目设计方案和初步设计、施工图设计后，发放《风景名胜区建设工程规划许可证》。但国家级、省级风景名胜区内由省建设行政主管部门认定的重要建设项目的设计方案和初步设计，市、县风景名胜区主管部门或其委托的风景名胜区管理机构应当报经省建设行政主管部门审核认可。

建设单位或个人在取得《风景名胜区建设工程规划许可证》后，方可申请办理开工手续。

第三十一条 风景名胜区内进行临时建设的，须经市、县风景名胜区主管部门或其委托的风景名胜区管理机构审查同意，取得《风景名胜区临时建设工程规划许可证》，并依法办妥临时用地手续后方可开工。临时建设的设施，必须在批准使用期限内拆除，恢复原貌。

第三十二条 在城市规划区内的风景名胜区，其建设项目按本条例第二十八条规定报批建设项目选址后，其建设用地和建设工程规划的审批程序，经市、县风景名胜区主管部门或其委托的风景名胜区管理机构同意后，按《中华人民共和国城市规划法》和《浙江省实施〈中华人民共和国城市规划法〉办法》的有关规定办理。

第三十三条 风景名胜区内的建设项目，均须委托具有与建设项目要求相符合的资质等级的设计单位设计。

第三十四条 承接风景名胜区建设工程施工任务的单位，必须具有与建设工程要求相符合的施工资质。

风景名胜区内进行建设，必须文明、安全施工，采取有效措施，保护好地形地貌、林木植被、水体，工程结束后应当及时清理现场。

第五章 管 理

第三十五条 风景名胜区应当加强治安、安全管理，建立健全安全管理制度，完善安全管理设施，严防火灾和其他游览事故发生。

风景名胜区根据需要，设立公安机构。

第三十六条 风景名胜区应当加强环境保护和环境卫生管理，建立制度，完善设施，搞好风景名胜区的环境保护和环境卫生。

第三十七条 风景名胜区应当加强对经营活动的管理。在风景名胜区内从事经营活动，必须先经风景名胜区管理机构批准，再依法办理有关手续，禁止无证经营。经批准从事经营活动的单位和个人，必须在指定地点文明、合法经营，不得强行向游客兜售商品或强行提供服务。

风景名胜区内的景物除按规定禁止摄影的以外，应当允许游客摄影；风景名胜区内的管理单位和摄影服务摊点不得在景物周围圈占摄影位置，不得向自行摄影的游客收取费用。

第三十八条 进入风景名胜区营运的旅游车、船等交通工具必须经风景名胜区管理机构批准。

第三十九条 风景名胜区的门票和游船、缆车、索道等收费项目和收费标准，必须报经市、县财政、物价主管部门批准后执行。各地、各部门不得在门票上附加其他费用。

第六章 法律责任

第四十条 风景名胜区内的建设单位或个人，未取得土地使用权或采用欺骗手段取得土地使用权进行建设的，按照《浙江省土地管理实施办法》的规定处理。

第四十一条 风景名胜区内的建设单位或个人，取得土地使用权但未取得《风景名胜区建设工程规划许可证》，或违反《风景名胜区建设工程规划许可证》的规定进行建设，严重影响风景名胜区景观的，由县级以上风景名胜区主管部门责令其限期拆除、恢复原状，并处以一万元以上五万元以下的罚款。影响风景名胜区景观，但可采取改正措施的，责令其限期改正，经风景名胜区主管部门检查合格后，按规定补办审批手续，并处以五千元以上二万元以下的罚款。

对违章建设单位的直接责任人员和负有责任的主管人员，由有管理权限的部门给予行政处分。

第四十二条 风景名胜区主管部门、风景名胜区管理机构和有关管理部门违反风景名胜区规划和本条例有关规定，违法审批建设项目的，批准文件无效，已进行建设的，由同级或上级人民政府责令限期拆除、恢复原状，对直接责任人员和负有责任的主管人员给予行政处分；构成犯罪的，依法追究刑事责任。

第四十三条 违反本条例第三十七条、第三十八条规定的，由风景名胜区管理机构给予警告，责令改正，并可根据情节轻重，处以二百元以下的罚款。

第四十四条 风景名胜区内违反森林保护、野生动植物资源保护、环境保护、文物保护和土地管理、规划建设、水利、消防、治安、工商、物价等行政管理法律、法规规定的，由有关行政管理部门依法处理，或者由有关行政管理部门委托风景名胜区管理机构依法处理。

第四十五条 拒绝、阻碍有关行政管理部门工作人员依法执行公务，或者侮辱、殴打风景名胜区管理人员的，由公安机关按《中华人民共和国治安管理处罚条例》的规定予以处罚；构成犯罪的，依法追究刑事责任。

第四十六条 风景名胜区因管理不善造成资源、环境破坏的，由上级人民政府责令限期整改。逾期不改正或整改措施不力，致使资源、环境遭受严重破坏的，依法追究有关领导人和直接责任人的责任。

国家工作人员在风景名胜区管理工作中玩忽职守、滥用职权、徇私舞弊的，由有管理权限的部门给予行政处分；构成犯罪的，依法追究刑事责任。

第七章　附　　则

第四十七条 本条例具体应用中的问题，由省建设行政主管部门负责解释。

第四十八条 本条例自公布之日起施行。

2. 杭州西湖风景名胜区管理条例

（2003年12月19日杭州市第十届人民代表大会常务委员会第十四次会议通过　2004年5月28日浙江省第十届人民代表大会常务委员会第十一次会议批准　2004年8月1日起施行）

第一章　总　　则

第一条 为加强西湖风景名胜区管理，严格保护和合理利用西湖风景名胜资源，根据国务院《风景名胜区管理暂行条例》、《浙江省风景名胜区管理条例》等有关法律、法规的规定，结合本市实际，制定本条例。

第二条 在西湖风景名胜区及其外围保护地带范围内从事相关活动的单位和个人，均应遵守本条例。

第三条 西湖风景名胜区及其外围保护地带以国务院批准的《杭州西湖风景名胜区总体规划》划定的范围为准，由杭州市人民政府予以公示，并标界立碑。

第四条 西湖风景名胜区内的各项工作应当遵循"科学规划、严格保护、统一管理、永续利用"的原则。

第五条 杭州市人民政府设立杭州西湖风景名胜区管理委员会（以下简称风景区管委会），对西湖风景名胜区（以下简称风景区）实施统一管理。依法行使下列职权：

（一）根据杭州市城市总体规划、国民经济和社会发展计划，编制风景区规划和经济社会发展计划，经批准后组织实施；

（二）按照风景区保护、管理的法律、法规和规章的规定，对风景名胜资源、自然生态环境实施保护和管理；

（三）负责风景区的规划、土地、房产、建设管理的有关工作；

（四）负责风景区的环境保护、市政市容、环境卫生、林业林政、园林绿化、文物和水资源保护工作；

（五）负责风景区的财政、国有资产、统计、审计、物价、人事、劳动和社会保障以及财务会计监督工作，协助税收征管工作；

（六）协调、配合有关行政主管部门派驻风景区的分支机构或派出机构的工作；

（七）负责"西湖龙井茶"基地一级保护区的保护和管理工作；

（八）行使市人民政府授予或有关行政主管部门委托的其他职权。

风景区外围保护地带由所在地的区人民政府负责管理。风景区管委会应当参与风景区外围保护地带的保护、规划和建设。

第六条 市人民政府交通、宗教、公安、税务、工商、质量技术监督等有关行政主管部门或其派驻风景区的分支机构、派出机构应当按照各自职责，协同做好风景区的保护和管理工作。

第七条 风景区内的所有单位涉及风景区的工作和活动，应当服从风景区的规划要求并接受风景区管委会的统一管理。

第八条 建立风景区保护和管理的监督检查制度。杭州市人民政府应当组织有关部门定期对风景区的保护和管理情况进行检查，并向市人大常委会报告。

被检查单位和个人应当如实提供有关情况和资料，不得隐瞒或拒绝。

第九条 任何单位和个人都有保护风景名胜资源、自然生态环境和风景区设施的义务，并有权举报、制止破坏风景名胜资源、自然生态环境和风景区设施的行为。

对在风景区保护、建设和管理中作出重要贡献的单位和个人，由市人民政府或风景区管委会给予表彰和奖励。

第二章 规 划

第十条 风景区规划是风景区保护、建设、管理和利用的依据。

风景区规划分为风景区总体规划、风景区详细规划和风景区控制性详细规划。

第十一条 编制风景区规划应当遵循以下原则：

（一）符合有关法律、法规的规定；

（二）符合杭州市城市总体规划，与土地利用总体规划相协调，与杭州市国民经济和社会发展计划相衔接；

（三）保持风景区自然景观原有风貌和人文景观历史风貌，保护自然生态环境，改善环境质量，各项建设应当与风景区环境相协调，防止风景区城市化、人工化和商业化；

（四）协调处理好保护与建设、近期与远期、局部与整体的关系。

第十二条 风景区总体规划由市人民政府组织编制，经市人民代表大会或其常委会审议通过后，按规定程序逐级上报国务院审批。风景区详细规划和风景区控制性详细规划由风景区管委会会同规划等有关部门依据风景区总体规划编制，经市人民政府核准，并经市人大常委会审议通过后，按规定报省建设行政主管部门批准，并抄送省有关行政主管部门。

第十三条 风景区规划经批准后应当严格执行，任何单位和个人不得擅自变更。

确需对风景区规划的内容进行调整或变更的，应当按原审批程序重新报批。

第十四条 风景区管委会应当参与涉及风景区的各项专业规划和

风景区外围保护地带所在地城市分区规划、村镇规划编制的会审。

第三章 保 护

第十五条 风景区内的河、湖、泉、池、溪、涧、潭等水体和竹木花草、野生动物、森林植被、岩石土壤、溶洞、地形地貌等自然景物以及园林建筑、宗教寺庙、文物古迹、历史遗址、石雕石刻等人文景物及其所处的环境，均属风景名胜资源，应严加保护。

风景区管委会应当设立必要的机构，配备必要的人员和装备，建立健全各项制度，制定保护措施，落实保护责任制。

第十六条 禁止以任何名义和方式侵占、出让或变相出让风景名胜资源和风景区土地。

第十七条 禁止在风景区内设立各类度假区、开发区以及类似的特殊区域。

禁止在风景区内新建、扩建工厂、宾馆、招待所、别墅、度假村、培训中心、大型文化娱乐设施、医院、疗（休）养机构等，原已建成的不得扩大规模，并应当积极创造条件予以外迁。

禁止在风景区及其外围保护地带内修建危害安全、破坏景观、妨碍游览的工程项目和设施。对已有的不符合规定的项目和设施应当依法予以拆除。

禁止在风景区内设置储存易燃易爆和有毒有害物品的仓库、堆场。

第十八条 任何单位和个人不得在风景区内擅自进行砌石、填土、硬化土地等改变地形地貌的行为，确因风景区道路建设、设施维护等需要实施的，应当经有关行政主管部门和风景区管委会批准。

第十九条 任何单位和个人不得违反风景区规划擅自占用风景区林地、湿地或改变林地、湿地性质。

第二十条 风景区管委会应当做好风景区的植树绿化、护林防火和森林病虫害防治工作，切实保护好林木植被和动、植物物种的生长、栖息条件。

第二十一条 风景区内的古树名木应当严格保护，禁止砍伐、移植或损毁，禁止擅自修剪。

任何单位和个人不得擅自砍伐、移植、修剪风景区内的树木。因必要的林相改造、抚育更新及景点建设等确需砍伐、移植、修剪树木的，应当经风景区管委会批准。

第二十二条　在风景区内采集物种、标本、野生药材、植物繁殖材料和其他林副产品，应当经风景区管委会同意，按规定报有关部门批准，并在指定的地点、范围内限量采集。

第二十三条　风景区内的河、湖、泉、池、溪、涧、潭等水体的水流、水源，除按风景区的规划要求进行整修、利用外，均应保持原状，不得截流、改向或作其他改变。

第二十四条　严格控制在风景区及其外围保护地带内抽取地下水。在自来水供水管网到达的区域，禁止抽取地下水、截留地表水和开凿集水井等，现有的集水井等设施应当停止使用，予以封闭。

第二十五条　严格控制风景区内的环境污染，风景区内的空气质量、水环境质量应当逐步达到国家规定的功能区标准。

严格控制风景区内的噪声污染。

风景区内现有污染源的污染物排放超过规定排放标准的，应当限期治理，逾期未完成治理的，应当依法责令其关闭或搬迁。

第二十六条　严格保护风景区内的文物。

风景区内未列入文物保护单位（点）而又具有一定历史、科学、艺术价值的建（构）筑物、遗迹（址）等，由风景区管委会公示目录，并予以严格保护，不得损毁或擅自迁移、拆除。

第二十七条　在风景区内禁止下列行为：

（一）擅自占用、围圈、填埋、堵截、遮掩水体、水面；

（二）开山、采石、挖沙、取土、采矿、倾倒废土等；

（三）攀折、刻划、钉拴、摇晃竹木，损坏绿地草坪，擅自采摘花草、竹笋、果实；

（四）捕猎野生动物或擅自捕捞水生动植物；

（五）在景物上涂写、刻划、张贴等；

（六）损坏游览、服务等公共设施和其他设施；

（七）在山林内烧山、野炊等野外用火，丢弃火种，燃放烟花爆竹，堆放易燃易爆危险物品等；

（八）在山林禁火区或者山林防火期内吸烟、随地丢弃烟蒂，超过规定范围烧香点烛等；

（九）随意倾倒垃圾、废渣、废水等污染物，焚烧垃圾、枯枝落叶等废弃物或堆积焦泥灰；

（十）饲养家禽家畜；

（十一）超出规定区域布设帐篷、摆放桌椅；

（十二）其他破坏风景名胜资源、有碍景观、妨碍游览、违反公共秩序的行为。

第二十八条 在风景区内依托风景名胜资源从事经营活动的单位和个人，应当依法缴纳风景区维护管理费。风景区维护管理费用于风景名胜资源保护、环境保护等方面。

第四章 建 设

第二十九条 风景区内的一切建设项目应当与风景名胜有关，并严格按照风景区规划和审批要求进行建设。

已有的不符合风景区规划的建（构）筑物和其他设施，应逐步予以外迁。

第三十条 风景区内各建设项目的选址、布局、高度、体量、造型、风格和色调等，应当与周围景观和环境相协调。

风景区外围保护地带内各项建设应当与风景区景观要求相一致，不得损害风景区的自然风景。对已有的破坏景观的项目和设施，由所在地的区人民政府在征求风景区管委会意见后进行整改或拆除。

第三十一条 禁止在风景区内新建、改建、扩建索道、缆车、大型体育设施和游乐设施、标志性建筑。

第三十二条 符合风景区规划要求，占地面积或建筑面积超过 $3000m^2$ 的重大建设项目，其选址应当由风景区管委会会同规划行政主管部门共同提出意见，经市人民政府核准，向社会公示，并经市人大常委会审议通过，按规定程序报批后，方可办理立项等有关手续。

符合风景区规划要求的其他建设项目的选址，应当由风景区管委会会同规划行政主管部门共同提出意见，经市人民政府核准，向社会公示，按规定程序报批后，方可办理立项等有关手续。

第三十三条 建设单位应当在建设项目可行性研究阶段对建设项目进行环境影响评价，并按国家有关规定报批。

第三十四条 风景区内的建设项目立项后，其建设用地和建设工程的审批，按有关法律、法规的规定执行。

第三十五条　禁止在风景区内新建、改建、扩建住宅。风景区内各单位已有的住宅应当逐步搬迁。

风景区内的危险房屋以及因改善风景区环境和基础设施建设需要拆除的集体土地上的住宅，由风景区管委会统一收购。其所有权人安置的具体办法，由市人民政府另行规定。

第三十六条　严格控制并逐步降低风景区内的建筑密度。风景区内各单位的现有建（构）筑物，依法批准改建的，改建后的各类建（构）筑物的面积不得超过原合法面积的百分之八十。建（构）筑物改建的具体办法由市人民政府另行规定。

第三十七条　在风景区内从事下列建设或设置设施的，应当报经风景区管委会批准后，方可办理有关手续：

（一）设置雕塑或塑造塑像；

（二）恢复或新增摩崖石刻、碑碣；

（三）建设围墙、护栏、桥梁、铁塔等构筑物及工棚等临时建筑物；

（四）设置广告、宣传、指示标牌等户外设施。

第三十八条　凡经批准在风景区内从事建设活动的单位和个人，应当采取有效措施，保护好风景名胜资源和自然生态环境，不得乱堆乱放，不得妨碍游览。施工结束后，应当及时清理场地，恢复环境原貌。

第三十九条　风景区内的违法建（构）筑物一律予以拆除。

风景区内暂时保留的建（构）筑物，不得扩建、改建和翻修。风景区建设需要拆除时，应无条件拆除。

第五章　管　　理

第四十条　风景区管委会应当科学管理风景名胜资源，加强对风景区内从业人员的管理，逐步完善服务设施和游览条件。

进入风景区的游览者和其他人员，应当服从风景区管委会的统一管理，自觉遵守风景区的有关规定，保护风景名胜资源，爱护各项公共设施，维护环境卫生和公共秩序。

第四十一条　风景区管委会应当科学确定各景区、景点的环境容量、游览接待容量和游览线路，根据游览的实际需要，对风景区部分地段的游览线路实行限定。

第四十二条　风景区管委会应当制定风景区安全管理制度，加强游览安全管理。

第四十三条　严格控制风景区内的经营业户总量。风景区内经营服务网点的设置由风景区管委会统一规划布局，并与周围景物、景观相协调。

风景区管委会可以根据保护景物、景观以及安全、环境卫生方面的需要，对风景区内经营的商品、服务项目、食品加工方法以及使用的燃料、包装物等作出限制性规定。

第四十四条　凡需在风景区内从事经营活动的单位和个人，其经营场所、地点和服务内容，应当符合风景区商业网点规划。工商行政主管部门在核发营业执照时，应当执行风景区商业网点规划。

经批准从事经营活动的单位或个人，应当在指定地点、区域和规定的营业范围内依法经营、文明经商，禁止擅自搭棚、设摊、设点、扩面经营。

任何单位和个人不得在规定的营业地点、区域外揽客、兜售商品或提供服务，不得在景物周围圈占摄影位置。

第四十五条　在风景区内从事景区观光游览、养护、管理的电瓶车及其驾驶员，除依法向有关行政主管部门申领牌（证）照外，还应当经风景区管委会批准。禁止无证营运、无证驾驶。

进入风景区内行驶的车辆应当保持车体清洁，按指定的路线行驶，在规定的地点停放。

第四十六条　任何单位或个人在风景区内举办大型群众性活动，应当经风景区管委会同意，办理相关手续后，方可举行。

第四十七条　市人民政府应当严格控制并逐步减少风景区内的常住人口和暂住人口数量，并依法将农村居民建制转为城市居民建制。具体管理办法由市人民政府另行制定。

第四十八条　风景区管委会应当加强对风景区的环境卫生设施建设和环境卫生管理，有关单位和个人应当做好风景区的清扫和保洁工作，风景区内的垃圾应当及时清运。

风景区内建（构）筑物的外墙、屋顶、平台、阳台等处不得设置、堆放、吊挂破坏景观、有碍观瞻的物品。

第四十九条　除国家已有的公墓外，禁止在风景区内新建和擅自改建、翻修坟墓。

翻修、改建革命烈士坟墓、列入文物保护单位（点）或具有一定社会、历史价值的坟墓，应当经风景区管委会同意。

风景区内现有的其他坟墓，应当深埋或外迁，无主坟由风景区管委会依法处置。

第六章 法律责任

第五十条 违反本条例第十八条规定的，责令其停止违法行为，恢复原状，并处以一千元以上一万元以下的罚款；不能恢复原状的，处以一万元以上十万元以下的罚款。

第五十一条 违反本条例第二十二条规定的，责令其停止违法行为，限期改正，没收采集物，赔偿经济损失，并处以实际损失价值二倍至五倍的罚款。

第五十二条 违反本条例第二十四条规定的，责令其停止违法行为，限期改正，并处以五千元以上五万元以下的罚款。

第五十三条 违反本条例第二十六条第二款规定的，责令其停止违法行为，恢复原状，并处以二千元以上二万元以下的罚款。

第五十四条 对有本条例第二十七条所列行为之一的，按以下规定予以处罚：

（一）有第（一）项中占用、围圈、填埋、遮掩水体、水面行为的，责令其限期改正，恢复原状，并按非法侵占的水域面积处以每平方米二百元的罚款；堵截水体、水面的，责令其限期改正，恢复原状，并处以五百元以上五千元以下的罚款；

（二）有第（二）项行为的，责令其停止违法行为，恢复原状，并处以五千元以上五万元以下的罚款，不能恢复原状的，处以五万元以上十万元以下的罚款；

（三）有第（三）、（五）、（六）、（九）、（十）、（十一）、（十二）项行为之一的，责令其停止违法行为，限期改正，采取补救措施，并可处以二十元以上一千元以下的罚款，造成损失的还应赔偿经济损失；

（四）有第（四）项行为的，没收捕猎工具、捕猎物和违法所得，并可处以五百元以上二千元以下的罚款。

第五十五条　违反本条例第三十七条规定的，责令其停止违法行为，限期拆除或补办相关审批手续，并处以二千元以上一万元以下的罚款。

第五十六条　违反本条例第四十四条规定的，责令其停止违法行为，恢复原状，并按以下规定予以处罚：

（一）在风景区内擅自搭棚、设摊、设点、扩面经营、超出指定地点和区域进行经营活动的，或违反风景区管委会根据本条例第四十三条第二款作出的限制性规定的，处以二百元以上二千元以下的罚款；

（二）在规定的营业地点、区域外揽客、兜售商品或提供服务的，或在景物周围圈占摄影位置的，处以二十元以上二百元以下的罚款。

第五十七条　违反本条例第四十五条规定的，责令其限期改正，并按以下规定予以处罚：

（一）电瓶车未经风景区管委会批准，擅自在风景区内营运、行驶的，处以二百元以下的罚款；

（二）驾驶员未经风景区管委会批准，擅自在风景区内驾驶电瓶车的，处以二百元以上一千元以下的罚款；

（三）电瓶车未按指定路线行驶或未在规定地点停放的，可处以二百元罚款。

第五十八条　违反本条例第四十六条规定的，责令其停止违法行为，限期改正，并对举办者处以二千元以上一万元以下的罚款。

第五十九条　违反本条例第四十八条第二款规定的，责令其限期改正，并可处以二十元以上二百元以下的罚款。

第六十条　违反本条例第四十九条第一款规定的，责令其停止违法行为，限期恢复原状，并处以二千元以上二万元以下的罚款。

违反本条例第四十九条第二款规定的，责令其停止违法行为，恢复原状。

第六十一条　违反本条例规定进行违法建设的单位或个人，在接到责令停止违法建设的决定后，应当立即停止施工。继续违法施工的，由作出责令停止违法建设决定的机关予以制止，并拆除继续违法建设部分的建（构）筑物和其他设施。

第六十二条　风景区管委会或有关行政主管部门违反风景区规划或本条例规定，违法审批建设项目的，批准文件无效，已进行建设的，由市人民政府责令限期拆除，恢复原状，对直接责任人员和负有责任的领导人给予行政处分；构成犯罪的，依法追究其刑事责任。

第六十三条 违反本条例规定涉及其他法律、法规的，依照法律、法规的规定进行处罚。

第六十四条 本条例规定的行政处罚，由风景区管委会或其委托的管理公共事务的事业组织负责实施；法律、法规规定由其他部门处罚的，按照法律、法规的规定执行。

违反本条例的行为发生在外围保护地带的，由所在地的有关行政主管部门依法进行处罚。

第六十五条 当事人抗拒、妨碍行政机关工作人员依法执行公务的，由公安机关依照《中华人民共和国治安管理处罚条例》的有关规定予以处罚；构成犯罪的，由司法机关依法追究其刑事责任。

第六十六条 因管理不善造成风景区资源和环境破坏的，由市人民政府责令风景区管委会限期整改，并依法追究有关领导人和直接责任人员的责任。

行政机关工作人员在风景区管理工作中玩忽职守、滥用职权、徇私舞弊，由其所在单位或上级行政主管部门给予行政处分；构成犯罪的，依法追究其刑事责任。

第七章 附 则

第六十七条 本条例自 2004 年 8 月 1 日起施行。

3. 浙江省普陀山风景名胜区条例

（2008 年 5 月 30 日浙江省第十一届人民代表大会常务委员会第四次会议通过 2008 年 5 月 30 日浙江省人民代表大会常务委员会第 2 号公告公布 自 2008 年 10 月 1 日起施行）

第一章 总 则

第一条 为了加强普陀山风景名胜区（以下简称风景区）的管理，有效保护和合理利用风景名胜资源，根据有关法律、行政法规的规定，结合风景区的实际，制定本条例。

第二条 本条例适用于风景区的规划、保护、利用和管理。

第三条 风景区是以佛教名山和海岛自然风光为主要特色的国家级风景名胜区，由普陀山（含豁沙山，下同）、洛迦山和朱家尖东部三部分组成，具体范围按照国务院批准的《普陀山风景名胜区总体规划》执行。

第四条 风景区的规划、保护、利用和管理应当遵循科学规划、统一管理、严格保护、永续利用的原则。

第五条 普陀山风景名胜区管理委员会在舟山市人民政府的领导下，依法负责普陀山、洛迦山的规划、保护、利用和统一管理工作。

普陀区人民政府依法负责朱家尖东部的规划、保护、利用和统一管理工作。

第六条 普陀山风景名胜区管理委员会依法行使下列职权：

（一）宣传和贯彻有关法律、法规、规章；

（二）负责风景名胜资源、自然生态环境的保护和管理，合理利用风景名胜资源；

（三）负责普陀山、洛迦山规划建设、环境保护、旅游、安全生产、宗教事务、社会治安、环境卫生、文化市场等管理工作；

（四）组织交通、通信、电力、给排水和接待服务等基础设施建设；

（五）行使舟山市人民政府依法授予的和有关行政管理部门依法委托的其他管理职权。

普陀山风景名胜区管理委员会的有关行政管理活动应当接受舟山市人民政府相应行政管理部门的业务指导和监督。

第七条 依法保障风景区内宗教团体、宗教活动场所的合法权益和正常的宗教活动。

风景区内的宗教团体、宗教活动场所应当遵守国家和省有关宗教事务管理的法律、法规和规章。

第二章 规　　划

第八条 风景区规划分为总体规划和详细规划，由省建设行政管理部门组织编制。

总体规划由省人民政府审查后，报国务院审批。

详细规划由省建设行政管理部门报国务院建设行政管理部门审批。

第九条 编制风景区规划应当征求政府有关部门、宗教团体和社会公众的意见；涉及军事设施的，应当征求军事机关的意见；必要时，应当举行听证。

风景区规划的具体编制工作，应当采用招标等公平竞争方式选择具有相应资质等级的单位承担。

第十条 总体规划应当突出风景区佛教名山、海岛自然风光的文化内涵和自然特性，并应当将风景区内人文、自然景观最集中、最具观赏价值、最需要严格保护的区域，划为核心景区。

详细规划应当根据总体规划编制，按照核心景区和其他景区的性质、特点、范围，确定景点保护方案和基础设施、游览设施、文化设施等建设项目的选址、布局与规模，并明确建设用地范围和规划设计条件等。

第十一条 风景区规划经批准后，应当向社会公布，任何组织和个人有权查阅。

经批准的风景区规划是风景区保护、利用、建设和管理的依据，任何单位和个人必须严格执行，不得擅自修改。

确需对风景区规划有关内容进行修改的，应当按照国家规定权限和程序报经批准或者备案。

因修改和实施风景区规划对公民、法人或者其他组织造成财产损失的，应当依法给予补偿。

第三章 保　　护

第十二条 普陀山风景名胜区管理委员会、普陀区人民政府及有关部门应当建立健全风景名胜资源保护制度，加强对风景区海岸沙滩、岩石岛屿、地形地貌、水体、植被、野生动物等自然景观和宗教建筑、文物古迹、摩崖石刻等人文景观及其所处环境等风景名胜资源的保护，做好风景名胜资源调查登记和风景区绿化、林木养护、防火、病虫害防治及其他自然灾害的预防工作。

第十三条 禁止以任何名义和方式侵占、出让或者变相出让风景名胜资源和风景区土地。

第十四条 风景区内禁止从事下列破坏风景名胜资源的活动：

（一）危害文物安全，改变文物原状和周边环境；以刻划涂写等方式故意损坏国家保护的文物古迹；

（二）擅自捕猎野生动物或者采集野生植物，损毁或者擅自迁移、修剪古树名木；

（三）开山、开矿、采石、采沙；

（四）在公墓区外新建、改建和翻修坟墓；

（五）在景物、围栏等设施上刻划涂污、钉挂和绑扎物件；

（六）生产、经营、运输、携带、燃放烟花爆竹；

（七）烧荒或者在禁火区内吸烟、生火、烧香点烛；

（八）其他破坏风景名胜资源的活动。

第十五条 风景区内的建设应当严格遵守风景区规划。

风景区内的违法建（构）筑物、设施，应当依法限期改正或者拆除。

第十六条 风景区内禁止修建储存爆炸性、易燃性、放射性、毒害性、腐蚀性物品的仓库、堆场；核心景区外确因居民生活需要设置小规模燃气站、加油站的，必须符合国家安全技术标准。

第十七条 风景区内禁止设立各类开发区。

在普陀山前山、中山、佛顶山及其他核心景区内禁止违反规划新建、扩建各类休养所（院）、招待所、宾馆、培训中心、度假村、商业用房、歌舞厅及与风景名胜资源保护无关的其他建（构）筑物、设施。

第十八条 严格控制风景区居民住宅建设。确需新建居民住宅的，应当在风景区规划确定的住宅用地内，按照统一规划建造，并严格控制建设规模、用地面积和容积率。

规划住宅用地外的现有住宅不得翻建、改建、扩建，但确因危房维护、消防安全等需要翻建、改建的除外。

第十九条 风景区内建设项目的选址、布局应当符合风景区规划；建（构）筑物、设施的高度、体量、造型、色调等，应当保持风景区特色，与周围景观和环境相协调。

按照国家有关规定应当进行环境影响评价的建设项目，建设单位应当组织编制环境影响评价文件，并依法报经批准。

第二十条 在风景区内从事建设活动的单位和个人应当制定污染防治和水土保持方案，在施工现场设置警示标志和安全防护围档，保护周围景观和环境；工程结束后应当及时清理临时性建（构）筑物、设施及物料临时堆场，恢复环境原貌。

第二十一条 风景区内军事设施的保护，按照《中华人民共和国军事设施保护法》和国家有关规定执行。

风景区内军队的非军事设施建设应当遵守本条例。

第四章 管理和利用

第二十二条 普陀山风景名胜区管理委员会、普陀区人民政府应当加强安全管理，制定和完善事故应急预案，预防和控制各类事故的发生。

风景区发生安全事故时，普陀山风景名胜区管理委员会、普陀区人民政府应当根据情况，立即启动相应事故应急预案，采取有效措施，组织抢救，防止事故扩大，并按照有关规定及时上报。

第二十三条 普陀山风景名胜区管理委员会、普陀区人民政府应当根据总体规划规定的游客容量和机动车控制规模，确定合理的游览接待规模，控制机动车使用数量。

风景区人口规模和机动车使用数量控制办法，由舟山市人民政府另行制定，报省人民政府备案。

第二十四条 普陀山风景名胜区管理委员会、普陀区人民政府应当完善风景区内的服务设施和安全设施，设置规范的指示标志、安全警示标志，并做好设施、标志的日常检查和维护工作。

第二十五条 风景区内交通等服务项目，由普陀山风景名胜区管理委员会、普陀区人民政府根据公开、公平、公正原则，采用招标、挂牌或者随机确定等公平竞争方式确定经营者，并与经营者签订合同，依法确定各自的权利义务。

经营者应当按照规定缴纳风景名胜资源有偿使用费。

第二十六条 风景区门票收入和风景名胜资源有偿使用费，实行收支两条线管理，专门用于风景名胜资源的保护和管理、相关基础设施建设及风景区内财产所有权人、使用权人损失的补偿。

风景区门票收入和风景名胜资源有偿使用费的管理、使用及审计监督，按照国家有关规定执行。

第二十七条 普陀山风景名胜区管理委员会、普陀区人民政府应当加强风景区环境卫生管理，设置必要的卫生设施，对风景区内的垃圾组织统一清运和无害化处理。

风景区各类车辆应当保持车容车貌整洁。装运垃圾、沙石等的车辆应当达到密闭化运输要求，防止运载物体撒落。进出建筑工地的车辆应当设置轮胎除泥装置，不得带泥上路。

第二十八条 风景区内经营者的经营场所、服务内容，应当符合风景区商业网点规划。工商行政管理部门在核发营业执照时，应当执行风景区商业网点规划。

经营者应当在指定地点、区域和规定的营业范围内依法经营、文明经商，禁止擅自搭棚、设摊、设点、扩面经营。

第二十九条 政府及有关部门应当加强对风景区商品和服务价格的监督检查，在重要节假日、节庆等活动期间，可以按照规定权限和程序对住宿、餐饮等重要商品和服务价格实行必要的干预措施。

第三十条 在重要节假日、节庆等活动期间需要控制游客数量的，普陀山风景名胜区管理委员会、普陀区人民政府应当提前一周在相关媒体、进山码头、风景区内发布相关公告，并采取措施保障景区安全及交通运输、住宿、餐饮等服务。

第三十一条 风景区内禁止从事下列违反管理秩序的活动：

（一）违法排放废气、废水、噪声，违法倾倒固体废弃物；

（二）随意丢弃塑料袋、易拉罐、餐盒等垃圾；

（三）擅自在佛教放生池塘捕捞水生动物；

（四）在明令禁止的区域游泳、游玩、攀爬；

（五）经营性饲养或者放养家畜家禽，在核心景区和居民小区饲养家畜家禽；

（六）违法引进或者带入外来物种及未经依法检疫的动植物及其产品；

（七）强行向游客提供服务或者兜售商品；

（八）以纠缠、强行讨要等滋扰他人的方式乞讨；

（九）假冒僧尼从事宗教活动或者募化活动；

（十）其他违反风景区管理秩序的活动。

第三十二条 在普陀山、洛迦山从事下列活动，应当经普陀山风景名胜区管理委员会审核同意后，按照有关法律、法规的规定办理审批手续：

（一）设置雕像或者塑造塑像，恢复或者新增摩崖石刻、碑碣；

（二）建（构）筑物的翻建、改建、扩建；

（三）因施工等需要搭建临时性建（构）筑物、设施或者临时堆放物料，开挖或者临时占用绿地；

（四）因更新抚育等原因砍伐林木；

（五）利用文物、景物、景点拍摄电影、电视；

（六）其他影响生态或者景观的活动。

第三十三条 普陀山风景名胜区管理委员会应当采取有效措施，完善普陀山公共交通，保障交通安全畅通，逐步减少非机动车数量。

摩托车、拖拉机、电动自行车不得在普陀山、洛迦山行驶。

第三十四条 普陀山风景名胜区管理委员会不得从事以营利为目的的经营活动。普陀山风景名胜区管理委员会工作人员不得在风景区内的企业兼职。

第五章 法律责任

第三十五条 在普陀山、洛迦山有违反本条例第十四条第（四）项、第（五）项和第（七）项规定的行为之一的，由普陀山风景名胜区管理委员会按照有关法律、法规的规定处理。

第三十六条 在普陀山、洛迦山有违反本条例第二十七条第二款规定，装运垃圾、沙石等的车辆未达到密闭化运输要求，或者进出建筑工地的车辆未设置轮胎除泥装置的，由普陀山风景名胜区管理委员会责令限期改正；逾期不改正的，处二千元以上二万元以下的罚款。

第三十七条 在普陀山、洛迦山有违反本条例第三十一条规定的下列行为之一的，由普陀山风景名胜区管理委员会按照下列规定处理：

(一)违反第(三)项、第(四)项规定,擅自在佛教放生池塘捕捞水生动物,或者在明令禁止的区域游泳、游玩、攀爬的,责令停止违法行为,可处五十元以上五百元以下的罚款;

(二)违反第(五)项规定,经营性饲养或者放养家畜家禽,或者在核心景区和居民小区饲养家畜家禽的,责令限期改正,可处三百元以下的罚款。

第三十八条 违反本条例规定的其他行为,法律、其他法规已有法律责任规定的,由有关行政管理部门或者其依法委托的普陀山风景名胜区管理委员会所属执法机构按照法律、法规规定处理。

第三十九条 行政管理部门工作人员在风景区保护管理工作中滥用职权、玩忽职守、徇私舞弊的,按照管理权限对负有责任的主管人员和直接责任人员依法给予行政处分。

第四十条 违反本条例规定,造成损失的,依法承担赔偿责任;构成犯罪的,依法追究刑事责任。

第六章 附 则

第四十一条 本条例自2008年10月1日起施行。2005年12月27日省人民政府发布的《浙江省普陀山风景名胜区保护管理办法》同时废止。

4.《风景名胜区条例》行政罚款自由裁量权适用规则

（2007年10月17日杭州市西湖区（局）办公会议研究并报市政府法律审查通过 2007年10月17日以杭西管〔2007〕372号通知公布 自2007年12月1日起实施）

序号	违法行为	违则	罚则	自由裁量权公式	备注
1	在风景名胜区内进行开山、采石、开矿等破坏景观、植被、地形地貌的活动的	《风景名胜区条例》第二十六条第（一）项：在风景名胜区内禁止进行下列活动：（一）开山、采石、开矿、开荒、修坟立碑等破坏景观、植被和地形地貌的活动	《风景名胜区条例》第四十条第一款第（一）项：违反本条例的规定，有下列行为之一的，由风景名胜区管理机构责令停止违法行为、恢复原状或者限期拆除，没收违法所得，并处50万元以上100万元以下的罚款：（一）在风景名胜区内进行开山、采石、开矿等破坏景观、植被、地形地貌的活动的	最低额+自由裁量度×（开山面积/$500m^2$）×100%（面积以平方米为单位，$500m^2$以上按最高额99%处罚）	开山面积指的是山形成后坡面的面积
2	在风景名胜区内修建储存爆炸性、易燃性、放射性、毒害性、腐蚀性物品的设施	《风景名胜区条例》第二十六条第（二）项：在风景名胜区内禁止进行下列活动：（二）修建储存爆炸性、易燃性、放射性、毒害性、腐蚀性物品的设施	《风景名胜区条例》第四十条第一款第（二）项：违反本条例的规定，有下列行为之一的，由风景名胜区管理机构责令停止违法行为、恢复原状或者限期拆除，没收违法所得，并处50万元以上100万元以下的罚款：（二）在风景名胜区内修建储存爆炸性、易燃性、放射性、毒害性、腐蚀性物品的设施的	最低额+自由裁量度×（修建设施的建筑面积/$100m^2$）×100%（面积以平方米为单位，$100m^2$以上按最高额99%处罚）	
3	在核心景区内建设宾馆、招待所、培训中心、疗养院以及与风景名胜资源保护无关的其他建筑物的	《风景名胜区条例》第二十七条：禁止违反风景名胜区规划，在风景名胜区内设立各类开发区和在核心景区内建设宾馆、招待所、培训中心、疗养院以及与风景名胜资源保护无关的其他建筑物；已经建设的，应当按照风景名胜区规划，逐步迁出	《风景名胜区条例》第四十条第一款第（三）项：违反本条例的规定，有下列行为之一的，由风景名胜区管理机构责令停止违法行为、恢复原状或者限期拆除，没收违法所得，并处50万元以上100万元以下的罚款：（三）在核心景区内建设宾馆、招待所、培训中心、疗养院以及与风景名胜资源保护无关的其他建筑物的	最低额+自由裁量度×（建筑面积/$2000m^2$）×100%（面积以平方米为单位，$2000m^2$以上按最高额99%处罚）	

续表

序号	违法行为	违则	罚则	自由裁量权公式	备注
4	未经风景名胜区管理机构审核在风景名胜区内从事禁止范围以外的建设活动的	《风景名胜区条例》第二十八条第一款：在风景名胜区内从事本条例第二十六条、第二十七条禁止范围以外的建设活动，应当经风景名胜区管理机构审核后，依照有关法律、法规的规定办理审批手续	《风景名胜区条例》第四十一条：违反本条例的规定，在风景名胜区内从事禁止范围以外的建设活动，未经风景名胜区管理机构审核的，由风景名胜区管理机构责令停止建设、限期拆除，对个人处2万元以上5万元以下的罚款，对单位处20万元以上50万元以下的罚款	最低额+自由裁量度×（建筑面积/300m^2）×100%（面积以平方米为单位，300m^{2}以上按最高额99%处罚）	
5	个人在风景名胜区内进行开荒、修坟立碑等破坏景观、植被和地形地貌的活动	《风景名胜区条例》第二十六条第（一）项：在风景名胜区内禁止进行下列活动：（一）开山、采石、开矿、开荒、修坟立碑等破坏景观、植被和地形地貌的活动	《风景名胜区条例》第四十三条：违反本条例的规定，个人在风景名胜区内进行开荒、修坟立碑等破坏景观、植被、地形地貌的活动的，由风景名胜区管理机构责令停止违法行为、限期恢复原状或者采取其他补救措施，没收违法所得，并处1000元以上1万元以下的罚款	最低额+自由裁量度×（开荒面积/200m^2）×100%（面积以平方米为单位，200m^{2}以上按最高额99%处罚）；最低额+自由裁量度×（修坟立碑面积/10m^2）×100%（面积以平方米为单位，10m^{2}以上按最高额99%处罚）	
6	在风景区内，擅自设置、张贴商业广告	《风景名胜区条例》第二十九条第（一）项：在风景名胜区内进行下列活动，应当经风景名胜区管理机构审核后，依照有关法律、法规的规定报有关主管部门批准：（一）设置、张贴商业广告	《风景名胜区条例》第四十五条第（一）项：违反本条例的规定，未经风景名胜区管理机构审核，在风景名胜区内进行下列活动的，由风景名胜区管理机构责令停止违法行为、限期恢复原状或者采取其他补救措施，没收违法所得，并处5万元以上10万元以下的罚款；情节严重的，并处10万元以上20万元以下的罚款；（一）设置、张贴商业广告的	最低额+自由裁量度×（设置面积/50m^2）×100%（面积以平方米为单位，50m^{2}以上按最高额99%处罚）	

续表

序号	违法行为	违则	罚则	自由裁量权公式	备注
7	在风景区内,擅自举办大型游乐等活动	《风景名胜区条例》第二十九条第(二)项:在风景名胜区内进行下列活动,应当经风景名胜区管理机构审核后,依照有关法律、法规的规定报有关主管部门批准:(二)举办大型游乐等活动	《风景名胜区条例》第四十五条第(二)项:违反本条例的规定,未经风景名胜区管理机构审核,在风景名胜区内进行下列活动的,由风景名胜区管理机构责令停止违法行为、限期恢复原状或者采取其他补救措施,没收违法所得,并处5万元以上10万元以下的罚款;情节严重的,并处10万元以上20万元以下的罚款:(二)举办大型游乐等活动的	最低额+自由裁量度×(人数/200人)×100%(200人以上按最高额99%处罚)	
8	在风景名胜区内进行建设活动的,建设单位、施工单位破坏周围景物、水体、林草植被、野生动物资源和地形地貌	《风景名胜区条例》第三十条第二款:在风景名胜区内进行建设活动的,建设单位、施工单位应当制定污染防治和水土保持方案,并采取有效措施,保护好周围景物、水体、林草植被、野生动物资源和地形地貌	《风景名胜区条例》第四十六条:违反本条例的规定,施工单位在施工过程中,对周围景物、水体、林草植被、野生动物资源和地形地貌造成破坏的,由风景名胜区管理机构责令停止违法行为、限期恢复原状或者采取其他补救措施,并处2万元以上10万元以下的罚款;逾期未恢复原状或者采取有效措施的,由风景名胜区管理机构责令停止施工	最低额+自由裁量度×(破坏面积/200m²)×100%(面积以平方米为单位,200m²以上按最高额99%处罚)	

《杭州西湖风景名胜区管理条例》行政罚款自由裁量权适用规则

序号	违法行为	违则	罚则	自由裁量权公式	备注
1	擅自在风景区内进行砌石、填土、硬化土地等改变地形地貌的行为	《杭州西湖风景名胜区管理条例》第十八条:任何单位和个人不得在风景区内擅自进行砌石、填土、硬化土地等改变地形地貌的行为,确因风景区道路建设、设施维护等需要实施的,应当经有关行政主管部门和风景区管委会批准	《杭州西湖风景名胜区管理条例》第五十条:违反本条例第十八条规定的,责令其停止违法行为,恢复原状,并处一千元以上一万元以下的罚款;不能恢复原状的,处以一万元以上十万元以下的罚款	最低额+自由裁量度×(面积/200m²)×100%(面积以平方米为单位,200m²以上按最高额99%处罚)	烧山、毁林等其他破坏地形地貌的行为适用《风景名胜区条例》

续表

序号	违法行为	违则	罚则	自由裁量权公式	备注
2	在自来水供水管网到达的风景区域内,抽取地下水、截流地表水和开凿集水井的;集水井未封闭,仍旧使用的	《杭州西湖风景名胜区管理条例》第二十四条:严格控制在风景区及其外围保护地带内抽取地下水。在自来水供水管网到达的区域,禁止抽取地下水、截留地表水和开凿集水井等,现有的集水井等设施应当停止使用,予以封闭	《杭州西湖风景名胜区管理条例》第五十二条:违反本条例第二十四条规定的,责令其停止违法行为,限期改正,并处以五千元以上五万元以下的罚款	1处:5000元~1万元的罚款;2处:1万元~3万元的罚款;3处:3万元~49500元的罚款;4处及以上:49500元的罚款	
3	擅自占用、围圈、填埋、堵截、遮掩水体、水面	《杭州西湖风景名胜区管理条例》第二十七条第(一)项:在风景区内禁止下列行为:(一)擅自占用、围圈、填埋、堵截、遮掩水体、水面	《杭州西湖风景名胜区管理条例》第五十四条第(一)项:对有本条例第二十七条所列行为之一的,按以下规定予以处罚:(一)有第(一)项中占用、围圈、填埋、遮掩水体、水面行为的,责令其限期改正,恢复原状,并按非法侵占的水域面积处以每平方米二百元的罚款;堵截水体、水面的,责令其限期改正,恢复原状,并处以五百元以上五千元以下的罚款	1.占用、围圈、填埋、遮掩水体、水面的,按非法侵占的水域面积处以每平方米二百元的罚款;2.堵截水体、水面的,按最低额+自由裁量度×(堵截长度/20米)×100%(长度以米为单位,20米以上按最高额99%处罚)	
4	在风景区内,开山、采石、挖沙、取土、采矿、倾倒废土等	《杭州西湖风景名胜区管理条例》第二十七条第(二)项:在风景区内禁止下列行为:(二)开山、采石、挖沙、取土、采矿、倾倒废土等	《杭州西湖风景名胜区管理条例》第五十四条第(二)项:对有本条例第二十七条所列行为之一的,按以下规定予以处罚:(二)有第(二)项行为的,责令其停止违法行为,恢复原状,并处以五千元以上五万元以下的罚款,不能恢复原状的,处以五万元以上十万元以下的罚款	最低额+自由裁量度×(挖沙取土重量/30吨)×100%(重量以吨为单位,30吨以上按最高额99%处罚)	仅适用挖沙、取土、倾倒废土的违法行为,开山、采石、采矿等行为适用《风景名胜区条例》

续表

序号	违法行为	违则	罚则	自由裁量权公式	备注
5	在风景区内，攀折、刻划、钉拴、摇晃竹木，损坏绿地草坪，擅自采摘花草、竹笋、果实	《杭州西湖风景名胜区管理条例》第二十七条第（三）项：在风景区内禁止下列行为：（三）攀折、刻划、钉拴、摇晃竹木，损坏绿地草坪，擅自采摘花草、竹笋、果实	《杭州西湖风景名胜区管理条例》第五十四条第（三）项：对有本条例第二十七条所列行为之一的，按以下规定予以处罚：（三）有第（三）、（五）、（六）、（九）、（十）、（十一）、（十二）项行为之一的，责令其停止违法行为，限期改正，采取补救措施，并可处以二十元以上一千元以下的罚款，造成损失的还应赔偿经济损失	情节较轻：20元~200元；情节一般：200元~500元；情节较重：500元~1000元	
6	在景物上涂写、刻划、张贴等	《杭州西湖风景名胜区管理条例》第二十七条第（五）项：在风景区内禁止下列行为：（五）在景物上涂写、刻划、张贴等	《杭州西湖风景名胜区管理条例》第五十四条第（三）项：对有本条例第二十七条所列行为之一的，按以下规定予以处罚：（三）有第（三）、（五）、（六）、（九）、（十）、（十一）、（十二）项行为之一的，责令其停止违法行为，限期改正，采取补救措施，并可处以二十元以上一千元以下的罚款，造成损失的还应赔偿经济损失	最低额+自由裁量度×（张贴面积/$10m^2$）×100%（面积以平方米为单位，$10m^2$ 以上按最高额处罚）	在景物上涂写、刻划以及张贴商业广告的行为适用《风景名胜区条例》，其他张贴行为适用《杭州西湖风景名胜区管理条例》
7	损坏风景区游览、服务等公共设施和其他设施	《杭州西湖风景名胜区管理条例》第二十七条第（六）项：在风景区内禁止下列行为：（六）损坏游览、服务等公共设施和其他设施	《杭州西湖风景名胜区管理条例》第五十四条第（三）项：对有本条例第二十七条所列行为之一的，按以下规定予以处罚：（三）有第（三）、（五）、（六）、（九）、（十）、（十一）、（十二）项行为之一的，责令其停止违法行为，限期改正，采取补救措施，并可处以二十元以上一千元以下的罚款，造成损失的还应赔偿经济损失	情节较轻：20元~200元；情节一般：200元~500元；情节较重：500元~1000元	

续表

序号	违法行为	违则	罚则	自由裁量权公式	备注
8	在风景区内随意倾倒垃圾、废渣、废水等污染物	《杭州西湖风景名胜区管理条例》第二十七条第（九）项：在风景区内禁止下列行为：（九）随意倾倒垃圾、废渣、废水等污染物，焚烧垃圾、枯枝落叶等废弃物或堆积焦泥灰	《杭州西湖风景名胜区管理条例》第五十四条第（三）项：对有本条例第二十七条所列行为之一的，按以下规定予以处罚：（三）有第（三）、（五）、（六）、（九）、（十）、（十一）、（十二）项行为之一的，责令其停止违法行为，限期改正，采取补救措施，并可处以二十元以上一千元以下的罚款，造成损失的还应赔偿经济损失	最低额＋自由裁量度 ×（面积/$10m^2$）× 100%（面积以平方米为单位，$10m^2$以上按最高额处罚）	在风景区内随意倾倒废土的行为适用《风景名胜区条例》
9	在风景区内，焚烧垃圾、枯枝落叶等废弃物或堆积焦泥灰	《杭州西湖风景名胜区管理条例》第二十七条第（九）项：在风景区内禁止下列行为：（九）随意倾倒垃圾、废渣、废水等污染物，焚烧垃圾、枯枝落叶等废弃物或堆积焦泥灰	《杭州西湖风景名胜区管理条例》第五十四条第（三）项：对有本条例第二十七条所列行为之一的，按以下规定予以处罚：（三）有第（三）、（五）、（六）、（九）、（十）、（十一）、（十二）项行为之一的，责令其停止违法行为，限期改正，采取补救措施，并可处以二十元以上一千元以下的罚款，造成损失的还应赔偿经济损失	情节较轻：20元～200元；情节一般：200元～500元；情节较重：500元～1000元	
10	在风景区内，饲养家禽家畜	《杭州西湖风景名胜区管理条例》第二十七条第（十）项：在风景区内禁止下列行为：（十）饲养家禽家畜	《杭州西湖风景名胜区管理条例》第五十四条第（三）项：对有本条例第二十七条所列行为之一的，按以下规定予以处罚：（三）有第（三）、（五）、（六）、（九）、（十）、（十一）、（十二）项行为之一的，责令其停止违法行为，限期改正，采取补救措施，并可处以二十元以上一千元以下的罚款，造成损失的还应赔偿经济损失	最低额＋自由裁量度 ×（家禽数量/10只）× 100%（10只以上按最高额处罚）	

续表

序号	违法行为	违则	罚则	自由裁量权公式	备注
11	在风景区内，超出规定区域布设帐篷、摆放桌椅	《杭州西湖风景名胜区管理条例》第二十七条第（十一）项：在风景区内禁止下列行为：（十一）超出规定区域布设帐篷、摆放桌椅	《杭州西湖风景名胜区管理条例》第五十四条第（三）项：对有本条例第二十七条所列行为之一的，按以下规定予以处罚：（三）有第（三）、（五）、（六）、（九）、（十）、（十一）、（十二）项行为之一的，责令其停止违法行为，限期改正，采取补救措施，并可处以二十元以上一千元以下的罚款，造成损失的还应赔偿经济损失	情节较轻：20元～200元；情节一般：200元～500元；情节较重：500元～1000元	
12	破坏风景名胜区资源、有碍景观、妨碍游览、违反公共秩序的行为	《杭州西湖风景名胜区管理条例》第二十七条第（十二）项：在风景区内禁止下列行为：（十二）其他破坏风景名胜区资源、有碍景观、妨碍游览、违反公共秩序的行为	《杭州西湖风景名胜区管理条例》第五十四条第（三）项：对有本条例第二十七条所列行为之一的，按以下规定予以处罚：（三）有第（三）、（五）、（六）、（九）、（十）、（十一）、（十二）项行为之一的，责令其停止违法行为，限期改正，采取补救措施，并可处以二十元以上一千元以下的罚款，造成损失的还应赔偿经济损失	情节较轻：20元～200元；情节一般：200元～500元；情节较重：500元～1000元	
13	在风景区内捕猎野生动物或擅自捕捞水生动植物	《杭州西湖风景名胜区管理条例》第二十七条第（四）项：在风景区内禁止下列行为：（四）捕猎野生动物或擅自捕捞水生动植物	《杭州西湖风景名胜区管理条例》第五十四条第（四）项：对有本条例第二十七条所列行为之一的，按以下规定予以处罚：（四）有第（四）项行为的，没收捕猎工具、捕猎物和违法所得，并可处以五百元以上二千元以下的罚款	最低额＋自由裁量度×（捕获动植物重量/5kg）×100%（重量以kg为单位，5kg以上按最高额处罚）	
14	在风景区内，擅自设置雕塑或塑造像	《杭州西湖风景名胜区管理条例》第三十七条第（一）项：在风景区内从事下列建设或设置设施的，应当报经风景区管委会批准后，方可办理有关手续：（一）设置雕塑或塑造塑像	《杭州西湖风景名胜区管理条例》第五十五条：违反本条例第三十七条规定的，责令停止违法行为，限期拆除或补办相关审批手续，并处以二千元以上一万元以下的罚款	最低额＋自由裁量度×（数量/0.05）%×100%（5件以上按最高额99%处罚）	

续表

序号	违法行为	违则	罚则	自由裁量权公式	备注
15	在风景区内，擅自恢复或新增摩崖石刻、碑碣	《杭州西湖风景名胜区管理条例》第三十七条第（二）项：在风景区内从事下列建设或设置设施的，应当报经风景区管委会批准后，方可办理有关手续：（二）恢复或新增摩崖石刻、碑碣	《杭州西湖风景名胜区管理条例》第五十五条：违反本条例第三十七条规定的，责令其停止违法行为，限期拆除或补办相关审批手续，并处二千元以上一万元以下的罚款	最低额＋自由裁量度×（恢复或新增数量/5处）×100%（5处以上按最高额99%处罚）	
16	在风景区内，擅自建设围墙、护栏、桥梁、铁塔等构筑物及工棚等临时建筑物	《杭州西湖风景名胜区管理条例》第三十七条第（三）项：在风景区内从事下列建设或设置设施的，应当报经风景区管委会批准后，方可办理有关手续：（三）建设围墙、护栏、桥梁、铁塔等构筑物及工棚等临时建筑物；	《杭州西湖风景名胜区管理条例》第五十五条：违反本条例第三十七条规定的，责令其停止违法行为，限期拆除或补办相关审批手续，并处二千元以上一万元以下的罚款	最低额＋自由裁量度×（建筑面积或占地面积/$200m^2$）×100%（面积以10平方米为单位，$200m^2$以上按最高额99%处罚）	围墙、护栏等构筑物可适用以下公式：最低额＋自由裁量度×（长度/0.2)%×100%（20米以上按最高额99%处罚）
17	在风景区内，擅自设置广告、宣传、指示标牌等户外设施	《杭州西湖风景名胜区管理条例》第三十七条第（四）项：在风景区内从事下列建设或设置设施的，应当报经风景区管委会批准后，方可办理有关手续：（四）设置广告、宣传、指示标牌等户外设施	《杭州西湖风景名胜区管理条例》第五十五条：违反本条例第三十七条规定的，责令其停止违法行为，限期拆除或补办相关审批手续，并处二千元以上一万元以下的罚款	最低额＋自由裁量度×（面积/$10m^2$）×100%（面积以平方米为单位，$10m^2$以上按最高额99%处罚）	设置商业广告的行为适用《风景名胜区条例》

续表

序号	违法行为	违 则	罚 则	自由裁量权公式	备 注
18	违反风景区管委会对风景区内经营的商品、服务项目、食品加工方法以及使用的燃料、包装物等作出的限制性规定的	《杭州西湖风景名胜区管理条例》第四十三条第二款：风景区管委会可以根据保护景物、景观以及安全、环境卫生方面的需要，对风景区内经营的商品、服务项目、食品加工方法以及使用的燃料、包装物等作出限制性规定	《杭州西湖风景名胜区管理条例》第五十六条第（一）项：违反本条例第四十四条规定的，责令其停止违法行为，恢复原状，并按以下规定予以处罚：（一）在风景区内擅自搭棚、设摊、设点、扩面经营、超出指定地点和区域进行经营活动的，或违反风景区管委会根据本条例第四十三条第二款作出的限制性规定的，处以二百元以上二千元以下的罚款	情节较轻：200元～500元；情节一般：500元～1500元；情节较重：1500元～2000元	
19	在风景区内擅自搭棚、设摊、设点、扩面经营、超出指定地点和区域进行经营活动的	《杭州西湖风景名胜区管理条例》第四十四条第二款：经批准从事经营活动的单位或个人，应当在指定地点、区域和规定的营业范围内依法经营、文明经商，禁止擅自搭棚、设摊、设点、扩面经营	《杭州西湖风景名胜区管理条例》第五十六条第（一）项：违反本条例第四十四条规定的，责令其停止违法行为，恢复原状，并按以下规定予以处罚：（一）在风景区内擅自搭棚、设摊、设点、扩面经营、超出指定地点和区域进行经营活动的，或违反风景区管委会根据本条例第四十三条第二款作出的限制性规定的，处以二百元以上二千元以下的罚款	最低额＋自由裁量度×（面积/10m²）×100%（面积以平方米为单位，10m²以上按最高额处罚）	
20	在风景区内，无证经营的；未在指定地点文明、合法经营的；强行向游客兜售商品或强行提供服务的；在景物周围圈占摄影位置或向自行摄影的游客收取费用的	《杭州西湖风景名胜区管理条例》第四十四条第三款：任何单位和个人不得在规定的营业地点、区域外揽客、兜售商品或提供服务，不得在景物周围圈占摄影位置	《杭州西湖风景名胜区管理条例》第五十六条第（二）项：违反本条例第四十四条规定的，责令其停止违法行为，恢复原状，并按以下规定予以处罚：（二）在规定的营业地点、区域外揽客、兜售商品或提供服务，或在景物周围圈占摄影位置的，处以二十元以上二百元以下的罚款	情节较轻：20元～50元；情节一般：50元～100元；情节较重：100元～200元	

序号	违法行为	违 则	罚 则	自由裁量权公式	备 注
21	电瓶车未经风景区管委会批准，擅自在风景区内营运、行驶	《杭州西湖风景名胜区管理条例》第四十五条第一款：在风景区内从事景区观光游览、养护、管理的电瓶车及其驾驶员，除依法向有关行政主管部门申领牌（证）照外，还应当经风景区管委会批准，禁止无证营运、无证驾驶	《杭州西湖风景名胜区管理条例》第五十七条第（一）项：违反本条例第四十五条规定的，责令其限期改正，并按以下规定予以处罚：（一）电瓶车未经风景区管委会批准，擅自在风景区内营运、行驶的，处以二百元以下的罚款	情节较轻：20元～50元；情节一般：50元～100元；情节较重：100元～200元	
22	电瓶车驾驶员未经风景区管委会批准，擅自在风景区内驾驶观光游览电瓶车	《杭州西湖风景名胜区管理条例》第四十五条第一款：在风景区内从事景区观光游览、养护、管理的电瓶车及其驾驶员，除依法向有关行政主管部门申领牌（证）照外，还应当经风景区管委会批准，禁止无证营运、无证驾驶	《杭州西湖风景名胜区管理条例》第五十七条第（二）项：违反本条例第四十五条规定的，责令其限期改正，并按以下规定予以处罚：（二）驾驶员未经风景区管委会批准，擅自在风景区内驾驶电瓶车的，处以二百元以上一千元以下的罚款	情节较轻：200元～500元；情节一般：500元～800元；情节较重：800元～1000元	
23	未经风景区管委会同意，办理相关手续，在风景区内举办大型群众性活动	《杭州西湖风景名胜区管理条例》第四十六条：任何单位或个人在风景区内举办大型群众性活动，应当经风景区管委会同意，办理相关手续后，方可举行	《杭州西湖风景名胜区管理条例》第五十八条：违反本条例第四十六条规定的，责令其停止违法行为，限期改正，并对举办者处以二千元以上一万元以下的罚款	最低额+自由裁量度×（人数/200人）×100%（200人以上按最高额99%处罚）	举办大型游乐活动的行为适用《风景名胜区条例》
24	在风景区内建（构）筑物的外墙、屋顶、平台、阳台等处设置、堆放、吊挂破坏景观、有碍观瞻的物品	《杭州西湖风景名胜区管理条例》第四十八条第二款：风景区内建（构）筑物的外墙、屋顶、平台、阳台等处不得设置、堆放、吊挂破坏景观、有碍瞻的物品	《杭州西湖风景名胜区管理条例》第五十九条：违反本条例第四十八条第二款规定的，责令其限期改正，并可处以二十元以上二百元以下的罚款	情节较轻：20元～50元；情节一般：50元～100元；情节较重：100元～200元	

续表

序号	违法行为	违 则	罚 则	自由裁量权公式	备 注
25	在风景区内新建和擅自改建、翻修坟墓	《杭州西湖风景名胜区管理条例》第四十九条第一款：除国家已有的公墓外，禁止在风景区内新建和擅自改建、翻修坟墓	《杭州西湖风景名胜区管理条例》第六十条第一款：违反本条例第四十九条第一款规定的，责令其停止违法行为，限期恢复原状，并处以二千元以上二万元以下的罚款	最低额＋自由裁量度×（新建面积/10m²）×100%（面积以平方米为单位，10m²以上按最高额99%处罚）	仅适用新建坟墓违法行为，擅自改建、翻修坟墓适用《风景名胜区条例》

5. 浙江省方岩风景名胜区保护管理办法

（2008年11月19日浙江省人民政府第255号令公布 自2008年12月1日起施行）

第一章 总 则

第一条 为了加强对方岩风景名胜区的管理，有效保护和合理利用风景名胜资源，根据《风景名胜区条例》、《浙江省风景名胜区管理条例》等法律、法规，结合风景名胜区实际，制定本办法。

第二条 方岩风景名胜区（以下简称风景区）是以丹霞地貌等自然风光为主要特色的国家级风景名胜区，包括方岩景区和五指岩景区。风景区的具体范围按照国务院批准的《方岩风景名胜区总体规划》执行。

第三条 风景区的规划、保护、利用和管理，适用于本办法。

第四条 风景区的规划、保护、利用和管理，应当遵循科学规划、统一管理、严格保护、永续利用的原则。

第五条 永康市人民政府应当加强对风景区保护和管理工作的领导，完善基础设施建设，建立和完善相关制度，督促方岩风景名胜区管理委员会依法履行管理职责，协调有关行政机关共同做好风景区保护和管理的相关工作。

方岩风景名胜区管理委员会（以下简称风景区管委会）在永康市人民政府的领导下，负责风景区的保护、利用和统一管理，依法行使下列职权：

（一）宣传和贯彻有关法律、法规、规章；

（二）负责风景名胜资源、文化遗产、自然生态环境的保护和管理，合理利用风景名胜资源；

（三）负责风景区的规划建设、旅游、宗教事务、安全生产、环境卫生、文化市场等管理工作；

（四）组织交通、电力和接待服务等设施建设；

（五）行使永康市人民政府依法授予和有关行政管理部门依法委托的其他管理职权。

风景区管委会的有关行政管理活动应当接受永康市人民政府相应行政管理部门的业务指导和监督。

第六条　任何单位和个人都有保护风景名胜资源的义务，有权制止、检举破坏风景名胜资源的行为。

第二章　规　划

第七条　风景区规划是风景区保护、建设、管理和利用的依据。风景区规划分为总体规划和详细规划，由省建设行政主管部门组织编制。

总体规划经省人民政府审查后，报国务院审批。

详细规划由省建设行政主管部门报国务院建设行政主管部门审批。

第八条　编制风景区规划应当遵循以下原则：

（一）符合《风景名胜区条例》等法律、法规的规定；

（二）与永康市国民经济和社会发展规划相衔接，与永康市市域总体规划和土地利用总体规划相协调；

（三）保护自然生态环境，改善环境质量；

（四）保护以丹霞地貌为主要特色的自然景观，以及与自然景观相融合的历史人文景观；

（五）坚持严格保护、永续利用，防止风景区建设出现城市化倾向，避免对风景区进行过度商业化利用和对景点进行人工化改造。

第九条 总体规划应当突出风景区丹霞地貌的自然景观、书院文化和胡公文化遗迹的文化内涵，将风景区内自然、人文景观最集中、最具观赏价值的区域，划定为核心景区。

详细规划应当根据总体规划编制，按照核心景区和其他景区的不同性质、特点、范围，确定丹霞地貌等景点保护方案和基础设施、旅游设施、文化设施等建设项目的选址、布局与规模，并明确建设用地范围和规划设计条件等。

第十条 编制风景区规划，应当广泛征求政府有关部门、社会公众和专家的意见，必要时应当进行听证。

第十一条 风景区规划经批准后，应当向社会公布，任何单位和个人都有权查阅。

风景区规划必须严格执行，任何单位和个人不得擅自修改；确需对风景区规划有关内容进行修改的，应当按照国家规定的权限和程序报经批准或者备案。

修改和实施风景区规划对公民、法人或者其他组织的财产造成损失的，应当依法给予补偿。

第三章 保 护

第十二条 风景区管委会应当加强对风景区内地形地貌、古建筑、古园林、古石刻、历史遗址、古树名木等风景名胜资源的调查，登记建档，并制定相应的保护和管理措施。

风景区管委会应当会同有关部门加强绿化造林、森林消防、病虫害防治、水体保护、地质灾害防治和环境污染防治等工作，保护自然环境。

风景区内的居民和游览者应当保护风景区的景物、文物古迹、水体、林草植被、野生动物等风景名胜资源和各项设施。

第十三条 永康市人民政府应当划定丹霞地貌保护范围，设立界址、界碑，并向社会公布，任何单位和个人不得毁坏或者擅自改变。

永康市人民政府应当制定和落实相应的措施，严格保护风景区内的地形地貌，保持丹霞地貌的独特性和完整性。

第十四条 在风景区内禁止违反规划设立各类开发区。

风景区内的建设应当严格遵守风景区规划。对违反风景区规划建造的建（构）筑物、设施，应当依法限期整改或者拆除。

风景区的核心景区内禁止违反规划建设宾馆、招待所、培训中心、疗养院以及与风景名胜资源保护无关的其他建（构）筑物、设施；已经建设的，应当按照风景区规划逐步迁出。

第十五条 严格控制风景区内居民住宅建设。确需新建居民住宅的，应当在风景区规划确定的住宅建设用地范围内，按照统一规划建造。规划住宅用地外的现有住宅不得翻建、改建、扩建，但确因危房维护、消防安全等需要翻建、改建的除外。

永康市人民政府应当按照风景区规划和丹霞地貌保护要求，做好风景区内现有村庄的整治。

第十六条 风景区内建设项目的选址、布局应当符合风景区规划；建（构）筑物、设施的高度、体量、造型、色调等，应当保持风景区特色，与周围景观和环境相协调。

在风景区内进行建设活动的，建设、施工单位应当制订污染防治和水土保持方案，并采取有效措施，保护周围景物、水体、林草植被、野生动物资源和地形地貌；建设工程结束后，应当及时清理现场，恢复环境原貌。

第十七条 风景区内禁止从事下列活动：

（一）开山、采石、开矿、开荒、新建坟墓；

（二）修建储存爆炸性、易燃性、放射性、毒害性、腐蚀性物品的设施；

（三）烧荒或者在禁火区内吸烟、生火、燃放烟花爆竹；

（四）炸鱼、毒鱼、电鱼，以及从事水上餐饮经营活动；

（五）在景物或者设施上刻划、涂污以及损坏景物或者设施；

（六）砍伐林木，猎捕野生动物；

（七）在非指定地点烧香点烛；

（八）其他破坏景观、植被和地形地貌的活动。

第四章　管理和利用

第十八条 风景区管委会应当加强安全管理，落实安全责任制，制定和完善安全事故应急预案，预防和控制各类安全事故的发生。

风景区发生安全事故时，风景区管委会应当根据情况，立即启动相应的事故应急预案，采取有效措施，组织疏导、抢救，防止事故扩大，并按照有关规定及时上报。

第十九条　风景区管委会应当会同有关部门加强风景区内交通、通信、水电、消防、卫生等设施的建设，建立健全各项管理制度，加强交通、消防、环境卫生、经营秩序等方面的管理。

风景区管委会应当在风景区内设置规范的标志和路标，在险要部位设置安全设施和安全警示牌，并定期对交通、游览设施进行检查和维护。

第二十条　在风景区从事《风景名胜区条例》和本办法禁止以外的建设活动的，应当依照《风景名胜区条例》第二十八条的规定，经风景区管理局审核后，依法办理审批手续。

第二十一条　风景区内经营者的经营场所、服务内容，应当符合风景区商业网点规划。工商行政管理部门在核发营业执照时，应当执行风景区商业网点规划。

经营者应当在指定地点、区域和规定的营业范围内依法经营、文明经商，禁止擅自搭棚、设摊、设点、扩面经营。

风景区管委会应当按照风景区商业网点规划对现有的商业经营场所进行整治，维护正常的经营秩序。

第二十二条　进入风景区的车辆，应当按照规定的路线行驶，在规定的地点停放。

第二十三条　风景区内的自然资源保护、利用和管理，文物保护和宗教事务管理等工作，还应当执行国家有关法律、法规的规定。

第二十四条　风景区内交通、服务等项目，由风景区管委会根据公开、公平、公正的原则，采用招标、挂牌或者随机确定等公平竞争方式确定经营者，并与经营者签订合同，依法确定各自的权利义务。

经营者应当按照规定缴纳风景名胜资源有偿使用费。

第二十五条　风景区门票收入和风景名胜资源有偿使用费，实行收支两条线管理，专门用于风景名胜资源的保护和管理以及风景区内财产所有权人、使用权人损失的补偿。

风景区门票收入和风景名胜资源有偿使用费的管理、使用，按照国家和省有关规定执行。

审计机关应当加强对门票收入和风景名胜资源有偿使用费管理、使用的审计监督。

第二十六条 风景区内禁止从事下列违反管理秩序的活动：

（一）随意丢弃塑料袋、易拉罐、餐盒等垃圾；

（二）强行或者以诱骗方式向游客兜售商品、提供服务；

（三）进行攀岩、高空表演、蹦极等活动；

（四）经营性饲养或者放养家畜家禽；

（五）其他违反风景区管理秩序的活动。

第二十七条 风景区管委会不得从事以营利为目的的经营活动，不得将规划、管理和监督等行政管理职能委托给企业或者个人行使。

风景区管委会工作人员不得在风景区内的企业兼职。

第五章 法律责任

第二十八条 违反本办法规定的行为，《风景名胜区条例》等法律、法规已有法律责任规定的，从其规定。

第二十九条 违反本办法第十三条第一款规定，毁坏或者擅自改变界址、界碑的，由风景区管委会责令其恢复原状，可以处200元以上2000元以下的罚款。

第三十条 违反本办法第十七条规定的，由风景区管委会按照下列规定予以处理：

（一）违反第（三）项规定的，责令改正，对烧荒或者在禁火区内吸烟、生火的，处50元以上300元以下的罚款；对在禁火区内燃放烟花爆竹的，处100元以上300元以下的罚款。

（二）违反第（四）项规定的，责令改正，对炸鱼、毒鱼、电鱼的，处50元以上500元以下的罚款；对从事水上餐饮经营活动的，处500元以上5000元以下的罚款。

（三）违反第（七）项规定，在非指定地点烧香点烛的，责令改正，可以处50元以上200元以下的罚款。

第三十一条 违反本办法第二十一条第二款规定，擅自搭棚、设摊、设点、扩面经营的，由风景区管委会责令限期拆除；逾期不拆除的，由风景区管委会代为拆除，费用由责任人承担，并可以处1000元以上2万元以下的罚款。

第三十二条 违反本办法第二十二条规定，进入风景区的车辆未按照规定的路线行驶，或者未在规定的地点停放的，由风景区管委会责令改正，可以处50元以上200元以下的罚款。

第三十三条 违反本办法第二十六条规定的，由风景区管委会按下列规定予以处理：

（一）违反第（一）项规定，随意丢弃塑料袋、易拉罐、餐盒等垃圾的，责令改正，可以处50元的罚款。

（二）违反第（二）项规定的，责令改正，对强行向游客兜售商品、提供服务的，可以处500元以下的罚款；对以诱骗的方式向游客兜售商品、提供服务的，可以处200元以上2000元以下的罚款。

（三）违反第（三）项规定，进行攀岩、高空表演、蹦极等活动的，责令改正，可以处50元以上500元以下的罚款。

（四）违反第（四）项规定，经营性饲养或者放养家畜家禽的，责令限期改正；逾期不改正的，可以处300元以下的罚款。

第三十四条 永康市人民政府、风景区管委会以及其他行政机关有下列行为之一的，由有权机关按照管理权限责令改正；对直接负责的主管人员和其他直接责任人员依法给予行政处分：

（一）违反风景区规划在风景区内设立各类开发区的；

（二）超过允许容量接纳游客或者在没有安全保障的区域开展游览活动的；

（三）未在风景区内设置规范的标志和路标，或者未在险要部位设置安全设施和安全警示牌的；

（四）从事以营利为目的的经营活动的；

（五）允许风景区管委会的工作人员在风景区内企业兼职的；

（六）审核同意在风景区内进行不符合风景区规划的建设活动的；

（七）发现违法行为不予查处，或者不依法履行监督管理职责的；

（八）有其他滥用职权、玩忽职守、徇私舞弊行为的。

第三十五条 在风景区内有违反森林保护、野生动植物资源保护、文物保护和土地管理、环境保护、消防、工商、物价等法律、法规、规章规定的，由有关行政管理部门依法处理，或者由有关行政管理部门委托风景区管委会依法处理。

第三十六条 违反本办法规定，造成损失的，依法承担赔偿责任；构成犯罪的，依法追究刑事责任。

第六章 附　则

第三十七条 本办法自 2008 年 12 月 1 日起施行。

6. 浙江省江郎山风景名胜区保护管理办法

（浙江省人民政府第 254 令公布　自 2008 年 12 月 1 日起施行）

第一章 总　则

第一条 为了加强对江郎山风景名胜区的管理，有效保护和合理利用风景名胜资源，根据《风景名胜区条例》、《浙江省风景名胜区管理条例》等有关法律、法规的规定，结合风景名胜区实际，制定本办法。

第二条 江郎山风景名胜区（以下简称风景区）是以丹霞地貌等自然风光为主要特色的国家级风景名胜区，包括江郎山、峡里湖、仙霞岭、廿八都和浮盖山五个景区。风景区的具体范围按照国务院批准的《江郎山风景名胜区总体规划》执行。

第三条 风景区的规划、保护、利用和管理，适用本办法。

第四条 风景区的规划、保护、利用和管理，应当遵循科学规划、统一管理、严格保护、永续利用的原则。

第五条 江山市人民政府应当加强对风景区保护和管理工作的领导，完善基础设施建设，建立和完善相关制度，督促江郎山风景名胜区管理局依法履行管理职责，协调有关行政机关共同做好风景区保护和管理的相关工作。

江郎山风景名胜区管理局（以下简称风景区管理局）在江山市人民政府领导下，负责风景区的保护、利用和统一管理，依法行使下列职权：

（一）宣传和贯彻有关法律、法规、规章；

（二）负责风景名胜资源、文化遗产、自然生态环境的保护与管理，合理利用风景名胜资源；

（三）负责风景区的规划建设、旅游、安全生产、环境卫生、文化市场等管理工作；

（四）组织交通、电力和接待服务等设施建设；

（五）行使江山市人民政府依法授予和有关行政管理部门依法委托的其他管理职权。

风景区管理局的有关行政管理活动应当接受江山市人民政府相应行政管理部门的业务指导和监督。

第六条 任何单位和个人都有保护风景名胜资源的义务，有权制止、检举破坏风景名胜资源的行为。

第二章 规 划

第七条 风景区规划是风景区保护、建设、管理和利用的依据。风景区规划分为总体规划和详细规划，由省建设行政主管部门组织编制。

总体规划经省人民政府审查后，报国务院审批。

详细规划由省建设行政主管部门报国务院建设行政主管部门审批。

第八条 编制风景区规划应当遵循以下原则：

（一）符合《风景名胜区条例》等法律、法规规定；

（二）与江山市国民经济和社会发展规划相衔接，与江山市市域总体规划和土地利用总体规划相协调；

（三）保护自然生态环境，改善环境质量；

（四）保护丹霞地貌等自然景观，以及与自然景观相融合的历史人文景观；

（五）坚持严格保护、永续利用，防止风景区建设出现城市化倾向，避免对风景区进行过度商业化利用和对景点进行人工化改造。

第九条 总体规划应当突出丹霞地貌的自然景观和仙霞古道、廿八都古镇的历史人文景观，将风景区自然、人文景观最集中、最具观赏价值的区域，划定为核心景区。

详细规划应当根据总体规划编制，按照核心景区和其他景区的不同性质、特点、范围，确定景点保护方案和基础设施、旅游设施、文化设施等建设项目的选址、布局与规模，并明确建设用地范围和规划设计条件等。

第十条 编制风景区规划，应当广泛征求政府有关部门、社会公众和专家的意见，必要时应当进行听证。

第十一条 风景区规划经批准后，应当向社会公布，任何单位和个人都有权查阅。

风景区内的单位和个人应当遵守经批准的风景区规划，服从规划管理。

第十二条 风景区规划必须严格执行，任何单位和个人不得擅自修改；确需对风景区规划内容进行修改的，应当按照国家规定的权限和程序报经批准或者备案。

因修改和实施风景区规划对公民、法人或者其他组织的财产造成损失的，应当依法给予补偿。

第三章 保 护

第十三条 风景区管理局应当加强对风景区内地形地貌、古建筑、古园林、古石刻、历史遗址、古树名木等风景名胜资源的调查，登记建档，并制定相应的保护和管理措施。

风景区管理局应当会同有关部门加强绿化造林、森林消防、病虫害防治、水体保护、地质灾害防治和环境污染防治等工作，保护自然环境。

风景区内的居民和游览者应当保护风景区的景物、文物古迹、水体、林草植被、野生动物等风景名胜资源和各项设施。

第十四条 江山市人民政府应当划定丹霞地貌保护范围，设立界址、标牌，并向社会公布，任何单位和个人不得毁坏或者擅自改变。

江山市人民政府应当制定和落实相应的措施，严格保护风景区内的地形地貌，保持丹霞地貌的独特性和完整性。

第十五条 廿八都古镇应当保持原貌。风景区管理局应当会同文化等有关部门，按照《历史文化名城名镇名村保护条例》的规定，制定和完善保护制度，落实相应的保护措施，保持古镇原有格局与风貌。

风景区管理局应当会同公安等有关部门加强廿八都古镇的消防工作，设置和完善消防设施、器材和消防通道，加强社会消防队伍建设，落实消防安全责任和防范措施，并定期组织演练。

廿八都镇人民政府应当配合风景区管理局等有关部门做好消防、白蚁防治等知识的宣传、教育和有关管理工作。

第十六条　风景区内禁止违反规划设立各类开发区。

风景区内的建设应当严格遵守风景区规划。对违反风景区规划建造的建（构）筑物、设施，应当依法限期整改或者拆除。

风景区的核心景区内禁止违反规划建设宾馆、招待所、培训中心、疗养院以及与风景名胜资源保护无关的其他建（构）筑物、设施；已经建设的，应当按照风景区规划逐步迁出。

第十七条　严格控制风景区内居民住宅建设。确需新建居民住宅的，应当在风景区规划确定的住宅用地范围内，按照统一规划建造。规划住宅用地外的现有住宅不得翻建、改建、扩建，但确因危房维护、消防安全等需要翻建、改建的除外。

江山市人民政府应当按照风景区规划、廿八都历史文化保护区规划和丹霞地貌保护要求，做好风景区内现有村庄的整治。

第十八条　风景区内建设项目的选址、布局应当符合风景区规划；建（构）筑物、设施的高度、体量、造型、色调等，应当保持风景区特色，与周围景观和环境相协调。

在风景区内进行建设活动的，建设、施工单位应当制订污染防治和水土保持方案，并采取有效措施，保护周围景物、水体、林草植被、野生动物资源和地形地貌；建设工程结束后，应当及时清理现场，恢复环境原貌。

第十九条　风景区内禁止从事下列活动：

（一）开山、采石、开矿、开荒、新建坟墓；

（二）修建储存爆炸性、易燃性、放射性、毒害性、腐蚀性物品的设施；

（三）烧荒或者在禁火区内吸烟、生火、燃放烟花爆竹；

（四）炸鱼、毒鱼、电鱼，以及从事水上餐饮经营活动；

（五）在景物或者设施上刻划、涂污以及损坏景物或者设施；

（六）砍伐林木，猎捕野生动物；

（七）从事造纸、制革、化工、冶炼、印染等污染环境的生产活动；

（八）其他破坏景观、植被和地形地貌的活动。

第四章　管理和利用

第二十条　风景区管理局应当加强安全管理，落实安全责任制，制定和完善安全事故应急预案，预防和控制各类安全事故的发生。

风景区发生安全事故时，风景区管理局应当根据情况，立即启动相应事故应急预案，采取有效措施，组织疏导、抢救，防止事故扩大，并按照有关规定及时上报。

第二十一条　在风景区从事《风景名胜区条例》和本办法禁止以外的建设活动的，应当依照《风景名胜区条例》第二十八条的规定，经风景区管理局审核后，依法办理审批手续。

第二十二条　风景区管理局应当根据总体规划确定各景区的游客容量，控制江郎山景区与浮盖山景区的机动车数量。禁止超容量接待游客。

风景区管理局应当加强游客登山安全的管理，严格控制郎峰天游的游客数量，并制定游客疏导方案。

在重要节假日、节庆等活动期间需要控制游客数量的，风景区管理局应当提前一周在相关媒体上发布公告，并采取措施，保障景区安全。

第二十三条　风景区管理局应当完善景区内的服务设施和安全设施，设置规范的标志和路标，在险要部位设置安全设施和安全警示牌，并做好设施、标志的日常检查和维护工作。

第二十四条　风景区管理局应当会同有关部门加强风景区交通、通信、水电、消防、卫生等设施的建设，建立健全各项管理制度，加强交通、消防、环境卫生、经营秩序等方面的管理。

第二十五条　风景区禁止从事下列违反管理秩序的活动：
（一）随意丢弃塑料袋、易拉罐、餐盒等垃圾；
（二）强行或者以诱骗方式向游客兜售商品、提供服务；
（三）在明令禁止的区域攀岩、游泳；
（四）经营性饲养或者放养家畜家禽；
（五）其他违反风景区管理秩序的活动。

第二十六条　进入风景区的车辆、船舶应当按照规定的路线行驶，在规定的地点停放、停泊。

第二十七条　风景区内交通、服务等项目，由风景区管理局根据公开、公平、公正原则，采用招标、挂牌或者随机确定等公平竞争方式确定经营者，并与经营者签定合同，依法确定各自的权利义务。

经营者应当按照规定缴纳风景名胜资源有偿使用费。

第二十八条　风景区门票收入和风景名胜资源有偿使用费，实行收支两条线管理，专门用于风景名胜资源的保护和管理以及风景区内财产所有权人、使用权人损失的补偿。

风景区门票收入和风景名胜资源有偿使用费的管理、使用，按照国家和省有关规定执行。

审计机关应当加强对门票收入和风景名胜资源有偿使用费管理、使用的审计监督。

第二十九条　风景区管理局不得从事以营利为目的的经营活动，不得将规划、管理和监督等行政管理职能委托给企业或者个人行使。

风景区管理局的工作人员不得在风景区内的企业兼职。

第五章　法律责任

第三十条　违反本办法规定的行为，《风景名胜区条例》等法律、法规已有法律责任规定的，从其规定。

第三十一条　江山市人民政府、风景区管理局以及其他行政机关有下列行为之一的，由有权机关按照管理权限责令改正；对直接负责的主管人员和其他直接责任人员依法给予行政处分：

（一）违反风景区规划在风景区内设立各类开发区的；

（二）超过允许容量接纳游客或者在没有安全保障的区域开展游览活动的；

（三）未在风景区内设置规范的标志和路标，或者未在险要部位设置安全设施和安全警示牌的；

（四）从事以营利为目的的经营活动的；

（五）允许风景区管理局的工作人员在风景区内企业兼职的；

（六）审核同意在风景区内进行不符合风景区规划的建设活动的；

（七）发现违法行为不予查处，或者不依法履行监督管理职责的；

（八）有其他滥用职权、玩忽职守、徇私舞弊行为的。

第三十二条　违反本办法第十四条第一款规定，毁坏或者擅自改变界址、标牌的，由风景区管理局责令恢复原状，可以处200元以上2000元以下的罚款。

第三十三条　违反本办法第十九条规定的，由风景区管理局按照下列规定处理：

（一）违反第（三）项规定的，责令改正，对烧荒或者在禁火区内吸烟、生火的，处50元以上300元以下的罚款；对在禁火区内燃放烟花爆竹的，处100元以上300元以下的罚款。

（二）违反第（四）项规定的，责令改正，对炸鱼、毒鱼、电鱼的，处50元以上500元以下的罚款；对从事水上餐饮经营活动的，处500元以上5000元以下的罚款。

第三十四条　违反本办法第二十五条规定的，由风景区管理局按照下列规定处理：

（一）违反第（一）项规定，随意丢弃塑料袋、易拉罐、餐盒等垃圾的，责令改正，可以处50元的罚款。

（二）违反第（二）项规定的，责令改正，对强行向游客兜售商品、提供服务的，可以处500元以下的罚款；对以诱骗的方式向游客兜售商品、提供服务的，可以处200元以上2000元以下的罚款。

（三）违反第（三）项规定，在明令禁止的区域攀岩、游泳的，责令改正，可以处50元以上500元以下的罚款。

（四）违反第（四）项规定，经营性饲养或者放养家畜家禽的，责令限期改正；逾期不改正的，可以处300元以下的罚款。

第三十五条　进入风景区的车辆、船舶，未按照规定的路线行驶，或者未在规定的地点停放、停泊的，由风景区管理局责令改正，可以处50元以上200元以下的罚款。

第三十六条　在风景区内有违反森林保护、野生动植物保护、文物保护和土地管理、环境保护、消防、工商、物价等法律、法规、规章规定的，由有关行政管理部门依法处理，或者由有关行政管理部门委托风景区管理局依法处理。

违反本办法规定，造成损失的，依法承担赔偿责任；构成犯罪的，依法追究刑事责任。

第六章 附　则

第三十七条 本办法自 2008 年 12 月 1 日起施行。

7. 德清县下渚湖湿地风景区管理办法

(2005 年 10 月 26 日浙江省德清县十三届人大常委会第十九次会议通过 自通过之日起施行)

第一章 总　则

第一条 为更好地保护、利用、开发下渚湖湿地风景区资源，发展旅游事业，根据《浙江省风景名胜区管理条例》和下渚湖湿地风景区总体规划，结合下渚湖湿地风景区（以下简称风景区）的实际，制定本办法。

第二条 风景区面积 49km²，其四至范围为：

北：从武康镇县福利院沿舞阳街至虎山折往北至秋山 09 省道，再往东至东苕溪；

东：从乾元东苕溪大桥沿东苕溪至三合新斗门；

南：从新斗门沿湘溪至下柏；

西：从下柏沿城市规划东线往北至武康镇县福利院。

第三条 风景区规划面积 36.5km²，其四至范围为：

北：从武康镇县福利院沿塔山北山坡线经虎山至新琪村，折往北至 09 省道，再往东至东苕溪；

东：从乾元东苕溪大桥沿东苕溪往南至规划中的临杭大道；

南：从东苕溪沿规划中的临杭大道往西至三合乡四都，折往南经八字桥沿湘溪港往西，经新亭桥沿南荡港到五龙桥；

西：从五龙桥往北沿外家港经鸭啄山后，沿山脊线至郁家埠头，再沿塔山南山坡线往西，经杨家涧折往北沿塔山西山坡线至武康镇县福利院。

第四条 核心景区 11.5km^2，其四至范围为：

北：沿东山的山脊线从杭宁高速公路处往东到杨家山北侧折往北至 09 省道，往东至下跨塘；

东：从下跨塘沿洛漾港往南至杀头墩折往东至五闸村，再往南至塘泾村；

南：从塘泾村往东经唐介琪、四都村北面至杭宁高速公路寺山处；

西：从寺山沿杭宁高速公路往北至东山。

第五条 风景区工作必须把保护风景名胜资源放在首位，坚持严格保护，统一管理，合理开发，永续利用的方针。

第六条 德清县下渚湖湿地风景区管理委员会是风景区的主管部门，风景区内所有的单位，业务受其上级主管部门和单位领导，其合法权益受到保护，涉及到风景区的保护、开发、建设和管理活动，必须服从风景区主管部门的统一规划和管理。

县政府建设、林业、公安、国土、交通、水利、工商、环保、宗教、文化、卫生、农业等部门及三合乡、武康镇、乾元镇等乡镇按各自职责协同风景区主管部门做好风景区的保护、管理工作。

第七条 风景区内的土地、森林、水等资源权属关系不变。资源开发利用，须符合风景区总体规划，经风景区主管部门审核后报有关部门批准。

第八条 风景区内所有的机关、团体、学校、企事业单位、居民委员会、村民委员会及在其范围内从事有关活动的单位和个人，均须遵守本办法。

第二章 保　　护

第九条 风景区的范围由风景区主管部门标明区界、设立界碑。

第十条 风景区内的风景名胜资源和土地不得出让或变相出让。

第十一条 风景区内，禁止修建破坏景观、危害安全、妨碍游览的工程项目和设施。对已有的不符合规定的项目和设施，应当拆除。个别能够采取补救措施的，经风景区主管部门同意，可以采取补救措施，限期整改。

风景区内严禁设置储存易燃易爆和有毒有害物品的仓库、堆场、工厂，已有的仓库、堆场、工厂应当限期搬迁。

第十二条 严格控制在风景区内兴建民用住宅。确需建造的，必须在风景区规划确定的居住区内，按统一规划进行建造。居住区外已有的住宅，不得翻建、改建、扩建，并应当按照风景区主管部门的统一安排，逐步迁入居住区。

第十三条 风景区内的工程项目和设施排放的污染物，必须经过处理，达到国家和地方规定的排放标准，并按指定的地点排放。未达到排放标准或未按指定地点排放的，必须限期整改；逾期未整改或整改后仍未达到标准的，应当责令停产或搬迁。

风景区内不得设置垃圾堆场。风景区及其外围保护地带内的垃圾，必须及时清理运出。

第十四条 风景区内的地形地貌必须严格保护，未经风景区主管部门批准，不得擅自开山采石、采矿、挖沙取土、建坟或其他改变地形地貌等活动。已经发生的，要限期整改。

第十五条 风景区内的林木，应当按规划要求进行抚育管理，不得砍伐。因林相改造、更新抚育等原因确需砍伐的，必须经风景区主管部门同意后，依法报林业部门批准。

在风景区采集标本、野生药材及其他野生林副产品，应当经风景区主管部门同意后，按规定报有关部门批准，并在指定地点限量采集。

第十六条 风景区内的湖泊、港汊、溪泉等水体必须按照国家有关水污染防治法律、法规的规定严格保护，任何单位和个人不得向水体倾倒垃圾或其他污染物，不得擅自围、填、堵、塞、引或作其他改变，不得在下渚湖核心景区水域中洗澡、游泳、洗涤污物，以及使用会污染水质的游船、游艇。

风景区水域内的鱼虾、飞禽、走兽等动物和荷花、菱等水生植物，禁止非法捕钓和采摘。

第十七条 禁止任何单位和个人在风景区内进行下列活动：

（一）非法占用风景名胜资源或土地；

（二）擅自建造、设立宗教活动场所或塑造佛像、神像等塑像；

（三）砍伐、损伤古树名木；

（四）擅自捕杀野生动物；

（五）开办规模化养殖场；
（六）损坏文物；
（七）损坏公共设施；
（八）在禁火区内吸烟、生火、烧香点烛、燃放烟花爆竹；
（九）将未经检疫部门同意的动植物带入风景区；
（十）其他可能危害风景资源的活动。

第十八条 风景区内的文物保护管理，应当按照《中华人民共和国文物保护法》和《浙江省文物保护管理条例》等有关法律、法规的规定执行。

第十九条 风景区内，依托风景名胜资源从事经营的单位和个人，必须缴纳风景区维护管理费。在风景区内进行建设的单位和个人，除公用基础设施建设项目外，必须缴纳公用基础设施配套费。

风景区维护管理费、公用基础设施配套费的收入，主要用于风景区的景观维护、建设和环境保护、基础设施建设等方面。具体收费标准和办法，由县人民政府提出方案，报省财政、物价部门批准后实施。

第三章 规 划

第二十条 风景区规划是风景区保护、建设和管理工作的依据。编制风景区规划必须遵循以下原则：
（一）与全县国民经济和社会发展规划相衔接，与全县土地利用总体规划和县城市总体规划相协调；
（二）符合有关保护和利用风景名胜资源的法律、法规的规定；
（三）注重保护自然景观的完整风貌和人文景观的历史风貌，突出风景区景观特色；
（四）协调处理保护与建设、近期与远期、局部与整体的关系，对风景区各项事业作出全面规划。

第二十一条 风景区的总体规划，在县人民政府领导下，由县建设和风景区主管部门会同发改委、林业、农业、水利、土地、文化、环保、旅游、交通、宗教等有关部门编制；详细规划在总体规划指导下，由风景区主管部门会同有关部门编制。

第二十二条 风景区总体规划主要包括：风景区的性质、范围及其外围保护地带、景区划分、功能分区、环境容量和游人规模预测、游览路线及游程，环境保护、绿化、公用基础设施和旅游服务设施等各项专业规划，近期发展目标及主要建设项目，实施总体规划的措施等。

详细规划主要包括：景区性质、特色、范围，景点保护方案，绿化、游览设施、旅游服务设施和其他基础设施的布局，重要建筑的方案设计等。

第二十三条 风景区规划的编制工作应当按国家有关规定，委托具有相应资质等级的专业规划设计单位承担。

第二十四条 风景区的总体规划和详细规划按有关规定报批。

第二十五条 经批准的风景区规划，必须严格执行，任何单位和个人不得擅自改变。

风景区规划实施过程中，对风景区性质、发展规模、总体布局、用地及功能分区、规划期限等内容需作重大修改的，必须报请原审批机关审批。

第二十六条 风景区内的村庄、集镇、建制镇以及其他专项规划，应当按风景区总体规划的要求进行编制；已编制的不符合总体规划要求的村庄、集镇、建制镇及其他专项规划，应当根据总体规划进行调整。

第四章 建　　设

第二十七条 风景区必须严格按照批准的规划进行建设。

在风景区详细规划批准前，不得进行永久性的建设。个别确需建设的项目，其选址与规模必须经过可行性分析和技术论证，按风景区详细规划审批权限报经批准。

第二十八条 建设项目的选址、布局，建筑高度、造型、风格、色调应当与周围景观和环境相协调。

第二十九条 风景区内的旅游建设项目，应当有利于社会主义精神文明建设，不得建设有低级、庸俗、封建迷信等不健康内容的项目。

第三十条 风景区内所有建设项目的选址，由风景区主管部门提出审核意见，符合风景区规划要求的，报县建设部门审批同意后，办理立项等有关手续。

风景区内建设项目的选址，法律、法规规定须报经有关部门同意的，应当先经有关部门审核同意。

第三十一条 风景区内建设项目立项后，需要申请用地的，建设单位或个人应当持有关批准文件，先到风景区主管部门办理审核手续，风景区主管部门根据规划和建设项目的性质、规模核定其用地位置和界限，再由县建设部门按规定程序核发《风景名胜区建设用地规划许可证》。

建设单位或个人在取得《风景名胜区建设用地规划许可证》后，方可按土地审批管理权限向县人民政府土地管理部门申请用地。法律、法规规定须报经环保、水利、交通、林业等有关部门同意的，应当先经有关部门审核同意。

第三十二条 建设单位或个人在办理选址、立项和用地审批手续后，应当按照规定程序和要求编制建设项目设计方案、进行初步设计和施工图设计。

风景区主管部门审核认可建设项目设计方案和初步设计、施工图设计后，由县建设部门发放《风景名胜区建设工程规划许可证》。重要建设项目的设计方案和初步设计，应当报经省建设行政主管部门审核认可。

建设单位或个人在取得《风景名胜区建设工程规划许可证》后，方可申请办理开工手续。

第三十三条 风景区内不得进行乱搭乱建，确需进行临时建设的，须经风景区主管部门审查同意，取得《风景名胜区临时建设工程规划许可证》，并依法办妥临时用地手续后方可开工。临时建设的设施，必须在批准使用期限内拆除，恢复原貌。

第三十四条 风景区内的建设项目，均须委托具有与建设项目要求相符合的资质等级的设计单位设计。

第三十五条 承接风景区建设工程施工任务的单位，必须具有与建设工程要求相符合的施工资质。

风景区内进行建设，必须文明、安全施工，采取有效措施，保护好地形地貌、林木植被、水体，工程结束后应当及时清理现场。

第五章 管 理

第三十六条 风景区应当加强治安、安全管理，建立健全安全管理制度，完善安全管理设施，严防火灾和其他游览事故发生。

风景区根据需要，可设立公安和港监的派出机构。

第三十七条 风景区应当加强环境保护和环境卫生管理，建立制度，完善设施，搞好风景区的环境保护和环境卫生。

第三十八条 风景区应当加强对经营活动的管理。在风景区内从事经营活动，必须先经风景区主管部门批准，再依法办理有关手续，禁止无证经营。经批准从事经营活动的单位和个人，必须在指定地点文明、合法经营，不得强行向游客兜售商品或强行提供服务，不得擅自搭棚、设摊，以及绘制商标、广告，不得影响环境卫生，不得有碍游览和观瞻。违者必须拆除。

风景区内的景物除按规定禁止摄影的以外，应当允许游客摄影；风景区内的管理单位和摄影服务摊点不得在景物周围圈占摄影位置，不得向自行摄影的游客收取费用。

第三十九条 进入风景区营运的旅游车、船等交通工具必须经风景区主管部门批准。

第四十条 风景区内的门票、游船等收费项目和收费标准，经风景区主管部门审核后，报县财政、物价主管部门批准执行。

第六章 法律责任

第四十一条 风景区内的建设单位或个人，未取得土地使用权或采用欺骗手段取得土地使用权进行建设的，按照《浙江省土地管理实施办法》的规定处理。

第四十二条 风景区内的建设单位或个人，取得土地使用权但未取得《风景区建设工程规划许可证》，或违反《风景区建设工程规划许可证》的规定进行建设，严重影响风景区景观的，由风景区主管部门责令其限期拆除、恢复原状，并按《浙江省风景名胜区管理条例》的有关规定予以处罚。影响风景区景观，但可采取改正措施的，责令其限期改正，经风景区主管部门检查合格后，按规定补办审批手续，并按《浙江省风景名胜区管理条例》的有关规定予以处罚。

对违章建设单位的直接责任人员和负有责任的主管人员,由有管理权限的部门给予行政处分。

第四十三条 风景区主管部门和有关管理部门违反风景区规划和本办法有关规定,违法审批建设项目的,批准文件无效,已进行建设的,由县人民政府责令限期拆除、恢复原状,对直接责任人员和负有责任的主管人员给予行政处分;构成犯罪的,依法追究刑事责任。

第四十四条 违反本办法第三十八条、第三十九条规定的,按照《浙江省风景名胜区管理条例》的规定,由风景区主管部门给予警告,责令改正,并按《浙江省风景名胜区管理条例》的有关规定予以处罚。

第四十五条 风景区内违反森林保护、野生动植物资源保护、环境保护、文物保护和土地管理、规划建设、水利、消防、治安、工商、物价等行政管理法律、法规规定的,由有关行政管理部门依法处理,或者由有关行政管理部门委托风景区主管部门依法处理。

第四十六条 拒绝、阻碍有关行政管理部门工作人员依法执行公务,或者侮辱、殴打风景区管理人员的,由公安机关按《中华人民共和国治安管理处罚法》的规定予以处罚;构成犯罪的,依法追究刑事责任。

第四十七条 风景区因管理不善造成资源、环境破坏的,由县人民政府责令限期整改。逾期不改正或整改措施不力,致使资源、环境遭受严重破坏的,依法追究有关领导人和直接责任人的责任。

国家工作人员在风景区管理工作中玩忽职守、滥用职权、徇私舞弊的,由有管理权限的部门给予行政处分;构成犯罪的,依法追究刑事责任。

第七章 附 则

第四十八条 本办法自通过之日起施行。

十、安徽省

1. 黄山风景名胜区管理条例

(1989年4月13日安徽省第七届人民代表大会常务委员会第十次会议通过 1997年11月2日安徽省第八届人大常委会第三十四次会议修订 自公布之日起施行)

第一条 黄山是以自然景观为特色的国家重点风景名胜区，黄山风景名胜资源是人类宝贵的自然文化遗产。为了严格保护黄山风景名胜资源及其自然生态环境，合理开发和科学利用风景名胜资源，根据国务院《风景名胜区管理暂行条例》和国家有关规定，制定本条例。

第二条 黄山风景名胜区（以下简称风景区）的范围：东至黄狮，西至小岭脚，南至汤口，北至二龙桥，面积154km^2，按此范围标界立碑。

根据保护风景名胜资源和自然生态环境的需要，在风景区外围要确定保护地带（以下简称保护带），其具体范围由黄山市人民政府提出划定方案，经黄山市人民代表大会常务委员会审议，报省建设行政主管部门批准。

第三条 风景区的地形地貌、山体、岩石、冰川遗迹、瀑布、名泉、河溪及其他水体、林木植被、野生动植物、特殊地质环境等自然景物和文物古迹、园林建筑、石雕石刻等人文景物及其所处的环境，均属风景名胜资源，应严加保护。

第四条 黄山市人民政府设立黄山风景区管理委员会（以下简称管委会）。管委会主任由市长兼任。管委会在黄山市人民政府领导下，主持风景区的管理工作。其主要职责：

（一）保护风景名胜资源、自然生态环境；

（二）组织实施风景区规划，合理开发风景名胜资源；

（三）审查、监督有关的建设项目；

（四）建设、管理和保护基础设施及其他公共设施，改善游览服务条件；

（五）负责封山育林、植树绿化、护林防火、防治林木病虫害和防止水土流失；

（六）做好爱护黄山、保护黄山的宣传教育工作；

（七）管理与风景区保护有关的其他事项。

风景区内的所有单位必须服从管委会的统一管理。

属集体所有和林业单位管理的土地、林木等，在管委会的指导下，由其所有人或承包人负责管理、保护。

第五条 黄山市人民政府根据国务院批准的黄山总体规划，组织编制各景区的详细规划及精华景点的区域详细规划，经市人民代表大会常务委员会审议，报省建设行政主管部门审查批准。

第六条 风景区内，禁止建设工矿企业，不准新建、扩建办公楼、宾馆、招待所、休养、疗养机构及其他有碍景观的工程设施，原有建筑物应进行清理整顿，凡污染环境或有碍观瞻的，应限期拆除或外迁。在风景区内不准储存易燃易爆、有毒物品。

保护带内，禁止建设污染环境和破坏生态、景观的工厂和设施。

汤口镇的建设规划、建筑物的设计，要与风景区的景观相协调。

第七条 风景区内因保护或管理确需建设的工程，由管委会根据经批准的风景名胜区规划、编制计划，经黄山市人民政府审查后，报省建设行政主管部门批准，省建设行政主管部门根据风景名胜区规划设计要求，核发建设选址审批书和建设工程规划许可证。否则，不得审批立项。

所有建筑物的布局、设计均要与周围景观相协调，工程施工时，必须严格保护施工现场周围的景物与环境。

第八条 设立黄山风景名胜资源保护基金。保护基金可以通过国家补助、社会资助、国家援助、资源有偿使用以及专项附加费等多渠道筹集。其具体筹集办法和使用范围由人民政府另行制定。

第九条 因景区景点的开发或工程建设需要砍伐少量非珍贵竹木的、集体或个体所有的竹木需要间伐的，均应经管委会审查，报黄山市人民政府批准。

因教学、科研需要采集物种标本的，须经管委会同意，在指定地点限量采集。

因保护景区内道路、维护设施,需要挖取沙、石、土的,须经管委会同意,在规定地点,限量挖取。

第十条 除本条例第九条规定的情形外,风景区内禁止下列活动:

(一)开垦农作;

(二)放牧牲畜;

(三)砍伐竹木;

(四)猎捕野生动物;

(五)采挖苗木、花、草、药和珍贵物种;

(六)开山、采石、淘沙和取土;

(七)建造坟墓;

(八)在景物上刻、写;

(九)其他有损景观的。

第十一条 风景区内的奇峰异石、名松、古树、名泉、冰川遗迹,必须建立档案,悬挂标牌,严格保护。上述景物周围只准建置保护设施,不得建设其他设施;原有建筑物,凡有碍观赏的,应限期拆除。

第十二条 风景区的河溪、泉水、瀑布、深潭的水流、水源,除按风景区规划的要求整修、利用外,均应保持原状,不得截流、改向或作其他改变。

禁止向上述水体排放、倾倒污水、垃圾和其他污染物。

第十三条 管委会应根据保护环境和恢复生态的需要,对重要景区、景点实行定期封闭轮休。

第十四条 风景区及其保护带要建立、健全防火组织,完善防火设施。凡进入风景区的人员,在室外均应按管委会规定的地点吸烟或用餐。防火紧要期内,严禁携带火种进入重要景区。

第十五条 未经检疫部门检查的木材、竹木制品、盆景、菌木、花卉、种子和动物,不得运入风景区内。

第十六条 保护带内的风景、名胜资源的开发、利用,必须符合风景区总体规划的要求,其详细规划设计、须经管委会审查同意,报市人民政府批准。并按本条例的规定,做好保护管理工作。

第十七条 管委会应确定各景区、景点的环境容量和游览路线,制定旅游旺季疏导游客的具体方案,有计划地组织旅游活动。必要时，可采取措施，限制游客数量。

第十八条 凡进入风景区内的车辆必须经管委会批准并办理景区通行证，按指定路线行驶，在规定的地点停放。

第十九条 风景区内服务网点和公用设施布局由管委会统一规划。慈光阁、云谷寺、芙蓉岭、钓桥庵景点及其以上区域的服务网点设置，要从严控制。所有经营单位和个人应按规定的地点和营业范围经营。管委会可以根据安全和环境卫生的需要，规定禁止经营的商品、服务项目以及禁止使用的燃料、包装物品种。

风景区内禁止设置农贸市场。

第二十条 风景区内各经营单位的指示标牌，应按管委会规定的式样、规格制作，在指定地点安置。风景区内禁止设立、张贴广告。

第二十一条 管委会应采取有效措施，做好风景区内的环境卫生工作。不准在风景区内随意丢弃或堆放垃圾。

第二十二条 加强风景区内的治安、安全管理，保护游客安全和景物完好，保持良好的公共秩序。

第二十三条 进入风景区内的游客和其他人员，应爱护风景名胜资源和各项公共设施，维护环境卫生和公共秩序，遵守风景区的有关规定。

第二十四条 对执行本条例，保护和开发风景名胜资源作出重要贡献的单位和个人，由管委会或黄山市人民政府给予表彰和奖励。

第二十五条 违反本条例规定，有下列行为之一的，由管委会按下列规定处罚：

（一）违反风景名胜区规划，未取得建设工程规划许可证件或者违反建设工程规划许可证件规定进行建设，严重影响风景名胜区规划的，责令停止建设，限期拆除或者没收违法建筑物、构筑物或者其他设施；影响风景名胜区规划的，尚可采取改正措施，责令限期改正，并处工程总造价5%以下的罚款；

（二）非法侵占风景名胜区土地的，责令退出所占土地，按有关法律、法规的规定处以罚款；

（三）损毁景物林木植被、捕杀野生动物或者污染、破坏环境的，责令停止破坏活动，赔偿经济损失，并可根据情节按有关法律、法规的规定处以罚款；

（四）破坏风景名胜区游览秩序和安全制度，不听劝阻的，给予警告或者1000元以下罚款；属于违反有关治安管理规定的，由公安机关依法处罚；

前款行为，情节严重触犯刑律的，依法追究刑事责任。或者违反国家有关森林，环境保护和文物保护法律的，依其规定进行处罚。

第二十六条 管委会违反风景名胜区规划进行违章建设，损毁景物的，由省建设行政主管部门按本条例第二十五条的规定进行处罚。

第二十七条 当事人对所给予的处罚不服的，可以依法申请复议或者提出诉讼。

第二十八条 黄山市人民政府依照本条例的规定，制定实施办法。经市人民代表大会常务委员会审议决定后施行，并报省建设行政主管部门备案。

第二十九条 本条例应用中的具体问题，由省建设行政主管部门负责解释。

第三十条 本条例自公布之日起施行。

2. 九华山风景名胜区管理条例

（2002年9月29日安徽省第九届人民代表大会常务委员会第三十二次会议通过　2002年9月29日安徽省人民代表大会常务委员会第116号公告公布　自2003年1月1日起施行）

第一章　总　　则

第一条 为了加强对九华山风景名胜区的管理，保护、利用和开发以佛教文化和自然景观为特色的风景名胜资源，根据有关法律、行政法规，结合实际，制定本条例。

第二条 九华山风景名胜区（以下简称风景区）的范围：东起九子岩山麓，西至九子岭西边大岗山麓，北起莲花峰麓，南至南阳湾，面积120km^2，按此范围标明区界，设立界碑。

按照国家标准，风景区划分为特级保护区、一级保护区、二级保护区和三级保护区。

风景区外围保护地带（以下简称保护带）的范围：东起朱备店（包括龙口、走竹凹、牛狼峰、西山排），西至大岗山麓（包括土地岭、八都岗、牛背垄山麓、滴水岩、低岭脚等一线），北起庙前莲花峰山麓，南至南阳湾，面积53.85km^2。

第三条 风景区内的寺庙、园林、古民居、石雕、石刻等文物古迹、人文景物及其所处的环境和地形、地貌、山体、岩石、溶洞、瀑布、泉流、河溪及其他水体、林木植被、野生动植物、地质景观等自然景物，均属风景名胜资源，应当依法加强保护。

第四条 风景区管理应当坚持严格保护、统一规划、统一管理、合理开发、永续利用的原则。

第五条 池州市人民政府设立九华山风景区管理委员会（以下简称管委会）。管委会主任由市长兼任。管委会在池州市人民政府领导下，负责风景区的管理工作，其主要职责是：

（一）保护风景名胜资源、自然生态环境；

（二）组织实施风景区规划，合理开发、科学利用风景名胜资源；

（三）依法管理风景区内宗教事务、旅游事业；

（四）审查、监督风景区内各种建设项目；

（五）建设、管理和保护风景区内基础设施及其他公共设施。

设在风景区内的单位，除各自业务受上级主管部门领导外，应当服从管委会对风景区的统一规划和管理。

第六条 设立九华山风景名胜资源保护资金。保护资金可以通过国家补助、社会补助、国外援助、资源有偿使用等渠道筹集，具体筹集办法和使用范围由池州市人民政府制定，报省人民政府批准。

第七条 风景区内的单位、居民、僧侣和游人都应当遵守风景区的管理规定，爱护风景区内的景物、林木植被和各项设施。

第二章 资源与环境保护

第八条 禁止在景区内从事下列活动：

（一）在二级以上保护区（含二级保护区，下同）内采石、挖沙、取土；

（二）烧砖瓦、烧石灰；

(三) 储存易燃易爆、有毒有害物品;
(四) 进行野炊和其他违章用火作业;
(五) 在景物上涂写、刻划;
(六) 在二级以上保护区内放牧牲畜;
(七) 破坏景观的其他行为。

第九条 风景区内的地形、地貌应当严格保护。因保护风景区内道路、维护设施,确需在三级保护区内采石、挖沙、取土的。应当经管委会审查同意后,报县级以上人民政府有关行政主管部门批准,并在指定地点采、挖。

风景区内的居民因生活需要,必须在三级保护区内采石、挖沙、取土自用的,由管委会指定采、挖地点。

第十条 管委会和县级以上地方人民政府有关行政主管部门应当依法做好风景区及其保护带内的护林、绿化、防火、防治病虫害以及泥石流、山体滑坡等地质灾害的防治工作,保护动、植物及其生存的自然环境。

风景区内的林木,不分权属均应当按照规划进行抚育管理。因景区景点的开发或者工程建设确需砍伐少量非珍贵林木的,以及集体或者个人所有的林木确需进行更新、抚育性采伐的,应当经管委会审查同意后,依法报县级以上人民政府林业行政主管部门批准。

保护带内的非珍贵林木,确需进行更新、抚育性采伐的,应当符合风景区总体规划的要求,并依法报县级以上人民政府林业行政主管部门批准。

因教学、科研等需要在风景区内采集物种标本、野生药材和其他林副产品的,应当经管委会审查同意后,报县级以上人民政府林业行政主管部门批准,并在指定地点限量采集。

第十一条 风景区内的寺庙和古民居、园林、奇峰、异石、名树、名泉、名瀑等,应当建立档案,设置标牌,严格保护。

前款所列景物周围,除建设必要保护设施外,不得建设其他设施。

第十二条 风景区内的河床、溪流、泉水、瀑布、深潭等,除按照风景区规划进行整修、利用外,应当保持原貌,不得截流、改向或者进行其他人为改变。

禁止向风景区内的水体排放、倾倒未经处理或者处理后未达标的污水和其他污染物。

第十三条 风景区及其保护带内应当建立、健全防火组织，完善防火设施。在室外吸烟、烧香、燃烛或者燃放烟花爆竹的，应当在管委会规定的地点进行。

第十四条 未经检疫部门检查的竹木及其制品、盆景、苗木、花卉、种子和动物等，不得运入风景区。

第十五条 保护带范围内风景名胜资源的开发、利用，应当依据风景区总体规划，经管委会审查同意，由池州市人民政府批准后，报省人民政府建设行政主管部门备案，并做好保护、管理工作。

风景名胜区所有开发、建设项目必须进行环境影响评价。需要建设防治污染设施的，必须与主体工程同时设计、同时施工、同时投产使用。

第三章 规划与建设

第十六条 池州市人民政府应当根据九华山风景区总体规划，组织编制各景区的详细规划，经市人民代表大会常务委员会审议后，依法报省或者国务院建设行政主管部门审查、批准。对保护带，应提出规划与建设的具体要求，维护生态环境。

经批准的风景区规划是九华山风景名胜资源保护、开发和利用的依据，任何单位和个人不得擅自改变。

第十七条 因保护、开发和利用风景名胜资源的需要，确需对风景区规划进行修改的，修改方案应当报请原审批机关批准，同时报池州市人民代表大会常务委员会备案。

第十八条 禁止在风景区内建设工矿企业及其他破坏景观的工程设施。建筑物应当定期进行维修，凡污染环境或者破坏景观的，应当限期拆除。

禁止在保护带内建设污染环境或者破坏生态、景观的工矿企业和工程设施。

第十九条 风景区内因保护、开发或者管理确需建设的工程，由管委会根据风景区规划编制计划，经池州市人民政府审查后，依法报省或者国务院建设行政主管部门审查、批准。

风景区内建筑物的布局、高度、体量、造型、风格和色调，应当与周围景观和环境相协调。

建设单位在工程施工时,应当在施工方案中制定具体措施,严格保护施工现场周围的景物、植被、水体和地貌环境。

第二十条 风景区内寺庙的新建、重建、改建、扩建等,应当经省人民政府宗教事务管理部门审查同意,由管委会组织编制规划设计,经池州市人民政府审查后,依法报省人民政府建设行政主管部门批准。

列为文物保护单位的寺庙及其他文物古迹的维修和开发利用,应当遵循修旧如旧和确保文物安全的原则。

第二十一条 风景区内的民居应当在统一规划的居民点内建设,并对其建设规模、用地面积实行严格控制。

第四章 管理与服务

第二十二条 风景区内一切宗教活动,应当遵守法律、法规。宗教团体、宗教教职人员、信仰宗教的公民和依法登记的宗教活动场所,其合法权益及正常的宗教活动受法律保护。

管委会应当执行有关宗教的法律、法规,依法保护正常的宗教活动。

第二十三条 管委会应当加强风景区内的治安、安全管理,建立健全安全管理制度,完善安全管理设施,保护游客安全和景物完好,维护风景区内的公共秩序。

第二十四条 管委会应当采取措施,依法做好风景区内的环境保护和环境卫生工作。

管委会根据风景区的安全和环境卫生的需要,可以规定风景区内禁止经营的商品、服务项目以及禁止使用的燃料、包装物品。

第二十五条 管委会应当科学合理地确定各景区、景点的游客容量和游览路线,制定突发事件的应急预案和旅游旺季疏导游客的具体方案。

管委会应当根据保护环境和恢复生态的需要,对重要景区、景点实行定期封闭轮休。

第二十六条 管委会应当根据风景区规划、统一组织建设风景区内的服务网点和公共设施,改善游览服务条件。

第二十七条　在风景区内依法从事经营活动的单位和个人，应当在指定的地点，按照核定的营业范围从事经营活动，不得强行向游客兜售商品或者强行提供服务。经营场所的指示标牌，应当按照管委会规定的式样、规格制作，并在指定的地点安置。

禁止在游览景区内设立、张贴广告。

第二十八条　进入风景区的营运车辆，应当经管委会批准，按照核定的路线行驶，并在核定的站点停靠。

进入风景区的非营运车辆，应当按照指定的路线行驶，并在规定的地点停放。

第五章　法律责任

第二十九条　违反本条例规定，有下列行为之一的，由管委会予以处罚：

（一）违反风景区规划，擅自进行建设的，责令停止建设、限期拆除、恢复原状，并可处以工程总造价2%以上5%以下的罚款；

（二）损毁风景区界碑、景物的，责令停止破坏活动，恢复原状，赔偿经济损失，并可处以500元以下的罚款；

（三）破坏风景区游览秩序和安全制度，拒不改正的，可处以警告或者1000元以下的罚款；违反治安管理的，由公安机关依法处罚。

第三十条　在风景区及其保护带内违反森林资源保护、野生动植物资源保护、环境保护、文物保护和宗教、旅游、工商、土地、消防、治安等法律、法规规定的，由县级以上地方人民政府有关行政主管部门依法处罚，或者由其委托管委会依法处罚。

第三十一条　管委会违反风景区规划，违法批准建设项目的，由省人民政府建设行政主管部门责令停止建设、限期拆除、恢复原状；造成损失的，依法承担赔偿责任；对直接负责的主管人员和其他直接责任人员给予行政处分。

第三十二条　管委会因管理不善造成风景区资源、环境破坏的，由池州市人民政府责令限期整改；逾期不整改或者整改措施不力的，依法给予直接负责的主管人员和其他直接责任人员行政处分；构成犯罪的，依法追究刑事责任。

第六章 附　则

第三十三条　本条例应用中的具体问题，由省人民政府建设行政主管部门负责解释。

第三十四条　本条例自 2003 年 1 月 1 日起施行。

3. 淮南市舜耕山风景区管理条例

(2009 年 12 月 22 日淮南市第十四届人民代表大会常务委员会第十六次会议通过　2010 年 2 月 25 日安徽省第十一届代表大会常务委员会第十七次会议批准)

第一条　为了保护舜耕山风景区的自然资源、人文资源和生态环境，合理利用其资源，根据有关法律、法规，结合本市实际，制定本条例。

第二条　舜耕山风景区的范围，东以大通区九龙岗镇的小东山为界，西以谢家集区望峰岗镇的小火山为界，南北以沿山路为界。

舜耕山风景区的具体范围由市人民政府批准的舜耕山风景区专项规划确定。

第三条　舜耕山风景区的规划、建设、保护、利用和管理适用本条例。

第四条　舜耕山风景区的管理应当坚持科学规划、严格保护、统一管理、合理开发、永续利用的原则。

第五条　市城乡建设行政主管部门负责舜耕山风景区管理工作。舜耕山风景区管理机构负责日常管理工作。

市人民政府有关行政管理部门及有关区人民政府、权属单位按照各自职责，共同做好舜耕山风景区的管理工作。

第六条　舜耕山风景区管理机构履行下列职责：

（一）保护和管理风景区自然资源、人文资源和生态环境；

（二）监督风景区专项规划的实施和景区内建设活动；

（三）建立健全风景区管理的各项制度，维护风景区的正常秩序，落实安全措施，保持风景区设备设施完好，制止和处罚破坏风景区景观和设备设施的违法行为；

（四）设置风景区范围的界桩和标志；

（五）组织风景区资源状况和生态环境的研究、发掘和保护；

（六）市人民政府授予或者委托行使的其他职权。

第七条 公民、法人和其他社会组织都有保护舜耕山风景区资源和环境的义务，并有权制止、举报破坏风景区资源和环境的行为。

第八条 市人民政府应当将舜耕山风景区的建设和发展纳入本市国民经济和社会发展规划。

第九条 市城乡建设行政主管部门应当会同城乡规划行政主管部门编制舜耕山风景区专项规划，报送市人民政府批准。

编制舜耕山风景区专项规划，应当广泛征求有关部门、公众和专家的意见；必要时，应当进行听证。

舜耕山风景区专项规划应当在本条例实施之日起2年内编制完成，并向社会公布。

第十条 舜耕山风景区专项规划必须严格执行，不得擅自变更。确需调整风景区规划的，应当按照程序报批。

第十一条 舜耕山风景区专项规划中的景点和基础设施建设应当列入城市分年度建设计划，逐步实施。

鼓励社会各界按照舜耕山风景区专项规划投资、捐资兴建景点和基础设施。

第十二条 舜耕山风景区范围内，严格限制建设景观、休闲服务配套设施及公共基础设施以外的其他建（构）筑物。确需建设其他建（构）筑物的，必须按照有关规定办理规划建设审批手续。

第十三条 舜耕山风景区内建筑物的布局、高度、体量、造型、风格和色调，应当与周围景观和环境相协调。不得新建、扩建破坏景观、污染环境、妨碍游览的建筑和设施。

舜耕山风景区内建设项目应当进行环境影响评价。需要建设防治污染设施的，应当与主体工程同时设计、同时施工、同时投入使用。

对已经建成的不符合舜耕山风景区专项规划的建（构）筑物，由其权属单位或个人逐步迁移、改造或拆除。

第十四条　经批准在舜耕山风景区内进行的建设活动，应当按照安全文明施工的有关规定，采取有效措施，严格保护施工现场周围的景物、植被、水体、地貌环境。

建设活动需要临时占地的，建设单位应当报经舜耕山风景区管理机构审核后，向有关部门办理审批手续。工程竣工后应当按照要求恢复损坏的景物、植被、水体、地貌环境。

第十五条　舜耕山风景区内森林权属单位应当依法做好植树绿化、病虫害防治和环境保护等工作，切实保护好林木植被和动植物的生长、栖息环境。

舜耕山风景区内的林木确需采伐的，应当经市城乡建设行政主管部门审核后，报林业行政主管部门批准，并由风景区管理机构监督。

4. 合肥市大蜀山风景名胜区管理办法

(2009年12月15日合肥市人民政府第49次常务会议审议通过　2009年12月31日合肥市人民政府第151号令公布　自2010年2月1日起施行)

第一章　总　　则

第一条　为加强大蜀山风景名胜区管理，有效保护与合理利用风景名胜区资源，根据国务院《风景名胜区条例》、《城市绿化条例》等有关法律、法规，结合本市实际，制定本办法。

第二条　本办法所称大蜀山风景名胜区（以下简称景区）是"合肥环城—西郊风景名胜区"的组成部分，具体范围以省人民政府批准的范围为准。

第三条　景区的保护和管理应当遵循科学规划、严格保护、统一管理、合理开发、永续利用的原则。

第四条　市林业和园林行政主管部门负责景区的规划、建设、保护、管理和利用工作，其所属的景区管理机构负责日常管理工作。

市建设、规划、国土、财政、民政、宗教、工商、环保、公安、城市管理等有关部门应当按照各自职责，协同做好景区有关监督管理工作。

第五条 任何单位和个人都有保护景区资源、自然生态环境和设施的义务，有权举报、制止破坏景区资源、自然生态环境和设施的行为。

第六条 景区内基础设施建设与改造、绿化养护、山林抚育、林木更新、病虫害防治、森林防火等费用应当纳入市财政预算，专项使用，接受监督。

第二章 规划和建设

第七条 景区的建设、保护、管理和利用，应当符合景区规划。

第八条 景区规划应当按照法定程序编制、修订。

编制、修订景区规划应当对现有自然景观和人文景观予以充分保护，并广泛征求有关部门、社会公众和专家的意见；必要时，应当进行听证。

第九条 批准后的景区规划应当向社会公布。

景区规划应当严格执行，任何单位和个人不得擅自变更；确需变更的，应当按原审批程序报批。

第十条 景区内的各项建设活动，应当符合景区规划，经市林业和园林行政主管部门审核后，并依照有关法律、法规的规定办理审批手续方可实施。

建设项目的选址、布局、高度、体量、造型、风格和色调等，应当与景区景观和环境相协调。

建设项目中防治污染的设施，应当与主体工程同时设计、同时施工、同时投入使用。

第十一条 景区范围外延一定的区域为建设项目控制区，建设项目控制区内各项建设活动应当与景区景观要求相一致，不得损害景区的自然风景；具体范围由市规划主管部门会同林业和园林行政主管部门提出并报市政府确定。

第十二条 景区内已经建成的破坏景观、污染环境、妨碍游览的建设项目，应当按照景区规划和景观要求限期迁出或者拆除，并依法给予补偿。

景区内废弃、闲置的国有土地,应当按照规划要求逐步调整为景区建设用地,实施绿化。

景区内的集体所有土地,由市人民政府依法逐步征收,交由景区管理机构实施绿化;未征收前,所有权人或者使用权人不得擅自改变土地用途。

第十三条　景区内不得规划建设以市政功能为主的道路,已建的环山道路和广场应当逐步实施亮化措施。

第十四条　在景区内施工的单位,施工过程中应当采取有效措施保护自然景观和人文景观的原有风貌,以及周围植被、地貌和水体;施工结束后,应当及时清理场地,恢复环境原貌。

第三章　保护、管理和利用

第十五条　景区管理机构应当根据景区规划,合理利用景区资源,改善交通、服务设施和游览条件。

第十六条　景区内的水体、林木、植被、野生动物、地形地貌等自然景观以及园林建筑、文物古迹等人文景观及其所处的环境,均属风景名胜资源,应当依法予以保护。

景区管理机构应当建立健全景区资源和设施保护的各项制度,制定保护措施,落实保护责任。

第十七条　景区内应当按照保护生态兼顾观赏的原则,进行绿化造林和林相改造。

禁止擅自在景区内砍伐、移植树木,猎捕野生动物,采集标本、野生药材。

第十八条　景区管理机构应当设立防火机构,配置必要的消防设施,制定护林防火安全预案,做好森林火灾的预防和扑救工作。

景区内各有关单位应当积极配合景区管理机构做好护林防火及其他管理工作。

第十九条　景区管理机构应当做好森林病虫害防治工作,保护林木、植被和动、植物物种的生长栖息条件。

第二十条　禁止在景区内修坟立碑;无主坟由景区管理机构按照有关规定处置。

第二十一条　景区内宗教活动场所的管理,按照国家有关宗教活动场所管理的规定执行。

第二十二条 在景区内设置、张贴商业广告,举办大型游乐等活动,应当经市林业和园林行政主管部门审核后,依照有关法律、法规的规定报有关主管部门批准。

第二十三条 景区内经营服务网点的设置,由市林业和园林行政主管部门按照批准的景区规划统一布局,并与周围景观相协调。

第二十四条 经批准在景区内从事经营活动的单位或者个人,应当在指定的地点、区域和规定的营业范围内依法经营,不得在指定的营业地点、区域外揽客、兜售商品,不得在景物周围圈占摄影位置。

第二十五条 禁止大中型货车进入景区环山道路,其他车辆应当按照规定路线行驶,并在指定的地点停放。

双休日、节假日及防火期,除专用游览观光车辆、施工车辆等特殊车辆外,禁止机动车辆进入景区环山道路。

第二十六条 确因教学、科研活动需要,在景区内采集标本、进行土壤剖面分析、化验的,应当经过景区管理机构同意,并及时恢复原貌。

第二十七条 景区内禁止下列行为:

(一)攀折花木,采摘花果;

(二)在景物或者设施上涂写、刻划或者损毁园林建筑、雕塑、小品及其他设施;

(三)随意倾倒垃圾、废渣、废水等污染物;

(四)乱丢果皮、纸屑、包装袋等废弃物;

(五)野外用火,焚烧冥纸、枯枝落叶;

(六)在景区水体洗涤、游泳;

(七)在非指定场所吸烟;

(八)进行开荒等破坏景观、植被、地形地貌的活动;

(九)其他破坏景区资源、有碍景观、妨碍游览、违反公共秩序的行为。

第四章 法律责任

第二十八条 违反本办法规定,有下列行为之一的,由市林业和园林行政主管部门按照《风景名胜区条例》的有关规定予以处罚:

（一）未经市林业和园林行政主管部门审核，在景区内从事建设活动的；

（二）施工单位在施工过程中，对周围植被、地貌和水体造成破坏的；

（三）未经市林业和园林行政主管部门审核，在景区内设置、张贴商业广告，举办大型游乐活动的；

（四）进行开荒、修坟立碑等破坏景观、植被、地形地貌的活动的；

（五）在景物或者设施上刻划、涂污、粘贴的；

（六）在景区内乱扔果皮、纸屑、包装袋等废弃物的。

第二十九条　违反本办法规定，有下列行为之一的，由市林业和园林行政主管部门责令改正，并按照下列规定予以处罚：

（一）违反本办法第二十四条规定，在指定的营业地点、区域外揽客、兜售商品或者在景物周围圈占摄影位置的，处以50元以上200元以下的罚款；

（二）违反本办法第二十五条规定，机动车辆进入景区环山道路的，处以100元以上500元以下的罚款；

（三）违反本办法第二十七条第（六）、（七）项规定的，可以处以20元以上100元以下的罚款。

第三十条　违反本办法规定的其他行为，按照《风景名胜区条例》、《合肥市市容和环境卫生管理条例》、《合肥市城市绿化管理条例》等规定，应当给予行政处罚的，由有关部门依法处罚。

第三十一条　违反本办法规定，市林业和园林行政主管部门、有关行政管理部门及其工作人员有下列行为之一的，由有管理权限的部门责令改正，对直接负责的主管人员和其他直接责任人员依法给予处分：

（一）未按景区规划擅自批准建设项目的；

（二）未依法对景区及建设项目控制区内的建设活动履行监督管理职责，致使景区环境被破坏的；

（三）未依法对景区资源和设施履行保护职责，造成资源和设施被破坏的；

（四）未依法履行环境保护职责，造成环境污染的；

（五）未依法履行安全监管职责，出现安全事故，造成人员伤亡和财产重大损失的；

（六）违法实施行政许可、收费、处罚的。

第五章 附 则

第三十二条 本办法自 2010 年 2 月 1 日起施行。

十一、福建省

1. 福建省风景名胜区管理规定

(1996年7月29日福建省人民政府第12次常务会议通过 1996年8月14日福建省人民政府第40号令发布施行)

第一章 总 则

第一条 为加强风景名胜区的管理,更好地保护开发和利用风景名胜资源,根据《风景名胜区管理暂行条例》等国家有关法律、法规,结合本省实际,制定本规定。

第二条 风景名胜资源系指具有观赏、文化或科学价值的山河、湖海、地貌、森林、动植物、化石、特殊地质、天文气象等自然景物和文物古迹、革命纪念地、历史遗址、园林、建筑、工程设施等人文景物及其所处环境的风土人情等。

风景名胜区系指风景名胜资源集中、自然环境优美,具有一定规模和游览条件,经县级以上人民政府审定公布,供人游览、观赏、休息和进行科学文化活动的地域。

第三条 各级人民政府应当把风景名胜区的开发利用,纳入国民经济和社会发展计划,组织有关部门认真做好风景名胜区的保护、规划、建设和管理工作。

第四条 风景名胜区定级按《风景名胜区管理暂行条例》规定的程序,由县级以上人民政府分别审定。

第五条 县级以上建设行政主管部门主管本辖区内风景名胜区工作。

县级以上人民政府根据风景名胜区的级别和管理需要设立的风景名胜区管理机构,由同级或上级建设行政主管部门负责管理。

风景名胜区管理机构应当根据法律、法规、规章和风景名胜区总体规划，对风景名胜区内的资源保护、开发建设和经营活动统一管理。

第六条 符合下列条件之一的单位和个人，由县级以上人民政府或其建设行政主管部门给予表彰和奖励：

（一）在保护、规划、建设、管理风景名胜区工作中成绩显著的；

（二）在风景名胜区资源的调查和开展科学研究活动中作出突出贡献的；

（三）在同破坏风景名胜资源的行为作斗争中成绩显著的。

第二章 规划与建设

第七条 风景名胜区规划包括总体规划和详细规划，由市、县建设行政主管部门组织编制后，按照第八条和第九条规定的审批权限报批。经批准的规划是风景名胜区保护、建设和管理的依据。

风景名胜区规划经人民政府批准后，不得擅自更改。确需更改的，应当经原批准机关批准。

第八条 风景名胜区总体规划的审批权限：

（一）市、县级风景名胜区总体规划，由所在地市、县级人民政府审批；

（二）省级风景名胜区总体规划，由省人民政府审批；

（三）国家重点风景名胜区总体规划，由省人民政府报国务院审批。

第九条 风景名胜区详细规划的审批权限：

（一）市、县级风景名胜区详细规划，由市、县建设行政主管部门审批；

（二）省级和国家重点风景名胜区详细规划，由省建设行政主管部门审批；

（三）国家重点风景名胜区内特殊重要区域详细规划，由省建设行政主管部门审查后，报建设部审批。

第十条 风景名胜区总体规划经批准后，由所在地县级以上人民政府公布，并由风景名胜区管理机构设置风景名胜区界址。

第十一条 风景名胜区规划的编制，应当委托有相应规划编制资格的单位承担。

第十二条　实施风景名胜区规划需要建设的项目,应当按照分级管理权限、经县级以上建设行政主管部门批准,并取得建设用地规划许可证后,方可建设。

前款规定的分级管理权限,由省建设行政主管部门制定。

第十三条　在风景名胜区保护地带内的建设项目,其布局、高度、体量、造型、色彩等应当与周围景观和环境相协调。

第十四条　风景名胜区内道路、输变电线路、通信、供水排水、供气等主要基础设施建设,应列入有关部门的建设与发展规划。

第三章　保护与管理

第十五条　在风景名胜区内的单位和个人应当自觉遵守有关规定,保护风景名胜区的景物、林木、设施和环境。

第十六条　禁止在风景名胜区内砍伐林木。因建设或更新抚育确需砍伐林木的,应当经风景名胜区管理机构同意,并按有关规定办理手续后,方可砍伐。

未经风景名胜区管理机构同意,不得在风景名胜区内采集野生动植物标本、野生药材和林副产品。

第十七条　风景名胜区应当加强野生动物栖息环境的保护,禁止在风景名胜区内伤害和捕猎野生动物。

第十八条　禁止在风景名胜区内采石、挖沙取土、损坏植被。毁林开荒、围湖造田、建造坟墓等破坏风景名胜资源的活动。

第十九条　在风景名胜区内,不得设立各类开发区、度假区;不得兴办各类工业项目;不得出让或变相出让风景名胜资源及其景区土地。

在游人集中的游览区内,不得建设宾馆、招待所以及度假、休养、疗养等设施。

在珍贵景物周围和重要景点上,除必须的保护设施外,不得增建其他工程设施。

第二十条　风景名胜区内已建的污染环境、破坏景观和自然风貌以及严重妨碍游览活动的设施,由县级以上人民政府责令限期搬迁或治理。

第二十一条　风景名胜区管理机构应当对古树名木、古建筑、古园林、革命遗址和文物古迹设置标志、建立档案，并采取防腐、防震、防洪、防窃、避雷、防蛀及防治病虫害等保护措施，确保安全。

风景名胜区内的文物保护和管理，按《中华人民共和国文物保护法》和《福建省文物保护管理条例》执行。

第二十二条　风景名胜区应当加强治安、安全管理，确保游人安全。

风景名胜区应当加强防火安全和卫生管理。禁止在风景名胜区内燃放烟花爆竹、野炊和乱扔纸屑、果皮、杂物等行为。

第二十三条　禁止在风景名胜区内的建筑物、古迹、岩石、树木上进行涂写、刻划等行为。

第二十四条　在风景名胜区内从事经营活动的单位和个人，必须经风景名胜区管理机构同意，并在指定的地点范围内经营。

对住所在风景名胜区内的单位和个人，申请在风景名胜区内从事经营活动的，风景名胜区管理机构应当予以优先安排。

第二十五条　在风景名胜区及其保护地带内从事经营活动的单位和个人，应当缴纳风景资源保护费。

风景资源保护费的征收管理办法由省建设行政主管部门与省财政、物价部门共同制定。

第四章　罚　　款

第二十六条　有下列行为之一的，由风景名胜区责令其改正，可以并处20元至200元罚款：

（一）在风景名胜区内乱扔纸屑、果皮、杂物的；

（二）在风景名胜区内的建筑物、古迹、岩石、树木上涂写刻划的；

（三）未经风景名胜区管理机构同意，在风景名胜区内采集林副产品的。

第二十七条　有下列行为之一的，由风景名胜区管理机构责令其改正，并处以500元至1000元罚款。

（一）未经风景名胜区管理机构同意，在风景名胜区内采集野生动植物标本、野生药材的；

（二）在风景名胜区内燃放烟花爆竹或野炊的；

（三）违反本规定第二十四条第一款规定的。

第二十八条 有下列行为之一的，由县级以上建设行政主管部门责令其改正，并处以 1000 元至 3000 元罚款：

（一）未经风景名胜区管理机构同意，在风景名胜区内砍伐林木的；

（二）在风景名胜区内采石、挖沙取土、围湖造田、建造坟墓等破坏风景名胜资源活动的；

（三）不按规定缴纳风景资源保护费的。

第二十九条 扰乱风景名胜区游览秩序，不听劝阻的，由风景名胜区管理机构给予警告，可以并处 50 元至 100 元罚款；触犯《中华人民共和国治安管理处罚条例》的，由公安机关依法予以治安处罚；构成犯罪的，由司法机关依法追究刑事责任。

第五章 附 则

第三十条 本规定由福建省人民政府法制局负责解释。

第三十一条 本规定自发布之日起施行。

2. 福建省武夷山世界文化和自然遗产保护条例

（2002 年 5 月 31 日福建省第九届人民代表大会常务委员会第三十二次会议通过 福建省人民代表大会常务委员会颁布 自 2002 年 9 月 1 日起施行）

第一章 总 则

第一条 为了加强对武夷山世界文化和自然遗产的保护，根据国家有关法律、法规，结合本省实际，制定本条例。

第二条 本条例适用于本省行政区域内列入联合国教科文组织《世界遗产名录》的武夷山世界文化和自然遗产（以下简称武夷山世界遗产）的保护和管理。

本条例所称的武夷山世界遗产保护范围包括风景名胜区（文化和自然景观保护区）、城村汉城遗址保护区、自然保护区（生物多样性保护区）和九曲溪生态保护区。

第三条 武夷山世界遗产所在地的县级以上地方人民政府，按照各自职责，组织、协调、监督武夷山世界遗产的保护管理工作。省人民政府可根据需要，设立或者确定相关机构负责协调武夷山世界遗产保护管理工作。

武夷山世界遗产所在地的县级以上地方人民政府文化、建设、林业、国土资源、环境保护等有关行政管理部门依照法定职责，做好武夷山世界遗产的保护管理工作。

第四条 武夷山风景名胜区、城村汉城遗址、自然保护区管理机构（以下称武夷山世界遗产管理机构），按照各自职责，具体负责武夷山世界遗产的保护管理工作。

武夷山世界遗产所在地的县级文化行政管理部门，具体负责除城村汉城遗址外的武夷山世界文化遗产的保护管理工作。

第五条 武夷山世界遗产的保护，必须坚持依法保护、科学管理、加强监督、永续利用的原则。

第六条 设立武夷山世界遗产保护专项经费，用于武夷山世界遗产的保护管理。专项经费的筹集、使用办法由省人民政府制定。

第七条 任何组织和个人都有保护武夷山世界遗产的权利和义务，有权制止或者举报破坏武夷山世界遗产的行为。

对保护武夷山世界遗产做出突出贡献的单位和个人，由县级以上地方人民政府或者有关部门给予表彰和奖励。

第二章 规划与管理

第八条 武夷山世界遗产保护规划和依据保护规划制定的详细规划，是武夷山世界遗产保护管理的重要依据。

详细规划由武夷山世界遗产管理机构组织编制，并依法报请批准后实施。

保护规划和详细规划经批准公布后，必须严格执行，不得擅自更改；确需更改的，应当报经原批准机关批准。

第九条 武夷山自然保护区根据国家有关自然保护区功能区划分

的规定，划分为核心区、缓冲区和实验区，其保护管理依照国家有关规定执行。

第十条　武夷山风景名胜区和九曲溪生态保护区按照保护规划，划分为特别保护地带、一般保护地带和其他保护地带，由省人民政府组织划定并设立标志。

第十一条　在武夷山风景名胜区和九曲溪生态保护区内，必须严格按照规划控制建设项目，禁止进行任何损害或者破坏世界遗产资源的建设活动。在特别保护地带，除保护需要并经批准外，禁止进行任何建设活动。

符合保护规划的建设项目，应当与周围景观和环境相协调，并经武夷山世界遗产管理机构同意后，方可申办有关审批手续。

第十二条　在城村汉城遗址保护区内，除按照规划建设保护设施和公用设施外，不得增建其他设施；其周边地带的建筑物，应当与汉遗址整体相协调，不得破坏汉城遗址的文化景观和历史风貌。

第十三条　经批准的建设项目，在施工过程中，必须采取有效措施，保护人文和自然景观及周围的林木、植被、水体、地貌，不得造成污染、破坏；竣工后，必须及时清理场地、进行绿化，恢复环境原貌。

第十四条　在武夷山世界遗产保护范围内禁止建设可能污染环境的项目和开设破坏世界遗产的各类表演、竞技、航空游览及其他项目。

第十五条　在实验区和特别保护地带，应当严格控制各类经营活动，确需开展经营活动的，必须经武夷山世界遗产管理机构同意，持营业执照，并在规定的区域和经营范围内进行。

第十六条　对武夷山世界遗产保护范围内的土地和其他资源，应当严格保护、加强管理，任何单位和个人不得侵占和破坏。

第三章　文化遗产保护

第十七条　在武夷山世界遗产保护范围内，具有历史、艺术、科学价值的古建筑、纪念性建筑物、古文化遗址、土窑址、古墓葬、摩崖石刻等各类文物以及民俗、民间音乐舞蹈等传统文化，受本条例保护。

第十八条 对文物保护单位,应当严格按照文物保护的有关法律、法规和规章,进行保护和管理;对未列为文物保护单位的,由所在地的县级人民政府划定必要的保护范围,制定相应的保护措施,并立碑公告。

第十九条 对可能有地下文物遗存的区域,文化行政管理部门应当依法进行勘察,划定地下文物遗存的保护区域。

在划定的保护区域进行工程建设的,应当事先由文化行政管理部门依法进行文物调查、勘探或者考古发掘;在其他区域发现文物遗迹的,应当采取措施保护现场,并立即报告当地文化行政管理部门。

第二十条 任何组织和个人使用文物保护单位或者明示保护的古建筑、纪念性建筑物,应当与当地文化行政管理部门签订《保护使用责任书》,负责保养、维修和安全防范,接受文化行政管理部门的指导和监督。

第二十一条 对文化遗产的保护、维修,应当遵循不改变文物原状的原则,保持原有材料、传统结构、形制工艺和历史原貌。

对各类文物进行保护维修,应当依法履行报批手续并严格按照保护规划进行。

第二十二条 武夷山世界遗产保护范围内的悬棺崖葬、摩崖石刻、古桥梁、石坊石门等,应当保持历史原貌,适时加固,防止风化滑坠。

任何单位和个人不得进行涂写、刻划等破坏文物古迹和人文景观的活动。

第二十三条 在城村汉城遗址保护区内进行开发和展示活动,应当按照保护规划,坚持以汉城遗址为主体的原则,确保汉城遗址的安全。

第二十四条 武夷山世界遗产所在地的县级以上地方人民政府及其有关行政管理部门,应当采取措施,继承、保护和弘扬武夷山历史传统和文化精华,收集和保存文化、艺术、工艺珍品;设置传统文化博物馆、陈列室;出版、展示、宣传优秀历史文化作品。

第四章 自然遗产保护

第二十五条 在武夷山世界遗产保护范围内,禁止采伐生态公益林,保持原有森林状态。确需采伐其他林木的,应当依法批准,合理规划采伐地点,采取适当方式采伐。

严格保护古树名木,禁止砍伐、移植。有关行政管理部门应当对古树名木进行调查、鉴定、登记造册,建立档案,设立保护标志,并落实保护措施。

第二十六条 严格保护物种和生态系统。在武夷山自然保护区内,禁止引进外来种子、苗木和野生动植物物种。禁止把被动植物检疫对象污染的包装材料、运输工具等带入武夷山世界遗产保护范围。

第二十七条 在武夷山世界遗产保护范围内,对具有重要科学研究和观赏价值的地质遗迹,应当加强保护,任何组织和个人不得破坏、挖掘、买卖或者以其他形式转让。

第二十八条 武夷山世界遗产的所在地的县级以上地方人民政府,应当根据生态保护的需要和社会经济发展的实际,逐步外迁并妥善安置生物多样性分布典型区域内的居民,减轻人为活动对生态造成影响。

第二十九条 在武夷山世界遗产保护范围内,应当推广使用环保型车船作为交通工具,推广使用电、气或者太阳能等环保能源取代薪材;在自然保护区和特别保护地带,禁止载重量十吨以上的车辆通行。

第三十条 武夷山世界遗产管理机构应当建立生物多样性信息监测网,收集动植物和微生物个体、种群、群落和生态系统等信息,为科学保护生物多样性提供依据。

第三十一条 在武夷山世界遗产保护范围内,应当严格保护地表、地貌,做好水土保持。在九曲溪干流及上游主要支流两岸,禁止山地开发、采石、采矿、取土等破坏地表、地貌的活动。

第三十二条 加强对九曲溪流域水体的保护管理,禁止下列行为:

(一)向九曲溪超标排放污水、倾倒垃圾、抛弃废物、采沙取石;
(二)在九曲溪干流围、填、堵、塞或者改变河道;
(三)在九曲溪采集动植物;
(四)在九曲溪干流内游泳。

第三十三条 在武夷山世界遗产保护范围内,应当划定防火区域,并设立明显的禁火标志,公布禁火规定,禁止燃放烟花爆竹、吸烟等各种明火活动。

第三十四条 禁止在特别保护地带建造坟墓。原有的坟墓，除具有历史、艺术、科学价值且受国家保护之外，应当分期迁移或者深埋。

第三十五条 武夷山世界遗产管理机构应当根据武夷山风景名胜区的容量，有计划地安排接纳游人，控制游客数量。严格控制九曲溪竹排（筏）每日最高投放量，保护自然景观和生态环境。

第三十六条 武夷山世界遗产遭受灾害，造成重大损坏时，武夷山世界遗产管理机构应当采取必要的补救措施，及时向省人民政府有关行政管理部门报告，并按照有关程序向联合国世界遗产委员会通报，寻求资金、技术等方面的援助。

第五章 法律责任

第三十七条 违反本条例第八条第三款、第十一条第一款、第二十条、第二十一条第二款、第二十五条第一款、第二十六条、第二十七条、第三十一条规定的，由武夷山世界遗产所在地的县级以上地方人民政府有关行政管理部门，依照有关法律、法规规定进行处罚。

第三十八条 违反本条例第十四条规定的，由武夷山世界遗产管理机构责令改正，并处以五千元以上五万元以下罚款。

第三十九条 违反本条例第十九条第二款规定，发现文物遗迹，未采取措施保护现场并立即报告的，由武夷山世界遗产所在地的县级以上地方人民政府文化行政管理部门处以五百元以上五千元以下罚款。

第四十条 违反本条例第二十二条第二款规定，由武夷山世界遗产管理机构责令改正、恢复原状，可并处以一百元以上一千元以下罚款；造成损坏、不能恢复原状的，责令赔偿损失。

第四十一条 违反本条例第十五条、第三十二条第（二）项和第（三）项、第三十四条规定的，由武夷山世界遗产管理机构责令改正、恢复原状，没收非法物品，并处以五百元以上五千元以下罚款。

第四十二条 违反本条例第三十三条规定，燃放烟花爆竹、吸烟或者进行其他明火活动的，由武夷山世界遗产管理机构责令改正，没收非法物品，并处以三百元以上三千元以下罚款；造成损失的，责令赔偿损失。

第四十三条 有关行政管理部门、武夷山世界遗产管理机构的工作人员,在管理过程中玩忽职守、滥用职权、徇私舞弊的,由其所在单位或者上级主管部门给予行政处分;构成犯罪的,依法追究刑事责任。

第六章 附 则

第四十四条 国家法律、法规对自然保护区、风景名胜区以及文化文物保护已有规定的,从其规定。

第四十五条 本条例自 2002 年 9 月 1 日起施行。

3. 厦门市鼓浪屿历史风貌建筑保护条例

(2000 年 1 月 13 日厦门市鼓浪屿历史风貌建筑保护条例 厦门市人大常委会第 17 号公告公布 自 2000 年 4 月 1 日起施行)

第一章 总 则

第一条 为加强对鼓浪屿历史风貌建筑的保护,继承和弘扬历史建筑文化遗产,遵循《中华人民共和国城市规划法》等法律、行政法规的基本原则,制定本条例。

第二条 本条例所称的鼓浪屿历史风貌建筑(以下简称历史风貌建筑)是指 1949 年以前在鼓浪屿建造的,具有历史意义、艺术特色和科学研究价值的造型别致、选材考究、装饰精巧的具有传统风格的建筑。

第三条 历史风貌建筑保护工作应遵循保护和利用相结合、利用服从保护的原则。

第四条 市城市规划行政主管部门(以下简称市规划部门)负责组织实施本条例。鼓浪屿区人民政府及市人民政府各有关部门依法在各自的职责范围内做好历史风貌建筑保护工作。

各机关、企业、事业单位和其他组织及个人,都有保护历史风貌建筑的义务,必须遵守本条例。

第五条 市规划部门应组织历史文物、文化艺术、建筑规划、土地房产等方面的专家和市相关行政主管部门,对历史风貌建筑的认定及其保护规划进行鉴定、论证。

第六条 向人民政府捐献历史风貌建筑或在历史风貌建筑保护中做出显著成绩的单位或个人,由人民政府给予表彰和奖励。

第二章 认 定

第七条 符合本条例第二条规定的建筑物的产权所有人及其代理人(以下简称业主),可以向市规划部门自荐该建筑为历史风貌建筑,其他组织或个人也可以向市规划部门推荐该建筑为历史风貌建筑。

第八条 市规划部门应组织有关专家对自荐、推荐或经调查认为应列入保护的建筑进行鉴定,出具鉴定书。

经鉴定认为可列入保护的历史风貌建筑,市规划部门应举行听证会,听取业主、使用人和该建筑相邻市民的意见。

市规划部门应会同鼓浪屿区人民政府及其他有关部门对鉴定意见和听证意见进行审查。

第九条 经审查同意认定为历史风貌建筑的,市规划部门应确认保护范围、进行测绘登记,报市人民政府批准和公布,并设置历史风貌建筑标志。

第三章 保 护

第十条 历史风貌建筑保护规划由市规划部门组织鼓浪屿区人民政府及其他有关部门编制,报市人民政府批准,并报送市人大常委会备案。

市规划部门应根据历史风貌建筑保护规划的要求,严格控制建筑总量,做好鼓浪屿控制性详细规划,保护鼓浪屿整体环境风貌。

经批准的历史风貌建筑保护规划和控制性详细规划,任何单位和个人不得擅自变更,确需变更的应报原审批机关批准。

第十一条 历史风貌建筑根据其历史、艺术、科学的价值,分为重点保护和一般保护两个保护类别。

列为重点保护的,不得变动建筑原有的外貌、结构体系、基本平面布局和有特色的室内装修;建筑内部其他部分允许作适当的变动。

列为一般保护的,不得改动建筑原有的外貌;建筑内部在保持原结构体系的前提下,允许作适当的变动。

第十二条 各历史风貌建筑的保护方案,由市规划部门或业主委托具有相应资质的规划、建筑设计研究单位编制,并经市规划部门审批后实施。

各历史风貌建筑的保护方案,应明确该历史风貌建筑的保护、修缮措施及投资概算。

第十三条 在历史风貌建筑保护范围内不得新建、改建、扩建建筑物、构筑物。保护范围内与历史风貌建筑不协调、影响和破坏其景观的建筑应当有计划拆除。

第十四条 在历史风貌建筑保护范围内修建道路、地下工程及其他市政公用设施的,应根据市规划部门提出的保护要求采取有效的保护措施,不得损害历史风貌建筑,破坏整体环境风貌。

第十五条 市规划部门应会同鼓浪屿区人民政府及其他有关部门制定措施,合理利用鼓浪屿历史风貌建筑。

第十六条 在鼓浪屿新建、改建、扩建建筑物、构筑物的,在建筑群和单体建筑的层数、体量、造型、色彩、艺术风格上必须与周围的历史风貌建筑相协调,与环境空间相和谐。

第十七条 设立历史风貌建筑保护专项资金,其来源是:

(一)市、区财政专项拨款;

(二)社会组织和个人的捐赠;

(三)其他依法可以筹集的资金。

历史风貌建筑保护专项资金,由鼓浪屿区人民政府设立专门账户管理,专款专用,并接受市财政、审计部门的监督。

第十八条 历史风貌建筑保护专项资金的使用范围:

(一)无业主或业主放弃产权的历史风貌建筑的保护修缮;

(二)补助经济困难的业主修缮历史风貌建筑;

(三)用于第二十二条第三款规定的收购经费;

(四)改善历史风貌建筑保护范围内的环境和风貌。

第四章 管 理

第十九条 历史风貌建筑业主和使用人,负责保护或保持历史风貌建筑的坚固、安全、整洁、美观。

第二十条 历史风貌建筑业主必须对历史风貌建筑按规定的标准进行修缮,维护建筑原貌,保持建筑完好,不得擅自更改建筑外墙、门窗、阳台等造型。

对历史风貌建筑的结构、建筑外貌进行修缮的,须事先报市规划部门批准,按"修旧如旧"的原则进行修缮。

第二十一条 历史风貌建筑使用人对业主修缮历史风貌建筑的活动,必须协助和配合,不得阻挠。

历史风貌建筑使用人申请对历史风貌建筑进行修缮的,还必须征得业主的同意。

第二十二条 历史风貌建筑的修缮经费,由业主负责,业主和使用人另有约定的,从其约定。对业主不按规定对历史风貌建筑进行修缮保护或共有业主之间对历史风貌建筑的修缮保护达不成一致意见的,鼓浪屿区人民政府可委托有关单位代为修缮,所发生的费用由业主承担。

业主承担修缮经费确有困难的,可向鼓浪屿区人民政府申请补助,鼓浪屿区人民政府可根据历史风貌建筑保护需要和业主经济困难的情况进行审批。具体办法由市人民政府另行制定。

历史风貌建筑也可由人民政府收购产权后加以修缮保护。

第二十三条 禁止擅自拆除历史风貌建筑。经鉴定属危险建筑物,要求拆除重建或结构更新的,应经市规划部门批准后,按风貌保护要求重建或更新。

第二十四条 历史风貌建筑业主和使用人不得在历史风貌建筑内堆放危险品或进行其他损害历史风貌建筑安全的活动。

第二十五条 历史风貌建筑业主和使用人不得在院落、阳台、走廊乱挂、乱堆杂物。

第二十六条 在历史风貌建筑保护范围内,未经市规划部门批准不得新筑和改变门楼、围墙。

历史风貌建筑门楼、围墙外侧不得作为商店、饮食店等其他用途。

经批准新筑的围墙应透空、美观，与周围环境相协调。

第二十七条　历史风貌建筑业主和使用人应搞好庭院绿化管理，养护好庭院内树木，严禁擅自砍伐、移植树木，因特殊情况必须砍伐、移植的，应报市园林绿化行政主管部门批准。

第二十八条　历史风貌建筑的使用人已有安置房的，业主有权依法要求使用人限期从历史风貌建筑中搬出。

第二十九条　历史风貌建筑业主在买卖、赠与、出租历史风貌建筑时，须向市规划部门备案。其中以人民政府为主拨款修缮的历史风貌建筑出卖时，人民政府有优先购买权。

第五章　法律责任

第三十条　违反本条例规定，有下列行为之一的，由市规划部门予以处罚：

（一）违反第二十条规定，擅自更改建筑外墙、门窗、阳台等造型的，擅自对历史风貌建筑的结构、建筑外貌进行修缮的，责令限期改正，并处以修缮总造价1至5倍的罚款。

（二）违反第二十三条规定擅自拆除历史风貌建筑的，责令限期恢复原貌，并处以10000元以上30000元以下的罚款。

（三）违反第二十四条规定，在历史风貌建筑内堆放危险品或进行其他损害历史风貌建筑安全的活动，责令限期改正，用于非经营性活动的，并处以1000元以下的罚款；用于经营性活动的，并处以3000元以上10000元以下的罚款。

（四）违反第二十六条第一款规定，擅自新筑门楼、围墙的，责令限期拆除，并处以违法土建工程造价60%的罚款；擅自改变门楼、围墙的，责令限期改正，并处以1000元以下的罚款。

（五）违反第二十六条第二款规定，将历史风貌建筑门楼、围墙外侧作为商店、饮食店等其他用途的，责令限期拆除，恢复原貌，并处以3000元以上10000元以下的罚款。

第三十一条　当事人对行政处罚决定不服的，可以依法申请行政复议或提起行政诉讼。

当事人逾期不申请复议，也不起诉，又不履行处罚决定的，由作出处罚决定的部门申请人民法院强制执行。

第三十二条 市规划部门和其他有关行政管理部门工作人员在历史风貌建筑保护工作中玩忽职守、滥用职权、徇私舞弊的，由其所在单位或上级机关依法给予行政处分；构成犯罪的，依法追究刑事责任。

第六章 附 则

第三十三条 厦门市其他历史风貌建筑的保护可参照本条例执行。

第三十四条 本条例的具体应用问题由市人民政府负责解释。

第三十五条 本条例自2000年4月1日起施行。

4. 厦门市鼓浪屿风景名胜区管理办法

（2005年1月31日厦门市人民政府令第116号公布 根据2006年8月28日厦门市人民政府第48次常务会议审议通过 2006年9月9日厦门市人民政府第122号令公布 自公布之日起施行）

第一条 为了加强对鼓浪屿风景名胜区的管理，更好地保护、利用和开发风景名胜资源，促进旅游事业发展，根据国务院《风景名胜区管理暂行条例》和有关法律、法规，制定本办法。

第二条 本办法所称鼓浪屿风景名胜区指鼓浪屿一万石山国家重点风景名胜区的鼓浪屿景区。

本办法适用于鼓浪屿风景名胜区的保护、规划、建设和管理。

第三条 市政府设立的鼓浪屿风景名胜区管理机构（以下简称管理机构），根据法律、法规和本办法对鼓浪屿风景名胜区实施统一管理。设在鼓浪屿风景名胜区内的所有单位，除各自业务受上级主管部门领导外，都必须服从管理机构对鼓浪屿风景名胜区的统一规划和管理。

有关行政管理部门依法在各自职责范围内，协同管理机构做好鼓浪屿风景名胜区的相关管理工作。

第四条 鼓浪屿风景名胜区应当制定包括下列内容的规划：

（一）划定鼓浪屿风景名胜区范围及其外围保护地带；

（二）划分景区和其他功能区；

（三）确定保护和开发利用风景名胜资源的措施；

（四）确定游览接待容量和游览活动的组织管理措施；

（五）统筹安排公用、服务及其他设施；

（六）鼓浪屿经营区域、网点的设置规划；

（七）鼓浪屿风景名胜区的旅游线路和服务区域规划；

（八）其他需要规划的事项。

鼓浪屿一万石山国家重点风景名胜区总体规划由市人民政府组织编制，依照有关规定上报国务院审批；鼓浪屿风景名胜区详细规划在市政府领导下，由管理机构会同有关部门组织编制，依照《厦门市城市规划条例》规定上报批准后组织实施。

第五条 在鼓浪屿风景名胜区内的单位和个人都必须爱护风景名胜资源、设施和环境，遵守风景名胜区规划和相关管理规定。

第六条 在鼓浪屿风景名胜区内不得新建、改建、扩建破坏景观、污染环境、危害安全、妨碍游览、影响风貌等违反鼓浪屿风景名胜区规划的项目、建筑和设施。

对已建的违反鼓浪屿风景名胜区规划的项目、建筑和设施，应按法律、法规规定，采取限期治理、改造、迁出或拆除等措施。

第七条 鼓浪屿风景名胜区范围内经批准的各项建设工程，在编制施工方案及施工过程中，必须制定和采取有效措施，保护景物及周围的林木、植被、水体、地貌、山体、海岸线、风貌建筑、文物建筑、遗址等，不得污染环境和破坏景观。施工结束后，必须立即清理场地，恢复环境原貌。

建设项目的防治污染设施必须与主体工程同时设计、同时施工、同时投入使用。

第八条 在鼓浪屿风景名胜区内从事经营活动的单位和个人，必须依法办理相关手续，并在规划确定的功能区域和网点经营。

禁止无证照设摊经营、兜售物品和服务、散发广告物品等。

第九条 鼓励在鼓浪屿风景名胜区投资、经营符合规划的旅游项目、产品。相关优惠政策由管理机构组织制定,报市政府批准后公布实施。

第十条 在鼓浪屿风景名胜区内从事旅游服务的单位和个人,应按规划确定的旅游线路、服务区域内提供服务,不得擅自改变或减少服务项目、内容。

禁止无导游证人员在鼓浪屿风景名胜区揽客、从事导游活动。

第十一条 在鼓浪屿风景名胜区内从事下列活动,依照法律法规应当向有关行政管理部门申请行政许可的,由有关行政管理部门依法委托管理机构实施:

(一)市政园林部门的占用道路、绿地,挖掘道路,移、伐树木许可;

(二)港口管理部门的码头经营、船舶停靠许可。

在鼓浪屿风景名胜区内的建设项目,由管理机构统一受理申请并提出初步意见后,转报市规划部门办理相关手续。

《厦门市鼓浪屿历史风貌建筑保护条例》规定的原鼓浪屿区政府行使的相关管理职责,由市政府授权管理机构实施。

第十二条 进入鼓浪屿的游客,应当购买景区门票。

第十三条 客运码头与货运码头应严格区分,不得擅自改变码头用途及混合经营。

载客船舶需经、停鼓浪屿风景名胜区的,必须在管理机构指定的码头停靠。未经指定的码头不得停靠船舶,不得载客揽客。

鼓浪屿沙滩和游览海岸线上禁止洗船、造船、修船、搁船、修帆、修网、晾晒物品、堆放杂物、废弃物等。

第十四条 禁止机动车、电瓶车、板车、自行车等交通车辆在鼓浪屿行驶。

确因公共事务、旅游经营、残疾人生活保障等需要使用交通车辆的,公安部门在审批时应严格控制,加强管理。

第十五条 在鼓浪屿风景名胜区内从事经营活动的单位和个人应当诚实守信、合法经营,维护鼓浪屿旅游形象。

管理机构应当加强经营秩序的巡查,发现欺诈经营、不正当竞争、影响市容环境卫生等违法经营的,应当予以及时制止和处理。

第十六条 管理机构应当协调制定年度节庆活动计划,引导、鼓励经营者投资、经营具有鼓浪屿特色的节庆旅游产品、旅游服务项目。

第十七条 管理机构应当开展旅游统计分析，建立旅游信息管理系统，实现区域间旅游信息互通，向公众发布相关的旅游信息。

第十八条 景区、景点应设置规范的游览引导标识，游客集散地、主要景点应设置自助交互式旅游信息多媒体设施，为旅游者提供信息咨询服务。

第十九条 管理机构应当加强鼓浪屿风景名胜区旅游安全管理。对船、车、索道、码头等交通设施、游览设施、繁忙道口及危险地段要定期检查，落实责任制度。确定旅游接待的承载力，实行流量控制。制定防台风、暴雨、大雾、地震等自然灾害及其他突发公共卫生事件、恐怖袭击应急预案，及时向旅游经营者和旅游者发布旅游警示信息。

第二十条 违反本办法规定的，属于城市管理相对集中行政处罚权范围内的，由市城市管理行政执法部门查处；违反文化、旅游、价格等管理方面法律、法规和规章规定的，有关行政管理部门可以依法委托市城市管理行政执法部门进行查处。

第二十一条 违反本办法第八条、第十三条规定，属非经营性活动的，处以50元以上500元以下的罚款；属经营性活动的，处以1000元以上10000元以下的罚款。法律、法规另有规定的除外。

第二十二条 违反本办法第十二条规定游客进入景区未购门票的，由管理机构责令补票，并处以50元的罚款。

第二十三条 管理机构的工作人员玩忽职守、滥用职权、徇私舞弊的，依法给予行政处分；构成犯罪的，依法追究刑事责任。

第二十四条 管理机构可以根据本办法制定具体的实施细则，报市政府批准后实施。

第二十五条 本办法自2005年4月1日起实施。

5. 福州市风景名胜区管理条例

（2004年10月28日福州市第十二届人民代表大会常务委员会第十七次会议通过 2005年3月27日福建省第十届人民代表大会常务委员会第十六次会

议批准 2005年4月18日福州市人民代表大会常务委员会颁布)

第一章 总 则

第一条 为了加强风景名胜区管理，有效保护和合理利用风景名胜资源，根据有关法律、法规规定，结合本市实际，制定本条例。

第二条 本条例适用于本市行政区域内风景名胜区的规划、建设、保护、利用和管理。

本条例所称风景名胜区，是指风景名胜资源集中，自然环境优美，具有一定规模和游览条件，经县级以上人民政府审定命名、划定范围，供人们游览、观赏、休闲和进行科学文化活动的地域。

第三条 市、县（市）人民政府应当加强本行政区域内风景名胜资源的保护，将风景名胜区的建设纳入国民经济和社会发展计划。

第四条 福州市城市园林绿化主管部门负责本市行政区域内风景名胜区的管理工作。各县（市）风景名胜区主管部门由所在地县（市）人民政府确定。

市、县（市）风景名胜区主管部门履行下列职责：

（一）负责贯彻实施风景名胜区管理有关的法律、法规；

（二）组织申报风景名胜区；

（三）组织编制风景名胜区规划；

（四）组织风景名胜资源调查和评价；

（五）监督和检查风景名胜资源保护和管理工作。

城乡规划、建设、城市管理执法、国土资源、林业、水利、文物、环境保护、旅游、宗教等部门以及风景名胜区所在地的乡（镇）人民政府应当按照各自职责，做好风景名胜区管理工作。

第五条 风景名胜区按其景观的观赏、文化、科学价值和环境质量、规模大小及游览条件等因素，由风景名胜区主管部门负责申报国家重点风景名胜区、省级风景名胜区、市县级风景名胜区的具体工作。

第六条 市、县（市）人民政府应当依照国家规定设立风景名胜区管理机构。风景名胜区管理机构行使人民政府授予的行政管理职能，对风景名胜区保护、建设、开发利用实行统一管理。

风景名胜区管理机构履行下列职责：

（一）宣传贯彻有关法律、法规和政策；

（二）实施风景名胜区规划；

（三）保护风景名胜区及其生态环境；

（四）建设、维护和管理风景名胜区配套设施；

（五）制定风景名胜区管理制度，负责风景名胜区内环境卫生、商业和服务业的监督管理；

（六）负责风景名胜区内的安全工作，定期检查风景名胜区的安全状况，保障游客的人身安全；

（七）法律、法规规定的和县级以上人民政府依法赋予的其他职责。

第七条 风景名胜区管理必须贯彻可持续发展战略，对风景名胜资源应当坚持严格保护、统一管理、合理开发、永续利用的原则。

风景名胜区实行风景名胜资源有偿使用制度。

第二章 规划和建设

第八条 风景名胜区主管部门应当组织有关部门和专家，按照国家规定对风景名胜资源进行调查、评价。

第九条 风景名胜区总体规划在所属的市、县（市）人民政府领导下，由风景名胜区主管部门组织编制，并在风景名胜区批准后两年内完成。

风景名胜区总体规划应当划定景区范围和外围保护地带，景区范围内还应当明确划定核心景区。

第十条 风景名胜区总体规划按照规定程序报批。

风景名胜区总体规划经批准后应当公布。

经批准的风景名胜区总体规划一般不得调整。确需调整的，应当报原审批机关批准。

第十一条 风景名胜区详细规划由风景名胜区主管部门会同有关部门组织编制并按规定程序报批。详细规划应当报同级规划主管部门备案。

第十二条 风景名胜区所在地人民政府及主管部门应当按照国民经济发展计划和风景名胜区规划的要求，组织有关专家论证，有计划、有步骤地开发利用风景名胜资源。

第十三条　风景名胜区建设应当按照批准的规划进行。

风景名胜区及其外围保护地带建设项目的布局、高度、体量、造型、风格和色调应当与周围景观和环境相协调。

风景名胜区内各项建设项目必须进行环境影响评价，项目的选址、定点、设计方案应当征求风景名胜区主管部门和相关部门的意见，并按照法定程序履行审批手续。

第十四条　风景名胜区核心景区内不得设置宾馆、招待所、饭店、学校、度假区、休养疗养机构、娱乐场所等与资源保护无关的项目。

第十五条　在风景名胜区及其外围保护地带建设施工，必须采取有效措施，保护植被、水体、地貌。工程结束后应当及时清理场地，恢复植被。

第十六条　风景名胜区的建设项目竣工后，建设单位应当按照法律、法规规定组织竣工验收，验收合格后，方可投入使用。

第十七条　风景名胜区内污染环境、破坏景观和自然风貌以及严重妨碍游览活动的建设项目、设施和户外广告，应当限期治理或者逐步迁出。原有的有碍景观的设施，应当按照规划要求进行美化、改造或者拆除。

第十八条　禁止任何单位和个人擅自改变风景名胜区规划及其用地性质，侵占风景名胜区土地进行违章建设。

第十九条　鼓励单位和个人按照国家规定进行风景名胜资源调查。风景名胜区主管部门对有价值的调查成果应当建立档案，并给予奖励。

鼓励社会力量按照风景名胜区规划，通过公平竞争方式合理开发利用风景名胜资源，投资建设景区内交通、旅游服务等基础配套设施。

第三章　保护和管理

第二十条　风景名胜区管理机构应当在核心景区设置界桩和标志。

第二十一条　风景名胜区管理机构应当会同有关部门对古建筑、古园林、重要史迹等不可移动文物和古树名木设置保护标志，建立档案，采取防盗、防损、防腐、防治病虫害等保护措施。

第二十二条 车辆、船只等交通工具进入风景名胜区营运应当符合环保要求，并按指定路线行驶、指定地点停放。

第二十三条 在风景名胜区内从事经营活动应当依法办理有关审批手续，并在核定场所依法经营。任何单位和个人不得围占风景名胜区内的景物向游客收费。

第二十四条 风景名胜区管理机构应当建立、健全安全管理制度，在风景名胜区入口处、景点和游客集中的区域按照国家标准设置规范的景点说明、地名标志、指路牌，在险要地段和部位设置必要的安全设施和警示牌，定期对车、船、索道、缆车等交通游览设施进行检查和维护，及时发现并排除危岩险石和其他不安全因素。

风景名胜区管理机构应当按照风景名胜区规划确定的容量接纳游客，制定医疗救护预案和应急措施，确保游客安全。

第二十五条 风景名胜区管理机构应当加强景区防火安全管理，完善消防管理制度，建立火险监测点，配齐消防设施。

第二十六条 风景名胜区管理机构应当加强景区防山洪、山体滑坡、海潮等方面的安全工作，制定防灾救灾紧急处置预案。

第二十七条 风景名胜区的地形、地貌、水体等自然景观应当严格保护。禁止开山采石、挖沙取土、修建坟墓、擅自引水和围填截堵水源以及其他破坏自然环境的活动。

第二十八条 未经相关部门批准，不得擅自在风景名胜区内进行下列活动：

（一）砍伐林木或者采集野生动植物标本、野生药材和林副产品；

（二）在山石、非文物建筑物上题刻或者在不可移动文物、摩崖石刻上拓印；

（三）设置、张贴商业广告或者举办大型游乐、集会活动；

（四）铺设管道及架设电力、电信等线路；

（五）建造宗教活动场所或者露天宗教造像；

（六）法律、法规规定的其他须经批准的活动。

第二十九条 在风景名胜区内，禁止下列行为：

（一）乱扔纸屑、果皮、杂物；

（二）携带宠物进入景区；

（三）放牧、饲养家禽家畜或者兴建养殖场所（村民居民零星圈养除外）；

（四）排放废气、倾倒废水、固体废物；

（五）在禁火区、禁火期内吸烟、烧香点烛、燃放烟花、爆竹、野炊或者其他带火作业；

（六）在不可移动文物、林木上题刻；

（七）经营低级庸俗、封建迷信等不健康内容的项目；

（八）捕杀和伤害野生动物，砍伐、移植古树名木；

（九）设置垃圾堆积场；

（十）法律、法规禁止的其他行为。

第三十条 风景名胜区门票及其他收费项目应当执行价格管理部门核定的标准，不得擅自定价。

风景名胜区门票，由风景名胜区管理机构负责出售。

第四章 法律责任

第三十一条 违反本条例第十八条规定的，由风景名胜区管理机构或者有关部门责令退出所占土地，拆除违章建筑，恢复原状，并处以所占土地每平方米三十元的罚款；不能恢复原状的，经上级主管部门批准，处以所占土地每平方米一百元以上二百元以下的罚款。

第三十二条 违反本条例第二十三条规定，围占风景名胜区内的景物向游客收费的，由风景名胜区管理机构责令其停止违法行为，没收违法所得，并处以一千元以上五千元以下的罚款。

第三十三条 违反本条例第二十八条规定的，由风景名胜区管理机构或者有关部门责令其停止违法行为，并处以五百元以上五千元以下的罚款。

第三十四条 违反本条例第二十九条第（一）项、第（二）项和第（五）项规定的，由风景名胜区管理机构责令改正，拒不改正的，处以十元以上五十元以下的罚款。

违反第二十九条 其他规定的，由风景名胜区管理机构或者有关部门责令改正，拒不改正的，处以一千元以上一万元以下的罚款，造成风景名胜资源损害的，依法予以赔偿。

第三十五条 违反本条例其他规定的，由规划、国土资源、林业、水利、环境保护、文物、宗教等相关行政管理部门依据有关法律法规予以处罚。

第三十六条 风景名胜区主管部门或者管理机构不履行本条例规定职责、执法不严、管理不善，造成风景名胜资源破坏或者安全责任事故的，依法追究有关领导和直接责任人的责任。

第五章 附 则

第三十七条 本条例自 2005 年 5 月 1 日起施行。

十二、江西省

1. 江西省风景名胜区管理办法

(2000年7月11日江西省人民政府第47次常务会议讨论通过 2000年7月28日江西省人民政府第100号令发布 自发布之日起施行)

第一章 总 则

第一条 为了保护风景名胜资源，加强风景名胜区的保护、规划、建设和管理，根据《风景名胜区管理暂行条例》及其他有关法律、法规规定，结合本省实际，制定本办法。

第二条 本办法适用于本省行政区域内的风景名胜区的保护、规划、建设和管理。法律、法规另有规定的，从其规定。

第三条 本办法所称风景名胜区是指风景名胜资源集中，环境优美，具有一定规模和游览条件，经县级以上人民政府审定命名，划定范围，供人们游览、观赏、休息和进行科学、文化活动的地域。

本办法所称风景名胜资源是指具有观赏、文化或者科学价值的地形、地貌、山体、溶洞、冰川、河溪、湖泊、瀑布、林木植被、野生动物、特殊地质环境、天文气象等自然景观和文物古迹、历史遗址、革命纪念地、历史建筑、历史名人故居、宗教寺观教堂、园林建筑、石雕石刻等人文景观。

第四条 县级以上人民政府应当对本行政区域内的风景名胜资源进行调查、评价，把风景名胜区的保护、建设纳入国民经济和社会发展计划。

第五条 省建设行政主管部门主管全省风景名胜区工作，设区的市、县（市，下同）建设行政主管部门主管本行政区域内风景名胜区工作。

第六条 风景名胜区设立人民政府的，由风景名胜区人民政府全面负责风景名胜区的保护、利用、规划和建设。

风景名胜区没有设立人民政府的,应当设立管理机构,在所属人民政府领导下,统一负责风景名胜区的管理工作。在风景名胜区内的所有单位,除各自业务受上级主管部门领导外,都必须服从管理机构对风景名胜区的统一规划和管理。

第七条 风景名胜区规划、建设和管理必须遵循严格保护,统一管理,合理开发,永续利用的原则。

第八条 风景名胜区内应当严格控制常住人口,常住人口过多的应当有计划、有步骤地组织外迁。

第二章 规 划

第九条 县级以上人民政府应当组织建设行政主管部门和风景名胜区管理机构编制所属风景名胜区规划。

编制风景名胜区规划应当执行国家标准规范。风景名胜区规划是风景名胜区进行保护、建设和管理的依据。

第十条 国家重点风景名胜区总体规划,应当委托具有甲级规划设计资质的单位编制;国家重点风景名胜区的详细规划以及其他风景名胜区规划应当委托具有乙级以上规划设计资质的单位编制。

第十一条 编制风景名胜区规划应当遵循以下规定:

(一)贯彻国家有关保护和开发利用风景名胜资源的法律、法规、方针政策和标准规范;

(二)保护自然、文化遗产、维护生态平衡,发挥风景名胜区的环境、社会和经济上的综合效益;

(三)突出风景名胜区特性,严格保护风景名胜资源,各项建设设施应当与景区环境相协调,避免自然风景人工化、风景名胜区城市化。

第十二条 风景名胜区规划方案应当广泛征求有关部门、专家和当地居民的意见。规划在上报审批前,由建设行政主管部门会同计划、水利、林业、文化、旅游、环保、国土资源、电力、民族宗教等部门和专家进行技术论证。

第十三条 风景名胜区规划按下列规定实行分级审批:

(一)国家重点风景名胜区的总体规划由设区的市人民政府报经

省人民政府审查同意后，报国务院审批；详细规划由设区的市建设行政主管部门审查同意后，报省建设行政主管部门审批。

（二）省级风景名胜区的总体规划由设区的市人民政府审查同意后，报省人民政府审批；详细规划由设区的市建设行政主管部门审批，并报省建设行政主管部门备案。

（三）设区的市、县级风景名胜区的总体规划分别由设区的市、县建设行政主管部门审查同意后，报同级人民政府审批，并报上一级建设行政主管部门备案；详细规划由设区的市、县建设行政主管部门审批。

第十四条　风景名胜区规划经批准后应当严格执行。因风景名胜区性质、规模、资源等方面发生变化须对规划作出调整的，应当报原批准机关审批。

第十五条　风景名胜区总体规划批准后，应当按风景名胜区的规划范围标界立碑，同时标明各级保护地带的界址。

第三章　保　　护

第十六条　风景名胜区人民政府或者管理机构应当宣传普及保护风景名胜资源的知识，配备必要的力量和设备，建立健全保护制度，落实保护责任。

第十七条　在风景名胜区内的单位和个人都必须爱护风景名胜区内的风景名胜资源、设施和环境，遵守风景名胜区管理规定。

第十八条　风景名胜区按其景观价值和保护需要，实行三级保护：

（一）一级保护区：以视域范围为依据，在一级景点和景物周围划出的保护范围和空间；

（二）二级保护区：在景区范围内，以及景区范围之外的非一级景点和景物周围划出的保护范围和空间；

（三）三级保护区：在风景名胜区范围内，一级、二级保护范围以外的区域。

因保护自然资源或者生态环境确需禁止游人进入的区域，可以设置特级保护区。

各级保护区范围由所在的设区的市、县人民政府依据批准的风景名胜区规划界定，并树立界桩标明。

第十九条 风景名胜区人民政府或者管理机构对风景名胜区内重要景物、文物古迹、古树名木、地质遗迹等，应当开展调查、鉴定，建立档案，设置标志，制定保护措施。

第二十条 风景名胜区应当建立健全植树绿化、封山育林，护林防火和防治病虫害的管理制度。

风景名胜区内的林木应当按照规划进行抚育管理，不得砍伐。确需进行更新抚育性采伐的，必须经风景名胜区人民政府或者管理机构同意，报经林业主管部门批准后，始得进行。古树名木，严禁砍伐。

第二十一条 风景名胜区应当加强对水体的保护管理。对河流、湖泊等应当及时进行清理和疏浚，不得随意围、填、堵、塞或者作其他改变；对水源地应当按国家有关规定加强保护和管理。

禁止向风景名胜区内的水体超标排放污染物或者倾倒污水、垃圾。

禁止破坏和过度利用风景名胜区内的水体。

第二十二条 在风景名胜区内严禁伤害和猎捕野生动物，禁止擅自采集标本、野生药材和其他林副产品。风景名胜区管理机构应当切实维护好动物的栖息环境，在特级保护区内严禁游人进入。

第二十三条 禁止在风景名胜区内从事经营性的开山采石、挖沙取土等活动，切实保护风景名胜区的地形、地貌。

第四章 建　　设

第二十四条 凡在风景名胜区范围内进行新建、扩建和改建等各项建设项目，必须依照国家有关规定和基本建设程序办理审批手续。

第二十五条 风景名胜区建设必须按规划进行。总体规划未批准前，不得进行重大项目的建设。特殊情况需要建设的，其选址必须逐级报审批该风景名胜区总体规划的人民政府的建设行政主管部门审批。

第二十六条 不得在风景名胜区内建设与风景、游览无关或者破坏景观、污染环境、妨碍游览的设施。

一级保护区内除设置必需的步行游览观赏道路和相关的游览设施外，严禁建设与风景名胜保护无关的设施。

二级保护区内严格控制大型工程设施的兴建。

三级保护区内禁止建设产生污染的工矿企业以及破坏景观、污染环境、妨碍游览的项目和设施。

第二十七条 按照规划建设的项目，其布局、高度、体量、造型和色彩等，必须与周围景观和环境相协调。

第二十八条 下列建设项目应当严格控制：

（一）公路、索道、缆车道、电机车道、水库、电站；

（二）总建筑面积超过 3000m² 或者占地面积超过 2000m² 的各类建设项目；

（三）一级保护区内的所有建设项目和二级保护区内建筑面积超过 500m² 的建设项目；

（四）风景名胜区区徽标志建筑。

第二十九条 风景名胜区的建设项目选址实行分级审批。

本办法第二十八条所列的建设项目选址，在国家重点风景名胜区内的，逐级报省建设行政主管部门审批，重大项目报国务院建设行政主管部门审批；在省级风景名胜区内的，由省建设行政主管部门审批或者由其委托设区的市建设行政主管部门审批。

国家重点风景名胜区内的其他建设项目选址，由风景名胜区人民政府或者管理机构审批；省级风景名胜区内的其他建设项目选址，由设区的市建设行政主管部门审批。

设区的市、县级风景名胜区内的建设项目选址，由同级建设行政主管部门审批。

各级建设行政主管部门审批建设项目选址时，应当组织同级计划、风景园林、旅游、文化、林业、水利、环保、国土资源等有关部门对项目进行可行性论证。

第三十条 选址经审查批准的项目，由建设单位特经批准的建设选址审批书，按国家规定报有关部门办理其他批准手续。

第三十一条 凡在省级以上风景名胜区范围内进行新建、扩建和改建等各项建设的单位和个人，应当按省有关规定缴纳市政公用设施配套费。

国家重点风景名胜区和省级风景名胜区市政公用设施配套费的征收标准可以高于该风景名胜区所在地设区的市，但国家重点风景名胜区征收标准最高不得超过所在地设区的市的 3 倍，省级风景名胜区征收标准最高不得超过所在地设区的市的2倍。

风景名胜区内的市政公用设施配套费必须纳入财政专户,专款专用。

第三十二条 风景名胜区内的施工场地应当保持整洁,不得乱堆乱放;位于游览区的施工场地应当设置围档,防止影响景观环境和游览安全。

工程竣工后,由建设单位负责督促施工单位清理施工场地,负责恢复因施工损坏的植被及设施。

第五章 管　理

第三十三条 风景名胜区内的景区、景点应当设置规范的地名标志和指路牌,险要部位应当设置必要的安全设施和警示牌。

省级以上风景名胜区应当设置中英文地名牌、指路牌和景区介绍牌。

第三十四条 风景名胜区人民政府或者管理机构应当确定各景区、景点的环境容量和游览线路,并对风景名胜区内的导游和服务人员进行管理。

第三十五条 风景名胜区人民政府或者管理机构应当加强对风景名胜区内环境卫生和食品卫生的监督管理,并设置必要设施。从事经营服务活动的单位和个人,应当严格遵守环境卫生和食品卫生管理的有关规定。

第三十六条 风景名胜区内经营服务网点由风景名胜区人民政府或者管理机构统一规划和管理,从事经营服务的单位和个人应当依法办理审批手续,并在指定的地点依法经营、文明经商。

风景名胜区人民政府或者管理机构应当按规定的权限加强商品、服务价格的审核和监督管理,保护游览者的合法权益。

第三十七条 进入风景名胜的车辆必须服从风景名胜区人民政府或者管理机构的管理,按指定线路行驶,在规定的地点停放。机动车辆不得进入一级保护区,在二级保护区范围内应当限制机动车辆进入。

第三十八条 风景名胜区游览票价实行国家定价,具体标准由县级以上价格主管部门按管理权限核定。

第六章 罚 则

第三十九条 对违反本办法,在风景名胜区内有下列行为之一者,责令退出所占土地,拆除违章建筑;并可根据情节轻重,处以1000元以上30000元以下的罚款。
（一）擅自改变规划用地性质的；
（二）建设项目选址和设计方案未经批准擅自进行建设的。

第四十条 对违反本办法,在风景名胜区内有下列行为之一者,责令改正、赔偿损失;并可根据情节轻重,处以500元以上5000元以下的罚款：
（一）向水体超标排放污染物或者倾倒污水、垃圾的；
（二）损毁景物、林木植被的；
（三）擅自开山采石、挖沙取土的；
（四）擅自改变原有地形、地貌的；
（五）捕杀野生动物的；
（六）工程竣工后不及时清理场地或者不按要求恢复植被的。

第四十一条 对违反本办法,在风景名胜区内有下列行为之一者,责令改正,拒不改正的,处10元以上200元以下的罚款：
（一）乱堆乱放、乱扔垃圾影响景观的；
（二）位于游览区的施工场地未设置围档的；
（三）未经批准私自乱设摊点的；
（四）车辆乱停乱放阻碍交通的。

第四十二条 本办法规定的行政处罚,在已设立了人民政府的风景名胜区内,由风景名胜区人民政府的相关职能部门执行;没有设立人民政府的风景名胜区,由风景名胜区管理机构执行。

第四十三条 滥用或者超越职权批准风景名胜区工程建设项目的,其批准文件无效,对责任人由其所在单位或者上级主管部门给予行政处分。

第四十四条 风景名胜区人民政府、风景名胜区管理机构或者建设行政主管部门违反本办法的,分别由其上级主管部门依法查处;其工作人员玩忽职守、滥用职权、徇私舞弊的,由所在单位或者上级主管部门给予行政处分。

第七章 附 则

第四十五条 本办法自发布之日起施行。

2. 江西省庐山风景名胜区管理条例

（1996年4月18日江西省第八届人民代表大会常务委员会第二十一次会议通过 1996年4月22日江西省人大常委会第四号公告公布 自公布之日起施行）

第一章 总 则

第一条 为加强庐山风景名胜区管理，有效保护和合理开发利用风景名胜资源，根据国务院《风景名胜区管理暂行条例》和国家有关规定，结合实际，制定本条例。

第二条 庐山风景名胜区（以下简称风景区）包括庐山山体和石钟山景区、长江—鄱阳湖水上景区、龙宫洞景区、浔阳景区、东林景区等外围景区。

庐山山体和外围景区的范围以省人民政府批准的界线为界。

第三条 风景区的保护和建设必须符合《庐山风景名胜区总体规划》，遵循严格保护、统一管理、合理开发、永续利用的原则。

第四条 江西省庐山风景名胜区管理局（以下简称庐山管理局）为省人民政府管理庐山风景区的行政机构，按省人民政府的规定负责庐山山体的保护、规划、建设和管理。

外围景区由景区所在地县、区人民政府负责管理，景区的保护、规划和建设应当接受庐山管理局的指导、监督。

第二章 保 护

第五条 庐山管理局和外围景区所在地县、区人民政府（以下简称风景区管理机构）应当加强对风景区内的重要景物、文物古迹、古树名木、地质遗迹的保护，并建立档案，设置标志，制定保护措施。

严禁出让、转让风景名胜资源。

第六条 风景区管理机构应当做好植树造林、护林防火和森林病虫害防治工作，做好泥石流、滑坡等地质灾害的防治工作，切实保护好林木、植被和动、植物种的栖息、生长条件。

风景区管理机构根据保护环境、恢复生态和森林防火的需要，可以对重要景区、景点实行封闭，并予以公告。

第七条 禁止向风景区内的水体超标排放污染物或者倾倒污水、垃圾。风景区内的溪流、泉水、瀑布、深潭、水源，除按风景区规划的要求整修、利用外，均应当保持原状，不得截流、改向或者作其他改变。

第八条 风景区内的林木不得擅自砍伐。因景区、景点开发和工程建设确需砍伐，或者属集体、个人所有确需间伐的，应当按本条例第四条规定的管理权限，报庐山管理局或者所在地县、区人民政府审查同意后，依照有关规定程序报省人民政府批准。

第九条 需要采集风景区内的物种、地质标本、野生药材和其他林副产品的，应当按本条例第四条规定的管理权限，由庐山管理局或者所在地县、区人民政府有关主管部门根据国家有关规定批准。

第十条 禁止在风景区内挖土取石。因保护风景区的道路、维护设施确需在风景区内挖土取石的，应当在不破坏地貌的前提下，按本条例第四条规定的管理权限，经庐山管理局或者所在地县、区人民政府有关主管部门批准。

第十一条 风景区内的单位、居民和游览者，应当爱护风景名胜资源和自然环境。风景区内禁止下列行为：

（一）破坏景物景观和地质遗迹；

（二）开山炸石；

（三）攀折、刻划树木和破坏植被、采摘花卉；

（四）在牯岭地区和其他景区范围内垦荒造地种植农作物和放养家禽家畜；

（五）燃放烟花、随地乱丢烟头或者在指定地点外燃放鞭炮、焚香、生火；

（六）捕杀或者伤害鸟类以及其他野生动物；

（七）随意丢弃、倾倒废弃物；

（八）葬坟；

（九）损坏游览、服务、公共交通设施以及其他设施；

（十）法律、法规禁止的其他行为。

第十二条 在风景区内严禁擅自设置储存易燃、易爆、有毒物品的仓库。

第三章 规划和建设

第十三条 风景区管理机构应当根据国家批准的《庐山风景名胜区总体规划》，分别编制辖区范围内的景区、景点详细规划，并按规定程序报省建设行政主管部门征求有关部门意见后批准。

《庐山风景名胜区总体规划》和经批准的景区、景点详细规划必须严格执行，任何单位和个人不得擅自变更。确需对规划进行调整或者修改的，应当按原审批程序报批。

第十四条 牯岭地区和风景区其他景点内除符合规划要求的保护、游览和附属设施外，不得增设其他工程设施。风景区的景区内禁止建设工矿企业，不得设立开发区、度假区、生活区以及大型工程设施。风景区的其他区域内严格控制工矿企业的建设，禁止建设有污染的工矿企业。

第十五条 凡在风景区内进行新建、改建、扩建等各项建设，必须依照有关法律、法规的规定办理建设选址意见书、建设用地规划许可证、建设工程规划许可证和其他审批手续。

第十六条 风景区下列建设项目的选址和设计方案，应当按规定程序报省建设行政主管部门会同有关部门审核后，由省人民政府批准：

（一）公路、索道、缆车道、电机车道、水库；

（二）总建筑面积超过 $3000m^2$ 或者占地面积超过 $2000m^2$ 的各类建设项目；

（三）景点内的所有建设项目和景区内建筑面积超过 $500m^2$ 的各类建设项目；

（四）风景区区徽标志建筑；

（五）牯岭地区的所有新建、扩建项目；

（六）由省建设行政主管部门认定的其他建设项目。

前款规定之外的建设项目，属庐山山体范围内的由庐山管理局审批；属外围景区的由景区所在地县、区人民政府审批，并按规定程序报省建设行政主管部门备案。

第十七条　风景区内新建、改建、扩建项目的布局、高度、体量、造型和色彩等，必须注重保持庐山特色，与周围景观和环境相协调。

第十八条　凡经批准在风景区内进行施工活动，必须采取有效措施，保护好施工现场周围的山体、水体、林木、植被、名胜古迹、地质遗迹等景物和环境，施工结束后，建设和施工单位必须在一个月内清理场地，恢复环境原貌。

第十九条　牯岭地区和其他景区，严禁新建私房，不得将公房出售给个人。

第四章　管　理

第二十条　设在风景区内的所有单位，必须服从风景区管理机构对风景区的统一规划和管理。

第二十一条　牯岭地区应当严格控制常住人口和机构设置的数量、规模。牯岭地区增设机构、迁入或者调入人员，应当经庐山管理局审查，并按规定程序报省人民政府指定的部门批准。

第二十二条　风景区内的宗教活动场所必须向风景区管理机构登记后方能开放，宗教活动应当遵守国家法律、法规。

第二十三条　依托风景名胜资源从事各种经营服务活动的单位和个人，必须缴纳风景名胜资源使用费。

风景名胜资源使用费征收、使用的具体办法由省人民政府另行制定。

第二十四条　风景区内经营服务网点的设置由风景区管理机构统一规划。从事经营服务的单位和个人依法办理审批手续后，必须在指定地点和规定范围内依法经营、文明经商。

风景区管理机构应当按规定的权限加强对商品和服务价格的审核与监督管理，保护游览者的合法权益。

第二十五条　风景区管理机构应当加强对景区内环境卫生和食品

卫生的监督管理，并设置必要的基础设施。从事经营服务活动的单位和个人，应当严格遵守环境卫生和食品卫生管理的有关规定。

　　第二十六条　景区、景点应当设置规范的地名标志和指路牌，险要部位应当设置必要的安全设施和警示牌。

　　风景区管理机构应当定期对交通、游览设施进行检查和维护，确保游览者安全。

　　第二十七条　风景区管理机构应当加强治安、消防管理工作，及时制止、处理破坏风景名胜资源和危及游览者安全的行为，确保良好的社会秩序。

　　第二十八条　风景区管理机构应当确定各景区、景点的环境容量和游览线路，做好旅游旺季游览者的疏导工作，加强对导游和服务人员的管理。

　　第二十九条　进入风景区的车辆必须服从风景区管理机构的管理，按指定线路行驶，在规定地点停放。

第五章　法律责任

　　第三十条　违反本条例规定，同时又违反国家有关森林、土地、环境保护、野生动物保护、文物保护等法律、法规的规定，擅自砍伐林木、毁坏古树名木、滥挖野生植物、捕杀野生动物、毁损文物古迹、超标排放污染物的，依照相关法律、法规处罚；法律、法规没有规定的，依照本条例的规定予以处罚。

　　第三十一条　违反本条例第五条规定，出让、转让风景名胜资源的，其出让、转让行为无效，并对出让、转让单位处5000元以上5万元以下的罚款；对直接责任人由其所在单位或者上级主管部门给予行政处分。

　　第三十二条　凡滥用或者超越职权批准风景区建设工程项目的，其批准文件无效，并拆除建（构）筑物，无偿收回占用土地，对责任人由其所在单位或者上级主管部门给予行政处分。

　　第三十三条　违反本条例规定，擅自改变风景区规划及其用地性质，或者侵占风景区土地进行违章建设的，责令其限期退出所占土地、拆除违章建筑、恢复原状，并按建筑面积处每平方米30元以下的罚款；不能恢复原状的，按建筑面积处每平方米100元以上200元以下的罚款。

第三十四条 违反本条例第十一条第（一）、（二）项规定之一，或者垦荒造地种植农作物、挖土取石的，责令其停止违法活动，没收其非法所得，限期恢复原状，并处500元以上5000元以下的罚款；不能恢复原状的，处5000元以上2万元以下的罚款。

第三十五条 违反本条例第十一条第（三）、（五）、（六）、（七）、（九）项规定之一的，或者放养家禽家畜、乱设摊点、阻碍交通的，责令其停止违法行为，并处50元以上100元以下的罚款；经制止仍不改正的，处100元以上500元以下的罚款。

第三十六条 本条例施行6个月后仍在风景区内葬坟的，责令其限期迁出，恢复环境原貌，并处2000元以上1万元以下的罚款。

第三十七条 本条例规定的处罚，发生在庐山山体范围内的由庐山管理局实施，发生在外围景区的由景区所在地县、区人民政府有关行政主管部门实施。

第三十八条 违反本条例规定或者妨碍管理人员依法执行公务应当给予治安管理处罚的，依照《中华人民共和国治安管理处罚条例》的规定予以处罚；构成犯罪的，依法追究刑事责任。

第三十九条 行政处罚的决定和执行应当符合《中华人民共和国行政处罚法》的规定。

第四十条 当事人对行政处罚决定不服的，可以依法申请复议、提起诉讼。当事人在法定期限内既不申请复议、也不起诉、期满又不履行行政处罚决定的，由作出处罚决定的行政机关申请人民法院强制执行。

第四十一条 风景区管理机构的工作人员玩忽职守、滥用职权、徇私舞弊的，由其所在单位或者上级主管部门给予行政处分；构成犯罪的，依法追究刑事责任。

第六章 附 则

第四十二条 本条例具体应用中的问题由省人民政府负责解释。

第四十三条 本条例自公布之日起施行。

3. 江西省三清山风景名胜区管理条例

(2006年7月28日江西省第十届人民代表大会常务委员会第二十二次会议通过 2006年7月28日江西省人民代表大会常务委员会第74号公告公布 自2006年8月1日起施行)

第一章 总 则

第一条 为了加强三清山风景名胜区的保护和管理，合理利用风景名胜资源，根据有关法律、行政法规的规定，结合三清山风景名胜区实际，制定本条例。

第二条 三清山风景名胜区的范围，按照国务院批准的《三清山风景名胜区总体规划》（以下简称《总体规划》）确定的界线坐标划定。具体包括：梯云岭、玉京峰、三清宫、西华台、玉灵观、冰玉洞、仙桥墩等景区和礤龙潭、玉帘瀑布、浮凉坑水库等景点。

第三条 三清山风景名胜区的保护、利用和管理，应当遵循科学规划、统一管理、严格保护、永续利用的原则。

第四条 三清山风景名胜区管理委员会（以下简称三清山管委会）是上饶市人民政府的派出机构，依照本条例的规定负责三清山风景名胜区的保护、利用和统一管理工作。

在三清山风景名胜区内的所有单位，除各自业务受上级主管部门领导外，都必须服从三清山管委会对风景名胜区的统一规划和管理。

第五条 三清山管委会的职责是：

（一）宣传、贯彻有关风景名胜区保护和管理的法律、法规；

（二）组织实施三清山风景名胜区《总体规划》和《三清山风景名胜区详细规划》（以下简称《详细规划》），保护和合理利用风景名胜资源；

（三）制定并组织实施风景名胜区的具体保护和管理制度；

（四）负责组织风景名胜资源的调查、评价、登记工作；

（五）负责风景名胜区保护范围内有关单位的相关协调工作；

（六）负责风景名胜区保护范围内基础设施及其他公共设施的管理，改善游览服务条件；

（七）负责风景名胜区保护的其他事项。

第六条 省人民政府建设行政主管部门负责三清山风景名胜区的监督管理工作。省人民政府其他有关行政部门按照规定的职责分工，负责三清山风景名胜区的有关监督管理工作。

第二章 规　　划

第七条 经国务院批准的《总体规划》和依据《总体规划》编制的详细规划，是三清山风景名胜区保护、利用和管理的依据，必须严格执行。

第八条 《详细规划》由上饶市人民政府根据《总体规划》组织编制，经省人民政府建设行政主管部门审查后，报国务院建设行政主管部门批准。

第九条 《详细规划》应当根据景区、景点的不同要求和国家有关技术规范编制，确定基础设施、旅游设施、文化设施等建设项目的选址、布局与规模，并明确建设用地范围和规划设计条件。

编制《详细规划》，应当委托具有乙级以上规划编制资质等级的单位承担。

第十条 《详细规划》草案应当广泛征求有关部门、专家和公众的意见；有关部门、专家和公众对《详细规划》草案提出重大异议的，上饶市人民政府应当通过召开论证会、听证会等方式进行论证。

报送《详细规划》的审批材料，应当包括社会各界的意见和意见采纳的情况，以及未予采纳的理由。

第十一条 上饶市人民政府应当将经批准的《总体规划》和《详细规划》的主要内容通过政府网站等形式向社会公布，任何单位和个人都有权查阅。

第十二条 经批准的《总体规划》和《详细规划》不得擅自修改。确需修改的，应当按照原审批程序报批。

第三章 保　　护

第十三条 三清山风景名胜区的景观和自然环境，应当严格保护，不得破坏或者随意改变。

三清山管委会应当根据有关风景名胜资源保护的法律、法规，组织落实风景名胜区内景观和自然环境的保护责任。

三清山风景名胜区内的单位、村（居）民和游客不得破坏风景名胜区的景物、水体、林草植被、野生动物和各项设施。

第十四条 三清山管委会应当对风景名胜区内的自然人文景观进行调查、鉴定，建立档案；对特殊地质遗迹、人文景观等重点保护对象，应当制定相应的保护措施。

第十五条 三清山管委会应当做好风景名胜区内地质灾害防治，植树造林，以及森林防火和林业有害生物防治等森林资源的保护工作。

三清山管委会根据森林资源保护、生态恢复和森林防火的需要，可以对重要景区、景点实行临时性封闭，并予以公告。

第十六条 三清山风景名胜区按照其景观价值和保护需要，分为特级、一级、二级、三级保护区。各级保护区由三清山管委会依据《总体规划》确定的范围竖桩标界。

第十七条 在三清山风景名胜区三级保护区内，禁止下列行为：

（一）建设各类开发区；

（二）修建储存易燃易爆、放射性、毒害性、腐蚀性物品的设施；

（三）开山采石、修坟立碑、在河道采沙等破坏景观、植被和地形地貌的活动；

（四）砍伐林木、烧荒垦殖、猎捕野生动物；

（五）在景物或者设施上刻划、涂污；

（六）随意丢弃、倾倒废弃物；

（七）向水体排放未经处理达标的污水；

（八）在非指定地点野炊或者其他违规用火活动。

第十八条 在三清山风景名胜区二级保护区内，禁止下列行为：

（一）本条例第十七条所列行为；

（二）建设宾馆、招待所、培训中心、疗养院、娱乐场所等建筑物；

（三）建造与游览活动无关的工程设施；

（四）在非指定地点吸烟、烧香点烛、燃放烟花爆竹。

第十九条 在三清山风景名胜区一级保护区内，禁止下列行为：

（一）本条例第十八条所列行为；

（二）建造与步行游览安全防护无关的设施；

（三）设置旅宿床位；

（四）耕作、采伐林木；

（五）机动交通工具进入。

一级保护区内已有宾馆的经营者，应当逐步缩减床位，并在本条例施行之日起3年内全部迁出现有床位。

第二十条 在三清山风景名胜区特级保护区内，禁止下列行为：

（一）本条例第十九条所列行为；

（二）建设任何建筑设施；

（三）游客进入。

第二十一条 在三清山风景名胜区内进行下列活动，应当征求三清山管委会的意见，并依照有关法律、法规的规定报有关行政主管部门批准：

（一）设置、张贴广告；

（二）举办大型游乐等活动；

（三）拍摄电影电视；

（四）其他影响生态和景观的活动。

第二十二条 在三清山风景名胜区内进行新建、改建和扩建等各项建设活动，必须依照有关法律、法规的规定和基本建设程序办理审批手续。

在三清山风景名胜区内修建缆车、索道等重大工程的项目选址，由省人民政府建设行政主管部门负责对申请材料进行初审，提出初审意见，并将初审意见和全部申请材料上报国务院建设行政主管部门审批；其他的建设项目选址由省人民政府建设行政主管部门审批。

建设项目可能对国家和地方重点野生动植物生长栖息产生不利影响的，建设单位提交的环境影响报告文件中应当对此作出评价；环境保护行政主管部门在审批环境影响报告文件时，应当征求省野生动植物行政主管部门的意见。

第二十三条　三清山风景名胜区内建设项目的布局、高度、体量、造型和色彩等，应当保持三清山风景名胜区特色，与周围景观和环境相协调。景区内已有的污染环境或者有碍景观的设施，三清山管委会应当责令其限期拆除或者外迁。

　　第二十四条　经批准在三清山风景名胜区内进行建设活动的单位和个人，应当采取有效措施，保护好施工现场周围的山体、水体、林木植被、名胜古迹、地质遗迹等景物和环境；施工结束后，应当及时清理场地、恢复环境原貌。

　　第二十五条　三清山风景名胜区内的村（居）民建房，应当按照统一规划进行建设，其建设规模、用地面积，由上饶市国土资源行政主管部门和三清山管委会依法确定。

第四章　利用和管理

　　第二十六条　三清山管委会应当根据三清山风景名胜区《总体规划》和《详细规划》，合理利用风景名胜资源，开展健康有益的游览观光和文化娱乐活动，普及历史、文化和科学知识。

　　第二十七条　三清山管委会应当逐步改善风景名胜区内的交通、服务设施和游览条件，合理核定各景区、景点的游客容量和游览路线，设置规范的地名标志和路标，做好旅游旺季游客的疏导工作，并加强对导游、轿工等服务人员的管理。

　　第二十八条　三清山管委会应当建立健全安全保障制度，加强对其所属职工及游客的安全教育和管理工作，保障游览安全，并督促风景名胜区内的经营者自觉接受有关部门依据法律、法规、规章进行的监督检查。

　　三清山管委会应当在景区险要部位设置必要的安全设施和警示牌，并不得超过核定容量接纳游客，以及在没有安全保障的区域开展游览活动。

　　第二十九条　三清山管委会应当加强治安、消防管理工作，及时制止、处理破坏风景名胜区资源，危害游客人身、财产安全的行为，确保良好的社会秩序。

　　第三十条　三清山管委会应当加强对风景名胜区内环境卫生和食品卫生的监督管理，设置必要的卫生设施，保持景区良好的卫生环境。从事经营活动的单位和个人，应当遵守环境卫生和食品卫生管理的有关规定。

三清山管委会应当组织对风景名胜区内的污水进行无害化处理，并对建筑、生活垃圾安排统一清运。

第三十一条 进入三清山风景名胜区的营运车辆，应当按照三清山管委会核定的线路行驶，并定点停靠；非营运车辆应当按照三清山管委会规定的线路行驶，并在规定的地点停放。

第三十二条 三清山风景名胜区内宗教活动场所的管理和文物保护，依照有关法律、法规、规章的规定执行。

第三十三条 三清山风景名胜区的门票价格，依照省人民政府价格行政主管部门核定的标准执行。

三清山风景名胜区内的交通、服务等经营项目，由三清山管委会依照有关法律、法规和三清山风景名胜区规划，通过招标等公平竞争的方式确定经营者。

依托风景名胜资源在三清山风景名胜区内从事经营活动的单位和个人，应当缴纳三清山风景名胜资源使用费。风景名胜资源使用费征收、管理和使用的具体办法由省人民政府另行制定。

第三十四条 省人民政府建设行政主管部门应当对三清山风景名胜区的规划实施情况、资源保护状况进行监督检查。对检查中发现的问题，应当及时督促有关部门或者单位进行整改。

第五章 法律责任

第三十五条 违反本条例规定，省人民政府建设行政主管部门、上饶市人民政府及其有关部门有下列行为之一的，对直接负责的主管人员和其他直接责任人员按照管理权限依法给予行政处分：

（一）批准在三清山风景名胜区内设立各类开发区的；
（二）未按照三清山风景名胜区规划批准进行建设活动的；
（三）擅自修改三清山风景名胜区规划的；
（四）不依法履行监督管理职责的其他行为。

第三十六条 违反本条例规定，三清山管委会有下列行为之一的，由上饶市人民政府责令改正；拒不改正或者造成严重后果的，对直接负责的主管人员和其他直接责任人员给予降级或者撤职的处分：

（一）批准在三清山风景名胜区内进行不符合风景名胜区规划的建设活动的；

（二）超过核定容量接纳游客，或者在没有安全保障的区域开展游览活动的；

（三）未设置或者未及时修复被损坏的风景名胜区路标、安全警示等标牌的；

（四）发现违法行为不予查处的；

（五）玩忽职守、滥用职权、徇私舞弊的。

第三十七条 在三清山风景名胜区内有下列行为之一的，由三清山管委会责令其停止违法行为，限期拆除，恢复原状，可以按建筑面积处每平方米30元罚款；逾期不拆除、不恢复原状或者造成严重后果的，可以按建筑面积处每平方米100元以上200元以下罚款，并强制拆除；造成损失的，依法承担赔偿责任：

（一）修建储存易燃易爆、放射性、毒害性、腐蚀性物品的设施的；

（二）在二级保护区内建设宾馆、招待所、培训中心、疗养院、娱乐场所等建筑物，或者建造与游览活动无关的工程设施的；

（三）在一级保护区内建造与步行游览安全防护无关的设施的；

（四）在特级保护区内建设建筑设施的。

第三十八条 在三清山风景名胜区内有下列行为之一的，由三清山管委会责令其停止违法行为，处50元以上100元以下罚款；经制止仍不改正的，处100元以上500元以下罚款；造成损失的，依法承担赔偿责任：

（一）在景物、树木或者设施上刻划、涂污的；

（二）随意丢弃、倾倒废弃物的；

（三）游客进入特级保护区的。

第三十九条 在三清山风景名胜区内修坟立碑的，由三清山管委会责令其停止违法行为，限期恢复环境原貌，并视情节处2000元以上1万元以下罚款。

第四十条 在三清山风景名胜区一级保护区内设置旅宿床位或者进行耕作的，由三清山管委会责令其停止违法行为，没收违法所得；拒不改正的，处5000元以上2万元以下罚款；造成损失的，依法承担赔偿责任。

第四十一条 违反本条例规定的其他行为,法律、行政法规规定由其他行政部门实施处罚的,依照法律、行政法规的规定执行。

第六章 附 则

第四十二条 本条例自 2006 年 8 月 1 日起施行。

4. 江西省龙虎山和龟峰风景名胜区条例

(2008 年 9 月 27 日江西省第十一届人民代表大会常务委员会第五次会议通过 2008 年 9 月 27 日江西省人民代表大会常务委员会公布 自 2009 年 1 月 1 日起施行。)

第一章 总 则

第一条 为了加强对龙虎山风景名胜区和龟峰风景名胜区(统称龙虎山和龟峰风景名胜区)的管理,有效保护和合理利用风景名胜资源,根据国务院《风景名胜区条例》和其他有关法律、行政法规的规定,制定本条例。

第二条 龙虎山和龟峰风景名胜区的规划、保护、利用和管理,适用本条例。

龙虎山和龟峰风景名胜区及其外围保护地带的范围,按照国务院批准的《龙虎山风景名胜区总体规划》和《龟峰风景名胜区总体规划》确定的界线坐标划定。

第三条 龙虎山和龟峰风景名胜区的保护、利用和管理,应当遵循科学规划、统一管理、严格保护、永续利用的原则,实现生态效益、社会效益和经济效益相统一。

第四条 龙虎山风景名胜区管理委员会(以下简称龙虎山管委会)和龟峰风景名胜区管理委员会(以下简称龟峰管委会)分别是鹰潭市人民政府和上饶市人民政府设置的派出机构,负责各自风景名胜区的保护、利用和统一管理工作。

龙虎山管委会和龟峰管委会的主要职责是：

（一）宣传、贯彻有关风景名胜区保护和管理的法律、法规和规章；

（二）参与制定并组织实施风景名胜区规划；

（三）制定并组织实施风景名胜区的具体保护和管理制度；

（四）组织调查、评价和登记风景名胜资源，负责风景名胜资源的保护和合理利用；

（五）负责风景名胜区保护范围内有关单位的相关协调工作；

（六）管理风景名胜区内基础设施及其他公共设施；

（七）负责风景名胜区保护、利用和管理的其他事项。

第五条　省人民政府建设主管部门负责龙虎山和龟峰风景名胜区的监督管理工作。省人民政府其他有关部门按照职责分工，负责龙虎山和龟峰风景名胜区的有关监督管理工作。

第六条　任何单位和个人都有权检举和制止破坏风景名胜资源的行为，并负有保护风景名胜资源的义务。

第二章　规　　划

第七条　龙虎山和龟峰风景名胜区规划分为总体规划和详细规划。

龙虎山风景名胜区规划应当体现碧水丹山、天师道源、春秋崖墓等特色；龟峰风景名胜区规划应当体现丹霞奇峰、石窟等特色。

第八条　龙虎山和龟峰风景名胜区详细规划，应当符合风景名胜区总体规划。

龙虎山和龟峰风景名胜区详细规划由省人民政府建设主管部门根据风景名胜区总体规划和国家有关技术规范组织编制，依法报国务院建设主管部门审批。

编制龙虎山和龟峰风景名胜区详细规划，应当采取招标等公平竞争的方式，选择具有乙级以上规划编制资质等级的规划编制单位承担。

第九条　编制龙虎山和龟峰风景名胜区详细规划应当广泛征求有关部门、公众和专家的意见；有关部门、公众和专家对龙虎山和龟峰风景名胜区详细规划草案提出重大异议的,省人民政府建设主管部门应当通过召开论证会、听证会等方式进行论证。

龙虎山和龟峰风景名胜区详细规划报送审批的材料,应当包括社会各界的意见以及意见采纳的情况和未予采纳的理由。

第十条 省人民政府建设主管部门、龙虎山管委会和龟峰管委会应当将经批准的龙虎山和龟峰风景名胜区规划的主要内容,通过政府网站等形式向社会公布,任何单位和个人有权查阅。

第十一条 经批准的龙虎山和龟峰风景名胜区规划,是风景名胜区保护、利用和管理的依据,必须严格执行。

龙虎山和龟峰风景名胜区内的单位和个人应当遵守经批准的规划,服从规划管理。龙虎山和龟峰风景名胜区规划批准前,不得在风景名胜区内进行各类建设活动。

第十二条 经批准的龙虎山和龟峰风景名胜区规划,不得擅自修改。确需修改的,应当依法报原审批机关批准或者备案。

第十三条 龙虎山和龟峰风景名胜区及其外围保护地带内的乡(镇)、村庄规划,应当符合风景名胜区规划。

有关部门编制龙虎山和龟峰风景名胜区及其外围保护地带内的乡(镇)、村庄规划,应当书面征求龙虎山管委会或者龟峰管委会的意见。

第三章 保 护

第十四条 龙虎山和龟峰风景名胜区的地貌景观和自然环境,应当根据可持续发展的原则,严格保护,不得破坏或者随意改变。

龙虎山管委会和龟峰管委会应当建立健全环境保护、动植物保护、文物保护、有害生物防治、森林防火、水土保持、地质灾害防治等风景名胜资源保护的各项管理制度,组织落实保护责任。

第十五条 龙虎山管委会应当在听取有关部门、单位的意见后,对水岩、象鼻山、崖墓群、天师府、仙人城、排衙石、无蚊村、马祖岩、正一观、大上清宫、上清古镇、天师墓群等重要景观,制定相应的保护措施,实行严格保护。

龟峰管委会应当在听取有关部门、单位的意见后,对老人峰、南岩寺佛窟、神龟迎宾、天然三叠、四声谷、二郎峰、骆驼峰、画壁峰、金钟峰等重要景观，制定相应的保护措施，实行严格保护。

第十六条 在龙虎山和龟峰风景名胜区内禁止从事下列活动：

（一）开山、采石、开矿、开荒、修坟立碑、河道采沙等破坏景观、植被和地形地貌的活动；

（二）修建储存爆炸性、易燃性、放射性、毒害性、腐蚀性物品的设施；

（三）擅自砍伐林木、猎捕野生动物；

（四）在景物或者设施上刻划、涂污；

（五）随意丢弃、倾倒、堆放废弃物；

（六）向水体排放未经处理达标的污水；

（七）在非指定地点野炊或者进行其他违规用火活动。

在龙虎山和龟峰风景名胜区及其外围保护地带内不得建设污染环境的项目；已经建设的，龙虎山管委会和龟峰管委会以及有关的县级以上人民政府应当限期拆除。

第十七条 禁止违反龙虎山和龟峰风景名胜区规划，在风景名胜区内设立各类开发区和在核心景区内建设宾馆、招待所、培训中心、疗养院以及与风景名胜资源保护无关的其他建（构）筑物；已经建设的，应当按照龙虎山和龟峰风景名胜区规划逐步迁出。

第十八条 在龙虎山和龟峰风景名胜区内从事本条例第十六条、第十七条规定的禁止范围以外的建设活动，应当经龙虎山管委会或者龟峰管委会审核后，依照有关法律、法规的规定办理审批手续。

第十九条 在龙虎山和龟峰风景名胜区进行下列活动，应当经龙虎山管委会或者龟峰管委会审核后，依照有关法律、法规的规定报有关主管部门批准：

（一）设置、张贴商业广告；

（二）举办大型游乐等活动；

（三）除本条例第二十四条所列行为外的其他改变水资源、水环境自然状态的活动；

（四）进行影视拍摄和大型主题演艺；

（五）其他影响生态和景观的活动。

第二十条 龙虎山和龟峰风景名胜区及其外围保护地带内建设项目的布局、高度、体量、造型和色彩等，应当保持风景名胜区特色，与周围景观和环境相协调。已有的有碍景观的建设项目，龙虎山管委会和龟峰管委会以及有关的县级以上人民政府应当限期拆除。

第二十一条 因龙虎山和龟峰风景名胜区及其外围保护地带内原有建设项目或者设施的拆除、迁出,给公民、法人或者其他组织的财产造成损失的,应当依法给予补偿。

第二十二条 在龙虎山和龟峰风景名胜区内进行施工的单位和个人,应当采取有效措施,保护好周围景物、水体、林草植被、野生动物资源和地形地貌;施工结束后,应当及时清理场地,恢复环境原貌。

第二十三条 省人民政府环境保护、水行政主管部门应当加强泸溪河水域的环境保护协调工作。对泸溪河水域生态环境有严重影响的建设项目,县级以上人民政府环境保护、水行政主管部门不得为建设单位办理有关审批手续。

县级以上人民政府和龙虎山管委会应当加强辖区内泸溪河水域的环境保护,严格控制向泸溪河水体排放污染物的总量。

第二十四条 禁止在龙虎山风景名胜区泸溪河水域进行下列活动:

(一) 围、填、堵、塞干流或者改变河道;

(二) 向水体排放或者倾倒油类、酸液、碱液、剧毒废液、可溶性剧毒废渣,或者在水体清洗装贮过该类物品的容器、车辆;

(三) 使用燃油机动船从事经营活动。

第二十五条 鹰潭市人民政府、上饶市人民政府和有关县、乡(镇)人民政府,以及龙虎山管委会和龟峰管委会,应当扶持和帮助风景名胜区及其外围保护地带内的农村集体经济组织和农户,利用自然资源优势发展生态农业、生态林业和旅游服务业,改善生态环境,保护风景名胜资源。

第四章 利用和管理

第二十六条 龙虎山管委会和龟峰管委会应当根据风景名胜区规划,合理利用风景名胜资源,改善交通、服务设施和游览条件。

第二十七条 龙虎山管委会和龟峰管委会应当合理核定各景区、景点的游客容量和游览路线,设置规范的地名标志、路标和说明标识,做好游客的疏导工作,并加强对导游、船工等服务人员的管理。

第二十八条　龙虎山管委会和龟峰管委会应当建立健全安全保障制度，加强对其所属职工及游客的安全教育和管理工作，保障游览安全，并督促风景名胜区内的经营者合法、文明经营，接受有关部门依据法律、法规、规章进行的监督检查。

龙虎山管委会和龟峰管委会应当在景区险要部位设置符合要求的安全设施和警示牌，并不得超过核定容量接纳游客，不得在没有安全保障的区域开展游览活动。

第二十九条　龙虎山管委会和龟峰管委会应当加强治安、消防管理工作，及时制止、处理破坏风景名胜区资源，危害游客人身、财产安全的行为，确保良好的社会秩序。

第三十条　龙虎山管委会和龟峰管委会应当会同有关部门加强对风景名胜区内环境卫生和食品卫生的监督管理，设置必要的卫生设施，保持景区良好的卫生环境。从事经营活动的单位和个人，应当遵守环境卫生和食品卫生管理的有关规定。

龙虎山管委会和龟峰管委会应当组织对景区内的污水进行无害化处理，对沟谷、水体等不易清扫的地方进行定期清理，以及对建筑、生活垃圾安排统一清运。

第三十一条　进入龙虎山和龟峰风景名胜区的车船，应当按照指定线路行驶，在规定地点停放或者停泊。

龙虎山和龟峰风景名胜区内应当逐步使用环保型车船。

第三十二条　龙虎山和龟峰风景名胜区内宗教活动场所的管理和文物古迹的保护，依照有关法律、法规、规章和国家规定执行。

第三十三条　龙虎山和龟峰风景名胜区的门票价格，依照省人民政府价格主管部门核定的标准执行。

龙虎山和龟峰风景名胜区内的交通、服务等经营项目，由龙虎山管委会或者龟峰管委会依照有关法律、法规以及风景名胜区规划，通过招标等公平竞争的方式确定经营者。龙虎山管委会和龟峰管委会应当与经营者签订合同，依法确定各自的权利义务。

依托风景名胜资源在龙虎山和龟峰风景名胜区内从事经营活动的单位和个人，应当依法缴纳风景名胜资源有偿使用费。

第三十四条　省人民政府建设主管部门应当对龙虎山和龟峰风景名胜区的规划实施情况、资源保护状况进行监督检查。对检查中发现的问题，应当及时督促有关单位进行整改。

第五章 法律责任

第三十五条 违反本条例规定,有下列行为之一的,由龙虎山管委会或者龟峰管委会责令停止违法行为、恢复原状或者限期拆除,没收违法所得,并处50万元以上100万元以下罚款:

(一)在龙虎山和龟峰风景名胜区内进行开山、采石、开矿等破坏景观、植被、地形地貌的活动的;

(二)在龙虎山和龟峰风景名胜区内修建储存爆炸性、易燃性、放射性、毒害性、腐蚀性物品的设施的;

(三)在核心景区内建设宾馆、招待所、培训中心、疗养院以及与风景名胜资源保护无关的其他建(构)筑物的。

县级以上人民政府及其有关主管部门批准实施前款规定行为的,对直接负责的主管人员和其他直接责任人员依法给予降级或者撤职的处分;构成犯罪的,依法追究刑事责任。

第三十六条 违反本条例规定,个人在龙虎山和龟峰风景名胜区内进行开荒、修坟立碑等破坏景观、植被、地形地貌的活动的,由龙虎山管委会或者龟峰管委会责令停止违法行为、限期恢复原状或者采取其他补救措施,没收违法所得,并处1000元以上1万元以下罚款。

第三十七条 违反本条例规定,在龙虎山和龟峰风景名胜区内从事禁止范围以外的建设活动,未经龙虎山管委会或者龟峰管委会审核的,由龙虎山管委会或者龟峰管委会责令停止建设、限期拆除,对个人处2万元以上5万元以下罚款,对单位处20万元以上50万元以下罚款。

第三十八条 违反本条例规定,未经龙虎山管委会或者龟峰管委会审核,在龙虎山和龟峰风景名胜区进行本条例第十九条所列活动的,由龙虎山管委会或者龟峰管委会责令停止违法行为、限期恢复原状或者采取其他补救措施,没收违法所得,并处5万元以上10万元以下罚款;情节严重的,并处10万元以上20万元以下罚款。

第三十九条 违反本条例规定,施工单位在施工过程中,对周围景物、水体、林草植被、野生动物资源和地形地貌造成破坏的,由龙虎山管委会或者龟峰管委会责令停止违法行为、限期恢复原状或者采取其他补救措施,并处2万元以上10万元以下罚款;逾期未恢复原状或者采取有效措施的，由龙虎山管委会或者龟峰管委会责令停止施工。

第四十条 违反本条例规定，在龙虎山风景名胜区泸溪河水域进行围、填、堵、塞干流或者改变河道等活动的，由龙虎山管委会责令停止违法行为，限期恢复原状或者采取其他补救措施，并处5万元以上10万元以下罚款。在龙虎山风景名胜区泸溪河水域使用燃油机动船从事经营活动的，由龙虎山管委会责令停止违法行为，限期恢复原状或者采取其他补救措施，并处1万元以上5万元以下罚款。

第四十一条 违反本条例规定，省人民政府建设主管部门、县级以上人民政府及其有关部门有下列行为之一的，对直接负责的主管人员和其他直接责任人员依法给予处分；构成犯罪的，依法追究刑事责任：

（一）违反风景名胜区规划设立各类开发区的；

（二）选择不具备相应资质等级的规划编制单位编制风景名胜区规划的；

（三）风景名胜区规划批准前批准在龙虎山和龟峰风景名胜区内进行建设活动的；

（四）擅自修改风景名胜区规划的；

（五）不依法履行监督管理职责的其他行为。

第四十二条 违反本条例规定，龙虎山管委会和龟峰管委会有下列行为之一的，由设立该管委会的人民政府责令改正；拒不改正或者造成严重后果的，对直接负责的主管人员和其他直接责任人员依法给予降级或者撤职的处分；构成犯罪的，依法追究刑事责任：

（一）超过核定容量接纳游客，或者在没有安全保障的区域开展游览活动的；

（二）未设置规范的景区地名标志、路标、说明标识和安全警示牌的；

（三）审核同意在风景名胜区内进行不符合风景名胜区规划的建设活动的；

（四）未按照省人民政府价格主管部门核定的标准，提高门票价格的；

（五）发现违法行为不予查处的；

（六）不依法履行保护、管理职责的其他行为。

第四十三条 对违反本条例规定的行为,依照有关法律、法规的规定,有关部门已经予以处罚的,龙虎山管委会和龟峰管委会不再处罚。

对本条例未作出法律责任规定的其他违法行为,按照有关法律、法规的规定追究法律责任。

第六章 附 则

第四十四条 本条例下列用语的含义:

(一)核心景区:指风景名胜区范围内自然景物、人文景物最集中的、最具观赏价值、最需要严格保护的区域,包括规划中确定的生态保护区、自然景观保护区和史迹保护区。

(二)外围保护地带:指为了保护景源特征及其生态环境的完整性、历史文化与社会的延续性、地域单元的相对独立性,保护、利用、管理的必要性与可行性划定的外围保护区域。

第四十五条 本条例自 2009 年 1 月 1 日起施行。

5. 南昌市梅岭风景名胜区条例

(2006 年 6 月 30 日南昌市第十二届人民代表大会常务委员会第四十四次会议通过 2006 年 7 月 28 日江西省第十届人民代表大会常务委员会第二十二次会议批准 2006 年 8 月 3 日南昌市人民代表大会常务委员会第 60 号公告公布 自 2006 年 10 月 1 日起施行)

第一章 总 则

第一条 为了加强梅岭风景名胜区的管理,有效保护和合理利用风景名胜资源,根据有关法律、法规,结合梅岭风景名胜区实际,制定本条例。

第二条 本条例所称梅岭风景名胜区(以下简称风景区),是指国务院批准的梅岭—滕王阁风景名胜区除滕王阁片区以外的景区,其范围以国务院批准的《梅岭—滕王阁风景名胜区总体规划》(以下简称《总体规划》)确定的梅岭片区的界线坐标划定。

第三条 在风景区范围内居住以及从事生产经营、开发建设、旅游、宗教、文化等相关活动的单位和个人,应当遵守本条例。

第四条 风景区管理应当遵循科学规划、统一管理、严格保护、永续利用的原则。

第五条 市人民政府依法设立梅岭风景名胜区管理委员会(以下简称风景区管委会),对风景区的规划、保护、建设和利用实施统一管理。

在风景区内的所有单位,除各自业务受上级主管部门领导外,必须服从风景区管委会对风景区的统一规划和管理。

第六条 市人民政府应当加强风景区的保护工作,加大对风景区保护经费的投入。

第七条 风景区内的所有单位和个人都有义务保护风景名胜资源和风景区设施,并有权举报、制止破坏风景名胜资源和风景区设施的行为。

对在风景区保护、利用、建设和管理中作出重大贡献的单位和个人,由市人民政府或者风景区管委会给予表彰和奖励。

第二章 规 划

第八条 市人民政府应当依据《总体规划》,组织风景区管委会编制《梅岭风景名胜区详细规划》(以下简称《详细规划》)。

第九条 《总体规划》和《详细规划》(以下统称风景区规划),是风景区保护、利用和管理的依据。

第十条 《详细规划》应当根据景区、景点的不同要求和国家有关技术规范编制,确定基础设施、旅游设施、文化设施等建设项目的选址、布局与规模,并明确建设用地范围和规划设计条件。

编制《详细规划》,应当委托具有乙级以上规划编制资质等级的单位承担。

第十一条 编制《详细规划》应当征询社会公众的意见。

风景区管委会应当利用公共媒体或者政府网站公开展示《详细规

划》草案，并公布听取社会公众意见和建议的方式和期限。

风景区管委会应当收集、整理和研究社会公众的意见和建议，并及时公布采纳情况。社会公众对《详细规划》草案有重大异议的，风景区管委会应当通过召开座谈会、论证会或者听证会等方式予以充分论证。对未能采纳的意见和建议，风景区管委会应当说明理由。

第十二条 市人民政府应当将风景区规划的主要内容通过公共媒体或者政府网站向社会公布，任何单位和个人有权查阅。

第十三条 风景区规划不得擅自修改。确需进行修改的，应当按照原审批程序重新报批。

第三章 保 护

第十四条 风景区内的景观和自然环境，应当严格保护，不得破坏或者随意改变。

第十五条 风景区管委会应当建立健全风景名胜资源保护的各项制度，制定保护措施，落实保护责任制。

风景区内的单位、村（居）民和游客，应当爱护风景区的景物、水体、林草植被、野生动物和各项设施。

第十六条 按照风景资源的景观价值和保护需要，风景区分为一级、二级、三级保护区，并按级别分别管理。

风景区管委会应当树立界桩以区分不同级别的保护区。任何单位和个人不得毁损、移动界桩。

第十七条 在风景区三级保护区内禁止下列行为：

（一）建设各类开发区；

（二）修建储存爆炸性、易燃性、放射性、毒害性、腐蚀性物品的设施；

（三）开荒、开矿、采石、修坟立碑等破坏景观、植被和地形地貌的活动；

（四）在景物或者设施上刻划、涂污；

（五）随意丢弃、倾倒废弃物；

（六）成片采伐林木、烧荒垦殖、狩捕野生动物；

（七）在非指定地点野炊或者其他违规用火活动。

第十八条 在风景区二级保护区内禁止下列行为：

（一）本条例第十七条所列行为；
（二）在非指定地点燃放烟花爆竹；
（三）建设宾馆、招待所、培训中心、疗养院等建筑物；
（四）建造与名胜资源保护无关的其他建（构）筑物。

第十九条 在风景区一级保护区内禁止下列行为：
（一）本条例第十八条所列行为；
（二）机动交通工具进入。

第二十条 风景区管委会应当对风景区内的山石地貌、重要景物、地质遗迹、古树名木、森林资源、文物古迹等人文和自然景观进行调查、鉴定，建立档案，设置标志，并制定相应的保护措施。

第二十一条 风景区内的山石地貌、林地、湿地、河、湖、泉、瀑、潭、溪，除按风景区规划的要求修整外，均应当保持原有自然状态和性质。任何单位和个人不得毁损或者作其他人为改变。

第二十二条 风景区管委会应当做好风景区的地质灾害防治、植树绿化、护林防火和森林有害生物防治工作，切实保护好林木植被和动、植物物种的生长、栖息环境。

风景区管委会根据环境保护、生态恢复和森林防火的需要，可以对重要景区、景点实行临时性封闭，并予以公告。

第二十三条 风景区管委会应当采取切实措施，严格控制风景区内的各项环境污染，使风景区内的各项环境指标逐步达到国家规定的功能区标准。

风景区内污染物排放超过排放标准的，应当限期治理；逾期未完成治理的，应当依法责令排污单位关闭或者搬迁。

第四章 建 设

第二十四条 风景区内的各项建设项目应当严格按照风景区规划的要求进行建设。已有的不符合风景区规划的建（构）筑物和其他设施，应当按照市人民政府的要求限期予以拆除或者外迁。

第二十五条 风景区内各项建设项目的布局、高度、体量、造型、风格和色调等，应当与周围景观和环境相协调。

风景区外围保护地带内各项建设项目应当与风景区景观要求相一致，不得损害风景区的自然风景。

第二十六条 在风景区内进行新建、改建、扩建等各项建设活动，应当符合风景区规划，并依照有关法律、法规的规定办理审批手续。

第二十七条 在风景区内进行新建、改建、扩建等各项建设活动的单位和个人，应当按照规定缴纳市政公用设施配套费，其征收标准可以高于本市标准，但最高不得超过三倍。

风景区内的市政公用设施配套费必须纳入财政专户，专款专用。

第二十八条 在风景区内施工的单位和个人，应当遵守下列规定：

（一）严格按照批准的位置和设计进行施工；

（二）在施工现场设置警示标志和安全防护围档；

（三）在施工过程中采取有效措施保护自然景观和人文景观的原有风貌以及周围的植被、地貌和水体；

（四）施工结束后，及时清理场地，恢复环境原貌。

第二十九条 风景区内的居民建房，应当在统一规划的居民点内建设。

第五章 利用与管理

第三十条 风景区自然生态景观的利用，应当保持其原有自然风貌。

风景区内的历史人文景观的开发利用和维修，应当严格遵守文物保护法律、法规的规定。

第三十一条 风景区管委会应当加强游览安全保障工作，制定风景区游览安全、治安、消防等各项管理制度，督促风景区的经营单位接受有关部门依法进行的监督检查，及时制止、处理破坏风景名胜资源和危及游客人身、财产安全的行为，确保风景区良好的社会秩序。

第三十二条 风景区管委会应当科学核定各景区、景点的环境容量、游览接待容量和游览线路，并对风景区内的导游和服务人员进行管理。

不得超过核定容量接纳游客和在没有安全保障的区域开展游览活动。

第三十三条 风景区管委会应当在景区、景点设置规范的指示标志和中英文地名标牌、景区介绍牌，险要部位应当设置必要的安全设施和警示标志。

第三十四条 风景区内所有经营服务网点的设置应当符合风景区商业网点规划，并由风景区管委会统一管理。

第三十五条 风景区内的交通、服务等经营项目，应当由风景区管委会依据有关法律、法规和风景区规划，通过招标等公平竞争的方式确定经营者。

第三十六条 进入风景区的营运车辆应当按照核（规）定的路线行驶，并定点停靠（放）；非营运车辆应当服从风景区管委会的管理，按指定的路线行驶，并在规定的地点停放。

第三十七条 景区、景点应当使用风景区管委会统一印制的门票，门票价格依照省人民政府价格行政主管部门核定的标准执行。

第三十八条 风景名胜资源实行有偿使用。凡在风景区内依托风景名胜资源从事经营活动的单位和个人，应当依法缴纳风景名胜资源有偿使用费。

第三十九条 风景名胜资源有偿使用费的征收、使用按照国家和省人民政府的规定执行。

第四十条 风景区管委会不得从事以营利为目的的经营活动，不得将规划、管理和监督等行政管理职能委托给企业。

风景区管委会的工作人员，不得在风景区内的企业兼职。

第四十一条 风景区管委会应当采取措施，依法做好风景区内的环境卫生管理工作，对景区内的生活垃圾、污水和建筑垃圾组织统一清运和无害化处理。

风景区内有关单位和从事经营活动的个人，应当承担规定范围内的环境卫生清理和保洁工作。

第四十二条 市人民政府应当严格控制并逐步减少风景区内的常住人口和暂住人口数量，并依法将农村居民建制转为城市居民建制。具体办法由市人民政府另行制定。

第六章 法律责任

第四十三条 违反本条例规定，风景区管委会有下列行为之一的，由市人民政府责令改正；拒不改正或者造成严重后果的，对直接负责的主管人员和其他直接责任人员给予降级或者撤职的处分：

（一）审核同意在风景区内进行不符合风景区规划的建设活动的；

（二）超过核定容量接纳游客或者在没有安全保障的区域开展游览活动的；

（三）未设置规范的指示标志和中英文地名标牌、景区介绍牌或者未在险要部位设置必要的安全设施和警示标志的；

（四）发现违法行为不予查处的。

第四十四条 在风景区内有下列行为之一的，由风景区管委会责令其停止违法行为，限期恢复原状，可以按建筑面积每平方米处30元罚款；逾期不恢复原状或者造成严重后果的，可以按建筑面积每平方米处100元以上200元以下罚款，并强制拆除；造成损失的，依法承担赔偿责任：

（一）修建储存爆炸性、易燃性、放射性、毒害性、腐蚀性物品的设施；

（二）在一级、二级保护区内，建设宾馆、招待所、培训中心、疗养院等建筑物；

（三）在一级、二级保护区内，建造与名胜资源保护无关的其他建（构）筑物。

第四十五条 在风景区内有下列行为之一的，由风景区管委会责令其停止违法行为，限期清理或者采取其他补救措施，可以处50元以上100元以下罚款；情节严重的，处100元以上500元以下罚款；造成损失的，依法承担赔偿责任：

（一）在景物或者设施上刻划、涂污的；

（二）随意丢弃、倾倒废弃物的。

第四十六条 违反本条例规定，在风景区内开荒、修坟立碑的，由风景区管委会责令其停止违法行为，恢复环境原貌，可以处2000元以上1万元以下罚款。

第四十七条 违反本条例规定，施工单位和个人在施工过程中，对周围景物、水体、林草植被、野生动物资源和地形地貌造成破坏的，给予警告，责令限期恢复原状，并可处1万元以上5万元以下罚款。造成损失的，依法承担赔偿责任。

第四十八条 违反本条例规定的其他行为，按照其他法律、法规的规定，应当给予行政处罚的，由有关部门依法处罚。

第七章 附 则

第四十九条 本条例应用中的具体问题由市人民政府负责解释。

第五十条 本条例自 2006 年 10 月 1 日起施行。

6. 南昌滕王阁名胜区保护条例（修正）

（1995 年 11 月 30 日江西省南昌市第十届人民代表大会常务委员会第二十六次会议通过 1995 年 12 月 20 日江西省第八届人民代表大会常务委员会第十九次会议批准 1997 年 5 月 30 日南昌市第十一届人民代表大会常务委员会第二次会议通过 1997 年 6 月 20 日江西省第八届人民代表大会常务委员会第二十八次会议批准修改）

第一条 为加强对滕王阁名胜区的保护，促进旅游事业发展，根据国家有关法律、法规，结合本市实际，制定本条例。

第二条 根据南昌市城市总体规划，滕王阁名胜区保护范围划分为：

（一）景区为东至东仿古街（含东大门至滕王阁牌楼的道路），南至南仿古街，西至赣江防洪墙，北至水产码头围墙；

（二）控制发展区为景区外，东至榕门路，南至瓷器街，西至赣江防洪墙，北至叠山路；

（三）协调区为控制发展区外，东至子固路，南至民德路转沿江路、中山桥至蓑衣峡一线，西至赣江东岸，北至阳明路，以及沿滕王阁主楼东西向中轴线至胜利路 26m 宽的延伸地带。

第三条 在滕王阁名胜区保护范围内从事建设、生产、经营及生活、旅游等活动，应当遵守本条例。

第四条 市人民政府旅游事业管理局是滕王阁名胜区的主管部门（以下简称市滕王阁管理部门），负责滕王阁名胜区保护工作。

市人民政府规划、土地、公用事业、园林、环境保护、水利、工商行政管理、文化、公安、交通、市容卫生管理等部门，按照各自职责，做好滕王阁名胜区保护工作。

第五条 景区、控制发展区的详细规划，由市滕王阁管理部门根据市城市总体规划和历史文化名城规划的要求编制，经市规划部门审核，报市人民政府审查批准。

经批准的景区、控制发展区的详细规划，任何单位和个人不得擅自改变；确需改变的，必须按照前款规定程序报经批准。

市人民政府应当将景区、控制发展区详细规划的编制和实施情况向市人民代表大会常务委员会报告。

第六条 景区建设项目应当严格执行详细规划。

滕王阁主楼为仿宋式建筑，修缮时不得改变原貌。

景区配套建筑和园林设施的风格、形式、体量、高度、色彩应当与滕王阁主楼协调。

景区新建项目容积率不得超过1，建筑高度不得超过12.5m。

自本条例施行起3年内，景区绿化覆盖率应当达到50%以上。

第七条 景区建设和维护资金的来源：

（一）政府专项拨款；

（二）门票收入；

（三）社会捐赠；

（四）其他收入。

景区建设和维护资金应当专户储存，专款专用，不得挪作他用。

第八条 市滕王阁管理部门应当加强对景区的管理，保持滕王阁主楼及其配套建筑和园林设施完好，做好防火安全工作，维护环境卫生，改善游览条件和服务设施。

第九条 景区旅游服务网点应当统一规划，合理布局。

在景区内，经营单位和个人必须按照规定的地点和经营范围从事经营活动，并遵守景区管理规定。

第十条 禁止在景区设立大型告示牌、广告牌，张贴有碍观瞻的标语和设置从事迷信、赌博活动的设施。

第十一条 进入景区的游客和其他人员应当遵守景区管理规定，爱护国家财产，维护环境卫生和公共秩序。

禁止在景区实施下列行为：

（一）在建筑物、构筑物、树木和陈列品上涂写、刻画；

（二）损坏建筑物、构筑物，或者损毁树木、花卉、草坪及其他设施和陈列品；

（三）携带爆炸性、易燃性、腐蚀性、毒害性、放射性等危险物品。

第十二条 景区门前道路必须保持畅通，禁止摆摊设点、堆物作业、乱停乱放车辆。

机动车辆通过沿江北路下行道时，禁止鸣放高音喇叭。

第十三条 控制发展区建设项目应当严格执行详细规划。

控制发展区应当建设与景区配套的文化娱乐、商业购物、停车场等设施；现有建筑物、构筑物的外观应当修饰，与景区相协调。

控制发展区新建项目建筑高度不得超过18.5m。

第十四条 协调区建设项目的规划选址和设计方案，市规划部门应当征求市滕王阁管理部门的意见。

协调区延伸地带为规划道路用地，现有建筑物、构筑物应当有计划地拆除。

禁止在协调区建设破坏景观、污染环境、妨碍游览的项目。

第十五条 市滕王阁管理部门对保存的与滕王阁有关的藏品、文献资料应当设置档案，建立健全管理制度，配置防盗、防火、防腐设施。保存的藏品、文献资料，禁止出卖和赠送。

市滕王阁管理部门对分散在社会上的与滕王阁有关的物品、文献资料（包括建筑图纸、勘察资料、音像资料），可以通过接受社会捐赠、有偿收购等方式收集。

前两款规定涉及到文物的，依照《中华人民共和国文物保护法》和《江西省文物保护管理办法》的规定执行。

第十六条 对在滕王阁名胜区保护工作中做出显著成绩的单位和个人，市人民政府及其滕王阁管理部门应当给予表彰和奖励。

第十七条 违反本条例规定，有下列行为之一的，由市滕王阁管理部门视情节轻重予以处罚：

（一）在景区建筑物、构筑物、树木和陈列品上涂写、刻画的，处以50元至100元罚款；

（二）损坏景区建筑物、构筑物，或者损毁树木、花卉、草坪及其他设施和陈列品的，按照当地市场价格2倍处以罚款，并予以赔偿；

（三）在景区不按照规定的地点从事经营活动的，责令改正，处以 5 元至 20 元罚款。

第十八条 违反本条例规定，有下列行为之一的，由其主管部门或者上级机关责令改正，并视情节轻重追究有关直接责任人和负责人的责任：

（一）擅自改变景区、控制发展区详细规划的；

（二）景区、控制发展区建设项目违反详细规划的，或者新建项目超过限定高度的；

（三）修缮时改变滕王阁主楼原貌的；

（四）挪用景区建设和维护资金的；

（五）在协调区建设破坏景观、污染环境、妨碍游览项目的；

（六）出卖或者赠送保存的藏品、文献资料的。

第十九条 违反本条例规定，属于规划、土地、公用事业、园林、环境保护、水利、工商行政管理、文化、交通、市容卫生管理等部门管理职责的，由该有关部门依法处罚。

第二十条 违反本条例规定，携带爆炸性、易燃性、腐蚀性、毒害性、放射性等危险物品进入景区的，由公安部门依法处罚。

违反本条例规定，构成犯罪的，依法追究刑事责任。

第二十一条 履行滕王阁名胜区保护职责的工作人员玩忽职守、滥用职权、徇私舞弊，构成犯罪的，依法追究刑事责任；不构成犯罪的，由其所在单位或者上级主管机关给予行政处分。

第二十二条 当事人对行政处罚决定不服的，可以依法申请复议或者提起行政诉讼。逾期不申请复议、也不提起行政诉讼，又不履行处罚决定的，作出处罚决定的机关可以依法申请人民法院强制执行。

第二十三条 本条例具体应用中的问题，由市人民政府负责解释。

第二十四条 本条例自公布之日起施行。

十三、山东省

1. 山东省风景名胜区管理条例

(2001年12月7日经山东省第九届人民代表大会常务委员会第二十四次会议审议通过 2001年12月7日山东省人民代表大会常务委员会第84号公告公布 自2002年2月1日起施行)

第一章 总 则

第一条 为加强风景名胜区规划、建设和管理,有效保护和合理开发利用风景名胜资源,根据法律、行政法规的有关规定,结合本省实际,制定本条例。

第二条 本条例适用于本省行政区域内风景名胜区的设立、规划、保护、建设和其他管理。

第三条 本条例所称风景名胜区,是指风景名胜资源比较集中、自然环境优美、具有一定规模和游览条件,经县级以上人民政府审定命名、划定范围,供人们游览、观赏、休闲和进行科学文化教育活动的区域。

第四条 风景名胜区管理必须贯彻可持续发展战略,正确处理资源保护与开发利用的关系,坚持严格保护、统一管理、合理开发、永续利用的原则。

第五条 省人民政府建设行政主管部门主管全省的风景名胜区工作,设区的市、县级人民政府建设行政主管部门主管本行政区域内风景名胜区工作;跨行政区域的风景名胜区的建设规划,由其共同的上级人民政府建设行政主管部门管理。

计划、文物、旅游、宗教、公安、林业、环保、国土资源、物价等部门按照各自的职责,共同做好风景名胜区管理工作。

第六条 县级以上人民政府可以根据需要设立风景名胜区管理机

构，按照本条例规定和人民政府确定的职责具体负责风景名胜区管理工作。

设在风景名胜区的所有单位，必须服从风景名胜区管理机构的统一管理，并接受其上级主管部门领导或者业务指导。

第七条 各级人民政府应当把风景名胜区发展规划纳入国民经济和社会发展计划，并加大对风景名胜区保护、规划和建设等方面的投入。

第八条 省和设区的市人民政府应当按照资源共享、设施共用、环境共保的原则，对风景名胜区进行统筹规划，科学管理。

第二章 设 立

第九条 风景名胜区按其观赏、科学、文化、教育价值和环境质量、规模及游览条件，划分为国家重点风景名胜区、省级风景名胜区和市、县级风景名胜区。

第十条 设立风景名胜区，由建设行政主管部门会同有关部门、组织专家进行风景名胜资源调查、评价，并按下列程序报批：

（一）国家重点风景名胜区，由省人民政府提出设立申请和风景名胜资源评价报告，报国务院审定公布；

（二）省级风景名胜区，由设区的市人民政府提出设立申请和风景名胜资源评价报告，报省人民政府审定公布，并报国务院建设行政主管部门备案；

（三）市、县级风景名胜区，由设区的市、县（市）建设行政主管部门提出设立申请和风景名胜资源评价报告，报同级人民政府审定公布，并报省人民政府建设行政主管部门备案。

第十一条 风景名胜区的风景名胜资源发生重大变化，不再具备该等级风景名胜区条件的，应当降低该风景名胜区的等级；已不具备风景名胜区条件的，应当撤销该风景名胜区。

第十二条 因风景名胜区设立影响区域内有关单位和个人生产、工作、生活的，当地人民政府应当根据经批准的风景名胜区规划，组织有关部门采取措施，予以妥善解决。

第三章 规 划

第十三条 风景名胜区经审定公布后,所在地人民政府应当组织建设行政主管部门或者当地人民政府直属的风景名胜区管理机构、有关部门及时编制风景名胜区规划;具体编制任务应当委托具有相应资质等级的规划设计单位承担。

第十四条 风景名胜区规划分为总体规划和详细规划。

总体规划的内容包括:风景名胜区基础资料与现状分析,风景资源评价,风景名胜区范围、性质和发展目标,分区结构与布局,旅游环境容量和游人规模预测,生态保护、基础设施、土地利用等专业规划。

详细规划的内容包括:景区特色,景点保护、建设方案,安全管理、环境保护、旅游服务和其他基础设施布局,以及重要景观建筑的方案设计等。

第十五条 编制风景名胜区规划应当符合下列要求:

(一)依据资源特征、环境条件、历史情况、现状特点以及国民经济和社会发展趋势,统筹兼顾、综合安排;

(二)严格保护自然与文化遗产,保持风景名胜区原有特色,维护生物多样性和生态良性循环,防止风景名胜区人工化、城市化、商业化,防止污染和其他公害;

(三)充分发挥景源潜力,展现风景游览欣赏主体,使风景名胜区有度有序持续发展;

(四)综合权衡风景名胜区环境、社会、经济三方面的综合效益,正确处理风景名胜区自身健康发展与社会需求之间的关系;

(五)与区域规划、城市总体规划、土地利用总体规划、环境保护规划、旅游规划等相关规划相互协调。

编制风景名胜区规划应当广泛征求有关部门、专家和人民群众的意见,进行多方案的比较和论证。

第十六条 风景名胜区规划按照下列规定审批:

(一)国家重点风景名胜区总体规划,由设区的市人民政府报省人民政府审查同意后,报国务院审批;详细规划由设区的市人民政府审查同意后,报省人民政府建设行政主管部门审批;

（二）省级风景名胜区总体规划，由设区的市人民政府审查同意后，报省人民政府审批；详细规划由设区的市人民政府审批，报省人民政府建设行政主管部门备案；

（三）市、县级风景名胜区的总体规划和详细规划，由同级人民政府审批。

跨行政区域的风景名胜区规划，按行政区划分别组织编制，并报其共同的上级人民政府建设行政主管部门统一协调后，按前款规定程序分别报批。

第十七条　风景名胜区管理机构应当按照风景名胜区规划界定的范围，标明界区，设立界碑。

第十八条　在风景名胜区规划实施过程中，需要对风景名胜区性质、发展规模、总体布局、用地及功能分区、规划期限等内容作重大修改的，必须按规定程序报原批准机关审批；需要对规划作局部调整的，应当报原批准机关备案。

第四章　保　　护

第十九条　风景名胜区管理机构应当建立健全保护制度，配备相应的管理人员及设施，落实保护措施和责任。

第二十条　对风景名胜区按其景观价值和保护需要，实行四级保护：

（一）一级保护区内可以设置必需的步行游赏道路和相关设施，不得建设与风景名胜区保护无关的设施；

（二）二级保护区内应当限制与风景游赏无关的建设；

（三）三级保护区内可以建设符合规划要求、与风景环境相协调的设施；

（四）四级保护区内应以绿化为主，可以建设符合规划要求、与旅游服务配套的基础设施。

一、二、三、四级保护区范围由风景名胜区管理机构依据风景名胜区规划详细标定。

第二十一条　对风景名胜资源按下列规定进行保护：

（一）建立古建筑、古园林、碑碣石刻及其他历史遗址、遗迹等文物古迹档案、划定保护范围、设立标志，并落实避雷、防火、防洪、防震、防蛀、防腐、防盗等措施；

（二）保护植被、加强绿化，维护生态平衡，落实环境保护、护林防火和病虫害防治措施，并对重要景区、景点实施定期封闭轮休；

（三）对古树名木登记造册，落实保护复壮措施；

（四）划定生态保护区域，保护野生动植物及其栖息、生长环境；

（五）加强对地表水和地下水的管理，防止水体污染。

第二十二条　未经风景名胜区管理机构同意并按照管理权限报经有关机关批准，不得在风景名胜区从事下列活动：

（一）刻字立碑、设立雕塑；

（二）捶拓碑碣石刻；

（三）恢复、建造、设立宗教活动场所或者塑造佛像、神像等宗教标志物；

（四）采伐树木、挖掘树桩（根）、放牧、采集药材和动植物标本；

（五）占用林地、土地或者改变地形地貌；

（六）筑路、围堰筑坝、截流取水。

前款第一项，属于国家重点风景名胜区的，由省人民政府批准；属于省级风景名胜区和市、县级风景名胜区的，由设区的市人民政府批准。

第二十三条　任何单位和个人不得在风景名胜区从事下列活动：

（一）出让或者变相出让风景名胜资源；

（二）开山、采石、建坟等；

（三）损坏文物古迹；

（四）砍伐、损毁古树名木或者擅自砍伐树木；

（五）捕猎野生动物和采集珍贵野生植物或者破坏野生动植物栖息、生长环境；

（六）在主要景点设置商业广告；

（七）在非指定地点倾倒垃圾、污物；

（八）在禁火区内吸烟、生火、烧香点烛、燃放烟花爆竹。

第二十四条　风景名胜资源属国家所有。

风景名胜资源实行有偿使用制度，具体办法由省人民政府制定。

第二十五条　对风景名胜区的国家专项拨款、地方财政拨款、国内外捐助以及风景名胜资源有偿使用收益，必须专款专用。

风景名胜区内宗教寺庙的各种专项收入以及捐赠的使用，按国家有关规定执行。

第五章 建 设

第二十六条 在风景名胜区从事各项建设活动,必须按照风景名胜区规划进行。

第二十七条 在风景名胜区不得开办工矿企业,不得建设铁路、站场、仓库、医院等破坏景观、污染环境、妨碍游览的设施;在一、二、三级保护区内不得建设各类开发区、度假区。

风景名胜区所在地人民政府应当对原有建筑物进行清理整顿,对不符合风景名胜区规划要求的建筑物限期拆除或者外迁。

第二十八条 在风景名胜区从事新建、改建和扩建等项目建设的,建设单位或者个人必须按本条例第二十九条的规定申领风景名胜区建设选址审批书,并按照程序办理有关计划、旅游、土地使用、文物保护等审批手续。

第二十九条 除国家另有规定外,申领风景名胜区建设选址审批书,应当经风景名胜区管理机构审查同意后,按下列程序办理:

(一)属国家重点风景名胜区一级保护区内建设项目的建设选址审批书,由省人民政府审定;

(二)属国家重点风景名胜区二级保护区内所有建设项目和三级保护区内的重大建设项目以及省级风景名胜区一级保护区内的所有建设项目和二级保护区内的重大建设项目的建设选址审批书,由省人民政府建设行政主管部门审批;

(三)属国家重点风景名胜区三级保护区内的其他建设项目和四级保护区内的建设项目、省级风景名胜区二级保护区内的其他建设项目和三级保护区内的所有建设项目以及市、县级风景名胜区一级保护区内的所有建设项目的建设选址审批书,由设区的市人民政府审定,并报省人民政府建设行政主管部门备案;

(四)属市、县级风景名胜区其他建设项目的建设选址审批书,由所在地人民政府建设行政主管部门审定。

第三十条 前条规定的重大建设项目包括:

(一)专用公路、索道、缆车、水库、广播电视和通信设施;

(二)总建筑面积超过 $3000m^2$ 或者占地面积超过 $2000m^2$ 的建设

项目;

(三) 设置风景名胜区徽志的标志建筑;

(四) 法律、法规规定的其他建设项目。

第三十一条 严禁在风景名胜区规划批准前或者违反经批准的风景名胜区规划建设索道、缆车等重大建设项目。

第三十二条 风景名胜区建设项目的设计任务,由具备相应资质的设计单位承担;建设项目的设计方案,必须经建设行政主管部门审查同意。

建设项目的设计布局、高度、体量、造型和色彩等,必须保持风景名胜区原有特色,并与周围景观和环境相协调。

第三十三条 风景名胜区建设项目的施工任务,由具备相应资质的施工单位承担。

施工场地应当文明整齐,不得乱堆乱放。位于游览区内的施工场地应当设立围栏,确保游览安全。

建设项目竣工验收合格后,施工单位应当清理施工场地,并由建设单位负责恢复植被。

第六章 其他规定

第三十四条 风景名胜区管理机构应当建立健全风景名胜区管理制度,对风景名胜区的规划、建设和保护进行综合监督检查,加强治安和安全管理,维护风景名胜区的正常管理秩序。

第三十五条 风景名胜区管理机构应当在风景名胜区入口处、景点和游客集中的区域设置规范的风景名胜区景点说明、地名标志、指路牌,在险要地段和部位设置必要的安全设施和警示牌,定期对车、船、索道、缆车等交通游览设施进行检查和维护,及时排除危岩险石和其他不安全因素,并根据风景名胜区的容量和条件调控游人规模,确保游览者安全。

第三十六条 风景名胜区的所有单位、居民和进入风景名胜区的游人,必须遵守风景名胜区的各项管理规定,爱护景物、设施,保护环境,不得破坏风景名胜资源或者擅自改变其形态。

车辆进入风景名胜区,应按规定的路线行驶,在规定的地点停放。

第三十七条 在风景名胜区从事商业、食宿、广告、娱乐、专线运输等经营活动的单位和个人，须经当地人民政府同意，并向风景名胜区管理机构领取《风景名胜区准营证》、依法办理其他有关手续后，方可在风景名胜区管理机构确定的地点和划定的范围从事经营活动。

第三十八条 风景名胜区管理机构应当建立健全消防制度，明确职责，完善消防设施。

第三十九条 风景名胜区的单位和个人，应当负责指定区域内的清扫保洁工作。

风景名胜区生活或者生产经营所排污水，必须达到国家规定的污水排放标准。

第四十条 风景名胜区实行售票的，必须严格执行价格管理的有关规定，不得随意提高或者降低价格主管部门确定的门票价格。

第七章 法律责任

第四十一条 违反本条例规定，法律、法规已有规定的，依照相关法律、法规处罚；法律、法规没有规定的，依照本条例的规定予以处罚。

第四十二条 建设行政主管部门或者风景名胜区管理机构违反本条例规定违章建设、毁损景物的，由上级建设行政主管部门责令限期改正，恢复原状，可并处五万元以下罚款；不能恢复原状的，可并处十万元以下罚款。对直接负责的主管人员和有关责任人员给予行政处分。

第四十三条 违反本条例第二十二条第一款第一项规定的，由风景名胜区管理机构或者建设行政主管部门责令停止违法行为，限期补办手续，并可处五万元以下罚款。

第四十四条 违反本条例条二十三条第一项规定，出让或者变相出让风景名胜资源的，由建设行政主管部门或者其他有关部门责令改正，并按照各自职责予以处罚。

第四十五条 违反本条例第二十三条第二项至第八项规定的，由风景名胜区管理机构或者其他有关部门责令停止违法行为，限期恢复原状，可并处五万元以下罚款；造成风景名胜资源损害的，依法予以赔偿。

第四十六条 违反本条例第二十七条第一款规定的，由建设行政主管部门或者风景名胜区管理机构责令拆除违章建筑、限期迁出、恢复原状,并按建筑面积处每平方米三十元以下罚款;不能恢复原状的,按建筑面积处每平方米二百元以下罚款。对直接负责的主管人员和有关责任人员给予行政处分。

第四十七条 违反本条例第二十九条和第三十二条第一款规定,未领取风景名胜区建设选址审批书或者建设项目设计方案未经审查同意擅自建设的,由建设行政主管部门或者风景名胜区管理机构责令停止建设、限期补办手续,可并处五万元以下罚款;属不准建设的项目,责令限期拆除、恢复原状,可并处十万元以下罚款。对直接负责的主管人员和有关责任人员给予行政处分。

第四十八条 违反本条例第三十七条规定的,由风景名胜区管理机构给予警告,没收违法所得,责令限期改正,可并处五千元以下罚款。

第四十九条 人民政府和建设行政主管部门、风景名胜区管理机构和其他有关部门工作人员玩忽职守、滥用职权、徇私舞弊,构成犯罪的,依法追究刑事责任;尚未构成犯罪的,依法给予行政处分。

第八章 附 则

第五十条 本条例自 2002 年 2 月 1 日起施行。

2. 泰山风景名胜区保护管理条例

(2000 年 10 月 26 日山东省第九届人民代表大会常务委员会第 17 次会议通过 2000 年 10 月 26 日山东省人民代表大会常务委员会第 52 号公告公布 自 2000 年 12 月 1 日起施行)

第一章 总 则

第一条 泰山是国家重点风景名胜区、世界自然和历史文化遗产。为加强泰山风景名胜区管理，有效保护和合理开发利用风景名胜资源，根据国家有关法律、法规，结合泰山风景名胜区实际，制定本条例。

第二条 本条例所称泰山风景名胜区包括登天、天烛峰、桃花峪、樱桃园、玉泉寺、灵岩寺六个景区及外围保护地带，其面积和界线按国务院批准的总体规划确定。

第三条 凡在泰山风景名胜区范围内居住及从事生产经营、开发建设、旅游、宗教、文化等各项活动的单位和个人，必须遵守本条例。

第四条 泰山风景名胜区的保护和建设，必须符合国务院批准的《泰山风景名胜区总体规划》，遵循严格保护、科学规划、统一管理、永续利用的原则。

第五条 省人民政府建设行政主管部门主管泰山风景名胜区的规划、建设工作，并对泰山风景名胜区的保护、管理等实施监督、检查；其他有关部门应当按照各自的职责，密切协作，共同做好风景名胜区管理工作。

泰安市、济南市人民政府应当按照省人民政府规定的职责分工，负责本行政区域内景区的保护、规划、建设、管理的具体工作。

第二章 保　护

第六条 省人民政府和泰安市、济南市人民政府应当采取措施切实保护泰山风景名胜区原地的地形地貌和自然人文景观。

第七条 泰山风景名胜资源属国家所有。未经省级以上人民政府批准，任何单位和个人不得出让或者变相出让风景名胜资源及景区土地。

第八条 风景名胜区所在地市人民政府必须把风景名胜资源的保护工作列为重要任务，建立健全规章制度，制定保护措施，落实保护责任。

第九条 泰山风景名胜区按其景观价值和保护需要，以各游览景区为核心，实行四级保护：

（一）一级保护区包括登天景区内从泰安门、通天街、遥参亭、岱庙、岱宗坊直至岱顶玉皇庙封禅祭祀活动的序列空间环境以及蒿里山、佛爷寺和规划开辟的中华文化游览线；

（二）二级保护区包括一级保护区以外的登天景区、天烛峰景区、桃花峪景区、樱桃园景区、玉泉寺景区、灵岩寺景区；

（三）三级保护区包括一、二级保护区以外，外围保护地带以内的其他区域；

（四）四级保护区为外围保护地带。

第十条 对泰山风景名胜资源应当采取下列保护措施：

（一）对古建筑、碑碣石刻、登山盘道以及其他历史遗址、遗迹等文物古迹，建立档案、划定保护范围、设立标志，实行专人保护，并落实避雷、防火、防洪、防震、防蛀、防腐、防盗等措施；

（二）保护植被，加强绿化，维护生态平衡，落实环境保护、护林防火和病虫害防治措施，必要时可对重要景区、景点实施定期封闭轮休；

（三）对古树名木登记造册，落实保护复壮措施；

（四）规定自然保护区，保护野生动植物及其栖息生长环境；

（五）加强对地表水和地下水的管理，防止水体污染。

第十一条 未经批准，在泰山风景名胜区范围内，不得从事下列活动：

（一）刻字立碑；

（二）捶拓碑碣石刻；

（三）以营利为目的摄制电影、电视片；

（四）采伐树木、挖掘树桩（根）、放牧、采集药材和动植物标本；

（五）占用林地、土地或者改变地形地貌；

（六）筑路、围堰筑坝、截流取水。

前款第一项，由省人民政府审批；第二项至第六项，由泰安市、济南市人民政府审批。法律、法规另有规定的，从其规定。

第十二条 严禁在泰山风景名胜区从事下列活动：

（一）在岱顶 $0.6km^2$ 范围内新建、扩建工程项目；

（二）开山、采石、挖土、取沙、殡葬；

（三）攀爬、踩踏、刻画、涂抹文物古迹；

（四）砍伐或者损毁古树名木；

（五）捕猎野生动物和采集珍贵野生植物；

（六）在主要景点设置商业广告；

（七）在非指定地点倾倒垃圾、污物；

（八）在禁火区内吸烟、生火、烧香点烛、燃放烟花爆竹。

第十三条 泰山风景名胜资源实行有偿使用，具体办法由省人民政府制定。

第十四条 省人民政府和泰安市、济南市人民政府应当采取措施，多渠道筹集泰山风景名胜区保护资金。

国家专项拨款、地方财政拨款、国内外捐助以及风景名胜资源有偿使用收益，必须专项用于泰山风景名胜区的保护和管理。

第三章 规划建设

第十五条 泰山风景名胜区总体规划是风景名胜区保护、开发、建设和管理等各项活动的依据，必须严格执行，任何单位和个人不得擅自改变。

总体规划如需调整和修改，由泰安市、济南市人民政府提出，经省人民政府审核同意后，报国务院批准。

第十六条 泰安市、济南市人民政府应当根据泰山风景名胜区总体规划，分别编制辖区范围内的景区、景点详细规划，经省建设行政主管部门批准后实施。国家另有规定的，从其规定。

详细规划如需调整和修改，按原审批程序报批。

第十七条 在泰山风景名胜区内禁止建设工矿企业和储存易燃易爆、有毒物品，不得建设开发区、度假区、生活区以及大型工程设施；在泰山风景名胜区四级保护区内，禁止建设污染环境和破坏生态、景观的企业和设施。

泰安市、济南市人民政府应当对原有建筑物进行清理排查，对不符合规划、污染环境、有碍观瞻的，应当限期拆除或者外迁。

第十八条 在泰山风景名胜区内进行各项建设，建设单位或者个人必须申办风景名胜区建设项目审批书，经审查同意后，按照下列规定办理；国家另有规定的，从其规定：

（一）一级保护区内的所有建设项目由省人民政府审批；

（二）二级保护区内的所有建设项目和三级保护区内的重大建设项目，由省建设行政主管部门审批，报省人民政府备案；

（三）三级保护区内的其他建设项目和四级保护区内的建设项目，由泰安市、济南市人民政府审批，报省建设行政主管部门备案。

前款规定的重大建设项目包括：

（一）索道、缆车、水库；

（二）总建筑面积超过 $3000m^2$ 或者占地面积超过 $2000m^2$ 的文化、体育、游乐设施、旅馆、商店等各类建设项目；

（三）设置风景名胜区徽志等标志性建筑；

（四）法律、法规规定的其他建设项目。

第十九条 建设单位和个人取得风景名胜区建设项目审批书后，方可按照国家规定到计划、规划、国土资源、环保等部门办理其他有关手续。

第二十条 泰山风景名胜区建设项目的设计必须由具备相应资质的设计单位承担。

建设项目的设计方案，必须经批准该项目的建设行政主管部门审查同意。

第二十一条 泰山风景名胜区及其外围保护地带的建设项目，其布局、高度、体量、造型和色彩等必须注重保持泰山特色，与周围景观和环境相协调。

第二十二条 泰山风景名胜区建设项目的施工，必须由具备相应资质的施工单位承担。

施工场地应文明整齐，不得乱堆乱放。位于游览区内的施工场地要设立围栏，以维护景容和游览安全。

建设项目竣工验收合格后，由施工单位清理施工场地，恢复植被。

第四章 管 理

第二十三条 泰山风景名胜区内的所有单位，必须服从当地人民政府对风景名胜区的统一规划和管理。

第二十四条 利用泰山风景名胜资源从事公益性活动的，必须报经当地人民政府审查批准，并在指定的区域或者路线进行。

第二十五条 在泰山风景名胜区内从事商业、食宿、广告、娱乐、专线运输等经营活动的单位和个人，须经当地人民政府同意，取得《风景名胜区准营证》，依法办理其他有关手续后，方可在指定的地点和划定的范围内进行经营活动，并做到文明待客、依法经营，不得欺诈和误导旅游者。

当地人民政府应当加强对景区内商品和服务价格的审核和监督管理，保护旅游者的合法权益。

第二十六条　泰山风景名胜区应当建立健全防火组织，完善防火设施，凡进入重点景区和景点的人员，在室外的均应按照规定的地点吸烟或者就餐。防火紧要期内，严禁携带火种进入重要景区。

第二十七条　泰山风景名胜区内的单位和个人，应当按照规定负责指定区域内的清扫保洁工作。

在泰山风景名胜区因生活、生产经营所排废水，必须经排放单位或者泰山风景名胜区、市污水处理设施处理，达到国家规定的污水排放标准。

第二十八条　泰安、济南市人民政府应当在景区、景点设置规范的地名标志和指路牌，在险要部位设置必要的安全设施和警示牌，定期对交通、游览设施进行检查和维护，确保游览者安全。

第二十九条　进入泰山风景名胜区的车辆，必须服从管理，按照指定线路行驶，在规定地点停放。

第三十条　在泰山风景名胜区从事导游的，必须按照规定取得导游证件，文明服务。禁止无证导游或者随意提高导游价格，扰乱旅游市场秩序。

第三十一条　泰山风景名胜区应当制定景区游览的各项具体规定，并在景点的醒目位置予以公告。

进入泰山风景名胜区的旅游者和其他人员，应当爱护风景名胜资源和各项公共设施，维护环境卫生和公共秩序，遵守泰山风景名胜区的有关规定。

第三十二条　在泰山风景名胜区保护、规划、建设和管理工作中做出显著成绩的单位和个人，由省市人民政府或者有关部门按照有关规定给予表彰和奖励。

第五章　法律责任

第三十三条　违反本条例规定，法律、法规已有规定的，依照相关法律、法规处罚；法律、法规没有规定的，依照本条例的规定予以处罚。

第三十四条 违反本条例第七条规定，擅自出让或者变相出让风景名胜资源的，其出让行为无效，由省建设行政主管部门没收违法所得，并可对出让单位处以五千元以上五万元以下的罚款。

第三十五条 违反本条例第十七条第一款规定的，由省建设行政主管部门责令拆除违法建筑、限期迁出、恢复原状，并按建筑面积处以每平方米三十元以下的罚款；不能恢复原状的，按建筑面积处以每平方米一百元以上二百元以下的罚款。

第三十六条 违反本条例规定，有下列行为之一的，由相应的建设行政主管部门责令其停止建设、限期补办手续，并可处以五千元以上五万元以下的罚款；属不准建设的项目，责令其限期拆除、恢复原状：

（一）未取得风景名胜区建设项目审批书而擅自进行建设的；

（二）建设项目设计方案未经审查同意而擅自进行建设的。

第三十七条 滥用或者超越职权批准泰山风景名胜区建设项目的，其批准文件无效，由省建设行政主管部门建议有关部门对直接负责的主管人员和有关责任人员给予行政处分；属不准建设的项目，责令有关建设单位拆除建（构）筑物。

第三十八条 违反本条例第十一条第一款第一项规定的，由省建设行政主管部门责令停止违法行为，限期补办手续，并处以一万元以上五万元以下的罚款；违反第一款第二项至第六项规定的，由当地人民政府或者有关部门责令停止违法行为，限期补办手续，并处以一千元以上一万元以下的罚款。

第三十九条 违反本条例第十二条第一项至第五项规定的，由当地人民政府或者有关部门责令停止违法行为，限期恢复原状，并可处以五千元以上五万元以下的罚款；违反第六项至第八项规定的，由当地人民政府或者有关部门责令停止违法行为，限期恢复原状，并可以处以一百元以上一万元以下的罚款；造成风景名胜资源损坏的，依法予以赔偿。

第四十条 违反本条例规定，未取得《风景名胜区准营证》或者未按照批准的地点、范围从事经营的，由当地人民政府给予警告，没收违法所得，责令限期补办《风景名胜区准营证》，并可处以一百元以上五千元以下的罚款；欺诈、误导旅游者的，按照消费者权益保护的法律法规规定处理。

第四十一条 风景名胜区所在地人民政府及其建设行政主管部门工作人员玩忽职守、滥用职权、徇私舞弊，构成犯罪的，依法追究刑事责任；尚不构成犯罪的，依法给予行政处分。

第六章 附 则

第四十二条 本条例自2000年12月1日起施行。

3. 泰山风景名胜区服务项目经营管理办法

（2008年7月21日省政府第17次常务会议通过 2008年7月30日山东省人民政府第205号令公布 自2008年9月1日起施行）

第一条 为了规范泰山风景名胜区服务项目经营秩序，推行泰山风景名胜资源有偿使用制度，有效保护泰山风景名胜资源，根据《风景名胜区条例》和《泰山风景名胜区保护管理条例》等法律、法规，结合泰山风景名胜区实际，制定本办法。

第二条 在泰山风景名胜区内从事服务设施建设、旅游客运、索道、餐饮、住宿、商品销售、游乐、租赁、单设景点以及摄影摄像等服务项目经营活动的单位和个人（以下简称经营者），应当遵守本办法。

第三条 泰山风景名胜资源属于国家所有。

实行泰山风景名胜资源有偿使用制度。

第四条 泰山风景名胜区服务项目经营管理，应当遵循科学规划、统一管理、总量控制、合理布局的原则。

第五条 泰安市、济南市人民政府设置的泰山风景名胜区管理机构（以下统称泰山风景名胜区管理机构），按照各自职责，负责本行政区域内泰山风景名胜区服务项目经营的监督管理工作。

第六条 泰山风景名胜区管理机构应当根据泰山风景名胜区总体规划和详细规划，组织编制服务项目经营专项规划，报本级人民政府批准后实施。泰山风景名胜区管理机构应当根据服务项目经营专项规划，制定服务项目的具体设置方案，并向社会公示。

第七条 在泰山风景名胜区内从事服务项目经营活动，应当具备下列条件：

（一）有相应的资金和设施、设备；

（二）具备相应的经营能力；

（三）有相应的从业经历和良好的资信；

（四）有切实可行的经营方案；

（五）法律、法规规定的其他条件。

第八条 泰山风景名胜区管理机构应当采取招标、拍卖、挂牌等公平竞争的方式，确定符合条件的经营者，并与经营者签订服务项目经营合同，授予其一定期限和范围的服务项目经营权。

本办法施行前已设置的服务项目，经营期限未届满的，由泰山风景名胜区管理机构与原经营者签订服务项目经营合同，授予其一定期限和范围的服务项目经营权；经营期限届满的，由泰山风景名胜区管理机构按照前款规定重新确定经营者，原经营者在同等条件下优先取得服务项目经营权。

未取得服务项目经营权的，不得在泰山风景名胜区内从事服务项目经营活动。

第九条 服务项目经营合同应当包括下列内容：

（一）服务项目名称、经营范围、地点、面积和从业人数；

（二）经营期限；

（三）风景名胜资源有偿使用费缴纳标准和方式；

（四）保障合同履行的措施；

（五）违约责任；

（六）双方需要约定的其他事项。

第十条 取得服务项目经营权的经营者，应当依法缴纳风景名胜资源有偿使用费。

采取招标、拍卖、挂牌等公平竞争的方式确定经营者的，招标、拍卖、挂牌的成交价款即为风景名胜资源有偿使用费。

本办法施行前已设置的经营期限未届满的服务项目，其风景名胜资源有偿使用费的具体征收标准和办法，由泰安市、济南市人民政府拟定，报省财政部门、价格主管部门审批。

第十一条　风景名胜资源有偿使用费属于国有资源有偿使用收入，是政府非税收入，实行收支两条线管理。

风景名胜资源有偿使用费由泰安市、济南市人民政府财政部门或者泰安市、济南市人民政府财政部门委托的泰山风景名胜区管理机构征收，纳入同级财政专户，专项用于泰山风景名胜区的保护和管理。

任何单位和个人不得挤占、截留、挪用风景名胜资源有偿使用费。

第十二条　取得服务项目经营权的经营者，因不可抗力等因素无法正常经营的，经泰安市、济南市人民政府财政部门或者泰安市、济南市人民政府财政部门委托的泰山风景名胜区管理机构批准，可以减收或者免收风景名胜资源有偿使用费。

依法解除服务项目经营合同的，已缴纳的合同剩余期限的风景名胜资源有偿使用费，应当予以退还。

第十三条　不按照规定缴纳风景名胜资源有偿使用费的，由泰安市、济南市人民政府财政部门或者泰安市、济南市人民政府财政部门委托的泰山风景名胜区管理机构责令限期缴纳；逾期不缴纳的，按日加收应缴费用3‰的滞纳金。

第十四条　取得服务项目经营权的经营者，应当诚实守信，文明服务，自觉维护经营秩序和环境卫生，并不得有下列行为：

（一）擅自改变经营地点或者改变经营性质；

（二）在店外经营或者占道经营；

（三）违反规定搭建建筑物和构筑物、设置灯箱广告或者悬挂、摆放物品；

（四）尾随兜售或者强买强卖；

（五）圈占景点或者占用公共设施进行收费；

（六）采取诱导或者欺骗等不正当手段获利；

（七）为违法经营或者其他违法活动提供便利条件；

（八）不按照规定保持服务项目周围的环境卫生。

第十五条　泰山风景名胜区管理机构应当加强对经营者经营活动的监督检查，建立经营者信用档案，对经营者的基本情况、服务业绩、信用程度以及游客对经营者的投诉核实后记录在册。

泰山风景名胜区管理机构在实施监督检查时，不得妨碍经营者正常的经营活动，不得泄露经营者的商业秘密。

第十六条 违反本办法规定，有下列行为之一的，由泰山管理行政执法机构依照有关法律、法规的规定予以处罚：

（一）未取得服务项目经营权从事经营活动的；

（二）擅自改变经营地点从事经营活动的；

（三）违反规定搭建建筑物、构筑物或者设置灯箱广告的；

（四）不按照规定保持服务项目周围环境卫生的。

第十七条 违反本办法规定，有下列行为之一的，由泰山管理行政执法机构给予警告，责令限期改正；逾期未改正的，可处以500元以上3000元以下的罚款：

（一）擅自改变经营性质的；

（二）在店外经营或者占道经营的；

（三）违反规定悬挂或者摆放物品的；

（四）尾随兜售或者强买强卖的；

（五）圈占景点或者占用公共设施进行收费的；

（六）采取诱导或者欺骗等不正当手段获利的；

（七）为违法经营或者其他违法活动提供便利条件的。

第十八条 拒绝、阻碍泰山风景名胜区管理机构和其他有关部门及其工作人员依法执行公务的，由公安机关依法处理；构成犯罪的，依法追究刑事责任。

第十九条 泰山风景名胜区管理机构和其他有关部门及其工作人员，在泰山风景名胜区服务项目经营的监督管理工作中，滥用职权、玩忽职守、徇私舞弊的，依法给予处分；构成犯罪的，依法追究刑事责任。

第二十条 本办法自2008年9月1日起施行。

4. 泰安市实施泰山风景名胜区管理相对集中行政处罚权规定

(2004年市政府第8次常务会议讨论通过 2004年5月1日泰安市人民政府第94号令公布 自公布之日起施行)

第一条 为加强泰山风景名胜区保护管理，规范和保障泰山风景名胜区管理相对集中行政处罚权工作，提高景区管理水平，实现遗产资源可持续利用，根据《中华人民共和国行政处罚法》、省政府《关于在泰山风景名胜区开展相对集中行政处罚权工作的批复》以及有关法律、法规、规章的规定，结合我市实际，制定本规定。

第二条 本规定适用于泰安市行政区域内的泰山风景名胜区（以下简称景区）规划界桩范围内。

第三条 泰山管理行政执法局（以下简称执法局）是市政府实施景区管理相对集中行政处罚权工作的行政机关。

第四条 依照省政府的批复精神，执法局依法行使景区内的风景名胜管理、文物管理、林业园林管理、旅游管理方面法律、法规、规章规定的全部行政处罚权和相应的行政强制措施权，行使景区内规划建设管理、土地管理、地质矿产和水资源管理、安全管理、工商行政管理等方面法律、法规、规章规定的部分行政处罚权和相应的行政强制措施权（具体内容见《泰山管理相对集中行政处罚权项目表》）。

第五条 行政处罚权在景区内依法由执法局集中行使后，原有关行政执法部门不得再行使已由执法局集中行使的行政处罚权。原有关行政执法部门继续行使的，做出的行政处罚决定一律无效，并承担因违法行使职权所产生的相应法律责任。

第六条 市、区有关行政管理部门对执法局依法履行职责的管理活动，应当给予支持和配合。

第七条 执法局应当坚持公正执法、文明执法。纠正违法行为，实施行政处罚，应坚持查处与引导相结合、处罚与教育相结合、执法与服务相结合的原则。

第八条 景区管理行政执法人员查处违法行为时,不得少于2人,并严格按照法律、法规、规章的规定,认真履行职责。

第九条 景区管理行政执法人员执行公务时,可以行使下列权力:

(一)进入被检查单位或现场进行调查或者依照法律、法规的规定进行检查;

(二)查阅、调阅或复制被检查单位与检查事项有关的资料;

(三)依法采用录音、录(摄)像等手段,取得有关证据材料;

(四)依法对违法行为所涉及的工具、设备、材料、物品、证件以及建筑物、构筑物等予以查封、扣押或对证据进行登记保存;

(五)法律、法规、规章规定的其他职权。

第十条 执法局应当严格按照《中华人民共和国行政处罚法》和有关法律、法规、规章的规定实施行政处罚,确保行政处罚决定事实清楚、证据确凿、适用依据正确、程序合法、内容适当。

第十一条 同一违法行为同时违反若干行政处罚规定的,不得重复处罚。

第十二条 执法局及其执法人员实施行政处罚时,必须使用统一印制的法律文书。

执法局给予违法行为人罚款处罚的,应当实行罚缴分离制度;当场收缴罚款的,必须向当事人出具财政部门统一制发的罚款收据;罚款和没收财物的处理所得全部上缴财政。

第十三条 执法局依法对当事人的财物作出没收、查封、扣押或者先行登记保存决定的,必须由执法局负责人批准,书面通知当事人,并制作清单。

清单应当载明物品名称、规格、数量、单位、完好程度等事项,由执法人员和当事人核实后签名或盖章。清单一式两份,由执法局和当事人各执一份。

当事人拒绝签名或盖章的,必须由两名以上执法人员注明情况并签名或盖章,并于当日将没收、扣押或先行登记保存的财物及清单交回执法局。

第十四条 执法局查封、扣押的期限不得超过15日。特殊情况经执法局负责人批准可以延长15日。先行登记保存的,应在7个工作日内作出处理决定。未在规定的期限内作出处理决定的,应当将查封、扣押或先行登记保存的财物退还当事人。对该财物造成损失的，应当依法赔偿。

第十五条 执法局在作出责令停产停业、对公民处以500元以上罚款、对法人或者其他组织处以2万元以上罚款等行政处罚决定之前，应当告知当事人有要求举行听证的权利；当事人要求听证的，应当组织听证。

法律、法规或者规章对举行听证的罚款数额另有规定的，从其规定。

第十六条 执法局在执法过程中认为需要吊销许可证或执照的，应将有关的调查材料移送有关部门，由发证机关核实后予以吊销。

第十七条 执法局作出下列行政处罚或强制措施的，必须集体讨论决定，并报市政府备案：

（一）责令停产停业的；

（二）对违法建设强制拆除的；

（三）其他情节复杂或者作出较重的行政处罚的。

第十八条 执法局应当建立巡查制度，及时制止和纠正违反景区管理规定的行为。

第十九条 执法局应当建立执法人员轮岗交流制度和决策、执行、监督相分离的内部运行机制，实行行政执法责任制、评议考核制和错案责任追究制，不断提高行政执法水平。

执法局的行政执法工作应主动接受政府的层级监督管理和人大、政协及社会各界的监督。

第二十条 驻景区单位和个人应当积极支持执法局执行公务，并有权制止和举报违反景区管理的行为。执法局设立举报电话，并向社会公布。

第二十一条 公民、法人和其他组织对执法局的具体行政行为不服的，可以依法向市人民政府申请复议或向人民法院提起行政诉讼。

当事人逾期不申请复议，不提起诉讼，也不履行处罚决定的，执法局可以依法强制执行或申请人民法院强制执行。

第二十二条 对拒绝、妨碍或以其他暴力、威胁等方法阻碍执法局及其执法人员依法执行公务的行为，公安部门要依照《中华人民共和国治安管理处罚条例》及时作出处理；构成犯罪的，依法追究刑事责任。

第二十三条　执法局的行政执法人员在执法活动中徇私舞弊、玩忽职守、滥用职权的，由其所在单位或者上级机关给予行政处分；构成犯罪的，依法追究刑事责任。.

第二十四条　执法局实施行政处罚应当同时纠正违法行为。对未能及时制止和纠正违法行为造成不良后果的，由执法局承担相应的法律和行政责任。

第二十五条　本规定执行中的具体问题，按泰政办发〔1993〕78号文《关于市政府行政性规章解释权限和程序问题的通知》规定进行解释。

第二十六条　本规定所列的给予行政处罚的行为、种类、幅度所依据的法律、法规、规章修改的，从其规定。新颁布的法律、法规、规章设定的与景区管理有关的行政处罚权，经市政府研究后予以明确。

第二十七条　本规定自2004年5月1日起施行。

附件：

泰山管理相对集中行政处罚权项目表

（第一部分　风景名胜区管理）

总序号	分序号	违法行为	法律依据	处罚方式
1	1	侵占风景名胜区土地，进行违章建设	《风景名胜区管理暂行条例》第15条第1项、《风景名胜区管理处罚规定》第5条	责令其限期退出所占土地，拆除违章建筑，恢复原状，并处以每平方米30元以下的罚款；不能恢复原状的，经上级建设行政主管部门批准，可处以每平方米100元至200元的罚款
2	2	损毁景物、林木植被、捕杀野生动物或污染、破坏环境	《风景名胜区管理暂行条例》第15条第2项	责令停止破坏活动，赔偿经济损失，并可根据情节，处以罚款

续表

总序号	分序号	违法行为	法律依据	处罚方式
3	3	破坏风景名胜区游览秩序和安全制度，乱设摊点，阻碍交通，破坏公共设施，不听劝阻	《风景名胜区管理暂行条例》第15条第3项、《风景名胜区管理处罚规定》第11条	给予警告，责令其赔偿经济损失，并可处以100元以上、5000元以下的罚款
4	4	擅自出让或变相出让风景名胜资源及景区土地	《泰山风景名胜区保护管理条例》第7、34条	没收非法所得，并可对出让单位处以5000元以上5万元以下罚款
5	5	污染或者破坏自然环境，妨碍景观	《风景名胜区管理处罚规定》第9条	责令其停止污染或者破坏活动，限期恢复原状，并可处以300元以上、5000元以下的罚款；不能恢复原状的，处以5000元以上、5万元以下的罚款。罚款超过5万元的应当报经上级建设行政主管部门批准
6	6	在非指定地点倾倒垃圾、污物	《泰山风景名胜区保护管理条例》第12条第7项、第39条	责令停止违法行为，限期恢复原状，并可处以100元以上1万元以下的罚款；造成风景名胜资源损坏的，依法予以赔偿
7	7	开山、采石、挖土、取沙、殡葬	《泰山风景名胜区保护管理条例》第12条第2项、第39条	责令停止违法行为，限期恢复原状，并可处以5000元以上5万元以下的罚款；造成风景名胜资源损坏的，依法予以赔偿
8	8	未经批准筑路、围堰筑坝、截流取水	《泰山风景名胜区保护管理条例》第11条第6项、第38条	责令停止违法行为，限期补办手续，并处以1000元以上1万元以下的罚款
9	9	建设污染环境和破坏生态景观的企业和设施	《泰山风景名胜区保护管理条例》第17条第1款、第35条	责令拆除违法建筑、限期迁出、恢复原状，并按建筑面积处以每平方米30元以下的罚款；不能恢复原状的，按建筑面积处以每平方米100元以上200元以下的罚款

续表

总序号	分序号	违法行为	法律依据	处罚方式
10	10	建设开发区、度假区、生活区以及大型工程设施	《泰山风景名胜区保护管理条例》第17条第1款、第35条	责令拆除违法建筑、限期迁出、恢复原状，并按建筑面积处以每平方米30元以下的罚款；不能恢复原状的，按建筑面积处以每平方米100元以上200元以下的罚款
11	11	未取得风景名胜区建设项目审批书而擅自进行建设	《泰山风景名胜区保护管理条例》第36条第1项	责令其停止建设、限期补办手续，并可处以5000元以上5万元以下的罚款；属不准建设的项目，责令其限期拆除、恢复原状
12	12	建设项目设计方案未经审查同意而擅自进行建设	《泰山风景名胜区保护管理条例》第36条第2项	责令其停止建设、限期补办手续，并可处以5000元以上5万元以下的罚款；属不准建设的项目，责令其限期拆除、恢复原状
13	13	滥用或超越职权批准泰山风景名胜区建设项目	《泰山风景名胜区保护管理条例》第37条	其批准文件无效；属不准建设的项目，责令有关建设单位拆除建（构）筑物
14	14	在岱顶 $0.6km^2$ 范围内新建、扩建工程项目	《泰山风景名胜区保护管理条例》第12条第1项、第39条	责令停止违法行为，限期恢复原状，并可处以5000元以上5万元以下的罚款；造成风景名胜资源损坏的，依法予以赔偿
15	15	未经批准刻字立碑	《泰山风景名胜区保护管理条例》第11条第1项、第38条	责令停止违法行为，限期补办手续，并处以1万元以上5万元以下的罚款
16	16	未经批准捶拓碑碣石刻	《泰山风景名胜区保护管理条例》第11条第2项、第38条	责令停止违法行为，限期补办手续，并处以1000元以上1万元以下的罚款
17	17	攀爬、踩踏、刻划、涂抹文物古迹	《泰山风景名胜区保护管理条例》第12条第3项、第39条	责令停止违法行为，限期恢复原状，并可处以5000元以上5万元以下的罚款；造成风景名胜资源损坏的，依法予以赔偿

续表

总序号	分序号	违法行为	法律依据	处罚方式
18	18	在景区内建设工矿企业和储存易爆、有毒物品	《泰山风景名胜区保护管理条例》第17条第1款、第35条	责令拆除违法建筑、限期迁出、恢复原状，并按建筑面积处以每平方米30元以下的罚款；不能恢复原状的，按建筑面积处以每平方米100元以上200元以下的罚款
19	19	在禁火区内吸烟、生火、烧香点烛、燃放烟花爆竹	《泰山风景名胜区保护管理条例》第12条第8项、第39条	责令停止违法行为，限期恢复原状，并可以处以100元以上1万元以下的罚款；造成风景名胜资源损坏的，依法予以赔偿
20	20	未经批准采伐树木、挖掘树桩（根）、放牧、采集药材和动植物标本	《泰山风景名胜区保护管理条例》第11条第4项、第38条	责令停止违法行为，限期补办手续，并处1000元以上1万元以下的罚款
21	21	砍伐或者损毁古树名木	《泰山风景名胜区保护管理条例》第12条第4项、第39条	责令停止违法行为，限期恢复原状，并可处以5000元以上5万元以下的罚款；造成风景名胜资源损坏的，依法予以赔偿
22	22	捕猎野生动物和采集珍贵野生植物	《泰山风景名胜区保护管理条例》第12条第5项、第39条	责令停止违法行为，限期恢复原状，并可处以5000元以上5万元以下的罚款；造成风景名胜资源损坏的，依法予以赔偿
23	23	未经批准以营利为目的摄制电影、电视片	《泰山风景名胜区保护管理条例》第11条第3项、第38条	责令停止违法行为，限期补办手续，并处以1000元以上1万元以下的罚款
24	24	未取得《风景名胜区准营证》或者不按照批准的地点、范围从事经营	《泰山风景名胜区保护管理条例》第25、40条	给予警告，没收违法所得，责令限期补办《风景名胜区准营证》，并可处以100元以上5000元以下的罚款

续表

总序号	分序号	违法行为	法律依据	处罚方式
25	25	在主要景点设置商业广告	《泰山风景名胜区保护管理条例》第12条第6项、第39条	责令停止违法行为，限期恢复原状，并可以处以100元以上1万元以下的罚款；造成风景名胜资源损坏的，依法予以赔偿
26	26	设立雕塑	《山东省风景名胜区管理条例》第22条第1款第1项、第43条	责令停止违法行为，限期补办手续，并可处5万元以下罚款
27	27	设计、施工单位无证或者超越规定的资质等级范围，在风景名胜区承担规划、设计、施工任务	《风景名胜区管理处罚规定》第8条第1项	给予警告，通报批评，责令停止违法行为，并可处以5000元以上、5万元以下的罚款。罚款超过5万元的应当报经上级建设行政主管部门批准
28	28	对风景名胜区各项设施维护管理或者对各项活动组织管理不当造成经济损失或者伤亡事故	《风景名胜区管理处罚规定》第8条第2项	给予警告，通报批评，责令停止违法行为，并可处以5000元以上、5万元以下的罚款。罚款超过5万元的应当报经上级建设行政主管部门批准
29	29	在风景名胜区内从事违反国家法律法规所规定的不健康、不文明活动	《风景名胜区管理处罚规定》第8条第3项	给予警告，通报批评，责令停止违法行为，并可处以5000元以上、5万元以下的罚款。罚款超过5万元的应当报经上级建设行政主管部门批准
30	30	未经批准占用林地、土地或改变地形地貌	《泰山风景名胜区保护管理条例》第11条第5项、第38条	责令停止违法行为，限期补办手续，并处以1000元以上1万元以下的罚款
31	31	毁损非生物自然景物、文物古迹	《风景名胜区管理处罚规定》第10条	责令其停止毁损活动，限期恢复原状，赔偿经济损失，并可处以1000元以上、2万元以下的罚款

(第二部分 文物管理)

总序号	分序号	违法行为	法律依据	处罚方式
32	1	擅自在文物保护单位的保护范围内进行建设工程或者爆破、钻探、挖掘等作业	《文物保护法》第66条第1款第1项	责令改正,造成严重后果的,处5万元以上50万元以下的罚款
33	2	在文物保护单位的建设控制地带内进行建设工程,其工程设计方案未经文物行政部门同意、报城乡建设规划部门批准,对文物保护单位的历史风貌造成破坏	《文物保护法》第66条第1款2项	责令改正,造成严重后果的,处5万元以上50万元以下的罚款
34	3	在文物保护单位的保护围内或者建设控制地带内建设污染文物保护单位及其环境的设施或者对已有的污染文物保护单位及其环境的设施未在规定的期限内完成治理	《文物保护法》第67条	依照有关法律法规的规定处罚
35	4	在建设、生产中发现文物不采取保护措施,继续施工、生产造成文物破坏或损失	《山东省文物保护管理条例》第38条第8项	责令其停止施工和生产,赔偿损失,并视情节处2万元以下罚款
36	5	擅自改变国有文物保护单位的用途	《文物保护法》第68条第3项	责令改正,没收违法所得,违法所得1万元以上的,并处违法所得二倍以上五倍以下的罚款;违法所得不足1万元的,并处5000元以上2万元以下的罚款
37	6	施工单位未取得文物保护工程资质证书,擅自从事文物修缮、迁移、重建	《文物保护法》第66条第1款第6项、《文物保护法实施条例》第55条第1款	责令限期改正,逾期不改正或造成严重后果的,处5万元以上50万元以下的罚款

续表

总序号	分序号	违法行为	法律依据	处罚方式
38	7	擅自迁移、拆除不可移动文物	《文物保护法》第66条第1款第3项	责令改正,造成严重后果的,处5万元以上50万元以下的罚款
39	8	擅自修缮不可移动文物,明显改变文物原状	《文物保护法》第66条第1款第4项	责令改正,造成严重后果的,处5万元以上50万元以下的罚款
40	9	擅自在原址重建已全部毁坏的不可移动文物,造成文物破坏	《文物保护法》第66条第1款第5项	责令改正,造成严重后果的,处5万元以上50万元以下的罚款
41	10	转让、抵押国有不可移动文物或将国有不可移动文物作为企业资产经营	《文物保护法》第68条第1项	责令改正,没收违法所得,违法所得1万元以上的,并处违法所得二倍以上五倍以下的罚款;违法所得不足1万元的,并处5000元以上2万元以下的罚款
42	11	将非国有不可移动文物转让或抵押给外国人	《文物保护法》第68条第2项	责令改正,没收违法所得,违法所得1万元以上的,并处违法所得二倍以上五倍以下的罚款;违法所得不足1万元的,并处5000元以上2万元以下的罚款
43	12	改变国有未核定为文保单位的不可移动文物的用途未报告	《文物保护法》第75条第1项	责令改正
44	13	转让、抵押非国有不可移动文物或改变其用途未备案	《文物保护法》第75条第2项	责令改正
45	14	国有不可移动文物使用人拒不依法履行修缮义务	《文物保护法》第75条第3项	责令改正
46	15	刻划、涂污或损坏文物尚不严重的,或损毁文物保护单位标志	《文物保护法》第66条第2款、《文物保护法实施条例》第57条	警告并处以200元以下的罚款

续表

总序号	分序号	违法行为	法律依据	处罚方式
47	16	破坏性使用文物保护单位文物	《山东省历史文化名城保护条例》第29条第1款、第42条	责令其停止使用,赔偿损失,并可处以2万元以下的罚款
48	17	擅自移动或毁坏文物保护标志、界桩	《山东省文物保护管理条例》第38条第2项	责令其赔偿损失,并可处500元以下罚款
49	18	擅自拓印、复制文物或违反规定拍摄电影、电视、图片	《山东省文物保护管理条例》第38条第7项	没收其拓印品、复制品、胶片和非法获取的资料,并可处2000元以下罚款
50	19	发现文物隐匿不报或拒不上交	《文物保护法》第74条第1项	追缴文物;情节严重的,处5000元以上5万元以下的罚款
51	20	未按照规定移交拣选文物	《文物保护法》第74条第2项	追缴文物;情节严重的,处5000元以上5万元以下的罚款
52	21	挪用或侵占依法调拨、交换、出借文物所得补偿费用	《文物保护法》第43条、第70条第5项	责令改正,可以并处2万元以下的罚款,有违法所得的,没收违法所得
53	22	买卖国家禁止买卖的文物或者将禁止出境的文物转让、出租、质押给外国人	《文物保护法》第71条	责令改正,没收违法所得,违法经营额1万元以上的,并处违法经营额二倍以上五倍以下的罚款;违法经营额不足1万元的,并处5000元以上2万元以下的罚款
54	23	将私人收藏的文物私自卖给外国人或境外居民	《山东省文物保护管理条例》第38条第4项	罚款,并可没收其文物和非法所得
55	24	国有文物收藏单位法定代表人离任时未按照馆藏文物档案移交馆藏文物,或者所移交的馆藏文物与馆藏文物档案不符	《文物保护法》第70条第2项	责令改正,可以并处2万元以下的罚款,有违法所得的,没收违法所得

续表

总序号	分序号	违法行为	法律依据	处罚方式
56	25	将国有馆藏文物赠与、出租或出售给其他单位、个人	《文物保护法》第70条第3项	责令改正,可以并处2万元以下的罚款,有违法所得的,没收违法所得
57	26	未按规定处置国有馆藏文物	《文物保护法》第40、41、45条、第70条第4项	责令改正,可以并处2万元以下的罚款,有违法所得的,没收违法所得
58	27	文物收藏单位未按规定建立馆藏文物档案、管理制度或未将其备案	《文物保护法》第75条第5项	责令改正
59	28	未经批准擅自调取馆藏文物	《文物保护法》第75条第6项	责令改正
60	29	馆藏文物损毁未报文物行政部门核查处理,或者馆藏文物被盗、被抢或者丢失未及时报告	《文物保护法》第75条第7项	责令改正
61	30	未取得资质证书,擅自从事馆藏文物的修复、复制、拓印活动	《文物保护法实施条例》第56条	责令停止违法行为,没收违法所得和从事违法活动的专用工具、设备;造成严重后果的,并处1万元以上10万元以下的罚款
62	31	未经批准擅自修复、复制、拓印、拍摄馆藏珍贵文物	《文物保护法实施条例》第58条	给予警告,造成严重后果的,处2000元以上2万元以下的罚款
63	32	未经许可擅自设立文物商店、拍卖文物经营活动	《文物保护法》第72条	责令改正,没收违法所得,罚款
64	33	文物商店从事文物拍卖经营活动	《文物保护法》第73条第1项	没收违法所得、非法经营的文物,违法经营额5万元以上的,并处违法经营额一倍以上三倍以下的罚款;违法经营不足5万元的,并处5000元以上5万元以下的罚款

续表

总序号	分序号	违法行为	法律依据	处罚方式
65	34	经营文物拍卖的拍卖企业从事文物购销经营活动	《文物保护法》第73条第2项	没收违法所得、非法经营的文物，违法经营额5万元以上的，并处违法经营额一倍以上三倍以下的罚款；违法经营额不足5万元的，并处5000元以上5万元以下的罚款
66	35	销售、拍卖文物未经审核	《文物保护法》第73条第3项	没收违法所得、非法经营的文物，违法经营额5万元以上的，并处违法经营额一倍以上三倍以下的罚款；违法经营额不足5万元的，并处5000元以上5万元以下的罚款
67	36	文物收藏单位从事文物商业经营活动	《文物保护法》第73条第4项	没收违法所得、非法经营的文物，违法经营额5万元以上的，并处违法经营额一倍以上三倍以下的罚款；违法经营额不足5万元的，并处5000元以上5万元以下的罚款
68	37	销售、拍卖文物未按规定记录或未将记录上报备案	《文物保护法》第75条第8项	责令改正
69	38	在文物保护单位的保护范围内存放易燃、易爆、有毒、有腐蚀性等危害文物安全的物品，建窑、取土、挖渠、开山、采石、凿井、开矿、毁林或擅自兴建工程以及有其他危害文物安全活动	《山东省文物保护管理条例》第38条第5项	责令其停止非法活动，赔偿损失，并可处1万元以下罚款
70	39	文物收藏单位未按照国家有关规定配备防火、防盗、防自然损坏的设施	《文物保护法》第70条第1项	责令改正，可以并处2万元以下的罚款，有违法所得的，没收违法所得

续表

总序号	分序号	违法行为	法律依据	处罚方式
71	40	未经批准，擅自进行考古发掘、考古勘探	《山东省文物保护管理条例》第38条第9项	责令其停工，调出所有出土文物，并处1万元以下罚款
72	41	考古发掘单位未经批准擅自进行考古发掘或不如实报告其结果	《文物保护法》第75条第4项	责令改正

（第三部分　林业园林管理）

总序号	分序号	违法行为	法律依据	处罚方式
73	1	盗伐森林或者其他林木	《中华人民共和国森林法》第39条第1款；《中华人民共和国森林法实施条例》第38条第1、2款	责令补种盗伐株数十倍的树木，没收盗伐的林木或者变卖所得；盗伐森林或者其他林木不足$0.5m^3$或者幼树不足20株，并处盗伐林木价值三倍至五倍的罚款；盗伐森林或者其他林木$0.5m^3$以上或者幼树20株以上，并处盗伐林木价值五倍至十倍的罚款
74	2	滥伐森林或者其他林木	《中华人民共和国森林法》第39条第2款；《中华人民共和国森林法实施条例》第39条第1、2款	责令补种滥伐株数五倍的树木，滥伐森林或者其他林木，不足$2m^3$或者幼树不足50株，并处滥伐林木价值二倍至三倍的罚款；滥伐森林或者其他林木$2m^3$以上或者幼树50株以上，并处滥伐林木价值三倍至五倍的罚款
75	3	超过木材生产计划采伐森林或者其他林木	《中华人民共和国森林法实施条例》第39条第3款	责令补种滥伐株数五倍的树木，滥伐森林或者其他林木，不足$2m^3$或者幼树不足50株，并处滥伐林木价值二倍至三倍的罚款；滥伐森林或者其他林木$2m^3$以上或者幼树50株以上，并处滥伐林木价值三倍至五倍的罚款

续表

总序号	分序号	违法行为	法律依据	处罚方式
76	4	在林区非法收购明知是盗伐、滥伐的林木	《中华人民共和国森林法》第43条	责令停止违法行为,没收违法收购的盗伐滥伐的林木或者变卖所得,可以并处违法收购林木价款一倍以上三倍以下罚款
77	5	违法进行开垦、采石、采沙、采土、采种、采脂和其他活动,致使森林、林木受到毁坏	《中华人民共和国森林法》第44条第1款	依法赔偿损失;责令停止违法行为,补种毁坏株数一倍以上三倍以下的树木,可处以毁坏林木价值一倍以上五倍以下罚款
78	6	违法在幼林地和特种用途林内砍柴、放牧致使森林、林木受到毁坏	《中华人民共和国森林法》第44条第2款	依法赔偿损失;责令停止违法行为,补种毁坏株数一倍以上三倍以下的树木
79	7	采伐林木没有按照规定完成更新造林任务情节严重	《中华人民共和国森林法》第45条;《中华人民共和国森林法实施条例》第42条	可以处以应完成而未完成造林任务所需费用二倍以下罚款
80	8	毁林采种或者违规采脂、挖笋、掘根、剥树皮及过度修枝,致使森林、林木受到毁坏;移植防护林、特种用途林内的树木致使森林、林木受到毁坏	《森林法实施条例》第41条第1款、《山东省森林资源管理条例》第46条	依法赔偿损失,责令停止违法行为,补种毁坏株数一倍至三倍的树木,可以处以毁坏林木价值一倍至五倍的罚款
81	9	违反规定擅自开垦林地,致使森林、林木受到毁坏	《森林法》第44条、《森林法实施条例》第41条第2款	依法赔偿损失;责令停止违法行为,补种毁坏株数一倍以上三倍以下的树木,可处以毁坏林木价值一倍以上五倍以下罚款
82	10	擅自开垦林地,对森林、林木未造成毁坏或者被开垦的林地上没有森林、林木	《森林法实施条例》第41条第2款	责令停止违法行为,限期恢复原状,可以处非法开垦林地每平方米10元以下的罚款

续表

总序号	分序号	违法行为	法律依据	处罚方式
83	11	未经审核同意，擅自改变林地用途；临时占用林地，逾期不归还	《森林法实施条例》第43条第1、2款	责令限期恢复原状，并处非法改变用途林地每平方米10元至30元的罚款
84	12	未经批准，擅自将防护林和特种用途林改变为其他林种；擅自将防护林、特种用途林改为用材林、经济林、薪炭林	《森林法实施条例》第46条、《山东省森林资源管理条例》第42条	收回经营者所获取的森林生态效益补偿，并处所获取森林生态效益补偿三倍以下的罚款
85	13	植树造林责任单位未按照所在地县级人民政府的要求按时完成造林任务	《森林法实施条例》第42条第4项	责令限期完成造林任务；逾期未完成的，可以处应完成而未完成造林任务所需费用二倍以下的罚款
86	14	未经批准，擅自在林区经营（含加工）木材	《森林法实施条例》第40条	没收非法经营的木材和违法所得，并处违法所得二倍以下的罚款
87	15	无木材运输证运输木材	《森林法实施条例》第44条第1款	没收非法运输的木材，对货主可以并处非法运输木材价款30%以下的罚款
88	16	运输木材数量超出木材运输证准运数量的或运输的木材树种、材种、规格与木材运输证规定不符又无正当理由	《森林法实施条例》第44条第2款	没收超出部分的木材或没收其不相符部分的木材
89	17	使用伪造、涂改的木材运输证运输木材	《森林法实施条例》第44条第3款	没收非法运输的木材，并处没收木材价款10%至50%的罚款
90	18	承运无木材运输证	《森林法实施条例》第44条第4款	没收运费，并处运费一倍至三倍的罚款

续表

总序号	分序号	违法行为	法律依据	处罚方式
91	19	擅自移动或者毁坏林业服务标志	《森林法实施条例》第45条	责令限期恢复原状；逾期未恢复的，由管理部门代为恢复，所需费用由违法者支付
92	20	擅自移动或者毁坏为林业生产设置的界桩、标牌及其他设施	《山东省森林资源管理条例》第47条	责令限期恢复原状，所需费用由违法者支付
93	21	未经审批擅自变更国有林场区界或改变其隶属关系	《山东省国有林场条例》第11条第2款、第30条	责令限期改正，恢复原状，并可处以1万元以上10万元以下罚款
94	22	在封山育林区内移动或者毁坏标牌、界桩及其他封山育林设施	《山东省封山育林管理办法》第21条第3项	责令恢复原状，并处以1000元以下的罚款
95	23	出租、转让、抵押、拍卖或者作价出资国有或集体森林资源资产未进行评估	《山东省森林资源管理条例》第43条	责令限期改正，并可处以3万元以下的罚款
96	24	未经批准，在林地内进行勘查、开采矿产资源和进行工程建设等活动	《山东省森林资源管理条例》第45条第1款	责令其停止违法行为，赔偿损失，并可处以每平方米10元以上30元以下的罚款
97	25	超过批准数量多占林地或者临时使用林地逾期不归还	《山东省森林资源管理条例》第45条第2款	责令其停止违法行为，赔偿损失，并可处以每平方米10元以上30元以下的罚款
98	26	擅自进入国有林场进行养蜂、狩猎、采集、放牧等活动	《山东省国有林场条例》第32条	处以100元以上1000元以下罚款；造成森林资源毁坏的，责令其赔偿损失，并限期补栽毁坏株数一至三倍的树木
99	27	在封山育林区内放牧、割草、砍柴、狩猎	《山东省封山育林管理办法》第21条第1项	予以警告，责令停止违法行为；致使森林林木受到损坏，依法赔偿损失，补种毁坏树木株数一倍以上三倍以下的树木，可以处毁坏树木价值一倍以上五倍以下的罚款

续表

总序号	分序号	违法行为	法律依据	处罚方式
100	28	擅自进行科学研究、教学实习、参观考察、拍摄影片等活动	《山东省森林和野生动物类型自然保护区管理办法》第25条第1项	给予劝阻警告，不听的可处100元至5000元罚款
101	29	从事破坏自然资源、自然景观活动	《山东省森林和野生动物类型自然保护区管理办法》第25条第2项	责令恢复现状，没收违法所得，并处以300元至10000元罚款
102	30	擅自修筑设施	《山东省森林和野生动物类型自然保护区管理办法》第25条第3项	责令拆除、恢复原状，可并处500元至10000元罚款
103	31	在封山育林区内携带火种烧荒烧纸野炊	《山东省封山育林管理办法》第21条第2项	予以警告，处以10元以上50元以下的罚款；引起火灾，尚未造成重大损失，依法赔偿损失，责令限期更新造林，并可处以50元以上500元以下的罚款
104	32	森林防火期内，在野外吸烟、随意用火但未造成损失；违法擅自进入林区；违法使用机动车辆和机械设备；有森林火灾隐患，经森林防火指挥部或者林业主管部门通知不加消除	《森林防火条例》第32条第1、2、3、4项	处10元至50元的罚款或者警告
105	33	不服从扑火指挥机构的指挥或者延误扑火时机，影响扑火救灾	《森林防火条例》第32条第5项	处50元至100元的罚款或者警告

续表

总序号	分序号	违法行为	法律依据	处罚方式
106	34	过失引起森林火灾，尚未造成重大损失	《森林防火条例》第32条第6项	责令限期更新造林，赔偿损失，可以并处50元至500元的罚款
107	35	生产、经营假、劣种子	《种子法》第59条、《山东省林业种子苗木管理条例》第29条	责令停止生产、经营，没收种子和违法所得；有违法所得的，处以违法所得五倍以上十倍以下罚款；没有违法所得的，处以2000元以上5万元以下罚款
108	36	未经批准私自采集或者采伐国家重点保护的天然种质资源	《种子法》第61条第3项	责令改正，没收种子和违法所得，并处以违法所得一倍以上三倍以下罚款；没有违法所得的，处以1000元以上2万元以下罚款
109	37	伪造、涂改标签或者试验、检验数据	《种子法》第62条第3项	责令改正，处以1000元以上1万元以下罚款
110	38	未按规定制作、保存种子生产、经营档案	《种子法》第62条第4项	责令改正，处以1000元以上1万元以下罚款
111	39	抢采掠青、损坏母树或者在劣质林内和劣质母树上采种	《种子法》第65条、《山东省林业种子苗木管理条例》第30条	责令停止采种行为，没收所采种子，并处以所采林木种子价值一倍以上三倍以下的罚款
112	40	违反规定收购林木种子	《种子法》第66条	没收所收购的种子，并处以收购林木种子价款二倍以下的罚款
113	41	在种子生产基地进行病虫害接种试验	《种子法》第67条	没收所收购的种子，并处以收购林木种子价款二倍以下的罚款
114	42	未取得林业种子苗木生产许可证生产林业种子苗木	《山东省林业种子苗木管理条例》第26条	责令其停止生产，没收违法所得，并可处以1万元以下罚款
115	43	林业种子苗木未经审定或者经审定未通过作为良种经营或者推广	《山东省林业种子苗木管理条例》第28条	予以警告，没收种子苗木和违法所得，并责令其赔偿使用者的经济损失

续表

总序号	分序号	违法行为	法律依据	处罚方式
116	44	伪造林木良种合格证或者良种育苗合格证	《林木良种推广使用管理办法》第20条	予以没收，并可处1000元以下罚款，有违法所得的，可处违法所得三倍以内的罚款，但最多不超过3万元
117	45	用带有危险性病虫害的林木种苗进行育苗或者造林；发生森林病虫害不除治或者除治不力，造成森林病虫害蔓延成灾；隐瞒或者虚报森林病虫害情况，造成森林病虫害蔓延成灾	《森林病虫害防治条例》第22条第1、2、3项	责令限期除治、赔偿损失，可以并处100元至2000元的罚款
118	46	违反植物检疫法规调运林木种苗或者木材	《森林病虫害防治条例》第23条	除依照植物检疫法规处罚外，并可处50元至2000元的罚款
119	47	未依照规定办理《植物检疫证书》或者在报检过程中弄虚作假	《植物检疫条例》第18条第1项；《植物检疫条例实施细则》（林业部分）第30条第1项	应当责令纠正，可以处以50元至2000元罚款；造成损失的，应当责令赔偿；可以没收非法所得
120	48	伪造、涂改、买卖、转让植物检疫单证、印章、标志、封识	《植物检疫条例》第18条第2项；《植物检疫条例实施细则》第30条第2项	应当责令纠正，可以处以50元至2000元罚款；造成损失的，应当责令赔偿；可以没收非法所得
121	49	未依照规定调运、隔离试种或者生产应施检疫的森林植物及其产品	《植物检疫条例》第18条第3项；《植物检疫条例实施细则》第30条第3项	应当责令纠正，可以处以50元至2000元罚款；造成损失的，应当责令赔偿；可以没收非法所得。对违反规定调运的森林植物及其产品，有权予以封存、没收、销毁或者责令改变用途

续表

总序号	分序号	违法行为	法律依据	处罚方式
122	50	擅自开拆森林植物及其产品的包装，调换森林植物及其产品，或者擅自改变森林植物及其产品的规定用途	《植物检疫条例》第18条第4项；《植物检疫条例实施细则》第30条第4项	应当责令纠正，可以处以50元至2000元罚款；造成损失的，应当责令赔偿；可以没收非法所得
123	51	违反规定，引起疫情扩散	《植物检疫条例》第18条第5项；《植物检疫条例实施细则》第30条第5项	应当责令纠正，可以处以50元至2000元罚款；造成损失的，应当责令赔偿
124	52	工程建设项目的附属绿化工程设计方案或城市的公共绿地、风景林地等绿化工程设计方案未经批准或未按批准方案施工	《城市绿化条例》第26条	责令停止施工，限期改正或采取补救措施
125	53	未经同意擅自在城市公共绿地内开设商业、服务摊点	《城市绿化条例》第29条第1款	责令限期迁出或者拆除，可以并处罚款；造成损失的，应当负赔偿责任
126	54	不服从公共绿地管理单位管理的商业、服务摊点	《城市绿化条例》第29条第2款	给予警告，可以并处罚款
127	55	损坏树木花草	《城市绿化条例》第27条第1项、《山东省城市绿化管理办法》第31条第1项	责令停止侵害，可以并处赔偿费一至三倍的罚款；造成损失的，应当负责赔偿

续表

总序号	分序号	违法行为	法律依据	处罚方式
128	56	擅自修剪树木	《城市绿化条例》第27条第2项、《山东省城市绿化管理办法》第31条第2项	责令停止侵害,可以并处以200元以上1000元以下的罚款;造成损失的,应当负责赔偿
129	57	因擅自修剪造成树木死亡	《山东省城市绿化管理办法》第31条第2项	责令停止侵害,可以并处以树木赔偿费三至五倍的罚款;造成损失的,应当负责赔偿
130	58	砍伐、擅自移植古树名木或者因养护不善致使古树名木受到损伤或死亡	《城市绿化条例》第27条第3项、《山东省城市绿化管理办法》第31条第4项	责令停止侵害,可以并处以每株1万元以上3万元以下的罚款;造成损失的,应当负责赔偿
131	59	损坏绿化设施	《城市绿化条例》第27条第4项、《山东省城市绿化管理办法》第31条第5项	责令停止侵害,可以并处以赔偿一至三倍的罚款;造成损失的,应当负责赔偿
132	60	未经批准,擅自占用城市绿化用地	《城市绿化条例》第28条、《山东省城市绿化管理办法》第32条	责令限期退还、恢复原状,并可处1万元以上10万元以下的罚款;造成损失的,应当承担赔偿责任
133	61	城市绿化设计方案未经批准或未按照批准方案施工	《山东省城市绿化管理办法》第30条	责令停止施工,限期改正或者采取补救措施
134	62	伪造、变造、涂改林木林地权属凭证	《林木林地权属争议处理办法》第24条	可视情节轻重处1000元以下罚款

续表

总序号	分序号	违法行为	法律依据	处罚方式
135	63	非法捕杀国家重点保护野生动物	《中华人民共和国陆生野生动物保护实施条例》第33条	情节显著轻微的，没收猎获物、猎捕工具和违法所得，并处相当于猎获物价值十倍以下罚款；没有猎获物的，处1万元以下罚款
136	64	在禁猎区、禁猎期或使用禁用工具、方法猎捕野生动物、非国家重点保护野生动物	《中华人民共和国野生动物保护法》第32条、《中华人民共和国陆生野生动物保护实施条例》第34条	没收猎获物、猎捕工具和违法所得；对非国家重点保护动物，有猎获物的，处以相当于猎获物价值八倍以下的罚款；没有猎获物的，处2000元以下罚款
137	65	未取得特许狩猎证或未按规定猎捕省重点保护野生动物，在禁猎区、禁猎期或使用禁用工具、方法猎捕野生动物	《山东省实施〈野生动物保护法〉办法》第34条	没收猎获物、猎捕工具和违法所得，处以1000元至5000元罚款
138	66	未取得狩猎证或未按规定猎捕野生动物、非国家重点保护野生动物	《中华人民共和国野生动物保护法》第33条第1款、《中华人民共和国陆生野生动物保护实施条例》第35条	没收猎获物和违法所得，处以罚款；对非国家重点保护动物有猎获物的，处以相当于猎获物价值五倍以下的罚款；没有猎获物的，处1000元以下罚款
139	67	违反规定，未取得狩猎证或未按狩猎证规定猎捕野生动物	《山东省实施〈野生动物保护法〉办法》第35条	没收猎获物和违法所得，处以50元至500元罚款，并可以没收猎捕工具
140	68	在自然保护区、禁猎区破坏重点保护野生动物主要生息繁衍场所	《中华人民共和国野生动物保护法》第34条	责令停止破坏行为、限期恢复原状、处以罚款

续表

总序号	分序号	违法行为	法律依据	处罚方式
141	69	违反规定，在禁猎区破坏国家或者地方重点保护野生动物主要生息繁衍场所	《中华人民共和国陆生野生动物保护实施条例》第36条第1款	罚款按照相当于恢复原状所需费用三倍以下的标准执行
142	70	在禁猎区破坏非国家或者地方重点保护野生动物主要生息繁衍场所	《中华人民共和国陆生野生动物保护实施条例》第36条第2款	责令停止破坏行为，限期恢复原状，处以罚款
143	71	违反规定，破坏野生动物的窝、巢的，在自然保护区、禁猎区破坏国家或者省重点保护野生动物的主要生息繁衍场所	《山东省实施〈野生动物保护法〉办法》第36条	责令停止破坏行为，限期恢复原状，处以100元至3000元罚款
144	72	出售、收购、运输、携带国家或地方重点保护野生动物或其产品	《中华人民共和国野生动物保护法》第35条第1款、《中华人民共和国陆生野生动物保护实施条例》第37条	没收实物和违法所得，可以并处相当于实物价值十倍以下的罚款
145	73	违反规定，出售、收购、运输、邮寄、携带野生动物或者其产品	《山东省实施〈野生动物保护法〉办法》第39条	没收实物和违法所得，可并处相当于违法金额二至八倍罚款
146	74	未取得驯养繁殖许可证或者超越驯养繁殖许可证规定范围驯养繁殖国家重点保护野生动物	《中华人民共和国陆生野生动物保护实施条例》第39条	没收违法所得，处3000元以下罚款，可以并处没收野生动物

续表

总序号	分序号	违法行为	法律依据	处罚方式
147	75	违反规定,未取得驯养繁殖许可证或者未按驯养许可证规定驯养繁殖国家或者省重点保护动物	《山东省实施〈野生动物保护法〉办法》第38条	没收驯养繁殖动物和违法所得
148	76	外国人未经批准在中国境内对国家重点保护野生动物进行野外考察、标本采集或者在野外拍摄电影、录像	《中华人民共和国陆生野生动物保护实施条例》第40条	没收考察、拍摄的资料以及所获标本,可以并处5万元以下罚款
149	77	伪造、倒卖、转让特许或许可证件	《山东省实施〈野生动物保护法〉办法》第41条第1款	没收违法所得,可并处200元至2000元罚款
150	78	未取得采集证或者未按规定采集国家重点保护野生植物	《中华人民共和国野生植物保护条例》第23条	没收所采集的野生植物和违法所得,可以并处违法所得10倍以下的罚款
151	79	出售、收购国家重点保护野生植物	《中华人民共和国野生植物保护条例》第24条	没收野生植物和违法所得,可以并处违法所得10倍以下的罚款
152	80	伪造、倒卖、转让采集证、允许进出口证明书或者有关批准文件、标签	《中华人民共和国野生植物保护条例》第26条	收缴、没收违法所得,可以并处5万元以下的罚款
153	81	外国人在中国境内采集、收购国家重点保护野生植物,或者未经批准对国家重点保护野生植物进行野外考察	《中华人民共和国野生植物保护条例》第27条	没收所采集、收购的野生植物和考察资料,可以并处5万元以下的罚款

续表

总序号	分序号	违法行为	法律依据	处罚方式
154	82	未按照批准计划采猎一级保护野生药材；采猎、收购二、三级保护野生药材；在禁采区、禁采期采猎或者使用禁用工具采猎；无采药证采猎二、三级保护野生药材	《中华人民共和国野生药材资源保护管理条例》第6、7、8、9、18条	没收非法采得药材及工具、并处罚款
155	83	未经批准进入野生药材保护区从事活动	《中华人民共和国野生药材资源保护管理条例》第19条	责令停止，造成损失的，承担赔偿责任

(第四部分 旅游管理)

总序号	分序号	违法行为	法律依据	处罚方式
156	1	未取得旅行社业务经营许可证从事旅游业务	《旅行社管理条例》第12条第2款、第38条，《旅行社管理条例实施细则》第63条第1项	责令停止非法经营、没收违法所得、并处1万元以上5万元以下的罚款
157	2	超出核定经营范围开展经营活动	《旅行社管理条例》第17条第1款、第39条，《旅行社管理条例实施细则》第60条第1项	责令限期改正、没收违法所得，逾期不改正的责令停业整顿15日至30日，并处5000元以上2万元以下罚款
158	3	未办理旅行社责任保险，提供的服务不能保证旅游者人身、财务安全的需要，致使旅游者人身、财务受到损害	《旅行社管理条例》第21、39条，《旅行社管理条例实施细则》第60条第2、4项	责令限期改正、没收违法所得，逾期不改正的责令停业整顿15日至30日，并处5000元以上2万元以下罚款

续表

总序号	分序号	违法行为	法律依据	处罚方式
159	4	对提供的旅游服务项目，不按国家规定收费，旅游中增加服务项目，强行向旅游者收费	《旅行社管理条例》第22条第1款、第39条，《旅行社管理条例实施细则》第60条第2、4项	责令限期改正、没收违法所得，逾期不改正的责令停业整顿15日至30日，并处5000元以上2万元以下罚款
160	5	聘用无证号导游、领队	《旅行社管理条例》第24、39条，《旅行社管理实施细则》第60条第6项	责令限期改正、没收违法所得，逾期不改正的责令停业整顿15日至30日，并处5000元以上2万元以下罚款
161	6	以承包、挂靠或变相承包、挂靠等方式转让部分经营权	《旅行社管理条例实施细则》第60条第3项	责令限期改正、没收违法所得，逾期不改正的责令停业整顿15日至30日，并处5000元以上2万元以下罚款
162	7	招徕、接待旅游者不制作文件、资料	《旅行社管理条例》第26、41条，《旅行社管理条例实施细则》第59条第1项	责令限期改正、警告、责令停业整顿3日至15日、可以并处3000元以上1万元以下的罚款
163	8	无理拒绝旅游行政主管部门的监督检查	《旅行社管理条例》第35第1款、第41条；《旅行社管理条例实施细则》第59条第2项	责令限期改正、警告、责令停业整顿3日至15日、可以并处3000元以上1万元以下的罚款
164	9	旅行社非法转让或变相转让许可证、擅自设立分支机构或委托非旅行社代理业务	《旅行社管理条例实施细则》第61条第1、2、5项	警告、责令限期改正、没收违法所得、并处违法所得三倍以下罚款，最高不超过3万元；没有违法所得的，处3000元以上1万元以下的罚款
165	10	无证导游	《导游人员管理条例》第18条	责令改正并予以公告，处1000元以上3万元以下的罚款，有违法所得的没收违法所得
166	11	导游私自承揽业务进行导游活动	《导游人员管理条例》第19条	责令改正并予以公告，处1000元以上3万元以下的罚款，有违法所得的没收违法所得

续表

总序号	分序号	违法行为	法律依据	处罚方式
167	12	导游人员进行导游活动有损害国家利益和民族尊严的言行	《导游人员管理条例》第20条	责令改正；对导游员所在旅行社给予警告直至停业整顿
168	13	导游人员进行导游活动未佩戴导游证	《导游人员管理条例》第21条	责令改正；拒不改正的，处500元以下罚款
169	14	擅自增加或减少旅游项目、变更接待计划、中止导游活动	《导游人员管理条例》第22条	责令改正、暂扣导游证3至6个月
170	15	导游人员进行导游时向游客兜售物品、索要小费	《导游人员管理条例》第23条	责令改正，处1000元以上3万元以下罚款；有违法所得的，没收违法所得；情节严重的，对导游人员所在旅行社给予警告直至整顿
171	16	导游人员欺骗、胁迫旅游者消费或者与经营者串通、欺骗、胁迫旅游者消费	《导游人员管理条例》第24条	责令改正，处1000元以上3万元以下罚款；有违法所得的，没收违法所得；情节严重的，对导游人员所在旅行社给予警告直至整顿
172	17	兴建宣扬迷信、有害公民身心健康的旅游景点	《山东省旅游管理条例》第11条第3款、第34条	责令限期关闭或拆除
173	18	星级饭店未按星级标准提供服务	《山东省旅游管理条例》第37条	给予警告，可并处1000元以上5000元以下罚款

（第五部分　规划建设管理）

总序号	分序号	违法行为	法律依据	处罚方式
174	1	未取得建设用地规划许可证而取得建设用地批准文件、占用土地	《中华人民共和国城市规划法》第39条	批准文件无效，占用土地的责令退回

续表

总序号	分序号	违法行为	法律依据	处罚方式
175	2	未取得建设工程规划许可证或者违反规定进行建设,严重影响规划	《中华人民共和国城市规划法》第40条;《山东省实施〈中华人民共和国城市规划法〉办法》第49条	责令停止建设,限期拆除或者没收违法建筑、构筑物或者其他设施
176	3	未取得建设工程规划许可证或者违反规定进行建设,影响城市规划尚可改正	《中华人民共和国城市规划法》第40条;《山东省实施〈中华人民共和国城市规划法〉办法》第49条	责令限期改正,并处以土建工程造价的3%至10%的罚款
177	4	在历史文化名城城市规划区内,建设单位未取得建设工程规划许可证或者违反建设工程规划许可证的规定进行建设,严重影响历史文化名城保护规划	《山东省历史文化名城保护条例》第38条第1款	责令其停止建设、限期拆除或者没收违法建筑物、构筑物及其他设施。非法占用土地的,依法收回土地使用权;尚可采取改正措施的,责令其停止建设、限期改正,并处以建设工程总造价3%至10%的罚款
178	5	当事人自接到停式通知之日起,必须停止有关建设活动;对拒不停止违法行为继续施工	《山东省历史文化名城保护条例》第38条第2款	可依法查封其施工设施和建筑材料,并拆除其续建部分,拆除费用由当事人承担
179	6	损坏或者拆除保护规划确定保护的传统建筑物、构筑物、街区等;占用或者破坏保护规划确定保护的道路、园林绿地、河湖泉水溪等	《山东省历史文化名城保护条例》第33、43条	责令停止违法活动,限期采取补救措施或者恢复原状,并可处以1万元以上10万元以下的罚款

续表

总序号	分序号	违法行为	法律依据	处罚方式
180	7	未经批准在规划区内设置城市雕塑、建筑小品和大型广告牌	《山东省实施〈中华人民共和国城市规划法〉办法》第52条	责令限期拆除、恢复原状
181	8	未取得施工许可证而擅自开工的；施工现场的安全设施不符合规定或者管理不善的；施工现场的生活设施不符合卫生要求的；施工现场管理混乱，不符合环保，场容等管理要求	《建设工程施工现场管理规定》第34条	根据情节轻重，给予警告、通报批评、责令限期改正、责令停止施工整顿，并可处以罚款
182	9	未经开发主管部门同意，擅自进行投资建设	《山东省城市房地产开发经营管理条例》第26、53条	责令其停止建设活动，限期补办手续，并可处以建设项目投资额1%以上5%以下的罚款
183	10	在规划区内集体土地上从事房地产开发经营	《山东省城市房地产开发经营管理条例》第27条第2款、第54条	责令其停止违法行为，没收违法所得，并可处以违法所得一倍的罚款
184	11	未取得施工许可证或开工报告未经批准擅自施工	《中华人民共和国建筑法》第64条	责令改正，对不符合开工条件的责令停止施工，可处以罚款
185	12	在批准临时使用的土地上建设永久性建筑物、构筑物和其他设施	《山东省实施〈中华人民共和国城市规划法〉办法》第51条	责令停止建设，限期拆除或没收所建工程设施

续表

总序号	分序号	违法行为	法律依据	处罚方式
186	13	发包单位将工程发包给不具有相应资质条件的承包单位，或者违反本法规定将建筑工程肢解发包（建设单位将建设工程发包、委托给不具有相应资质等级的勘察、设计、施工或工程监理单位）	《中华人民共和国建筑法》第65条第1款、《建设工程质量管理条例》第54条	责令改正，处50万元以上100万元以下的罚款
187	14	勘察、设计、施工、工程监理单位超越本单位资质等级承揽工程	《中华人民共和国建筑法》第65条第2款、《建设工程质量管理条例》第60条第1款	责令停止违法行为，对勘察、设计单位或者工程监理单位，处合同约定的勘察费、设计费或者监理酬金一倍以上两倍以下罚款；对施工单位处工程合同价款2%以上4%以下罚款。有违法所得的予以没收
188	15	未取得资质证书承揽工程	《中华人民共和国建筑法》第65条第3款、《建设工程质量管理条例》第60条	予以取缔，对勘察、设计单位或者工程监理单位，并处合同约定的勘察费、设计费或者监理酬金一倍以上两倍以下罚款；对施工单位处工程合同价款2%以上4%以下罚款。有违法所得的，予以没收
189	16	建筑施工企业转让、出借资质证书或允许他人以本企业的名义承揽工程	《中华人民共和国建筑法》第66条	责令改正，没收违法所得，并处罚款，责令停业整顿，承担连带赔偿责任
190	17	承包单位将承包的工程转包的或违反本法规定进行分包	《中华人民共和国建筑法》第67条	责令改正，没收违法所得，并处罚款，责令停业整顿，承担连带赔偿责任

续表

总序号	分序号	违法行为	法律依据	处罚方式
191	18	在工程发包与承包中索贿、受贿、行贿不构成犯罪	《中华人民共和国建筑法》第68条	分别处以罚款,没收贿赂的财物
192	19	工程监理单位与建设单位或建筑施工企业串通弄虚作假、降低工程质量、将不合格的建设工程、建筑材料、建筑构配件和设备按照合格签字	《中华人民共和国建筑法》第69条第1款、《建设工程质量管理条例》第67条	责令改正,处50万元以上100万元以下的罚款,没收违法所得,造成损失的,承担连带赔偿责任
193	20	工程监理单位转让监理业务	《中华人民共和国建筑法》第69条第2款	责令改正,没收违法所得,可以责令停业整顿
194	21	涉及建筑主体或承重结构变动的装修工程擅自施工	《中华人民共和国建筑法》第70条、《建设工程质量管理条例》第69条	责令改正,处50万元以上100万元以下的罚款;房屋建筑使用者在装修过程过程中擅自变动房屋建筑主体和承重结构的,责令改正,处5万元以上10万元以下的罚款。造成损失的,承担赔偿责任
195	22	建筑施工企业对建筑安全事故隐患不采取措施予以消除	《中华人民共和国建筑法》第71条	责令改正,可以处以罚款,情节严重的,责令停业整顿
196	23	建设单位要求建筑设计单位或施工企业违反工程标准降低工程质量	《中华人民共和国建筑法》第72条	责令改正,可以处以罚款
197	24	建筑设计单位不按照建筑工程质量、安全标准进行设计	《中华人民共和国建筑法》第73条	责令改正,处以罚款;造成工程质量事故的,责令停业整顿,没收违法所得,并处罚款;造成损失的承担赔偿责任

续表

总序号	分序号	违法行为	法律依据	处罚方式
198	25	建筑施工企业偷工减料的，使用不合格的建筑材料、建筑构配件和设备的，或不按照设计图纸、技术标准施工行为	《中华人民共和国建筑法》第74条、《建筑工程质量管理条例》第64条	责令改正，处工程合同价款2%以上4%以下罚款；情节严重，责令停业整顿
199	26	建筑施工企业不履行或拖延履行保修义务	《中华人民共和国建筑法》第75条、《建筑工程质量管理条例》第66条	责令改正，可以处以10万元以上20万元以下罚款，并对在保修期内因层顶、墙面渗漏、开裂等质量缺陷造成的损失，承担赔偿责任
200	27	建设单位将建设工程肢解发包	《建设工程质量管理条例》第55条	责令改正，处工程合同价款0.5%以上1%以下的罚款
201	28	迫使承包方以低于成本的价格竞标	《建设工程质量管理条例》第56条第1项	责令改正，处20万元以上50万元以下的罚款
202	29	任意压缩合理工期	《建设工程质量管理条例》第56条第2项	责令改正，处20万元以上50万元以下的罚款
203	30	明示或者暗示施工单位违反工程建设强制性标准，降低工程质量	《建设工程质量管理条例》第56条第3项	责令改正，处20万元以上50万元以下的罚款
204	31	施工图设计文件未经审查或者审查不合格，擅自施工	《建设工程质量管理条例》第56条第4项	责令改正，处20万元以上50万元以下的罚款
205	32	建设项目必须实行工程监理而未实行工程监理	《建设工程质量管理条例》第56条第5项	责令改正，处20万元以上50万元以下的罚款
206	33	未按照国家规定办理工程质量监督手续	《建设工程质量管理条例》第56条第6项	责令改正，处20万元以上50万元以下的罚款

续表

总序号	分序号	违法行为	法律依据	处罚方式
207	34	明示或者暗示施工单位使用不合格的建筑材料、建筑构配件和设备	《建设工程质量管理条例》第56条第7项	责令改正,处20万元以上50万元以下的罚款
208	35	未按照国家规定将竣工验收报告、有关认可文件或者准许使用文件报送备案	《建设工程质量管理条例》第56条第8项	责令改正,处20万元以上50万元以下的罚款
209	36	建设单位未取得施工许可证或开工报告未经批准,擅自施工	《建设工程质量管理条例》第57条	责令停止施工,限期改正,处工程合同价款1%以上2%以下罚款
210	37	未组织竣工验收、验收不合格或对不合格的按照合格验收交付使用	《建设工程质量管理条例》第58条	责令改正,处工程合同价款2%以上4%以下的罚款;造成损失的,依法承担赔偿责任
211	38	竣工验收后未向主管或有关部门移交建设项目档案	《建设工程质量管理条例》第59条	责令改正,处1万元以上10万元以下的罚款
212	39	勘察、设计、施工、工程监理单位允许其他单位或者个人以本单位名义承揽工程	《建设工程质量管理条例》第61条	责令改正,没收违法所得;可以责令停业整顿,对勘察、设计单位或者工程监理单位,处合同约定的勘察费、设计费或者监理酬金一倍以上两倍以下罚款;对施工单位处工程合同价款2%以上4%以下罚款。有违法所得的予以没收
213	40	承包单位将承包的工程转包或违法分包	《建设工程质量管理条例》第62条第1款	责令改正,没收违法所得;可以责令停业整顿,对勘察、设计单位或者工程监理单位,处合同约定的勘察费、设计费25%以上50%以下罚款;对施工单位处工程合同价款0.5%以上1%以下罚款

续表

总序号	分序号	违法行为	法律依据	处罚方式
214	41	工程监理单位转让工程单位监理业务	《建设工程质量管理条例》第62条第2款	责令改正，没收违法所得，对勘察单位或者工程监理单位，处合同约定的勘察费、设计费25%以上50%以下罚款；对施工单位处工程合同价款0.5%以上1%以下罚款。可以责令停业整顿
215	42	施工单位未对施工材料、设备检验或未对涉及结构安全的试块、试件取样检测	《建设工程质量管理条例》第65条	责令改正，处10万元以上20万元以下的罚款，造成损失的，依法承担赔偿责任
216	43	工程监理单位与施工及材料、设备供应单位有隶属或利害关系而承担该项工程监理业务	《建设工程质量管理条例》第68条	责令改正，处5万元以上10万元以下的罚款，没收违法所得
217	44	勘察单位未按照工程建设强制性标准进行勘察	《建设工程勘察设计管理条例》第40条第1项；《建设工程质量管理条例》第63条第1项	责令改正，处10万元以上30万元以下的罚款
218	45	设计单位根据勘察成果文件进行工程设计	《建设工程勘察设计管理条例》第40条第2项；《建设工程质量管理条例》第63条第2项	责令改正，处10万元以上30万元以下的罚款
219	46	设计单位指定建筑材料、建筑构配件的生产厂、供应商	《建设工程勘察设计管理条例》第40条第3项；《建设工程质量管理条例》第63条第3项	责令改正，处10万元以上30万元以下的罚款

续表

总序号	分序号	违法行为	法律依据	处罚方式
220	47	设计单位未按照工程建设强制性标准进行设计	《建设工程勘察设计管理条例》第40条第4项;《建设工程质量管理条例》第63条第4项	责令改正,处10万元以上30万元以下的罚款
221	48	应招标工程而未招标;或将招标项目化整为零;或以其他方式规避招标	《中华人民共和国招标投标法》第49条	责令限期改正,可处项目合同金额5%以上10%以下的罚款
222	49	泄漏应当保密的招、投标活动有关的情况、资料	《中华人民共和国招标投标法》第50条	处5万元以上25万元以下的罚款,没收违法所得
223	50	泄露标底	《中华人民共和国招标投标法》第52条	给予警告,可以并处1万元以上10万元以下罚款
224	51	串通投标	《中华人民共和国招标投标法》第53条	中标行为无效,处中标项目金额5%以上10%以下罚款,没收违法所得
225	52	以他人名义或其他方式弄虚作假、骗取中标	《中华人民共和国招标投标法》第54条	中标行为无效,处中标项目金额5%以上10%以下罚款,没收违法所得
226	53	行贿、索贿受贿的尚未构成犯罪	《中华人民共和国招标投标法》第56条	没收收受的财物,可以并处3000元以上5万元以下罚款
227	54	招标人未按评标委员会确定的意见自行确定中标人	《中华人民共和国招标投标法》第57条	责令改正,可以处中标项目金额5%以上10%以下罚款
228	55	中标人擅自将中标项目转让、分包	《中华人民共和国招标投标法》第58条	转让、分包行为无效,处转让、分包项目金额5%以上10%以下罚款,没收违法所得

续表

总序号	分序号	违法行为	法律依据	处罚方式
229	56	招标人与中标人不按照招投标文件订立合同或者订立背离合同实质性内容的协议	《中华人民共和国招标投标法》第59条	责令改正,可以处中标项目金额5%以上10%以下罚款
230	57	未取得房屋拆迁许可证,擅自实施拆迁	《城市房屋拆迁管理条例》第34条	责令停止拆迁,给予警告,并处已经拆迁房屋建筑面积每一平方米20元以上50元以下的罚款
231	58	未按房屋拆迁许可证确定的拆迁范围实施房屋拆迁;委托不具有拆迁资格的单位实施拆迁;擅自延长拆迁期限	《城市房屋拆迁管理条例》第36条第1、2、3项	责令停止拆迁,给予警告,可以并处拆迁补偿安置资金3%以下的罚款
232	59	未按照规定进行报建的;未按照规定办理质量监督手续的;未按照规定使用未验收工程	《建筑装饰装修管理规定》第24条第1、3、5项	给予警告、通报批评、限期改正、责令停止施工,并可处装饰装修工程造价3%以下的罚款
233	60	未取得资源质证书而进行建筑装饰装修设计、施工;擅自超越资质证书许可证范围承包工程;未按设计方案进行施工;拒绝接受质量安全监督机构监督检查、验收;将不合格的材料、设备用于建筑装饰装修工程;破坏环境、危及人身安全	《建筑装饰装修管理规定》第25条第1、2、3、4、5、6项	给予警告、通报批评、停止施工、停业整顿,没收非法所得,并可处装饰装修工程造价3%以下的罚款
234	61	擅自拆改房屋结构可明显加大荷载,对原有房屋进行装饰装修	《建筑装饰装修管理规定》第26条	责令修复或赔偿,并给予行政处罚

续表

总序号	分序号	违法行为	法律依据	处罚方式
235	62	随地吐痰、便溺，乱扔果皮等废弃物	《城市市容和环境卫生管理条例》第34条第1项、《山东省实施〈城市市容和环境卫生管理条例〉办法》第27条第1项	责令纠正违法行为、采取补救措施外，可并处警告、10元以下罚款
236	63	在建筑物、设施以及树木上涂写、刻画或未经批准张挂、张贴宣传品	《城市市容和环境卫生管理条例》第34条第3项、《山东省实施〈城市市容和环境卫生管理条例〉办法》第27条第3项	责令纠正违法行为、采取补救措施、可并处警告、100元以下罚款
237	64	在街道的临街建筑物的阳台和窗外摆放、吊挂有碍市容的物品	《城市市容和环境卫生管理条例》第34条第3项、《山东省实施〈城市市容和环境卫生管理条例〉办法》第27条第3项	责令纠正违法行为、采取补救措施、可并处警告、20元以下罚款
238	65	不按规定倾倒垃圾、粪便	《城市市容和环境卫生管理条例》第34条第4项、《山东省实施〈城市市容和环境卫生管理条例〉办法》第27条第4项	责令纠正违法行为、采取补救措施、可并处警告、个人每次罚款5至20元；单位每次罚款50至200元；不按规定的地点倾倒垃圾的，处以每立方米50元罚款；污物不足$1m^3$的处以50元以下罚款
239	66	不履行清扫保洁义务或不按规定清运、处理垃圾和粪便	《城市市容和环境卫生管理条例》第34条第5项、《山东省实施〈城市市容和环境卫生管理条例〉办法》第27条第5项	责令纠正违法行为、采取补救措施、可并处警告、10至500元以下罚款

续表

总序号	分序号	违法行为	法律依据	处罚方式
240	67	货运车辆运输液体、散装货物不作密封、包扎、覆盖，造成泄漏、遗撒	《城市市容和环境卫生管理条例》第34条第6项、《山东省实施〈城市市容和环境卫生管理条例〉办法》第27条第6项	责令纠正违法行为、采取补救措施、可并处警告、按污染道路面积处以每平方米1元罚款
241	68	临街工地不设置护栏或者不作遮挡、停工场地不及时整理并作必要覆盖或竣工后不及时清理和平整场地，影响市容和环境卫生	《城市市容和环境卫生管理条例》第34条第7项、《山东省实施〈城市市容和环境卫生管理条例〉办法》第27条第7项	责令纠正违法行为、采取补救措施、可并处警告、500至1000元以下罚款
242	69	摊点的经营者不能保持周围环境整洁卫生	《山东省实施〈城市市容和环境卫生管理条例〉办法》第27条第8项	处20元以下罚款
243	70	医院、疗养院、屠宰厂、生物制品厂等单位对产生的含有病毒、病菌和放射性物质的废弃物，不按规定进行专门处理	《山东省实施〈城市市容和环境卫生管理条例〉办法》第27条第10项	处以1000至2000元罚款
244	71	在公共场所和公共垃圾容器内焚烧树叶和垃圾	《山东省实施〈城市市容和环境卫生管理条例〉办法》第27条第11项	处50元以下罚款
245	72	未经批准擅自饲养家畜家禽影响市容和环境卫生	《城市市容和环境卫生管理条例》第35条、《山东省实施〈城市市容和环境卫生管理条例〉办法》第28条	责令其限期处理或者予以没收，并可按每只禽20元、每头畜50元处以罚款

续表

总序号	分序号	违法行为	法律依据	处罚方式
246	73	未经同意擅自设置大型户外广告，影响市容	《城市市容和环境卫生管理条例》第36条、《山东省实施〈城市市容和环境卫生管理条例〉办法》第29条第1项	责令停止违法行为、限期清理、拆除或者采取其他补救措施、可处以500至1000元罚款
247	74	未经批准擅自在街道两侧和公共场地堆放物料，搭建筑物、构筑物或者其他设施，影响市容	《城市市容和环境卫生管理条例》第36条、《山东省实施〈城市市容和环境卫生管理条例〉办法》第29条第2项	按占地面积处以每日每一平方米5至10元罚款
248	75	未经批准擅自拆除环境卫生设施或者未按批准的拆迁方案进行拆迁	《城市市容和环境卫生管理条例》第36条、《山东省实施〈城市市容和环境卫生管理条例〉办法》第29条第3项	处以2000元以下罚款；未按准的拆迁方案进行拆迁，处以500元以下罚款
249	76	不符合城市容貌标准、环境卫生标准的建筑物或设施	《城市市容和环境卫生管理条例》第37条、《山东省实施〈城市市容和环境卫生管理条例〉办法》第27条第11项	责令有关单位和个人限期改造或者拆除；逾期未改造或者未拆除的，经人民政府批准，主管部门组织强制拆除，并可处以2000元以下罚款
250	77	损坏各类环境卫生设施及其附属设施	《城市市容和环境卫生管理条例》第38条、《山东省实施〈城市市容和环境卫生管理条例〉办法》第28条	除责令其恢复原状外，并可按该设施价值处以一至二倍的罚款

续表

总序号	分序号	违法行为	法律依据	处罚方式
251	78	未经有关部门审批,擅自设置户外广告、标语牌、画廊、橱窗等,不符合城市容貌标准	《山东省城市建设管理条例》第52条	责令其限期改正,并处以200元以上5000元以下罚款
252	79	擅自占用或者毁坏环卫设施	《山东省城市建设管理条例》第54条	责令其限期退还,恢复原状,并处以1万元以上10万元以下罚款。造成损失的,应当依法承担赔偿责任
253	80	乱堆、乱倒建筑垃圾	《山东省城市建设管理条例》第53条	责令其限期清除,并按所堆、所倒垃圾每立方米处以50元罚款
254	81	擅自使用未经验收或者验收不合格的城市道路	《山东省城市建设管理条例》第17、40条	责令限期改正,给予警告,可以并处工程造价2%以下的罚款
255	82	擅自占用或者挖掘城市道路;履带、铁轮或者超重、超高、超长车辆擅自在道路上行驶;擅自在桥梁或者路灯设施上设置广告牌或者其他挂浮物	《城市道路管理条例》第27条第2、4、6项、第42条	责令限期改正,处2万元以下的罚款;造成损失的,依法承担赔偿责任
256	83	擅自拆除、迁移、改动城市道路照明设施的;在道路设施附近堆放杂物、挖坑取土、兴建筑物及有碍城市道路照明设施正常维护和安全运行活动的;私自接用路灯电耕牛的偷盗城市道路照明设施的;故意打、砸城市道路照明设施的;不听劝阻和制止,非法占用城市道路照明设施	《城市道路照明设施管理规定》第21条第1、2、4、5、6、7项	责令限期改正,赔偿经济损失,并可处以1000元以下罚款;有违法所得的,并可处以1万元以上3万元以下的罚款

续表

总序号	分序号	违法行为	法律依据	处罚方式
257	84	擅自占用或者毁坏市政公用设施	《山东省城市建设管理条例》第54条	责令其限期退还，恢复原状，并处以1万元以上10万元以下罚款；造成损失的，应当依法承担赔偿责任

(第六部分　土地管理)

总序号	分序号	违法行为	法律依据	处罚方式
258	1	买卖或以其他形式非法转让土地	《中华人民共和国土地管理法》第73条、《中华人民共和国土地管理法实施条例》第38条	没收违法所得，罚款额为非法所得的50%以下
259	2	未经批准或采取欺骗手段骗取批准，非法占用土地或多占土地	《中华人民共和国土地管理法》第76条、《中华人民共和国土地管理法实施条例》第42条	责令退还，限期拆除，恢复土地原状，没收新建的建筑物和其他设施，可以并处罚款，罚款额为非法占用土地每平方米30元以下
260	3	擅自将农民集体所有的土地使用权出让、转让或者出租于非农业建设的	《中华人民共和国土地管理法》第81条、《中华人民共和国土地管理法实施条例》第39条	责令交还土地，处以罚款，罚款额为非法所得的5%以上20%以下
261	4	阻挠国家建设征用土地	《中华人民共和国土地管理法实施条例》第45条	责令交出土地
262	5	未经批准擅自转让、出租、抵押划拨土地使用权	《中华人民共和国城镇国有土地使用权出让和转让暂行条例》第46条、《山东省城镇国有土地使用权出让和转让办法》第49条	应当没收其非法收入，没收地上建筑物和附着物，或限期拆除，并根据情节处以罚款

续表

总序号	分序号	违法行为	法律依据	处罚方式
263	6	违反规定，未取得建设用地规划许可证而取得土地使用权权属证明	《山东省城市国有土地使用权出让转让规划管理办法》第19条	土地权属证明无效，责令退回占用的土地
264	7	伪造、骗取或者擅自涂改土地证书	《山东省土地登记条例》第30条	其土地证书无效，没收土地证书，并处以5000元以上2万元以下的罚款
265	8	违反土地利用总体规划擅自将农用地改为建设用地	《中华人民共和国土地管理法》第73条、《中华人民共和国土地管理法实施条例》第38条	限期拆除新建筑物和设施，恢复土地原状
266	9	农村村民未经批准或采取欺骗手段骗取批准，非法占用土地建住宅	《中华人民共和国土地管理法实施条例》第77条	责令退还，限期拆除新建房屋
267	10	在临时使用的土地上修建永久性建筑物、构筑物	《中华人民共和国土地管理法实施条例》第35条	责令限期拆除；逾期不拆除的，由作出处罚决定的机关依法申请人民法院强制执行
268	11	依法收回国有土地使用权当事人拒不交出土地的，临时使用土地期满拒不归还的，或者不按照批准的用途使用国有土地	《中华人民共和国土地管理法》第80条、《中华人民共和国土地管理法实施条例》第43条	责令交还土地，处以罚款，罚款额为非法占用土地每平方米10元以上30元以下
269	12	土地使用权受让方未按规划条件及附图和建设用地规划许可证的规定进行开发建设，严重影响规划	《山东省城市国有土地使用权出让转让规划管理办法》第20条	责令其限期改正，责令停止建设、限期拆除或者没收违法建筑物、构筑物及其他设施

续表

总序号	分序号	违法行为	法律依据	处罚方式
270	13	土地使用权受让方未按规划许可证的规划条件及附图和建设用地规划许可证的规定进行开发建设,影响规划,尚可采取改正措施	《山东省城市国有土地使用权出让转让规划管理办法》第20条	处以土建工程造价的3%至10%的罚款
271	14	在非法转让土地上新建建筑物、设施	《中华人民共和国土地管理法》第73条、《中华人民共和国土地管理法实施条例》第38条	没收新建建筑物、设施,可并处罚款,罚款额为非法所得的50%以下
272	15	在非法占用的土地上新建建筑物和其他设施	《中华人民共和国土地管理法》第83条、《土地违法查处办法》第50条	责令限期拆除。对拒不停止、继续施工的,可以采取查封、扣押施工设备、建筑材料等措施予以制止
273	16	占用耕地建窑、建坟或擅自在耕地上建房、挖沙等,破坏种植条件或造成土地荒漠化、盐渍化	《中华人民共和国土地管理法》第74条、《中华人民共和国土地管理法实施条例》第40条	责令限期改正或治理。可并处罚款,罚款额为耕地开垦费的二倍以下
274	17	违反规定,在土地利用总体规划确定的禁止开垦区内进行开垦	《中华人民共和国土地管理法实施条例》第34、42条,《中华人民共和国土地管理法》第76条	责令限期改正;逾期不改正的,责令退还,限期拆除,恢复土地原状,没收新建的建筑物和其他设施,可以并处罚款,罚款额为非法占用土地每平方米30元以下
275	18	在土地利用总体规划确定的土地开垦区内,擅自开发未确定使用权的荒山、荒地、荒滩等从事种植业、林业、畜牧业、渔业生产	《山东省实施〈中华人民共和国土地管理法〉办法》第53条	责令其限期办理批准手续;逾期不办理批准手续时,责令其停止开发

续表

总序号	分序号	违法行为	法律依据	处罚方式
276	19	对在土地利用总体规划制定前已建的不符合土地利用总体规划确定的用途的建筑物、构筑物重建、扩建的	《中华人民共和国土地管理法实施条例》第36条	责令限期拆除
277	20	不依照本法规定办理土地变更登记的	《中华人民共和国土地管理法》第82条	责令其限期办理
278	21	违反规定，逾期不恢复种植条件	《中华人民共和国土地管理法实施条例》第28、44条	责令限期改正，可以处耕地复垦费二倍以下的罚款

(第七部分　地质矿产和水资源管理)

总序号	分序号	违法行为	法律依据	处罚方式
279	1	擅自采矿	《中华人民共和国矿产资源法》第39条第1款、《中华人民共和国矿产资源法实施细则》第42条第1项、《山东省实施〈中华人民共和国矿产资源法〉办法》第31条	责令停止开采、赔偿损失、没收产品和违法所得，可以并处违法所得50%以下的罚款；没有违法所得，可以并处5万元以下的罚款。拒不停止开采的，可封闭井口、查封采矿设备和工具
280	2	买卖、出租或转让矿产资源	《中华人民共和国矿产资源法》第42条第1款、《中华人民共和国矿产资源法实施细则》第42条第3项	没收违法所得、罚款
281	3	未取得勘查许可证擅自进行勘查	《矿产资源勘查区块登记管理办法》第26条、《山东省实施〈中华人民共和国矿产资源法〉办法》第29条	责令停止违法行为，予以警告，可并处10万元以下罚款

续表

总序号	分序号	违法行为	法律依据	处罚方式
282	4	擅自移动和破坏碑石、界标	《中华人民共和国自然保护区条例》第34条第1项、《地质遗迹保护管理规定》第20条第1款	给予警告，根据不同情节处以100元以上5000元以下罚款，并没收非法所得，责令赔偿损失
283	5	擅入自然保护区或不服从管理	《中华人民共和国自然保护区条例》第34条第2项	责令改正、并处100元以上5000元以下罚款
284	6	拒绝管理部门监督检查或在被检查时弄虚作假	《中华人民共和国自然保护区条例》第34条第2项	给予300元以上3000元以下罚款
285	7	在禁止开垦的陡坡地种植作物	《中华人民共和国水土保持法》第14、32条、《中华人民共和国水土保持法实施条例》第26条	责令停止开垦，采取补救措施，可以处以每平方米1元至2元的罚款
286	8	擅自开垦禁止开垦坡度以下5度以上的荒坡地	《中华人民共和国水土保持法》第33条、《中华人民共和国水土保持法实施条例》第27条	责令停止开垦，采取补救措施，可以处以每平方米0.5元至1元的罚款
287	9	在崩塌坡危险区、泥石流易发区范围内取土、挖沙或者采石	《中华人民共和国水土保持法》第34条、《中华人民共和国水土保持法实施条例》第28条	责令停止违法行为，采取补救措施，处以500元以上5000元以下的罚款
288	10	在林区采伐林木、不采取水土保持措施，造成严重水土流失	《中华人民共和国水土保持法》第35条、《中华人民共和国水土保持法实施条例》第29条	责令限期改正、采取补救措施，处以造成的水土流失面积每平方米2元至5元的罚款

续表

总序号	分序号	违法行为	法律依据	处罚方式
289	11	企事业单位在建设和生产过程中造成水土流失不进行治理	《中华人民共和国水土保持法》第36条、《中华人民共和国水土保持法实施条例》第30条	处以1000元以上1万元以下的罚款或者责令停业治理
290	12	未经同意擅自修建水工程、桥梁或其他拦河、跨河、临时建筑物、构筑物，铺设跨河管道、电缆等	《中华人民共和国水法》第65条第2款	责令停止违法行为，限期补办手续，逾期不补办或者补办未被批准的，责令限期拆除，逾期不拆除的，强行拆除，并处1万元以上10万元以下的罚款
291	13	虽经同意但未按要求修建水工程、桥梁或其他拦河、跨河、临河建筑、构筑物，铺设跨河管道、电缆等工程设施	《中华人民共和国水法》第65条第3款	责令限期改正，处1万元以上10万元以下的罚款
292	14	建设项目无节水设施或未达到规定擅自使用	《中华人民共和国水法》第71条	责令停止使用、限期改正，处5万元以上10万元以下的罚款
293	15	侵占、毁坏水工程及堤防、防汛护岸等设施	《中华人民共和国水法》第72条第1项	责令停止违法行为、采取补救措施、处1万元以上5万元以下的罚款
294	16	在水工程保护范围内，从事影响水工程运行和危害水工程安全的爆破、打井、采石、取土等活动	《中华人民共和国水法》第72条第2项	责令停止违法行为、采取补救措施、处1万元以上5万元以下的罚款
295	17	在饮用水水源保护区内设置排污口	《中华人民共和国水法》第67条第1款	责令限期拆除、恢复原状，逾期不拆除、不恢复原状的，并处5万元以上10万元以下的罚款

续表

总序号	分序号	违法行为	法律依据	处罚方式
296	18	擅自在江河、湖泊新建、改建或扩大排污口	《中华人民共和国水法》第67条第2款	责令停止违法行为,限期恢复原状,处5万元以上10万元以下的罚款
297	19	擅自取水或未按规定取水(家庭生活和零星散养、圈养畜禽饮用等少量取水的除外)	《中华人民共和国水法》第48条、第69条第1、2项	责令停止违法行为,限期采取补救措施,并处2万元以上10万元以下罚款
298	20	拒不交纳、拖延缴纳或拖欠水资源费	《中华人民共和国水法》第70条	处应缴或者补交水资源费一倍以上五倍以下的罚款
299	21	擅自采集标本、化石等破坏地质遗迹	《山东省地质环境保护条例》第35条第1项	责令停止违法行为,限期治理;有违法所得的,没收违法所得;情节严重的,可处以1000元以上1万元以下的罚款
300	22	从事采矿、取土、爆破活动;修建与地质遗迹保护无关的建(构)筑物	《山东省地质环境保护条例》第35条第2、3项	责令停止违法行为,限期治理;有违法所得的,没收违法所得;情节严重的,可处以5000元以上5万元以下的罚款
301	23	因工程建设等活动造成地质地貌景观破坏或者地质灾害	《山东省地质环境保护条例》第37条	责令限期治理;逾期不治理的,可处以1万元以上10万元以下的罚款
302	24	未经同意,擅自在江河、湖泊上建设防洪工程和其他水工程、水电站	《中华人民共和国防洪法》第17、54条	责令停止违法行为,补办手续;严重影响防洪的,责令限期拆除;影响防洪可补救的,责令限期补救,可以处1万元以上10万元以下的罚款
303	25	未按照规划治导线整治河道和修建控制引导河水流向、保护堤岸等工程,影响防洪	《中华人民共和国防洪法》第19、55条	责令停止违法行为,恢复原状或者采取其他补救措施,可以处1万元以上10万元以下的罚款

续表

总序号	分序号	违法行为	法律依据	处罚方式
304	26	在河道、湖泊管理范围内建设妨碍行洪的建筑物、构筑物	《中华人民共和国防洪法》第22条第2款、第56条第1项	责令停止违法行为，排除阻碍或者采取其他补救措施，可以处5万元以下的罚款
305	27	在河道、湖泊管理范围内倾倒垃圾、渣土，从事影响河势稳定、危害河岸堤防安全和其他妨碍河道行洪的活动	《中华人民共和国防洪法》第22条第2款、第56条第2项	责令停止违法行为，恢复原状或者采取其他补救措施，可以处5万元以下的罚款
306	28	在行洪河道内种植阻碍行洪的林木和高秆作物	《中华人民共和国防洪法》第22条第3款、第56条第3项	责令停止违法行为，排除阻碍或者采取其他补救措施，可以处5万元以下的罚款
307	29	围湖造地、围垦河道	《中华人民共和国防洪法》第23、57条；《山东省实施〈水库大坝安全管理条例〉办法》第32条第3项	责令停止违法行为，排除阻碍或者采取其他补救措施，可以处5万元以下的罚款；处以100元至3000元罚款
308	30	未经同意或者未按照审查批准的位置、界限，在河道、湖泊管理范围内从事工程设施建设活动	《中华人民共和国防洪法》第27、58条	责令停止违法行为，补办手续；严重影响防洪的，责令限期拆除，逾期不拆除的，强行拆除，影响行洪但尚可补救的，责令限期补救，可以处1万元以上10万元以下的罚款
309	31	防洪工程设施未经验收即投入生产或者使用	《中华人民共和国防洪法》第33条第2款、第59条第2款	责令停止生产或者使用，限期验收防洪工程设施，可以处5万元以下的罚款
310	32	因城市建设擅自填堵原有河道沟汊、贮水湖塘洼淀和废除原有防洪围堤	《中华人民共和国防洪法》第34、60条	责令停止违法行为，限期恢复原状或者采取其他补救措施

续表

总序号	分序号	违法行为	法律依据	处罚方式
311	33	破坏、侵占、毁损堤防、水闸、护岸、抽水站、排水渠系等防洪工程和水文、通信设施以及防汛备用的器材、物料	《中华人民共和国防洪法》第61条	责令停止违法行为,采取补救措施,可以处5万元以下的罚款
312	34	未经同意,在规划保留区内新建、改建、扩建与防洪无关的工矿工程设施及扩展居民区	《山东省实施〈中华人民共和国防洪法〉办法》第41条	责令停止违法行为,补办手续;严重影响防洪工程设施建设和河道整治的,责令限期拆除;尚可采取补救措施的,责令限期采取补救措施
313	35	毁坏大坝或者其观测、通信、动力、照明、交通、消防等管理设施	《水库大坝安全管理条例》第29条第1、2、3、5、6项;《山东省实施〈水库大坝安全管理条例〉办法》第32条第1项	责令停止违法行为,赔偿损失,采取补救措施,可以并处罚款,对个人处以300元至5000元罚款,对单位处以2000元至10000元罚款
314	36	进行爆破、打井、采石、采矿、取土、挖沙、修坟等危害大坝安全活动	《山东省实施〈水库大坝安全管理条例〉办法》第32条第2项	在大坝管理范围内,对个人处以200元至5000元罚款,对单位处以1000至10000元罚款;在大坝保护范围内,对个人处以100元至2000元罚款,对单位处以500元至5000元罚款
315	37	擅自操作大坝的泄洪闸门、输水闸门以及其他设施,破坏正常运行	《山东省实施〈水库大坝安全管理条例〉办法》第32条第3项	处以100元至3000元罚款
316	38	在坝体修建渠道或者堆放杂物、晾晒粮草	《山东省实施〈水库大坝安全管理条例〉办法》第32条第4项	经教育不及时清除的,处以500元以下罚款

续表

总序号	分序号	违法行为	法律依据	处罚方式
317	39	擅自在大坝管理和保护范围内修建鱼塘	《山东省实施〈水库大坝安全管理条例〉办法》第32条第5项	对个人处以200元至3000元罚款，对单位处以1000元至8000元罚款
318	40	违反规定，在大坝保护范围之外500m以内设置日取水量10000m³以上的取水工程	《山东省实施〈水库大坝安全管理条例〉办法》第33条	责令其停止违法行为，赔偿损失，恢复原状，并可处2000元至8000元罚款
319	41	违反规定，在坝体上放牧、垦植	《山东省实施〈水库大坝安全管理条例〉办法》第34条	责令其停止违章行为，赔偿损失，并可处50元至500元罚款
320	42	非法捕杀国家重点保护的水生野生动物	《中华人民共和国水生野生动物保护实施条例》第26条	没收捕获物、捕捉工具和违法所得，并处相当于捕获物价值十倍以下罚款；没有捕获物的，处1万元以下罚款
321	43	破坏国家重点保护的或者地方重点保护的水生野生动物主要生息繁衍场所	《中华人民共和国水生野生动物保护实施条例》第27条	处以恢复原状所需费用的三倍以下的罚款
322	44	违反规定，出售、收购、运输、携带国家重点保护或地方重点保护的水生野生动物或者其产品	《中华人民共和国水生野生动物保护实施条例》第28条	没收实物和违法所得，可并处相当于实物价值十倍以下罚款
323	45	未取得驯养繁殖许可证或者超越驯养繁殖许可证规定范围驯养繁殖国家重点保护水生野生动物	《中华人民共和国水生野生动物保护实施条例》第30条	没收违法所得，处3000元罚款，可并处没收水生野生动物

(第八部分 安全生产管理)

总序号	分序号	违法行为	法律依据	处罚方式
324	1	承担安全评价、认证、检验工作的机构出具虚假证明	《中华人民共和国安全生产法》第79条第1款	没收违法所得,违法所得在5000元以上的,并处违法所得二倍以上五倍以下的罚款,没有违法所得或者违法所得不足5000元的,单处或者并处5000元以上2万元以下的罚款,对其直接负责的主管人员和其他直接责任人员处5000元以上5万元以下的罚款;给他人造成损害的,与生产经营单位承担连带赔偿责任
325	2	生产经营单位的决策机构主要负责人、个人经营的投资人未按规定保证安全生产所必须的资金投入致使单位不具备安全生产条件	《中华人民共和国安全生产法》第80条	责令限期改正,提供必需资金;逾期未改正的责令生产经营单位停产停业整顿。导致发生生产安全事故的,处2万元以上20万元以下的罚款
326	3	生产经济单位的主要负责人未履行本法规定的安全生产管理职责	《中华人民共和国安全生产法》第81条	责令限期改正,逾期未改正的责令停产停业整顿。导致发生生产安全事故的,处2万元以上20万元以下的罚款
327	4	生产经营单位未按规定设立安全生产管理机构或配备安全生产管理人员;危险物品的生产、经营、储存单位和建设施工单位主要负责人和安全生产管理人员未按规定经考核合格;未按规定对从业人员进行安全教育或未如实告知其有关安全生产事项;特种作业人员未按规定进行专门安全作业培训并取得特种作业资质证书上岗作业	《中华人民共和国安全生产法》第82条	责令限期改正,逾期未改正的责令停产停业整顿,可以并处2万元以下罚款

续表

总序号	分序号	违法行为	法律依据	处罚方式
328	5	用于生产、储存危险品的建设项目,没有安全设施设计或者安全设施设计未按规定报经有关部门审查同意;施工单位未按照批准的安全设施设计施工的;项目竣工投入生产或使用前安全设施未经验收合格;生产经营单位未在有较大危险因素的生产经营场所和有关设施、设备上设置明显安全警示标志;安全设备的安装、使用、监测、改造和报废不符合国家标准或行业标准;生产经营单位未对安全设备进行经常性维护保养和定期检测;生产经营单位未为从业人员提供符合标准的劳动保护用品;特种设备以及危险品的容器、运输工具未经景区的专业资质的机构检测、检验合格,取得安全使用证或安全标志投入使用	《中华人民共和国安全生产法》第83条	责令限期改正,逾期未改正的责令停止建设或者停产停业整顿,可以并处5万元以下罚款
329	6	未经批准擅自生产、经营、储存危险物品	《中华人民共和国安全生产法》第84条	责令停止违法行为或者予以关闭,没收违法所得,违法所得10万元以上的,并处违法所得一倍以上五倍以下的罚款,没有违法所得或违法所得不足10万元的,单处或处2万元以上10万元以下罚款
330	7	生产、经营、储存、使用危险物品,未建立专门安全管理制度、未采取可靠的安全措施或者不接受有关主管部门依法实施的监督管理;对重大危险源未登记建档,或者未进行评估、监控,或者未制定应急预案;进行爆破、吊装等危险作业,未安排专门管理人员进行现场安全管理	《中华人民共和国安全生产法》第85条	责令限期改正;逾期未改正的,责令停产停业整顿,可以并处2万元以上10万元以下的罚款

续表

总序号	分序号	违法行为	法律依据	处罚方式
331	8	生产经营单位将生产经营项目、场所、设备发包或者出租给不具备安全生产条件或者相应资质的单位或者个人	《中华人民共和国安全生产法》第86条第1款	责令限期改正,没收违法所得;违法所得5万元以上的,并处违法所得一倍以上五倍以下的罚款;没有违法所得或者违法所得不足5万元的,单处或者并处1万元以上5万元以下的罚款
332	9	生产经营单位未与承包单位、承租单位签订安全生产管理协议或者未明确各自的安全生产管理职责,或者未对承包单位、承租单位的安全生产统一协调管理	《中华人民共和国安全生产法》第86条第2款	责令限期改正,逾期未改正的责令停产停业整顿
333	10	生产经营场所和员工宿舍未设有符合紧急疏散需要、标志明显、保持畅通的出口,或者封闭、堵塞生产经营场所或者员工宿舍出口	《中华人民共和国安全生产法》第88条第2项	责令限期改正,逾期未改正的责令停产停业整顿
334	11	生产经营单位与从业人员订立协议,免除或者减轻其对从业人员因生产安全事故伤亡依法应承担的责任	《中华人民共和国安全生产法》第89条	该协议无效;对生产经营单位的主要负责人、个人经营的投资人处2万元以上10万元以下的罚款
335	12	违反本条例的规定,未取得危险化学品经营许可证或者未经工商登记注册,擅自从事危险化学品经营的;生产、经营、使用国家明令禁止的危险化学品,或者用剧毒化学品生产灭鼠药以及其他可能进入人民日常生活的化学产品和日用化学品	《危险化学品安全管理条例》第57条	予以关闭或者责令停产停业整顿,责令无害化销毁国家明令禁止生产、经营、使用的危险化学品或者用剧毒化学品生产的灭鼠药以及其他可能进入人民日常生活的化学产品和日用化学品;有违法所得,没收违法所得;违法所得10万元以上的,并处违法所得一倍以上五倍以下的罚款;没有违法所得或者违法所得不足10万元的,并处5万元以上50万元以下的罚款

续表

总序号	分序号	违法行为	法律依据	处罚方式
336	13	违反有关安全法规和本办法造成旅游者伤亡事故	《旅游安全管理暂行办法》第14条	分别给予警告、罚款限期整改、停业整顿
337	14	严重违反旅游安全法规，发生一般、重大、特大安全事故者	《旅游安全管理暂行办法实施细则》第14条第1项	检查落实，对当事人或当事单位负责人给予批评或处罚
338	15	对可能引发安全事故的隐患，长期不能发现和消除，导致重大、特大安全事故发生者	《旅游安全管理暂行办法实施细则》第14条第2项	检查落实，对当事人或当事单位负责人给予批评或处罚
339	16	旅游安全设施、设备不符合标准和技术要求，长期无人负责，不予整改者	《旅游安全管理暂行办法实施细则》第14条第3项	检查落实，对当事人或当事单位负责人给予批评或处罚
340	17	旅游安全管理工作混乱，造成恶劣影响者	《旅游安全管理暂行办法实施细则》第14条第4项	检查落实，对当事人或当事单位负责人给予批评或处罚
341	18	违反规定，勘察单位、设计单位采用新结构、新材料、新工艺的建设工程和特殊结构的建设工程，设计单位未在设计中提出保障施工作业人员安全和预防生产安全事故的措施建议	《建设工程安全生产管理条例》第56条第2项	责令限期改正，处10万元以上30万元以下的罚款；情节严重的，责令停业整顿

续表

总序号	分序号	违法行为	法律依据	处罚方式
342	19	违反规定,工程监理单位未对施工组织设计中的安全技术措施或者专项施工方案进行审查的;发现安全事故隐患未及时要求施工单位整改或者暂时停止施工的;施工单位拒不整改或者是不停止施工,未及时向有关主管部门报告	《建设工程安全生产管理条例》第57条	责令限期改正;逾期未改正的,责令停业整顿,并处10万元以上30万元以下的罚款
343	20	违反规定,施工起重机械和整体提升脚手架、模板等自升式架设设施安装、拆卸单位未编制拆装方案、制定安全施工措施的;未由专业技术人员现场监督的;未出具自检合格证明或者出具虚假证明的;未向施工单位进行安全使用说明,办理移交手续	《建设工程安全生产管理条例》第61条	责令限期改正,处5万元以上10万元以下的罚款;情节严重的,责令停业整顿
344	21	违反规定,施工单位未设立安全生产管理机构、配备专职安全生产管理人员或者分部分项工程施工时无专职安全生产管理人员现场监督的;施工单位的主要负责人、项目负责人、专职安全生产管理人员、作业人员或者特种作业人员,未经安全教育培训或者经考核不合格即从事相关工作的;未在施工现场的危险部位设置明显的安全警示标志,或者未按照国家有关规定在施工现场设置消防通道、消防水源、配备消防设施和灭火器材的;未向作业人员提供安全防护用具和安全防护服装的;未按照规定在施工起重机械和整体提升脚手架、模板等自升式架设设施验收合格登记的;使用国家明令淘汰、禁止使用的危及施工安全的工艺、设备、材料	《建设工程安全生产管理条例》第62条	责令限期改正;逾期未改正的,责令停业整顿,依照《中华人民共和国安全生产法》的有关规定处以罚款

续表

总序号	分序号	违法行为	法律依据	处罚方式
345	22	违反规定,施工单位施工前未对有关安全施工的技术要求作出详细说明的;未根据不同施工阶段和周围环境及季节、气候的变化,在施工现场采取相应的安全施工措施,或者在城市市区内的建设工程的施工现场未实行封闭围挡的;施工现场临时搭建的建筑物不符合安全使用要求的;未对因建设工程施工可能造成损害的毗邻建筑物、构筑物和地下管线等采取专项防护措施	《建设工程安全生产管理条例》第64条	责令限期改正;逾期未改正的,责令停业整顿,并处5万元以上10万元以下的罚款
346	23	违反规定,施工单位使用未经验收或者验收不合格的施工起重机械和整体提升脚手架、模板等自升式架设设施的;委托不具有相应资质的单位承担施工现场安装、拆卸施工起重机械和整体提升脚手架、模板等自升式架设设施的;在施工组织设计中未编制安全技术措施、施工现场临时用电方案或者专项施工方案	《建设工程安全生产管理条例》第65条	责令限期改正;逾期未改正的,责令停业整顿,并处10万元以上30万元以下的罚款
347	24	施工单位未办理安全报监手续	《山东省建筑安全生产管理规定》第44条	责令改正,并可处以3万元以下的罚款
348	25	施工单位对建筑安全事故隐患不采取措施予以消除	《山东省建筑安全生产管理规定》第45条	责令改正,可以处以3万元以下的罚款;情节严重的,责令停业整顿
349	26	施工单位在施工中发生建筑安全事故以及发生建筑安全事故未及时采取措施或者未按照规定如实报告事故情况	《山东省建筑安全生产管理规定》第46条	责令改正,给予警告,并处以1万元以上5万元以下的罚款;情节严重的,责令其停业整顿

续表

总序号	分序号	违法行为	法律依据	处罚方式
350	27	对严重威胁职工安全的险情或重大隐患不采取防范措施；发生伤亡事故不及时上报或隐瞒谎报；使用的设备、材料、劳动防护用品用具、救护器材不符合劳动安全卫生标准；特种作业人员、劳动安全卫生管理人员未经培训安排上岗；拒绝或阻挠劳动安全卫生检查；造成职工中毒，或者伤亡事故的	《山东省建筑安全生产管理规定》第25条第1、2、4、8、9、10项	责令限期整改，并可处以1000元以上至2万元以下的罚款；情节严重的，责令停产整顿
351	28	用人单位违反本规定，新建、改建、扩建工程的劳动安全卫生设施未能与主体工程同时设计、同时施工、同时投产使用；劳动安全卫生设施质量达不到设计标准；未经批准变更新建、改建、扩建工程劳动安全卫生设计内容；不按规定配备劳动安全卫生设备或设施	《山东省卫生管理规定》第26条	责令限整改，并视情节轻重，处以3万元以下的罚款
352	29	使用液化石油气钢瓶的，使用未经检验或经检验不合格的钢瓶；超量充装液化石油气；钢瓶倒罐、自行排出残液以及加热、摔、砸、倒置钢瓶；改换检验标记或瓶体漆色、拆修瓶阀附件	《山东省燃气条例》第28条第5、6、7、8、9、10项、第50条	责令改正，给予警告；逾期不改正的，对个人用户可处以500元以下罚款，对单位用户可处以5000元以下罚款
353	30	未取得燃气供应许可证从事燃气经营活动	《山东省燃气条例》第46条	责令停止经营，没收违法得和非法供气设备，并可处以3000元以上3万元以下罚款
354	31	擅自涂改、移动、毁坏或覆盖燃气设施上的公共信息图形符号；侵占、毁坏或擅自拆除、迁移燃气设施	《山东省城市燃气管理办法》第41条第2、3项	责令其限期改正。给予警告，并可处2万元以下罚款

(第九部分　卫生管理)

总序号	分序号	违法行为	法律依据	处罚方式
355	1	生产经营不符合卫生标准的食品造成食物中毒事故或其他食源性疾患	《中华人民共和国食品卫生法》第39条第1款、《食品卫生行政处罚办法》第9条第1款第1、2、3、4项	责令停止经营、销毁食品、没收违法所得，并处违法所得一倍以上五倍以下罚款；没有违法所得的，处1000元以上5万元以下罚款
356	2	未取得卫生许可证或伪造卫生许可证经营	《中华人民共和国食品卫生法》第40条、《食品卫生行政处罚办法》第11条第1款第1、2项	予以取缔、没收违法所得、并处以违法所得一倍以上五倍以下罚款；没有违法所得的，处以500元以上3万元以下的罚款；取缔可以收缴、查封非法生产经营的食品、食品用工具及用具，或者查封其非法生产经营场所，或者予以公告
357	3	涂改、出借卫生许可证	《中华人民共和国食品卫生法》第40条、《食品卫生行政处罚办法》第12条第1款第1、2项	没收违法所得，并处以违法所得一倍以上三倍以下的罚款；没有违法所得的，处以500元以上1万元以下的罚款
358	4	食品生产经营过程不符合卫生要求	《食品卫生法》第8、41条、《食品卫生行政处罚方法》第13条	责令改正，给予警告，可以处以5000元以下的罚款
359	5	生产经营禁止生产经营的食品	《食品卫生法》第42条、《食品卫生行政处罚方法》第14条	责令停止生产经营，立即公告收回已售出的食品，并销毁该食品，没收违法所得，并处以违法所得一倍以上五倍以下的罚款；没有违法所得的，处以1000元以上5万元以下的罚款

续表

总序号	分序号	违法行为	法律依据	处罚方式
360	6	生产经营不符合营养、卫生标准的专供婴幼儿的主、铺食品	《食品卫生法》第43条、《食品卫生行政处罚方法》第15条	责令停止生产经营,立即公告收回已售出的食品,并销毁该食品,没收违法所得,并处以违法所得一倍以上五倍以下的罚款;没有违法所得的,处以1000元以上5万元以下的罚款
361	7	生产经营、使用不符合卫生标准和卫生管理办法规定的食品添加剂	《中华人民共和国食品卫生法》第11、44条、《食品卫生行政处罚办法》第16条	责令停止生产或者使用,没收违法所得,并处以违法所得一倍以上三倍以下的罚款;没有违法所得的,处以5000元以下的罚款
362	8	生产经营或使用不符合卫生标准、卫生管理办法规定的食品容器、包装材料和食品用工具、设备以及洗涤剂、消毒剂等	《中华人民共和国食品卫生法》第12、13、44条、《食品卫生行政处罚办法》第17条	责令停止生产或者使用,没收违法所得,并处以违法所得一倍以上三倍以下的罚款;没有违法所得的,处以5000元以下的罚款
363	9	以保健食品名义生产经营、未按保健食品批准进口而以保健食品名义进口、经营、未按照核准内容使用保健食品的名称等	《中华人民共和国食品卫生法》第22、23、45条、《食品卫生行政处罚办法》第18条	责令停止生产经营,没收违法所得,并处以违法所得一倍以上五倍以下的罚款;没有违法所得的,处以1000元以上5万元以下的罚款
364	10	不按规定标明、虚假标明食品或产品说明书以及不标注中文标识	《中华人民共和国食品卫生法》第21、46条、《食品卫生行政处罚办法》第19条	责令改正,可以处以500元以上1万元以下的罚款
365	11	经营人员未取得有效健康证明而从事生产经营、不按规定调离患病人员	《中华人民共和国食品卫生法》第26、47条、《食品卫生行政处罚办法》第20条	责令改正,可以处以5000元以下的罚款

续表

总序号	分序号	违法行为	法律依据	处罚方式
366	12	卫生质量不符合国家卫生标准和要求而继续营业	《公共场所卫生管理条例》第14条第1款第1项	可以根据情节轻重，给予警告、罚款停业整顿
367	13	卫生制度不健全或从业人员未经卫生知识培训上岗者；不按时进行健康检查者；有一项主要卫生指标不合格者	《公共场所卫生管理条例》第6条，第14条第1款，《公共场所卫生管理条例实施细则》第5条第1款第1项，第23条第1、2项	警告；仍无改进者，处以20元至200元罚款
368	14	有两项主要卫生指标不合格者、未获得"健康合格证"从事直接为顾客服务者	《公共场所卫生管理条例》第7条，14条第1款，《公共场所卫生管理条例实施细则》第23条第1、2、3项	处以20元至200元罚款；仍无改进者，处以100元至400元罚款
369	15	不调离患有痢疾、伤寒、病毒性肝炎、活动期肺结核、化脓性或者渗出性皮肤病以及其他有碍公共卫生的疾病的疾病患者	《公共场所卫生管理条例》第7条，《公共场所卫生管理条例实施细则》第23条第3、4项	处以100元至400元罚款；仍无改进者，处以200元至800元罚款
370	16	涂改、转让、倒卖、伪造"健康合格证"者；有三项主要卫生指标不合格者；未取得"卫生许可证"擅自营业者	《公共场所卫生管理条例》第8条、第14条第1款，《公共场所卫生管理条例实施细则》第5条第4款、第23条第4、5项	处以200元至800元罚款；仍无改进者，处以400元至1500元罚款

续表

总序号	分序号	违法行为	法律依据	处罚方式
371	17	有四项上以（含四项）主要卫生指标不合格；拒绝卫生监督；涂改、转让、倒卖、伪造"卫生许可证"	《公共场所卫生管理条例》第8条、第14条第1、3款、《公共场所卫生管理条例实施细则》第7条第7款、第23条第5、6项	处以400元至1500元罚款；仍无改进者，处以800元至3000元罚款
372	18	发生危害健康事故未及时报告	《公共场所卫生管理条例》第9条、《公共场所卫生管理条例实施细则》第23条第6项	处以800元至3000元罚款
373	19	未取得"建设项目卫生许可证"而擅自施工	《公共场所卫生管理条例实施细则》第21条第3款、第23条第7项	处以100元至3000元罚款，并可视具体情况责令停止施工
374	20	造成危害健康事故	《公共场所卫生管理条例实施细则》第8条、第23条第8项	处以1500元至2万元罚款
375	21	经卫生防疫机构确定需要采取紧急措施者；缺乏基本的卫生条件；经两次罚款后仍无改进	《公共场所卫生管理条例实施细则》第8条第23条第9项	给予责令七天以内停业整顿处罚。经停业整顿处罚后仍无改进者，可延长其停业整顿期限至九十天止
376	22	在饮用水水源保护区修建危害水源水质卫生的设施或进行有碍水源水质卫生的作业；未取得卫生行政部门的卫生许可擅自从事二次供水设施清洗消毒工作	《生活饮用水卫生监督管理办法》第26条第1、3、5项	应当责令限期改进，并可处以20元以上5000元以下的罚款

续表

总序号	分序号	违法行为	法律依据	处罚方式
377	23	生产或者销售无卫生许可批准文件的涉及饮用水卫生安全的产品	《生活饮用水卫生监督管理办法》第27条	应当责令改进,并处以违法所得三倍以下的罚款,但最高不超过3万元,或处以500元以上1万元以下的罚款
378	24	在公厕内乱丢垃圾、污物,随地吐痰,乱涂乱画	《城市公厕管理办法》第24条第1项	责令恢复原状、赔偿损失、罚款
379	25	破坏公厕设施、设备	《城市公厕管理办法》第24条第2项	责令恢复原状、赔偿损失、罚款
380	26	擅自占用或改变公厕使用性质	《城市公厕管理办法》第24条第3项	责令恢复原状、赔偿损失、罚款
381	27	未按城市环境卫生设施标准修建公共卫生设施致使垃圾、粪便、污水不能进行无害化处理	《中华人民共和国传染病防治法》第35条第1项、《中华人民共和国传染病防治法实施办法》第66条第1款第3项	责令限期改正,可以处5000元以下的罚款;情节较严重的,可以处5000元以上2万元以下的罚款
382	28	对被传染病病原体污染的污水、污物、粪便不按规定进行消毒处理	《中华人民共和国传染病防治法》第35条第2项、《中华人民共和国传染病防治法实施办法》第66条第1款第4项	责令限期改正,可以处5000元以下的罚款;情节较严重的,可以处5000元以上2万元以下的罚款
383	29	招用流动人员的用工单位,未向卫生防疫机构报告并未采取卫生措施,造成传染病传播、流行	《中华人民共和国传染病防治法实施办法》第66条第1款第11项	责令限期改正,可以处5000元以下的罚款;情节较严重的,可以处5000元以上2万元以下的罚款

续表

总序号	分序号	违法行为	法律依据	处罚方式
384	30	非法经营、出售用于预防传染病菌苗、疫苗等生物制品	《中华人民共和国传染病防治法实施办法》第69条	可以处相当出售金三倍以下的罚款，危害严重，出售金额不满5000元的，以5000元计算
385	31	对被甲类和乙类传染病病人、病原携带者、疑似传染病病人污染的场所、物品未按照卫生防疫机构的要求实施必要的卫生处理	《中华人民共和国传染病防治法》第35条第4项、《中华人民共和国传染病防治法实施办法》第66条第1款第5项	责令限期改正，可以处5000元以下的罚款；情节较严重的，可以处5000元以上2万元以下的罚款
386	32	违章养犬或者拒绝、阻挠捕杀违章犬，造成咬伤他人或者导致人群中发生狂犬病	《中华人民共和国传染病防治法实施办法》第66条第1款第12项	责令限期改正，可以处5000元以下的罚款；情节较严重的，可以处5000元以上2万元以下的罚款
387	33	销售未经批准或者检验的进口化妆品	《化妆品卫生监督条例》第26条	没收产品及违法所得，并且可以处违法所得三到五倍的罚款
388	34	生产或销售不符合国家规定的化妆品	《化妆品卫生监督条例》第27条	没收产品及违法所得，并且可以处违法所得三到五倍的罚款

（第十部分　环保管理）

总序号	分序号	违法行为	法律依据	处罚方式
389	1	拒绝现场检查或被检查时弄虚作假	《中华人民共和国环境保护法》第35条第1项、《中华人民共和国水污染防治法》第46条第2项、《中华人民共和国水污染防治法实施细则》第38条第2项	警告或者处以1万元以下罚款
390	2	引进不符合我国规定技术设备	《中华人民共和国环境保护法》第35条第4项	警告或罚款
391	3	建设项目无防污设施或未达标投入使用	《中华人民共和国环境保护法》第36条	责令停止生产或使用，可以罚款

续表

总序号	分序号	违法行为	法律依据	处罚方式
392	4	擅自拆除或闲置防污设施,污染排放超标	《中华人民共和国环境保护法》第37条	责令重新安装使用,并处罚款
393	5	造成污染事故	《中华人民共和国环境保护法》第38条	根据所造成的危害后果处以罚款
394	6	限期治理逾期完成	《中华人民共和国环境保护法》第39条、《中华人民共和国水污染防治法》第52条、《中华人民共和国水污染防治法实施细则》第42条	根据所造成的危害后果可以处20万元以下的罚款,或者责令停业、关闭
395	7	贮存、堆放、弃置、倾倒、排放污染物、废弃物	《中华人民共和国水污染防治法》第46条第1款第3项	警告或者罚款
396	8	向水体排放剧毒废液,或者将含有汞、镉、砷、铬、氰化物、黄磷等可溶性剧毒废渣向水体排放或者直接埋入地下	《中华人民共和国水污染防治法》第46条第1款第3项、《中华人民共和国水污染防治实施细则》第39条第1项	可以处10万元以下的罚款
397	9	向水体排放、倾倒放射性固体废弃物、油类、酸液、碱液或者含有高、中放射性物质的废水	《中华人民共和国水污染防治法》第46条第1款第3项、《中华人民共和国水污染防治法实施细则》第39条第2项	可以处5万元以下的罚款
398	10	在水体清洗装贮过油类、有毒污染物的车辆和容器	《中华人民共和国水污染防治法》第46条第1款第3项、《中华人民共和国水污染防治法实施细则》第39条第3项	可以处1万元以下的罚款
399	11	向水体排放、倾倒工业废渣、生活垃圾,或者在渠道、水库最高水位线以下的滩地和岸坡存贮固体废弃物	《中华人民共和国水污染防治法》第46条第1款第3项、《中华人民共和国水污染防治法实施细则》第39条第4项	可以处1万元以下的罚款

续表

总序号	分序号	违法行为	法律依据	处罚方式
400	12	企业事业单位利用溶洞排放、倾倒含病原体的污水或者其他废弃物	《中华人民共和国水污染防治法》第46条第1款第3项、《中华人民共和国水污染防治法实施细则》第39条第6项	可以处2万元以下的罚款
401	13	企业事业单位利用渗井、渗坑、裂隙排放含有毒污染物的废水	《中华人民共和国水污染防治法》第46条第1款第3项、《中华人民共和国水污染防治法实施细则》第39条第6项	可以处5万元以下的罚款
402	14	企业事业单位使用无防止渗漏措施的沟渠、坑塘等输送或者存贮含病原体的污水或者其他废弃物	《中华人民共和国水污染防治法》第46条第1款第3项、《中华人民共和国水污染防治法实施细则》第39条第7项	可以处1万元以下的罚款
403	15	企业事业单位使用无防止渗漏措施的沟渠、坑塘等输送或者存贮含有毒污染物的废水	《中华人民共和国水污染防治法》第46条第1款第3项、《中华人民共和国水污染防治法实施细则》第39条第7项	可以处2万元以下的罚款
404	16	不按国家规定缴纳排污费的或超标准排污	《中华人民共和国水污染防治法》第46条第1款第4项、《中华人民共和国水污染防治法实施细则》第38条第3款	处应缴数额5%以下的罚款
405	17	建设项目的水污染防治设施没有建成或不达标即投入生产使用	《中华人民共和国水污染防治法》第13条第3款第47条、《中华人民共和国水污染防治法实施细则》第40条	责令停止生产或者使用,可以处10万元以下的罚款

续表

总序号	分序号	违法行为	法律依据	处罚方式
406	18	故意不正常使用水污染物处理设施、擅自拆除、闲置水污染物处理设施、超标准排放污染物	《中华人民共和国水污染防治法》第14条第2款、第48条、《中华人民共和国水污染防治实施细则》第41条	责令恢复、限期重新安装使用，可以处10万元以下的罚款
407	19	在饮用水一级保护区新建、扩建无关建设项目	《中华人民共和国水污染防治法》第20条第4款、第49条	责令停业、关闭
408	20	生产、销售、进口、使用禁止设备，采用禁用工艺	《中华人民共和国水污染防治法》第22、50条、《中华人民共和国大气污染防治法》第49条第1款、《中华人民共和国环境噪声污染防治法》第53条、《中华人民共和国固体废物污染环境防治法》第60条	责令改正，情节严重的，责令停业、关闭
409	21	建设无治污措施小企业严重污染水环境；新建严重污染水环境的小型企业或者未经省环境保护部门同意建设属于严格控制的项目	《中华人民共和国水污染防治法》第23、51条、《山东省水污染防治条例》第42条	责令其停止建设或者关闭
410	22	造成水体严重污染的企事业单位经限期治理逾期未完成治理任务	《中华人民共和国水污染防治法》第52条、《中华人民共和国水污染防治实施细则》第42条	根据所造成的危害和损失可处20万元以下的罚款

续表

总序号	分序号	违法行为	法律依据	处罚方式
411	23	排污单位造成水污染事故	《中华人民共和国水污染防治法》第53条、《中华人民共和国水污染防治实施细则》第43条	根据所造成的危害和损失处以罚款。对造成水污染事故的企业事业单位,按照直接损失的20%计算罚款,但是最高不得超过20万元;对造成重大经济损失的,按照直接损失的30%计算罚款,但是最高不得超过100万元
412	24	不按照排污许可证或者临时排污许可证的规定排放污染物	《中华人民共和国水污染防治实施细则》第44条	责令限期改正,可以处5万元以下的罚款
413	25	未按照规定设置排污口、安装总量控制监测设备	《中华人民共和国水污染防治实施细则》第11、45条	责令限期改正,可以处1万元以下的罚款
414	26	在生活饮用水地表水源二级保护区内新建、扩建向水体排放污染物的建设项目的,或者改建项目未削减污染物排放量	《中华人民共和国水污染防治实施细则》第23条第1款、第46条第1款	责令停业或者关闭
415	27	在生活饮用水地表水源二级保护区内超过国家规定的或者地方规定的污染物排放标准排放污染物	《中华人民共和国水污染防治实施细则》第23条第1款、第46条第2款	责令限期治理,可以处10万元以下的罚款;逾期未完成治理任务的,责令停业或者关闭
416	28	利用储水层孔隙、裂隙、溶洞及废弃矿坑储存石油、放射性物质、有毒化学品、农药	《中华人民共和国水污染防治实施细则》第33条第4项、第47条	责令限期改正,可以处10万元以下的罚款
417	29	排污单位偷排超标废水	《山东省水污染防治条例》第44条	责令停产整顿

第四部分　风景名胜区地方法规

续表

总序号	分序号	违法行为	法律依据	处罚方式
418	30	在生活饮用水地表水源一级、二级保护区和生活饮用水地下水源保护区内建设工业固体废物集中贮存、处置设施、场所或者生活垃圾填埋场	《山东省水污染防治条例》第46条第1款	责令限期改正，并处5万元以下的罚款
419	31	在地表水源一级保护区内放养禽畜、网箱围网养殖	《山东省水污染防治条例》第46条第2款	责令限期改正
420	32	拒绝现场检查或被检查时弄虚作假	《中华人民共和国大气污染防治法》第46条第2项	可以根据不同情节，责令停止违法行为，限期改正，给予警告或者处以5万元以下罚款
421	33	不正常使用大气污染物处理设施、擅自拆除、闲置	《中华人民共和国大气污染防治法》第46条第3项	可以根据不同情节，责令停止违法行为，限期改正，给予警告或者处以5万元以下罚款
422	34	未采取措施，在人口集中地区存放煤炭、煤矸石、煤渣、煤灰、沙、石灰土等物料	《中华人民共和国大气污染防治法》第46条第4项	可以根据不同情节，责令停止违法行为，限期改正，给予警告或者处以5万元以下罚款
423	35	建设项目的大气污染防治设施没有建成或不达标投入生产或使用	《中华人民共和国大气污染防治法》第11、47条	责令停止生产或使用，可以并处1万元以上10万元以下罚款
424	36	排放污染物超标	《中华人民共和国大气污染防治法》第48条	限期治理，处1万元以上10万元以下罚款
425	37	将淘汰的设备转让给他人使用	《中华人民共和国大气污染防治法》第49条第2款	没收转让者的违法所得，并处违法所得二倍以下罚款

续表

总序号	分序号	违法行为	法律依据	处罚方式
426	38	在当地人民政府规定的期限届满后继续燃用高污染燃料的,责令拆除或者没收用高污染燃料的设施	《中华人民共和国大气污染防治法》第25条第2款或第29条第1款、第51条	责令拆除、没收设施
427	39	城市饮食服务业炉灶、茶水炉、食堂大灶未按期改用清洁能源	《中华人民共和国大气污染防治法》第24条第1款、第38条	责令拆除或者没收燃用高污染燃料的设施
428	40	在城市集中供热管网覆盖地区新建燃煤供热锅炉	《中华人民共和国大气污染防治法》第28、52条	责令停止违法行为,限期改正,可以处5万元以下罚款
429	41	未按照国务院规定的期限停止生产、进口或者销售含铅汽油	《中华人民共和国大气污染防治法》第34条第2款、第54条	责令停止违法行为,没收所生产、进口、销售的含铅汽油和违法所得
430	42	未采取有效防治措施,向大气排放有毒物质气体	《中华人民共和国大气污染防治法》第56条第1项	责令停止违法行为,限期改正,可以处5万元以下罚款
431	43	未经当地环境保护行政主管部门批准,向大气排放转炉气、电石气、电炉法黄磷尾气、有机烃类尾气	《中华人民共和国大气污染防治法》第56条第2项	责令停止违法行为,限期改正,可以处5万元以下罚款
432	44	未采取措施运输、装卸和贮存有毒有害气体或粉尘物质	《中华人民共和国大气污染防治法》第56条第3项、《山东省实施〈中华人民共和国大气污染防治法〉办法》第36条	责令停止违法行为,限期改正,可以处5万元以下罚款
433	45	城市饮食服务业的经营者未采取有效污染防治措施,致使对居民的居住环境造成污染	《中华人民共和国大气污染防治法》第56条第4项	责令停止违法行为,限期改正,可以处5万元以下罚款
434	46	在人口集中区和特殊保护区焚烧产生有毒有害烟尘和恶臭气体的物质	《中华人民共和国大气污染防治法》第41条第1款、第57条第1款	责令停止违法行为,处2万元以下罚款

续表

总序号	分序号	违法行为	法律依据	处罚方式
435	47	在人口集中地区、交通干线附近以及政府划定的区域内露天焚烧秸秆、落叶等产生烟尘污染的物质	《中华人民共和国大气污染防治法》第41条第2款、第57条第2款	责令停止违法行为,情节严重的,可以处200元以下罚款
436	48	在城市市区进行建设施工或者从事其他产生扬尘污染的活动,未采取有效扬尘防治措施,致使大气环境受到污染	《中华人民共和国大气污染防治法》第43条第2款、第58条	限期改正,处2万元以下罚款;对逾期仍未达到当地环境保护规定要求的,可以责令其停工整顿
437	49	造成大气污染事故	《中华人民共和国大气污染防治法》第61条	根据所造成的危害后果处直接经济损失50%以下罚款.但最高不超过50万元
438	50	土法炼制砷、汞、铅、硫磺、焦炭、石油、有色金属等产品;新建水泥(特种水泥除外)、火电、钢铁、炼油、玻璃等小型项目。干线公路两侧2km可视范围内和城市市区内从事烧窑、碎石等污染大气环境的生产项目	《山东省实施〈中华人民共和国大气污染防治法〉办法》第21、40条	责令停止违法行为,限期改正,可以处500元以下罚款;情节严重的,可以处500元以上5万元以下罚款
439	51	在机关、学校、医院和居民、村民居住区及其周围不得从事经营性的露天喷漆、喷涂、喷沙、制作玻璃钢和机动车磨擦片以及其他散发有毒有害气体的作业	《山东省实施〈中华人民共和国大气污染防治法〉办法》第23、40条	责令停止违法行为,限期改正,可以处500元以下罚款;情节严重的,可以处500元以上5万元以下罚款
440	52	饮食服务业经营场所排放的油烟、烟尘超过国家规定的排放标准,污染扰民	《山东省实施〈中华人民共和国大气污染防治法〉办法》第24条第2款	应当限期治理或者停业

续表

总序号	分序号	违法行为	法律依据	处罚方式
441	53	在城市市区内露天烧烤食品	《山东省实施〈中华人民共和国大气污染防治法〉办法》第24条第3款、第40条	责令停止违法行为，限期改正，可以处500元以下罚款；情节严重的，可以处500元以上5万元以下罚款
442	54	在城市建成区内无规则排放废气和粉尘的，未采取封闭措施收集和处理污染物	《山东省实施〈中华人民共和国大气污染防治法〉办法》第25、40条	责令停止违法行为，限期改正，可以处500元以下罚款；情节严重的，可以处500元以上5万元以下罚款
443	55	运输散装货物的机动车未采取措施，运输过程中因扬撒、泄漏产生的污染	《山东省实施〈中华人民共和国大气污染防治法〉办法》第28、40条	责令停止违法行为，限期改正，可以处500元以下罚款；情节严重的，可以处500元以上5万元以下罚款
444	56	从事畜禽养殖、屠宰、制革、橡胶、骨胶炼制、骨粉、鱼粉、生物发酵、饲料等向大气排放恶臭气体的加工、生产活动，未远离居民居住区，恶臭气体对附近居民生活环境造成污染	《山东省实施〈中华人民共和国大气污染防治法〉办法》第32、40条	责令停止违法行为，限期改正，可以处500元以下罚款；情节严重的，可以处500元以上5万元以下罚款

续表

总序号	分序号	违法行为	法律依据	处罚方式
445	57	在城市建成区内建设施工的，违反下列规定的行为：（一）施工工地周边应当设置高度1.8m以上的围挡，不得高空抛撒建筑垃圾。对土堆、散料应当采取遮盖或者洒水措施；（二）建筑垃圾应当及时清运，日产日清，装卸车不得凌空抛撒，车辆不得沾带泥土驶出施工工地；（三）混凝土浇注量在100m³以上的施工工地，应当使用预搅拌混凝土。采用现场搅拌的，必须采取防止扬尘污染措施；（四）拆迁造成扬尘的，应当随拆随洒水；（五）在道路上施工应当实行封闭式作业。施工弃土、废料必须及时清运。堆放施工弃土、散料的，应当采取洒水或者遮盖等措施防止扬尘污染	《山东省实施〈中华人民共和国大气污染防治法〉办法》第27、41条	责令限期改正，处3000元以下罚款；情节严重的，处3000元以上2万元以下罚款；对逾期仍未达到当地环境保护规定的，可以责令其停工整顿
446	58	建设项目噪声防治设施未建成或者未达到要求擅自投入生产或使用	《环境噪声污染防治法》第48条	责令停止生产或者使用、罚款
447	59	未经批准，擅自拆除或者闲置环境噪声污染防治设施，致使环境噪声排放超过规定标准	《环境噪声污染防治法》第50条、《山东省防治环境污染设施监督管理办法》第18条第3项	责令改正，处3万元以下罚款
448	60	对经限期治理逾期未完成治理任务	《环境噪声污染防治法》第17、52条	罚款或者责令停业、搬迁、关闭

续表

总序号	分序号	违法行为	法律依据	处罚方式
449	61	未经批准进行产生偶发性强烈噪声活动	《环境噪声污染防治法》第54条、《山东省环境噪声污染防治条例》第38条第1项	给予警告；造成严重污染后果的，处以3000元以上1万元以下罚款
450	62	拒绝监督检查或者在被检查时弄虚作假	《环境噪声污染防治法》第55条、《山东省环境保护条例》第49条第2项	警告、处1万元以下的罚款
451	63	建筑施工单位违反规定，夜间进行禁止进行的产生环境噪声污染的建筑施工作业	《环境噪声污染防治法》第56条、《山东省环境噪声污染防治条例》第36条	责令改正，限期治理，并可处以5000元以上3万元以下罚款
452	64	机动车辆不按规定使用声响装置	《环境噪声污染防治法》第57条	警告、罚款
453	65	使用高音广播喇叭、在公共场所组织活动产生干扰周围生活环境的过大音量的、从室内发出严重干扰周围居民生活的噪声	《环境噪声污染防治法》第58条、《山东省环境噪声污染防治条例》第38条第3项	给予批评教育，责令改正；经批评教育仍不改正的，处以100元以上500元以下罚款
454	66	经营中的文化娱乐场所、在商业经营活动中使用空调器等产生噪声污染	《环境噪声污染防治法》第43条第2款、第44条第2款、第59条	责令改正、可并处罚款
455	67	在商业经营活动中使用发出高噪声的方法造成噪声污染	《环境噪声污染防治法》第60条、《山东省环境噪声污染防治条例》第38条第2项	给予警告，责令改正；拒不改正的，处以500元以上1000元以下的罚款
456	68	违反规定的作业时限或者停工治理决定	《山东省环境噪声污染防治条例》第37条	责令限期改正，处以3000元以上1万元以下罚款。违反作业时限，拒不改正的，可以封存产生噪声污染的器材或者设备，封存的期限不得超过三日

续表

总序号	分序号	违法行为	法律依据	处罚方式
457	69	拒绝环境保护行政主管部门现场检查,或者在被检查时弄虚作假	《中华人民共和国固体废物污染环境防治法》第59条第2项	责令限期改正,处1万元以下的罚款
458	70	在自然保护区、风景名胜区、生活饮用水源地和其他保护区内,建设固体废物贮存、处置设施、场所或垃圾填埋场	《中华人民共和国固体废物污染环境防治法》第59条第6项	责令限期改正,处5万元以下的罚款
459	71	建设项目无配套固体废物污染防治设施或不合格投入使用	《中华人民共和国固体废物污染环境防治法》第61条	责令停止生产或者使用,可以并处10万元以下的罚款
460	72	固体废物污染环境防治设施不正常运行或者排放指标不符合国家规定	《山东省实施〈中华人民共和国固体废物污染环境防治法〉办法》第31条第2项	责令限期改正,处5万元以下的罚款
461	73	限期治理逾期未完成	《中华人民共和国固体废物污染环境防治法》第62条	处10万元以下的罚款或者责令停业、关闭
462	74	不设置危险废物识别标志	《中华人民共和国固体废物污染环境防治法》第64条	责令停止违法行为、限期改正、并处5万元以下的罚款
463	75	将危险废物提供或委托给无证单位收集、贮存、处置	《中华人民共和国固体废物污染环境防治法》第64条第2项	责令停止违法行为、限期改正、并处5万元以下的罚款
464	76	转移危险废物、不按规定填写危险废物转移联单或未报告	《中华人民共和国固体废物污染环境防治法》第64条第3项	责令停止违法行为、限期改正、并处5万元以下的罚款
465	77	将危险废物混入非危险废物中贮存	《中华人民共和国固体废物污染环境防治法》第64条第4项	责令停止违法行为、限期改正、并处5万元以下的罚款
466	78	未经安全处置,混合收集、贮存、运输、处置危险废物	《中华人民共和国固体废物污染环境防治法》第64条第5项	责令停止违法行为、限期改正、并处5万元以下的罚款

续表

总序号	分序号	违法行为	法律依据	处罚方式
467	79	将危险废物和旅客在同一运输工具上载运	《中华人民共和国固体废物污染环境防治法》第64条第6项	责令停止违法行为、限期改正、并处5万元以下的罚款
468	80	危险废物产生者不处置其产生的危险废物或不承担处置费	《中华人民共和国固体废物污染环境防治法》第64条第7项	责令停止违法行为、限期改正、并处5万元以下的罚款
469	81	未经处理将收集、贮存、运输、处置危险废物的场所、设施、设备和容器、包装物及其他物品转作他用	《中华人民共和国固体废物污染环境防治法》第64条第8项	责令停止违法行为、限期改正、并处5万元以下的罚款
470	82	无证或不按经营许可证规定从事收集、贮存、处置危险废物经营活动	《中华人民共和国固体废物污染环境防治法》第65条	责令停止违法行为,没收违法所得,可以并处违法所得一倍以下的罚款
471	83	造成固体废物污染环境事故	《中华人民共和国固体废物污染环境防治法》第69条	处10万元以下的罚款;造成重大损失的,按照直接损失的30%计算罚款,但是最高不超过50万元
472	84	未按规定停止生产不可降解和难以降解的一次性餐具	《山东省实施〈中华人民共和国固体废物污染环境防治法〉办法》第35条第1款	责令关闭
473	85	销售或者在经营中使用不可降解和难以降解的一次性餐具	《山东省实施〈中华人民共和国固体废物污染环境防治法〉办法》第35条第1款	责令改正并可以按照有关规定给予处罚

续表

总序号	分序号	违法行为	法律依据	处罚方式
474	86	未依法报批建设项目环境影响评价文件，或者未依照规定重新报批或者报请重新审核环境影响评价文件，擅自开工建设	《环境影响评价法》第24、31条	责令停止建设，限期补办手续；逾期不补办手续的，可以处5万元以上20万元以下的罚款；擅自开工建设的，责令停止建设，可以处5万元以上20万元以下的罚款
475	87	试生产建设项目配套环保设施未同时投入试运行	《建设项目环境保护管理条例》第26条	责令限期改正；逾期不改正的，责令停止试生产，可以处5万元以下的罚款
476	88	建设项目投入试生产3个月后，未申请环境保护设施竣工验收	《建设项目环境保护管理条例》第27条	责令限期办理环境保护设施竣工验收手续；逾期未办理的，责令停止试生产，可以处5万元以下的罚款
477	89	在自然保护区、重要生态功能区、风景名胜区、生活饮用水源地和其他需要特别保护的区域内，违反有关保护规定造成污染和破坏	《山东省环境保护条例》第49条第1项	责令限期改正，并可根据不同情节给予警告或者处以500元以上5万元以下的罚款

(第十一部分　物价管理)

总序号	分序号	违法行为	法律依据	处罚方式
478	1	经营者不执行政府指导价、政府定价以及法定的价格干预措施、紧急措施	《价格法》第39条、《价格违法行为行政处罚规定》第7、8、9条、《中华人民共和国价格管理条例》第30条	责令改正，没收违法所得，可以并处违法所得五倍以下的罚款；没有违法所得的，可以处以罚款；情节严重的，责令停业整顿

续表

总序号	分序号	违法行为	法律依据	处罚方式
479	2	串通操纵市场价格；价格倾销；价格歧视	《价格法》第40条、《价格违法行为行政处罚规定》第4条、第9条	责令改正、没收违法所得可以并处五倍以下罚款，无违法所得的给予警告，可以并处3万元以上30万元以下的罚款（经营者为个人且没有违法所得的处5万元以下的罚款）、责令停业整顿
480	3	哄抬价格；价格欺诈	《价格法》第40条、《价格违法行为行政处罚规定》第5条、第9条、《禁止价格欺诈行为的规定》第3、6、7、8条	责令改正、没收违法所得可以并处五倍以下罚款，无违法所得的给予警告，可以并处2万元以上20万元以下的罚款（经营者为个人且没有违法所得的处5万元以下的罚款）、责令停业整顿
481	4	变相提高或者压低价格	《价格法》第40条、《价格违法行为行政处罚规定》第6条、第9条、《中华人民共和国价格管理条例》第30条	责令改正、没收违法所得可以并处五倍以下罚款，无违法所得的给予警告，可以并处1万元以上10万元以下的罚款（经营者为个人且没有违法所得的处5万元以下的罚款）、责令停业整顿
482	5	牟取暴利	《价格法》第14条第7款、第39条；《价格违法行为行政处罚规定》第10条、《中华人民共和国价格管理条例》第29条、第30条	责令改正、没收违法所得、可以并处违法所得五倍以下的罚款、责令停业整顿
483	6	违反明码标价规定	《价格法》第42条、《价格违法行为行政处罚规定》第11条、《关于商品和服务实行明码标价的规定》、《中华人民共和国价格管理条例》第29条、第30条	责令改正、没收违法所得、可以并处5000元以下罚款

续表

总序号	分序号	违法行为	法律依据	处罚方式
484	7	责令暂停营业而不停止	《价格法》第43条、第34条第3款、《价格违法行为行政处罚规定》第13条	处相关营业所得或者转移、隐匿、销毁的财物价值一倍以上三倍以下的罚款
485	8	转移、隐匿、销毁依法登记保存的财物	《价格法》第43条	处转移、隐匿、销毁的财物价值一倍以上三倍以下的罚款
486	9	拒绝按照规定提供监督检查所需资料或者提供虚假资料的	《价格法》第44条	责令改正、警告、罚款
487	10	任何单位和个人有本规定所列价格违法行为,情节严重,拒不改正	《价格违法行为行政处罚规定》第18条	除依照本规定给予处罚外,可以在其营业场地公告其价格违法行为,直至改正
488	11	超越管理权限设立收费项目或制定收费标准;违反收费审批程序的处罚权;无《收费许可证》擅自收费的或超出《收费许可证》规定的收费范围,擅自增加收费项目、提高收费标准;不实施管理行为或不提供服务而收费;不使用规定的票据收费或擅自扩大票据适用范围;不按规定办理变更或注销登记手续继续收费;不按规定要求公布收费项目和收费标准	《山东省行政性事业性收费管理条例》第21、22条	责令停止或纠正乱收费行为;责令将全部非法收费款退还。无法退还的予以没收。处以罚款。以上处罚,可以并处

续表

总序号	分序号	违法行为	法律依据	处罚方式
489	12	价格监督检查权	《价格法》第34条	(一)询问当事人或者有关人员，并要求其提供证明材料和与价格违法行为有关的其他资料；(二)查询、复制与价格违法行为有关的账簿、单据、凭证、文件及其他资料，核对与价格违法行为有关的银行资料；(三)检查与价格违法行为有关的财物，必要时可以责令当事人暂停相关营业；(四)在证据可能灭失或者以后难以取得的情况下，可以依法先行登记保存，当事人或者有关人员不得转移、隐匿或者销毁

(第十二部分 交通路政管理)

总序号	分序号	违法行为	法律依据	处罚方式
490	1	擅自在公路上设卡、收费	《中华人民共和国公路法》第74条	责令停止违法行为，没收违法所得，可以处违法所得三倍以下的罚款，没有违法所得的，可以处2万元以下的罚款
491	2	未经批准擅自施工	《中华人民共和国公路法》第25、75条	责令停止施工、可以处5万元以下的罚款
492	3	擅自占用、挖掘公路；擅自或未按照标准修建桥梁、渡槽，架设、埋设管线、电缆等设施；从事危及公路安全作业；铁轮车、履带车等可能损害路面的机具擅自在公路上行驶；在公路上擅自超限行驶；损坏、移动、涂改公路附属设施或建筑控制区的标桩、界桩，可能危及公路安全	《中华人民共和国公路法》第44条第1款、第45、47、48、50、52、56、76条	责令停止违法行为，可以处3万元以下的罚款

续表

总序号	分序号	违法行为	法律依据	处罚方式
493	4	造成公路路面损坏、污染或影响公路畅通或将公路作为试车场地	《中华人民共和国公路法》第46、51、77条	责令停止违法行为,可以处5000元以下的罚款
494	5	造成公路损坏未报告	《中华人民共和国公路法》第53、78条	处1000元以下的罚款
495	6	在公路用地范围内设置公路标志以外的其他标志	《中华人民共和国公路法》第54、79条	责令限期拆除,可以处2万元以下的罚款;逾期不拆除的,由主管部门拆除,有关费用由设置者负担
496	7	未经批准在公路上增设平面交叉道口	《中华人民共和国公路法》第55、80条	责令恢复原状,处5万元以下罚款
497	8	在公路建筑控制区内修建建筑物、构筑物或擅自埋设管线、电缆等设施的	《中华人民共和国公路法》第56、81条	责令限期拆除,可以处5万元以下罚款,逾期不拆除的,由主管部门拆除,费用由建筑者、构筑者承担

(第十三部分 公安交通管理)

总序号	分序号	违法行为	法律依据	处罚方式
498	1	行人、乘车人、非机动车驾驶人违反道路交通安全法律、法规关于道路通行规定	《中华人民共和国道路交通安全法》第89条	处警告或者5元以上50元以下罚款;非机动车驾驶人拒绝接受罚款处罚的,可以扣留其非机动车
499	2	机动车驾驶人违反道路交通安全法律、法规关于道路通行规定	《中华人民共和国道路交通安全法》第90条	处警告或者20元以上200元以下罚款
500	3	饮酒后驾驶机动车	《中华人民共和国道路交通安全法》第91条第1款	处暂扣一个月以上三个月以下机动车驾驶证,并处200元以上500元以下罚款

续表

总序号	分序号	违法行为	法律依据	处罚方式
501	4	饮酒后驾驶营运机动车	《中华人民共和国道路交通安全法》第91条第2款	处暂扣三个月机动车驾驶证,并处500元罚款
502	5	公路客运车辆载客超过额定乘员	《中华人民共和国道路交通安全法》第92条第1款	处200元以上500元以下罚款;超过额定乘员20%或者违反规定载货的,处500元以上2000元以下罚款。扣留机动车至违法状态消除
503	6	货运机动车超过核定载质量	《中华人民共和国道路交通安全法》第92条第2款	处200元以上500元以下罚款;超过核定载质量30%或者违反规定载客的,处500元以上2000元以下罚款。扣留机动车至违法状态消除
504	7	运输单位的车辆有客运、货运超载,经处罚不改	《中华人民共和国道路交通安全法》第92条第4款	对直接负责的主管人员处2000元以上5000元以下罚款
505	8	对违反道路交通安全法律、法规关于机动车停放、临时停车规定	《中华人民共和国道路交通安全法》第93条第1款	可以指出违法行为,并予以口头警告,令其立即驶离
506	9	机动车驾驶人不在现场或者虽在现场但拒绝立即驶离,妨碍其他车辆、行人通行	《中华人民共和国道路交通安全法》第93条第2款	处20元以上200元以下罚款,并可以将该机动车拖移至不妨碍交通的地点或者公安机关交通管理部门指定的地点停放
507	10	在道路上违章停放,驾驶人员不在现场或者拒绝将车辆移走	《交通违章处理程序规定》第40条第1项、第41条	将车辆拖曳至不妨碍交通或者指定的地点
508	11	因故障不能行驶且不能立即修复,无法将机动车移至不妨碍交通的地点	《交通违章处理程序规定》第40条第2项	将车辆拖曳至不妨碍交通或者指定的地点

续表

总序号	分序号	违法行为	法律依据	处罚方式
509	12	机动车辆驾驶员不按规定超车或让车	《中华人民共和国道路交通管理条例》第75条第3项	处200元以下罚款或者警告
510	13	机动车驾驶员逆向行驶；驾车下陡坡时熄火、空挡滑行；驾驶转向器、制动器、灯光装置等机件不合安全要求的车辆	《中华人民共和国道路交通管理条例》第77条第3、4项	处50元以下罚款或者警告
511	14	行经交叉路口、铁道路口，不按规定行车或者停车；在禁行的时间、道路上行驶	《中华人民共和国道路交通管理条例》第78条第4、7项	处30元以下罚款或者警告
512	15	驾驶噪声和排放有害气体超过国家标准的车辆	《中华人民共和国道路交通管理条例》第79条第4项	处20元以下罚款或者警告
513	16	在交通管理部门明令禁止停放车辆的地方停放车辆	《中华人民共和国道路交通管理条例》第79条第4项、《中华人民共和国治安管理处罚条例》第28条第3项	处5元以下罚款或者警告
514	17	驾车时吸烟、饮食或有其他妨碍安全行车行为	《中华人民共和国道路交通管理条例》第81条第7、9项	处5元以下罚款或者警告
515	18	未征得同意，占用道路影响车辆通行	《中华人民共和国道路交通管理条例》第84条	处50元以下罚款或者警告
516	19	机动车驾驶员不按规定停车	《山东省实施〈中华人民共和国道路交通管理条例〉办法》第59条	处5元以下罚款或者警告
517	20	非机动车停放不符合规定	《山东省实施〈中华人民共和国道路交通管理条例〉办法》第60条	处5元以下罚款或者警告

续表

总序号	分序号	违法行为	法律依据	处罚方式
518	21	机动车行驶超过规定时速百分之五十	《中华人民共和国道路交通安全法》第99条第4项	处200元以上2000元以下罚款
519	22	违反交通管制的规定强行通行，不听劝阻	《中华人民共和国道路交通安全法》第99条第6项	处200元以上2000元以下罚款
520	23	故意损毁、移动、涂改交通设施，造成危害后果，尚不构成犯罪	《中华人民共和国道路交通安全法》第99条第7项	处200元以上2000元以下罚款
521	24	非法拦截、扣留机动车辆，不听劝阻，造成交通严重阻塞或者较大财产损失	《中华人民共和国道路交通安全法》第99条第8项	处200元以上2000元以下罚款

（第十四部分　工商管理）

总序号	分序号	违法行为	法律依据	处罚方式
522	1	无照经营	《无照经营查处取缔办法》第14条、《旅游景区个体工商户监督管理办法》第3、11条；《城乡个体工商户管理暂行条例实施细则》第15条	依法予以取缔，没收违法所得，并处2万元以下的罚款；无照经营行为规模较大，社会危害严重的，并处2万元以上20万元以下的罚款；无照经营行为危害人体健康、存在重大安全隐患、威胁公共安全、破坏环境资源的，没收专门用于从事无照经营的工具、设备、原材料、产品（商品）等财物，并处5万元以上50万元以下的罚款
523	2	知道或者应当知道属于本办法规定的无照经营行为而为其提供生产经营场所、运输、保管、仓储等条件	《无照经营查处取缔办法》第15条	责令立即停止违法行为，没收违法所得，并处2万元以下的罚款；为危害人体健康、存在重大安全隐患、威胁公共安全、破坏环境资源的无照经营行为提供生产经营场所、运输、保管、仓储等条件的，并处5万元以上50万元以下的罚款

续表

总序号	分序号	违法行为	法律依据	处罚方式
524	3	当事人擅自动用、调换、转移、损毁被查封、扣押财物	《无照经营查处取缔办法》第16条	责令改正,处被动用、调换、转移、损毁财物价值5%以上20%以下的罚款;拒不改正的,处被动用、调换、转移、损毁财物价值一倍以上三倍以下的罚款
525	4	纠缠消费者并向其销售商品,提供服务,或者强行向消费者销售商品,提供服务;销售商品短尺少秤或者提供服务不符合约定条件;销售商品不明码标价或者提供服务不明示价	《旅游景区个体工商户监督管理办法》第9条第1、2、3项,第16条	给予警告或者处以1000元以下的罚款
526	5	旅游景区个体工商户不得擅自改变经营场所和扩大营业面积	《旅游景区个体工商户监督管理办法》第6、13条;《城乡个体工商户管理暂行条例实施细则》第16条第1项	给予警告,或者处以1000元以下的罚款
527	6	侵害消费者的人格尊严或者侵犯消费者的人身自由	《旅游景区个体工商户监督管理办法》第9条第4项、第17条;《中华人民共和国消费者权益保护法》第50条第8项	责令改正,可以根据情节单处或者并处警告、没收违法所得、处以违法所得一倍以上五倍以下的罚款;没有违法所得的处以1万元以下的罚款;情节严重的,责令停业整顿
528	7	个体工商户擅自改变名称、住所、形式、范围、方式、场所、经营者姓名	《城乡个体工商户管理暂行条例》第7、22条,《城乡个体工商户管理暂行条例实施细则》第15条	应予取缔,没收非法所得,可以并处5000元以下的罚款

续表

总序号	分序号	违法行为	法律依据	处罚方式
529	8	出售反动、荒诞、淫秽海盗的书刊、画片、音像制品	《城乡个体工商户管理暂行条例》第19条第6项、第22条	可根据情节采取警告，罚款，没收非法所得，责令停止营业
530	9	对消费者提出的修理、重作、更换、退货、补足商品数量、退还货款和服务费用或者赔偿损失要求，故意拖延或者无理拒绝	《中华人民共和国消费者权益保护法》第50条第7项	责令改正，根据情节单处或者并处警告、没收违法所得、处以违法所得一倍以上五倍以下的罚款，没有违法所得的处以1万元以下的罚款；情节严重的，责令停业整顿
531	10	广告语言文字含有不良文化内容	《广告语言文字管理暂行规定》第14条	责令限期改正，逾期未能改正的，处以1万元以下罚款
532	11	广告内容妨碍社会公共秩序和违背社会良好风尚	《中华人民共和国广告法》第7条第5项、第39条	责令负有责任的广告主、广告经营者、广告发布者停止发布、公开更正，没收广告费用，并处广告费用一倍以上五倍以下的罚款；情节严重的，依法停止其广告业务
533	12	广告含有淫秽、迷信、恐怖、暴力、丑恶的内容	《中华人民共和国广告法》第7条第6项、第39条	责令负有责任的广告主、广告经营者、广告发布者停止发布、公开更正，没收广告费用，并处广告费用一倍以上五倍以下的罚款；情节严重的，依法停止其广告业务
534	13	广告内容妨碍环境和自然资源保护	《中华人民共和国广告法》第7条第8项、第39条	责令负有责任的广告主、广告经营者、广告发布者停止发布、公开更正，没收广告费用，并处广告费用一倍以上五倍以下的罚款；情节严重的，依法停止其广告业务

续表

总序号	分序号	违法行为	法律依据	处罚方式
535	14	在文物保护单位和风景名胜点的建筑控制地带设置户外广告	《广告法》第32条第4项、《广告管理条例》第13条、《广告管理条例施行细则》第28条	没收非法所得，处5000元以下罚款并限期拆除。逾期不拆除的，强制拆除，其费用由设置、张贴者承担
536	15	非法设置、张贴广告	《广告管理条例》第13条；《广告管理条例施行细则》第28条	没收非法所得，处5000元以下罚款并限期拆除。逾期不拆除的，强制拆除，其费用由设置、张贴者承担
537	16	未经登记擅自发布户外广告	《户外广告登记管理规定》第17条	没收违法所得，视其情节予以通报批评，处以违法所得额三倍以下的罚款，但最高不超过3万元，没有违法所得的，处以1万元以下罚款，并限期拆除；逾期不拆除的，强制拆除，其费用由发布者承担
538	17	行政检查权和行政强制措施	《无照经营查处取缔办法》第9条	（一）责令停止相关经营活动；（二）向与无照经营行为有关的单位和个人调查、了解有关情况；（三）进入无照经营场所实施现场检查；（四）查阅、复制、查封、扣押与无照经营行为有关的合同、票据、账簿以及其他资料；（五）查封、扣押专门用于从事无照经营活动的工具、设备、原材料、产品（商品）等财务；（六）查封有证据表明危害人体健康、存在重大安全隐患、威胁公共安全、破坏环境资源的无照经营场所。在交通不便地区或者不及时实施查封、扣押可能影响的案件查处的，可以先行实施查封、扣押，并应当在24小时内补办查封、扣押决定书，送达当事人

5. 日照市风景名胜区管理办法

（2009年2月2日日照市人民政府第18次常务会议研究通过 2009年2月25日日照市人民政府第61号令发布 自发布之日起施行）

第一章 总 则

第一条 为加强风景名胜区规划、建设和管理，有效保护和合理开发利用风景名胜资源，根据国务院《风景名胜区条例》和《山东省风景名胜区管理条例》等有关法律法规，结合本市实际，制定本办法。

第二条 本办法适用于本市行政区域内风景名胜区的设立、规划、保护、利用和管理。

第三条 本办法所称风景名胜区，是指风景名胜资源集中、自然环境优美、具有一定规模和游览条件，经县级以上人民政府审定命名、划定范围，供人们游览、观赏、休闲和进行科学文化教育活动的区域。

风景名胜资源是指具有观赏、文化或科学价值的山河、湖海、地貌、森林、动植物、化石、特殊地质、天文气象等自然景物和文物古迹、革命纪念地、历史遗址、园林、建筑、工程设施、石雕石刻等人文景物和它们所处环境以及风土人情等。

第四条 风景名胜资源属国家所有，风景名胜区管理应当贯彻可持续发展战略，正确处理资源保护与开发利用的关系，实行"科学规划、统一管理、严格保护、永续利用"的原则。

第五条 市人民政府建设行政主管部门主管全市风景名胜区工作，区县人民政府建设行政主管部门主管本行政区域内风景名胜区工作。发展改革、文物、旅游、宗教、公安、林业、环保、国土资源、财政、物价等部门，按照各自的职责，共同做好风景名胜区管理工作。

第六条 县级以上人民政府可以根据需要设立风景名胜区管理机

构，按照法律法规规定和人民政府确定的职责具体负责风景名胜区的管理工作。

第七条 各级人民政府应当将风景名胜区发展规划纳入地方国民经济和社会发展计划，加大对风景名胜区保护、规划和建设等方面的投入。

第八条 任何单位和个人都有保护风景名胜区资源的义务，并有权制止、检举破坏风景名胜区资源的行为。

第二章 设 立

第九条 设立风景名胜区，应当有利于保护和合理利用风景名胜资源。

新设立的风景名胜区与自然保护区不得重合或者交叉；已设立的风景名胜区与自然保护区重合或者交叉的，风景名胜区规划与自然保护区规划应当相协调。

第十条 风景名胜区按其观赏、科学、文化、教育价值和环境质量、规模及游览条件，划分为国家级风景名胜区、省级风景名胜区和市、县级风景名胜区。

第十一条 设立风景名胜区，由建设行政主管部门会同有关部门组织专家进行风景名胜资源调查、评价，并按下列程序报批。

（一）国家级风景名胜区，由省人民政府提出设立申请，报国务院审定公布；

（二）省级风景名胜区，由县级人民政府提出设立申请和风景名胜资源评价报告，省人民政府建设行政主管部门会同其他有关部门组织论证，提出审查意见，报省人民政府审定公布；

（三）市、县级风景名胜区，由市、区县人民政府建设行政主管部门提出设立申请和风景名胜资源评价报告，报同级人民政府审定公布，并报省人民政府建设行政主管部门备案。

第十二条 风景名胜区的风景名胜资源发生重大变化，不再具备该等级风景名胜区条件的，应当降低该风景名胜区的等级；已不具备风景名胜区条件的，应当撤销该风景名胜区。

第十三条 风景名胜区内的土地、森林等自然资源和房屋等财产的所有权人、使用权人的合法权益受法律保护。

申请设立风景名胜区的人民政府应当在报请审批前，与风景名胜区内的土地、森林等自然资源和房屋等财产的所有权人、使用权人充分协商。

因设立风景名胜区对风景名胜区内的土地、森林等自然资源和房屋等财产的所有权人、使用权人造成损失的，应当依法给予补偿。

第三章 规 划

第十四条 风景名胜区规划分为总体规划和详细规划。

第十五条 风景名胜区总体规划的编制，应当体现人与自然和谐相处、区域协调发展和经济社会全面进步的要求，坚持保护优先、开发服从保护的原则，突出风景名胜资源的自然特性、文化内涵和地方特色。

风景名胜区总体规划应当包括下列内容：

（一）风景资源评价；

（二）生态资源保护措施、重大建设项目布局、开发利用强度；

（三）风景名胜区的功能结构和空间布局；

（四）禁止开发和限制开发的范围；

（五）风景名胜区的游客容量；

（六）有关专项规划。

第十六条 风景名胜区应当自设立之日起 2 年内编制完成总体规划。总体规划的规划期一般为 20 年。

第十七条 风景名胜区详细规划应当根据核心景区和其他景区的不同要求编制，确定基础设施、旅游设施、文化设施等建设项目的选址、布局与规模，并明确建设用地范围和规划设计条件。

风景名胜区详细规划，应当符合风景名胜区总体规划。

第十八条 国家级风景名胜区规划由省人民政府建设行政主管部门组织编制。省级风景名胜区和市、县级风景名胜区规划，由所在地人民政府组织建设行政主管部门或者风景名胜区管理机构、有关部门编制。

编制风景名胜区规划，应当采用招标等公平竞争的方式选择具有相应规划设计资质等级和业绩的单位承担。

第十九条 编制风景名胜区规划时应当符合下列要求：

（一）依据资源特征、环境条件、历史情况、现状特点以及国民经济和社会发展趋势，统筹兼顾、综合安排；

（二）严格保护自然与文化遗产，保持风景名胜区原有特色，维护生物多样性和生态良性循环，防止风景名胜区人工化、城市化、商业化，防止污染和其他公害；

（三）充分发挥景源潜力，展现风景游览欣赏主体，使风景名胜区有度有序持续发展；

（四）综合权衡风景名胜区环境、社会、经济三方面的综合效益，正确处理风景名胜区自身健康发展与社会需求之间的关系；

（五）与区域规划、城乡规划、土地利用总体规划、环境保护规划、旅游规划等相关规划相互协调。

编制风景名胜区规划，应当广泛征求有关部门、公众和专家的意见；必要时，应当进行听证。

风景名胜区规划报送审批的材料应当包括社会各界的意见以及意见采纳的情况和未予采纳的理由。

第二十条 风景名胜区规划按照下列规定审批：

（一）国家级风景名胜区总体规划，由省人民政府审查同意后，报国务院审批；详细规划由省人民政府建设行政主管部门报国务院建设主管部门审批；

（二）省级风景名胜区总体规划，由市人民政府审查同意后，报省人民政府审批，并报国务院建设主管部门备案；详细规划由市人民政府报省人民政府建设行政主管部门审批；

（三）市、县级风景名胜区的总体规划和详细规划，由同级人民政府审批。

跨行政区域的风景名胜区规划，按行政区划分别组织编制，并报其共同的上级人民政府建设行政主管部门统一协调后，按前款规定程序分别报批。

第二十一条 风景名胜区规划经批准后，应当向社会公布，任何组织和个人有权查阅。

风景名胜区范围内的所有开发建设项目应当服从风景名胜区规划管理，风景名胜区规划未经批准的，不得在风景名胜区内进行各类建设活动。

第二十二条 风景名胜区总体规划的规划期届满前2年，规划的组织编制机关应当组织专家对规划进行评估,作出是否重新编制规划的决定。在新规划批准前,原规划继续有效。

第二十三条 经批准的风景名胜区规划不得擅自修改。确需对风景名胜区总体规划中的风景名胜区范围、性质、保护目标、生态资源保护措施、重大建设项目布局、开发利用强度以及风景名胜区的功能结构、空间布局、游客容量进行修改的,应当报原审批机关批准;对其他内容进行修改的,应当报原审批机关备案。风景名胜区详细规划确需修改的,应当报原审批机关批准。

第四章 保 护

第二十四条 风景名胜区内的景观和自然环境,应当根据可持续发展的原则,严格保护,不得破坏或者随意改变。

风景名胜区管理机构应当建立健全风景名胜资源保护的各项管理制度,配备相应的管理人员及设施,落实保护措施和责任。

风景名胜区内的居民和游览者应当保护风景名胜区的景物、水体、林草植被、野生动物和各项设施。

第二十五条 对风景名胜区按其景观价值和保护需要,实行四级保护:

(一)一级保护区内可以设置必需的步行游赏道路和相关设施,不得建设与风景名胜区保护无关的设施;

(二)二级保护区内应当限制与风景游赏无关的建设;

(三)三级保护区内可以建设符合规划要求,与风景环境相协调的设施;

(四)四级保护区内应以绿化为主,可以建设符合规划要求,与旅游服务配套的基础设施。

一、二、三、四级保护区范围由风景名胜区管理机构依据风景名胜区规划详细标定。

第二十六条 对风景名胜资源按下列规定进行保护:

(一)建立古建筑、古园林、碑碣石刻及其他历史遗址、遗迹等文物古迹档案,划定保护范围,设立保护标志,成立文物保护组织或者明确专人负责,并落实避雷、防火、防洪、防震、防蛀、防腐、防盗等措施;

（二）保护植被，加强绿化，维护生态平衡，落实环境保护、护林防火和病虫害防治措施，并对重要景区、景点实施定期封闭轮休；

（三）对古树名木登记造册，落实保护复壮措施；

（四）划定生态保护区域，保护野生动植物及其栖息、生长环境；

（五）加强对地表水和地下水的管理，防止水体污染。

第二十七条 禁止在风景名胜区内进行下列活动：

（一）非法占用风景名胜资源或土地；

（二）开山、采石、开矿、开荒、修坟立碑等破坏景观、植被和地形地貌的活动；

（三）修建储存爆炸性、易燃性、放射性、毒害性、腐蚀性物品的设施；

（四）损坏文物古迹，在景物或者设施上刻划、涂污；

（五）砍伐、损毁古树名木或者擅自砍伐树木；

（六）捕猎野生动物和采集珍贵野生植物或者破坏野生动植物栖息、生长环境；

（七）在禁火区吸烟、生火、烧香点烛、燃放烟花爆竹；

（八）在非指定地点倾倒垃圾、污物。

第二十八条 未经相关行政主管部门批准，不得在风景名胜区从事下列活动：

（一）设立雕塑，捶拓碑碣石刻；

（二）恢复、建造、设立宗教活动场所或者塑造佛像、神像等宗教标志物；

（三）采伐树木、挖掘树桩（根）、放牧、采集药材和动植物标本；

（四）占用林地、土地或者改变地形地貌；

（五）筑路、围堰筑坝、截留取水。

相关行政主管部门在依法定程序批准前，应当征求风景名胜区管理机构的意见。

第二十九条 在风景名胜区内设置、张贴商业广告，举办大型游乐等活动，应当经风景名胜区管理机构审核后，依照有关法律、法规的规定报有关主管部门批准。

第三十条 在风景名胜区新建、改建和扩建各类项目，建设单位或者个人应当经风景名胜区管理机构审核后，方可按本条第二款规定申领风景名胜区建设选址审批书，并按照程序办理有关立项、规划建设、旅游、土（林）地使用、林木采伐、文物保护、环境保护等审批手续。

除国家另有规定外，申领风景名胜区建设选址审批书，按下列程序办理：

（一）属国家风景名胜区一级保护区内建设项目的建设选址审批书，由省人民政府审定；

（二）属国家风景名胜区二级保护区内所有建设项目和三级保护区内的重大建设项目以及省级风景名胜区一级保护区内的所有建设项目和二级保护区内的重大建设项目的建设选址审批书，由省人民政府建设行政主管部门审批；

（三）属国家风景名胜区三级保护区内的其他建设项目和四级保护区内的建设项目、省级风景名胜区二级保护区内的其他建设项目和三、四级保护区内的所有建设项目以及市、县级风景名胜区一级保护区内的所有建设项目的建设选址审批书，由市人民政府审定，并报省人民政府建设行政主管部门备案；

（四）属市、县级风景名胜区其他建设项目的建设选址审批书，由所在地人民政府建设行政主管部门审定。

前款规定的重大建设项目包括：

（一）专用公路、索道、缆车、水库、广播电视和通信设施；

（二）总建筑面积超过 $3000m^2$ 或者占地面积超过 $2000m^2$ 的建设项目；

（三）设置风景名胜区徽志的标志建筑；

（四）法律、法规规定的其他重大建设项目。

第三十一条　风景名胜区内的建设项目应当符合风景名胜区规划，并与景观相协调，不得破坏景观、污染环境、妨碍游览。

在风景名胜区内进行建设活动的，建设单位、施工单位应当制定污染防治和水土保持方案，并采取有效措施，保护好周围景物、水体、林草植被、野生动物资源和地形地貌。

第三十二条　对风景名胜区的国家专项拨款、地方财政拨款、国内外捐助以及风景名胜资源有偿使用收益，必须专款专用，并接受财政部门的监督检查。

风景名胜区内宗教寺庙的各种专项收入以及捐赠的使用，按国家有关规定执行。

第五章 利用和管理

第三十三条 风景名胜区管理机构应当建立健全风景名胜区管理制度，对风景名胜区的规划、利用、管理和保护进行综合监督检查，加强治安和安全管理，维护风景名胜区的正常管理秩序。

第三十四条 风景名胜区管理机构应当根据风景名胜区规划，合理利用风景名胜资源，改善交通、服务设施和游览条件。

风景名胜区管理机构应当在风景名胜区内设置风景名胜区标志和路标、安全警示等标牌。

第三十五条 风景名胜区管理机构应当根据风景名胜区的特点，保护民族民间传统文化，开展健康有益的游览观光和文化娱乐活动，普及历史文化和科学知识。

禁止超过允许容量接纳游客和在没有安全保障的区域开展游览活动。

第三十六条 风景名胜区内宗教活动场所的管理，依照国家有关宗教活动场所管理的规定执行。

风景名胜区内涉及自然资源保护、利用、管理和文物保护以及自然保护区管理的，还应当执行国家有关法律、法规的规定。

第三十七条 进入风景名胜区的门票，由风景名胜区管理机构负责出售。门票价格依照有关价格的法律、法规的规定执行。

风景名胜区内的交通、服务等项目，应当由风景名胜区管理机构依照有关法律、法规和风景名胜区规划，采用招标等公平竞争的方式确定经营者。

风景名胜区管理机构应当与经营者签订合同，依法确定各自的权利义务。经营者应当缴纳风景名胜资源有偿使用费。

第三十八条 风景名胜区的门票收入和风景名胜资源有偿使用费，实行收支两条线管理。

风景名胜区的门票收入和风景名胜资源有偿使用费应当专门用于风景名胜资源的保护和管理以及风景名胜区内财产的所有权人、使用权人损失的补偿。具体管理办法依照国家、省有关规定执行。

第三十九条 风景名胜区管理机构不得将规划、管理和监督等行政管理职能委托给企业或者个人行使。

风景名胜区管理机构的工作人员，不得在风景名胜区内的企业兼职。

第四十条 风景名胜区的所有单位、居民和进入风景名胜区的游人，必须遵守风景名胜区的各项管理规定，爱护景物、设施，保护环境，不得破坏风景名胜资源或者擅自改变其形态。

车辆进入风景名胜区，应按规定的路线行驶，在规定的地点停放。

第六章 法律责任

第四十一条 违反本办法规定的，由建设行政主管部门或者其他有关部门依据相关法律、法规、规章实施处罚。实施罚款处罚时，应当按照《罚款决定与罚款收缴分离实施办法》的规定执行。

第四十二条 人民政府和建设行政主管部门、风景名胜区管理机构和其他有关部门工作人员玩忽职守、滥用职权、徇私舞弊，构成犯罪的依法追究刑事责任；尚未构成犯罪的，依法给予行政处分。

第七章 附 则

第四十三条 本办法自发布之日起施行。1995 年 10 月 7 日日照市人民政府发布的《日照市风景名胜区管理暂行办法》同时废止。

十四、河南省

郑州市黄河风景名胜区管理办法

(2009年5月11日市人民政府第6次常务会议审议通过 2009年6月17日郑州市人民政府第182号令公布 自2009年7月1日起施行)

第一章 总 则

第一条 为加强郑州黄河风景名胜区管理，有效保护和合理开发、利用风景名胜资源，维护风景名胜区秩序，根据国务院《风景名胜区条例》规定，结合本市实际，制定本办法。

第二条 本办法适用于郑州黄河风景名胜区总体规划范围内各景区的规划、建设、保护、利用和管理工作。

郑州黄河风景名胜区（以下简称黄河风景区）包括五龙峰、汉霸二王城、桃花峪、岗李水乡、花园口、秦汉古城和大河村遗址等景区。

第三条 黄河风景区的建设和管理应遵循科学规划、统一管理、严格保护、永续利用的原则，弘扬黄河文化，发展旅游产业。

第四条 市人民政府设立的黄河风景区管理机构在市市政行政主管部门的领导和有关业务主管部门的指导下，负责市人民政府划归其管理的景区的规划、建设、保护和管理工作；其他景区的管理机构在黄河风景区管理机构的指导下，按照各自的职责负责本景区的规划、建设、保护和管理工作。

城市规划、建设、旅游、文物保护、国土资源、水行政、林业、环保等有关部门应当依照各自的职责加强对黄河风景区规划、建设、保护和管理工作的业务指导，惠济区、金水区、荥阳市人民政府及有关乡（镇）人民政府、街道办事处，应在各自职责范围内，配合做好黄河风景区的管理工作。

第五条 建立黄河风景区发展协调联席会议制度,研究制定黄河风景区的建设、保护与发展规划,加强各景区之间交流、沟通与合作。

第二章 规划与建设

第六条 市人民政府组织有关部门或县(市)、区人民政府根据《郑州黄河风景名胜区总体规划》编制黄河风景区内各景区的详细规划,并按规定程序报经批准。

《郑州黄河风景名胜区总体规划》和详细规划经批准后必须严格执行,未经原批准机关批准,任何单位和个人不得擅自变更。

第七条 市人民政府应将批准后的详细规划确定的范围及其外围保护地带向社会公布,并组织有关部门和单位按照批准的规划范围设置界线标志。禁止破坏或擅自移动景区界线标志。

第八条 景区建设应当符合《郑州黄河风景名胜区总体规划》和详细规划中确定的功能分区和规划布局,避免重复建设。

第九条 各级人民政府应安排一定的旅游专项资金用于景区旅游建设项目投资。

景区管理机构应当多渠道筹集资金,加快景区建设。

景区的旅游经营收入应当用于景区保护和建设。

第十条 在景区内进行下列活动,应当经景区管理机构审核后,依照有关法律、法规规定办理审批手续:

(一)占用土地、建设房屋或从事其他工程建设;

(二)设置、张贴商业广告;

(三)举办大型游乐等活动;

(四)改变水资源、水环境自然状态的活动;

(五)其他影响生态和景观的活动。

第十一条 在景区内禁止修建高度、体量、色调、风格等与周围景观和环境不相协调的建筑物、构筑物和设施,不得建设污染环境、妨碍游览、破坏景观的建筑物、构筑物和设施。

现有建筑物、构筑物、设施不符合前款规定的,应当按规划要求改造或拆除。

第十二条 景区详细规划区域内的旅游设施及道路、停车场等附属设施，由景区管理机构按照规划统一建设、管理。

第十三条 经批准在景区内施工的，必须采取有效措施，保护好山体、水体、林木、植被、名胜古迹、地质地貌。施工结束后，建设单位和施工单位必须及时清理场地，恢复环境风貌。

第三章 景区保护

第十四条 景区管理机构应当加强对景区景物、名胜古迹、古树名木、地质遗迹的保护，并建立档案，设置标志，制定保护措施。

第十五条 景区管理机构应当做好景区内植树造林、防火护林、湿地保护和林木病虫害防治工作，切实保护好林木、湿地、植被和动植物种的栖息、生长环境。

各级绿化委员会应根据义务植树计划每年在黄河风景区内安排一定的义务植树任务，绿化荒山，营造生态防护林，保护生态环境。鼓励单位和个人栽种纪念树、营造纪念林。

第十六条 景区管理机构负责景区内园林绿化的建设、养护和管理工作。

禁止砍伐、擅自移植景区内的林木；禁止破坏或损坏绿化植物及其设施。因建设等需要确需砍伐、移植林木的，按规定报林业行政主管部门批准。

第十七条 景区内的旅游车船应当使用清洁燃料。

禁止在景区内新建、改建大型燃煤炉灶、锅炉及其他污染景区环境的设施、设备。现有污染环境的设施、设备应当限期改造；无法改造或改造不合格的，应当予以拆除。

第十八条 景区内的居民和游览者应当爱护景区内的林木植被、野生植被和各项设施，遵守各项管理制度。

第十九条 在景区内禁止下列行为：

（一）破坏景物、景观、地质遗迹及旅游、服务、公共交通等设施；

（二）开山取土、取沙；

（三）垦荒种植农作物，放养家禽家畜，饲养或携带犬只；

（四）捕杀野生动物；

（五）在禁止烟火的区域内燃放烟花爆竹、吸烟、焚香、使用明火；

（六）焚烧垃圾、秸秆、沥青、树叶等；

（七）修建坟墓、墓碑；

（八）随地吐痰、便溺，乱扔垃圾；

（九）存放爆炸性、易燃性、放射性、毒害性、腐蚀性物品；

（十）乱搭乱建、乱堆乱放；

（十一）法律、法规、规章规定禁止的其他行为。

第四章　景区管理

第二十条　设在景区内的所有单位，应当服从景区管理机构对景区的统一规划和管理。

第二十一条　景区内应当设置规范的标示牌和指路牌，险要部位应当设置警示牌和必要的安全设施。

第二十二条　景区管理机构应当在景区显著位置设立旅游、服务投诉站点，公开投诉受理电话，方便游客投诉。

第二十三条　景区管理机构应当根据景区、景点的环境容量确定游览线路，做好旅游旺季游览者的疏导工作。

禁止任何单位和个人私带游客进入景区。

第二十四条　进入景区内的车船必须服从景区管理机构的管理，按指定的线路限速行驶，在规定的场所停放。机动车船禁止鸣笛。

景区内禁止使用高音喇叭或替代音响。

第二十五条　景区内的停车场，应按规定配建照明、通信、消防等设施，在明显位置设置符合要求的标志牌，公开管理制度，公示并按物价部门核定的收费项目和标准收费。

第二十六条　景区内的经营服务网点由景区管理机构依照规划采取公开招标等公平竞争的方式确定经营者。

景区管理机构应当与经营者签订合同，确定各自的权利义务。经营者应当按规定缴纳风景名胜资源有偿使用费。

景区内从事经营服务的单位和个人，在依法办理有关手续后，方可在指定地点和规定范围内从事经营活动。

第二十七条　在景区内从事经营服务的，应当遵守公平、自愿和诚实信用的原则，所提供的商品或服务应当明码标价。严禁欺诈、敲诈勒索、尾随兜售、强买强卖。

第二十八条 景区管理机构应当按照消防安全的要求，建立健全消防安全组织，完善消防设施，认真做好消防检查和管理工作。

各经营服务单位应当按照消防安全的规定和景区管理机构的要求做好消防安全工作。

第二十九条 景区管理机构应当定期对交通、游览设施进行监督检查。发现安全隐患的，应当责令经营服务单位及时进行维修，确保游客安全。

第三十条 景区管理机构应当作好文明游览的教育工作，制定游览注意事项，引导游人遵守公共秩序，爱护风景名胜资源，爱护公物。

第三十一条 黄河风景区管理机构应当依照有关法律、法规规定，加强对邙山黄河取水口、邙山提灌站、泵前沉沙池及其排泥场等的管理，确保城市供水和旅游协调发展。

禁止在饮用水源保护区内从事危害供水工程安全、污染饮用水源的活动。

第五章 罚 则

第三十二条 违反本办法规定，有下列行为之一的，由景区管理机构按照下列规定处罚：

（一）破坏植被、捕杀野生动物、破坏生态环境的，责令赔偿经济损失，并处以 2000 元以上 5000 元以下罚款；

（二）在景区内进行施工未采取有效措施，破坏周围环境的，责令停止违法行为、限期恢复原状或者采取其他补救措施，并处以 20000 元以上 50000 元以下罚款；逾期未恢复原状或者采取有效措施的，责令停止施工；

（三）有本办法第十九条第（一）（二）（三）（七）（十）项行为的，责令限期恢复原状或者采取其他补救措施，没收违法所得，并处 2000 元以上 5000 元以下的罚款；

（四）有本办法第十九条第（五）（六）项行为的，并处 50 元以上 200 元以下罚款；

（五）有本办法第十九条第（八）项行为的，责令立即清除，并处以 50 元罚款；

（六）有本办法第十九条第（九）项行为的，责令立即清除，并处以 5000 元以上 20000 元以下罚款；

（七）私带游客进入景区的，处以应收门票总额 2 倍的罚款，并责令游客补票；

（八）进入景区的车辆未按指定的线路行驶，或乱停乱放的，对机动车每辆处以 200 元以下罚款，非机动车每辆处以 20 元以下罚款；

（九）在景区内新建、改建大型燃煤炉灶、锅炉及其他污染景区环境的设施、设备的，处以 3000 元以上 10000 元以下罚款。

第三十三条 有本办法第十条行为，未经景区管理机构审核的，由景区管理机构按照国务院《风景名胜区条例》相关规定处罚。

第三十四条 在景区内违反其他法律、法规、规章规定的行为，有关部门可委托景区管理机构依照有关法律、法规、规章规定进行处罚；构成犯罪的，由司法机关依法追究刑事责任。

第三十五条 景区管理机构违反本办法规定的，由其主管部门责令改正，对责任人员给予行政处分。

景区管理机构工作人员玩忽职守、滥用职权、徇私舞弊、索贿受贿的，由其所在单位或有关部门依法给予行政处分；构成犯罪的，依法追究刑事责任。

第六章 附 则

第三十六条 本办法自 2009 年 7 月 1 日起施行。2003 年 9 月 1 日市人民政府发布的《郑州市黄河风景名胜区管理暂行办法》（市人民政府令第 129 号）同时废止。

"十一五"国家重点图书

风景园林手册系列

风景名胜区工作手册

（下册）

住房和城乡建设部风景名胜区管理办公室　编著

中国建筑工业出版社

目 录

下 册

- 十五、湖北省 …………………………………………………………… 775
  - 1. 湖北省风景名胜区管理办法 ………………………………………… 775
  - 2. 武汉东湖风景名胜区条例 …………………………………………… 780
  - 3. 湖北省武当山风景名胜区管理办法 ………………………………… 788
  - 4. 西山风景区管理办法 ………………………………………………… 794
- 十六、湖南省 …………………………………………………………… 800
  - 1. 湖南省风景名胜区管理条例 ………………………………………… 800
  - 2. 湖南省南岳衡山风景名胜区保护条例 ……………………………… 805
  - 3. 湖南省武陵源世界自然遗产保护条例 ……………………………… 811
  - 4. 岳麓山风景名胜区保护条例 ………………………………………… 819
  - 5. 湘西土家族苗族自治州猛洞河风景名胜区保护条例 ……………… 824
  - 6. 湖南省崀山风景名胜区保护条例 …………………………………… 832
  - 7. 湖南省紫鹊界梯田梅山龙宫风景名胜区保护条例 ………………… 837
- 十七、广东省 …………………………………………………………… 842
  - 1. 广东省风景名胜区条例 ……………………………………………… 842
  - 2. 广州市白云山风景名胜区保护条例 ………………………………… 849
  - 3. 广东省丹霞山保护管理规定（草案） ……………………………… 856
  - 4. 深圳经济特区梧桐山风景区管理办法 ……………………………… 861
- 十八、广西壮族自治区 …………………………………………………… 867
  - 1. 广西壮族自治区风景名胜区管理条例 ……………………………… 867
  - 2. 南宁市青秀山风景名胜区管理条例 ………………………………… 875
- 十九、重庆市 …………………………………………………………… 880
  - 1. 重庆市风景名胜区条例 ……………………………………………… 880
  - 2. 重庆市武隆喀斯特世界自然遗产保护办法 ………………………… 888
- 二十、四川省 …………………………………………………………… 895
  - 1. 四川省风景名胜区条例 ……………………………………………… 895

2. 四川省风景名胜区建设管理办法 …………………………… 905
  3. 四川省世界遗产保护条例 …………………………………… 910
  4. 阿坝藏族羌族自治州实施《四川省世界遗产保护条例》
     的条例 ………………………………………………………… 913
  5. 雷波县马湖风景名胜区管理办法 …………………………… 916

二十一、贵州省 ……………………………………………………… 924
  1. 贵州省风景名胜区条例 ……………………………………… 924
  2. 黄果树风景名胜区管理办法 ………………………………… 934
  3. 黔东南苗族侗族自治州潕阳河风景名胜区管理条例 ……… 937
  4. 红枫湖风景名胜区管理办法 ………………………………… 943
  5. 黔南布依族苗族自治州荔波樟江风景名胜区管理
     条例 …………………………………………………………… 945
  6. 贵州省风景名胜区详细规划编制报批管理办法（试行）
     ………………………………………………………………… 949

二十二、云南省 ……………………………………………………… 956
  1. 云南省风景名胜区管理条例 ………………………………… 956
  2. 昆明市石林风景名胜区保护条例 …………………………… 963
  3. 大理白族自治州大理风景名胜区管理条例 ………………… 969
  4. 滇池保护条例 ………………………………………………… 976
  5. 云南省三江并流世界自然遗产地保护条例 ………………… 985
  6. 云南省宁蒗彝族自治县泸沽湖风景区管理条例 …………… 990
  7. 昆明市九乡风景名胜区保护条例 …………………………… 995

二十三、陕西省 ……………………………………………………… 1001
  1. 陕西省风景名胜区管理条例 ………………………………… 1001
  2. 铜川市风景名胜区管理办法 ………………………………… 1007
  3. 陕西省华山风景名胜区条例 ………………………………… 1010
  4. 宝鸡天台山国家重点风景名胜区管理办法 ………………… 1019

二十四、甘肃省 ……………………………………………………… 1025
  麦积山风景名胜区保护管理条例 ……………………………… 1025

二十五、宁夏回族自治区 …………………………………………… 1028
  银川市西夏陵保护条例 ………………………………………… 1028

二十六、新疆维吾尔自治区 ………………………………………… 1033
  天山天池风景名胜区保护管理条例 …………………………… 1033

第五部分　风景名胜区相关法律

一、中华人民共和国城乡规划法 …………………… 1040
二、中华人民共和国文物保护法 …………………… 1053
三、中华人民共和国土地管理法 …………………… 1070
四、中华人民共和国环境保护法 …………………… 1086
五、中华人民共和国森林法 ………………………… 1093
六、中华人民共和国海洋环境保护法 ……………… 1102
七、中华人民共和国野生动物保护法 ……………… 1121
八、中华人民共和国环境影响评价法 ……………… 1127
九、中华人民共和国水法 …………………………… 1135
十、中华人民共和国水土保持法 …………………… 1149
十一、中华人民共和国水污染防治法 ……………… 1156

第六部分　风景名胜区相关法规和重要文件

一、历史文化名城名镇名村保护条例 ……………… 1174
二、自然保护区条例 ………………………………… 1183
三、野生植物保护条例 ……………………………… 1191
四、大型群众性活动安全管理条例 ………………… 1196
五、导游人员管理条例 ……………………………… 1202
六、国家城市湿地公园管理办法（试行） ………… 1206
七、导游人员管理实施办法 ………………………… 1209
八、关于加强和改善世界遗产保护管理工作的意见 ……… 1215
九、国家级非物质文化遗产保护与管理暂行办法 ………… 1219
十、国家发展改革委、财政部、国土资源部、住房和城乡建
　　设部、国家林业局、国家旅游局、国家宗教事务局、国
　　家文物局关于整顿和规范游览参观点门票价格的通知 …… 1223
十一、关于加强涉及自然保护区、风景名胜区、文物保护单位
　　　等环境敏感区影视拍摄和大型实景演艺活动管理的
　　　通知 ………………………………………………… 1226
十二、关于印发《国家级风景名胜区和历史文化名城保护补助

资金使用管理办法》的通知 …………………………………… 1229

第七部分　风景名胜区标准规范

一、风景名胜区规划规范 GB 50298—1999 …………………… 1234
二、风景名胜区分类标准 ………………………………………… 1266

第八部分　相关国际公约和重要文件

一、保护世界文化和自然遗产公约 ……………………………… 1278
二、生物多样性公约 ……………………………………………… 1289
三、国际湿地公约 ………………………………………………… 1310
四、濒危野生动植物物种国际贸易公约 ………………………… 1315
五、国际古迹保护与修复宪章 …………………………………… 1329
六、佛罗伦萨宪章 ………………………………………………… 1332
七、关于原真性的奈良文件 ……………………………………… 1336
八、巴拉宪章 ……………………………………………………… 1340
九、实施《保护世界文化和自然遗产公约》操作指南 ………… 1353

第九部分　中国风景名胜区事业大事记（1978～2009年）

中国风景名胜区事业大事记（1978～2010年） ………………… 1412

附　录

一、相关徽志 ……………………………………………………… 1582
　　国家级风景名胜区徽志 ……………………………………… 1582
　　国家级风景名胜区徽志矢量图 ……………………………… 1583
　　中国国家自然与文化遗产徽志 ……………………………… 1584
　　中国国家自然与文化遗产徽志矢量图 ……………………… 1585
　　中国国家自然遗产徽志 ……………………………………… 1586
　　中国国家自然遗产徽志矢量图 ……………………………… 1587
　　联合国教科文组织徽志 ……………………………………… 1588

世界遗产徽志 …………………………………………… 1588
　　中国世界遗产徽志 ……………………………………… 1588
二、国家级风景名胜区相关资料统计表 …………………… 1589
三、全国省级风景名胜区相关资料统计表 ………………… 1603
四、首批中国国家自然遗产、国家自然与文化遗产预备
　　名录 ……………………………………………………… 1634
五、第二批中国国家自然遗产、国家自然与文化遗产预备
　　名录 ……………………………………………………… 1636
六、中国世界遗产地一览表 ………………………………… 1637
七、风景名胜区山峰高程数据表 …………………………… 1646
八、相关国内组织机构名录 ………………………………… 1649
九、相关国际组织机构名录 ………………………………… 1656

十五、湖北省

1. 湖北省风景名胜区管理办法

(1997年3月20日湖北省人民政府第123号令发布　自公布之日起施行)

第一章　总　　则

第一条　为加强对风景名胜区的管理,更好地保护、开发和利用风景名胜资源,根据国家有关法律法规,结合本省实际,制定本办法。

第二条　本办法所称风景名胜区,是指风景名胜资源集中,自然环境优美,具有一定规模和游览条件,经县级以上人民政府审定命名、划定范围,供人们游览、观赏、休息和科学文化活动的区域。

风景名胜区根据其景物的观赏、文化、科学价值和环境质量、规模大小、游览条件等,划分为市、县级风景名胜区、省级风景名胜区、国家重点风景名胜区。

第三条　县级以上人民政府建设行政主管部门主管本行政区域内风景名胜区工作。

县级以上人民政府设置的风景名胜区管理机构,具体负责风景名胜区的管理工作。

第四条　风景名胜区所在地人民政府,应加强对风景名胜区的统一规划和管理,组织协调有关部门的关系,保持风景名胜区内原有各单位的业务渠道不变,照顾其隶属关系,维护其合法权益。

第五条　在风景名胜区的建设管理、保护工作中做出显著贡献的单位和个人,由人民政府或者有关主管部门予以奖励。

第二章　规　　划

第六条　风景名胜区必须编制规划。风景名胜区规划应在人民政府领导下，由建设行政主管部门会同有关部门组织编制。

第七条 编制风景名胜区规划应遵循以下原则：

（一）遵循国家有关保护和开发风景名胜资源法律法规，正确处理保护与利用、远期与近期、整体与局部的关系；

（二）保持自然、人文景观的原始风貌，维护景区生态平衡，各项建设设施与景区环境协调；

（三）风景名胜区的开发和建设，与经济发展水平相适应，充分发挥风景名胜区的环境效益、社会效益和经济效益；

（四）科学评价风景名胜资源的特点和价值，突出风景名胜区的特色。

第八条 风景名胜区规划分总体规划和详细规划。

总体规划内容包括：风景名胜区性质与规划原则，景区范围及外围保护地带，景区和功能分区划分，游览接待容量，游览路线，统筹安排公用、服务及其他设施，保护和开发利用风景名胜资源的措施，投资和效益估算。

详细规划内容包括：景区各项建设方案，环境保护规划和景点保护措施，各项建设用地范围、建筑密度和高度控制指标，基础设施，游览和服务设施。

第九条 风景名胜区规划实行分级审批制度。

（一）市、县级风景名胜区规划，由市、县人民政府建设行政主管部门报市、县人民政府审批，并报省建设行政主管部门备案。

（二）省级风景名胜区规划，由所在市、县人民政府报省人民政府审批，并报建设部备案。

（三）国家重点风景名胜区规划，由省人民政府报国务院审批。

第十条 风景名胜区规划经批准后，由风景名胜区所在地县级以上人民政府公布，并组织有关部门和单位按照批准的范围设立界碑或其他标志。

第十一条 任何单位和个人不得擅自改变经批准的风景名胜区规划及外围保护地带的界线。确需调整和修改的，必须经原审批机关批准。

第十二条 在各级森林公园、自然保护区、国有林场和其他林业单位或国有林地建立风景名胜区，或将这些单位和区域划入风景名胜区的，不得变更权属关系，如确因统一建设需要须改变权属关系的，应严格按照法律法规和省人民政府有关规定办理审批手续。

第三章 建 设

第十三条 风景名胜区内的各项建设，必须符合规划要求，并严格按照国家有关规定履行审批手续。

第十四条 风景名胜区各项建设，实行建设选址审批制度。建设选址审批书由建设单位填写，经风景名胜区管理机构审查同意后，按风景名胜区级别，分别报经市（县）、省和国家行政主管部门审批。

第十五条 下列建设项目应从严控制，严格审查：

（一）公路、索道与缆车；

（二）大型文化、体育与游乐设施；

（三）旅馆、饭店；

（四）摩崖石刻、露天照相；

（五）设置中国国家风景名胜区标志的建筑；

（六）省建设行政主管部门认定的其他重大建设项目。

第十六条 风景名胜区的中心景点和重要景区不得修建旅馆、饭店等设施。

第十七条 任何单位和个人在风景名胜区内修建临时建筑物，必须经风景名胜区管理机构批准，临时建筑物使用期满必须拆除。禁止在临时用地上修建永久性建筑物。

第十八条 经批准在风景名胜区进行建设、施工作业必须采取有效措施，做到文明施工、封闭施工，保护景物及周围的林木、植物、水体、地貌，不得造成污染和破坏。施工结束后，必须及时清理场地，恢复环境原貌。

第四章 保 护

第十九条 风景名胜区应当建立健全景区内各项保护制度，落实保护措施和责任制。在景区入口处和主要景点，应当设立说明和保护标牌。

第二十条 任何单位和个人都不得非法侵占风景名胜区的土地。禁止以任何名义和方式转让或变相转让风景名胜区内的土地。

第二十一条　风景名胜区管理机构和有关部门应当对风景名胜区内的古树名木、古建筑、历史遗迹、文物古迹、摩崖石刻等进行登记、建立档案、设立标志，加强保护。

第二十二条　风景名胜区管理机构和有关部门应当做好植树绿化、封山育林、护林防火和防治病虫害工作，防止各种自然灾害，保持良好的生态环境。

第二十三条　禁止任何单位和个人在风景名胜区内从事下列活动：

（一）开山取石，挖沙掘土；

（二）砍伐古树名木、风景林木，攀折花木，毁林垦荒；

（三）捕猎、惊扰野生动物；

（四）排泄、排放污染环境的废水、废气、废渣、噪声；

（五）建造坟墓；

（六）损坏文物，在景物上刻画、涂写；

（七）在山林中燃烧篝火、燃放鞭炮；

（八）其他可能危害风景名胜资源的活动。

第五章　管　　理

第二十四条　风景名胜区管理机构应做好文明游览的宣传教育工作，按规定组织游览活动，加强安全和治安，维护游览秩序。

第二十五条　凡进入风景名胜区的各种交通工具，均应遵守景区内交通秩序，按规定路线和地点运营、行驶和停放。

第二十六条　在风景名胜区内从事经营活动的单位和个人，必须经风景名胜区管理机构批准，依法办理营业执照等有关手续，并在指定地点亮照经营。

第二十七条　在风景名胜区从事导游职业的，必须经有关部门培训和考核发证，并经风景名胜区管理机构同意。禁止无证导游或随意抬高导游价格。

第二十八条　风景名胜区内的门票等经营性服务收费标准按《湖北省经营性服务价格管理办法》执行。

对在风景名胜区从事经营活动的单位和个人收取风景名胜资源有偿使用费，由省建设行政主管部门提出意见，报省财政厅、省物价局按规定程序办理审批手续。

第二十九条 风景名胜区应当建立健全档案制度,对风景名胜区的沿革、资源、范围等情况进行记载并按规定妥善保存。

第六章 法律责任

第三十条 对违反本办法规定的,由有关部门或风景名胜区管理机构按下列规定处理。

(一)违反本办法第十七条规定的,责令限期退出所占土地,拆除违章建筑,恢复原状,并按占地面积处以每平方米 30 元以下罚款。不能恢复原状的经上级建设主管部门批准,可按占地面积处以每平方米 100 元至 200 元罚款;

(二)违反本办法第十八条规定的,责令限期改正,并处以 1000 元以上、30000 元以下罚款;

(三)违反本办法第二十条规定的,责令限期改正,没收非法所得,责令赔偿经济损失,并处以 1000 元以上、30000 元以下罚款;

(四)违反本办法第二十三条第(一)、(二)、(三)、(四)、(五)项规定的,责令其停止破坏活动,限期恢复原状,并处以 5000 元以下罚款;不能恢复原状的,应赔偿经济损失并处以 30000 元以下罚款;

(五)违反本办法第二十三条第(六)项规定,致使文物毁损、古树名木致死的,除责令其赔偿经济损失外,经上级行政主管部门批准,可处以 3000 元以下罚款;

(六)违反本办法第二十三条第(七)、(八)项规定的,予以警告,并处以 1000 元以上、5000 元以下罚款;

(七)违反本办法第二十五、第二十六条、第二十七条规定的,予以警告,并可处以 1000 元以上、5000 元以下罚款。

第三十一条 实施本办法的罚没收入,一律按《湖北省罚没收入管理办法》的规定处理。

第三十二条 建设行政主管部门及风景名胜区管理机构的工作人员玩忽职守、滥用职权、徇私舞弊的,由其所在单位或者上级主管部门给予行政处分。

第三十三条 违反本办法规定,情节严重,构成犯罪的,由司法机关依法追究刑事责任。

第三十四条 当事人对行政处罚不服的，可以依法申请复议或向人民法院起诉。逾期不申请复议，不起诉，又不履行处罚决定的，作出处罚决定的机关可以申请人民法院强制执行。

第七章 附 则

第三十五条 本办法应用中的问题，由省建设行政主管部门负责解释。

第三十六条 本办法自发布之日起施行。

2. 武汉东湖风景名胜区条例

（2007年7月26日武汉市第十二届人民代表大会常务委员会第四次会议通过 2007年9月29日湖北省第十届人民代表大会常务委员会第二十九次会议批准 自2008年1月1日起施行）

第一章 总 则

第一条 为了加强对东湖风景名胜区的管理，有效保护和合理利用风景名胜资源，根据国务院《风景名胜区条例》和有关法律、法规，制定本条例。

第二条 本条例适用于东湖风景名胜区（以下简称风景区）的规划、保护、利用和管理。

风景区的范围以国务院批准的《武汉东湖风景名胜区总体规划》（以下简称风景区总体规划）划定的范围为准，由市人民政府予以公示，并标界立碑。

第三条 风景区的保护、利用和管理应当遵循科学规划、统一管理、严格保护、永续利用的原则。

第四条　市人民政府应当将风景区的保护和建设纳入全市国民经济和社会发展规划，加强基础设施建设，保护风景名胜资源。

第五条　市人民政府设立风景区管理机构，作为市人民政府的派出机构，按照市人民政府规定的职责对风景区实施统一管理。

市有关行政主管部门或其派驻风景区的分支机构、派出机构，应当按照各自职责，做好风景区的保护和管理工作。

市有关行政主管部门在风景区内派驻的分支机构、派出机构，应当接受风景区管理机构的领导。

第六条　风景区管理机构依法实施行政许可，应当简化办事程序，提高办事效率，方便当事人。

风景区管理机构应当将有关行政许可事项、依据、条件、数量、程序、期限，需要提交的全部材料目录和行政许可申请书示范文本等在其办公场所及网站上公示。

风景区管理机构应当依法受理行政许可申请并实行许可时限承诺制度。

第七条　风景区内依法实施相对集中行政处罚权，其具体实施办法，由市人民政府另行制定。

第八条　任何单位和个人不得破坏风景区内的风景名胜资源和设施；并有权制止、举报破坏风景名胜资源和设施的行为。

市人民政府或者风景区管理机构对风景名胜资源的保护、开发、建设、利用等做出突出贡献的单位和个人予以表彰和奖励。

第二章　规划与建设

第九条　风景区总体规划、详细规划按照国务院《风景名胜区条例》的规定进行编制。经批准的风景区总体规划、详细规划是风景区保护、建设、管理和利用的依据。任何单位和个人在风景区内开展相关活动，都应当遵守风景区总体规划、详细规划，服从规划管理。

第十条　风景区管理机构应当及时公开经批准的风景区总体规划、详细规划等信息，任何组织和个人有权查阅。

第十一条　经批准的风景区总体规划、详细规划不得擅自修改。确需对风景区总体规划、详细规划进行调整或变更的，由风景区管理机构会同市规划行政主管部门提出修改意见，广泛征求社会意见，经专家论证并报市人民政府同意后,向法定编制机关提出修改建议。

经修改的风景区总体规划、详细规划在实施中对公民、法人或者其他组织造成财产损失的,应当依法给予补偿。

第十二条 市有关行政主管部门编制有关专业规划涉及风景区的,应当符合风景区总体规划、详细规划,并应当征求风景区管理机构的意见。

第十三条 风景区管理机构应当按照风景区总体规划、详细规划,编制景点和基础设施建设年度计划。

风景区景点和基础设施建设年度计划应当纳入全市城市建设计划。

第十四条 在风景区内的建设项目(包括新建、改建、扩建,下同),必须坚持保护优先,开发建设服从保护的原则,并符合下列条件:

(一)符合风景区总体规划、详细规划和土地管理的规定;

(二)建筑物、构筑物的布局、高度、体量、造型和色彩等应与周围景点和环境相协调,不破坏风景区的景观;

(三)符合环境保护管理规定,不破坏风景区自然资源和生态环境;

(四)法律、法规规定的其他条件。

第十五条 任何单位和个人在风景区内从事建设活动,应当持申请报告、建设项目基本情况说明、地形图及相关文件向风景区管理机构提出申请。

风景区管理机构受理建设项目申请后,应当组织相关部门依据风景区总体规划、详细规划和相关法律、法规对建设项目进行审核。建设项目经风景区管理机构审核后,方可依照有关法律、法规的规定办理审批手续。

第十六条 修建缆车、索道等重大建设工程的选址方案,经风景区管理机构审核后,按照法定程序报国务院建设行政主管部门批准。

第十七条 风景区内建设项目必须按照规定标准配套进行绿化。

第十八条 在风景区进行建设活动的建设单位和施工单位应当制定污染防治和水土保持方案;施工作业时,应当严格依照污染防治和水土保持方案进行施工,采取有效措施,做到封闭施工、文明施工,保护好周围景物、水体、林草植被、野生动物资源和地形地貌,不得造成污染和破坏。施工结束后,应当及时清理场地,恢复环境原貌。

第十九条 风景区内禁止建设污染环境、破坏生态、景观的企业和设施。

风景区核心景区内禁止建设旅馆、招待所、培训中心、休(疗)养院以及与风景名胜资源保护无关的其他建筑物。

除必需的保护和附属设施外,在风景区重点景点、景物周围不得兴建其他设施。

第二十条 风景区内村民住宅建设应当适当集中、合理布局,并与周围景观、环境相协调。

任何单位和个人不得在风景区内违法审批、违法建设村(居)民住宅。

第二十一条 市人民政府应当根据风景区总体规划,对风景区外围保护地带的景观特色、生态环境和污染防治等提出要求,由有关区人民政府负责实施。

第三章 保 护

第二十二条 风景区管理机构应当建立风景名胜资源保护的各项管理制度;对风景区的历史沿革、资源状况、范围界线、生态环境、设施建设、接待游览等情况进行调查统计,形成完整的档案资料,并妥善保存;提供利用。

第二十三条 风景区管理机构应当标明核心保护区,设立景物、景点、景区保护说明标牌,对文物古迹、古树名木等重要景观登记造册,悬挂标牌,制定相应的保护措施,切实保护风景区的风景名胜资源。

第二十四条 风景区管理机构应当对风景区内湖泊进行勘界,划定湖泊规划控制范围,设立保护标志,标明保护范围和责任单位。

第二十五条 市人民政府应当组织市相关行政主管部门编制东湖水域综合整治规划,采取完善管网设施、清淤、生态修复等措施,改善东湖水质。

市环境保护行政主管部门应当定期对东湖水域水体进行监测,并将监测结果及时予以公布。

第二十六条 风景区管理机构应当加强对东湖水体的保护力度,

保持东湖水域清洁，防止污染，不断提高东湖水域水质。

第二十七条 禁止将未经处理，或者经处理未达到规定排放标准的生产、生活废水，直接或者间接排入东湖水体。东湖水域范围内禁止新增排污口。现有的排污口，排放污水超过规定排放标准的，应当限期治理；逾期不治理或者治理未达标的，应当关闭。

第二十八条 任何单位和个人不得占用、围圈、填堵、分割东湖水体、水面。因景观和基础设施建设确需利用东湖水体、水面的，风景区管理机构应当组织论证，并报经市人民政府同意。

第二十九条 在东湖水域内行驶的船舶，应当实行总量控制，采用清洁能源，并遵守内河船舶管理规定和风景区的有关规定。

风景区管理机构应当采取有效措施，限期淘汰东湖水域内现有非清洁能源船舶。

第三十条 在东湖水域从事船舶营运和其他生产、经营活动，不得污染东湖水体。

东湖水域内从事渔业养殖的单位和个人应当采取有利于保护水体的渔业养殖模式，不得投入饵料喂养，做到合理放养。

第三十一条 风景区内的单位和个人所产生的生活垃圾和其他固体废物，应当按风景区管理机构规定的地点和方式倾倒，不得倒入东湖水体，不得堆放在景点、景物周围和道路两侧。

第三十二条 风景区管理机构应当加强风景区山林防火管理，建立专业防火队伍，建设防火设施，制定相应的防火制度和预案，确保山林安全。

第三十三条 任何单位和个人不得擅自采挖风景区内苗木、花草、药材、竹笋、果实及珍稀植物。因科研、教学需要，采集标本、野生药材及其他林产品的，需经风景区管理机构审核，并在指定地点限量采集。

第三十四条 在风景区内进行下列活动，应当经风景区管理机构审核后，依照有关法律、法规的规定报有关行政主管部门批准：

（一）挖掘、占用道路；

（二）临时占用绿地；

（三）更新、砍伐或者修剪树木和移植古树名木；

（四）举办大型游乐等活动；

（五）设置、张贴户外广告；

（六）改变水资源、水环境自然状态的活动；
（七）其他可能影响生态和景观的活动。
第三十五条 在风景区内禁止下列行为：
（一）开山、采石、开矿、开荒、修坟立碑等破坏景观、植被和地形地貌的活动；
（二）修建储存爆炸性、易燃性、放射性、毒害性、腐蚀性物品的设施；
（三）非法捕猎鸟类等野生动物；
（四）砍伐古树名木、风景林木，毁坏绿地；
（五）在禁火区内用火；
（六）焚烧垃圾、枯枝落叶等废弃物；
（七）在景物或者设施上刻画、涂污；
（八）其他破坏风景名胜资源的行为。

第四章 利用和管理

第三十六条 风景区管理机构应当根据风景名胜资源的自然特性和文化内涵，开展游览观光、水上娱乐、度假休闲等健康有益的活动，培育特色旅游活动，普及历史文化和科学知识。

第三十七条 风景区管理机构应当会同市旅游行政主管部门编制风景区旅游资源利用和风景区旅游业发展规划、风景区旅游宣传计划，合理利用风景区旅游资源。

风景区管理机构应当在风景区内设置方便游览的导游国际标识和公共信息图形标识以及风景名胜区标志，完善旅游服务设施，增强旅游服务功能。

第三十八条 风景区管理机构应当采取措施，引导、扶持风景区内单位、个人调整产业结构，发展符合风景区规划的旅游服务业、生态农业。

第三十九条 风景区管理机构应当制定风景区旅游经营的具体规定，规范旅游经营者行为，维护旅游者和旅游经营者的合法权益。

第四十条 风景区管理机构应当科学确定各景区、景点的环境容量、游览接待容量和游览线路，保护风景区生态环境，保持良好的旅游秩序。

第四十一条　风景区管理机构应当加强风景区内的安全管理，制定突发事件应急预案，明确救助机构和救助人员职责；在危险处设置安全警示等标牌和防护设施；督促有关单位建立健全安全生产制度，做好安全防范工作。

禁止超过允许容量接纳游客和在没有安全保障的区域开展游览活动。

第四十二条　风景区内经营服务网点由风景区管理机构统一规划布局，并根据风景名胜资源的承载能力和保护的需要，实行总量控制。

凡需在风景区内从事经营活动的单位和个人，其经营场所、地点和服务内容，应当符合风景区商业网点规划，并报经风景区管理机构审核同意。

经批准从事经营活动的单位和个人，应当在指定地点、区域和核准的营业范围内依法经营、文明经商；禁止擅自搭棚、设摊、设点、扩面经营、出店经营。

第四十三条　风景区内各类景区、景点（含主题公园）的门票价格由风景区管理机构报市价格行政主管部门按照法律、法规规定批准后执行。

第四十四条　风景区内依托风景资源从事经营活动的单位和个人，应当依法缴纳风景资源有偿使用费，具体办法由市人民政府另行制定。

第四十五条　风景区门票收入和风景资源有偿使用费实行收支两条线管理。

第四十六条　在东湖水域开展水上训练、竞赛等活动，应当经风景区管理机构审核同意，并在划定的水域进行。

第四十七条　风景区内用于观光游览等经营服务的车辆、船舶应当经风景区管理机构审核，并依法检验合格，取得有关行政主管部门颁发的相应证书后，方可营运。

观光游览服务的船舶必须配备必要的安全、卫生设施，保持船舶整洁，按照指定航线航行，在规定码头停靠。

观光游览服务车辆应当采用清洁能源，保持车体清洁，按照指定的路线行驶，在规定的地点停放。

第四十八条　风景区内从事观光游览服务的车辆、船舶驾驶员，应当取得有关行政主管部门核发的驾驶和营运证（照）。禁止无证营运、无证驾驶。

第四十九条 市人民政府应当组织有关部门完善风景区外围路网建设，合理分流风景区内的过境车辆。

公安机关应当加强风景区内治安和道路交通管理，控制车辆流量，采取有效措施，保障游客的生命、财产安全。

第五十条 风景区管理机构不得从事以营利为目的的经营活动，不得将规划、管理和监督等行政管理职能委托给企业或者个人行使。

风景区管理机构工作人员，不得在风景区内的企业兼职。

第五章 法律责任

第五十一条 违反本条例规定，国务院《风景名胜区条例》有相应处理规定的，按照其相关规定处理。

第五十二条 违反本条例的规定，有下列行为之一的，由风景区管理机构按照下列规定予以处理：

（一）擅自在东湖水域开展水上训练、竞赛等活动的，责令其停止该行为，并处以一千元以上一万元以下的罚款；

（二）占用、围圈、填堵、分割东湖水体、水面的，责令其停止违法行为，限期恢复原状，没收违法所得，并处以五万元以上十万元以下的罚款；情节严重的，并处以十万元以上二十万元以下的罚款；

（三）在风景区禁火区内用火的，对行为人处以一千元以上一万元以下的罚款；

（四）在风景区内擅自搭棚、摆摊设点、扩面经营或者出店经营的，责令其停止违法行为，并处以五百元以上五千元以下的罚款；

（五）未经风景区管理机构审核同意，利用车辆、船舶擅自在风景区内从事观光游览经营服务的，责令其停止违法行为；拒不改正的，暂扣车辆、船舶，并可处以五百元以上五千元以下的罚款；

（六）从事观光游览服务的车辆、船舶，未按规定线路行驶或者未在规定地点停放的，处以二百元以下罚款。

第五十三条 从事生产经营的单位、个人，未遵守安全管理规定，超容量接纳游客或者在无安全保障区域开展游览活动的，由风景区管理机构责令其停止违法行为，限期改正；拒不改正的，责令停业整顿。

第五十四条 违反本条例其他规定的，依照相关法律、法规的规定予以行政处罚。

第五十五条 违反本条例的规定，侵害国家、集体或者个人合法权益的，依法承担民事责任；构成犯罪的，依法追究刑事责任。

第五十六条 风景区管理机构、有关行政管理部门及其工作人员违法或者不当履行管理职责，有下列行为之一的，应当依照法律、法规和有关行政过错责任追究的规定予以追究责任；构成犯罪的，依法追究刑事责任：

（一）越权审批、违反规划审批的；

（二）未及时查处违法行为的；

（三）其他不履行或者不当履行管理职责的行为。

第六章 附　　则

第五十七条 九峰城市森林保护区中未纳入风景区范围的区域，参照本条例有关规定实施管理。

第五十八条 本条例自2008年1月1日起施行。1997年11月20日武汉市第九届人民代表大会常务委员会第三十六次会议通过，1998年1月10日湖北省第八届人民代表大会常务委员会第三十二次会议批准的《武汉东湖风景名胜区管理条例》同时废止。

3. 湖北省武当山风景名胜区管理办法

（2008年10月13日省人民政府常务会议审议通过《湖北省人民政府关于修改〈湖北省武当山风景名胜区管理办法的决定〉》 自2008年12月1日起施行）

第一章 总　　则

第一条 武当山风景名胜区是国家重点风景名胜区。为了加强对武当山风景名胜区的保护和管理，发展旅游事业，根据《中华人民共和国文物保护法》、《中华人民共和国森林法》和《风景名胜区条例》等有关法律、法规的规定,结合武当山风景名胜区实际情况,制定本办法。

第二条 武当山风景名胜区,系指经国务院原则同意划定的风景名胜区的保护范围。

第三条 本办法适用于武当山风景名胜区(以下简称风景区)的管理。

第四条 风景区内的自然风貌、文物古迹、园林建筑等必须依法保护和管理。风景区内的游客和其他人员应当遵守风景区的有关规定,保护风景名胜资源,爱护风景区内的各项公共设施,自觉维护风景区的环境卫生和公共秩序。

第二章 管理机构和职责

第五条 武当山旅游经济特区管理委员会(以下简称特区管委会)在所辖行政区划范围内行使县级人民政府的管理职权,负责风景区的保护、管理、开发、利用、规划和建设。特区管委会的主要职责是:

(一)贯彻执行有关法律、法规,负责本办法的实施;
(二)领导风景区所属各部门的工作;
(三)采取有效措施,保护风景区内的风景名胜资源;
(四)负责风景区内文物、古建筑保护及维修等管理工作;
(五)负责宗教活动场所的管理工作并保护其合法权益;
(六)根据批准的《武当山风景名胜区总体规划》,编制和实施各景区的详细规划,对风景区内新建、扩建和改建项目依法进行管理;
(七)开发利用风景名胜资源,建设、维护、管理风景区交通、通信、电力、供水等基础设施和公共设施;
(八)按照合理的环境容量和物资技术条件发展旅游事业,负责风景区内的安全、城建监察、交通、环境卫生、食品卫生和服务业管理等;
(九)保护风景区内各种经济组织的合法权益;
(十)上级人民政府赋予的其他职责。

第六条 特区管委会内设的景区管理职能部门具体负责一、二级保护范围内风景区（以下简称核心景区）的统一管理工作。

特区管委会内设的其他职能部门受特区管委会的统一领导，业务上接受上级主管部门的指导，依照法律、法规、规章的规定开展工作。按照垂直管理原则设立的派出机构，接受上级主管部门的领导。

第三章 文物古迹的保护

第七条 对风景区内的古建筑，包括古墓葬、古遗址、石窟、石刻、壁画、碑碣、亭、台、井、池、河、桥等文物古迹及其附属物，以及革命史迹和有纪念意义的各类建筑物等，应当依法予以保护。已列入各级重点保护的文物单位，应严格按照依法划定的保护范围和建设控制地带进行保护管理。

第八条 已列为文物保护单位的古建筑，任何单位和个人不得随意占用，已被占用的必须限期退出，由特区管委会文物行政管理部门管理。经批准使用、管理或临时借用文物建筑的单位，应当接受特区管委会有关职能部门的指导和监督，负责古建筑的维修保养和附属文物的安全，并对其负责管理的文物逐件登记造册，由特区管委会文物行政管理部门报上级文物行政管理部门备案。

在既属于文物又是宗教活动场所的地方从事宗教活动，应当遵守有关法律、法规、规章，并依法做好文物保护工作。

第九条 所有文物保护单位，对文物进行保养、修缮或拆迁复原时，应当由特区管委会按文物保护级别报经上级文物行政管理部门批准，并严格遵守不改变文物原状的原则，切实按照有关工程技术规范实施。

第十条 各文物保护单位和文物收藏机构，应建立健全防火、防盗等岗位责任制，对火源、电源以及避雷设施等实行严格管理，并配置必要的消防、报警设备。文物库房应当做到防火、防盗、防潮、防蚀。

严禁在文物保护单位及附近存放易燃易爆物品、毒害性物品、放射性和腐蚀性物品。

严禁刻画、涂污、盗取、毁坏文物古迹和革命史迹。

严禁在各文物景点出售、燃放烟花爆竹。焚香化纸必须在指定的地点进行，并有专人看管。

第四章 自然景物的保护

第十一条 风景区的自然资源，应在调查、鉴定的基础上划定保护范围，列出保护重点，制定保护措施，加强保护和管理。各景区、景点、景物可分别设立醒目的说明和标牌，并做到因地制宜，与周围景观相协调。

第十二条 建立健全风景区植树绿化、封山育林、护林防火、防治病虫害、保护野生动物以及其他各项管理制度，切实保护好风景区的自然景物。

第十三条 在核心景区内不得划分自留山、责任山，村民应有计划地向外迁移。风景区内禁止毁林垦荒，对风景区内已开垦土地应当逐步停耕还林。

任何单位和个人都不得非法侵占风景区内的土地，禁止以任何名义或方式非法转让风景区内的土地。

第十四条 加强对风景区森林资源管理，严禁乱砍滥伐；重点保护范围内的林木，确需修剪或更新性质的采伐的，应经特区管委会有关职能部门同意，并报林业主管部门批准，获得采伐许可证后方可进行。

在核心景区内，严禁野外用火、室外吸烟，生产、生活应使用沼气、煤气等污染较小的燃料。

第十五条 风景区内的古树名木，应登记挂牌、建立档案，严加保护。切实做好病虫害和其他自然灾害的预防工作，防止游人、施工人员等损害古树名木。

第十六条 切实保护好野生动物的生存环境，严禁在风景区内进行猎捕和其他妨碍野生动物生存和繁衍的活动。因科学考察研究，确需采集动、植、矿物等标本的，必须先经特区管委会有关职能部门审核，再按程序报有关行政主管部门批准后，在指定范围内限量采集。

风景区内的经营单位和个人不得捕杀、储藏、加工、运输或经营野生动物。

第十七条 严禁在核心景区开山采石、挖坡取土、滥挖药材、采集花草以及进行其他破坏地形地貌、植被的活动。确因建设、维护工程需要就地取用的沙石料，应当在指定的地点限量采取，但不得进行剧烈爆破，影响自然景物和人文景观的安全。

第十八条 特区管委会应当加强风景区内环境、公共卫生等方面的管理，建立健全有关管理制度并认真加以落实。

第五章 规划建设

第十九条 风景区内一切工程建设，必须按照《武当山风景名胜区总体规划》实施，任何单位和个人不得擅自变更。其工程建设项目必须符合规划要求。与工程建设有关的手续必须经特区管委会有关职能部门审核后，再依照有关法律、法规的规定办理审批手续。风景区建设和景点配套设施，必须按明、清建筑风格规划设计。屋顶、屋面不得采用黄色，高度不得超过规定的标准。

任何单位和个人不得在核心景区内新建、扩建、改建与风景名胜资源保护无关的建筑物，从事禁止范围以外的建设活动，应经景区管理职能部门审查同意后，依照有关法律、法规的规定办理审批手续。

第二十条 凡不按批准的建筑设计图纸施工，变动布局，增加层次，改变建筑风格的建筑物和未经报批以及审批手续不全而施工的工程，一律按违章建筑处理。

第二十一条 风景区内各项建筑项目在施工过程中，必须采取有效措施，保护周围的林木、植被、水体及地貌等，不得造成污染和破坏。施工结束后，必须及时清理场地，需要绿化的，应当及时绿化。

风景区内凡属污染环境、破坏自然景物和人文景观、严重妨碍游览活动的设施和建筑物，应限期治理和逐步迁出。

第二十二条 严格控制风景区内的经营服务网点总体容量。核心景区内的经营服务网点，由特区管委会根据风景区规划统一规划布局，并与周围景物、景观相协调。工商行政主管部门在核发营业执照时，应当执行核心景区经营服务网点规划。

在风景区内从事经营活动的单位或个人，应当在指定地点、区域内依法经营。禁止擅自搭棚、摆摊设点、扩面经营或出店经营。

第二十三条 风景区内的门票（包括进山门票、各景点门票）由特区管委会统一管理。门票的制价、调价，必须首先报经特区管委会审查同意后，按规定报有关部门审批。

第二十四条 武当山风景名胜区的风景名胜资源依法实行有偿使

用制度，对在风景区内从事经营活动的所有单位和个人收取风景名胜资源有偿使用费。在风景区进行建设的单位和个人，除直接用于公用基础设施建设的投资外，必须依照有关规定缴纳公用基础设施配套费。

风景名胜资源有偿使用费、公用基础设施配套费主要用于风景区的景观维护和建设、环境保护、基础设施建设等方面。具体收费标准和使用办法，由特区管委会提出方案，按程序报经省财政、物价部门批准后实施。

第六章 道路交通管理

第二十五条 风景区旅游公路和古神道两旁3m以内，严禁堆放杂物，搭棚摆摊，严禁在公路上打场晒粮。

严禁在公路两侧法定间距内修建永久性固定设施。

第二十六条 旅游公路及其会车镜、防护栏等配套设施，古神道及其沿途石阶、栏杆、扶手、标识、标牌及音响、线路、照明等公共服务设施应当严加保护，任何单位和个人不得侵占、挪移和破坏。

第二十七条 公安机关可在风景区适当的地方设立交通执勤点，负责风景区内的交通安全。进入风景区内的所有车辆，必须自觉遵守有关交通法规，服从统一管理。

第二十八条 交通管理部门和特区管委会应当加强对旅游线路的养护工作，并在危险地带设置安全标志，采取防护措施，保证旅游线路的畅通。

第七章 奖励与处罚

第二十九条 对在风景区的保护和管理工作中做出突出贡献的单位和个人，由特区管委会或上级人民政府给予表彰或奖励。

第三十条 在风景区内有违反法律、法规、规章行为的，依照法律、法规、规章的规定处罚；构成犯罪的，由司法机关依法追究刑事责任。违反本办法，有下列行为之一的，由特区管委会有关职能部门依据职权责令改正，给予警告，可以并处500元以下罚款：

（一）在文物保护单位及附近存放易燃易爆物品、毒害性物品、放射性和腐蚀性物品的；

（二）在文物景点出售、燃放烟花爆竹，或在非指定的地点焚香化纸的；

（三）在核心景区内野外用火、室外吸烟的。

有强行揽客、强买强卖、欺行霸市、哄抬物价等违法经营行为以及敲诈勒索、寻衅滋事、打骂游客等违法行为的，由特区管委会有关职能部门没收违法所得，给予警告；情节严重的，并处1000元以下罚款；构成违反治安管理处罚行为的，由公安机关依法处理。

第三十一条　对行政处罚决定不服的，可以依法申请行政复议或提起行政诉讼。

第三十二条　风景区管理人员滥用职权、徇私舞弊、玩忽职守的，按有关规定给予行政处分；构成犯罪的，依法追究刑事责任。

第八章　附　　则

第三十三条　本办法自公布之日起施行。

4. 西山风景区管理办法

(2009年7月6日湖北省鄂州市人民政府第9次常务会议审议通过　2009年7月10日鄂州市人民政府办公室鄂州政规〔2009〕14号文发布施行)

第一章　总　　则

第一条　为了加强对西山风景区的管理，有效保护和合理利用风景名胜资源，根据国务院《风景名胜区条例》、《湖北省风景名胜区管理办法》，制定本办法。

第二条　本办法所称西山风景区（以下简称风景区），是指经省人民政府批准的《西山风景区总体规划》中所界定的区域。

第三条 在风景区范围内从事相关活动的单位和个人，应当遵守本办法。

第四条 市建设行政主管部门主管西山风景区工作。

西山风景区管理处（以下简称管理处），受风景区行政主管部门的委托，具体负责风景区的日常管理和协调工作。主要职责是：

（一）宣传和贯彻国家有关法律、法规、规章和政策；

（二）建立健全风景名胜资源保护的各项管理制度；

（三）对风景区内的重要景观进行调查、鉴定，并制定相应的保护措施；

（四）组织实施经批准的风景区规划；合理开发、利用风景名胜资源，依法对风景区内的建设项目实施管理；

（五）负责风景区旅游、安全生产、文物保护、景区秩序、环境卫生等各项管理工作；

（六）做好风景区交通、通信、电力、供水等基础设施建设，改善旅游环境，提高旅游接待能力和服务水平；

（七）负责风景区的封山育林、植树绿化、护林防火、防治林木病虫害和防止水土流失等工作；

（八）法律、法规、规章规定的其他职责。

管理处也可根据需要，就风景区内的环保、消防、安全、旅游、文化、违章建筑等方面的管理，接受相关职能部门的委托履行监管职责。

第五条 任何单位和个人都有保护风景区内风景名胜资源、自然生态环境和设施设备的义务，并有权举报、制止破坏风景名胜资源、自然生态环境和设施设备的行为。

对在风景区保护和管理中作出重要贡献的单位和个人，由风景区行政主管部门给予表彰和奖励。

第二章 规划与建设

第六条 风景区行政主管部门应当会同有关部门编制西山风景区总体规划和详细规划。风景区总体规划和详细规划的编制，应当注重人文资源与自然资源的有机结合，使旅游、文化、宗教事业协调发展。

风景区总体规划和详细规划编制完成后，应依程序分别报省人民政府和省建设厅审批后组织实施。

经批准实施的风景区规划不得擅自调整和修改。确需调整和修改的，应当按原编制审批程序进行。

第七条 经批准的风景区总体规划和详细规划向社会公布后，是风景区保护、利用和管理的依据。

第八条 风景区内的建设项目应当符合风景名胜区规划，并与景观相协调，不得破坏景观、污染环境、妨碍游览。

第九条 风景区内的建设项目的设计施工，除按招投标等制度实施外，还应由建设单位、施工单位制定污染防治和水土保持方案，进行封闭施工，采取防范措施，避免周围景物、水体、植被、野生动物资源和地形地貌遭到破坏。

第十条 在总体规划确定的核心保护区（点）和游人集中的游览区域内，严禁建设旅馆、招待所、休（疗）养机构、生活区等大型工程。

在风景区重要景点、景物周围除必需的保护和附属设施外，不得兴建其他设施。

第十一条 在风景区内从事上条规定以外的建设活动，应当经管理处审核后，依法报有关部门批准。

第十二条 经批准的建设项目，其环保、消防和安全防范设施应当与主体工程同时设计、同时施工、同时使用。

第三章 保护与管理

第十三条 风景区参观门票，由管理处负责出售；门票价格由市物价部门依法确定。老年人、残疾人、僧侣等特殊群体可依规定凭相关证件免费进入。

以风景名胜资源为依托从事经营活动的单位和个人，应缴纳风景名胜资源有偿使用费。具体标准另行规定。

门票费和风景名胜资源有偿使用费主要用于风景区的景观维护和建设、环境保护、基础设施建设等。

第十四条 管理处应按总体规划规定标明风景区内保护地段和保护点，设立景区、景物、景点保护说明标牌，对文物古迹、古树名木登记造册，设置标牌，建立管理制度，配备相应人员和设备。

第十五条 管理处应当建立消防、治安、游览等安全制度，在重点保护区设置必要的防护安全设施，保障游览者的安全。

第十六条 管理处应加强对风景区旅游业的管理，设立方便游览的导游国际标识和公共信息图形标识，提供旅游咨询、导游等服务，保持旅游秩序。

第十七条 在风景区内进行下列活动，应当经管理处审核同意后，再依法按规定报有关部门批准：

（一）临时占用绿地，改变绿化用地使用性质；
（二）砍伐、移植、截干树木；
（三）迁移古树名木；
（四）设置、张贴商业广告；
（五）组织公益、商业性、宗教（宗教活动场所外）等大型活动；
（六）从事商业和文化娱乐经营服务活动；
（七）其他涉及风景区管理的事项。

第十八条 在风景区内严禁下列行为：

（一）开垦农作、开山、采石、淘沙和取土；
（二）放牧牲畜、猎捕野生动物；
（三）砍伐古树名木、风景林木，采挖苗木、花、草、药材和珍贵物种，破坏地貌、植被；
（四）在景物或者设施上刻划、涂污，乱倒垃圾；
（五）储存易燃易爆、有毒物品；
（六）携带火种进入景区；
（七）修坟立碑、焚烧纸钱、燃放烟花爆竹；
（八）其他破坏风景资源的行为。

第十九条 风景区内涉及自然资源保护、利用、管理和文物保护、宗教活动场所管理的，应当执行国家有关法律、法规的规定。

第四章 法律责任

第二十条 违反本办法的规定，有下列行为之一的，由风景区行政主管部门责令停止违法行为、恢复原状或者限期拆除，没收违法所得，并处50万元以上100万元以下的罚款：

（一）在风景区内进行开山、采石、开矿等破坏景观、植被、地形地貌活动的；

（二）在风景区内修建储存爆炸性、易燃性、放射性、毒害性、腐蚀性物品设施的；

（三）在核心景区内建设宾馆、招待所、培训中心、疗养院以及与风景名胜资源保护无关的其他建筑物的。

相关主管部门批准实施本条第一款第一项、第三项规定的行为的，对直接负责的主管人员和其他责任人员依法给予降级或者撤职的处分；构成犯罪的，依法追究刑事责任。

管理处因监管不力，导致本条第一款第一项、第三项行为发生的，对直接负责的主管人员和其他责任人员依法给予降级或者撤职处分；构成犯罪的，依法追究刑事责任。

第二十一条 违反本办法的规定，在风景区内从事禁止范围以外的建设活动，未经风景区行政主管部门审核的，由风景区行政主管部门责令停止建设、限期拆除，对个人处2万元以上5万元以下罚款，对单位处20万元以上50万元以下罚款。

第二十二条 违反本办法的规定，个人在风景区内进行开荒、修坟立碑等破坏景观、植被、地形地貌的活动的，由风景区行政主管部门责令停止违法行为、限期恢复原状或者采取其他补救措施，没收违法所得，并处1000元以上1万元以下罚款。

第二十三条 违反本办法的规定，在景物、设施上刻划、涂污或者在风景区内乱扔垃圾的，由风景区行政主管部门责令恢复原状或者采取其他补救措施，处50元罚款；刻划、涂污或者以其他方式故意损坏国家保护文物、名胜古迹的，按照治安管理处罚法的有关规定予以处罚；构成犯罪的，依法追究刑事责任。

第二十四条 违反本办法的规定，未经风景区行政主管部门审核，在风景区内进行下列活动的，由风景区行政主管部门责令停止违法行为、限期恢复原状或者采取其他补救措施，没收违法所得，并处5万元以上10万元以下罚款；情节严重的，并处10万元以上20万元以下罚款：

（一）设置、张贴商业广告的；

（二）举办大型游乐等活动的；

（三）改变水资源、水环境自然状态的活动的；

（四）其他影响生态和景观的活动。

第二十五条 违反本办法的规定，施工单位在施工过程中，对周围景物、水体、林草植被、野生动物资源和地形地貌造成破坏的，由风景区行政主管部门责令停止违法行为、限期恢复原状或者采取其他补救措施，并处2万元以上10万元以下罚款；逾期未恢复原状或者采取有效措施的，由风景区行政主管部门责令停止施工。

第二十六条 依照本办法的规定，责令限期拆除在风景名胜区内违法建设的建筑物、构筑物或者其他设施的，有关单位或者个人必须立即停止建设活动，自行拆除；对继续进行建设的，作出责令限期拆除决定的机关有权制止。有关单位或者个人对责令限期拆除决定不服的，可以在接到责令限期拆除决定之日起15日内，向人民法院起诉；期满不起诉又不自行拆除的，由作出责令限期拆除决定的机关依法申请人民法院强制执行，费用由违法者承担。

第二十七条 违反本办法的规定，应当由其他行政管理部门处罚的，由相应的行政管理部门根据有关法律法规的规定予以处罚。

第二十八条 风景区行政主管部门和管理处的工作人员滥用职权、徇私舞弊、玩忽职守的，由其所在单位或者上级机关给予行政处分；构成犯罪的，依法追究刑事责任。

第五章 附 则

第二十九条 管理处在遵循风景区总体规划的前提下可以通过依法接受捐赠、资助等渠道筹集风景区保护、建设和管理经费。

第三十条 本办法自2009年7月10日起施行，2014年7月9日失效。

十六、湖南省

1. 湖南省风景名胜区管理条例

(1995年6月28日湖南省人民代表大会常务委员会第十六次会议通过 1995年6月28日湖南省人民代表大会常务委员会第19号公告公布 自公布之日起施行)

第一章 总 则

第一条 为加强对风景名胜区的管理,保护、开发利用风景名胜资源,根据国家有关法律、法规,结合本省实际,制定本条例。

第二条 本条例所称风景名胜区,是指风景名胜资源比较集中、具有一定规模和游览条件,经县级以上人民政府审定命名、划定范围,供人们游览观赏、休息和进行科学文化教育活动的地域。

本条例所称风景名胜资源,是指风景名胜区内有观赏、科学文化价值的山河、湖泊、特殊地质地貌、林木植被、野生动物等自然景物和文物古迹、历史遗址、革命纪念地等人文景物及其所处的环境。

第三条 本条例适用于本行政区域内各级风景名胜区。在风景名胜区内进行活动的单位和个人,均须遵守本条例。

第四条 县级以上人民政府应当加强对风景名胜区工作的领导,按照严格保护、统一管理、合理开发、永续利用的原则,组织有关部门依法履行各自的职责,共同做好风景名胜区工作。

第五条 县级以上人民政府建设行政管理部门主管本行政区域内的风景名胜区工作。

第六条 风景名胜区依法设立的人民政府或者风景名胜区管理机构,负责风景名胜区规划的实施和风景名胜区的建设、保护工作。

第七条 在风景名胜区的规划、建设和保护工作中做出显著成就的,由人民政府或者有关主管部门给予表彰、奖励。

第二章 设立和规划

第八条 风景名胜区按其景物的观赏、科学文化价值和规模大小、游览条件、环境质量,分为国家重点风景名胜区、省级风景名胜区、县级风景名胜区。

国家重点风景名胜区由省人民政府提出风景名胜资源调查评价报告,报国务院审批公布。省级风景名胜资源由自治州人民政府、设区的市人民政府、地区行政公署提出风景名胜资源调查评价报告,报省人民政府审批公布。县级风景名胜区由县级人民政府建设行政管理部门提出风景名胜资源调查评价报告,报同级人民政府审批公布。

第九条 设立风景名胜区,应当注意景区的完整性。因设立风景名胜使有关单位和个人生产、生活受到影响的,当地人民政府应当组织有关部门采取措施妥善安置、合理解决。

设立风景名胜区,不得擅自改变风景名胜区内企业、事业单位和其他组织的隶属关系及其资产的所有权、使用权。

第十条 风景名胜区经审批公布后,应当编制总体规划和详细规划。总体规划中应当划定景区范围、其他功能区范围和风景名胜区的外围保护地带。

风景名胜区规划由当地县级以上人民政府建设行政管理部门会同有关行政管理部门组织编制,按照国家有关规定委托具有相应规划设计资质等级的单位承担具体编制工作。

风景名胜区规划的审批程序按照国家有关规定执行。任何单位和个人不得擅自变更经批准的风景名胜区规划;确需变更的,应当按照原审批程序报批。

第十一条 风景名胜区总体规划经批准后,由风景名胜区所在地县级以上人民政府公布,并组织有关部门和单位按照批准的范围设立界碑或者其他标志。

第三章 建设和保护

第十二条 风景名胜区内的建设必须符合规划要求,严格按照有关规定履行审批手续。

建设项目的布局和建筑物的造型、风格、体量等须与周围景物和环境相协调，避免风景名胜区人工化和城市化。

禁止在风景名胜区及其外围保护地带内修建破坏景物、污染环境、妨碍游览的工作工程项目。

禁止在风景名胜区的景区内设立开发区、度假区。

第十三条　在风景名胜区内进行公路、过道、缆车、大型文化体育游乐设施、风景名胜区的徽志建筑以及省建设行政管理部门认定的其他重大项目建设，其选址和设计方案的审批程序按照国家有关规定执行。

在风景名胜区内进行前款规定以外的其他项目建设，其选址和设计方案的审批程序由省建设行政管理部门规定。

第十四条　在风景名胜区内进行建设活动，施工单位必须采取有效措施，保护周围的景物、植被、水体和地貌；工程竣工后，应当及时清理施工现场，恢复植被。

第十五条　风景名胜区应当建立健全区内各项保护制度，落实保护措施和责任制。在景区入口和主要景点，应当设立说明的保护标牌。

第十六条　风景名胜区管理机构应当根据规划，合理开发风景名胜资源，改善交通、服务设施和游览条件按照规划确定的游览接待容量，组织好游览活动。

禁止以任何名义和方式出让或者变相出让风景名胜资源和景区内的土地。

第十七条　风景管理机构和有关行政管理部门应当对风景名胜区的古建筑、古园林、古墓葬、摩崖石刻、历史遗迹、古树名木等进行调查登记、建立档案、设立标志、加强保护。

第十八条　严格保护风景名胜区的地貌和水体。

禁止擅自在景区内采石、挖沙取土、葬坟以及进行其他改变地貌的活动。

禁止擅自填堵风景名胜区内自然水系。

第十九条　风景名胜区管理机构和有关行政管理部门应当做好植树绿化、封山育林、护林防火和防治病虫害工作，防止各种自然灾害，保持良好的生态环境。

禁止砍伐古树名木。禁止擅自采伐风景名胜区及其外围保护地带内的林木；因地相改造、更新育林等原因确需采伐的，必须征得风景名胜区管理机构的同意，按照森林保护法律、法规的规定报有关主管部门批准。

禁止在风景名胜区的禁火区内吸烟、生火、烧香点烛、燃放鞭炮。

第二十条 在风景名胜区内采集物种标本、野生药材和其他林副产品，应当依法办理有关审批手续并经风景名胜区管理机构同意，在指定的地点限量采集。禁止伤害和非法猎捕风景名胜区内国家保护野生动物。

第二十一条 风景名胜区应当加强区内环境卫生和饮食服务卫生的管理，妥善处理生活污水、垃圾，不断改善卫生条件。

禁止向风景名胜区内水体和垃圾投放点以外的地方倾倒垃圾或者其他废弃物。

第二十二条 风景名胜区管理机构应当加强安全管理，配备专门人员维护游览秩序和游客安全；对区内的交通设施、游乐设施和繁忙道口、险要地段的安全保护设施应当定期进行检查维修，及时排除危岩险石和其他不安全因素；在危险地段或者野兽出没、有害生物生长区域应当设置安全标志，作出防范说明；在没有安全保障的区域，不得开展游览活动。

第二十三条 任何单位和个人进入风景名胜区均须服从风景名胜区管理机构的统一管理，遵守风景名胜区的有关管理规定，爱护公共设施，自觉维护环境卫生和公共秩序，保护风景名胜资源。

第二十四条 在风景名胜区从事导游的，必须经有关部门培训考核发证，并经风景名胜区管理机构同意。禁止无证导游或者随意抬高导游价格、坑害游客。

第二十五条 在风景名胜区内从事经营活动，必须经风景名胜区管理机构批准，按照省财政、物价部门的规定交纳有关费用，在指定的地点依法文明经营。

第四章 法律责任

第二十六条 违反本条例规定，有下列行为之一的，由风景名胜区所在地的县级以上人民政府建设行政管理部门给予处罚：

（一）违反风景名胜区规划进行违章建设的，责令停止违法行为，拆除违章建筑，恢复原状，可并处以每平方米 30 元以下的罚款；不能恢复原状的，经上级建设行政管理部门批准可处以每平方米 100 元至 200 元的罚款。

（二）越权批准在风景名胜区进行建设活动的，其批准文件无效，责令停止建设活动、重新办理审批手续。对越权审批的直接责任人处以 500 元至 1000 元的罚款。

（三）未履行审批手续，在风景名胜区内进行建设活动的按照《湖南省建筑市场管理条例》的规定处罚。

第二十七条 违反本条例规定，有下列行为之一的，由风景名胜区管理机构给予处罚：

（一）擅自在景区内采石、挖沙取土、葬坟或者进行其他改变地貌活动的，向风景名胜区水体或者垃圾投放点以外的地方倾倒垃圾或者其他废弃物时，责令停止违法行为、恢复现状，可以处 50 元至 200 元的罚款。

（二）损毁风景名胜区内公共设施的，责令赔偿损失，予以警告，可并处以 50 元至 100 元的罚款。

（三）在禁火区内吸烟、生火、烧香点烛、燃放鞭炮的，予以警告，可并处以 50 元至 200 元的罚款。

（四）擅自在风景名胜区内采集物种标本、野生药材和其他林副产品的，予以警告，没收违法所得，可并处以 50 元至 200 元的罚款。

（五）擅自填堵风景名胜区内自然水系的，擅自或者未按照指定的地点地区内从事经营活动的，无证导游或者随意抬高导游价格、坑害游客的予以警告，责令改正，可并处以 200 元至 500 元的罚款。

违反森林保护、野生动植物资源保护、环境保护、文物保护、土地、建设、水利治安、工商管理等法律、法规的，由风景名胜区管理机构责令停止违法行为，移送有关行政管理部门依法处理。

第二十八条 当事人对行政处罚决定不服的，可以按照《中华人民共和国行政诉讼法》和《行政复议条例》的规定，申请行政复议或者提起行政诉讼；逾期不申请复议、不起诉又不履行处罚决定的，作出处罚决定的机关可以申请人民法院强制执行。

第二十九条 风景名胜区管理机构工作人员玩忽职守、滥用职权、徇私舞弊、索贿受贿，尚未构成犯罪的，由其所在单位或者上级有关主管部门给予行政处分；构成犯罪的，由司法机关依法追究刑事责任。

第五章 附 则

第三十条 本条例自公布之日起施行。

2. 湖南省南岳衡山风景名胜区保护条例

（2005年9月29日湖南省第十届人民代表大会常务委员会第十七次会议通过 2005年9月29日湖南省人民代表大会常务委员会第51号公告公布 自2005年12月1日起施行）

第一章 总 则

第一条 为了加强对南岳衡山风景名胜区的保护，根据有关法律、法规，结合南岳衡山风景名胜区实际，制定本条例。

第二条 南岳衡山风景名胜区由风景游览区和风景复育区组成，具体范围和界线按照国务院批准的总体规划确定。

风景游览区包括祝融峰景区、磨镜台景区、忠烈祠景区、藏经殿景区、禹王城景区、五岳溪景区、水帘洞景区、卧虎潭景区、方广寺景区、芷观溪景区、古镇景区，其中祝融峰景区、磨镜台景区、忠烈祠景区、藏经殿景区、禹王城景区为核心景区。

风景复育区是指风景名胜区内除风景游览区以外的用于景观恢复和生态培育的区域。

风景名胜区内的景观单元按照保护等级分为特级、一级、二级、三级保护景观单元，景观单元的具体名录由南岳区人民政府公布。

第三条 南岳衡山风景名胜区的保护和管理应当遵循严格保护、科学规划、统一管理、永续利用的原则。

第四条 南岳区人民政府负责南岳衡山风景名胜区的保护和管理

工作,应当每年向南岳区人民代表大会或者其常务委员会和衡阳市人民政府报告风景名胜区的保护和管理工作情况。

  第五条 省人民政府、衡阳市人民政府建设行政主管部门应当按照管理权限加强对南岳衡山风景名胜区保护的监督管理。

  第六条 对在南岳衡山风景名胜区保护工作中做出重要贡献的单位和个人,应当给予表彰、奖励。

第二章 保 护

  第七条 南岳区人民政府应当根据国务院批准的南岳衡山风景名胜区总体规划编制详细规划和专项规划,并按照国务院建设行政主管部门的有关规定上报审批。

  总体规划、详细规划和专项规划是南岳衡山风景名胜区保护、建设和管理工作的依据,必须严格执行,不得擅自改变;确需改变的,按照国家规定的程序办理。

  第八条 南岳区人民政府应当将风景名胜区保护范围向社会公布,并设立界碑。

  第九条 任何单位和个人不得侵占、出让或者变相出让南岳衡山风景名胜资源及景区内土地。

  第十条 严格保护南岳衡山风景名胜区内的古建筑、古园林、古墓葬、古遗址、碑碣石刻、历史遗迹。

  对南岳大庙等古建筑,应当建立档案,划定保护范围和外围控制地带,作出标志说明,制定避雷、防火、防蛀等保护措施;未经法定程序批准,任何单位和个人不得随意拆除或者改动。

  对禹王碑等碑碣石刻,应当建立档案,设置防护栏和标示牌,并采取其他必要的保护措施。

  第十一条 南岳区人民政府应当加强植被保护,开展植树造林,进行林相改造,并做好护林防火、森林病虫害防治和野生动物保护工作。

  对方广寺、广济寺、龙池、上封寺等地的原始次森林,应当设置防护栏,禁止除经南岳区人民政府批准从事科学研究观测、调查活动外的其他人员进入。

  对风景名胜区内的古树名木,应当建立档案,挂牌保护;对游路两侧及游览景点内的古树名木应当设置防护栏,禁止攀爬、刻划、折采、砍伐。

第十二条 南岳区人民政府应当做好水土保持和地质灾害防治工作,加强对地表水和地下水的保护,对水库、古镇溪流定期进行清理和疏浚。

第十三条 南岳区人民政府应当加强环境保护工作,加强环境质量监测,推广使用清洁能源,严格保护南岳衡山风景名胜区的生态环境。

在南岳衡山风景名胜区从事生产、经营活动,必须有环境保护措施,污染物的排放应当符合国家标准;有地方标准的,应当符合地方标准。

第十四条 在南岳衡山风景名胜区内从事下列活动应当经依法批准。其中,第(一)项、第(四)项、第(七)项由省人民政府批准;其他各项由南岳区人民政府批准,法律、行政法规规定由上级人民政府或者有关部门批准的,从其规定:

(一)新建摩崖石刻、碑碣;

(二)修缮文物,拓印碑碣、石刻;

(三)拍摄电影、电视,制作、安装广告;

(四)开展大型文化体育活动;

(五)临时占用、挖掘道路,建护坡、硬化地面或者其他改变地形地貌的行为;

(六)采伐、移植、修剪林木,挖掘树桩(根)、采集种子、药材等林副产品和动植物标本;

(七)填堵自然水系或者截流取水。

第十五条 禁止在南岳衡山风景名胜区内从事下列活动:

(一)设立造纸、制革、化工、采矿、冶炼、印染、炼油、电镀、酿造、制药及其他污染环境的企业;

(二)储存有毒物品;

(三)设立开发区、度假区;

(四)开山、采石;

(五)采伐、损毁珍稀植物,捕猎野生动物;

(六)野外生火、烧木炭、烧砖瓦、烧石灰、烧田埂;

(七)在禁火区内吸烟、烧香点烛、燃放烟花爆竹;

（八）损毁标志、公告牌、坐椅、话亭、界碑、垃圾箱等公共设施；
（九）踩踏、攀爬、粘贴、刻划、涂污文物古迹；
（十）在非指定地点倾倒垃圾、污物；
（十一）其他危害风景名胜资源或者危及公共安全的活动。

第十六条 禁止在南岳衡山风景名胜区核心景区和其他景区的景观单元内从事下列活动：
（一）自由放牧；
（二）葬坟；
（三）新建或者扩建除保护性、游览性基础设施以外的建设项目。

禁止在南天门牌坊至祝融峰地段范围内通行机动车辆或者从事经营性的餐饮、住宿、娱乐等活动。

第十七条 南岳区人民政府应当按照下列规定做好风景名胜区内的整治和拆迁工作：
（一）对违法建（构）筑物，责令限期拆除并恢复植被和地貌；
（二）对虽经批准，但严重影响景观、污染环境、妨碍游览的建（构）筑物，限期进行整治或者拆除，并依法予以补偿；
（三）对居住在核心景区道路两侧边沟外缘起30m范围内和景观单元内的村（居）民，应当逐步外迁，并依法予以安置和补偿。

第十八条 南岳衡山风景名胜资源实行有偿使用，有偿使用费的征收、管理和使用按照省人民政府的有关规定执行。

南岳衡山风景名胜区门票收入应当纳入预算管理，专门用于风景名胜区保护、建设、管理和景区内村（居）民搬迁补偿安置。

第三章 建 设

第十九条 南岳衡山风景名胜区内的建设项目应当符合规划要求，建（构）筑物的布局、体量、造型和色彩应当与周围景观、环境相协调，不得破坏风景名胜区整体风貌。

第二十条 在南岳衡山风景名胜区申请建设项目，须按照下列规定进行选址审批：
（一）建设公路，大型文化、体育、旅游、游乐设施，旅馆，风景名胜区的徽志建筑，由省人民政府建设行政主管部门审查后报国务院建设行政主管部门审批；

（二）其他建设项目由衡阳市人民政府建设行政主管部门审查后，报省人民政府建设行政主管部门审批。

风景名胜区内的村（居）民建设住宅应当符合风景名胜区规划，并经南岳区人民政府建设行政主管部门审批。

第二十一条 南岳衡山风景名胜区内的建设项目，在规划选址阶段应当按照有关规定进行环境影响评价和地质灾害评估，并制定水土保持方案。

建设项目在取得风景名胜区建设选址审批书后，方可按照法定程序办理相关手续。

第二十二条 寺观等宗教活动场所建设应当符合规划，遵守有关法律、法规；其周边的规划建设应当与宗教活动场所的风格、环境相协调。

第二十三条 在南岳衡山风景名胜区内进行建设活动，施工单位应当采取有效措施保护施工现场周围的景物、植被、水体和地貌，工程竣工后及时清理现场，恢复植被。

第四章 管　　理

第二十四条 南岳区人民政府应当建立健全风景名胜区内的各项管理制度，加强治安、卫生和安全管理，维护游览秩序，保护游客合法权益。

第二十五条 南岳区人民政府应当根据规划确定的游览接待容量，完善服务设施，改善交通、游览条件，修缮、养护石砌步道；必要时可对景区、景点实施定期休整并予以公告。

第二十六条 南岳区人民政府应当在景区统一设置规范的标志、标牌，对游览设施进行检查和维护，设置安全设施，并制定突发事件应急预案。

第二十七条 南岳区人民政府应当完善风景名胜区的旅游交通运输管理体制，加强对旅游交通运输的管理。

风景名胜区的旅游交通运输应当按照方便游客的原则实行统一经营，经营者由南岳区人民政府按照公开、公平、公正的原则依法确定。禁止非营运车辆载客营运。

除营运车辆以及经南岳区人民政府批准执行公务和施工任务的车

辆外，禁止其他社会车辆驶入核心景区。核心景区内的营运车辆应当使用环保型车辆。

第二十八条 在南岳衡山风景名胜区内从事经营活动，应当在指定地点依法、文明经营，不得纠缠、欺诈游客。

第二十九条 南岳衡山风景名胜区内的游客和其他人员，应当遵守风景名胜区的有关管理规定，爱护风景名胜资源和公共设施，维护环境卫生和公共秩序，并有权制止或者举报破坏风景名胜资源的行为。

第五章 法律责任

第三十条 违反本条例第七条规定，未按程序审批、拒不执行或者擅自变更风景名胜区总体规划、详细规划或者专项规划的，由南岳区人民政府或者上级人民政府责令停止违法行为，限期改正；对直接负责的主管人员和其他直接责任人员依法给予行政处分。

第三十一条 违反本条例第九条规定，侵占、出让或者变相出让风景名胜资源和景区内土地的，占用的资源和土地由县级以上人民政府收回；因出让或者变相出让行为给行政相对人造成损失的，应当依法予以赔偿；对直接负责的主管人员和其他直接责任人员依法给予行政处分。

第三十二条 违反本条例规定，有下列违法行为之一的，由南岳区人民政府依照以下规定给予处罚：

（一）违反本条例第十四条第（一）项，第十五条第（一）项、第（三）项，或者第十六条第一款第（三）项规定，可以恢复原状的，责令限期恢复，可以处一万元以上三万元以下罚款；不能恢复的，依法强制拆除，拆除费用由违法行为人承担，可以处三万元以上五万元以下罚款；

（二）违反本条例第十四条第（五）项、第（七）项规定，可以恢复原状的，责令限期恢复，可以处五百元以上五千元以下罚款；不能恢复的，处五千元以上三万元以下罚款；

（三）违反本条例第十四条第（四）项，第十五条第（二）项、第（四）项、第（五）项、第（六）项，或者第十六条第二款规定的，责令限期改正，可以处五百元以上二千元以下罚款；情节严重的，可以处二千元以上五千元以下罚款；有违法所得的，没收违法所得；

（四）违反本条例第十四条第（六）项，第十五条第（七）项、第（八）项、第（十）项规定，或者第十六条第一款第（一）项、第（二）项规定的，责令改正，可以处一百元以上五百元以下罚款；情节严重的，可以处五百元以上二千元以下罚款；

（五）违反本条例第二十三条规定的，责令限期改正；逾期不改正的，由其他单位或者个人代为履行，相关费用由施工单位承担，可以处二千元以上一万元以下罚款；

（六）违反本条例第二十八条规定的，责令停止违法行为，可以处二百元以上二千元以下罚款；有违法所得的，没收违法所得。

第三十三条 违反本条例规定进行审批的，其批准文件无效，由上一级人民政府或者其有关行政主管部门责令限期改正；造成行政相对人损失的，依法予以赔偿；对直接负责的主管人员和其他直接责任人员依法给予行政处分。

第三十四条 违反本条例规定，法律、行政法规已有处罚规定的，依照相关法律、行政法规处罚。

第三十五条 国家工作人员在南岳衡山风景名胜区保护工作中玩忽职守、滥用职权、徇私舞弊的，依法给予行政处分；构成犯罪的，依法追究刑事责任。

第六章 附 则

第三十六条 本条例自 2005 年 12 月 1 日起施行。

3. 湖南省武陵源世界自然遗产保护条例

（2000 年 9 月 28 日湖南省第九届人民代表大会常务委员会第十八次会议通过 2000 年 9 月 28 日湖南省人民代表大会常务委员会第 49 号公告公布 自 2001 年 1 月 1 日起执行）

第一章 总 则

第一条 为了加强对武陵源世界自然遗产的保护，按照《保护世界文化和自然遗产公约》的要求，根据国家有关法律、法规的规定，制定本条例。

第二条 凡与武陵源世界自然遗产保护有关的单位和个人，均须遵守本条例。

第三条 本条例所称武陵源世界自然遗产保护范围，是指经联合国教科文组织批准、列入世界自然遗产名录的武陵源风景名胜区及其相邻的部分地域。分为保护区、农副业区、建设区外围保护地带。

保护区、农副业区、建设区内的具体界限，依据《武陵源风景名胜区总体规划》确定。外围保护地带的具体界限，由张家界市人民政府依法确定，并报省人民政府备案。

第四条 武陵源世界自然遗产保护应当坚持严格保护、统一管理、科学规划、永续利用的原则。

第五条 省人民政府应当加强对武陵源世界自然遗产保护工作的领导。

省人民政府建设行政管理部门应当会同林业、环境保护、国土资源等有关行政管理部门按照各自的职责，做好武陵源世界自然遗产保护的监督管理工作。

张家界市人民政府（以下简称市人民政府）全面负责武陵源世界自然遗产保护的管理工作。

张家界市武陵源区人民政府（以下简称区人民政府）具体负责武陵源世界自然遗产保护管理工作。

市、区人民政府应当每年向同级人民代表大会或者其常务委员会报告武陵源世界自然遗产保护工作的情况。

第六条 张家界森林公园除业务上受上级林业行政管理部门领导外，必须服从区人民政府对武陵源世界自然遗产保护的统一规划和管理，依法做好张家界森林公园范围内的保护管理工作。

第七条 对在保护武陵源世界自然遗产工作中做出突出成绩的单位和个人，由人民政府或者有关部门给予表彰和奖励。

第二章 资源与环境保护

第八条 区人民政府应当组织有关部门对武陵源世界自然遗产资源进行普查，建立动态档案；对特殊地质遗迹和珍稀、濒危动植物、古树名木等重点保护对象，应当制定特殊保护措施，实施有效保护。

市人民政府应当定期组织有关部门和专家对武陵源世界自然遗产保护的状况进行监测，开展生物多样性调查，提出评估调查报告，并按规定向上级人民政府报告。

第九条 禁止以任何名义和方式出让或者变相出让武陵源世界自然遗产资源。

除确需的建设用地依照本条例规定经批准使用的外，不得以出让、行政划拨等方式处置保护区内的土地。

第十条 区人民政府应当做好武陵源世界自然遗产保护范围内的封山育林、退耕还林、植树绿化工作，保护好林木植被和野生动植物种源繁殖、生长、栖息环境。

第十一条 保护区内保存完好的天然状态的生态系统以及珍稀、濒危动植物的集中分布，应当保持原始风貌，除管理需要和经批准的科学考察的外，禁止任何人员进入。

进入保护区内保存完好的天然状态的生态系统以及珍稀、濒危动植物的集中分布地进行科学考察、采集标本、拍摄影视片，应当经区人民政府同意，并报上级有关主管部门批准、按照规定交纳保护管理费后，方可在指定范围内进行。

第十二条 禁止采伐、损毁保护区内的林木植被。因景区、景点开发建设或者林相抚育的改造确需采伐林木的，应当按照规定程序报省人民政府林业行政管理部门批准。

禁止采伐外围保护地带的林木。确需进行抚育性或者更新性采伐的，应当按照有关规定报批。

禁止砍伐或者采用其他方式损坏古树名木。

第十三条 市、区人民政府应当加强武陵源世界自然遗产保护范围内的护林防火工作，建立健全护林防火组织制度，配备相应的防火设施和设备，规定特别防火期，设置禁火标志。

在武陵源世界自然遗产保护范围内，禁止烧山、烧田坎。在保护区范围内，禁止野炊、燃放烟花爆竹、在非指定的地点吸烟或者进行其他违章用火行为。

第十四条　市、区人民政府应当加强武陵源世界自然遗产保护范围内的森林病虫害防治工作，做好森林病虫害预测预报和动植物检疫工作。禁止将下列物品带入武陵源世界自然遗产保护范围内：

（一）未经检疫的种子、苗木和其他繁殖材料；

（二）未经检疫的松材及其制品；

（三）可能被植物检疫对象污染的包装材料、运输工具；

（四）未经检疫的野生动物。

第十五条　禁止在武陵源世界自然遗产保护范围内捕猎野生动物，破坏其栖息环境，非法经营或者运输受国家和省保护的野生动物。

第十六条　市、区人民政府应当组织专家对武陵源世界自然遗产保护范围内的地质稳定性进行调查，预测可能发生的地质灾害，并采取相应的防范措施。

第十七条　在保护区内，禁止开山、采石、采矿、挖沙、烧砖瓦、烧石灰，禁止围堵填塞河流、溪流湖泊、山泉、瀑布，禁止采集化石、抽取地下水以及其他可能损害地质地貌的行为。

在农副业区、建设区和外围保护地带，未经依法批准，不得从事前款禁止的行为。

第十八条　禁止在保护区内建造坟墓。原有的坟墓，除受国家保护具有历史、艺术、科学价值的予以保留外，应当限期迁移或者深埋，不留坟头。

第十九条　市、区人民政府应当加强武陵源世界自然遗产保护范围内溶洞资源的保护。尚未开发的溶洞，应当予以封闭，设立标志；未经区人民政府批准，禁止任何人员进入。已经开放的溶洞，经营者应当保护好景观的自然风貌。

禁止损毁、盗窃、买卖钟乳石料，禁止在溶洞内烧香点烛或者从事其他污染破坏溶洞景观行为。

第二十条　省人民政府环境保护行政主管部门应当会同其他有关部门依据国家环境标准，制定武陵源世界自然遗产保护范围内的地方环境质量标准，报省人民政府批准后实施。

第二十一条　在保护区内，产生水污染物的单位应当建污水处理设施，不得新建排污口；禁止排放油类、酸液、碱液及其他有毒废液，或者在水体清洗装贮过该类物品的容器或者车辆，禁止向水体倾倒垃圾和其他固体废物。在建设区内，应当建设集中处理生活污水的设施。

第二十二条 在保护区和建设区内，禁止使用以煤炭、柴草为燃料的大炉，禁止尾气超过国家规定排放标准的机动车辆通行。

在保护区内，经市人民政府同意，区人民政府可规定禁止燃油机动车辆行驶线路，但经过批准执行公务和施工任务的车辆除外。

在武陵源世界自然遗产保护范围内，禁止焚烧垃圾、沥青、油毡、橡胶、塑料、皮革以及其他产生有毒有害烟尘和恶臭气体的物质。

第二十三条 在保护区和建设区内，除抢修、抢险作业和确需连续施工经区人民政府环境保护行政管理部门批准的外，不得在夜间二十二时至次日六时产生环境噪声污染的建筑施工作业。

第二十四条 保护区和建设区内的固体废物应当及时收集、运出和处置。禁止在保护区内建设固体废物集中贮存和处置设施、场所以及垃圾填埋场。

第二十五条 在武陵源世界自然遗产保护范围内开设新的旅游项目，必须进行环境影响评价，并按照有关规定，经环境保护行政主管部门审查同意后，方可依法办理报批手续。

第二十六条 在武陵源世界自然遗产保护范围内，禁止开设航空游览表演、竞技项目。在保护区内，禁止举办攀岩等可能影响、破坏地质地貌的表演、竞技项目。

第二十七条 根据武陵源世界自然遗产保护的需要，可以对部分景区、景点实行轮休。具体办法由区人民政府拟定，报市人民政府批准后实施。

区人民政府应当根据地各景区（点）的环境容量和游览线路，制定旅游高峰期疏导游人流向的具体方案。禁止超容量接待游人。

第二十八条 进入保护区内的游人和其他人员，应当爱护武陵源世界自然遗产资源，遵守法律、法规和有关规章制度，不得损坏树木花草、乱刻乱画、随意丢弃垃圾等，不得在石英沙岩峰柱或者其他岩壁上题词、作画或者临摹、雕刻名人字画。

第三章 规划与建设管理

第二十九条 省人民政府和市、区人民政府应当加强对武陵源世界自然遗产规划与建设的监督管理，防止保护区出现人工化、城市化倾向。

第三十条 《武陵源风景名胜区总体规划》和依据总体规划制定的景区详细规划是武陵源世界自然遗产保护、建设和管理的重要依据，任何组织和个人不得擅自改变。按照国家规定和本条例的要求，需要对规划进行修订或者局部调整的，市人民政府在按照有关规定办理审批手续前，应当提请同级人民代表大会常务委员会审议。

区人民政府应当根据土地利用总体规划和《武陵源风景名胜区总体规划》，组织编制本行政区域内体现旅游特色的村镇规划，经区人民代表大会常务委员会审议后，报市人民政府批准。

第三十一条 任何单位和个人在武陵源世界自然遗产保护范围内占用土地进行建设，都必须符合土地进行建设，都必须符合土地利用总体规划和《武陵源风景名胜区总体规划》及其景区详细规划。按照规划建设的各项设施，其布局、高度、体量、造型和色彩等，必须与周围景观和环境相协调。

在保护区内，对不符合规划、污染环境或者有碍观瞻的原有建筑物、构筑物，应当进行清理，限期拆除或者搬迁。具体方案由区人民政府拟定，报市人民政府批准后实施。

第三十二条 在保护区内，不得新建扩建索道、缆车、有轨电车、升降梯、办公楼、培训中心、宾馆、酒店、招待所、疗养院、商场、仓库、文化体育、居民住宅等污染环境、破坏景观、妨碍游览的建设项目和设施。

第三十三条 保护区内确需建设的项目，由市人民政府根据规划编制计划，报市人民政府审议后，方可依法办理报批手续。保护区内的建设项目，其建设工程选址意见书、建设用地规划许可证和建设工程规划许可证，经区人民政府审核同意后，由省人民政府建设行政管理部门按照规划要求核发。

建设区的建设项目，其建设工程选址意见书、建设用地规划许可证和建设工程规划许可证，经区人民政府审核同意后，由省、市人民政府建设行政管理部门根据国家和省规定的管理权限按照规划要求核发。

张家界国家森林公园的建设项目，按照《湖南省森林公园管理条例》的规定，由省人民政府林业行政管理部门审查同意后，按照本条第一款、第二款规定办理报批手续。

国家规定应当由国务院建设行政管理部门审批的重大建设项目，按照规定程序办理有关手续。

第三十四条 在武陵源世界自然遗产保护范围内进行建设活动，建设单位必须在施工方案中制定措施，保护周围的景观、植被、水体和地貌。

第三十五条 保护区内的卫生设施、临时服务网点和客运交通应当根据规划和实际需要统一安排，从严控制。具体方案由人民政府拟定，报市人民政府批准。

区人民政府可以根据安全、卫生设施和环境保护的需要，规定禁止经营商品、服务项目以及禁止使用的包装材料。

禁止在保护区内设置、张贴商业广告。

第三十六条 省人民政府和市、区人民政府应当逐步增加武陵源世界自然遗产保护的资金投入。

设立武陵源世界自然遗产保护专项经费。保护专项经费可以通过国家补助、社会赞助、国际援助和征收资源有偿使用费等多种渠道筹集。资源有偿使用费的设立和征收办法由省人民政府按照国家有关规定办理。

第四章 法律责任

第三十七条 违反本条例第十三条第二款规定，未造成损失的，责令停止违法行为，给予警告，可以并处五十元以上、二百元以下的罚款；过失引起森林火灾，尚未造成重大损失的，责令更新造林，赔偿损失，可以并处二百元以上、二千元以下罚款。

第三十八条 违反本条例第二十四条第（一）项、第（二）项、第（三）项规定的，责令纠正，没收违法所得，对带入的物品予以封存、没收、销毁或者责令改变用途，造成损失的，依法赔偿损失，可以并处一千元以上、一万元以下的罚款。

第三十九条　违反本条例第十五条规定，破坏野生动物栖息环境的，责令停止违法行为，限期恢复原状，处恢复原状所需费用三倍以下的罚款。非法猎捕野生动物的，没收猎捕工具和违法所得；有猎获物，没收猎获物，处相当于猎获物价值八倍以下的罚款；没有猎获物，处二千元以下的罚款；非法经营和运输野生动物的，没收实物和违法所得，并处相当于实际价值十倍以下的罚款。

第四十条　违反本条例第十七条规定的，责令停止违法行为，没收违法所得，限期恢复原状或者采取其他补救措施，依法赔偿损失，可以并处一千元以上、一万元以下的罚款；情节严重，不能恢复原状的，可以并处一万元以上、二十万元以下的罚款。

第四十一条　违反本条例第十九条第二款规定，损毁、盗窃买卖钟乳石料的，责令停止违法行为，没收钟乳石料和违法所得，依法赔偿损失，并处一千元以上、一万元以下的罚款；情节严重的，可以并处一万元以上、二十万元以下的罚款。

第四十二条　违反本条例第三十二条规定的，责令停止违法行为，限期拆除违法建筑，恢复原状，可以并处每平方米三百元的罚款。

第四十三条　违反本条例第三十三条规定，无权批准而非法批准，超越批准权限批准或者违反法律法规的程序批准在保护区内进行建设的，其批准文件无效，责令停止违法行为，限期拆除违法建筑，恢复原状；对直接负责的主管人员和其他责任人员，依法给予行政处分；构成犯罪的，依法追究刑事责任。

第四十四条　本条例未作处罚规定的违法行为，法律、法规规定处罚的，从其规定。

第四十五条　本条例第三十七条至第四十三条规定的行政处罚，由县级以上人民政府有关行政管理部门按照规定的权限实施。

在张家界国家森林公园范围内，区人民政府有关行政管理部门可以依法委托张家界森林公园管理机构按照委托的权限实施行政处罚。

第四十六条　国家工作人员在武陵源世界自然遗产保护工作中玩忽职守、滥用职权、徇私舞弊，构成犯罪的，依法追究刑事责任；尚未构成犯罪的，依法给予行政处分。

第五章 附 则

第四十七条 本条例自2001年1月1日起实施。

4. 岳麓山风景名胜区保护条例

(2006年10月27日长沙市第十二届人大常委会第三十一次会议通过 2006年11月30日湖南省第十届人大常委会第二十四次会议批准 2006年12月12日长沙市人民代表大会常务委员会第19号公告公布 自2007年1月1日起施行)

第一条 为保护岳麓山风景名胜区自然资源、人文资源和生态环境，根据国家《风景名胜区条例》等法律法规，结合实际，制定本条例。

第二条 岳麓山风景名胜区(以下简称风景名胜区)是国家级风景名胜区，其范围为：北至龙王港、咸嘉湖一线，南至后湖、寨子岭南缘，东至橘子洲以东湘江中心，西至桃花岭北侧山麓，总面积35.20km^2，其中包括麓山景区(含新民学会景点)、天马山景区、橘子洲景区、桃花岭景区、石佳岭景区、寨子岭景区、后湖景区、咸嘉湖景区。麓山景区、天马山景区、橘子洲景区以及岳麓书院与牌楼口之间牌楼路两侧各30m范围为风景名胜区的核心景区。

风景名胜区及其外围保护地带的具体界限依据国务院批准的《岳麓山国家重点风景名胜区总体规划》确定。

第三条 风景名胜区的保护工作遵循科学规划、统一管理、严格保护、永续利用的原则。

第四条 市人民政府应当将风景名胜区的保护纳入国民经济和社会发展规划，多渠道筹措风景名胜区的保护资金。

第五条 市人民政府设立的岳麓山风景名胜区管理局负责风景名胜区规划的实施和风景名胜区保护、管理工作。

风景名胜区外围保护地带由所在地的区、县人民政府负责管理。

市人民政府有关行政管理部门、风景名胜区及其外围保护地带所在地的区（县）、乡（镇）政府、街道办事处应当按照各自职责，做好风景名胜资源的保护工作。

第六条 风景名胜区范围内的各单位应当保护好本单位内的风景名胜资源，服从岳麓山风景名胜区管理局对风景名胜资源的统一管理。

第七条 任何单位和个人都应当爱护风景名胜区的植被、水体、野生动物、文物古迹和各项设施，有权制止或者举报破坏风景名胜资源的行为。

对保护风景名胜区资源成绩突出的单位和个人，应当给予表彰或者奖励。

第八条 岳麓山风景名胜区管理局应当根据《岳麓山国家重点风景名胜区总体规划》编制各景区、景点的详细规划、专项规划，在广泛征求意见后，按照国家有关规定报批，并向社会公布。

总体规划、详细规划和专项规划是风景名胜区保护、利用和管理的依据，必须严格执行，不得擅自改变；确需改变的，应当按照有关规定办理。

第九条 岳麓山风景名胜区管理局应当按照风景名胜区保护范围设立界桩。

第十条 风景名胜区内的土地、森林等自然资源和房屋等财产的所有权人、使用权人的合法权益受法律保护。

市人民政府按照规划的要求，征收核心景区内的农民集体所有土地时，应当依法做好补偿安置工作。

第十一条 在风景名胜区内从事生产、经营活动必须使用清洁能源，污染物的排放等应当符合环境保护的有关规定。

第十二条 切实保护风景名胜区内的植被，加强封山育林、护林防火、防治有害生物的工作。任何单位和个人不得擅自砍伐林木，因整理林相、更新林木确需砍伐林木的，应当经岳麓山风景名胜区管理局审核，并依法办理有关手续。

岳麓山风景名胜区管理局应当对风景名胜区内的古树名木登记建档，挂牌保护。严禁砍伐或者移栽古树名木。

第十三条 严格保护风景名胜区内的古建筑、古园林、古墓葬、古遗址、碑碣石刻等文物古迹。

对岳麓书院、黄兴墓、蔡锷墓、爱晚亭、麓山寺、云麓宫、新民学会旧址、七十三军抗日阵亡将士墓、橘子洲头诗词碑、飞来石等国家、省、市重点文物保护单位和古迹应当划定具体保护范围，作出标志说明，制订保护措施。

第十四条　风景名胜区内宗教场所的修缮，应当按照风景名胜区的规划和国家规定执行，保持其历史风貌。

第十五条　风景名胜区内，应当建立健全安全保障制度，设立风景名胜区标志、路标和安全警示等标牌，改善安全、交通、消防、服务等设施和游览条件。禁止超容量接纳游客，禁止在没有安全保障的区域开展游览活动。

除景区内的环保型营运车辆、执行施工任务的车辆以及消防车、救护车等执行特殊任务的车辆外，禁止其他车辆在麓山景区和橘子洲景区内行驶。

第十六条　在已建成的景区内进行经营活动，应当由岳麓山风景名胜区管理局采用招标等公平竞争的方式确定经营者。经营者应当依法办理相关手续，并在指定的地点文明经营。

凡利用风景名胜资源进行经营活动的单位和个人，应当按照有关规定缴纳风景名胜资源有偿使用费。

第十七条　风景名胜区内禁止下列行为：

（一）违反规划设立开发区、度假区；

（二）修建破坏景观、污染环境、妨碍游览的工程项目；

（三）破坏岳麓山、凤凰山、天马山、牛形山、桃花岭、寨子岭、金牛岭、石佳岭、扇子山等山岭的地形地貌；

（四）填塞或者污染桃子湖、咸嘉湖、后湖、顺塘水库；

（五）开山、采石、采矿、取土、烧窑、葬坟和修墓；

（六）损坏文物古迹、园林景观；

（七）在禁火区内吸烟、野炊、烧香点烛、燃放烟花爆竹；

（八）损毁或者擅自移动界桩；

（九）其他破坏风景名胜资源的行为。

第十八条　核心景区内除遵守第十七条规定外，还禁止下列行为：

（一）建设宾馆、招待所、培训中心、疗养院以及与风景名胜资源保护无关的其他建（构）筑物；

（二）开设经营性餐馆（从核心景区外提供成品、半成品的快餐厅除外）；

（三）新迁入住户；

（四）猎采野生动植物；

（五）在非指定地点倾倒垃圾、废弃物或者超标准排放污染物；

（六）损毁或者擅自移动标志、标牌、坐椅、垃圾箱等公共设施，刻画或者污损岩石、竹木；

（七）储存有毒、易燃、易爆物品。

第十九条 风景名胜区及其外围保护地带的建设必须符合规划要求。建（构）筑物的布局、高度、体量、造型和色彩等应当与周围景观和环境相协调。

已建成的建（构）筑物，破坏景观、妨碍风景名胜资源保护的，应当按照规划的要求依法搬迁、拆除或者改作他用。

第二十条 风景名胜区及其外围保护地带内的建设项目，在规划选址阶段应当按照有关规定进行环境影响评价和地质灾害评估，并制定水土保持方案。

第二十一条 风景名胜区内的建设工程应当经风景名胜区管理局审核后，依法办理有关手续。核心景区内的建设工程应当向社会公开征求意见。建设工程竣工后，岳麓山风景名胜区管理局应当参与验收。

风景名胜区外围保护地带内的建设工程在立项时，应当征求岳麓山风景名胜区管理局的意见。

第二十二条 风景名胜区及其外围保护地带内建设工程的绿地率应当达到风景名胜区总体规划的要求。建设工程的配套绿化建设费，应当列入总投资，不得低于该项目工程费用的2%，专项用于绿化建设。

第二十三条 风景名胜区及其外围保护地带内的建设工程，建设单位和施工单位应当制定具体措施保护周围景物、水体、植被、野生动物和地形地貌；工程竣工后，应当及时清理施工现场，恢复植被。

第二十四条 个人有下列违法行为之一的，由岳麓山风景名胜区管理局责令改正并给予处罚；造成损失的，依法予以赔偿；构成犯罪的，依法追究刑事责任：

（一）违反本条例规定，不在指定地点经营，破坏景观的，可处1000元罚款；

（二）违反本条例规定，猎采野生动植物、葬坟，破坏景观、植被的，可处2000元罚款；

（三）违反本条例规定，损毁或者擅自移动风景名胜区界桩、标志、标牌、坐椅、垃圾箱等公共设施，在禁火区内吸烟、野炊、烧香点烛、燃放烟花爆竹，破坏景观、植被和风景名胜资源的，处1000元以上10000元以下罚款。

违反本条例规定的其他行为，依照《风景名胜区条例》等有关法律、法规处罚。

第二十五条　违反本条例规定，法律法规规定由相关行政管理部门处罚的，相关行政管理部门可以委托岳麓山风景名胜区管理局实施处罚。

第二十六条　违反风景名胜区规划在风景名胜区内设立开发区、度假区或者擅自修改风景名胜区规划的，对直接负责的主管人员和其他直接责任人员依法给予处分；构成犯罪的，依法追究刑事责任。

第二十七条　岳麓山风景名胜区管理局有下列行为之一的，由市人民政府责令改正；情节严重的，对直接负责的主管人员和其他直接责任人员给予降级或者撤职的处分；构成犯罪的，依法追究刑事责任：

（一）超过允许容量接纳游客或者在没有安全保障的区域开展游览活动的；

（二）未设置风景名胜区标志、路标和安全警示标牌的；

（三）审核同意在风景名胜区内进行不符合风景名胜区规划的建设活动的；

（四）发现违法行为不予查处的。

第二十八条　本条例自2007年1月1日起施行。《岳麓山风景名胜区管理办法》同时废止。

5. 湘西土家族苗族自治州猛洞河风景名胜区保护条例

(2007年3月31日湘西土家族苗族自治州第十一届人民代表大会第五次会议通过 2007年6月1日湖南省人民代表大会常委会第二十七次会议审查批准 2007年6月6日湘西土家族苗族自治州人民代表大会常务委员会第12号公告公布 自2007年7月1日起施行)

第一章 总 则

第一条 为了加强猛洞河风景名胜区的管理，有效保护和合理利用猛洞河风景名胜资源，根据国务院《风景名胜区条例》等法律法规，制定本条例。

第二条 猛洞河风景名胜区由老司城、司河、猴儿跳、王村景区组成，具体范围以国务院批准的《猛洞河风景名胜区总体规划》划定的范围为准。

第三条 猛洞河风景名胜区的保护、利用和管理，应当遵守本条例。

第四条 猛洞河风景名胜区实行科学规划、统一管理、严格保护、永续利用的原则。

第五条 永顺县人民政府设立的猛洞河风景名胜区管理机构负责猛洞河风景名胜区的保护、利用和统一管理工作。

第六条 猛洞河风景名胜区及其外围保护区、水源地保护区所在地乡（镇）人民政府应当协助猛洞河风景名胜区管理机构做好风景名胜资源保护和管理工作。

第七条 湘西土家族苗族自治州人民政府（以下简称州人民政府）、永顺县人民政府应当将猛洞河风景名胜区保护管理纳入国民经济和社会发展规划，并将保护管理经费列入本级财政预算。

第八条 任何单位和个人都有保护猛洞河风景名胜资源的义务，

并有权制止、检举破坏风景名胜资源的行为。

在猛洞河风景名胜区保护、管理工作中做出显著成绩的单位和个人，由相关人民政府给予表彰、奖励。

第二章 规划与保护

第九条 猛洞河风景名胜区规划分为总体规划和详细规划。猛洞河风景名胜区规划是猛洞河风景名胜区保护、建设和管理工作的依据，任何单位和个人必须严格执行。

经批准的猛洞河风景名胜区规划不得擅自修改，确需修改的，应当依法进行。

因修改猛洞河风景名胜区规划对公民、法人或者其他组织造成财产损失的，应当依法给予补偿。

永顺县人民政府应当将猛洞河风景名胜区规划向社会公布。

第十条 禁止违反猛洞河风景名胜区规划，在猛洞河风景名胜区内设立各类开发区和在核心景区内建设宾馆、招待所、培训中心、疗养院以及与风景名胜资源保护无关的其他建筑物；已经建设的，应当按照猛洞河风景名胜区规划依法迁出。

猛洞河风景名胜区核心景区内的违法建（构）筑物应当依法拆除，并责令其恢复植被和地貌。

第十一条 任何单位和个人不得侵占、买卖或者以其他形式非法转让猛洞河风景名胜区内风景名胜资源及其土地，不得擅自改变土地用途。

第十二条 对猛洞河风景名胜区核心景区内的土地依法征收或征用。

永顺县人民政府应当按规划要求，组织居住在猛洞河风景名胜区核心景区内的居民外迁，并依法予以安置和补偿。

在猛洞河风景名胜区核心景区外，根据民族风俗，由永顺县人民政府按规划要求划定殡葬用地。

第十三条 猛洞河风景名胜区及其外围保护区、水源地保护区所在地县人民政府应当做好封山育林、植树造林、护林防火、森林病虫害防治工作。

猛洞河风景名胜区内的建设项目占用或者征用林地所缴纳的森林

植被恢复费,应当用于猛洞河风景名胜区内异地造林。

猛洞河风景名胜区管理机构应当会同有关部门对猛洞河风景名胜区内古树名木、珍稀植物进行调查、鉴定,建立档案,挂牌保护。

第十四条 对猛洞河风景名胜区内的云豹、白鹤、白颈长尾雉、猕猴、红腹锦鸡、白冠长颈雉、穿山甲、水獭、大鲵等珍稀野生动物,应当按照野生动物保护法律、法规的规定实行保护。

第十五条 州人民政府及其有关县人民政府应当加强对猛洞河风景名胜区及其外围保护区、水源地保护区的水体保护,做好水土保持和地质灾害防治工作。

永顺县人民政府应当对哈妮宫瀑布、捏土瀑布、落水坑瀑布、铜钱眼瀑布、王村瀑布及其水源地实行重点保护。

猛洞河风景名胜区内禁止兴建工业项目、水电站,外围保护区及水源地保护区内禁止兴建重污染工业项目。

第十六条 州人民政府及其环境保护主管部门应当加强酉水河流域州内段的环境保护协调工作,永顺县人民政府应当加强猛洞河、灵溪河流域的环境保护工作,严格控制猛洞河风景名胜区水源上游污染物排放总量。

第十七条 对猛洞河风景名胜区内溪州铜柱、老司城宫殿遗址、碧花山庄古城遗址、谢圃古城遗址、衙老院遗址、龙潭城遗址、紫金山古墓群、雅草坪古墓群、莲花古墓群、象鼻山古墓群、八桶湖古墓群、两河口古墓群、王村古墓群、祖师殿古建筑群、土王祠古建筑群、摆手堂古建筑、碧花潭古栈道、王村古镇和灵溪河两岸石刻等文物保护单位,按照文物保护法的规定进行保护。

对猛洞河风景名胜区内尚未列入文物保护单位,具有历史、艺术、民族文化价值的宗祠、民居、生产生活作坊等建(构)筑物由猛洞河风景名胜区管理机构会同有关部门建立档案,挂牌保护。

第十八条 州人民政府、永顺县人民政府应当按照猛洞河风景名胜区总体规划要求,兴建土家族历史博物馆和溪州铜柱公园。

第十九条 猛洞河风景名胜区内禁止下列行为:

(一)开山、采石、开矿、开荒等破坏景观、植被和地形地貌的活动;

(二)修建储存爆炸性、易燃性、放射性、毒害性、腐蚀性物品的设施;

（三）向水体排放倾倒油类、酸液、碱液、剧毒废液、可溶性剧毒废渣，在水体清洗装贮过该类物品的容器或车辆；

（四）乱倒、乱扔、乱堆垃圾；

（五）在景物或者设施上刻画、涂污；

（六）擅自复制文物，拓印石碑、石刻、器物铭文；

（七）擅自采伐林木；

（八）非法采集珍稀野生植物；

（九）砍伐、移植、采挖、损毁古树名木；

（十）非法采脂、挖掘树桩（根），因挖笋、剥树皮及过度修枝等致使林（竹）木受到损害的；

（十一）非法猎捕野生动物；

（十二）炸鱼、电鱼、毒鱼；

（十三）烧灰、烧炭、烧窑；

（十四）其他破坏景观和生态环境的行为。

第二十条 在猛洞河风景名胜区内进行下列活动，应当经猛洞河风景名胜区管理机构审核后，依照有关法律、法规的规定报有关行政主管部门批准：

（一）设置、张贴商业广告；

（二）举办大型游乐等活动；

（三）改变水资源、水环境自然状态的活动；

（四）其他影响生态和景观的活动。

第三章 建　　设

第二十一条 猛洞河风景名胜区的建设活动，应当经猛洞河风景名胜区管理机构审核后，依照有关法律法规的规定办理审批手续。

第二十二条 猛洞河风景名胜区内的建设项目应当符合规划要求，并体现民族特色。猛洞河风景名胜区内的建（构）筑物布局、体量、造型、风格和色彩，应当与周围景观、环境相协调，不得破坏猛洞河风景名胜区整体风貌。

外围保护区内公路沿线的建（构）筑物应当按照土家族苗族建筑风格进行建设。

第二十三条 在猛洞河风景名胜区及其外围保护区、水源地保护区建设施工，建设、施工单位必须采取有效措施防治污染，保护周围景物、水体、林草植被、野生动物资源和地形地貌，工程结束后应当及时清理场地，恢复植被。

第四章　利用与管理

第二十四条　猛洞河风景名胜区管理机构应当根据猛洞河风景名胜区规划，合理利用风景名胜资源，改善交通、服务设施和游览条件。

猛洞河风景名胜区管理机构应当对猛洞河风景名胜区及其核心景区范围标界立碑和设置风景名胜区标志和路标、安全警示等标牌，并对基础设施定期进行检查和维护。

禁止损毁、擅自移动界标界碑和标志标牌等。

第二十五条　猛洞河风景名胜区管理机构应当建立健全安全保障制度，加强安全管理，保障游览安全，并督促风景名胜区内的经营单位接受有关部门依据法律、法规进行的监督检查。

猛洞河风景名胜区管理机构应当根据猛洞河风景名胜区环境状况，对景区、景点实施休整，并提前予以公告。

禁止超过允许容量接纳游客和在没有安全保障的区域开展游览活动。

第二十六条　进入猛洞河风景名胜区的车船，应当按照指定线路行驶，在规定地点停放或停泊。

猛洞河风景名胜区内应当逐步使用环保型车船；控制猛洞河风景名胜区内机动车船数量。

第二十七条　猛洞河风景名胜区的门票，由猛洞河风景名胜区管理机构负责出售。门票价格依照有关价格的法律、法规的规定执行。

第二十八条　猛洞河风景名胜区内的交通、服务等项目，应当由猛洞河风景名胜区管理机构依照有关法律法规和猛洞河风景名胜区规划，采用招标等公平竞争的方式确定经营者。经营者应当向猛洞河风景名胜区管理机构缴纳风景名胜资源有偿使用费。

风景名胜区管理机构应当与经营者签订合同，依法确定各自的权利义务。

第二十九条　猛洞河风景名胜区的门票收入和风景名胜资源有偿

使用费实行收支两条线管理，专门用于风景名胜资源的保护和管理以及风景名胜区内财产的所有权人、使用权人损失的补偿。

第三十条 猛洞河风景名胜区管理机构不得从事以营利为目的的经营活动，不得将规划、管理和监督等行政管理职能委托给企业或者个人行使。

风景名胜区管理机构的工作人员，不得在风景名胜区内的企业兼职。

第五章 法律责任

第三十一条 违反本条例的规定，有下列行为之一的，由猛洞河风景名胜区管理机构责令停止违法行为、恢复原状或者限期拆除，没收违法所得，并处50万元以上100万元以下的罚款：

（一）在核心景区内建设宾馆、招待所、培训中心、疗养院以及与风景名胜资源保护无关的其他建筑物的；

（二）在猛洞河风景名胜区内开山、采石、开矿等破坏景观、植被、地形地貌的活动的；

（三）在猛洞河风景名胜区内修建储存爆炸性、易燃性、放射性、毒害性、腐蚀性物品的设施的。

第三十二条 违反本条例的规定，在猛洞河风景名胜区内从事禁止范围以外的建设活动，未经猛洞河风景名胜区管理机构审核或者审批的，由猛洞河风景名胜区管理机构责令停止建设、限期拆除，对个人处2万元以上5万元以下的罚款，对单位处20万元以上50万元以下的罚款。

第三十三条 违反本条例第十一条规定的，由猛洞河风景名胜区管理机构责令限期改正，没收非法所得，并处非法所得50%以下罚款；因出让或者变相出让行为给行政相对人造成损失的，应当依法予以赔偿；对直接负责的主管人员和其他直接责任人员依法给予行政处分。

第三十四条 违反本条例第十九条规定，由猛洞河风景名胜区管理机构依照以下规定给予处罚；构成犯罪的，由司法机关依法处理：

（一）违反第（一）项规定，个人在风景名胜区内进行开荒等行为，破坏景观、植被、地形地貌或者影响生态环境的，责令停止违法行为、限期恢复原状或者采取其他补救措施，没收违法所得，并处1000元以上1万元以下的罚款；

（二）违反第（三）项规定，向水体排放倾倒剧毒废液、可溶性剧毒废渣的，可以处10万元以下的罚款；向水体排放倾倒油类、酸液、碱液，可以处5万元以下的罚款；

（三）违反第（四）、（五）项规定的，责令恢复原状或者采取其他补救措施，处50元的罚款；

（四）违反第（六）项规定的，责令停止违法行为，没收违法所得和从事违法活动专用工具设备，并处1万元以上10万元以下罚款；

（五）违反第（七）项规定的，责令依法赔偿损失、补种砍伐、损坏树木株数十倍的树木，没收违法所得，并处以砍伐、损坏林木价值三倍以上五倍以下的罚款；

（六）违反第（八）、（九）项规定的，依照有关法律法规处罚；

（七）违反第（十）项规定的，责令停止违法行为，依法赔偿损失；补种毁坏株数一倍以上三倍以下的树木，处毁坏林木价值一倍以上五倍以下罚款；

（八）违反第（十一）、（十二）项规定的，没收猎获物、猎捕工具和违法所得，处1万元以下罚款；

（九）违反第（十三）项规定的，责令停止违法行为，有违法所得的，没收违法所得，并处5000元以下罚款。

第三十五条 违反本条例第二十条第（一）项规定的，由猛洞河风景名胜区管理机构责令拆除，并处以1000元以上5000元以下罚款；违反第（二）、（三）、（四）项规定的，由猛洞河风景名胜区管理机构责令停止违法行为、限期恢复原状或者采取其他补救措施，没收违法所得，并处5万元以上10万元以下的罚款；情节严重的，并处10万元以上20万元以下的罚款。

第三十六条 违反本条例第二十三条规定的，由猛洞河风景名胜区管理机构责令停止违法行为、限期恢复原状或者采取其他补救措施，并处2万元以上10万元以下的罚款；逾期未恢复原状或者采取有效措施的，由猛洞河风景名胜区管理机构责令停止施工。

第三十七条 违反本条例第二十四条第三款规定，损毁、擅自移动界标界碑和标志标牌的，由猛洞河风景名胜区管理机构责令限期恢复原状，逾期不恢复原状的，由猛洞河风景名胜区管理机构代为恢复，所需费用由违法者支付。

第三十八条　违反本条例的规定，风景名胜区管理机构有下列行为之一的，由设立该风景名胜区管理机构的县级以上地方人民政府责令改正；情节严重的，对直接负责的主管人员和其他直接责任人员给予降级或者撤职的处分；构成犯罪的，依法追究刑事责任：

（一）超过允许容量接纳游客或者在没有安全保障的区域开展游览活动的；

（二）未设置风景名胜区标志和路标、安全警示等标牌的；

（三）从事以营利为目的的经营活动的；

（四）将规划、管理和监督等行政管理职能委托给企业或者个人行使的；

（五）允许风景名胜区管理机构的工作人员在风景名胜区内的企业兼职的；

（六）审核同意在风景名胜区内进行不符合风景名胜区规划的建设活动的；

（七）发现违法行为不予查处的。

第三十九条　依照有关法律、行政法规的规定，有关部门已经予以处罚的，猛洞河风景名胜区管理机构不再处罚。

本条例未作出处罚规定的其他违法行为，按照国家有关法律、法规的规定执行。

第四十条　国家工作人员在猛洞河风景名胜区保护工作中玩忽职守、滥用职权、失职渎职、徇私舞弊的，依法给予行政处分；构成犯罪的，依法追究刑事责任。

第六章　附　　则

第四十一条　古丈县行政区域内的栖枫湖景区、红石林景区、坐龙峡景区等的保护和管理，由古丈县人民政府及其有关部门参照本条例执行。

第四十二条　本条例自 2007 年 7 月 1 日施行。

6. 湖南省崀山风景名胜区保护条例

(2004年9月28日湖南省第十届人民代表大会常务委员会第十一次会议通过 2004年9月28日湖南省人民代表大会常务委员会第40号公告公布 自2005年1月1日起施行)

第一章 总　　则

第一条　为了加强对崀山风景名胜区的管理，保护崀山风景名胜资源，根据有关法律、法规的规定，制定本条例。

第二条　崀山风景名胜区是具有典型丹霞地质地貌特征的国家重点风景名胜区，由新宁县境内的八角寨、天生桥、扶夷江、天一巷、辣椒峰、紫霞峒等景区组成，具体范围和界线按照国务院批准的总体规划确定。

第三条　凡与崀山风景名胜区保护有关的单位和个人，均须遵守本条例。

第四条　崀山风景名胜区的保护、建设和管理，应当遵循严格保护、统一管理、合理开发、永续利用的原则，符合崀山风景名胜区总体规划和详细规划。

第五条　省人民政府、邵阳市人民政府应当加强对崀山风景名胜区保护工作的领导。

新宁县人民政府负责崀山风景名胜区的保护和管理工作。

省人民政府建设行政主管部门对崀山风景名胜区的保护、管理工作实施业务指导和监督检查。

国土、林业、环境保护和其他有关行政主管部门，按照各自职责做好崀山风景名胜区保护工作。

第六条　省、邵阳市、新宁县人民政府应当支持、引导、帮助崀山风景名胜区及其外围保护区的村、组和村民发展生态农业、生态林业和旅游服务业。

第七条　在崀山风景名胜区保护、管理工作中做出显著成绩的单位和个人,由相关人民政府或者行政主管部门给予表彰、奖励。

第二章 保 护

第八条 新宁县人民政府应当根据国务院批准的崀山风景名胜区总体规划编制详细规划。一级保护区的详细规划由省人民政府建设行政主管部门报国务院建设行政主管部门审批,其他保护区的详细规划由省人民政府建设行政主管部门审批。

总体规划和详细规划,是崀山风景名胜区保护、建设和管理工作的依据,任何单位和个人必须严格执行,不得擅自改变。确需调整、修改的,必须按照原审批程序办理。

第九条 崀山风景名胜区实行分级保护,按照国务院批准的总体规划,分为一级保护区、二级保护区、三级保护区。为了保护风景名胜资源,协调自然景观,按照规划要求在风景名胜区外围划定外围保护区。

新宁县人民政府应当将各保护区的范围向社会公布,并在各保护区边界线设立界址、标牌。任何单位和个人不得毁坏或者擅自改变界址、标牌。

第十条 任何单位和个人不得侵占、买卖或者以其他形式非法转让崀山风景名胜区的风景名胜资源及景区土地。

第十一条 对崀山风景名胜区地貌资源应当制定保护措施,防止地质灾害,保护丹霞地貌的完整性。

在崀山风景名胜区内严格控制举行攀岩等活动。禁止未经批准或者不在指定地点举行攀岩等活动。

第十二条 崀山风景名胜区实施封山育林、退耕还林、退耕还草等措施,做好防火、防病虫害工作,逐年提高森林覆盖率。在一级、二级保护区内禁止采伐林木。对景区内的古树名木,应当登记造册,建立档案,严格保护。

第十三条 在崀山风景名胜区内应当做好水土保持工作,加强对水体、水景的保护。对景区内的扶夷江和其他水体,应当及时清理、疏浚,任何单位和个人不得擅自围、填、堵、塞或者作其他改变。

第十四条 环境保护、林业、水利等有关行政主管部门应当加强环境质量监测和对环境保护工作的监督,严格保护崀山风景名胜区自然生态环境。

在崀山风景名胜区从事生产、经营活动，必须有环境保护措施。废水、废气和噪声的排放，必须符合国家标准。生产、生活垃圾，必须及时处理，不得随地堆放。

在崀山风景名胜区内推广使用沼气、电气等清洁能源。

第十五条 对崀山风景名胜区内的古建筑、古墓葬、历史遗迹等保护对象应当登记造册，建立档案，设置标牌，并采取保护措施。

第十六条 在崀山风景名胜区外围保护区内，禁止设立造纸、制革、化工、冶炼、印染、炼油、电镀、酿造、制药和其他污染环境的企业。

第十七条 在崀山风景名胜区内，除禁止第十六条规定的行为外，还禁止下列行为：

（一）改变或者毁损自然景观和古建筑、古墓葬、古碑林、古遗迹等人文景观以及公共设施；

（二）开山、采石、采沙、垦荒、烧山；

（三）烧薪炭、烧砖瓦；

（四）在水体炸鱼、毒鱼、电鱼，从事水上餐饮，向水体倾倒垃圾、土石及抛弃其他废弃物；

（五）猎捕野生动物；

（六）储存易燃易爆物品。

第十八条 在崀山风景名胜区一级、二级保护区内，除禁止第十六条、第十七条规定的行为外，还禁止下列行为：

（一）葬坟、砍柴、铲草皮、放牧；

（二）采集野生药材和幼苗、种子等林副产品；

（三）野外生火、烧灰、烧田埂；

（四）在非指定地点吸烟、烧香点烛、燃放烟花爆竹；

（五）在建筑物、岩石、竹木上刻划题字或者擅自张贴广告。

第十九条 依法征用、征收崀山风景名胜区内的林地及其他用地，或者有关建筑物、构筑物，应当依法给予补偿并合理安置。

第三章 建　　设

第二十条 在崀山风景名胜区内应当根据规划建设必要的交通、

服务设施及保护设施，逐步改善游览条件。

崀山风景名胜区的建筑物、构筑物的布局、体量、造型和色彩，应当与周围景观、环境相协调，不得破坏风景名胜区整体风貌。

在崀山风景名胜区一级、二级保护区内，禁止建设开发区、度假区、生活区和楼堂馆所。

第二十一条 单位和个人在崀山风景名胜区内申请建设项目，应当按下列规定报建设行政主管部门进行选址审批：

（一）建设公路、索道、缆车，大型文化、体育、游乐设施，旅馆，风景名胜区徽志的标志建筑，由省人民政府建设行政主管部门审查后报国务院建设行政主管部门审批；

（二）其他建设项目按省人民政府建设行政主管部门的规定报批。其中景区村民按照风景名胜区详细规划建设住宅的，由新宁县人民政府建设行政主管部门审批。

第二十二条 崀山风景名胜区内的建设项目，在规划选址阶段应当进行环境影响评价和地质环境影响评价，并制定水土保持方案。

第二十三条 崀山风景名胜区建设项目的施工单位，必须采取有效的防护措施，保护周围植被、水体和景观、地貌；工程竣工后，应当及时清理施工场地，恢复植被。

第四章 管 理

第二十四条 新宁县人民政府应当建立健全管理制度，对崀山风景名胜区的规划、建设和保护进行综合监督检查，加强卫生、治安和安全管理，维护游览秩序，保护游客合法权益。

第二十五条 在崀山风景名胜区主要景区、景点应当设置规范的地名标志和标牌，在险要部位应当设置安全设施和警示牌；对交通、游览设施应当适时进行检查和维护。

第二十六条 在崀山风景名胜区内从事旅游、餐饮、住宿、销售、旅游运输、广告、娱乐、摄影等经营活动应当符合规划，在指定的地点依法经营，并遵守卫生管理制度，保持景区整洁、卫生。

第二十七条 进入崀山风景名胜区的车辆，应当按照规定线路行驶，在规定地点停放。禁止在崀山风景名胜区内学习驾驶机动车辆或者使用非客运车辆载客营运。

第二十八条 在崀山风景名胜区从事导游的人员,应当持有旅游部门依法颁发的导游证,按照有关规定从事导游活动。

景点解说人员应当经过专业培训,具备丹霞地质地貌知识和其他有关知识。

第二十九条 进入崀山风景名胜区的游客和其他人员,应当爱护风景名胜资源和公共设施,维护环境卫生和公共秩序,遵守景区的有关管理规定。

第三十条 崀山风景名胜区实行风景名胜资源有偿使用制度,对使用者依法征收有偿使用费。有偿使用费的征收、管理和使用按照国家和省人民政府的有关规定执行。

第五章 法律责任

第三十一条 违反本条例第九条规定,毁坏或者擅自改变界址、标牌的,责令改正,处五十元以上、二百元以下罚款。

第三十二条 违反本条例第十一条规定,未经批准或者不在指定地点举行攀岩等活动的,责令改正,处一万元以上、五万元以下罚款。

第三十三条 违反本条例规定,在崀山风景名胜区或者其外围保护区内,设立造纸、制革、化工、冶炼、印染、炼油、电镀、酿造、制药和其他污染环境的企业的,强制关闭,拆除厂房和有关设施;对直接责任人员依法给予行政处分。

第三十四条 违反本条例第十七条第(二)、(三)、(四)、(六)项规定的,责令停止违法行为,没收违法所得,处二百元以上、一千元以下罚款。

对在一级、二级保护区内违反本条例第十七条第(二)、(三)、(四)、(六)项规定的,从重处罚。

第三十五条 违反本条例第十八条规定的,责令停止违法行为,没收违法所得,处五十元以上、二百元以下罚款;其中葬坟的,责令停止违法行为,处三百元以上、一千元以下罚款。

第三十六条 违反本条例规定,对风景名胜资源造成损失的,应当依法承担民事责任。

本条例未作处罚规定的违法行为,法律、法规规定处罚的,从其规定。

第三十七条 违反崀山风景名胜区规划批准建设项目的，批准文件无效，由批准机关依法赔偿建设单位的损失，对直接负责的主管人员和其他直接责任人员，依法给予行政处分。

第三十八条 有关管理人员玩忽职守、徇私舞弊或者滥用职权的，依法给予行政处分；构成犯罪的，依法追究刑事责任。

第六章 附 则

第三十九条 本条例自2005年1月1日起施行。

7. 湖南省紫鹊界梯田梅山龙宫风景名胜区保护条例

（2009年11月27日湖南省第十一届人民代表大会常务委员会第十一次会议通过 2010年1月1日施行）

第一条 为了加强对紫鹊界梯田梅山龙宫风景名胜区（以下简称风景名胜区）的管理，有效保护和合理利用风景名胜资源，根据国务院《风景名胜区条例》和其他有关法律、行政法规的规定，制定本条例。

第二条 风景名胜区的规划、保护、利用、管理和监督，适用本条例。

风景名胜区由新化县境内的紫鹊界梯田、梅山龙宫、资江风光带、油溪河漂流景区组成，具体范围按照国务院批准的《紫鹊界梯田—梅山龙宫风景名胜区总体规划》确定。

第三条 省人民政府和娄底市人民政府应当加强对风景名胜区管理工作的领导，扶持风景名胜区的发展。

新化县人民政府应当加强对风景名胜区管理工作的领导和组织协调，加大对风景名胜区的投入，开发具有地方特色的文化旅游产品，督促风景名胜区管理机构和有关主管部门依法履行职责,每年向新化县人民代表大会或者其常务委员会和娄底市人民政府报告风景名胜区的管理工作情况。

风景名胜区所在地乡、镇人民政府应当配合风景名胜区管理机构做好风景名胜区的保护、利用和管理工作。

风景名胜区所在地村(居)民委员会应当引导村(居)民增强资源保护意识,按照景区保护、利用和管理的要求,合理安排生产、生活。

第四条 省人民政府建设主管部门负责风景名胜区的监督管理工作。

省、娄底市、新化县人民政府规划、国土资源、农业、林业、水利、交通运输、环境保护、旅游、文化、卫生、公安等有关主管部门按照各自职责,做好风景名胜区保护的相关工作。

第五条 新化县人民政府设置的风景名胜区管理机构负责风景名胜区的保护、利用和统一管理工作。

第六条 省人民政府建设主管部门应当根据风景名胜区总体规划组织编制详细规划,经依法批准后公布实施。

风景名胜区详细规划应当根据核心景区和其他景区的不同要求编制,突出景区的自然特性、文化内涵和地方特色,科学确定旅游设施、文化设施、水利设施和其他基础设施建设项目的选址、布局和规模,明确建设用地范围和规划设计条件。

第七条 风景名胜区包括核心景区和其他景区,其具体范围由新化县人民政府依据总体规划确定,并向社会公布。

风景名胜区管理机构应当在核心景区和其他景区分别设立界碑、界桩,按照景区的不同要求实行分类保护。

第八条 风景名胜区管理机构应当对风景名胜区内的景观资源进行调查,对风景名胜区内梯田、自然灌溉水系、古民居、古树名木、特色岩溶地质遗迹、民俗文化等保护对象登记造册、建立档案,设置保护标志。

第九条 严格保护风景名胜区的森林资源。确因林木更新或者新技术推广的需要,经风景名胜区管理机构审核、林业主管部门审批后,可以适当进行更新、抚育采伐,但不得破坏原有生态体系和景区风貌。

第十条 在风景名胜区内建设房屋、修路或者进行其他建设活动，应当经风景名胜区管理机构审核后，依照法律法规的规定办理审批手续。

风景名胜区内建（构）筑物的布局、体量和色彩，应当与周边景观、环境相协调；不得修建破坏景观、污染环境、妨碍游览的工程项目。

在风景名胜区内进行建设活动的，建设、施工单位应当制定污染防治和水土保持方案，保护周围景物、水体、植被、地形地貌不受损害；工程竣工后，应当及时清理施工场地。

第十一条 任何单位和个人应当遵守风景名胜区的规划和有关规定，保护风景名胜资源，爱护公共设施和环境卫生。

第十二条 在风景名胜区内，禁止下列行为：

（一）烧山、开山、采石、开矿等破坏景观、植被和地形地貌的行为；

（二）炸鱼、毒鱼、电鱼；

（三）在非指定地点扔弃、倾倒、堆放垃圾和其他废弃物；

（四）在景观或者设施上刻划、涂污；

（五）非法猎捕野生动物或者非法采集珍稀野生植物；

（六）修建储存爆炸性、易燃性、放射性、毒害性、腐蚀性物品的设施；

（七）损毁标识、标牌、界碑、界桩等公共设施；

（八）其他危害风景名胜资源或者危及公共安全的行为。

第十三条 在风景名胜区核心景区内，禁止下列行为：

（一）建设宾馆、招待所、饭店、培训中心、疗养院以及与风景名胜资源保护无关的其他建（构）筑物；

（二）采沙、淘金；

（三）烧砖瓦、烧薪炭。

第十四条 在风景名胜区内从事下列活动，应当经风景名胜区管理机构审核后，依法报有关主管部门审批：

（一）设置、张贴广告；

（二）疏浚河道、拦河筑坝、修建码头等改变水资源、水环境自然状态的活动；

（三）摆摊设点、照相摄影、游艺娱乐、餐饮服务等经营活动。

第十五条　严格保护紫鹊界梯田的原有风貌和自然灌溉体系、灌溉形式，保持稻作农业。不得损毁梯田和水利设施。

在紫鹊界梯田景区内新建、改建、扩建村（居）民住宅，应当保持传统的建筑结构和外观风貌。

第十六条　严格保护梅山龙宫溶洞内的石笋、石钟乳、鹅管、雾凇等自然岩溶资源，不得敲打、攀折、损毁；不得在溶洞内吸烟、点烛、烧香、用火和储存、使用危险物品；不得破坏溶洞所依附山体的植被。

第十七条　风景名胜区管理机构应当依法确定风景名胜区内交通、服务等项目的经营者，并与经营者签订合同，明确各自的权利义务。经营者应当保护风景名胜资源，缴纳风景名胜资源有偿使用费。

第十八条　风景名胜区的门票收入和风景名胜资源有偿使用费实行收支两条线管理，专门用于风景名胜资源的保护、利用和管理以及风景名胜区内财产所有权人、使用权人损失的补偿。补偿具体办法按照国家有关规定执行。

第十九条　风景名胜区内在规划实施前已经建成但不符合规划要求的建（构）筑物应当逐步改造、迁出或者拆除，并依法予以补偿。

依法征用、征收风景名胜区内的林地及其他用地或者有关建（构）筑物，应当依法给予补偿并合理安置。

第二十条　风景名胜区管理机构根据旅游发展需要，适当安排符合条件的当地村（居）民就业，并采取措施组织村（居）民开发旅游产品，改善当地村（居）民的生活。

第二十一条　风景名胜区管理机构应当建立健全风景名胜区管理制度，加强监督检查，维护游览秩序和游客的合法权益。

第二十二条　风景名胜区管理机构应当在主要景点设置规范的标牌、标识，在险要地段设置安全设施和警示标志，加强景区安全管理。

第二十三条　风景名胜区管理机构应当依法履行职责，加强景区旅游、餐饮、住宿、娱乐、摄影、摆摊设点等经营活动的管理，维护经营秩序。

第二十四条　违反本条例规定，应当经风景名胜区管理机构审核而未经审核、有关主管部门进行审批的，其批准文件无效；造成行政相对人损失的，由审批机关依法予以赔偿；对直接负责的主管人员和其他直接责任人员依法给予行政处分。

  第二十五条 违反本条例规定，有下列破坏景观、植被、地形地貌行为之一的，由风景名胜区管理机构责令停止违法行为，限期恢复原状或者采取补救措施，没收违法所得，可并处一千元以上一万元以下的罚款：

  （一）损毁界碑、界桩等公共设施；

  （二）损毁梯田、烧山、烧砖瓦、烧薪炭；

  （三）攀折、损毁岩溶景观。

  第二十六条 违反本条例规定，未经风景名胜区管理机构审核，在风景名胜区内从事摆摊设点、照相摄影、游艺娱乐、餐饮服务等经营活动的，由风景名胜区管理机构责令改正；拒不改正的，处一千元以上一万元以下的罚款。

  第二十七条 风景名胜区管理机构和有关主管部门的工作人员玩忽职守、滥用职权、徇私舞弊的，依法给予行政处分。

  第二十八条 本条例自2010年1月1日起施行。

十七、广东省

1. 广东省风景名胜区条例

(1998年7月29日广东省第九届人民代表大会常务委员会第四次会议通过 1998年8月22日公布 自1998年10月1日起施行)

第一章 总 则

第一条 为了合理利用风景名胜资源,加强风景名胜区的规划、建设、保护和管理,根据有关法律、法规,结合本省实际,制定本条例。

第二条 本条例适用本省行政区域内风景名胜区的设立、规划、建设、保护和管理。

第三条 本条例所称风景名胜资源,是指具有观赏、文化和科学价值的山岳、河流、湖泊、海洋、地质、地貌、森林、动植物、天文、气象等自然景观和历史遗址、革命纪念地、宗教寺庙、雕刻、园林、建筑物及有关工程设施等人文景观及其所处环境。

本条例所称风景名胜区,是指风景名胜资源集中,环境优美,具有一定规模和游览条件,经县以上人民政府批准设立并划定范围,供人们游览、观赏、休息或者进行科学文化等活动的地域。

第四条 省、市、县人民政府建设行政主管部门(以下简称"主管部门")是本行政区域内风景名胜区的主管部门,行使下列风景名胜区管理职权,并负责本条例的组织实施:

(一)组织风景名胜资源的调查和评估;
(二)审查风景名胜区总体规划和审批风景名胜区详细规划;
(三)审查风景名胜区设立;
(四)审批风景名胜区建设项目的定点和设计方案;
(五)监督检查风景名胜区规划的实施;

（六）法律、法规规定的其他职权。

其他有关行政管理部门，依照法律、法规的规定，做好风景名胜区的有关管理工作。

第五条 各级人民政府应当将风景名胜资源的保护、利用和风景名胜区的规划、建设纳入国民经济和社会发展计划。

第二章 设立、变更和撤销

第六条 风景名胜区按国家规定分为市县级风景名胜区、省级风景名胜区和国家重点风景名胜区三个等级。符合下列条件的，可按国务院规定的程序申请设立风景名胜区：

（一）有一定的游览、观赏、文化或者科学价值，环境优美，规模较小，有配套设施和服务条件的，可以申报为市县级风景名胜区；

（二）有比较重要的游览、观赏、文化或者科学价值，景观有特色，有一定规模，配套设施和服务条件比较完善，在省内外影响较大的，可以申报为省级风景名胜区；

（三）具有重要的游览、观赏、文化或者科学价值，景观独特，规模较大，配套设施和服务条件完善，在国内外知名度较高的，可以申请为国家重点风景名胜区。

第七条 风景名胜区经批准机关公布后，应当依照国务院的规定设立风景名胜区管理机构，负责风景名胜区的规划、建设、管理、利用和保护等工作。其具体职责是：

（一）宣传贯彻有关法律、法规和政策；

（二）组织制定和实施风景名胜区规划；

（三）保护风景名胜资源及其生态环境；

（四）组织开发利用风景名胜资源；

（五）建设、维护和管理风景名胜区配套设施；

（六）制定风景名胜区的公共规则，负责风景名胜区内环境卫生、商业和服务业的监督管理；

（七）负责风景名胜区内的安全工作，定期检查风景名胜区内的安全设施，保障游人的人身安全；

（八）法律、法规规定的和县以上人民政府依法赋予的其他职责。

第八条 风景名胜区的风景名胜资源或者其配套设施和服务条件

发生重大变化，不再具备该等级风景名胜区条件的，应当降低该风景名胜区的等级；已不具备风景名胜区条件的，应当撤销该风景名胜区。

降低风景名胜区等级和撤销风景名胜区，由批准公布该风景名胜区的人民政府的建设行政主管部门报请同级人民政府审定公布。

第九条 风景名胜区内或者其周边有重大的风景名胜资源发现，或者原有的风景名胜资源价值经重新评估，具备上等级风景名胜区资源条件，其配套设施和服务条件作相应改善的，可以重新申请划定风景名胜区范围和提高风景名胜区的等级。

第三章 规划和建设

第十条 风景名胜区应当按照国家规定的内容和程序，制定风景名胜区总体规划和详细规划。

风景名胜区总体规划应当包括风景名胜区的现状、性质、范围及其外围保护地带，功能分区，保护和开发风景名胜资源的措施，景区环境容量预测，配套设施的统筹安排，投资与效益的估算和各项专业规划等内容。

风景名胜区详细规划应当按照该风景名胜区总体规划编制，详细规划必须包括风景名胜区开发建设的具体方案、资源和景观的具体保护措施、建设控制指标、建设项目的选址安排、重大建设项目的景观设计方案等内容。

第十一条 制定风景名胜区规划应当遵循下列原则：

（一）贯彻执行国家有关保护和开发利用风景名胜资源的法律、法规，正确处理保护与利用、远期与近期、整体与局部的关系；

（二）保持自然景观和人文景观的风貌，维护生态平衡；

（三）风景名胜区的建设规模和开发程度、各项建设标准和定额指标，应当与经济发展水平相适应，并为长远发展留有余地；

（四）科学评估名胜资源的特殊和价值，突出风景名胜区的特色；

（五）风景名胜区总体规划应当与城镇体系规划、城市总体规划、土地利用总体规划、自然保护区规划等相协调。

第十二条 编制风景名胜区的规划应当委托具有相应资质的规划设计单位进行。

第十三条 风景名胜区规划实行分级审批：

（一）国家重点风景名胜区的总体规划由市、县人民政府提请省人民政府审查同意后，报国务院批准；其详细规划由市、县人民政府审查同意后，报省主管部门批准；

（二）省级风景名胜区的总体规划由市、县人民政府审查同意后，报省人民政府批准。其详细规划由市、县主管部门审查同意后，报同级人民政府批准；

（三）市县级风景名胜区的总体规划由市、县主管部门审查同意后，报同级人民政府批准，并报省主管部门备案；其详细规划由市、县主管部门批准。

市、县人民政府向上级人民政府报请批准风景名胜区总体规划前，应当经同级人民代表大会或者其常务委员会审查同意。

第十四条 风景名胜区规划按照程序报请批准机关批准前，应当广泛征求有关管理部门、科研机构、社会团体和风景名胜区内有关单位的意见，组织专家和学者进行论证。

第十五条 风景名胜区总体规划经批准生效后六十日内，风景名胜区管理机构应当将其主要内容公布。

第十六条 不得擅自改变经批准生效的风景名胜区规划。对规划作局部调整的，应当报原批准机关备案；因风景名胜区性质、规模发生变化而改变规划的，应当按照原审批程序办理批准手续。

第十七条 风景名胜区应当按照批准的规划进行建设。建设项目的布局、高度、体量、造型、风格和色调应当与周围景观和环境相协调。

第十八条 风景名胜区及其外围保护地带内的各项建设项目立项后，其定点和设计方案应当经风景名胜区管理机构同意，按以下规定批准后，方可依法办理其他手续：

（一）国家重点风景名胜区和省级风景名胜区及其外围保护地带内的缆车、索道、滑道、大型文化、体育、游乐设施、旅馆建筑、宗教项目及省人民政府规定的其他项目，由省主管部门批准。

（二）其他建设项目由市、县主管部门批准。

第十九条 风景名胜区的建设项目竣工后，主管部门应当按照法律、法规规定组织竣工验收，验收合格后，方可投入使用。

第二十条 在风景名胜区进行施工，应当采取有效措施保护植被、水体，并在工程结束后及时清理场地，恢复植被。

第四章 保护和管理

第二十一条 风景名胜区内的重要景点应当划定保护范围；在该范围内不得修建旅馆、饭店等设施。

第二十二条 风景名胜区管理机构应当沿划定的风景名胜区范围和外围保护地带设立界标，明确具体界区。

第二十三条 风景名胜区管理机构应当对风景名胜区内的古建筑、古园林、历史遗迹、古树名木等进行调查登记，设立保护标志。

第二十四条 在风景名胜区内采集物种标本、野生药材和其他林副产品，应当依法经有关行政管理部门和风景名胜区管理机构同意，并在指定地点限量采集。

第二十五条 禁止侵占风景名胜区的土地。

禁止在风景名胜区内设立开发区、度假区、医院、工矿企业、仓库、货场。

禁止破坏风景名胜区内的文物古迹和景物景观。

禁止向风景名胜区排放超标准污水、废气、噪声及倾倒固体废弃物。

第二十六条 禁止在风景名胜区内从事下列活动：

（一）挖沙、采石、取土；

（二）开荒、围垦、填塘和建坟；

（三）捕捉、伤害野生动物；

（四）在景物和公共设施上涂、写、刻、画；

（五）砍伐古树名木；

（六）乱扔废弃物；攀折树、竹、花、草；在禁火区吸烟、生火；

（七）设置和张贴广告，占道和在主要景点摆卖。

第二十七条 风景名胜区内的游客和其他人员，应当保护风景名胜资源，爱护区内各项公共设施，维护区内环境卫生和公共秩序，遵守风景名胜区的管理规定。

第二十八条 任何单位和个人不得擅自砍伐风景名胜区及其外围保护地带内的林木；因景区建设、林木更新抚育和景观及安全需要砍伐的，应当经风景名胜区管理机构和主管部门同意，报林业部门批准。

第二十九条 风景名胜区及其外围保护地带应当建立、健全防火组织，完善防火设施。

第三十条 在风景名胜区外围保护地带内不得建设影响风景名胜区景观和污染环境、破坏生态的项目。

第三十一条 风景名胜区内的单位和个人，应当服从风景名胜区管理机构对风景名胜区的统一规划和管理；在风景名胜区内依法从事经营活动的单位和个人，应当在指定的地点进行经营活动。

第三十二条 风景名胜区管理机构应当建立健全风景名胜区档案制度，对风景名胜区的历史沿革、资源状况、范围界限、生态环境、各项设施和建设活动等基本情况及有关资料，应当整理归档，妥善保存。

第三十三条 风景名胜资源按国家规定实行有偿使用。在风景名胜区内合理开发利用风景名胜资源的单位和个人，应当向风景名胜区管理机构交纳风景名胜资源保护费，该项收费应当用于风景名胜区内的风景名胜资源的维护。具体收费标准，由省人民政府制定。

第五章 法律责任

第三十四条 违反本条例第六条规定自行设立风景名胜区的，主管部门应当责令其改正、消除影响，给予警告，没收违法所得。

第三十五条 违反本条例第十八条规定进行建设的，主管部门应当责令其停止建设，限期补办手续，可以处以五千元以上一万元以下罚款；属不准建设的项目，应当责令其限期拆除，恢复原貌。

第三十六条 违反本条例第二十条规定施工的，主管部门应当责令其改正，可以处以二千元以上五千元以下罚款。

第三十七条 违反本条例第二十一条规定进行建设的，主管部门应当责令其停止建设，限期拆除，可以处以五千元以上一万元以下罚款。

第三十八条 违反本条例第二十四条规定采集物种标本、野生药材和其他林副产品的，风景名胜区管理机构应当责令其停止采集，给予警告，没收其采集的物品；情节严重的，可以处以二百元以上五百元以下罚款。

第三十九条　违反本条例第二十五条第一款规定侵占风景名胜区土地的，由土地行政管理部门依法处理。

违反本条例第二十五条第二款规定设立开发区、度假区、医院、工矿企业、仓库、货场的，主管部门应当责令其限期迁出，可以根据情节处以五千元以上一万元以下罚款。

违反本条例第二十五条第三款规定破坏文物古迹和景物景观的，主管部门应当责令其停止违法活动，赔偿损失，可以根据情节处以五百元以上一千元以下罚款。法律、法规另有规定的，从其规定。

违反本条例第二十五条第四款规定排放污染物的，由环境保护行政管理部门依法处理。

第四十条　违反本条例第二十六条第（四）、（六）项规定的，由风景名胜区管理机构责令其停止违法活动，给予警告，可以处以二十元以下罚款。

违反本条例第二十六条第（一）、（二）、（三）、（五）、（七）项和第二十八条、第三十条规定的，主管部门应当责令其停止违法活动，赔偿损失，可以根据情节处以一千元以上三千元以下罚款。法律、法规另有规定的，从其规定。

第四十一条　当事人对主管部门、风景名胜区管理机构和其他有关行政管理部门作出的具体行政行为不服的，可以在接到具体行政决定之日起十五日内向上一级机关申请行政复议，或者直接向人民法院起诉。对复议决定不服的，可以在接到复议决定之日起十五日内向人民法院起诉。

当事人对具体行政行为既不申请复议，也不向人民法院起诉，又不履行具体行政决定的，由作出具体行政行为的机关申请人民法院强制执行。

第四十二条　主管部门、风景名胜区管理机构和其他有关行政管理部门工作人员玩忽职守、滥用职权、徇私舞弊、索贿受贿的，依法追究行政责任；涉嫌犯罪的，由司法机关依法处理。

第六章　附　　则

第四十三条　本条例自 1998 年 10 月 1 日起施行。

2. 广州市白云山风景名胜区保护条例

(1995年10月20日广州市第十届人民代表大会常务委员会第二十次会议制定 1995年11月21日广东省第八届人民代表大会常务委员会第十八次会议通过 1995年12月4日广州市人民代表大会常务委员会公告施行)

第一条 为保护白云山风景名胜区（以下简称风景区）的自然、人文资源和生态环境，根据国家有关法律、法规，结合本市实际情况，制定本条例。

第二条 本条例所称的风景区，是指在白云山山脉中，自然、人文景物比较集中，具有观赏、文化和科学价值，以及对市区生态环境起调节作用的区域。其范围分为：特别保护范围和控制保护范围。

特别保护范围：由南向东至北，从麓湖路铁路立体交叉桥以北，经大金钊、横枝岗、金鸡岭、小凤岗、双燕岗、大钵盂、西坑、濂泉坑、蟠龙岗、天平架、马头岗、五仙桥、马仔岭、梅花园、白灰场、蟹山、同和、磨刀坑到五雷岭；由北向西至南，从五雷岭向西，经元下田、大光园、黄婆洞、松仔岭、大金钟、下坑口、柯子岭、牛头坑、小虎山、景泰坑、大鹿鸣、飞鹅岭、西得胜、老鼠窿、下塘北至铁路立体交叉桥以北的地域。

控制保护范围：旧广从公路以西，新广从公路以东，磨刀坑公路以南，广深铁路、恒福路以北，至特别保护范围边界沿线的地域。

第三条 风景区的水土、林木、植被、矿产、文物古迹、园林建筑、鸟类及其他野生动物和游览、服务、公共交通等设施的保护，适用本条例。

第四条 市人民政府应当为风景区的保护和管理提供必要的经费和执法条件。

各区、镇人民政府都有保护风景区的责任，教育和监督本辖区的单位和个人，遵守和执行本条例。

第五条 广州市人民政府授权广州市白云山风景名胜区管理局（以下简称管理局）主管风景区管理工作，负责风景区的统一保护、管理和组织实施本条例。其主要职能是：

（一）执行有关法律、法规、政令；

（二）参与编制和实施规划；

（三）保护和管理资源；

（四）组织游览、服务设施建设；

（五）绿化、美化、净化环境；

（六）组织护林、防火；

（七）维护地界；

（八）管理游览、观光和组织服务活动；

（九）依照法律、法规及本条例规定查处违法行为。

市规划、国土、房管、市政、园林、林业、公安、文化、矿产、公用事业、环境保护、工商行政管理、市容环境卫生等行政主管部门以及城市建设管理监察机构，依照各自职能协同管理局实施本条例。

根据管理工作需要，可以设立由本市和中央、省、部队驻穗主要单位有关领导人参与组成的协调机构，协调、处理风景区资源保护的重大事项。

在风景区内的所有单位和个人，必须服从管理局的依法统一管理。

第六条　风景区资源的保护和开发、利用，必须制定规划。风景区的规划，除依照法律、法规规定的内容进行编制外，还应包括下列内容：

（一）绿地总面积与园林建筑总面积的比例；

（二）林分、林相改造的目标与实施步骤；

（三）游览、观光设施项目及其服务配套设施的种类、规模；

（四）恢复古迹的项目和功能；

（五）园林建筑的布局、种类、数量；

（六）根据管理需要，应当规划的其他事项。

风景区的规划，由市规划局会同管理局组织编制，经市人民政府审查同意，并报市人民代表大会常务委员会备案后，依法上报审批。

在风景区规划未批准前，不得进行工程项目建设。经管理局同意，并由市规划局批准建设的风景园林景点除外。

风景区规划经批准后，任何单位和个人不得擅自改变。确需改变的，必须依照本条第二款程序上报备案和原审批机关批准。

第七条 特别保护范围内的土地及其他自然、人文资源属国家所有，任何单位和个人不得侵占或破坏。

风景区的土地，必须严格依照土地管理法律、法规和风景区规划进行管理，禁止违法占用土地和进行违法建设。

管理局必须沿特别保护范围边界线设立永久性界桩或其他边界标志，任何单位和个人不得移动或损坏。

特别保护范围边界线外侧垂直距离20m范围内为防护控制带，在此范围内不得新建任何建（构）筑物。

第八条 风景区的建设工程项目，必须符合本条例规定及规划要求，并按下列权限审批：

（一）在特别保护范围内的建设工程项目，经管理局提出或同意后，由市规划局审查，报市人民政府审批；

（二）在控制保护范围内的建设工程项目，经管理局审查后，由市规划局依法审批；

（三）风景区范围内的重大建设工程项目的选址，依照法律、法规和本条例规定报请审批。

第九条 在控制保护范围内，经批准新建的建（构）筑物，其高度应控制在15m以内。

在控制保护范围内，禁止建设影响或破坏景观景物、污染环境、阻塞交通、妨碍游览活动、破坏生态环境和危及防火安全的建设工程项目。

第十条 在特别保护范围内，经批准新建的建设工程项目，其布局、体量、造型和色彩等，必须与周围景观和环境相协调。塔、阁的建筑高度应控制在25m以内，其他建筑物的高度应控制在12m以内。在重要景点周围，除必需的保护和附属设施外，不得增建其他工程项目。

在特别保护范围内，禁止建设工矿企业、货运站场、宾（旅）馆、别墅、住宅区、度假区、开发区、仓库、医院、疗（休）养院、学校、集市、射击场、操场、运动场、跑马场、游乐场、狩猎场、商用微波塔架和其他与风景游览无关的项目。

第十一条 在特别保护范围内，原有违法建设的建（构）筑物，必须限期拆除并收回侵占的土地。

在特别保护范围内，原经市规划局批准兴建的建（构）筑物，依照风景区规划允许保留，但与周围景观不协调的，应当限期改正；依照风景区规划不允许保留的单位及其建（构）筑物，应当在限期内迁出或拆除，被拆除的建（构）筑物依照有关规定给予赔偿。允许和不允许保留的原有建（构）筑物，其使用单位不得在原址扩大用地范围和兴建新的建（构）筑物，并不得利用原建（构）筑物改作住宅或经营服务性用房。

第十二条　在特别保护范围内承担建设工程项目的施工单位，对施工场地周围环境及其中的林木、植被、水体、岩石等，应当制定保护方案，报经管理局审查同意后实施，并接受其监督。建设工程项目竣工后，建设和施工单位必须在一个月内清理现场、恢复原貌或植被。

第十三条　风景名胜资源实行有偿使用制度。凡利用风景名胜资源的单位和个人，须经管理局批准和核发许可证，并由管理局征收生态公益林效益补偿费及资源保护费。收费标准按照省人民政府有关规定执行。

在特别保护范围内，原有单位的建（构）筑物，经核定须迁出、拆除的，从规定之日起至迁出、拆除时止，其使用单位应按每月依次递增10%缴纳生态公益林效益补偿费及资源保护费。

第十四条　风景区的林木，统一由管理局进行管理。

管理局应当建立护林、植保组织，健全防火、植保制度，设置防火、植保设施及消防通道，做好护林防火和防治病虫害工作。

根据林分、林相改造的需要，由管理局对风景区或其中部分地域进行封山育林。具体的时间、范围和办法，报市人民政府批准后予以公告。

风景区的林木，属环境保护林和风景林，不得擅自砍伐。确因工程建设需要砍伐的，必须取得管理局同意，报请市园林局批准，并按照规定的面积、树种和株数限期完成补植或异地造林任务；更新、抚育性的砍伐，应当按照规划进行。禁止盗伐、滥伐林木。

教学和科研单位，需要在风景区范围内采集野生动植物标本和野生药材的，须经管理局批准，并按照限定的品种、数量、指定的范围进行。

第十五条　在风景区内，禁止挖山采石。非因规划建设需要，不得挖山平整土地。

在特别保护范围内，禁止挖山采沙、取土和开垦土地。对已开办的采沙、采石、取土场，应当限期关闭，并由经营者负责恢复被破坏的植被。

第十六条　风景区内已损毁的古迹，凡有历史、文化价值的，应当分期恢复。占用应恢复古迹遗址的单位，应限期迁出。

第十七条　在风景区内，禁止殡葬和筑坟。原有的坟墓，应当限期迁移；逾期不迁移的，按无主坟墓处理。但经市文物管理机构确认和管理局同意，并有历史、艺术、科学价值的坟墓除外。

第十八条　风景区为烟尘控制区和噪声达标区。凡设在风景区的单位和个体工商户，其生产、生活或服务性设备向大气排放污染物和向环境排放噪声的，必须采取防治措施，符合国家和省、市规定的排放标准。

第十九条　在风景区内的人工湖、山圹和水库，应当保持水体清洁。生产、生活污水不符合国家规定排放标准的，不得排入水体；禁止围填水体和向水体抛掷、倾倒杂物。

在风景区内，严格控制抽取地下水。需要抽取地下水的，应先经管理局同意，并报市建设行政主管部门批准。干旱季节，禁止抽取地下水。

第二十条　在风景区内的单位和游览者，应当爱护景物和自然环境，禁止下列行为：

（一）破坏景观景物和游览、服务、公共交通设施及其他设施；

（二）攀折、刻划树木和践踏植被、采摘花卉；

（三）放养牛、羊、马等牲畜；

（四）随地丢弃烟头以及在指定地点外烧烤、焚香、生火；

（五）捕杀或伤害鸟类和其他野生动物；

（六）随意丢弃、倾倒废弃物；

（七）有关法律、法规禁止的其他行为。

第二十一条　在特别保护区范围内进行服务性经营活动的，必须先征得管理局同意。然后，再向当地工商行政管理部门申请办理营业执照，并按指定的地点和方式经营。

第二十二条　违反本条例，有下列情形之一的，按照以下规定予以处罚：

（一）滥用或超越职权批准建设工程项目的，除撤销批准文件、拆除建（构）筑物、无偿收回占用土地外，对批准人处以 10000 元以上 50000 元以下的罚款，并由其所在单位或上级主管部门给予行政处分。

（二）侵占风景区土地（水域）进行违法建设和围填水体，以及违反风景区规划擅自改变用地性质、扩大用地范围的，责令限期退出所占土地（水域）、拆除违法建（构）筑物、恢复原状，并按非法占地（水域）面积处以每平方米 200 元以上 500 元以下的罚款；不能恢复原状的，处以每平方米 600 元以上 1000 元以下的罚款；对单位有关责任人，处以 10000 元以上 50000 元以下罚款。

（三）擅自开垦土地和挖山采沙、取土的，责令停止违法行为，赔偿经济损失，限期恢复原状，并处以 1000 元以上 5000 元以下的罚款；不能恢复原状的，赔偿经济损失，并处以 10000 元以上 50000 元以下的罚款。擅自挖山采石的，责令停止开采活动，赔偿损失，没收开采的石矿产品和违法所得，并按违法所得的 30～50% 处以罚款。

（四）损毁景观景物、园林建筑和游览、服务、公共交通设施的，责令停止破坏行为，限期恢复原状，并处以 300 元以上 5000 元以下的罚款；不能恢复原状的，赔偿经济损失，并处以 10000 元以上 50000 元以下的罚款。

（五）擅自采集野生动物标本和野生药材的，责令停止采集行为，没收全部采集物，并处以 200 元以上 1000 元以下的罚款。

（六）随地丢弃烟头以及在指定地点外烧烤、焚香、生火的，责令停止非法行为，处以 50 元以上 100 元以下罚款，经制止仍不改正的，并处 1000 元以上 5000 元以下罚款。

（七）攀折、刻划树木或采摘花卉的，责令停止违法行为，并处以 100 元以上 500 元以下罚款。

（八）捕杀非保护性野生动物的，责令停止捕杀行为，没收捕杀工具；有捕杀物的，除没收猎物外，并按每只（条）处以 100 元以上 500 元以下的罚款；有违法所得的，除没收违法所得外，处以违法所得 1～3 倍的罚款。

（九）放养牛、羊、马等牲畜的，责令停止放牧，并按每次每头处以 100 元的罚款。

（十）殡葬或筑坟的，责令限期迁出，恢复地形原貌，并处以 2000 元以上 10000 元以下的罚款。

（十一）擅自移动、损毁界桩或其他边界标志的，责令恢复原状，赔偿经济损失，并处以5000元以上10000元以下的罚款。

（十二）未经批准或不按照批准地点设置商业服务点的，责令限期改正或拆除，对单位并处以2000元以上20000元以下的罚款，对个人并处以50元以上500元以下的罚款。

（十三）不按照规定制定、落实周围环境保护方案，或不清理现场的，责令限期改正或清理，并处以10000元以上50000元以下的罚款。

违反本条例，前款未规定处罚的，由市有关行政主管部门依照相关法律、法规进行处罚。

本条第一款第（一）、（二）、（三）、（十）、（十二）项，由市有关行政主管部门会同管理局进行处罚；其余各项，均由管理局予以处罚。

第二十三条　当事人拒绝、阻碍执法人员执行职务的，由公安机关依法处理；构成犯罪的，由司法机关依法追究刑事责任。

第二十四条　当事人对行政处罚决定不服的，可以在接到处罚决定书之日起15日内，向市人民政府或上一级行政主管部门申请复议，或者直接向人民法院提起行政诉讼。当事人对复议决定不服的，可以依法向人民法院提起行政诉讼。

逾期不申请复议、不起诉又不履行处罚决定的，由作出处罚决定的机关向人民法院申请强制执行。

第二十五条　管理局及市有关行政主管部门负责人及工作人员玩忽职守、徇私舞弊、滥用职权的，由其所在单位或者上级主管部门给予行政处分；构成犯罪的，由司法机关依法追究刑事责任。

第二十六条　《广州市白云山风景名胜区控制保护线与特别保护线图》为本条例的附件，与本条例具有同等法律效力。

本条例自1996年3月1日起施行。

3. 广东省丹霞山保护管理规定

(草案)

第一章 总 则

第一条 为了保护丹霞山自然资源、人文资源和生态环境，根据《风景名胜区条例》、《自然保护区条例》和有关法律法规，结合实际，制定本规定。

第二条 本规定所称的丹霞山是指经国务院批准的丹霞山风景名胜区总体规划和丹霞山自然保护区总体规划确定的区域。

第三条 在丹霞山范围内进行保护管理、开发利用、科学研究、生产生活、旅游和建设等活动，都应遵守本规定。

第四条 丹霞山的保护，应当符合世界自然遗产地和世界地质公园的要求，遵循科学规划、统一管理、严格保护、永续利用的原则。

第五条 本规定由韶关市人民政府组织实施。省人民政府有关部门依照各自职责，协同做好工作。

丹霞山管理机构负责具体的保护、规划、建设、管理、利用等工作。

第六条 广东省人民政府和韶关市人民政府将丹霞山保护管理纳入国民经济与社会发展规划，保护管理经费由广东省人民政府和韶关市人民政府按照财政体制共同负担。

鼓励多渠道和采取多种形式筹集经费，建立丹霞山保护专项资金。

第七条 任何单位和个人都有保护丹霞山的义务，并有权制止、检举破坏丹霞山自然资源、人文资源和生态环境的行为。

广东省人民政府和韶关市人民政府对丹霞山保护管理做出突出贡献者，应当给予表彰和奖励。

第二章 规划与建设

第八条 丹霞山总体规划和详细规划由广东省人民政府建设主管

部门组织有关部门会同韶关市人民政府依照国家法律、法规和技术规范编制,并按照规定程序上报审批。

第九条 经批准的丹霞山规划,应当向社会公布;任何单位和个人不得违反或者擅自改变。确需调整或者修改的,应当按原审批程序办理批准手续。

第十条 丹霞山新建、扩建、改建的项目(包括驻地农村)应当符合规划,并经丹霞山管理机构审核后,依法办理审批手续,取得相应许可证件,方可施工。

丹霞山内宗教活动场所的规划、建设、修缮应当按照丹霞山总体规划、详细规划和国家法律法规规定执行。

韶关市人民政府城乡规划建设主管部门应当制定具体管理办法,对在丹霞山内进行的建设工程实施监督检查。

第十一条 建设项目不得破坏周围环境风貌。建筑物、构筑物的形式、布局、高度、体量、造型和色彩等,应当与周围景观和环境相协调。

第十二条 经批准的建设项目、建设单位、施工单位在施工前应当对施工场地周围环境及林、竹木、植被、水体、岩石、湿地、文物、景观农田等资源制定保护方案。

施工过程中,应当采取有效措施,防止对地质遗迹、生态环境和人文景观造成污染、破坏。竣工后,应当及时清理场地、进行绿化,恢复环境原貌。

第十三条 在丹霞山建设通信基站、发射塔、电网、水网必须符合规划,并经环境影响评价和地质灾害危险性评估,经丹霞山管理机构审核后,依法办理审批手续。

第十四条 韶关市人民政府对在丹霞山内禁止的活动和建设项目应当采取措施,进行清理、限期拆除或者搬迁。对于非法建设项目,不予补偿。

第三章 保护与管理

第十五条 丹霞山保护范围划分为特级、一级、二级、三级保护区和景观环境保护带。

特级保护区是全面体现丹霞山地质、地貌、遗迹和天然名胜的区域，包括金龟岩—金龙山、大石山和大湖坑区域。

一级保护区是特级保护区之外的典型丹霞地貌分布区，包括丹霞景区的大部、金龟岩、大石山特级保护区外围、飞花水景区中部、仙人迹景区南部、五马山小区等。

二级保护区是一级保护区的外围，对一级保护区起保护和缓冲作用的区域。包括大部分河谷盆地和丘陵地区。

三级保护区是丹霞山内，以上各级保护区之外的区域。

景观环境保护带是三级保护区以外与外围公路之间的丘陵平原范围。

第十六条 特级保护区除经丹霞山管理机构批准的科学考察外，禁止一切人工建设及其他影响景观和生态环境的活动。

一级保护区严格限制度假村、宾馆、招待所、培训中心、疗养院等服务设施，除总体规划确定的道路外，严禁修建公路。

二级保护区严格限制与风景游赏无关的建设。

三级保护区可设必要的旅游服务点，但限制建设度假村。景观环境保护带禁止建设污染环境的项目和烧荒，禁止开辟用材林生产基地。

第十七条 丹霞山内下列自然景观和人文景观应当予以严格保护。

（一）地形地貌、山体、地层、岩石、古生物化石等地质遗迹；

（二）湿地、瀑布、河溪、景观农田、水体、林、竹木植被、野生动植物、特殊地质环境等自然景观；

（三）文物古迹、原有建筑、石雕石刻等人文景观及其原生地；

（四）古建筑、古山寨、古墓葬、古遗址、碑碣、摩崖石刻等文物古迹。

第十八条 丹霞山管理机构应当按照保护范围设立永久性界桩或者其他边界标志。任何单位和个人不得移动或者损坏。

第十九条 丹霞山内的单位和游览者，应当爱护景物和自然环境，除国家规定禁止的活动外，还禁止下列行为：

（一）破坏景观景物和游览、服务、公共交通设施及其他设施；

（二）烧田坎、野炊、燃放烟花爆竹；

（三）在非指定地点吸烟、焚香、生火；

（四）炸鱼、毒鱼、电鱼；

（五）放养牲畜、家禽；
（六）法律、法规禁止的其他行为。
第二十条 除国家规定需要审核批准的活动外，在丹霞山内进行下列活动，应当经丹霞山管理机构审核同意，需要办理审批手续的，应当依照有关法律法规的规定办理审批手续：
（一）进行科学考察；
（二）拍摄影视剧；
（三）从事本规定禁止范围以外的建设活动；
（四）砍伐、移植树木；
（五）法律、法规规定的其他需要审核审批的项目。
第二十一条 丹霞山内不得从事经营性的挖沙、取土活动。因维修基础设施，确需挖沙、取土的，应当经丹霞山管理机构审查同意，报有关部门批准后，在指定地点挖取，并按规定恢复植被。
第二十二条 任何单位和个人不得破坏丹霞山的物种与生态系统。严格限制引进外来物种，禁止被检疫为带病虫害或有污染的动植物及其包装材料、运输工具等进山。
第二十三条 丹霞山所有山林列为省级生态公益林进行保护。严格控制采伐林木，确因更新和抚育等需要砍伐的，应当向丹霞山管理机构提出申请，并载明需砍伐的树种、数量、地点、理由和补种方案，经韶关市林业主管部门审批方可砍伐，并按限期落实补种方案。
第二十四条 丹霞山管理机构应当对丹霞山的古树名木进行调查、鉴定、登记造册，建立档案，设立保护标志，并落实保护措施。
第二十五条 教学和科研单位需要进山采集野生动植物标本的，应当向丹霞山管理机构提出申请，并在指定的区域内采集。
采集国家重点保护野生动植物的，需依法办理相关手续。
第二十六条 在丹霞山进行经营活动，应当在丹霞山管理机构指定的地点经营，不得随意摆卖、叫卖和强行兜售商品。
丹霞山管理机构应当对环境卫生、饮食安全和服务质量加强监督检查。
第二十七条 韶关市人民政府应当建立健全护林防火和植保制度，设置防火和植保设施及消防通道，做好封山育林、护林防火、防治有害生物工作。
第二十八条 公安机关应当协助丹霞山管理机构加强对丹霞山的

治安管理，确保游客的人身安全和国家、集体及个人的财产安全。

第二十九条　丹霞山管理机构应当科学合理地确定游览线路和各景区、景点的游客容量，制定疏导游客的具体方案，设置路标路牌、公共服务、地质科普和安全警示等标识标志。对险要旅游路段定期检查，及时排除安全隐患。

第三十条　进山游览的人员应当按照规定购买门票，遵守旅游秩序，服从丹霞山管理机构管理。凡利用丹霞山风景资源进行经营活动的，应当缴纳风景名胜资源有偿使用费。

门票收入和风景名胜资源有偿使用费由丹霞山管理机构收取，实行收支两条线管理，用于丹霞山的保护、管理和基础设施建设。

第三十一条　推广使用环保型车船作为交通工具，凡进山的交通工具应当遵守交通管理规定，服从丹霞山管理机构的管理。

第四章　法律责任

第三十二条　擅自移动、损毁界桩或其他边界标志的，由丹霞山管理机构责令恢复原状，赔偿损失，并对个人处50元以上100元以下罚款；对单位处500元以上1000元以下罚款。

第三十三条　违反规定烧田坎、野炊、燃放烟花爆竹的，由丹霞山管理机构责令停止违法行为，赔偿损失，恢复原状，并处1000元以上3000元以下罚款。

第三十四条　擅自炸鱼、毒鱼和电鱼造成水环境资源改变的，由丹霞山管理机构责令停止违法行为，限期恢复原状或者采取其他补救措施，没收违法所得，并处50000元以上100000元以下的罚款。

第三十五条　擅自携带外来物种，或者把被检疫为带病虫害或有污染的动植物及其包装材料、运输工具等带进山的，由丹霞山管理机构没收和销毁所带入有病虫害或被污染的物质，并处5000元以上10000元以下罚款。

第三十六条　不按指定地点经营，随意摆卖、叫卖的，由丹霞山管理机构责令其改正或者搬迁，并对个人处50元以上100元以下罚款；对单位处500元以上2000元以下罚款。

第三十七条　随意放养牲畜家禽的，由丹霞山管理机构责令其改正，并对个人处50元以上100元以下罚款；对单位处500元以上1000

元以下罚款。

第三十八条 不按规定购买门票或者不缴纳风景名胜资源有偿使用费的，由丹霞山管理机构责令改正，并处核定价格的一倍以上两倍以下的罚款。

第三十九条 违反本规定的其他违法行为，由丹霞山管理机构或者有关行政主管部门，依照国务院《风景名胜区条例》、《自然保护区条例》或者其他有关法律、法规的规定予以处罚。

第四十条 丹霞山管理机构和其他有关管理部门工作人员玩忽职守、滥用职权、徇私舞弊、索贿受贿的，依法给予处分；构成犯罪的，依法追究刑事责任。

第五章 附 则

第四十一条 本规定所指丹霞山的四至点坐标为东经113°36′25″至113°47′53″，北纬24°51′48″至25°04′12″之间。东北、东、东南以国道G106线和国道G323线为界，西、西北以省道S246线为界，南、西南以湾头—鹧鸪石—大王冲—大井—河塘一线为界。

第四十二条 本规定自200 年 月 日起施行。

4. 深圳经济特区梧桐山风景区管理办法

(深圳市人民政府1994年第83次常务会议审议通过 1994年11月24日发布施行)

第一章 总 则

第一条 为了加强对深圳经济特区梧桐山风景区（以下简称风景区）的管理、保护和利用，开发风景区的风景名胜资源，根据国务院《风景名胜区管理暂行条例》，结合深圳经济特区的实际，制定本办法。

第二条 风景区以梧桐山为中心，东临盐田工业区，西起东湖公园、深圳水库，南接罗沙公路沿线，北靠特区管理线（以下简称四至界线）。

风景区管理机构应会同规划国土行政主管部门结合特区城市规划合理划定风景区详细的四至界线。

第三条 风景区的开发和建设纳入市国民经济和社会发展计划以及城市规划，实行严格保护、科学管理、合理利用的方针。

第四条 风景区内的土地，任何单位和个人不得侵占。

风景区内的一切景物和自然环境，任何单位和个人不得破坏和随意改变。

第二章 风景区管理机构

第五条 风景区管理机构负责风景区的管理工作。风景区内的其他单位，应当服从风景区管理机构对风景区的统一规划和管理。

第六条 风景区管理机构的主要职责是：

（一）贯彻执行有关风景名胜区保护和管理的法律、法规和规章；

（二）参与组织编制风景区详细规划，具体组织实施；

（三）负责风景区风景名胜资源的保护和管理工作，协调风景区内各单位对风景名胜资源的开发利用；

（四）负责风景区内植树造林、育林、防火、灭虫等森林保护和管理工作；

（五）审查风景区内建设项目，对在建项目实施监督管理；

（六）负责风景区内的治安工作；

（七）本办法规定的其他职责。

第七条 风景区内东湖公园、仙湖植物园的保护和管理，分别由东湖公园和仙湖植物园的管理机构负责，风景区管理机构对其工作实施监督。

第三章 风景区的规划和建设

第八条 风景区的详细规划，由市规划国土行政主管部门会同市城市管理行政主管部门组织有关部门编制。风景区详细规划经市人民政府批准后，由风景区管理机构具体组织实施。

第九条 风景区详细规划非经市人民政府同意，任何单位和个人不得擅自改变。

第十条 风景区的四至界线，由风景区管理机构立桩标定界线。

第十一条 风景区的土地由风景区管理机构按风景区详细规划进行管理。严格控制风景区内的建设规模。在风景区内不得审批临时性用地。

第十二条 在风景区内进行各项建设时，建设单位应当向市建设行政主管部门提出建设项目选址的申请，填报《建设选址审批书》。

前款《建设选址审批书》，应当由风景区管理机构加具书面意见。

第十三条 凡承担风景区建设项目设计任务的设计单位，应当持有设计资质证书，经风景区管理机构确认后方可进行设计。

凡承担风景区建设项目施工任务的施工单位，应当持有施工资质证书，经风景区管理机构确认后方可进行施工。

第十四条 按风景区详细规划建设的各项设施，其布局、高度、体量、造型和色彩以及规模等，应当与周围景观和环境相协调。

在风景区内，不得建设工矿企业、铁路、站场、仓库、医院等与风景和游览无关以及破坏景观、污染环境、妨碍游览的设施。

在游人集中的游览区和自然环境保留地内，不得建设旅馆、招待所、疗养场所和管理机构的办公、生活设施以及其他大型工程项目。

第十五条 风景区内建设项目在施工过程中，施工单位必须采取有效措施保护周围的林木、植被、水体、地貌，不得造成污染和破坏。施工结束后，施工单位应当及时清理场地，进行绿化，恢复环境原貌。

第十六条 风景区管理机构应根据风景区详细规划，积极开发风景区名胜资源，逐步完善交通、服务设施和游览条件。

第四章 风景区的保护和管理

第十七条 风景区管理机构应当配备必要的力量和设备，建立健全各项制度，落实保护和管理责任，做好风景区的保护和管理工作。

第十八条 风景区管理机构应当做好风景区内的封山育林、植树绿化和防治病虫害工作，切实保护好林木植被。

风景区内的林木均属特殊用途林，不分权属都应当由风景区管理机构按照规划指导抚育管理，未经批准不得砍伐。必要的疏伐、更新以及砍伐林木，须经风景区管理机构审查同意后，按有关规定办理审批手续，并由风景区管理机构监督。严禁砍伐风景区内的古树名木。

第十九条　风景区管理机构应加强森林防火宣传，落实各项森林防火措施，配备护林防火队伍和通信、消防器材，并与风景区内所有单位、居民签订森林防火责任书。

任何单位和个人在风景区内进行野外生产性用火，须经风景区管理机构审查同意。在森林防火期内，应严格控制野外火源，加强火情火险监督。严禁擅自烧山、烧荒、野炊。

第二十条　在风景区内采集标本、野生药材和其他林木副产品，必须经风景区管理机构同意，并应限定数量，在指定的范围内进行。

第二十一条　风景区管理机构应当负责保护风景区的地貌、土壤、动植物栖息环境等自然景观和文物古迹等人文景观。禁止开山采石、挖沙取土、狩猎等破坏风景资源的活动。

第二十二条　风景区管理机构应当加强对风景区内水体、大气的保护和管理，禁止污染或破坏水体、大气的活动。

第二十三条　风景区管理机构应当加强风景区容貌和环境卫生管理。严禁随地吐痰、便溺、乱倒污水及垃圾。

第二十四条　任何单位和个人都应爱护风景区的各项基础设施、安全设施和接待服务设施，严禁破坏、非法改变用途或随意移动。

第二十五条　在风景区范围内开设商业服务摊点，必须经风景区管理机构同意后，持工商行政管理部门颁发的营业执照，在规定的区域和营业范围内经营。经营饮食业还须符合国家规定的卫生标准。

第二十六条　在风景区内的游人应当遵守公共秩序，爱护风景名胜资源，爱护公物，注重卫生，遵守游览注意事项。

第二十七条　风景名胜资源实行有偿使用的原则。任何单位和个人使用风景区的风景名胜资源，应当依照有关规定向市政府缴纳风景区名胜资源使用费。

第五章　奖励和处罚

第二十八条　对于保护风景区有显著成绩或重要贡献的单位和个

人,由市城市管理行政主管部门或风景管理机构给予表彰和奖励。

第二十九条 在风景区内,违反本办法,按下列规定予以处罚:

(一)未经批准砍伐林木的,由风景区管理机构或林业行政主管部门没收树木、砍伐工具,责令补种树木,并处所砍树木每株一千元罚款;

(二)未经批准擅自进行野外生产性用火、烧山、烧荒和野炊的,由风景区管理机构或林业行政主管部门处以五千元罚款;

(三)狩猎野生动物的,由风景区管理机构或林业行政主管部门没收被猎捕的野生动物和捕猎工具,并处以三千元罚款;

(四)随地吐痰、便溺、乱倒污水、垃圾的,由风景区管理机构或城市管理行政主管部门处以五十元至二百元罚款;

(五)损毁景点景物、基础设施、安全设施的,由风景区管理机构处损失价值三倍的罚款;

(六)侵占风景区土地,进行违章建设、乱摆摊点的,由风景区管理机构或规划国土行政主管部门责令限期退出所占土地,拆除违章建筑,清除摊点,并按每平方米五百元处以罚款;

(七)开山采石、挖沙取土的,由风景区管理机构或规划国土行政主管部门责令其停止违法行为,恢复原貌,并按每立方米二千元处以罚款;

(八)未经批准排放污水、废气的,由风景区管理机构或环境保护行政主管部门责令其限期治理,并按环境保护法规的有关规定予以处罚。

依前款规定应受处罚的行为,有关执罚部门对同一行为不得重复处罚。

第三十条 拒绝、阻碍风景管理人员依法执行职务的,由公安机关根据《中华人民共和国治安管理处罚条例》的有关规定予以处罚;构成犯罪的,依法追究刑事责任。

第三十一条 在风景区内,违反本办法,给风景区或游人造成损害的,造成损害的单位或个人应当负损害赔偿责任;构成犯罪的,由司法机关依法追究刑事责任。

第三十二条 当事人对风景区管理机构作出的行政处罚决定不服的,可在接到处罚决定之日起十五日内,向市城市管理行政主管部门申请复议;当事人对市政府行政主管部门作出的行政处罚决定不服的，可在接到处罚决定之日起十五日内，向市人民政府行政复议机关申请复议。

当事人对复议决定不服的，可在接到复议决定之日起十五日内向人民法院起诉。当事人也可以在接到处罚决定之日起十五日内，直接向人民法院起诉。逾期不申请复议或不向人民法院起诉又不履行处罚决定的，由作出处罚决定的主管部门申请人民法院强制执行。

第六章　附　　则

第三十三条　本办法实施前，在风景区内经批准已建成的工程项目和设施，由市城市管理行政主管部门会同有关部门根据有关法律、法规和本办法进行管理。

第三十四条　风景区管理机构可依照本办法制定风景区管理措施，报市城市管理行政主管部门批准后在风景区内组织实施。

第三十五条　本办法自发布之日起施行。

十八、广西壮族自治区

1. 广西壮族自治区风景名胜区管理条例

（1999年9月23日广西壮族自治区第九届人民代表大会常务委员会第十三次会议通过 1999年11月10日起施行 根据2004年7月31日广西壮族自治区第十届人民代表大会常务委员会第九次会议《关于修改〈广西壮族自治区风景名胜区管理条例〉的决定》修正）

第一章 总 则

第一条 为加强对风景名胜区的管理，有效保护、合理开发和永续利用风景名胜资源，促进经济和社会发展，根据国家有关法律、法规，结合广西实际，制定本条例。

第二条 本条例适用于本自治区行政区域内风景名胜区的设立、规划、建设、保护和管理。

第三条 本条例所称风景名胜资源，是指具有观赏、文化或者科学价值的山河、湖海、地貌、溶洞、特殊地质、林木植被、野生动物、天文气象等自然景物和文物古迹、历史遗址、革命纪念地、宗教寺庙、园林、建筑、工程设施等人文景物及其所处环境、风土人情等。

本条例所称风景名胜区，是指风景名胜资源集中、自然环境优美、具有一定规模，经县级以上人民政府审定命名、划定范围，供人们游览、观赏、休息或者进行科学文化活动的地域。

第四条 县级以上人民政府应当加强对本行政区域的风景名胜区工作的领导，将风景名胜资源的保护、开发和利用纳入国民经济和社会发展计划，组织有关部门依法做好风景名胜区的管理工作。

第五条 县级以上人民政府建设行政主管部门主管本行政区域内的风景名胜区工作，县级以上人民政府设有园林行政主管部门的，由该部门主管本区域内的风景名胜区工作（以下统称风景名胜区行政主管部门）。

其他有关行政管理部门，依照有关法律、法规的规定，在各自职责范围内，做好风景名胜区的有关管理工作。

第六条 县级以上人民政府根据本行政区域风景名胜区等级、规模设立相应的管理机构，受所属人民政府风景名胜区行政主管部门的管理，其主要职责是：

（一）宣传和贯彻有关法律、法规和政策；

（二）组织保护风景名胜资源及其生态环境；

（三）组织开发利用风景名胜资源；

（四）建设、维护和管理风景名胜区配套设施；

（五）制定风景名胜区的公共规则，负责风景名胜区内环境卫生、商业和服务业的监督管理；

（六）负责风景名胜区的安全工作，定期检查其安全设施，保障游人的人身安全；

（七）法律、法规规定的其他职责。

跨行政区域的风景名胜区管理机构，由其共同的上一级人民政府确定的风景名胜区行政主管部门管理。

第七条 风景名胜区工作应当坚持严格保护、统一规划、统一管理、合理开发、永续利用的方针。

第八条 任何单位和个人不得侵占、买卖或者以其他形式非法转让风景名胜资源。

第二章 设立和变更

第九条 县级以上人民政府对具备设立风景名胜区条件的区域，应当依法申报或者审定划为风景名胜区。

第十条 设立风景名胜区，非经法定程序不得改变风景名胜区内土地、地面建筑物、附着物及其他资产的权属关系，不得改变风景名胜区内机关、企业、事业单位及其他组织的隶属关系。

第十一条 风景名胜区按风景资源的观赏、科学、文化价值和环境质量、规模大小、游览条件等，划分为三个等级：

（一）具有一定的游览、观赏、文化或者科学价值，环境优美、规模较小、有配套设施，在市、县内有知名度的，可以申报为市、县级风景名胜区；

（二）具有比较重要的游览、观赏、文化或者科学价值，景观有特色，有一定规模，配套设施比较完善，在自治区内外有知名度的，可以申报为自治区级风景名胜区；

（三）具有重要的游览、观赏、文化或者科学价值，景观独特，规模较大，配套设施完善，在国内外知名度较高的，可以申报为国家重点风景名胜区。

第十二条　设立风景名胜区按以下规定办理：

（一）市、县级风景名胜区由市、县人民政府风景名胜区行政主管部门组织有关部门提出风景名胜资源调查评价报告，报市、县人民政府审定公布，并报自治区建设行政主管部门备案；

（二）自治区级风景名胜区由市、县人民政府提出风景名胜资源调查评价报告，报自治区人民政府审定公布，并报国务院建设行政主管部门备案；

（三）国家重点风景名胜区由自治区人民政府提出风景名胜资源调查评价报告，报国务院审定公布。

第十三条　风景名胜区及周边区域有重大的风景名胜资源发现，或者原有的风景名胜资源价值经重新评估，具备上一等级风景名胜区资源条件及相应配套设施的，可按程序重新申请划定风景名胜区范围或者提高风景名胜区的等级。

风景名胜区内的风景名胜资源或者其配套设施发生重大变化，不再具备原定等级风景名胜区条件的，由审定公布该风景名胜区的人民政府降低或者撤销该风景名胜区的等级。

风景名胜区等级的提高、降低或者撤销，按本条例第十二条的规定办理。

第三章　规　　划

第十四条　风景名胜区应当编制总体规划和详细规划。

风景名胜区规划应当在所属人民政府领导下，由风景名胜区行政主管部门会同文化、环境保护、旅游、国土、林业、水利、交通等有关部门组织编制。

第十五条　编制风景名胜区规划应当遵循下列原则：

（一）贯彻执行国家有关保护管理和开发利用风景名胜资源的法律、法规，正确处理保护与开发、近期与远期、局部与整体的关系；

（二）风景名胜区规划应当与当地国民经济与社会发展规划、城市总体规划、土地利用总体规划、村镇规划等相衔接；

（三）科学评价风景名胜资源的特点和价值，合理确定风景名胜区的建设规模、开发程度和各项定额指标；

（四）注重保持自然景观和人文景观的原始风貌，突出风景名胜区的特色，维护生态平衡。

第十六条　总体规划应当包括：确定风景名胜区性质与规划原则、总体布局和合理游览接待容量；划定风景名胜区范围、外围保护地带、景区及其他功能分区；提出环境保护和开发利用风景名胜资源的措施；编制各专项规划和投资估算等。

详细规划应当包括：确定景区布局、道路交通、游览和服务设施分布、工程管线走向；明确各项建设用地范围；提出建筑密度、高度控制指标和风格、色彩要求以及景点保护措施；提供各主要景观、景点建筑的方案设计和景区绿化要求等。

第十七条　编制风景名胜区规划，应当通过招标、投标的方式选择具有相应规划设计资质等级的单位承担。规划编制单位在规划方案送审后，应当将有关材料整理成册，移交风景名胜区管理机构保存。

第十八条　风景名胜区规划按以下规定审批：

（一）市、县级风景名胜区总体规划和详细规划，由市、县风景名胜区行政主管部门审查，报同级人民政府审批；总体规划报自治区建设行政主管部门备案。

（二）自治区级风景名胜区总体规划，由风景名胜区所在地的市、县人民政府送自治区建设行政主管部门审查后，报自治区人民政府审批，并报国务院建设行政主管部门备案；详细规划由所在市、县风景名胜区行政主管部门审查后，报市、县人民政府审批，并报自治区建设行政主管部门备案。

（三）国家重点风景名胜区总体规划的审批程序按照国家有关规定执行；一般区域的详细规划由自治区建设行政主管部门审批；特殊重要区域的详细规划，由自治区建设行政主管部门审查后报国务院建设行政主管部门审批。

城市规划区内市、县级风景名胜区的总体规划和详细规划、自治区级风景名胜区的详细规划，由风景名胜区行政主管部门会同城市规划行政主管部门审查后，报同级人民政府审批。

县级以上人民政府应当在收到风景名胜区总体规划或者详细规划之日起6个月内审批。

第十九条 风景名胜区经审定公布后，应当在两年内编制规划。风景名胜区总体规划经批准生效后3个月内，风景名胜区管理机构应当将其主要内容公布。

第二十条 风景名胜区规划经审批公布后，对任何单位和个人都具有约束力。任何单位和个人不得擅自改变经批准生效的风景名胜区规划。如确需对规划作调整的，应当按照原审批程序报批。

第四章 建　　设

第二十一条 风景名胜区的各项开发、建设活动应当根据已经批准的风景名胜区规划进行。建设项目的布局、造型、高度、体量、风格和色彩应当与周围景观和环境相协调。

第二十二条 风景名胜区经审定公布后，总体规划获得批准前，不得在景区内新建永久性设施。临时建设项目如影响规划的实施，破坏景区的生态环境和景区景观时，建设单位应当在规定的期限内拆除。

风景名胜区设立前已有的建筑物或者设施，凡不符合规划，破坏景观、景物，妨碍游览活动的，应当在规定的期限内拆除或者迁移，所需费用按国家有关规定给予补偿。

第二十三条 在风景名胜区及其外围保护地带内，不得违反规划建设与景观和游览无关或者破坏景观、妨碍游览的项目和设施。

在风景名胜区景观、景点集中的游览地和自然环境保留地内，不得建设娱乐、食宿、生活以及其他大型工程设施。

第二十四条 风景名胜区的建设项目，其选址应当按照建设项目管理权限，经县级以上建设行政主管部门批准后，方可依法办理其他手续。

第二十五条 在风景名胜区及其外围保护地带进行建设活动，建设单位应当采取有效措施，保护自然景观和人文景观的原有风貌及周围植被、水体、地形、地貌等。工程竣工后，应当及时清理施工场地，恢复植被和环境原貌。

第五章 保护和管理

第二十六条 风景名胜区及其外围保护地带，按风景资源价值和环境保护需要实行分级保护。保护范围由其所在地的市、县人民政府依据批准的风景名胜区规划界定，并沿界设立界标，明确具体界区。

风景名胜区景区入口处和主要景物、景点应当设置保护说明和醒目的保护标志牌。

第二十七条 设在风景名胜区内的单位，应当依照有关法律、法规的规定，认真履行各自职责，并服从风景名胜区管理机构对风景名胜区的管理。

第二十八条 进入或者居住在风景名胜区的个人，应当保护风景名胜资源，爱护区内各项公共设施，维护区内环境卫生和公共秩序。

第二十九条 风景名胜区内经鉴定的古树名木，严禁砍伐、擅自移植或者毁坏。风景名胜区管理机构应当会同有关主管部门对古树名木设置标志牌和保护说明，并予以明示。

第三十条 任何单位和个人不得破坏风景名胜区及其外围保护地带的植被及砍伐风景林木；因景区建设、林木更新、景观和安全需要砍伐的，应当依照有关法律、法规的规定报有关部门办理批准手续后始得进行。

第三十一条 因科研或者其他原因确需在风景名胜区内采集标本、野生药材和其他林副产品的，应当经风景名胜区管理机构同意，方可定点限量采集。

第三十二条 风景名胜区管理机构应当会同有关主管部门对风景名胜区的古建筑、古园林、古树名木、古墓葬、摩崖石刻、革命遗迹、遗址和其他重要的人文景观登记造册，设立保护标志，做好维护和管理工作，落实防火、避雷、防洪、防震、防蛀等措施。

第三十三条 风景名胜区管理机构应当会同有关主管部门加强风景名胜区的安全和治安管理，配备专门的人员和必要的设备，维护风景名胜区景物、公共设施、游览秩序、保护人身安全；对有险情或者存在有害物的区域应当设置醒目的安全告示；对没有安全保障的区域，不得开展游览活动。

第三十四条 风景名胜区内禁止下列行为：
（一）擅自采矿、采石、挖沙、取土、安装杆线、开垦、建坟；
（二）擅自围、填、堵、截自然水系；
（三）捕杀、伤害野生动物或者引入未经检疫合格的动物；
（四）擅自在景物或者公共设施上涂、写、刻、画；
（五）攀折树、竹、花；
（六）扰乱景区游览秩序和安全制度；
（七）随处倾倒垃圾、污水及有害物质，乱扔废弃物；
（八）擅自设置、张贴广告或者标语；
（九）在禁火区生火、吸烟、燃放烟花鞭炮；
（十）在规定地点以外随意停放车辆或者占道摆卖；
（十一）擅自设点向游人收费。

第三十五条 风景名胜区内的各有关部门应当建立健全档案制度，对风景名胜区的历史沿革、范围界限、资源状况、环境质量、设施状况、经营活动、游览接待等情况整理归档，依法纳入档案管理。

第三十六条 风景名胜资源按国家规定实行有偿使用。具体办法由自治区人民政府制定。

第六章 法律责任

第三十七条 违反本条例的行为，法律、行政法规已有处罚规定的，从其规定；法律、行政法规没有规定的，依照本条例的规定处理。

第三十八条 违反本条例第八条规定，侵占风景名胜资源的，由风景名胜区行政主管部门责令停止违法行为，没收违法所得，造成损失的，依法赔偿，可并处1000元以上10000元以下罚款。

买卖风景名胜资源的，买卖无效，由风景名胜区行政主管部门责令返还原物，没收违法所得；对出卖人并处与违法所得金额相同的罚款。

第三十九条 违反本条例第十二条规定，未经批准擅自设立风景名胜区的，由风景名胜区行政主管部门责令改正，给予警告，没收违法所得。

第四十条 违反本条例第二十条规定，擅自改变风景名胜区规划的，由风景名胜区行政主管部门责令改正，对擅自更改的直接责任人，由其所在单位或者上级主管部门给予行政处分；不按规划审批项目的，审批文件无效，对违法审批的直接责任人，由其所在单位或者上级主管部门给予行政处分。

第四十一条 违反本条例第二十二条、第二十三条规定，建设房屋、构筑物或者其他项目的，由风景名胜区行政主管部门责令限期拆除，恢复原状；不能恢复原状的，处1000元以上10000元以下罚款。但在城市规划区范围内的，按照《广西壮族自治区实施〈中华人民共和国城市规划法〉办法》的规定给予处罚。

第四十二条 违反本条例第二十五条规定，由于建设活动导致风景名胜区内自然景观和人文景观的原有风貌以及周围植被、水体、地形地貌受到破坏的，由风景名胜区行政主管部门责令限期改正，恢复原状；不能恢复原状的，责令赔偿损失，可并处1000元以上30000元以下罚款。

第四十三条 在城市规划区范围内，违反本条例第二十九条、第三十条规定，砍伐、擅自移植、损坏古树名木和风景林木的，由风景名胜区行政主管部门或者有关主管部门责令停止违法行为、赔偿损失，可并处1000元以上5000元以下罚款。

第四十四条 在城市规划区范围内，违反本条例第三十一条规定，采集标本、野生药材和其他林副产品的，由风景名胜区管理机构责令停止采集。情节严重的，可并处200元以上500元以下罚款。

第四十五条 违反本条例第三十二条、第三十三条规定，不登记造册，造成文物损毁的；不加强景区内安全工作，造成事故的，对有关主管人员或者其他直接责任人员给予行政处分；构成犯罪的，依法追究刑事责任。

第四十六条 违反本条例第三十四条第（四）、（五）、（八）、（九）、（十）项规定的，由风景名胜区管理机构责令停止违法行为，给予警告，可并处50元以下罚款。造成损失的，赔偿损失。

违反本条例第三十四条第（二）、（七）、（十一）项规定的，由风景名胜区行政主管部门责令停止违法行为，没收违法所得，可并处1000元以上3000元以下罚款。

第四十七条 风景名胜区行政主管部门或者风景名胜区管理机构

违反本条例，由其上级主管部门依法查处；其工作人员玩忽职守、滥用职权、徇私舞弊、以权谋私、索贿受贿的，由所在单位或者上级主管部门给予行政处分；构成犯罪的，由司法机关依法处理。

第七章 附 则

第四十八条 本条例自1999年11月1日起施行。

2. 南宁市青秀山风景名胜区管理条例

（2002年2月7日南宁市第十一届人民代表大会常务委员会第十二次会议通过　广西壮族自治区第九届人民代表大会常务委员会第三十一次会议于2002年7月27日批准　南宁市人大常委（十一届第4号）公告公布　自2002年9月1日施行）

第一条 为了加强青秀山风景名胜区（以下简称风景区）的管理，有效保护和合理开发利用风景名胜资源，根据有关法律、法规，结合本市实际，制定本条例。

第二条 本条例所称的风景区，是指西至青山路，北至凤岭分区，南面和东面连接邕江的地域。风景区分为风景保护区和旅游功能区。

风景保护区的范围：由西向南至东，从董泉沿古道至箫台以北；由东向北至西，从箫台经观音禅寺至抗日学生军纪念碑以南的地域。

旅游功能区的范围：除风景保护区以外的地域。

第三条 本条例所称的外围保护地带，指按照保护风景名胜资源和自然生态环境的需要，在风景区外围的三岸园艺场、凤岭园艺场、邕江河段和对岸沿江保护范围。风景区及其外围保护地带的具体界线，由市人民政府划定，并向社会公布。

第四条 风景区及其外围保护地带的规划、建设、保护和管理适用本条例。

第五条 南宁市人民政府青秀山风景名胜区管理委员会（以下简称风景区管委会）负责风景区行政管理工作和组织实施本条例。

规划、土地、林业、园林、公安、建设、环保、文物、工商行政等部门及有关县、区人民政府应当在各自的职责范围内，做好风景区及其外围保护地带的管理工作。

第六条 风景区管委会应当根据风景区总体规划，会同市规划行政主管部门组织编制各景区、景点的详细规划，报市人民政府审批。

第七条 风景区总体规划和景区景点详细规划不得擅自变更。确需对景区景点详细规划作调整的，必须按照原审批程序报批；需对风景区总体规划作调整的，应当由风景区管委会组织进行听证后，按照原审批程序报批。

第八条 风景保护区内，除进行保护性维修、完善基础设施以及按风景区总体规划和详细规划批准建设的建（构）筑物外，不得建设其他建（构）筑物。

旅游功能区内，不得擅自建设建（构）筑物。

风景区外围保护地带内，不得建设破坏景观和妨碍游览的项目和设施。

第九条 风景区内原有的建（构）筑物，依照风景区规划允许保留的，不得擅自进行改建或扩建；确需改建或扩建的，应当报风景区管委会同意后，按有关规定办理审批手续；依照风景区规划不允许保留的，应当限期拆除。

第十条 风景区建设工程项目的规划定点、总平面布置、单体设计和施工报建，应当经风景区管委会同意后，按照有关规定办理审批手续。

第十一条 风景区内经批准新建的建设工程项目，其布局、朝向、造型、体量、色彩、风格和选材等，必须符合风景区总体规划对建筑的要求，并与周围环境相协调。

第十二条 建设工程项目应遵守环境影响评价制度。其防治污染设施，必须与主体工程同时设计、同时施工、同时投入使用。

第十三条 在风景区内承担建设工程的施工单位，对施工场地的地形、地貌、林木、植被、水体、历史遗迹等，应当制定保护方案，报风景区管委会批准后，按保护方案实施。

第十四条 风景区的风景名胜资源属国家所有，任何单位和个人不得侵占、买卖或以其他形式非法转让。

风景区的土地，必须严格依照土地管理法律、法规和风景区规划进行管理。

风景区边界线及外围保护地带应当设立永久性界桩或其他界线标志，任何单位和个人不得移动或损坏。

第十五条　风景区及其外围保护地带内的林木，应当按照规划进行管理，不得砍伐。确需砍伐的，必须经风景区管委会审查同意，按照有关规定办理审批手续。

第十六条　科研或其他原因需要在风景区内采集野生动植物标本、野生药材和其他林副产品的，必须经风景区管委会同意，并按照有关规定办理审批手续。

第十七条　在风景区及其外围保护地带内，禁止采沙、采石、取土；对已开办的采沙、采石、取土场，应当限期关闭。

第十八条　风景区的河溪、湖泊、山泉、池塘及其他水流、水源，除按风景区规划的要求整修、利用外，应当保持原状。

生产、生活污水不符合国家规定排放标准的，不得排入前款规定水体。

第十九条　风景区内已损毁的古迹，具有历史、艺术、科学价值的，经市人民政府批准后，可以进行恢复。占用古迹遗址的单位，应当限期迁出。

第二十条　风景区内重要景物、文物古迹、古树名木、地质遗迹的保护，应当建立档案，设立标志，制定保护措施。

第二十一条　风景区内禁止下列行为：

（一）毁林开荒；

（二）建造坟墓；

（三）损坏景物和公共设施；

（四）采摘花卉、采集松脂；

（五）攀折、刻划树木；

（六）随地丢弃废物；

（七）在禁火区吸烟、生火；

（八）打猎、放牧牲畜；

（九）法律、法规禁止的其他有关行为。

风景区内原有的坟墓，除具有历史、艺术和科学价值的以外，应当限期迁出。

第二十二条 进入风景区的车辆,必须经风景区管委会许可,并按指定的路线行驶,在指定地点停放。

第二十三条 风景区内不得擅自设置广告牌,确需设置的,应当经风景区管委会同意,按照有关规定办理审批手续。

第二十四条 风景区应当严格控制常住人口和单位设置的数量、规模。风景区内增设单位、迁入人员,应当经风景区管委会同意,按照有关规定办理手续。

第二十五条 风景区内的经营摊点应当按照统一规划、统一管理、合理布局的原则,经风景区管委会审批,并在指定地点和规定范围内亮证经营。

第二十六条 风景区险要部位,应当设置安全设施和警示牌。

第二十七条 违反本条例,有下列情形之一的,按照以下规定予以处罚:

(一)违法占用风景区土地进行违法建设或违反风景区规划擅自对原有建(构)筑物进行改(扩)建的,责令限期退出所占土地(水域),拆除违法建(构)筑物,并按有关法律法规处以罚款;

(二)擅自移动、故意损毁界桩或其他界线标志的,责令恢复原状或赔偿经济损失,可并处100元以上500元以下罚款;

(三)不按规定实行施工场地周围环境保护方案的,责令限期改正,可并处500元以上3000元以下的罚款;

(四)擅自砍伐林木、开荒种植和挖沙、采石、取土的,责令停止违法行为,限期恢复原状或赔偿经济损失,可并处1000元以上5000元以下罚款;

(五)损毁景物和公共设施的,责令停止违法行为,限期恢复原状或赔偿经济损失,可并处50元以上500元以下罚款;

(六)建造坟墓的,责令限期迁出,恢复环境原貌,并处500元以上1000元以下罚款;

(七)放牧牲畜的,责令停止放牧,并按每次每头处100元的罚款;

(八)攀折、刻划树木,采摘花卉的,责令停止违法行为,可并处50元以下罚款;

(九)在禁火区内吸烟、动用明火的,责令停止违法行为,可并处 50 元以下罚款；

（十）不按照批准地点设置经营摊点的，责令限期改正或拆除，对单位可并处 2000 元以上 20000 元以下罚款；对个人可并处 50 元以上 500 元以下罚款。

违反本条例，前款未规定处罚的，依照相关法律、法规进行处罚。

本条第（一）、（四）、（六）项，由相关行政主管部门处罚；其余各项，由风景区管委会处罚。

第二十八条 风景区管委会工作人员玩忽职守、滥用职权、徇私舞弊的，由其上级主管部门或者所在单位给予行政处分；构成犯罪的，由司法机关依法追究刑事责任。

第二十九条 本条例自 2002 年 9 月 1 日起施行。

十九、重庆市

1. 重庆市风景名胜区条例

(2008年5月23日重庆市第三届人民代表大会常务委员会第三次会议通过 2008年5月29日重庆市人民代表大会常务委员会第6号公告公布 自2008年8月1日起施行)

第一章 总　则

第一条 为了加强对风景名胜区的管理，保护和利用风景名胜资源，根据国务院《风景名胜区条例》和有关法律、行政法规的规定，结合本市实际，制定本条例。

第二条 本条例适用于本市行政区域内风景名胜区的设立、规划、保护、利用和管理。

第三条 风景名胜区实行科学规划、统一管理、严格保护、永续利用的原则。

第四条 市和区县（自治县）人民政府应当将风景名胜资源的保护和利用纳入国民经济和社会发展计划。

第五条 市园林绿化主管部门负责全市风景名胜区的监督管理工作，履行下列职责：

（一）组织调查、评价全市风景名胜资源；

（二）组织拟订全市风景名胜区发展规划；

（三）负责风景名胜区设立的审查、报批；

（四）负责有关风景名胜区总体规划和详细规划的编制、审查、审批；

（五）监督风景名胜区规划的实施；

（六）对市人民政府设置的风景名胜区管理机构进行指导和监督；

（七）制定有关风景名胜区管理的办法、规范和标准；

（八）法律、法规规定的其他职责。

第六条 区县（自治县）人民政府确定的风景名胜区行政主管部门负责本行政区域内风景名胜区的监督管理工作，履行下列职责：

（一）组织调查、评价本行政区域内的风景名胜资源；

（二）根据全市风景名胜区发展规划，组织拟订本行政区域内风景名胜区的发展规划；

（三）负责风景名胜区设立的相关工作；

（四）负责市级风景名胜区总体规划和详细规划的编制、报批等相关工作；

（五）对本级人民政府设置的风景名胜区管理机构进行指导和监督；

（六）法律、法规规定的其他职责。

第七条 国家级和跨区县（自治县）的市级风景名胜区的管理机构由市人民政府设置；其他市级风景名胜区的管理机构由所在地的区县（自治县）人民政府设置。

风景名胜区管理机构负责风景名胜区的保护、统一管理工作，履行下列职责：

（一）制定并实施风景名胜资源保护的各项管理制度；

（二）组织实施风景名胜区总体规划和详细规划；

（三）负责风景名胜区内基础设施和公共设施的建设、维护和管理工作；

（四）负责风景名胜区内生态环境保护，落实有关污染防治措施；

（五）负责风景名胜区有关安全管理工作；

（六）依法查处或协助有关部门查处风景名胜区内的违法行为；

（七）国务院《风景名胜区条例》和本条例赋予的其他职责。

第八条 市和区县（自治县）人民政府有关部门按照职责分工，负责风景名胜区的有关监督管理工作。

第二章 设 立

第九条 风景名胜区分为国家级风景名胜区和市级风景名胜区。

自然景观和人文景观能够反映重要自然变化过程和重大历史文化发展过程，基本处于自然状态或者保持历史原貌，具有国家代表性的，可以申请设立国家级风景名胜区；具有区域代表性的，可以申请设立市级风景名胜区。

第十条 新设立的风景名胜区与自然保护区不得重合或者交叉；已设立的风景名胜区与自然保护区重合或者交叉的，风景名胜区规划与自然保护区规划应当相协调。

第十一条 申请设立风景名胜区应当提交包含下列内容的材料：

（一）风景名胜资源的分布状况、特点、价值等基本状况；

（二）拟设立风景名胜区的范围以及核心景区的范围；

（三）拟设立风景名胜区的性质和保护目标；

（四）拟设立风景名胜区的游览条件；

（五）与拟设立风景名胜区内的土地、森林等自然资源和房屋等财产的所有权人、使用权人协商的内容和结果。

第十二条 设立风景名胜区，由区县（自治县）人民政府向市人民政府提出申请，由市园林绿化主管部门会同市规划、环保、林业、文物、发展改革、建设、旅游等有关主管部门组织论证，提出审查意见，报市人民政府。

跨区县（自治县）设立风景名胜区的，由所跨区县（自治县）人民政府联合提出申请。

第十三条 设立国家级风景名胜区，由市人民政府审定后报国务院批准。

设立市级风景名胜区，由市人民政府批准公布。

第十四条 因设立风景名胜区对风景名胜区内的土地、森林等自然资源和房屋等财产的所有权人、使用权人造成损失的，应当依法给予补偿。因设立风景名胜区对有关单位或个人生产生活造成影响的，当地区县（自治县）人民政府应当妥善处置。

有条件的风景名胜区可以依法组织在核心景区内与风景名胜资源保护无关的单位或人员实施迁移。

第三章 规　　划

第十五条 风景名胜区必须编制总体规划，并依法进行环境影响评价。风景名胜区总体规划应当自风景名胜区设立之日起两年内编制完成。

风景名胜区总体规划确定的核心景区、重要保护区、重要景区、重点开发建设区以及其他需要进行严格保护的区域，必须编制详细规划；风景名胜区详细规划未经批准不得进行工程建设。

第十六条 风景名胜区规划的编制，应当符合国务院《风景名胜区条例》的规定。

风景名胜区规划应当与城乡总体规划、土地利用总体规划相衔接，与自然保护区、水资源保护和利用、文物保护、森林保护等相关规划相协调，并符合下列要求：

（一）科学评价风景名胜资源的特点和价值，突出风景名胜区的特色；

（二）正确处理保护与利用、远期与近期、整体与局部的关系；

（三）保持自然景观和人文景观的风貌，维护景区生态平衡，建设设施与景区环境、自然资源可持续利用水平相协调；

（四）风景名胜区的发展规模、开发程序和各项建设标准、定额指标，与国家和地方经济发展水平相适应，并为长远发展留有余地。

第十七条 国家级风景名胜区规划由市园林绿化主管部门组织编制。

市级风景名胜区规划由所在地区县（自治县）人民政府组织编制。跨区县（自治县）的市级风景名胜区规划由所跨区县（自治县）人民政府共同组织编制后，报市园林绿化主管部门审核。

第十八条 编制风景名胜区规划，应当采用招标等公平竞争的方式选择具有相应资质等级的单位承担。

国家级风景名胜区总体规划应当委托持甲级规划设计证书的单位编制；国家级风景名胜区详细规划和市级风景名胜区总体规划、详细规划，应当委托持乙级以上规划设计证书的单位编制。

第十九条 编制风景名胜区规划，应当广泛征求有关部门、公众和专家的意见，涉及重大公共利益或与他人有重大利害关系的，应当进行听证。

第二十条 国家级风景名胜区总体规划和详细规划的审批依照国务院《风景名胜区条例》的规定执行。

市级风景名胜区总体规划，由市园林绿化主管部门会同市规划、土地、环保、林业、文物、建设、旅游等有关行政主管部门审查，报市人民政府审批，并报国务院建设行政主管部门备案；市级风景名胜区详细规划,由市园林绿化主管部门审批。

风景名胜区规划报送审批的材料应当包括有关部门、社会各界的意见以及意见采纳的情况和未予采纳的理由。

第二十一条　经批准的风景名胜区规划不得擅自修改。确需修改的,应当依法进行。

第二十二条　风景名胜区规划经批准后,应当向社会公布,任何组织和个人有权查阅。

第四章　保　　护

第二十三条　风景名胜区管理机构应当对风景名胜区内的古建筑、古园林、历史特色建筑、历史遗迹、古树名木、野生动植物资源等进行调查、登记,并组织鉴定、建立档案,采取设置标志、限制游客流量等措施加以保护。

第二十四条　风景名胜区外围保护地带内的各项建设,应当与风景名胜区景观相协调。

禁止在风景名胜区外围保护地带内从事破坏资源、影响景观、污染环境、妨碍游览的活动。

第二十五条　风景名胜区内的林木,应当按照规定进行抚育管理。确需砍伐的,应当经风景名胜区管理机构审核后,报有关部门批准。

以竹林为主要景观的风景名胜区,在不破坏景观的条件下,确需间伐的,应当征得风景名胜区管理机构同意。

第二十六条　在风景名胜区内采集野生植物,可能对生态和景观造成影响的,有关部门在依法批准前应当征求风景名胜区管理机构意见。

第二十七条　在风景名胜区内禁止下列行为:

(一)开山、采石、开矿、开荒、修坟立碑等破坏景观、植被和地形地貌的活动;

(二)修建储存爆炸性、易燃性、放射性、毒害性、腐蚀性物品的设施;

(三)毁损溶洞等地质景观;

(四)在景物或者设施上刻划、涂污;

（五）在禁火区域内吸烟、生火；

（六）乱扔垃圾；

（七）其他损坏风景名胜资源的行为。

第二十八条 禁止违反风景名胜区规划，在风景名胜区内设立各类开发区和在核心景区内建设宾馆、招待所、培训中心、疗养院以及与风景名胜区保护无关的其他建筑物。

第二十九条 风景名胜区内的河流、湖泊应当按风景名胜区规划要求进行保护或整修；禁止任何单位和个人擅自以围、填、堵、截等方式破坏自然水系或超标排放污水、倾倒垃圾和其他污染物。

第三十条 在风景名胜区内进行影视拍摄或举办集会、游乐、体育、文化等大型活动，应当征得风景名胜区管理机构同意，并依照有关法律、法规的规定报有关部门批准。

第三十一条 风景名胜区内的建设工程和人造景观，其布局、体量、造型、风格、色调、用材等，应当与景区生态环境、周围景观相协调，不得破坏景观、污染环境、妨碍游览。

第三十二条 在风景名胜区内进行建设活动的，建设单位、施工单位应当依法开展环境影响评价和地质灾害危险性评估，制定生态保护、污染防治和水土保持方案，保护周围景物、水体、林草植被、野生动物资源和地形地貌。进行生态工程建设的，禁止引进或使用外来有害物种。

风景名胜区内的建设工程必须符合有关法律法规的规定和要求，并经风景名胜区管理机构审核后，依法办理相关审批手续。

第三十三条 在国家级风景名胜区内修建缆车、索道等重大建设工程，其项目选址方案必须经市园林绿化主管部门审查后报国务院建设主管部门核准。

在市级风景名胜区内修建缆车、索道等重大建设工程，其项目选址方案必须经区县（自治县）人民政府审查后报市园林绿化主管部门核准。

第三十四条 风景名胜区内未经批准不得建设临时建（构）筑物，确需建设的，应当经风景名胜区管理机构审核后，报风景名胜区主管部门批准。临时建（构）筑物使用期限不得超过两年，建筑物所有权人应当自期限届满之日起十五日内自行拆除。两年之后确需继续使用的，可以按原审批程序申请延长一次，但延长期限不得超过一年。

第五章 管　理

第三十五条　风景名胜区主管部门应当加强对风景名胜区管理机构的指导和监督，定期对风景名胜区规划的实施情况、资源保护状况进行监督检查和评估。

第三十六条　已设立的风景名胜区与自然保护区、森林公园、湿地公园、地质公园、水利公园等有重合或交叉，且存在两个以上管理机构的，由市或区县（自治县）人民政府确定一个机构负责统一管理，集中行使有关管理职能。

第三十七条　涉及风景名胜区内资源、文物的保护、利用和管理的，有关部门可以将部分管理职能和行政处罚职能委托风景名胜区管理机构实施。

第三十八条　风景名胜区管理机构应当在风景名胜区显著位置设置风景名胜区标志，并按规定设置路标、安全警示等标牌。

风景名胜区管理机构应当加强安全管理，定期组织检测和维护游览设施，保障游客安全。

禁止超过允许容量接纳游客和在没有安全保障的区域开展游览活动。

第三十九条　风景名胜区门票价格由市人民政府价格主管部门会同市财政、园林绿化等行政主管部门制定；门票由风景名胜区管理机构负责出售。

第四十条　风景名胜区内的交通、服务等项目，应当由风景名胜区管理机构依照有关法律、法规和风景名胜区规划，采用招标等公平竞争的方式确定经营者。

在风景名胜区内从事前款规定以外的经营活动，应当征得风景名胜区管理机构同意，依法办理有关手续，并在指定地点亮照经营。

在风景名胜区内从事经营活动，应当依法缴纳风景名胜资源有偿使用费。

第四十一条　风景名胜区的门票收入和风景名胜资源有偿使用费，实行收支两条线管理，专款专用，任何单位和个人不得挪用。其管理和使用，应当遵守国家有关规定。

第四十二条　风景名胜区管理机构不得从事以营利为目的的经营

活动，不得将规划、管理和监督等职能委托给企业或者个人行使。

风景名胜区管理机构的工作人员，不得在风景名胜区内的企业兼职。

第六章　法律责任

第四十三条　国务院《风景名胜区条例》或其他有关法律、法规对违反本条例规定的行为已经作出处罚规定的，依照其规定处罚。

第四十四条　单位或个人有下列行为之一的，由风景名胜区管理机构按以下规定给予处罚：

（一）未经风景名胜区管理机构审核或同意，擅自砍伐林木、竹林的，责令停止违法行为、限期恢复原状或者采取其他补救措施，没收违法所得，并处五百元以上五千元以下的罚款；严重影响生态或景观的，依照国务院《风景名胜区条例》的规定实施处罚。

（二）在禁火区域内吸烟、生火的，责令停止违法行为，可处一百元以上一千元以下的罚款；造成严重后果的，依照有关法律、法规的规定实施处罚。

（三）毁损溶洞等地质景观的，责令停止违法行为、限期恢复原状或者采取其他补救措施，没收违法所得，并处一千元以上一万元以下的罚款。

前款规定的违法行为，有关部门依据有关法律、法规、规章的规定已经予以处罚的，风景名胜区管理机构不再处罚。

第四十五条　偷逃风景名胜区门票的，由风景名胜区管理机构责令补交门票。

第四十六条　违反本条例规定，县级以上人民政府及其有关部门、风景名胜区管理机构及其工作人员滥用职权、玩忽职守、徇私舞弊的，依照国务院《风景名胜区条例》的有关规定追究法律责任。

第七章　附　　则

第四十七条　本条例所称的以下术语具体含义如下：

（一）风景名胜区：指具有观赏、文化或者科学价值，自然景观、人文景观比较集中，环境优美，可供人们游览或者进行科学、文化活动的区域。

（二）风景名胜资源：指在大自然演绎或人为活动中产生的，具有审美或欣赏价值的，可作为风景游览利用、科学研究或科普教育的自然资源与人文资源的总称。其中自然资源包括水资源、地质资源、气象资源、动物资源、植物资源等，人文资源包括文学艺术、民风民俗、宗教文化、文物、遗址遗迹、景观建筑等资源。

（三）景区：指根据景源类型、景观特征或游赏需求而划分的一定用地范围，包含有较多景物、景点或若干景群，形成相对独立的分区特征的区域。

（四）核心景区：指风景名胜区范围内自然景物、人文景物最集中的、最具观赏价值、最需要严格保护的区域。

第四十八条 本条例自 2008 年 8 月 1 日起施行。1998 年 3 月 28 日重庆市第一届人民代表大会常务委员会第八次会议通过的《重庆市风景名胜区管理条例》同时废止。

2. 重庆市武隆喀斯特世界自然遗产保护办法

（2009 年 12 月 14 日重庆市人民政府第 57 次常务会议通过 2009 年 12 月 28 日重庆市人民政府第 234 号令公布 自 2010 年 3 月 10 日起施行）

第一条 为了加强武隆喀斯特世界自然遗产的保护，履行《保护世界文化和自然遗产公约》缔约国中地方政府应当承担的义务，根据国务院《风景名胜区条例》、《重庆市风景名胜区条例》等有关法规规定，制定本办法。

第二条 武隆喀斯特世界自然遗产的保护、利用和管理，适用本办法。

武隆喀斯特世界自然遗产保护范围（以下简称遗产保护范围）包括经联合国教科文组织确认的武隆喀斯特世界自然遗产地天生三桥片区（含龙水峡地缝）、芙蓉洞片区（含芙蓉江流域武隆县和彭水苗族土家族自治县境内的遗产地）和后坪冲蚀天坑片区。

第三条 武隆喀斯特世界自然遗产的保护、利用和管理应当坚持可持续发展战略，遵循科学规划、统一管理、严格保护、永续利用的原则。

第四条 武隆喀斯特世界自然遗产的保护和管理纳入市人民政府、武隆县和彭水苗族土家族自治县人民政府国民经济和社会发展计划。

第五条 市人民政府风景名胜区主管部门是武隆喀斯特世界自然遗产主管部门，负责武隆喀斯特世界自然遗产保护的监督管理工作，履行下列职责：

（一）指导和监督武隆喀斯特世界自然遗产保护管理规划的执行，定期组织评估武隆喀斯特世界自然遗产资源的保护状况；

（二）对武隆喀斯特世界自然遗产管理机构进行指导和监督，依法查处其违规行为；

（三）协调武隆县、彭水苗族土家族自治县关于武隆喀斯特世界自然遗产管理争议；

（四）法律法规和本办法规定的其他职责。

市人民政府有关部门按照职责分工做好武隆喀斯特世界自然遗产保护有关工作。

第六条 由市人民政府批准设立的武隆喀斯特世界自然遗产管理委员会为武隆喀斯特世界自然遗产管理机构（以下简称遗产管理机构），与遗产保护范围内武隆县风景名胜区管理机构合署办公，对武隆喀斯特世界自然遗产实施统一管理，履行下列职责：

（一）组织实施武隆喀斯特世界自然遗产保护管理规划，制定并实施武隆喀斯特世界自然遗产的具体保护管理制度；

（二）负责武隆喀斯特世界自然遗产保护范围内资源的保护、监测、调查、评估和登记工作，组织开展教育、科研、科普活动；

（三）加强与其他世界自然遗产管理机构和国际组织的交流合作，构建国际国内专家咨询网络，推介武隆喀斯特世界自然遗产资源价值；

（四）法律法规和本办法规定的其他职责。

武隆县、彭水苗族土家族自治县人民政府有关部门应当按照职责做好所在地世界自然遗产的保护工作。

第七条 市人民政府和武隆县、彭水苗族土家族自治县人民政府有关部门可以依法将遗产保护范围内的行政执法职权委托给遗产管理机构行使。

第八条 任何单位和个人都有保护武隆喀斯特世界自然遗产的义务，有权制止或举报破坏武隆喀斯特世界自然遗产的行为。

对保护武隆喀斯特世界自然遗产作出重大贡献的单位和个人，由市、县人民政府予以表彰和奖励。

第九条 6月27日为武隆喀斯特世界自然遗产保护日。

第十条 已由联合国教科文组织确认的武隆喀斯特世界自然遗产保护管理规划是武隆喀斯特世界自然遗产保护管理的重要依据。

武隆喀斯特世界自然遗产保护管理规划应当依法向社会公布，任何单位和个人有权查阅。

第十一条 武隆喀斯特世界自然遗产保护管理规划不得擅自修改。确需修改的，由遗产管理机构组织编制，经市人民政府世界自然遗产主管部门审查后，报市人民政府批准，并按要求报联合国教科文组织认可。

修改武隆喀斯特世界自然遗产保护管理规划时，应当广泛征求公众及专家的意见；涉及重大公共利益或与遗产保护范围内公众有重大利害关系的，应当进行听证。

第十二条 在遗产保护范围内，禁止下列行为：

（一）开山、采石、采矿、采沙等破坏景观、植被和地形地貌的活动；

（二）生产砖瓦、石灰和木炭；

（三）围堵、填塞溶洞以及其他可能损害地质结构或生态系统的活动；

（四）破坏水体、向水体倾倒垃圾及超标排放污水；

（五）捕杀、贩卖野生保护动物；

（六）焚烧垃圾、沥青、油毡、橡胶、塑料、皮革以及其他产生有毒有害烟尘或恶臭气体的物质；

（七）采集或变卖遗产资源；

（八）引进或使用外来有害物种及未检疫的野生动物；

（九）其他损坏武隆喀斯特世界自然遗产资源的行为。

在遗产保护范围内进行影视拍摄或举办集会、游乐、体育、文化等大型活动，应当征得市人民政府世界自然遗产主管部门同意，依法报有关部门批准，且不得破坏遗产资源。

第十三条 遗产保护范围内各风景名胜区总体规划确定的核心景区为特别保护区，禁止下列行为：

（一）建造坟墓；

（二）建设临时建（构）筑物；

（三）建设与武隆喀斯特世界自然遗产保护无关的建（构）筑物；

（四）设置垃圾填埋场或固体废物集中贮存处理设施、场所。

第十四条 世界自然遗产所在地县级人民政府根据世界自然遗产保护需要，可以依法组织特别保护区内的单位和个人实施迁移。因迁移对特别保护区内的土地、森林等自然资源和房屋等财产的所有权人、使用权人造成损失的，应当依法给予补偿。

特别保护区内原有的坟墓，除受国家保护具有历史、艺术、科学价值的予以保留外，应当限期迁移或者深埋，并依法给予补偿。

第十五条 遗产保护范围内应当严格控制各类建设活动。

在遗产保护范围内进行建设活动的，建设单位、施工单位应当依法开展环境影响评价和地质灾害危险性评估，制订生态保护、污染防治和水土保持方案，保护周围景物、水体、林草植被、野生动物资源和地形地貌。

遗产保护范围内的建设工程必须符合有关法律法规的规定和武隆喀斯特世界自然遗产保护管理规划以及经依法批准的总体规划和详细规划的要求，并经遗产管理机构审核后，依法办理相关审批手续。

第十六条 遗产保护范围内未经批准不得建设临时建（构）筑物。确需建设的，应当经遗产管理机构同意后，报市人民政府世界自然遗产管理部门备案。临时建（构）筑物使用期限不得超过2年，临时建（构）筑物所有权人应当自期限届满之日起15日内自行拆除。期满后确需继续使用的，可以按原审批程序申请延期一次，但延长的期限不得超过一年。

第十七条 世界自然遗产所在地县级人民政府应当加强对遗产保护范围内生态环境的保护：

（一）建立珍稀和重点野生动植物目录，保护野生动植物生长环境；

（二）加强森林植被保护，做好森林病虫害预测预报和动植物检疫及森林防火工作；

（三）逐步推广使用环保型交通工具以及电、气、太阳能等环保能源；

（四）污水、烟尘应当达标排放，生活垃圾应当进行无害化处理；

（五）按照武隆喀斯特世界自然遗产保护管理规划，限制游人数量；

（六）探索建立生态补偿机制。

第十八条 遗产管理机构应当对天生桥、天坑、溶洞及其组成的特殊岩溶景观，以及水体、植被、人文景观和野生珍稀动物等组成的生态系统实施动态监测，建立动态管理档案。

第十九条 单位和个人在遗产保护范围内进行科学考察，应当征得遗产管理机构的同意。

采集野生动植物标本，可能对生态和景观造成影响的，有关部门在依法批准前应当征求有关专家和遗产管理机构的意见。

第二十条 遗产管理机构应当建立健全安全保障制度，加强安全管理，保障游览安全。

第二十一条 遗产管理机构应当加强武隆喀斯特世界自然遗产的资源价值研究、资源展示和科普宣传工作。

第二十二条 遗产管理机构对武隆喀斯特世界自然遗产的名称及其相关标识享有专用权。未经遗产管理机构同意，任何单位和个人不得擅自使用。

第二十三条 在遗产保护范围内从事各类经营活动，其经营项目、经营位置和经营规模应当符合武隆喀斯特世界自然遗产保护管理规划，征得遗产管理机构的同意，依法办理有关手续，并在指定的地点亮照经营。

第二十四条 市人民政府世界自然遗产主管部门应当加强对遗产管理机构的指导和监督，每年对世界自然遗产保护管理规划的实施和资源保护状况进行检查和评估。

第二十五条 武隆喀斯特世界自然遗产保护经费纳入县级财政预算。

武隆喀斯特世界自然遗产地景区门票收入属政府非税收入，实行收支两条线管理，任何单位和个人不得挪用。

第二十六条 遗产管理机构应当采取有效防范措施，加强遗产保护范围内自然灾害的监测和预防。

武隆喀斯特世界自然遗产遭受重大灾害时，遗产管理机构应当采取必要的补救措施，及时向市人民政府世界自然遗产主管部门报告，按照有关程序向联合国世界自然遗产委员会通报，寻求资金、技术等方面的援助。

第二十七条　遗产管理机构在履行职责过程中的重大决策事项应当征求武隆县、彭水苗族土家族自治县人民政府有关部门的意见。

遗产管理机构不得从事以营利为目的的经营活动，不得将保护、管理和监督等职能委托给企业或者个人行使。

遗产管理机构的工作人员不得在遗产保护范围内的企业兼职。

第二十八条　国务院《风景名胜区条例》、《重庆市风景名胜区条例》或其他有关法律法规对违反本办法规定的行为已经作出处罚规定的，从其规定。

违反本办法有下列行为之一的，由世界自然遗产地风景名胜区管理机构按照以下规定予以处罚：

（一）违反第十二条第一款（二）项规定的，责令停止违法行为，处 10000 元以上 30000 元以下的罚款；

（二）违反第十二条第一款（七）项规定的，处 2000 元以上 10000 元以下的罚款；情节严重的，处 10000 元以上 30000 元以下的罚款；

（三）违反第十二条第一款（八）项规定的，处 1000 元以上 5000 元以下的罚款，并对引进或使用的外来有害物种及未检疫的野生动物依法处理；

（四）违反第十三条（三）项规定的，责令停止违法行为，限期拆除，处 10000 元以上 30000 元以下的罚款；

（五）违反第十九条第一款和第二十三条规定的，责令停止违法行为，处 1000 元以上 5000 元以下的罚款。

第二十九条　违反本办法第十三条（二）项和第十六条规定的，由市人民政府世界自然遗产主管部门责令停止建设，限期拆除。

对责令限期拆除决定不服的，可以依法申请行政复议或提起行政诉讼；期满不起诉又不自行拆除的，由违法建设所在地县人民政府组织强制拆除，费用由违法者承担。

第三十条　世界自然遗产主管部门、遗产管理机构以及相关部门违反本办法规定，不依法履行职责的，由其上级机关或者监察机关责令改正；情节严重的，对直接负责的主管人员依法给予处分。其工作人员玩忽职守、滥用职权、徇私舞弊的，由有权机关依法给予处分；涉嫌犯罪的，移送司法机关依法追究刑事责任。

第三十一条 本办法自 2010 年 3 月 1 日起施行。

二十、四川省

1. 四川省风景名胜区条例

(2010年5月经四川省人大常委会第十六次会议审议通过)

第一章 总 则

第一条 为了加强对风景名胜区的管理,有效保护和合理利用风景名胜资源,根据国务院《风景名胜区条例》和有关法律、行政法规的规定,结合四川省实际,制定本条例。

第二条 四川省行政区域内风景名胜区的设立、规划、保护、建设、利用和管理,适用本条例。

第三条 风景名胜区管理实行科学规划、统一管理、严格保护、永续利用的原则。

第四条 县级以上地方人民政府应当将风景名胜资源的保护和利用纳入国民经济和社会发展规划及城乡规划,加强风景名胜区的管理,实现人与自然和谐发展。

第五条 省人民政府建设行政主管部门负责全省风景名胜区的监督管理工作;市(州)、县人民政府建设行政主管部门负责本行政区域内风景名胜区的监督管理工作。

县级以上地方人民政府其他有关部门按照职责分工负责风景名胜区的有关监督管理工作。

风景名胜区设立、规划、保护、建设和管理工作所需经费列入部门综合预算。

第六条 国家级、省级风景名胜区所在地县级以上地方人民政府应当设置风景名胜区管理机构,负责风景名胜区的保护、利用和统一管理工作。

省内跨行政区域的风景名胜区管理机构的设置,由省人民政府建设行政主管部门会同有关部门按规定确定。

第七条 任何单位和个人都有保护风景名胜资源的义务，并有权劝阻、检举、控告破坏风景名胜资源的行为。

第八条 风景名胜区所在地县级以上地方人民政府和风景名胜区管理机构应当对风景名胜区内原住居民的生产、生活给予扶持、帮助和照顾。

第二章 设 立

第九条 风景名胜区划分为国家级风景名胜区和省级风景名胜区。

自然景观和人文景观能够反映重要自然变化过程和重大历史文化发展过程，基本处于自然状态或者保持历史原貌，具有国家代表性的，申请设立国家级风景名胜区；具有区域代表性的，申请设立省级风景名胜区。

第十条 申报国家级和省级风景名胜区按照国务院《风景名胜区条例》的规定办理。新设立的风景名胜区与自然保护区不得重合或者交叉；已设立的风景名胜区与自然保护区重合或者交叉的，风景名胜区与自然保护区的规划、保护、建设和管理应当相协调。

第十一条 风景名胜区批准设立并公布后，风景名胜区管理机构应当在风景名胜区主要入口建立入口标志并按批准的范围立桩，标明区界。

国家级风景名胜区的入口标志内容和标徽图案按国务院建设行政主管部门审定公布。

省级风景名胜区的入口标志内容和标徽图案由省人民政府建设行政主管部门审定公布。

第三章 规 划

第十二条 风景名胜区经批准设立后应当依法编制风景名胜区规划。风景名胜区规划分为总体规划和详细规划。

第十三条 风景名胜区总体规划的编制，应当体现人与自然和谐相处、区域协调发展和经济社会全面进步的要求，坚持保护优先、开发服从保护的原则，突出风景名胜资源的自然特性、文化内涵和地方特色。

风景名胜区总体规划应当包括下列内容：

（一）风景资源评价；

（二）生态资源保护措施、重大建设项目布局、开发利用强度；

（三）风景名胜区的功能结构和空间布局；

（四）禁止开发和限制开发的范围；

（五）风景名胜区的游客容量；

（六）有关专项规划。

风景名胜区应当自设立之日起2年内编制完成总体规划。总体规划的规划期一般为20年。

风景名胜区总体规划应当依法进行环境影响评价。

第十四条 风景名胜区详细规划应当根据核心景区和其他景区的不同要求编制，确定基础设施、旅游设施、文化设施等建设项目的选址、布局与规模，并明确建设用地范围和规划设计条件。

风景名胜区详细规划，应当符合风景名胜区总体规划。

第十五条 编制风景名胜区总体规划应当与国民经济和社会发展规划、城乡规划、土地利用总体规划相衔接，并符合国家有关技术规范和标准。

风景名胜区内的镇、乡、村庄规划与风景名胜区规划应当相协调。

第十六条 国家级风景名胜区规划由省人民政府建设行政主管部门组织编制；省级风景名胜区规划由县级地方人民政府组织编制。

跨行政区的风景名胜区的规划，由申请设立风景名胜区的人民政府或者其建设行政主管部门组织编制。

第十七条 编制风景名胜区规划应当依法通过招标、比选等公平竞争的方式选择具有相应资质等级的单位承担：

（一）国家级风景名胜区总体规划和详细规划，应当选择具有甲级城市规划或者风景园林资质证书的单位编制；

（二）省级风景名胜区总体规划和详细规划，应当选择具有乙级以上城市规划或者风景园林资质证书的单位编制。

第十八条 编制风景名胜区规划，应当广泛征求有关国家机关、社会团体、企事业单位、社会公众和专家的意见；涉及重大公共利益或者与他人有重大利害关系的，应当进行听证。

风景名胜区规划报送审批的材料应当包括有关方面和社会各界的意见以及意见采纳的情况和未予采纳的理由。

第十九条 风景名胜区总体规划和详细规划的审批依照国务院《风景名胜区条例》的规定执行。

风景名胜区规划经批准后，应当依法通过各类媒体向社会公布，任何组织和个人有权查阅。

第二十条 风景名胜区内的单位和个人应当遵守风景名胜区规划，服从规划管理。

因实施风景名胜区规划对风景名胜区内的土地、林地等自然资源和房屋等财产的所有权人、使用权人造成损失的，应当依法给予补偿。

第二十一条 经批准的风景名胜区规划未经法定程序不得修改。确需修改的，应当依照法定程序报原审批机关批准。风景名胜区规划未经批准的，不得在风景名胜区内进行各类建设活动，但法律法规另有规定的除外。

第四章 保 护

第二十二条 禁止在风景名胜区内设立各类开发区，禁止在核心景区内建设宾馆、招待所、培训中心、疗养院以及与风景名胜资源保护无关的其他建筑物、构筑物；已经建设的，应当按照风景名胜区规划，逐步拆除或者迁出，应当给予补偿的，依法补偿。

禁止出租、出让风景名胜资源和风景名胜区。

第二十三条 风景名胜区管理机构应当会同风景名胜区所在地人民政府有关部门，对风景名胜区内的古建筑、古园林、历史文化街区、遗迹、遗址、古树名木、野生动植物资源、特殊地质地貌等进行调查登记、监测，并采取建立档案、设置标志、限制游客流量等措施进行严格保护。

第二十四条 风景名胜区管理机构应当会同风景名胜区所在地人民政府有关部门，按照有关法律法规规定做好造林绿化、护林防火和防治病虫害工作，做好泥石流、滑坡等地质灾害的防治工作和抗震设防工作。

第二十五条 风景名胜区管理机构应当会同风景名胜区所在地人民政府有关部门，建立健全植树绿化、封山育林、护林防火和防治病虫害的规章制度，落实各项管理责任制，按照规划要求进行抚育管理。

风景名胜区内的林木属于特种用途林。名胜古迹的林木严禁采伐；风景林确需进行抚育和更新性质采伐的，地方人民政府林业行政主管部门在批准前，应当征求风景名胜区管理机构的意见，并按照国家相关法律法规的规定办理。

第二十六条 在风景名胜区内采集物种标本、野生药材和其他林副产品，应当经风景名胜区管理机构同意；采集国家重点保护野生植物的，应当依法办理采集证，并在指定的地点限量采集。

第二十七条 在风景名胜区内禁止进行下列活动：
（一）超过风景名胜区总体规划确定的容量接待游客；
（二）非法占用风景名胜区土地；
（三）从事开山、采石、挖沙取土、围湖造田、掘矿开荒、修坟立碑等改变地貌和破坏环境、景观的活动；
（四）采伐、毁坏古树名木；
（五）在景观景物及公共设施上擅自涂写刻画；
（六）在禁火区域内吸烟、生火；
（七）猎捕、伤害各类野生动物；
（八）攀折树、竹、花、草；
（九）向水域或者陆地乱扔废弃物；
（十）敞放牲畜，违法放牧；
（十一）其他损坏景观、生态和环境卫生等行为。

第二十八条 风景名胜区内的河溪、湖泊应当按风景名胜区规划要求进行保护、整修，禁止任何单位和个人擅自改变水系自然环境现状。

第二十九条 保护风景名胜区生物物种资源，维护风景名胜区生物多样性和特有性，不得向风景名胜区引进外来生物物种和转基因物种。确需引进的，应当经检疫部门检验同意，并经有关主管部门批准。

第三十条 风景名胜区内禁止修建储存或者输送爆炸性、易燃性、放射性、毒害性、腐蚀性物品等危险品的设施，或者其他破坏景观、污染环境、妨碍游览和危害风景名胜区生态、公共安全的建筑物和构筑物。

第三十一条 风景名胜区管理机构和风景名胜区所在地人民政府及有关部门应当建立、健全防火组织，完善防火设施。

风景名胜区管理机构和风景名胜区所在地人民政府及有关部门应当按照法律法规的规定对风景名胜区内的古建筑、古园林、石刻等文物古迹、历史文化街区、遗迹、遗址和其他人文景物及其所处的环境进行严格保护，定期维护，做好管理工作，建立健全责任制度，落实防火、避雷、防洪、防震、白蚁防治等措施。

第三十二条 风景名胜区内的居民、游览者和其他人员，应当保护风景名胜资源，爱护各项公共设施，维护环境卫生和公共秩序，遵守有关管理规定。

第五章 建 设

第三十三条 风景名胜区内的建设活动应当按照风景名胜区规划进行。

符合风景名胜区规划的建设项目应当经风景名胜区管理机构审核，并依法办理建设工程选址意见书、建设用地规划许可证、建设工程规划许可证和建设工程施工许可证。

风景名胜区管理机构应当配合风景名胜区所在地人民政府建设行政主管部门做好建设项目的建筑工程质量安全监管和竣工验收备案等工作。

农房建设的选址定点和建筑设计、施工方案，应当经风景名胜区管理机构审核，符合风景名胜区规划的，依法办理规划建设许可。

第三十四条 风景名胜区建设项目按下列规定实行审批：

（一）在国家级风景名胜区内修建符合风景名胜区规划要求的公路、索道、缆车、大型文化设施、体育设施与游乐设施、宾馆酒店、设置风景名胜区徽志的标志性建筑等重大建设项目的选址方案，由风景名胜区管理机构提出审核意见，报省人民政府建设行政主管部门进行审查，按规定程序报国务院建设行政主管部门审批同意后，办理立项等有关手续。其设计方案由省人民政府建设行政主管部门审核批准；

（二）国家级风景名胜区内符合规划的其他建设项目，在省级风景名胜区内修建公路、索道、缆车、大型文化设施、体育设施与游乐设施、宾馆酒店、设置风景名胜区徽志的标志性建筑等符合规划的重大建设项目的选址和设计方案，应当由风景名胜区管理机构提出审核意见，报省人民政府建设行政主管部门审核批准；

（三）省级风景名胜区符合规划的其他建设项目，其选址和设计方案，应当由风景名胜区管理机构提出审核意见，报市（州）人民政府建设行政主管部门审核批准。

第三十五条　在风景名胜区内建设施工，必须采取有效措施，保护植被、水体、地貌；工程结束后应当及时清理场地，恢复植被。

第六章　利用和管理

第三十六条　风景名胜区管理机构根据法律法规授权或者接受县级以上地方人民政府及有关部门依法委托行使相关行政管理职权。

第三十七条　风景名胜区管理机构的职责：

（一）宣传贯彻国家有关风景名胜、民族、宗教、文物、林业、国土资源、环境保护、旅游、安全等法律法规；

（二）保护风景名胜资源和生态环境，维护风景名胜区的自然风貌和人文景观，合理利用风景名胜资源；

（三）协助编制总体规划和详细规划并组织实施，按照总体规划对风景名胜区内的新建、扩建和改建项目进行初审并按程序上报；

（四）建设、维护、管理风景名胜区基础设施和公共设施，规范设立风景名胜区标志、安全警示等标牌；

（五）制定风景名胜区管理制度和安全事故、突发事件的预防机制和应急预案，负责风景名胜区的游览者安全、环境卫生、治安和服务业管理等工作；

（六）按照规划组织和扶助风景名胜区居民发展具有地方特色的生产和服务事业，保护民族民间传统文化，制止和限制破坏景观、污染环境的生产事业；

（七）组织并负责对风景名胜区经营项目的招标和签约工作，监督风景名胜区内进行经营活动的单位和个人依法经营；

（八）负责出售风景名胜区的门票，收取风景名胜资源有偿使费；

（九）根据风景名胜区资源的特点，向国内外、省内外宣传介绍风景名胜区特色；

（十）做好风景名胜区监管信息系统建设和管理工作；及时发布风景名胜区天气、能见度等与旅游相关的信息；建立健全档案制度和调查统计工作，按规定按时报送有关情况，形成完整的资料，妥善保存；

（十一）指导风景名胜区内的经营企业做好职工培训管理工作，定期对员工进行自然灾害、安全事故应急训练，提高职工的素质。

第三十八条　风景名胜区管理机构不得从事以营利为目的的经营活动，不得将规划、管理和监督等行政管理职能委托给企业或者个人行使。

管理机构的工作人员，不得在风景名胜区内的企业兼职。

第三十九条　风景名胜区内项目经营，是指公民、法人或者其他组织按照本条例和其他有关法律法规的规定，有偿取得从事风景名胜区内整体或者单个项目投资、经营权利的活动。

风景名胜区经营项目包括风景名胜区内交通、餐饮、住宿、商品销售、娱乐、摄影、摄像、户外广告和游客服务等，但宗教活动场所内的经营活动除外。

第四十条　风景名胜区内的具体经营项目种类、标准、条件、期限和范围等经营方案，由风景名胜区管理机构拟定，报县级以上地方人民政府建设行政主管部门审核批准。

风景名胜区内交通等重大项目经营方案，应当经省人民政府建设行政主管部门组织相关部门及专家进行可行性论证并审核批准后，方可组织实施。

第四十一条　风景名胜区管理机构依照有关法律、法规和风景名胜区规划，采用招标等公平竞争的方式确定项目经营者，并与项目经营者签订经营合同，依法确定各自的权利义务。

重大项目经营合同应当报省人民政府建设行政主管部门备案。

第四十二条　项目经营者应当按照项目经营合同约定，缴纳风景名胜资源有偿使用费；在合同约定的期限、区域和范围内开展经营活动，保护风景名胜资源，维护公共利益和公共安全。

第四十三条　未取得风景名胜区内项目经营的任何单位和个人，

不得在风景名胜区内从事经营活动。

取得风景名胜区项目经营的单位和个人,不得改变或者超过合同约定的经营地点、范围、期限和收费标准等进行经营;重大项目不得擅自停业、歇业。

第四十四条 利用风景名胜资源在风景名胜区内从事其他活动而受益的单位和个人,应当按规定向风景名胜区管理机构缴纳风景名胜资源有偿使用费。

第四十五条 风景名胜区的门票收入和风景名胜资源有偿使用费应当依照有关法律法规规定实行收支两条线管理。

风景名胜区的门票收入和风景名胜资源有偿使用费应当专门用于风景名胜资源的保护和管理以及风景名胜区内财产的所有权人、使用权人损失的补偿。具体管理办法,由省人民政府按照国家相关法律法规制定。

风景名胜区的门票价额应当对老人、现役军人、残疾人、在校学生等实行优惠,具体优惠办法由省人民政府制定。

第四十六条 在风景名胜区内设置、张贴商业广告,举办大型游乐以及影视、娱乐活动等,应当按规定由风景名胜区管理机构审核后报有关主管部门批准并按规定缴纳风景名胜资源有偿使用费和生态恢复保证金。

第四十七条 进入风景名胜区的车辆、船只等交通工具,应当遵守风景名胜区管理机构的相关规定,按照规定的线路行驶并在规定的地点停放、停泊。

第四十八条 根据风景名胜区的规模、资源保护和治安工作的需要,可设立公安机关派出机构或者警务室。

第七章 法律责任

第四十九条 违反本条例的行为,国务院《风景名胜区条例》和其他有关法律法规有处罚规定的,按照其规定处罚。

第五十条 县级以上地方人民政府及有关部门可以依法委托风景名胜区管理机构行使相关行政处罚权。

第五十一条 违反本条例第二十六条规定,未经风景名胜区管理机构同意采集物种标本、野生药材和其他林副产品的,由风景名胜区管理机构责令改正，给予批评教育，可处以100元以上2000元以下罚款。

第五十二条 违反本条例第二十七条第（二）、（六）、（八）、（十）项规定的，由风景名胜区管理机构给予批评教育，可处以100元以上1000元以下罚款。

第五十三条 违反本条例第四十三条第一款规定，未取得风景名胜区内项目经营的单位和个人擅自在风景名胜区内从事经营活动的，由风景名胜区管理机构责令改正，给予批评教育，并处以1000元以上5000元以下罚款。

未取得风景名胜区内项目经营的单位和个人擅自在风景名胜区内经营重大项目的，由县级以上地方人民政府建设行政主管部门责令限期改正，有违法所得的，没收违法所得，并处以5万元以上20万元以下罚款。

第五十四条 违反本条例第四十三条第二款规定，取得风景名胜区项目经营的单位和个人，改变或者超过合同约定的经营地点、范围、期限和收费标准等进行经营的，由风景名胜区管理机构责令限期改正，有违法所得的，没收违法所得，并处以100元以上2000元以下罚款。

重大项目改变或者超过合同约定的经营地点、范围、期限和收费标准等进行经营或者擅自停业、歇业的，由县级以上地方人民政府建设行政主管部门责令限期改正，有违法所得的，没收违法所得，并处以1万元以上5万元以下罚款；情节严重的，终止项目经营合同。

第五十五条 违反本条例第四十七条规定，进入风景名胜区内的车辆、船只等交通工具，未按照规定的线路行驶或者未在规定的地点停放、停泊的，由风景名胜区管理机构责令改正，给予批评教育，可处以100元以上500元以下罚款。

第五十六条 违反本条例规定，风景名胜区管理机构有下列行为之一的，由设立风景名胜区管理机构的县级以上地方人民政府责令改正；情节严重的，对直接负责的主管人员和其他直接责任人员给予行政处分；构成犯罪的，依法追究刑事责任：

（一）非法出租、出让风景名胜资源和风景名胜区的；

（二）擅自提高门票和风景名胜资源有偿使用费收取标准的；

（三）滥用职权、玩忽职守行为造成严重后果的。

第五十七条 本条例第五十一条、第五十二条、第五十三条第一款、第五十四条第一款、第五十五条规定的违法行为，有关部门已经依照相关法律法规予以处罚的，风景名胜区管理机构不再处罚。

第五十八条　本条例第五十一条至第五十五条规定的违法行为，侵害国家、集体或者个人财产的，侵害人应当依法承担民事责任；构成犯罪的，依法追究其刑事责任。

第八章　附　　则

第五十九条　本条例有关用语的含义：

（一）风景名胜资源，是指具有观赏、文化或者科学价值的山河、湖海、地貌、森林、动植物、化石、特殊地质、天文气象等构成的自然景观和文物古迹、革命纪念地、历史文化街区、历史遗迹、历史遗址、园林、建筑、工程设施等构成的人文景观和它们所处环境以及风土人情等。

（二）风景名胜区，是指风景名胜资源集中、自然环境优美、具有一定规模和游览条件，经国务院或者省人民政府批准公布、划定范围，供人游览、观赏、休息和进行科学文化活动的地域。

第六十条　市（州）、县人民政府设立的景区景点可以参照本条例执行。

第六十一条　本条例自 2010 年 8 月 1 日起施行。1994 年 5 月 28 日四川省第八届人民代表大会常务委员会第九次会议通过的《四川省风景名胜区管理条例》同时废止。

2. 四川省风景名胜区建设管理办法

（1997 年 12 月 29 日省人民政府第 84 次常务会议通过　1997 年 12 月 29 日四川省人民政府第 102 号令发布施行）

第一条　为了严格保护、合理利用风景名胜资源，规范风景名胜区建设秩序，加强风景名胜区建设管理，根据《四川省风景名胜区管理条例》和有关法律法规,制定本办法。

第二条 在风景名胜区内进行各项建设活动,必须遵守本办法。

在城市规划区范围内的风景名胜区内进行建设活动,应当同时遵守有关城市规划的法律、法规。在与自然保护区重叠的风景名胜区内进行建设活动,应当同时遵守有关自然保护区的法律、法规。

第三条 省建设行政主管部门主管全省风景名胜区的建设管理工作。市(地、州)、县建设行政主管部门主管本行政区域内的风景名胜区的建设管理工作。

第四条 风景名胜区必须按照批准的规划进行建设。建设项目(含农房建设和寺庙建设)的选址、布局和建筑物(构筑物)的高度、体量、造型、色调应与景区景观和环境相协调。建设项目应提高环境影响报告书。未经环境保护行政主管部门同意,建设项目不得立项、建设。

第五条 在风景名胜区内,建设项目的选址定点,建设单位或个人必须先报经风景名胜区管理机构审查同意,并依法办理审批手续。

第六条 对风景名胜区内的建设项目的定点和设计方案实行分级审批。

国家级风景名胜区内的重要建设项目,其定点和设计方案,由市(地、州)建设行政主管部门审查同意后,报省建设行政主管部门审批,并报国务院建设行政主管部门备案。其他建设项目的定点和设计方案,由市(地、州)建设行政主管部门审批。

成都市行政区域内的国家级风景名胜区的重要建设项目定点和设计方案,省建设行政主管部门可以委托成都市建设行政主管部门审批。

省级风景名胜区内的重要建设项目,其定点和设计方案,由市(地、州)建设行政主管部门审批,报省建设行政主管部门备案。其他建设项目的定点和设计方案,由县(市)建设行政主管部门审批。

市(地、州)、县级风景名胜区内建设项目的定点和设计方案,由同级建设行政主管部门审批。

第七条 风景名胜区内的重要建设项目是指:

(一)核心景区内所有建设项目;

(二)规划区内(除核心景区)的下列建设项目:

1. 公路、索道与缆车;

2. 旅馆、商店、饭店；

3. 文体娱乐、游乐建筑设施；

4. 风景名胜区特有标志建筑；

5. 上级建设行政主管部门认定的其他重大建设项目。

第八条 风景名胜区的建设管理，依法实行建设工程选址意见书、建设用地规划许可证、建设工程规划许可证制度。

第九条 建设工程选址意见书办理程序：

（一）建设项目可行性研究，按照立项审批权限，应有相应的建设行政主管部门参加；

（二）建设单位或个人持建设项目批准文件和风景名胜区管理机构出具的选址定点意见，向当地建设行政主管部门或规划行政主管部门提出选址申请；

（三）建设单位或个人提交的建设项目可行性报告，经风景名胜区管理机构审核同意后报建设行政主管部门或规划行政主管部门审查，由当地县以上建设行政主管部门或规划行政主管部门核发建设工程选址意见书。

第十条 建设单位或个人应按下列程序办理建设用地规划许可证：

（一）持建设项目批准文件向县以上建设行政主管部门或规划行政主管部门提出定点申请，由建设行政主管部门或规划行政主管部门会同风景名胜区管理机构核定建设项目用地位置和界限；

（二）提交总平面布置图或者初步设计方案，经风景名胜区管理机构同意后报建设行政主管部门或规划行政主管部门审查，由当地县以上建设行政主管部门或规划行政主管部门核发建设用地规划许可证。

取得建设用地规划许可证后，应向风景名胜区所在地县以上土地管理部门办理用地手续。

第十一条 建设单位或个人应按下列程序办理建设工程规划许可证：

（一）持建设项目批准文件和建设用地证件向县以上人民政府建设行政主管部门或规划行政主管部门提出建设申请；

（二）建设行政主管部门或规划行政主管部门会同风景名胜区管理机构提出规划设计要求，作为工程设计的依据；

（三）建设行政主管部门或规划行政主管部门会同风景名胜区管理机构审查建设项目设计方案；

（四）提交建设工程施工图，经建设行政主管部门或规划行政主管部门按规划要求进行审查同意后，由当地县以上建设行政主管部门或规划主管部门核发建设工程规划许可证。

建设单位或者个人持建设工程规划许可证和其他有关批准文件向县以上建设行政主管部门申请办理开工手续。

第十二条 建设用地规划许可证规定的内容及附件、附图，不得擅自变更。确需变更的，须经原审批发证机关同意。

第十三条 建设用地规划许可证办理后半年内未按规定办理用地手续的，建设用地规划许可证自行失效。

建设工程规划许可证办理后半年内未开工，又未办理延期手续的，建设工程规划许可证自行失效。

第十四条 建设单位或个人在风景名胜区内进行临时建设的，必须向风景名胜区管理机构申请定点，经审查同意后，向土地管理部门办理临时用地手续，再由当地县以上建设行政主管部门或规划行政主管部门核发临时建设工程规划许可证。

临时建设工程的使用期限不得超过两年。确需延长使用期限的，须经风景名胜区管理机构同意，原审批机关批准。临时建设工程使用期满，必须无条件自行拆除。临时建设工程在使用期限内，因风景名胜区建设需要拆除的，须在规定期限内无条件自行拆除。

批准临时使用的土地，不得修建永久性建筑物、构筑物或其他设施。

第十五条 在风景名胜区内从事建设活动，不得采伐林木。确需采伐的，必须报经林业行政主管部门依法批准。严禁砍伐古树名木。

第十六条 在风景名胜区内，破坏景观和自然风貌的建筑物、构筑物或其他设施，必须限期改造、拆除或逐步迁出。造成环境污染的，必须限期治理。

第十七条 在风景名胜区及其外围保护地带内，不得设立开发区、度假区，不得建设破坏景观、污染环境的工矿企业和其他项目、设施。

在游人集中的游览区和自然环境保留地内，不得建设旅馆、招待所、休疗养机构、生活区以及其他影响观瞻或污染环境的工程设施。

在重要景点上，除必需的保护设施外，不得兴建其他工程设施。

第十八条 凡承担风景名胜区规划和建设项目设计、施工任务的单位，应当向当地建设行政主管部门提交资质证书，经确认后方可进行设计、施工。

第十九条 风景名胜区建设工程的招投标和建设监理，应遵守有关的法律、法规。建设工程招标由建设单位组织进行。

第二十条 各级政府和风景名胜区管理部门，应当采取措施，保护风景名胜区的森林、水源和自然景观不受破坏和污染。有条件的地方应当建设集中供水和污水处理设施。

第二十一条 任何单位和个人都应当维护风景名胜区的环境卫生，妥善处理垃圾、污水，爱护树木花草和公共设施，美化景区环境。

第二十二条 在风景名胜区的游览危险地段，应按规定建设防洪、防灾及护栏等安全防护设施，并保持设施完好。重点地段应设置提示、警告标志。

第二十三条 风景名胜区的建设和管理单位应配套建设消防设施和设备，落实防火责任制。

第二十四条 在风景名胜区内及其外围保护地带内进行工程建设的施工单位，必须服从风景名胜区管理机构的监督管理，采取有效措施，维护景容和游览安全，防止破坏景物和造成环境污染。工程竣工后，应及时清理施工场地，恢复植被。

工程竣工验收由审批该建设项目选址的建设行政主管部门组织进行。

第二十五条 风景名胜区管理机构应以风景名胜区规划为依据，积极组织对各项游览和保护设施的建设和管理。

第二十六条 在风景名胜区内进行违法建设的，由风景名胜区管理机构或有关行政机关依照《四川省风景名胜区管理条例》或有关法律、法规的规定给予处罚；情节严重，构成犯罪的，由司法机关依法追究刑事责任。

第二十七条 本办法自公布之日起施行。

3. 四川省世界遗产保护条例

(2002年1月18日四川省第九届人民代表大会常务委员会第二十七次会议通过 2002年1月18日四川省第九届人民代表大会常务委员会第71号公告公布 自2002年4月1日起施行)

第一条 为了加强对四川省世界遗产的保护和管理,根据国家有关法律法规,结合四川实际,制定本条例。

第二条 本条例所称世界遗产,是指经联合国教科文组织批准的世界文化遗产、自然遗产、自然和文化遗产。

在四川省世界遗产保护范围内进行活动,必须遵守本条例。

第三条 世界遗产保护范围,按照其总体规划分为核心区、保护区、外围保护区,分区进行保护。

第四条 世界遗产保护坚持有效保护、统一管理、科学规划、永续利用的原则,在保护的前提下,合理开发利用。

第五条 省人民政府建设、文化行政管理部门按照各自的职责,负责全省世界遗产保护利用的监督管理工作。

世界遗产地的县以上人民政府负责本行政区域内世界遗产保护利用的综合管理工作。建设、文化、林业、环境保护、国土资源、水利、民族、宗教、旅游等行政管理部门按照各自的职责,做好世界遗产保护利用的监督管理工作。

法律法规另有规定的,从其规定。

第六条 世界遗产地县以上人民政府应当设立管理机构,负责世界遗产的保护、利用和管理工作。世界遗产保护范围内的所有单位,应接受世界遗产管理机构的管理。

世界遗产管理机构的主要职责是:

(一) 宣传、贯彻有关法律法规;

(二) 组织实施世界遗产总体规划和详细规划,有效保护和合理利用世界遗产资源;

(三) 制定并组织实施世界遗产保护措施和管理制度;

（四）负责组织世界遗产资源调查、评价、登记工作；

（五）负责世界遗产保护范围内有关单位的相关协调工作；

（六）负责世界遗产保护范围内所有工商户和常驻居（村）民涉及世界遗产保护、利用事宜；

（七）负责世界遗产保护范围内基础设施及其他公共设施的管理，改善游览服务条件；

（八）负责世界遗产保护有关的其他事项；

（九）根据有关行政管理部门的委托，实施行政处罚。

第七条 世界遗产总体规划，由其世界遗产地的县以上人民政府组织编制，经省建设行政主管部门会同有关部门审查同意后，报省人民政府按规定程序审批。

经批准的世界遗产总体规划，任何单位和个人不得擅自改变。对世界遗产总体规划进行修编或者总体布局重大变更的审批程序，按前款规定办理。

第八条 禁止在世界遗产保护范围内建设污染环境、破坏生态和造成水土流失的设施；禁止进行任何损害或破坏世界遗产资源的活动。

除按照世界遗产总体规划建设的基础设施和其他公共设施外，禁止在世界遗产核心区、保护区建设宾馆、招待所、疗养院及各类培训中心等建设项目及设立各类开发区、度假区。

第九条 世界遗产保护范围内按照总体规划进行建设的项目，经世界遗产管理机构审查后，按照有关规定报批。

凡不符合总体规划的建筑物、构筑物和其他设施，应当限制拆除或改造。

第十条 世界遗产核心区内的人口数量超出世界遗产总体规划确定的承载能力，应采取必要的移民措施，由世界遗产地县以上人民政府制定移民搬迁规划，报上一级人民政府批准后实施。

第十一条 任何单位和个人不得擅自出让或变相出让世界遗产资源。

第十二条 世界遗产保护范围内不得引进非世界遗产保护范围内生长的植物和动物种类，对已引进的应当清除或者迁出。

第十三条 世界遗产保护范围内应当使用环保车船和电、气、太阳能等清洁燃料。

世界遗产保护范围内的污水、烟尘，必须实施达标排放，生活垃圾必须进行无害化处理。

第十四条　按照世界遗产总体规划确定的旅游环境容量，世界遗产管理机构可以对世界遗产核心区、保护区采取分区封闭轮休制度，限制游人数量，保护生态环境。其具体方案由世界遗产管理机构，经世界遗产地县（市）人民政府审核，报上一级人民政府批准，并予以公告。

第十五条　世界遗产地的市、州、县（市）人民政府有关行政管理部门应当建立世界遗产保护监测制度。按照有关规定定期对世界遗产保护状况进行监测，提出监测评价报告，报省人民政府有关行政管理部门备案。

第十六条　世界遗产管理机构的管理人员和专业技术人员必须进行岗位培训，实行持证上岗。

第十七条　对世界遗产范围内的文物古迹进行修缮或修复时，不得改变原有的风貌，其修缮或修复方案应按文物法的有关规定报批。

第十八条　世界遗产地跨行政区域的，坚持共享资源、共同保护、共同发展、共同利用的原则。

在本省行政区域内的世界遗产地跨地域的，由上一级人民政府协调保护与利用事务。

第十九条　世界遗产保护专项经费，通过政府投入、社会捐助、国际援助、景区门票收入等多种渠道筹集，专户储存，专款专用，不得挪作他用。

第二十条　世界遗产管理机构应当对自然景观和人文景物作出准确的标志说明。

第二十一条　进入世界遗产保护范围内的任何单位和个人，必须爱护世界遗产资源和各项设施，遵守各项有关规定，维护公共秩序和环境卫生。

第二十二条　违反本条例第八条、第九条规定，有下列行为之一的，责令停止违法行为、限期拆除违法建筑、恢复原状，并处以相应罚款：

（一）在世界遗产核心区违法建设的，处以违法建筑每平方米100元以上500元下的罚款；

（二）在世界遗产保护区未经批准进行建设的，处以违法建筑每平方米 50 元以上 300 元以下的罚款；

（三）在世界遗产外围保护区未经批准进行建设的，处以违法建筑每平方米 30 元以上 100 元以下的罚款。

行政管理部门擅自批准在世界遗产保护范围内进行建设的，其批准文件无效。对擅自审批的直接责任人员，由其所在单位或者上级主管机关给予行政处分。

第二十三条 违反本条例规定，造成世界遗产资源损害或破坏的，责令改正、赔偿损失；情节严重的，处以 50000 元以上的罚款。

国家机关工作人员、世界遗产管理机构工作人员玩忽职守、滥用职权，造成世界遗产资源损害或破坏的，除按照前款规定处罚外，由其所在单位或者上级主管机关给予行政处分。

第二十四条 违反本条例规定，构成犯罪的，依法追究刑事责任。

第二十五条 都江堰水利工程的建设、管理和保护按《四川省都江堰水利工程管理条例》的规定执行。

第二十六条 本条例自 2002 年 4 月 1 日起施行。

4. 阿坝藏族羌族自治州实施《四川省世界遗产保护条例》的条例

（2007 年 1 月 24 日阿坝藏族羌族自治州第十届人民代表大会第一次会议通过 2007 年 7 月 27 日四川省第十届人民代表大会常务委员会第二十九次会议批准 2007 年 8 月 6 日阿坝藏族羌族自治州人民代表大会常务委员会公告公布 自公布之日起施行）

第一条 为了加强对阿坝藏族羌族自治州（以下简称自治州）辖区内世界遗产的保护和管理，根据《中华人民共和国民族区域自治法》、《四川省世界遗产保护条例》和《阿坝藏族羌族自治州自治条例》，结合自治州实际，制定本条例。

第二条　本条例所称世界遗产，是指联合国教科文组织批准的世界文化遗产、自然遗产、自然和文化遗产。

在自治州辖区内的世界遗产保护范围内进行活动，应当遵守本条例。

第三条　自治州对世界遗产实行科学规划，统一管理，严格保护，合理开发，永续利用的原则，确保世界遗产地的完整性、真实性。

第四条　州、县人民政府在世界遗产地按其规模分别设立县级及其以下世界遗产管理机构，具体负责世界遗产的保护、利用和管理工作，履行有关法律、法规和自治州人民政府赋予的职责。

第五条　自治州辖区内世界遗产实行州、县人民政府共同管理的体制，设立县级（含副县级）管理机构的以州为主；设立县级以下管理机构的以县为主。

第六条　州、县规划建设、文化行政管理部门按照各自的职能为世界遗产的主管部门，负责保护管理的综合协调和宏观管理工作，接受上级人民政府建设、文化行政主管部门的监督管理。州、县人民政府的各相关部门按照各自法定职责，做好世界遗产保护利用的监督管理工作。

世界遗产地所在的乡（镇）人民政府参与本行政区域内世界遗产保护利用的监督、协调工作。

第七条　在世界遗产总体规划未编制前，国家级风景名胜区或者自然保护区为世界遗产的，其总体规划可以作为世界遗产总体规划。《风景名胜区总体规划》或《自然保护区总体规划》是世界遗产保护、建设和管理的重要依据，任何单位和个人不得擅自改变。对总体规划进行修编或者总体布局作重大变更的审批程序，按规定办理。

跨县行政区域的世界遗产地由州人民政府组织编制世界遗产总体规划，按规定程序报批。

世界文化遗产的总体规划由所在县人民政府组织编制，按规定程序报批。

第八条　禁止在世界遗产保护范围内设立各类开发区和建设污染环境、破坏生态、造成水土流失的设施，禁止进行任何破坏世界遗产资源的活动。

除按照世界遗产总体规划建设基础设施和其他公共设施外，禁止在世界遗产核心区建设宾馆、招待所、疗养院、各类培训中心等建设项目。

世界遗产保护区内按照世界遗产总体规划进行建设的项目，须经自治州人民政府世界遗产主管部门审查后，按照有关规定报批。

在世界遗产地外围保护区的重大建设项目，应当由所在地的县级人民政府审查同意，报自治州人民政府世界遗产主管部门审核同意后，按照有关规定报批。

第九条 禁止任何单位和个人以任何名义和方式出让或者变相出让世界遗产资源。

第十条 世界遗产管理机构的工作人员，应当进行岗位培训，持证上岗，在同等条件下优先录用符合条件的世界遗产地居民。

第十一条 跨行政区域的世界遗产，应当坚持共同保护、共同发展、共享资源、共同利用的原则。保护与开发事宜由州人民政府协调。

第十二条 州、县人民政府应当合理安排世界遗产保护专项经费，在保护专项经费中每年必须留足一定比例的科普、科研经费，实行专户储存，专款专用。

州、县人民政府保护和管理世界遗产，应当妥善处理与当地经济建设和居民生产、生活的关系，在世界遗产保护专项经费中合理安排一定比例资金作为影响当地居民生产、生活的补偿。

第十三条 世界遗产地的景区门票收入，应当由州、县人民政府统一安排使用，主要用于世界遗产的保护、管理和建设。

第十四条 世界遗产地车辆的管理，依照法律法规和世界遗产地管理机构的相关规定执行。

第十五条 本条例对《四川省世界遗产保护条例》未作变通规定的，按《四川省世界遗产保护条例》和相关法律法规执行。

第十六条 本条例自公布之日起施行。

5. 雷波县马湖风景名胜区管理办法

(雷波县第十届人大常委会第二十九次全委会审议通过 2002年8月15日雷波县人民政府第10号令发布施行)

第一章 总 则

第一条 为保护和改善马湖风景名胜区生态环境，防止环境污染，保证马湖自然资源的持续利用，根据《中华人民共和国环境保护法》、《四川省风景名胜区管理条例》和有关法律、法规的规定，结合马湖自然生态环境的实际情况，制定本管理办法（试行），以下简称"办法"。

第二条 本管理办法所称的马湖风景名胜区包括马湖和马湖周边的地域及其拥有的自然景观、人文景观，它兼容饮用、灌溉、旅游、调节小气候等多种功能。

第三条 马湖风景名胜区的保护管理原则是：严格保护、综合防治、统一规划、合理开发、统一管理、永续利用。

第四条 马湖风景名胜区保护的范围共$128km^2$，为马湖水面至四周陆域分水岭之间的集水区。以马湖最高水位线以上150m内为严格控制区，150m以上300m内为建设控制区，其他范围为管理区。

第五条 马湖风景名胜区由雷波县人民政府设立管理机构依法进行综合管理。

第六条 各机关、团体、学校、企事业单位、乡镇人民政府及个人应自觉遵守本法。

第二章 马湖的环境保护管理

第七条 马湖水体水质执行国家规定的地面水一类环境质量标准，马湖保护区内实行污染物排放总量控制，任何单位和个人排放的污染物不得超过国家或县以上人民政府规定的污染物排放标准。马湖水质和污染物排放指标,由县环境保护部门定期检测、定期预报。

第八条 禁止向马湖及滩涂倾倒固体废弃物和其他污染物。

马湖控制区内的一切单位和各经营实体、居民、村民应按要求设置污水、垃圾装贮处理设施,并负责本地段的卫生管理及水面20m范围内污染物的打捞清运。卫生管理的具体办法和地段的划分由马湖风景名胜区管理机构具体制定并实施。

第九条 禁止向马湖及流域内的河流倾倒排放工业废渣、废油、建筑垃圾、生活垃圾和其他污染物;禁止在马湖水体及流入马湖的河流中清洗装储过油类或有毒有害污染物的车船和容器,严禁将含有汞、镉、砷、铅、铬、氰化物、黄磷等的有毒有害废液废渣向马湖及流入马湖的河流排放、倾倒或埋入保护区范围;禁止向马湖及流入马湖的河流排放未经处理的工业废水、生活污水,防止造成水体污染。

第十条 马湖保护管理范围内使用农药应当符合国家有关农药安全使用的规定和标准;禁止使用剧毒和高残留农药。

第十一条 在马湖控制区内进行的各类建设项目,必须经马湖风景名胜区管理机构审查报县人民政府批准,并严格执行"三同时"制度(即:污染治理设施与主体工程同时设计、同时施工、同时投入使用)。

第十二条 禁止除电动船以外的各类机动船行驶。

第三章 马湖的规划建设管理

第十三条 马湖严格控制区、控制区、管理区内的各项建设,必须符合《马湖风景名胜区总体规划》和《马湖风景名胜区建设性详规》(以下简称《规划》)。

第十四条 在马湖严格控制区内,除按《规划》建设旅游设施项目以外,禁止修建一切建设项目,原有建筑物逐步搬迁。

第十五条 马湖控制区内不得修建与《规划》不相符的任何永久性建(构)筑物;原有建(构)筑物未经批准不得擅自改建或扩建,现有住户在条件成熟时逐步外迁。

第十六条 在控制区内修建的各类临时建(构)筑物必须经马湖风景名胜区管理机构审查,并依法办理相关手续,期满后应自行拆除。

第十七条 在马湖风景名胜区内进行的各项建设项目必须由马湖

风景名胜区管理机构审查,并依法办理相关手续。

第十八条 经马湖风景名胜区管理机构批准的各项建设,其布局、高度、造型、规格、色调应与周围景观和环境相协调。

第四章 马湖的国土矿产资源管理

第十九条 禁止一切缩小马湖水面的围湖行为。非法侵占马湖滩涂、水面、围海造田等修建的建(构)筑物,必须无条件拆除,并清除水下沉积物,退还非法占用的土地。

第二十条 马湖风景名胜区内新建的工程和其他项目设施用地的,必须经马湖风景名胜区管理机构审批,并依法办理相关手续。

第二十一条 未经批准,禁止在马湖集雨区陆域范围内从事开山采石、采矿、烧石灰、采沙、爆破、取土等破坏地形地貌、自然景观的一切活动。

第二十二条 县国土矿产资源行政主管部门对马湖风景名胜区内的国土、矿产资源进行统一管理。

第二十三条 马湖沿岸拥有土地使用权的单位和个人,必须采取有效措施,保护土地资源,防止水土流失。

第五章 马湖的旅游管理

第二十四条 在马湖风景名胜区内的旅游服务业,应统一管理、合理布局、总量控制,并由马湖风景名胜区管理机构实行旅游定点经营许可证制度和工商登记制度。

县旅游行政主管部门应加强马湖规划区域旅游服务业布局、旅游从业人员职业、旅游秩序的管理,并制定出旅游管理办法。

第二十五条 在马湖控制区内的旅游服务业,必须按要求设置垃圾、废水、废弃物装贮设施,定时清运,禁止将垃圾、废水、废弃物倾倒入马湖或入湖的河流内。

第二十六条 游客在马湖风景名胜区内要自觉遵守风景名胜区有关管理规定,不得随意乱扔垃圾、果皮、纸屑等废弃物,不得损坏名胜古迹和旅游景点。

第二十七条 在马湖风景名胜区从事旅游服务业的单位和个人要

做到文明服务，讲究职业道德，不得对游客进行敲诈勒索。

第二十八条 本办法所称的旅游服务业是指在马湖风景名胜区内为旅游者提供交通、住宿、餐饮、游览、购物、文化娱乐等服务的单位和个人。

第六章 马湖的渔业资源管理

第二十九条 禁止一切单位、个人在马湖水域从事养殖业，保护马湖原始生物链。

第三十条 未经批准，禁止向马湖引进投放水产品种，对确需捕捞的鱼类，必须经马湖风景名胜区管理机构审查后报经水利行政主管部门批准同意，方可从事捕捞作业。

第三十一条 严禁在马湖水域及河流内、出入水口，进行电、毒、炸等违法渔业活动。

第七章 马湖的船舶管理

第三十二条 马湖的船只管理实行总量控制，有序发展，合理配置的原则。新增加的船只由马湖风景名胜区管理机构审核后依法办理相关手续。旅游、交通和生产用船，一律使用非燃油系统船舶，如确需使用燃油系统的必须经县人民政府批准。

第三十三条 在马湖内使用的营运船只，必须持证经营，并服从检查，遵守安全法规，严禁生产自用船营运载客。

第三十四条 马湖内人力营运船只，静水载重量必须达到 2 吨以上的标准；所有营运船舶应具有救生设备和消防设备；必须设置垃圾、废弃物装储设备，维护马湖水质清洁。

第三十五条 马湖船舶所有人和经营人，必须对其所有或经营的船只安全负责，并遵守中华人民共和国水上安全的有关法律法规。

第八章 马湖的野生动植物管理

第三十六条 马湖风景名胜区范围内各类野生动植物等森林资源，严禁乱砍滥伐和乱捕乱猎，乱挖滥采。

第三十七条　任何单位和个人都有保护野生动植物资源的义务，对侵占或者破坏野生动植物资源等森林资源的行为，有权制止、检举和控告。

第三十八条　禁止污染野生动物生息环境；禁止破坏野生动物巢、穴、洞；禁止在重点保护野生动物主要生息繁衍场所使用有毒有害药物。

第三十九条　马湖风景名胜区内造林绿化等由县林业行政主管部门负责统一规划并实施。

第九章　奖励与处罚

第四十条　有下列情形之一的，由县人民政府给予表彰和奖励：

（一）在保护马湖水质、防治水体污染中成绩显著的；

（二）对污染马湖水质行为检举有功的；

（三）在规划建设、国土资源管理中起表率作用的；

（四）保护国家和省规定保护野生动植物有功的；

（五）在其他保护和改善马湖生态环境工作中成绩显著的。

第四十一条　对违反本办法情节轻微的，由各行政管理部门责令限期改正并按相关法律、法规给予行政处罚；违反治安管理秩序的，由公安机关给予治安处罚；构成犯罪的，移送司法机关追究刑事责任。

第四十二条　对违反马湖环境保护管理规定的，根据《中华人民共和国水污染防治法实施细则》的规定进行处罚：

（一）违反第七条，除按规定征收两倍以上的排污费外，根据造成的危害和损失处以10000元以下罚款；

（二）违反第八条，处以5000元以下罚款；

（三）违反第九条，对贮存、堆放污染物或者废弃物的处以2000元以上50000元以下罚款；对弃置、倾倒排放污染物的处以50000元以上100000元以下罚款；

（四）违反第十条造成农药中毒、环境污染、药害等事故或者其他经济损失的，应依法赔偿，并处以赔偿金额2倍以上罚款；

（五）违反第十一条，处以5000元以上20000元以下罚款；

第四十三条　违反马湖规划建设管理的，根据《四川省风景名胜

区管理条例》进行处罚:

(一)违反第十三条、第十四条的,责令停止建设,强行拆除,或者没收违法建筑物或其他设施;

(二)违反第十五条的责令限期拆除;

(三)违反第十六条的强制拆除;

(四)违反第十七条的责令拆除,恢复原貌,并处3000元以下罚款。

第四十四条 对违反马湖国土资源管理的,根据《四川省土地管理实施办法》、《凉山州矿产资源管理条例》进行处罚:

(一)违反第十九条、第二十条,根据《四川省土地管理法实施办法》处以每平方米30元以下的罚款并限期拆除;

(二)违反第二十一条的没收非法所得,责令限期恢复原状,并处以5000元以上100000元以下的罚款。

第四十五条 侵占水面的,按《中华人民共和国水法》的规定进行处罚。

第四十六条 违反马湖旅游管理规定的,根据《四川省旅游管理条例》和工商管理法规及其他有关规定进行处罚:

(一)违反第二十四条第一款无证从业的个体工商户,予以取缔,没收非法所得,并处500元以下罚款;对无证从业的经营单位,责令停止经营活动,没收非法所得并处10000元以下罚款;

(二)从事旅游服务的单位和个人以及游客,违反第二十五条的,处以50元以下罚款;

(三)违反第二十六条、第二十七条的除批评教育外,处以10元以上500元以下罚款。

第四十七条 违反马湖渔业资源管理规定的,根据《四川省〈中华人民共和国渔业法〉实施办法》及《凉山州渔业管理条例》的规定处罚:

(一)违反第二十九条从事种、养殖业的,予以取缔;

(二)违反第三十条的,没收生产物品和违法所得,并处100元至1000元罚款;

(三)违反第三十一条的,处以50元至5000元的罚款;情节严重构成犯罪的,移送司法机关依法追究刑事责任。

第四十八条 违反马湖船舶管理的,根据《中华人民共和国水上安全监督行政处罚规定》及《四川省乡镇船舶和渡口安全管理办法》和相关的法律、法规进行处理：

（一）违反第三十二条、第三十三条规定的，一经查获，船只一律没收，并对船主处 5000～10000 元罚款；

（二）违反第三十四条，造成一般性污染后果的，处 10000～30000 元罚款，造成水域严重污染或人体重大伤害的处 30000～100000 元罚款；

（三）违反第三十五条的，对单位处以 10000～30000 元罚款，对违法人员处以 500～1000 元罚款，情节严重的，并扣留其船主证书 3 至 6 个月。

第四十九条　违反马湖风景名胜区野生动植物管理规定的，根据《中华人民共和国森林法》、《中华人民共和国野生动物保护法》、《中华人民共和国野生植物保护条例》等有关法律、法规进行处罚。

第五十条　以上各条款的处罚，由各职能部门出具财政专用罚没收据，罚款收入全额上缴财政。

第五十一条　对当事人的处罚，应遵守《中华人民共和国行政处罚法》的规定。

第五十二条　当事人对行政处罚决定不服的，可按相关法律、法规规定申请行政复议或提起行政诉讼。

第五十三条　行政执法机关和行政管理部门的工作人员在工作中玩忽职守、滥用职权、徇私舞弊、索贿受贿的，由其所在单位行政监察机关追究行政责任；构成犯罪的移送司法机关依法追究刑事责任。

第五十四条　对拒绝、阻碍、侮辱、殴打依法执行公务的执法人员的，由公安机关依照《中华人民共和国治安管理处罚条例》的规定处罚；构成犯罪的，移送司法机关依法追究刑事责任。

第十章　附　　则

第五十五条　本办法适用于落水湖等其他湖泊。落水湖保护管理范围是：东南面从五里牌起至雷大公路接口，南面从双河林场家属院至雷大公路接口，西面从双河林场家属院至海湾小学、县农场至青沟大堰，北面从青沟大堰至海湾电站。雷波县总体规划（修编）未出台前按本办法执行，总体规划（修编）出台后，按总体规划执行。

第五十六条 本办法由县人民政府建设行政主管部门负责解释。

第五十七条 本办法自发布之日起试行。本办法实施前县人民政府关于对马湖管理的有关规定自行作废。

二十一、贵州省

1. 贵州省风景名胜区条例

（2007年9月24日贵州省第十届人民代表大会常务委员会第二十九次会议通过 2007年9月24日贵州省人民代表大会常务委员会第6号公告公布 自2007年12月1日起施行）

第一章 总 则

第一条 为了加强对风景名胜区的管理，有效保护和合理利用风景名胜资源，促进经济社会的可持续发展，根据《风景名胜区条例》和有关法律、法规的规定，结合我省实际，制定本条例。

第二条 本省行政区域内风景名胜区的设立、规划、保护、建设、利用和管理，适用本条例。

本条例所称风景名胜区，是指具有观赏、文化或者科学价值，自然景观、人文景观比较集中，环境优美，可供游览或者进行科学、文化活动的区域。

第三条 风景名胜区划分为国家级风景名胜区和省级风景名胜区。

自然景观和人文景观能够反映重要自然变化过程和重大历史文化发展过程，基本处于自然状态或者保持历史原貌，具有国家代表性的，可以申请设立国家级风景名胜区；具有区域代表性的，可以申请设立省级风景名胜区。

第四条 设立国家级风景名胜区，由省人民政府提出申请，按照规定报请国务院批准公布。

设立省级风景名胜区，由县级人民政府提出申请，市、州人民政府或者地区行政公署审核，省人民政府建设行政主管部门会同其他有关部门组织论证，提出审查意见，报省人民政府批准公布。

第五条 因设立风景名胜区对风景名胜区内的土地、森林等自然资源和房屋等财产的所有权人、使用权人造成损失的，应当依法给予补偿。具体办法由省人民政府制定。

第六条 县级以上人民政府应当将风景名胜区事业纳入国民经济和社会发展规划，正确处理经济发展与保护风景名胜资源及自然环境永续利用之间的关系，实现环境效益、社会效益与经济效益的统一与和谐发展。

第七条 省人民政府建设行政主管部门负责全省风景名胜区的监督管理工作。

县级以上人民政府建设行政主管部门负责本行政区域内风景名胜区的监督管理工作。

县级以上人民政府其他有关部门按照各自的职责分工，负责风景名胜区的有关监督管理工作。

第八条 县级以上人民政府应当在风景名胜区设立风景名胜区管理机构，负责风景名胜区的保护、利用和统一管理工作。

第二章 规　　划

第九条 风景名胜区经批准公布后，应当按照国家有关规定编制风景名胜区规划。风景名胜区规划分为总体规划和详细规划。

第十条 国家级风景名胜区规划由省人民政府建设行政主管部门组织编制，省级风景名胜区规划由县级人民政府组织编制，跨行政区域的省级风景名胜区规划由所在地县级人民政府共同组织编制或者共同的上一级人民政府组织编制。

风景名胜区规划编制应当按照国家有关规定选择具有相应资质等级的规划设计单位承担。

国家级风景名胜区总体规划，应当采用招标等公平竞争的方式选择持甲级规划设计证书的单位编制；国家级风景名胜区详细规划和省级风景名胜区规划，应当采用招标等公平竞争的方式选择持乙级以上规划设计证书的单位编制。

第十一条 编制风景名胜区规划应当遵循以下原则：

（一）贯彻执行有关保护和利用风景名胜资源的法律法规，坚持保护优先、开发服从保护，正确处理保护与利用、远期与近期、整体与局部的关系；

（二）保持自然景观和人文景观的风貌，维护景区生态平衡，各项建设设施应当与景区环境相协调；

（三）风景名胜区的发展规模、利用程度和各项建设标准、定额指标，应当同地方经济发展水平基本适应，并符合长远发展的需要；

（四）科学评价风景名胜资源的特点和价值，突出风景名胜区的特色。

第十二条　风景名胜区规划应当与相关规划相协调。

风景名胜区内的村镇规划，应当服从风景名胜区规划。

第十三条　国家级风景名胜区规划的审批程序按照国家有关规定执行。

省级风景名胜区总体规划经市、州人民政府或者地区行政公署审核后，由省人民政府审批，报国务院建设行政主管部门备案；省级风景名胜区详细规划由省人民政府建设行政主管部门审批。

第十四条　依法批准的风景名胜区规划应当严格执行，任何单位和个人不得擅自修改。确需调整或者修改的，应当按照国家规定执行。

风景名胜区规划未经批准的，不得在风景名胜区内进行各类建设活动和实施特许经营。

第三章　保　　护

第十五条　风景名胜区管理机构应当建立健全保护风景名胜资源的各项管理制度，落实保护责任和措施。

任何单位和个人，应当保护风景名胜资源、自然环境和各项设施，自觉维护区内环境卫生和公共秩序，遵守风景名胜区的管理规定，有权检举侵占风景名胜区土地、破坏风景名胜资源、污染环境等违法行为。

第十六条　风景名胜区管理机构应当对风景名胜区内的古建筑、民族特色建筑、古园林、历史遗址、古树名木等风景名胜资源进行调查、鉴定和登记，建立档案，设立标识，设置保护说明。

风景名胜区管理机构应当根据风景名胜区的特点，保护民族民间传统文化。

风景名胜区管理机构应当依法保护风景名胜区内的文物。

第十七条 风景名胜区核心景区内禁止进行与风景名胜资源保护无关的建设。

禁止出让或者变相出让风景名胜资源及核心景区土地。

第十八条 风景名胜区的自然水系，应当按照风景名胜区规划以及相关规划予以保护。

任何单位和个人不得围填堵塞水面，不得超过水环境容量使用水体。不得擅自改变现状或者向水体排放废水、倾倒垃圾和其他污染物。

风景名胜区内生产生活项目排放废物，应当达到国家规定的排放标准，并按照指定的地点排放。

第十九条 风景名胜区管理机构应当做好风景名胜区生态环境保护工作，保护动植物生存环境。

第二十条 经批准在风景名胜区进行建设活动的，建设单位、施工单位必须采取有效措施保护周围景物、林草、植被、水体和地形地貌，不得造成污染和破坏。

第二十一条 风景名胜区内禁止进行下列活动：

（一）非法占用风景名胜资源或者风景名胜区土地，擅自改变风景名胜资源性质或者风景名胜区土地使用性质；

（二）开山、采石、开矿、开荒、修坟立碑等破坏景观、植被和地形地貌的活动；

（三）修建破坏景观、污染环境、妨碍游览和危害风景名胜区安全的建筑物、构筑物、设施；

（四）擅自建造、设立宗教活动场所或者塑造佛像、神像等；

（五）砍伐、毁坏风景林木，采挖花草苗木，在游览区及保护区内砍柴、放牧；

（六）损坏景物、公共设施，在景物或者设施上刻划、涂污；

（七）在禁火区内吸烟、燃放烟花爆竹、用火；

（八）乱扔垃圾；

（九）其他破坏风景名胜资源、景观的行为。

第二十二条 风景名胜区已有的污染环境、破坏景物景观、影响风景名胜资源保护、妨碍游览活动的建筑物、构筑物、设施，应当按照风景名胜区规划逐步拆除或者迁出。

第二十三条　未经检疫部门依法检验的动植物,不得引入风景名胜区。

风景名胜区管理机构应当对风景名胜区有害外来物种进行预防、治理。

第四章　建　设

第二十四条　风景名胜区内的各项建设应当符合风景名胜区规划。风景名胜区内建设项目的选址、布局和建筑物的造型、风格、色调、高度、体量等应当与周围景物和环境相协调,避免风景名胜区人工化和城市化。

第二十五条　单位或者个人在景区以外的风景名胜区内使用土地,应当依法办理相关审批手续。审批机关应当征得风景名胜区管理机构同意后方可批准。其中属于经营性的国有土地应当按照国家有关规定实行招标、拍卖和挂牌出让。

第二十六条　风景名胜区内建设项目实行建设项目选址意见书、建设用地规划许可证、建设工程规划许可证和环境影响评价制度。

第二十七条　修建索道、缆车等涉及公共安全和资源保护与利用的重大建设工程,其项目选址,在国家级风景名胜区的,应当经风景名胜区管理机构审核后,由省人民政府建设行政主管部门审查,按照国家有关规定核发选址意见书;在省级风景名胜区的,应当经风景名胜区管理机构审核后,报省人民政府建设行政主管部门核发选址意见书。

第二十八条　建设单位或者个人应当持经批准的建设项目选址意见书、设计方案和建设项目的有关批准文件,向风景名胜区管理机构申请定点,核定用地位置和界限后,依法办理有关审批手续。

风景名胜区管理机构应当在10日内完成定点工作。

第二十九条　建设单位或者个人在完善基本建设程序后,申请办理开工手续,经风景名胜区管理机构现场验线施工。

第三十条　风景名胜区内的临时建设活动,应当严格控制,未经批准不得进行临时建设。

确需进行临时建设的,应当经风景名胜区管理机构审核后,依法办理审批手续。

风景名胜区内的临时性建筑物使用期限届满,该建筑物所有权人应当自届满之日起30日内拆除。

禁止在批准的临时用地上建设永久性建筑物、构筑物和其他设施。

第五章 管 理

第三十一条 风景名胜区管理机构依法行使下列管理职能:

(一) 执行相关法律、法规,制定相应管理制度,协助编制风景名胜区规划;

(二) 依据风景名胜区规划审查建设项目,监督建设活动;

(三) 建设、维护、管理风景名胜区基础设施,实施项目特许经营管理;

(四) 保护风景名胜资源、生态环境及生物多样性,根据风景名胜区规划,维护风景名胜区的自然景观和人文景观,开发利用风景名胜资源;

(五) 监督管理风景名胜区的游览活动、经营活动、环境卫生和饮食服务卫生;

(六) 设立风景名胜区管理机构的人民政府依法授予的其他职能。

风景名胜区内宗教活动场所的管理,依照国家有关宗教活动场所管理的规定执行。

第三十二条 进入风景名胜区的门票由风景名胜区管理机构负责出售。

门票收入实行收支两条线管理,专项用于风景名胜资源的保护和管理以及风景名胜区内财产的所有权人、使用权人损失的补偿。

第三十三条 风景名胜区管理机构应当建立健全安全预警、防火、救援制度和安全管理制度,完善安全管理设施,严防火灾和其他游览事故发生。

在险要部位、危险地段、繁忙道口应当设置安全保护设施和警示标志,并定期进行检查维修;及时排除危岩险石及其他安全隐患。

第三十四条 在风景名胜区内从事非特许经营项目经营活动的单位和个人,应当经风景名胜区管理机构审核,按照有关规定办理相关手续后,在风景名胜区管理机构指定地点亮照营业。

禁止在风景名胜区内擅自设置、张贴广告，占道或者乱设摊点。

第三十五条　风景名胜区管理机构应当按照风景名胜区规划确定的游览接待容量，有计划地安排游览活动。

进入风景名胜区的车辆、船只等交通工具，应当按照规定的线路行驶，在规定的地点停泊。

第三十六条　摄影服务摊点不得在景物周围圈占拍摄位置，不得向自行拍摄的游客收取费用。

第三十七条　鼓励风景名胜区建立讲解员制度。

第三十八条　风景名胜区管理机构的执法人员应当经培训、考核合格后持证上岗，严格执法。

第六章　特许经营

第三十九条　本条例所称风景名胜区内项目特许经营，是指公民、法人或者其他组织按照法定程序、标准和条件，在一定期限和范围内，有偿取得从事风景名胜区内整体或者单个项目投资、经营权利的活动。

第四十条　整体项目特许经营期限最长为20年，单个项目特许经营期限最长为15年。

第四十一条　特许经营者在特许经营期内更新、改造和新建的人文景观以及其他设施，在特许经营期满或者终止后，无偿归国家所有。

第四十二条　风景名胜区管理机构应当根据风景名胜区规划，制定项目特许经营方案。

风景名胜区内项目特许经营方案，应当报省人民政府建设行政主管部门核准后，方可组织实施。省人民政府建设行政主管部门应当在6个月内组织相关部门及专家进行可行性论证并完成核准工作。

第四十三条　风景名胜区内项目特许经营权投标人应当具备以下条件：

（一）法定的投标人主体资格；

（二）符合经批准的特许经营方案的投资、经营方案；

（三）技术、经营负责人有相应从业经历和业绩，其他关键岗位人员有相应的从业能力；

（四）相应的资金、设备和设施等；
（五）良好的诚信记录。

第四十四条 特许经营权的授予程序：
（一）风景名胜区管理机构根据经批准的特许经营方案公布特许经营项目、招标条件，进行公开招标；
（二）风景名胜区管理机构组织专家根据招标条件，对投标人的投资、经营方案进行审查和评议，选择特许经营权授予对象；
（三）风景名胜区管理机构将中标人及其投资、经营方案在相关媒体上进行公示，接受社会监督；
（四）公示期满后，由风景名胜区管理机构与中标人签订特许经营协议，确定各自的权利义务。

第四十五条 风景名胜区的特许经营协议，应当报省人民政府建设行政主管部门备案。

第四十六条 特许经营者在经营期内不得有下列行为：
（一）擅自处分特许经营权、风景名胜资源或者变更特许经营内容；
（二）擅自停业、歇业影响公共利益和公共安全；
（三）经营活动违反法律、法规规定，或者经营设施、项目危及公共安全、违反风景名胜区规划。

第四十七条 特许经营权期满或者被依法撤销后，原特许经营者应当在风景名胜区管理机构规定的时间内，将维持特许经营业务正常运行所必需的资产、档案移交风景名胜区管理机构。

在风景名胜区管理机构完成接管前，原特许经营者应当按照风景名胜区管理机构的要求，履行职责，维持正常经营。

风景名胜区管理机构应当及时接管，并在接管后履行维持特许经营业务正常运行的义务。

第四十八条 风景名胜区管理机构应当在特许经营权期限届满时，按照本条例第四十四条的规定重新选择特许经营者。重新选择特许经营者时，原经营者在同等条件下享有优先权。

第四十九条 特许经营期间，因不可抗力无法正常经营时，可以提前终止特许经营权。

第五十条 特许经营者应当缴纳风景名胜资源有偿使用费。具体办法由省人民政府制定。

第五十一条　本条例施行前在风景名胜区内已经取得的项目经营权，依照有关法律、法规和国家规定处理。

第七章　法律责任

第五十二条　违反本条例第二十一条规定，在风景名胜区内采挖花草苗木或者在景区内砍柴、放牧的，由风景名胜区管理机构给予警告，责令停止违法行为；情节严重的，并处50元以上500元以下罚款。

违反本条例第二十一条规定，在禁火区内吸烟、燃放烟花爆竹、用火的，由风景名胜区管理机构给予警告，责令停止违法行为；情节严重或者造成严重后果的，并处1000元以上1万元以下罚款；造成损失的，依法承担赔偿责任。

违反本条例第二十一条规定，擅自建造、设立宗教活动场所或者塑造佛像、神像等以及毁坏风景林木或者进行抚育、更新以外的采伐的，由风景名胜区管理机构责令停止违法行为，有违法所得的，没收违法所得，并处1万元以上5万元以下罚款；情节严重的，并处5万元以上10万元以下罚款；造成损失的，依法承担赔偿责任。

上列违法行为，有关部门依照法律、法规的规定已经处罚的，风景名胜区管理机构不再处罚。

第五十三条　违反本条例第三十条规定，未经风景名胜区管理机构审核并依法报批，在风景名胜区内进行临时建设的或者在风景名胜区内临时使用的土地上建设永久性建筑物的，由风景名胜区管理机构责令停止建设；已经建设的，责令限期拆除，逾期未拆除的，依法强制拆除，拆除费用和由此引起的财产损失由违法行为人承担。

第五十四条　车辆、船只进入风景名胜区不按照规定的线路、地点行驶、停放的，个人不遵守景区游览秩序或者安全制度的，由风景名胜区管理机构予以警告，不听劝阻的，处100元以上500元以下罚款。

第五十五条　未经批准或者不按照指定的地点从事经营活动的以及在景物周围圈占拍摄位置或者向自行拍摄的游客收取费用的，由风景名胜区管理机构责令改正、没收违法所得，可以处100元以上500元以下罚款。

第五十六条 特许经营者违反本条例第四十六条规定的,由风景名胜区管理机构责令限期改正,有违法所得的,没收违法所得,并处5万元以上20万元以下罚款;情节严重的,撤销特许经营权。

第五十七条 特许经营者违反本条例,有下列行为之一的,由风景名胜区管理机构或者其他有关部门责令限期改正,并处5万元以上20万元以下罚款;情节严重的,撤销特许经营权:

(一)自取得特许经营权之日起2年内没有实施投资、经营方案的;

(二)不按规定缴纳风景名胜资源有偿使用费的。

第五十八条 风景名胜区管理机构有下列情形之一的,由其上级行政机关责令限期改正;尚不构成犯罪的,对直接负责的主管人员和其他直接责任人员依法给予处分:

(一)风景名胜区总体规划和详细规划未经批准前,实施特许经营的;

(二)对不符合法定条件的申请人授予特许经营权的;

(三)对符合招投标条件的项目,未经招标或者不根据招标结果选择特许经营者的。

第五十九条 违反本条例规定,行政机关工作人员、风景名胜区管理机构工作人员滥用职权、玩忽职守、徇私舞弊,尚不构成犯罪的,依法给予行政处分。

第八章 附 则

第六十条 本条例所称景区,是指在风景名胜区规划中,根据景源类型、景观特征或者游赏需求而划分的一定用地范围,包含有较多的景物和景点或者若干景群,形成相对独立的分区特征。

本条例所称核心景区,是指风景名胜区范围内自然景物、人文景物最集中的、最具观赏价值、最需要严格保护的区域,包括规划中确定的生态保护区、自然景观保护区和史迹保护区。

本条例所称风景名胜资源,是指具有观赏、文化或者科学价值,可以作为风景游览对象和风景开发利用的自然景观、人文景观以及风土人情等。

第六十一条 本条例自2007年12月1日起施行。

2. 黄果树风景名胜区管理办法

(1991年7月22日贵州省人民政府批准 1991年7月22日贵州省人民政府黔府通〔1991〕83号文发布)

第一条 为加强黄果树风景名胜区(以下简称风景区)的保护、建设、开发和管理,根据国务院《风景名胜区管理暂行条例》及有关规定,制定本办法。

第二条 黄果树是国家级重点风景名胜区。经国务院批准的《黄果树风景名胜区总体规划》(以下简称《总体规划》)是保护、建设、开发和管理风景区的法定依据。

第三条 本办法适用于风景区所辖范围,即《总体规划》所明确的区域。

第四条 风景区管理委员会(以下简称管委会)是经省人民政府批准建立的具有协调和管理职能的领导机构,主要职责是:协调有关保护、规划、建设和管理风景区的重大事项及所涉县的利益。

第五条 风景区管理处(以下简称管理处)是省人民政府设立在风景区行使保护、规划、建设、旅游、开发、治安保卫等行政职权的管理机构,由省城乡建设环境保护厅(以下简称省建设厅)主管,安顺地区行署代管,受管委会的领导。其主要职责是:

(一)贯彻执行国家和省制定的有关法律、法规、规章和方针政策;

(二)组织实施《总体规划》,合理开发利用风景名胜资源;

(三)制定保护风景名胜资源的具体措施,经管委会审议,报省建设厅批准后,组织实施;

(四)建设、管理和维护风景区的基础设施及其他公共设施,改善游览服务条件;

(五)审查、监督风景区内的建设项目;

(六)负责风景区内的环境卫生及废弃物的处理,保持环境整洁优美;

（七）做好保护风景区的宣传教育工作；

（八）制定管理处的工作计划、财务计划，经管委会审议，报安顺地区行署、省建设厅批准后执行；

（九）做好风景区的其他有关工作。

第六条 风景区内的单位和个人应服从管理处的统一规划和管理。设在风景区内的公安、林业、工商行政管理、税务、银行、邮电、土地管理、旅游等职能机构除业务受其主管部门领导外，应接受管理处的统一协调和管理，共同做好保护、规划、建设和管理风景区的工作。以上机构领导的任免须征求管理处的意见。

第七条 凡属风景区的土地，任何单位和个人不得侵占。在风景区内进行建设、开发和经营活动，应符合《总体规划》。土地利用和各项建设应按照《中华人民共和国城市规划法》和《贵州省〈中华人民共和国城市规划法〉实施办法》规定的程序办理。

在风景区内从事开发和经营活动的单位和个人，应向管理处交纳管理费。

第八条 在风景区外围保护地带内的各项建设，应与景观协调，不得破坏景观、污染环境。

第九条 禁止在风景区的重要景区内建设工矿企业，不准新建宾馆、招待所、休、疗养机构及其他有碍景观的工程设施。凡污染环境、有碍游览、观瞻的建筑、构筑物，应限期拆除或外迁。

第十条 未经管理处批准，禁止在风景区内进行下列活动：

（一）开荒农作；

（二）放牧牲畜；

（三）砍伐竹木；

（四）捕猎野生动物；

（五）采挖苗木、花、草、药材和珍贵物种；

（六）开山、采石、挖沙、取土；

（七）建造坟墓；

（八）在景物上刻写；

（九）其他有损景观行为。

第十一条 风景区内的奇峰异石、古树名木、重要地质构造、历史名胜遗迹，必须建立档案，悬挂标牌，严格保护。

第十二条 管理处应做好风景区内的绿化工作，配合林业部门发动群众进行荒山义务植树。

第十三条 管理处应加强经营管理,妥善安排游览线路,做好导游、食宿、交通等各项服务工作,努力提高服务质量。

风景区内的服务网点设置及其经营门面的样式、牌匾的字样、规格等,由管理处统一规划和规定。经营单位和个人应按规定的范围从事营业活动。管理处应与工商等部门配合,严格进行监督和管理。

第十四条 管理处应加强风景区内的治安管理,保护游客安全和景物完好,维护良好的公共秩序。

凡进入风景区的游客和人员,均应爱护风景名胜资源和各项公共设施,维护环境卫生和公共秩序,自觉遵守风景区的规定。

第十五条 对认真执行本办法,保护和开发风景名胜资源作出重要贡献的单位和个人,由管理处给予表彰和奖励。

第十六条 违反本办法,有下列行为者,由管理处和有关部门给予处罚:

(一)违反规划,侵占风景区土地,进行违章建设的,责令停止建设,拆除违章建筑,退出所占土地,根据情节,可并处罚款;

(二)污染或破坏自然环境的,责令排出危害、恢复原自然环境,赔偿经济损失,根据情节,可并处罚款;

(三)损坏林木植被、猎捕野生动物的,责令停止破坏活动,赔偿经济损失,没收非法所得,根据情节,可并处罚款;

(四)破坏、损毁风景区设施的,责令修复,支付修理费用,赔偿经济损失,根据情节,可并处罚款;

(五)其他违反本办法规定的,可根据情节,责令停止危害、赔偿经济损失,或处以罚款;

(六)管理处所属的工作人员违反本办法的,从严处理;

前款行为,情节严重,触犯刑律,构成犯罪的,提请司机关依法追究刑事责任。

第十七条 违反本办法处以罚款没收的,罚没收入一律上缴财政。

第十八条 本办法由省建设厅负责解释。

第十九条 本办法自发布之日起施行。

3. 黔东南苗族侗族自治州㵲阳河风景名胜区管理条例

(2003年3月29日黔东南苗族侗族自治州第十一届人民代表大会第四次会议通过　2003年7月26日第十届人民代表大会常务委员会第三次会议批准)

第一条　为加强对㵲阳河风景名胜区（以下简称风景区）的管理，有效地保护和开发风景区资源，促进本州经济和社会的可持续发展，根据《中华人民共和国民族区域自治法》及有关法律法规的规定，结合实际，制定本条例。

第二条　在风景区进行保护、规划、建设、管理和旅游等活动的单位和个人，应当遵守本条例。

第三条　本条例所称㵲阳河风景名胜区是指以㵲阳河为纽带，融自然风光、历史古迹、民族风情于一体的国家级重点风景名胜区，由镇远历史文化名城、铁溪、上㵲阳河、下㵲阳河、云台山、黑冲、杉木河、旧州历史文化名镇、飞云崖等景区组成，总面积 625 km^2。

根据《㵲阳河风景名胜区总体规划》，风景区划定为一级、二级、三级、四级保护区和外围保护区。

第四条　自治州人民政府和风景区所在地的县人民政府应当将风景区的保护、开发和建设纳入国民经济和社会发展计划。

第五条　风景区的开发和建设应当坚持严格保护、科学规划、统一管理、合理开发、永续利用、有偿使用的原则，使经济效益、社会效益和生态效益协调发展。

第六条　鼓励和支持国内外经济组织和个人投资开发风景区资源，谁投资谁受益，经营性固定资产谁投资谁所有，并享受自治州人民政府的优惠政策。

第七条　自治州人民政府建设行政主管部门负责风景区的管理工作。

风景区所在地的县人民政府建设行政主管部门负责本行政区域内风景区的管理工作,并接受上级业务部门的指导和监督。

自治州人民政府和风景区所在地的县人民政府相关行政主管部门协助做好管理工作。

风景区内的乡、镇人民政府,村、居民委员会协助做好管理工作。

第八条 自治州人民政府风景区管理机构对风景区统一管理,行使下列职权:

(一) 贯彻执行有关法律、法规和本条例;

(二) 负责组织风景区总体规划和风景区、景点详细规划的编制和报批,并组织实施;

(三) 会同有关部门对风景区的建设项目进行环境影响评价和方案审查;

(四) 组织对风景区资源的调查,建立和完善资源档案;

(五) 制定风景区保护措施和管理制度;

(六) 做好对风景区的宣传,开发旅游市场;

(七) 指导、协调和监督县风景区管理机构的管理工作;

(八) 开展风景区资源的科学研究;

(九) 自治州人民政府授予的其他职权。

县人民政府风景区管理机构行使下列职权:

(一) 贯彻执行有关法律、法规和本条例;

(二) 做好风景区资源的保护和管理;

(三) 协调风景区内部门和单位做好风景区的保护和管理;

(四) 维护风景区公共设施、社会秩序和旅游者的合法权益;

(五) 负责风景区、景点建设项目的申报和建设方案的制订,经批准后实施;

(六) 贯彻执行风景区保护措施和管理制度;

(七) 协助开展风景区资源的科学研究;

(八) 协助风景区管理机构做好风景区的宣传工作,开发旅游市场;

(九) 县人民政府授予的其他职权。

第九条 自治州人民政府,风景区所在地的县人民政府及风景区管理机构对在风景区内进行保护、建设、管理工作中做出显著成绩的单位和个人给予表彰和奖励。

第十条 风景区所在地的县人民政府应当按照《潍阳河风景名胜区总体规划》确定的区域，设置永久性界桩，标明界区，设置出入口标志。

第十一条 风景区管理机构协助有关行政主管部门对风景区内的奇峰异石、古树名木、珍稀植物、天然林区、重要地质构造、民族文化遗存和传统民居等，建立档案，设置保护标志，严格管理。

第十二条 在风景区内禁止下列行为：

（一）侵占土地、违章建筑；

（二）毁林毁草开荒、乱砍滥伐；

（三）盗伐、毁损古树名木；

（四）猎捕野生动物，炸鱼、电鱼、毒鱼；

（五）污损、毁坏文物，毁损人文景观；

（六）破坏地质地貌，在景物、树木上刻划、涂写；

（七）排放、倾倒污染环境的废气、废水、废渣和其他有毒有害物品；

（八）破坏、毁损风景区公共设施和安全设施，擅自移动、毁坏风景区标志和界桩；

（九）其他破坏景观和生态环境的行为。

第十三条 在风景区一级、二级保护区内，禁止下列行为：

（一）修建宾馆、饭店、娱乐场所。本条例公布施行前已建成的，应当依照有关法律法规的规定予以拆除；

（二）开山、采石、采矿、挖沙、取土、烧窑；

（三）燃烧篝火，进行野炊；

（四）擅自围填堵塞水源、河道、滩涂；

（五）经营性采挖掘药材，擅自采集动植物标本，攀折花草果实；

（六）修造坟墓；

（七）其他破坏景观和生态环境的行为。

第十四条 在风景区三级、四级保护区内从事下列活动，应当经风景区管理机构同意，报有关行政主管部门批准后方能进行：

（一）开山、采石、采矿、挖沙、取土、烧窑；

（二）采伐林木，采集标本，采挖野生药材；

（三）举行大型游乐、集会活动；

（四）设置、张贴商业广告；

（五）修建旅游服务设施；

（六）其他可能影响景观和生态环境的活动。

第十五条 风景区管理机构应当在风景区内设置安全设施和安全标志，在危险区域设置警示标志，定期检查和维修，保护完好。

禁止在没有安全保障的区域开展旅游活动；禁止兴建有害旅游者身心健康的项目。

第十六条 在风景区内进行项目建设，应当符合总体规划、详细规划的要求，经风景区管理机构同意，按规定报经批准并取得建设工程选址意见书、建设用地规划许可证、建设工程规划许可证等后方可实施。

第十七条 在风景区的工程建设应当采取有效措施，保护景物及周围的林木、植被、水体、地貌，不得造成污染和破坏，其防治污染设施必须与主体工程同时设计，同时施工，同时使用。施工结束后，应当及时清理场地，恢复环境原貌。

第十八条 风景区内建筑和设施的布局应当体现地方特色，其高度、体量、造型和色彩，要与景观和环境相协调。

风景区内自然村寨的规划、建设和改造应当与景观和自然环境相协调。

鼓励开发优秀民间工艺、民间文艺和风味食品；鼓励和支持风景区内居民生产、经营具有地方、民族特色的产品，从事民族风情服务活动。

第十九条 风景区内 25 度以上坡地实行退耕还林还草、封山育林、植树造林。

在风景区内推广沼气等实用技术，采取节柴措施。

在风景区内使用的农药应当符合国家《农药安全使用标准》的规定。

在风景区一级保护区内居民，应当逐步实行移民搬迁。

第二十条 风景区所在地的各级人民政府应当加强风景区护林防火工作，建立健全护林防火组织和制度，配备相应的防火设施和设备，规定特别防火期，设置禁火标志。

第二十一条 在风景区内已建成的有污染的建设项目应当限期治理，达不到环境质量标准的，由所在地的县人民政府责令其关、停、转、迁。

第二十二条 在风景区内从事经营活动的单位和个人，应当取得风景区管理机构的同意，在规定的服务区域和经营范围内依法经营，对经营活动中产生的污水、垃圾应当按有关规定处理。

在风景区内的经营者和旅游者，应当遵守公共秩序，尊重当地民族风俗习惯。

第二十三条 在风景区内进行科学考察、拍摄影视片，应当经有关部门审查批准后，按风景区的规定进行，不得破坏风景区的资源。

第二十四条 在风景区内进行道路、步道、停车场、码头等基础设施建设应当符合风景区的规划。

进入风景区景点的机动车辆、船舶等运输工具，应当服从风景区管理机构的管理。有关行政主管部门按照各自职能会同风景区管理机构做好管理工作。

第二十五条 风景区管理机构依法收取资源有偿使用费和基础设施有偿使用费，收取的费用专项用于景区资源保护和基础设施建设、维修。收费标准按照程序报批、核准。

第二十六条 违反本条例规定的，按以下规定给予处罚：

（一）违反第十二条第（一）项规定的，责令停止违法行为，拆除违章建筑，限期恢复原状，并处每平方米20元以上罚款；

（二）违反第十二条第（二）、（三）项，第十三条第（五）项，第十四条第（二）项规定的，责令停止违法行为，没收非法所得，限期恢复原状，并可处100元以上10000元以下罚款。不能恢复的，依法赔偿，并可处200元以上30000元以下罚款；

（三）违反第十二条第（四）项规定的，责令停止违法行为，没收非法所得和工具，并处50元以上1000元以下罚款；

（四）违反第十二条第（五）、（六）项，第十三条第（二）、（三）、（四）、（六）项，第十四第（一）、（三）、（四）项规定的，责令停止违法行为，限期恢复原状，并可处20元以上1000元以下罚款。不能恢复的，依法赔偿，并可处20元以上2000元以下罚款；

（五）违反第十二条第（七）项规定的，责令停止违法行为，限期恢复原状，并处300元以上5000元以下罚款。不能恢复原状的，处500元以上30000元以下罚款；

（六）违反第十二条第（八）项规定的，处50元以上500元以下罚款；

（七）违反第十三条第（一）项，第十四条第（五）项规定的，责令停止违法行为，限期拆除违法建筑，恢复原状，按占地面积，并可处每平方米 30 元以下罚款。不能恢复原状的，并可处每平方米 100 元以上 200 元以下罚款，罚款超过 5 万元，应当报经上级建设行政主管部门批准；

（八）违反第十五条规定的，责令停止违法行为，限期改正，由有关部门对责任人给予行政处分；

（九）违反第十六条的规定，在风景区内进行建设的，其批准文件无效，对直接负责的主管人员和其他直接责任人员，由其主管部门给予行政处分；

（十）违反第十七条的规定，导致景体污损或者毁坏的，处 300 元以上 2000 元以下罚款；

（十一）违反第二十二条第一款规定的，由风景区管理机构会同有关部门根据有关规定进行处理；

（十二）违反第二十三条的规定，未经有关部门审查批准的，责令停止；破坏风景区资源的，按本条例有关规定处理。

第二十七条 本条例第二十六条规定的行政处罚，由州人民政府和风景区所在地的县人民政府有关行政主管部门依法委托风景区管理机构按照委托权限实施，或者由有关行政主管部门按照法定权限实施。

第二十八条 本条例规定处罚以外的其他违法行为，由有关部门依法处理。

第二十九条 风景区管理机构工作人员滥用职权、玩忽职守，造成资源破坏、设施损毁、环境污染或严重有损风景区形象的，由其主管部门给予行政处分；造成损失的，依法赔偿。

第三十条 罚款必须使用省财政部门统一印制的罚款收据，全额上缴国库。

第三十一条 重安江景区和州内的其他风景区参照本条例执行。

第三十二条 本条例自 2003 年 10 月 1 日起施行。

4. 红枫湖风景名胜区管理办法

(1990年5月16日贵州省人民政府批准 1990年6月16日贵州省建设厅发布施行)

第一条 为加强红枫湖风景名胜区资源的保护、建设、开发、管理，根据国务院《风景名胜区管理暂行条例》（以下简称条例）及有关规定，制定本管理办法。

第二条 红枫湖风景名胜区是国家级重点风景名胜区，经国务院批准的《红枫湖风景名胜区总体规划》是该区保护、建设开发、管理的法律依据。

第三条 本办法适用于红枫湖风景名胜区所辖范围，即《红枫湖风景名胜区总体规划》所明确的湖区区域。

第四条 红枫湖风景名胜区管理处（以下简称管理处）是省人民政府设立在风景区行使规划、建设、保护、旅游、开发、公安保卫等行政职能的管理机构，全面负责风景区内规划管理工作，隶属省建设厅。当地政府应积极协助和支持管理处搞好管理工作。

第五条 凡在风景区范围内的所有单位和个人均应服从管理处的统一规划和管理。风景区内的所有机关、单位、部队、居民和游人都必须爱护风景区的景物、树木、水体、设施和环境，遵守各项有关规定。

设在风景名胜区内的林业、环保、渔政、港监、工商、税务、土地、旅游单位除各自业务受其主管部门领导外，应接受管理处统一规划和管理，落实保护管理责任制。各单位开发建设计划须报管理处审定。

红枫湖风景名胜区公安派出所是风景名胜区安全管理的执法机构，受其主管部门及管理处的双重领导。

第六条 在保护好风景名胜区资源及符合总体规划的前提下，管理处应鼓励和动员社会各方面的力量对资源进行综合开发配套建设，有计划地组织各项游览、科学文化活动，积极发展具有地方特色的生产的服务事业，但各项开发和经营活动必须经管理处同意并向有关部门办理手续后方可进行。

第七条　凡需在风景名胜区范围内进行建设、开发和经营活动，均应符合风景名胜区总体规划，管理处全面负责辖区内的规划管理。各种项目报批时必须附有管理处选址意见书；项目批准后必须持项目有关批准文件向管理处申请定点，并由管理处审定核发建设用地规划许可证；建设单位或个人持建设用地规划许可证，依照《中华人民共和国土地管理法》的规定向土地管理部门申请用地；各单位在实施任何建设活动前，都必须持有关批准文件向管理处提出申请，由管理处审定规划设计方案，核发建设许可证后方可施工。管理处有权对辖区内所有建设和开发活动实施过程实行监督管理。

各项开发和经营活动应当按规定向管理处交纳管理费。

第八条　加强风景名胜区的安全管理，保护游览者的安全和自然环境（包括树木、水体、水产、野生动物、大气）及各项设施、景观免受破坏和污染。

第九条　对于认真执行本办法保护风景名胜区有显著成绩或重要贡献的单位和个人，分别由管理处、主管部门给予奖励。

第十条　违反《条例》和本办法有下列行为的，给予行政或经济处罚：

（一）侵占风景名胜区土地，进行违章建筑的，由管理处会同有关部门责令退出所占土地，依法拆除违章建筑，根据情节，可以并处罚款；

（二）严禁在风景名胜区采矿。违反规定的，由管理处或有关部门责令停止开采，赔偿损失，没收采出的矿产品和违法所得，可以并处罚款；

（三）禁止在风景名胜区围堰、筑堤、填湖。违反规定的，由管理处和有关部门责令停止行为，恢复原状，赔偿损失，可以并处罚款；

（四）严禁在风景名胜区内炸鱼、毒鱼；捕鱼作业须经有关部门批准。违反规定的，由管理处和有关部门没收渔获物和非法所得，责令赔偿损失，可以并处罚款；

（五）严禁在风景名胜区内毁林开荒，砍树。当地人民政府应当协助管理处和有关部门做好植被保护工作。违反规定的，由管理处或有关部门没收违法所得，责令赔偿损失，补种砍伐的树木，可以并处罚款。砍伐珍贵树木的，按有关规定从重处罚；

（六）严禁向风景名胜区内水域超标排污。凡违反规定的，由管理处和有关部门责令排出危害，赔偿损失，可以并处罚款；

（七）严禁损毁风景名胜区内的风景名胜、文物。凡违反规定的，管理处和有关部门责令停止破坏活动，赔偿经济损失，可以并处罚款。

前款行为，情节严重，触犯刑律或国家有关法律的，由管理处或有关部门提请司法机关，依法惩处。

罚没收入一律上缴财政。

第十一条 本办法由省建设厅负责解释。

第十二条 本办法自发布之日起施行。

5. 黔南布依族苗族自治州荔波樟江风景名胜区管理条例

(2001年4月29日黔南布依族苗族自治州第十一届人民代表大会第一次会议通过 2001年7月21日贵州省第九届人民代表大会常务委员会第二十三次会议批准 自公布之日起施行)

第一条 为加强荔波樟江风景名胜区管理，有效地保护、利用和开发风景名胜资源，促进本州经济社会持续发展，根据《中华人民共和国宪法》、《中华人民共和国民族区域自治法》及有关法律、法规的规定，制定本条例。

第二条 在樟江风景名胜区进行保护、建设、旅游和管理等活动的单位和个人，应当遵守本条例。

第三条 樟江风景名胜区是以喀斯特原始森林和水文为特征，集山、水、林、湖、瀑、洞、石为一体的国家重点风景名胜区。由水春河景区、大七孔景区、小七孔景区、樟江风光带组成，总面积

273.1km²。

根据《荔波樟江风景名胜区总体规划》，樟江风景名胜区划定为特级、一级、二级、三级保护区和外围保护区。

第四条 樟江风景名胜区的保护和建设应当坚持严格保护、科学规划、统一管理、合理开发、永续利用的原则，使生态效益、经济效益和社会效益协调发展。

第五条 樟江风景名胜区管理机构，由荔波县人民政府领导，主持风景名胜区管理工作，行使下列职权：

（一）贯彻执行有关法律、法规、规章和本条例；

（二）按照总体规划制定详细规划，报经批准后组织实施；

（三）制定风景名胜区管理制度，对风景名胜区实行统一保护和管理；

（四）会同有关部门对经营活动、交通安全、社会治安等进行管理；

（五）人民政府或者有关行政管理部门委托行使的其他职权。

樟江风景名胜区接受建设行政主管部门和相关行政管理部门的业务指导和监督。

乡（镇）人民政府、村（居）民委员会应当支持、协助做好风景名胜区的管理工作。

第六条 樟江风景名胜区内的所有单位，除各自业务受上级主管部门领导外，应当服从樟江风景名胜区管理机构对风景名胜区的统一规划和管理。

第七条 在樟江风景名胜区内禁止下列行为：

（一）砍伐、损毁古树名木、风景林木花草；

（二）毁林开垦、擅自砍伐林木；

（三）擅自开山、开矿、采石、挖沙、取土；

（四）围填堵塞河流、溪流、湖泊、山泉、瀑布；

（五）堆积、装贮、排放污染环境的废渣、废水和有毒有害气体；

（六）向水体环境倾倒垃圾和其他固体废弃物，在水中洗涤有毒、有污染的物品；

（七）猎、捕、炸、毒或者以其他方式伤害野生动物；

（八）其他危害风景名胜资源的行为。

第八条 在特级和一级保护区内禁止下列行为：

（一）建设宾馆、饭店、娱乐场所等。本条例公布施行前已建成的，应当逐步拆除；

（二）擅自采集动植物标本；

（三）移植风景林木；

（四）建造坟墓。已建而有损自然景观的，应当逐步迁出或者深埋，不留坟头。

第九条 樟江风景名胜区的水质以及樟江支流的水质按国家地表水环境质量Ⅰ至Ⅲ类水标准执行。

第十条 在樟江风景名胜区内已建成的有污染的建设项目应当限期治理，达不到环境质量标准的，由荔波县人民政府责令其关、停、转、迁。

第十一条 禁止侵占、破坏樟江风景名胜区内的河道、河滩、河堤及其设施。

第十二条 禁止违法占用、转让风景名胜资源及景区土地，擅自改变风景名胜资源性质及景区土地使用性质。

第十三条 在樟江风景名胜区内根据规划建设的项目，由樟江风景名胜区管理机构编制计划，经荔波县人民政府同意，报自治州人民政府批准后，方可依法办理报批手续。其建设工程选址意见书、建设用地规划许可证和建设工程规划许可证，由自治州人民政府建设行政主管部门核发。

建设项目的布局、高度、体量、造型和色彩等，应当与周围景观和环境相协调。

第十四条 荔波县人民政府应当做好樟江风景名胜区内的封山育林、植树绿化和25度以上坡地退耕还林还草工作，保护植被和野生动物繁殖生长、栖息环境。

在樟江风景名胜区内推广沼气等适用技术，采取节柴措施，保护生态。

第十五条 荔波县人民政府应当加强樟江风景名胜区森林病虫害的防治和防洪工作，落实防范措施。

使用农药应当符合国家《农药安全使用标准》的规定。

第十六条 荔波县人民政府应当加强樟江风景名胜区护林防火工作，建立健全护林防火组织和制度，配备相应的防火设施和设备，规定特别防火期，设置禁火标志。

第十七条 鼓励和支持国内外经济组织和个人到樟江风景名胜区投资开发和建设。投资者的合法权益受法律保护。

第十八条 开发建设旅游设施项目，应当符合总体规划、进行科学论证，避免盲目建设，不得兴建有害旅游者身心健康的项目。

第十九条 樟江风景名胜区内民族村寨的规划、建设和改造应当结合当地的民族风格和地方特色。

保护和开发民族工艺品、民间艺术和民族文化，发展具有民族特色的旅游项目。

第二十条 进入樟江风景名胜区内的游人和其他人员，应当遵守法律、法规和规章制度，爱护风景名胜资源和公共设施，维护环境卫生和公共秩序。

第二十一条 樟江风景名胜区管理机构应当建立安全管理责任制，在景区内设置安全设施和安全标志。禁止在没有安全保障的区域开展旅游活动。

第二十二条 任何单位和个人符合下列条件之一的，由荔波县人民政府或者樟江风景名胜区管理机构给予表彰和奖励：

（一）在保护、建设、管理、治理工作中成绩显著的；

（二）在科研工作中成绩显著的；

（三）引进资金、技术、人才有贡献的；

（四）维护法律、法规的实施，同破坏风景名胜资源的行为作斗争做出贡献的。

第二十三条 违反本条例规定的，按以下规定给予处罚：

（一）违反第七条第（一）项、第（二）项和第八条第（二）项、第（三）项、第（四）项规定的，责令停止违法行为，限期恢复原状，没收违法所得，可并处100元以上2000元以下罚款。不能恢复原状的，依法赔偿损失，可并处5000元以上30000元以下罚款；

（二）违反第七条第（三）项、第（四）项、第（七）项规定的，责令停止违法行为，限期恢复原状，没收违法所得，可并处20元以上1000元以下罚款。不能恢复原状的，依法赔偿损失，可并处1000元以上30000元以下罚款；

（三）违反第七条第（五）项、第（六）项和第十一条规定的，责令停止违法行为，限期恢复原状，可并处300元以上5000元以下罚款，不能恢复原状的，可并处5000元以上30000元以下罚款；

（四）违反第八条第（一）项规定的，责令停止违法行为，限期拆除违法建筑，恢复原状，按占地面积，可并处每平方米 30 元以下罚款。不能恢复原状的，经上一级建设行政主管部门批准，可并处每平方米 100 元以上 200 元以下罚款，但最高不得超过 100000 元；

（五）违反第十二条规定的，责令停止违法行为，退出违法占用、转让的风景名胜资源或者恢复风景名胜资源及土地使用性质，没收违法所得，可并处 2000 元以上 30000 元以下罚款；

（六）违反第十三条规定，无权批准而批准、越权批准或者违反法定程序批准在樟江风景名胜区内进行建设的，其批准文件无效，对直接负责的主管人员和其他直接责任人员，依法给予行政处分。

第二十四条 本条例第二十三条规定的行政处罚，由荔波县人民政府有关行政管理部门依法委托樟江风景名胜区管理机构按照委托权限实施，或者由有关行政管理部门按照规定权限实施。

第二十五条 本条例未作处罚规定的违法行为，法律、法规规定处罚的，从其规定。

第二十六条 罚款必须使用省财政部门统一制发的罚款收据，全额上缴国库。

第二十七条 国家工作人员在樟江风景名胜区管理工作中玩忽职守、滥用职权、徇私舞弊的，由所在单位或者上级主管部门给予行政处分，造成损失的，依法予以赔偿。

第二十八条 本条例自公布之日起施行。

6. 贵州省风景名胜区详细规划编制报批管理办法

（试 行）

第一条 为了加强贵州省风景名胜区详细规划编制与报批工作的管理，提高规划水平，强化可操作性，根据《风景名胜区条例》、《贵州省风景名胜区条例》、《风景名胜区规划规范》及相关法律、法规、规范、标准，结合本省实际情况，制定本管理办法。

第二条 风景名胜区规划分为总体规划和详细规划。详细规划应当符合总体规划，是总体规划的深化与细化，是对总体规划确定的保护和利用措施的具体安排与实施。

详细规划包括控制性详细规划和修建性详细规划。

第三条 控制性详细规划要按照总体规划确定的原则、要求和布局，对某一特定的功能区域单元（景区或其他功能分区），确定其规划范围、用地规模、景点分布、风景特征、资源保护与利用、游赏组织及设施配置等内容，并相应作出具体的定性、定位和定量的控制性综合安排，为保护和利用提供管理依据。

第四条 修建性详细规划要对总体规划或控制性详细规划确定的重点建设地段及重大建设项目提出功能组成内容和用地总平面布置方案，作出主要节点、主要建筑单体设计方案，为项目建设提供指导依据。

第五条 贵州省风景名胜区内的核心景区、重要保护区、重要景区应当编制控制性详细规划，既要有保护与控制的规定性要求，又要有主要基础设施、旅游设施、文化设施等建设内容的具体安排。

重点建设地段及重大建设项目需要编制修建性详细规划。

其他区域根据保护与利用的实际需要，编制控制性详细规划或修建性详细规划。

第六条 国家级风景名胜区详细规划由贵州省住房和城乡建设厅牵头并组织风景名胜区所在地的市（州）人民政府或地区行政公署编制。

省级风景名胜区详细规划由风景名胜区所在地的县级人民政府组织编制。

风景名胜区管理机构具体落实规划编制与报批的有关工作。

第七条 风景名胜区详细规划应当采用公开、公正、公平竞争的方式选择具有甲级或乙级城乡规划资质的单位进行编制。省外单位进入贵州省从事详细规划编制工作的，应当到贵州省住房和城乡建设厅进行资质、业绩核验。

第八条 控制性详细规划成果应当包括规划文本、图纸和说明书。

修建性详细规划成果应当包括规划说明书和图纸。

第九条 规划文本应以法规条款方式书写，直接表述规划主要内容的规定性要求，力求简明扼要，利于执行与监管。

规划图纸应清晰准确，图文相符，图例一致。控制性详细规划总图的比例一般为 1∶2000~1∶10000，修建性详细规划总图的比例一般为 1∶500~1∶2000，主要建设项目总平面布置图的比例一般为 1∶500~1∶1000，主要节点、主要建筑单体设计方案图的比例一般为 1∶100~1∶300。

规划说明书是对规划内容的分析、论证与说明。

第十条 控制性详细规划文本一般包括以下内容：

（一）总则；

（二）功能布局与用地区划；

（三）资源保护与控制规划；

（四）景观与生态环境规划；

（五）游赏组织与服务设施规划；

（六）基础工程设施规划；

（七）居民社会调控规划；

（八）主要建设项目规划；

（九）附则。

第十一条 总则应包括编制目的、编制依据、规划原则、规划范围、性质定位、发展目标、游客容量等内容。

范围、性质、目标、容量等是依据总体规划确定的，应充分研究和解读总体规划对本规划区域的控制性规定和具体要求，承上启下。当景区外部条件或内在因素发生较大变化时，可根据实际情况及发展要求作适当的调整与完善。

第十二条 布局分区是控制性详细规划的核心内容，以风景名胜资源的空间分布、景观特色及周边环境为基础，在有效保护的前提下，统筹布局基础设施、旅游设施和文化设施，划定各功能用地。

各功能用地主要包括游览欣赏对象比较集中的风景游赏用地，直接为游人服务的游览设施用地及交通与工程用地，其他用地如居民社会用地、林地、园地等，应确定其使用性质、范围、规模及其他规定要求。

第十三条 保护培育应按照总体规划确定的分类或分级保护区域，落实具体的保护措施和管理要求。要加强对当地历史文化、民族文化、传统习俗等非物质文化的保护，以更好地展示与传承。

根据布局分区，明确划定禁止开发和限制开发的范围。针对不同区域地块，从保护培育要求、土地利用方式、功能设施配置和建设的规模、布局、体量、高度、风格等方面来控制开发利用强度。

第十四条 景观与生态环境规划应保护景观本体及其生态环境，合理利用山水、地形、植物、建筑、小品等景物素材，因地因景制宜，处理好主景、次景、配景及周边环境之间的关系，突出典型景观。

要确定重要景点的组成要素、景观特征、空间关系、人文意趣及游赏方式，列出景点规划一览表。

第十五条 游赏组织要根据景观特征和游赏主题，确定景点解说、游赏项目、时间和空间安排、场地和游人活动等内容，分析并预测游客规模，精心组织主要游线和专项游线，合理安排游览行程。

应根据环境容量、游客规模和游赏组织要求，配置相应功能、内容及规模的旅游设施和文化设施。主要服务设施项目如游客中心、宾馆、餐厅、茶室、商店、博物馆、表演场、游憩亭廊等，要定性、定位、定量，并对下一步的总平面布置及主要建筑单体设计方案提出要求。

第十六条 基础工程设施规划一般包括道路交通、给水排水、邮电通信、供电能源、环境卫生、综合防灾等专项规划内容。

道路交通规划包括外部交通联系和内部道路、水上交通及停车场地、游船码头等内容。

给水排水规划包括给水排水方式、给水量测算、水源地选择与配套设施、污水量测算及污水处理设施等内容。

邮电通信规划包括邮政、通信及信息网络系统等内容。

供电能源规划包括电源、电网、用电量测算、燃料供应方式等内容。

环境卫生规划包括公共厕所、垃圾箱及转运站等内容。

综合防灾规划包括防火、防洪、防地质灾害、防动植物病虫害等以及突发性事件的应急救助等内容。

第十七条 居民社会调控规划主要对规划区域内的各级居民点提出发展、控制、搬迁的调控要求及措施，包括人口规模与分布、生产活动与管理、村庄整治与建设等内容。

第十八条 主要建设项目规划是指在本规划区域范围内，对景观环境、游赏活动、景区管理等影响较大且有一定规模的基础设施、旅游设施、文化设施等建设项目，要列表建立项目库，表明其性质、内容、位置、规模、投资匡算、规划设计条件及其他要求，对重大建设项目要作出总平面布置意向图。

第十九条 附则一般包括规划审批部门、实施单位、实施日期、实施措施、管理监督部门等。

风景名胜区的范围、性质、容量、资源与环境保护措施、土地使用性质、开发利用强度等内容为强制性规定，必须严格遵守。

第二十条 控制性详细规划图纸一般包括以下内容：

（一）区域位置关系图；

（二）综合现状分析图；

（三）布局分区规划图；

（四）保护与控制规划图；

（五）景观与环境规划图；

（六）游赏服务设施规划图；

（七）基础工程设施规划图；

（八）居民社会调控规划图；

（九）主要建设项目规划图。

根据规划区域的实际情况，有些图纸可以合并，有些需要另附详图。

第二十一条 控制性详细规划说明书要在规划文本的基础上增加有关现状分析，对规划中确定的原则、性质、目标、容量、要求、措施等主要内容进行说明。可以对规划背景、编制过程、规划中需要把握的重大问题等做前言或者后记予以说明。

规划中涉及的重要基础资料、统计数据、附图等，可作为基础资料汇编纳入规划说明书中。

规划中涉及的重大专题研究报告、评审意见、审批文件等，可作为附件纳入规划说明书中。

第二十二条 修建性详细规划说明书一般包括以下内容：

（一）项目概况；

（二）现状条件分析；

（三）规划设计原则；

（四）功能内容和平面布局；

（五）主要建筑单体设计方案构思；

（六）道路交通及竖向规划设计；

（七）景观环境与绿化规划设计；

（八）给水、排污、供电、通信等工程设施规划设计；

（九）总用地面积、总建筑面积、容积率、建筑密度、建筑高度、停车位、绿地率等主要技术经济指标；

（十）投资估算及效益分析；

（十一）规划实施建议。

第二十三条 修建性详细规划图纸一般包括以下内容：

（一）建设项目位置图；

（二）建设条件现状图；

（三）规划总平面图；

（四）道路交通规划图；

（五）景观环境规划图；

（六）水电设施规划图；

（七）主要节点规划图；

（八）主要建筑单体方案设计图（平面图、立面图、剖面图、鸟瞰图、透视图等）。

第二十四条 对于重要或复杂的风景名胜区详细规划，在编制过程中，风景名胜区管理机构和规划编制单位可邀请有关部门、专家、相关利益群体等进行论证或咨询，为解决规划重点、难点、热点问题提供指导意见。

风景名胜区详细规划编制完成后，由贵州省住房和城乡建设厅组织有关部门并邀请专家进行评审，提出评审意见，作为修改完善规划成果的依据。风景名胜区管理机构和规划编制单位应根据评审意见进行修改完善，并对评审意见修改情况进行说明。

第二十五条 国家级风景名胜区的核心景区、重要保护区、重要景区的控制性详细规划，由贵州省住房和城乡建设厅审查后报国家住房和城乡建设部审批；国家级风景名胜区的其他详细规划由贵州省住房和城乡建设厅初审后，报国家住房和城乡建设部审批。

省级风景名胜区的详细规划由所在市（州、地）建设局（规划局、园林局）初审后，报贵州省住房和城乡建设厅审批。

第二十六条 经批准后的风景名胜区详细规划，是保护、建设、利用和管理工作的法定依据，任何单位和个人不得擅自改变。由风景名胜区管理机构向社会公布。

对详细规划中的布局、开发强度、保护规定、主要基础设施等内容进行调整或者修改,应当经原审批机关审查同意,并报原审批机关批准后实施。

第二十七条 本办法自 2009 年 8 月 1 日起施行。由贵州省住房和城乡建设厅负责解释。

二十二、云南省

1. 云南省风景名胜区管理条例

(1996年5月27日云南省第八届人民代表大会常务委员会第二十一次会议通过 1996年5月27日公布 1996年8月1日起施行)

第一章 总 则

第一条 为严格保护、统一管理、合理开发和永续利用风景名胜资源，加快风景名胜区的建设，促进经济和社会发展，根据有关法律、法规，结合云南实际，制定本条例。

第二条 本条例适用于我省行政区域内各级各类风景名胜区。

第三条 本条例所称风景名胜区，是指风景名胜资源较为集中、由若干景区构成、环境优美、具有一定规模、经县级以上人民政府审定命名并划定范围、供游览、观赏或者进行科学文化活动的地区。

本条例所称的风景名胜资源，是指具有观赏、文化或者科学价值的自然景物和人文景物。

第四条 风景名胜区景区内不得设立各类开发区、度假区等。本条例施行前已设立的开发区、度假区与风景名胜区景区交叉的区域和设在风景名胜区内的各类公园、游乐园等，执行本条例及风景名胜区管理的有关法律、法规。

风景名胜区与自然保护区及文物保护单位等交叉的区域，由县级以上人民政府统一规划，明确职责分工，做好管理工作。

第五条 县级以上人民政府应当加强对风景名胜区管理工作的领导。

省建设行政主管部门主管全省风景名胜区工作；地、州、市、县建设行政主管部门按照本条例规定的职责主管本行政区域内的风景名胜区工作。

旅游、文化、宗教、交通、工商、公安、农林、水利、环保、土地等部门按照各自的职责，配合建设行政主管部门和风景名胜区管理机构做好风景名胜区管理工作。

第六条 风景名胜区或者景区应当设立统一的管理机构，行使本条例规定和县级以上人民政府授予的管理职能，全面负责风景名胜区或者景区的规划、保护、利用和建设，接受建设行政主管部门的管理和指导。

第七条 对在风景名胜区的保护、规划、建设和管理工作中成绩显著的单位和个人，由县级以上人民政府或者建设行政主管部门给予表彰、奖励。

第二章 设立和规划

第八条 设立风景名胜区，应当先进行风景名胜资源调查、评价，确定其资源状况、特点及价值。

风景名胜区依照国家有关规定，按其景物的观赏、文化、科学价值和环境质量、规模大小等，划分为三级：国家重点风景名胜区，省级风景名胜区，市、县级风景名胜区。

第九条 风景名胜资源的调查、评价由建设行政主管部门组织。国家重点风景名胜区、省级风景名胜区和市、县级风景名胜区按国家和省的有关规定进行审定和公布。

风景名胜区经审定公布后，因情况变化，需要升级的，按照规定的程序重新审定；应当降级或者撤销的，由建设行政主管部门提请原审定机关批准。

第十条 风景名胜区经审定公布后，应当及时编制规划。风景名胜区规划分为总体规划和详细规划。

编制风景名胜区规划，应当由具有相应规划设计资质的单位承担。风景名胜区规划按国家和省的有关规定组织技术鉴定和审批。

第十一条 经批准的风景名胜区规划，必须严格执行，任何单位和个人不得擅自变更。确需变更的须按规定程序另行报批。

第三章 保　　护

第十二条　风景名胜区应当保持其原有自然和历史风貌。

风景名胜区管理机构应当配备专门人员，健全保护制度，落实保护措施。在风景名胜区景区入口处和有关景点，应当设置保护说明和标牌。

风景名胜区内的所有单位、居民和进入风景名胜区的游人，都必须遵守风景名胜区的各项管理规定，爱护景物、设施，保护环境，不得破坏风景名胜资源或者任意改变其形态。

第十三条　风景名胜景区及其外围地带，按其景观价值和保护需要，以各游览景区为核心，实行三级保护。

（一）一级保护区为核心保护区，是指直接供人游览、观赏的各游览区域以及需要进行特别保护的其他区域。

（二）二级保护区为景观保护区，是指风景名胜区范围以内、一级保护区范围以外的区域。

（三）三级保护区为外围保护区。

一、二、三级保护区范围由所在市、县人民政府依据批准的风景名胜区规划界定，并树立界桩标明。

第十四条　属国家所有的风景名胜资源及其景区土地不得以任何名义和方式出让或者变相出让。

建在风景名胜区内、影响风景名胜资源保护的单位和设施，应当在规定的期限内迁出。

第十五条　风景名胜区应当建立健全植树绿化、封山育林、护林防火和防治林木病虫害的规章制度，保护好植物生态环境。

禁止采伐风景名胜区内的林木。确需间伐更新的，须经风景名胜区管理机构同意，并按规定办理批准手续。

风景名胜区内的古树名木经调查鉴定后，应当登记造册，建立档案，设置保护说明，严加保护，严禁砍伐、移植。

在风景名胜区景区内采集标本、野生药材等，须经风景名胜区管理机构同意，按规定办理有关手续后，方能定点限量采集，并不得损坏林木和景观。

第十六条　风景名胜区内的水源、水体应当严加保护，禁止污染和过度利用；禁止围、填、堵、塞水面和围湖造田。

风景名胜区的地形地貌应当严加保护。在一、二级保护的区域内，禁止开山采石、挖沙取土和葬坟。风景名胜区景区内的工程建设，禁止就地取用建筑材料。

第十七条 风景名胜区内的动物及其栖息地应当严加保护。禁止伤害或者捕杀受保护的野生动物。未经检疫合格的动植物，禁止引入风景名胜区。

第四章 建 设

第十八条 风景名胜资源应当在严格保护的前提下合理开发。风景名胜区的各项建设活动必须按经批准的风景名胜区规划进行。

在风景名胜区及其外围保护区进行建设活动，必须采取有效措施，保护景物和环境。工程竣工后，必须及时清理场地，进行绿化，恢复环境原貌。

鼓励合作开发风景名胜资源，保护投资者的合法权益。

第十九条 风景名胜区规划批准前，不得在风景名胜区内建设永久性设施。需要建设的临时建筑物和设施，必须经建设行政主管部门批准。因实施风景名胜区规划以及因保护、建设、管理需要拆除临时建筑物或者设施时，建设单位或者使用者必须在规定的期限内无条件拆除，所需费用自行负担。

风景名胜区设立前已有的建筑物或者设施，凡不符合规划、污染环境、破坏景观景物、妨碍游览活动的，必须在规定的期限内拆除或者迁出。

第二十条 不得在风景名胜区内建设与风景、游览无关或者破坏景观、污染环境、妨碍游览的设施。

一级保护区内除建设景点和少数游览设施外，禁止建设其他设施。确需修建车行道和索道的，应当保护原地形地貌，与景观和周围环境相协调。

二级保护区内禁止建设与风景和游览无关的设施。

三级保护区内禁止建设污染、破坏环境的设施。

第二十一条 风景名胜区内的新建、改建、扩建项目，除按规定办理手续外，还必须申办《风景名胜区建设许可证》。

申办《风景名胜区建设许可证》，由建设单位持有关批准文件，向风景名胜区管理机构提出申请，经审查同意后，按下列权限办理：

（一）国家重点风景名胜区和省级风景名胜区的一级保护区内的建设项目以及其他特殊建设项目，由省建设行政主管部门核发《风景名胜区建设许可证》；

（二）省级风景名胜区的二、三级保护区内的建设项目，由地、州、市建设行政主管部门核发《风景名胜区建设许可证》，并报省建设行政主管部门备案。

建设行政主管部门在收到《风景名胜区建设许可证》申请报告及有关材料后，应当在一个月内给予答复。

《风景名胜区建设许可证》由省建设行政主管部门统一印制。

第五章 管 理

第二十二条 县级以上建设行政主管部门在同级人民政府领导下管理风景名胜区工作的主要职责是：

（一）宣传并组织实施风景名胜区管理的有关法律、法规；

（二）组织风景名胜资源调查、评价和风景名胜区申报列级；组织编制、鉴定及按规定权限审批风景名胜区规划；

（三）监督、检查风景名胜区的保护、开发、建设和管理工作；

（四）核发《风景名胜区建设许可证》；

（五）归口管理风景名胜区及其管理机构。

风景名胜区管理机构的主要职责是：

（一）宣传并执行风景名胜区管理的有关法律、法规、规章和规范性文件，制定本风景名胜区的管理制度；

（二）组织实施风景名胜区规划；

（三）对本风景名胜区内的生态环境、资源保护、开发、建设和经营活动实行统一管理；

（四）审查风景名胜区内的建设项目；

（五）核发《风景名胜区准营证》；

（六）负责风景名胜区管理人员的业务培训。

第二十三条 设在风景名胜区的所有单位，除各自业务受上级主管部门领导外，都必须服从管理机构对风景名胜区的统一规划和管理。

第二十四条 凡在风景名胜区从事商业、食宿、娱乐、专线运输等经营活动的单位和个人，须经风景名胜区管理机构同意，取得《风景名胜区建设许可证》后，方可办理其他手续，经批准后在风景名胜区管理机构指定的地点和划定的范围内依法从事经营活动。

风景名胜区管理机构在收到《风景名胜区建设许可证》申请及有关材料后，应当在 20 天内给予答复。

第二十五条 风景名胜区内的所有单位和个体经营者，都应当负责风景名胜区管理机构指定区域内的清扫保洁和垃圾清运处理。未按规定清扫、清运和处理的，由管理机构指定的单位有偿代为清扫、清运和处理。

设在风景名胜区水源、水体附近的接待、娱乐设施，所排废水必须进行截流处理，达到国家规定的污水排入城市下水道水质标准后方能排入下水道。

第二十六条 风景名胜资源实行有偿使用。依托风景名胜区从事各种经营活动的单位和个人，应当交纳风景名胜资源保护费。

使用风景名胜区内道路、供水、排水、环境卫生等设施的单位和个人，应当交纳风景名胜区设施维修费。

风景名胜资源保护费和风景名胜区设施维修费的收取、使用、管理办法，由省财政、物价部门会同省建设行政主管部门拟订，报省人民政府批准执行。

风景名胜区游览票价实行国家定价，具体标准由县级以上物价管理部门按管理权限核定。

第六章 法律责任

第二十七条 违反本条例，有下列行为之一的，由建设行政主管部门分别予以责令停止建设、限期拆除、没收违法建筑或者设施，并可根据情节处以违法建设工程总造价 2% ~ 5% 或者每平方米 200 元以下的罚款：

（一）未经批准擅自建设永久性建筑或设施的；

（二）不按规定期限自行拆除临时建筑或设施的；

（三）未取得《风景名胜区建设许可证》擅自进行建设的。

第二十八条　违反本条例，越权批准风景名胜区内建设项目的，其批准文件无效，对直接责任人和有关负责人，由其所在单位或者上级主管部门给予行政处分，可以并处 500 元以上、2000 元以下的罚款。

第二十九条　违反本条例，有下列行为之一的，由风景名胜区管理机构给予处罚：

（一）损毁景物、改变原有地形地貌、开山采石、挖沙取土、葬坟的，除责令改正、恢复原状、赔偿经济损失外，可处以 200 元以上、5000 元以下罚款；

（二）未经风景名胜区管理机构同意采集标本、野生药材等的，没收其非法所得，可以并处 200 元以上、1000 元以下罚款；

（三）未经批准或者未按批准的地点和范围从事经营活动的，除责令改正或者吊销《风景名胜区准营证》外，没收非法所得，可以并处 200 元以上、1000 元以下罚款；

（四）不服从风景名胜区管理机构统一管理，破坏景区游览秩序的，予以警告、责令改正。

第三十条　在风景名胜区内违反有关法律、法规，构成犯罪的，依法追究刑事责任。

第三十一条　当事人对行政处罚决定不服的，可以在接到处罚决定之日起 15 日内，向作出处罚决定机关的上一级机关申请复议；也可以直接向人民法院起诉。当事人逾期不申请复议、不起诉又不履行处罚决定的，由作出处罚决定的机关申请人民法院强制执行。

第三十二条　建设行政主管部门或者风景名胜区管理机构违反本条例的，分别由其上级主管部门或者同级建设行政主管部门依法查处；其工作人员玩忽职守、滥用职权、徇私舞弊的，由所在单位或者上级主管部门给予行政处分；构成犯罪的，依法追究刑事责任。

第七章　附　　则

第三十三条　本条例具体应用的问题由省建设行政主管部门负责解释。

第三十四条　本条例自 1996 年 8 月 1 日起施行。

2. 昆明市石林风景名胜区保护条例

（2008年2月2日昆明市第十二届人民代表大会常务委员会第16次会议通过 2008年3月28日云南省第十一届人民代表大会常务委员会第二次会议批准 2008年7月1日起施行）

第一章 总 则

第一条 为有效保护和合理利用石林风景名胜区的自然资源、人文资源，根据国务院《风景名胜区条例》和有关法律、法规，结合实际，制定本条例。

第二条 在石林风景名胜区内进行活动或者与石林风景名胜区保护相关的单位和个人，应当遵守本条例。

第三条 石林风景名胜区的保护，应当符合世界自然遗产地和世界地质公园的要求，遵循科学规划、统一管理、严格保护、永续利用的原则。

第四条 石林彝族自治县人民政府设立石林风景名胜区管理机构，负责石林风景名胜区的保护、利用和统一管理工作，其主要职责是：

（一）依法制定管理制度，负责石林风景名胜区保护的宣传；

（二）组织实施石林风景名胜区规划；

（三）协调有关部门完善石林风景名胜区的基础设施和公共服务设施；

（四）组织进行石林风景名胜区游览区的安全管理；

（五）依法行使行政审批和行政处罚权；

（六）县级以上人民政府赋予的其他职责。

石林彝族自治县建设、国土资源、林业、水务、环保、农业、卫生、食品药品监管、公安、交通、工商、安监、民族宗教等有关部门及石林风景名胜区保护范围内的镇人民政府应当按照各自职责，协同做好石林风景名胜区的保护、管理工作。

第五条 任何单位和个人都有保护石林风景名胜区资源和环境的义务，并有权对损害石林风景名胜区资源和环境的行为进行制止和检举。

昆明市人民政府和石林彝族自治县人民政府对保护石林风景名胜区成绩突出的单位和个人，应当给予表彰奖励。

第二章 规　　划

第六条 石林风景名胜区规划分为总体规划和详细规划。

石林风景名胜区的规划应当按照国务院《风景名胜区条例》及相关法律、法规的规定编制审批。

第七条 石林风景名胜区保护范围内的镇规划和村庄规划应当符合石林风景名胜区规划。规划审批时，应当征得石林风景名胜区管理机构的同意。

第八条 经批准的石林风景名胜区规划、石林风景名胜区保护范围内的镇规划和村庄规划应当向社会公布。

第九条 石林风景名胜区规划是石林风景名胜区保护、利用和管理的依据，任何单位和个人不得违反或者擅自改变。

第十条 石林风景名胜区内的建筑物、构筑物和其他设施应当符合石林风景名胜区规划。不符合石林风景名胜区规划的，应当依法拆除。

第十一条 为实施石林风景名胜区规划，可以依法征收石林风景名胜区保护范围内集体所有的土地和单位、个人所有的房屋及其他不动产，并按照国家有关规定给予补偿。

第三章 保　　护

第十二条 石林风景名胜区保护范围是国务院批准的《石林风景名胜区总体规划》确定的面积为 $350km^2$ 的区域，划分为特级、一级、二级、三级保护区。

特级保护区是全面体现石林喀斯特地质、地貌、遗迹和天然名胜的区域，包括望城山、石箱子、雷打石、仙女湖、李子园箐区域；文笔山、蓑衣山区域；乃古石林与棺材山之间的区域。

一级保护区是主要体现石林喀斯特地质、地貌、遗迹和天然名胜的区域，包括大石林、小石林、乃古石林、大叠水、长湖等区域。

二级保护区是除特级、一级保护区以外的石林残丘、石芽原野、溶丘洼地的区域。

三级保护区是除特级、一级、二级保护区以外的环境保护协调区域。

第十三条 各级保护区和禁止相关活动区域的具体界线，由石林风景名胜区管理机构依据《石林风景名胜区总体规划》划定，并设立界桩（碑）。

第十四条 石林风景名胜区内禁止下行为：

（一）开山、采石、开矿、开荒、修坟立碑等破坏景观、植被和地形地貌的活动；

（二）修建储存爆炸性、易燃性、放射性、毒害性、腐蚀性物品的设施；

（三）建设冶炼、电镀、化工、制革等污染环境的项目；

（四）猎捕野生保护动物；

（五）在非指定地点倾倒建筑、工业等废弃物和生活垃圾；

（六）超标排放大气污染物、水污染物、噪声等有害物质；

（七）在景物或者设施上刻划、涂污；

（八）烧荒、在非指定地点野炊等违规用火；

（九）种植破坏生态的植物；

（十）其他损害石林风景名胜区资源和环境的行为。

第十五条 二级保护区内，除遵守本条例第十四条规定外，还禁止下列行为：

（一）挖沙、取土；

（二）在禁牧区放牧；

（三）在禁止地点燃放烟花爆竹。

第十六条 一级保护区内，除遵守本条例第十五条规定外，还禁止下列行为：

（一）建设宾馆、招待所、培训中心、疗养院等与保护风景名胜资源无关的建筑物、构筑物和其他设施；

（二）设置、张贴广告；

（三）在非指定地点吸烟。

第十七条　特级保护区内，除批准的科学考察外，禁止一切人工建设及其他影响景观和生态环境的活动。

第十八条　禁止销售、购买、运输石林风景名胜区内的石峰、石芽、石笋、石钟乳、石柱等石景。

第十九条　在石林风景名胜区内进行影视剧拍摄、科学考察，应当经石林风景名胜区管理机构批准，并遵守有关规定。

第二十条　在石林风景名胜区内进行下列活动，应当经石林风景名胜区管理机构审核同意后，依照有关法律、法规的规定办理审批手续：

（一）从事本条例禁止范围以外的建设活动；

（二）在二级、三级保护区内设置、张贴广告；

（三）举办大型游乐等活动；

（四）改变水资源、水环境自然状态的活动；

（五）砍伐、移植树木；

（六）其他影响生态和景观的活动。

第二十一条　石林风景名胜区内不得从事经营性的挖沙、取土活动。因石林风景名胜区内道路和设施维护，确需在三级保护区内挖沙、取土的，应当经石林风景名胜区管理机构审查同意，报国土资源等有关行政主管部门批准后，在指定地点挖取，并按规定恢复植被。

石林风景名胜区内的居民因生活需要，在三级保护区内挖沙、取土自用的，应当在石林风景名胜区管理机构指定的地点挖取。

第二十二条　石林风景名胜区内经批准的建设项目，建设单位在施工前应当记录环境原貌。施工过程中应当采取有效措施，保护景物、植被、水体、地貌和环境。施工结束后应当及时清理场地，进行绿化。

经验收合格的建设项目，建设单位应当及时向石林风景名胜区管理机构提交工程竣工档案。

第二十三条　石林风景名胜区内的建筑物、构筑物及其他设施，应当体现历史风貌，突出地方民族特色，并与周围景观和环境相协调。

第二十四条　昆明市人民政府和石林彝族自治县人民政府，应当对石林风景名胜区有计划地投入保护资金。对重点保护项目资金，除国家和省有关部门的投入外，可以采取社会捐助、国际援助等形式筹集。

第四章 管 理

第二十五条 石林彝族自治县人民政府应当确定石林风景名胜区保护管理目标，并负责监督、检查本条例的实施情况，向昆明市人民政府报告。

第二十六条 石林风景名胜区管理机构应当建立健全安全管理、监测、预警制度，制定自然灾害等突发事件的具体应急预案。

第二十七条 石林风景名胜区管理机构应当科学合理地确定各景区、景点的游客容量和游览路线，制定疏导游客的具体方案，设置路标路牌、公共服务、地质科普和安全警示等标志。

第二十八条 石林风景名胜区管理机构应当组织协调各有关部门建立健全封山育林、护林防火和病虫害防治的工作机制。

石林风景名胜区管理机构应当建立健全石景、文物古迹、古树名木的保护和管理档案，并实施动态管理。

第二十九条 石林风景名胜区管理机构应当组织协调各有关部门，加强对风景名胜区内的环境卫生、饮食安全和服务质量的监督、检查。

第三十条 石林风景名胜区管理机构应当协助公安部门加强石林风景名胜区的治安管理，确保游客的人身安全和国家、集体、个人财产安全。

第三十一条 进入石林风景名胜区游览区的交通工具，应当按照规定的路线、时速行驶，并在指定的地点停放。

第三十二条 在石林风景名胜区游览区进行经营活动，应当在石林风景名胜区管理机构指定的地点经营，不得游动叫卖和强行兜售商品。

第三十三条 进入石林风景名胜区游览区的人员应当按照规定购买门票。

利用石林风景名胜区内的资源进行经营活动的单位和个人，应当向石林风景名胜区管理机构缴纳风景名胜资源有偿使用费。

石林风景名胜区的门票收入、风景名胜资源有偿使用费以及筹集的资金，主要用于石林风景名胜资源的保护、管理以及基础设施的建设。

第三十四条 使用石林风景名胜区标志的,由石林风景名胜区管理机构按照有关规定和要求授权;未经授权,任何单位和个人不得使用。

第五章 法律责任

第三十五条 违反本条例第十四条第(八)项规定的,由石林风景名胜区管理机构责令停止违法行为、限期恢复原状;逾期不改正或者拒不恢复原状的,由石林风景名胜区管理机构对单位处5000元以上2万元以下罚款,对个人处1000元以上5000元以下罚款。

第三十六条 违反本条例第十五条第(二)项规定的,由石林风景名胜区管理机构责令改正,处100元以上500元以下罚款。

第三十七条 违反本条例第十六条第(三)项规定的,由石林风景名胜区管理机构处50元罚款。

第三十八条 违反本条例第十八条规定的,由石林风景名胜区管理机构没收所销售、运输、购买的石景和违法所得;销售者和购买者恶意串通的,分别并处5万元以上15万元以下罚款。明知是本条例禁止销售、购买的石景而运输的,对运输者并处5000元以上2万元以下罚款。

第三十九条 违反本条例第十九条规定的,由石林风景名胜区管理机构责令改正,处1万元以上3万元以下罚款。

第四十条 违反本条例第二十一条第二款规定的,由石林风景名胜区管理机构责令停止违法行为,限期恢复原状,并按照每立方米处100元罚款,不足$1m^3$的,按照$1m^3$计算;情节严重的,处1000元以上5000元以下罚款。

第四十一条 违反本条例第三十一条规定的,由石林风景名胜区管理机构责令改正,处50元以上200元以下罚款。

第四十二条 违反本条例第三十二条规定的,由石林风景名胜区管理机构责令改正,处50元以上200元以下罚款。

第四十三条 违反本条例第三十三条第一款规定的,由石林风景名胜区管理机构责令改正,处应购门票价款一倍以上两倍以下罚款。

第四十四条 违反本条例第三十四条规定的,由石林风景名胜区管理机构责令停止违法行为,限期改正;逾期不改的,处5000元以上

3万元以下罚款,有违法所得的,没收违法所得。

第四十五条 违反本条例规定的其他违法行为,由石林风景名胜区管理机构依照国务院《风景名胜区条例》或者其他有关法律、法规的规定予以处罚;石林风景名胜区管理机构无权处理的,应当及时移送或者通报有权处理的行政主管部门,有权处理的行政主管部门应当依法及时予以处理,并将处理情况通报石林风景名胜区管理机构。

第四十六条 国家机关工作人员违反本条例规定,玩忽职守、滥用职权、徇私舞弊的,依法给予行政处分;构成犯罪的,依法追究刑事责任。

第六章 附 则

第四十七条 本条例自2008年7月1日起施行。1990年11月20日昆明市第八届人民代表大会常务委员会第三十三次会议通过,1991年2月7日云南省第七届人民代表大会常务委员会第十六次会议批准的《石林风景名胜区保护条例》同时废止。

3. 大理白族自治州大理风景名胜区管理条例

(1993年3月5日大理白族自治州第八届人民代表大会第六次会议通过 1993年4月7日云南省第七届人民代表大会常务委员会第二十九次会议批准)

第一章 总 则

第一条 为加强大理风景名胜区的管理,有效保护、加速开发和科学利用风景名胜资源,促进民族经济和社会事业的发展,根据《中华人民共和国民族区域自治法》和国务院发布的《风景名胜区管理暂行条例》以及有关法律、法规制定本条例。

第二条 大理风景名胜区是国家重点风景名胜区,集优美的山水景观、众多的文物古迹、浓郁的民族风情和良好的气候条件为一体。是游览观光、度假休疗和开展经济、科研、文化活动的多功能、大容量的高原山岳湖泊风景名胜区。

第三条 经国务院批准的《大理风景名胜区总体规划》是大理风景名胜区保护、建设、管理的依据。

大理风景名胜区包括：苍山洱海、石宝山、鸡足山、巍宝山、茈碧湖温泉五个景区。五个景区分别由若干景点组成。

第四条 大理风景名胜区实行统一规划、严格保护、合理开发、加速建设、科学管理、永续利用的方针。坚持风景名胜资源有偿使用和环境效益、经济效益、社会效益相统一的原则。

第五条 大理风景名胜区的建设，坚持谁投资谁受益的原则。鼓励国内外组织和个人在风景名胜区内采取多层次、多形式投资，按规划进行建设。

第六条 大理风景名胜区实行分级负责、条块结合、以块为主，建设行政主管部门统一管理，各有关部门密切配合的管理体制。

第七条 在大理风景名胜区开发建设、经营的单位和个人，必须尊重和维护自治机关的自治权，照顾当地各族群众的利益。

第八条 在大理风景名胜区内活动的一切单位、驻军和个人都必须遵守本条例。

第二章 保 护

第九条 《大理风景名胜区总体规划》确定的面积为 1016.03 km² 是本条例的保护范围。

苍山洱海景区范围东起海东玉案山山脊，南至西洱河（含下关温泉），西达点苍山十九峰山脊，北止洱源德源山。

石宝山景区范围含佛顶山、石钟山、狮子关、沙登菁、石伞山五片。

鸡足山景区范围东起塔盘山、南至盒子孔、西到天柱峰、北止九重岩、罗汉壁北坡（含鹤庆县黄坪天华洞）。

巍宝山景区范围含巍山古城、巍宝山、大小寺和岻岈图山四片。

茈碧湖温泉休疗区范围含茈碧湖、九气台地热区。

第十条 大理风景名胜区分三级保护。一级为重点保护区，二级为景观保护区，三级为环境协调区。

一级保护区为：苍山重点植被、冰川遗迹、洱海水体、崇圣寺三塔、南诏德化碑及太和城遗址；石宝山石窟、宝相寺及丹霞地貌；鸡足山寺观庙宇、古庙遗址、天柱峰、点头峰、原始森林及地貌；巍宝山古建筑群、南诏遗址；茈碧湖水体、温泉地热资源，以及景区内的古树名木和县以上人民政府公布的文物保护单位等。

第十一条 各级保护区范围，由景区所在市县人民政府依据总体规划结合当地实际界定，立碑刻文、标明界区。各种标记、界碑不得移动和毁坏。

第十二条 一级保护区内必须严格保护原有的自然风貌和人文景观。除按规划统一设置必要的保护和游览设施外，不得建设其他设施。严禁挖沙取土、开山采石、新造坟墓和放牧。

二级保护区的开发建设，必须进行环境影响评价和景观影响评价。不得新建改变地貌、破坏景观、污染环境的项目和设施。

三级保护区的开发建设，要与景区环境相协调。

第十三条 大理风景名胜区内的文物保护单位和国家级大理历史文化名城、省级巍山历史文化名城的保护，由所在市县人民政府依照《中华人民共和国文物保护法》和《云南省实施〈中华人民共和国文物保护法〉办法》制定保护规划和措施，进行保护、建设和管理。

第十四条 大理风景名胜区内的古建筑、古石刻、古园林、古文化遗址、古墓葬、革命遗址、纪念物等文物古迹及其环境，应依法严格保护，落实防火、防震、防洪、防蛀、防盗、防爆、避雷等措施。定期维修，加强管理。

景区内具有文化历史价值的民族村落、集镇、古桥、驿道、关卡、城堡，应保持其风貌特色。寺观庙宇和殿堂，要依法进行保护，依照国家的宗教政策，有选择地修复。不修复的立碑标明。

第十五条 大理风景名胜区内的湖泊、河流、瀑布、潭涧、矿泉、温泉、地热资源等，不得围、填、污染、改变泉口。水体必须保持国家地面水环境质量Ⅱ类标准。

第十六条 大理风景名胜区要加强植树绿化、封山育林工作。严格保护花草树木和自然植被。古树名木要挂牌立标，建立档案，加强抚育管理，严禁砍伐。

维护景区内野生动物的栖息环境。加强珍稀禽、兽、昆虫的保护,严禁伤害和捕杀。

第十七条 经批准在二、三级保护区内挖沙取土,开山采石的单位和个人,必须按指定的地点开采,并采取拦截、回填、恢复植被等补救措施,保障风景名胜区的自然环境不受破坏。

第十八条 大理风景名胜区内经批准建设的工程,其防治污染设施必须与主体工程同时设计、同时施工、同时投产,达不到环境保护要求的,不得投产;现有污染的单位,必须限期治理,逾期达不到要求的,应当强制实行关、停、并、转、迁。

第十九条 凡在景区内活动的单位和个人都要服从景区管理机构的管理,爱护各种景物和工程设施、游览设施、生活服务设施。

第三章 规 划

第二十条 各景区和景点的详细规划根据《大理风景名胜区总体规划》编制。

第二十一条 各景区的详细规划,由州建设行政主管部门组织有关部门编制,经州人民政府同意,报省建设行政主管部门批准实施。

第二十二条 各景点的详细规划,由景点所在市县建设行政主管部门组织有关部门编制,经市县人民政府同意,报州建设行政主管部门批准实施。

第二十三条 各景区和景点的详细规划应与当地城市、村镇规划相协调,应当反映本景区的风貌和地方民族特色。

第二十四条 大理风景名胜区的总体规划和景区、景点的详细规划必须严格执行,任何单位和个人不得擅自改变。确需对规划进行调整和修改,必须报原批准机关审批。

第二十五条 批准后的规划分别由州、市县风景名胜区管理机构和有关部门按照职责范围组织实施。

第四章 建 设

第二十六条 州和景区所在市县人民政府应依据本条例制定鼓励国内外投资的优惠政策,以合资、合作、独资和联营等形式,加速风景名胜区的开发、建设。

第二十七条　州和景区所在市县人民政府每年应安排专项资金用于风景名胜区的建设和管理。

　　第二十八条　州和景区所在市县人民政府要把景区的建设列入国民经济和社会发展计划，在每届政府任期内确定建设目标，并全面检查规划实施情况。

　　第二十九条　大理风景名胜区的建设应结合当地的历史文化和民族特色，对建设项目的选址、规模、体量、高度、色彩、风格要进行充分的论证，使建设与周围的环境相协调。

　　第三十条　确需在一级保护区内建设的工程，由景区管理机构同意后向所在市县建设行政主管部门提出申请，报州建设行政主管部门审批，获得《景区建设许可证》后方可实施。

　　二级保护区内的建设和三级保护区内的重大建设项目，经景区管理机构同意后，由所在市县建设行政主管理部门审批并报州建设行政主管部门备案，获得《景区建设许可证》后方可实施。

　　第三十一条　大理风景名胜区内的各项建设工程，在申办《建设用地规划许可证》时，必须附有《景区建设许可证》。

　　凡涉及文物保护单位的修复和维护工程，需报经同级人民政府和上级文物行政主管部门同意，方可办理其他审批手续。

　　第三十二条　大理风景名胜区内各项建设在施工过程中必须采取有效措施，保护景物及周围林木、植被、水体、地貌。施工结束后必须清理场地，进行绿化，恢复周围环境原貌，不得造成污染和破坏。

　　第三十三条　景区周围的荒山荒地和相互间道路沿线的绿化，由景区所在市县人民政府按照绿化规划组织实施。

　　第三十四条　对一、二级保护区内已有的建筑物和设施，凡属污染环境，破坏景观和自然风貌、严重妨碍游览活动的，应当限期治理或迁出。

第五章　管　　理

　　第三十五条　州和景区所在市县建设行政主管部门对景区实行管理的主要职责是：组织编制和审批各景区、景点规划；监督和检查景区的保护、建设、管理工作；组织对风景名胜资源的调查、评价和申报列级；制定有关管理规定和实施办法；审批景区内的工程建设项目。

第三十六条 各景区、景点设立管理机构。其形式和规模由所在市县人民政府根据实际情况确定。

景区和景点管理机构的职责是：执行有关风景名胜、文物保护、管理的法律法规；制定管理办法；组织实施各项规划；对资源保护、开发建设、社会治安、经营服务和游览活动实行统一管理；建立健全档案制度，完善各种资料；加强社会主义精神文明建设，引导和组织游客进行科学、文明、健康的游览活动。

第三十七条 州和景区所在市县的文化、环保、林业、水利、园林、土地、工商、旅游、公交、公安、宗教等部门都应服从统一规划，按各自职责对景区和景点进行建设和管理。上述部门设在景区内的机构，资金渠道不变，在受上级主管部门领导的同时，接受景区管理机构的统一管理。

第三十八条 大理风景名胜区内属县级以上的自然保护区，必须按国家有关自然保护区的法律法规和本条例进行保护和管理。现有开展宗教活动的寺观庙宇，由宗教部门负责管理。洱海的管理按《大理白族自治州洱海管理条例》执行。

第三十九条 各景区要加强治安管理。根据需要设置治安机构或专门人员，保护人身安全和景物完好，维护其社会、生活、游览环境的良好秩序。

第四十条 各景区要加强安全管理。不安全区域不得开放；安全防险告示要清晰醒目；及时排除危岩险石；车、船、码头等交通工具和设施、险要路段、繁忙道口要定期检查，加强维护和管理。

各景区在传统山会、歌会、物资交流会期间，应当对游人高峰人数作出预测，作好游人安全、食宿、车船疏导和风景名胜保护的安排。

第四十一条 各景区、景点应加强卫生管理。配置人员和必要设施，处理生活污水、垃圾，改善环境卫生。对饮食和服务行业的卫生，依照国家有关规定管理。

在景区内活动的单位和个人，应当保持环境清洁卫生，不得乱丢、乱堆废弃物和垃圾。

第四十二条 凡需到景点从事固定经营活动的单位和个人，必须证照齐全，经景点管理机构同意，在指定区域内开展经营活动，文明经商、守法经营。

第四十三条 凡在景区内从事经营活动的单位和个人，必须交纳风景名胜资源有偿使用费和管理费。具体收费范围和标准由景区所在市县人民政府制定，报州人民政府批准。所收费用专项用于景区的维护和建设。

第四十四条 需要在景区内从事科学考察、驯化动物、地质勘探及采集标本、拍摄影视片的国内外组织和个人，必须持有效证件向自治州行业主管部门办理批准手续，并向所到景区的管理机构备案和交纳风景名胜资源有偿使用费。其活动由批准单位负责监督。

第四十五条 对执行本条例，保护和开发风景名胜资源作出重要贡献的单位和个人，由风景名胜区管理机构或州、市县人民政府给予表彰和奖励。

第六章 法律责任

第四十六条 违反本条例，有下列行为之一的，由景区所在市县人民政府授权景区管理机构予以处罚：

（一）违反景区、景点规划，进行违章建设的，责令停止建设，恢复原状。

（二）污染或破坏自然环境、景观的，责令清除污染、恢复原状或赔偿修复费用。

（三）破坏、损毁保护设施以及其他公共设施的，责令修复或赔偿修复费用。

第四十七条 违反森林保护法律法规的，由林业部门依法予以处罚。

第四十八条 违反治安管理规定的，由公安机关按照《中华人民共和国治安管理处罚条例》的规定予以处罚。

第四十九条 贪污、盗窃和破坏文物的，由文物管理部门依照文物保护的法律法规予以处罚。

第五十条 违反本条例其他规定的，由景区管理机关或有关部门予以批评、警告、吊销营业证照，并可视情节轻重处以罚款。

第五十一条 风景名胜区管理机构及其工作人员违反本条例的，根据情节依法追究当事人的责任。

第五十二条　当事人对行政处罚决定不服的，可以在接到处罚决定之日起十五日内，向作出处罚决定机关的上一级机关申请复议，也可以直接向人民法院起诉。当事人对复议决定不服的，可以在接到复议决定之日起十五日内，向人民法院起诉。

当事人逾期不申请复议，不向人民法院起诉又不履行处罚决定的，由作出处罚决定机关申请人民法院强制执行或依法强制执行。

第五十三条　对违反本条例情节严重构成犯罪的，由司法机关依法追究刑事责任。

第五十四条　外国人、无国籍人、外国组织违反本条例，适用本章规定。法律法规另有规定的除外。

第七章　附　　则

第五十五条　本条例由大理白族自治州人民代表大会常务委员会负责解释。

第五十六条　景区所在市县人民政府可制定实施本条例的行政措施。

第五十七条　大理白族自治州境内县级以上的其他风景名胜区可参照执行本条例。

第五十八条　本条例经大理白族自治州第八届人民代表大会第六次会议通过，报云南省人民代表大会常务委员会批准后生效，并报全国人民代表大会常务委员会备案。

本条例自公布之日起施行。

4. 滇池保护条例

（1988年2月10日昆明市第八届人民代表大会常务委员会第十六次会议通过　1988年3月25日云南省第六届人民代表大会常务委员会第三十二次会议批准　根据2002年1月21日云南省第九届人民代表大会常务委员会第二十六次会议批准的《昆明市人民代表大会常务委员会关于修改〈滇池保护条

例〉的决定》修正)

第一章　总　则

第一条　滇池是著名的高原淡水湖泊,属国家重点保护水域之一,对维护区域生态系统的平衡有着重要作用,是昆明城市用水、工农业用水的重要水源。

第二条　为保护和合理开发利用滇池流域资源,防治污染,改善生态环境,促进昆明市经济、社会的可持续发展,根据有关法律、法规的规定,制定本条例。

第三条　本条例以保护滇池流域内的地表水和地下水资源为中心,加强水污染防治工作,保护和改善水质。滇池水资源应当实行科学管理,在加强保护和治理的前提下,合理开发利用。

第四条　滇池保护范围是以滇池水体为主的整个滇池流域。按地理条件和不同的功能要求,划分为三个区:滇池水体保护区;滇池周围的盆地区;盆地区以外、分水岭以内的水源涵养区。

第五条　保护滇池的原则是:全面规划,统一管理,严格执法,综合整治,合理利用,协调发展。实现环境效益、社会效益和经济效益的统一。

第六条　在滇池保护范围内保护、管理、开发、利用资源的所有单位和个人必须遵守本条例。

第七条　在滇池保护范围内的各级人民政府,应认真贯彻实施本条例,定期向同级人民代表大会或者常委会报告本条例的执行情况。

第二章　管理机构和职责

第八条　昆明市滇池保护委员会是滇池流域综合治理的组织领导机构,负责滇池保护治理重大问题的研究和决策。

昆明市滇池保护委员会办公室(昆明市滇池管理局,下同),在昆明市滇池保护委员会的领导下,统一协调和组织实施有关滇池保护和治理的具体工作,主要职责是:

(一)宣传贯彻国家有关法律、法规和负责本条例的贯彻实施;协调、检查和督促各有关县、区、部门依法保护滇池;

（二）组织制定滇池的保护、开发利用规划和综合整治方案，并负责组织和监督实施；

（三）拟定滇池综合治理目标责任，对各有关县、区和部门目标责任的完成情况进行检查、督促和考核；

（四）组织拟定相应的滇池保护管理配套办法，并督促贯彻执行；

（五）在滇池水体保护区内和主要入湖河道集中行使水政、渔政、航政、水环境保护、土地、规划等方面的部分行政处罚权，设立滇池保护管理的专业行政执法队伍，实施滇池管理综合执法；

（六）在滇池水体保护区以外的滇池流域内行使涉及滇池保护方面的行政执法监督检查职责；

（七）负责滇池污染治理项目的初步审查工作，参与项目法人的确定及对项目的实施进行监督；

（八）参与滇池流域内开发项目的审批工作，提出审查意见；

（九）负责筹集、管理和使用滇池治理基金；

（十）办理市人民政府和市滇池保护委员会交办的其他有关事项。

前款第（五）项的具体实施方案由市人民政府另行制定。

第九条 五华、盘龙、西山、官渡区，呈贡、晋宁、嵩明县人民政府的滇池专管机构，滇池沿岸和水源涵养区内的有关乡（镇）人民政府，在市滇池管理局统一协调、指导和监督下，按照确定的滇池综合治理目标责任，负责本行政辖区内滇池的保护、管理和行政执法工作。

第十条 滇池保护委员会的成员单位和滇池国家旅游度假区管委会应当依法履行各自职责，配合市滇池管理局实施本条例。

第三章 滇池水体保护

第十一条 滇池水体保护区是正常高水位1887.4m（黄海高程，下同）的水面和湖滨带以内区域。

湖滨带为滇池水域的变化带和保护滇池水域的过渡带，是滇池水体不可分割的水陆交错地带。其具体范围是：

（一）正常高水位1887.4m水位线向陆地延伸100m至湖内1885.5m之间的地带。对低于滇池最低工作水位1885.5m的低洼易涝、易积水区域，到此区域外围边缘；

（二）在河流或沟渠入湖口为滇池二十年一遇最高洪水位1887.5m控制范围内主泓线左右各50m的地带。

滇池水体保护区的具体界线由市人民政府组织有关部门勘测后划定，树立界桩。

第十二条　保证国民经济的可持续发展和人民生活的需要，适当增加蓄水量。按照优化调度的原则，确定滇池外湖（外海）控制运行水位为：

正常高水位1887.4m，相应蓄水容积约15.6亿 m^3；

最低工作水位1885.5m，相应蓄水容积约9.9亿 m^3；

特枯水年对策水位1885.2m，相应蓄水容积约9亿 m^3；

二十年一遇最高洪水位1887.5m；

汛期限制水位1887.0m。

内湖（草海）控制运行水位为：

正常蓄水位1886.8m；

最低工作水位1885.5m。

第十三条　滇池水质执行国家GHZB1－1999《地表水环境质量标准》及滇池水环境质量标准。外湖（外海）水质按Ⅲ类水标准保护，内湖（草海）水质按Ⅳ类水标准保护。

第十四条　保护和恢复滇池入湖河道的自然生态，有计划、有步骤地清理、治理、改造滇池出入湖河道，疏浚滇池。

第十五条　禁止在滇池水体保护区内围湖造田、围堰养殖及其他侵占或缩小滇池水面的行为；禁止在湖滨带范围内取土、取沙、采石；禁止损坏堤坝、桥闸、泵站、码头、航标、渔标、水文、科研、测量、环境监测、滇池水体保护界桩等设施；未经市滇池保护委员会批准，不得在界桩内构筑任何建筑物。

第十六条　禁止在滇池网箱养殖水产品。禁止在滇池禁渔区、禁渔期内进行捕捞。禁止使用小于最小网目尺寸和其他限制使用的网具及捕捞方法进行捕捞。禁止私自打捞对净化滇池水质有益的水草和其他水生植物。

第十七条　禁止向滇池水体保护区内和入湖河道内倾倒土、石、尾矿、垃圾、废渣等固体废弃物。禁止向滇池和通往滇池的河道排放未达到排放标准或者超过规定控制总量的废水。

第十八条　从严控制在滇池水域航行的机动船只数量。经允许在滇池水域内航行的一切船只,应当有防渗、防溢、防漏设施,不得向水体排放、倾倒有毒有害的液体、固体废弃物和扔弃垃圾。

第四章 滇池盆地区保护

第十九条 合理调整区域工业结构,鼓励发展节水型、无污染的工业。

经批准新建、改建和扩建的企业和项目的污染防治设施,必须与主体工程同时设计、同时施工、同时投产。达不到"三同时"要求的,不得试车投产。

严禁在滇池盆地区新建钢铁、有色冶金、基础化工、石油化工、化肥、农药、电镀、造纸制浆、制革、印染、石棉制品、土硫磺、土磷肥和染料等污染严重的企业和项目。

第二十条 按照"谁污染、谁治理"的原则,排放超标废水和倾倒固体废弃物的单位或个人,应根据滇池综合整治和限期治理的要求进行整改,禁止用渗井、渗坑、裂隙、溶洞或者稀释办法排放有毒有害废水。

含重金属或者难以生物降解的废水,应当在本单位内单独进行处理,未经处理达标的,禁止排入城市排水管网或者河道。

第二十一条 一切新建、改建、扩建和转产的企业,应当执行国家建设项目环境保护有关法律法规的规定。禁止一切单位和个人将有毒有害的项目和产品委托或者转移给没有污染防治能力的企业生产。

市、县(区)、乡(镇)人民政府应当加强对企业的管理,对造成环境污染的企业,限期达到国家或者地方的污染物排放标准;到期达不到治理要求的,依法停止其生产。

第二十二条 新建卫星城镇、居住小区、大中型企业,要建立清污分流制的排水管网,污水处理设施应当与其他基础设施同步配套建设。老城区应当结合旧城改造,同时改造排水管网。

第二十三条 滇池流域内种植农作物,主要施用有机肥,合理施用化肥,积极推广施肥新技术和农业综合防治措施。禁止销售和使用国家禁止的高毒、高残留农药和除草剂。滇池流域内的城市及农村的固体废弃物必须进行资源化、无害化处理。

第二十四条 禁止在滇池面山、风景名胜区取土、取沙、采石及新建陵园、墓葬，防止水土流失和破坏自然景观。

第五章 水源涵养区保护

第二十五条 在滇池保护范围内应当大力植树造林，绿化荒山，提高森林覆盖率，二十五度以上的坡耕地要限期退耕还林还草，防治水土流失，改善生态环境。禁止毁林垦植和违法占用林地资源。

保护森林植被和野生动物、植物资源，禁止乱砍滥伐、偷砍盗伐林木及乱捕滥猎野生动物。

第二十六条 采取有效措施解决能源问题，有计划地营造薪炭林，积极发展农村沼气、秸秆气化、液化气、节柴灶、太阳能，推广以煤、电代柴，有计划地实现生态农业的目标要求。

第二十七条 保护泉点、水库、坝塘、河道，禁止直接或者间接向水体排放未达到排放标准的污水和倾倒固体废弃物；禁止在岸坡堆放固体废弃物和其他污染物。对没有水源涵养林、河堤树的泉点、水库、坝塘、河道周围，应当限期植树造林。

第二十八条 在滇池保护范围内采矿，必须按照国家有关规定处理尾矿、矿渣，采取拦截、回填、复垦、恢复植被等措施；禁止乱挖滥采。

第二十九条 为保护水源涵养区的森林植被，必须从滇池流域范围内收取的滇池水资源费中，确定适当比例返还到水源涵养区，用于恢复和发展森林植被，保持水土。

第六章 综合治理和合理开发利用

第三十条 加大滇池污染综合治理的力度，增加水量，改善水质。合理控制城市规模和人口机械增长，调整产业结构。

第三十一条 实行污染物总量控制制度，严格控制排入滇池的氮、磷数量。禁止在滇池流域范围内使用含磷洗涤用品及不可自然降解的泡沫塑料餐饮具和塑料袋。

第三十二条 有计划地在湖滨带内建设生态修复系统，逐步恢复湿地。对湖滨带内的耕地和鱼塘要因地制宜逐步退耕还湖、退塘还湖，建设前置塘、前置库，营造环湖林带。

第三十三条　对污染严重、治理技术难度大、代价高，限期治理又达不到要求的企事业单位，按隶属关系，由环境保护部门报经同级人民政府批准，限期关、停、并、转、迁。

第三十四条　广开渠道，加强对滇池污染治理的科学研究和科普宣传。积极推行生物治理，建立污染治理新技术推广运用制度，增强全社会对滇池污染治理的环保和科学意识。

第三十五条　滇池流域资源的开发利用，要符合国土整治和昆明市城市总体规划的要求，根据经济和社会可持续发展的要求，以维护湖泊生态环境良性循环为准则，充分发挥滇池的综合效益。

第三十六条　对滇池流域水资源实行取水许可制度，实行计划用水，厉行节约用水，采取中水回用措施，提高水的重复利用率和污水处理能力及效果。增强调蓄能力，实现水资源的优化配置和调度，确保城市生活用水和工农业用水。

第三十七条　保护、开发利用滇池的主要水生动植物，科学合理发展渔业生产。

第三十八条　保护滇池流域的自然景观和文物古迹、历史遗址、园林名胜。合理开发利用风景资源，发展旅游事业。

第三十九条　滇池保护范围内磷矿资源的开发，必须符合滇池保护的原则，应当采用先进的生产工艺、治理技术和现代管理技术。

第四十条　各企业事业单位应当通过技术改造和工艺改革，提高资源的利用率；对废水、废气和固体废弃物开展综合利用，实现资源化、无害化。

第四十一条　对滇池流域水资源实行有偿使用，受益地区、单位、个人应当缴纳水资源费。水资源费的征收办法按国家和省的规定办理。

第四十二条　保护、治理滇池的资金，按下列渠道和方式筹集：

（一）各级政府投资；

（二）收取的滇池水资源费及污水处理费；

（三）滇池治理基金；

（四）国内外贷款；

（五）社会捐赠及其他。

第七章 奖励和处罚

第四十三条 符合下列条件之一的单位和个人,分别由市人民政府、市滇池管理局和有关部门,给予表彰和奖励:

(一)积极防治水污染,成绩显著的;

(二)在计划用水、节约用水、提高用水重复利用率方面成绩显著的;

(三)对滇池保护和开发利用在监测、科研、宣传等方面成绩突出的;

(四)对保护水资源、森林植被、水产资源、风景名胜、水利设施、航道设施、水文、科研、测量、环境监测、滇池水体保护界桩等设施成绩突出的;

(五)依法管理滇池卓有成效的;

(六)检举、控告违反本条例行为有功的;

(七)其他对保护和开发利用滇池有特殊贡献的。

第四十四条 违反本条例,有下列行为之一的,由市滇池管理局责令限期改正或限期拆除,并可以视情节轻重,按下列规定给予处罚:

(一)在滇池水体保护区内有围湖造田、围堰养殖及其他侵占或缩小滇池水面和湿地行为的,按每平方米50元处以罚款;

(二)经批准在界桩内构筑建筑物的,处以10000元以上50000元以下罚款。

第四十五条 违反本条例,有下列行为之一的,由市滇池管理局责令限期改正,赔偿损失,可以处2000元以上5000元以下罚款;情节严重的可以处5000元以上10000元以下罚款:

(一)在滇池水体保护区内取土、取沙、采石的;

(二)损坏堤坝、桥闸、泵站、码头、航标、渔标、水文、科研、测量、环境监测、滇池水体保护界桩等设施的。

第四十六条 违反本条例,有下列行为之一的,由市滇池管理局视情节轻重,按下列规定给予处罚:

(一)在滇池内网箱养殖水产品的,没收网箱等养殖工具,可以并处2000元以上10000元以下罚款;

（二）在滇池禁渔区、禁渔期内进行捕捞的，没收捕捞工具，可以并处50元以上5000元以下罚款；

（三）使用小于最小网目尺寸和其他限制使用的网具及捕捞方法进行捕捞的，没收捕捞工具，可以并处50元以上1000元以下罚款；

（四）私自打捞对净化滇池水质有益的水草和其他水生植物的，处50元以上500元以下罚款；

（五）在滇池航行的船只上向水体扔弃垃圾的，处100元以上500元以下罚款。

第四十七条　违反本条例，有下列行为之一的，由市滇池管理局责令限期改正，并视情节轻重，按照《中华人民共和国水污染防治法实施细则》第三十九条的规定处以10万元以下罚款：

（一）向滇池水体保护区和主要入湖河道内倾倒土、石、尾矿、垃圾、废渣等固体废弃物的；

（二）向滇池和通往滇池的主要入湖河道排放未达到排放标准或者超过规定控制总量废水的；

（三）在滇池航行的船只向水体排放、倾倒有毒有害的液体和固体废弃物的。

第四十八条　违反本条例规定，其违法行为在滇池水体保护区以外的，分别由相关行政主管部门视情节轻重，按有关法律法规的规定给予处罚。

第四十九条　违反本条例，情节严重的，对有关责任人员可以由其所在单位或上级行政主管部门给予行政处分。构成犯罪的，依法追究刑事责任。

第五十条　市滇池管理局和有关行政主管部门工作人员在滇池保护和管理工作中玩忽职守、滥用职权、徇私舞弊的，由其所在单位或上级行政主管部门给予行政处分；构成犯罪的，依法追究刑事责任。

不履行本条例规定或越权审批、违法审批的单位，由其上级行政主管部门对主要责任人和单位主管领导给予行政处分。

第五十一条　当事人对行政处罚决定不服的，可以依法申请行政复议或提起行政诉讼。

逾期不申请行政复议的，不向人民法院起诉，又不履行行政处罚决定的，作出处罚决定的机关可以申请人民法院强制执行。

第八章 附 则

第五十二条 本条例自一九八八年七月一日起施行。

5. 云南省三江并流世界自然遗产地保护条例

（2005 年 5 月 27 日云南省第十届人民代表大会常务委员会第十六次会议通过 自 2005 年 7 月 1 日起施行）

第一条 为了有效保护和合理利用三江并流世界自然遗产地资源，根据有关法律、法规，结合当地实际，制定本条例。

第二条 在三江并流世界自然遗产地范围内从事保护、利用活动的单位和个人，应当遵守本条例。

第三条 本条例所称的三江并流世界自然遗产地（以下简称三江并流遗产地），是指列入联合国教科文组织《世界遗产名录》，位于本省西北部横断山脉的金沙江、澜沧江、怒江流域的部分特定自然地理区域，由高黎贡山（北段）、白马—梅里雪山、老窝山、云岭、老君山、哈巴雪山、千湖山、红山八个片区组成，具体界限由省人民政府在审批片区规划时确定并公布。

第四条 三江并流遗产地的保护和利用应当履行《保护世界文化和自然遗产公约》，遵循科学规划、有效保护、统一管理、合理利用的原则，坚持可持续发展战略，建立健全生态补偿机制。

第五条 省人民政府应当加强对三江并流遗产地保护、利用工作的领导和监督，迪庆藏族自治州、怒江傈僳族自治州、丽江市人民政府及香格里拉县、德钦县、维西傈僳族自治县、泸水县、福贡县、贡山独龙族怒族自治县、兰坪白族普米族自治县、玉龙纳西族自治县人民政府（以下简称省和有关州市县人民政府）按照各自的管辖范围和职责，负责三江并流遗产地的保护、利用工作，并将其纳入国民经济和社会发展计划。

第六条 省和有关州市县人民政府三江并流管理机构具体负责三江并流遗产地的有效保护、合理利用的宣传、组织、协调和监督；组织编制和实施规划；对管理人员进行相关法律和业务知识培训；依法查处违反本条例的行为等工作。

省人民政府三江并流管理机构对三江并流遗产地实行统一管理；按照国家的有关规定，报告或者备案保护、利用中的重大事项；对州市县人民政府三江并流管理机构进行业务指导。

州市人民政府三江并流管理机构对辖区内三江并流遗产地履行管理职责，负责三江并流遗产地风景名胜区一级保护区内《风景名胜区准营证》的核发，对所属县人民政府三江并流管理机构进行业务指导。

县人民政府三江并流管理机构对辖区内三江并流遗产地履行管理职责，负责三江并流遗产地风景名胜区二、三级保护区内《风景名胜区准营证》的核发。

第七条 三江并流遗产地范围内的土地、矿藏、地质遗迹、森林、草原、河流、湖泊、湿地、野生动植物、种质资源、文物古迹、民俗民居、旅游资源、自然保护区、风景名胜区等，由有关行政主管部门依照相关的法律、法规进行管理，涉及保护、利用的重大事项，有关行政主管部门应当征求省人民政府三江并流管理机构的意见。

第八条 编制三江并流遗产地规划应当有利于保护其地质遗迹、生态演变过程、自然美学价值、生物多样性及濒危物种的完整性和真实性，有利于保护文物古迹和自然环境，尊重当地少数民族文化和风俗习惯。

第九条 三江并流遗产地规划分为总体规划、片区规划和详细规划。

片区规划根据总体规划编制；详细规划根据总体规划和片区规划编制。

第十条 三江并流遗产地规划根据有关法律法规按照下列程序编制和审批：

（一）总体规划由省人民政府建设行政主管部门会同有关行政主管部门组织编制，省人民政府审核后报国务院审批；

（二）片区规划由省人民政府三江并流管理机构会同有关州市人民政府组织编制，省人民政府建设行政主管部门审核后报省人民政府审批；

（三）详细规划由省人民政府三江并流管理机构会同有关县人民政府组织编制，有关州市人民政府审批后报省人民政府建设行政主管部门备案。

三江并流遗产地规划在报批前，编制部门应当征求有关行政主管部门的意见并依法办理有关手续。有关行政主管部门编制与三江并流遗产地相关的规划，应当与三江并流遗产地规划相衔接。

第十一条 经批准的三江并流遗产地规划，任何单位和个人不得擅自变更或者调整；确需变更或者调整的，应当报经原审批机关批准。

第十二条 任何单位和个人都有保护三江并流遗产地资源的义务，并有权对破坏三江并流遗产地资源的行为进行检举和控告。

各级人民政府或者有关部门应当对在三江并流遗产地保护工作中取得显著成绩的单位和个人给予表彰奖励。

第十三条 三江并流遗产地中的自然保护区分为核心区、缓冲区和实验区。核心区禁止任何单位和个人擅自进入；缓冲区经有关行政主管部门批准可以进入从事科学研究或者观测活动；实验区可以进入从事科学试验、教学实习、参观考察、旅游以及驯化、繁殖珍稀、濒危野生动植物等活动。

三江并流遗产地中的风景名胜区实行三级保护。一级保护区内除必要的基础设施外，禁止建设其他设施；二级保护区内禁止建设与风景和游览无关的设施；三级保护区内的建设项目不得破坏景观、污染环境。

在三江并流遗产地风景名胜区一级保护区内，对保护三江并流遗产地确有不利影响的居民点，有关县人民政府应当拟定搬迁计划，按照审批权限报县级以上人民政府批准后，逐步实施搬迁。搬迁应当妥善安排搬迁户的生产、生活，保护其合法权益。

第十四条 任何单位和个人不得擅自向三江并流遗产地范围内引进外来物种；确需引进的，由省人民政府农业、林业行政主管部门依法审批。

第十五条 三江并流管理机构应当建立保护监测系统，定期对三江并流遗产地自然资源和人类活动情况进行监测。

第十六条 使用三江并流遗产地标识、标志的，由省人民政府三江并流管理机构按照有关规定和要求授权；未经授权，任何单位和个人不得使用。

第十七条 三江并流风景名胜区管理机构或者依法取得风景名胜资源有偿使用权的单位和个人，应当在三江并流遗产地风景名胜区内的危险地段设置警示标志、护栏等安全保护设施。

第十八条 在三江并流遗产地风景名胜区内从事经营活动的单位和个人，应当使用环保车船和电、气、太阳能等清洁能源；排放污水、烟尘以及产生噪声的，应当符合国家有关规定；生活垃圾应当进行无害化处理。

第十九条 三江并流遗产地内的建设项目，应当通过环境影响评价，符合三江并流遗产地规划要求。建设项目应当与环境相协调，民居建筑应当保持当地民族传统风貌。

三江并流遗产地风景名胜区内的基础设施建设项目，由省人民政府三江并流管理机构会同有关部门负责组织开展项目前期工作，经省人民政府发展和改革行政主管部门审定后实施。

第二十条 三江并流遗产地风景名胜区管理机构应当根据三江并流遗产地规划，改善交通、服务等基础设施和游览条件。

单位和个人可以按照三江并流遗产地规划依法投资开发利用三江并流遗产地风景名胜资源。

第二十一条 三江并流遗产地风景名胜区对游客开放的，应当符合国家和省规定的开放条件，并经省人民政府三江并流管理机构会同省旅游行政主管部门批准。

对进入三江并流遗产地风景名胜区的旅游人数实行总量控制。控制数量由省人民政府三江并流管理机构和旅游行政主管部门按照三江并流遗产地风景名胜区的合理容量核定。

第二十二条 三江并流遗产地内的风景名胜资源依法实行有偿使用。

三江并流遗产地风景名胜区内的经营项目、经营位置和经营规模，由三江并流风景名胜区管理机构根据风景名胜区详细规划确定，并采取招标、拍卖等方式明确经营权。取得经营权的单位和个人不得擅自变更经营项目、经营位置和扩大经营规模。

第二十三条 三江并流遗产地的保护管理经费及基础设施建设经费，通过政府投入、民间投资、社会捐助、国际援助、门票收入等多种渠道筹集，专款专用。

第二十四条　各级州市县人民政府应当将三江并流遗产地资源、风景名胜区收入中属于国有资源收入和政府性投资收益的部分纳入财政预算，实行收支两条线管理，并保证三江并流遗产地风景名胜区的规划编制、日常管理、重点保护管理项目的必要资金，具体比例由财政部门会同三江并流管理机构核定。

第二十五条　违反本条例第十三条第一款规定的，由有关行政主管部门按照自然保护区管理的相关法律法规进行处罚。

违反本条例第十三条第二款规定，有下列行为之一的，由三江并流管理机构责令停止违法行为、限期拆除违法建筑和恢复原状，并处罚款：

（一）在三江并流遗产地风景名胜区一级保护区内进行违法建设的，处建筑面积每平方米100元以上500元以下罚款；

（二）在三江并流遗产地风景名胜区二级保护区内进行违法建设的，处建筑面积每平方米50元以上300元以下罚款；

（三）在三江并流遗产地风景名胜区三级保护区内进行违法建设的，处建筑面积每平方米20元以上100元以下罚款。

第二十六条　违反本条例第十四条规定的，由有关行政主管部门按照相关法律、法规进行处罚。

第二十七条　违反本条例第十六条规定，擅自使用三江并流遗产地标识、标志的，由三江并流管理机构责令停止违法行为，限期改正，逾期不改的处3000元以上3万元以下罚款，有违法所得的，没收违法所得。

第二十八条　违反本条例第二十二条第二款规定的，由三江并流管理机构责令限期改正，没收违法所得，并处1000元以上1万元以下罚款；逾期不改的，依法予以取缔。

第二十九条　三江并流管理机构工作人员玩忽职守、滥用职权、徇私舞弊的，依法给予行政处分；构成犯罪的，依法追究刑事责任。

第三十条　本条例自2005年7月1日起施行。

6. 云南省宁蒗彝族自治县泸沽湖风景区管理条例

（1994年4月19日云南省宁蒗彝族自治县第十二届人民代表大会第二次会议通过　1994年11月30日云南省第八届人民代表大会常务委员会第十次会议批准）

第一章　总　　则

第一条　为加强泸沽湖风景区的保护管理和合理开发利用，根据《中华人民共和国民族区域自治法》及有关法律，结合泸沽湖风景区的实际制定本条例。

第二条　本条例适用于云南省宁蒗彝族自治县（以下简称自治县）所辖之泸沽湖风景区。

第三条　开发利用泸沽湖风景区应在保护资源的前提下实行统一规划，科学管理，综合利用的方针。坚持生态效益、经济效益和社会效益相统一的原则。

第四条　鼓励国内外组织和个人按规划在泸沽湖风景区投资建设，谁投资谁受益。

第五条　自治县人民政府设立泸沽湖管理委员会，对泸沽湖风景区实行统一管理，分级负责，各有关部门密切配合的管理体制。

第二章　保　　护

第六条　泸沽湖风景区按三级保护。泸沽湖水域及其岛屿，沿湖300m以内的区域为核心保护区，实行一级保护；一级保护区以外，湖盆山脊以内的区域为景观保护区，实行二级保护；二级保护区以外的外围区域实行三级保护。

一、二、三级保护区的界线，由泸沽湖管理委员会依据总体规划结合实际具体界定。树立界桩，标明界区。

第七条　一级保护区内必须严格保护原有的自然景物和人文景

物，除按规划统一设置的保护和游览设施外，不得建设其他设施。

二级保护区内需要开发的项目，必须进行环境影响评价和景观影响评价，并按规定报批。不得新建改变地貌、影响景观、污染环境的设施。

第八条 泸沽湖最低水位为2689.8m（黄海高程，下同），最高蓄水位为2690.8m。一切开发活动必须严格控制在该正常水位内进行。

第九条 泸沽湖水域必须保持国家GB3838-88《地面水环境质量标准》中Ⅱ类标准。

禁止向泸沽湖排放污水。

禁止向泸沽湖及支流沟道倾倒土、石、尾矿、垃圾、废渣、禽畜尸体和其他废弃物。

泸沽湖周围居民的人畜粪便和垃圾要逐步实行无害化处理。

第十条 湖面除安全管理所必需的机动船外，禁止其他机动船运行。

第十一条 禁止围湖造地、围湖养殖、网箱养鱼以及其他缩小湖面的行为。

第十二条 严格保护泸沽湖水域水生生物，水产资源。禁止捕猎各种水禽、候鸟及蛙类。严禁炸鱼、毒鱼和电力捕鱼等行为。

第十三条 凡利用泸沽湖及其流域从事生物引种驯化和物种繁殖，必须通过研究实验，经泸沽湖管理委员会和有关部门审定，方可进行。

第十四条 对泥石流较严重的湖西大渔坝河，由林业、水利部门负责组织营造防护林和河道治理。

对五马河、三家村幽谷河、大咀沟和山垮沟两侧地带的水源林、防护林及其他植被必须严格保护。

沿湖滨30m内营造环湖护林带；湖周围的荒山荒坡实行封山育林，按责任山范围落实退耕还林，造林绿化。

第十五条 泸沽湖风景区内严禁采伐林木、毁林开荒、采石、采矿、取土、猎捕野生动物和从事其他各种有害于泸沽湖水域、景观和生态环境的活动。

第十六条 泸沽湖风景区内经批准的建设项目，其防治污染设施必须与主体工程同时设计，同时施工，同时投产，达不到环保要求的，不准投产。

第三章 开发利用

第十七条 泸沽湖风景区的开发利用,必须按照总体规划进行,严格依照《云南省风景名胜区管理实施细则》的规定申办有关手续。

第十八条 泸沽湖风景区开发经营活动应当兼顾湖区人民利益,带动当地经济的发展,尊重少数民族的风俗习惯。

第十九条 泸沽湖风景区内的旅游服务设施与景观建筑,其风格、形式、色彩等应与自然景观相协调,并注重地方民族特色。

湖区村庄、集镇的建设,必须按泸沽湖风景区总体规划进行,并保留当地少数民族传统的建筑风格。

第二十条 自治县人民政府应为投资者创造良好的投资环境,多渠道招商引资。

第二十一条 在鱼类产卵繁殖季节,实行定期封湖禁渔,任何组织和个人不准捕捞作业。

第二十二条 控制捕捞强度和渔具数量,合理确定各种渔具的网目尺寸和鱼类的起水标准。

第二十三条 凡从事渔业生产的组织和个人,均应向有关管理机关申请登记,依法取得捕捞许可证,按证书载明的作业类型、区域、时限和渔具规格数量等内容进行作业,并交纳渔业资源保护费。

第四章 管 理

第二十四条 泸沽湖管理委员会是自治县人民政府统一管理泸沽湖的职能机关。主要职责是:

(一)宣传贯彻执行有关法律、法规及本条例;

(二)组织实施各项规划和具体管理措施;

(三)负责督促和协调各有关部门履行各自的管理职能;

(四)行使本条例赋予的有关行政处罚权;

(五)会同有关部门组织协调对泸沽湖的科学研究。培训管理人才,提高科学管理水平;

(六)加强安全和卫生管理,维持风景区社会、生活、游览的秩序;

（七）协助乡政府解决好湖区人民的生产、生活问题。

第二十五条 永宁乡政府对泸沽湖风景区行使行政管辖权的同时，应支持配合泸沽湖管理委员会行使管理职权。

第二十六条 自治县有关部门应各司其职，支持配合泸沽湖管理委员会行使管理职权。

第二十七条 自治县人民政府应同涉及泸沽湖管理的毗邻地方政府协商组成联合保护组织，制定共同保护开发公约。

第二十八条 进入泸沽湖风景区从事科研、考察、影视拍摄等活动的国内外组织和个人，必须经泸沽湖管理委员会同意并办理有关手续。

任何组织和个人同国内外团体、个人签署涉及泸沽湖风景区的协议，须经自治县人民政府同意。

第二十九条 凡到泸沽湖风景区从事固定经营活动的组织和个人，必须经泸沽湖管理委员会同意，方可办理有关手续，按指定的地点和范围内开展经营活动。

从事经营活动的组织和个人，必须缴纳风景名胜资源有偿使用费。具体收费办法由自治县人民政府制定。所收费用专项用于泸沽湖风景区的保护管理和建设。

第三十条 泸沽湖风景区内的土地使用应纳入规划，由自治县人民政府土地管理部门严格依法审批。

第三十一条 加强泸沽湖航运管理。船只的所有者和经营者，应严格遵守有关规定，主动接受管理部门进行检查、丈量、登记和对作业人员的考核，凡不合格的一律不准营运作业。经营性的船只，必须向航运管理机关申办许可证，交纳有关费用。

第三十二条 对保护管理和开发利用泸沽湖风景区名胜资源作出重要贡献的组织和个人，由自治县人民政府给予表彰和奖励。

第五章　法律责任

第三十三条 违反本条例，有下列行为之一的，由泸沽湖管理委员会给予处罚，并可以根据《云南省风景名胜区管理实施细则》的规定并处罚款。

（一）违反规划进行建设的，责令其停止建设，恢复原状；

（二）污染或破坏自然景观的，责令其清除污染、恢复原状或承担修复费用；

（三）破坏泸沽湖水源、水体、水面的，擅自采石、采矿、取土的，责令其停止破坏行为并赔偿经济损失；

（四）猎捕泸沽湖水域的各种水禽、候鸟和蛙类的，责令其停止猎捕并视情况予以处罚；

（五）破坏景区游览秩序和安全制度，损毁旅游设施的，给予警告、责令修复或承担修复费用。

第三十四条 对违反本条例的其他行政违法行为，由有关行政管理机关按照有关法律、法规予以处罚。

违反治安管理规定的，由泸沽湖公安派出所给予处罚；构成犯罪的，由司法机关依法追究刑事责任。

第三十五条 泸沽湖管理委员会、泸沽湖公安派出所等有关部门的工作人员玩忽职守，滥用职权，徇私舞弊的，由其所在单位或者上级主管机关给予行政处分；构成犯罪的，由司法机关依法追究刑事责任。

第三十六条 当事人对行政处罚决定不服的，可以在接到处罚决定之日起十五日内，向作出处罚决定机关的上一级机关申请复议，也可以直接向人民法院起诉。当事人对复议决定不服的，可以在接到复议决定书之日起十五日内，向人民法院起诉。

当事人逾期不申请复议或者不向人民法院起诉又不履行处罚决定的，由作出处罚决定的机关申请人民法院强制执行。

第六章 附 则

第三十七条 本条例的具体应用由宁蒗彝族自治县人民政府负责解释。

第三十八条 本条例报云南省人民代表大会常务委员会批准后公布施行。

7. 昆明市九乡风景名胜区保护条例

（2009年10月30日昆明市第十二届人民代表大会常务委员会第二十八次会议审议通过 2009年11月27日云南省第十一届人民代表大会常务委员会第十四次会议批准 昆明市第十二届人民代表大会常务委员会第23号公告公布 自2010年1月1日起施行）

第一章 总 则

第一条 为有效保护、科学开发和合理利用九乡风景名胜区（以下简称景区）的自然资源、人文资源，根据国务院《风景名胜区条例》、《云南省风景名胜区管理条例》和有关法律、法规，结合本市实际，制定本条例。

第二条 在景区内进行活动以及与景区保护工作相关的单位和个人，应当遵守本条例。

第三条 景区的保护与开发，应当遵循科学规划、统一管理、严格保护、永续利用的原则。

第四条 宜良县人民政府设立景区管理机构（以下简称管理机构），负责景区的保护、利用和统一管理工作。

宜良县规划、建设、国土资源、环保、公安、旅游、文化、工商、林业、水务等有关部门及景区内的乡（镇）人民政府应当按照各自职责，协同做好景区的保护、管理工作。

第五条 任何单位和个人都有保护景区资源和环境的义务，有权对损害景区资源和环境的行为进行制止、检举。

对保护景区成绩显著的单位和个人，宜良县人民政府应当给予表彰奖励。

第二章 规 划

第六条 景区规划分为总体规划和详细规划。

景区规划应当依据《中华人民共和国城乡规划法》、国务院《风景名胜区条例》及相关法律、法规的规定编制审批。

第七条 景区内的乡（镇）规划和村庄规划应当符合景区规划，规划审批应当征得管理机构的同意。

第八条 经批准的景区规划、景区内的乡（镇）规划和村庄规划应当向社会公布。

第九条 任何单位和个人不得违反或者擅自改变景区规划，确需改变的，应当依法办理。

第十条 景区内的建筑物、构筑物和其他设施应当符合景区规划；不符合规划的应当依法整治，限期拆除。

第十一条 实施景区规划，可以依法征收或者征用景区内集体所有的土地和单位、个人所有的房屋及其他不动产，并按国家有关规定给予补偿。

第三章 保　　护

第十二条 景区保护按照国务院批准的《九乡风景名胜区总体规划》确定的区域，划分为特级、一级、二级、三级保护区。

特级保护区：保护区范围内的已开发和尚未开发的地下溶洞及洞口、天窗周边区域；叠虹桥区域。

一级保护区：麦田河、三脚洞、阿路龙崖刻等区域。

二级保护区：马蹄河两侧汇水区域；上大洞、大沙坝、大枯坑等区域。

三级保护区：二级保护区外围的环境保护协调区域。

管理机构应当按照划定的各级保护区设立界桩（碑）。

第十三条 景区内禁止下列行为：

（一）开山、采石、开矿、开荒、修坟立碑等破坏景观、植被和地形地貌的活动；

（二）改变水资源、水环境自然状态的活动；

（三）修建储存爆炸性、易燃性、放射性、毒害性、腐蚀性物品的设施；

（四）建设冶炼、电镀、化工、制革、洗矿等污染环境的项目；

（五）超标排放大气污染物、水污染物等有害物质；

（六）销售、购买、运输景区内的石峰、石芽、石笋、石钟乳、石柱等风景石；

（七）猎捕野生保护动物和采挖野生保护植物；

（八）在河道、沟渠内毒鱼、炸鱼、电鱼；

（九）在指定地点外倾倒土石、垃圾、废渣等废弃物；

（十）破坏文物、景物；

（十一）擅自砍伐、损毁林木；

（十二）毁坏或者改变界桩（碑）；

（十三）其他影响生态和景观的活动。

第十四条 二级保护区内，除遵守本条例第十三条规定外，禁止烧荒、在非指定地点野炊等违规用火。

第十五条 一级保护区内，除遵守本条例第十四条规定外，禁止建设宾馆、招待所、培训中心、疗养院等与保护风景名胜资源无关的建筑物、构筑物和其他设施；现有人居构筑物按照规划逐步拆迁。

第十六条 特级保护区内，除遵守本条例第十五条规定外，禁止下列行为：

（一）设置、张贴商业广告；

（二）挖沙、取土；

（三）放牧；

（四）燃放烟花爆竹；

（五）在非指定地点吸烟。

第十七条 在一、二、三级保护区内禁止从事经营性挖沙、取土。因道路和设施维护，确需挖沙、取土的，应当经管理机构审查同意，报国土、环保、林业、水务等有关行政主管部门批准后，在指定地点挖取，并按照规定恢复植被。

景区内的居民因生活需要，在一、二、三级保护区内挖沙、取土自用的，应当在管理机构指定的地点挖取。

第十八条 在景区洞穴内兴建旅游设施时，管理机构、施工单位应当采取严格的保护措施，避免损坏洞穴内钟乳石等景物。

第十九条 在景区内进行下列活动，应当经管理机构审核同意后，依照有关法律、法规的规定办理审批手续：

（一）影视剧拍摄、科学考察；

（二）举办大型游乐等活动。

第二十条　景区内经批准的建设项目,管理机构和建设单位在施工前应当记录环境原貌。建设单位在施工过程中应当采取有效措施,保护景物、植被、水体、地貌和环境。

建设单位应当在工程验收合格后六个月内向管理机构提交工程竣工档案。

第二十一条　景区内的建筑物、构筑物及其他设施,应当体现自然风貌,突出地方民族特色,并与周围景观和环境相协调。

第二十二条　在符合景区规划前提下,管理机构对景区内乡(镇)合理利用二、三级保护区资源的生产和经营活动给予支持、指导。

第二十三条　宜良县人民政府应当对景区有计划地投入保护资金。对重点保护项目,除国家和省、市有关部门的投入外,可以采取社会捐助等形式筹集资金。

第二十四条　昆明市人民政府和宜良县人民政府应当在景区内大力推广新型节能环保能源,并在政策和资金上给予支持。

第四章　管　　理

第二十五条　管理机构主要职责:

(一)按照规划组织实施景区的保护与开发;

(二)依法行使行政审批和行政处罚权;

(三)协调有关部门完善景区的基础设施和公共服务设施;

(四)建立健全安全管理、监测、预警制度,制定自然灾害等突发事件的具体应急预案,对突发事件及时报告和处置;

(五)建立健全石景、文物古迹、古树名木的保护管理档案,并实施有效管理;

(六)科学合理确定景区、景点的游客容量和游览路线,制定疏导游客的具体方案,设置保护标志、路标路牌、公共服务、地质科普和安全警示等标志;

(七)配合各有关部门做好封山育林、护林防火和森林病虫害防治工作,并履行相应职责;

(八)负责景区游览区的服务设施、环境卫生、饮食安全和服务质量的监督管理、检查;

（九）建立生活垃圾收集、运输、处置制度，建设生活污水处理设施，实现达标排放；

（十）加强景区游览区的管理，确保游客的人身安全和国家、集体、个人的财产安全；

（十一）县级以上人民政府赋予的其他职责。

第二十六条 进入景区游览区的交通工具，应当按照规定的路线限速行驶，并在指定的地点停放。

第二十七条 在景区游览区进行经营活动，应当在管理机构指定的地点经营，禁止游动叫卖和强行兜售。

第二十八条 进入景区游览区的人员应当按照规定购买门票。

利用景区内的资源进行经营活动的单位和个人，应当向管理机构缴纳风景名胜资源有偿使用费。

景区的门票收入、风景名胜资源有偿使用费，主要用于景区资源的保护、管理以及基础设施建设。

第二十九条 宜良县人民政府应当确定景区保护管理目标，并监督、检查本条例的实施情况，向昆明市人民政府报告。

第五章 法律责任

第三十条 违反本条例规定，有下列行为之一的，由管理机构予以处罚：

（一）违反第十三条第六项规定的，没收所销售、购买、运输的风景石和违法所得；销售者和购买者恶意串通的，分别处以1万元以上5万元以下罚款，情节特别严重的，分别处以5万元以上15万元以下罚款。明知是本条例禁止销售、购买的风景石而运输的，对运输者处以5000元以上2万元以下罚款；

（二）违反第十三条第十二项、第十六条第三项规定的，责令改正，处以100元以上500元以下罚款；

（三）违反第十四条规定的，责令停止违法行为，限期恢复原状；逾期不改正或者拒不恢复原状的，对单位处以5000元以上2万元以下罚款，对个人处以1000元以上5000元以下罚款；

（四）违反第十六条第二项、第十七条第二款规定的，责令停止违法行为，限期恢复原状，并按照每立方米处以100元罚款，不足

$1m^3$ 的,按照 $1m^3$ 处罚;

(五)违反第十六条第五项规定的,处以 50 元罚款;

(六)违反第二十条第一款规定的,责令限期改正、恢复原状;逾期不改正的,对建设单位处以 1 万元以上 5 万元以下罚款;

(七)违反第二十六条、第二十七条规定的,责令改正,处以 50 元以上 200 元以下罚款;

(八)违反第二十八条第一款规定的,责令改正,处以应购门票价款一倍以上三倍以下罚款。

第三十一条 违反本条例规定的其他违法行为,由管理机构依照国务院《风景名胜区条例》或者其他有关法律、法规的规定予以处罚;管理机构无权处理的,应当及时移送或者通报有权处理的行政主管部门,有权处理的行政主管部门应当依法及时予以处理,并将处理情况通报管理机构。

第三十二条 管理机构及其工作人员违反本条例规定,有下列行为之一的,对负有责任的主管人员和其他直接责任人员依法给予处分;构成犯罪的,依法追究刑事责任:

(一)未按规定对景区资源进行调查登记,建立档案,设置标志的;

(二)管理不善造成景区资源破坏、环境污染的;

(三)串通经营单位或者个人,敲诈勒索游客的;

(四)发现违反本条例的行为不依法处理的;

(五)管理制度不健全,发生安全责任事故的;

(六)其他滥用职权、玩忽职守的。

第六章 附 则

第三十三条 本条例自 2010 年 1 月 1 日起施行。

二十三、陕西省

1. 陕西省风景名胜区管理条例

(2002年3月28日陕西省第九届人民代表大会常务委员会第二十八次会议通过 2004年8月3日陕西省第十届人民代表大会常务委员会第十二次和2008年5月29日陕西省第十一届人民代表大会常务委员会第二次会议修订 2008年5月29日人大会常务委员会第3号公告公布 2008年8月1日起施行)

第一章 总 则

第一条 为加强风景名胜区管理,保护和合理利用风景名胜资源,根据有关法律、行政法规,结合本省实际,制定本条例。

第二条 本省行政区域内风景名胜区的设立、规划、建设、保护、利用和管理活动,适用本条例。

第三条 风景名胜区应当坚持科学规划、统一管理、严格保护、永续利用的原则。

第四条 县级以上人民政府应当加强对风景名胜区工作的领导,将风景名胜区的保护、利用和基础设施、公共设施建设纳入国民经济和社会发展规划,保障风景名胜区事业发展。

第五条 县级以上人民政府建设行政主管部门负责本行政区域内风景名胜区的监督管理工作。

县级以上人民政府国土资源、林业、农业、水利、环保、公安、文物、宗教、旅游等部门按照各自的职责,做好风景名胜区的保护工作。

第六条 风景名胜区所在地县级以上人民政府设置的风景名胜区管理机构,负责风景名胜区的保护、利用和统一管理工作。其具体职责是:

（一）宣传、执行有关风景名胜区管理的法律、法规和规章；
（二）组织实施风景名胜区规划；
（三）保护风景名胜区的景观和自然环境；
（四）建设、维护、管理风景名胜区基础设施和公共设施；
（五）制定风景名胜区管理制度，维护风景名胜区的环境卫生和公共秩序，保障游览安全；
（六）组织研究和宣传风景名胜区景观的观赏、文化和科学价值；
（七）本级人民政府赋予的其他职责。

第二章 风景名胜区的设立

第七条 风景名胜区划分为国家级风景名胜区和省级风景名胜区。

申请设立风景名胜区，应当提交包含下列内容的有关材料：
（一）风景名胜资源的基本状况；
（二）拟设立风景名胜区的范围以及核心景区的范围；
（三）拟设立风景名胜区的性质和保护目标；
（四）拟设立风景名胜区的游览条件；
（五）与拟设立风景名胜区内的土地、森林等自然资源和房屋等财产的所有权人、使用权人协商的内容和结果。

第八条 设立国家级风景名胜区，由省人民政府申报。

设立省级风景名胜区，由县级人民政府申报，省建设行政主管部门会同有关部门组织论证，提出审查意见，报省人民政府批准公布。

风景名胜区由所在地的县级人民政府按照批准的范围设立界碑。

第九条 风景名胜区内的土地、森林等自然资源和房屋等财产的所有权人、使用权人的合法权益受法律保护。

申请设立风景名胜区的人民政府应当在报请审批前，与风景名胜区内的土地、森林等自然资源和房屋等财产的所有权人、使用权人充分协商。

因设立风景名胜区对风景名胜区内的土地、森林等自然资源和房屋等财产的所有权人、使用权人造成损失的，应当依法给予补偿。

第三章 规划与建设

第十条 风景名胜区应当编制总体规划和详细规划。

总体规划应当包括下列内容：

（一）风景资源评价；

（二）生态资源保护措施、重大建设项目布局、开发利用强度；

（三）风景名胜区的功能结构和空间布局；

（四）禁止开发和限制开发的范围；

（五）风景名胜区的游客容量；

（六）有关专项规划。

详细规划应当根据核心景区和其他景区的不同要求编制，确定基础设施、旅游设施、文化设施等建设项目的选址、布局与规模，并明确建设用地范围和规划设计条件。

风景名胜区详细规划，应当符合风景名胜区总体规划。

第十一条 国家级风景名胜区总体规划和详细规划由省建设行政主管部门组织编制。省级风景名胜区总体规划和详细规划由县级人民政府组织编制。

编制风景名胜区规划应当与城乡规划、土地利用总体规划、生态环境保护规划和其他专业规划相协调。

第十二条 风景名胜区规划的编制，应当采取招标等公平竞争的方式，选择具有相应资质等级的单位承担。

境外规划设计组织符合条件的，可以参加风景名胜区规划编制的投标活动。

第十三条 国家级风景名胜区的总体规划，由省人民政府报国务院审批；详细规划由省建设行政主管部门报国务院建设行政主管部门审批。

省级风景名胜区的总体规划，由设区的市人民政府审查后报省人民政府审批，报国务院建设行政主管部门备案；详细规划由设区的市建设行政主管部门审查后报省建设行政主管部门审批。

第十四条 经批准的风景名胜区规划不得擅自修改，确需对风景名胜区总体规划中的风景名胜区范围、性质、保护目标、生态资源保护措施、重大建设项目布局、开发利用强度以及风景名胜区的功能结构、空间布局、游客容量进行修改的,应当报原审批机关批准;对其他内容进行修改的,应当报原审批机关备案。

风景名胜区详细规划确需修改的,应当报原审批机关批准。

第十五条 风景名胜区规划未经批准的,不得在风景名胜区内进行各类建设活动。

风景名胜区内的各类建设活动必须符合风景名胜区规划的要求。风景名胜区内建设项目的布局、高度、体量、造型、风格、色调等应当与生态环境、周围景观相协调。

风景名胜区设立前已有的建筑物、构筑物或者其他设施不符合规划要求的,应当实行搬迁,并依法给予补偿。

第十六条 在风景名胜区内修建公路、缆车、索道、风景名胜区徽志等重大建设工程,项目的选址方案应当按照风景名胜区的等级,报国务院建设行政主管部门或者省建设行政主管部门核准。

第十七条 建设单位、施工单位在风景名胜区内进行建设活动时,应当采取有效措施,保护施工场地周围的文物、景物、植被、水体和地貌;工程竣工后,应当及时清理施工现场,恢复植被。

第四章 保护与管理

第十八条 风景名胜区管理机构应当会同文物、林业、国土资源、环境保护等有关部门做好景区内文物保护、植被保护、生物多样性保护、造林绿化、护林防火和病虫害、地质灾害的防治工作。

第十九条 在风景名胜区内从事各种活动的单位和个人,应当遵守风景名胜区管理规定,保护风景名胜资源和公共设施,自觉维护景区内的环境卫生和公共秩序。

第二十条 风景名胜区内禁止下列行为:

(一)乱扔废弃物,攀折林木花草,在景物和公共设施上刻划、涂写;

(二)在非指定区域吸烟、用火、取土;

(三)占道经营,圈占景点收费;

(四)开山、采矿、采石、挖沙、开荒、填堵自然水系等破坏景观、植被、地形、地貌和水体的活动;

(五)修坟立碑、砍伐古树名木、狩猎或者捕捉野生动物;

（六）修建储存爆炸性、易燃性、放射性、毒害性、腐蚀性物品的设施；

（七）损害风景名胜资源的其他行为。

第二十一条 在风景名胜区内进行下列活动，应当经风景名胜区管理机构审核后，依照法律、法规的规定报有关主管部门批准：

（一）摆摊设点和从事餐饮、旅游、运输经营活动；

（二）设置、张贴商业广告；

（三）运入未经检疫的动植物或者引入新的物种；

（四）采伐林木、采集物种标本、野生药材和其他林副产品；

（五）举办大型游乐、演出活动或者拍摄影视剧；

（六）改变水资源、水环境自然状态的活动；

（七）其他可能影响生态和景观的活动。

第二十二条 风景名胜区管理机构应当根据规划，改善景区交通、服务设施和游览条件，做好游人疏导工作，保障游览安全。在危险地段、水域和猛兽出没、有害植物生长区域应当设置警示标志，并作出防范说明。

禁止超过允许容量接纳游客和在没有安全保障的区域开展游览活动。

第二十三条 风景名胜资源实行有偿使用。依托风景名胜区从事经营活动的单位和个人，应当向风景名胜区管理机构交纳风景名胜资源有偿使用费。风景名胜区的门票由风景名胜区管理机构负责出售。

风景名胜资源有偿使用费和门票收入应当全额上缴财政，实行收支两条线管理，用于风景名胜资源保护、基础设施维护建设和景区的管理以及风景名胜区内财产所有人、使用权人损失的补偿。

风景名胜资源有偿使用费的收取标准和风景名胜区门票价格的制定及调整，由省建设行政主管部门商有关部门提出意见，报省财政、价格主管部门核定。

第二十四条 风景名胜区管理机构不得从事以营利为目的的经营活动，不得将规划、管理和监督等行政管理职能委托给企业或者个人行使。

风景名胜区管理机构的工作人员，不得在风景名胜区内的企业兼职。

第二十五条 县级以上建设行政主管部门和风景名胜区管理机构

应当加强风景名胜区管理人员的教育和培训,提高其业务素质和管理水平。

风景名胜区管理人员应当遵守风景名胜区管理的法律、法规和各项制度,文明执法,热情服务。

第五章 法律责任

第二十六条 违反本条例规定的行为,国务院《风景名胜区条例》有处罚规定的,由风景名胜区管理机构或者有关行政主管部门实施处罚。

有关行政主管部门依法委托风景名胜区管理机构执行行政处罚的,由风景名胜区管理机构按照委托权限处罚。

第二十七条 违反本条例规定有下列行为之一的,由风景名胜区管理机构责令限期改正,给予警告,可以并处罚款;造成损失的,应当依法予以赔偿:

(一)乱扔废弃物、攀折林木花草,在景物和公共设施上刻划、涂写的,处五十元罚款;

(二)在非指定区域吸烟、用火、取土的,处五十元以上二百元以下罚款;

(三)占道经营、圈占景点收费的,处二百元以上一千元以下罚款。

第二十八条 违反本条例规定,在风景名胜区内修建公路、缆车、索道、风景名胜区徽志等重大建设工程,项目的选址方案未经国务院建设行政主管部门或者省建设行政主管部门核准,县级以上人民政府有关部门核发选址意见书的,由其上级机关或者行政监察部门对直接负责的主管人员和其他直接责任人员给予处分;构成犯罪的,依法追究刑事责任。

第二十九条 风景名胜区管理机构依据国务院《风景名胜区条例》规定,对个人处以五千元以上,对单位处以五万元以上罚款的,应当告知当事人有要求举行听证的权利。

第三十条 当事人对依照本条例规定作出的行政处罚决定不服的,可以依法申请行政复议或者直接向人民法院起诉。

当事人逾期不申请复议也不向人民法院起诉又不履行处罚决定

的，由作出处罚决定的风景名胜区管理机构申请人民法院强制执行。

第三十一条　风景名胜区管理机构及其工作人员违反本条例规定，有下列行为之一的，依法给予行政处分；构成犯罪的，由司法机关依法追究刑事责任：

（一）未按规定设置警示标志和做出防范说明的；

（二）串通经营单位或者个人，敲诈勒索游客的；

（三）擅自提高门票和风景名胜资源有偿使用费的收取标准的；

（四）不按风景名胜区规划要求和审批程序批准建设项目的；

（五）超过允许容量接纳游客和在没有安全保障的区域开展游览活动；

（六）其他滥用职权、玩忽职守造成严重后果的。

第六章　附　　则

第三十二条　本条例自 2008 年 8 月 1 日起施行。

2. 铜川市风景名胜区管理办法

(1994 年 12 月 6 日铜川市人民政府发布施行)

第一条　为了加强对风景名胜区的管理，根据《风景名胜区管理暂行条例》、《风景名胜区管理暂行条例实施办法》，结合本地实际，特制定本办法。

第二条　铜川市有玉华宫、药王山等风景名胜区。

第三条　市风景名胜区管理处，受市建委委托行使管理风景名胜区的有关职能。

第四条　设在风景名胜区内的所有单位的规划建设，必须服从市风景名胜区管理处对风景名胜区的统一规划和管理。

第五条　风景名胜区管理处要把对风景名胜区的保护工作列为首要任务。建立健全规章制度，落实保护责任，同时要搞好宣传工作。

第六条　在市人民政府领导下，由市风景名胜区管理部门会同规划土地、文物、环保、旅游、农林、水利、电力、交通、邮电等有关部门组织编制风景名胜区总体规划，经市城乡建设主管部门批准后组织实施。

第七条　风景名胜区管理处应在风景名胜外围，根据保持景观特色，维护风景名胜区自然环境和生态平衡，防止污染和控制建设活动等需要，在风景名胜区规划中划定保护范围。其规划应与城镇规划相协调。

第八条　风景名胜区内的林业部门，应当根据风景名胜区的长远规划，编制森林经营方案，报林业主管部门批准后实施。

第九条　风景名胜保护区的林木均属特殊用途林，都应当按照规划进行抚育管理，不得砍伐。确需进行更新，抚育性采伐的，必须经地方主管部门批准后，方可进行。根据实际需要，可配备专（兼）职护林员，加强风景名胜区的森林保护，并在林区要设置防火设施。

第十条　风景名胜区内的古树名木要严加保护，严禁砍伐、移植，要进行调查、鉴定、登记、造册、建立档案。经鉴定的古树名木要悬挂标牌，并要落实古树名木的保护复壮措施，及时搞好松土、施肥、补洞、防止病虫和预防风雪、雷、雨等灾害的工作。

第十一条　切实维护好动物的栖息环境，严禁伤害和滥捕野生动物，要宣传普及野生动物的生态知识和保护知识。

第十二条　风景名胜区及其区内的古建筑、古园林、石窟、寺庙、石刻等文物古迹属于国家所有，一切机关、组织和个人，都有保护国家文物的义务。市风景名胜区管理处根据有关规定，应对文物古迹划定必要的保护范围，作出标志说明，建立记录档案，并要落实防火、避雷、防洪、防震等措施。

第十三条　禁止在风景名胜区内大兴土木和大规模地进行改变地貌和自然环境的活动。

第十四条　禁止在保护区内开山采石，挖沙取土等经营活动。

第十五条　任何单位和个人在风景名胜区内占用土地、建设房屋或其他工程等都要经风景名胜区管理处按规划提出审查意见后，到规划土地部门办理审批手续。鼓励单位和个人投资风景名胜区的建设，坚持"谁投资谁受益"的原则，加快风景名胜区的建设步伐。

第十六条　风景名胜区内所有机关、单位、个人都必须爱护风景名胜区的景物、林木、设施环境,都应遵守风景名胜区的有关规定,服从统一管理。

第十七条 在风景名胜区及其外围保护地带内各项建设项目在施工过程中,必须采取有效措施保护景物及周围的树木、植被、水体和地貌,不得造成污染和破坏。施工结束后,必须及时清理场地,进行绿化,恢复环境原貌。

第十八条 在风景名胜区进行经营活动的单位和个人,须经风景名胜区管理处同意,并持有营业执照,在规定的区域和营业范围内经营。

第十九条 风景名胜区要做好文明浏览的宣传教育工作,引导游人遵守公共秩序,爱护风景名胜资源,爱护公物,注重卫生。

第二十条 在《风景名胜区管理办法》发布前,已经占用风景名胜区的单位和个人,由管辖的管理机构或主管部门根据本办法进行管理,区别情况,分别对待。凡属污染环境,破坏景观和自然风貌,严重妨碍浏览活动的都要限期治理或逐步迁出;迁出前,不得扩建、新建设施。风景名胜区内原有的有碍景观的工程设施,要按规定要求进行遮掩、改造或者拆除。

第二十一条 对侵占风景名胜区内土地进行违章建设的,损毁景物、林木植被,捕杀野生动物或污染破坏环境的,由有关部门或风景名胜区管理部门责令停止破坏活动,赔偿经济损失,并根据情节按有关法律、法规、规定予以处罚。

第二十二条 加强治安、安全管理,设置维护浏览秩序和治安专门人员,加强治安巡逻检查。

第二十三条 对破坏风景名胜区浏览秩序和安全制度,不听劝阻的,属于违反治安管理规定的,由公安机关依法处罚。构成犯罪的,由司法机关依法追究其刑事责任。

第二十四条 市建委负责组织我市行政区划内新的风景名胜评价、审定、升格报批工作。

第二十五条 本办法由市城乡建设委员会负责解释。

第二十六条 本办法自发布之日起施行。

3. 陕西省华山风景名胜区条例

(2009年7月24日陕西省第十一届人民代表大会常务委员会第九次会议通过 自发布之日起施行)

第一章 总 则

第一条 为了加强华山风景名胜区的保护和管理，合理利用风景名胜资源，根据国务院《风景名胜区条例》，结合华山风景名胜区实际，制定本条例。

第二条 华山风景名胜区的规划、建设、保护、利用和管理，适用本条例。

华山风景名胜区及其外围保护地带的具体范围按照国务院批准的《华山风景名胜区总体规划》确定。

第三条 华山风景名胜区遵循科学规划、统一管理、严格保护、永续利用的原则。

第四条 省人民政府住房和城乡建设行政主管部门负责华山风景名胜区的监督管理工作。

第五条 渭南市人民政府应当加强对华山风景名胜区工作的领导，将华山风景名胜区的保护和建设纳入全市国民经济和社会发展规划。

渭南市人民政府设置的华山风景名胜区管理机构，具体负责华山风景名胜区的保护、利用和统一管理工作。

第六条 华山风景名胜区管理机构的主要职责是：

（一）宣传、贯彻执行有关风景名胜区保护和管理的法律、法规；

（二）参与编制并组织实施华山风景名胜区总体规划和详细规划；

（三）制定并组织实施华山风景名胜区的具体保护和管理制度；

（四）组织华山风景名胜区资源的调查、评价、登记工作，开展对外形象策划宣传和旅游促销；

（五）保护华山风景名胜区的景观和生态环境；

（六）建设、维护、管理华山风景名胜区基础设施和公共设施；

（七）负责华山风景名胜区旅游安全、市场秩序、景区环境和卫生管理等工作；

（八）负责华山风景名胜区内建设项目和有关活动的监督管理；

（九）渭南市人民政府赋予的其他职责。

第七条 华阴市人民政府负责华山风景名胜区外围保护地带的建设和管理工作。

华山风景名胜区周边其他县级人民政府，应当结合实际利用华山风景名胜资源，发展旅游业，促进县域经济的发展。

第二章 规 划

第八条 在华山风景名胜区及其外围保护地带开展建设、保护、利用和管理等相关活动，应当遵守华山风景名胜区规划。

第九条 华山风景名胜区规划分为总体规划和详细规划，由省住房和城乡建设行政主管部门负责组织编制。华山风景名胜区总体规划由省人民政府报国务院审批；详细规划由省住房和城乡建设行政主管部门报国务院住房和城乡建设行政主管部门审批。

省住房和城乡建设行政主管部门应当将经批准的华山风景名胜区规划向社会公布。

第十条 华山风景名胜区总体规划应当包括下列内容：

（一）风景资源评价；

（二）生态资源和文物保护措施、重大建设项目布局、开发利用强度；

（三）风景名胜区的功能结构和空间布局；

（四）禁止开发和限制开发的范围；

（五）风景名胜区的游客容量；

（六）有关专项规划。

华山风景名胜区的详细规划应当根据核心景区和其他景区的不同要求编制，确定基础设施、旅游设施、文化设施等建设项目的选址、布局与规模，并明确建设用地范围和规划设计条件。

华山风景名胜区详细规划，应当符合华山风景名胜区总体规划。

第十一条 华山风景名胜区总体规划和详细规划一经批准不得擅

自修改。

华山风景名胜区总体规划的风景名胜区范围、性质、保护目标、生态资源保护措施、重大建设项目布局、开发利用强度以及风景名胜区的功能结构、空间布局、游客容量确需修改的，应当报原审批机关批准；其他内容确需修改的，应当报原审批机关备案。

华山风景名胜区详细规划确需修改的，应当报原审批机关批准。

第十二条 华阴市人民政府编制城市规划和批准乡村规划，涉及华山风景名胜区及其外围保护地带内的，应当符合华山风景名胜区规划要求，并书面征求华山风景名胜区管理机构的意见。

第三章 建 设

第十三条 华山风景名胜区及其外围保护地带的建设应当依据华山风景名胜区规划进行。除必需的保护设施、附属设施外，在华山风景名胜区重要景点不得兴建其他设施。

第十四条 禁止违反华山风景名胜区规划，在华山风景名胜区内设立各类开发区、工矿企业和在核心景区内建设宾馆、招待所、培训中心、疗养院以及与风景名胜资源保护无关的其他建筑物、构筑物；已经建设的，应当按照华山风景名胜区规划逐步迁出。

在华山风景名胜区及其外围保护地带内不得设立污染环境的建设项目；已经建设的，华山风景名胜区管理机构或者华阴市人民政府应当责令限期拆除。

第十五条 单位和个人在华山风景名胜区内从事本条例第十四条、第二十一条禁止范围以外的建设活动，应当向华山风景名胜区管理机构提交《风景名胜区建设项目选址报告》、规划方案以及相关文件，经华山风景名胜区管理机构审核后，依照有关法律、法规的规定办理审批手续。

第十六条 在华山风景名胜区内修建缆车、索道、公路、风景名胜区徽志等重大建设工程的选址方案，由华山风景名胜区管理机构提交省住房和城乡建设行政主管部门初审后，报国务院住房和城乡建设行政主管部门核准。

华山风景名胜区内其他建设工程的选址方案，由华山风景名胜区管理机构报省住房和城乡建设行政主管部门核准。

第十七条 华山风景名胜区及其外围保护地带内建设项目的布局、高度、体量、造型、色调等，应当体现地方特色，与周围景观和环境相协调。已有的有碍景观的建筑物、构筑物，华山风景名胜区管理机构或者华阴市人民政府应当限期拆除。

因前款所述建筑物、构筑物的拆除、迁出，给公民、法人或者其他组织造成财产损失的，应当依法给予补偿。

第十八条 华山风景名胜区及其外围保护地带的村（居）民住宅和乡村公共设施建设，应当符合华山风景名胜区规划要求，适当集中、合理布局，与周围景观和环境相协调。

第十九条 在华山风景名胜区内进行建设，建设单位、施工单位应当采取有效措施，保护周围景物、林木植被、野生动物资源、水体、地貌和文物古迹，不得造成污染和损坏。建设项目竣工后，应当及时清理场地，恢复植被等。

第四章 保 护

第二十条 华山风景名胜区的地貌景观和自然环境，应当根据可持续发展的原则，严格保护，不得破坏或者随意改变。

华山风景名胜区管理机构应当建立健全环境保护、动植物保护、文物保护、有害生物防治、森林防火、水土保持、地质灾害防治等风景名胜资源保护的各项管理制度，制订应急预案，组建专业队伍，组织落实保护责任。

华山风景名胜区内的居民和游览者应当保护风景名胜区的景物、水体、河道、林草植被、野生动物和各项设施。

第二十一条 华山风景名胜区内禁止下列行为：

（一）乱扔废弃物，攀折林木花草，在景物和设施上刻划、涂写；

（二）在非指定区域吸烟、用火；

（三）占道经营，圈占景点收费；

（四）开山、采石、开矿、挖沙、取土、开荒、填堵自然水系等破坏景观、植被、地形、地貌和水体的活动；

（五）修坟立碑，采伐、毁坏、移植古树名木，狩猎或者捕捉野生动物；

（六）修建储存爆炸性、易燃性、放射性、毒害性、腐蚀性物品的设施；

（七）损害风景名胜资源的其他行为。

第二十二条 华山风景名胜区管理机构应当会同文物、宗教等部门对西岳庙、魏长城、摩崖石刻、道观庙宇和景区内的田野文物等重要景点和文物，划定保护范围，制定相应的保护措施。

第二十三条 华山风景名胜区管理机构可以根据生态恢复、森林防火和野生动植物保护的需要，对相关景区、景点实行临时性封闭，并提前予以公告。

第二十四条 在华山风景名胜区内进行下列活动，应当经华山风景名胜区管理机构审核后，依照有关法律、法规的规定，报有关行政主管部门批准：

（一）摆摊设点和从事餐饮、旅游、运输经营活动；

（二）设置、张贴商业广告；

（三）运入未经检疫的动植物或者引入新的物种；

（四）采伐林木、采集物种标本、野生药材和其他林副产品；

（五）举办大型游乐、演出、攀岩、滑翔活动或者拍摄影视剧、广告；

（六）改变水资源、水环境自然状态的活动；

（七）捶拓碑碣石刻；

（八）其他可能影响生态和景观的活动。

第二十五条 渭南市人民政府、华阴市人民政府和有关乡（镇）人民政府，以及华山风景名胜区管理机构，应当扶持和帮助华山风景名胜区及其外围保护地带内的农村集体经济组织和农户，利用自然资源优势发展生态农业、生态林业和旅游服务业，改善生态环境，保护风景名胜资源。

第五章 利用和管理

第二十六条 华山风景名胜区管理机构应当根据华山风景名胜区规划，合理利用风景名胜资源，改善交通、服务设施和游览条件，确保游览安全。

华阴市人民政府应当根据华山风景名胜区规划，围绕建设旅游城市的目标，在外围保护地带建设交通、住宿、餐饮、购物等旅游配套设施，提高旅游服务质量，促进旅游业整体发展。

第二十七条 华山风景名胜区管理机构应当合理核定景区、景点的游客容量和游览路线，设置规范的地名标志、路标和说明标识，做好游客的疏导工作，并会同旅游行政管理部门加强对旅行社、导游的管理。

华山风景名胜区不得超过核定的景区、景点容量接纳游客。

第二十八条 华山风景名胜区管理机构应当建立健全安全保障制度，制定突发事件应急预案，加强对工作人员、游客的安全教育和管理工作。

华山风景名胜区管理机构应当在景区险要部位设置安全设施和警示牌，可以采取临时限制措施控制游客数量，确保游客安全。不得在没有安全保障的区域开展游览活动。

第二十九条 华山风景名胜区管理机构应当加强治安、消防管理工作，配合公安机关及时制止或者处理破坏风景名胜区资源、危害游客人身财产安全的行为，维护景区的治安秩序。

第三十条 华山风景名胜区内的交通、服务等经营项目，由华山风景名胜区管理机构依照有关法律、法规以及华山风景名胜区规划，通过招投标等公平竞争的方式确定经营者。华山风景名胜区管理机构应当与经营者签订合同，依法确定各自的权利义务。

第三十一条 通过招投标等公平竞争的方式取得华山风景名胜区内交通、服务等经营权的单位和个人，应当在指定的地点和划定的范围进行经营活动，不得欺诈和误导游客，不得围追兜售、强买强卖。

华山风景名胜区管理机构应当会同工商、卫生等有关部门依法对景区内的经营者进行监督检查。

第三十二条 华山风景名胜区管理机构应当加强景区内环境卫生的监督管理，设置必要的环卫设施，保持景区良好的卫生环境。

华山风景名胜区管理机构应当会同有关部门加强景区内食品安全的监督管理，保障游客的饮食安全。

第三十三条 华山风景名胜区管理机构应当会同环境保护行政管理部门加强对景区内环境污染防治的监督管理，组织对污水、固体废弃物进行无害化处理，对沟峪、水体进行清理，对建筑、生活垃圾进行清运。

第三十四条 进入华山风景名胜区的机动车辆，应当按照指定线路行驶,并在规定地点停放。

华山风景名胜区内应当逐步使用环保型机动车辆。

第三十五条 华山风景名胜区内宗教活动场所的管理和文物古迹的保护,依照有关法律、法规执行。

第三十六条 华山风景名胜资源实行有偿使用。依托华山风景名胜区从事经营活动的单位和个人,应当向华山风景名胜区管理机构交纳风景名胜资源有偿使用费。华山风景名胜区的门票由华山风景名胜区管理机构负责出售。

华山风景名胜资源有偿使用费和门票收入应当全额上缴财政,实行收支两条线管理,用于华山风景名胜资源保护、基础设施维护建设和景区的管理以及风景名胜区内财产所有人、使用权人损失的补偿。

华山风景名胜资源有偿使用费的收取标准和华山风景名胜区门票价格的制定及调整,由省住房和城乡建设行政主管部门商有关部门提出意见,报省财政、价格主管部门核定。

第三十七条 华山风景名胜区管理机构不得从事以营利为目的的经营活动,不得将规划、管理和监督等行政管理职能委托给企业或者个人行使。

华山风景名胜区管理机构的工作人员,不得在风景名胜区内的企业兼职、参股。

第三十八条 省住房和城乡建设主管部门应当对华山风景名胜区的规划实施情况、资源保护状况进行监督检查。对检查中发现的问题,应当及时督促有关单位进行整改。

第六章　法律责任

第三十九条 违反本条例第十四条第一款、第二十一条规定,有下列行为之一的,由华山风景名胜区管理机构责令停止违法行为、恢复原状或者限期拆除,没收违法所得,并处五十万元以上一百万元以下罚款:

(一) 在华山风景名胜区内进行开山、采石、开矿等破坏景观、植被、地形地貌的活动的;

(二) 在华山风景名胜区内修建储存爆炸性、易燃性、放射性、毒害性、腐蚀性物品的设施的;

（三）在核心景区内建设宾馆、招待所、培训中心、疗养院以及与风景名胜资源保护无关的其他建筑物、构筑物的。

县级以上人民政府及其有关主管部门批准实施前款规定行为的，对直接负责的主管人员和其他直接责任人员依法给予降级或者撤职的处分；构成犯罪的，依法追究刑事责任。

第四十条 违反本条例第十五条规定，在华山风景名胜区内从事禁止范围以外的建设活动，未经华山风景名胜管理机构审核的，由华山风景名胜管理机构责令停止建设、限期拆除，对个人处二万元以上五万元以下罚款，对单位处二十万元以上五十万元以下罚款。

第四十一条 违反本条例第十九条规定，建设单位、施工单位对周围景物、林木植被、野生动物资源、水体、地貌造成破坏的，由华山风景名胜区管理机构责令停止违法行为、限期恢复原状或者采取其他补救措施，并处二万元以上十万元以下罚款；逾期未恢复原状或者采取有效措施的，由华山风景名胜区管理机构责令停止施工。

第四十二条 违反本条例第二十一条规定有下列行为之一的，由风景名胜区管理机构责令限期改正，给予警告，可以并处罚款；造成损失的，应当依法予以赔偿：

（一）乱扔废弃物、攀折林木花草，在景物和设施上刻划、涂写的，处五十元罚款；

（二）在非指定区域吸烟、用火的，处五十元以上二百元以下罚款；

（三）占道经营、圈占景点收费的，处二百元以上一千元以下罚款。

第四十三条 违反本条例第二十一条规定，在华山风景名胜区内开荒、修坟立碑的，由华山风景名胜区管理机构责令停止违法行为，限期恢复原状或者采取其他补救措施，没收违法所得，并处一千元以上一万元以下罚款。

在华山风景名胜区内挖沙、取土的，由华山风景名胜区管理机构责令停止违法行为，限期恢复原状或者采取其他补救措施，没收违法所得，并处两千元以上两万元以下罚款。

第四十四条 未经华山风景名胜区管理机构审核，在华山风景名胜区进行本条例第二十四条所列活动的，由华山风景名胜区管理机构责令停止违法行为、限期恢复原状或者采取其他补救措施，没收违法所得，并处五万元以上十万元以下罚款；情节严重的，并处十万元以上二十万元以下罚款。

第四十五条 违反本条例规定，省住房和城乡建设主管部门、县级以上人民政府及其有关部门有下列行为之一的，对直接负责的主管人员和其他直接责任人员依法给予处分；构成犯罪的，依法追究刑事责任：

（一）违反风景名胜区规划设立各类开发区、工矿企业的；

（二）擅自修改风景名胜区规划的；

（三）不依法履行监督管理职责的其他行为。

第四十六条 违反本条例规定，华山风景名胜区管理机构有下列行为之一的，由设立该机构的人民政府责令改正；拒不改正或者造成严重后果的，对直接负责的主管人员和其他直接责任人员依法给予降级或者撤职的处分；构成犯罪的，依法追究刑事责任：

（一）超过核定的景区、景点容量接纳游客，或者在没有安全保障的区域开展游览活动的；

（二）未设置规范的景区地名标志、路标、说明标识和安全警示牌的；

（三）审核同意在风景名胜区内进行不符合风景名胜区规划的建设活动的；

（四）未按照省价格主管部门核定的标准，提高门票价格的；

（五）从事以营利为目的的经营活动的；

（六）将规划、管理和监督等行政管理职能委托给企业或者个人行使的；

（七）允许风景名胜区管理机构的工作人员在风景名胜区内的企业兼职的；

（八）发现违法行为不予查处的；

（九）不依法履行保护、管理职责的其他行为。

第四十七条 违反本条例规定的其他行为，法律、法规有处罚规定的，从其规定。

违反本条例规定的行为，有关部门已经依法予以处罚的，华山风景名胜区管理机构不再处罚。

第四十八条 依据国务院《风景名胜区条例》、《陕西省风景名胜区管理条例》和本条例规定，对个人作出五千元以上罚款，对单位作出五万元以上罚款处罚决定的,应当告知当事人有要求听证的权利。

第七章 附　则

第四十九条 本条例下列用语的含义:

(一)核心景区:指风景名胜区范围内自然景物、人文景物最集中的、最具观赏价值、最需要严格保护的区域,包括规划中确定的生态保护区、自然景观保护区和史迹保护区;

(二)外围保护地带:指为了保护景源特征及其生态环境的完整性、历史文化与社会的延续性、地域单元的相对独立性,保护、利用、管理的必要性与可行性划定的外围保护区域。

第五十条 本条例自公布之日起施行。

4. 宝鸡天台山国家重点风景名胜区管理办法

(2003年3月17日宝鸡市政府第三次常务会议审议通过　2003年4月14日宝鸡市人民政府第32号令发布　自2003年5月17日起施行)

第一章　总　则

第一条 为了加强宝鸡天台山风景名胜区管理,保护和合理开发利用风景名胜资源,根据国务院《风景名胜区管理暂行条例》、《陕西省风景名胜区管理条例》和国家有关规定,结合本地实际,制定本办法。

第二条 宝鸡天台山风景名胜区(以下简称风景区)是经国务院审定公布的国家重点风景名胜区。风景区包括鸡峰山、天台山、散关—秦岭三个景区,总面积133.34 km^2。

风景区规划范围由东、西两片组成。其中,东片:北起茹家庄,以渭河南二阶台地为北缘;向西沿川陕公路至黄峪沟,沿黄峪沟、李家河到大河里;南界从大河里经分水岭、谢子沟接清水河;东界沿清水河往北过姚家岭至杨家山，面积为113.34km^2。西片：从银铜峡往西，沿川陕公路至秦岭界碑，以公路两边的山梁为界，东西长约10km，南北宽2至2.5km，面积为20km^2。

第三条　凡在风景区内从事规划、建设、保护、开发利用和管理活动，适用本办法。

第四条　风景区内的各项活动应当符合风景区总体规划，坚持严格保护、统一管理、合理开发、永续利用的原则。

第五条　市政府成立宝鸡天台山建设管理协调领导小组，市城建、国土资源、林业、农业、水利、环保、公安、文物、宗教、旅游等部门和渭滨区政府为成员单位，负责决策风景区的重大事项，协调各方关系，做好风景区的保护工作。

领导小组办公室设在宝鸡天台山风景名胜区管理处（以下简称风景区管理处）。

第六条　风景区管理处负责风景区的统一规划、建设、保护和管理，并接受各有关行政主管部门的业务指导和监督，其具体职责是：

（一）宣传、贯彻、执行有关风景区管理的法律、法规和规章；

（二）组织编制风景区总体规划和详细规划并组织实施；

（三）审查、监督风景区内的建设项目，保护风景区资源和生态环境；

（四）建设、维护、管理风景区基础设施和公共设施；

（五）制定风景区管理制度，维护风景区的环境卫生、游人安全和公共秩序；

（六）组织研究和宣传风景区景观的观赏、文化和科学价值；

（七）市政府赋予的其他职责。

第七条　风景区内集体所有的土地、林木、水域等，按照风景区规划，由其所有人负责管理、保护。需开发利用的，应优先照顾其利益。

第八条　鼓励市内外投资者在风景区按规划合理开发利用风景名胜资源。

第二章　规划与保护

第九条　经国务院批准的《宝鸡天台山风景名胜区总体规划》是

制定风景区详细规划和风景区保护、建设与管理工作的依据。

第十条 风景区景区、景点详细规划,在市政府的领导下,由市城市建设局会同市级有关部门和渭滨区政府根据《宝鸡天台山风景名胜区总体规划》,按有关规定分别编制,并按规定程序报上级建设行政主管部门批准。

第十一条 《宝鸡天台山风景名胜区总体规划》和经批准的景区、景点详细规划必须严格执行,任何单位和个人不得擅自变更,确需对规划进行调整或者修改的,应当按原审批程序报批。

第十二条 风景区管理处和渭滨区政府应当加强对风景区内重要景物、文物古迹、古树名木、地质遗迹、珍稀物种的保护,并建立档案,设置标志,制定保护措施。

第十三条 风景区管理处应当配合渭滨区政府做好景区植树造林、护林防火和森林病虫害防治工作,做好泥石流、滑坡等地质灾害的防治工作,切实保护好林木、植被和动、植物的栖息、生存环境。根据保护环境、恢复生态、森林防火的需要和总体规划,可以对重要景区、景点实行封闭,并予以公告。

第十四条 风景区内的林木均属特殊用途林,严禁砍伐,因景区、景点开发和工程建设确需砍伐或者属集体所有确需抚育间伐的,必须经风景区管理处同意后,报林业主管部门审批。

第十五条 风景区内不允许采集动植物标本、野生药材、幼苗、种子和其他林副产品。因科研教学和其他非盈利目的需要采集的,应经风景区管理处同意,报有关部门审批后,按指定范围限量采集。

第十六条 严禁以任何名义和方式侵占、出让或者变相出让风景区资源和风景区土地。

第十七条 禁止向风景区内的水域超标排放污染物或者倾倒污水、垃圾。风景区内的溪流、泉水、瀑布、深潭、水源,除按风景区规划要求整修、利用外,均应当保持原状,不得截流、改向或者作其他改变。

第十八条 散关—秦岭景区为宝鸡市水源保护地,禁止开展污染性的建设和游览活动。

第十九条 风景区内禁止下列行为:

(一)破坏景物景观和地质遗迹;

(二)开山炸石、挖沙、取土;

（三）攀折、刻划树木和破坏植被、采摘花卉；
（四）占道经营，圈占景点收费；
（五）燃放烟花、随地乱丢烟头或者在指定地点外燃放鞭炮、焚香、生火；
（六）捕杀或者伤害鸟类以及其他野生动物；
（七）乱搭乱挂、随意丢弃、倾倒废弃物；
（八）葬坟；
（九）损坏游览、服务设施以及其他设施；
（十）损害风景名胜资源的其他行为。

第三章 建设与管理

第二十条 在风景区内进行新建、改建、扩建等各项建设的，必须符合风景区总体规划和详细规划，按规定程序进行立项、可行性研究报告和进行环境影响评价，其定址和设计方案均须风景区管理处审查同意后，依照规定在建设部或省建设行政主管部门办理《建设选址审批书》、《建设规划许可证》和开工通知书等其他审批手续。

第二十一条 风景区内新建、改建、扩建项目的布局、高度、体量、造型、风格、色调等，必须与周围景观和环境相协调。不得建设破坏景观、污染环境、妨碍游览的设施。

第二十二条 经批准在风景区内进行的施工活动，必须采取有效措施，保护好施工现场周围的山体、水域、林木、植被、名胜古迹、地质遗迹等景物和环境。施工结束后，建设和施工单位必须在一个月内清理场地，恢复环境原貌。建设项目验收时必须有风景区管理处及有关部门参与，竣工资料须在六个月内交风景区管理处存档。

第二十三条 风景区内的宗教活动必须接受有关部门和风景区管理处的管理和监督。

第二十四条 在风景区内的所有单位和个人的经营活动，以及进入风景区的游览者，都要服从风景区的统一规划和管理。

第二十五条 风景区内经营服务网点的设置由风景区管理处统一规划。从事经营服务的单位和个人经风景区管理处签署意见后，在渭滨区有关部门办理相关手续，在指定地点和规定范围内明码标价、亮证经营、文明经商。

从事经营服务活动的单位和个人,应当严格遵守环境卫生和食品卫生管理的有关规定。

第二十六条 风景区管理处应当按规划设置公共厕所、垃圾箱、果皮箱等公共设施,定期清理,保持清洁卫生,加强对景区内环境卫生的管理。

第二十七条 景区、景点应当设置规范的地名标志和指路牌,险要部位应当设置必要的安全设施和警示牌。风景区管理处应当定期对游览设施进行检查和维护,保障游览者安全。

第二十八条 风景区管理处应当配合渭滨区有关部门加强治安、消防管理工作,及时制止、处理破坏风景名胜资源和危及游览者安全的行为,确保良好的景区秩序。

第二十九条 风景区管理处应当确定各景区、景点的环境容量和游览线路,做好旅游旺季游览者的疏导工作,加强对导游和服务人员的管理。

第三十条 进入风景区的车辆必须服从风景区管理处的管理,按指定线路行驶,在规定地点停放。

第三十一条 风景名胜资源实行有偿使用。进入景区游览的游客应当购买门票;依托风景区从事经营活动的单位和个人,应当向风景区管理处交纳风景名胜资源保护费。门票和资源保护费收入应当用于风景名胜资源保护、基础设施维护、建设和景区的管理。

门票和风景名胜资源保护费的收取标准和管理办法按上级有关规定执行。

第四章 罚 则

第三十二条 违反本办法规定,由风景区管理处按照《行政处罚法》、《陕西省风景名胜区管理条例》和建设部《风景名胜区处罚规定》等有关法律、法规、规章处罚。

第三十三条 违反本办法,同时又违反国家有关森林、土地、环境保护、野生动物保护、文物保护等法律法规的,由风景区管理处予以制止,并由有关行政主管部门依照相关法律、法规、规章予以处罚。

有关行政管理部门委托风景区管理处执行行政处罚,由风景区管理处按照委托权限处罚。

第三十四条 风景区管理处及其工作人员违反本办法规定,依照有关法律、法规给予行政处分;构成犯罪的,由司法机关依法追究刑事责任。

第五章 附 则

第三十五条 本办法施行中的具体问题由市城市建设局负责解释。

第三十六条 本办法自 2003 年 5 月 17 日起施行。

二十四、甘肃省

麦积山风景名胜区保护管理条例

（2003年5月30日甘肃省第十届人民代表大会常务委员会第四次会议通过 甘肃省人民代表大会常务委员会第3号公告公布 自2003年7月1日起施行）

第一条 为了加强麦积山风景名胜区的管理，严格保护和合理利用风景名胜资源，根据《中华人民共和国文物保护法》、《中华人民共和国森林法》、《风景名胜区管理暂行条例》等有关法律、法规，结合实际，制定本条例。

第二条 凡在麦积山风景名胜区内从事规划、保护、建设、管理和开发利用等活动及居住、游览的单位和个人，适用本条例。

第三条 麦积山风景名胜区的管理应当坚持统一规划，统一管理，严格保护，合理开发，永续利用的原则。

第四条 天水市人民政府应当加强对麦积山风景名胜区管理工作的领导，设立麦积山风景名胜区管理委员会，行使行政管理职权，负责统一规划、综合管理，监督总体规划及相关规划的实施。

建设、林业、文物等有关部门在各自的职责范围内加强对麦积山风景名胜区的保护和管理。在麦积山风景名胜区内设有管理机构的，按照现行管理体制依法行使管理职权。

第五条 一切单位和个人都有保护麦积山风景名胜区资源的义务，有对破坏、侵占风景名胜资源的行为提出控告或者检举的权利。

对保护麦积山风景名胜区有显著成绩或者重要贡献的单位或个人，应当予以表彰奖励。

第六条 在麦积山风景名胜区内从事建设和管理的任何单位和个人都必须严格执行《麦积山风景名胜区总体规划》、《麦积山石窟保护规划》、《麦积山国家级森林公园规划》和《小陇山天然林保护工程规划》。

因保护、开发和利用风景名胜资源的需要，确需对规划进行调整和修改的，应当报原审批机关批准。

第七条 在麦积山风景名胜区内新建、改建、扩建建设项目的，应当符合规划要求，并按相关建设程序办理有关手续。

在麦积山风景名胜区内的各项建设项目应当与景观相协调。凡污染环境或有碍景观的设施应当限期拆除或外迁。

第八条 鼓励在麦积山风景名胜区植树造林、退耕还林。禁止毁林垦荒。

禁止砍伐风景名胜区的林木，必要的抚育更新以及确需砍伐的，应当报林业主管部门审核同意。

第九条 在麦积山风景名胜区一级保护区内禁止进行与资源和生态保护无关的各项工程建设，禁止新建、改建办公楼、宾馆、招待所、休养、疗养机构及其他有碍景观的工程设施；不得设立度假区、开发区及类似特殊区域；不得出让或者变相出让风景名胜区的土地、出租转让风景名胜资源。

第十条 麦积山风景名胜区内禁止从事下列行为：

（一）开荒、开矿、爆破、采石、挖沙、取土、修坟；

（二）围、填、堵截自然水系；

（三）砍伐古树名木、采挖苗木花草；

（四）猎捕野生动物；

（五）在文物、景物和保护设施上涂写、刻划和攀登；

（六）其他破坏环境和有碍景观的行为。

第十一条 在麦积山风景名胜区内进行下列活动，应当报有关行政主管部门批准：

（一）采集标本、野生药材和其他林副产品；

（二）设置、张贴商业广告；

（三）举行大型游乐、集会活动。

第十二条 麦积山风景名胜区各管理机构应当建立防火制度，健全防火组织，完善防火设施。

第十三条 未经检疫部门检疫的木材制品和各类动植物，不得运入风景名胜区内。

第十四条 在麦积山风景名胜区从事商业、旅游、饮食服务、交通运输等活动按照规定的地点和营业范围经营。遵守有关环境保护的法律法规。

第十五条 麦积山风景名胜区管理委员会应对风景名胜区的历史沿革、风景名胜状况、范围界限、生态环境、森林、地理、地质、交通、游览设施以及建设活动、生产经营、游览接待等情况进行调查研究，收集整理资料，建立健全档案。

第十六条 各级人民政府及有关行政主管部门、风景名胜区各管理机构违反规定调整规划、没有规划批准建设、违反规划批准使用土地和建设项目的，由其上级政府或者上级主管部门责令纠正，对负有直接责任的主管人员和其他直接责任人员，给予行政处分；构成犯罪的，依法追究刑事责任。

第十七条 各级人民政府及有关行政主管部门、风景名胜区各管理机构及其工作人员有下列行为之一的，由其上级政府或者主管部门责令纠正，对负有直接责任的主管人员和其他直接责任人员，给予行政处分；构成犯罪的，依法追究刑事责任。

（一）侵占、出让或者变相出让风景名胜区土地的；

（二）在风景名胜区一级保护区内设立各类开发区、度假区以及类似特殊区域的；

（三）未履行规定职责的；

（四）发现违法行为应当处理而不予处理的；

（五）其他滥用职权、玩忽职守造成严重后果的。

第十八条 违反本条例规定的，由有关行政主管部门责令限期改正，并按国家有关规定予以处罚。

第十九条 在麦积山风景名胜区从事商业、旅游、饮食服务、交通运输等活动，不办理相关手续或擅自改变经营地点、扩大面积、污染环境的，由有关部门依法予以处罚。

第二十条 本条例自 2003 年 7 月 1 日起施行。

二十五、宁夏回族自治区

银川市西夏陵保护条例

（2001年11月29日银川市第十一届人民代表大会常务委员会第十九次会议通过 2003年2月19日宁夏回族自治区第九届人民代表大会常务委员会第一次会议批准 2003年4月1日起施行）

第一章 总 则

第一条 为了加强西夏陵的保护，根据《中华人民共和国文物保护法》等有关法律、法规，结合本市实际，制定本条例。

第二条 凡在西夏陵保护范围内进行规划建设、旅游服务等活动的单位和个人，均应遵守本条例。

第三条 银川市人民政府文物行政部门是西夏陵文物保护管理的主管部门。西夏陵区管理机构负责西夏陵区保护和管理的具体工作，受市文物行政部门委托行使行政处罚权。

规划和国土资源、环保、水务、园林、民政、旅游、公安、工商等行政管理部门，按照各自职责协同做好西夏陵的保护工作。

第四条 西夏陵区管理机构文物保护工作接受市以上文物行政部门的监督和管理。

第五条 市人民政府应将西夏陵保护管理经费纳入本级财政预算。

鼓励和支持国内外组织和个人为西夏陵保护捐款、赞助。

第六条 任何单位和个人都负有保护西夏陵的义务，对违反本条例的行为有制止、检举和控告的权利。

第二章 规划和建设

第七条 西夏陵区管理机构应根据《西夏王陵风景名胜区总体规

划》和《西夏陵保护规划》，会同有关部门编制西夏陵保护的详细规划，西夏陵保护详细规划应包括下列内容：

（一）各分区的详细规划；

（二）文物的保护和陈列；

（三）景点的布局、种类、数量、规模；

（四）游览、观光项目及其服务配套设施的种类、规模；

（五）防洪、水土保持及绿化的目标与实施步骤；

（六）根据发展需要应当纳入规划的其他事项。

第八条　西夏陵保护范围分为：

（一）重点保护区。帝陵以陵台、献殿为中心辐射四周500m；大中型陪葬墓，以墓冢为中心辐射四周200m；相对集中的陪葬墓群和寺庙遗址，从遗存外沿外殿50m；

（二）一般保护区。西夏陵保护范围内，除重点保护区外的所有区域。

第九条　西夏陵重点保护区除进行保护性加固维修、完善陵区基础设施或复原陵建筑外，严禁新建其他建筑物构筑物。

西夏陵重点保护区内的建筑物和构筑物，应当限期拆除或逐步迁出。

第十条　任何单位和个人不得擅自在西夏陵一般保护区内进行工程建设或者爆破、钻探、挖掘等作业，因特殊情况需要建设的，按国家、自治区有关规定办理审批手续。

在西夏陵一般保护区，建设控制地带，经批准维修、翻修房屋和设施的，应控制在原用地范围，并不得破坏西夏陵整体环境风貌。

第十一条　建设单位在西夏陵保护范围内进行建设的，应与西夏陵管理机构签订文物、环境风貌保护责任书，并按照保护责任书的要求对文物遗存、周围环境及林木、植被等进行保护。

第十二条　施工单位在工程施工中发现文物的，应当立即停止施工，保护现场，并及时报告西夏陵管理机构。

第十三条　凡在西夏陵进行的勘测、调查和考古发掘活动，应由文物管理部门和西夏陵管理机构派专业人员参与进行。

在西夏陵保护范围内出土的文物，按照国家有关规定，移交自治区文物行政部门指定的国有博物馆收藏保管。考古发掘单位应向管理机构提供相关研究资料副本。

第三章 保护和管理

第十四条 西夏陵保护范围内的文物遗存、出土文物、林木植被、地形地貌等人文、自然景观应当严加保护，并严禁下列行为：

（一）在文物上涂写、刻画，攀登文物遗存、造像、碑石，损坏保护说明标志、护栏、界桩；

（二）建坟立碑、放牧、开荒、取土、樵采、狩猎、练车，倾倒垃圾、排放污水；

（三）存放易燃、易爆物品和其他危险品；

（四）其他有碍文物古迹安全和损害环境的行为。

西夏陵一般保护区内林木的采伐、更新，不得损害西夏陵自然风貌。

第十五条 在西夏陵保护范围内举办大型文体活动和从事商业活动或设置户外广告载体的，应当征得西夏陵管理机构同意。

第十六条 进入西夏陵保护范围（沿山公路除外）的车辆，应当服从西夏陵管理机构管理。

第十七条 在西夏陵保护范围内进行影视拍摄或利用文物遗存、西夏文物进行复制、拓印的，须经有关文物行政部门批准，领取《文物拍摄许可证》、《文物古迹利用许可证》，在确保拍摄和利用对象安全的条件下严格按照规定进行拍摄和复制、拓印活动。

西夏陵文物实行有偿使用制度。所收取的费用，用于西夏陵的保护、建设和管理。

第十八条 西夏陵管理机构对西夏陵保护范围的界址、保护物应设立保护说明标志、护栏、界桩。

第十九条 西夏陵保护范围内的单位和个人应当与西夏陵管理机构签订西夏陵文物和自然风貌保护责任书，并严格按照责任书的内容承担保护义务。

第二十条 市人民政府应当根据城市总体规划和西夏陵保护规划，鼓励支持在西夏陵保护范围内从事有利于文物遗址保护的开发建设。

第二十一条 西夏陵管理机构应当加强西夏陵的治安消防工作，确保陵区文物遗存和西夏博物馆馆藏文物、陈列展出文物的安全。

第四章 法律责任

第二十二条 违反本条例第九、十条规定的,由文物行政部门责令改正,造成严重后果的,处50000元以上500000元以下的罚款;情节严重的,由原发证机关吊销资质证书。

第二十三条 违反本条例第十一、十二条规定的,由文物行政部门责令限期改正,给予警告并对单位处以5000元以上20000元以下罚款,对责任人处以500元以上5000元以下罚款。发现文物隐匿不报或者拒不上交的,由文物行政部门会同公安机关追缴文物;情节严重的,处5000元以上50000元以下的罚款。造成文物损坏的,依法承担赔偿责任。

因哄抢、私分文物,构成犯罪的,依法追究刑事责任。

第二十四条 违反本条例第十四条第(一)项的,由公安机关或者西夏陵管理机构责令停止,给予警告,并处以200元以下罚款。

违反本条例第十四条第(二)项的,由文物行政部门责令停止,给予警告,并处以200元以上1000元以下罚款,造成损失的依法承担赔偿责任。

第二十五条 违反本条例第十四条第(三)项规定的,由公安机关按照有关法律、法规规定进行处罚。

第二十六条 在文物管理工作中玩忽职守、滥用职权、徇私舞弊的,由工作人员所在单位或者上级机关给予行政处分,造成损失的,依法承担赔偿责任;构成犯罪的,依法追究刑事责任。

第二十七条 当事人对行政处罚决定不服的,可依法申请行政复议或者提起行政诉讼,逾期既不申请复议,也不提起诉讼,又不履行处罚决定的,由作出处罚决定的机关申请人民法院强制执行。

第五章 附 则

第二十八条 本条例所称西夏陵保护范围是指宁夏回族自治区人民政府公布的保护范围,南起贺兰山榆树沟,北至泉齐沟,东至西干渠,西抵贺兰山下,东西宽4.5km,南北长10余km,总面积50余km^2。

本条例所称西夏陵建设控制地带是指西夏陵保护范围向外扩展500m 的地带。

第二十九条 本条例自 2003 年 4 月 1 日起施行。

二十六、新疆维吾尔自治区

天山天池风景名胜区保护管理条例

(2010年2月6日昌吉回族自治州第十三届人民代表大会第四次会议审议通过 2010年3月31日新疆维吾尔自治区第十一届人民代表大会常务委员会第十七次会议批准 2010年5月10日起施行)

第一章 总 则

第一条 为了加强天山天池风景名胜区(以下简称天池景区)管理,合理保护和科学利用风景名胜资源,维护天池景区生态环境,促进天池景区科学发展,根据《中华人民共和国民族区域自治法》、国务院《风景名胜区条例》和有关法律、法规,结合天池景区实际,制定本条例。

第二条 本条例适用于天池景区的规划建设、保护利用和监督管理活动。

第三条 天池景区的范围为国务院批准的《天池风景名胜区总体规划》(以下简称总体规划)确定的范围。

第四条 天池景区实行科学规划、统一管理、严格保护、永续利用的原则。

第五条 阜康市人民政府负责天池景区的保护管理工作。

阜康市人民政府在天池景区设立天山天池管理委员会(以下简称天池管委会),天池管委会是阜康市人民政府的派出机构,具体负责天池景区的保护利用和统一管理工作。

阜康市有关主管部门按照各自职责,协同天池管委会开展天池景区保护管理工作。

第六条 天池管委会履行下列职责:

(一)依法对风景名胜资源、自然生态环境实施保护管理;

（二）组织实施天池景区总体规划和详细规划，制定并组织实施天池景区的具体保护管理制度；

（三）建设、维护和管理天池景区基础设施和其他公共设施，改善游览条件，维护正常的游览秩序，为游客提供优质服务；

（四）研究、发掘和宣传天池景区自然资源、人文景观、地域文化和科学价值；

（五）对天池景区内从事旅游、建设和经营活动的单位和个人依法进行监督和管理；

（六）阜康市人民政府或者有关主管部门依法委托行使的其他职权。

第七条 任何单位和个人都有保护风景名胜资源的义务，有权制止、检举破坏风景名胜资源的行为。

阜康市人民政府或者天池管委会对在天池景区保护管理工作中成绩突出的单位和个人给予表彰奖励。

第八条 阜康市人民政府应当组织有关主管部门，协同天池管委会在天池景区开展联合执法，依法及时查处在天池景区实施的违法行为。

相关主管部门在天池景区行使的行政处罚权，可以由天池管委会相对集中行使。

第二章 规划建设

第九条 天池景区的保护、建设、利用和管理应当执行经国务院批准的总体规划和依据总体规划编制的详细规划。

第十条 经批准的总体规划和详细规划不得擅自修改。天池景区总体规划中的天池景区范围、性质、保护目标、生态资源保护措施等确需修改的，应当依法报批。

第十一条 阜康市人民政府应当指导督促天池管委会实施总体规划、详细规划，协调处理规划实施中的重大事宜。

天池景区内的单位和个人应当自觉遵守总体规划、详细规划，服从规划管理。

第十二条 天池景区的建设活动，应当遵守相关法律法规规定，符合天池景区总体规划和详细规划。未经天池管委会依法审核同意并经有关部门批准,不得进行建设。

第十三条 天池景区内新建、扩建、改建建(构)筑物,其体量、外观结构、高度、色调应当与周围景观相协调,不得损坏天池景区自然景观与人文景观。

第十四条 在天池景区内从事建设的施工单位,应当按照批准的方案进行施工,并采取有效措施保护林木、植被、水体、地貌,不得造成污染和破坏;建设项目完工后,应当及时清场、绿化,恢复环境原貌。

第十五条 天池管委会应当加强天池景区内道路、通信、供水、排水、供电、供暖等基础设施建设,改善交通、服务设施和游览条件。

第三章 保护利用

第十六条 阜康市人民政府应当组织天池管委会和有关部门,制定实施天池景区内资源保护、旅游开发、生态移民等专项计划,严格保护天池景区内水体、林木植被、野生动植物等景观和自然环境。

第十七条 天池管委会应当对天池景区内的古树名木、野生动植物、地形地貌、山体岩石、泉湖水体等自然景观和纪念性建筑、文物古迹、历史遗址、园林等人文景观进行调查登记,建立健全风景名胜资源和自然生态环境的管理制度。

第十八条 天池管委会应当保障天池景区生态景观用水,严格控制天池湖面水位海拔高度,防治水体污染,保障天池景区水资源协调持续发展。

第十九条 天池管委会应当根据专项计划,加强天池景区内草场保护、建设与合理利用。

天池景区内草场承包经营者应当合理利用草场,不得超过核定的载畜量;草场承包经营者应当采取措施,保持草畜平衡。

第二十条 天池管委会应当依法加强对天池景区内的林木抚育管理,不得砍伐;做好植树绿化和防治病虫害工作,保护林木植被和物种生长条件。

第二十一条 天池管委会应当根据专项计划,对天池景区内与风景名胜资源保护无关的建筑物逐步予以拆迁。

第二十二条 天池管委会应当建立健全档案制度,对天池景区的发展沿革、资源状况、范围界限、基础设施、旅游经营等进行调查统计，形成档案资料，妥善保存。

第二十三条 天池景区内的旅游、交通、商业等服务项目，应当由天池管委会依照有关法律、法规和天池景区总体规划和详细规划，通过招标等公平竞争的方式确定经营者。天池管委会应当与经营者签订合同，依法确定各自的权利义务。

在天池景区内从事经营活动的单位和个人，应当缴纳风景名胜资源有偿使用费。风景名胜资源有偿使用费的征收标准，按照自治区有关规定执行。

第二十四条 天池管委会负责出售天池景区的门票。

门票收入和风景名胜资源有偿使用费实行收支两条线管理，依法用于天池景区的保护管理。

第二十五条 禁止在天池景区内实施下列行为：

（一）开山、采石、采沙、取土、开矿、开荒、修坟立碑等破坏景观、设施、植被、地形地貌的活动；

（二）修建储存爆炸性、易燃性、放射性、毒害性、腐蚀性物品的设施；

（三）向水体排放、倾倒废水、废渣等污染物，在水体清洗容器或车辆；

（四）砍伐林木，猎捕野生动物，采挖野生药材；

（五）在景物或者设施上刻划、涂污；

（六）乱扔垃圾；

（七）在禁火区内吸烟、生火、燃放烟花爆竹；

（八）在指定地点以外的区域烧香点烛；

（九）强行或者以诱骗方式向游客兜售物品、提供服务；

（十）擅自搭棚、设摊、设点、扩面经营；

（十一）逃逸门票；

（十二）损坏景观、设施、扰乱公共秩序的其他行为。

第二十六条 在天池景区内进行下列活动，应当经天池管委会审核并依照有关法律、法规的规定报有关主管部门批准：

（一）改变水资源、水环境自然状态的活动；

（二）举行大型游乐等活动；

（三）设置、张贴商业广告；

(四) 摄制电影、电视、宣传片等;
(五) 从事餐饮、交通运输等商业经营活动;
(六) 开展科学试验、教学实习、标本采集等活动;
(七) 在险要部位进行登山探险活动;
(八) 影响生态与景观的其他活动。

第二十七条 进入天池景区内的单位和个人,应当爱护风景名胜资源和公共设施,维护环境卫生和公共秩序。

第四章 监督管理

第二十八条 天池管委会应当建立健全安全保障制度,加强安全管理,保障游览安全,制定应对突发事件的应急预案,做好天池景区内的安全防范和监督管理工作。

第二十九条 天池管委会应当在天池景区内设置规范的标识标牌,在险要部位设置安全设施和安全警示牌,并定期对交通、游览设施进行检查和维护。

第三十条 天池管委会应当会同有关部门制定防火、避雷等专项措施,健全防火组织,完善防火设施。

第三十一条 天池管委会应当加强对天池景区公共卫生和食品安全的监督管理,设置必要的卫生医疗、检测检疫等服务设施,保障天池景区内公共卫生和食品安全。

天池管委会应当对天池景区内的污水进行无害化处理,及时清运建筑、生活垃圾,保持天池景区良好的环境。

第三十二条 天池管委会应当会同有关部门依据总体规划、详细规划划定天池景区商业网点。

天池景区内的经营者应当在划定的商业网点区域内依法、文明经营。

第三十三条 进入天池景区的车辆,应当按照规定的线路行驶,在指定的地点停放,不得超载、超速。

第五章 法律责任

第三十四条 违反本条例第二十五条规定,由天池管委会依法处罚：

（一）有第二十五条第七项、第八项所列行为之一的，由天池管委会责令改正，处50元以上200元以下的罚款。

（二）有第二十五条第九项、第十项所列行为之一的，由天池管委会责令改正，没收违法所得，并处以200元以上2000元以下的罚款。

（三）有第二十五条第十一项所列行为的，由天池管委会责令补票，并处门票单价一倍以上三倍以下的罚款。

（四）有二十五条第一项至第六项、第十二项所列行为之一的，依照国务院《风景名胜区条例》及有关法律法规规定处理。

第三十五条　违反本条例第二十六条规定，由天池管委会依法处罚：

（一）有第二十六条第四项、第五项所列行为之一的，由天池管委会责令改正，没收违法所得，并处500元以上3000元以下的罚款；

（二）有第二十六条第六项、第七项所列行为之一的，由天池管委会责令改正，处100元以上1000元以下的罚款；

（三）有第二十六条第一项至第三项、第八项所列行为之一的，依照国务院《风景名胜区条例》及有关法律法规规定处理。

第三十六条　违反本条例第三十三条规定，车辆不按规定线路行驶，不在指定地点停放的，由天池管委会责令改正；拒不改正的，处50元以上200元以下的罚款。

第三十七条　天池景区管理人员滥用职权、玩忽职守、徇私舞弊，情节轻微的，由所在单位或者上级主管部门给予行政处分；构成犯罪的，依法追究刑事责任。

第三十八条　违反本条例规定，侵害国家、集体或者个人财产的，有关单位或者个人应当依法承担民事责任；违反治安管理处罚法规定的，依法予以治安管理处罚；构成犯罪的，依法追究刑事责任。

第三十九条　违反本条例规定应当予以处罚的其他行为，依照法律、法规的规定由有关主管部门予以处罚。

第六章　附　　则

第四十条　本条例自2010年5月1日起施行。

第五部分
风景名胜区相关法律

一、中华人民共和国城乡规划法

(2007年10月28日第十届全国人民代表大会常务委员会第三十次会议通过 2007年10月28日中华人民共和国主席第七十四号令公布 自2008年1月1日起施行)

第一章 总 则

第一条 为了加强城乡规划管理,协调城乡空间布局,改善人居环境,促进城乡经济社会全面协调可持续发展,制定本法。

第二条 制定和实施城乡规划,在规划区内进行建设活动,必须遵守本法。

本法所称城乡规划,包括城镇体系规划、城市规划、镇规划、乡规划和村庄规划。城市规划、镇规划分为总体规划和详细规划。详细规划分为控制性详细规划和修建性详细规划。

本法所称规划区,是指城市、镇和村庄的建成区以及因城乡建设和发展需要,必须实行规划控制的区域。规划区的具体范围由有关人民政府在组织编制的城市总体规划、镇总体规划、乡规划和村庄规划中,根据城乡经济社会发展水平和统筹城乡发展的需要划定。

第三条 城市和镇应当依照本法制定城市规划和镇规划。城市、镇规划区内的建设活动应当符合规划要求。

县级以上地方人民政府根据本地农村经济社会发展水平,按照因地制宜、切实可行的原则,确定应当制定乡规划、村庄规划的区域。在确定区域内的乡、村庄,应当依照本法制定规划,规划区内的乡、村庄建设应当符合规划要求。

县级以上地方人民政府鼓励、指导前款规定以外的区域的乡、村庄制定和实施乡规划、村庄规划。

第四条 制定和实施城乡规划,应当遵循城乡统筹、合理布局、节约土地、集约发展和先规划后建设的原则,改善生态环境,促进资源、能源节约和综合利用,保护耕地等自然资源和历史文化遗产,保持地方特色、民族特色和传统风貌，防止污染和其他公害，并符合区域人口发展、国防建设、防灾减灾和公共卫生、公共安全的需要。

在规划区内进行建设活动，应当遵守土地管理、自然资源和环境保护等法律、法规的规定。

县级以上地方人民政府应当根据当地经济社会发展的实际，在城市总体规划、镇总体规划中合理确定城市、镇的发展规模、步骤和建设标准。

第五条 城市总体规划、镇总体规划以及乡规划和村庄规划的编制，应当依据国民经济和社会发展规划，并与土地利用总体规划相衔接。

第六条 各级人民政府应当将城乡规划的编制和管理经费纳入本级财政预算。

第七条 经依法批准的城乡规划，是城乡建设和规划管理的依据，未经法定程序不得修改。

第八条 城乡规划组织编制机关应当及时公布经依法批准的城乡规划。但是，法律、行政法规规定不得公开的内容除外。

第九条 任何单位和个人都应当遵守经依法批准并公布的城乡规划，服从规划管理，并有权就涉及其利害关系的建设活动是否符合规划的要求向城乡规划主管部门查询。

任何单位和个人都有权向城乡规划主管部门或者其他有关部门举报或者控告违反城乡规划的行为。城乡规划主管部门或者其他有关部门对举报或者控告，应当及时受理并组织核查、处理。

第十条 国家鼓励采用先进的科学技术，增强城乡规划的科学性，提高城乡规划实施及监督管理的效能。

第十一条 国务院城乡规划主管部门负责全国的城乡规划管理工作。

县级以上地方人民政府城乡规划主管部门负责本行政区域内的城乡规划管理工作。

第二章 城乡规划的制定

第十二条 国务院城乡规划主管部门会同国务院有关部门组织编制全国城镇体系规划，用于指导省域城镇体系规划、城市总体规划的编制。

全国城镇体系规划由国务院城乡规划主管部门报国务院审批。

第十三条 省、自治区人民政府组织编制省域城镇体系规划，报国务院审批。

省域城镇体系规划的内容应当包括：城镇空间布局和规模控制，重大基础设施的布局，为保护生态环境、资源等需要严格控制的区域。

第十四条 城市人民政府组织编制城市总体规划。

直辖市的城市总体规划由直辖市人民政府报国务院审批。省、自治区人民政府所在地的城市以及国务院确定的城市的总体规划，由省、自治区人民政府审查同意后，报国务院审批。其他城市的总体规划，由城市人民政府报省、自治区人民政府审批。

第十五条 县人民政府组织编制县人民政府所在地镇的总体规划，报上一级人民政府审批。其他镇的总体规划由镇人民政府组织编制，报上一级人民政府审批。

第十六条 省、自治区人民政府组织编制的省域城镇体系规划，城市、县人民政府组织编制的总体规划，在报上一级人民政府审批前，应当先经本级人民代表大会常务委员会审议，常务委员会组成人员的审议意见交由本级人民政府研究处理。

镇人民政府组织编制的镇总体规划，在报上一级人民政府审批前，应当先经镇人民代表大会审议，代表的审议意见交由本级人民政府研究处理。

规划的组织编制机关报送审批省域城镇体系规划、城市总体规划或者镇总体规划，应当将本级人民代表大会常务委员会组成人员或者镇人民代表大会代表的审议意见和根据审议意见修改规划的情况一并报送。

第十七条 城市总体规划、镇总体规划的内容应当包括：城市、镇的发展布局，功能分区，用地布局，综合交通体系，禁止、限制和适宜建设的地域范围，各类专项规划等。

规划区范围、规划区内建设用地规模、基础设施和公共服务设施用地、水源地和水系、基本农田和绿化用地、环境保护、自然与历史文化遗产保护以及防灾减灾等内容，应当作为城市总体规划、镇总体规划的强制性内容。

城市总体规划、镇总体规划的规划期限一般为二十年。城市总体规划还应当对城市更长远的发展作出预测性安排。

第十八条　乡规划、村庄规划应当从农村实际出发，尊重村民意愿，体现地方和农村特色。

乡规划、村庄规划的内容应当包括：规划区范围，住宅、道路、供水、排水、供电、垃圾收集、畜禽养殖场所等农村生产、生活服务设施、公益事业等各项建设的用地布局、建设要求，以及对耕地等自然资源和历史文化遗产保护、防灾减灾等的具体安排。乡规划还应当包括本行政区域内的村庄发展布局。

第十九条　城市人民政府城乡规划主管部门根据城市总体规划的要求，组织编制城市的控制性详细规划，经本级人民政府批准后，报本级人民代表大会常务委员会和上一级人民政府备案。

第二十条　镇人民政府根据镇总体规划的要求，组织编制镇的控制性详细规划，报上一级人民政府审批。县人民政府所在地镇的控制性详细规划，由县人民政府城乡规划主管部门根据镇总体规划的要求组织编制，经县人民政府批准后，报本级人民代表大会常务委员会和上一级人民政府备案。

第二十一条　城市、县人民政府城乡规划主管部门和镇人民政府可以组织编制重要地块的修建性详细规划。修建性详细规划应当符合控制性详细规划。

第二十二条　乡、镇人民政府组织编制乡规划、村庄规划，报上一级人民政府审批。村庄规划在报送审批前，应当经村民会议或者村民代表会议讨论同意。

第二十三条　首都的总体规划、详细规划应当统筹考虑中央国家机关用地布局和空间安排的需要。

第二十四条　城乡规划组织编制机关应当委托具有相应资质等级的单位承担城乡规划的具体编制工作。

从事城乡规划编制工作应当具备下列条件，并经国务院城乡规划主管部门或者省、自治区、直辖市人民政府城乡规划主管部门依法审查合格，取得相应等级的资质证书后，方可在资质等级许可的范围内从事城乡规划编制工作：

（一）有法人资格；

（二）有规定数量的经国务院城乡规划主管部门注册的规划师；

（三）有规定数量的相关专业技术人员；
（四）有相应的技术装备；
（五）有健全的技术、质量、财务管理制度。

规划师执业资格管理办法，由国务院城乡规划主管部门会同国务院人事行政部门制定。

编制城乡规划必须遵守国家有关标准。

第二十五条 编制城乡规划，应当具备国家规定的勘察、测绘、气象、地震、水文、环境等基础资料。

县级以上地方人民政府有关主管部门应当根据编制城乡规划的需要，及时提供有关基础资料。

第二十六条 城乡规划报送审批前，组织编制机关应当依法将城乡规划草案予以公告，并采取论证会、听证会或者其他方式征求专家和公众的意见。公告的时间不得少于三十日。

组织编制机关应当充分考虑专家和公众的意见，并在报送审批的材料中附具意见采纳情况及理由。

第二十七条 省域城镇体系规划、城市总体规划、镇总体规划批准前，审批机关应当组织专家和有关部门进行审查。

第三章　城乡规划的实施

第二十八条 地方各级人民政府应当根据当地经济社会发展水平，量力而行，尊重群众意愿，有计划、分步骤地组织实施城乡规划。

第二十九条 城市的建设和发展，应当优先安排基础设施以及公共服务设施的建设，妥善处理新区开发与旧区改建的关系，统筹兼顾进城务工人员生活和周边农村经济社会发展、村民生产与生活的需要。

镇的建设和发展，应当结合农村经济社会发展和产业结构调整，优先安排供水、排水、供电、供气、道路、通信、广播电视等基础设施和学校、卫生院、文化站、幼儿园、福利院等公共服务设施的建设，为周边农村提供服务。

乡、村庄的建设和发展，应当因地制宜、节约用地，发挥村民自治组织的作用，引导村民合理进行建设，改善农村生产、生活条件。

第三十条 城市新区的开发和建设,应当合理确定建设规模和时序,充分利用现有市政基础设施和公共服务设施,严格保护自然资源和生态环境,体现地方特色。

在城市总体规划、镇总体规划确定的建设用地范围以外,不得设立各类开发区和城市新区。

第三十一条 旧城区的改建,应当保护历史文化遗产和传统风貌,合理确定拆迁和建设规模,有计划地对危房集中、基础设施落后等地段进行改建。

历史文化名城、名镇、名村的保护以及受保护建筑物的维护和使用,应当遵守有关法律、行政法规和国务院的规定。

第三十二条 城乡建设和发展,应当依法保护和合理利用风景名胜资源,统筹安排风景名胜区及周边乡、镇、村庄的建设。

风景名胜区的规划、建设和管理,应当遵守有关法律、行政法规和国务院的规定。

第三十三条 城市地下空间的开发和利用,应当与经济和技术发展水平相适应,遵循统筹安排、综合开发、合理利用的原则,充分考虑防灾减灾、人民防空和通信等需要,并符合城市规划,履行规划审批手续。

第三十四条 城市、县、镇人民政府应当根据城市总体规划、镇总体规划、土地利用总体规划和年度计划以及国民经济和社会发展规划,制定近期建设规划,报总体规划审批机关备案。

近期建设规划应当以重要基础设施、公共服务设施和中低收入居民住房建设以及生态环境保护为重点内容,明确近期建设的时序、发展方向和空间布局。近期建设规划的规划期限为五年。

第三十五条 城乡规划确定的铁路、公路、港口、机场、道路、绿地、输配电设施及输电线路走廊、通信设施、广播电视设施、管道设施、河道、水库、水源地、自然保护区、防汛通道、消防通道、核电站、垃圾填埋场及焚烧厂、污水处理厂和公共服务设施的用地以及其他需要依法保护的用地,禁止擅自改变用途。

第三十六条 按照国家规定需要有关部门批准或者核准的建设项目,以划拨方式提供国有土地使用权的,建设单位在报送有关部门批准或者核准前,应当向城乡规划主管部门申请核发选址意见书。

前款规定以外的建设项目不需要申请选址意见书。

第三十七条 在城市、镇规划区内以划拨方式提供国有土地使用权的建设项目，经有关部门批准、核准、备案后，建设单位应当向城市、县人民政府城乡规划主管部门提出建设用地规划许可申请，由城市、县人民政府城乡规划主管部门依据控制性详细规划核定建设用地的位置、面积、允许建设的范围，核发建设用地规划许可证。

建设单位在取得建设用地规划许可证后，方可向县级以上地方人民政府土地主管部门申请用地，经县级以上人民政府审批后，由土地主管部门划拨土地。

第三十八条 在城市、镇规划区内以出让方式提供国有土地使用权的，在国有土地使用权出让前，城市、县人民政府城乡规划主管部门应当依据控制性详细规划，提出出让地块的位置、使用性质、开发强度等规划条件，作为国有土地使用权出让合同的组成部分。未确定规划条件的地块，不得出让国有土地使用权。

以出让方式取得国有土地使用权的建设项目，在签订国有土地使用权出让合同后，建设单位应当持建设项目的批准、核准、备案文件和国有土地使用权出让合同，向城市、县人民政府城乡规划主管部门领取建设用地规划许可证。

城市、县人民政府城乡规划主管部门不得在建设用地规划许可证中，擅自改变作为国有土地使用权出让合同组成部分的规划条件。

第三十九条 规划条件未纳入国有土地使用权出让合同的，该国有土地使用权出让合同无效；对未取得建设用地规划许可证的建设单位批准用地的，由县级以上人民政府撤销有关批准文件；占用土地的，应当及时退回；给当事人造成损失的，应当依法给予赔偿。

第四十条 在城市、镇规划区内进行建筑物、构筑物、道路、管线和其他工程建设的，建设单位或者个人应当向城市、县人民政府城乡规划主管部门或者省、自治区、直辖市人民政府确定的镇人民政府申请办理建设工程规划许可证。

申请办理建设工程规划许可证，应当提交使用土地的有关证明文件、建设工程设计方案等材料。需要建设单位编制修建性详细规划的建设项目，还应当提交修建性详细规划。对符合控制性详细规划和规划条件的，由城市、县人民政府城乡规划主管部门或者省、自治区、直辖市人民政府确定的镇人民政府核发建设工程规划许可证。

城市、县人民政府城乡规划主管部门或者省、自治区、直辖市人民政府确定的镇人民政府应当依法将经审定的修建性详细规划、建设工程设计方案的总平面图予以公布。

第四十一条 在乡、村庄规划区内进行乡镇企业、乡村公共设施和公益事业建设的，建设单位或者个人应当向乡、镇人民政府提出申请，由乡、镇人民政府报城市、县人民政府城乡规划主管部门核发乡村建设规划许可证。

在乡、村庄规划区内使用原有宅基地进行农村村民住宅建设的规划管理办法，由省、自治区、直辖市制定。

在乡、村庄规划区内进行乡镇企业、乡村公共设施和公益事业建设以及农村村民住宅建设，不得占用农用地；确需占用农用地的，应当依照《中华人民共和国土地管理法》有关规定办理农用地转用审批手续后，由城市、县人民政府城乡规划主管部门核发乡村建设规划许可证。

建设单位或者个人在取得乡村建设规划许可证后，方可办理用地审批手续。

第四十二条 城乡规划主管部门不得在城乡规划确定的建设用地范围以外作出规划许可。

第四十三条 建设单位应当按照规划条件进行建设；确需变更的，必须向城市、县人民政府城乡规划主管部门提出申请。变更内容不符合控制性详细规划的，城乡规划主管部门不得批准。城市、县人民政府城乡规划主管部门应当及时将依法变更后的规划条件通报同级土地主管部门并公示。

建设单位应当及时将依法变更后的规划条件报有关人民政府土地主管部门备案。

第四十四条 在城市、镇规划区内进行临时建设的，应当经城市、县人民政府城乡规划主管部门批准。临时建设影响近期建设规划或者控制性详细规划的实施以及交通、市容、安全等的，不得批准。

临时建设应当在批准的使用期限内自行拆除。

临时建设和临时用地规划管理的具体办法，由省、自治区、直辖市人民政府制定。

第四十五条 县级以上地方人民政府城乡规划主管部门按照国务院规定对建设工程是否符合规划条件予以核实。未经核实或者经核实不符合规划条件的，建设单位不得组织竣工验收。

建设单位应当在竣工验收后六个月内向城乡规划主管部门报送有关竣工验收资料。

第四章 城乡规划的修改

第四十六条 省域城镇体系规划、城市总体规划、镇总体规划的组织编制机关,应当组织有关部门和专家定期对规划实施情况进行评估,并采取论证会、听证会或者其他方式征求公众意见。组织编制机关应当向本级人民代表大会常务委员会、镇人民代表大会和原审批机关提出评估报告并附具征求意见的情况。

第四十七条 有下列情形之一的,组织编制机关方可按照规定的权限和程序修改省域城镇体系规划、城市总体规划、镇总体规划:

(一)上级人民政府制定的城乡规划发生变更,提出修改规划要求的;

(二)行政区划调整确需修改规划的;

(三)因国务院批准重大建设工程确需修改规划的;

(四)经评估确需修改规划的;

(五)城乡规划的审批机关认为应当修改规划的其他情形。

修改省域城镇体系规划、城市总体规划、镇总体规划前,组织编制机关应当对原规划的实施情况进行总结,并向原审批机关报告;修改涉及城市总体规划、镇总体规划强制性内容的,应当先向原审批机关提出专题报告,经同意后,方可编制修改方案。

修改后的省域城镇体系规划、城市总体规划、镇总体规划,应当依照本法第十三条、第十四条、第十五条和第十六条规定的审批程序报批。

第四十八条 修改控制性详细规划的,组织编制机关应当对修改的必要性进行论证,征求规划地段内利害关系人的意见,并向原审批机关提出专题报告,经原审批机关同意后,方可编制修改方案。修改后的控制性详细规划,应当依照本法第十九条、第二十条规定的审批程序报批。控制性详细规划修改涉及城市总体规划、镇总体规划的强制性内容的,应当先修改总体规划。

修改乡规划、村庄规划的,应当依照本法第二十二条规定的审批程序报批。

第四十九条 城市、县、镇人民政府修改近期建设规划的,应当将修改后的近期建设规划报总体规划审批机关备案。

第五十条 在选址意见书、建设用地规划许可证、建设工程规划许可证或者乡村建设规划许可证发放后,因依法修改城乡规划给被许可人合法权益造成损失的,应当依法给予补偿。

经依法审定的修建性详细规划、建设工程设计方案的总平面图不得随意修改;确需修改的,城乡规划主管部门应当采取听证会等形式,听取利害关系人的意见;因修改给利害关系人合法权益造成损失的,应当依法给予补偿。

第五章 监督检查

第五十一条 县级以上人民政府及其城乡规划主管部门应当加强对城乡规划编制、审批、实施、修改的监督检查。

第五十二条 地方各级人民政府应当向本级人民代表大会常务委员会或者乡、镇人民代表大会报告城乡规划的实施情况,并接受监督。

第五十三条 县级以上人民政府城乡规划主管部门对城乡规划的实施情况进行监督检查,有权采取以下措施:

(一)要求有关单位和人员提供与监督事项有关的文件、资料,并进行复制;

(二)要求有关单位和人员就监督事项涉及的问题作出解释和说明,并根据需要进入现场进行勘测;

(三)责令有关单位和人员停止违反有关城乡规划的法律、法规的行为。

城乡规划主管部门的工作人员履行前款规定的监督检查职责,应当出示执法证件。被监督检查的单位和人员应当予以配合,不得妨碍和阻挠依法进行的监督检查活动。

第五十四条 监督检查情况和处理结果应当依法公开,供公众查阅和监督。

第五十五条 城乡规划主管部门在查处违反本法规定的行为时,发现国家机关工作人员依法应当给予行政处分的,应当向其任免机关或者监察机关提出处分建议。

第五十六条　依照本法规定应当给予行政处罚，而有关城乡规划主管部门不给予行政处罚的，上级人民政府城乡规划主管部门有权责令其作出行政处罚决定或者建议有关人民政府责令其给予行政处罚。

第五十七条　城乡规划主管部门违反本法规定作出行政许可的，上级人民政府城乡规划主管部门有权责令其撤销或者直接撤销该行政许可。因撤销行政许可给当事人合法权益造成损失的，应当依法给予赔偿。

第六章　法律责任

第五十八条　对依法应当编制城乡规划而未组织编制，或者未按法定程序编制、审批、修改城乡规划的，由上级人民政府责令改正，通报批评；对有关人民政府负责人和其他直接责任人员依法给予处分。

第五十九条　城乡规划组织编制机关委托不具有相应资质等级的单位编制城乡规划的，由上级人民政府责令改正，通报批评；对有关人民政府负责人和其他直接责任人员依法给予处分。

第六十条　镇人民政府或者县级以上人民政府城乡规划主管部门有下列行为之一的，由本级人民政府、上级人民政府城乡规划主管部门或者监察机关依据职权责令改正，通报批评；对直接负责的主管人员和其他直接责任人员依法给予处分：

（一）未依法组织编制城市的控制性详细规划、县人民政府所在地镇的控制性详细规划的；

（二）超越职权或者对不符合法定条件的申请人核发选址意见书、建设用地规划许可证、建设工程规划许可证、乡村建设规划许可证的；

（三）对符合法定条件的申请人未在法定期限内核发选址意见书、建设用地规划许可证、建设工程规划许可证、乡村建设规划许可证的；

（四）未依法对经审定的修建性详细规划、建设工程设计方案的总平面图予以公布的；

（五）同意修改修建性详细规划、建设工程设计方案的总平面图前未采取听证会等形式听取利害关系人的意见的；

（六）发现未依法取得规划许可或者违反规划许可的规定在规划区内进行建设的行为，而不予查处或者接到举报后不依法处理的。

第六十一条 县级以上人民政府有关部门有下列行为之一的，由本级人民政府或者上级人民政府有关部门责令改正，通报批评；对直接负责的主管人员和其他直接责任人员依法给予处分：

（一）对未依法取得选址意见书的建设项目核发建设项目批准文件的；

（二）未依法在国有土地使用权出让合同中确定规划条件或者改变国有土地使用权出让合同中依法确定的规划条件的；

（三）对未依法取得建设用地规划许可证的建设单位划拨国有土地使用权的。

第六十二条 城乡规划编制单位有下列行为之一的，由所在地城市、县人民政府城乡规划主管部门责令限期改正，处合同约定的规划编制费一倍以上二倍以下的罚款；情节严重的，责令停业整顿，由原发证机关降低资质等级或者吊销资质证书；造成损失的，依法承担赔偿责任：

（一）超越资质等级许可的范围承揽城乡规划编制工作的；

（二）违反国家有关标准编制城乡规划的。

未依法取得资质证书承揽城乡规划编制工作的，由县级以上地方人民政府城乡规划主管部门责令停止违法行为，依照前款规定处以罚款；造成损失的，依法承担赔偿责任。

以欺骗手段取得资质证书承揽城乡规划编制工作的，由原发证机关吊销资质证书，依照本条第一款规定处以罚款；造成损失的，依法承担赔偿责任。

第六十三条 城乡规划编制单位取得资质证书后，不再符合相应的资质条件的，由原发证机关责令限期改正；逾期不改正的，降低资质等级或者吊销资质证书。

第六十四条 未取得建设工程规划许可证或者未按照建设工程规划许可证的规定进行建设的，由县级以上地方人民政府城乡规划主管部门责令停止建设；尚可采取改正措施消除对规划实施的影响的，限期改正，处建设工程造价百分之五以上百分之十以下的罚款；无法采取改正措施消除影响的，限期拆除，不能拆除的，没收实物或者违法收入，可以并处建设工程造价百分之十以下的罚款。

第六十五条 在乡、村庄规划区内未依法取得乡村建设规划许可证或者未按照乡村建设规划许可证的规定进行建设的，由乡、镇人民政府责令停止建设、限期改正；逾期不改正的，可以拆除。

第六十六条 建设单位或者个人有下列行为之一的，由所在地城市、县人民政府城乡规划主管部门责令限期拆除，可以并处临时建设工程造价一倍以下的罚款：

（一）未经批准进行临时建设的；

（二）未按照批准内容进行临时建设的；

（三）临时建筑物、构筑物超过批准期限不拆除的。

第六十七条 建设单位未在建设工程竣工验收后六个月内向城乡规划主管部门报送有关竣工验收资料的，由所在地城市、县人民政府城乡规划主管部门责令限期补报；逾期不补报的，处一万元以上五万元以下的罚款。

第六十八条 城乡规划主管部门作出责令停止建设或者限期拆除的决定后，当事人不停止建设或者逾期不拆除的，建设工程所在地县级以上地方人民政府可以责成有关部门采取查封施工现场、强制拆除等措施。

第六十九条 违反本法规定，构成犯罪的，依法追究刑事责任。

第七章 附 则

第七十条 本法自 2008 年 1 月 1 日起施行。《中华人民共和国城市规划法》同时废止。

二、中华人民共和国文物保护法

（1982年11月19日第五届全国人民代表大会常务委员会第二十五次会议通过　根据1991年6月29日第七届全国人民代表大会常务委员会第二十次会议《关于修改〈中华人民共和国文物保护法〉第三十条、第三十一条的决定》修正　2002年10月28日第九届全国人民代表大会常务委员会第三十次会议修订　根据2007年12月29日第十届全国人民代表大会常务委员会第三十一次会议《关于修改〈中华人民共和国文物保护法〉的决定》第二次修正）

第一章　总　　则

第一条　为了加强对文物的保护，继承中华民族优秀的历史文化遗产，促进科学研究工作，进行爱国主义和革命传统教育，建设社会主义精神文明和物质文明，根据宪法，制定本法。

第二条　在中华人民共和国境内，下列文物受国家保护：

（一）具有历史、艺术、科学价值的古文化遗址、古墓葬、古建筑、石窟寺和石刻、壁画；

（二）与重大历史事件、革命运动或者著名人物有关的以及具有重要纪念意义、教育意义或者史料价值的近代现代重要史迹、实物、代表性建筑；

（三）历史上各时代珍贵的艺术品、工艺美术品；

（四）历史上各时代重要的文献资料以及具有历史、艺术、科学价值的手稿和图书资料等；

（五）反映历史上各时代、各民族社会制度、社会生产、社会生活的代表性实物。

文物认定的标准和办法由国务院文物行政部门制定，并报国务院批准。

具有科学价值的古脊椎动物化石和古人类化石同文物一样受国家保护。

第三条 古文化遗址、古墓葬、古建筑、石窟寺、石刻、壁画、近代现代重要史迹和代表性建筑等不可移动文物,根据它们的历史、艺术、科学价值,可以分别确定为全国重点文物保护单位,省级文物保护单位,市、县级文物保护单位。

历史上各时代重要实物、艺术品、文献、手稿、图书资料、代表性实物等可移动文物,分为珍贵文物和一般文物;珍贵文物分为一级文物、二级文物、三级文物。

第四条 文物工作贯彻保护为主、抢救第一、合理利用、加强管理的方针。

第五条 中华人民共和国境内地下、内水和领海中遗存的一切文物,属于国家所有。

古文化遗址、古墓葬、石窟寺属于国家所有。国家指定保护的纪念建筑物、古建筑、石刻、壁画、近代现代代表性建筑等不可移动文物,除国家另有规定的以外,属于国家所有。

国有不可移动文物的所有权不因其所依附的土地所有权或者使用权的改变而改变。

下列可移动文物,属于国家所有:

(一)中国境内出土的文物,国家另有规定的除外;

(二)国有文物收藏单位以及其他国家机关、部队和国有企业、事业组织等收藏、保管的文物;

(三)国家征集、购买的文物;

(四)公民、法人和其他组织捐赠给国家的文物;

(五)法律规定属于国家所有的其他文物。

属于国家所有的可移动文物的所有权不因其保管、收藏单位的终止或者变更而改变。

国有文物所有权受法律保护,不容侵犯。

第六条 属于集体所有和私人所有的纪念建筑物、古建筑和祖传文物以及依法取得的其他文物,其所有权受法律保护。文物的所有者必须遵守国家有关文物保护的法律、法规的规定。

第七条 一切机关、组织和个人都有依法保护文物的义务。

第八条 国务院文物行政部门主管全国文物保护工作。

地方各级人民政府负责本行政区域内的文物保护工作。县级以上地方人民政府承担文物保护工作的部门对本行政区域内的文物保护实施监督管理。

县级以上人民政府有关行政部门在各自的职责范围内，负责有关的文物保护工作。

第九条 各级人民政府应当重视文物保护，正确处理经济建设、社会发展与文物保护的关系，确保文物安全。

基本建设、旅游发展必须遵守文物保护工作的方针，其活动不得对文物造成损害。

公安机关、工商行政管理部门、海关、城乡建设规划部门和其他有关国家机关，应当依法认真履行所承担的保护文物的职责，维护文物管理秩序。

第十条 国家发展文物保护事业。县级以上人民政府应当将文物保护事业纳入本级国民经济和社会发展规划，所需经费列入本级财政预算。

国家用于文物保护的财政拨款随着财政收入增长而增加。

国有博物馆、纪念馆、文物保护单位等的事业性收入，专门用于文物保护，任何单位或者个人不得侵占、挪用。

国家鼓励通过捐赠等方式设立文物保护社会基金，专门用于文物保护，任何单位或者个人不得侵占、挪用。

第十一条 文物是不可再生的文化资源。国家加强文物保护的宣传教育，增强全民文物保护的意识，鼓励文物保护的科学研究，提高文物保护的科学技术水平。

第十二条 有下列事迹的单位或者个人，由国家给予精神鼓励或者物质奖励：

（一）认真执行文物保护法律、法规，保护文物成绩显著的；

（二）为保护文物与违法犯罪行为作坚决斗争的；

（三）将个人收藏的重要文物捐献给国家或者为文物保护事业作出捐赠的；

（四）发现文物及时上报或者上交，使文物得到保护的；

（五）在考古发掘工作中作出重大贡献的；

（六）在文物保护科学技术方面有重要发明创造或者其他重要贡献的；

（七）在文物面临破坏危险时，抢救文物有功的；

（八）长期从事文物工作，作出显著成绩的。

第二章　不可移动文物

第十三条　国务院文物行政部门在省级、市、县级文物保护单位中，选择具有重大历史、艺术、科学价值的确定为全国重点文物保护单位，或者直接确定为全国重点文物保护单位，报国务院核定公布。

省级文物保护单位，由省、自治区、直辖市人民政府核定公布，并报国务院备案。

市级和县级文物保护单位，分别由设区的市、自治州和县级人民政府核定公布，并报省、自治区、直辖市人民政府备案。

尚未核定公布为文物保护单位的不可移动文物，由县级人民政府文物行政部门予以登记并公布。

第十四条　保存文物特别丰富并且具有重大历史价值或者革命纪念意义的城市，由国务院核定公布为历史文化名城。

保存文物特别丰富并且具有重大历史价值或者革命纪念意义的城镇、街道、村庄，由省、自治区、直辖市人民政府核定公布为历史文化街区、村镇，并报国务院备案。

历史文化名城和历史文化街区、村镇所在地的县级以上地方人民政府应当组织编制专门的历史文化名城和历史文化街区、村镇保护规划，并纳入城市总体规划。

历史文化名城和历史文化街区、村镇的保护办法，由国务院制定。

第十五条　各级文物保护单位，分别由省、自治区、直辖市人民政府和市、县级人民政府划定必要的保护范围，作出标志说明，建立记录档案，并区别情况分别设置专门机构或者专人负责管理。全国重点文物保护单位的保护范围和记录档案，由省、自治区、直辖市人民政府文物行政部门报国务院文物行政部门备案。

县级以上地方人民政府文物行政部门应当根据不同文物的保护需要，制定文物保护单位和未核定为文物保护单位的不可移动文物的具体保护措施，并公告施行。

第十六条　各级人民政府制定城乡建设规划，应当根据文物保护的需要，事先由城乡建设规划部门会同文物行政部门商定对本行政区域内各级文物保护单位的保护措施，并纳入规划。

第十七条　文物保护单位的保护范围内不得进行其他建设工程或者爆破、钻探、挖掘等作业。但是，因特殊情况需要在文物保护单位的保护范围内进行其他建设工程或者爆破、钻探、挖掘等作业的，必须保证文物保护单位的安全，并经核定公布该文物保护单位的人民政府批准，在批准前应当征得上一级人民政府文物行政部门同意；在全国重点文物保护单位的保护范围内进行其他建设工程或者爆破、钻探、挖掘等作业的，必须经省、自治区、直辖市人民政府批准，在批准前应当征得国务院文物行政部门同意。

第十八条　根据保护文物的实际需要，经省、自治区、直辖市人民政府批准，可以在文物保护单位的周围划出一定的建设控制地带，并予以公布。

在文物保护单位的建设控制地带内进行建设工程，不得破坏文物保护单位的历史风貌；工程设计方案应当根据文物保护单位的级别，经相应的文物行政部门同意后，报城乡建设规划部门批准。

第十九条　在文物保护单位的保护范围和建设控制地带内，不得建设污染文物保护单位及其环境的设施，不得进行可能影响文物保护单位安全及其环境的活动。对已有的污染文物保护单位及其环境的设施，应当限期治理。

第二十条　建设工程选址，应当尽可能避开不可移动文物；因特殊情况不能避开的，对文物保护单位应当尽可能实施原址保护。

实施原址保护的，建设单位应当事先确定保护措施，根据文物保护单位的级别报相应的文物行政部门批准，并将保护措施列入可行性研究报告或者设计任务书。

无法实施原址保护，必须迁移异地保护或者拆除的，应当报省、自治区、直辖市人民政府批准；迁移或者拆除省级文物保护单位的，批准前须征得国务院文物行政部门同意。全国重点文物保护单位不得拆除；需要迁移的，须由省、自治区、直辖市人民政府报国务院批准。

依照前款规定拆除的国有不可移动文物中具有收藏价值的壁画、雕塑、建筑构件等，由文物行政部门指定的文物收藏单位收藏。

本条规定的原址保护、迁移、拆除所需费用，由建设单位列入建设工程预算。

第二十一条　国有不可移动文物由使用人负责修缮、保养；非国有不可移动文物由所有人负责修缮、保养。非国有不可移动文物有损毁危险，所有人不具备修缮能力的，当地人民政府应当给予帮助；所有人具备修缮能力而拒不依法履行修缮义务的，县级以上人民政府可以给予抢救修缮，所需费用由所有人负担。

对文物保护单位进行修缮，应当根据文物保护单位的级别报相应的文物行政部门批准；对未核定为文物保护单位的不可移动文物进行修缮，应当报登记的县级人民政府文物行政部门批准。

文物保护单位的修缮、迁移、重建，由取得文物保护工程资质证书的单位承担。

对不可移动文物进行修缮、保养、迁移，必须遵守不改变文物原状的原则。

第二十二条 不可移动文物已经全部毁坏的，应当实施遗址保护，不得在原址重建。但是，因特殊情况需要在原址重建的，由省、自治区、直辖市人民政府文物行政部门报省、自治区、直辖市人民政府批准；全国重点文物保护单位需要在原址重建的，由省、自治区、直辖市人民政府报国务院批准。

第二十三条 核定为文物保护单位的属于国家所有的纪念建筑物或者古建筑，除可以建立博物馆、保管所或者辟为参观游览场所外，作其他用途的，市、县级文物保护单位应当经核定公布该文物保护单位的人民政府文物行政部门征得上一级文物行政部门同意后，报核定公布该文物保护单位的人民政府批准；省级文物保护单位应当经核定公布该文物保护单位的省级人民政府的文物行政部门审核同意后，报该省级人民政府批准；全国重点文物保护单位作其他用途的，应当由省、自治区、直辖市人民政府报国务院批准。国有未核定为文物保护单位的不可移动文物作其他用途的，应当报告县级人民政府文物行政部门。

第二十四条 国有不可移动文物不得转让、抵押。建立博物馆、保管所或者辟为参观游览场所的国有文物保护单位，不得作为企业资产经营。

第二十五条 非国有不可移动文物不得转让、抵押给外国人。

非国有不可移动文物转让、抵押或者改变用途的，应当根据其级别报相应的文物行政部门备案；由当地人民政府出资帮助修缮的，应当报相应的文物行政部门批准。

第二十六条 使用不可移动文物，必须遵守不改变文物原状的原则，负责保护建筑物及其附属文物的安全，不得损毁、改建、添建或者拆除不可移动文物。

对危害文物保护单位安全、破坏文物保护单位历史风貌的建筑物、构筑物，当地人民政府应当及时调查处理，必要时，对该建筑物、构筑物予以拆迁。

第三章 考古发掘

第二十七条 一切考古发掘工作，必须履行报批手续；从事考古发掘的单位，应当经国务院文物行政部门批准。

地下埋藏的文物，任何单位或者个人都不得私自发掘。

第二十八条 从事考古发掘的单位，为了科学研究进行考古发掘，应当提出发掘计划，报国务院文物行政部门批准；对全国重点文物保护单位的考古发掘计划，应当经国务院文物行政部门审核后报国务院批准。国务院文物行政部门在批准或者审核前，应当征求社会科学研究机构及其他科研机构和有关专家的意见。

第二十九条 进行大型基本建设工程，建设单位应当事先报请省、自治区、直辖市人民政府文物行政部门组织从事考古发掘的单位在工程范围内有可能埋藏文物的地方进行考古调查、勘探。

考古调查、勘探中发现文物的，由省、自治区、直辖市人民政府文物行政部门根据文物保护的要求会同建设单位共同商定保护措施；遇有重要发现的，由省、自治区、直辖市人民政府文物行政部门及时报国务院文物行政部门处理。

第三十条 需要配合建设工程进行的考古发掘工作，应当由省、自治区、直辖市文物行政部门在勘探工作的基础上提出发掘计划，报国务院文物行政部门批准。国务院文物行政部门在批准前，应当征求社会科学研究机构及其他科研机构和有关专家的意见。

确因建设工期紧迫或者有自然破坏危险，对古文化遗址、古墓葬急需进行抢救发掘的，由省、自治区、直辖市人民政府文物行政部门组织发掘，并同时补办审批手续。

第三十一条 凡因进行基本建设和生产建设需要的考古调查、勘探、发掘，所需费用由建设单位列入建设工程预算。

第三十二条　在进行建设工程或者在农业生产中，任何单位或者个人发现文物，应当保护现场，立即报告当地文物行政部门，文物行政部门接到报告后，如无特殊情况，应当在二十四小时内赶赴现场，并在七日内提出处理意见。文物行政部门可以报请当地人民政府通知公安机关协助保护现场；发现重要文物的，应当立即上报国务院文物行政部门，国务院文物行政部门应当在接到报告后十五日内提出处理意见。

依照前款规定发现的文物属于国家所有，任何单位或者个人不得哄抢、私分、藏匿。

第三十三条　非经国务院文物行政部门报国务院特别许可，任何外国人或者外国团体不得在中华人民共和国境内进行考古调查、勘探、发掘。

第三十四条　考古调查、勘探、发掘的结果，应当报告国务院文物行政部门和省、自治区、直辖市人民政府文物行政部门。

考古发掘的文物，应当登记造册，妥善保管，按照国家有关规定移交给由省、自治区、直辖市人民政府文物行政部门或者国务院文物行政部门指定的国有博物馆、图书馆或者其他国有收藏文物的单位收藏。经省、自治区、直辖市人民政府文物行政部门或者国务院文物行政部门批准，从事考古发掘的单位可以保留少量出土文物作为科研标本。

考古发掘的文物，任何单位或者个人不得侵占。

第三十五条　根据保证文物安全、进行科学研究和充分发挥文物作用的需要，省、自治区、直辖市人民政府文物行政部门经本级人民政府批准，可以调用本行政区域内的出土文物；国务院文物行政部门经国务院批准，可以调用全国的重要出土文物。

第四章　馆藏文物

第三十六条　博物馆、图书馆和其他文物收藏单位对收藏的文物，必须区分文物等级，设置藏品档案，建立严格的管理制度，并报主管的文物行政部门备案。

县级以上地方人民政府文物行政部门应当分别建立本行政区域内的馆藏文物档案；国务院文物行政部门应当建立国家一级文物藏品档案和其主管的国有文物收藏单位馆藏文物档案。

第三十七条 文物收藏单位可以通过下列方式取得文物：

（一）购买；

（二）接受捐赠；

（三）依法交换；

（四）法律、行政法规规定的其他方式。

国有文物收藏单位还可以通过文物行政部门指定保管或者调拨方式取得文物。

第三十八条 文物收藏单位应当根据馆藏文物的保护需要，按照国家有关规定建立、健全管理制度，并报主管的文物行政部门备案。未经批准，任何单位或者个人不得调取馆藏文物。

文物收藏单位的法定代表人对馆藏文物的安全负责。国有文物收藏单位的法定代表人离任时，应当按照馆藏文物档案办理馆藏文物移交手续。

第三十九条 国务院文物行政部门可以调拨全国的国有馆藏文物。省、自治区、直辖市人民政府文物行政部门可以调拨本行政区域内其主管的国有文物收藏单位馆藏文物；调拨国有馆藏一级文物，应当报国务院文物行政部门备案。

国有文物收藏单位可以申请调拨国有馆藏文物。

第四十条 文物收藏单位应当充分发挥馆藏文物的作用，通过举办展览、科学研究等活动，加强对中华民族优秀的历史文化和革命传统的宣传教育。

国有文物收藏单位之间因举办展览、科学研究等需借用馆藏文物的，应当报主管的文物行政部门备案；借用馆藏一级文物的，应当经省、自治区、直辖市人民政府文物行政部门批准，并报国务院文物行政部门备案。

非国有文物收藏单位和其他单位举办展览需借用国有馆藏文物的，应当报主管的文物行政部门批准；借用国有馆藏一级文物，应当经国务院文物行政部门批准。

文物收藏单位之间借用文物的最长期限不得超过三年。

第四十一条 已经建立馆藏文物档案的国有文物收藏单位，经省、自治区、直辖市人民政府文物行政部门批准，并报国务院文物行政部门备案，其馆藏文物可以在国有文物收藏单位之间交换；交换馆藏一级文物的，必须经国务院文物行政部门批准。

第四十二条　未建立馆藏文物档案的国有文物收藏单位，不得依照本法第四十条、第四十一条的规定处置其馆藏文物。

第四十三条　依法调拨、交换、借用国有馆藏文物，取得文物的文物收藏单位可以对提供文物的文物收藏单位给予合理补偿，具体管理办法由国务院文物行政部门制定。

国有文物收藏单位调拨、交换、出借文物所得的补偿费用，必须用于改善文物的收藏条件和收集新的文物，不得挪作他用；任何单位或者个人不得侵占。

调拨、交换、借用的文物必须严格保管，不得丢失、损毁。

第四十四条　禁止国有文物收藏单位将馆藏文物赠与、出租或者出售给其他单位、个人。

第四十五条　国有文物收藏单位不再收藏的文物的处置办法，由国务院另行制定。

第四十六条　修复馆藏文物，不得改变馆藏文物的原状；复制、拍摄、拓印馆藏文物，不得对馆藏文物造成损害。具体管理办法由国务院制定。

不可移动文物的单体文物的修复、复制、拍摄、拓印，适用前款规定。

第四十七条　博物馆、图书馆和其他收藏文物的单位应当按照国家有关规定配备防火、防盗、防自然损坏的设施，确保馆藏文物的安全。

第四十八条　馆藏一级文物损毁的，应当报国务院文物行政部门核查处理。其他馆藏文物损毁的，应当报省、自治区、直辖市人民政府文物行政部门核查处理；省、自治区、直辖市人民政府文物行政部门应当将核查处理结果报国务院文物行政部门备案。

馆藏文物被盗、被抢或者丢失的，文物收藏单位应当立即向公安机关报案，并同时向主管的文物行政部门报告。

第四十九条　文物行政部门和国有文物收藏单位的工作人员不得借用国有文物，不得非法侵占国有文物。

第五章　民间收藏文物

第五十条　文物收藏单位以外的公民、法人和其他组织可以收藏通过下列方式取得的文物：

（一）依法继承或者接受赠与；

（二）从文物商店购买；

（三）从经营文物拍卖的拍卖企业购买；

（四）公民个人合法所有的文物相互交换或者依法转让；

（五）国家规定的其他合法方式。

文物收藏单位以外的公民、法人和其他组织收藏的前款文物可以依法流通。

第五十一条 公民、法人和其他组织不得买卖下列文物：

（一）国有文物，但是国家允许的除外；

（二）非国有馆藏珍贵文物；

（三）国有不可移动文物中的壁画、雕塑、建筑构件等，但是依法拆除的国有不可移动文物中的壁画、雕塑、建筑构件等不属于本法第二十条第四款规定的应由文物收藏单位收藏的除外；

（四）来源不符合本法第五十条规定的文物。

第五十二条 国家鼓励文物收藏单位以外的公民、法人和其他组织将其收藏的文物捐赠给国有文物收藏单位或者出借给文物收藏单位展览和研究。

国有文物收藏单位应当尊重并按照捐赠人的意愿，对捐赠的文物妥善收藏、保管和展示。

国家禁止出境的文物，不得转让、出租、质押给外国人。

第五十三条 文物商店应当由国务院文物行政部门或者省、自治区、直辖市人民政府文物行政部门批准设立，依法进行管理。

文物商店不得从事文物拍卖经营活动，不得设立经营文物拍卖的拍卖企业。

第五十四条 依法设立的拍卖企业经营文物拍卖的，应当取得国务院文物行政部门颁发的文物拍卖许可证。

经营文物拍卖的拍卖企业不得从事文物购销经营活动，不得设立文物商店。

第五十五条 文物行政部门的工作人员不得举办或者参与举办文物商店或者经营文物拍卖的拍卖企业。

文物收藏单位不得举办或者参与举办文物商店或者经营文物拍卖的拍卖企业。

禁止设立中外合资、中外合作和外商独资的文物商店或者经营文物拍卖的拍卖企业。

除经批准的文物商店、经营文物拍卖的拍卖企业外，其他单位或者个人不得从事文物的商业经营活动。

第五十六条 文物商店销售的文物，在销售前应当经省、自治区、直辖市人民政府文物行政部门审核；对允许销售的，省、自治区、直辖市人民政府文物行政部门应当作出标识。

拍卖企业拍卖的文物，在拍卖前应当经省、自治区、直辖市人民政府文物行政部门审核，并报国务院文物行政部门备案；省、自治区、直辖市人民政府文物行政部门不能确定是否可以拍卖的，应当报国务院文物行政部门审核。

第五十七条 文物商店购买、销售文物，拍卖企业拍卖文物，应当按照国家有关规定作出记录，并报原审核的文物行政部门备案。

拍卖文物时，委托人、买受人要求对其身份保密的，文物行政部门应当为其保密；但是，法律、行政法规另有规定的除外。

第五十八条 文物行政部门在审核拟拍卖的文物时，可以指定国有文物收藏单位优先购买其中的珍贵文物。购买价格由文物收藏单位的代表与文物的委托人协商确定。

第五十九条 银行、冶炼厂、造纸厂以及废旧物资回收单位，应当与当地文物行政部门共同负责拣选掺杂在金银器和废旧物资中的文物。拣选文物除供银行研究所必需的历史货币可以由人民银行留用外，应当移交当地文物行政部门。移交拣选文物，应当给予合理补偿。

第六章　文物出境进境

第六十条 国有文物、非国有文物中的珍贵文物和国家规定禁止出境的其他文物，不得出境；但是依照本法规定出境展览或者因特殊需要经国务院批准出境的除外。

第六十一条 文物出境，应当经国务院文物行政部门指定的文物进出境审核机构审核。经审核允许出境的文物，由国务院文物行政部门发给文物出境许可证，从国务院文物行政部门指定的口岸出境。

任何单位或者个人运送、邮寄、携带文物出境，应当向海关申报;海关凭文物出境许可证放行。

第六十二条 文物出境展览,应当报国务院文物行政部门批准;一级文物超过国务院规定数量的,应当报国务院批准。

一级文物中的孤品和易损品,禁止出境展览。

出境展览的文物出境,由文物进出境审核机构审核、登记。海关凭国务院文物行政部门或者国务院的批准文件放行。出境展览的文物复进境,由原文物进出境审核机构审核查验。

第六十三条 文物临时进境,应当向海关申报,并报文物进出境审核机构审核、登记。

临时进境的文物复出境,必须经原审核、登记的文物进出境审核机构审核查验;经审核查验无误的,由国务院文物行政部门发给文物出境许可证,海关凭文物出境许可证放行。

第七章 法律责任

第六十四条 违反本法规定,有下列行为之一,构成犯罪的,依法追究刑事责任:

(一)盗掘古文化遗址、古墓葬的;
(二)故意或者过失损毁国家保护的珍贵文物的;
(三)擅自将国有馆藏文物出售或者私自送给非国有单位或者个人的;
(四)将国家禁止出境的珍贵文物私自出售或者送给外国人的;
(五)以牟利为目的倒卖国家禁止经营的文物的;
(六)走私文物的;
(七)盗窃、哄抢、私分或者非法侵占国有文物的;
(八)应当追究刑事责任的其他妨害文物管理行为。

第六十五条 违反本法规定,造成文物灭失、损毁的,依法承担民事责任。

违反本法规定,构成违反治安管理行为的,由公安机关依法给予治安管理处罚。

违反本法规定,构成走私行为,尚不构成犯罪的,由海关依照有关法律、行政法规的规定给予处罚。

第六十六条 有下列行为之一,尚不构成犯罪的,由县级以上人民政府文物主管部门责令改正，造成严重后果的，处五万元以上五十万元以下的罚款；情节严重的，由原发证机关吊销资质证书：

（一）擅自在文物保护单位的保护范围内进行建设工程或者爆破、钻探、挖掘等作业的；

（二）在文物保护单位的建设控制地带内进行建设工程，其工程设计方案未经文物行政部门同意、报城乡建设规划部门批准，对文物保护单位的历史风貌造成破坏的；

（三）擅自迁移、拆除不可移动文物的；

（四）擅自修缮不可移动文物，明显改变文物原状的；

（五）擅自在原址重建已全部毁坏的不可移动文物，造成文物破坏的；

（六）施工单位未取得文物保护工程资质证书，擅自从事文物修缮、迁移、重建的。

刻划、涂污或者损坏文物尚不严重的，或者损毁依照本法第十五条第一款规定设立的文物保护单位标志的，由公安机关或者文物所在单位给予警告，可以并处罚款。

第六十七条 在文物保护单位的保护范围内或者建设控制地带内建设污染文物保护单位及其环境的设施的，或者对已有的污染文物保护单位及其环境的设施未在规定的期限内完成治理的，由环境保护行政部门依照有关法律、法规的规定给予处罚。

第六十八条 有下列行为之一的，由县级以上人民政府文物主管部门责令改正，没收违法所得，违法所得一万元以上的，并处违法所得二倍以上五倍以下的罚款；违法所得不足一万元的，并处五千元以上二万元以下的罚款：

（一）转让或者抵押国有不可移动文物，或者将国有不可移动文物作为企业资产经营的；

（二）将非国有不可移动文物转让或者抵押给外国人的；

（三）擅自改变国有文物保护单位的用途的。

第六十九条 历史文化名城的布局、环境、历史风貌等遭到严重破坏的，由国务院撤销其历史文化名城称号；历史文化城镇、街道、村庄的布局、环境、历史风貌等遭到严重破坏的，由省、自治区、直辖市人民政府撤销其历史文化街区、村镇称号；对负有责任的主管人员和其他直接责任人员依法给予行政处分。

第七十条 有下列行为之一，尚不构成犯罪的，由县级以上人民政府文物主管部门责令改正，可以并处二万元以下的罚款，有违法所得的，没收违法所得：

（一）文物收藏单位未按照国家有关规定配备防火、防盗、防自然损坏的设施的；

（二）国有文物收藏单位法定代表人离任时未按照馆藏文物档案移交馆藏文物，或者所移交的馆藏文物与馆藏文物档案不符的；

（三）将国有馆藏文物赠与、出租或者出售给其他单位、个人的；

（四）违反本法第四十条、第四十一条、第四十五条规定处置国有馆藏文物的；

（五）违反本法第四十三条规定挪用或者侵占依法调拨、交换、出借文物所得补偿费用的。

第七十一条 买卖国家禁止买卖的文物或者将禁止出境的文物转让、出租、质押给外国人，尚不构成犯罪的，由县级以上人民政府文物主管部门责令改正，没收违法所得，违法经营额一万元以上的，并处违法经营额二倍以上五倍以下的罚款；违法经营额不足一万元的，并处五千元以上二万元以下的罚款。

第七十二条 未经许可，擅自设立文物商店、经营文物拍卖的拍卖企业，或者擅自从事文物的商业经营活动，尚不构成犯罪的，由工商行政管理部门依法予以制止，没收违法所得、非法经营的文物，违法经营额五万元以上的，并处违法经营额二倍以上五倍以下的罚款；违法经营额不足五万元的，并处二万元以上十万元以下的罚款。

第七十三条 有下列情形之一的，由工商行政管理部门没收违法所得、非法经营的文物，违法经营额五万元以上的，并处违法经营额一倍以上三倍以下的罚款；违法经营额不足五万元的，并处五千元以上五万元以下的罚款；情节严重的，由原发证机关吊销许可证书：

（一）文物商店从事文物拍卖经营活动的；

（二）经营文物拍卖的拍卖企业从事文物购销经营活动的；

（三）文物商店销售的文物、拍卖企业拍卖的文物，未经审核的；

（四）文物收藏单位从事文物的商业经营活动的。

第七十四条 有下列行为之一，尚不构成犯罪的，由县级以上人民政府文物主管部门会同公安机关追缴文物；情节严重的，处五千元以上五万元以下的罚款：

（一）发现文物隐匿不报或者拒不上交的；

（二）未按照规定移交拣选文物的。

第七十五条 有下列行为之一的，由县级以上人民政府文物主管部门责令改正：

（一）改变国有未核定为文物保护单位的不可移动文物的用途，未依照本法规定报告的；

（二）转让、抵押非国有不可移动文物或者改变其用途，未依照本法规定备案的；

（三）国有不可移动文物的使用人拒不依法履行修缮义务的；

（四）考古发掘单位未经批准擅自进行考古发掘，或者不如实报告考古发掘结果的；

（五）文物收藏单位未按照国家有关规定建立馆藏文物档案、管理制度，或者未将馆藏文物档案、管理制度备案的；

（六）违反本法第三十八条规定，未经批准擅自调取馆藏文物的；

（七）馆藏文物损毁未报文物行政部门核查处理，或者馆藏文物被盗、被抢或者丢失，文物收藏单位未及时向公安机关或者文物行政部门报告的；

（八）文物商店销售文物或者拍卖企业拍卖文物，未按照国家有关规定作出记录或者未将所作记录报文物行政部门备案的。

第七十六条 文物行政部门、文物收藏单位、文物商店、经营文物拍卖的拍卖企业的工作人员，有下列行为之一的，依法给予行政处分，情节严重的，依法开除公职或者吊销其从业资格；构成犯罪的，依法追究刑事责任：

（一）文物行政部门的工作人员违反本法规定，滥用审批权限、不履行职责或者发现违法行为不予查处，造成严重后果的；

（二）文物行政部门和国有文物收藏单位的工作人员借用或者非法侵占国有文物的；

（三）文物行政部门的工作人员举办或者参与举办文物商店或者经营文物拍卖的拍卖企业的；

（四）因不负责任造成文物保护单位、珍贵文物损毁或者流失的；

（五）贪污、挪用文物保护经费的。

前款被开除公职或者被吊销从业资格的人员，自被开除公职或者被吊销从业资格之日起十年内不得担任文物管理人员或者从事文物经营活动。

第七十七条 有本法第六十六条、第六十八条、第七十条、第七十一条、第七十四条、第七十五条规定所列行为之一的，负有责任的主管人员和其他直接责任人员是国家工作人员的，依法给予行政处分。

第七十八条 公安机关、工商行政管理部门、海关、城乡建设规划部门和其他国家机关，违反本法规定滥用职权、玩忽职守、徇私舞弊，造成国家保护的珍贵文物损毁或者流失的，对负有责任的主管人员和其他直接责任人员依法给予行政处分；构成犯罪的，依法追究刑事责任。

第七十九条 人民法院、人民检察院、公安机关、海关和工商行政管理部门依法没收的文物应当登记造册，妥善保管，结案后无偿移交文物行政部门，由文物行政部门指定的国有文物收藏单位收藏。

第八章 附 则

第八十条 本法自公布之日起施行。

三、中华人民共和国土地管理法

(1986年6月25日第六届全国人民代表大会常务委员会第十六次会议通过 根据1988年12月29日第七届全国人民代表大会常务委员会第五次会议《关于修改〈中华人民共和国土地管理法〉的决定》第一次修正 1998年8月29日第九届全国人民代表大会常务委员会第四次会议修订 根据2004年8月28日第十届全国人民代表大会常务委员会第十一次会议《关于修改〈中华人民共和国土地管理法〉的决定》第二次修正)

第一章 总 则

第一条 为了加强土地管理,维护土地的社会主义公有制,保护、开发土地资源,合理利用土地,切实保护耕地,促进社会经济的可持续发展,根据宪法,制定本法。

第二条 中华人民共和国实行土地的社会主义公有制,即全民所有制和劳动群众集体所有制。

全民所有,即国家所有土地的所有权由国务院代表国家行使。

任何单位和个人不得侵占、买卖或者以其他形式非法转让土地。土地使用权可以依法转让。

国家为了公共利益的需要,可以依法对土地实行征收或者征用并给予补偿。

国家依法实行国有土地有偿使用制度。但是,国家在法律规定的范围内划拨国有土地使用权的除外。

第三条 十分珍惜、合理利用土地和切实保护耕地是我国的基本国策。各级人民政府应当采取措施,全面规划,严格管理,保护、开发土地资源,制止非法占用土地的行为。

第四条 国家实行土地用途管制制度。

国家编制土地利用总体规划,规定土地用途,将土地分为农用地、建设用地和未利用地。严格限制农用地转为建设用地,控制建设用地总量,对耕地实行特殊保护。

前款所称农用地是指直接用于农业生产的土地，包括耕地、林地、草地、农田水利用地、养殖水面等；建设用地是指建造建筑物、构筑物的土地，包括城乡住宅和公共设施用地、工矿用地、交通水利设施用地、旅游用地、军事设施用地等；未利用地是指农用地和建设用地以外的土地。

使用土地的单位和个人必须严格按照土地利用总体规划确定的用途使用土地。

第五条 国务院土地行政主管部门统一负责全国土地的管理和监督工作。

县级以上地方人民政府土地行政主管部门的设置及其职责，由省、自治区、直辖市人民政府根据国务院有关规定确定。

第六条 任何单位和个人都有遵守土地管理法律、法规的义务，并有权对违反土地管理法律、法规的行为提出检举和控告。

第七条 在保护和开发土地资源、合理利用土地以及进行有关的科学研究等方面成绩显著的单位和个人，由人民政府给予奖励。

第二章　土地的所有权和使用权

第八条 城市市区的土地属于国家所有。

农村和城市郊区的土地，除由法律规定属于国家所有的以外，属于农民集体所有；宅基地和自留地、自留山，属于农民集体所有。

第九条 国有土地和农民集体所有的土地，可以依法确定给单位或者个人使用。使用土地的单位和个人，有保护、管理和合理利用土地的义务。

第十条 农民集体所有的土地依法属于村农民集体所有的，由村集体经济组织或者村民委员会经营、管理；已经分别属于村内两个以上农村集体经济组织的农民集体所有的，由村内各该农村集体经济组织或者村民小组经营、管理；已经属于乡（镇）农民集体所有的，由乡（镇）农村集体经济组织经营、管理。

第十一条 农民集体所有的土地，由县级人民政府登记造册，核发证书，确认所有权。

农民集体所有的土地依法用于非农业建设的，由县级人民政府登记造册，核发证书，确认建设用地使用权。

单位和个人依法使用的国有土地，由县级以上人民政府登记造册，核发证书，确认使用权；其中，中央国家机关使用的国有土地的具体登记发证机关，由国务院确定。

确认林地、草原的所有权或者使用权，确认水面、滩涂的养殖使用权，分别依照《中华人民共和国森林法》、《中华人民共和国草原法》和《中华人民共和国渔业法》的有关规定办理。

第十二条　依法改变土地权属和用途的，应当办理土地变更登记手续。

第十三条　依法登记的土地的所有权和使用权受法律保护，任何单位和个人不得侵犯。

第十四条　农民集体所有的土地由本集体经济组织的成员承包经营，从事种植业、林业、畜牧业、渔业生产。土地承包经营期限为三十年。发包方和承包方应当订立承包合同，约定双方的权利和义务。承包经营土地的农民有保护和按照承包合同约定的用途合理利用土地的义务。农民的土地承包经营权受法律保护。

在土地承包经营期限内，对个别承包经营者之间承包的土地进行适当调整的，必须经村民会议三分之二以上成员或者三分之二以上村民代表的同意，并报乡（镇）人民政府和县级人民政府农业行政主管部门批准。

第十五条　国有土地可以由单位或者个人承包经营，从事种植业、林业、畜牧业、渔业生产。农民集体所有的土地，可以由本集体经济组织以外的单位或者个人承包经营，从事种植业、林业、畜牧业、渔业生产。发包方和承包方应当订立承包合同，约定双方的权利和义务。土地承包经营的期限由承包合同约定。承包经营土地的单位和个人，有保护和按照承包合同约定的用途合理利用土地的义务。

农民集体所有的土地由本集体经济组织以外的单位或者个人承包经营的，必须经村民会议三分之二以上成员或者三分之二以上村民代表的同意，并报乡（镇）人民政府批准。

第十六条　土地所有权和使用权争议，由当事人协商解决；协商不成的，由人民政府处理。

单位之间的争议，由县级以上人民政府处理；个人之间、个人与单位之间的争议，由乡级人民政府或者县级以上人民政府处理。

当事人对有关人民政府的处理决定不服的，可以自接到处理决定通知之日起三十日内,向人民法院起诉。

在土地所有权和使用权争议解决前,任何一方不得改变土地利用现状。

第三章 土地利用总体规划

第十七条 各级人民政府应当依据国民经济和社会发展规划、国土整治和资源环境保护的要求、土地供给能力以及各项建设对土地的需求,组织编制土地利用总体规划。

土地利用总体规划的规划期限由国务院规定。

第十八条 下级土地利用总体规划应当依据上一级土地利用总体规划编制。

地方各级人民政府编制的土地利用总体规划中的建设用地总量不得超过上一级土地利用总体规划确定的控制指标,耕地保有量不得低于上一级土地利用总体规划确定的控制指标。

省、自治区、直辖市人民政府编制的土地利用总体规划,应当确保本行政区域内耕地总量不减少。

第十九条 土地利用总体规划按照下列原则编制:

(一)严格保护基本农田,控制非农业建设占用农用地;

(二)提高土地利用率;

(三)统筹安排各类、各区域用地;

(四)保护和改善生态环境,保障土地的可持续利用;

(五)占用耕地与开发复垦耕地相平衡。

第二十条 县级土地利用总体规划应当划分土地利用区,明确土地用途。

乡(镇)土地利用总体规划应当划分土地利用区,根据土地使用条件,确定每一块土地的用途,并予以公告。

第二十一条 土地利用总体规划实行分级审批。

省、自治区、直辖市的土地利用总体规划,报国务院批准。

省、自治区人民政府所在地的市、人口在一百万以上的城市以及国务院指定的城市的土地利用总体规划,经省、自治区人民政府审查同意后,报国务院批准。

本条第二款、第三款规定以外的土地利用总体规划,逐级上报省、自治区、直辖市人民政府批准；其中，乡（镇）土地利用总体规划可以由省级人民政府授权的设区的市、自治州人民政府批准。

土地利用总体规划一经批准，必须严格执行。

第二十二条 城市建设用地规模应当符合国家规定的标准，充分利用现有建设用地，不占或者尽量少占农用地。

城市总体规划、村庄和集镇规划，应当与土地利用总体规划相衔接，城市总体规划、村庄和集镇规划中建设用地规模不得超过土地利用总体规划确定的城市和村庄、集镇建设用地规模。

在城市规划区内、村庄和集镇规划区内，城市和村庄、集镇建设用地应当符合城市规划、村庄和集镇规划。

第二十三条 江河、湖泊综合治理和开发利用规划，应当与土地利用总体规划相衔接。在江河、湖泊、水库的管理和保护范围以及蓄洪滞洪区内，土地利用应当符合江河、湖泊综合治理和开发利用规划，符合河道、湖泊行洪、蓄洪和输水的要求。

第二十四条 各级人民政府应当加强土地利用计划管理，实行建设用地总量控制。

土地利用年度计划，根据国民经济和社会发展计划、国家产业政策、土地利用总体规划以及建设用地和土地利用的实际状况编制。土地利用年度计划的编制审批程序与土地利用总体规划的编制审批程序相同，一经审批下达，必须严格执行。

第二十五条 省、自治区、直辖市人民政府应当将土地利用年度计划的执行情况列为国民经济和社会发展计划执行情况的内容，向同级人民代表大会报告。

第二十六条 经批准的土地利用总体规划的修改，须经原批准机关批准；未经批准，不得改变土地利用总体规划确定的土地用途。

经国务院批准的大型能源、交通、水利等基础设施建设用地，需要改变土地利用总体规划的，根据国务院的批准文件修改土地利用总体规划。

经省、自治区、直辖市人民政府批准的能源、交通、水利等基础设施建设用地，需要改变土地利用总体规划的，属于省级人民政府土地利用总体规划批准权限内的，根据省级人民政府的批准文件修改土地利用总体规划。

第二十七条 国家建立土地调查制度。

县级以上人民政府土地行政主管部门会同同级有关部门进行土地调查。土地所有者或者使用者应当配合调查，并提供有关资料。

第二十八条 县级以上人民政府土地行政主管部门会同同级有关部门根据土地调查成果、规划土地用途和国家制定的统一标准，评定土地等级。

第二十九条 国家建立土地统计制度。

县级以上人民政府土地行政主管部门和同级统计部门共同制定统计调查方案，依法进行土地统计，定期发布土地统计资料。土地所有者或者使用者应当提供有关资料，不得虚报、瞒报、拒报、迟报。

土地行政主管部门和统计部门共同发布的土地面积统计资料是各级人民政府编制土地利用总体规划的依据。

第三十条 国家建立全国土地管理信息系统，对土地利用状况进行动态监测。

第四章 耕地保护

第三十一条 国家保护耕地，严格控制耕地转为非耕地。

国家实行占用耕地补偿制度。非农业建设经批准占用耕地的，按照"占多少，垦多少"的原则，由占用耕地的单位负责开垦与所占用耕地的数量和质量相当的耕地；没有条件开垦或者开垦的耕地不符合要求的，应当按照省、自治区、直辖市的规定缴纳耕地开垦费，专款用于开垦新的耕地。

省、自治区、直辖市人民政府应当制定开垦耕地计划，监督占用耕地的单位按照计划开垦耕地或者按照计划组织开垦耕地，并进行验收。

第三十二条 县级以上地方人民政府可以要求占用耕地的单位将所占用耕地耕作层的土壤用于新开垦耕地、劣质地或者其他耕地的土壤改良。

第三十三条 省、自治区、直辖市人民政府应当严格执行土地利用总体规划和土地利用年度计划，采取措施，确保本行政区域内耕地总量不减少；耕地总量减少的，由国务院责令在规定期限内组织开垦与所减少耕地的数量与质量相当的耕地，并由国务院土地行政主管部门会同农业行政主管部门验收。个别省、直辖市确因土地后备资源匮乏，新增建设用地后，新开垦耕地的数量不足以补偿所占用耕地的数量的，必须报经国务院批准减免本行政区域内开垦耕地的数量，进行易地开垦。

第三十四条　国家实行基本农田保护制度。下列耕地应当根据土地利用总体规划划入基本农田保护区，严格管理：

（一）经国务院有关主管部门或者县级以上地方人民政府批准确定的粮、棉、油生产基地内的耕地；

（二）有良好的水利与水土保持设施的耕地，正在实施改造计划以及可以改造的中、低产田；

（三）蔬菜生产基地；

（四）农业科研、教学试验田；

（五）国务院规定应当划入基本农田保护区的其他耕地。

各省、自治区、直辖市划定的基本农田应当占本行政区域内耕地的百分之八十以上。

基本农田保护区以乡（镇）为单位进行划区定界，由县级人民政府土地行政主管部门会同同级农业行政主管部门组织实施。

第三十五条　各级人民政府应当采取措施，维护排灌工程设施，改良土壤，提高地力，防止土地荒漠化、盐渍化、水土流失和污染土地。

第三十六条　非农业建设必须节约使用土地，可以利用荒地的，不得占用耕地；可以利用劣地的，不得占用好地。

禁止占用耕地建窑、建坟或者擅自在耕地上建房、挖沙、采石、采矿、取土等。

禁止占用基本农田发展林果业和挖塘养鱼。

第三十七条　禁止任何单位和个人闲置、荒芜耕地。已经办理审批手续的非农业建设占用耕地，一年内不用而又可以耕种并收获的，应当由原耕种该幅耕地的集体或者个人恢复耕种，也可以由用地单位组织耕种；一年以上未动工建设的，应当按照省、自治区、直辖市的规定缴纳闲置费；连续两年未使用的，经原批准机关批准，由县级以上人民政府无偿收回用地单位的土地使用权；该幅土地原为农民集体所有的，应当交由原农村集体经济组织恢复耕种。

在城市规划区范围内，以出让方式取得土地使用权进行房地产开发的闲置土地，依照《中华人民共和国城市房地产管理法》的有关规定办理。

承包经营耕地的单位或者个人连续两年弃耕抛荒的，原发包单位应当终止承包合同，收回发包的耕地。

第三十八条 国家鼓励单位和个人按照土地利用总体规划，在保护和改善生态环境、防止水土流失和土地荒漠化的前提下，开发未利用的土地；适宜开发为农用地的，应当优先开发成农用地。

国家依法保护开发者的合法权益。

第三十九条 开垦未利用的土地，必须经过科学论证和评估，在土地利用总体规划划定的可开垦的区域内，经依法批准后进行。禁止毁坏森林、草原开垦耕地，禁止围湖造田和侵占江河滩地。

根据土地利用总体规划，对破坏生态环境开垦、围垦的土地，有计划有步骤地退耕还林、还牧、还湖。

第四十条 开发未确定使用权的国有荒山、荒地、荒滩从事种植业、林业、畜牧业、渔业生产的，经县级以上人民政府依法批准，可以确定给开发单位或者个人长期使用。

第四十一条 国家鼓励土地整理。县、乡（镇）人民政府应当组织农村集体经济组织，按照土地利用总体规划，对田、水、路、林、村综合整治，提高耕地质量，增加有效耕地面积，改善农业生产条件和生态环境。

地方各级人民政府应当采取措施，改造中、低产田，整治闲散地和废弃地。

第四十二条 因挖损、塌陷、压占等造成土地破坏，用地单位和个人应当按照国家有关规定负责复垦；没有条件复垦或者复垦不符合要求的，应当缴纳土地复垦费，专项用于土地复垦。复垦的土地应当优先用于农业。

第五章　建设用地

第四十三条 任何单位和个人进行建设，需要使用土地的，必须依法申请使用国有土地；但是，兴办乡镇企业和村民建设住宅经依法批准使用本集体经济组织农民集体所有的土地的，或者乡（镇）村公共设施和公益事业建设经依法批准使用农民集体所有的土地的除外。

前款所称依法申请使用的国有土地包括国家所有的土地和国家征

收的原属于农民集体所有的土地。

第四十四条 建设占用土地,涉及农用地转为建设用地的,应当办理农用地转用审批手续。

省、自治区、直辖市人民政府批准的道路、管线工程和大型基础设施建设项目、国务院批准的建设项目占用土地,涉及农用地转为建设用地的,由国务院批准。

在土地利用总体规划确定的城市和村庄、集镇建设用地规模范围内,为实施该规划而将农用地转为建设用地的,按土地利用年度计划分批次由原批准土地利用总体规划的机关批准。在已批准的农用地转用范围内,具体建设项目用地可以由市、县人民政府批准。

本条第二款、第三款规定以外的建设项目占用土地,涉及农用地转为建设用地的,由省、自治区、直辖市人民政府批准。

第四十五条 征收下列土地的,由国务院批准:

(一)基本农田;

(二)基本农田以外的耕地超过三十五公顷的;

(三)其他土地超过七十公顷的。

征收前款规定以外的土地的,由省、自治区、直辖市人民政府批准,并报国务院备案。

征收农用地的,应当依照本法第四十四条的规定先行办理农用地转用审批。其中,经国务院批准农用地转用的,同时办理征地审批手续,不再另行办理征地审批;经省、自治区、直辖市人民政府在征地批准权限内批准农用地转用的,同时办理征地审批手续,不再另行办理征地审批,超过征地批准权限的,应当依照本条第一款的规定另行办理征地审批。

第四十六条 国家征收土地的,依照法定程序批准后,由县级以上地方人民政府予以公告并组织实施。

被征收土地的所有权人、使用权人应当在公告规定期限内,持土地权属证书到当地人民政府土地行政主管部门办理征地补偿登记。

第四十七条 征收土地的,按照被征收土地的原用途给予补偿。

征收耕地的补偿费用包括土地补偿费、安置补助费以及地上附着物和青苗的补偿费。征收耕地的土地补偿费,为该耕地被征收前三年平均年产值的六至十倍。征收耕地的安置补助费,按照需要安置的农业人口数计算。需要安置的农业人口数,按照被征收的耕地数量除以征地前被征收单位平均每人占有耕地的数量计算。每一个需要安置的农业人口的安置补助费标准，为该耕地被征收前三年平均年产值的四至六倍。但是，每公顷被征收耕地的安置补助费，最高不得超过被征收前三年平均年产值的十五倍。

征收其他土地的土地补偿费和安置补助费标准，由省、自治区、直辖市参照征收耕地的土地补偿费和安置补助费的标准规定。

被征收土地上的附着物和青苗的补偿标准，由省、自治区、直辖市规定。

征收城市郊区的菜地，用地单位应当按照国家有关规定缴纳新菜地开发建设基金。

依照本条第二款的规定支付土地补偿费和安置补助费，尚不能使需要安置的农民保持原有生活水平的，经省、自治区、直辖市人民政府批准，可以增加安置补助费。但是，土地补偿费和安置补助费的总和不得超过土地被征收前三年平均年产值的三十倍。

国务院根据社会、经济发展水平，在特殊情况下，可以提高征收耕地的土地补偿费和安置补助费的标准。

第四十八条 征地补偿安置方案确定后，有关地方人民政府应当公告，并听取被征地的农村集体经济组织和农民的意见。

第四十九条 被征地的农村集体经济组织应当将征收土地的补偿费用的收支状况向本集体经济组织的成员公布，接受监督。

禁止侵占、挪用被征收土地单位的征地补偿费用和其他有关费用。

第五十条 地方各级人民政府应当支持被征地的农村集体经济组织和农民从事开发经营，兴办企业。

第五十一条 大中型水利、水电工程建设征收土地的补偿费标准和移民安置办法，由国务院另行规定。

第五十二条 建设项目可行性研究论证时，土地行政主管部门可以根据土地利用总体规划、土地利用年度计划和建设用地标准，对建设用地有关事项进行审查，并提出意见。

第五十三条 经批准的建设项目需要使用国有建设用地的，建设单位应当持法律、行政法规规定的有关文件，向有批准权的县级以上人民政府土地行政主管部门提出建设用地申请，经土地行政主管部门审查，报本级人民政府批准。

第五十四条 建设单位使用国有土地,应当以出让等有偿使用方式取得;但是,下列建设用地,经县级以上人民政府依法批准,可以以划拨方式取得:

(一)国家机关用地和军事用地;

(二)城市基础设施用地和公益事业用地;

(三)国家重点扶持的能源、交通、水利等基础设施用地;

(四)法律、行政法规规定的其他用地。

第五十五条 以出让等有偿使用方式取得国有土地使用权的建设单位,按照国务院规定的标准和办法,缴纳土地使用权出让金等土地有偿使用费和其他费用后,方可使用土地。

自本法施行之日起,新增建设用地的土地有偿使用费,百分之三十上缴中央财政,百分之七十留给有关地方人民政府,都专项用于耕地开发。

第五十六条 建设单位使用国有土地的,应当按照土地使用权出让等有偿使用合同的约定或者土地使用权划拨批准文件的规定使用土地;确需改变该幅土地建设用途的,应当经有关人民政府土地行政主管部门同意,报原批准用地的人民政府批准。其中,在城市规划区内改变土地用途的,在报批前,应当先经有关城市规划行政主管部门同意。

第五十七条 建设项目施工和地质勘查需要临时使用国有土地或者农民集体所有的土地的,由县级以上人民政府土地行政主管部门批准。其中,在城市规划区内的临时用地,在报批前,应当先经有关城市规划行政主管部门同意。土地使用者应当根据土地权属,与有关土地行政主管部门或者农村集体经济组织、村民委员会签订临时使用土地合同,并按照合同的约定支付临时使用土地补偿费。

临时使用土地的使用者应当按照临时使用土地合同约定的用途使用土地,并不得修建永久性建筑物。

临时使用土地期限一般不超过两年。

第五十八条 有下列情形之一的,由有关人民政府土地行政主管部门报经原批准用地的人民政府或者有批准权的人民政府批准,可以收回国有土地使用权:

(一)为公共利益需要使用土地的;

(二)为实施城市规划进行旧城区改建,需要调整使用土地的;

（三）土地出让等有偿使用合同约定的使用期限届满，土地使用者未申请续期或者申请续期未获批准的；

（四）因单位撤销、迁移等原因，停止使用原划拨的国有土地的；

（五）公路、铁路、机场、矿场等经核准报废的。

依照前款第（一）项、第（二）项的规定收回国有土地使用权的，对土地使用权人应当给予适当补偿。

第五十九条 乡镇企业、乡（镇）村公共设施、公益事业、农村村民住宅等乡（镇）村建设，应当按照村庄和集镇规划，合理布局，综合开发，配套建设；建设用地，应当符合乡（镇）土地利用总体规划和土地利用年度计划，并依照本法第四十四条、第六十条、第六十一条、第六十二条的规定办理审批手续。

第六十条 农村集体经济组织使用乡（镇）土地利用总体规划确定的建设用地兴办企业或者与其他单位、个人以土地使用权入股、联营等形式共同举办企业的，应当持有关批准文件，向县级以上地方人民政府土地行政主管部门提出申请，按照省、自治区、直辖市规定的批准权限，由县级以上地方人民政府批准；其中，涉及占用农用地的，依照本法第四十四条的规定办理审批手续。

按照前款规定兴办企业的建设用地，必须严格控制。省、自治区、直辖市可以按照乡镇企业的不同行业和经营规模，分别规定用地标准。

第六十一条 乡（镇）村公共设施、公益事业建设，需要使用土地的，经乡（镇）人民政府审核，向县级以上地方人民政府土地行政主管部门提出申请，按照省、自治区、直辖市规定的批准权限，由县级以上地方人民政府批准；其中，涉及占用农用地的，依照本法第四十四条的规定办理审批手续。

第六十二条 农村村民一户只能拥有一处宅基地，其宅基地的面积不得超过省、自治区、直辖市规定的标准。

农村村民建住宅，应当符合乡（镇）土地利用总体规划，并尽量使用原有的宅基地和村内空闲地。

农村村民住宅用地，经乡（镇）人民政府审核，由县级人民政府批准；其中，涉及占用农用地的，依照本法第四十四条的规定办理审批手续。

农村村民出卖、出租住房后，再申请宅基地的，不予批准。

第六十三条　农民集体所有的土地的使用权不得出让、转让或者出租用于非农业建设；但是，符合土地利用总体规划并依法取得建设用地的企业，因破产、兼并等情形致使土地使用权依法发生转移的除外。

第六十四条　在土地利用总体规划制定前已建的不符合土地利用总体规划确定的用途的建筑物、构筑物，不得重建、扩建。

第六十五条　有下列情形之一的，农村集体经济组织报经原批准用地的人民政府批准，可以收回土地使用权：

（一）为乡（镇）村公共设施和公益事业建设，需要使用土地的；

（二）不按照批准的用途使用土地的；

（三）因撤销、迁移等原因而停止使用土地的。

依照前款第（一）项规定收回农民集体所有的土地的，对土地使用权人应当给予适当补偿。

第六章　监督检查

第六十六条　县级以上人民政府土地行政主管部门对违反土地管理法律、法规的行为进行监督检查。

土地管理监督检查人员应当熟悉土地管理法律、法规，忠于职守、秉公执法。

第六十七条　县级以上人民政府土地行政主管部门履行监督检查职责时，有权采取下列措施：

（一）要求被检查的单位或者个人提供有关土地权利的文件和资料，进行查阅或者予以复制；

（二）要求被检查的单位或者个人就有关土地权利的问题作出说明；

（三）进入被检查单位或者个人非法占用的土地现场进行勘测；

（四）责令非法占用土地的单位或者个人停止违反土地管理法律、法规的行为。

第六十八条　土地管理监督检查人员履行职责，需要进入现场进行勘测、要求有关单位或者个人提供文件、资料和作出说明的，应当出示土地管理监督检查证件。

第六十九条　有关单位和个人对县级以上人民政府土地行政主管

部门就土地违法行为进行的监督检查应当支持与配合,并提供工作方便,不得拒绝与阻碍土地管理监督检查人员依法执行职务。

第七十条 县级以上人民政府土地行政主管部门在监督检查工作中发现国家工作人员的违法行为,依法应当给予行政处分的,应当依法予以处理;自己无权处理的,应当向同级或者上级人民政府的行政监察机关提出行政处分建议书,有关行政监察机关应当依法予以处理。

第七十一条 县级以上人民政府土地行政主管部门在监督检查工作中发现土地违法行为构成犯罪的,应当将案件移送有关机关,依法追究刑事责任;尚不构成犯罪的,应当依法给予行政处罚。

第七十二条 依照本法规定应当给予行政处罚,而有关土地行政主管部门不给予行政处罚的,上级人民政府土地行政主管部门有权责令有关土地行政主管部门作出行政处罚决定或者直接给予行政处罚,并给予有关土地行政主管部门的负责人行政处分。

第七章 法律责任

第七十三条 买卖或者以其他形式非法转让土地的,由县级以上人民政府土地行政主管部门没收违法所得;对违反土地利用总体规划擅自将农用地改为建设用地的,限期拆除在非法转让的土地上新建的建筑物和其他设施,恢复土地原状,对符合土地利用总体规划的,没收在非法转让的土地上新建的建筑物和其他设施;可以并处罚款;对直接负责的主管人员和其他直接责任人员,依法给予行政处分;构成犯罪的,依法追究刑事责任。

第七十四条 违反本法规定,占用耕地建窑、建坟或者擅自在耕地上建房、挖沙、采石、采矿、取土等,破坏种植条件的,或者因开发土地造成土地荒漠化、盐渍化的,由县级以上人民政府土地行政主管部门责令限期改正或者治理,可以并处罚款;构成犯罪的,依法追究刑事责任。

第七十五条 违反本法规定,拒不履行土地复垦义务的,由县级以上人民政府土地行政主管部门责令限期改正;逾期不改正的,责令缴纳复垦费,专项用于土地复垦,可以处以罚款。

第七十六条 未经批准或者采取欺骗手段骗取批准,非法占用土地的，由县级以上人民政府土地行政主管部门责令退还非法占用的土地，对违反土地利用总体规划擅自将农用地改为建设用地的，限期拆除在非法占用的土地上新建的建筑物和其他设施，恢复土地原状，对符合土地利用总体规划的，没收在非法占用的土地上新建的建筑物和其他设施，可以并处罚款；对非法占用土地单位的直接负责的主管人员和其他直接责任人员，依法给予行政处分；构成犯罪的，依法追究刑事责任。

超过批准的数量占用土地，多占的土地以非法占用土地论处。

第七十七条　农村村民未经批准或者采取欺骗手段骗取批准，非法占用土地建住宅的，由县级以上人民政府土地行政主管部门责令退还非法占用的土地，限期拆除在非法占用的土地上新建的房屋。

超过省、自治区、直辖市规定的标准，多占的土地以非法占用土地论处。

第七十八条　无权批准征收、使用土地的单位或者个人非法批准占用土地的，超越批准权限非法批准占用土地的，不按照土地利用总体规划确定的用途批准用地的，或者违反法律规定的程序批准占用、征收土地的，其批准文件无效，对非法批准征收、使用土地的直接负责的主管人员和其他直接责任人员，依法给予行政处分；构成犯罪的，依法追究刑事责任。非法批准、使用的土地应当收回，有关当事人拒不归还的，以非法占用土地论处。

非法批准征收、使用土地，对当事人造成损失的，依法应当承担赔偿责任。

第七十九条　侵占、挪用被征收土地单位的征地补偿费用和其他有关费用，构成犯罪的，依法追究刑事责任；尚不构成犯罪的，依法给予行政处分。

第八十条　依法收回国有土地使用权当事人拒不交出土地的，临时使用土地期满拒不归还的，或者不按照批准的用途使用国有土地的，由县级以上人民政府土地行政主管部门责令交还土地，处以罚款。

第八十一条　擅自将农民集体所有的土地的使用权出让、转让或者出租用于非农业建设的，由县级以上人民政府土地行政主管部门责令限期改正，没收违法所得，并处罚款。

第八十二条　不依照本法规定办理土地变更登记的，由县级以上人民政府土地行政主管部门责令其限期办理。

第八十三条 依照本法规定,责令限期拆除在非法占用的土地上新建的建筑物和其他设施的,建设单位或者个人必须立即停止施工,自行拆除;对继续施工的,作出处罚决定的机关有权制止。建设单位或者个人对责令限期拆除的行政处罚决定不服的,可以在接到责令限期拆除决定之日起十五日内,向人民法院起诉;期满不起诉又不自行拆除的,由作出处罚决定的机关依法申请人民法院强制执行,费用由违法者承担。

第八十四条 土地行政主管部门的工作人员玩忽职守、滥用职权、徇私舞弊,构成犯罪的,依法追究刑事责任;尚不构成犯罪的,依法给予行政处分。

第八章 附　　则

第八十五条 中外合资经营企业、中外合作经营企业、外资企业使用土地的,适用本法;法律另有规定的,从其规定。

第八十六条 本法自1999年1月1日起施行。

四、中华人民共和国环境保护法

(1989年12月26日第七届全国人民代表大会常务委员会第十一次会议通过 1989年12月26日中华人民共和国主席第二十二号令公布 自公布之日起施行。)

第一章 总 则

第一条 为保护和改善生活环境与生态环境，防治污染和其他公害，保障人体健康，促进社会主义现代化建设的发展，制定本法。

第二条 本法所称环境，是指影响人类生存和发展的各种天然的和经过人工改造的自然因素的总体，包括大气、水、海洋、土地、矿藏、森林、草原、野生生物、自然遗迹、人文遗迹、自然保护区、风景名胜区、城市和乡村等。

第三条 本法适用于中华人民共和国领域和中华人民共和国管辖的其他海域。

第四条 国家制定的环境保护规划必须纳入国民经济和社会发展计划，国家采取有利于环境保护的经济、技术政策和措施，使环境保护工作同经济建设和社会发展相协调。

第五条 国家鼓励环境保护科学教育事业的发展，加强环境保护科学技术的研究和开发，提高环境保护科学技术水平，普及环境保护的科学知识。

第六条 一切单位和个人都有保护环境的义务，并有权对污染和破坏环境的单位和个人进行检举和控告。

第七条 国务院环境保护行政主管部门，对全国环境保护工作实施统一监督管理。

县级以上地方人民政府环境保护行政主管部门，对本辖区的环境保护工作实施统一监督管理。

国家海洋行政主管部门、港务监督、渔政渔港监督、军队环境保护部门和各级公安、交通、铁道、民航管理部门，依照有关法律的规定对环境污染防治实施监督管理。

县级以上人民政府的土地、矿产、林业、农业、水利行政主管部门，依照有关法律的规定对资源的保护实施监督管理。

第八条 对保护环境有显著成绩的单位和个人，由人民政府给予奖励。

第二章 环境监督管理

第九条 国务院环境保护行政主管部门制定国家环境质量标准。

省、自治区、直辖市人民政府对国家环境质量标准中未作规定的项目，可以制定地方环境质量标准，并报国务院环境保护行政主管部门备案。

第十条 国务院环境保护行政主管部门根据国家环境质量标准和国家经济、技术条件，制定国家污染物排放标准。

省、自治区、直辖市人民政府对国家污染物排放标准中未作规定的项目，可以制定地方污染物排放标准；对国家污染物排放标准中已作规定的项目，可以制定严于国家污染物排放标准的地方污染物排放标准。地方污染物排放标准须报国务院环境保护行政主管部门备案。

凡是向已有地方污染物排放标准的区域排放污染物的，应当执行地方污染物排放标准。

第十一条 国务院环境保护行政主管部门建立监测制度，制定监测规范，会同有关部门组织监测网络，加强对环境监测和管理。国务院和省、自治区、直辖市人民政府的环境保护行政主管部门，应当定期发布环境状况公报。

第十二条 县级以上人民政府环境保护行政主管部门，应当会同有关部门对管辖范围内的环境状况进行调查和评价，拟订环境保护规划，经计划部门综合平衡后，报同级人民政府批准实施。

第十三条 建设污染环境的项目，必须遵守国家有关建设项目环境保护管理的规定。

建设项目的环境影响报告书，必须对建设项目产生的污染和对环境的影响作出评价，规定防治措施，经项目主管部门预审并依照规定的程序报环境保护行政主管部门批准。环境影响报告书经批准后，计划部门方可批准建设项目设计任务书。

第十四条 县级以上人民政府环境保护行政主管部门或者其他依照法律规定行使环境监督管理权的部门,有权对管辖范围内的排污单位进行现场检查。被检查的单位应当如实反映情况,提供必要的资料。检查机关应当为被检查的单位保守技术秘密和业务秘密。

第十五条 跨行政区的环境污染和环境破坏的防治工作,由有关地方人民政府协商解决,或者由上级人民政府协调解决,做出决定。

第三章 保护和改善环境

第十六条 地方各级人民政府,应当对本辖区的环境质量负责,采取措施改善环境质量。

第十七条 各级人民政府对具有代表性的各种类型的自然生态系统区域,珍稀、濒危的野生动植物自然分布区域,重要的水源涵养区域,具有重大科学文化价值的地质构造、著名溶洞和化石分布区、冰川、火山、温泉等自然遗迹,以及人文遗迹、古树名木,应当采取措施加以保护,严禁破坏。

第十八条 在国务院、国务院有关主管部门和省、自治区、直辖市人民政府划定的风景名胜区、自然保护区和其他需要特别保护的区域内,不得建设污染环境的工业生产设施;建设其他设施,其污染物排放不得超过规定的排放标准。已经建成的设施,其污染物排放超过规定的排放标准的,限期治理。

第十九条 开发利用自然资源,必须采取措施保护生态环境。

第二十条 各级人民政府应当加强对农业环境的保护,防治土壤污染、土地沙化、盐渍化、贫瘠化、沼泽化、地面沉降和防治植被破坏、水土流失、水源枯竭、种源灭绝以及其他生态失调现象的发生和发展,推广植物病虫害的综合防治,合理使用化肥、农药及植物生长激素。

第二十一条 国务院和沿海地方各级人民政府应当加强对海洋环境的保护。向海洋排放污染物、倾倒废弃物,进行海岸工程建设和海洋石油勘探开发,必须依照法律的规定,防止对海洋环境的污染损害。

第二十二条 制定城市规划,应当确定保护和改善环境的目标和任务。

第二十三条 城乡建设应当结合当地自然环境的特点，保护植被、水域和自然景观，加强城市园林、绿地和风景名胜区的建设。

第四章 防治环境污染和其他公害

第二十四条 产生环境污染和其他公害的单位，必须把环境保护工作纳入计划，建立环境保护责任制度；采取有效措施，防治在生产建设或者其他活动中产生的废气、废水、废渣、粉尘、恶臭气体、放射性物质以及噪声、振动、电磁波辐射等对环境的污染和危害。

第二十五条 新建工业企业和现有工业企业的技术改造，应当采用资源利用率高、污染物排放量少的设备和工艺，采用经济合理的废弃物综合利用技术和污染物处理技术。

第二十六条 建设项目中防治污染的设施，必须与主体工程同时设计、同时施工、同时投产使用。防治污染的设施必须经原审批环境影响报告书的环境保护行政主管部门验收合格后，该建设项目方可投入生产或者使用。

防治污染的设施不得擅自拆除或者闲置，确有必要拆除或者闲置的，必须征得所在地的环境保护行政主管部门同意。

第二十七条 排放污染物的企业事业单位，必须依照国务院环境保护行政主管部门的规定申报登记。

第二十八条 排放污染物超过国家或者地方规定的污染物排放标准的企业事业单位，依照国家规定缴纳超标准排污费，并负责治理。水污染防治法另有规定的，依照水污染防治法的规定执行。

征收的超标准排污费必须用于污染的防治，不得挪作他用，具体使用办法由国务院规定。

第二十九条 对造成环境严重污染的企业事业单位，限期治理。

中央或者省、自治区、直辖市人民政府直接管辖的企业事业单位的限期治理，由省、自治区、直辖市人民政府决定。市、县或者市、县以下人民政府管辖的企业事业单位的限期治理，由市、县人民政府决定。被限期治理的企业事业单位必须如期完成治理任务。

第三十条 禁止引进不符合我国环境保护规定要求的技术和设备。

第三十一条 因发生事故或者其他突然性事件，造成或者可能造成污染事故的单位，必须立即采取措施处理，及时通报可能受到污染危害的单位和居民，并向当地环境保护行政主管部门和有关部门报告，接受调查处理。

可能发生重大污染事故的企业事业单位，应当采取措施，加强防范。

第三十二条 县级以上地方人民政府环境保护行政主管部门，在环境受到严重污染威胁居民生命财产安全时，必须立即向当地人民政府报告，由人民政府采取有效措施，解除或者减轻危害。

第三十三条 生产、储存、运输、销售、使用有毒化学物品和含有放射性物质的物品，必须遵守国家有关规定，防止污染环境。

第三十四条 任何单位不得将产生严重污染的生产设备转移给没有污染防治能力的单位使用。

第五章　法律责任

第三十五条 违反本法规定，有下列行为之一的，环境保护行政主管部门或者其他依照法律规定行使环境监督管理权的部门可以根据不同情节，给予警告或者处以罚款：

（一）拒绝环境保护行政主管部门或者其他依照法律规定行使环境监督管理权的部门现场检查或者在被检查时弄虚作假的。

（二）拒报或者谎报国务院环境保护行政主管部门规定的有关污染物排放申报事项的。

（三）不按国家规定缴纳超标准排污费的。

（四）引进不符合我国环境保护规定要求的技术和设备的。

（五）将产生严重污染的生产设备转移给没有污染防治能力的单位使用的。

第三十六条 建设项目的防治污染设施没有建成或者没有达到国家规定的要求，投入生产或者使用的，由批准该建设项目的环境影响报告书的环境保护行政主管部门责令停止生产或者使用，可以并处罚款。

第三十七条 未经环境保护行政主管部门同意，擅自拆除或者闲置防治污染的设施，污染物排放超过规定的排放标准的，由环境保护行政主管部门责令重新安装使用，并处罚款。

第三十八条 对违反本法规定,造成环境污染事故的企业事业单位,由环境保护行政主管部门或者其他依照法律规定行使环境监督管理权的部门根据所造成的危害后果处以罚款;情节较重的,对有关责任人员由其所在单位或者政府主管机关给予行政处分。

第三十九条 对经限期治理逾期未完成治理任务的企业事业单位,除依照国家规定加收超标准排污费外,可以根据所造成的危害后果处以罚款,或者责令停业、关闭。

前款规定的罚款由环境保护行政主管部门决定。责令停业、关闭,由作出限期治理决定的人民政府决定;责令中央直接管辖的企业事业单位停业、关闭,须报国务院批准。

第四十条 当事人对行政处罚决定不服的,可以在接到处罚通知之日起十五日内,向作出处罚决定的机关的上一级机关申请复议;对复议决定不服的,可以在接到复议决定之日起十五日内,向人民法院起诉。当事人也可以在接到处罚通知之日起十五日内,直接向人民法院起诉。当事人逾期不申请复议、也不向人民法院起诉、又不履行处罚决定的,由作出处罚决定的机关申请人民法院强制执行。

第四十一条 造成环境污染危害的,有责任排除危害,并对直接受到损害的单位或者个人赔偿损失。

赔偿责任和赔偿金额的纠纷,可以根据当事人的请求,由环境保护行政主管部门或者其他依照本法律规定行使环境监督管理权的部门处理;当事人对处理决定不服的,可以向人民法院起诉。当事人也可以直接向人民法院起诉。

完全由于不可抗拒的自然灾害,并经及时采取合理措施,仍然不能避免造成环境污染损害的,免予承担责任。

第四十二条 因环境污染损害赔偿提起诉讼的时效期间为三年,从当事人知道或者应当知道受到污染损害时起计算。

第四十三条 违反本法规定,造成重大环境污染事故,导致公私财产重大损失或者人身伤亡的严重后果的,对直接责任人员依法追究刑事责任。

第四十四条 违反本法规定,造成土地、森林、草原、水、矿产、渔业、野生动植物等资源的破坏的,依照有关法律的规定承担法律责任。

第四十五条 环境保护监督管理人员滥用职权、玩忽职守、徇私舞弊的，由其所在单位或者上级主管机关给予行政处分；构成犯罪的，依法追究刑事责任。

第六章 附　　则

第四十六条　中华人民共和国缔结或者参加的与环境保护有关的国际条约，同中华人民共和国法律有不同规定的，适用国际条约的规定，但中华人民共和国声明保留的条款除外。

第四十七条　本法自公布之日起施行。《中华人民共和国环境保护法（试行）》同时废止。

五、中华人民共和国森林法

(1984年9月20日第六届全国人民代表大会常务委员会第七次会议通过 根据1998年4月29日第九届全国人民代表大会常务委员会第二次会议《关于修改〈中华人民共和国森林法〉的决定》修正 自1985年1月1日起施行)

第一章 总 则

第一条 为了保护、培育和合理利用森林资源,加快国土绿化,发挥森林蓄水保土、调节气候、改善环境和提供林产品的作用,适应社会主义建设和人民生活的需要,特制定本法。

第二条 在中华人民共和国领域内从事森林、林木的培育种植、采伐利用和森林、林木、林地的经营管理活动,都必须遵守本法。

第三条 森林资源属于国家所有,由法律规定属于集体所有的除外。国家所有的和集体所有的森林、林木和林地,个人所有的林木和使用的林地,由县级以上地方人民政府登记造册,发放证书,确认所有权或者使用权。国务院可以授权国务院林业主管部门对国务院确定的国家所有的重点林区的森林、林木和林地登记造册,发放证书,并通知有关地方人民政府。森林、林木、林地的所有者和使用者的合法权益,受法律保护,任何单位和个人不得侵犯。

第四条 森林分为以下五类:

(一)防护林:以防护为主要目的的森林、林木和灌木丛,包括水源涵养林,水土保护林,防风固沙林,农田、牧场防护林、护岸林,护路林;

(二)用材林:以生产木材为主要目的的森林和林木,包括以生产竹材为主要目的竹林;

(三)经济林:以生产果品,食用油料、饮料、调料,工业原料和药材等为主要目的的林木;

(四)薪炭林:以生产燃料为主要目的的林木;

（五）特种用途林：以国防、环境保护、科学实验等为主要目的的森林和林木，包括国防林、实验林、母树林、环境保护林、风景林，名胜古迹和革命纪念地的林木，自然保护区的森林。

第五条 林业建设实行以营林为基础，普遍护林，大力造林，采育结合，永续利用的方针。

第六条 国家鼓励林业科学研究，推广林业先进技术，提高林业科学技术水平。

第七条 国家保护林农的合法权益，依法减轻林农的负担，禁止向林农违法收费、罚款，禁止向林农进行摊派和强制集资。国家保护承包造林的集体和个人的合法权益，任何单位和个人不得侵犯承包林的集体和个人依法享有的林木所有权和其他合法权益。

第八条 国家对森林资源实行以下保护性措施：

（一）对森林实行限额采伐，鼓励植树造林、封山育林，扩大森林覆盖面积；

（二）根据国家和地方人民政府有关规定，对集体和个人造林、育林给予经济扶持或者长期贷款；

（三）提倡木材综合利用和节约使用木材，鼓励开发、利用木材代用品；

（四）征收育林费，专门用于造林育林。

（五）煤炭、造纸等部门，按照煤炭和木浆纸张等产品的产量提取一定数额的资金，专门用于营造坑木、造纸等用材林。

（六）建立林业基金制度。

国家设立森林生态效益补偿基金，用于提供生态效益的防护林和特种用途林的森林资源、林木的营造、抚育、保护和管理。森林生态效益补偿基金必须专款专用，不得挪作他用。具体办法由国务院规定。

第九条 国家和省、自治区人民政府，对民族自治地方的林业生产建设，依照国家对民族自治地方自治权的规定，在森林开发、木材分配和林业基金使用方面，给予比一般地区更多的自主权和经济利益。

第十条 国务院林业主管部门主管全国林业工作。县级以上地方人民政府林业主管部门，主管本地区的林业工作。乡级人民政府设专职或者兼职人员负责林业工作。

第十一条 植树造林、保护森林,是公民应尽的义务。各级人民政府应当组织全民义务植树,开展植树造林活动。

第十二条 在植树造林、保护森林、森林管理以及林业科学研究等方面成绩显著的单位或者个人,由各级人民政府给予奖励。

第二章 森林经营管理

第十三条 各级林业主管部门依照本法规定,对森林资源的保护、利用、更新,实行管理和监督。

第十四条 各级林业主管部门负责组织森林资源清查,建立资源档案制度,掌握资源变化情况。

第十五条 下列森林、林木、林地使用权可以依法转让,也可以依法作价入股或者作为合资、合作造林、经营林木的出资、合作条件,但不得将林地改为非林地:

(一)用材林、经济林、薪炭林;

(二)用材林、经济林、薪炭林的林地使用权;

(三)用材林、经济林、薪炭林的采伐迹地、火烧迹地的林地使用权;

(四)国务院规定的其他森林、林木和其他林地使用权。

依照前款规定转让、作价入股或者作为合资、合作造林、经营林木的出资、合作条件的,已经取得的林木采伐许可证可以同时转让,同时转让双方都必须遵守本法关于森林、林木采伐和更新造林的规定。除本条第一款规定的情形外,其他森林、林木和其他林地使用权不得转让。具体办法由国务院规定。

第十六条 各级人民政府应当制定林业长远规划。国有林业企业事业单位和自然保护区,应当根据林业长远规划,编制森林经营方案,报上级主管部门批准后实行。林业主管部门应当指导农村集体经济组织和国有的农场、牧场、工矿企业等单位编制森林经营方案。

第十七条 单位之间发生的林木、林地所有权和使用权争议,由县级以上人民政府处理。个人之间、个人与单位之间发生的林木、林地所有权和使用权争议,由当地县级或者乡级人民政府依法处理。当事人对人民政府的处理决定不服的,可以在接到通知之日起一个月内,向人民院起诉。在林木、林地权属争议解决以前,任何一方不得砍伐有争议的林木。

第十八条 进行勘查、开采矿藏和各项建议工程，应当不占或者少占林地；必须用或者征用林地的，经县级以上人民政府林业主管部门审核同意后，依照有关土地的法律、行政法规办理建设用地审批手续，并由用地单位依照国务院有关规定缴纳森林植被恢复费。森林植被恢复费专款专用，由林业主管部门依照有关规定统一安排植树造林，恢复森林植被，植树造林面积不得少于因占用、征用林地而减少的森林植被面积。上级林业主管部门应当定期督促、检查下级林业主管部门组织植树造林、恢复森林植被的情况。任何单位和个人不得挪用森林植被恢复费。县级以上人民政府审计机关应当加强森林植被恢复费使用情况的监督。

第三章 森林保护

第十九条 地方各级人民政府应当组织有关部门建立护林组织，负责护林工作；根据实际需要在大面积林区增加护林设施，加强森林保护；督促有林的和林区的基层单位，订立护林公约，组织群众护林，划定护林责任区，配备专职或者兼职护林员。护林员可以由县级或者乡级人民政府委任。护林员的主要职责是：巡护森林，制止破坏森林资源的行为。对造成森林资源破坏的，护林员有权要求当地有关部门处理。

第二十条 依照国家有关规定在林区设立的森林公安机关，负责维护辖区社会治安秩序，保护辖区内的森林资源，并可以依照本法规定，在国务院林业主管部门授权的范围内，代行本法第三十九条、第四十二条、第四十四条规定的行政处罚权。武装森林警察部队执行国家赋予的预防和扑救森林火灾的任务。

第二十一条 地方各级人民政府应当切实做好森林火灾的预防和扑救工作：

（一）规定森林防火期。在森林防火期内，禁止在林区野外用火；因特殊情况需要用火的，必须经过县级人民政府或者县级人民政府授权的机关批准；

（二）在林区设置防火设施；

（三）发生森林火灾，必须立即组织当地军民和有关部门扑救；

（四）因扑救森林火灾负伤、致残、牺牲的，国家职工由所在单位给予医疗、抚恤；非国家职工由起火单位按照国务院有关主管部门的规定给予医疗、抚恤，起火单位对起火没有责任或者确实无力负担的，由当地人民政府给予医疗、抚恤。

第二十二条 各级林业主管部门负责组织森林病虫害防治工作。

林业主管部门负责规定林木种苗的检疫对象，划定疫区和保护区，对林木种苗进行检疫。

第二十三条 禁止毁林开垦和毁林采石、采沙、采土以及其他毁林行为。禁止在幼林地和特种用途林内砍柴、放牧。进入森林和森林边缘地区的人员，不得擅自移动或者损坏为林业服务的标志。

第二十四条 国务院林业主管部门和省、自治区、直辖市人民政府，应当在不同自然地带的典型森林生态地区、珍贵动物和植物生长繁殖的林区、天然热带雨林等具有特殊保护价值的其他天然林区，划定自然保护区，加强保护管理。自然保护区的管理办法，由国务院林业主管部门制定，报国务院批准施行。

对自然保护区以外的珍贵树木和林区内具有特殊价值的植物资源，应当认真保护；未经省、自治区、直辖市林业主管部门批准，不得采伐和采集。

第二十五条 林区内列为国家保护的野生动物，禁止猎捕；因特殊需要猎捕的，按照国家有关法规办理。

第四章 植树造林

第二十六条 各级人民政府应当制定植树造林规划，因地制宜地确定本地区提高森林覆盖率的奋斗目标。

各级人民政府应当组织各行各业和城乡居民完成植树造林规划确定的任务。宜林荒山荒地，属于国家所有的，由林业主管部门和其他主管部门组织造林；属于集体所有的，由集体经济组织组织造林。铁路公路两旁、江河两侧、湖泊水库周围，由各有关主管单位因地制宜地组织造林；工矿区，机关、学校用地，部队营区以及农场、牧场、渔场经营地区，由各单位负责造林。国家所有和集体所有的宜林荒山荒地可以由集体或者个人承包造林。

第二十七条 国有企业事业单位、机关、团体、部队营造的林木，由营造单位经营并按照国家规定支配林木收益。

集体所有制单位营造的林木，归该单位所有。

农村居民在房前屋后、自留地、自留山种植的林木，归个人所有。城镇居民和职工在自有房屋的庭院内种植的林木，归个人所有。集体或者个人承包国家所有和集体所有的宜林荒山荒地造林的，承包后种植的林木归承包的集体或者个人所有；承包合同另有规定的，按照承包合同的规定执行。

第二十八条 新造幼林地和其他必须封山育林的地方，由当地人民政府组织封山育林。

第五章 森林采伐

第二十九条 国家根据用材林的消耗量低于生长量的原则，严格控制森林年采伐量。国家所有的森林和林木以国有林业企业事业单位、农场、厂矿为单位，集体所有的森林和林木、个人所有的林木以县为单位，制定年采伐限额，由省、自治区、直辖市林业主管部门汇总，经同级人民政府审核后，报国务院批准。

第三十条 国家制定统一的年度木材生产计划。年度木材生产计划不得超过批准的年采伐限额。计划管理的范围由国务院规定。

第三十一条 采伐森林和林木必须遵守下列规定：

（一）成熟的用材林应当根据不同情况，分别采取择伐、皆伐和渐伐方式。皆伐应当严格控制，并在采伐的当年或者次年内完成更新造林；

（二）防护林和特种用途林中的国防林、母树林、环境保护林、风景林，只准进行抚育和更新性质的采伐；

（三）特种用途林中的名胜古迹和革命纪念地的林木、自然保护区的森林，严禁采伐。

第三十二条 采伐林木必须申请采伐许可证，按许可证的规定进行采伐；农村居民采伐自留地和房前屋后个人所有的零星林木除外。

国有林业企业事业单位、机关、团体、部队、学校和其他国有企业事业单位采伐林木，由所在地县级以上林业主管部门依照有关规定审核发放采伐许可证。铁路、公路的护路林和城镇林木的更新采伐，由有关主管部门依照有关规定审核发放采伐许可证。

农村集体经济组织采伐林木,由县级林业主管部门审核发放采伐许可证。农村居民采伐自留山和个人承包集体的林木,由县级林业主管部门或者其委托的乡、镇人民政府审核发放采伐许可证。

采伐以生产竹林为主要目的的竹林,适用以上各款规定。

第三十三条 审核发放采伐许可证的部门,不得超过批准的年采伐限额发放采伐许可证。

第三十四条 国有林业企业事业单位申请采伐许可证时,必须提出伐区调查设计文件。其他单位申请采伐许可证时,必须提出有关采伐的目的、地点、林种、林况、面积、蓄积、方式和更新措施等内容的文件。对伐区作业不符合规定的单位,发放采伐许可证的部门有权收缴采伐许可证,中止其采伐,直到纠正为止。

第三十五条 采伐林木的单位或者个人,必须按照采伐许可证规定的面积、株数、树种、期限完成更新造林任务,更新造林的面积和株数不得少于采伐的面积和株数。

第三十六条 林区木材的经营和监督管理办法,由国务院另行规定。

第三十七条 从林区运出木材,必须持有林业主管部门发给的运输证件,国家统一调拨的木材除外。依法取得采伐许可证后,按照许可证的规定采伐的木材,从林区运出时,林业主管部门应当发放运输证件。经省、自治区、直辖市人民政府批准,可以在林区设立木材检查站,负责检查木材运输。

对未取得运输证件或者物资主管部门发给的调拨通知书运输木材的,木材检查站有权制止。

第三十八条 国家禁止、限制出口珍贵树木及其制品、衍生物。禁止、限制出口的珍贵树木及其制品、衍生物的名录和年度限制出口总量,由国务院林业主管部门会同国务院有关部门制定,报国务院批准。出口前款规定限制出口的珍贵树木或者其制品、衍生物的,必须经出口人所在地省、自治区、直辖市人民政府林业主管部门审核,报国务院林业主管部门批准,海关凭国务院林业主管部门的批准文件放行。进出口的树木或者其制品、衍生物属于中国参加的国际公约限制进出口的濒危物种的,并必须向国家濒危物种进出口管理机构申请办理允许进出口证明书,海关并凭允许进出口证明书放行。

第六章 法律责任

第三十九条 盗伐森林或者其他林木的，依法赔偿损失；由林业主管部门责令补种盗伐株数十倍的树木，没收盗伐的林木或者变卖所得，并处以盗伐林木价值三倍以上五倍以下的罚款。滥伐森林或者其他林木，由林业主管部门责令补种滥伐株数五倍的树木，并处滥伐林木价值二倍以上五倍以下的罚款。拒不补种树木或者补种不符合国家有关规定的，由林业主管部门代为补种，所需费用由违法者支付。盗伐、滥伐森林或者其他林木，构成犯罪的，依法追究刑事责任。

第四十条 违反本法规定，非法采伐、毁坏珍贵树木的，依法追究刑事责任。

第四十一条 违反本法规定，超过批准的年采伐限额发放林木采伐许可证或者超越职权发放林木采伐许可证、木材运输证件、批准出口文件、允许进出口证明书的，由上一级人民政府林业主管部门责令纠正，对直接负责的主管人员和其他直接责任人员依法给予行政处分；有关人民政府林业主管部门未予纠正的，国务院林业主管部门可以直接处理；构成犯罪的，依法追究刑事责任。

第四十二条 违反本法规定，买卖林木采伐许可证、木材运输证件、批准出口文件、允许进出口证明书的，由林业主管部门没收违法买卖的证件、文件和违法所得，并处违法买卖证件、文件的价款一倍以上三倍以下的罚款；构成犯罪的，依法追究刑事责任。伪造林木采伐许可证、木材运输证件、批准出口文件、允许进出口证明书的，依法追究刑事责任。

第四十三条 在林区非法收购明知是盗伐、滥伐的林木的，由林业主管部门责令停止违法行为，没收违法收购的盗伐、滥伐的林木或者变卖所得，可以并处违法收购林木的价款一倍以上三倍以下的罚款；构成犯罪的，依法追究刑事责任。

第四十四条 违反本法规定，进行开垦、采石、采沙、采土、采种、采脂和其他活动，致使森林、林木受到毁坏的，依法赔偿损失；由林业主管部门责令停止违法行为，补种毁坏株数一倍以上三倍以下的树木，可以处毁坏林木价值一倍以上五倍以下的罚款。违反本法规定，在幼林地和特种用途林内砍柴、放牧致使森林、林木受到毁坏的，依法赔偿损失；由林业主管部门责令停止违法行为，补种毁坏株数一倍以上三倍以下的树木。拒不补种树木或者补种不符合国家有关规定的，由林业主管部门代为补种，所需费用由违法者支付。

第四十五条 采伐林木的单位或者个人没有按照规定完成更新造林任务的，发放采伐许可证的部门有权不再发给采伐许可证，直到完成更新造林任务为止；情节严重的，可以由林业主管部门处以罚款，对直接责任人员由所在单位或者上级主管机关给予行政处分。

第四十六条 从事森林资源保护、林业监督管理工作的林业主管部门的工作人员和其他国家机关的有关工作人员滥用职权、玩忽职守、徇私舞弊、构成犯罪的，依法追究刑事责任；尚不构成犯罪的，依法给予行政处分。

第七章 附 则

第四十七条 国务院林业主管部门根据本法制定实施办法，报国务院批准施行。

第四十八条 民族自治地方不能全部适用本法规定的，自治机关可以根据本法的原则，结合民族自治地方的特点，制定变通或者补充规定，依照法定程序报省、自治区或者全国人民代表大会常务委员会批准施行。

第四十九条 本法自1985年1月1日起施行。

六、中华人民共和国海洋环境保护法

(1982年8月23日第五届全国人民代表大会常务委员会第二十四次会议通过 1999年12月25日第九届全国人民代表大会常务委员会第十三次会议修订)

第一章 总 则

第一条 为了保护和改善海洋环境，保护海洋资源，防治污染损害，维护生态平衡，保障人体健康，促进经济和社会的可持续发展，制定本法。

第二条 本法适用于中华人民共和国内水、领海、毗连区、专属经济区、大陆架以及中华人民共和国管辖的其他海域。

在中华人民共和国管辖海域内从事航行、勘探、开发、生产、旅游、科学研究及其他活动，或者在沿海陆域内从事影响海洋环境活动的任何单位和个人，都必须遵守本法。

在中华人民共和国管辖海域以外，造成中华人民共和国管辖海域污染的，也适用本法。

第三条 国家建立并实施重点海域排污总量控制制度，确定主要污染物排海总量控制指标，并对主要污染源分配排放控制数量。具体办法由国务院制定。

第四条 一切单位和个人都有保护海洋环境的义务，并有权对污染损害海洋环境的单位和个人，以及海洋环境监督管理人员的违法失职行为进行监督和检举。

第五条 国务院环境保护行政主管部门作为对全国环境保护工作统一监督管理的部门，对全国海洋环境保护工作实施指导、协调和监督，并负责全国防治陆源污染物和海岸工程建设项目对海洋污染损害的环境保护工作。

国家海洋行政主管部门负责海洋环境的监督管理，组织海洋环境的调查、监测、监视、评价和科学研究，负责全国防治海洋工程建设项目和海洋倾倒废弃物对海洋污染损害的环境保护工作。

国家海事行政主管部门负责所辖港区水域内非军事船舶和港区水域外非渔业、非军事船舶污染海洋环境的监督管理,并负责污染事故的调查处理;对在中华人民共和国管辖海域航行、停泊和作业的外国籍船舶造成的污染事故登轮检查处理。船舶污染事故给渔业造成损害的,应当吸收渔业行政主管部门参与调查处理。

国家渔业行政主管部门负责渔港水域内非军事船舶和渔港水域外渔业船舶污染海洋环境的监督管理,负责保护渔业水域生态环境工作,并调查处理前款规定的污染事故以外的渔业污染事故。

军队环境保护部门负责军事船舶污染海洋环境的监督管理及污染事故的调查处理。

沿海县级以上地方人民政府行使海洋环境监督管理权的部门的职责,由省、自治区、直辖市人民政府根据本法及国务院有关规定确定。

第二章 海洋环境监督管理

第六条 国家海洋行政主管部门会同国务院有关部门和沿海省、自治区、直辖市人民政府拟定全国海洋功能区划,报国务院批准。

沿海地方各级人民政府应当根据全国和地方海洋功能区划,科学合理地使用海域。

第七条 国家根据海洋功能区划制定全国海洋环境保护规划和重点海域区域性海洋环境保护规划。

毗邻重点海域的有关沿海省、自治区、直辖市人民政府及行使海洋环境监督管理权的部门,可以建立海洋环境保护区域合作组织,负责实施重点海域区域性海洋环境保护规划、海洋环境污染的防治和海洋生态保护工作。

第八条 跨区域的海洋环境保护工作,由有关沿海地方人民政府协商解决,或者由上级人民政府协调解决。

跨部门的重大海洋环境保护工作,由国务院环境保护行政主管部门协调;协调未能解决的,由国务院作出决定。

第九条 国家根据海洋环境质量状况和国家经济、技术条件,制定国家海洋环境质量标准。

沿海省、自治区、直辖市人民政府对国家海洋环境质量标准中未作规定的项目，可以制定地方海洋环境质量标准。

沿海地方各级人民政府根据国家和地方海洋环境质量标准的规定和本行政区近岸海域环境质量状况，确定海洋环境保护的目标和任务，并纳入人民政府工作计划，按相应的海洋环境质量标准实施管理。

第十条 国家和地方水污染物排放标准的制定，应当将国家和地方海洋环境质量标准作为重要依据之一。在国家建立并实施排污总量控制制度的重点海域，水污染物排放标准的制定，还应当将主要污染物排海总量控制指标作为重要依据。

第十一条 直接向海洋排放污染物的单位和个人，必须按照国家规定缴纳排污费。

向海洋倾倒废弃物，必须按照国家规定缴纳倾倒费。

根据本法规定征收的排污费、倾倒费，必须用于海洋环境污染的整治，不得挪作他用。具体办法由国务院规定。

第十二条 对超过污染物排放标准的，或者在规定的期限内未完成污染物排放削减任务的，或者造成海洋环境严重污染损害的，应当限期治理。

限期治理按照国务院规定的权限决定。

第十三条 国家加强防治海洋环境污染损害的科学技术的研究和开发，对严重污染海洋环境的落后生产工艺和落后设备，实行淘汰制度。

企业应当优先使用清洁能源，采用资源利用率高、污染物排放量少的清洁生产工艺，防止对海洋环境的污染。

第十四条 国家海洋行政主管部门按照国家环境监测、监视规范和标准，管理全国海洋环境的调查、监测、监视，制定具体的实施办法，会同有关部门组织全国海洋环境监测、监视网络，定期评价海洋环境质量，发布海洋巡航监视通报。

依照本法规定行使海洋环境监督管理权的部门分别负责各自所辖水域的监测、监视。

其他有关部门根据全国海洋环境监测网的分工，分别负责对入海河口、主要排污口的监测。

第十五条 国务院有关部门应当向国务院环境保护行政主管部门

提供编制全国环境质量公报所必需的海洋环境监测资料。

环境保护行政主管部门应当向有关部门提供与海洋环境监督管理有关的资料。

第十六条 国家海洋行政主管部门按照国家制定的环境监测、监视信息管理制度，负责管理海洋综合信息系统，为海洋环境保护监督管理提供服务。

第十七条 因发生事故或者其他突发性事件，造成或者可能造成海洋环境污染事故的单位和个人，必须立即采取有效措施，及时向可能受到危害者通报，并向依照本法规定行使海洋环境监督管理权的部门报告，接受调查处理。

沿海县级以上地方人民政府在本行政区域近岸海域的环境受到严重污染时，必须采取有效措施，解除或者减轻危害。

第十八条 国家根据防止海洋环境污染的需要，制定国家重大海上污染事故应急计划。

国家海洋行政主管部门负责制定全国海洋石油勘探开发重大海上溢油应急计划，报国务院环境保护行政主管部门备案。

国家海事行政主管部门负责制定全国船舶重大海上溢油污染事故应急计划，报国务院环境保护行政主管部门备案。

沿海可能发生重大海洋环境污染事故的单位，应当依照国家的规定，制定污染事故应急计划，并向当地环境保护行政主管部门、海洋行政主管部门备案。

沿海县级以上地方人民政府及其有关部门在发生重大海上污染事故时，必须按照应急计划解除或者减轻危害。

第十九条 依照本法规定行使海洋环境监督管理权的部门可以在海上实行联合执法，在巡航监视中发现海上污染事故或者违反本法规定的行为时，应当予以制止并调查取证，必要时有权采取有效措施，防止污染事态的扩大，并报告有关主管部门处理。

依照本法规定行使海洋环境监督管理权的部门，有权对管辖范围内排放污染物的单位和个人进行现场检查。被检查者应当如实反映情况，提供必要的资料。

检查机关应当为被检查者保守技术秘密和业务秘密。

第三章　海洋生态保护

第二十条　国务院和沿海地方各级人民政府应当采取有效措施，保护红树林、珊瑚礁、滨海湿地、海岛、海湾、入海河口、重要渔业水域等具有典型性、代表性的海洋生态系统，珍稀、濒危海洋生物的天然集中分布区，具有重要经济价值的海洋生物生存区域及有重大科学文化价值的海洋自然历史遗迹和自然景观。

对具有重要经济、社会价值的已遭到破坏的海洋生态，应当进行整治和恢复。

第二十一条　国务院有关部门和沿海省级人民政府应当根据保护海洋生态的需要，选划、建立海洋自然保护区。

国家级海洋自然保护区的建立，须经国务院批准。

第二十二条　凡具有下列条件之一的，应当建立海洋自然保护区：

（一）典型的海洋自然地理区域、有代表性的自然生态区域，以及遭受破坏但经保护能恢复的海洋自然生态区域；

（二）海洋生物物种高度丰富的区域，或者珍稀、濒危海洋生物物种的天然集中分布区域；

（三）具有特殊保护价值的海域、海岸、岛屿、滨海湿地、入海河口和海湾等；

（四）具有重大科学文化价值的海洋自然遗迹所在区域；

（五）其他需要予以特殊保护的区域。

第二十三条　凡具有特殊地理条件、生态系统、生物与非生物资源及海洋开发利用特殊需要的区域，可以建立海洋特别保护区，采取有效的保护措施和科学的开发方式进行特殊管理。

第二十四条　开发利用海洋资源，应当根据海洋功能区划合理布局，不得造成海洋生态环境破坏。

第二十五条　引进海洋动植物物种，应当进行科学论证，避免对海洋生态系统造成危害。

第二十六条　开发海岛及周围海域的资源，应当采取严格的生态保护措施，不得造成海岛地形、岸滩、植被以及海岛周围海域生态环境的破坏。

第二十七条　沿海地方各级人民政府应当结合当地自然环境的特点,建设海岸防护设施、沿海防护林、沿海城镇园林和绿地,对海岸侵蚀和海水入侵地区进行综合治理。

禁止毁坏海岸防护设施、沿海防护林、沿海城镇园林和绿地。

第二十八条　国家鼓励发展生态渔业建设,推广多种生态渔业生产方式,改善海洋生态状况。

新建、改建、扩建海水养殖场,应当进行环境影响评价。

海水养殖应当科学确定养殖密度,并应当合理投饵、施肥,正确使用药物,防止造成海洋环境的污染。

第四章　防治陆源污染物对海洋环境的污染损害

第二十九条　向海域排放陆源污染物,必须严格执行国家或者地方规定的标准和有关规定。

第三十条　入海排污口位置的选择,应当根据海洋功能区划、海水动力条件和有关规定,经科学论证后,报设区的市级以上人民政府环境保护行政主管部门审查批准。

环境保护行政主管部门在批准设置入海排污口之前,必须征求海洋、海事、渔业行政主管部门和军队环境保护部门的意见。

在海洋自然保护区、重要渔业水域、海滨风景名胜区和其他需要特别保护的区域,不得新建排污口。

在有条件的地区,应当将排污口深海设置,实行离岸排放。

设置陆源污染物深海离岸排放排污口,应当根据海洋功能区划、海水动力条件和海底工程设施的有关情况确定,具体办法由国务院规定。

第三十一条　省、自治区、直辖市人民政府环境保护行政主管部门和水行政主管部门应当按照水污染防治有关法律的规定,加强入海河流管理,防治污染,使入海河口的水质处于良好状态。

第三十二条　排放陆源污染物的单位,必须向环境保护行政主管部门申报拥有的陆源污染物排放设施、处理设施和在正常作业条件下排放陆源污染物的种类、数量和浓度,并提供防治海洋环境污染方面的有关技术和资料。

排放陆源污染物的种类、数量和浓度有重大改变的,必须及时申报。

拆除或者闲置陆源污染物处理设施的，必须事先征得环境保护行政主管部门的同意。

第三十三条 禁止向海域排放油类、酸液、碱液、剧毒废液和高、中水平放射性废水。

严格限制向海域排放低水平放射性废水；确需排放的，必须严格执行国家辐射防护规定。

严格控制向海域排放含有不易降解的有机物和重金属的废水。

第三十四条 含病原体的医疗污水、生活污水和工业废水必须经过处理，符合国家有关排放标准后，方能排入海域。

第三十五条 含有机物和营养物质的工业废水、生活污水，应当严格控制向海湾、半封闭海及其他自净能力较差的海域排放。

第三十六条 向海域排放含热废水，必须采取有效措施，保证邻近渔业水域的水温符合国家海洋环境质量标准，避免热污染对水产资源的危害。

第三十七条 沿海农田、林场施用化学农药，必须执行国家农药安全使用的规定和标准。

沿海农田、林场应当合理使用化肥和植物生长调节剂。

第三十八条 在岸滩弃置、堆放和处理尾矿、矿渣、煤灰渣、垃圾和其他固体废物的，依照《中华人民共和国固体废物污染环境防治法》的有关规定执行。

第三十九条 禁止经中华人民共和国内水、领海转移危险废物。

经中华人民共和国管辖的其他海域转移危险废物的，必须事先取得国务院环境保护行政主管部门的书面同意。

第四十条 沿海城市人民政府应当建设和完善城市排水管网，有计划地建设城市污水处理厂或者其他污水集中处理设施，加强城市污水的综合整治。

建设污水海洋处置工程，必须符合国家有关规定。

第四十一条 国家采取必要措施，防止、减少和控制来自大气层或者通过大气层造成的海洋环境污染损害。

第五章 防治海岸工程建设项目对海洋环境的污染损害

第四十二条 新建、改建、扩建海岸工程建设项目，必须遵守国家有关建设项目环境保护管理的规定，并把防治污染所需资金纳入建设项目投资计划。

在依法划定的海洋自然保护区、海滨风景名胜区、重要渔业水域及其他需要特别保护的区域，不得从事污染环境、破坏景观的海岸工程项目建设或者其他活动。

第四十三条 海岸工程建设项目的单位，必须在建设项目可行性研究阶段，对海洋环境进行科学调查，根据自然条件和社会条件，合理选址，编报环境影响报告书。环境影响报告书经海洋行政主管部门提出审核意见后，报环境保护行政主管部门审查批准。

环境保护行政主管部门在批准环境影响报告书之前，必须征求海事、渔业行政主管部门和军队环境保护部门的意见。

第四十四条 海岸工程建设项目的环境保护设施，必须与主体工程同时设计、同时施工、同时投产使用。环境保护设施未经环境保护行政主管部门检查批准，建设项目不得试运行；环境保护设施未经环境保护行政主管部门验收，或者经验收不合格的，建设项目不得投入生产或者使用。

第四十五条 禁止在沿海陆域内新建不具备有效治理措施的化学制浆造纸、化工、印染、制革、电镀、酿造、炼油、岸边冲滩拆船以及其他严重污染海洋环境的工业生产项目。

第四十六条 兴建海岸工程建设项目，必须采取有效措施，保护国家和地方重点保护的野生动植物及其生存环境和海洋水产资源。

严格限制在海岸采挖沙石。露天开采海滨沙矿和从岸上打井开采海底矿产资源，必须采取有效措施，防止污染海洋环境。

第六章 防治海洋工程建设项目对海洋环境的污染损害

第四十七条 海洋工程建设项目必须符合海洋功能区划、海洋环境保护规划和国家有关环境保护标准，在可行性研究阶段，编报海洋环境影响报告书，由海洋行政主管部门核准，并报环境保护行政主管部门备案，接受环境保护行政主管部门监督。

海洋行政主管部门在核准海洋环境影响报告书之前，必须征求海事、渔业行政主管部门和军队环境保护部门的意见。

第四十八条 海洋工程建设项目的环境保护设施，必须与主体工程同时设计、同时施工、同时投产使用。环境保护设施未经海洋行政主管部门检查批准，建设项目不得试运行；环境保护设施未经海洋行政主管部门验收，或者经验收不合格的，建设项目不得投入生产或者使用。

拆除或者闲置环境保护设施，必须事先征得海洋行政主管部门的同意。

第四十九条 海洋工程建设项目，不得使用含超标准放射性物质或者易溶出有毒有害物质的材料。

第五十条 海洋工程建设项目需要爆破作业时，必须采取有效措施，保护海洋资源。

海洋石油勘探开发及输油过程中，必须采取有效措施，避免溢油事故的发生。

第五十一条 海洋石油钻井船、钻井平台和采油平台的含油污水和油性混合物，必须经过处理达标后排放；残油、废油必须予以回收，不得排放入海。经回收处理后排放的，其含油量不得超过国家规定的标准。

钻井所使用的油基泥浆和其他有毒复合泥浆不得排放入海。水基泥浆和无毒复合泥浆及钻屑的排放，必须符合国家有关规定。

第五十二条 海洋石油钻井船、钻井平台和采油平台及其有关海上设施，不得向海域处置含油的工业垃圾。处置其他工业垃圾，不得造成海洋环境污染。

第五十三条 海上试油时，应当确保油气充分燃烧，油和油性混合物不得排放入海。

第五十四条 勘探开发海洋石油，必须按有关规定编制溢油应急计划，报国家海洋行政主管部门审查批准。

第七章　防治倾倒废弃物对海洋环境的污染损害

第五十五条 任何单位未经国家海洋行政主管部门批准，不得向中华人民共和国管辖海域倾倒任何废弃物。

需要倾倒废弃物的单位，必须向国家海洋行政主管部门提出书面申请，经国家海洋行政主管部门审查批准，发给许可证后，方可倾倒。

禁止中华人民共和国境外的废弃物在中华人民共和国管辖海域倾倒。

第五十六条 国家海洋行政主管部门根据废弃物的毒性、有毒物质含量和对海洋环境影响程度，制定海洋倾倒废弃物评价程序和标准。

向海洋倾倒废弃物，应当按照废弃物的类别和数量实行分级管理。

可以向海洋倾倒的废弃物名录，由国家海洋行政主管部门拟定，经国务院环境保护行政主管部门提出审核意见后，报国务院批准。

第五十七条 国家海洋行政主管部门按照科学、合理、经济、安全的原则选划海洋倾倒区，经国务院环境保护行政主管部门提出审核意见后，报国务院批准。

临时性海洋倾倒区由国家海洋行政主管部门批准，并报国务院环境保护行政主管部门备案。

国家海洋行政主管部门在选划海洋倾倒区和批准临时性海洋倾倒区之前，必须征求国家海事、渔业行政主管部门的意见。

第五十八条 国家海洋行政主管部门监督管理倾倒区的使用，组织倾倒区的环境监测。对经确认不宜继续使用的倾倒区，国家海洋行政主管部门应当予以封闭，终止在该倾倒区的一切倾倒活动，并报国务院备案。

第五十九条 获准倾倒废弃物的单位，必须按照许可证注明的期限及条件，到指定的区域进行倾倒。废弃物装载之后，批准部门应当予以核实。

第六十条 获准倾倒废弃物的单位，应当详细记录倾倒的情况，并在倾倒后向批准部门作出书面报告。倾倒废弃物的船舶必须向驶出港的海事行政主管部门作出书面报告。

第六十一条 禁止在海上焚烧废弃物。

禁止在海上处置放射性废弃物或者其他放射性物质。废弃物中的放射性物质的豁免浓度由国务院制定。

第八章　防治船舶及有关作业活动对海洋环境的污染损害

第六十二条　在中华人民共和国管辖海域，任何船舶及相关作业不得违反本法规定向海洋排放污染物、废弃物和压载水、船舶垃圾及其他有害物质。

从事船舶污染物、废弃物、船舶垃圾接收、船舶清舱、洗舱作业活动的，必须具备相应的接收处理能力。

第六十三条　船舶必须按照有关规定持有防止海洋环境污染的证书与文书，在进行涉及污染物排放及操作时，应当如实记录。

第六十四条　船舶必须配置相应的防污设备和器材。

载运具有污染危害性货物的船舶，其结构与设备应当能够防止或者减轻所载货物对海洋环境的污染。

第六十五条　船舶应当遵守海上交通安全法律、法规的规定，防止因碰撞、触礁、搁浅、火灾或者爆炸等引起的海难事故，造成海洋环境的污染。

第六十六条　国家完善并实施船舶油污损害民事赔偿责任制度；按照船舶油污损害赔偿责任由船东和货主共同承担风险的原则，建立船舶油污保险、油污损害赔偿基金制度。

实施船舶油污保险、油污损害赔偿基金制度的具体办法由国务院规定。

第六十七条　载运具有污染危害性货物进出港口的船舶，其承运人、货物所有人或者代理人，必须事先向海事行政主管部门申报。经批准后，方可进出港口、过境停留或者装卸作业。

第六十八条　交付船舶装运污染危害性货物的单证、包装、标志、数量限制等，必须符合对所装货物的有关规定。

需要船舶装运污染危害性不明的货物，应当按照有关规定事先进行评估。

装卸油类及有毒有害货物的作业，船岸双方必须遵守安全防污操作规程。

第六十九条　港口、码头、装卸站和船舶修造厂必须按照有关规定备有足够的用于处理船舶污染物、废弃物的接收设施，并使该设施处于良好状态。

装卸油类的港口、码头、装卸站和船舶必须编制溢油污染应急计划,并配备相应的溢油污染应急设备和器材。

第七十条 进行下列活动,应当事先按照有关规定报经有关部门批准或者核准:

(一)船舶在港区水域内使用焚烧炉;

(二)船舶在港区水域内进行洗舱、清舱、驱气、排放压载水、残油、含油污水接收、舷外拷铲及油漆等作业;

(三)船舶、码头、设施使用化学消油剂;

(四)船舶冲洗沾有污染物、有毒有害物质的甲板;

(五)船舶进行散装液体污染危害性货物的过驳作业;

(六)从事船舶水上拆解、打捞、修造和其他水上、水下船舶施工作业。

第七十一条 船舶发生海难事故,造成或者可能造成海洋环境重大污染损害的,国家海事行政主管部门有权强制采取避免或者减少污染损害的措施。

对在公海上因发生海难事故,造成中华人民共和国管辖海域重大污染损害后果或者具有污染威胁的船舶、海上设施,国家海事行政主管部门有权采取与实际的或者可能发生的损害相称的必要措施。

第七十二条 所有船舶均有监视海上污染的义务,在发现海上污染事故或者违反本法规定的行为时,必须立即向就近的依照本法规定行使海洋环境监督管理权的部门报告。

民用航空器发现海上排污或者污染事件,必须及时向就近的民用航空空中交通管制单位报告。接到报告的单位,应当立即向依照本法规定行使海洋环境监督管理权的部门通报。

第九章 法律责任

第七十三条 违反本法有关规定,有下列行为之一的,由依照本法规定行使海洋环境监督管理权的部门责令限期改正,并处以罚款:

(一)向海域排放本法禁止排放的污染物或者其他物质的;

(二)不按照本法规定向海洋排放污染物,或者超过标准排放污染物的;

(三)未取得海洋倾倒许可证,向海洋倾倒废弃物的;

（四）因发生事故或者其他突发性事件，造成海洋环境污染事故，不立即采取处理措施的。

有前款第（一）、（三）项行为之一的，处三万元以上二十万元以下的罚款；有前款第（二）、（四）项行为之一的，处二万元以上十万元以下的罚款。

第七十四条 违反本法有关规定，有下列行为之一的，由依照本法规定行使海洋环境监督管理权的部门予以警告，或者处以罚款：

（一）不按照规定申报，甚至拒报污染物排放有关事项，或者在申报时弄虚作假的；

（二）发生事故或者其他突发性事件不按照规定报告的；

（三）不按照规定记录倾倒情况，或者不按照规定提交倾倒报告的；

（四）拒报或者谎报船舶载运污染危害性货物申报事项的。

有前款第（一）、（三）项行为之一的，处二万元以下的罚款；有前款第（二）、（四）项行为之一的，处五万元以下的罚款。

第七十五条 违反本法第十九条第二款的规定，拒绝现场检查，或者在被检查时弄虚作假的，由依照本法规定行使海洋环境监督管理权的部门予以警告，并处二万元以下的罚款。

第七十六条 违反本法规定，造成珊瑚礁、红树林等海洋生态系统及海洋水产资源、海洋保护区破坏的，由依照本法规定行使海洋环境监督管理权的部门责令限期改正和采取补救措施，并处一万元以上十万元以下的罚款；有违法所得的，没收其违法所得。

第七十七条 违反本法第三十条第一款、第三款规定设置入海排污口的，由县级以上地方人民政府环境保护行政主管部门责令其关闭，并处二万元以上十万元以下的罚款。

第七十八条 违反本法第三十二条第三款的规定，擅自拆除、闲置环境保护设施的，由县级以上地方人民政府环境保护行政主管部门责令重新安装使用，并处一万元以上十万元以下的罚款。

第七十九条 违反本法第三十九条第二款的规定，经中华人民共和国管辖海域，转移危险废物的，由国家海事行政主管部门责令非法运输该危险废物的船舶退出中华人民共和国管辖海域，并处五万元以上五十万元以下的罚款。

第八十条 违反本法第四十三条第一款的规定，未持有经审核和批准的环境影响报告书,兴建海岸工程建设项目的,由县级以上地方人民政府环境保护行政主管部门责令其停止违法行为和采取补救措施,并处五万元以上二十万元以下的罚款;或者按照管理权限,由县级以上地方人民政府责令其限期拆除。

第八十一条 违反本法第四十四条的规定,海岸工程建设项目未建成环境保护设施,或者环境保护设施未达到规定要求即投入生产、使用的,由环境保护行政主管部门责令其停止生产或者使用,并处二万元以上十万元以下的罚款。

第八十二条 违反本法第四十五条的规定,新建严重污染海洋环境的工业生产建设项目的,按照管理权限,由县级以上人民政府责令关闭。

第八十三条 违反本法第四十七条第一款、第四十八条的规定,进行海洋工程建设项目,或者海洋工程建设项目未建成环境保护设施、环境保护设施未达到规定要求即投入生产、使用的,由海洋行政主管部门责令其停止施工或者生产、使用,并处五万元以上二十万元以下的罚款。

第八十四条 违反本法第四十九条的规定,使用含超标准放射性物质或者易溶出有毒有害物质材料的,由海洋行政主管部门处五万元以下的罚款,并责令其停止该建设项目的运行,直到消除污染危害。

第八十五条 违反本法规定进行海洋石油勘探开发活动,造成海洋环境污染的,由国家海洋行政主管部门予以警告,并处二万元以上二十万元以下的罚款。

第八十六条 违反本法规定,不按照许可证的规定倾倒,或者向已经封闭的倾倒区倾倒废弃物的,由海洋行政主管部门予以警告,并处三万元以上二十万元以下的罚款;对情节严重的,可以暂扣或者吊销许可证。

第八十七条 违反本法第五十五条第三款的规定,将中华人民共和国境外废弃物运进中华人民共和国管辖海域倾倒的,由国家海洋行政主管部门予以警告,并根据造成或者可能造成的危害后果,处十万元以上一百万元以下的罚款。

第八十八条 违反本法规定,有下列行为之一的,由依照本法规定行使海洋环境监督管理权的部门予以警告,或者处以罚款:

(一)港口、码头、装卸站及船舶未配备防污设施、器材的;

（二）船舶未持有防污证书、防污文书，或者不按照规定记载排污记录的；

（三）从事水上和港区水域拆船、旧船改装、打捞和其他水上、水下施工作业，造成海洋环境污染损害的；

（四）船舶载运的货物不具备防污适运条件的。

有前款第（一）、（四）项行为之一的，处二万元以上十万元以下的罚款；有前款第（二）项行为的，处二万元以下的罚款；有前款第（三）项行为的，处五万元以上二十万元以下的罚款。

第八十九条 违反本法规定，船舶、石油平台和装卸油类的港口、码头、装卸站不编制溢油应急计划的，由依照本法规定行使海洋环境监督管理权的部门予以警告，或者责令限期改正。

第九十条 造成海洋环境污染损害的责任者，应当排除危害，并赔偿损失；完全由于第三者的故意或者过失，造成海洋环境污染损害的，由第三者排除危害，并承担赔偿责任。

对破坏海洋生态、海洋水产资源、海洋保护区，给国家造成重大损失的，由依照本法规定行使海洋环境监督管理权的部门代表国家对责任者提出损害赔偿要求。

第九十一条 对违反本法规定，造成海洋环境污染事故的单位，由依照本法规定行使海洋环境监督管理权的部门根据所造成的危害和损失处以罚款；负有直接责任的主管人员和其他直接责任人员属于国家工作人员的，依法给予行政处分。

前款规定的罚款数额按照直接损失的百分之三十计算，但最高不得超过三十万元。

对造成重大海洋环境污染事故，致使公私财产遭受重大损失或者人身伤亡严重后果的，依法追究刑事责任。

第九十二条 完全属于下列情形之一，经过及时采取合理措施，仍然不能避免对海洋环境造成污染损害的，造成污染损害的有关责任者免予承担责任：

（一）战争；

（二）不可抗拒的自然灾害；

（三）负责灯塔或者其他助航设备的主管部门，在执行职责时的疏忽，或者其他过失行为。

第九十三条 对违反本法第十一条、第十二条有关缴纳排污费、倾倒费和限期治理规定的行政处罚，由国务院规定。

第九十四条 海洋环境监督管理人员滥用职权、玩忽职守、徇私舞弊，造成海洋环境污染损害的，依法给予行政处分；构成犯罪的，依法追究刑事责任。

第十章 附 则

第九十五条 本法中下列用语的含义是：

（一）海洋环境污染损害，是指直接或者间接地把物质或者能量引入海洋环境，产生损害海洋生物资源、危害人体健康、妨害渔业和海上其他合法活动、损害海水使用素质和减损环境质量等有害影响。

（二）内水，是指我国领海基线向内陆一侧的所有海域。

（三）滨海湿地，是指低潮时水深浅于六米的水域及其沿岸浸湿地带，包括水深不超过六米的永久性水域、潮间带（或洪泛地带）和沿海低地等。

（四）海洋功能区划，是指依据海洋自然属性和社会属性，以及自然资源和环境特定条件，界定海洋利用的主导功能和使用范畴。

（五）渔业水域，是指鱼虾类的产卵场、索饵场、越冬场、洄游通道和鱼虾贝藻类的养殖场。

（六）油类，是指任何类型的油及其炼制品。

（七）油性混合物，是指任何含有油分的混合物。

（八）排放，是指把污染物排入海洋的行为，包括泵出、溢出、泄出、喷出和倒出。

（九）陆地污染源（简称陆源），是指从陆地向海域排放污染物，造成或者可能造成海洋环境污染的场所、设施等。

（十）陆源污染物，是指由陆地污染源排放的污染物。

（十一）倾倒，是指通过船舶、航空器、平台或者其他载运工具，向海洋处置废弃物和其他有害物质的行为，包括弃置船舶、航空器、平台及其辅助设施和其他浮动工具的行为。

（十二）沿海陆域，是指与海岸相连，或者通过管道、沟渠、设施，直接或者间接向海洋排放污染物及其相关活动的一带区域。

（十三）海上焚烧，是指以热摧毁为目的，在海上焚烧设施上，故意焚烧废弃物或者其他物质的行为，但船舶、平台或者其他人工构造物正常操作中，所附带发生的行为除外。

第九十六条 涉及海洋环境监督管理的有关部门的具体职权划分，本法未作规定的，由国务院规定。

第九十七条 中华人民共和国缔结或者参加的与海洋环境保护有关的国际条约与本法有不同规定的，适用国际条约的规定；但是，中华人民共和国声明保留的条款除外。

第九十八条 本法自2000年4月1日起施行。

新的《海洋环境保护法》有关渔业行政主管部门职权的具体修订和增补条款情况

1. 修订前的第五条为："国家渔政渔港监督管理机构负责渔港船舶排污的监督和渔业港区水域的监视。"

修订后为："国家渔业行政主管部门负责渔港水域内非军事船舶和渔港水域外渔业船舶污染海洋环境的监督管理，负责保护渔业水域生态环境工作，并调查处理前款规定的污染事故以外的渔业污染事故。"第三款中规定，"船舶污染事故给渔业造成损害的，应当吸收渔业行政主管部门参与调查处理。"

2. 第二十八条（新增）：

"国家鼓励发展生态渔业建设，推广多种生态渔业生产方式，改善海洋生态状况。

新建、改建、扩建海水养殖场，应当进行环境影响评价。

海水养殖应当科学确定养殖密度，并应当合理投饵、施肥，正确使用药物，防止造成海洋环境的污染。"

3. 第三十条第二款（新增）：

"环境保护行政主管部门在批准设置入海排污口之前，必须征求海洋、海事、渔业行政主管部门和军队环境保护部门的意见。"

4. 第四十三条第二款（关于海岸工程建设项目，新增）：

"环境保护行政主管部门在批准环境影响报告书之前，必须征求海事、渔业行政主管部门和军队环境保护部门的意见。"

5. 第四十七条第二款（关于海洋工程建设项目，新增）：

"海洋行政主管部门在核准海洋环境影响报告书之前，必须征求海事、渔业行政主管部门和军队环境保护部门的意见。"

6. 第五十七条第三款（新增）：

"国家海洋行政主管部门在选划海洋倾倒区和批准临时性海洋倾倒区之前，必须征求国家海事、渔业行政主管部门的意见。"

7. 其他方面：

第十四条第二款（新增）：

"依照本法规定行使海洋环境监督管理权的部门分别负责各自所辖水域的监测、监视。"

第十九条（新增）：

"依照本法规定行使海洋环境监督管理权的部门可以在海上实行联合执法，在巡航监视中发现海上污染事故或者违反本法规定的行为时，应当予以制止并调查取证，必要时有权采取有效措施，防止污染事态的扩大，并报告有关主管部门处理。

依照本法规定行使海洋环境监督管理权的部门，有权对管辖范围内排放污染物的单位和个人进行现场检查。被检查者应当如实反映情况，提供必要的资料。"

8. 法律责任主要部分：

第七十六条（修订）：

"违反本法规定，造成珊瑚礁、红树林等海洋生态系统及海洋水产资源、海洋保护区破坏的，由依照本法规定行使海洋环境监督管理权的部门责令限期改正和采取补救措施，并处一万元以上十万元以下的罚款；有违法所得的，没收其违法所得。"

第九十条（修订）：

"造成海洋环境污染损害的责任者，应当排除危害，并赔偿损失；完全由于第三者的故意或者过失，造成海洋环境污染损害的，由第三者排除危害，并承担赔偿责任。

对破坏海洋生态、海洋水产资源、海洋保护区，给国家造成重大损失的，由依照本法规定行使海洋环境监督管理权的部门代表国家对责任者提出损害赔偿要求。"

第九十一条（修订）：

"对违反本法规定，造成海洋环境污染事故的单位，由依照本法规定行使海洋环境监督管理权的部门根据所造成的危害和损失处以罚款；负有直接责任的主管人员和其他直接责任人员属于国家工作人员的,依法给予行政处分。

前款规定的罚款数额按照直接损失的百分之三十计算,但最高不得超过三十万元。

对造成重大海洋环境污染事故,致使公私财产遭受重大损失或者人身伤亡严重后果的,依法追究刑事责任。

七、中华人民共和国野生动物保护法

(1988年11月8日第七届全国人民代表大会常务委员会第四次会议通过 自1989年3月1日起施行 根据2004年8月28日第十届全国人民代表大会常务委员会第十一次会议《关于修改〈中华人民共和国野生动物保护法〉的决定》修正：第二十六条第二款修改为："建立对外国人开放的猎捕场所，应当报国务院野生动物行政主管部门备案。"2004年8月28日中华人民共和国主席第二十四号令重新公布 自公布之日起施行)

第一章 总 则

第一条 为保护、拯救珍贵、濒危野生动物，保护、发展和合理利用野生动物资源，维护生态平衡，制定本法。

第二条 在中华人民共和国境内从事野生动物的保护、驯养繁殖、开发利用活动，必须遵守本法。

本法规定保护的野生动物，是指珍贵、濒危的陆生、水生野生动物和有益的或者有重要经济、科学研究价值的陆生野生动物。

本法各条款所提野生动物，均系指前款规定的受保护的野生动物。

珍贵、濒危的水生野生动物以外的其他水生野生动物的保护，适用渔业法的规定。

第三条 野生动物资源属于国家所有。

国家保护依法开发利用野生动物资源的单位和个人的合法权益。

第四条 国家对野生动物实行加强资源保护、积极驯养繁殖、合理开发利用的方针，鼓励开展野生动物科学研究。

在野生动物资源保护、科学研究和驯养繁殖方面成绩显著的单位和个人，由政府给予奖励。

第五条 中华人民共和国公民有保护野生动物资源的义务，对侵占或者破坏野生动物资源的行为有权检举和控告。

第六条 各级政府应当加强对野生动物资源的管理，制定保护、发展和合理利用野生动物资源的规划和措施。

第七条 国务院林业、渔业行政主管部门分别主管全国陆生、水生野生动物管理工作。

省、自治区、直辖市政府林业行政主管部门主管本行政区域内陆生野生动物管理工作。自治州、县和市政府陆生野生动物管理工作的行政主管部门，由省、自治区、直辖市政府确定。

县级以上地方政府渔业行政主管部门主管本行政区域内水生野生动物管理工作。

第二章　野生动物保护

第八条 国家保护野生动物及其生存环境，禁止任何单位和个人非法猎捕或者破坏。

第九条 国家对珍贵、濒危的野生动物实行重点保护。国家重点保护的野生动物分为一级保护野生动物和二级保护野生动物。国家重点保护的野生动物名录及其调整，由国务院野生动物行政主管部门制定，报国务院批准公布。

地方重点保护野生动物，是指国家重点保护野生动物以外，由省、自治区、直辖市重点保护的野生动物。地方重点保护的野生动物名录，由省、自治区、直辖市政府制定并公布，报国务院备案。

国家保护的有益的或者有重要经济、科学研究价值的陆生野生动物名录及其调整，由国务院野生动物行政主管部门制定并公布。

第十条 国务院野生动物行政主管部门和省、自治区、直辖市政府，应当在国家和地方重点保护野生动物的主要生息繁衍的地区和水域，划定自然保护区，加强对国家和地方重点保护野生动物及其生存环境的保护管理。

自然保护区的划定和管理，按照国务院有关规定办理。

第十一条 各级野生动物行政主管部门应当监视、监测环境对野生动物的影响。由于环境影响对野生动物造成危害时，野生动物行政主管部门应当会同有关部门进行调查处理。

第十二条 建设项目对国家或者地方重点保护野生动物的生存环境产生不利影响的，建设单位应当提交环境影响报告书；环境保护部门在审批时，应当征求同级野生动物行政主管部门的意见。

第十三条 国家和地方重点保护野生动物受到自然灾害威胁时,当地政府应当及时采取拯救措施。

第十四条 因保护国家和地方重点保护野生动物,造成农作物或者其他损失的,由当地政府给予补偿。补偿办法由省、自治区、直辖市政府制定。

第三章 野生动物管理

第十五条 野生动物行政主管部门应当定期组织对野生动物资源的调查,建立野生动物资源档案。

第十六条 禁止猎捕、杀害国家重点保护野生动物。因科学研究、驯养繁殖、展览或者其他特殊情况,需要捕捉、捕捞国家一级保护野生动物的,必须向国务院野生动物行政主管部门申请特许猎捕证;猎捕国家二级保护野生动物的,必须向省、自治区、直辖市政府野生动物行政主管部门申请特许猎捕证。

第十七条 国家鼓励驯养繁殖野生动物。

驯养繁殖国家重点保护野生动物的,应当持有许可证。许可证的管理办法由国务院野生动物行政主管部门制定。

第十八条 猎捕非国家重点保护野生动物的,必须取得狩猎证,并且服从猎捕量限额管理。

持枪猎捕的,必须取得县、市公安机关核发的持枪证。

第十九条 猎捕者应当按照特许猎捕证、狩猎证规定的种类、数量、地点和期限进行猎捕。

第二十条 在自然保护区、禁猎区和禁猎期内,禁止猎捕和其他妨碍野生动物生息繁衍的活动。

禁猎区和禁猎期以及禁止使用的猎捕工具和方法,由县级以上政府或者其野生动物行政主管部门规定。

第二十一条 禁止使用军用武器、毒药、炸药进行猎捕。

猎枪及弹具的生产、销售和使用管理办法,由国务院林业行政主管部门会同公安部门制定,报国务院批准施行。

第二十二条 禁止出售、收购国家重点保护野生动物或者其产品。因科学研究、驯养繁殖、展览等特殊情况,需要出售、收购、利用国家一级保护野生动物或者其产品的,必须经国务院野生动物行政主管部门或者其授权的单位批准；需要出售、收购、利用国家二级保护野生动物或者其产品的，必须经省、自治区、直辖市政府野生动物行政主管部门或者其授权的单位批准。

驯养繁殖国家重点保护野生动物的单位和个人可以凭驯养繁殖许可证向政府指定的收购单位，按照规定出售国家重点保护野生动物或者其产品。

工商行政管理部门对进入市场的野生动物或者其产品，应当进行监督管理。

第二十三条 运输、携带国家重点保护野生动物或者其产品出县境的，必须经省、自治区、直辖市政府野生动物行政主管部门或者其授权的单位批准。

第二十四条 出口国家重点保护野生动物或者其产品的，进出口中国参加的国际公约所限制进出口的野生动物或者其产品的，必须经国务院野生动物行政主管部门或者国务院批准，并取得国家濒危物种进出口管理机构核发的允许进出口证明书。海关凭允许进出口证明书查验放行。

涉及科学技术保密的野生动物物种的出口，按照国务院有关规定办理。

第二十五条 禁止伪造、倒卖、转让特许猎捕证、狩猎证、驯养繁殖许可证和允许进出口证明书。

第二十六条 外国人在中国境内对国家重点保护野生动物进行野外考察或者在野外拍摄电影、录像，必须经国务院野生动物行政主管部门或者其授权的单位批准。

建立对外国人开放的猎捕场所，应当报国务院野生动物行政主管部门备案。

第二十七条 经营利用野生动物或者其产品的，应当缴纳野生动物资源保护管理费。收费标准和办法由国务院野生动物行政主管部门会同财政、物价部门制定，报国务院批准后施行。

第二十八条 因猎捕野生动物造成农作物或者其他损失的，由猎捕者负责赔偿。

第二十九条 有关地方政府应当采取措施，预防、控制野生动物所造成的危害，保障人畜安全和农业、林业生产。

第三十条 地方重点保护野生动物和其他非国家重点保护野生动

物的管理办法，由省、自治区、直辖市人民代表大会常务委员会制定。

第四章　法律责任

第三十一条　非法捕杀国家重点保护野生动物的，依照关于惩治捕杀国家重点保护的珍贵、濒危野生动物犯罪的补充规定追究刑事责任。

第三十二条　违反本法规定，在禁猎区、禁猎期或者使用禁用的工具、方法猎捕野生动物的，由野生动物行政主管部门没收猎获物、猎捕工具和违法所得，处以罚款；情节严重、构成犯罪的，依照刑法第一百三十条的规定追究刑事责任。

第三十三条　违反本法规定，未取得狩猎证或者未按狩猎证规定猎捕野生动物的，由野生动物行政主管部门没收猎获物和违法所得，处以罚款，并可以没收猎捕工具，吊销狩猎证。

违反本法规定，未取得持枪证持枪猎捕野生动物的，由公安机关比照治安管理处罚条例的规定处罚。

第三十四条　违反本法规定，在自然保护区、禁猎区破坏国家或者地方重点保护野生动物主要生息繁衍场所的，由野生动物行政主管部门责令停止破坏行为，限期恢复原状，处以罚款。

第三十五条　违反本法规定，出售、收购、运输、携带国家或者地方重点保护野生动物或者其产品的，由工商行政管理部门没收实物和违法所得，可以并处罚款。

违反本法规定，出售、收购国家重点保护野生动物或者其产品，情节严重、构成投机倒把罪、走私罪的，依照刑法有关规定追究刑事责任。

没收的实物，由野生动物行政主管部门或者其授权的单位按照规定处理。

第三十六条　非法进出口野生动物或者其产品的，由海关依照海关法处罚；情节严重、构成犯罪的，依照刑法关于走私罪的规定追究刑事责任。

第三十七条　伪造、倒卖、转让特许猎捕证、狩猎证、驯养繁殖许可证或者允许进出口证明书的，由野生动物行政主管部门或者工商行政管理部门吊销证件，没收违法所得，可以并处罚款。

伪造、倒卖特许猎捕证或者允许进出口证明书，情节严重、构成犯罪的，比照刑法第一百六十七条的规定追究刑事责任。

第三十八条　野生动物行政主管部门的工作人员玩忽职守、滥用职权、徇私舞弊的，由其所在单位或者上级主管机关给予行政处分；情节严重、构成犯罪的，依法追究刑事责任。

第三十九条　当事人对行政处罚决定不服的，可以在接到处罚通知之日起十五日内，向作出处罚决定机关的上一级机关申请复议；对上一级机关的复议决定不服的，可以在接到复议决定通知之日起十五日内，向法院起诉。当事人也可以在接到处罚通知之日起十五日内，直接向法院起诉。当事人逾期不申请复议或者不向法院起诉又不履行处罚决定的，由作出处罚决定的机关申请法院强制执行。

对海关处罚或者治安管理处罚不服的，依照海关法或者治安管理处罚条例的规定办理。

第五章　附　　则

第四十条　中华人民共和国缔结或者参加的与保护野生动物有关的国际条约与本法有不同规定的，适用国际条约的规定，但中华人民共和国声明保留的条款除外。

第四十一条　国务院野生动物行政主管部门根据本法制定实施条例，报国务院批准施行。

省、自治区、直辖市人民代表大会常务委员会可以根据本法制定实施办法。

第四十二条　本法自1989年3月1日起施行。

八、中华人民共和国环境影响评价法

（2002年10月28日第九届全国人民代表大会常务委员会第三十次会议通过 2002年10月28日中华人民共和国主席第七十七号令公布 自2003年9月1日起施行）

第一章 总 则

第一条 为了实施可持续发展战略，预防因规划和建设项目实施后对环境造成不良影响，促进经济、社会和环境的协调发展，制定本法。

第二条 本法所称环境影响评价，是指对规划和建设项目实施后可能造成的环境影响进行分析、预测和评估，提出预防或者减轻不良环境影响的对策和措施，进行跟踪监测的方法与制度。

第三条 编制本法第九条所规定的范围内的规划，在中华人民共和国领域和中华人民共和国管辖的其他海域内建设对环境有影响的项目，应当依照本法进行环境影响评价。

第四条 环境影响评价必须客观、公开、公正，综合考虑规划或者建设项目实施后对各种环境因素及其所构成的生态系统可能造成的影响，为决策提供科学依据。

第五条 国家鼓励有关单位、专家和公众以适当方式参与环境影响评价。

第六条 国家加强环境影响评价的基础数据库和评价指标体系建设，鼓励和支持对环境影响评价的方法、技术规范进行科学研究，建立必要的环境影响评价信息共享制度，提高环境影响评价的科学性。

国务院环境保护行政主管部门应当会同国务院有关部门，组织建立和完善环境影响评价的基础数据库和评价指标体系。

第二章 规划的环境影响评价

第七条 国务院有关部门、设区的市级以上地方人民政府及其有关部门，对其组织编制的土地利用的有关规划，区域、流域、海域的建设、开发利用规划，应当在规划编制过程中组织进行环境影响评价，编写该规划有关环境影响的篇章或者说明。

规划有关环境影响的篇章或者说明，应当对规划实施后可能造成的环境影响作出分析、预测和评估，提出预防或者减轻不良环境影响的对策和措施，作为规划草案的组成部分一并报送规划审批机关。

未编写有关环境影响的篇章或者说明的规划草案，审批机关不予审批。

第八条 国务院有关部门、设区的市级以上地方人民政府及其有关部门，对其组织编制的工业、农业、畜牧业、林业、能源、水利、交通、城市建设、旅游、自然资源开发的有关专项规划（以下简称专项规划），应当在该专项规划草案上报审批前，组织进行环境影响评价，并向审批该专项规划的机关提出环境影响报告书。

前款所列专项规划中的指导性规划，按照本法第七条的规定进行环境影响评价。

第九条 依照本法第七条、第八条的规定进行环境影响评价的规划的具体范围，由国务院环境保护行政主管部门会同国务院有关部门规定，报国务院批准。

第十条 专项规划的环境影响报告书应当包括下列内容：

（一）实施该规划对环境可能造成影响的分析、预测和评估；

（二）预防或者减轻不良环境影响的对策和措施；

（三）环境影响评价的结论。

第十一条 专项规划的编制机关对可能造成不良环境影响并直接涉及公众环境权益的规划，应当在该规划草案报送审批前，举行论证会、听证会，或者采取其他形式，征求有关单位、专家和公众对环境影响报告书草案的意见。但是，国家规定需要保密的情形除外。

编制机关应当认真考虑有关单位、专家和公众对环境影响报告书草案的意见，并应当在报送审查的环境影响报告书中附具对意见采纳或者不采纳的说明。

第十二条 专项规划的编制机关在报批规划草案时，应当将环境影响报告书一并附送审批机关审查；未附送环境影响报告书的，审批机关不予审批。

第十三条 设区的市级以上人民政府在审批专项规划草案，作出决策前,应当先由人民政府指定的环境保护行政主管部门或者其他部门召集有关部门代表和专家组成审查小组,对环境影响报告书进行审查。审查小组应当提出书面审查意见。

参加前款规定的审查小组的专家,应当从按照国务院环境保护行政主管部门的规定设立的专家库内的相关专业的专家名单中,以随机抽取的方式确定。

由省级以上人民政府有关部门负责审批的专项规划,其环境影响报告书的审查办法,由国务院环境保护行政主管部门会同国务院有关部门制定。

第十四条 设区的市级以上人民政府或者省级以上人民政府有关部门在审批专项规划草案时,应当将环境影响报告书结论以及审查意见作为决策的重要依据。

在审批中未采纳环境影响报告书结论以及审查意见的,应当作出说明,并存档备查。

第十五条 对环境有重大影响的规划实施后,编制机关应当及时组织环境影响的跟踪评价,并将评价结果报告审批机关;发现有明显不良环境影响的,应当及时提出改进措施。

第三章 建设项目的环境影响评价

第十六条 国家根据建设项目对环境的影响程度,对建设项目的环境影响评价实行分类管理。

建设单位应当按照下列规定组织编制环境影响报告书、环境影响报告表或者填报环境影响登记表(以下统称环境影响评价文件):

(一)可能造成重大环境影响的,应当编制环境影响报告书,对产生的环境影响进行全面评价;

(二)可能造成轻度环境影响的,应当编制环境影响报告表,对产生的环境影响进行分析或者专项评价;

(三)对环境影响很小、不需要进行环境影响评价的,应当填报环境影响登记表。

建设项目的环境影响评价分类管理名录,由国务院环境保护行政主管部门制定并公布。

第十七条 建设项目的环境影响报告书应当包括下列内容:

（一）建设项目概况；
（二）建设项目周围环境现状；
（三）建设项目对环境可能造成影响的分析、预测和评估；
（四）建设项目环境保护措施及其技术、经济论证；
（五）建设项目对环境影响的经济损益分析；
（六）对建设项目实施环境监测的建议；
（七）环境影响评价的结论。

涉及水土保持的建设项目，还必须有经水行政主管部门审查同意的水土保持方案。

环境影响报告表和环境影响登记表的内容和格式，由国务院环境保护行政主管部门制定。

第十八条 建设项目的环境影响评价，应当避免与规划的环境影响评价相重复。

作为一项整体建设项目的规划，按照建设项目进行环境影响评价，不进行规划的环境影响评价。

已经进行了环境影响评价的规划所包含的具体建设项目，其环境影响评价内容建设单位可以简化。

第十九条 接受委托为建设项目环境影响评价提供技术服务的机构，应当经国务院环境保护行政主管部门考核审查合格后，颁发资质证书，按照资质证书规定的等级和评价范围，从事环境影响评价服务，并对评价结论负责。为建设项目环境影响评价提供技术服务的机构的资质条件和管理办法，由国务院环境保护行政主管部门制定。

国务院环境保护行政主管部门对已取得资质证书的为建设项目环境影响评价提供技术服务的机构的名单，应当予以公布。

为建设项目环境影响评价提供技术服务的机构，不得与负责审批建设项目环境影响评价文件的环境保护行政主管部门或者其他有关审批部门存在任何利益关系。

第二十条 环境影响评价文件中的环境影响报告书或者环境影响报告表，应当由具有相应环境影响评价资质的机构编制。

任何单位和个人不得为建设单位指定对其建设项目进行环境影响评价的机构。

第二十一条 除国家规定需要保密的情形外，对环境可能造成重大影响、应当编制环境影响报告书的建设项目，建设单位应当在报批建设项目环境影响报告书前,举行论证会、听证会,或者采取其他形式,征求有关单位、专家和公众的意见。

建设单位报批的环境影响报告书应当附具对有关单位、专家和公众的意见采纳或者不采纳的说明。

第二十二条 建设项目的环境影响评价文件,由建设单位按照国务院的规定报有审批权的环境保护行政主管部门审批;建设项目有行业主管部门的,其环境影响报告书或者环境影响报告表应当经行业主管部门预审后,报有审批权的环境保护行政主管部门审批。

海洋工程建设项目的海洋环境影响报告书的审批,依照《中华人民共和国海洋环境保护法》的规定办理。

审批部门应当自收到环境影响报告书之日起六十日内,收到环境影响报告表之日起三十日内,收到环境影响登记表之日起十五日内,分别作出审批决定并书面通知建设单位。

预审、审核、审批建设项目环境影响评价文件,不得收取任何费用。

第二十三条 国务院环境保护行政主管部门负责审批下列建设项目的环境影响评价文件:

(一)核设施、绝密工程等特殊性质的建设项目;

(二)跨省、自治区、直辖市行政区域的建设项目;

(三)由国务院审批的或者由国务院授权有关部门审批的建设项目。

前款规定以外的建设项目的环境影响评价文件的审批权限,由省、自治区、直辖市人民政府规定。

建设项目可能造成跨行政区域的不良环境影响,有关环境保护行政主管部门对该项目的环境影响评价结论有争议的,其环境影响评价文件由共同的上一级环境保护行政主管部门审批。

第二十四条 建设项目的环境影响评价文件经批准后,建设项目的性质、规模、地点、采用的生产工艺或者防治污染、防止生态破坏的措施发生重大变动的,建设单位应当重新报批建设项目的环境影响评价文件。

建设项目的环境影响评价文件自批准之日起超过五年,方决定该项目开工建设的,其环境影响评价文件应当报原审批部门重新审核;原审批部门应当自收到建设项目环境影响评价文件之日起十日内,将审核意见书面通知建设单位。

第二十五条 建设项目的环境影响评价文件未经法律规定的审批部门审查或者审查后未予批准的，该项目审批部门不得批准其建设，建设单位不得开工建设。

第二十六条 建设项目建设过程中，建设单位应当同时实施环境影响报告书、环境影响报告表以及环境影响评价文件审批部门审批意见中提出的环境保护对策措施。

第二十七条 在项目建设、运行过程中产生不符合经审批的环境影响评价文件的情形的，建设单位应当组织环境影响的后评价，采取改进措施，并报原环境影响评价文件审批部门和建设项目审批部门备案；原环境影响评价文件审批部门也可以责成建设单位进行环境影响的后评价，采取改进措施。

第二十八条 环境保护行政主管部门应当对建设项目投入生产或者使用后所产生的环境影响进行跟踪检查，对造成严重环境污染或者生态破坏的，应当查清原因、查明责任。对属于为建设项目环境影响评价提供技术服务的机构编制不实的环境影响评价文件的，依照本法第三十三条的规定追究其法律责任；属于审批部门工作人员失职、渎职，对依法不应批准的建设项目环境影响评价文件予以批准的，依照本法第三十五条的规定追究其法律责任。

第四章 法律责任

第二十九条 规划编制机关违反本法规定，组织环境影响评价时弄虚作假或者有失职行为，造成环境影响评价严重失实的，对直接负责的主管人员和其他直接责任人员，由上级机关或者监察机关依法给予行政处分。

第三十条 规划审批机关对依法应当编写有关环境影响的篇章或者说明而未编写的规划草案，依法应当附送环境影响报告书而未附送的专项规划草案，违法予以批准的，对直接负责的主管人员和其他直接责任人员，由上级机关或者监察机关依法给予行政处分。

第三十一条 建设单位未依法报批建设项目环境影响评价文件，或者未依照本法第二十四条的规定重新报批或者报请重新审核环境影响评价文件，擅自开工建设的，由有权审批该项目环境影响评价文件的环境保护行政主管部门责令停止建设，限期补办手续；逾期不补办手续的，可以处五万元以上二十万元以下的罚款，对建设单位直接负责的主管人员和其他直接责任人员，依法给予行政处分。

建设项目环境影响评价文件未经批准或者未经原审批部门重新审核同意，建设单位擅自开工建设的，由有权审批该项目环境影响评价文件的环境保护行政主管部门责令停止建设，可以处五万元以上二十万元以下的罚款，对建设单位直接负责的主管人员和其他直接责任人员，依法给予行政处分。

海洋工程建设项目的建设单位有前两款所列违法行为的，依照《中华人民共和国海洋环境保护法》的规定处罚。

第三十二条　建设项目依法应当进行环境影响评价而未评价，或者环境影响评价文件未经依法批准，审批部门擅自批准该项目建设的，对直接负责的主管人员和其他直接责任人员，由上级机关或者监察机关依法给予行政处分；构成犯罪的，依法追究刑事责任。

第三十三条　接受委托为建设项目环境影响评价提供技术服务的机构在环境影响评价工作中不负责任或者弄虚作假，致使环境影响评价文件失实的，由授予环境影响评价资质的环境保护行政主管部门降低其资质等级或者吊销其资质证书，并处所收费用一倍以上三倍以下的罚款；构成犯罪的，依法追究刑事责任。

第三十四条　负责预审、审核、审批建设项目环境影响评价文件的部门在审批中收取费用的，由其上级机关或者监察机关责令退还；情节严重的，对直接负责的主管人员和其他直接责任人员依法给予行政处分。

第三十五条　环境保护行政主管部门或者其他部门的工作人员徇私舞弊，滥用职权，玩忽职守，违法批准建设项目环境影响评价文件的，依法给予行政处分；构成犯罪的，依法追究刑事责任。

第五章　附　　则

第三十六条　省、自治区、直辖市人民政府可以根据本地的实际情况，要求对本辖区的县级人民政府编制的规划进行环境影响评价。具体办法由省、自治区、直辖市参照本法第二章的规定制定。

第三十七条　军事设施建设项目的环境影响评价办法，由中央军事委员会依照本法的原则制定。

  第三十八条 本法自 2003 年 9 月 1 日起施行。

九、中华人民共和国水法

(2002年8月29日第九届全国人民代表大会常务委员会第二十九次会议通过 2002年8月29公布 自2002年10月1日起施行)

第一章 总　则

第一条 为了合理开发、利用、节约和保护水资源，防治水害，实现水资源的可持续利用，适应国民经济和社会发展的需要，制定本法。

第二条 在中华人民共和国领域内开发、利用、节约、保护、管理水资源，防治水害，适用本法。

本法所称水资源，包括地表水和地下水。

第三条 水资源属于国家所有。水资源的所有权由国务院代表国家行使。农村集体经济组织的水塘和由农村集体经济组织修建管理的水库中的水，归各农村集体经济组织使用。

第四条 开发、利用、节约、保护水资源和防治水害，应当全面规划、统筹兼顾、标本兼治、综合利用、讲求效益，发挥水资源的多种功能，协调好生活、生产经营和生态环境用水。

第五条 县级以上人民政府应当加强水利基础设施建设，并将其纳入本级国民经济和社会发展计划。

第六条 国家鼓励单位和个人依法开发、利用水资源，并保护其合法权益。开发、利用水资源的单位和个人有依法保护水资源的义务。

第七条 国家对水资源依法实行取水许可制度和有偿使用制度。但是，农村集体经济组织及其成员使用本集体经济组织的水塘、水库中的水的除外。国务院水行政主管部门负责全国取水许可制度和水资源有偿使用制度的组织实施。

第八条 国家厉行节约用水，大力推行节约用水措施，推广节约用水新技术、新工艺，发展节水型工业、农业和服务业，建立节水型社会。

各级人民政府应当采取措施，加强对节约用水的管理，建立节约用水技术开发推广体系，培育和发展节约用水产业。

单位和个人有节约用水的义务。

第九条 国家保护水资源，采取有效措施，保护植被，植树种草，涵养水源，防治水土流失和水体污染，改善生态环境。

第十条 国家鼓励和支持开发、利用、节约、保护、管理水资源和防治水害的先进科学技术的研究、推广和应用。

第十一条 在开发、利用、节约、保护、管理水资源和防治水害等方面成绩显著的单位和个人，由人民政府给予奖励。

第十二条 国家对水资源实行流域管理与行政区域管理相结合的管理体制。

国务院水行政主管部门负责全国水资源的统一管理和监督工作。

国务院水行政主管部门在国家确定的重要江河、湖泊设立的流域管理机构（以下简称流域管理机构），在所管辖的范围内行使法律、行政法规规定的和国务院水行政主管部门授予的水资源管理和监督职责。

县级以上地方人民政府水行政主管部门按照规定的权限，负责本行政区域内水资源的统一管理和监督工作。

第十三条 国务院有关部门按照职责分工，负责水资源开发、利用、节约和保护的有关工作。

县级以上地方人民政府有关部门按照职责分工，负责本行政区域内水资源开发、利用、节约和保护的有关工作。

第二章　水资源规划

第十四条 国家制定全国水资源战略规划。

开发、利用、节约、保护水资源和防治水害，应当按照流域、区域统一制定规划。规划分为流域规划和区域规划。流域规划包括流域综合规划和流域专业规划；区域规划包括区域综合规划和区域专业规划。

前款所称综合规划，是指根据经济社会发展需要和水资源开发利用现状编制的开发、利用、节约、保护水资源和防治水害的总体部署。前款所称专业规划，是指防洪、治涝、灌溉、航运、供水、水力发电、竹木流放、渔业、水资源保护、水土保持、防沙治沙、节约用水等规划。

第十五条 流域范围内的区域规划应当服从流域规划，专业规划应当服从综合规划。

流域综合规划和区域综合规划以及与土地利用关系密切的专业规划，应当与国民经济和社会发展规划以及土地利用总体规划、城市总体规划和环境保护规划相协调，兼顾各地区、各行业的需要。

第十六条 制定规划，必须进行水资源综合科学考察和调查评价。水资源综合科学考察和调查评价，由县级以上人民政府水行政主管部门会同同级有关部门组织进行。

县级以上人民政府应当加强水文、水资源信息系统建设。县级以上人民政府水行政主管部门和流域管理机构应当加强对水资源的动态监测。

基本水文资料应当按照国家有关规定予以公开。

第十七条 国家确定的重要江河、湖泊的流域综合规划，由国务院水行政主管部门会同国务院有关部门和有关省、自治区、直辖市人民政府编制，报国务院批准。跨省、自治区、直辖市的其他江河、湖泊的流域综合规划和区域综合规划，由有关流域管理机构会同江河、湖泊所在地的省、自治区、直辖市人民政府水行政主管部门和有关部门编制，分别经有关省、自治区、直辖市人民政府审查提出意见后，报国务院水行政主管部门审核；国务院水行政主管部门征求国务院有关部门意见后，报国务院或者其授权的部门批准。

前款规定以外的其他江河、湖泊的流域综合规划和区域综合规划，由县级以上地方人民政府水行政主管部门会同同级有关部门和有关地方人民政府编制，报本级人民政府或者其授权的部门批准，并报上一级水行政主管部门备案。

专业规划由县级以上人民政府有关部门编制，征求同级其他有关部门意见后，报本级人民政府批准。其中，防洪规划、水土保持规划的编制、批准，依照防洪法、水土保持法的有关规定执行。

第十八条 规划一经批准，必须严格执行。

经批准的规划需要修改时，必须按照规划编制程序经原批准机关批准。

第十九条　建设水工程，必须符合流域综合规划。在国家确定的重要江河、湖泊和跨省、自治区、直辖市的江河、湖泊上建设水工程，其工程可行性研究报告报请批准前，有关流域管理机构应当对水工程的建设是否符合流域综合规划进行审查并签署意见；在其他江河、湖泊上建设水工程，其工程可行性研究报告报请批准前，县级以上地方人民政府水行政主管部门应当按照管理权限对水工程的建设是否符合流域综合规划进行审查并签署意见。水工程建设涉及防洪的，依照防洪法的有关规定执行；涉及其他地区和行业的，建设单位应当事先征求有关地区和部门的意见。

第三章　水资源开发利用

第二十条　开发、利用水资源，应当坚持兴利与除害相结合，兼顾上下游、左右岸和有关地区之间的利益，充分发挥水资源的综合效益，并服从防洪的总体安排。

第二十一条　开发、利用水资源，应当首先满足城乡居民生活用水，并兼顾农业、工业、生态环境用水以及航运等需要。

在干旱和半干旱地区开发、利用水资源，应当充分考虑生态环境用水需要。

第二十二条　跨流域调水，应当进行全面规划和科学论证，统筹兼顾调出和调入流域的用水需要，防止对生态环境造成破坏。

第二十三条　地方各级人民政府应当结合本地区水资源的实际情况，按照地表水与地下水统一调度开发、开源与节流相结合、节流优先和污水处理再利用的原则，合理组织开发、综合利用水资源。

国民经济和社会发展规划以及城市总体规划的编制、重大建设项目的布局，应当与当地水资源条件和防洪要求相适应，并进行科学论证；在水资源不足的地区，应当对城市规模和建设耗水量大的工业、农业和服务业项目加以限制。

第二十四条　在水资源短缺的地区，国家鼓励对雨水和微咸水的收集、开发、利用和对海水的利用、淡化。

第二十五条　地方各级人民政府应当加强对灌溉、排涝、水土保持工作的领导，促进农业生产发展；在容易发生盐碱化和渍害的地区，应当采取措施，控制和降低地下水的水位。

农村集体经济组织或者其成员依法在本集体经济组织所有的集体土地或者承包土地上投资兴建水工程设施的，按照谁投资建设谁管理和谁受益的原则，对水工程设施及其蓄水进行管理和合理使用。

农村集体经济组织修建水库应当经县级以上地方人民政府水行政主管部门批准。

第二十六条　国家鼓励开发、利用水能资源。在水能丰富的河流，应当有计划地进行多目标梯级开发。

建设水力发电站，应当保护生态环境，兼顾防洪、供水、灌溉、航运、竹木流放和渔业等方面的需要。

第二十七条　国家鼓励开发、利用水运资源。在水生生物洄游通道、通航或者竹木流放的河流上修建永久性拦河闸坝，建设单位应当同时修建过鱼、过船、过木设施，或者经国务院授权的部门批准采取其他补救措施，并妥善安排施工和蓄水期间的水生生物保护、航运和竹木流放，所需费用由建设单位承担。

在不通航的河流或者人工水道上修建闸坝后可以通航的，闸坝建设单位应当同时修建过船设施或者预留过船设施位置。

第二十八条　任何单位和个人引水、截（蓄）水、排水，不得损害公共利益和他人的合法权益。

第二十九条　国家对水工程建设移民实行开发性移民的方针，按照前期补偿、补助与后期扶持相结合的原则，妥善安排移民的生产和生活，保护移民的合法权益。

移民安置应当与工程建设同步进行。建设单位应当根据安置地区的环境容量和可持续发展的原则，因地制宜，编制移民安置规划，经依法批准后，由有关地方人民政府组织实施。所需移民经费列入工程建设投资计划。

第四章　水资源、水域和水工程的保护

第三十条　县级以上人民政府水行政主管部门、流域管理机构以及其他有关部门在制定水资源开发、利用规划和调度水资源时，应当注意维持江河的合理流量和湖泊、水库以及地下水的合理水位，维护水体的自然净化能力。

第三十一条　从事水资源开发、利用、节约、保护和防治水害等水

事活动,应当遵守经批准的规划;因违反规划造成江河和湖泊水域使用功能降低、地下水超采、地面沉降、水体污染的,应当承担治理责任。

开采矿藏或者建设地下工程,因疏干排水导致地下水水位下降、水源枯竭或者地面塌陷,采矿单位或者建设单位应当采取补救措施;对他人生活和生产造成损失的,依法给予补偿。

第三十二条 国务院水行政主管部门会同国务院环境保护行政主管部门、有关部门和有关省、自治区、直辖市人民政府,按照流域综合规划、水资源保护规划和经济社会发展要求,拟定国家确定的重要江河、湖泊的水功能区划,报国务院批准。跨省、自治区、直辖市的其他江河、湖泊的水功能区划,由有关流域管理机构会同江河、湖泊所在地的省、自治区、直辖市人民政府水行政主管部门、环境保护行政主管部门和其他有关部门拟定,分别经有关省、自治区、直辖市人民政府审查提出意见后,由国务院水行政主管部门会同国务院环境保护行政主管部门审核,报国务院或者其授权的部门批准。

前款规定以外的其他江河、湖泊的水功能区划,由县级以上地方人民政府水行政主管部门会同同级人民政府环境保护行政主管部门和有关部门拟定,报同级人民政府或者其授权的部门批准,并报上一级水行政主管部门和环境保护行政主管部门备案。

县级以上人民政府水行政主管部门或者流域管理机构应当按照水功能区对水质的要求和水体的自然净化能力,核定该水域的纳污能力,向环境保护行政主管部门提出该水域的限制排污总量意见。

县级以上地方人民政府水行政主管部门和流域管理机构应当对水功能区的水质状况进行监测,发现重点污染物排放总量超过控制指标的,或者水功能区的水质未达到水域使用功能对水质的要求的,应当及时报告有关人民政府采取治理措施,并向环境保护行政主管部门通报。

第三十三条 国家建立饮用水水源保护区制度。省、自治区、直辖市人民政府应当划定饮用水水源保护区,并采取措施,防止水源枯竭和水体污染,保证城乡居民饮用水安全。

第三十四条 禁止在饮用水水源保护区内设置排污口。

在江河、湖泊新建、改建或者扩大排污口,应当经过有管辖权的水行政主管部门或者流域管理机构同意,由环境保护行政主管部门负责对该建设项目的环境影响报告书进行审批。

第三十五条 从事工程建设，占用农业灌溉水源、灌排工程设施，或者对原有灌溉用水、供水水源有不利影响的，建设单位应当采取相应的补救措施；造成损失的，依法给予补偿。

第三十六条 在地下水超采地区，县级以上地方人民政府应当采取措施，严格控制开采地下水。在地下水严重超采地区，经省、自治区、直辖市人民政府批准，可以划定地下水禁止开采或者限制开采区。在沿海地区开采地下水，应当经过科学论证，并采取措施，防止地面沉降和海水入侵。

第三十七条 禁止在江河、湖泊、水库、运河、渠道内弃置、堆放阻碍行洪的物体和种植阻碍行洪的林木及高秆作物。

禁止在河道管理范围内建设妨碍行洪的建筑物、构筑物以及从事影响河势稳定、危害河岸堤防安全和其他妨碍河道行洪的活动。

第三十八条 在河道管理范围内建设桥梁、码头和其他拦河、跨河、临河建筑物、构筑物，铺设跨河管道、电缆，应当符合国家规定的防洪标准和其他有关的技术要求，工程建设方案应当依照防洪法的有关规定报经有关水行政主管部门审查同意。

因建设前款工程设施，需要扩建、改建、拆除或者损坏原有水工程设施的，建设单位应当负担扩建、改建的费用和损失补偿。但是，原有工程设施属于违法工程的除外。

第三十九条 国家实行河道采沙许可制度。河道采沙许可制度实施办法，由国务院规定。

在河道管理范围内采沙，影响河势稳定或者危及堤防安全的，有关县级以上人民政府水行政主管部门应当划定禁采区和规定禁采期，并予以公告。

第四十条 禁止围湖造地。已经围垦的，应当按照国家规定的防洪标准有计划地退地还湖。

禁止围垦河道。确需围垦的，应当经过科学论证，经省、自治区、直辖市人民政府水行政主管部门或者国务院水行政主管部门同意后，报本级人民政府批准。

第四十一条 单位和个人有保护水工程的义务，不得侵占、毁坏堤防、护岸、防汛、水文监测、水文地质监测等工程设施。

第四十二条 县级以上地方人民政府应当采取措施，保障本行政区域内水工程，特别是水坝和堤防的安全，限期消除险情。水行政主管部门应当加强对水工程安全的监督管理。

第四十三条 国家对水工程实施保护。国家所有的水工程应当按照国务院的规定划定工程管理和保护范围。

国务院水行政主管部门或者流域管理机构管理的水工程，由主管部门或者流域管理机构商有关省、自治区、直辖市人民政府划定工程管理和保护范围。

前款规定以外的其他水工程，应当按照省、自治区、直辖市人民政府的规定，划定工程保护范围和保护职责。

在水工程保护范围内，禁止从事影响水工程运行和危害水工程安全的爆破、打井、采石、取土等活动。

第五章 水资源配置和节约使用

第四十四条 国务院发展计划主管部门和国务院水行政主管部门负责全国水资源的宏观调配。全国的和跨省、自治区、直辖市的水中长期供求规划，由国务院水行政主管部门会同有关部门制订，经国务院发展计划主管部门审查批准后执行。地方的水中长期供求规划，由县级以上地方人民政府水行政主管部门会同同级有关部门依据上一级水中长期供求规划和本地区的实际情况制订，经本级人民政府发展计划主管部门审查批准后执行。

水中长期供求规划应当依据水的供求现状、国民经济和社会发展规划、流域规划、区域规划，按照水资源供需协调、综合平衡、保护生态、厉行节约、合理开源的原则制定。

第四十五条 调蓄径流和分配水量，应当依据流域规划和水中长期供求规划，以流域为单元制定水量分配方案。

跨省、自治区、直辖市的水量分配方案和旱情紧急情况下的水量调度预案，由流域管理机构商有关省、自治区、直辖市人民政府制订，报国务院或者其授权的部门批准后执行。其他跨行政区域的水量分配方案和旱情紧急情况下的水量调度预案，由共同的上一级人民政府水行政主管部门商有关地方人民政府制订，报本级人民政府批准后执行。

水量分配方案和旱情紧急情况下的水量调度预案经批准后，有关地方人民政府必须执行。

在不同行政区域之间的边界河流上建设水资源开发、利用项目，应当符合该流域经批准的水量分配方案，由有关县级以上地方人民政府报共同的上一级人民政府水行政主管部门或者有关流域管理机构批准。

第四十六条 县级以上地方人民政府水行政主管部门或者流域管理机构应当根据批准的水量分配方案和年度预测来水量，制定年度水量分配方案和调度计划，实施水量统一调度；有关地方人民政府必须服从。

国家确定的重要江河、湖泊的年度水量分配方案，应当纳入国家的国民经济和社会发展年度计划。

第四十七条 国家对用水实行总量控制和定额管理相结合的制度。

省、自治区、直辖市人民政府有关行业主管部门应当制订本行政区域内行业用水定额，报同级水行政主管部门和质量监督检验行政主管部门审核同意后，由省、自治区、直辖市人民政府公布，并报国务院水行政主管部门和国务院质量监督检验行政主管部门备案。

县级以上地方人民政府发展计划主管部门会同同级水行政主管部门，根据用水定额、经济技术条件以及水量分配方案确定的可供本行政区域使用的水量，制定年度用水计划，对本行政区域内的年度用水实行总量控制。

第四十八条 直接从江河、湖泊或者地下取用水资源的单位和个人，应当按照国家取水许可制度和水资源有偿使用制度的规定，向水行政主管部门或者流域管理机构申请领取取水许可证，并缴纳水资源费，取得取水权。但是，家庭生活和零星散养、圈养畜禽饮用等少量取水的除外。

实施取水许可制度和征收管理水资源费的具体办法，由国务院规定。

第四十九条 用水应当计量，并按照批准的用水计划用水。

用水实行计量收费和超定额累进加价制度。

第五十条 各级人民政府应当推行节水灌溉方式和节水技术，对农业蓄水、输水工程采取必要的防渗漏措施，提高农业用水效率。

第五十一条 工业用水应当采用先进技术、工艺和设备，增加循环用水次数，提高水的重复利用率。

国家逐步淘汰落后的、耗水量高的工艺、设备和产品，具体名录由国务院经济综合主管部门会同国务院水行政主管部门和有关部门制定并公布。生产者、销售者或者生产经营中的使用者应当在规定的时间内停止生产、销售或者使用列入名录的工艺、设备和产品。

第五十二条　城市人民政府应当因地制宜采取有效措施，推广节水型生活用水器具，降低城市供水管网漏失率，提高生活用水效率；加强城市污水集中处理，鼓励使用再生水，提高污水再生利用率。

第五十三条　新建、扩建、改建建设项目，应当制订节水措施方案，配套建设节水设施。节水设施应当与主体工程同时设计、同时施工、同时投产。

供水企业和自建供水设施的单位应当加强供水设施的维护管理，减少水的漏失。

第五十四条　各级人民政府应当积极采取措施，改善城乡居民的饮用水条件。

第五十五条　使用水工程供应的水，应当按照国家规定向供水单位缴纳水费。供水价格应当按照补偿成本、合理收益、优质优价、公平负担的原则确定。具体办法由省级以上人民政府价格主管部门会同同级水行政主管部门或者其他供水行政主管部门依据职权制定。

第六章　水事纠纷处理与执法监督检查

第五十六条　不同行政区域之间发生水事纠纷的，应当协商处理；协商不成的，由上一级人民政府裁决，有关各方必须遵照执行。在水事纠纷解决前，未经各方达成协议或者共同的上一级人民政府批准，在行政区域交界线两侧一定范围内，任何一方不得修建排水、阻水、取水和截（蓄）水工程，不得单方面改变水的现状。

第五十七条　单位之间、个人之间、单位与个人之间发生的水事纠纷，应当协商解决；当事人不愿协商或者协商不成的，可以申请县级以上地方人民政府或者其授权的部门调解，也可以直接向人民法院提起民事诉讼。县级以上地方人民政府或者其授权的部门调解不成的，当事人可以向人民法院提起民事诉讼。

在水事纠纷解决前，当事人不得单方面改变现状。

第五十八条　县级以上人民政府或者其授权的部门在处理水事纠

纷时，有权采取临时处置措施，有关各方或者当事人必须服从。

第五十九条 县级以上人民政府水行政主管部门和流域管理机构应当对违反本法的行为加强监督检查并依法进行查处。

水政监督检查人员应当忠于职守，秉公执法。

第六十条 县级以上人民政府水行政主管部门、流域管理机构及其水政监督检查人员履行本法规定的监督检查职责时，有权采取下列措施：

（一）要求被检查单位提供有关文件、证照、资料；

（二）要求被检查单位就执行本法的有关问题作出说明；

（三）进入被检查单位的生产场所进行调查；

（四）责令被检查单位停止违反本法的行为，履行法定义务。

第六十一条 有关单位或者个人对水政监督检查人员的监督检查工作应当给予配合，不得拒绝或者阻碍水政监督检查人员依法执行职务。

第六十二条 水政监督检查人员在履行监督检查职责时，应当向被检查单位或者个人出示执法证件。

第六十三条 县级以上人民政府或者上级水行政主管部门发现本级或者下级水行政主管部门在监督检查工作中有违法或者失职行为的，应当责令其限期改正。

第七章 法律责任

第六十四条 水行政主管部门或者其他有关部门以及水工程管理单位及其工作人员，利用职务上的便利收取他人财物、其他好处或者玩忽职守，对不符合法定条件的单位或者个人核发许可证、签署审查同意意见，不按照水量分配方案分配水量，不按照国家有关规定收取水资源费，不履行监督职责，或者发现违法行为不予查处，造成严重后果，构成犯罪的，对负有责任的主管人员和其他直接责任人员依照刑法的有关规定追究刑事责任；尚不够刑事处罚的，依法给予行政处分。

第六十五条 在河道管理范围内建设妨碍行洪的建筑物、构筑物，或者从事影响河势稳定、危害河岸堤防安全和其他妨碍河道行洪的活动的，由县级以上人民政府水行政主管部门或者流域管理机构依据职权，责令停止违法行为，限期拆除违法建筑物、构筑物，恢复原状；逾期不拆除、不恢复原状的，强行拆除，所需费用由违法单位或者个人负担，并处一万元以上十万元以下的罚款。

未经水行政主管部门或者流域管理机构同意，擅自修建水工程，或者建设桥梁、码头和其他拦河、跨河、临河建筑物、构筑物，铺设跨河管道、电缆，且防洪法未作规定的，由县级以上人民政府水行政主管部门或者流域管理机构依据职权，责令停止违法行为，限期补办有关手续；逾期不补办或者补办未被批准的，责令限期拆除违法建筑物、构筑物；逾期不拆除的，强行拆除，所需费用由违法单位或者个人负担，并处一万元以上十万元以下的罚款。

虽经水行政主管部门或者流域管理机构同意，但未按照要求修建前款所列工程设施的，由县级以上人民政府水行政主管部门或者流域管理机构依据职权，责令限期改正，按照情节轻重，处一万元以上十万元以下的罚款。

第六十六条 有下列行为之一，且防洪法未作规定的，由县级以上人民政府水行政主管部门或者流域管理机构依据职权，责令停止违法行为，限期清除障碍或者采取其他补救措施，处一万元以上五万元以下的罚款：

（一）在江河、湖泊、水库、运河、渠道内弃置、堆放阻碍行洪的物体和种植阻碍行洪的林木及高秆作物的；

（二）围湖造地或者未经批准围垦河道的。

第六十七条 在饮用水水源保护区内设置排污口的，由县级以上地方人民政府责令限期拆除、恢复原状；逾期不拆除、不恢复原状的，强行拆除、恢复原状，并处五万元以上十万元以下的罚款。

未经水行政主管部门或者流域管理机构审查同意，擅自在江河、湖泊新建、改建或者扩大排污口的，由县级以上人民政府水行政主管部门或者流域管理机构依据职权，责令停止违法行为，限期恢复原状，处五万元以上十万元以下的罚款。

第六十八条 生产、销售或者在生产经营中使用国家明令淘汰的落后的、耗水量高的工艺、设备和产品的，由县级以上地方人民政府经济综合主管部门责令停止生产、销售或者使用，处二万元以上十万元以下的罚款。

第六十九条 有下列行为之一的，由县级以上人民政府水行政主管部门或者流域管理机构依据职权，责令停止违法行为，限期采取补救措施，处二万元以上十万元以下的罚款；情节严重的，吊销其取水许可证：

（一）未经批准擅自取水的；

（二）未依照批准的取水许可规定条件取水的。

第七十条 拒不缴纳、拖延缴纳或者拖欠水资源费的，由县级以上人民政府水行政主管部门或者流域管理机构依据职权，责令限期缴纳；逾期不缴纳的，从滞纳之日起按日加收滞纳部分千分之二的滞纳金，并处应缴或者补缴水资源费一倍以上五倍以下的罚款。

第七十一条 建设项目的节水设施没有建成或者没有达到国家规定的要求，擅自投入使用的，由县级以上人民政府有关部门或者流域管理机构依据职权，责令停止使用，限期改正，处五万元以上十万元以下的罚款。

第七十二条 有下列行为之一，构成犯罪的，依照刑法的有关规定追究刑事责任；尚不够刑事处罚，且防洪法未作规定的，由县级以上地方人民政府水行政主管部门或者流域管理机构依据职权，责令停止违法行为，采取补救措施，处一万元以上五万元以下的罚款；违反治安管理处罚条例的，由公安机关依法给予治安管理处罚；给他人造成损失的，依法承担赔偿责任：

（一）侵占、毁坏水工程及堤防、护岸等有关设施，毁坏防汛、水文监测、水文地质监测设施的；

（二）在水工程保护范围内，从事影响水工程运行和危害水工程安全的爆破、打井、采石、取土等活动的。

第七十三条 侵占、盗窃或者抢夺防汛物资，防洪排涝、农田水利、水文监测和测量以及其他水工程设备和器材，贪污或者挪用国家救灾、抢险、防汛、移民安置和补偿及其他水利建设款物，构成犯罪的，依照刑法的有关规定追究刑事责任。

第七十四条 在水事纠纷发生及其处理过程中煽动闹事、结伙斗殴、抢夺或者损坏公私财物、非法限制他人人身自由，构成犯罪的，依照刑法的有关规定追究刑事责任；尚不够刑事处罚的，由公安机关依法给予治安管理处罚。

第七十五条 不同行政区域之间发生水事纠纷，有下列行为之一的，对负有责任的主管人员和其他直接责任人员依法给予行政处分：

（一）拒不执行水量分配方案和水量调度预案的；
（二）拒不服从水量统一调度的；
（三）拒不执行上一级人民政府的裁决的；
（四）在水事纠纷解决前，未经各方达成协议或者上一级人民政府批准，单方面违反本法规定改变水的现状的。

第七十六条 引水、截（蓄）水、排水，损害公共利益或者他人合法权益的，依法承担民事责任。

第七十七条 对违反本法第三十九条有关河道采沙许可制度规定的行政处罚，由国务院规定。

第八章 附 则

第七十八条 中华人民共和国缔结或者参加的与国际或者国境边界河流、湖泊有关的国际条约、协定与中华人民共和国法律有不同规定的，适用国际条约、协定的规定。但是，中华人民共和国声明保留的条款除外。

第七十九条 本法所称水工程，是指在江河、湖泊和地下水源上开发、利用、控制、调配和保护水资源的各类工程。

第八十条 海水的开发、利用、保护和管理，依照有关法律的规定执行。

第八十一条 从事防洪活动，依照防洪法的规定执行。

水污染防治，依照水污染防治法的规定执行。

第八十二条 本法自2002年10月1日起施行。

十、中华人民共和国水土保持法

(1991年6月29日第七届全国人民代表大会常务委员会第二十次会议通过 1991年6月29日中华人民共和国主席第四十九号令公布 自公布之日起施行)

第一章 总 则

第一条 为预防和治理水土流失，保护和合理利用水土资源，减轻水、旱、风沙灾害，改善生态环境，发展生产，制定本法。

第二条 本法所称水土保持，是指对自然因素和人为活动造成水土流失所采取的预防和治理措施。

第三条 一切单位和个人都有保护水土资源、防治水土流失的义务，并有权对破坏水土资源、造成水土流失的单位和个人进行检举。

第四条 国家对水土保持工作实行预防为主，全面规划，综合防治，因地制宜，加强管理，注重效益的方针。

第五条 国务院和地方人民政府应当将水土保持工作列为重要职责，采取措施做好水土流失防治工作。

第六条 国务院水行政主管部门主管全国的水土保持工作。县级以上地方人民政府水行政主管部门，主管本辖区的水土保持工作。

第七条 国务院和县级以上地方人民政府的水行政主管部门，应当在调查评价水土资源的基础上，会同有关部门编制水土保持规划。水土保持规划须经同级人民政府批准。县级以上地方人民政府批准的水土保持规划，须报上一级人民政府水行政主管部门备案。水土保持规划的修改，须经原批准机关批准。

县级以上人民政府应当将水土保持规划确定的任务，纳入国民经济和社会发展计划，安排专项资金，并组织实施。

县级以上人民政府应当依据水土流失的具体情况，划定水土流失重点防治区，进行重点防治。

第八条 从事可能引起水土流失的生产建设活动的单位和个人，

必须采取措施保护水土资源,并负责治理因生产建设活动造成的水土流失。

第九条 各级人民政府应当加强水土保持的宣传教育工作,普及水土保持科学知识。

第十条 国家鼓励开展水土保持科学技术研究,提高水土保持科学技术水平,推广水土保持的先进技术,有计划地培养水土保持的科学技术人才。

第十一条 在防治水土流失工作中成绩显著的单位和个人,由人民政府给予奖励。

第二章 预 防

第十二条 各级人民政府应当组织全民植树造林,鼓励种草,扩大森林覆盖面积,增加植被。

第十三条 各级地方人民政府应当根据当地情况,组织农业集体经济组织和国营农、林、牧场,种植薪炭林和饲草、绿肥植物,有计划地进行封山育林育草、轮封轮牧,防风固沙,保护植被。禁止毁林开荒、烧山开荒和在陡坡地、干旱地区铲草皮、挖树兜。

第十四条 禁止在二十五度以上陡坡地开垦种植农作物。

省、自治区、直辖市人民政府可以根据本辖区的实际情况,规定小于二十五度的禁止开垦坡度。

禁止开垦的陡坡地的具体范围由当地县级人民政府划定并公告。

本法施行前已在禁止开垦的陡坡地上开垦种植农作物的,应当在建设基本农田的基础上,根据实际情况,逐步退耕,植树种草,恢复植被,或者修建梯田。

第十五条 开垦禁止开垦坡度以下、五度以上的荒坡地,必须经县级人民政府水行政主管部门批准;开垦国有荒坡地,经县级人民政府水行政主管部门批准后,方可向县级以上人民政府申请办理土地开垦手续。

第十六条 采伐林木必须因地制宜地采用合理采伐方式,严格控制皆伐,对采伐区和集材道采取防止水土流失的措施,并在采伐后及时完成更新造林任务。对水源涵养林、水土保持林、防风固沙林等防护林只准进行抚育和更新性质的采伐。

在林区采伐林木的,采伐方案中必须有按照前款规定制定的采伐区水土保持措施。采伐方案经林业行政主管部门批准后,采伐区水土保持措施由水行政主管部门和林业行政主管部门监督实施。

第十七条 在五度以上坡地上整地造林,抚育幼林,垦复油茶、油桐等经济林木,必须采取水土保持措施,防止水土流失。

第十八条 修建铁路、公路和水工程,应当尽量减少破坏植被;废弃的沙、石、土必须运至规定的专门存放地堆放,不得向江河、湖泊、水库和专门存放地以外的沟渠倾倒;在铁路、公路两侧地界以内的山坡地,必须修建护坡或者采取其他土地整治措施;工程竣工后,取土场、开挖面和废弃的沙、石、土存放地的裸露土地,必须植树种草,防止水土流失。

开办矿山企业、电力企业和其他大中型工业企业,排弃的剥离表土、矸石、尾矿、废渣等必须堆放在规定的专门存放地,不得向江河、湖泊、水库和专门存放地以外的沟渠倾倒;因采矿和建设使植被受到破坏的,必须采取措施恢复表土层和植被,防止水土流失。

第十九条 在山区、丘陵区、风沙区修建铁路、公路、水工程,开办矿山企业、电力企业和其他大中型工业企业,在建设项目环境影响报告书中,必须有水行政主管部门同意的水土保持方案。水土保持方案应当按照本法第十八条的规定制定。

在山区、丘陵区、风沙区依照矿产资源法的规定开办乡镇集体矿山企业和个体申请采矿,必须持有县级以上地方人民政府水行政主管部门同意的水土保持方案,方可申请办理采矿批准手续。

建设项目中的水土保持设施,必须与主体工程同时设计、同时施工、同时投产使用。建设工程竣工验收时,应当同时验收水土保持设施,并有水行政主管部门参加。

第二十条 各级地方人民政府应当采取措施,加强对采矿、取土、挖沙、采石等生产活动的管理,防止水土流失。

在崩塌滑坡危险区和泥石流易发区禁止取土、挖沙、采石。崩塌滑坡危险区和泥石流易发区的范围,由县级以上地方人民政府划定并公告。

第三章 治　理

第二十一条 县级以上人民政府应当根据水土保持规划，组织有关行政主管部门和单位有计划地对水土流失进行治理。

第二十二条 在水力侵蚀地区，应当以天然沟壑及其两侧山坡地形成的小流域为单元，实行全面规划，综合治理，建立水土流失综合防治体系。

在风力侵蚀地区，应当采取开发水源、引水拉沙、植树种草、设置人工沙障和网格林带等措施，建立防风固沙防护体系，控制风沙危害。

第二十三条 国家鼓励水土流失地区的农业集体经济组织和农民对水土流失进行治理，并在资金、能源、粮食、税收等方面实行扶持政策，具体办法由国务院规定。

第二十四条 各级地方人民政府应当组织农业集体经济组织和农民，有计划地对禁止开垦坡度以下、五度以上的耕地进行治理，根据不同情况，采取整治排水系统、修建梯田、蓄水保土耕作等水土保持措施。

第二十五条 水土流失地区的集体所有的土地承包给个人使用的，应当将治理水土流失的责任列入承包合同。

第二十六条 荒山、荒沟、荒丘、荒滩可以由农业集体经济组织、农民个人或者联产承包水土流失的治理。

对荒山、荒沟、荒丘、荒滩水土流失的治理实行承包的，应当按照谁承包治理谁受益的原则，签订水土保持承包治理合同。

承包治理所种植的林木及其果实，归承包者所有，因承包治理而新增加的土地，由承包者使用。

国家保护承包治理合同当事人的合法权益。在承包治理合同有效期内，承包人死亡时，继承人可以依照承包治理合同的约定继续承包。

第二十七条 企业事业单位在建设和生产过程中必须采取水土保持措施，对造成的水土流失负责治理。本单位无力治理的，由水行政主管部门治理，治理费用由造成水土流失的企业事业单位负担。

建设过程中发生的水土流失防治费用，从基本建设投资中列支；

生产过程中发生的水土流失防治费用,从生产费用中列支。

第二十八条 在水土流失地区建设的水土保持设施和种植的林草,由县级以上人民政府组织有关部门检查验收。

对水土保持设施、试验场地、种植的林草和其他治理成果,应当加强管理和保护。

第四章 监　　督

第二十九条 国务院水行政主管部门建立水土保持监测网络,对全国水土流失动态进行监测预报,并予以公告。

第三十条 县级以上地方人民政府水行政主管部门的水土保持监督人员,有权对本辖区的水土流失及其防治情况进行现场检查。被检查单位和个人必须如实报告情况,提供必要的工作条件。

第三十一条 地区之间发生的水土流失防治的纠纷,应当协商解决;协商不成的,由上一级人民政府处理。

第五章 法律责任

第三十二条 违反本法第十四条规定,在禁止开垦的陡坡地开垦种植农作物的,由县级人民政府水行政主管部门责令停止开垦、采取补救措施,可以处以罚款。

第三十三条 企业事业单位、农业集体经济组织未经县级人民政府水行政主管部门批准,擅自开垦禁止开垦坡度以下、五度以上的荒坡地的,由县级人民政府水行政主管部门责令停止开垦、采取补救措施,可以处以罚款。

第三十四条 在县级以上地方人民政府划定的崩塌滑坡危险区、泥石流易发区范围内取土、挖沙或者采石的,由县级以上地方人民政府水行政主管部门责令停止上述违法行为、采取补救措施,处以罚款。

第三十五条 在林区采伐林木,不采取水土保持措施,造成严重水土流失的,由水行政主管部门报请县级以上人民政府决定责令限期改正、采取补救措施,处以罚款。

第三十六条 企业事业单位在建设和生产过程中造成水土流失,

不进行治理的，可以根据所造成的危害后果处以罚款，或者责令停业治理；对有关责任人员由其所在单位或者上级主管机关给予行政处分。

罚款由县级人民政府水行政主管部门报请县级人民政府决定。责令停业治理由市、县人民政府决定；中央或者省级人民政府直接管辖的企业事业单位的停业治理，须报请国务院或者省级人民政府批准。

个体采矿造成水土流失，不进行治理的，按照前两款的规定处罚。

第三十七条 以暴力、威胁方法阻碍水土保持监督人员依法执行职务的，依法追究刑事责任；拒绝、阻碍水土保持监督人员执行职务未使用暴力、威胁方法的，由公安机关依照治安管理处罚条例的规定处罚。

第三十八条 当事人对行政处罚决定不服的，可以在接到处罚通知之日起十五日内向作出处罚决定的机关的上一级机关申请复议；当事人也可以在接到处罚通知之日起十五日内直接向人民法院起诉。

复议机关应当在接到复议申请之日起六十日内作出复议决定。当事人对复议决定不服的，可以在接到复议决定之日起十五日内向人民法院起诉。复议机关逾期不作出复议决定的，当事人可以在复议期满之日起十五日内向人民法院起诉。

当事人逾期不申请复议也不向人民法院起诉、又不履行处罚决定的，作出处罚决定的机关可以申请人民法院强制执行。

第三十九条 造成水土流失危害的，有责任排除危害，并对直接受到损害的单位和个人赔偿损失。

赔偿责任和赔偿金额的纠纷，可以根据当事人的请求，由水行政主管部门处理；当事人对处理决定不服的，可以向人民法院起诉。当事人也可以直接向人民法院起诉。

由于不可抗拒的自然灾害，并经及时采取合理措施，仍然不能避免造成水土流失危害的，免予承担责任。

第四十条 水土保持监督人员玩忽职守、滥用职权给公共财产、国家和人民利益造成损失的，由其所在单位或者上级主管机关给予行政处分；构成犯罪的，依法追究刑事责任。

第六章 附 则

第四十一条 国务院根据本法制定实施条例。

省、自治区、直辖市人民代表大会常务委员会,可以根据本法和本地区的实际情况制定实施办法。

第四十二条 本法自公布之日起施行。1982年6月30日国务院发布的《水土保持工作条例》同时废止。

十一、中华人民共和国水污染防治法

（1984年5月11日第六届全国人民代表大会常务委员会第五次会议通过 1996年5月15日第八届全国人民代表大会常务委员会第十九次会议修正通过 2008年2月28日第十届全国人民代表大会常务委员会第三十二次会议修订通过 中华人民共和国主席第八十七号令公布 自2008年6月1日起施行）

第一章 总 则

第一条 为了防治水污染，保护和改善环境，保障饮用水安全，促进经济社会全面协调可持续发展，制定本法。

第二条 本法适用于中华人民共和国领域内的江河、湖泊、运河、渠道、水库等地表水体以及地下水体的污染防治。

海洋污染防治适用《中华人民共和国海洋环境保护法》。

第三条 水污染防治应当坚持预防为主、防治结合、综合治理的原则，优先保护饮用水水源，严格控制工业污染、城镇生活污染，防治农业面源污染，积极推进生态治理工程建设，预防、控制和减少水环境污染和生态破坏。

第四条 县级以上人民政府应当将水环境保护工作纳入国民经济和社会发展规划。

县级以上地方人民政府应当采取防治水污染的对策和措施，对本行政区域的水环境质量负责。

第五条 国家实行水环境保护目标责任制和考核评价制度，将水环境保护目标完成情况作为对地方人民政府及其负责人考核评价的内容。

第六条 国家鼓励、支持水污染防治的科学技术研究和先进适用技术的推广应用，加强水环境保护的宣传教育。

第七条 国家通过财政转移支付等方式，建立健全对位于饮用水水源保护区区域和江河、湖泊、水库上游地区的水环境生态保护补偿机制。

第八条 县级以上人民政府环境保护主管部门对水污染防治实施统一监督管理。

交通主管部门的海事管理机构对船舶污染水域的防治实施监督管理。

县级以上人民政府水行政、国土资源、卫生、建设、农业、渔业等部门以及重要江河、湖泊的流域水资源保护机构，在各自的职责范围内，对有关水污染防治实施监督管理。

第九条 排放水污染物，不得超过国家或者地方规定的水污染物排放标准和重点水污染物排放总量控制指标。

第十条 任何单位和个人都有义务保护水环境，并有权对污染损害水环境的行为进行检举。

县级以上人民政府及其有关主管部门对在水污染防治工作中做出显著成绩的单位和个人给予表彰和奖励。

第二章 水污染防治的标准和规划

第十一条 国务院环境保护主管部门制定国家水环境质量标准。省、自治区、直辖市人民政府可以对国家水环境质量标准中未作规定的项目，制定地方标准，并报国务院环境保护主管部门备案。

第十二条 国务院环境保护主管部门会同国务院水行政主管部门和有关省、自治区、直辖市人民政府，可以根据国家确定的重要江河、湖泊流域水体的使用功能以及有关地区的经济、技术条件，确定该重要江河、湖泊流域的省界水体适用的水环境质量标准，报国务院批准后施行。

第十三条 国务院环境保护主管部门根据国家水环境质量标准和国家经济、技术条件，制定国家水污染物排放标准。

省、自治区、直辖市人民政府对国家水污染物排放标准中未作规定的项目，可以制定地方水污染物排放标准；对国家水污染物排放标准中已作规定的项目，可以制定严于国家水污染物排放标准的地方污染物排放标准。地方水污染物排放标准须报国务院环境保护主管部门备案。

向已有地方水污染物排放标准的水体排放污染物的，应当执行地方水污染物排放标准。

第十四条　国务院环境保护主管部门和省、自治区、直辖市人民政府，应当根据水污染防治的要求和国家或者地方的经济、技术条件，适时修订水环境质量标准和水污染物排放标准。

第十五条　防治水污染应当按流域或者按区域进行统一规划。国家确定的重要江河、湖泊的流域水污染防治规划，由国务院环境保护主管部门会同国务院经济综合宏观调控、水行政等部门和有关省、自治区、直辖市人民政府编制，报国务院批准。

前款规定外的其他跨省、自治区、直辖市江河、湖泊的流域水污染防治规划，根据国家确定的重要江河、湖泊的流域水污染防治规划和本地实际情况，由有关省、自治区、直辖市人民政府环境保护主管部门会同同级水行政等部门和有关市、县人民政府编制，经有关省、自治区、直辖市人民政府审核，报国务院批准。

省、自治区、直辖市内跨县江河、湖泊的流域水污染防治规划，根据国家确定的重要江河、湖泊的流域水污染防治规划和本地实际情况，由省、自治区、直辖市人民政府环境保护主管部门会同同级水行政等部门编制，报省、自治区、直辖市人民政府批准，并报国务院备案。

经批准的水污染防治规划是防治水污染的基本依据，规划的修订须经原批准机关批准。

县级以上地方人民政府应当根据依法批准的江河、湖泊的流域水污染防治规划，组织制定本行政区域的水污染防治规划。

第十六条　国务院有关部门和县级以上地方人民政府开发、利用和调节、调度水资源时，应当统筹兼顾，维持江河的合理流量和湖泊、水库以及地下水体的合理水位，维护水体的生态功能。

第三章　水污染防治的监督管理

第十七条　新建、改建、扩建直接或者间接向水体排放污染物的建设项目和其他水上设施，应当依法进行环境影响评价。

建设单位在江河、湖泊新建、改建、扩建排污口的，应当取得水行政主管部门或者流域管理机构同意；涉及通航、渔业水域的，环境保护主管部门在审批环境影响评价文件时，应当征求交通、渔业主管部门的意见。

建设项目的水污染防治设施,应当与主体工程同时设计、同时施工、同时投入使用。水污染防治设施应当经过环境保护主管部门验收,验收不合格的,该建设项目不得投入生产或者使用。

第十八条 国家对重点水污染物排放实施总量控制制度。

省、自治区、直辖市人民政府应当按照国务院的规定削减和控制本行政区域的重点水污染物排放总量,并将重点水污染物排放总量控制指标分解落实到市、县人民政府。市、县人民政府根据本行政区域重点水污染物排放总量控制指标的要求,将重点水污染物排放总量控制指标分解落实到排污单位。具体办法和实施步骤由国务院规定。

省、自治区、直辖市人民政府可以根据本行政区域水环境质量状况和水污染防治工作的需要,确定本行政区域实施总量削减和控制的重点水污染物。

对超过重点水污染物排放总量控制指标的地区,有关人民政府环境保护主管部门应当暂停审批新增重点水污染物排放总量的建设项目的环境影响评价文件。

第十九条 国务院环境保护主管部门对未按照要求完成重点水污染物排放总量控制指标的省、自治区、直辖市予以公布。省、自治区、直辖市人民政府环境保护主管部门对未按照要求完成重点水污染物排放总量控制指标的市、县予以公布。

县级以上人民政府环境保护主管部门对违反本法规定、严重污染水环境的企业予以公布。

第二十条 国家实行排污许可制度。

直接或者间接向水体排放工业废水和医疗污水以及其他按照规定应当取得排污许可证方可排放的废水、污水的企业事业单位,应当取得排污许可证;城镇污水集中处理设施的运营单位,也应当取得排污许可证。排污许可的具体办法和实施步骤由国务院规定。

禁止企业事业单位无排污许可证或者违反排污许可证的规定向水体排放前款规定的废水、污水。

第二十一条 直接或者间接向水体排放污染物的企业事业单位和个体工商户,应当按照国务院环境保护主管部门的规定,向县级以上地方人民政府环境保护主管部门申报登记拥有的水污染物排放设施、处理设施和在正常作业条件下排放水污染物的种类、数量和浓度,并提供防治水污染方面的有关技术资料。

企业事业单位和个体工商户排放水污染物的种类、数量和浓度有重大改变的，应当及时申报登记；其水污染物处理设施应当保持正常使用；拆除或者闲置水污染物处理设施的，应当事先报县级以上地方人民政府环境保护主管部门批准。

第二十二条 向水体排放污染物的企业事业单位和个体工商户，应当按照法律、行政法规和国务院环境保护主管部门的规定设置排污口；在江河、湖泊设置排污口的，还应当遵守国务院水行政主管部门的规定。

禁止私设暗管或者采取其他规避监管的方式排放水污染物。

第二十三条 重点排污单位应当安装水污染物排放自动监测设备，与环境保护主管部门的监控设备联网，并保证监测设备正常运行。排放工业废水的企业，应当对其所排放的工业废水进行监测，并保存原始监测记录。具体办法由国务院环境保护主管部门规定。

应当安装水污染物排放自动监测设备的重点排污单位名录，由设区的市级以上地方人民政府环境保护主管部门根据本行政区域的环境容量、重点水污染物排放总量控制指标的要求以及排污单位排放水污染物的种类、数量和浓度等因素，商同级有关部门确定。

第二十四条 直接向水体排放污染物的企业事业单位和个体工商户，应当按照排放水污染物的种类、数量和排污费征收标准缴纳排污费。

排污费应当用于污染的防治，不得挪作他用。

第二十五条 国家建立水环境质量监测和水污染物排放监测制度。国务院环境保护主管部门负责制定水环境监测规范，统一发布国家水环境状况信息，会同国务院水行政等部门组织监测网络。

第二十六条 国家确定的重要江河、湖泊流域的水资源保护工作机构负责监测其所在流域的省界水体的水环境质量状况，并将监测结果及时报国务院环境保护主管部门和国务院水行政主管部门；有经国务院批准成立的流域水资源保护领导机构的，应当将监测结果及时报告流域水资源保护领导机构。

第二十七条 环境保护主管部门和其他依照本法规定行使监督管理权的部门，有权对管辖范围内的排污单位进行现场检查，被检查的单位应当如实反映情况，提供必要的资料。检查机关有义务为被检查的单位保守在检查中获取的商业秘密。

第二十八条 跨行政区域的水污染纠纷,由有关地方人民政府协商解决,或者由其共同的上级人民政府协调解决。

第四章 水污染防治措施

第一节 一般规定

第二十九条 禁止向水体排放油类、酸液、碱液或者剧毒废液。

禁止在水体清洗装贮过油类或者有毒污染物的车辆和容器。

第三十条 禁止向水体排放、倾倒放射性固体废物或者含有高放射性和中放射性物质的废水。

向水体排放含低放射性物质的废水,应当符合国家有关放射性污染防治的规定和标准。

第三十一条 向水体排放含热废水,应当采取措施,保证水体的水温符合水环境质量标准。

第三十二条 含病原体的污水应当经过消毒处理;符合国家有关标准后,方可排放。

第三十三条 禁止向水体排放、倾倒工业废渣、城镇垃圾和其他废弃物。

禁止将含有汞、镉、砷、铬、铅、氰化物、黄磷等的可溶性剧毒废渣向水体排放、倾倒或者直接埋入地下。

存放可溶性剧毒废渣的场所,应当采取防水、防渗漏、防流失的措施。

第三十四条 禁止在江河、湖泊、运河、渠道、水库最高水位线以下的滩地和岸坡堆放、存贮固体废弃物和其他污染物。

第三十五条 禁止利用渗井、渗坑、裂隙和溶洞排放、倾倒含有毒污染物的废水、含病原体的污水和其他废弃物。

第三十六条 禁止利用无防渗漏措施的沟渠、坑塘等输送或者存贮含有毒污染物的废水、含病原体的污水和其他废弃物。

第三十七条 多层地下水的含水层水质差异大的,应当分层开采;对已受污染的潜水和承压水,不得混合开采。

第三十八条 兴建地下工程设施或者进行地下勘探、采矿等活动,应当采取防护性措施,防止地下水污染。

第三十九条 人工回灌补给地下水,不得恶化地下水质。

第二节 工业水污染防治

第四十条 国务院有关部门和县级以上地方人民政府应当合理规划工业布局,要求造成水污染的企业进行技术改造,采取综合防治措施,提高水的重复利用率,减少废水和污染物排放量。

第四十一条 国家对严重污染水环境的落后工艺和设备实行淘汰制度。

国务院经济综合宏观调控部门会同国务院有关部门,公布限期禁止采用的严重污染水环境的工艺名录和限期禁止生产、销售、进口、使用的严重污染水环境的设备名录。

生产者、销售者、进口者或者使用者应当在规定的期限内停止生产、销售、进口或者使用列入前款规定的设备名录中的设备。工艺的采用者应当在规定的期限内停止采用列入前款规定的工艺名录中的工艺。

依照本条第二款、第三款规定被淘汰的设备,不得转让给他人使用。

第四十二条 国家禁止新建不符合国家产业政策的小型造纸、制革、印染、染料、炼焦、炼硫、炼砷、炼汞、炼油、电镀、农药、石棉、水泥、玻璃、钢铁、火电以及其他严重污染水环境的生产项目。

第四十三条 企业应当采用原材料利用效率高、污染物排放量少的清洁工艺,并加强管理,减少水污染物的产生。

第三节 城镇水污染防治

第四十四条 城镇污水应当集中处理。

县级以上地方人民政府应当通过财政预算和其他渠道筹集资金,统筹安排建设城镇污水集中处理设施及配套管网,提高本行政区域城镇污水的收集率和处理率。

国务院建设主管部门应当会同国务院经济综合宏观调控、环境保护主管部门,根据城乡规划和水污染防治规划,组织编制全国城镇污水处理设施建设规划。县级以上地方人民政府组织建设、经济综合宏观调控、环境保护、水行政等部门编制本行政区域的城镇污水处理设施建设规划。县级以上地方人民政府建设主管部门应当按照城镇污水处理设施建设规划，组织建设城镇污水集中处理设施及配套管网，并加强对城镇污水集中处理设施运营的监督管理。

城镇污水集中处理设施的运营单位按照国家规定向排污者提供污水处理的有偿服务，收取污水处理费用，保证污水集中处理设施的正常运行。向城镇污水集中处理设施排放污水、缴纳污水处理费用的，不再缴纳排污费。收取的污水处理费用应当用于城镇污水集中处理设施的建设和运行，不得挪作他用。

城镇污水集中处理设施的污水处理收费、管理以及使用的具体办法，由国务院规定。

第四十五条 向城镇污水集中处理设施排放水污染物，应当符合国家或者地方规定的水污染物排放标准。

城镇污水集中处理设施的出水水质达到国家或者地方规定的水污染物排放标准的，可以按照国家有关规定免缴排污费。

城镇污水集中处理设施的运营单位，应当对城镇污水集中处理设施的出水水质负责。

环境保护主管部门应当对城镇污水集中处理设施的出水水质和水量进行监督检查。

第四十六条 建设生活垃圾填埋场，应当采取防渗漏等措施，防止造成水污染。

第四节 农业和农村水污染防治

第四十七条 使用农药，应当符合国家有关农药安全使用的规定和标准。

运输、存贮农药和处置过期失效农药，应当加强管理，防止造成水污染。

第四十八条 县级以上地方人民政府农业主管部门和其他有关部门，应当采取措施，指导农业生产者科学、合理地施用化肥和农药，控制化肥和农药的过量使用，防止造成水污染。

第四十九条 国家支持畜禽养殖场、养殖小区建设畜禽粪便、废水的综合利用或者无害化处理设施。

畜禽养殖场、养殖小区应当保证其畜禽粪便、废水的综合利用或者无害化处理设施正常运转，保证污水达标排放，防止污染水环境。

第五十条　从事水产养殖应当保护水域生态环境，科学确定养殖密度，合理投饵和使用药物，防止污染水环境。

第五十一条　向农田灌溉渠道排放工业废水和城镇污水，应当保证其下游最近的灌溉取水点的水质符合农田灌溉水质标准。

利用工业废水和城镇污水进行灌溉，应当防止污染土壤、地下水和农产品。

第五节　船舶水污染防治

第五十二条　船舶排放含油污水、生活污水，应当符合船舶污染物排放标准。从事海洋航运的船舶进入内河和港口的，应当遵守内河的船舶污染物排放标准。

船舶的残油、废油应当回收，禁止排入水体。

禁止向水体倾倒船舶垃圾。

船舶装载运输油类或者有毒货物，应当采取防止溢流和渗漏的措施，防止货物落水造成水污染。

第五十三条　船舶应当按照国家有关规定配置相应的防污设备和器材，并持有合法有效的防止水域环境污染的证书与文书。

船舶进行涉及污染物排放的作业，应当严格遵守操作规程，并在相应的记录簿上如实记载。

第五十四条　港口、码头、装卸站和船舶修造厂应当备有足够的船舶污染物、废弃物的接收设施。从事船舶污染物、废弃物接收作业，或者从事装载油类、污染危害性货物船舱清洗作业的单位，应当具备与其运营规模相适应的接收处理能力。

第五十五条　船舶进行下列活动，应当编制作业方案，采取有效的安全和防污染措施，并报作业地海事管理机构批准：

（一）进行残油、含油污水、污染危害性货物残留物的接收作业，或者进行装载油类、污染危害性货物船舱的清洗作业；

（二）进行散装液体污染危害性货物的过驳作业；

（三）进行船舶水上拆解、打捞或者其他水上、水下船舶施工作业。

在渔港水域进行渔业船舶水上拆解活动,应当报作业地渔业主管部门批准。

第五章 饮用水水源和其他特殊水体保护

第五十六条 国家建立饮用水水源保护区制度。饮用水水源保护区分为一级保护区和二级保护区;必要时,可以在饮用水水源保护区外围划定一定的区域作为准保护区。

饮用水水源保护区的划定,由有关市、县人民政府提出划定方案,报省、自治区、直辖市人民政府批准;跨市、县饮用水水源保护区的划定,由有关市、县人民政府协商提出划定方案,报省、自治区、直辖市人民政府批准;协商不成的,由省、自治区、直辖市人民政府环境保护主管部门会同同级水行政、国土资源、卫生、建设等部门提出划定方案,征求同级有关部门的意见后,报省、自治区、直辖市人民政府批准。

跨省、自治区、直辖市的饮用水水源保护区,由有关省、自治区、直辖市人民政府商有关流域管理机构划定;协商不成的,由国务院环境保护主管部门会同同级水行政、国土资源、卫生、建设等部门提出划定方案,征求国务院有关部门的意见后,报国务院批准。

国务院和省、自治区、直辖市人民政府可以根据保护饮用水水源的实际需要,调整饮用水水源保护区的范围,确保饮用水安全。有关地方人民政府应当在饮用水水源保护区的边界设立明确的地理界标和明显的警示标志。

第五十七条 在饮用水水源保护区内,禁止设置排污口。

第五十八条 禁止在饮用水水源一级保护区内新建、改建、扩建与供水设施和保护水源无关的建设项目;已建成的与供水设施和保护水源无关的建设项目,由县级以上人民政府责令拆除或者关闭。

禁止在饮用水水源一级保护区内从事网箱养殖、旅游、游泳、垂钓或者其他可能污染饮用水水体的活动。

第五十九条 禁止在饮用水水源二级保护区内新建、改建、扩建排放污染物的建设项目;已建成的排放污染物的建设项目,由县级以上人民政府责令拆除或者关闭。

在饮用水水源二级保护区内从事网箱养殖、旅游等活动的,应当按照规定采取措施,防止污染饮用水水体。

第六十条 禁止在饮用水水源准保护区内新建、扩建对水体污染严重的建设项目;改建建设项目,不得增加排污量。

第六十一条 县级以上地方人民政府应当根据保护饮用水水源的实际需要,在准保护区内采取工程措施或者建造湿地、水源涵养林等生态保护措施,防止水污染物直接排入饮用水水体,确保饮用水安全。

第六十二条 饮用水水源受到污染可能威胁供水安全的,环境保护主管部门应当责令有关企业事业单位采取停止或者减少排放水污染物等措施。

第六十三条 国务院和省、自治区、直辖市人民政府根据水环境保护的需要,可以规定在饮用水水源保护区内,采取禁止或者限制使用含磷洗涤剂、化肥、农药以及限制种植养殖等措施。

第六十四条 县级以上人民政府可以对风景名胜区水体、重要渔业水体和其他具有特殊经济文化价值的水体划定保护区,并采取措施,保证保护区的水质符合规定用途的水环境质量标准。

第六十五条 在风景名胜区水体、重要渔业水体和其他具有特殊经济文化价值的水体的保护区内,不得新建排污口。在保护区附近新建排污口,应当保证保护区水体不受污染。

第六章 水污染事故处置

第六十六条 各级人民政府及其有关部门,可能发生水污染事故的企业事业单位,应当依照《中华人民共和国突发事件应对法》的规定,做好突发水污染事故的应急准备、应急处置和事后恢复等工作。

第六十七条 可能发生水污染事故的企业事业单位,应当制定有关水污染事故的应急方案,做好应急准备,并定期进行演练。

生产、储存危险化学品的企业事业单位,应当采取措施,防止在处理安全生产事故过程中产生的可能严重污染水体的消防废水、废液直接排入水体。

第六十八条 企业事业单位发生事故或者其他突发性事件,造成或者可能造成水污染事故的,应当立即启动本单位的应急方案,采取应急措施,并向事故发生地的县级以上地方人民政府或者环境保护主管部门报告。环境保护主管部门接到报告后，应当及时向本级人民政府报告，并抄送有关部门。

造成渔业污染事故或者渔业船舶造成水污染事故的，应当向事故发生地的渔业主管部门报告，接受调查处理。其他船舶造成水污染事故的，应当向事故发生地的海事管理机构报告，接受调查处理；给渔业造成损害的，海事管理机构应当通知渔业主管部门参与调查处理。

第七章　法律责任

第六十九条　环境保护主管部门或者其他依照本法规定行使监督管理权的部门，不依法作出行政许可或者办理批准文件的，发现违法行为或者接到对违法行为的举报后不予查处的，或者有其他未依照本法规定履行职责的行为的，对直接负责的主管人员和其他直接责任人员依法给予处分。

第七十条　拒绝环境保护主管部门或者其他依照本法规定行使监督管理权的部门的监督检查，或者在接受监督检查时弄虚作假的，由县级以上人民政府环境保护主管部门或者其他依照本法规定行使监督管理权的部门责令改正，处一万元以上十万元以下的罚款。

第七十一条　违反本法规定，建设项目的水污染防治设施未建成、未经验收或者验收不合格，主体工程即投入生产或者使用的，由县级以上人民政府环境保护主管部门责令停止生产或者使用，直至验收合格，处五万元以上五十万元以下的罚款。

第七十二条　违反本法规定，有下列行为之一的，由县级以上人民政府环境保护主管部门责令限期改正；逾期不改正的，处一万元以上十万元以下的罚款：

（一）拒报或者谎报国务院环境保护主管部门规定的有关水污染物排放申报登记事项的；

（二）未按照规定安装水污染物排放自动监测设备或者未按照规定与环境保护主管部门的监控设备联网，并保证监测设备正常运行的；

（三）未按照规定对所排放的工业废水进行监测并保存原始监测记录的。

第七十三条　违反本法规定，不正常使用水污染物处理设施，或者未经环境保护主管部门批准拆除、闲置水污染物处理设施的,由县级以上人民政府环境保护主管部门责令限期改正,处应缴纳排污费数额一倍以上三倍以下的罚款。

第七十四条 违反本法规定,排放水污染物超过国家或者地方规定的水污染物排放标准,或者超过重点水污染物排放总量控制指标的,由县级以上人民政府环境保护主管部门按照权限责令限期治理,处应缴纳排污费数额二倍以上五倍以下的罚款。

限期治理期间,由环境保护主管部门责令限制生产、限制排放或者停产整治。限期治理的期限最长不超过一年;逾期未完成治理任务的,报经有批准权的人民政府批准,责令关闭。

第七十五条 在饮用水水源保护区内设置排污口的,由县级以上地方人民政府责令限期拆除,处十万元以上五十万元以下的罚款;逾期不拆除的,强制拆除,所需费用由违法者承担,处五十万元以上一百万元以下的罚款,并可以责令停产整顿。

除前款规定外,违反法律、行政法规和国务院环境保护主管部门的规定设置排污口或者私设暗管的,由县级以上地方人民政府环境保护主管部门责令限期拆除,处二万元以上十万元以下的罚款;逾期不拆除的,强制拆除,所需费用由违法者承担,处十万元以上五十万元以下的罚款;私设暗管或者有其他严重情节的,县级以上地方人民政府环境保护主管部门可以提请县级以上地方人民政府责令停产整顿。

未经水行政主管部门或者流域管理机构同意,在江河、湖泊新建、改建、扩建排污口的,由县级以上人民政府水行政主管部门或者流域管理机构依据职权,依照前款规定采取措施、给予处罚。

第七十六条 有下列行为之一的,由县级以上地方人民政府环境保护主管部门责令停止违法行为,限期采取治理措施,消除污染,处以罚款;逾期不采取治理措施的,环境保护主管部门可以指定有治理能力的单位代为治理,所需费用由违法者承担:

(一)向水体排放油类、酸液、碱液的;

(二)向水体排放剧毒废液,或者将含有汞、镉、砷、铬、铅、氰化物、黄磷等的可溶性剧毒废渣向水体排放、倾倒或者直接埋入地下的;

(三)在水体清洗装贮过油类、有毒污染物的车辆或者容器的;

(四)向水体排放、倾倒工业废渣、城镇垃圾或者其他废弃物,或者在江河、湖泊、运河、渠道、水库最高水位线以下的滩地、岸坡堆放、存贮固体废弃物或者其他污染物的；

（五）向水体排放、倾倒放射性固体废物或者含有高放射性、中放射性物质的废水的；

（六）违反国家有关规定或者标准，向水体排放含低放射性物质的废水、热废水或者含病原体的污水的；

（七）利用渗井、渗坑、裂隙或者溶洞排放、倾倒含有毒污染物的废水、含病原体的污水或者其他废弃物的；

（八）利用无防渗漏措施的沟渠、坑塘等输送或者存贮含有毒污染物的废水、含病原体的污水或者其他废弃物的。

有前款第三项、第六项行为之一的，处一万元以上十万元以下的罚款；有前款第一项、第四项、第八项行为之一的，处二万元以上二十万元以下的罚款；有前款第二项、第五项、第七项行为之一的，处五万元以上五十万元以下的罚款。

第七十七条 违反本法规定，生产、销售、进口或者使用列入禁止生产、销售、进口、使用的严重污染水环境的设备名录中的设备，或者采用列入禁止采用的严重污染水环境的工艺名录中的工艺的，由县级以上人民政府经济综合宏观调控部门责令改正，处五万元以上二十万元以下的罚款；情节严重的，由县级以上人民政府经济综合宏观调控部门提出意见，报请本级人民政府责令停业、关闭。

第七十八条 违反本法规定，建设不符合国家产业政策的小型造纸、制革、印染、染料、炼焦、炼硫、炼砷、炼汞、炼油、电镀、农药、石棉、水泥、玻璃、钢铁、火电以及其他严重污染水环境的生产项目的，由所在地的市、县人民政府责令关闭。

第七十九条 船舶未配置相应的防污染设备和器材，或者未持有合法有效的防止水域环境污染的证书与文书的，由海事管理机构、渔业主管部门按照职责分工责令限期改正，处二千元以上二万元以下的罚款；逾期不改正的，责令船舶临时停航。

船舶进行涉及污染物排放的作业，未遵守操作规程或者未在相应的记录簿上如实记载的，由海事管理机构、渔业主管部门按照职责分工责令改正，处二千元以上二万元以下的罚款。

第八十条 违反本法规定，有下列行为之一的，由海事管理机构、渔业主管部门按照职责分工责令停止违法行为，处以罚款；造成水污染的，责令限期采取治理措施，消除污染；逾期不采取治理措施的，海事管理机构、渔业主管部门按照职责分工可以指定有治理能力的单位代为治理，所需费用由船舶承担：

（一）向水体倾倒船舶垃圾或者排放船舶的残油、废油的；

（二）未经作业地海事管理机构批准，船舶进行残油、含油污水、污染危害性货物残留物的接收作业，或者进行装载油类、污染危害性货物船舱的清洗作业，或者进行散装液体污染危害性货物的过驳作业的；

（三）未经作业地海事管理机构批准，进行船舶水上拆解、打捞或者其他水上、水下船舶施工作业的；

（四）未经作业地渔业主管部门批准，在渔港水域进行渔业船舶水上拆解的。

有前款第一项、第二项、第四项行为之一的，处五千元以上五万元以下的罚款；有前款第三项行为的，处一万元以上十万元以下的罚款。

第八十一条 有下列行为之一的，由县级以上地方人民政府环境保护主管部门责令停止违法行为，处十万元以上五十万元以下的罚款；并报经有批准权的人民政府批准，责令拆除或者关闭：

（一）在饮用水水源一级保护区内新建、改建、扩建与供水设施和保护水源无关的建设项目的；

（二）在饮用水水源二级保护区内新建、改建、扩建排放污染物的建设项目的；

（三）在饮用水水源准保护区内新建、扩建对水体污染严重的建设项目，或者改建建设项目增加排污量的。

在饮用水水源一级保护区内从事网箱养殖或者组织进行旅游、垂钓或者其他可能污染饮用水水体的活动的，由县级以上地方人民政府环境保护主管部门责令停止违法行为，处二万元以上十万元以下的罚款。个人在饮用水水源一级保护区内游泳、垂钓或者从事其他可能污染饮用水水体的活动的，由县级以上地方人民政府环境保护主管部门责令停止违法行为，可以处五百元以下的罚款。

第八十二条 企业事业单位有下列行为之一的，由县级以上人民政府环境保护主管部门责令改正；情节严重的，处二万元以上十万元以下的罚款：

（一）不按照规定制定水污染事故的应急方案的；

（二）水污染事故发生后，未及时启动水污染事故的应急方案，采取有关应急措施的。

第八十三条 企业事业单位违反本法规定，造成水污染事故的，由县级以上人民政府环境保护主管部门依照本条第二款的规定处以罚款，责令限期采取治理措施，消除污染；不按要求采取治理措施或者不具备治理能力的，由环境保护主管部门指定有治理能力的单位代为治理，所需费用由违法者承担；对造成重大或者特大水污染事故的，可以报经有批准权的人民政府批准，责令关闭；对直接负责的主管人员和其他直接责任人员可以处上一年度从本单位取得的收入百分之五十以下的罚款。

对造成一般或者较大水污染事故的，按照水污染事故造成的直接损失的百分之二十计算罚款；对造成重大或者特大水污染事故的，按照水污染事故造成的直接损失的百分之三十计算罚款。

造成渔业污染事故或者渔业船舶造成水污染事故的，由渔业主管部门进行处罚；其他船舶造成水污染事故的，由海事管理机构进行处罚。

第八十四条 当事人对行政处罚决定不服的，可以申请行政复议，也可以在收到通知之日起十五日内向人民法院起诉；期满不申请行政复议或者起诉，又不履行行政处罚决定的，由作出行政处罚决定的机关申请人民法院强制执行。

第八十五条 因水污染受到损害的当事人，有权要求排污方排除危害和赔偿损失。

由于不可抗力造成水污染损害的，排污方不承担赔偿责任；法律另有规定的除外。

水污染损害是由受害人故意造成的，排污方不承担赔偿责任。水污染损害是由受害人重大过失造成的，可以减轻排污方的赔偿责任。

水污染损害是由第三人造成的，排污方承担赔偿责任后，有权向第三人追偿。

第八十六条 因水污染引起的损害赔偿责任和赔偿金额的纠纷，可以根据当事人的请求，由环境保护主管部门或者海事管理机构、渔业主管部门按照职责分工调解处理；调解不成的，当事人可以向人民法院提起诉讼。当事人也可以直接向人民法院提起诉讼。

第八十七条 因水污染引起的损害赔偿诉讼,由排污方就法律规定的免责事由及其行为与损害结果之间不存在因果关系承担举证责任。

第八十八条 因水污染受到损害的当事人人数众多的,可以依法由当事人推选代表人进行共同诉讼。

环境保护主管部门和有关社会团体可以依法支持因水污染受到损害的当事人向人民法院提起诉讼。

国家鼓励法律服务机构和律师为水污染损害诉讼中的受害人提供法律援助。

第八十九条 因水污染引起的损害赔偿责任和赔偿金额的纠纷,当事人可以委托环境监测机构提供监测数据。环境监测机构应当接受委托,如实提供有关监测数据。

第九十条 违反本法规定,构成违反治安管理行为的,依法给予治安管理处罚;构成犯罪的,依法追究刑事责任。

第八章 附 则

第九十一条 本法中下列用语的含义:

(一)水污染,是指水体因某种物质的介入,而导致其化学、物理、生物或者放射性等方面特性的改变,从而影响水的有效利用,危害人体健康或者破坏生态环境,造成水质恶化的现象。

(二)水污染物,是指直接或者间接向水体排放的,能导致水体污染的物质。

(三)有毒污染物,是指那些直接或者间接被生物摄入体内后,可能导致该生物或者其后代发病、行为反常、遗传异变、生理机能失常、机体变形或者死亡的污染物。

(四)渔业水体,是指划定的鱼虾类的产卵场、索饵场、越冬场、洄游通道和鱼虾贝藻类的养殖场的水体。

第九十二条 本法自 2008 年 6 月 1 日起施行。

第六部分

风景名胜区相关法规和重要文件

一、历史文化名城名镇名村保护条例

(2008年4月2日国务院第3次常务会议通过　中华人民共和国国务院第524号令公布　自2008年7月1日起施行)

第一章　总　　则

第一条　为了加强历史文化名城、名镇、名村的保护与管理,继承中华民族优秀历史文化遗产,制定本条例。

第二条　历史文化名城、名镇、名村的申报、批准、规划、保护,适用本条例。

第三条　历史文化名城、名镇、名村的保护应当遵循科学规划、严格保护的原则,保持和延续其传统格局和历史风貌,维护历史文化遗产的真实性和完整性,继承和弘扬中华民族优秀传统文化,正确处理经济社会发展和历史文化遗产保护的关系。

第四条　国家对历史文化名城、名镇、名村的保护给予必要的资金支持。

历史文化名城、名镇、名村所在地的县级以上地方人民政府,根据本地实际情况安排保护资金,列入本级财政预算。

国家鼓励企业、事业单位、社会团体和个人参与历史文化名城、名镇、名村的保护。

第五条　国务院建设主管部门会同国务院文物主管部门负责全国历史文化名城、名镇、名村的保护和监督管理工作。

地方各级人民政府负责本行政区域历史文化名城、名镇、名村的保护和监督管理工作。

第六条　县级以上人民政府及其有关部门对在历史文化名城、名镇、名村保护工作中做出突出贡献的单位和个人,按照国家有关规定给予表彰和奖励。

第二章 申报与批准

第七条 具备下列条件的城市、镇、村庄,可以申报历史文化名城、名镇、名村:

(一)保存文物特别丰富;

(二)历史建筑集中成片;

(三)保留着传统格局和历史风貌;

(四)历史上曾经作为政治、经济、文化、交通中心或者军事要地,或者发生过重要历史事件,或者其传统产业、历史上建设的重大工程对本地区的发展产生过重要影响,或者能够集中反映本地区建筑的文化特色、民族特色。

申报历史文化名城的,在所申报的历史文化名城保护范围内还应当有2个以上的历史文化街区。

第八条 申报历史文化名城、名镇、名村,应当提交所申报的历史文化名城、名镇、名村的下列材料:

(一)历史沿革、地方特色和历史文化价值的说明;

(二)传统格局和历史风貌的现状;

(三)保护范围;

(四)不可移动文物、历史建筑、历史文化街区的清单;

(五)保护工作情况、保护目标和保护要求。

第九条 申报历史文化名城,由省、自治区、直辖市人民政府提出申请,经国务院建设主管部门会同国务院文物主管部门组织有关部门、专家进行论证,提出审查意见,报国务院批准公布。

申报历史文化名镇、名村,由所在地县级人民政府提出申请,经省、自治区、直辖市人民政府确定的保护主管部门会同同级文物主管部门组织有关部门、专家进行论证,提出审查意见,报省、自治区、直辖市人民政府批准公布。

第十条 对符合本条例第七条规定的条件而没有申报历史文化名城的城市,国务院建设主管部门会同国务院文物主管部门可以向该城市所在地的省、自治区人民政府提出申报建议;仍不申报的,可以直接向国务院提出确定该城市为历史文化名城的建议。

对符合本条例第七条规定的条件而没有申报历史文化名镇、名村的镇、村庄,省、自治区、直辖市人民政府确定的保护主管部门会同同级文物主管部门可以向该镇、村庄所在地的县级人民政府提出申报建议;仍不申报的,可以直接向省、自治区、直辖市人民政府提出确定该镇、村庄为历史文化名镇、名村的建议。

第十一条 国务院建设主管部门会同国务院文物主管部门可以在已批准公布的历史文化名镇、名村中,严格按照国家有关评价标准,选择具有重大历史、艺术、科学价值的历史文化名镇、名村,经专家论证,确定为中国历史文化名镇、名村。

第十二条 已批准公布的历史文化名城、名镇、名村,因保护不力使其历史文化价值受到严重影响的,批准机关应当将其列入濒危名单,予以公布,并责成所在地城市、县人民政府限期采取补救措施,防止情况继续恶化,并完善保护制度,加强保护工作。

第三章 保护规划

第十三条 历史文化名城批准公布后,历史文化名城人民政府应当组织编制历史文化名城保护规划。

历史文化名镇、名村批准公布后,所在地县级人民政府应当组织编制历史文化名镇、名村保护规划。

保护规划应当自历史文化名城、名镇、名村批准公布之日起1年内编制完成。

第十四条 保护规划应当包括下列内容:

(一)保护原则、保护内容和保护范围;

(二)保护措施、开发强度和建设控制要求;

(三)传统格局和历史风貌保护要求;

(四)历史文化街区、名镇、名村的核心保护范围和建设控制地带;

(五)保护规划分期实施方案。

第十五条 历史文化名城、名镇保护规划的规划期限应当与城市、镇总体规划的规划期限相一致;历史文化名村保护规划的规划期限应当与村庄规划的规划期限相一致。

第十六条 保护规划报送审批前,保护规划的组织编制机关应当广泛征求有关部门、专家和公众的意见;必要时,可以举行听证。

保护规划报送审批文件中应当附具意见采纳情况及理由；经听证的，还应当附具听证笔录。

第十七条 保护规划由省、自治区、直辖市人民政府审批。

保护规划的组织编制机关应当将经依法批准的历史文化名城保护规划和中国历史文化名镇、名村保护规划，报国务院建设主管部门和国务院文物主管部门备案。

第十八条 保护规划的组织编制机关应当及时公布经依法批准的保护规划。

第十九条 经依法批准的保护规划，不得擅自修改；确需修改的，保护规划的组织编制机关应当向原审批机关提出专题报告，经同意后，方可编制修改方案。修改后的保护规划，应当按照原审批程序报送审批。

第二十条 国务院建设主管部门会同国务院文物主管部门应当加强对保护规划实施情况的监督检查。

县级以上地方人民政府应当加强对本行政区域保护规划实施情况的监督检查，并对历史文化名城、名镇、名村保护状况进行评估；对发现的问题，应当及时纠正、处理。

第四章 保护措施

第二十一条 历史文化名城、名镇、名村应当整体保护，保持传统格局、历史风貌和空间尺度，不得改变与其相互依存的自然景观和环境。

第二十二条 历史文化名城、名镇、名村所在地县级以上地方人民政府应当根据当地经济社会发展水平，按照保护规划，控制历史文化名城、名镇、名村的人口数量，改善历史文化名城、名镇、名村的基础设施、公共服务设施和居住环境。

第二十三条 在历史文化名城、名镇、名村保护范围内从事建设活动，应当符合保护规划的要求，不得损害历史文化遗产的真实性和完整性，不得对其传统格局和历史风貌构成破坏性影响。

第二十四条 在历史文化名城、名镇、名村保护范围内禁止进行下列活动：

（一）开山、采石、开矿等破坏传统格局和历史风貌的活动；

（二）占用保护规划确定保留的园林绿地、河湖水系、道路等；

（三）修建生产、储存爆炸性、易燃性、放射性、毒害性、腐蚀性物品的工厂、仓库等；

（四）在历史建筑上刻划、涂污。

第二十五条 在历史文化名城、名镇、名村保护范围内进行下列活动，应当保护其传统格局、历史风貌和历史建筑；制订保护方案，经城市、县人民政府城乡规划主管部门会同同级文物主管部门批准，并依照有关法律、法规的规定办理相关手续：

（一）改变园林绿地、河湖水系等自然状态的活动；

（二）在核心保护范围内进行影视摄制、举办大型群众性活动；

（三）其他影响传统格局、历史风貌或者历史建筑的活动。

第二十六条 历史文化街区、名镇、名村建设控制地带内的新建建筑物、构筑物，应当符合保护规划确定的建设控制要求。

第二十七条 对历史文化街区、名镇、名村核心保护范围内的建筑物、构筑物，应当区分不同情况，采取相应措施，实行分类保护。

历史文化街区、名镇、名村核心保护范围内的历史建筑，应当保持原有的高度、体量、外观形象及色彩等。

第二十八条 在历史文化街区、名镇、名村核心保护范围内，不得进行新建、扩建活动。但是，新建、扩建必要的基础设施和公共服务设施除外。

在历史文化街区、名镇、名村核心保护范围内，新建、扩建必要的基础设施和公共服务设施的，城市、县人民政府城乡规划主管部门核发建设工程规划许可证、乡村建设规划许可证前，应当征求同级文物主管部门的意见。

在历史文化街区、名镇、名村核心保护范围内，拆除历史建筑以外的建筑物、构筑物或者其他设施的，应当经城市、县人民政府城乡规划主管部门会同同级文物主管部门批准。

第二十九条 审批本条例第二十八条规定的建设活动，审批机关应当组织专家论证，并将审批事项予以公示，征求公众意见，告知利害关系人有要求举行听证的权利。公示时间不得少于20日。

利害关系人要求听证的，应当在公示期间提出，审批机关应当在公示期满后及时举行听证。

第三十条 城市、县人民政府应当在历史文化街区、名镇、名村核心保护范围的主要出入口设置标志牌。

任何单位和个人不得擅自设置、移动、涂改或者损毁标志牌。

第三十一条 历史文化街区、名镇、名村核心保护范围内的消防设施、消防通道，应当按照有关的消防技术标准和规范设置。确因历史文化街区、名镇、名村的保护需要，无法按照标准和规范设置的，由城市、县人民政府公安机关消防机构会同同级城乡规划主管部门制订相应的防火安全保障方案。

第三十二条 城市、县人民政府应当对历史建筑设置保护标志，建立历史建筑档案。

历史建筑档案应当包括下列内容：

（一）建筑艺术特征、历史特征、建设年代及稀有程度；

（二）建筑的有关技术资料；

（三）建筑的使用现状和权属变化情况；

（四）建筑的修缮、装饰装修过程中形成的文字、图纸、图片、影像等资料；

（五）建筑的测绘信息记录和相关资料。

第三十三条 历史建筑的所有权人应当按照保护规划的要求，负责历史建筑的维护和修缮。

县级以上地方人民政府可以从保护资金中对历史建筑的维护和修缮给予补助。

历史建筑有损毁危险，所有权人不具备维护和修缮能力的，当地人民政府应当采取措施进行保护。

任何单位或者个人不得损坏或者擅自迁移、拆除历史建筑。

第三十四条 建设工程选址，应当尽可能避开历史建筑；因特殊情况不能避开的，应当尽可能实施原址保护。

对历史建筑实施原址保护的，建设单位应当事先确定保护措施，报城市、县人民政府城乡规划主管部门会同同级文物主管部门批准。

因公共利益需要进行建设活动，对历史建筑无法实施原址保护、必须迁移异地保护或者拆除的，应当由城市、县人民政府城乡规划主管部门会同同级文物主管部门，报省、自治区、直辖市人民政府确定的保护主管部门会同同级文物主管部门批准。

本条规定的历史建筑原址保护、迁移、拆除所需费用，由建设单位列入建设工程预算。

第三十五条　对历史建筑进行外部修缮装饰、添加设施以及改变历史建筑的结构或者使用性质的，应当经城市、县人民政府城乡规划主管部门会同同级文物主管部门批准，并依照有关法律、法规的规定办理相关手续。

第三十六条　在历史文化名城、名镇、名村保护范围内涉及文物保护的，应当执行文物保护法律、法规的规定。

第五章　法律责任

第三十七条　违反本条例规定，国务院建设主管部门、国务院文物主管部门和县级以上地方人民政府及其有关主管部门的工作人员，不履行监督管理职责，发现违法行为不予查处或者有其他滥用职权、玩忽职守、徇私舞弊行为，构成犯罪的，依法追究刑事责任；尚不构成犯罪的，依法给予处分。

第三十八条　违反本条例规定，地方人民政府有下列行为之一的，由上级人民政府责令改正，对直接负责的主管人员和其他直接责任人员，依法给予处分：

（一）未组织编制保护规划的；

（二）未按照法定程序组织编制保护规划的；

（三）擅自修改保护规划的；

（四）未将批准的保护规划予以公布的。

第三十九条　违反本条例规定，省、自治区、直辖市人民政府确定的保护主管部门或者城市、县人民政府城乡规划主管部门，未按照保护规划的要求或者未按照法定程序履行本条例第二十五条、第二十八条、第三十四条、第三十五条规定的审批职责的，由本级人民政府或者上级人民政府有关部门责令改正，通报批评；对直接负责的主管人员和其他直接责任人员，依法给予处分。

第四十条　违反本条例规定，城市、县人民政府因保护不力，导致已批准公布的历史文化名城、名镇、名村被列入濒危名单的，由上级人民政府通报批评；对直接负责的主管人员和其他直接责任人员，依法给予处分。

第四十一条　违反本条例规定，在历史文化名城、名镇、名村保护范围内有下列行为之一的，由城市、县人民政府城乡规划主管部门责令停止违法行为、限期恢复原状或者采取其他补救措施；有违法所得的，没收违法所得；逾期不恢复原状或者不采取其他补救措施的，城乡规划主管部门可以指定有能力的单位代为恢复原状或者采取其他补救措施，所需费用由违法者承担；造成严重后果的，对单位并处50万元以上100万元以下的罚款，对个人并处5万元以上10万元以下的罚款；造成损失的，依法承担赔偿责任：

（一）开山、采石、开矿等破坏传统格局和历史风貌的；

（二）占用保护规划确定保留的园林绿地、河湖水系、道路等的；

（三）修建生产、储存爆炸性、易燃性、放射性、毒害性、腐蚀性物品的工厂、仓库等的。

第四十二条 违反本条例规定，在历史建筑上刻划、涂污的，由城市、县人民政府城乡规划主管部门责令恢复原状或者采取其他补救措施，处50元的罚款。

第四十三条 违反本条例规定，未经城乡规划主管部门会同同级文物主管部门批准，有下列行为之一的，由城市、县人民政府城乡规划主管部门责令停止违法行为、限期恢复原状或者采取其他补救措施；有违法所得的，没收违法所得；逾期不恢复原状或者不采取其他补救措施的，城乡规划主管部门可以指定有能力的单位代为恢复原状或者采取其他补救措施，所需费用由违法者承担；造成严重后果的，对单位并处5万元以上10万元以下的罚款，对个人并处1万元以上5万元以下的罚款；造成损失的，依法承担赔偿责任：

（一）改变园林绿地、河湖水系等自然状态的；

（二）进行影视摄制、举办大型群众性活动的；

（三）拆除历史建筑以外的建筑物、构筑物或者其他设施的；

（四）对历史建筑进行外部修缮装饰、添加设施以及改变历史建筑的结构或者使用性质的；

（五）其他影响传统格局、历史风貌或者历史建筑的。

有关单位或者个人经批准进行上述活动，但是在活动过程中对传统格局、历史风貌或者历史建筑构成破坏性影响的，依照本条第一款规定予以处罚。

第四十四条 违反本条例规定，损坏或者擅自迁移、拆除历史建筑的，由城市、县人民政府城乡规划主管部门责令停止违法行为、限期恢复原状或者采取其他补救措施；有违法所得的，没收违法所得；

逾期不恢复原状或者不采取其他补救措施的，城乡规划主管部门可以指定有能力的单位代为恢复原状或者采取其他补救措施，所需费用由违法者承担；造成严重后果的，对单位并处 20 万元以上 50 万元以下的罚款，对个人并处 10 万元以上 20 万元以下的罚款；造成损失的，依法承担赔偿责任。

第四十五条 违反本条例规定，擅自设置、移动、涂改或者损毁历史文化街区、名镇、名村标志牌的，由城市、县人民政府城乡规划主管部门责令限期改正；逾期不改正的，对单位处 1 万元以上 5 万元以下的罚款，对个人处 1000 元以上 1 万元以下的罚款。

第四十六条 违反本条例规定，对历史文化名城、名镇、名村中的文物造成损毁的，依照文物保护法律、法规的规定给予处罚；构成犯罪的，依法追究刑事责任。

第六章 附 则

第四十七条 本条例下列用语的含义：

（一）历史建筑，是指经城市、县人民政府确定公布的具有一定保护价值，能够反映历史风貌和地方特色，未公布为文物保护单位，也未登记为不可移动文物的建筑物、构筑物。

（二）历史文化街区，是指经省、自治区、直辖市人民政府核定公布的保存文物特别丰富、历史建筑集中成片、能够较完整和真实地体现传统格局和历史风貌，并具有一定规模的区域。

历史文化街区保护的具体实施办法，由国务院建设主管部门会同国务院文物主管部门制定。

第四十八条 本条例自 2008 年 7 月 1 日起施行。

二、自然保护区条例

(1994年9月2日国务院第24次常务会议讨论通过 1994年10月9日中华人民共和国国务院第167号令发布 自1994年12月1日起施行)

第一章 总　　则

第一条　为了加强自然保护区的建设和管理，保护自然环境和自然资源，制定本条例。

第二条　本条例所称自然保护区，是指对有代表性的自然生态系统、珍稀濒危野生动植物物种的天然集中分布区、有特殊意义的自然遗迹等保护对象所在的陆地、陆地水体或者海域，依法划出一定面积予以特殊保护和管理的区域。

第三条　凡在中华人民共和国领域和中华人民共和国管辖的其他海域内建设和管理自然保护区，必须遵守本条例。

第四条　国家采取有利于发展自然保护区的经济、技术政策和措施，将自然保护区的发展规划纳入国民经济和社会发展计划。

第五条　建设和管理自然保护区，应当妥善处理与当地经济建设和居民生产、生活的关系。

第六条　自然保护区管理机构或者其行政主管部门可以接受国内外组织和个人的捐赠，用于自然保护区的建设和管理。

第七条　县级以上人民政府应当加强对自然保护区工作的领导。

一切单位和个人都有保护自然保护区内自然环境和自然资源的义务，并有权对破坏、侵占自然保护区的单位和个人进行检举、控告。

第八条　国家对自然保护区实行综合管理与分部门管理相结合的管理体制。

国务院环境保护行政主管部门负责全国自然保护区的综合管理。

国务院林业、农业、地质矿产、水利、海洋等有关行政主管部门在各自的职责范围内，主管有关的自然保护区。

县级以上地方人民政府负责自然保护区管理的部门的设置和职

责,由省、自治区、直辖市人民政府根据当地具体情况确定。

第九条 对建设、管理自然保护区以及在有关的科学研究中做出显著成绩的单位和个人,由人民政府给予奖励。

第二章 自然保护区的建设

第十条 凡具有下列条件之一的,应当建立自然保护区:

(一)典型的自然地理区域、有代表性的自然生态系统区域以及已经遭受破坏但经保护能够恢复的同类自然生态系统区域;

(二)珍稀、濒危野生动植物物种的天然集中分布区域;

(三)具有特殊保护价值的海域、海岸、岛屿、湿地、内陆水域、森林、草原和荒漠;

(四)具有重大科学文化价值的地质构造、著名溶洞、化石分布区、冰川、火山、温泉等自然遗迹;

(五)经国务院或者省、自治区、直辖市人民政府批准,需要予以特殊保护的其他自然区域。

第十一条 自然保护区分为国家级自然保护区和地方级自然保护区。

在国内外有典型意义、在科学上有重大国际影响或者有特殊科学研究价值的自然保护区,列为国家级自然保护区。

除列为国家级自然保护区的外,其他具有典型意义或者重要科学研究价值的自然保护区列为地方级自然保护区。地方级自然保护区可以分级管理,具体办法由国务院有关自然保护区行政主管部门或者省、自治区、直辖市人民政府根据实际情况规定,报国务院环境保护行政主管部门备案。

第十二条 国家级自然保护区的建立,由自然保护区所在的省、自治区、直辖市人民政府或者国务院有关自然保护区行政主管部门提出申请,经国家级自然保护区评审委员会评审后,由国务院环境保护行政主管部门进行协调并提出审批建议,报国务院批准。

地方级自然保护区的建立,由自然保护区所在的县、自治县、市、自治州人民政府或者省、自治区、直辖市人民政府有关自然保护区行政主管部门提出申请,经地方级自然保护区评审委员会评审后,由省、自治区、直辖市人民政府环境保护行政主管部门进行协调并提出审批建议，报省、自治区、直辖市人民政府批准，并报国务院环境保护行政主管部门和国务院有关自然保护区行政主管部门备案。

跨两个以上行政区域的自然保护区的建立，由有关行政区域的人民政府协商一致后提出申请，并按照前两款规定的程序审批。

建立海上自然保护区，须经国务院批准。

第十三条　申请建立自然保护区，应当按照国家有关规定填报建立自然保护区申报书。

第十四条　自然保护区的范围和界线由批准建立自然保护区的人民政府确定，并标明区界，予以公告。

确定自然保护区的范围和界线，应当兼顾保护对象的完整性和适度性，以及当地经济建设和居民生产、生活的需要。

第十五条　自然保护区的撤销及其性质、范围、界线的调整或者改变，应当经原批准建立自然保护区的人民政府批准。

任何单位和个人，不得擅自移动自然保护区的界标。

第十六条　自然保护区按照下列方法命名：

国家级自然保护区：自然保护区所在地地名加"国家级自然保护区"。

地方级自然保护区：自然保护区所在地地名加"地方级自然保护区"。

有特殊保护对象的自然保护区，可以在自然保护区所在地地名后加特殊保护对象的名称。

第十七条　国务院环境保护行政主管部门应当会同国务院有关自然保护区行政主管部门，在对全国自然环境和自然资源状况进行调查和评价的基础上，拟订国家自然保护区发展规划，经国务院计划部门综合平衡后，报国务院批准实施。

自然保护区管理机构或者该自然保护区行政主管部门应当组织编制自然保护区的建设规划，按照规定的程序纳入国家的、地方的或者部门的投资计划，并组织实施。

第十八条　自然保护区可以分为核心区、缓冲区和实验区。

自然保护区内保存完好的天然状态的生态系统以及珍稀、濒危动植物的集中分布地，应当划为核心区，禁止任何单位和个人进入；除依照本条例第二十七条的规定经批准外，也不允许进入从事科学研究活动。

核心区外围可以划定一定面积的缓冲区,只准进入从事科学研究观测活动。

缓冲区外围划为实验区,可以进入从事科学试验、教学实习、参观考察、旅游以及驯化、繁殖珍稀、濒危野生动植物等活动。

原批准建立自然保护区的人民政府认为必要时,可以在自然保护区的外围划定一定面积的外围保护地带。

第三章 自然保护区的管理

第十九条 全国自然保护区管理的技术规范和标准,由国务院环境保护行政主管部门组织国务院有关自然保护区行政主管部门制定。

国务院有关自然保护区行政主管部门可以按照职责分工,制定有关类型自然保护区管理的技术规范,报国务院环境保护行政主管部门备案。

第二十条 县级以上人民政府环境保护行政主管部门有权对本行政区域内各类自然保护区的管理进行监督检查;县级以上人民政府有关自然保护区行政主管部门有权对其主管的自然保护区的管理进行监督检查。被检查的单位应当如实反映情况,提供必要的资料。检查者应当为被检查的单位保守技术秘密和业务秘密。

第二十一条 国家级自然保护区,由其所在地的省、自治区、直辖市人民政府有关自然保护区行政主管部门或者国务院有关自然保护区行政主管部门管理。地方级自然保护区,由其所在地的县级以上地方人民政府有关自然保护区行政主管部门管理。

有关自然保护区行政主管部门应当在自然保护区内设立专门的管理机构,配备专业技术人员,负责自然保护区的具体管理工作。

第二十二条 自然保护区管理机构的主要职责是:

(一)贯彻执行国家有关自然保护的法律、法规和方针、政策;

(二)制定自然保护区的各项管理制度,统一管理自然保护区;

(三)调查自然资源并建立档案,组织环境监测,保护自然保护区内的自然环境和自然资源;

(四)组织或者协助有关部门开展自然保护区的科学研究工作;

(五)进行自然保护的宣传教育;

(六)在不影响保护自然保护区的自然环境和自然资源的前提下,

组织开展参观、旅游等活动。

第二十三条 管理自然保护区所需经费，由自然保护区所在地的县级以上地方人民政府安排。国家对国家级自然保护区的管理，给予适当的资金补助。

第二十四条 自然保护区所在地的公安机关，可以根据需要在自然保护区设置公安派出机构，维护自然保护区内的治安秩序。

第二十五条 在自然保护区内的单位、居民和经批准进入自然保护区的人员，必须遵守自然保护区的各项管理制度，接受自然保护区管理机构的管理。

第二十六条 禁止在自然保护区内进行砍伐、放牧、狩猎、捕捞、采药、开垦、烧荒、开矿、采石、挖沙等活动；但是，法律、行政法规另有规定的除外。

第二十七条 禁止任何人进入自然保护区的核心区。因科学研究的需要，必须进入核心区从事科学研究观测、调查活动的，应当事先向自然保护区管理机构提交申请和活动计划，并经省级以上人民政府有关自然保护区行政主管部门批准；其中，进入国家级自然保护区核心区的，必须经国务院有关自然保护区行政主管部门批准。

自然保护区核心区内原有居民确有必要迁出的，由自然保护区所在地的地方人民政府予以妥善安置。

第二十八条 禁止在自然保护区的缓冲区开展旅游和生产经营活动。因教学科研的目的，需要进入自然保护区的缓冲区从事非破坏性的科学研究、教学实习和标本采集活动的，应当事先向自然保护区管理机构提交申请和活动计划，经自然保护区管理机构批准。

从事前款活动的单位和个人，应当将其活动成果的副本提交自然保护区管理机构。

第二十九条 在国家级自然保护区的实验区开展参观、旅游活动的，由自然保护区管理机构提出方案，经省、自治区、直辖市人民政府有关自然保护区行政主管部门审核后，报国务院有关自然保护区行政主管部门批准；在地方级自然保护区的实验区开展参观、旅游活动的，由自然保护区管理机构提出方案，经省、自治区、直辖市人民政府有关自然保护区行政主管部门批准。

在自然保护区组织参观、旅游活动的，必须按照批准的方案进行，并加强管理；进入自然保护区参观、旅游的单位和个人，应当服从自然保护区管理机构的管理。

严禁开设与自然保护区保护方向不一致的参观、旅游项目。

第三十条 自然保护区的内部未分区的，依照本条例有关核心区和缓冲区的规定管理。

第三十一条 外国人进入地方级自然保护区的，接待单位应当事先报经省、自治区、直辖市人民政府有关自然保护区行政主管部门批准；进入国家级自然保护区的，接待单位应当报经国务院有关自然保护区行政主管部门批准。

进入自然保护区的外国人，应当遵守有关自然保护区的法律、法规和规定。

第三十二条 在自然保护区的核心区和缓冲区内，不得建设任何生产设施。在自然保护区的实验区内，不得建设污染环境、破坏资源或者景观的生产设施；建设其他项目，其污染物排放不得超过国家和地方规定的污染物排放标准。在自然保护区的实验区内已经建成的设施，其污染物排放超过国家和地方规定的排放标准的，应当限期治理；造成损害的，必须采取补救措施。

在自然保护区的外围保护地带建设的项目，不得损害自然保护区内的环境质量；已造成损害的，应当限期治理。

限期治理决定由法律、法规规定的机关作出，被限期治理的企业事业单位必须按期完成治理任务。

第三十三条 因发生事故或者其他突然性事件，造成或者可能造成自然保护区污染或者破坏的单位和个人，必须立即采取措施处理，及时通报可能受到危害的单位和居民，并向自然保护区管理机构、当地环境保护行政主管部门和自然保护区行政主管部门报告，接受调查处理。

第四章 法律责任

第三十四条 违反本条例规定，有下列行为之一的单位和个人，由自然保护区管理机构责令其改正，并可以根据不同情节处以100元以上5000元以下的罚款：

（一）擅自移动或者破坏自然保护区界标的；

（二）未经批准进入自然保护区或者在自然保护区内不服从管理

机构管理的；

(三)经批准在自然保护区的缓冲区内从事科学研究、教学实习和标本采集的单位和个人，不向自然保护区管理机构提交活动成果副本的。

第三十五条 违反本条例规定，在自然保护区进行砍伐、放牧、狩猎、捕捞、采药、开垦、烧荒、开矿、采石、挖沙等活动的单位和个人，除可以依照有关法律、行政法规规定给予处罚的以外，由县级以上人民政府有关自然保护区行政主管部门或者其授权的自然保护区管理机构没收违法所得，责令停止违法行为，限期恢复原状或者采取其他补救措施；对自然保护区造成破坏的，可以处以300元以上10000元以下的罚款。

第三十六条 自然保护区管理机构违反本条例规定，拒绝环境保护行政主管部门或者有关自然保护区行政主管部门监督检查，或者在被检查时弄虚作假的，由县级以上人民政府环境保护行政主管部门或者有关自然保护区行政主管部门给予300元以上3000元以下的罚款。

第三十七条 自然保护区管理机构违反本条例规定，有下列行为之一的，由县级以上人民政府有关自然保护区行政主管部门责令限期改正；对直接责任人员，由其所在单位或者上级机关给予行政处分：

(一)未经批准在自然保护区开展参观、旅游活动的；

(二)开设与自然保护区保护方向不一致的参观、旅游项目的；

(三)不按照批准的方案开展参观、旅游活动的。

第三十八条 违反本条例规定，给自然保护区造成损失的，由县级以上人民政府有关自然保护区行政主管部门责令赔偿损失。

第三十九条 妨碍自然保护区管理人员执行公务的，由公安机关依照《中华人民共和国治安管理处罚条例》的规定给予处罚；情节严重，构成犯罪的，依法追究刑事责任。

第四十条 违反本条例规定，造成自然保护区重大污染或者破坏事故，导致公私财产重大损失或者人身伤亡的严重后果，构成犯罪的，对直接负责的主管人员和其他直接责任人员依法追究刑事责任。

第四十一条 自然保护区管理人员滥用职权、玩忽职守、徇私舞弊，构成犯罪的，依法追究刑事责任；情节轻微，尚不构成犯罪的，由其所在单位或者上级机关给予行政处分。

第五章 附　　则

第四十二条 国务院有关自然保护区行政主管部门可以根据本条例，制定有关类型自然保护区的管理办法。

第四十三条 各省、自治区、直辖市人民政府可以根据本条例，制定实施办法。

第四十四条 本条例自 1994 年 12 月 1 日起施行。

三、野生植物保护条例

(1996年9月30日国务院第204号令发布 自1997年1月1日起施行)

第一章 总 则

第一条 为了保护、发展和合理利用野生植物资源,保护生物多样性,维护生态平衡,制定本条例。

第二条 在中华人民共和国境内从事野生植物的保护、发展和利用活动,必须遵守本条例。

本条例所保护的野生植物,是指原生地天然生长的珍贵植物和原生地天然生长并具有重要经济、科学研究、文化价值的濒危、稀有植物。

药用野生植物和城市园林、自然保护区、风景名胜区内的野生植物的保护,同时适用有关法律、行政法规。

第三条 国家对野生植物资源实行加强保护、积极发展、合理利用的方针。

第四条 国家保护依法开发利用和经营管理野生植物资源的单位和个人的合法权益。

第五条 国家鼓励和支持野生植物科学研究、野生植物的就地保护和迁地保护。

在野生植物资源保护、科学研究、培育利用和宣传教育方面成绩显著的单位和个人,由人民政府给予奖励。

第六条 县级以上各级人民政府有关主管部门应当开展保护野生植物的宣传教育,普及野生植物知识,提高公民保护野生植物的意识。

第七条 任何单位和个人都有保护野生植物资源的义务,对侵占或者破坏野生植物及其生长环境的行为有权检举和控告。

第八条 国务院林业行政主管部门主管全国林区内野生植物和林区外珍贵野生树木的监督管理工作。国务院农业行政主管部门主管全国其他野生植物的监督管理工作。

国务院建设行政主管部门负责城市园林、风景名胜区内野生植物的监督管理工作。国务院环境保护部门负责对全国野生植物环境保护工作的协调和监督。国务院其他有关部门依照职责分工负责有关的野生植物保护工作。

县级以上地方人民政府负责野生植物管理工作的部门及其职责，由省、自治区、直辖市人民政府根据当地具体情况规定。

第二章　野生植物保护

第九条　国家保护野生植物及其生长环境。禁止任何单位和个人非法采集野生植物或者破坏其生长环境。

第十条　野生植物分为国家重点保护野生植物和地方重点保护野生植物。

国家重点保护野生植物分为国家一级保护野生植物和国家二级保护野生植物。国家重点保护野生植物名录，由国务院林业行政主管部门、农业行政主管部门（以下简称国务院野生植物行政主管部门）商国务院环境保护、建设等有关部门制定，报国务院批准公布。

地方重点保护野生植物，是指国家重点保护野生植物以外，由省、自治区、直辖市保护的野生植物。地方重点保护野生植物名录，由省、自治区、直辖市人民政府制定并公布，报国务院备案。

第十一条　在国家重点保护野生植物物种和地方重点保护野生植物物种的天然集中分布区域，应当依照有关法律、行政法规的规定，建立自然保护区；在其他区域，县级以上地方人民政府野生植物行政主管部门和其他有关部门可以根据实际情况建立国家重点保护野生植物和地方重点保护野生植物的保护点或者设立保护标志。

禁止破坏国家重点保护野生植物和地方重点保护野生植物的保护点的保护设施和保护标志。

第十二条　野生植物行政主管部门及其他有关部门应当监视、监测环境对国家重点保护野生植物生长和地方重点保护野生植物生长的影响，并采取措施，维护和改善国家重点保护野生植物和地方重点保护野生植物的生长条件。由于环境影响对国家重点保护野生植物和地方重点保护野生植物的生长造成危害时，野生植物行政主管部门应当会同其他有关部门调查并依法处理。

第十三条 建设项目对国家重点保护野生植物和地方重点保护野生植物的生长环境产生不利影响的，建设单位提交的环境影响报告书中必须对此作出评价；环境保护部门在审批环境影响报告书时，应当征求野生植物行政主管部门的意见。

第十四条 野生植物行政主管部门和有关单位对生长受到威胁的国家重点保护野生植物和地方重点保护野生植物应当采取拯救措施，保护或者恢复其生长环境，必要时应当建立繁育基地、种质资源库或者采取迁地保护措施。

第三章 野生植物管理

第十五条 野生植物行政主管部门应当定期组织国家重点保护野生植物和地方重点保护野生植物资源调查，建立资源档案。

第十六条 禁止采集国家一级保护野生植物。因科学研究、人工培育、文化交流等特殊需要，采集国家一级保护野生植物的，必须经采集地的省、自治区、直辖市人民政府野生植物行政主管部门签署意见后，向国务院野生植物行政主管部门或者其授权的机构申请采集证。

采集国家二级保护野生植物的，必须经采集地的县级人民政府野生植物行政主管部门签署意见后，向省、自治区、直辖市人民政府野生植物行政主管部门或者其授权的机构申请采集证。

采集城市园林或者风景名胜区内的国家一级或者二级保护野生植物的，须先征得城市园林或者风景名胜区管理机构同意，分别依照前两款的规定申请采集证。

采集珍贵野生树木或者林区内、草原上的野生植物的，依照森林法、草原法的规定办理。

野生植物行政主管部门发放采集证后，应当抄送环境保护部门备案。采集证的格式由国务院野生植物行政主管部门制定。

第十七条 采集国家重点保护野生植物的单位和个人，必须按照采集证规定的种类、数量、地点、期限和方法进行采集。

县级人民政府野生植物行政主管部门对在本行政区域内采集国家重点保护野生植物的活动，应当进行监督检查，并及时报告批准采集的野生植物行政主管部门或者其授权的机构。

第十八条　禁止出售、收购国家一级保护野生植物。出售、收购国家二级保护野生植物的，必须经省、自治区、直辖市人民政府野生植物行政主管部门或者其授权的机构批准。

第十九条　野生植物行政主管部门应当对经营利用国家二级保护野生植物的活动进行监督检查。

第二十条　出口国家重点保护野生植物或者进出口中国参加的国际公约所限制进出口的野生植物的，必须经进出口者所在地的省、自治区、直辖市人民政府野生植物行政主管部门审核，报国务院野生植物行政主管部门批准，并取得国家濒危物种进出口管理机构核发的允许进出口证明书或者标签。海关凭允许进出口证明书或者标签查验放行。国务院野生植物行政主管部门应当将有关野生植物进出口的资料抄送国务院环境保护部门。

禁止出口未定名的或者新发现并有重要价值的野生植物。

第二十一条　外国人不得在中国境内采集或者收购国家重点保护野生植物。

外国人在中国境内对国家重点保护野生植物进行野外考察的，必须向国家重点保护野生植物所在地的省、自治区、直辖市人民政府野生植物行政主管部门提出申请，经其审核后，报国务院野生植物行政主管部门或者其授权的机构批准；直接向国务院野生植物行政主管部门提出申请的，国务院野生植物行政主管部门在批准前，应当征求有关省、自治区、直辖市人民政府野生植物行政主管部门的意见。

第二十二条　地方重点保护野生植物的管理办法，由省、自治区、直辖市人民政府制定。

第四章　法律责任

第二十三条　未取得采集证或者未按照采集证的规定采集国家重点保护野生植物的，由野生植物行政主管部门没收所采集的野生植物和违法所得，可以并处违法所得10倍以下的罚款；有采集证的，并可以吊销采集证。

第二十四条　违反本条例规定，出售、收购国家重点保护野生植物的，由工商行政管理部门或者野生植物行政主管部门按照职责分工没收野生植物和违法所得，可以并处违法所得10倍以下的罚款。

第二十五条 非法进出口野生植物的，由海关依照海关法的规定处罚。

第二十六条 伪造、倒卖、转让采集证、允许进出口证明书或者有关批准文件、标签的，由野生植物行政主管部门或者工商行政管理部门按照职责分工收缴，没收违法所得，可以并处5万元以下的罚款。

第二十七条 外国人在中国境内采集、收购国家重点保护野生植物，或者未经批准对国家重点保护野生植物进行野外考察的，由野生植物行政主管部门没收所采集、收购的野生植物和考察资料，可以并处5万元以下的罚款。

第二十八条 违反本条例规定，构成犯罪的，依法追究刑事责任。

第二十九条 野生植物行政主管部门的工作人员滥用职权、玩忽职守、徇私舞弊，构成犯罪的，依法追究刑事责任；尚不构成犯罪的，依法给予行政处分。

第三十条 依照本条例规定没收的实物，由作出没收决定的机关按照国家有关规定处理。

第五章 附 则

第三十一条 中华人民共和国缔结或者参加的与保护野生植物有关的国际条约与本条例有不同规定的，适用国际条约的规定；但是，中华人民共和国声明保留的条款除外。

第三十二条 本条例自1997年1月1日起施行。

四、大型群众性活动安全管理条例

(国务院 2007 年 8 月 29 日第 190 次常务会议通过 2007 年 9 月 14 日国务院第 505 号令公布 自 2007 年 10 月 1 日起施行)

第一章 总 则

第一条 为了加强对大型群众性活动的安全管理,保护公民生命和财产安全,维护社会治安秩序和公共安全,制定本条例。

第二条 本条例所称大型群众性活动,是指法人或者其他组织面向社会公众举办的每场次预计参加人数达到 1000 人以上的下列活动:

(一) 体育比赛活动;

(二) 演唱会、音乐会等文艺演出活动;

(三) 展览、展销等活动;

(四) 游园、灯会、庙会、花会、焰火晚会等活动;

(五) 人才招聘会、现场开奖的彩票销售等活动。

影剧院、音乐厅、公园、娱乐场所等在其日常业务范围内举办的活动,不适用本条例的规定。

第三条 大型群众性活动的安全管理应当遵循安全第一、预防为主的方针,坚持承办者负责、政府监管的原则。

第四条 县级以上人民政府公安机关负责大型群众性活动的安全管理工作。

县级以上人民政府其他有关主管部门按照各自的职责,负责大型群众性活动的有关安全工作。

第二章 安全责任

第五条 大型群众性活动的承办者(以下简称承办者)对其承办活动的安全负责,承办者的主要负责人为大型群众性活动的安全责任人。

第六条 举办大型群众性活动,承办者应当制订大型群众性活动安全工作方案。

大型群众性活动安全工作方案包括下列内容:

(一)活动的时间、地点、内容及组织方式;

(二)安全工作人员的数量、任务分配和识别标志;

(三)活动场所消防安全措施;

(四)活动场所可容纳的人员数量以及活动预计参加人数;

(五)治安缓冲区域的设定及其标识;

(六)入场人员的票证查验和安全检查措施;

(七)车辆停放、疏导措施;

(八)现场秩序维护、人员疏导措施;

(九)应急救援预案。

第七条 承办者具体负责下列安全事项:

(一)落实大型群众性活动安全工作方案和安全责任制度,明确安全措施、安全工作人员岗位职责,开展大型群众性活动安全宣传教育;

(二)保障临时搭建的设施、建筑物的安全,消除安全隐患;

(三)按照负责许可的公安机关的要求,配备必要的安全检查设备,对参加大型群众性活动的人员进行安全检查,对拒不接受安全检查的,承办者有权拒绝其进入;

(四)按照核准的活动场所容纳人员数量、划定的区域发放或者出售门票;

(五)落实医疗救护、灭火、应急疏散等应急救援措施并组织演练;

(六)对妨碍大型群众性活动安全的行为及时予以制止,发现违法犯罪行为及时向公安机关报告;

(七)配备与大型群众性活动安全工作需要相适应的专业保安人员以及其他安全工作人员;

(八)为大型群众性活动的安全工作提供必要的保障。

第八条 大型群众性活动的场所管理者具体负责下列安全事项:

(一)保障活动场所、设施符合国家安全标准和安全规定;

(二)保障疏散通道、安全出口、消防车通道、应急广播、应急照明、疏散指示标志符合法律、法规、技术标准的规定;

（三）保障监控设备和消防设施、器材配置齐全、完好有效；

（四）提供必要的停车场地，并维护安全秩序。

第九条 参加大型群众性活动的人员应当遵守下列规定：

（一）遵守法律、法规和社会公德，不得妨碍社会治安、影响社会秩序；

（二）遵守大型群众性活动场所治安、消防等管理制度，接受安全检查，不得携带爆炸性、易燃性、放射性、毒害性、腐蚀性等危险物质或者非法携带枪支、弹药、管制器具；

（三）服从安全管理，不得展示侮辱性标语、条幅等物品，不得围攻裁判员、运动员或者其他工作人员，不得投掷杂物。

第十条 公安机关应当履行下列职责：

（一）审核承办者提交的大型群众性活动申请材料，实施安全许可；

（二）制订大型群众性活动安全监督方案和突发事件处置预案；

（三）指导对安全工作人员的教育培训；

（四）在大型群众性活动举办前，对活动场所组织安全检查，发现安全隐患及时责令改正；

（五）在大型群众性活动举办过程中，对安全工作的落实情况实施监督检查，发现安全隐患及时责令改正；

（六）依法查处大型群众性活动中的违法犯罪行为，处置危害公共安全的突发事件。

第三章 安全管理

第十一条 公安机关对大型群众性活动实行安全许可制度。《营业性演出管理条例》对演出活动的安全管理另有规定的，从其规定。

举办大型群众性活动应当符合下列条件：

（一）承办者是依照法定程序成立的法人或者其他组织；

（二）大型群众性活动的内容不得违反宪法、法律、法规的规定，不得违反社会公德；

（三）具有符合本条例规定的安全工作方案，安全责任明确、措施有效；

（四）活动场所、设施符合安全要求。

第十二条 大型群众性活动的预计参加人数在1000人以上5000人以下的,由活动所在地县级人民政府公安机关实施安全许可;预计参加人数在5000人以上的,由活动所在地设区的市级人民政府公安机关或者直辖市人民政府公安机关实施安全许可;跨省、自治区、直辖市举办大型群众性活动的,由国务院公安部门实施安全许可。

第十三条 承办者应当在活动举办日的20日前提出安全许可申请,申请时,应当提交下列材料:

(一) 承办者合法成立的证明以及安全责任人的身份证明;

(二) 大型群众性活动方案及其说明,2个或者2个以上承办者共同承办大型群众性活动的,还应当提交联合承办的协议;

(三) 大型群众性活动安全工作方案;

(四) 活动场所管理者同意提供活动场所的证明。

依照法律、行政法规的规定,有关主管部门对大型群众性活动的承办者有资质、资格要求的,还应当提交有关资质、资格证明。

第十四条 公安机关收到申请材料应当依法做出受理或者不予受理的决定。对受理的申请,应当自受理之日起7日内进行审查,对活动场所进行查验,对符合安全条件的,做出许可的决定;对不符合安全条件的,做出不予许可的决定,并书面说明理由。

第十五条 对经安全许可的大型群众性活动,承办者不得擅自变更活动的时间、地点、内容或者扩大大型群众性活动的举办规模。

承办者变更大型群众性活动时间的,应当在原定举办活动时间之前向做出许可决定的公安机关申请变更,经公安机关同意方可变更。

承办者变更大型群众性活动地点、内容以及扩大大型群众性活动举办规模的,应当依照本条例的规定重新申请安全许可。

承办者取消举办大型群众性活动的,应当在原定举办活动时间之前书面告知做出安全许可决定的公安机关,并交回公安机关颁发的准予举办大型群众性活动的安全许可证件。

第十六条 对经安全许可的大型群众性活动,公安机关根据安全需要组织相应警力,维持活动现场周边的治安、交通秩序,预防和处置突发治安事件,查处违法犯罪活动。

第十七条 在大型群众性活动现场负责执行安全管理任务的公安机关工作人员,凭值勤证件进入大型群众性活动现场,依法履行安全管理职责。

公安机关和其他有关主管部门及其工作人员不得向承办者索取门票。

第十八条 承办者发现进入活动场所的人员达到核准数量时,应当立即停止验票;发现持有划定区域以外的门票或者持假票的人员,应当拒绝其入场并向活动现场的公安机关工作人员报告。

第十九条 在大型群众性活动举办过程中发生公共安全事故、治安案件的,安全责任人应当立即启动应急救援预案,并立即报告公安机关。

第四章 法律责任

第二十条 承办者擅自变更大型群众性活动的时间、地点、内容或者擅自扩大大型群众性活动的举办规模的,由公安机关处1万元以上5万元以下罚款;有违法所得的,没收违法所得。

未经公安机关安全许可的大型群众性活动由公安机关予以取缔,对承办者处10万元以上30万元以下罚款。

第二十一条 承办者或者大型群众性活动场所管理者违反本条例规定致使发生重大伤亡事故、治安案件或者造成其他严重后果构成犯罪的,依法追究刑事责任;尚不构成犯罪的,对安全责任人和其他直接责任人员依法给予处分、治安管理处罚,对单位处1万元以上5万元以下罚款。

第二十二条 在大型群众性活动举办过程中发生公共安全事故,安全责任人不立即启动应急救援预案或者不立即向公安机关报告的,由公安机关对安全责任人和其他直接责任人员处5000元以上5万元以下罚款。

第二十三条 参加大型群众性活动的人员有违反本条例第九条规定行为的,由公安机关给予批评教育;有危害社会治安秩序、威胁公共安全行为的,公安机关可以将其强行带离现场,依法给予治安管理处罚;构成犯罪的,依法追究刑事责任。

第二十四条 有关主管部门的工作人员和直接负责的主管人员在履行大型群众性活动安全管理职责中,有滥用职权、玩忽职守、徇私舞弊行为的,依法给予处分;构成犯罪的,依法追究刑事责任。

第五章 附 则

第二十五条 县级以上各级人民政府、国务院部门直接举办的大型群众性活动的安全保卫工作,由举办活动的人民政府、国务院部门负责,不实行安全许可制度,但应当按照本条例的有关规定,责成或者会同有关公安机关制订更加严格的安全保卫工作方案,并组织实施。

第二十六条 本条例自 2007 年 10 月 1 日起施行。

五、导游人员管理条例

(1995 年 5 月 14 日国务院第 263 号令发布 1999 年 10 月 1 日起施行)

第一条 为了规范导游活动,保障旅游者和导游人员的合法权益,促进旅游业的健康发展,制定本条例。

第二条 本条例所称导游人员,是指依照本条例的规定取得导游证,接受旅行社委派,为旅游者提供向导、讲解及相关旅游服务的人员。

第三条 国家实行全国统一的导游人员资格考试制度。

具有高级中学、中等专业学校或者以上学历,身体健康,具有适应导游需要的基本知识和语言表达能力的中华人民共和国公民,可以参加导游人员资格考试;经考试合格的,由国务院旅游行政部门或者国务院旅游行政部门委托省、自治区、直辖市人民政府旅游行政部门颁发导游人员资格证书。

第四条 在中华人民共和国境内从事导游活动,必须取得导游证。

取得导游人员资格证书的,经与旅行社订立劳动合同或者在导游服务公司登记,方可持所订立的劳动合同或者登记证明材料,向省、自治区、直辖市人民政府旅游行政部门申请领取导游证。

具有特定语种语言能力的人员,虽未取得导游人员资格证书,旅行社需要聘请临时从事导游活动的,由旅行社向省、自治区、直辖市人民政府旅游行政部门申请领取临时导游证。

导游证和临时导游证的样式规格,由国务院旅游行政部门规定。

第五条 有下列情形之一的,不得颁发导游证:

(一)无民事行为能力或者限制民事行为能力的;

(二)患有传染性疾病的;

(三)受过刑事处罚的,过失犯罪的除外;

(四)被吊销导游证的。

第六条 省、自治区、直辖市人民政府旅游行政部门应当自收到申请领取导游证之日起 15 日内，颁发导游证；发现有本条例第五条规定情形，不予颁发导游证的，应当书面通知申请人。

第七条 导游人员应当不断提高自身业务素质和职业技能。

国家对导游人员实行等级考核制度。导游人员等级考核标准和考核办法，由国务院旅游行政部门制定。

第八条 导游人员进行导游活动时，应当佩戴导游证。

导游证的有效期限为 3 年。导游证持有人需要在有效期满后继续从事导游活动的，应当在有效期限届满 3 个月前，向省、自治区、直辖市人民政府旅游行政部门申请办理换发导游证手续。

临时导游证的有效期限最长不超过 3 个月，并不得展期。

第九条 导游人员进行导游活动，必须经旅行社委派。

导游人员不得私自承揽或者以其他任何方式直接承揽导游业务，进行导游活动。

第十条 导游人员进行导游活动时，其人格尊严应当受到尊重，其人身安全不受侵犯。

导游人员有权拒绝旅游者提出的侮辱其人格尊严或者违反其职业道德的不合理要求。

第十一条 导游人员进行导游活动时，应当自觉维护国家利益和民族尊严，不得有损害国家利益和民族尊严的言行。

第十二条 导游人员进行导游活动时，应当遵守职业道德，着装整洁，礼貌待人，尊重旅游者的宗教信仰、民族风俗和生活习惯。

导游人员进行导游活动时，应当向旅游者讲解旅游地点的人文和自然情况，介绍风土人情和习俗；但是，不得迎合个别旅游者的低级趣味，在讲解、介绍中掺杂庸俗下流的内容。

第十三条 导游人员应当严格按照旅行社确定的接待计划，安排旅游者的旅行、游览活动，不得擅自增加、减少旅游项目或者中止导游活动。

导游人员在引导旅游者旅行、游览过程中，遇有可能危及旅游者人身安全的紧急情形时，经征得多数旅游者的同意，可以调整或者变更接待计划，但是应当立即报告旅行社。

第十四条 导游人员在引导旅游者旅行、游览过程中，应当就可能发生危及旅游者人身、财物安全的情况，向旅游者作出真实说明和明确警示，并按照旅行社的要求采取防止危害发生的措施。

第十五条　导游人员进行导游活动,不得向旅游者兜售物品或者购买旅游者的物品,不得以明示或者暗示的方式向旅游者索要小费。

第十六条　导游人员进行导游活动,不得欺骗、胁迫旅游者消费或者与经营者串通欺骗、胁迫旅游者消费。

第十七条　旅游者对导游人员违反本条例规定的行为,有权向旅游行政部门投诉。

第十八条　无导游证进行导游活动的,由旅游行政部门责令改正并予以公告,处1000元以上3万元以下的罚款;有违法所得的,并处没收违法所得。

第十九条　导游人员未经旅行社委派,私自承揽或者以其他任何方式直接承揽导游业务,进行导游活动的,由旅游行政部门责令改正,处1000元以上3万元以下的罚款;有违法所得的,并处没收违法所得;情节严重的,由省、自治区、直辖市人民政府旅游行政部门吊销导游证并予以公告。

第二十条　导游人员进行导游活动时,有损害国家利益和民族尊严的言行的,由旅游行政部门责令改正;情节严重的,由省、自治区、直辖市人民政府旅游行政部门吊销导游证并予以公告;对该导游人员所在的旅行社给予警告直至责令停业整顿。

第二十一条　导游人员进行导游活动时未佩戴导游证的,由旅游行政部门责令改正;拒不改正的,处500元以下的罚款。

第二十二条　导游人员有下列情形之一的,由旅游行政部门责令改正,暂扣导游证3至6个月;情节严重的,由省、自治区、直辖市人民政府旅游行政部门吊销导游证并予以公告:

(一)擅自增加或者减少旅游项目的;

(二)擅自变更接待计划的;

(三)擅自中止导游活动的。

第二十三条　导游人员进行导游活动,向旅游者兜售物品或者购买旅游者的物品的,或者以明示或者暗示的方式向旅游者索要小费的,由旅游行政部门责令改正,处1000元以上3万元以下的罚款;有违法所得的,并处没收违法所得;情节严重的,由省、自治区、直辖市人民政府旅游行政部门吊销导游证并予以公告;对委派该导游人员的旅行社给予警告直至责令停业整顿。

第二十四条　导游人员进行导游活动,欺骗、胁迫旅游者消费或者与经营者串通欺骗、胁迫旅游者消费的,由旅游行政部门责令改正,处1000元以上3万元以下的罚款;有违法所得的,并处没收违法所得;情节严重的,由省、自治区、直辖市人民政府旅游行政部门吊销导游证并予以公告;对委派该导游人员的旅行社给予警告直至责令停业整顿;构成犯罪的,依法追究刑事责任。

第二十五条 旅游行政部门工作人员玩忽职守、滥用职权、徇私舞弊,构成犯罪的,依法追究刑事责任;尚不构成犯罪的,依法给予行政处分。

第二十六条 景点景区的导游人员管理办法,由省、自治区、直辖市人民政府参照本条例制定。

第二十七条 本条例自1999年10月1日起施行。1987年11月14日国务院批准、1987年12月1日国家旅游局发布的《导游人员管理暂行规定》同时废止。

六、国家城市湿地公园管理办法（试行）

（建设部2005年2月2日以建城［2005］16号文发布《关于印发国家城市湿地公园管理办法（试行）的通知》）

第一条 为加强城市湿地公园的保护管理，维护生态平衡，营造优美舒适的人居环境，推动城市可持续发展，根据国家有关的法律法规规定，制定本办法。

第二条 本办法所称的湿地，是指天然或人工、长期或暂时之沼泽地、泥炭地，带有静止或流动的淡水、半咸水或咸水的水域地带，包括低潮位不超过6m的滨岸海域。

本办法所称的城市湿地公园，是指利用纳入城市绿地系统规划的适宜作为公园的天然湿地类型，通过合理的保护利用，形成保护、科普、休闲等功能于一体的公园。

第三条 具备下列条件的湿地，可以申请设立国家城市湿地公园：

（一）能供人们观赏、游览，开展科普教育和进行科学文化活动，并具有较高保护、观赏、文化和科学价值的；

（二）纳入城市绿地系统规划范围的；

（三）占地500亩以上能够作为公园的；

（四）具有天然湿地类型的，或具有一定的影响及代表性的。

第四条 国家城市湿地公园的申报，由城市人民政府提出，经省、自治区建设厅审查同意后，报建设部。

直辖市由市园林局组织进行审查，经市政府同意后，报建设部。

第五条 对于跨市、县的国家城市湿地公园的申报，由所在地人民政府协商一致后，由上一级人民政府提出申请。

第六条 申报国家城市湿地公园需提交下列材料：

（一）省、自治区建设行政主管部门或直辖市人民政府关于申报列为国家城市湿地公园的请示；

（二）城市湿地公园的资源调查评价报告；

（三）国家城市湿地公园申报书；

（四）城市湿地公园的位置图、地形图、资源分布图、土地利用现状图等资料；

（五）湿地现状以及重要资源的图纸、照片、影像和其他有关材料。

第七条 建设部接到申请后，组织专家进行实地考察评估；对符合标准的，由建设部批准设立为国家城市湿地公园。

第八条 已批准设立的国家城市湿地公园所在地县级以上人民政府应当组织园林、规划、国土资源等管理部门标明界区，设立界碑、标牌，搞好资源监测。

第九条 已批准设立的国家城市湿地公园所在地县级以上人民政府应当设立专门的管理机构，统一负责国家城市湿地公园的保护、利用和管理工作。

第十条 已批准设立的国家城市湿地公园需在一年内编制完成国家城市湿地公园规划，并划定绿线，严格保护。

国家城市湿地公园规划必须委托有相应资质等级的规划设计企业承担。

国家城市湿地公园规划必须纳入城市总体规划、城市绿地系统规划和城市控制性详细规划，并纳入强制性内容严格管理，任何单位和个人不得擅自变更。

第十一条 国家城市湿地公园应定期向建设部报告湿地资源保护、规划编制及实施等有关情况。

第十二条 国家城市湿地公园保护、利用应以维护湿地系统生态平衡，保护湿地功能和生物多样性，实现人居环境与自然环境的协调发展为目标，坚持"重在保护、生态优先、合理利用、良性发展"的方针，充分发挥城市湿地在改善生态环境、休闲和科普教育等方面的作用。

第十三条 国家城市湿地公园保护、利用应遵循下列原则：

（一）严格遵守国家与湿地有关法律、法规，认真执行国家有关政策；遵守《关于特别是作为水禽栖息地的国际重要湿地公约》的有关规定。

（二）坚持生态效益为主，维护生态平衡，保护湿地区域内生物多样性及湿地生态系统结构与功能的完整性与自然性。

（三）在全面保护的基础上，进行合理开发利用，充分发挥湿地的社会效益。湿地公园的建设以不破坏湿地的自然良性演替为前提。

　　第十四条　国家城市湿地公园以及保护地带的重要地段，不得设立开发区、度假区，不得出让土地，严禁出租转让湿地资源；禁止建设污染环境、破坏生态的项目和设施。

　　第十五条　城市湿地公园管理机构和有关部门应采取有力措施，严禁破坏水体，切实保护好动植物的生长条件和生存环境。

　　第十六条　禁止任何单位和个人在国家城市湿地公园内从事挖湖采沙、围护造田、开荒取土等改变地貌和破坏环境、景观的活动。

　　第十七条　对管理和保护不利，造成资源破坏，已不具备国家城市湿地公园条件的，由省、自治区建设厅或直辖市园林局报请建设部撤销其命名，并依法追究有关负责人的责任。

　　第十八条　本办法自颁布之日起执行。

七、导游人员管理实施办法

(2001 年 12 月 27 日国家旅游局第 15 号令发布　自 2002 年 1 月 1 日起施行)

第一章　总　则

第一条　为了加强导游队伍建设,维护旅游市场秩序和旅游者的合法权益,依据《导游人员管理条例》和《旅行社管理条例》,制定本办法。

第二条　旅游行政管理部门对导游人员实行分级管理。

第三条　旅游行政管理部门对导游人员实行资格考试制度和等级考核制度。

第四条　旅游行政管理部门对导游人员实行计分管理制度和年度审核制度。

第二章　导游资格证和导游证

第五条　国家实行统一的导游人员资格考试制度。经考试合格者,方可取得导游资格证。

第六条　国务院旅游行政管理部门负责制定全国导游人员资格考试的政策、标准和对各地考试工作的监督管理。

省级旅游行政管理部门负责组织、实施本行政区域内导游人员资格考试工作。

直辖市、计划单列市、副省级城市负责本地区导游人员的考试工作。

第七条　坚持考试和培训分开、培训自愿的原则,不得强迫考生参加培训。

第八条　经考试合格的,由组织考试的旅游行政管理部门在考试结束之日起 30 个工作日内颁发《导游人员资格证》。

获得资格证 3 年未从业的,资格证自动失效。

第九条 获得导游人员资格证、并在一家旅行社或导游管理服务机构注册的,持劳动合同或导游管理服务机构登记证明材料向所在地旅游行政管理部门申请办理导游证。

所在地旅游行政管理部门是指直辖市、计划单列市、副省级旅游行政管理部门以及有相应的导游规模、有相应的导游管理服务机构、有稳定的执法队伍的地市级以上旅游行政管理部门。

第十条 取得《导游人员资格证》的人员申请办理导游证,须参加颁发导游证的旅游行政管理部门举办的岗前培训考核。

第十一条 《导游人员资格证》和导游证由国务院旅游行政管理部门统一印制,在中华人民共和国全国范围内使用。

任何单位不得另行颁发其他形式的导游证。

第三章 导游人员的计分管理

第十二条 国家对导游人员实行计分管理。

国务院旅游行政管理部门负责制定全国导游人员计分管理政策并组织实施、监督检查。

省级旅游行政管理部门负责本行政区域内导游人员计分管理的组织实施和监督检查。

所在地旅游行政管理部门在本行政区域内负责导游人员计分管理的具体执行。

第十三条 导游人员计分办法实行年度 10 分制。

第十四条 导游人员在导游活动中有下列情形之一的,扣除 10 分:

（一）有损害国家利益和民族尊严的言行的;
（二）诱导或安排旅游者参加黄、赌、毒活动项目的;
（三）有殴打或谩骂旅游者行为的;
（四）欺骗、胁迫旅游者消费的;
（五）未通过年审继续从事导游业务的;
（六）因自身原因造成旅游团重大危害和损失的。

第十五条 导游人员在导游活动中有下列情形之一的,扣除 8 分:

（一）拒绝、逃避检查，或者欺骗检查人员的；
（二）擅自增加或者减少旅游项目的；
（三）擅自终止导游活动的；
（四）讲解中掺杂庸俗、下流、迷信内容的；
（五）未经旅行社委派私自承揽或者以其他任何方式直接承揽导游业务的。

第十六条　导游人员在导游活动中有下列情形之一的，扣除6分：
（一）向旅游者兜售物品或购买旅游者物品的；
（二）以明示或者暗示的方式向旅游者索要小费的；
（三）因自身原因漏接漏送或误接误送旅游团的；
（四）讲解质量差或不讲解的；
（五）私自转借导游证供他人使用的；
（六）发生重大安全事故不积极配合有关部门救助的。

第十七条　导游人员在导游活动中有下列情形之一的，扣除4分：
（一）私自带人随团游览的；
（二）无故不随团活动的；
（三）在导游活动中未佩带导游证或未携带计分卡；
（四）不尊重旅游者宗教信仰和民族风俗。

第十八条　导游人员在导游活动中有下列情形之一的，扣除2分：
（一）未按规定时间到岗的；
（二）10人以上团队未打接待社社旗的；
（三）未携带正规接待计划；
（四）接站未出示旅行社标识的；
（五）仪表、着装不整洁的；
（六）讲解中吸烟、吃东西的。

第十九条　导游人员10分分值被扣完后，由最后扣分的旅游行政执法单位暂时保留其导游证，并出具保留导游证证明，并于10日内通报导游人员所在地旅游行政管理部门和登记注册单位。正在带团过程中的导游人员，可持旅游执法单位出具的保留证明完成团队剩余行程。

第二十条 对导游人员的违法、违规行为除扣减其相应分值外,依法应予处罚的,依据有关法律给予处罚。

导游人员通过年审后,年审单位应核消其遗留分值,重新输入初始分值。

第二十一条 旅游行政执法人员玩忽职守、不按照规定随意进行扣分或处罚的,由上级旅游行政管理部门提出批评和通报,本级旅游行政管理部门给予行政处分。

第四章 导游人员的年审管理

第二十二条 国家对导游人员实行年度审核制度。导游人员必须参加年审。

国务院旅游行政管理部门负责制定全国导游人员年审工作政策,组织实施并监督检查。

省级旅游行政管理部门负责组织、指导本行政区域内导游人员年审工作并监督检查。

所在地旅游行政管理部门具体负责组织实施对导游人员的年审工作。

第二十三条 年审以考评为主,考评的内容应包括:当年从事导游业务情况、扣分情况、接受行政处罚情况、游客反映情况等。考评等级为通过年审、暂缓通过年审和不予通过年审三种。

第二十四条 一次扣分达到10分,不予通过年审。

累计扣分达到10分的,暂缓通过年审。

一次被扣8分的,全行业通报。

一次被扣6分的,警告批评。

暂缓通过年审的,通过培训和整改后,方可重新上岗。

第二十五条 导游人员必须参加所在地旅游行政管理部门举办的年审培训。培训时间应根据导游业务需要灵活安排。每年累计培训时间不得少于56小时。

第二十六条 旅行社或导游管理服务机构应为注册的导游人员建立档案,对导游人员进行工作培训和指导,建立对导游人员工作情况的检查、考核和奖惩的内部管理机制,接受并处理对导游人员的投诉,负责对导游人员年审的初评。

第五章 导游人员的等级考核

第二十七条 国家对导游人员实行等级考核制度。导游人员分为初级、中级、高级、特级四个等级。

第二十八条 初级导游和中级导游考核由省级旅游行政管理部门或其委托的地市级旅游行政管理部门组织评定；高级导游和特级导游由国务院旅游行政管理部门组织评定。

第二十九条 由省部级以上单位组织导游评比或竞赛获得最佳称号的导游人员，报国务院旅游行政管理部门批准后，可晋升一级导游等级。

导游等级评定标准和办法由国务院旅游行政管理部门另行制定。

第六章 附 则

第三十条 本办法自 2002 年 1 月 1 日起施行。

第三十一条 本办法由国家旅游局负责解释。

附件

关于修订《导游人员管理实施办法》的决定

第 21 号

为了适应行政审批制度改革后有关导游人员等级考核评定的需要，促进导游员队伍建设，经国家旅游局局长办公会讨论通过，决定对《导游人员管理实施办法》作如下修订，自 2005 年 7 月 3 日起施行：

一、第二十八条修改为：国家旅游局组织设立全国导游人员等级考核评定委员会。全国导游人员等级考核评定委员会负责全国导游人员等级考核评定工作的组织实施。

省、自治区、直辖市和新疆生产建设兵团旅游行政部门组织设立导游人员等级考核评定办公室，在全国导游人员等级考核评定委员会的授权和指导下开展相应的工作。

二、第二十九条修改为：参加省部级以上单位组织的导游技能大赛获得最佳名次的导游人员，报全国导游人员等级考核评定委员会批准后，可晋升一级导游人员等级。一人多次获奖只能晋升一次，晋升的最高等级为高级。

国家旅游局局长：邵琪伟
二〇〇五年六月三日

八、关于加强和改善世界遗产保护管理工作的意见

（文物发［2002］16号）

各省、自治区、直辖市文化厅（局）、文物局（文管会）、计委、财政厅（局）、教育厅（教委）、建设厅（建委）、国土厅（局）、环保厅（局）、林业（农林）厅（局）：

　　1972年11月16日，联合国教科文组织第十七届会议在巴黎通过了《保护世界文化和自然遗产公约》（以下简称《世界遗产公约》）。考虑到文化遗产和自然遗产越来越多地受到自然和人为破坏的威胁、许多国家和地区对遗产保护工作的不完善以及各类遗产损失对人类社会的有害影响，《世界遗产公约》要求将那些具有突出重要性的文化或自然遗产作为全人类世界遗产的一部分加以保护。《世界遗产公约》及其基本准则已得到国际社会的普遍欢迎和尊重。

　　我国历史悠久，文物古迹众多，自然景观丰富。新中国成立以来，党和政府一贯重视文化和自然遗产保护工作，我国有关文化和自然遗产保护的法规、政策和措施，其原则、内容与《世界遗产公约》的基本精神是完全一致的。1985年，我国正式加入了《世界遗产公约》，对国际社会作出了为全人类妥为保护中国境内世界遗产的庄严承诺。此后，我国的世界遗产保护事业发展迅速，至今已形成相当规模。我国列入世界遗产名录的项目已达28处（组），居世界前列，保护、管理世界遗产的工作水平不断提高。世界遗产保护事业在保护我国文物古迹、自然景观，促进我国社会主义精神文明和物质文明建设，宣传我国的悠久历史和灿烂文明，展示我国的壮丽山河与自然风貌，扩大中华文化的国际影响等方面发挥了积极作用。世界遗产工作已经成为我国坚持社会可持续发展战略、建设社会主义现代国家的重要组成部分，也是我国在教育、科学、文化、环境等方面参与国际事务并积极发挥作用的重要领域之一。

当前，我国的世界遗产保护事业面临着不少问题和困难，距离《世界遗产公约》的要求还存在一定差距，主要表现在法制建设有待加强，保护资金不足，专业人才缺乏，重大项目决策程序不够完善以及开发利用过度、忽视保护，甚至出现一些建设性破坏等现象。为进一步改善和加强我国世界遗产的保护管理工作，特提出如下意见：

一、各级行政主管部门要进一步端正和提高对保护世界遗产重要性的认识。保护世界文化和自然遗产事业已成为全球文化建设和环境保护的重要组成部分，对全世界人民精神和社会文化生活的构建，对保持人类文化多样化、生态多样性和促进世界各国、各民族之间的相互尊重和理解，对历史人文环境、自然演变的科学印迹和优美自然景观的保护与延续，进而对人类文明和社会的可持续发展，都具有无可替代的意义和作用。妥善保护和保存世界遗产，是一个国家法治健全、社会定安和民族团结、文明进步的标志。保护好我国的世界遗产，是对广大人民群众进行爱国主义教育和优秀传统文化教育的需要，是国家生态环境建设和可持续发展的需要，关系到我国人民特别是子孙后代的生存环境和生活质量，关系到国家与社会的整体利益和长远利益，也关系到国家与民族的国际形象。做好世界遗产的保护管理工作，是各地、各有关部门的重要职责，也是当代人义不容辞的历史使命。

二、进一步加强对世界遗产的保护管理工作，做好规划，完善制度。我国现在已有涉及世界遗产资源保护管理的《中华人民共和国文物保护法》、《风景名胜区管理暂行条例》、《森林和野生动物类型自然保护区管理办法》和规划、环保、国土资源等多方面的法规。在实际工作中，一些地方对现行相关法律法规了解不够、执行不力，甚至有法不依、各行其是。在加紧研究制订中国世界遗产保护管理专项法规的同时，各地应进一步宣传并贯彻好现行有关法规，切实检查法规执行情况，对严重违背法规，损害世界遗产的事件，必须依法查处，坚决予以纠正。

作为依法保护管理好世界遗产的重要措施，各地要依据有关法规、政策和技术规范，抓紧制订各个世界遗产地的保护和管理规划；已有规划不够合理、不够完善的，要及时修订、调整、补充。各地都要严格按规划办事。同时，要依据《世界遗产公约》的要求，制订教育和宣传计划，广泛、深入宣传保护世界遗产的重要意义和保护的科学方法，努力增强民众对世界文化、自然遗产的保护和尊重意识，把世界遗产工作置于全社会的支持、监督和保障之下。

三、正确处理世界遗产保护与利用的关系。有效保护、保存和展示文化和自然遗产，是《世界遗产公约》的基本要求。从世界范围看，对世界遗产的主要威胁来自于错位开发和超容量开发。我国的世界遗产也面临同样的威胁。

世界遗产是具有特殊重要性、珍稀性和脆弱易损性的不可再生资源，必须把对遗产的保护放在第一位，一切开发、利用和管理工作，都应以遗产的保护和保存为前提，都要以有利于遗产的保护和保存为根本。这是世界遗产事业存在和发展的基础。要清醒地认识到，对世界遗产的保护、管理和利用，有很强的专业性、政策性和敏感的国内外影响；任何遗产地都有其科学的容量和适宜的开发方式，要坚决反对无限度无规划的恶性开发和使用。凡涉及世界遗产的重大建设项目、开发利用计划和管理体制的事项，均需符合国家有关保护法规和有关保护规划要求，严格执行环境影响评价制度，并经依法审批。各地要站在讲政治、讲大局的高度，努力使局部利益服从整体利益，眼前利益服从长远利益，妥善处理好保护和利用的关系，切实保障世界遗产的完整和真实。

四、树立"公约意识"，遵守国际规则。《世界遗产公约》在国际社会具有广泛的重要影响。它的各项具体规定和要求，应得到切实遵守。这不仅是依法行政的基本要求，也是中国政府履行国际承诺的具体体现。联合国教科文组织在《关于在国家一级保护文化和自然遗产的建议》中，对《世界遗产公约》各个缔约国的文化和自然遗产的保护，从国家政策、行政组织、保护措施、教育和文化行动、国际合作等方面都具体提出了建议和要求，反映了国际社会对文化和自然遗产保护的先进理念，值得我们高度重视。在我国加入WTO之后，更应该牢固树立"公约意识"，增强依照《世界遗产公约》开展工作的自觉性和主动性，杜绝忽视相关国际公约和准则的随意性做法。要认真、完全地履行申报世界遗产时的承诺。已定为世界遗产地的单位，对申报遗产时的原状如有任何变更，均须依照有关规定，履行报批手续，并通报世界遗产委员会。

五、各部门、各单位要明确责任，各司其职，密切配合，多层次、全方位地做好世界遗产的保护管理工作。保护、规划、管理和利用世界遗产资源，涉及文化、文物、计划、财政、教育、建设、国土、环保、林业等部门。各世界遗产地应建立有效的工作机制，加强对有关世界遗产工作的综合协调和宏观管理。各部门应在各级党委和政府的统一领导下，明确责任，相互协作，共同以大局为重，在各自的职权范围内切实做好工作。涉及遗产保护、管理发生重大问题或出现不良苗头时，该遗产地的责任单位要及时采取相应保护措施；确实无力解决的，应及时报告当地党委和政府，并报上级业务主管部门。对各种造成遗产损失的失职、渎职行为，要追究行政乃至法律责任。

文化部　国家文物局　国家计委
财政部　教育部　建设部
国土资源部　环保总局　国家林业局
二〇〇二年四月二十五日

九、国家级非物质文化遗产保护与管理暂行办法

(2006年10月25日文化部部务会议审议通过 中华人民共和国文化部第39号令发布 自2006年12月1日起施行)

第一条 为有效保护和传承国家级非物质文化遗产，加强保护工作的管理，特制定本办法。

第二条 本办法所称"国家级非物质文化遗产"是指列入国务院批准公布的国家级非物质文化遗产名录中的所有非物质文化遗产项目。

第三条 国家级非物质文化遗产的保护，实行"保护为主、抢救第一、合理利用、传承发展"的方针，坚持真实性和整体性的保护原则。

第四条 国务院文化行政部门负责组织、协调和监督全国范围内国家级非物质文化遗产的保护工作。

省级人民政府文化行政部门负责组织、协调和监督本行政区域内国家级非物质文化遗产的保护工作。

国家级非物质文化遗产项目所在地人民政府文化行政部门，负责组织、监督该项目的具体保护工作。

第五条 国务院文化行政部门组织制定国家级非物质文化遗产保护整体规划，并定期对规划的实施情况进行检查。

省级人民政府文化行政部门组织制定本行政区域内国家级非物质文化遗产项目的保护规划，经国务院文化行政部门批准后组织实施，并于每年11月底前向国务院文化行政部门提交保护规划本年度实施情况和下一年度保护工作计划。

第六条 国家级非物质文化遗产项目应当确定保护单位，具体承担该项目的保护与传承工作。保护单位的推荐名单由该项目的申报地区或者单位提出，经省级人民政府文化行政部门组织专家审议后，报国务院文化行政部门认定。

第七条 国家级非物质文化遗产项目保护单位应具备以下基本条

件：

（一）有该项目代表性传承人或者相对完整的资料；

（二）有实施该项目保护计划的能力；

（三）有开展传承、展示活动的场所和条件。

第八条 国家级非物质文化遗产项目保护单位应当履行以下职责：

（一）全面收集该项目的实物、资料，并登记、整理、建档；

（二）为该项目的传承及相关活动提供必要条件；

（三）有效保护该项目相关的文化场所；

（四）积极开展该项目的展示活动；

（五）向负责该项目具体保护工作的当地人民政府文化行政部门报告项目保护实施情况，并接受监督。

第九条 国务院文化行政部门统一制作国家级非物质文化遗产项目标牌，由省级人民政府文化行政部门交该项目保护单位悬挂和保存。

第十条 国务院文化行政部门对国家级非物质文化遗产项目保护给予必要的经费资助。

县级以上人民政府文化行政部门应当积极争取当地政府的财政支持，对在本行政区域内的国家级非物质文化遗产项目的保护给予资助。

第十一条 国家级非物质文化遗产项目保护单位根据自愿原则，提出该项目代表性传承人的推荐名单，经省级人民政府文化行政部门组织专家评议后，报国务院文化行政部门批准。

第十二条 国家级非物质文化遗产项目代表性传承人应当符合以下条件：

（一）完整掌握该项目或者其特殊技能；

（二）具有该项目公认的代表性、权威性与影响力；

（三）积极开展传承活动，培养后继人才。

第十三条 国家级非物质文化遗产项目代表性传承人应当履行传承义务；丧失传承能力、无法履行传承义务的，应当按照程序另行认定该项目代表性传承人；怠于履行传承义务的，取消其代表性传承人的资格。

第十四条 国务院文化行政部门组织建立国家级非物质文化遗产

数据库。有条件的地方，应建立国家级非物质文化遗产博物馆或者展示场所。

第十五条 国务院文化行政部门组织制定国家级非物质文化遗产实物资料等级标准和出入境标准。其中经文物部门认定为文物的，适用文物保护法律法规的有关规定。

第十六条 国家级非物质文化遗产项目保护单位和相关实物资料的保护机构应当建立健全规章制度，妥善保管实物资料，防止损毁和流失。

第十七条 县级以上人民政府文化行政部门应当鼓励、支持通过节日活动、展览、培训、教育、大众传媒等手段，宣传、普及国家级非物质文化遗产知识，促进其传承和社会共享。

第十八条 省级人民政府文化行政部门应当对国家级非物质文化遗产项目所依存的文化场所划定保护范围，制作标识说明，进行整体性保护，并报国务院文化行政部门备案。

第十九条 省级人民政府文化行政部门可以选择本行政区域内的国家级非物质文化遗产项目，为申报联合国教科文组织"人类非物质文化遗产代表作"，向国务院文化行政部门提出申请。

第二十条 国家级非物质文化遗产项目的名称和保护单位不得擅自变更；未经国务院文化行政部门批准，不得对国家级非物质文化遗产项目标牌进行复制或者转让。

国家级非物质文化遗产项目域名和商标的注册与保护，依据相关法律法规执行。

第二十一条 利用国家级非物质文化遗产项目进行艺术创作、产品开发、旅游活动等，应当尊重其原真形式和文化内涵，防止歪曲与滥用。

第二十二条 国家级非物质文化遗产项目含有国家秘密的，应当按照国家保密法律法规的规定确定密级，予以保护；含有商业秘密的，按照国家有关法律法规执行。

第二十三条 各级人民政府文化行政部门应当鼓励和支持企事业单位、社会团体和个人捐赠国家级非物质文化遗产实物资料或者捐赠资金和实物，用于国家级非物质文化遗产保护。

第二十四条 国务院文化行政部门对在国家级非物质文化遗产保护工作中有突出贡献的单位和个人，给予表彰奖励。

第二十五条 国务院文化行政部门定期组织对国家级非物质文化遗产项目保护情况的检查。

国家级非物质文化遗产项目保护单位有下列行为之一的,由县级以上人民政府文化行政部门责令改正,并视情节轻重予以警告、严重警告,直至解除其保护单位资格:

(一)擅自复制或者转让标牌的;

(二)侵占国家级非物质文化遗产珍贵实物资料的;

(三)怠于履行保护职责的。

第二十六条 有下列行为之一的,对负有责任的主管人员和其他直接责任人员依法给予行政处分;构成犯罪的,依法追究刑事责任:

(一)擅自变更国家级非物质文化遗产项目名称或者保护单位的;

(二)玩忽职守,致使国家级非物质文化遗产所依存的文化场所及其环境造成破坏的;

(三)贪污、挪用国家级非物质文化遗产项目保护经费的。

第二十七条 本办法由国务院文化行政部门负责解释。

第二十八条 本办法自2006年12月1日起施行。

十、国家发展改革委、财政部、国土资源部、住房和城乡建设部、国家林业局、国家旅游局、国家宗教事务局、国家文物局关于整顿和规范游览参观点门票价格的通知

（发改价格〔2008〕905号）

各省、自治区、直辖市发展改革委、物价局，财政厅（局），国土资源厅（局），建设厅（局），林业厅（局），旅游局，宗教局，文物局：

　　近几年，各地加强游览参观点门票价格管理，规范旅游市场秩序，总体情况是好的，但部分地方游览参观点门票价格管理不规范，价格偏高，社会各方面反映强烈。为促进旅游业健康发展，维护消费者合法权益，经国务院批准，现就整顿规范门票价格有关问题通知如下：

　　一、规范门票价格管理。（1）对于依托国家自然资源或文化资源投资兴建的游览参观点门票价格，实行政府定价或政府指导价；对于非依托国家自然资源和文化资源、由商业性投资兴建的人造景观门票价格实行市场调节价。（2）除文物建筑及遗址类博物馆外，全国各级文化、文物部门归口管理的公共博物馆、纪念馆和全国爱国主义教育示范基地，今明两年内全部向社会免费开放。与人民群众关系密切的城市休闲公园要充分体现公益性，实行免费开放。暂不具备免费开放条件的，应实行低票价，并规定实行免费开放的具体时间。（3）实行政府定价、政府指导价的门票价格调整，要按规定进行听证，广泛听取意见，提高决策透明度。（4）对游览参观点等级和知名度较高，且游览人数较多的重要游览参观点门票价格，由省级价格主管部门管理，不得层层下放管理权限。（5）游览参观点要明确对儿童、学生、未成年人、老年人、现役军人、残疾人、宗教人士等的门票价格减免范围和标准。（6）建立游览参观点免费开放日制度。（7）游览参观点要在醒目位置公示门票价格、门票价格优惠范围和幅度，以及缆车、

观光车、游船等交通运输服务价格和投诉举报电话等信息。

二、全面清理整顿门票价格。自本通知发布之日起，用1年时间，对全国范围内实行政府定价或政府指导价的门票价格进行清理整顿。（1）重新核定门票价格。风景名胜区、自然保护区、森林公园以及世界自然和文化遗产的门票价格，按补偿游览参观点资源保护和管理费用以及补偿游览区内财产的所有权人、使用权人损失的原则确定。门票价格过高的，要适当降低。（2）游览参观点原则上实行一票制。游览参观点内必须实行重点保护性开放的特殊参观点，确需单独设置园中园门票的，要严格审批。凡设置园中园门票及联票的，要实行公示，由游客自愿选择，联票价格要低于相应各类门票价格之和。游览参观点内缆车、观光车、游船等交通运输服务价格应单独标示，单独销售，不得与门票捆绑销售。（3）限定门票销售优惠率。除价格主管部门统一规定的门票价格减免优惠政策外，游览参观点对旅行社等团购门票实行的价格优惠率最高不得超过门票价格的20%，优惠办法和优惠率要对外公布。对超过最高优惠率销售的，建设、旅游等部门要降低其游览参观点等级，价格主管部门要重新核定其门票价格。（4）纠正越权定价、违反规定调整价格和游览参观点擅自涨价的行为。（5）清理整顿期间，门票价格及游览参观点内缆车、观光车、游船等交通运输服务价格一律不得提高。

三、加强服务价格监管。游览参观点内缆车、观光车、游船等交通运输服务项目，要依照有关规定采取招标等方式公开、公平地确定经营者。要引入竞争机制，提高服务质量，降低服务价格；对不能引入竞争的交通运输服务项目，要实行政府指导价或政府定价管理，并按照有利于保护资源和环境，方便游客，维护消费者和经营者合法权益的原则核定价格。

四、完善经营管理。自本通知发布之日起，对依托国家资源的世界遗产、风景名胜区、自然保护区、森林公园、文物保护单位和景区内宗教活动场所等游览参观点，不得以门票经营权、景点开发经营权打包上市。游览参观点内缆车、观光车、游船等交通运输服务，逐步实行与游览参观点一体化管理，防止部分企业利用国家资源获得不合理收益，损害游客利益。

五、加强组织领导。发展改革（物价）部门要做好门票价格管理工作，遏制门票价格竞相攀比、过快上涨；财政部门要加大对实行免费开放游览参观点的投入,同时加强对风景名胜区、世界文化遗产门票收入"收支两条线"管理,确保按规定用途使用;国土资源、建设、林业、旅游、宗教和文物等部门要加强对游览参观点等级的认定和监管;旅游部门要加强对旅行社经营行为的监管;宗教事务部门要规范宗教人士的资格管理。

以上各项落实情况,请各地于2009年4月底前书面报告国务院有关部门。

国家发展改革委　财政部
国土资源部　住房和城乡建设部
国家林业局　国家旅游局
国家宗教事务局　国家文物局
二〇〇八年四月九日

十一、关于加强涉及自然保护区、风景名胜区、文物保护单位等环境敏感区影视拍摄和大型实景演艺活动管理的通知

(环发〔2007〕22号)

各省、自治区、直辖市环保局(厅)、建设厅(委员会)、文化厅(局)、文物局:

近年来,一些影视制作和大型实景演艺活动,存在追求大投入、大制作、大场面的倾向,有的不惜以过度消耗资源和破坏生态环境为代价来换取高票房收入,这既有悖于建设资源节约型、环境友好型社会的目标,也不利于构建社会主义和谐社会。因影视拍摄导致自然保护区、风景名胜区、文物保护单位生态破坏与环境污染的问题日益突出,引起社会广泛关注。为有效保护生态环境、自然资源和人文景观,依法加强对上述活动的监督管理,现就有关事项通知如下:

一、各类影视制作和演出举办单位在影视拍摄和大型实景演艺活动中,应遵循节约资源和保护环境的理念,充分认识自然保护区、风景名胜区、文物保护单位是国家珍贵的、不可再生的自然和文化遗产。对因认识不足、管理不当、措施不力造成的影视拍摄和大型实景演艺活动破坏生态环境、自然景观和文物古迹的危害性予以足够重视。各级环保、建设、文化、文物主管部门要在各自职责范围内,依法加强对影视拍摄和大型实景演艺活动的监督管理。

二、在自然保护区核心区和缓冲区、风景名胜区核心景区内,禁止进行影视拍摄和大型实景演艺活动。在自然保护区实验区、风景名胜区核心景区以外范围、各级文物保护单位保护范围内,严格限制影视拍摄和大型实景演艺活动。因特殊情况,确需在上述限制类区域内搭建和设置布景棚、拍摄营地、舞台等临时性构筑物的,影视制作和演出举办单位,必须严格按照有关法律法规的规定,履行报批手续。

三、在限制类区域内进行影视拍摄和大型实景演艺活动,可能造成不利环境影响的,影视制作和演出举办单位应当依照《环境影响评

价法》的规定,向所在地环保行政主管部门报批环境影响评价文件,提出预防或减轻不利环境影响的措施。经批准的环境影响评价文件作为准予摄制许可、备案和批准演出的依据。

在自然保护区实验区内进行影视拍摄和大型实景演艺活动,必须遵守《自然保护区条例》的规定,根据活动的内容、规模和影响特征,提出保护自然环境和自然资源的方案和措施,并经有关自然保护区行政主管部门审查同意。不得建设污染环境、破坏资源或景观的设施,不得损害自然保护区的环境质量。

在风景名胜区核心景区以外范围进行影视拍摄和大型实景演艺活动,必须遵守《风景名胜区条例》的规定,根据活动的内容、规模和影响特征,提出保护风景名胜资源的方案和措施,并经省级以上风景名胜区主管部门审查同意。不得进行任何形式的影响或破坏地形地貌和自然环境的活动。

在历史文化名城、名镇、名村的保护范围内进行影视摄制、举办大型实景演艺活动的,应当经县级以上地方人民政府城乡规划主管部门审核同意。不得对传统格局历史风貌或者历史建筑构成破坏性影响。

在文物保护单位保护范围内进行影视拍摄和大型实景演艺活动,必须遵守《文物保护法》、《文物保护法实施条例》的规定,根据活动的内容、规模和影响特征,提出保护文物资源的方案和措施,并经文物行政部门审查同意。不得建设污染文物保护单位及其环境的设施,不得进行可能影响文物保护单位环境的活动。

四、涉及自然保护区实验区、风景名胜区核心景区以外范围、文物保护单位保护范围内的影视拍摄和大型实景演艺活动经批准后方可实施。影视制作和演出举办单位在实施过程中,必须认真落实各项保护措施和要求,拍摄和演出活动结束后,应当及时拆除临时搭建和设置的布景棚、营地、舞台等构筑物,对生态环境进行恢复,并由所在地主管部门负责组织验收。

五、地方各级环保、建设、文物主管部门要加强对涉及自然保护区、风景名胜区、文物保护单位的影视拍摄和大型实景演艺活动的现场检查,督促责任单位落实各项污染防治和保护措施。未经许可,擅自在自然保护区实验区、风景名胜区核心景区以外范围、文物保护单位保护范围内进行影视拍摄和大型实景演艺活动的,由相关主管部门依法予以制止，限期恢复原状或采取其他补救措施，并处以罚款。造成环境污染和破坏，情节严重的，应依法追究有关单位和人员的责任。

国家环境保护总局
建设部　文化部
国　家　文　物　局
二〇〇七年二月七日

十二、关于印发《国家级风景名胜区和历史文化名城保护补助资金使用管理办法》的通知

(财建〔2009〕195号)

各省、自治区、直辖市财政厅(局):

为规范和加强国家级风景名胜区和历史文化名城保护补助资金的使用管理,提高资金使用效益,我们研究制定了《国家级风景名胜区和历史文化名城保护补助资金使用管理办法》,现印发你们,请遵照执行。

附件:国家级风景名胜区和历史文化名城保护补助资金使用管理办法

财 政 部
二〇〇九年五月四日

附件:

国家级风景名胜区和历史文化名城保护补助资金使用管理办法

第一条 为规范和加强国家级风景名胜区和历史文化名城保护补助资金的使用管理,提高资金使用效益,特制定本办法。

第二条 国家级风景名胜区和历史文化名城是国家宝贵的自然和文化遗产。根据《风景名胜区条例》(国务院令第474号)、《历史文化名城名镇名村保护条例》(国务院令第524号)有关规定,中央财政对国家级风景名胜区和历史文化名城保护安排专项补助资金,用于国家级风景名胜区和历史文化街区的规划编制等工作。

第三条 国家级风景名胜区和历史文化名城保护补助资金使用范围:

（一）国家级风景名胜区保护补助资金使用范围：

1. 风景名胜区规划编制、世界遗产保护整治和申报等工作。
2. 景区内绿化、林木植被、古树名木的保护。
3. 景区内古迹维修、休息场所、安全措施的修建；道路、路灯、环境卫生、导游标志、防灾避险等公共设施的维护与建设。

（二）历史文化名城保护补助资金使用范围：

1. 历史文化街区保护规划编制。
2. 历史文化街区核心保护范围内历史建筑的修缮。

第四条 国家级风景名胜区和历史文化名城保护补助资金申报程序：

（一）国家级风景名胜区保护补助资金申报程序：

1. 专项资金补助项目由风景名胜区管理机构或风景名胜区所在地人民政府会同当地财政部门向省级建设行政主管部门和财政部门申报。
2. 省级财政部门会同同级建设行政主管部门审核、汇总上报财政部和住房和城乡建设部。
3. 申报的专项资金补助项目应附项目批准文件。
4. 各省（自治区、直辖市）申报的专项资金补助项目原则上每年不超过2个（国家级风景名胜区达10处以上的省份原则上不超过3个）。

（二）历史文化名城保护补助资金申报程序：

1. 专项资金补助项目由项目所在地县级以上城乡规划主管部门会同当地财政部门向省级建设行政主管部门和财政部门申报。
2. 省级财政部门会同同级建设行政主管部门审核、汇总上报财政部和住房和城乡建设部。
3. 申报历史文化街区保护规划编制专项资金补助项目的，该街区已在历史文化名城保护规划中划定，经省（自治区、直辖市）人民政府确定公布；项目申报应附经依法批准的历史文化名城保护规划，并在规划图中标明申请资金补助的历史文化街区的位置和范围。

申报历史文化街区核心保护范围内历史建筑修缮专项资金补助项目的，该修缮设计方案应由具有相应资质的规划设计单位提出，且修缮设计方案经县级以上城乡规划主管部门组织专家审查通过；项目申报应附经批准的历史文化街区保护规划，并在规划图中标明拟修缮建筑的位置和范围。

4. 各省（自治区、直辖市）申报的专项资金补助项目原则上每年不超过1个。

第五条 国家级风景名胜区和历史文化名城保护补助资金申报时间：

各省（自治区、直辖市）财政部门和建设行政主管部门应于每年5月底前，将专项资金补助项目申报文件上报财政部和住房和城乡建设部。

第六条 住房和城乡建设部会同财政部组织有关专家对各省级财政部门和建设行政主管部门申报的专项资金补助项目进行审查，并提出审查意见。

第七条 住房和城乡建设部根据专家组审查意见，分别提出本年度国家级风景名胜区和历史文化名城保护补助资金分配方案，并于7月底前报送财政部。

第八条 财政部根据住房和城乡建设部报送的国家级风景名胜区和历史文化名城保护补助资金年度分配方案，审核并分别下达国家级风景名胜区和历史文化名城保护补助资金支出预算，同时抄送住房和城乡建设部、财政部驻各省（自治区、直辖市）财政监察专员办事处。

第九条 各地财政部门应及时将专项补助资金核拨给项目单位。

第十条 专项补助资金支付管理按照财政国库管理制度有关规定执行。

第十一条 国家级风景名胜区和历史文化名城保护补助资金必须专款专用，同时应与地方财政部门安排的预算内资金及其他资金配套综合使用，以提高使用效益。

第十二条 补助资金项目单位要自觉接受上级有关部门的指导和监督检查。

专项补助资金项目由当地建设行政主管部门负责监督实施并组织验收；专项补助资金使用情况接受财政部驻各省（自治区、直辖市）财政监察专员办事处、地方财政部门、审计部门的检查监督。

第十三条 各省（自治区、直辖市）建设行政主管部门会同财政部门于每年1月底前，将上年度专项补助资金使用情况上报住房和城乡建设部和财政部。

第十四条　本办法由财政部负责解释。
第十五条　本办法自印发之日起执行。

第七部分
风景名胜区标准规范

一、风景名胜区规划规范 GB 50298—1999

(建设部1999年11月10日以建标[1999]267号文批准 并会同国家质量技术监督局发布 自2000年1月1日起施行)

1 总 则

1.0.1 为了适应风景名胜区(以下简称风景区)保护、利用、管理、发展的需要,优化风景区用地布局,全面发挥风景区的功能和作用,提高风景区的规划设计水平和规范化程度,特制定本规范。

1.0.2 本规范适用于国务院和地方各级政府审定公布的各类风景区的规划。

1.0.3 风景区按用地规模可分为小型风景区($20km^2$以下)、中型风景区($21 \sim 100km^2$)、大型风景区($101 \sim 500km^2$)、特大型风景区($500km^2$以上)。

1.0.4 风景区规划应分为总体规划、详细规划二个阶段进行。大型而又复杂的风景区,可以增编分区规划和景点规划。一些重点建设地段,也可以增编控制性详细规划或修建性详细规划。

1.0.5 风景区规划必须符合我国国情,因地制宜地突出本风景区特性。并应遵循下列原则:

1. 应当依据资源特征、环境条件、历史情况、现状特点以及国民经济和社会发展趋势,统筹兼顾,综合安排。

2. 应严格保护自然与文化遗产,保护原有景观特征和地方特色,维护生物多样性和生态良性循环,防止污染和其他公害,充实科教审美特征,加强地被和植物景观培育。

3. 应充分发挥景源的综合潜力,展现风景游览欣赏主体,配置必要的服务设施与措施,改善风景区运营管理机能,防止人工化、城市化、商业化倾向,促使风景区有度、有序、有节律地持续发展。

4. 应合理权衡风景区环境、社会、经济三方面的综合效益,权衡风景区自身健全发展与社会需求之间关系,创造风景优美、设施方便、社会文明、生态环境良好、景观形象和游赏魅力独特,人与自然协调发展的风景游憩境域。

1.0.6 风景区规划应与国土规划、区域规划、城市总体规划、土地利用总体规划及其他相关规划相互协调。

1.0.7 风景区规划除执行本规范外,尚应符合国家有关强制性标准与规范的规定。

2 术 语

2.0.1 风景名胜区
也称风景区,海外的国家公园相当于国家级风景区。

指风景资源集中、环境优美、具有一定规模和游览条件,可供人们游览欣赏、休憩娱乐或进行科学文化活动的地域。

2.0.2 风景名胜区规划
也称风景区规划。是保护培育、开发利用和经营管理风景区,并发挥其多种功能作用的统筹部署和具体安排。经相应的人民政府审查批准后的风景区规划,具有法律权威,必须严格执行。

2.0.3 风景资源
也称景源、景观资源、风景名胜资源、风景旅游资源。是指能引起审美与欣赏活动,可以作为风景游览对象和风景开发利用的事物与因素的总称。是构成风景环境的基本要素,是风景区产生环境效益、社会效益、经济效益的物质基础。

2.0.4 景物
指具有独立欣赏价值的风景素材的个体,是风景区构景的基本单元。

2.0.5 景观
指可以引起视觉感受的某种景象,或一定区域内具有特征的景象。

2.0.6 景点
由若干相互关联的景物所构成、具有相对独立性和完整性、并具有审美特征的基本境域单位。

2.0.7 景群
由若干相关景点所构成的景点群落或群体。

2.0.8 景区

在风景区规划中,根据景源类型、景观特征或游赏需求而划分的一定用地范围,包含有较多的景物和景点或若干景群,形成相对独立的分区特征。

2.0.9 风景线

也称景线。由一连串相关景点所构成的线性风景形态或系列。

2.0.10 游览线

也称游线。为游人安排的游览欣赏风景的路线。

2.0.11 功能区

在风景区规划中,根据主要功能发展需求而划分的一定用地范围,形成相对独立的功能分区特征。

2.0.12 游人容量

在保持景观稳定性,保障游人游赏质量和舒适安全,以及合理利用资源的限度内,单位时间、一定规划单元内所能容纳的游人数量。是限制某时、某地游人过量集聚的警戒值。

2.0.13 居民容量

在保持生态平衡与环境优美、依靠当地资源与维护风景区正常运转的前提下,一定地域范围内允许分布的常住居民数量。是限制某个地区过量发展生产或聚居人口的特殊警戒值。

3 一般规定

3.1 基础资料与现状分析

3.1.1 基础资料应依据风景区的类型、特征和实际需要,提出相应的调查提纲和指标体系,进行统计和典型调查。

3.1.2 应在多学科综合考察或深入调查研究的基础上,取得完整、正确的现状和历史基础资料,并做到统计口径一致或具有可比性。

3.1.3 基础资料调查类别,应符合表3.1.3的规定:

基础资料调查类别表   表 3.1.3

大类	中类	小类
一、测量资料	1. 地形图	小型风景区图纸比例为 1/2000~1/10000；中型风景区图纸比例为 1/10000~1/25000；大型风景区图纸比例为 1/25000~1/50000；特大型风景区图纸比例为 1/50000~1/200000
	2. 专业图	航片、卫片、遥感影像图、地下岩洞与河流测图、地下工程与管网等专业测图
二、自然与资源条件	1. 气象资料	温度、湿度、降水、蒸发、风向、风速、日照、冰冻等
	2. 水文资料	江河湖海的水位、流量、流速、流向、水量、水温、洪水淹没线；江河区的流域情况、流域规划、河道整治规划、防洪设施；滨海区的潮汐、海流、浪涛；山区的山洪、泥石流、水土流失等
	3. 地质资料	地质、地貌、土层、建设地段承载力；地震或重要地质灾害的评估；地下水存在形式、储量、水质、开采及补给条件
	4. 自然资源	景源、生物资源、水土资源、农林牧副渔资源、能源、矿产资源等的分布、数量、开发利用价值等资料；自然保护对象及地段
三、人文与经济条件	1. 历史与文化	历史沿革及变迁、文物、胜迹、风物、历史与文化保护对象及地段
	2. 人口资料	历来常住人口的数量、年龄构成、劳动构成、教育状况、自然增长和机械增长；服务职工和暂住人口及其结构变化；游人及结构变化；居民、职工、游人分布状况
	3. 行政区划	行政建制及区划、各类居民点及分布、城镇辖区、村界、乡界及其他相关地界
	4. 经济社会	有关经济社会发展状况、计划及其发展战略；风景区范围的国民生产总值、财政、产业产值状况；国土规划、区域规划、相关专业考察报告及其规划
	5. 企事业单位	主要农林牧副渔和教科文卫军与工矿企事业单位的现状及发展资料。风景区管理现状

续表

大类	中类	小类
四、工程条件	1. 交通运输	风景区及其可依托的城镇的对外交通运输和内部交通运输的现状、规划及发展资料
四、工程条件	2. 旅游设施	风景区及其可以依托的城镇的旅行、游览、饮食、住宿、购物、娱乐、保健等设施的现状及发展资料
四、工程条件	3. 基础工程	水电气热、环保、环卫、防灾等基础工程的现状及发展资料
五、土地与其他资料	1. 土地利用	规划区内各类用地分布状况，历史上土地利用重大变更资料，土地资源分析评价资料
五、土地与其他资料	2. 建筑工程	各类主要建筑物、工程物、园景、场馆场地等项目的分布状况、用地面积、建筑面积、体量、质量、特点等资料
五、土地与其他资料	3. 环境资料	环境监测成果，三废排放的数量和危害情况；垃圾、灾变和其他影响环境的有害因素的分布及危害情况；地方病及其他有害公民健康的环境资料

3.1.4 现状分析应包括：自然和历史人文特点；各种资源的类型、特征、分布及其多重性分析；资源开发利用的方向、潜力、条件与利弊；土地利用结构、布局和矛盾的分析；风景区的生态、环境、社会与区域因素等五个方面。

3.1.5 现状分析结果，必须明确提出风景区发展的优势与动力、矛盾与制约因素、规划对策与规划重点等三方面内容。

3.2 风景资源评价

3.2.1 风景资源评价应包括：景源调查；景源筛选与分类；景源评分与分级；评价结论四部分。

3.2.2 风景资源评价原则应符合下列规定：

1. 风景资源评价必须在真实资料的基础上，把现场踏查与资料分析相结合，实事求是地进行；

2. 风景资源评价应采取定性概括与定量分析相结合的方法，综合评价景源的特征；

3. 根据风景资源的类别及其组合特点，应选择适当的评价单元和评价指标，对独特或濒危景源，宜作单独评价。

3.2.3 风景资源调查内容的分类，应符合表3.2.3的规定。

风景资源分类表　　　　　表 3.2.3

大类	中类	小类
一、自然景源	1. 天景	(1) 日月星光 (2) 虹霞蜃景 (3) 风雨阴晴 (4) 气候景象 (5) 自然声象 (6) 云雾景观 (7) 冰雪霜露 (8) 其他天景
	2. 地景	(1) 大尺度山地 (2) 山景 (3) 奇峰 (4) 峡谷 (5) 洞府 (6) 石林石景 (7) 沙景沙漠 (8) 火山熔岩 (9) 蚀余景观 (10) 洲岛屿礁 (11) 海岸景观 (12) 海底地形 (13) 地质珍迹 (14) 其他地景
	3. 水景	(1) 泉井 (2) 溪流 (3) 江河 (4) 湖泊 (5) 潭池 (6) 瀑布跌水 (7) 沼泽滩涂 (8) 海湾海域 (9) 冰雪冰川 (10) 其他水景
	4. 生景	(1) 森林 (2) 草地草原 (3) 古树名木 (4) 珍稀生物 (5) 植物生态类群 (6) 动物群栖息地 (7) 物候季相景观 (8) 其他生物景观
二、人文景源	1. 园景	(1) 历史名园 (2) 现代公园 (3) 植物园 (4) 动物园 (5) 庭宅花园 (6) 专类游园 (7) 陵园墓园 (8) 其他园景
	2. 建筑	(1) 风景建筑 (2) 民居宗祠 (3) 文娱建筑 (4) 商业服务建筑 (5) 宫殿衙署 (6) 宗教建筑 (7) 纪念建筑 (8) 工交建筑 (9) 工程构筑物 (10) 其他建筑
	3. 胜迹	(1) 遗址遗迹 (2) 摩崖题刻 (3) 石窟 (4) 雕塑 (5) 纪念地 (6) 科技工程 (7) 游娱文体场地 (8) 其他胜迹
	4. 风物	(1) 节假庆典 (2) 民族民俗 (3) 宗教礼仪 (4) 神话传说 (5) 民间文艺 (6) 地方人物 (7) 地方物产 (8) 其他风物

3.2.4　风景资源评价单元应以景源现状分布图为基础，根据规划范围大小和景源规模、内容、结构及其游赏方式等特征，划分若干层次的评价单元，并作出等级评价。

3.2.5　在省域、市域的风景区体系规划中，应对风景区、景区或景点作出等级评价。

3.2.6　在风景区的总体、分区、详细规划中，应对景点或景物作出等级评价。

3.2.7　风景资源评价应对所选评价指标进行权重分析，评价指标的选择应符合表 3.2.7 的规定，并应符合下列规定：

1. 对风景区或部分较大景区进行评价时，宜选用综合评价层指标；
2. 对景点或景群进行评价时，宜选用项目评价层指标；
3. 对景物进行评价时，宜在因子评价层指标中选择。

风景资源评价指标层次表　　　表3.2.7

综合评价层	赋值	项目评价层	权重	因子评价层	权重
1. 景源价值	70~80	(1) 欣赏价值 (2) 科学价值 (3) 历史价值 (4) 保健价值 (5) 游憩价值		①景感度　②奇特度　③完整度 ①科技值　②科普值　③科教值 ①年代值　②知名度　③人文值 ①生理值　②心理值　③应用值 ①功利性　②舒适度　③承受力	
2. 环境水平	20~10	(1) 生态特征 (2) 环境质量 (3) 设施状况 (4) 监护管理		①种类值　②结构值　③功能值 ①要素值　②等级值　③灾变率 ①水电能源②工程管网③环保设施 ①监测机能②法规配套③机构设置	
3. 利用条件	5	(1) 交通通信 (2) 食宿接待 (3) 客源市场 (4) 运营管理		①便捷性　②可靠性　③效能 ①能力　　②标准　　③规模 ①分布　　②结构　　③消费 ①职能体系②经济结构③居民社会	
4. 规模范围	5	(1) 面积 (2) 体量 (3) 空间 (4) 容量			

3.2.8　风景资源分级标准，必须符合下列规定：

1. 景源评价分级必须分为特级、一级、二级、三级、四级等五级；

2. 应根据景源评价单元的特征，及其不同层次的评价指标分值和吸引力范围，评出风景资源等级；

3. 特级景源应具有珍贵、独特、世界遗产价值和意义，有世界奇迹般的吸引力；

4. 一级景源应具有名贵、罕见、国家重点保护价值和国家代表性作用，在国内外著名和有国际吸引力；

5. 二级景源应具有重要、特殊、省级重点保护价值和地方代表性作用，在省内外闻名和有省际吸引力；

6. 三级景源应具有一定价值和游线辅助作用，有市县级保护价值和相关地区的吸引力；

7. 四级景源应具有一般价值和构景作用，有本风景区或当地的吸引力。

3.2.9 风景资源评价结论应由景源等级统计表、评价分析、特征概括等三部分组成。评价分析应表明主要评价指标的特征或结果分析；特征概括应表明风景资源的级别数量、类型特征及其综合特征。

3.3 范围、性质与发展目标

3.3.1 确定风景区规划范围及其外围保护地带，应依据以下原则：景源特征及其生态环境的完整性；历史文化与社会的连续性；地域单元的相对独立性；保护、利用、管理的必要性与可行性。

3.3.2 划定风景区范围的界限必须符合下列规定：

1. 必须有明确的地形标志物为依托，既能在地形图上标出，又能在现场立桩标界；

2. 地形图上的标界范围，应是风景区面积的计量依据；

3. 规划阶段的所有面积计量，均应以同精度的地形图的投影面积为准。

3.3.3 风景区的性质，必须依据风景区的典型景观特征、游览欣赏特点、资源类型、区位因素，以及发展对策与功能选择来确定。

3.3.4 风景区的性质应明确表述风景特征、主要功能、风景区级别等三方面内容，定性用词应突出重点、准确精练。

3.3.5 风景区的发展目标，应依据风景区的性质和社会需求，提出适合本风景区的自我健全目标和社会作用目标两方面的内容，并应遵循以下原则：

1. 贯彻严格保护、统一管理、合理开发、永续利用的基本原则；

2. 充分考虑历史、当代、未来三个阶段的关系，科学预测风景区发展的各种需求；

3. 因地制宜地处理人与自然的和谐关系；

4. 使资源保护和综合利用、功能安排和项目配置、人口规模和建设标准等各项主要目标，同国家与地区的社会经济技术发展水平、趋势及步调相适应。

3.4 分区、结构与布局

3.4.1 风景区应依据规划对象的属性、特征及其存在环境进行合理区划，并应遵循以下原则：

1. 同一区内的规划对象的特性及其存在环境应基本一致；

2. 同一区内的规划原则、措施及其成效特点应基本一致；

3. 规划分区应尽量保持原有的自然、人文、现状等单元界限的完整性。

3.4.2 根据不同需要而划分的规划分区应符合下列规定：

1. 当需调节控制功能特征时，应进行功能分区；
2. 当需组织景观和游赏特征时，应进行景区划分；
3. 当需确定保护培育特征时，应进行保护区划分；
4. 在大型或复杂的风景区中，可以几种方法协调并用。

3.4.3 风景区应依据规划目标和规划对象的性能、作用及其构成规律来组织整体规划结构或模型，并应遵循下列原则：

1. 规划内容和项目配置应符合当地的环境承载能力、经济发展状况和社会道德规范，并能促进风景区的自我生存和有序发展；
2. 有效调节控制点、线、面等结构要素的配置关系；
3. 解决各枢纽或生长点、走廊或通道、片区或网格之间的本质联系和约束条件。

3.4.4 凡含有一个乡或镇以上的风景区，或其人口密度超过100人/km^2时，应进行风景区的职能结构分析与规划，并应遵循下列原则：

1. 兼顾外来游人、服务职工和当地居民三者的需求与利益；
2. 风景游览欣赏职能应有独特的吸引力和承受力；
3. 旅游接待服务职能应有相应的效能和发展动力；
4. 居民社会管理职能应有可靠的约束力和时代活力；
5. 各职能结构应自成系统并有机组成风景区的综合职能结构网络。

3.4.5 风景区应依据规划对象的地域分布、空间关系和内在联系进行综合部署，形成合理、完善而又有自身特点的整体布局，并应遵循下列原则：

1. 正确处理局部、整体、外围三层次的关系；
2. 解决规划对象的特征、作用、空间关系的有机结合问题；
3. 调控布局形态对风景区有序发展的影响，为各组成要素、各组成部分能共同发挥作用创造满意条件；
4. 构思新颖，体现地方和自身特色。

3.5 **容量、人口及生态原则**

3.5.1 风景区游人容量应随规划期限的不同而有变化。对一定规划范围的游人容量，应综合分析并满足该地区的生态允许标准、游览心理标准、功能技术标准等因素而确定。并应符合下列规定：
1. 生态允许标准应符合表 3.5.1－1 的规定；

游憩用地生态容量　　　　表 3.5.1－1

用地类型	允许游人容量和用地指标	
	（人/公顷）	（m²/人）
（1）针叶林地	2～3	5000～3300
（2）阔叶林地	4～8	2500～1250
（3）森林公园	<15～20	>660～500
（4）疏林草地	20～25	500～400
（5）草地公园	<70	>140
（6）城镇公园	30～200	330～50
（7）专用浴场	<500	>20
（8）浴场水域	1000～2000	20～10
（9）浴场沙滩	1000～2000	10～5

2. 游人容量应由一次性游人容量、日游人容量、年游人容量三个层次表示。
（1）一次性游人容量（亦称瞬时容量），单位以"人/次"表示；
（2）日游人容量，单位以"人次/日"表示；
（3）年游人容量，单位以"人次/年"表示。
3. 游人容量的计算方法宜分别采用：线路法、卡口法、面积法、综合平衡法，并将计算结果填入表 3.5.1－2：

游人容量计算一览表　　　　表 3.5.1－2

（1）游览用地名称	（2）计算面积（m²）	（3）计算指标（m²/人）	（4）一次性容量（人/次）	（5）日周转率（次）	（6）日游人容量（人次/日）	（7）备注

4. 游人容量计算宜采用下列指标：
（1）线路法：以每个游人所占平均道路面积计，5～10m²/人。
（2）面积法：以每个游人所占平均游览面积计。其中：

主景景点：50～100m²/人（景点面积）；

一般景点：100～400m²/人（景点面积）；

浴场水域：10～20m²/人（海拔0～-2m以内水面）；

浴场沙滩：5～10m²/人（海拔0～+2m以内沙滩）。

（3）卡口法：实测卡口处单位时间内通过的合理游人量。单位以"人次/单位时间"表示。

5. 游人容量计算结果应与当地的淡水供水、用地、相关设施及环境质量等条件进行校核与综合平衡，以确定合理的游人容量。

3.5.2 风景区总人口容量测算应包括外来游人、服务职工、当地居民三类人口容量，并应符合下列规定：

1. 当规划地区的居住人口密度超过50人/km²时，宜测定用地的居民容量；

2. 当规划地区的居住人口密度超过100人/km²时，必须测定用地的居民容量；

3. 居民容量应依据最重要的要素容量分析来确定，其常规要素应是：淡水、用地、相关设施等。

3.5.3 风景区人口规模的预测应符合下列规定：

1. 人口发展规模应包括外来游人、服务职工、当地居民三类人口；

2. 一定用地范围内的人口发展规模不应大于其总人口容量；

3. 职工人口应包括直接服务人口和维护管理人口；

4. 居民人口应包括当地常住居民人口。

3.5.4 风景区内部的人口分布应符合下列原则：

1. 根据游赏需求、生境条件、设施配置等因素对各类人口进行相应的分区分期控制；

2. 应有合理的疏密聚散变化，使其各得其所；

3. 防止因人口过多或不适当集聚而不利于生态与环境；

4. 防止因人口过少或不适当分散而不利于管理与效益。

3.5.5 风景区的生态原则应符合下列规定：

1. 制止对自然环境的人为消极作用，控制和降低人为负荷，应分析游览时间、空间范围、游人容量、项目内容、开发强度等因素，并提出限制性规定或控制性指标；

2. 保持和维护原有生物种群、结构及其功能特征，保护典型而有

示范性的自然综合体;

3. 提高自然环境的复苏能力,提高氧、水、生物量的再生能力与速度,提高其生态系统或自然环境对人为负荷的稳定性或承载力。

3.5.6 风景区的生态分区应符合下列原则:

1. 应将规划用地的生态状况按四个等级分别加以标明;
2. 生态分区的一般标准应符合表3.5.6的规定;

生态分区及其利用与保护措施　　表3.5.6

生态分区	环境要素状况			利用与保护措施
	大气	水域	土壤植被	
危机区	×	×	×	应完全限制发展,并不再发生人为压力,实施综合的自然保育措施
	-或+	×	×	
	×	-或+	×	
	×	×	-或+	
不利区	×	-或+	-或+	应限制发展,对不利状态的环境要素要减轻其人为压力,实施针对性的自然保护措施
	-或+	×	-或+	
	-或+	-或+	×	
稳定区	-	-	-	要稳定对环境要素造成的人为压力,实施对其适用的自然保护措施
	-	-	+	
	-	+	-	
	+	-	-	
有利区	+	+	+	需规定人为压力的限度,根据需要而确定自然保护措施
	-	+	+	
	+	-	+	
	+	+	-	

注:×不利;-稳定;+有利。

3. 按其他生态因素划分的专项生态危机区应包括热污染、噪声污染、电磁污染、放射性污染、卫生防疫条件、自然气候因素、振动影响、视觉干扰等内容;

4. 生态分区应对土地使用方式、功能分区、保护分区和各项规划设计措施的配套起重要作用。

3.5.7 风景区规划应控制和降低各项污染程度,其环境质量标准应符合下列规定:

1. 大气环境质量标准应符合 GB3095-1996 中规定的一级标准;
2. 地面水环境质量一般应按 GB3838-88 中规定的第一级标准执行,游泳用水应执行 GB9667-88 中规定的标准,海水浴场水质标准不应低于 GB3097-82 中规定的二类海水水质标准，生活饮用水标准应符合 GB5749-85 中的规定；

3. 风景区室外允许噪声级应低于 GB3096-93 中规定的"特别住宅区"的环境噪声标准值；

4. 放射防护标准应符合 GBJ8-74 中规定的有关标准。

4 专项规划

4.1 保护培育规划

4.1.1 保护培育规划应包括查清保育资源，明确保育的具体对象，划定保育范围，确定保育原则和措施等基本内容。

4.1.2 风景保护的分类应包括生态保护区、自然景观保护区、史迹保护区、风景恢复区、风景游览区和发展控制区等，并应符合以下规定：

1. 生态保护区的划分与保护规定：

（1）对风景区内有科学研究价值或其他保存价值的生物种群及其环境，应划出一定的范围与空间作为生态保护区。

（2）在生态保护区内，可以配置必要的研究和安全防护性设施，应禁止游人进入，不得搞任何建筑设施，严禁机动交通及其设施进入。

2. 自然景观保护区的划分与保护规定：

（1）对需要严格限制开发行为的特殊天然景源和景观，应划出一定的范围与空间作为自然景观保护区。

（2）在自然景观保护区内，可以配置必要的步行游览和安全防护设施，宜控制游人进入，不得安排与其无关的人为设施，严禁机动交通及其设施进入。

3. 史迹保护区的划分与保护规定：

（1）在风景区内各级文物和有价值的历代史迹遗址的周围，应划出一定的范围与空间作为史迹保护区。

（2）在史迹保护区内，可以安置必要的步行游览和安全防护设施，宜控制游人进入，不得安排旅宿床位，严禁增设与其无关的人为设施，严禁机动交通及其设施进入，严禁任何不利于保护的因素进入。

4. 风景恢复区的划分与保护规定：

（1）对风景区内需要重点恢复、培育、抚育、涵养、保持的对象与地区，例如森林与植被、水源与水土、浅海及水域生物、珍稀濒危生物、岩溶发育条件等，宜划出一定的范围与空间作为风景恢复区。

（2）在风景恢复区内，可以采用必要技术措施与设施；应分别限制游人和居民活动，不得安排与其无关的项目与设施，严禁对其不利的活动。

5. 风景游览区的划分与保护规定：

（1）对风景区的景物、景点、景群、景区等各级风景结构单元和风景游赏对象集中地，可以划出一定的范围与空间作为风景游览区。

（2）在风景游览区内，可以进行适度的资源利用行为，适宜安排各种游览欣赏项目；应分级限制机动交通及旅游设施的配置。并分级限制居民活动进入。

6. 发展控制区的划分与保护规定：

（1）在风景区范围内，对上述五类保育区以外的用地与水面及其他各项用地，均应划为发展控制区。

（2）在发展控制区内，可以准许原有土地利用方式与形态，可以安排同风景区性质与容量相一致的各项旅游设施及基地，可以安排有序的生产、经营管理等设施，应分别控制各项设施的规模与内容。

4.1.3 风景保护的分级应包括特级保护区、一级保护区、二级保护区和三级保护区等四级内容，并应符合以下规定：

1. 特级保护区的划分与保护规定：

（1）风景区内的自然保护核心区以及其他不应进入游人的区域应划为特级保护区。

（2）特级保护区应以自然地形地物为分界线，其外围应有较好的缓冲条件，在区内不得搞任何建筑设施。

2. 一级保护区的划分与保护规定：

（1）在一级景点和景物周围应划出一定范围与空间作为一级保护区，宜以一级景点的视域范围作为主要划分依据。

（2）一级保护区内可以安置必需的步行游赏道路和相关设施，严禁建设与风景无关的设施，不得安排旅宿床位，机动交通工具不得进入此区。

3. 二级保护区的划分与保护规定：

（1）在景区范围内，以及景区范围之外的非一级景点和景物周围应划为二级保护区。

（2）二级保护区内可以安排少量旅宿设施，但必须限制与风景游赏无关的建设，应限制机动交通工具进入本区。

4. 三级保护区的划分与保护规定：

（1）在风景区范围内，对以上各级保护区之外的地区应划为三级保护区。

（2）在三级保护区内，应有序控制各项建设与设施，并应与风景环境相协调。

4.1.4 保护培育规划应依据本风景区的具体情况和保护对象的级别而择优实行分类保护或分级保护，或两种方法并用，应协调处理保护培育、开发利用、经营管理的有机关系，加强引导性规划措施。

4.2 风景游赏规划

4.2.1 风景游览欣赏规划应包括景观特征分析与景象展示构思；游赏项目组织；风景单元组织；游线组织与游程安排；游人容量调控；风景游赏系统结构分析等基本内容。

4.2.2 景观特征分析和景象展示构思，应遵循景观多样化和突出自然美的原则，对景物和景观的种类、数量、特点、空间关系、意趣展示及其观览欣赏方式等进行具体分析和安排；并对欣赏点选择及其视点、视角、视距、视线、视域和层次进行分析和安排。

4.2.3 游赏项目组织应包括项目筛选、游赏方式、时间和空间安排、场地和游人活动等内容，并遵循以下原则：

1. 在与景观特色协调，与规划目标一致的基础上，组织新、奇、特、优的游赏项目；

2. 权衡风景资源与环境的承受力，保护风景资源永续利用；

3. 符合当地用地条件、经济状况及设施水平；

4. 尊重当地文化习俗、生活方式和道德规范。

4.2.4 游赏项目内容可在表4.2.4中择优并演绎。

4.2.5 风景单元组织应把游览欣赏对象组织成景物、景点、景群、园苑、景区等不同类型的结构单元，并应遵循以下原则：

1. 依据景源内容与规模、景观特征分区、构景与游赏需求等因素进行组织；

2. 使游赏对象在一定的结构单元和结构整体中发挥良好作用；

游赏项目类别表　　　　　　　　表4.2.4

游赏类别	游 赏 项 目
1. 野外游憩	①消闲散步②郊游野游③垂钓④登山攀岩⑤骑驭
2. 审美欣赏	①览胜②摄影③写生④寻幽⑤访古⑥寄情⑦鉴赏⑧品评⑨写作⑩创作
3. 科技教育	①考察②探胜探险③观测研究④科普⑤教育⑥采集⑦寻根回归⑧文博展览⑨纪念⑩宣传
4. 娱乐体育	①游戏娱乐②健身③演艺④体育⑤水上水下运动⑥冰雪活动⑦沙草场活动⑧其他体智技能运动
5. 休养保健	①避暑避寒②野营露营③休养④疗养⑤温泉浴⑥海水浴⑦泥沙浴⑧日光浴⑨空气浴⑩森林浴
6. 其他	①民俗节庆②社交聚会③宗教礼仪④购物商贸⑤劳作体验

3. 应为各景物间和结构单元间相互因借创造有利条件。

4.2.6 景点组织应包括景点的构成内容、特征、范围、容量；景点的主、次、配景和游赏序列组织；景点的设施配备；景点规划一览表等四部分。

4.2.7 景区组织应包括：景区的构成内容、特征、范围、容量；景区的结构布局、主景、景观多样化组织；景区的游赏活动和游线组织；景区的设施和交通组织要点等四部分。

4.2.8 游线组织应依据景观特征、游赏方式、游人结构、游人体力与游兴规律等因素，精心组织主要游线和多种专项游线，并应包括下列内容：

1. 游线的级别、类型、长度、容量和序列结构；
2. 不同游线的特点差异和多种游线间的关系；
3. 游线与游路及交通的关系。

4.2.9 游程安排应由游赏内容、游览时间、游览距离限定。游程的确定宜符合下列规定：

1. 一日游：不需住宿，当日往返；
2. 二日游：住宿一夜；
3. 多日游：住宿二夜以上。

4.3 典型景观规划

4.3.1 风景区应依据其主体特征景观或有特殊价值的景观进行典型景观规划。应包括典型景观的特征与作用分析；规划原则与目标；规划内容、项目、设施与组织；典型景观与风景区整体的关系等内容。

4.3.2 典型景观规划必须保护景观本体及其环境，保持典型景观的永续利用；应充分挖掘与合理利用典型景观的特征及价值，突出特点，组织适宜的游赏项目与活动；应妥善处理典型景观与其他景观的关系。

4.3.3 植物景观规划应符合以下规定：

1. 维护原生种群和区系，保护古树名木和现有大树，培育地带性树种和特有植物群落；

2. 因境制宜地恢复、提高植被覆盖率，以适地适树的原则扩大林地，发挥植物的多种功能优势，改善风景区的生态和环境；

3. 利用和创造多种类型的植物景观或景点，重视植物的科学意义，组织专题游览环境和活动；

4. 对各类植物景观的植被覆盖率、林木郁闭度、植物结构、季相变化、主要树种、地被与攀援植物、特有植物群落、特殊意义植物等，应有明确的分区分级的控制性指标及要求；

5. 植物景观分布应同其他内容的规划分区相互协调；在旅游设施和居民社会用地范围内，应保持一定比例的高绿地率或高覆盖率控制区。

4.3.4 建筑景观规划应符合以下规定：

1. 应维护一切有价值的原有建筑及其环境，严格保护文物类建筑，保护有特点的民居、村寨和乡土建筑及其风貌；

2. 风景区的各类新建筑，应服从风景环境的整体需求，不得与大自然争高低，在人工与自然协调融合的基础上，创造建筑景观和景点；

3. 建筑布局与相地立基，均应因地制宜，充分顺应和利用原有地形，尽量减少对原有地物与环境的损伤或改造；

4. 对风景区内各类建筑的性质与功能、内容与规模、标准与档次、位置与高度、体量与体形、色彩与风格等，均应有明确的分区分级控制措施；

5. 在景点规划或景区详细规划中，对主要建筑宜提出：（1）总平面布置；（2）剖面标高；（3）立面标高总框架；（4）同自然环境和原有建筑的关系等四项控制措施。

4.3.5 溶洞景观规划应符合以下规定：

1. 必须维护岩溶地貌、洞穴体系及其形成条件，保护溶洞的各种景物及其形成因素，保护珍稀、独特的景物及其存在环境；

2. 在溶洞功能选择与游人容量控制、游赏对象确定与景象意趣展示、景点组织与景区划分、游赏方式与游线组织、导游与赏景点组织等方面，均应遵循自然与科学规律及其成景原理，兼顾洞景的欣赏、科学、历史、保健等价值，有度有序地利用与发挥洞景潜力，组织适合本溶洞特征的景观特色；

3. 应统筹安排洞内与洞外景观，培育洞顶植被，禁止对溶洞自然景物滥施人工；

4. 溶洞的石景与土石方工程、水景与给排水工程、交通与道桥工程、电源与电缆工程、防洪与安全设备工程等，均应服从风景整体需求，并同步规划设计；

5. 对溶洞的灯光与灯具配置、导游与电器控制，以及光象、音响、卫生等因素，均应有明确的分区分级控制要求及配套措施。

4.3.6 竖向地形规划应符合以下规定：

1. 维护原有地貌特征和地景环境，保护地质珍迹、岩石与基岩、土层与地被、水体与水系，严禁炸山采石取土、乱挖滥填盲目整平、剥离及覆盖表土，防止水土流失、土壤退化、污染环境；

2. 合理利用地形要素和地景素材，应随形就势、因高就低地组织地景特色，不得大范围地改变地形或平整土地，应把未利用的废弃地、洪泛地纳入治山理水范围加以规划利用；

3. 对重点建设地段，必须实行在保护中开发、在开发中保护的原则，不得套用"几通一平"的开发模式，应统筹安排地形利用、工程补救、水系修复、表土恢复、地被更新、景观创意等各项技术措施；

4. 有效保护与展示大地标志物、主峰最高点、地形与测绘控制点，对海拔高度高差、坡度坡向、海河湖岸、水网密度、地表排水与地下水系、洪水潮汐淹没与浸蚀、水土流失与崩塌、滑坡与泥石流灾变等地形因素，均应有明确的分区分级控制；

5. 竖向地形规划应为其他景观规划、基础工程、水体水系流域整治及其他专项规划创造有利条件，并相互协调。

4.4 游览设施规划

4.4.1 旅行游览接待服务设施规划应包括游人与游览设施现状分析；客源分析预测与游人发展规模的选择；游览设施配备与直接服务人口估算；旅游基地组织与相关基础工程；游览设施系统及其环境分析等五部分。

4.4.2 游人现状分析，应包括游人的规模、结构、递增率、时间和空间分布及其消费状况。

4.4.3 游览设施现状分析，应表明供需状况、设施与景观及其环境的相互关系。

4.4.4 客源分析与游人发展规模选择应符合以下规定：

1. 分析客源地的游人数量与结构、时空分布、出游规律、消费状况等；
2. 分析客源市场发展方向和发展目标；
3. 预测本地区游人、国内游人、海外游人递增率和旅游收入；
4. 游人发展规模、结构的选择与确定，应符合表 4.4.4 的内容要求；
5. 合理的年、日游人发展规模不得大于相应的游人容量。

游人统计与预测　　　　表 4.4.4

项目	年度	海外游人		国内游人		本地游人		三项合计		年游人规模（万人/年）	年游人容量（万人/年）	备注
		数量	增率	数量	增率	数量	增率	数量	增率			
统计												
预测												

4.4.5 游览设施配备应包括旅行、游览、饮食、住宿、购物、娱乐、保健和其他等八类相关设施。应依据风景区、景区、景点的性质与功能，游人规模与结构，以及用地、淡水、环境等条件，配备相应种类、级别、规模的设施项目。

1. 旅宿床位应是游览设施的调控指标，应严格限定其规模和标准，应做到定性、定量、定位、定用地范围，并按（4.4.5-1）式计算。

$$床位数 = \frac{平均停留天数 \times 年住宿人数}{年旅游天数 \times 床位利用率} \quad (4.4.5-1)$$

2. 直接服务人员估算应以旅宿床位或饮食服务两类游览设施为主，其中，床位直接服务人员估算可按（4.4.5-2）式计算：

$$直接服务人员 = 床位数 \times 直接服务人员与床位数比例$$
$$(4.4.5-2)$$

式中，直接服务人口与床位数比例：1:2~1:10

4.4.6 游览设施布局应采用相对集中与适当分散相结合的原则，应方便游人，利于发挥设施效益，便于经营管理与减少干扰。应依据设施内容、规模、等级、用地条件和景观结构等，分别组成服务部、旅游点、旅游村、旅游镇、旅游城、旅游市等六级旅游服务基地，并提出相应的基础工程原则和要求。

4.4.7 旅游基地选择应符合以下原则：

1. 应有一定的用地规模，既应接近游览对象又应有可靠的隔离，应符合风景保护的规定，严禁将住宿、饮食、购物、娱乐、保健、机动交通等设施布置在有碍景观和影响环境质量的地段；

2. 应具备相应的水、电、能源、环保、抗灾等基础工程条件，靠近交通便捷的地段，依托现有游览设施及城镇设施；

3. 避开有自然灾害和不利于建设的地段。

4.4.8 依风景区的性质、布局和条件的不同，各项游览设施既可配置在各级旅游基地中，也可以配置在所依托的各级居民点中，其总量和级配关系应符合风景区规划的需求，应符合表4.4.8的规定。

游览设施与旅游基地分级配置表 表4.4.8

设施类型	设施项目	服务部	旅游点	旅游村	旅游镇	旅游城	备注
一、旅行	1. 非机动交通	▲	▲	▲	▲	▲	步道、马道、自行车道、存车、修理
	2. 邮电通信	△	△	▲	▲	▲	话亭、邮亭、邮电所、邮电局
	3. 机动车船	×	△	△	▲	▲	车站、车场、码头、油站、道班
	4. 火车站	×	×	×	△	△	对外交通，位于风景区外缘
	5. 机场	×	×	×	×	△	对外交通，位于风景区外缘

续表

设施类型	设施项目	服务部	旅游点	旅游村	旅游镇	旅游城	备注
二、游览	1. 导游小品	▲	▲	▲	▲	▲	标示、标志、公告牌、解说图片
	2. 休憩庇护	△	▲	▲	▲	▲	坐椅桌、风雨亭、避难屋、集散点
	3. 环境卫生	△	▲	▲	▲	▲	废弃物箱、公厕、盥洗处、垃圾站
	4. 宣讲咨询	×	△	△	▲	▲	宣讲设施、模型、影视、游人中心
	5. 公安设施	×	△	△	▲	▲	派出所、公安局、消防站、巡警
三、饮食	1. 饮食点	▲	▲	▲	▲	▲	冷热饮料、乳品、面包、糕点、糖果
	2. 饮食店	△	▲	▲	▲	▲	包括快餐、小吃、野餐烧烤点
	3. 一般餐厅	×	△	△	▲	▲	饭馆、饭铺、食堂
	4. 中级餐厅	×	×	△	▲	▲	有停车车位
	5. 高级餐厅	×	×	×	△	▲	有停车车位
四、住宿	1. 简易旅宿点	×	▲	▲	▲	▲	包括野营点、公用卫生间
	2. 一般旅馆	×	△	▲	▲	▲	六级旅馆、团体旅舍
	3. 中级旅馆	×	×	△	▲	▲	四、五级旅馆
	4. 高级旅馆	×	×	×	△	▲	二、三级旅馆
	5. 豪华旅馆	×	×	×	×	△	一级旅馆
五、购物	1. 小卖部、商亭	▲	▲	▲	▲	▲	
	2. 商摊集市墟场	×	△	△	▲	▲	集散有时、场地稳定
	3. 商店	×	×	△	▲	▲	包括商业买卖街、步行街
	4. 银行、金融	×	×	×	△	▲	储蓄所、银行
	5. 大型综合商场	×	×	×	△	▲	
六、娱乐	1. 文博展览	×	△	△	▲	▲	文化、图书、博物、科技、展览馆等
	2. 艺术表演	×	×	△	▲	▲	影剧院、音乐厅、杂技场、表演场
	3. 游戏娱乐	×	×	△	▲	▲	游乐场、歌舞厅、俱乐部、活动中心
	4. 体育运动	×	×	△	▲	▲	室内外各类体育运动健身竞赛场地
	5. 其他游娱文体	×	×	×	△	△	其他游娱文体台站团体训练基地

续表

设施类型	设施项目	服务部	旅游点	旅游村	旅游镇	旅游城	备注
七、保健	1. 门诊所	△	△	▲	▲	▲	无床位、卫生站
	2. 医院	×	×	△	▲	▲	有床
	3. 救护站	×	×	△	▲	▲	无床位
	4. 休养度假	×	×	△	△	▲	有床位
	5. 疗养	×	×	△	△	▲	有床位
八、其他	1. 审美欣赏	▲	▲	▲	▲	▲	景观、寄情、鉴赏、小品类设施
	2. 科技教育	△	△	▲	▲	▲	观测、试验、科教、纪念设施
	3. 社会民俗	×	△	△	▲	▲	民俗、节庆、乡土设施
	4. 宗教礼仪	×	△	△	△	△	宗教设施、坛庙堂祠、社交礼制设施
	5. 宜配新项目	×	×	△	△	△	演化中的德智体技能和功能设施

限定说明：禁止设置×；可以设置△；应该设置▲。

4.5 基础工程规划

4.5.1 风景区基础工程规划，应包括交通道路、邮电通信、给水排水和供电能源等内容，根据实际需要，还可进行防洪、防火、抗灾、环保、环卫等工程规划。

4.5.2 风景区基础工程规划，应符合下列规定：

1. 符合风景区保护、利用、管理的要求；

2. 同风景区的特征、功能、级别和分区相适应，不得损坏景源、景观和风景环境；

3. 要确定合理的配套工程、发展目标和布局，并进行综合协调；

4. 对需要安排的各项工程设施的选址和布局提出控制性建设要求；

5. 对于大型工程或干扰性较大的工程项目及其规划，应进行专项景观论证、生态与环境敏感性分析；并提交环境影响评价报告。

4.5.3 风景区交通规划，应分为对外交通和内部交通两方面内容。应进行各类交通流量和设施的调查、分析、预测，提出各类交通存在的问题及其解决措施等内容。

1. 对外交通应要求快速便捷，布置于风景区以外或边缘地区；

2. 内部交通应具有方便可靠和适合风景区特点，并形成合理的网络系统；

3. 对内部交通的水、陆、空等机动交通的种类选择、交通流量、线路走向、场站码头及其配套设施，均应提出明确而有效的控制要求和措施。

4.5.4 风景区道路规划，应符合以下规定：

1. 合理利用地形，因地制宜地选线，同当地景观和环境相配合；

2. 对景观敏感地段，应用直观透视演示法进行检验，提出相应的景观控制要求；

3. 不得因追求某种道路等级标准而损伤景源与地貌，不得损坏景物和景观；

4. 应避免深挖高填，因道路通过而形成的竖向创伤面的高度或竖向砌筑面的高度，均不得大于道路宽度。并应对创伤面提出恢复性补救措施。

4.5.5 邮电通信规划，应提供风景区内外通信设施的容量、线路及布局，并应符合以下规定：

1. 各级风景区均应配备能与国内联系的通信设施；

2. 国家级风景区还应配备能与海外联系的现代化通信设施；

3. 在景点范围内，不得安排架空电线穿过，宜采用隐蔽工程。

4.5.6 风景区给水排水规划，应包括现状分析；给、排水量预测；水源地选择与配套设施；给水、排水系统组织；污染源预测及污水处理措施；工程投资匡算。给水、排水设施布局还应符合以下规定：

1. 在景点和景区范围内，不得布置暴露于地表的大体量给水和污水处理设施；

2. 在旅游村镇和居民村镇宜采用集中给水、排水系统，主要给水设施和污水处理设施可安排在居民村镇及其附近。

4.5.7 风景区供电规划，应提供供电及能源现状分析，负荷预测，供电电源点和电网规划三项基本内容。并应符合以下规定：

1. 在景点和景区内不得安排高压电缆和架空电线穿过；

2. 在景点和景区内不得布置大型供电设施；

3. 主要供电设施宜布置于居民村镇及其附近。

4.5.8 风景区内供水、供电及床位用地标准，应在表4.5.8中选用，并以下限标准为主。

供水、供电及床位用地标准　　　表4.5.8

类别	供水 (L/床·日)	供电 (W/床)	用地 (m²/床)	备注
简易宿点	50～100	50～100	50以下	公用卫生间
一般旅馆	100～200	100～200	50～100	六级旅馆
中级旅馆	200～400	200～400	100～200	四五级旅馆
高级旅馆	400～500	400～1000	200～400	二三级旅馆
豪华旅馆	500以上	1000以上	300以上	一级旅馆
居民	60～150	100～500	50～150	
散客	10～30L/人·日			

4.6 居民社会调控规划

4.6.1 凡含有居民点的风景区，应编制居民点调控规划；凡含有一个乡或镇以上的风景区，必须编制居民社会系统规划。

4.6.2 居民社会调控规划应包括现状、特征与趋势分析；人口发展规模与分布；经营管理与社会组织；居民点性质、职能、动因特征和分布；用地方向与规划布局；产业和劳力发展规划等内容。

4.6.3 居民社会调控规划应遵循下列基本原则：

1. 严格控制人口规模，建立适合风景区特点的社会运转机制；
2. 建立合理的居民点或居民点系统；
3. 引导淘汰型产业的劳力合理转向。

4.6.4 居民社会调控规划应科学预测和严格限定各种常住人口规模及其分布的控制性指标；应根据风景区需要划定无居民区、居民衰减区和居民控制区。

4.6.5 居民点系统规划，应与城市规划和村镇规划相互协调，对已有的城镇和村点提出调整要求，对拟建的旅游村、镇和管理基地提出控制性规划纲要。

4.6.6 对农村居民点应划分为搬迁型、缩小型、控制型和聚居型等四种基本类型，并分别控制其规模布局和建设管理措施。

4.6.7 居民社会用地规划严禁在景点和景区内安排工业项目、城镇建设和其他企事业单位用地，不得在风景区内安排有污染的工副业和有碍风景的农业生产用地，不得破坏林木而安排建设项目。

4.7 经济发展引导规划

4.7.1 经济发展引导规划,应以国民经济和社会发展规划、风景与旅游发展战略为基本依据,形成独具风景区特征的经济运行条件。

4.7.2 经济发展引导规划应包括经济现状调查与分析;经济发展的引导方向;经济结构及其调整;空间布局及其控制;促进经济合理发展的措施等内容。

4.7.3 风景区经济引导方向,应以经济结构和空间布局的合理化结合为原则,提出适合风景区经济发展的模式及保障经济持续发展的步骤和措施。

4.7.4 经济结构的合理化应包括以下内容:

1. 明确各主要产业的发展内容、资源配置、优化组合及其轻重缓急变化;

2. 明确旅游经济、生态农业和工副业的合理发展途径;

3. 明确经济发展应有利于风景区的保护、建设和管理。

4.7.5 空间布局合理化应包括以下内容:

1. 应明确风景区内部经济、风景区周边经济、风景区所在地经济等三者的空间关系和内在联系;应有节律地调控区内经济、发展边缘经济、带动地区经济;

2. 明确风景区内部经济的分区分级控制和引导方向;

3. 明确综合农业生产分区、农业生产基地、工副业布局及其与风景保护区、风景游览地、旅游基地的关系。

4.8 土地利用协调规划

4.8.1 土地利用协调规划应包括土地资源分析评估;土地利用现状分析及其平衡表;土地利用规划及其平衡表等内容。

4.8.2 土地资源分析评估,应包括对土地资源的特点、数量、质量与潜力进行综合评估或专项评估。

4.8.3 土地利用现状分析,应表明土地利用现状特征,风景用地与生产生活用地之间关系,土地资源演变、保护、利用和管理存在的问题。

4.8.4 土地利用规划,应在土地利用需求预测与协调平衡的基础上,表明土地利用规划分区及其用地范围。

4.8.5 土地利用规划应遵循下列基本原则:

1. 突出风景区土地利用的重点与特点,扩大风景用地;

2. 保护风景游赏地、林地、水源地和优良耕地;

3. 因地制宜地合理调整土地利用,发展符合风景区特征的土地利用方式与结构。

4.8.6 风景区土地利用平衡应符合表4.8.6的规定,并表明规划前后土地利用方式和结构变化。

4.8.7 风景区的用地分类应按土地使用的主导性质进行划分,应符合表4.8.7的规定。

4.8.8 在具体使用表4.8.6和表4.8.7时,可依据工作性质、内容、深度的不同要求,采用其分类的全部或部分类别,但不得增设新的类别。

4.8.9 土地利用规划应扩展甲类用地,控制乙类、丙类、丁类、庚类用地,缩减癸类用地。

风景区用地平衡表　　　　　表4.8.6

序号	用地代号	用地名称	面积(km^2)	占总用地%		人均(m^2/人)		备注
				现状	规划	现状	规划	
00	合计	风景区规划用地		100	100			
01	甲	风景游赏用地						
02	乙	游览设施用地						
03	丙	居民社会用地						
04	丁	交通与工程用地						
05	戊	林　　地						
06	己	园　　地						
07	庚	耕　　地						
08	辛	草　　地						
09	壬	水　　域						
10	癸	滞留用地						
备注	＿＿年,现状总人口＿＿万人。其中:(1)游人＿＿ (2)职工＿＿ (3)居民＿＿ ＿＿年,规划总人口＿＿万人。其中:(1)游人＿＿ (2)职工＿＿ (3)居民＿＿							

风景区用地分类表　　表 4.8.7

类别代号			用地名称	范围	规划限定
大类	中类	小类			
甲			风景游赏用地	游览欣赏对象集中区的用地。向游人开放	▲
	甲1		风景点建设用地	各级风景结构单元（如景物、景点、景群、园院、景区等）的用地	▲
	甲2		风景保护用地	独立于景点以外的自然景观、史迹、生态等保护区用地	▲
	甲3		风景恢复用地	独立于景点以外的需要重点恢复、培育、涵养和保持的对象用地	▲
	甲4		野外游憩用地	独立于景点之外，人工设施较少的大型自然露天游憩场所	▲
	甲5		其他观光用地	独立于上述四类用地之外的风景游赏用地。如宗教、风景林地等	△
乙			游览设施用地	直接为游人服务而又独立于景点之外的旅行游览接待服务设施用地	▲
	乙1		旅游点建设用地	独立设置的各级旅游基地（如部、点、村、镇、城等）的用地	▲
	乙2		游娱文体用地	独立于旅游点外的游戏娱乐、文化体育、艺术表演用地	▲
	乙3		休养保健用地	独立设置的避暑避寒、休养、疗养、医疗、保健、康复等用地	▲
	乙4		购物商贸用地	独立设置的商贸、金融保险、集贸市场、食宿服务等设施用地	△
	乙5		其他游览设施用地	上述四类之外，独立设置的游览设施用地，如公共浴场等用地	△
丙			居民社会用地	间接为游人服务而又独立设置的居民社会、生产管理等用地	△
	丙1		居民点建设用地	独立设置的各级居民点（如组、点、村、镇、城等）的用地	△
	丙2		管理机构用地	独立设置的风景区管理机构、行政机构用地	▲
	丙3		科技教育用地	独立地段的科技教育用地。如观测科研、广播、职教等用地	△

续表

类别代号			用地名称	范围	规划限定
大类	中类	小类			
丙	丙4		工副业生产用地	为风景区服务而独立设置的各种工副业及附属设施用地	△
	丙5		其他居民社会用地	如殡葬设施等	○
丁			交通与工程用地	风景区自身需求的对外、内部交通通信与独立的基础工程用地	▲
	丁1		对外交通通信用地	风景区入口同外部沟通的交通用地。位于风景区外缘	▲
	丁2		内部交通通信用地	独立于风景点、旅游点、居民点之外的风景区内部联系交通	▲
	丁3		供应工程用地	独立设置的水、电、气、热等工程及其附属设施用地	△
	丁4		环境工程用地	独立设置的环保、环卫、水保、垃圾、污物处理设施用地	△
	丁5		其他工程用地	如防洪水利、消防防灾、工程施工、养护管理设施等工程用地	△
戊			**林地**	**生长乔木、竹类、灌木、沿海红树林等林木的土地,风景林不包括在内**	△
	戊1		成林地	有林地,郁闭度大于30%的林地	△
	戊2		灌木林	覆盖度大于40%的灌木林地	△
	戊3		竹林	生长竹类的林地	
	戊4		苗圃	固定的育苗地	△
	戊5		其他林地	如迹地、未成林造林地、郁闭度小于30%的林地	△
己			园地	种植以采集果、叶、根、茎为主的集约经营的多年生作物	△
	己1		果园	种植果树的园地	△
	己2		桑园	种植桑树的园地	△
	己3		茶园	种植茶园的园地	○
	己4		胶园	种植橡胶树的园地	△
	己5		其他园地	如花圃苗圃、热作园地及其他多年生作物园地	○

续表

类别代号			用地名称	范围	规划限定
大类	中类	小类			
庚			耕地	种植农作物的土地	○
	庚1		菜地	种植蔬菜为主的耕地	○
	庚2		旱地	无灌溉设施、靠降水生长作物的耕地	○
	庚3		水田	种植水生作物的耕地	○
	庚4		水浇地	指水田菜地以外,一般年景能正常灌溉的耕地	○
	庚5		其他耕地	如季节性、一次性使用的耕地、望天田等	○
辛			草地	生长各种草本植物为主的土地	△
	辛1		天然牧草地	用于放牧或割草的草地、花草地	○
	辛2		改良牧草地	采用灌排水、施肥、松耙、补植进行改良的草地	○
	辛3		人工牧草地	人工种植牧草的草地	○
	辛4		人工草地	人工种植铺装的草地、草坪、花草地	△
	辛5		其他草地	如荒草地、杂草地	△
壬			水域	未列入各景点或单位的水域	△
	壬1		江、河		△
	壬2		湖泊、水库	包括坑塘	△
	壬3		海域	海湾	△
	壬4		滩涂	包括沼泽、水中苇地	
	壬5		其他水域用地	冰川及永久积雪地、沟渠水工建筑地	
癸			滞留用地	非风景区需求,但滞留在风景区内的各项用地	×
	癸1		滞留工厂仓储用地		×
	癸2		滞留事业单位用地		×
	癸3		滞留交通工程用地		×
	癸4		未利用地	因各种原因尚未使用的土地	○
	癸5		其他滞留用地		×

规划限定说明:应该设置▲;可以设置△;可保留不宜新置○;禁止设置×。

4.9 分期发展规划

4.9.1 风景区总体规划分期应符合以下规定：
1. 第一期或近期规划：5年以内；
2. 第二期或远期规划：5~20年；
3. 第三期或远景规划：大于20年。

4.9.2 在安排每一期的发展目标与重点项目时，应兼顾风景游赏、游览设施、居民社会的协调发展，体现风景区自身发展规律与特点。

4.9.3 近期发展规划应提出发展目标、重点、主要内容，并应提出具体建设项目、规模、布局、投资估算和实施措施等。

4.9.4 远期发展规划的目标应使风景区内各项规划内容初具规模。并应提出发展期内的发展重点、主要内容、发展水平、投资匡算、健全发展的步骤与措施。

4.9.5 远景规划的目标应提出风景区规划所能达到的最佳状态和目标。

4.9.6 近期规划项目与投资估算应包括风景游赏、游览设施、居民社会三个职能系统的内容以及实施保育措施所需的投资。

4.9.7 远期规划的投资匡算应包括风景游赏、游览设施两个系统的内容。

5 规划成果与深度规定

5.0.1 风景区规划的成果应包括风景区规划文本、规划图纸、规划说明书、基础资料汇编四个部分。

5.0.2 规划文本应以法规条文方式，直接叙述规划主要内容的规定性要求。

5.0.3 规划图纸应清晰准确，图文相符，图例一致，并应在图纸的明显处标明图名、图例、风玫瑰、规划期限、规划日期、规划单位及其资质图签编号等内容。

5.0.4 规划设计的主要图纸应符合表5.0.4的规定。

5.0.5 规划说明书应分析现状，论证规划意图和目标，解释和说明规划内容。

风景区总体规划图纸规定　　　表 5.0.4

图纸资料名称	比例尺 风景区面积（km²）				制图选择			图纸特征	有些图纸可与下列编号的图纸合并
	20 以下	20~100	100~500	500 以上	综合型	复合型	单一型		
1. 现状（包括综合现状）	1:5000	1:10000	1:25000	1:50000	▲	▲	▲	标准地形图上制图	
2. 景源评价与现状分析	1:5000	1:10000	1:25000	1:50000	▲	△	△	标准地形图上制图	1
3. 规划设计总图	1:5000	1:10000	1:25000	1:50000	▲	▲	▲	标准地形图上制图	
4. 地理位置或区域分析	1:25000	1:50000	1:100000	1:200000	▲	△	△	可以简化制图	
5. 风景游赏规划	1:5000	1:10000	1:25000	1:50000	▲	▲	▲	标准地形图上制图	
6. 旅游设施配套规划	1:5000	1:10000	1:25000	1:50000	▲	▲	△	标准地形图上制图	3
7. 居民社会调控规划	1:5000	1:10000	1:25000	1:50000	▲	△	△	标准地形图上制图	3
8. 风景保护培育规划	1:10000	1:25000	1:50000	1:100000	▲	△	△	可以简化制图	3 或 5
9. 道路交通规划	1:10000	1:25000	1:50000	1:100000	▲	△	△	可以简化制图	3 或 6
10. 基础工程规划	1:10000	1:25000	1:50000	1:100000	▲	△	△	可以简化制图	3 或 6
11. 土地利用协调规划	1:10000	1:25000	1:50000	1:100000	▲	▲	△	标准地形图上制图	3 或 7
12. 近期发展规划	1:10000	1:25000	1:50000	1:100000	▲	△	△	标准地形图上制图	3

说明：▲应单独出图；△可作图纸。

附录 A 本规范用词说明

1 为便于在执行本规范条文时区别对待，对于要求严格程度不同的用词说明如下：
(1) 表示很严格，非这样做不可的用词：
正面词采用"必须"，
反面词采用"严禁"；
(2) 表示严格，在正常情况下均应这样做的用词：
正面词采用"应"，
反面词采用"不应"或"不得"；
(3) 对表示允许稍有选择，在条件许可时首先应这样做的用词：
正面词采用"宜"，
反面词采用"不宜"。
表示有选择，在一定条件下可以这样做的，采用"可"。
2 条文中指明应按其他有关标准、规范执行时，写法为"应按……执行"或"应符合……的规定"。

二、风景名胜区分类标准

（中华人民共和国行业标准 CJJ/T 121－2008　2008 年 8 月 11 日住房和城乡建设部公告第 83 号公布　自 2008 年 12 月 1 日起施行）

1　总　　则

1.0.1　为明确我国风景名胜区的类别，对不同类别的风景名胜区实行科学保护，有效利用，制定本标准。

1.0.2　本标准适用于风景名胜区的分类。

1.0.3　风景名胜区分类除执行本标准外，尚应符合国家现行有关标准的规定。

2　风景名胜区分类

2.0.1　风景名胜区按照其主要特征可分为 14 类。

2.0.2　风景名胜区类别代码应采用"SHA"和阿拉伯数字表示。

2.0.3　风景名胜区分类应符合表 2.0.3 的规定。

风景名胜区分类　　　　表 2.0.3

类别代码	类别名称		类别特征
	中文名称	英文名称	
SHA1	历史圣地类	Sacred Places	指中华文明始祖遗存集中或重要活动，以及与中华文明形成和发展关系密切的风景名胜区。不包括一般的名人或宗教胜迹
SHA2	山岳类	Mountains	以山岳地貌为主要特征的风景名胜区。此类风景名胜区具有较高生态价值和观赏价值。包括一般的人文胜迹
SHA3	岩洞类	Caves	以岩石洞穴为主要特征的风景名胜区。包括溶蚀、侵蚀、塌陷等成因形成的岩石洞穴

续表

类别代码	类别名称		类别特征
	中文名称	英文名称	
SHA4	江河类	Rivers	以天然及人工河流为主要特征的风景名胜区。包括季节性河流、峡谷和运河
SHA5	湖泊类	Lakes	以宽阔水面为主要特征的风景名胜区。包括天然或人工形成的水体
SHA6	海滨海岛类	Seashores and Islands	以海滨地貌为主要特征的风景名胜区。包括海滨基岩、岬角、沙滩、滩涂、泻湖和海岛岩礁等
SHA7	特殊地貌类	Specified Landforms	以典型、特殊地貌为主要特征的风景名胜区。包括火山熔岩、热田汽泉、沙漠碛滩、蚀余景观、地质珍迹、草原、戈壁等
SHA8	城市风景类	Urban Landscape	指位于城市边缘，兼有城市公园绿地日常休闲、娱乐功能的风景名胜区。其部分区域可能属于城市建设用地
SHA9	生物景观类	Bio-landscape	以特色生物景观为主要特征的风景名胜区
SHA10	壁画石窟类	Grottos and Murals	以古代石窟造像、壁画、岩画为主要特征的风景名胜区
SHA11	纪念地类	Memorial Places	以名人故居，军事遗址、遗迹为主要特征的风景名胜区。包括其历史特征、设施遗存和环境
SHA12	陵寝类	Emperor and Notable Tombs	以帝王、名人陵寝为主要内容的风景名胜区。包括陵区的地上、地下文物和文化遗存，以及陵区的环境
SHA13	民俗风情类	Folkways	以特色传统民居、民俗风情和特色物产为主要特征的风景名胜区
SHA14	其他类	Others	未包括在上述类别中的风景名胜区

本标准用词说明

1. 为便于在执行本标准条文时区别对待，对要求严格程度不同的用词说明如下：

1）表示很严格，非这样做不可的：

正面词采用"必须"，反面词采用"严禁"；

2）表示严格，在正常情况下均应这样做的：

正面词采用"应"，反面词采用"不应"或"不得"；

3）表示允许稍有选择，在条件许可时首先应这样做的：

正面词采用"宜"或"可"，反面词采用"不宜"；

表示有选择，在一定条件下可以这样做的，采用"可"。

2. 条文中指明应按其他有关标准、规范执行时，写法为"应符合……的规定"或"应按……执行"。

风景名胜区分类标准条文说明

1 总　则

1.0.1 分类标准编制的目的

有利于依据我国风景名胜区的类别特征，采取相应的分类保护措施，制定相应的规划、设计、建设、管理、监测、保护和统计等工作标准。确定不同的管理目标和管理手段，科学地制定游人容量，合理安排旅游活动和服务设施。

2 风景名胜区分类

2.0.1 类别的确定

风景名胜区一般分为自然类、人文类和自然与人文综合类三大类别。为了便于操作，本标准直接进行更细的分类。类别不分为大类、小类，而一并分为 14 个类别。

1. 有利于风景名胜区中不同类别景区的分类管理

我国的有些风景名胜区是将不同类别的景区经"捆绑"后申报的，因此各个景区往往就是不同类别的小型风景名胜区，存在着"同一地域，多种类别"的情况，即一个风景名胜区可能由几种类别的景区组成。如三江并流风景名胜区中包含"山岳"、"江河"、"民俗风情"等类别，因此，不同类别的景区可以参照风景名胜区的不同类别进行管理。同样，有些风景名胜区也可以分属于两个不同类别，如八达岭—十三陵风景名胜区可以分属于"纪念地类"和"陵寝类"。不同的景区可以参照相应的风景名胜区类别进行管理。

2 按照各个风景名胜区的主要特征进行分类

（1）我国风景名胜区与国际上国家公园的相似之处主要在于山岳江湖的自然景观、地质地貌的科学价值和自然环境的生态意义等几个方面。我国的风景名胜区地理分布特征明显，很多分布在沿海、沿河湖水系，以及山与海、山与平原的交界处，所以山岳类别、河流类别、湖泊类别、海滨类别非常突出。

（2）我国风景名胜区与国际上国家公园的不同之处在于其承载了中华文明起源、发展的足迹和社会文明变迁的大量信息，风景名胜区的历史文化内涵独特而深厚。

3. 保留我国风景名胜区自身特色

保留我国风景名胜区自然多样、历史悠久、人文独特、景观丰富的特点，同时考虑与国际上不同类别的国家公园在分类管理上的交流。类别的确定充分考虑到我国现有的187处国家级风景名胜区中人文因素较重、历史文化内涵丰富、"名胜"比例较大的特点，同时，结合国际上国家公园以地貌和景观特征为主要线索的分类，将我国的风景名胜区分为14个类别。其中的第1类、第10类、第11类、第12类和第13类，以我国风景名胜区的人文特点为主；第2类、第3类、第4类、第5类、第6类、第7类、第8类和第9类以地貌、生物和景观特征为主。

不考虑分级的因素，以各个风景名胜区的主要特征作为分类的依据。因为在我国目前的风景名胜区中，同一地域范围内也可能具有多重特征。比如，嵩山风景名胜区的历史人文特征、风景美学特征、地质特征和山地生态特征并存。但按照其历史人文较其他特征更具突出的特征，我们把嵩山归属于"历史圣地类"风景名胜区。

为了便于国际交流，本分类标准参考了国家公园历史比较长、分类比较成型的美国国家公园体系分类和世界自然保护联盟（IUCN）对保护地的分类，同时，结合我国国情和现状，奠定我国风景名胜区体系的基础。相对世界自然保护联盟（IUCN）的分类而言，本分类标准更多地参照较为重视管理的美国国家公园体系分类。

4. 目前的分类不宜过细

如果各地在分类工作中遇到本分类标准中没有提到的新的类别，可以归纳到"其他类"中，在相关的类别比较成熟后，可以对本分类标准进行补充和扩展。

2.0.2 关于类别代码

风景名胜区类别代码采用风景名胜区英文名称——Scenic and Historic Areas 的词头大写字母"SHA"和阿拉伯数字表示。如"SHA 1"表示第 1 类"历史圣地类",依次类推。

2.0.3 关于英文名称

与国际上国家公园对应紧密的风景名胜区尽量采用相应的英文名称;我国特色类别的风景名胜区的名称由于很难找到确切对应的英文词汇,故在保持原有含义的前提下,尽量采用意译的方式。

2.0.4 各类别的解释

表 2.0.3 已就各类风景名胜区的中、英文名称,类别特征作了简明的规定,以下按顺序说明。

1. 历史圣地类

(1) 关于"历史圣地类"名称的说明

此类别风景名胜区可供选择的类似名称有:神圣之地、圣洁之地、名胜之地、祭祀祭祖之地、谒拜之地、崇敬之地、文化祖庭、封禅之地。用"历史圣地"作为这一类别名称适合表达该地域在中华民族文明历史的发生、发展进程中所承载的独特价值。

(2) 关于"历史圣地类"风景名胜区的说明

① "三山五岳"中的"五岳",帝王封禅祭祀的地方。如泰山风景名胜区、恒山风景名胜区。

② "三皇五帝"中华文明始祖故里或活动区域。如黄帝陵风景名胜区、宝鸡天台山风景名胜区(炎帝故里)、湖南炎帝陵风景名胜区等。

③ 圣贤学说的祖庭,儒、释、道三学文化集中的区域,如四大佛教名山,四大道教名山,孔子活动的遗迹、峨眉山风景名胜区、青城山风景名胜区。一般的宗教区域不属于此类。

④ "历史圣地类"大多历史悠久,在中华文明的形成中有着历史纪念地的作用,虽然以后还可以增加数量,但是这类风景名胜区的总量有限。这些地区是中华文明独特的发生、发展的区域,或具备全民共同祭奠、纪念的内涵。如海内外炎黄子孙公祭黄帝等大典活动,都是在这类地区开展的,它们也是中华文化的重要载体。单列出"历史圣地类"可以突出我国风景名胜区与中华文明的独特关系,有利于全

中华民族对世界上唯一承传不断的古老文明的认同,也容易与国际上的"国家公园"相区别。如泰山风景名胜区、黄帝陵风景名胜区、峨眉山风景名胜区等。而其他风景名胜区不论其风景有多么的秀美,是否是世界遗产,对后来的区域文化有什么样的影响,都还不足以列入此类,如黄山风景名胜区。

⑤ 一旦按照风景名胜区的主要特征列到"历史圣地类",则不再归并到其他次要特征的类别中。比如,黄帝陵、泰山、普陀山风景名胜区列入"历史圣地类",则分别不再列入"陵寝类"、"山岳类"和"海滨海岛类"。

2. 山岳类

(1) 关于"山岳类"名称的说明

山岳是一种地貌,在地质学中包括由各类岩石、黄土,以及沙积等构成的类别;按海拔分为高山、中山、低山及丘陵。丰富的地貌是构成丰富景观资源的载体。

(2) 关于"山岳类"风景名胜区的说明

① 我国是一个多山的国家,山区和丘陵占国土面积的2/3,山岳景观数量多而且类别全,我国也是世界上最早把山岳作为风景资源来利用的国家。因此,山岳类别在数量上居于我国风景名胜区的首位。如庐山风景名胜区。

② 可供选择的名称有"山地类",虽与英文和国外相关名称相近,但缺乏我国特色。我国传统意义上称"高大的山"为"岳"或"山岳","岳"字本身体现了我国文字的文化属性,这与我国大多数风景名胜区具有较高文化属性的特质是相一致的。故用"山岳类"对应国际上的"Mountains"较合适,与"江河类"、"湖泊类"也比较对应。

③ 历史上,山岳的形象在我国先民的心中占有特殊的地位,有些还成为历代传统文化信仰的历史圣地。为区别山岳中此类"历史圣地"风景名胜区,"山岳类"风景名胜区应强调和突出它的自然属性,包括地质、地貌、动植物等的生态价值和美学价值。

3. 岩洞类

(1) 关于"岩洞类"名称和洞穴风景的说明

岩洞风景是指岩石洞腔内的景观现象,是具有特别吸引力的地貌景观。我国的岩洞风景以岩溶洞穴景观最为丰富,风景价值最为独特，其特有的洞体构成与洞腔空间、景石现象、水景、光景和气象、生物景象和人文风景，都具有很高的风景价值，在世界上享有盛誉。

（2）关于"岩洞类"风景名胜区的说明

我国岩溶洞穴为主的风景名胜区多以独立洞或群洞构成。如龙宫风景名胜区、织金洞风景名胜区。

4. 江河类

（1）关于"江河类"名称的说明

可供选择的名称有"河流类"。指陆地表面经常或间歇有水流动的线形天然和人工水道的总称。较大的称江、河、川、水，较小的称溪、涧、沟、渠等。

（2）关于"江河类"风景名胜区的说明

① 江河一般由河源、河口和河段组成。本类别风景名胜区特指以经常有水流动的天然或人工水道为主体，且具有较高生态价值和人文美学价值的风景名胜区。如漓江风景名胜区、楠溪江风景名胜区等。

② 涉及河流河源的如泉水、湖泊、沼泽和冰川的风景名胜区，或涉及河流河口的如湖泊、沼泽风景名胜区，或间歇有水流动的线形天然水道，或河流流进干旱沙漠区的风景名胜区，不纳入此类风景名胜区。

5. 湖泊类

（1）关于"湖泊类"名称的说明

按《辞海》解释，湖泊指湖盆的积水部分。体积大小不一。按湖盆成因，分为构造湖、火口湖、冰川湖、堰塞湖、岩溶湖（喀斯特湖）、潟湖、人工湖等。湖泊所展示的水面，具有宽阔的显著特征，也是区别于河流的特点。

（2）关于"湖泊类"风景名胜区的说明

① 由于湖盆成因的不同，湖泊类风景名胜区具有较大的规模和景观差异。除水面作为主体之外，也要具有优美的风景。如滇池风景名胜区。

② 此类别包括因筑坝而形成人造湖泊特征的风景名胜区。如红枫湖风景名胜区。

6. 海滨海岛类

（1）关于"海滨海岛类"名称的说明

海滨风景资源应具有海岸的基本景观风貌特点。大陆海岸景观大致包括基岩海岸、海滨沙滩、石滩、海滨滩涂、泽地等。这些不同的海岸地貌因分布形式不同可组成岬角、海湾、海峡、连岛沙堤、沙坝潟湖、海岛、群岛、岩礁、礁林、礁盘等。因基岩海岸的成岩特性和海蚀作用，可形成海蚀崖、海蚀台、海蚀洞和各类珊瑚岛礁等。

（2）关于"海滨海岛类"风景名胜区的说明

海滨海岛类的风景名胜区是指海滨风景资源占据了其风景资源主体的风景名胜区。这些风景名胜区的范围应沿海岸呈带状、环半岛状或成列岛状划分，如三亚热带海滨风景名胜区、胶东半岛海滨风景名胜区、嵊泗列岛风景名胜区。我国有些风景名胜区虽然分布在海岸上，亦包括一定的海滨风景资源，但其不具有风景资源的主体地位。对于这些类别的风景名胜区不列入此类，如青岛崂山风景名胜区、普陀山风景名胜区。

7. 特殊地貌类

（1）关于"特殊地貌类"名称的说明

多指火山熔岩、热田汽泉、沙漠碛滩、蚀余景观、地质珍迹、草原、戈壁等。

（2）关于"特殊地貌类"风景名胜区的说明

这类风景资源主要包括火山熔岩特点的地貌如火山口、火山峰、熔岩流、熔岩原等；地热景观特点明显的热海、热田、热池、汽泉等；沙漠地貌景观突出的沙山、沙丘、沙窝、沙湖、沙生植物等；蚀余景观突出的石林、土林、化石林、雅丹地貌、丹霞地貌等；地质珍贵遗迹如典型地质构造地层剖面、生物化石、冰川碛滩等。

这类风景名胜区是指特殊地貌类别的风景资源占主体，而且特点明显，比如，路南石林风景名胜区、五大连池风景名胜区等。

8. 城市风景类

（1）关于"城市风景类"名称的说明

这类风景名胜区由于其处于城市或靠近城区边缘的位置，或由于城市的逐渐扩张而将风景名胜区包含在城市内部，使之成为城市中的风景名胜区。在定名时我们采用的是《中国大百科全书·建筑 园林 城市规划》的定义及内涵。

（2）关于"城市风景类"风景名胜区的说明

这类风景名胜区与城市建设用地有交叉现象，由于其全部或部分区域位于城市建设用地范围内，从而具备一部分城市公园绿地日常休闲、娱乐的功能。这类风景名胜区往往通过一定程度的人工建设，取得人工环境与自然风景的有机协调，从而在建设管理中具有一定的特殊性。如杭州西湖、扬州瘦西湖、避暑山庄—外八庙等风景名胜区。

9. 生物景观类

（1）关于"生物景观类"名称的说明

生物多样性是风景名胜区的重要特征之一，动物、植物、微生物都是风景名胜区中生态系统的一部分。特色生物景观、生态系统、濒危物种、古树名木等都可以构成风景名胜区的主要或局部的资源特征，对这类资源的保护和利用必须依据其生态学和生物学特点。将"生物"特点落实到"景观"上，文字比较简练易懂。

（2）关于"生物景观类"风景名胜区的说明

"生物景观类"风景名胜区以独特的生态系统或物种为主要风景资源，并形成某种独特的生物景观。例如云南省西双版纳风景名胜区的热带、亚热带雨林，四川省蜀南竹海风景名胜区的楠竹林等。

10. 壁画石窟类

（1）关于"壁画石窟类"名称的说明

石窟、壁画指古代石窟造像、古代壁画、远古岩画等作品。

（2）关于"壁画石窟类"风景名胜区的说明

我国石窟风景多起源于北魏之际，随佛教的东传而来。在历史的发展中，石窟寺院逐渐发展成建筑、雕刻和壁画的综合体。我国石窟在亚洲石窟艺术群中的地位十分重要，石窟和古壁画一般具有很高的历史、文化价值。石窟的历代造像、石刻、绘画、书法、装饰图案表现出的宗教、建筑、音乐、民俗、雕塑、绘画、医药、文化交流等内容，代表了我国不同历史时期的艺术风格、社会风貌和科技水平，我国三大石窟已经被列为世界遗产。如龙门风景名胜区。

11. 纪念地类

（1）关于"纪念地类"名称的说明

"纪念地类"包括我国历史上的重大战争和著名的局部战役的军事遗址、遗迹，历史名人活动的遗址、遗迹，以及特色传统民居和古代特色产品的制作场所，古代城市、城堡及其遗址等文化遗产集中的区域等。它们记述了我国朝代变迁、社会演进、战争思想、名人踪迹和生产发展的重要信息。用"纪念地"综合含括了上述有纪念意义的区域。

（2）关于"纪念地类"风景名胜区的说明

在我国各地大量分布着军事遗址或遗存，有许多名人活动的遗迹，如湖南韶山的毛泽东故居和湖北隆中的诸葛亮故里。它们有些已经列入风景名胜区，有些已被列为文物保护单位，其主要特征比较清晰。

12. 陵寝类

（1）关于"陵寝类"名称的说明

从唐代开始，帝王的坟称为"陵"，百姓的坟称为"墓"。我国风景名胜区中著名的坟冢大多为帝王或领袖的陵地，故名。

（2）关于"陵寝类"风景名胜区的说明

此处的"陵寝"特指帝王、皇帝和名人的陵地，如西夏王陵、十三陵、临潼骊山、钟山风景名胜区。但"三皇五帝"中"五帝"的陵地被列入"历史圣地类"，如黄帝陵风景名胜区就不属"陵寝类"风景名胜区。

13. 民俗风情类

我国是多民族和居住环境类别多样性丰富的国家，很多地区还保存和流传着独特的民风民俗，并与其自然山水环境有机融合，成为具有特色的民俗风情区域，如高岭—尧里、黎平侗乡风景名胜区。此类风景名胜区具有明显的人文特征，但数量较少，又区别于前几项人文类别。

14. 其他类

我国风景名胜区风景名胜资源丰富，资源类别多种多样。"其他类"指主要风景资源没有被包括在上述 13 个类别中的风景名胜区。如果未来其中的某种类别比较成熟，可以单独列为一种新的类别。如沙漠、草原类别。

第八部分

相关国际公约和重要文件

一、保护世界文化和自然遗产公约

（联合国教育、科学及文化组织大会 第十七届会议于1972年11月16日在巴黎通过 1985年11月22日中华人民共和国第六届全国人民代表大会常务委员会第十三次会议决定 批准加入《保护世界文化和自然遗产公约》）

联合国教育、科学及文化组织大会于1972年10月17日至11月21日在巴黎举行的第十七届会议。

注意到文化遗产和自然遗产越来越受到破坏的威胁，一方面因年久腐变所致，同时变化中的社会和经济条件使情况恶化，造成更加难以对付的损害和破坏现象；

考虑到任何文化或自然遗产的坏变或丢失都有使全世界遗产枯竭的有害影响；

考虑到国家一级保护这类遗产的工作往往不很完善，原因在于这项工作需要大量手段而列为保护对象的财产的所在国却不具备充足的经济、科学和技术力量；

回顾本组织《组织法》规定，本组织将通过保存和维护世界遗产和建议有关国家订立必要的国际公约来维护、增进和传播知识；

考虑到现有关于文化和自然遗产的国际公约；建议和决议表明，保护不论属于哪国人民的这类罕见且无法替代的财产，对全世界人民都很重要；

考虑到部分文化或自然遗产具有突出的重要性，因而需作为全人类世界遗产的一部分加以保护；

考虑到鉴于威胁这类遗产的新危险的规模和严重性，整个国际社会有责任通过提供集体性援助来参与保护具有突出的普遍价值的文化和自然遗产；这种援助尽管不能代替有关国家采取的行动，但将成为它的有效补充；

考虑到为此有必要通过采用公约形式的新规定，以便为集体保护具有突出的普遍价值的文化和自然遗产建立一个根据现代科学方法制定的永久性的有效制度；

在大会第十六届会议上,曾决定应就此问题制定一项国际公约。于1972年11月16日通过本公约。

I 文化和自然遗产的定义

第一条 在本公约中,以下各项为"文化遗产":

文物:从历史、艺术或科学角度看具有突出的普遍价值的建筑物、碑雕和碑画、具有考古性质成分或结构、铭文、窟洞以及联合体;

建筑群:从历史、艺术或科学角度看,在建筑式样、分布均匀或与环境景色结合方面,具有突出的普遍价值的单立或连接的建筑群;

遗址:从历史、审美、人种学或人类学角度看具有突出普遍价值的人类工程或自然与人工联合工程以及考古地址等地方。

第二条 在本公约中,以下各项为"自然遗产":

从审美或科学角度看具有突出的普遍价值的由物质和生物结构或这类结构群组成的自然面貌;

从科学或保护角度看具有突出的普遍价值的地质和自然地理结构以及明确划为受威胁的动物和植物生境区;

从科学、保护或自然美角度看具有突出的普遍价值的天然名胜或明确划分的自然区域。

第三条 本公约缔约国均可自行确定和划分上面第一条和第二条中提及的、本国领土内的文化和自然财产。

II 文化和自然遗产的国家保护和国际保护

第四条 本公约缔约国均承认,保证第一条和第二条中提及的、本国领土内的文化和自然遗产的确定、保护、保存、展出和遗传后代,主要是有关国家的责任。该国将为此目的竭尽全力,最大限度地利用本国资源,必要时利用所能获得的国际援助和合作,特别是财政、艺术、科学及技术方面的援助和合作。

第五条 为保证、保护、保存和展出本国领土内的文化和自然遗产采取积极有效的措施,本公约各缔约国应视本国具体情况尽力做到以下几点:

1. 通过一项旨在使文化和自然遗产在社会生活中起一定作用并把遗产保护工作纳入全面规划计划的总政策；

2. 如本国内尚未建立负责文化和自然遗产的保护、保存和展出的机构，则建立一个或几个此类机构，配备适当的工作人员和为履行其职能所需的手段；

3. 发展科学和技术研究，并制定出能够抵抗威胁本国文化或自然遗产的危险的实际方法；

4. 采取为确定、保护、保存、展出和恢复这类遗产所需的适当的法律、科学、技术、行政和财政措施；

5. 促进建立或发展有关保护、保存和展出文化和自然遗产的国家或地区培训中心，并鼓励这方面的科学研究。

第六条

1. 本公约缔约国，在充分尊重第一条和第二条中提及的文化和自然遗产的所在国的主权，并不使国家立法规定的财产权受到损害的同时，承认这类遗产是世界遗产的一部分，因此，整个国际社会有责任合作予以保护。

2. 缔约国根据本公约的规定，应有关国家的要求，帮助该国确定、保护、保存和展出第十一条第2、第4段中提及的文化和自然遗产。

3. 本公约各缔约国不得故意采取任何可能直接或间接损害本公约其他缔约国领土内的、第一条和第二条中提及的文化和自然遗产的措施。

第七条　在本公约中，世界文化和自然遗产的国际保护应被理解为建立一个旨在支持本公约缔约国保存和确定这类遗产的努力的国际合作和援助系统。

Ⅲ　保护世界文化和自然遗产政府间委员会

第八条

1. 在联合国教育、科学及文化组织内，要建立一个保护具有突出的普遍价值的文化和自然遗产政府间委员会，称为"世界遗产委员会"。委员会由联合国教育、科学及文化组织大会常会期间召集的本公约缔约国大会选出的15个缔约国组成。委员会成员国的数目将在至少40个缔约国实施本公约之后的大会常会之日起增至21个。

2. 委员会委员的选举须保证均衡地代表世界的不同地区和不同文化。

3. 国际文物保护与修复研究中心（罗马中心）的一名代表、国际古迹遗址理事会的一名代表以及国际自然及资源保护联盟的一名代表可以咨询者身份出席委员会的会议，此外，应联合国教育、科学及文化组织大会常会期间举行大会的本公约缔约国提出的要求，其他具有类似目标的政府间或非政府组织的代表亦可以咨询者身份出席委员会的会议。

第九条

1. 世界遗产委员会成员国的任期，自当选之应届大会常会结束时起，至应届大会后第三次常会闭幕时止。

2. 但是，第一次选举时指定的委员中，有三分之一的委员的任期应于当选应届大会后第一次常会闭幕时截止；同时指定的委员中，另有三分之一的委员的任期应于当选之应届大会后第二次常会闭幕时截止。这些委员由联合国教育、科学及文化组织大会主席在第一次选举后抽签决定。

3. 委员会成员应选派在文化或自然遗产方面有资历的人员担任代表。

第十条

1. 世界遗产委员会应通过其议事规则。

2. 委员会可随时邀请公共或私立组织或个人参加其会议，以就具体问题进行磋商。

3. 委员会可设立它认为履行其职能所需的咨询机构。

第十一条

1. 本公约各缔约国应尽力向世界遗产委员会递交一份关于本国领土内适于列入本条第2段所述《世界遗产目录》的、组成文化和自然遗产的财产清单。这份清单不应看作是齐的，它应包括有关财产的所在地及其意义的文献资料。

2. 根据缔约国按照第1段规定递交的清单，委员会应制定、更新和出版一份《世界遗产目录》，其中所列的均为本公约第一条和第二条确定的文化遗产和自然遗产的组成部分，也是委员会按照自己制定的标准认为是具有突出的普遍价值的财产。一份最新目录应至少每两年分发一次。

3. 把一项财产列入《世界遗产目录》需征得有关国家同意。当几个国家对某一领土的主权或管辖权均提出要求时,将该领土内的一项财产列入《目录》不得损害争端各方的权利。

4. 委员会应在必要时制定、更新和出版一份《处于危险的世界遗产目录》,其中所列财产均为载于《世界遗产目录》之中、需要采取重大活动加以保护并为根据本公约要求给予援助的财产。《处于危险的世界遗产目录》应载有这类活动的费用概算,并只可包括文化和自然遗产中受到下述严重的特殊危险威胁的财产,这些危险是:蜕变加剧、大规模公共或私人工程、城市或旅游业迅速发展计划造成的消失威胁;土地的使用变动或易主造成的破坏;未知原因造成的重大变化;随意摈弃;武装冲突的爆发或威胁;灾害和灾变;严重火灾、地震、山崩、火山爆发;水位变动;洪水和海啸等。委员会在紧急需要时可随时在《处于危险的世界遗产目录》中增列新的条目并立即予以发表。

5. 委员会应确定属于文化或自然遗产的财产可被列入本条第 2 和 4 段中提及的目录所依据的标准。

6. 委员会在拒绝一项要求列入本条第 2 和 4 段中提及的目录之一的申请之前,应与有关文化或自然财产所在缔约国磋商。

7. 委员会经与有关国家商定,应协调和鼓励为拟订本条第 2 和 4 段中提及的目录所需进行的研究。

第十二条 未被列入第十一条第 2 和 4 段提及的两个目录的属于文化或自然遗产的财产,决非意味着在列入这些目录的目的之外的其他领域不具有突出的普遍价值。

第十三条

1. 世界遗产委员会应接收并研究本公约缔约国就已经列入或可能适于列入第十一条第 2 和 4 段中提及的目录的本国领土内成为文化或自然遗产的财产要求国际援助而递交的申请。这种申请的目的可能是保证这类财产得到保护、保存、展出或恢复。

2. 本条第 1 段中提及的国际援助申请还可能涉及鉴定哪些财产属于第一和二条所确定的文化或自然遗产,当初步调查表明此项调查值得进行下去。

3. 委员会应就对这些申请所需采取的行动作出决定,必要时应确定其援助的性质和程度,并授权以它的名义与有关政府作出必要的安排。

4. 委员会应制订其活动的优先顺序并在进行这项工作时应考虑到需予保护的财产对世界文化和自然遗产各具的重要性、对最能代表一种自然环境或世界各国人民的才华和历史的财产给予国际援助的必要性、所需开展工作的迫切性、拥有受到威胁的财产的国家现有的资源,特别是这些国家利用本国资源保护这类财产的能力大小。

5. 委员会应制订、更新和发表已给予国际援助的财产目录。

6. 委员会应就本公约第十五条下设立的基金的资金使用问题作出决定。委员会应设法增加这类资金,并为此目的采取一切有益的措施。

7. 委员会应与拥有与本公约目标相似的目标的国际和国家级政府组织和非政府组织合作。委员会为实施其计划和项目,可约请这类组织;特别是国际文物保护与修复研究中心(罗马中心)、国际古迹遗址理事会和国际自然及自然资源保护联盟并可约请公共和私立机构与个人。

8. 委员会的决定应经出席及参加表决的委员的三分之二多数通过。委员会委员的多数构成法定人数。

第十四条

1. 世界遗产委员会应由联合国教育、科学及文化组织总干事任命组成的一个秘书处协助工作。

2. 联合国教育、科学及文化组织总干事应尽可能充分利用国际文物保护与修复研究中心(罗马中心)、国际古迹遗址理事全和国际自然及自然资源保护联盟在各自职权范围内提供的服务,为委员会准备文件资料,制订委员会会议议程,并负责执行委员会的决定。

Ⅳ 保护世界文化和自然遗产基金

第十五条

1. 现设立一项保护具有突出的普遍价值的世界文化和自然遗产基金,称为"世界遗产基金"。

2. 根据联合国教育、科学及文化组织《财务条例》的规定,此项基金应构成一项信托基金。

3. 基金的资金来源应包括：
（1）本公约缔约国义务捐款和自愿捐款；
（2）下列方面可能提供的捐款、赠款和遗赠：
（i）其他国家；
（ii）联合国教育、科学及文化组织、联合国系统的其他组织（特别是联合国开发计划署）或其他政府间组织；
（iii）公共或私立机构或个人；
（3）基金款项所得利息；
（4）募捐的资金和为本基金组织的活动的所得收入；
（5）世界遗产委员会拟订的基金条例所认可的所有其他资金。
4. 对基金的捐款和向委员会提供的其他形式的援助只能用于委员会限定的目的。委员会可接受仅用于某个计划或项目的捐款，但以委员会业已决定实施该计划或项目为条件，对基金的捐款不得带有政治条件。

第十六条

1. 在不影响任何自愿补充捐款的情况下，本公约缔约国每两年定期向世界遗产基金纳款，本公约缔约国大会应在联合国教育、科学及文化组织大会届会期间开会确定适用于所有缔约国的一个统一的纳款额百分比，缔约国大会关于此问题的决定，需由未作本条第2段中所述声明的、出席及参加表决的缔约国的多数通过。本公约缔约国的义务纳款在任何情况下都不得超过对联合国教育、科学及文化组织正常预算纳款的百分之一。

2. 然而，本公约第三十一条或第三十二条中提及的国家均可在交存批准书、接受书或加入书时声明不受本条第1段的约束。

3. 已作本条第2段中所述声明的本公约缔约国可随时通过通知联合国教育、科学及文化组织总干事收回所作声明，然而，收回声明之举在紧接的一届本公约缔约国大会之日以前不得影响该国的义务纳款。

4. 为使委员会得以有效地规划其活动，已作本条第2段中所述声明的本公约缔约国应至少每两年定期纳款，纳款不得少于它们如受本条第1段规定约束所须缴纳的款额。

5. 凡拖延交付当年和前一日历年的义务纳款或自愿捐款的本公约缔约国不能当选为世界遗产委员会成员，但此项规定不适用于第一次选举。属于上述情况但已当选委员会成员的缔约国的任期应在本公约第八条第1段规定的选举之时截止。

第十七条 本公约缔约国应考虑或鼓励设立旨在为保护本公约第一和二条中所确定的文化和自然遗产募捐的国家、公共及私立基金会或协会。

第十八条 本公约缔约国应对在联合国教育、科学及文化组织赞助下为世界遗产基金所组织的国际募款运动给予援助。它们应为第十五条第3段中提及的机构为此目的所进行的募款活动提供便利。

V 国际援助的条件和安排

第十九条 凡本公约缔约国均可要求对本国领土内组成具有突出的普遍价值的文化或自然遗产之财产给予国际援助。它在递交申请时还应按照第二十一条规定所拥有的有助于委员会作出决定的文件资料。

第二十条 除第十三条第2段、第二十二条第3段和第二十三条所述情况外,本公约规定提供的国际援助仅限于世界遗产委员会业已决定或可能决定列入第十一条第2和4段中所述目录的文化和自然遗产的财产。

第二十一条

1. 世界遗产委员会应制订对向它提交的国际援助申请的审议程序,并应确定申请应包括的内容,即打算开展的活动、必要的工程、工程的预计费用和紧急程度以及申请国的资源不能满足所有开支的原因所在。这类申请须尽可能附有专家报告。

2. 对因遭受灾难或自然灾害而提出的申请,由于可能需要开展紧急工作,委员会应立即给予优先审议,委员会应掌握一笔应急储备金。

3. 委员会在作出决定之前,应进行它认为必要的研究和磋商。

第二十二条 世界遗产委员会提供的援助可采取下述形式:

1. 研究在保护、保存、展出和恢复本公约第十一条第2和4段所确定的文化和自然遗产方面所产生的艺术、科学和技术性问题;

2. 提供专家、技术人员和熟练工人,以保证正确地进行已批准的工作;

3. 在各级培训文化和自然遗产的鉴定、保护、保存、展出和恢复方面的工作人员和专家；
  4. 提供有关国家不具备或无法获得的设备；
  5. 提供可长期偿还的低息或无息贷款；
  6. 在例外和特殊情况下提供无偿补助金。

第二十三条 世界遗产委员会还可向培训文化和自然遗产的鉴定、保护、保存、展出和恢复方面的各级工作人员和专家的国家或地区中心提供国际援助。

第二十四条 在提供大规模的国际援助之前，应先进行周密的科学、经济和技术研究。这些研究应考虑采用保护、保存、展出和恢复自然和文化遗产方面最先进的技术，并应与本公约的目标相一致。这些研究还应探讨合理利用有关国家现有资源的手段。

第二十五条 原则上，国际社会只担负必要工程的部分费用。除非本国资源不许可，受益于国际援助的国家承担的费用应构成用于各项计划或项目的资金的主要份额。

第二十六条 世界遗产委员会和受援国应在他们签订的协定中确定享有根据本公约规定提供的国际援助的计划或项目的实施条件。应由接受这类国际援助的国家负责按照协定制订的条件对如此卫护的财产继续加以保护、保存和展出。

Ⅵ 教育计划

第二十七条
  1. 本公约缔约国应通过一切适当手段，特别是教育和宣传计划，努力增强本国人民对本公约第一和二条中确定的文化和自然遗产的赞赏和尊重。
  2. 缔约国应使公众广泛了解对这类遗产造成威胁的危险和根据本公约进行的活动。

第二十八条 接受根据本公约提供的国际援助的缔约国应采取适当措施，使人们了解接受援助的财产的重要性和国际援助所发挥的作用。

Ⅶ 报告

第二十九条

1. 本公约缔约国在按照联合国教育、科学及文化组织大会确定的日期和方式向该组织大会递交的报告中,应提供有关它们为实行本公约所通过的法律和行政规定和采取的其他行动的情况,并详述在这方面获得的经验。

2. 应提请世界遗产委员会注意这些报告。

3. 委员会应在联合国教育、科学及文化组织大会的每届常会上递交一份关于其活动的报告。

Ⅷ 最后条款

第三十条 本公约以阿拉伯文、英文、法文、俄文和西班牙文拟订,五种文本同一作准。

第三十一条

1. 本公约应由联合国教育、科学及文化组织会员国根据各自的宪法程序予以批准或接受。

2. 批准书或接受书应交存联合国教育、科学及文化组织总干事。

第三十二条

1. 所有非联合国教育、科学及文化组织会员的国家,经该组织大会邀请均可加入本公约。

2. 向联合国教育、科学及文化组织总干事交存一份加入书后,加入方才有效。

第三十三条 本公约须在第二十份批准书、接受书或加入书交存之日的三个月之后生效,但这仅涉及在该日或之前交存各自批准书、接受书或加入书的国家。就任何其他国家而言,本公约应在这些国家交存其批准书、接受书或加入书的三个月之后生效。

第三十四条 下述规定须应用于拥有联邦制或非单一立宪制的本公约缔约国:

1. 关于在联邦或中央立法机构的法律管辖下实施的本公约规定,联邦或中央政府的义务应与非联邦国家的缔约国的义务相同;

2. 关于在无须按照联邦立宪制采取立法措施的联邦各个国家、地区、省或州法律管辖下实施的本公约规定,联邦政府应将这些规定连同其关于予以通过的建议一并通告各个国家、地区、省或州的主管当局。

第三十五条

1. 本公约缔约国均可通告废除本公约。

2. 废约通告应以一份书面文件交存联合国教育、科学及文化组织的总干事。

3. 公约的废除应在接到废约通告书一年后生效,废约在生效日之前不得影响退约国承担的财政义务。

第三十六条 联合国教育、科学及文化组织总干事应将第三十一和三十二条规定交存的所有批准书、接受书和加入书及第三十五条规定的废约等事通告本组织会员国、第三十二条中提及的非本组织会员的国家以及联合国。

第三十七条

1. 本公约可由联合国教育、科学及文化组织的大会修订。但任何修订只将成为修订的公约缔约国具有约束力。

2. 如大会通过一项全部或部分修订本公约的新公约,除非新公约另有规定,本公约应从新的修订公约生效之日起停止批准、接受或加入。

第三十八条 按照《联合国宪章》第一百零二条,本公约须应联合国教育、科学及文化组织总干事的要求在联合国秘书处登记。

1972年11月23日订于巴黎,两个正式文本均有大会第十七届会议主席和联合国教育、科学及文化组织总干事的签字,由联合国教育、科学及文化组织存档,并将验明无误之副本发送第三十一条和第三十二条述之所有国家以及联合国。

前文系联合国教育、科学及文化组织大会在巴黎举行的,于1972年11月21日宣布闭幕的第十七届会议通过的《公约》正式文本。

1972年11月23日签字,以昭信守。

大会主席总干事
萩原彻勒内·马厄

二、生物多样性公约

(1992年6月1日由联合国环境规划署发起的政府间谈判委员会第七次会议在内罗毕通过 1992年6月5日由签约国在里约热内卢举行的联合国环境与发展大会上签署 1993年12月29日正式生效)

序言

缔约国：

意识到生物多样性的内在价值，和生物多样性及其组成部分的生态、遗传、社会、经济、科学、教育、文化、娱乐和美学价值；还意识到生物多样性对进化和保持生物圈的生命维持系统的重要性。确认生物多样性的保护是全人类的共同关切事项，重申各国对它自己的生物资源拥有主权权利，关切一些人类活动正在导致生物多样性的严重减少，意识到普遍缺乏关于生物多样性的资料和知识，亟需开发科学、技术和机构能力，从而提供基本理解，据以策划与执行适当措施。注意到预测、预防和从根源上消除导致生物多样性严重减少或丧失的原因至为重要，并注意到生物多样性遭受严重减少或损失的威胁时，不应以缺乏充分的科学定论为理由，而推迟采取旨在避免或尽量减轻此种威胁的措施。注意到保护生物多样性的基本要求，是就地保护生态系统和自然环境，维持恢复物种在其自然环境中有生存力的群体，并注意到移地措施，最好在原产国内实行，也可发挥重要作用；认识到许多体现传统生活方式的土著和地方社区同生物资源有着密切和传统的依存关系，应公平分享从利用与保护生物资源及持久使用其组成部分有关的传统知识、创新和做法而产生的惠益，并认识到妇女在保护和持久使用生物多样性中发挥的极其重要的作用，并确认妇女必须充分参与保护生物多样性的各级政策的制订和执行，强调为了生物多样性的保护及其组成部分的持久使用，促进国家、政府间组织和非政府部门之间的国际、区域和全球性合作的重要性和必要性，承认提供新的和额外的资金和适当取得有关的技术，可对全世界处理生物多样性丧失问题的能力产生重大影响，进一步承认有必要订立特别规定，以满足发展中国家的需要，包括提供新的和额外的资金和适当取得有关的技术，注意到最不发达国家和小岛屿国家这方面的特殊情况，承认有必要大量投资以保护生物多样性，而且这些投资可望产生广泛的环境、经济和社会惠益，认识到经济和社会发展以及根除贫困是发展中国家第一和压倒一切的优先事务，意识到保护和持久使用生物多样性对满足世界日益增加的人口的粮食、健康和其他需求至为重要，而为此目的取得和分享遗传资源和遗传技术是必不可少的，注意到保护和持久使用生物多样性终必增强国家间的友好关系，并有助于实现人类和平；期望加强和补充现有保护生物多样性和持久使用其组成部分的各项国际安排；并决心为今世后代的利益，保护和持久使用生物多样性。

兹协议如下：

第 1 条 目标

本公约的目标是按照本公约有关条款从事保护生物多样性、持久使用其组成部分以及公平合理分享由利用遗传资源而产生的惠益；实现手段包括遗传资源的适当取得及有关技术的适当转让，但需顾及对这些资源和技术的一切权利，以及提供适当资金。

第 2 条 用语

"生物多样性"是指所有来源的形形色色生物体，这些来源除其他外包括陆地、海洋和其他水生生态系统及其所构成的生态综合体；这包括物种内部、物种之间和生态系统的多样性。

"生物资源"是指对人类具有实际或潜在用途或价值的遗传资源、生物体或其部分、生物群体、或生态系统中任何其他生物组成部分。

"生物技术"是指使用生物系统、生物体或其衍生物的任何技术应用，以制作或改变产品或过程以供特定用途。

"遗传资源的原产国"是指拥有处于原产境地的遗传资源的国家。

"提供遗传资源的国家"是指供应遗传资源的国家，此种遗传资源可能是取自原地来源，包括野生物种和驯化物种的群体，或取自移地保护来源，不论是否原产于该国。

"驯化或培植物种"是指人类为满足自身需要而影响了其演化进程的物种。

"生态系统"是指植物、动物和微生物群落和它们的无生命环境作为一个生态单位交互作用形成的一个动态复合体。

"移地保护"是指将生物多样性的组成部分移到它们的自然环境之外进行保护。

"遗传材料"是指来自植物、动物、微生物或其他来源的任何含有遗传功能单位的材料。

"遗传资源"是指具有实际或潜在价值的遗传材料。

"生境"是指生物体或生物群体自然分布的地方或地点。

"原地条件"是指遗传资源生存于生态系统和自然生境之内的条件；对于驯化或培植的物种而言，其环境是指它们在其中发展出其明显特性的环境。

"就地保护"是指保护生态系统和自然生境以及维持和恢复物种在其自然环境中有生存力的群体；对于驯化和培植物种而言，其环境是指它们在其中发展出其明显特性的环境。

"保护区"是指一个划定地理界限、为达到特定保护目标而指定实行管制和管理的地区。

"区域经济一体化组织"是指由某一区域的一些主权国家组成的组织，其成员国已将处理本公约范围内的事务的权力付托给他并已按照其内部程序获得正式授权，可以签署、批准、接受、核准或加入本公约。

"持久使用"是指使用生物多样性组成部分的方式和速度不会导致生物多样性的长期衰落，从而保持其满足今世后代的需要和期望的潜力。

"技术"包括生物技术。

第3条 原则

依照联合国宪章和国际法原则，各国具有按照其环境政策开发其资源的主权权利，同时亦负有责任，确保在它管辖或控制范围内的活动，不致对其他国家的环境或国家管辖范围以外地区的环境造成损害。

第4条 管辖范围

以不妨碍其他国家权利为限，除非本公约另有明文规定，本公约规定应按下列情形对每一缔约国适用：

（a）生物多样性组成部分位于该国管辖范围的地区内；

(b) 在该国管辖或控制下开展的过程和活动，不论其影响发生在何处，此种过程和活动可位于该国管辖区内，也可在国家管辖区外。

第 5 条　合作

每一缔约国应尽可能并酌情直接与其他缔约国或酌情通过有关国际组织为保护和持久使用生物多样性在国家管辖范围以外地区并就共同关心的其他事项进行合作。

第 6 条　保护和持久使用方面的一般措施

每一缔约国应按照其特殊情况和能力：

(a) 为保护和持久使用生物多样性制定国家战略、计划或方案，或为此目的变通其现有战略、计划或方案；这些战略、计划或方案除其他外应体现本公约内载明与该缔约国有关的措施；

(b) 尽可能并酌情将生物多样性的保护和持久使用措施订入有关的部门或跨部门计划、方案和政策内。

第 7 条　查明与监测

每一缔约国应尽可能并酌情，特别是为了第 8 条至第 10 条的目的：

(a) 查明对保护或持久使用生物多样性至关重要的生物多样性组成部分，要顾及附件一所载指示性种类清单；

(b) 通过抽样调查和其他技术，监测依照以上 (a) 项查明的生物多样性组成部分，要特别注意那些需要采取紧急保护措施以及那些具有最大持久使用潜力的组成部分；

(c) 查明对保护和持久使用生物多样性产生或可能产生重大不利影响的过程和活动种类，并通过抽样调查和其他技术，监测其影响；

(d) 以各种方式维持并整理依照以上 (a)、(b) 和 (c) 项从事查明和监测活动所获得的数据。

第 8 条　就地保护

每一缔约国应尽可能并酌情：

(a) 建立保护区系统或需要采取特殊措施以保护生物多样性的地区；

(b) 于必要时，制定准则据以选定、建立和管理保护区或需要采取特殊措施以保护生物多样性的地区；

(c) 管制或管理保护区内外对保护生物多样性至关重要的生物资源，以确保这些资源得到保护和持久使用；

(d) 促进保护生态系统、自然生境和维护自然环境中有生存力的物种群体；

(e) 在保护区域的邻接地区促进无害环境的持久发展以谋增进这些地区的保护；

(f) 除其他外，通过制定和实施各项计划或其他管理战略，重建和恢复已退化的生态系统，促进受威胁物种的复原；

(g) 制定或采取办法以酌情管制、管理或控制由生物技术改变的活生物体在使用和释放时可能产生的危险，即可能对环境产生不利影响，从而影响到生物多样性的保护和持久使用，也要考虑到对人类健康的危险；

(h) 防止引进、控制或消除那些威胁到生态系统、生境或物种的外来物种；

(i) 设法提供现时的使用与生物多样性的保护及其组成部分的持久使用彼此相辅相成所需的条件；

(j) 依照国家立法，尊重、保存和维持土著和地方社区体现传统生活方式而与生物多样性的保护和持久使用相关的知识、创新和做法并促进其广泛应用，由此等知识、创新和做法的拥有者认可和参与其事并鼓励公平地分享因利用此等知识、创新和做法而获得的惠益；

(k) 制定或维持必要立法和/或其他规范性规章，以保护受威胁物种和群体；

(l) 在依照第7条确定某些过程或活动类别已对生物多样性造成重大不利影响时，对有关过程和活动类别进行管制或管理；

(m) 进行合作，就以上（a）至（l）项所概括的就地保护措施特别向发展中国家提供财务和其他支援。

第9条　移地保护

每一缔约国主要为辅助就地保护措施起见，应尽可能并酌情：

(a) 最好在生物多样性组成部分的原产国采取措施移地保护这些组成部分；

(b) 最好在遗传资源原产国建立和维持移地保护及研究植物、动物和微生物的设施；

(c) 采取措施以恢复和复兴受威胁物种并在适当情况下将这些物种重新引进其自然生境中；

(d) 对于为移地保护目的在自然生境中收集生物资源实施管制和

管理，以免威胁到生态系统和当地的物种群体，除非根据以上（c）项必须采取的临时性特别移地措施；

（e）进行合作，为以上（a）至（d）项所概括的移地保护措施以及在发展中国家建立和维持移地保护设施提供财务和其他援助。

第10条 生物多样性组成部分的持久使用

每一缔约国尽可能并酌情：

（a）在国家决策过程中考虑到生物资源的保护和持久使用；

（b）采取关于使用生物资源的措施，以避免或尽量减少对生物多样性的不利影响；

（c）保障及鼓励那些按照传统文化惯例而且符合保护或持久使用要求的生物资源习惯使用方式；

（d）在生物多样性已减少的退化地区支助地方居民规划和实施补救行动；

（e）鼓励其政府当局和私营部门合作制定生物资源持久使用的方法。

第11条 鼓励措施

每一缔约国应尽可能并酌情采取对保护和持久使用生物多样性组成部分起鼓励作用的经济和社会措施。

第12条 研究和培训

缔约国考虑到发展中国家的特殊需要，应：

（a）在查明、保护和持久使用生物多样性及其组成部分的措施方面建立和维持科技教育和培训方案，并为此种培训提供支助以满足发展中国家的特殊需要；

（b）特别在发展中国家，除其他外，按照缔约国会议根据科学、技术和工艺咨询事务附属机构的建议作出的决定，促进和鼓励有助于保护和持久使用生物多样性的研究；

（c）按照第16、18和20条的规定，提倡利用生物多样性科研进展，制定生物资源的保护和持久使用方法，并在这方面进行合作。

第13条 公众教育和认识

缔约国应：

（a）促进和鼓励对保护生物多样性的重要性及所需要的措施的理解，并通过大众传播工具进行宣传和将这些题目列入教育课程；

（b）酌情与其他国家和国际组织合作制定关于保护和持久使用生

物多样性的教育和公众认识方案。

第 14 条　影响评估和尽量减少不利影响

1. 每一缔约国应尽可能并酌情：

（a）采取适当程序，要求就其可能对生物多样性产生严重不利影响的拟议项目进行环境影响评估，以其避免或尽量减轻这种影响，并酌情允许公众参与此种程序。

（b）采取适当安排，以确保其可能对生物多样性产生严重不利影响的方案和政策的环境后果得到适当考虑。

（c）在互惠基础上，就其管辖或控制范围内对其他国家或国家管辖范围以外地区生物多样性可能产生严重不利影响的活动促进通报、信息交流和磋商，其办法是为此鼓励酌情订立双边、区域或多边安排。

（d）如遇其管辖或控制下起源的危险即将或严重危及或损害其他国家管辖的地区内或国家管辖地区范围以外的生物多样性的情况，应立即将此种危险或损害通知可能受影响的国家，并采取行动预防或尽量减轻这种危险或损害。

（e）促进做出国家紧急应变安排，以处理大自然或其他原因引起即将严重危及生物多样性的活动或事件，鼓励旨在补充这种国家努力的国际合作，并酌情在有关国家或区域经济一体化组织同意的情况下制订联合应急计划。

2. 缔约国会议应根据所作的研究，审查生物多样性所受损害的责任和补救问题，包括恢复和赔偿，除非这种责任纯属内部事务。

第 15 条　遗传资源的取得

1. 确认各国对其自然资源拥有的主权权利，因而可否取得遗传资源的决定权属于国家政府，并依照国家法律行使。

2. 每一缔约国应致力创造条件，便利其他缔约国取得遗传资源用于无害环境的用途，不对这种取得施加违背本公约目标的限制。

3. 为本公约的目的，本条以及第 16 条和 19 条所指缔约国提供的遗传资源仅限于这种资源原产国的缔约国或按照本公约取得该资源的缔约国所提供的遗传资源。

4. 取得经批准后，应按照共同商定的条件并遵照本条的规定进行。

5. 遗传资源的取得须经提供这种资源的缔约国事先知情同意，除非该缔约国另有决定。

6. 每一缔约国使用其他缔约国提供的遗传资源从事开发和进行科学研究时,应力求这些缔约国充分参与,并于可能时在这些缔约国境内进行。

7. 每一缔约国应按照第 16 条和 19 条,并于必要时利用第 20 和 21 条设立的财务机制,酌情采取立法、行政或政策性措施,以期与提供遗传资源的缔约国公平分享研究和开发此种资源的成果以及商业和其他方面利用此种资源所获的利益。这种分享应按照共同商定的条件。

第 16 条 技术的取得和转让

1. 每一缔约国认识到技术包括生物技术,且缔约国之间技术的取得和转让均为实现本公约目标必不可少的要素,因此承诺遵照本条规定向其他缔约国提供和/或便利其取得并向其转让有关生物多样性保护和持久使用的技术或利用遗传资源而不对环境造成重大损害的技术。

2. 以上第 1 款所指技术的取得和向发展中国家转让,应按公平和最有利条件提供或给予便利,包括共同商定时,按减让和优惠条件提供或给予便利,并于必要时按照第 20 和 21 条设立的财务机制。此种技术属于专利和其他知识产权的范围时,这种取得和转让所根据的条件应承认且符合知识产权的充分有效保护。本款的应用应符合以下第 3、4 和 5 款的规定。

3. 每缔约国应酌情采取立法、行政或政策措施,以期根据共同商定的条件向提供遗传资源的缔约国,特别是其中的发展中国家,提供利用这些遗传资源的技术和转让此种技术,其中包括受到专利和其他知识产权保护的技术,必要时通过第 20 和 21 条的规定,遵照国际法,以符合以下第 4 和 5 款规定的方式进行。

4. 每一缔约国应采取立法、行政或政策措施,以期私营部门为第 1 款所指技术的取得、共同开发和转让提供便利,以惠益于发展中国家的政府机构和私营部门为第 1 款所指技术的取得、共同开发和转让提供便利,以惠益于发展中国家的政府机构和私营部门,并在这方面遵守以上第 1、2 和 3 款规定的义务。

5. 缔约国认识到专利和其他知识产权可能影响到本公约的实施,因而应在这方面遵照国家立法和国际法进行合作,以确保此种权利有助于而不违反本公约的目标。

第17条 信息交流

1. 缔约国应便利有关生物多样性保护和持久使用的一切公众可得信息的交流，要顾及发展中国家的特殊需要。

2. 此种信息交流应包括交流技术、科学和社会经济研究成果，以及培训和调查方案的信息、专门知识、当地和传统知识本身及连同第16条第1款中所指的技术。可行时也应包括信息的归还。

第18条 技术和科学合作

1. 缔约国应促进生物多样性保护和持久使用领域的国际科技合作，必要时可通过适当的国际机构和国家机构来开展这种合作。

2. 每一缔约国应促进与其他缔约国尤其是发展中国家的科技合作，以执行本公约，办法之中包括制定和执行国家政策。促进此种合作时应特别注意通过人力资源开发和机构建设以发展和加强国家能力。

3. 缔约国会议应在第1次会议上确定如何设立交换机制以促进并便利科技合作。

4. 缔约国为实现本公约的目标，应按照国家立法和政策，鼓励并制定各种合作方法以开发和使用各种技术，包括当地技术和传统技术在内。为此目的，缔约国还应促进关于人员培训和专家交流的合作。

5. 缔约国应经共同协议促进设立联合研究方案和联合企业，以开发与本公约目标有关的技术。

第19条 生物技术的处理及其惠益的分配

1. 每一缔约国应酌情采取立法、行政和政策措施，让提供遗传资源用于生物技术研究的缔约国，特别是其中的发展中国家，切实参与此种研究活动；可行时，研究活动宜在这些缔约国中进行。

2. 每一缔约国应采取一切可行措施，以赞助和促进那些提供遗传资源的缔约国，特别是其中的发展中国家，在公平的基础上优先取得基于其提供资源的生物技术所产生成果和惠益。此种取得应按共同商定的条件进行。

3. 缔约国应考虑是否需要一项议定书，规定适当程序，特别包括事先知情协议，适用于可能对生物多样性的保护和持久使用产生不利影响的由生物技术改变的任何活生物体的安全转让、处理和使用，并考虑该议定书的形式。

4. 每一个缔约国应直接或要求其管辖下提供以上第 3 款所指生物体的任何自然人和法人,将该缔约国在处理这种生物体方面规定的使用和安全条例的任何现有资料以及有关该生物体可能产生的不利影响的任何现有资料,提供给将要引进这些生物体的缔约国。

第 20 条　资金

1. 每一缔约国承诺依其能力为那些旨在根据其国家计划、优先事项和方案实现本公约目标的活动提供财政支助和鼓励。

2. 发达国家缔约国应提供新的额外的资金,以使发展中国家缔约国能支付他们因执行那些履行本公约义务的措施而承负的议定的全部增加费用,并使他们能享受到本公约条款产生的惠益;上项费用将由个别发展中国家同第 21 条所指的体制机构商定,但须遵循缔约国会议所制订的政策、战略、方案重点、合格标准和增加费用指示性清单。其他缔约国,包括那些处于向市场经济过渡进程的国家,得自愿承负发达国家缔约国的义务。为本条目的,缔约国会议应在其第 1 次会议上确定一个发达国家缔约国和其他自愿承负发达国家缔约国义务的缔约国名单。缔约国会议应定期审查这个名单并于必要时加以修改。另将鼓励其他国家和来源以自愿方式作出捐款。履行这些承诺时,应考虑到资金提供必须充分、可预测和及时,且名单内缴款缔约国之间共同承担义务也极为重要。

3. 发达国家缔约也可通过双边、区域和其他多边渠道提供与执行本公约有关的资金,而发展中国家缔约国则可利用该资金。

4. 发展中国家缔约国有效地履行其根据公约作出的承诺的程度将取决于发达国家缔约国有效地履行其根据公约就财政资源和技术转让作出的承诺,并将充分顾及经济和社会发展以及消除贫困是发展中国家缔约国的首要优先事项这一事实。

5. 各缔约国在其就筹资和技术转让采取行动时应充分考虑到最不发达国家的具体需要和特殊情况。

6. 缔约国还应考虑到发展中国家缔约国、特别是小岛屿国家中由于对生物多样性的依赖、生物多样性的分布和地点而产生的特殊情况。

7. 发展中国家——包括环境方面最脆弱、例如境内有干旱和半干旱地带、沿海和山岳地区的国家——的特殊情况也应予以考虑。

第 21 条　财务机制

1. 为本公约的目的，应有一机制在赠与或减让条件的基础上向发展中国家缔约国提供资金，本条中说明其主要内容。该机制应为本公约目的而在缔约国会议权力下履行职责，遵循会议的指导并向其负责。该机制的业务应由缔约国会议第一次会议或将决定采用的一个机构开展。为本公约的目的，缔约国会议应确定有关此项资源获取和利用的政策、战略、方案重点和资格标准。捐款额应按照缔约国会议定期决定所需的数额，考虑到第 20 条所指资金流动量充分、及时且可以预计的需要和列入第 20 条第 2 款所指名单的缴款缔约国分担负担的重要性。发达国家缔约国和其他国家及来源也可提供自愿捐款。该机制应民主和透明的管理体制内开展业务。

2. 依据本公约目标，缔约国会议应在其第 1 次会议上确定政策、战略和方案重点，以及详细的资格标准和准则，用于资金的获取和利用，包括对此种利用的定期监测和评价。缔约国会议应在同受托负责财务机制运行的体制机构协商后，就实行以上第 1 款的安排作出决定。

3. 缔约国会议应在本公约生效后不迟于 2 年内，其后在定期基础上，审查依照本条规定设立的财务机制的功效，包括以上第 2 款所指的标准和准则。根据这种审查，会议应于必要时采取适当行动，以增进该机制的功效。

4. 缔约国应审议如何加强现有的金融机构，以便为生物多样性的保护和持久使用提供资金。

第 22 条　与其他国际公约的关系

1. 本公约的规定不得影响任何缔约国在任何现有国际协定下的权利和义务，除非行使这些权利和义务将严重破坏或威胁生物多样性。

2. 缔约国在海洋环境方面实施本公约不得抵触各国在海洋法下的权利和义务。

第 23 条　缔约国会议

1. 特此设立缔约国会议。缔约国会议第 1 次会议应由联合国环境规划署执行主任于本公约生效后 1 年内召开。其后，缔约国会议的常会应依照第 1 次会议所规定的时间定期举行。

2. 缔约国会议可于其认为必要的其他时间举行非常会议；如经任何缔约国书面请求，由秘书处将该项请求转致各缔约国后 6 个月内至少有 1/3 缔约国表示支持时，亦可举行非常会议。

3. 缔约国会议应以协商一致方式商定和通过他本身的和他可能设立的任何附属机构的议事规则和关于秘书处经费的财务细则。缔约国会议应在每次常会通过到下届常会为止的财政期间的预算。

4. 缔约国会议应不断审查本公约实施情形，为此应：

（a）就按照第 26 条规定递送的资料规定递送格式及间隔时间，并审议此种资料以及任何附属机构提交的报告；

（b）审查按照第 25 条提供的关于生物多样性的科学、技术和工艺咨询意见；

（c）视需要按照第 28 条审议并通过议定书；

（d）视需要按照第 29 条和第 30 条审议并通过对本公约及其附件的修正；

（e）审议对任何议定书及其任何附件的修正，如做出修正决定，则建议有关议定书缔约国予以通过；

（f）视需要按照第 30 条审议并通过本公约的增补附件；

（g）视实施本公约的需要，设立附属机构，特别是提供科技咨询意见的机构；

（h）通过秘书处，与处理本公约所涉事项的各公约的执行机构进行接触，以期与他们建立适当的合作形式；

（i）参酌实施本公约取得的经验，审议并采取为实现本公约的目的可能需要的任何其他行动。

5. 联合国、其他专门机构和国际原子能机构以及任何非本公约缔约国的国家，均可派观察员出席缔约国会议。任何其他组织或机构，无论是政府性质或非政府性质，只要在与保护和持久使用生物多样性有关领域具有资格，并通过秘书处愿意以观察员身份出席缔约国会议，都可被接纳参加会议，除非有至少 1/3 的出席缔约国表示反对。观察员的接纳与参加应遵照缔约国会议通过的议事规则处理。

第 24 条 秘书处

1. 特此设立秘书处，其职责如下：

（a）为第 23 条规定的缔约国会议作出安排并提供服务；

（b）执行任何议定书可能指派给它的职责；

（c）编制关于它根据本公约执行职责情况的报告，并提交缔约国会议；

（d）与其他有关国际机构取得协调，特别是订出各种必要的行政和合同安排，以便有效地执行其职责；

(e) 执行缔约国会议可能规定的其他职责。

2. 缔约国会议应在其第1次常会上从那些已经表示愿意执行本公约规定的秘书处职责的现有合格国际组织之中指定其一组织为秘书处。

第25条 科学、技术和工艺咨询事务附属机构

1. 特此设立一个提供科学、技术和工艺咨询意见的附属机构，以向缔约国会议、并酌情向他的其他附属机构及时提供有关执行本公约的咨询意见。该机构应开放供所有缔约国参加，并应为多学科性。它应由有关专门知识领域内卓有专长的政府代表组成。它应定期向缔约国会议报告其各个方面的工作。

2. 这个机构应在缔约国会议的权力下，按照会议所订的准则并应其要求：

(a) 提供关于生物多样性状况的科学和技术评估意见；

(b) 编制有关按照本公约条款所采取各类措施的功效的科学和技术的评估报告；

(c) 查明有关保护和持久合作生物多样性的创新的、有效的和当代最先进的技术和专门技能，并就促进此类技术的开发和/或转让的途径和方法提供咨询意见；

(d) 就有关保护和持久合作生物多样性的科学方案以及研究和开发方面的国际合作提供咨询意见；

(e) 回答缔约国会议及其附属机构可能向其提出的有关科学、技术、工艺和方法的问题。

3. 这个机构的职责、权限、组织和业务可由缔约国会议进一步订立。

第26条 报告

每一缔约国应按缔约国会议决定的间隔时间，向缔约国会议提交关于该国为执行本公约条款已采取的措施以及这些措施在实现本公约目标方面的功效的报告。

第27条 争端的解决

1. 缔约国之间在就公约的解释或适用方面发生争端时，有关的缔约国应通过谈判方式寻求解决。

2. 如果有关缔约国无法以谈判方式达成协议，他们可以联合要求第三方进行斡旋或要求第三方出面调停。

3. 在批准、接受、核准或加入本公约时或其后的任何时候,一个国家或区域经济一体化组织可书面向保管者声明,对按照以上第1或第2款未能解决的争端,他接受下列1种或2种争端解决办法作为强制性办法:

(a) 按照附件2第1部分规定的程序进行仲裁;

(b) 将争端提交国际法院。

4. 如果争端各方未按照以上第3款规定接受同一或任何程序,则这项争端应按照附件2第2部分规定提交调解,除非缔约国另有协议。

5. 本条规定应适用于任何议定书,除非该议定书另有规定。

第28条 议定书的通过

1. 缔约国应合作拟订并通过本公约的议定书。

2. 议定书应由本公约缔约国会议举行会议通过。

3. 任何拟议议定书的案文应由秘书处至少在举行上述会议以前6个月递交各缔约国。

第29条 公约或议定书的修正

1. 任何缔约国均可就本公约提出修正案。议定书的任何缔约国可就该议定书提出修正案。

2. 本公约的修正案应由缔约国会议举行会议通过。对任何议定书的修正案应在该议定书缔约国的会议上通过。就本公约或任何议定书提出的修正案,除非该议定书另有规定,应由秘书处至少在举行拟议通过该修正案的会议以前6个月递交公约或有关议定书缔约国。秘书处也应将拟议的修正案递交本公约的签署国供其参考。

3. 缔约国应尽力以协商一致的方式就本公约或任何议定书的任何拟议修正案达到协议,如果尽了一切努力仍无法以协商一致方式达成协议,则作为最后办法,应以出席并参加表决的有关文书的缔约国2/3多数票通过修正案;通过的修正案应由保管者送交所有缔约国批准、接受或核准。

4. 对修正案的批准、接受或核准,应以书面通知保管者。依照以上第3款通过的修正案,应于至少2/3公约缔约国或2/3有关议定书缔约国交存批准、接受或核准书之后90天在接受修正案的各缔约国之间生效,除非议定书内另有规定。其后,任何其他缔约国交存其对修正案的批准、接受或核准书第90天之后,修正案即对他生效。

5. 为本条的目的,"出席并参加表决的缔约国"是指在场投赞成票或反对票的缔约国。

第 30 条　附件的通过和修正

1. 本公约或任何议定书的附件应为本公约或该议定书的一个构成部分;除非另有明确规定,凡提及本公约或其议定书时,亦包括其任何附件在内。这种附件应以程序、科学、技术和行政事项为限。

2. 任何议定书就其附件可能另有规定者除外,本公约的增补附件或任何议定书的附件的提出、通过和生效,应适用下列程序:

（a）本公约或任何议定书的附件应依照第 29 条规定的程序提出和通过;

（b）任何缔约国如果不能接受本公约的某一增补附件或它作为缔约国的任何议定书的某一附件,应于保管者就其通过发出通知之日起 1 年内将此情况书面通知保管者。保管者应于接到任何此种通知后立即通知所有缔约国。一缔约国可于任何时间撤销以前的反对声明,有关附件即按以下（c）项规定对他生效;

（c）在保管者就附件通过发出通知之日起满 1 年后,该附件应对未曾依照以上（b）项发出通知的本公约或任何有关议定书的所有缔约国生效。

3. 本公约附件或任何议定书附件的修正案的提出、通过和生效,应遵照本公约附件或议定书附件的提出、通过和生效所适用的同一程序。

4. 如一个增补附件或对某一附件的修正案涉及对本公约或对任何议定书的修正,则该增补附件或修正案须于本公约或有关议定书的修正生效以后方能生效。

第 31 条　表决权

1. 除以下第 2 款之规定外,本公约或任何议定书的每一缔约国应有 1 票表决权。

2. 区域经济一体化组织对属于其权限的事项行使表决权时,其票数相当于其作为本公约或有关议定书缔约的国的成员国数目。如果这些组织的成员国行使其表决权,则该组织就不应行使其表决权,反之亦然。

第 32 条　本公约与其议定书之间的关系

1. 一国或一区经济一体化组织不得成为议定书缔约国,除非已是或同时成为本公约缔约国。

2. 任何议定书下的决定，只应由该议定书缔约国作出。尚未批准、接受或核准一项议定书的公约缔约国，得以观察员身份参加该议定书缔约国的任何会议。

第33条 签署

本公约应从1992年6月5日至14日在里约热内卢并从1992年6月15日至1993年6月4日在纽约联合国总部开放供各国和各区域经济一体化组织签署。

第34条 批准、接受或核准

1. 本公约和任何议定书须由各国和各区域经济一体化组织批准、接受或核准。批准、接受或核准书应交存保管者。

2. 以上第1款所指的任何组织如成为本公约或任何议定书的缔约组织而该组织没有任何成员国是缔约国，则该缔约组织应受公约或议定书规定的一切义务的约束。如这种组织的一个或多个成员国是本公约或有关议定书的缔约国，则该组织及其成员国应就履行其公约或议定书义务的各自责任作出决定。在这种情况下，该组织和成员国不应同时有权行使本公约或有关议定书规定的权利。

3. 以上第1款所指组织应在其批准、接受或核准书中声明其对本公约或有关议定书所涉事项的权限。这些组织也应将其权限的任何有关变化通知保管者。

第35条 加入

1. 本公约及任何议定书应自公约或有关议定书签署截止日期起开放供各国和各区域经济一体化组织加入。加入书应交存保管者。

2. 以上第1款所指组织应在其加入书中声明其对本公约或有关议定书所涉事项的权限。这些组织也应将其权限的任何有关变化通知保管者。

3. 第34条第2款的规定应适用于加入本公约或任何议定书的区域经济一体化组织。

第36条 生效

1. 本公约应于第30份批准、接受、核准或加入书交存之日以后第90天生效。

2. 任何议定书应于该议定书订明份数的批准、接受、核准或加入书交存之日以后第90天生效。

3. 对于在第 30 份批准、接受、核准或加入书交存后批准、接受、核准本公约或加入本公约的每一缔约国，本公约应于该缔约国的批准、接受、核准或加入书交存之日以后第 90 天生效。

4. 任何议定书，除非其中另有规定，对于在该议定书依照以上第 2 款规定生效后批准、接受、核准该议定书或加入该议定书的缔约国，应于该缔约国的批准、接受、核准或加入书交存之日以后第 90 天生效，或于本公约对该缔约国生效之日生效，以两者中较后日期为准。

5. 为以上第 1 和第 2 款的目的，区域经济一体化组织交存的任何文书不得在该组织成员国所交存文书以外另行计算。

第 37 条　保留
不得对本公约作出任何保留。

第 38 条　退出
1. 在本公约对一缔约国生效之日起 2 年之后的任何时间，该缔约国得向保管者提出书面通知，退出本公约。

2. 这种退出应在保管者接到退出通知之日起 1 年后生效，或在退出通知中指明的一个较后日期生效。

3. 任何缔约国一旦退出本公约，即应被视为也已退出他加入的任何议定书。

第 39 条　临时财务安排
在本公约生效之后至缔约国会议第 1 次会议期间，或至缔约国会议决定根据第 21 条指定某个体制机构为止，联合国开发计划署、联合国环境规划署和国际复兴开发银行合办的全球环境贷款设施若已按照第 21 条的要求充分改组，则应暂时为第 21 条所指的体制机构。

第 40 条　秘书处临时安排
在本公约生效之后至缔约国会议第 1 次会议期间，联合国环境规划署执行主任提供秘书处应暂时为第 24 条第 2 款所指的秘书处。

第 41 条　保管者
联合国秘书长应负起本公约及任何议定书的保管者的职责。

第 42 条　作准文本
本公约原本应交存于联合国秘书长，其阿拉伯文、中文、英文、法文、俄文和西班牙文本均为作准文本。

为此，下列签名代表，经正式授权，在本公约上签字，以昭信守。

附件1：

查明和监测

1. 生态系统和生境：内有高度多样性、大量地方特有物种或受威胁物种或原野；为移栖物种所需；具有社会、经济、文化或科学重要性，或具有代表性、独特或涉及关键进化过程或其他生物进程；
2. 以下物种和群体：受到威胁；驯化或培植物种的野生亲系；具有医药、农业或其他经济价值；具有社会、科学或文化重要性；或对生物多样性保护和持久使用的研究具有重要性，如指标物种；
3. 经述明的具有社会、科学或经济重要性的基因组和基因。

附件2：

第1部分 仲 裁

第1条

提出要求一方应通知秘书处，当事各方依照本公约第30条将争端提交仲裁。通知应说明仲裁的主题事项，并特别列入在解释或适用上发生争端的本公约或议定书条款。如果当事各方在法庭庭长指定之前没有就争端的主题事项达成一致意见，则仲裁法庭应裁定主题事项。秘书处应将收到的上述资料递送本公约或有关议定书的所有缔约国。

第2条

1. 对于涉及2个当事方的争端，仲裁法庭应由仲裁员3人组成。争端每一方应指派仲裁员1人，被指派的2位仲裁员应共同协议指定第3位仲裁员，并由他担任法庭庭长。后者不应是争端任何一方的国民，且不得为争端任何一方境内的通常居民，也不得为争端任何一方所雇用，亦不曾以任何其他身份涉及该案件。

2. 对于涉及2个以上当事方的争端，利害关系相同的当事方应通过协议共同指派一位仲裁员。

3. 任何空缺都应按早先指派时规定的方式填补。

第 3 条

1. 如在指派第 2 位仲裁员后 2 个月内仍未指定仲裁法庭庭长，联合国秘书长经任何一方请求，应在其后的 2 个月内指定法庭庭长。

2. 如争端一方在接到要求后 2 个月内没有指派 1 位仲裁员，另一方可通知联合国秘书长，后者应在其后的 2 个月内指定 1 位仲裁员。

第 4 条

仲裁法庭应按照本公约、任何有关议定书和国际法的规定作出裁决。

第 5 条

除非争端各方另有协议，仲裁法庭应制定自己的议事规则。

第 6 条

仲裁法庭可应当事一方的请求建议必要的临时保护措施。

第 7 条

争端各方应便利仲裁法庭的工作，尤应以一切可用的方法：(a) 向法庭提供一切有关文件，资料和便利；(b) 必要时使法庭得以传唤证人或专家作证并接受其证据。

第 8 条

当事各方和仲裁员都有义务保护其在仲裁法庭诉讼期间秘密接受的资料的机密性。

第 9 条

除非仲裁法庭因案情特殊而另有决定，法庭的开支应由争端各方平均分担。法庭应保存 1 份所有开支的记录，并向争端各方提送 1 份开支决算表。

第 10 条

任何缔约国在争端的主题事项方面有法律性质的利害关系，可能因该案件的裁决受到影响，经法庭同意得参加仲裁程序。

第 11 条

法庭得就争端的主题事项直接的反诉听取陈述并作出裁决。

第 12 条

仲裁法庭关于程序问题和实质问题的裁决都应以其成员的多数票作出。

第 13 条

争端一方不到案或不辩护其主张时，他方可请求仲裁法庭继续进行仲裁程序并作出裁决。一方缺席或不辩护不应妨碍仲裁程序的进行。仲裁法庭在作出裁决之前，必须查明该要求在事实上和法律上都确有根据。

第 14 条

除非法庭认为必须延长期限，法庭应在组成后 5 个月内作出裁决，延长的期限不得超过 5 个月。

第 15 条

仲裁法庭的裁决应以对争端的主题事项为限，并应叙明所根据的理由。裁决书应载明参与裁决的仲裁员姓名以及作出裁决的日期。任何仲裁员都可以在裁决书上附加个别意见或异议。

第 16 条

裁决对于争端各方具有拘束力。裁决不得上诉，除非争端各方事前议定某种上诉程序。

第 17 条

争端各方如对裁决的解释或执行方式有任何争执，任何一方都可以提请作出该裁决的仲裁法庭作出决定。

第 2 部分　调　解

第 1 条

应争端一方的请求，应设立调解委员会。除非当事方另有协议，委员会应由 5 位成员组成，每一方指定 2 位成员，主席则由这些成员共同选定。

第 2 条

对于涉及 2 个以上当事方的争端，利害关系相同的当事方应通过协议共同指派其调解委员会成员。如果 2 个或 2 个以上当事方持有个别的利害关系或对他们是否利害关系相同持有分歧意见，则应分别指派其成员。

第 3 条

如果在请求设立调解委员会后 2 个月内当事指派任何成员，联合国秘书长按照提出请求的当事方的请求，应在其后 2 个月内指定这些成员。

第 4 条

如在调解委员会最后1位成员指派以后2个月内尚未选定委员会主席，联合国秘书长经一方请求，应在其后2个月内指定1位主席。

第5条

调解委员会应按其成员多数票作出决定。除非争端各方另有协议，他应制定其程序。他应提出解决争端的建议，而当事方应该认真考虑。

第6条

对于调解委员会是否拥有权限的意见分歧，应由委员会作出决定。

三、国际湿地公约

(1971年2月2日订于拉姆萨　经1982年3月12日议定书修正)

各缔约国，承认人类同其环境的相互依存关系；

考虑到湿地的调节水分循环和维持湿地特有的动植物特别是水禽栖息地的基本生态功能；

相信湿地为具有巨大经济、文化、科学及娱乐价值的资源，其损失将不可弥补；

期望现在及将来阻止湿地的被逐步侵蚀及丧失；

承认季节性迁徙中的水禽可能超越国界，因此应被视为国际性资源；

确信远见卓识的国内政策与协调一致的国际行动相结合能够确保对湿地及其动植物的保护；

兹协议如下：

第一条

1. 为本公约的目的，湿地系指不问其为天然或人工、长久或暂时之沼泽地、湿原、泥炭地或水域地带，带有或静止或流动、或为淡水、半咸水或咸水水体者，包括低潮时水深不超过六米的水域。

2. 为本公约的目的，水禽系指生态学上依赖于湿地的鸟类。

第二条

1. 各缔约国应指定其领域内的适当湿地列入由依第八条所设管理局保管的国际重要湿地名册，下称"名册"。每一湿地的界线应精确记述并标记在地图上，并可包括邻接湿地的河湖沿岸、沿海区域以及湿地范围的岛域或低潮时水深不超过六米的水域，特别是当其具有水禽栖息地意义时。

2. 选入名册的湿地应根据其在生态学上、植物学上、湖沼学上和水文学上的国际意义。首先应选入在所有季节对水禽具有国际重要性的湿地。

3. 选入名册的湿地不妨碍湿地所在地缔约国的专属主权权利。

4. 各缔约国按第九条规定签署本公约或交存批准书或加入书时，应至少指定一处湿地列入名册。

5. 任何缔约国应有权将其境内的湿地增列入名册，扩大已列名册的湿地的界线或由于紧急的国家利益将已列入名册的湿地撤销或缩小其范围，并应尽早将任何上述变更通知第八条规定的负责执行局职责的有关组织或政府。

6. 各缔约国在指定列入名册的湿地时或行使变更名册中与其领土内湿地有关的记录时，应考虑其对水禽迁移种群的养护、管理和合理利用的国际责任。

第三条

1. 缔约国应制定并实施其计划以促进已列入名册的湿地的养护并尽可能地促进其境内湿地的合理利用。

2. 如其境内的及列入名册的任何湿地的生态特征由于技术发展、污染和其他人类干扰而已经改变，正在改变或将可能改变，各缔约国应尽早相互通报。有关这些变化的情况，应不延迟地转告按第八条所规定的负责执行局职责的组织或政府。

第四条

1. 缔约国应设置湿地自然保护区，无论该湿地是否已列入名册，以促进湿地和水禽的养护并应对其进行充分的监护。

2. 缔约国因其紧急的国家利益需对已列入名册的湿地撤销或缩小其范围时，应尽可能地补偿湿地资源的任何丧失，特别是应为水禽及保护原栖息地适当部分而在同一地区或在其他地方设立另外的自然保护区。

3. 缔约国应鼓励关于湿地及其动植物的研究及数据资料和出版物的交换。

4. 缔约国应努力通过管理适当增加湿地水禽的数量。

5. 缔约国应促进能胜任湿地研究、管理及监护人员的训练。

第五条

缔约国应就履行本公约的义务相互协商，特别是当一片湿地跨越一个以上缔约国领土或多个缔约国共处同一水系时。同时，他们应尽力协调和支持有关养护湿地及其动植物的现行和未来政策与规定。

第六条

1. 缔约国应在必要时召集关于养护湿地和水禽的会议。

2. 这种会议应是咨询性的，并除其他外，有权：
a. 讨论本公约的实施情况；
b. 讨论名册之增加和变更事项；
c. 审议关于依第三条第2款所规定的列入名册湿地生态学特征变化的情况；
d. 向缔约国提出关于湿地及其动植物的养护、管理和合理利用的一般性或具体建议；
e. 要求有关国际机构就影响湿地、本质上属于国际性的事项编制报告和统计资料。
3. 缔约国应确保对湿地管理负有责任的各级机构知晓并考虑上述会议关于湿地及其动植物的养护、管理和合理利用的建议。

第七条
1. 缔约国出席这种会议的代表，应包括以其科学、行政或其他适当职务所获得知识和经验而成为湿地或水禽方面专家的人士。
2. 出席会议的每一缔约国均应有一票表决权，建议以所投票数的简单多数通过，但须不少于半数的缔约国参加投票。

第八条
1. 保护自然和自然资源国际联盟应履行本公约执行局的职责，直至全体缔约国三分之二多数委派其他组织或政府时止。
2. 执行局职责除其他外，应为：
a. 协助召集和组织第六条规定的会议；
b. 保管国际重要湿地名册并接受缔约国根据第二条第五款的规定对已列入名册的湿地增加、扩大、撤销或缩小的通知；
c. 接受缔约国根据第三条第二款规定对已列入名册的湿地的生态特征发生任何变化的通知；
d. 将名册的任何改变或名册内湿地特征的变化通知所有的缔约国，并安排这些事宜在下次会议上讨论；
e. 将会议关于名册变更或名册内湿地特征变化的建议告知各有关缔约国。

第九条
1. 本公约将无限期开放供签署。
2. 联合国或某一专门机构、国际原子能机构的任一成员国或国际法院的规约当事国均可以下述方式成为本公约的缔约方：

a. 签署无须批准；
b. 签署有待批准，随后再予批准；
c. 加入。

3. 批准或加入应以向联合国教育、科学及文化组织的总干事（以下简称"保存机关"）交存批准或加入文书为生效。

第十条

1. 本公约应自七个国家根据第九条第 2 款成为本公约缔约国四个月后生效。

2. 此后，本公约应在其签署无须批准或交存批准书或加入书之日后四个月对各缔约国生效。

第十条之二

1. 公约可按照本条在为此目的召开的缔约国会议上予以修正。

2. 修正建议可以由任何缔约国提出。

3. 所提修正案文及其理由应提交给履行执行局职责的组织或政府（以下称为执行局）并立即由执行局转送所有缔约国。缔约国对案文的任何评论应在执行局将修正案转交缔约国之日三个月内交给执行局。执行局应于提交评论最后一日后立即将至该日所提交的所有评论转交各缔约国。

4. 审议按照第 3 款所转交的修正案的缔约国会议应由执行局根据三分之一缔约国的书面请求召集。执行局应就会议的时间和地点同缔约国协商。

5. 修正案以出席并参加投票的缔约国三分之二多数通过。

6. 通过的修正案应于三分之二缔约国向保存机关交存接受书之日后第四个月第一天对接受的缔约国生效。对在三分之二的缔约国交存接受书之后交存接受书的缔约国，修正案应于其交存接受书之日后第四个月第一天生效。

第十一条

1. 本公约将无限期有效。

2. 任何缔约国可以于公约对其生效之日起五年后以书面通知保存机关退出本公约。退出应于保存机关收到退出通知之日后四个月生效。

第十二条

1. 保存机关应尽快将以下事项通知签署和加入本公约的所有国

家：
  a. 公约的签署；
  b. 公约批准书的交存；
  c. 公约加入书的交存；
  d. 公约的生效日期；
  e. 退出公约的通知。

  2. 一旦本公约开始生效，保存人应按照联合国宪章第一百零二条将本公约向联合国秘书处登记。

  下列签字者经正式授权，谨签字于本公约，以资证明。

  一九七一年二月二日订于拉姆萨，正本一份，以英文、法文、德文和俄文写成，所有文本具有同等效力，保存于保存机关，保存机关应将核证无误副本分送所有的缔约国。

四、濒危野生动植物物种国际贸易公约

（1973年3月3日签于华盛顿）

缔约各国认识到，许多美丽的、种类繁多的野生动物和植物是地球自然系统中无可代替的一部分，为了我们这一代的今后世世代代，必须加以保护；

意识到，从美学、科学、文化、娱乐和经济观点看，野生动植物的价值都在日益增长；

认识到，各国人民和国家是，而且应该是本国野生动植物的最好保护者；

并且认识到，为了保护某些野生动物和植物物种不至于由于国际贸易而遭到过度开发利用，进行国际合作是必要的；

确信，为此目的迫切需要采取适当措施。

同意下列条款：

第一条　定义

除非内容另有所指，就本公约而言：

1. "物种"指任何的种、亚种，或其他地理上隔离的种群；
2. "标本"指：

（1）任何活的或死的动物，或植物；

（2）如系动物，指附录一和附录二所列物种，或其任何可辨认的部分，或其衍生物和附录三所列物种及与附录三所指有关物种的任何可辨的部分，或其衍生物；

（3）如系植物，指附录一所列物种，或其任何可辨认的部分，或其衍生物和附录二、附录三所列物种及与附录二、附录三所指有关物种的任何可辨的部分，或其衍生物。

3. "贸易"指出口、再出口、进口和从海上引进；
4. "再出口"指原先进口的任何标本的出口；
5. "从海上引进"指从不属任何国家管辖的海域中取得的任何物种标本输入某个国家。

6. "科学机构"指依第九条所指定的全国性科学机构；
7. "管理机构"指依第九条所指定的全国性管理机构；
8. "成员国"指本公约对之生效的国家。

第二条 基本原则

（一）附录一应包括所有受到和可能受到贸易的影响而有灭绝危险的物种。这些物种的标本的贸易必须加以特别严格的管理，以防止进一步危害其生存，并且只有在特殊的情况下才能允许进行贸易。

（二）附录二应包括：

1. 所有那些目前虽未濒临灭绝，但如对其贸易不严加管理，以防止不利其生存的利用，就可能变成有灭绝危险的物种；

2. 为了使本款第1项中指明的某些物种标本的贸易能得到有效控制，而必须加以管理的其他物种。

（三）附录三应包括任一成员国认为属其管辖范围内，应进行管理以防止或限制开发利用，而需要其他成员国合作控制贸易的物种。

（四）除遵守本公约各项规定外，各成员国均不应允许就附录一、附录二、附录三所列物种标本进行贸易。

第三条 附录一所列物种标本的贸易规定

（一）附录一所列物种标本的贸易，均应遵守本条各项规定。

（二）附录一所列物种的任何标本的出口，应事先获得并交验出口许可证。只有符合下列各项条件时，方可发给出口许可证：

1. 出口国的科学机构认为，此项出口不致危害该物种的生存；

2. 出口国的管理机构确认，该标本的获得并不违反本国有关保护野生动植物的法律；

3. 出口国的管理机构确认，任一出口的活标本会得到妥善装运，尽量减少伤亡、损害健康，或少遭虐待；

4. 出口国的管理机构确认，该标本的进口许可证已经发给。

（三）附录一所列物种的任何标本的进口，均应事先获得并交验进口许可证和出口许可证，或再出口证明书。只有符合下列各项条件时，方可发给进口许可证：

1. 进口国的科学机构认为，此项进口的意图不致危害有关物种的生存；

2. 进口国的科学机构确认，该活标本的接受者笼舍安置和照管方面是得当的；

3. 进口国的管理机构确认，该标本的进口，不是以商业为根本目的。

（四）附录一所列物种的任何标本的再出口，均应事先获得并交验再出口证明书。只有符合下列各项条件时，方可发给再出口证明书：

1. 再出口的管理机构确认，该标本系遵照本公约的规定进口到本国的；

2. 再出口的管理机构确认，该项再出口的活标本会得到妥善装运，尽量减少伤亡、损害健康，或少遭虐待；

3. 再出口的管理机构确认，任一活标本的进口许可证已经发给。

（五）从海上引进附录一所列物种的任何标本，应事先获得引进国管理机构发给的证明书。只有符合下列各项条件时，方可发给证明书：

1. 引进国的科学机构认为，此项引进不致危害有关物种的生存；

2. 引进国的管理机构确认，该活标本的接受者在笼舍安置和照管方面是得当的；

3. 引进国的管理机构确认，该标本的引进不是以商业为根本目的。

第四条　附录二所列物种标本的贸易规定

（一）附录二所列物种标本的贸易，均应遵守本条各项规定。

（二）附录二所列物种的任何标本的出口，应事先获得并交验出口许可证。只有符合下列各项条件时，方可发给出口许可证：

1. 出口国的科学机构认为，此项出口不致危害该物种的生存；

2. 出口国的管理机构确认，该标本的获得并不违反本国有关保护野生动植物的法律；

3. 出口的管理机构确认，该项再出口的活标本会得到妥善装运，尽量减少伤亡、损害健康，或少遭虐待。

（三）各成员国的科学机构应监督该国所发给的附录二所列物种标本的出口许可证及该物种标本出口的实际情况。当科学机构确定，此类物种标本的出口应受到限制，以便保护该物种在其分布区内的生态系统中与它应有作用相一致的地位，或者大大超出该物种够格成为附录一所属范畴的标准时，该科学机构就应建议主管的管理机构采取适当措施，限制发给该物种标本出口许可证。

（四）附录二所列物种的任何标本的进口，应事先交验出口许可证或再出口证明书。

（五）附录二所列物种的任何标本的再出口，应事先获得并交验再出口证明书。只有符合下列各项条件时，方可发给再出口证明书。

1. 再出口的管理机构确认，该标本的进口符合本公约各项规定；

2. 再出口的管理机构确认，任一活标本会得到妥善装运，尽量减少伤亡、损害健康，或少遭虐待。

（六）从海上引进附录二所列物种的任何标本，应事先从引进国的管理机构获得发给的证明书。只有符合下列各项条件时，方可发给证明书：

1. 引进国的科学机构认为，此项引进不致危害有关物种的生存；

2. 引进国的管理机构确认，任一活标本会得到妥善处置，尽量减少伤亡、损害健康，或少遭虐待。

（七）本条第（六）款所提到的证明书，只有在科学机构与其他国家的科学机构或者必要时与国际科学机构进行磋商后，并在不超过一年的期限内将全部标本如期引进，才能签发。

第五条 附录三所列物种标本的贸易规定

（一）附录三所列物种标本的贸易，均应遵守本条各项规定。

（二）附录三所列物种的任何标本，从将该物种列入附录三的任何国家出口时，应事先获得并交验出口许可证。只有符合下列各项条件时，方可发给出许可证：

1. 出口国的管理机构确认，该标本的获得并不违反该国保护野生动植物法律；

2. 出口的管理机构确认，任一活标本会得到妥善装运，尽量减少伤亡、损害健康，或少遭虐待。

（三）除本条第（四）款涉及的情况外，附录三所列物种任何标本的进口，应事先交验原产地证明书。如该出口国已将该物种列入附录三，则应交验该国所发给的出口许可证。

（四）如系再出口，则再出口国的管理机构签发有关该标本曾在该国加工或正在进行再出口的证明书，以此向进口国证明有关该标本的再出口符合本公约的各项规定。

第六条 许可证和证明书

（一）根据第三条、第四条和第五条的各项规定签发的许可证和证明书必须符合本条各项规定。

（二）出口许可证应包括附录四规定的式样中所列的内容，出口许可证只用于出口，并自签发之日起半年内有效。

（三）每个出口许可证或证明书应载有本公约的名称、签发出口许可证或证明书的管理机构的名称和任何一种证明印鉴，以及管理机构编制的控制号码。

（四）管理机构发给的许可证或证明书的副本应清楚地注明其为副本。除经特许者外，该副本不得代替原本使用。

（五）交付每批标本，均应备有单独的许可证或证明书。

（六）任一标本的进口国管理机构，应注销并保存出口许可证或再出口证明书，以及有关该标本的进口许可证。

（七）在可行的适当地方，管理机构可在标本上盖上标记，以助识别。此类"标记"系指任何难以除去的印记、铅封或识别该标本的其他合适的办法，尽量防止无权发证者进行伪造。

第七条　豁免及与贸易有关的其他专门规定

（一）第三条、第四条和第五条的各项规定不适用于在成员国领土内受海关控制的标本的过境或转运。

（二）出口国或再出口国的管理机构确认，某一标本是在本公约的规定对其生效前获得的，并具有该管理机构为此签发的证明书。则第三条、第四条和第五条的各项规定不适用于该标本。

（三）第三条、第四条和第五条的各项规定不适用于作为个人或家庭财产的标本，但这项豁免不得用于下列情况：

1. 附录一所列物种的标本，是物主在其常住国以外获得并正在向常住国进口；

2. 附录二所列物种的标本：

（1）它们是物主在常住国以外的国家从野生状态中获得；

（2）它们正在向物主常住国进口；

（3）在野生状态中获得的这些标本出口前，该国应事先获得出口许可证。

但管理机构确认，这些物种标本是在本公约的规定对其生效前获得的，则不在此限。

（四）附录一所列的某一动物物种的标本，系为了商业目的而由人工饲养的，或附录一所列的某一植物物种的标本，系为了商业目的而由人工培植的，均应视为附录二所列的物种标本。

（五）当出口国管理机构确认，某一动物物种的任一标本是由人工饲养繁殖的，或某一植物物种的标本是由人工培植的，或确认它们是此类动物或植物的一部分，或是它们的衍生物，该管理机构出具的关于上述情况的证明书可以代替按第三条、第四条或第五条的各项规定所要求的许可证或证明书。

（六）第三条、第四条和第五条的各项规定不适用于在本国管理机构注册的科学家之间或科学机构之间进行非商业性的出借、馈赠或交换的植物标本或其他浸制的、干制的或埋置的博物馆标本，以及活的植物材料，但这些都必须附以管理机构出具的或批准的标签。

（七）任何国家的管理机构可不按照第三条、第四条和第五条的各项规定，允许用作巡回动物园、马戏团、动物展览、植物展览或其他巡回展览的标本，在没有许可证或证明书的情况下运送，但必须做到以下各点：

1. 出口者或进口者向管理机构登记有关该标本的全部详细情况；

2. 这些标本本系属于本条第（二）款或第（五）款所规定的范围；

3. 管理机构已经确认，所有活的标本会得到妥善运输和照管，尽量减少伤亡、损害健康，或少遭虐待。

第八条 成员国应采取的措施

（一）成员国应采取相应措施执行本公约的规定，并禁止违反本公约规定的标本贸易，包括下列各项措施：

1. 处罚对此类标本的贸易，或者没收它们，或两种办法兼用；

2. 规定对此类标本进行没收或退还出口国。

（二）除本条第（一）款所规定的措施外，违反本公约规定措施的贸易标本，予以没收所用的费用，如成员国认为必要，可采取任何办法内部补偿。

（三）成员国应尽可能保证物种标本在贸易时尽快地通过一切必要的手续，为便利通行，成员国可指定一些进出口岸，以供对物种标本进行检验放行。各成员国还须保证所有活标本，在过境、扣留或装运期间，得到妥善运输和照管，尽量减少伤亡、损害健康，或少遭虐待。

（四）在某一活标本由于本条第（一）款规定而被没收时：

1. 该标本应委托给没收国的管理机构代管;

2. 该管理机构经与出口国协商后,应将标本退还该出口国,费用由该出口国负担,或将其送往管理机构认为合适并且符合本公约宗旨的拯救中心,或类似地方;

3. 管理机构可以征询科学机构的意见,或者,在其认为需要时,与秘书处磋商以加快实现根据本款第2项所规定的措施,包括选择拯救中心或其他地方。

(五)本条第(四)款所指的拯救中心,是指由管理机构指定的某一机构,负责照管活标本,特别是没收的标本。

(六)各成员国应保存附录一、附录二、附录三所列物种标本的贸易记录,内容包括:

1. 出口者与进口者的姓名、地址;

2. 所发许可证或证明书的号码、种类、进行这种贸易的国家,标本的数量、类别,根据附录一、附录二、附录三所列物种的名称,如有要求,在可行的情况下,还包括标本的大小和性别。

(七)各成员国应提出执行本公约情况的定期报告,递交秘书处;

1. 包括本条第(六)款第2项所要求的情况摘要的年度报告;

2. 为执行本公约各项规定而采取的立法、规章和行政措施的双年度报告。

(八)本条第(七)款提到的情况,只要不违反有关成员国的法律,应予公布。

第九条 管理机构和科学机构

(一)各成员国应为本公约指定:

1. 有资格代表该成员国发给许可证或证明书的一个或若干个管理机构;

2. 一个或若干个科学机构。

(二)一国在将其批准、接受、核准或加入的文书交付保存时,应同时将授权与其他成员国和秘书处联系的管理机构的名称、地址通知保存国政府。

(三)根据本条规定所指派的单位名称,或授予的权限,如有任何改动,应由该成员国通知秘书处,以便转告其他成员国。

(四)本条第(二)款提及的任何管理机构,在秘书处或其他成员国的管理机构请求时,应将其图章、印记及其他用以核实许可证或证明书的标志的底样寄给对方。

第十条 与非公约成员国贸易

向一个非公约成员国出口或再进口，或从该国进口时，该国的权力机构所签发的类似文件，在实质上符合本公约对许可证和证明书的要求，就可代替任一成员国出具的文件而予接受。

第十一条 成员国大会

（一）在本公约生效两年后，秘书处应召集一次成员国大会。

（二）此后，秘书处至少每隔两年召集一次例会，除非全会另有决定，如有三分之一以上的成员国提出书面请求时，秘书处得随时召开特别会议。

（三）各成员国在例会或特别会议上，应检查本公约执行情况，并可：

1. 作出必要的规定，使秘书处能履行其职责；
2. 根据第十五条，考虑并通过附录一和附录二的修正案；
3. 检查附录一、附录二、附录三所列物种的恢复和保护情况的进展；
4. 接受并考虑秘书处，或任何成员国提出的任何报告；
5. 在适当的情况下，提出提高公约效力的建议。

（四）在每次例会上，各成员国可根据本条第（二）款的规定，确定下次例会召开的时间和地点。

（五）各成员国在任何一次会议上，均可确定和通过本次会议议事规则。

（六）联合国及其专门机构和国际原子能总署以及非公约成员国，可以观察员的身份参加大会的会议，但无表决权。

（七）凡属于如下各类在技术上有能力保护、保持或管理野生动植物的机构或组织，经通知秘书处愿以观察员身份参加大会者，应接受其参加会议，但有三分之一或以上成员国反对者例外：

1. 政府或非政府间的国际性机构或组织、国家政府机构和组织；
2. 为此目的所在国批准而设立的全国性非政府机构或组织。

观察员经过同意后，有权参加会议，但无表决权。

第十二条 秘书处

（一）在本公约生效后，由联合国环境规划署执行主任筹组一秘书处。在他认为合适的方式和范围内，可取得在技术上有能力保护、保持和管理野生动植物方面的政府间的或非政府的，国际的或国家的适当机构和组织的协助。

（二）秘书处的职责为：

1. 为成员国的会议作出安排并提供服务；

2. 履行根据本公约第十五条和第十六条的规定委托给秘书处的职责；

3. 根据成员国大会批准的计划，进行科学和技术研究，从而为执行本公约作出贡献，包括对标本的妥善处置和装运的标准以及识别有关标本的方法；

4. 研究成员国提出的报告，如认为必要，则要求他们提供进一步的情况，以保证本公约的执行；

5. 提请成员国注意与本公约宗旨有关的任何事项；

6. 定期出版并向成员国分发附录一、附录二、附录三的最新版本，以及有助于识别这些附录中所列物种标本的任何情报；

7. 向成员国会议提出有关工作报告和执行本公约情况的年度报告，以及会议上可能要求提供的其他报告；

8. 为执行本公约的宗旨和规定而提出建议，包括科学或技术性质情报的交流；

9. 执行成员国委托秘书处的其他职责。

第十三条　国际措施

（一）秘书处根据其所获得的情报，认为附录一、附录二所列任一物种，由于该物种标本的贸易而正受到不利的影响，或本公约的规定没有被有效地执行时，秘书处将这种情况通知有关的成员国，或有关的成员国所授权的管理机构。

（二）成员国在接到本条第（一）款所指的通知后，应在其法律允许范围内，尽快将有关事实通知秘书处，并提出适当补救措施。成员国认为需要调查时，可特别授权一人或若干人进行调查。

（三）成员国提供的情况，或根据本条第（二）款规定进行调查所得到的情况，将由下届成员国大会进行审议，大会可提出它认为合适的任何建议。

第十四条　对国内立法及各种国际公约的效力

（一）本公约的规定将不影响成员国有权采取以下措施：

1. 附录一、附录二、附录三所列物种标本的贸易、取得、占有和转运、在国内采取更加严格的措施或完全予以禁止；

2. 对附录一、附录二、附录三未列入的物种标本的贸易、取得、占有和转运，在国内采取限制或禁止的措施。

（二）本公约的规定，将不影响成员国在国内采取任何措施的规定，也不影响成员国由于签署了已生效或即将生效的涉及贸易、取得、占有或转运各物种标本其他方面的条约、公约或国际协议而承担的义务，包括有关海关、公共卫生、兽医或动植物检疫等方面的任何措施。

（三）本公约的规定不影响各国间已缔结或可能缔结的建立同盟或区域贸易协议的条约、公约或国际协定中所作的规定或承担的义务，上述同盟或区域贸易协议是用来建立或维持该同盟各成员国之间的共同对外关税管制或免除关税管制。

（四）本公约的缔约国，如果也是本公约生效时其他有效的条约、公约或国际协定的成员国，而且根据这些条约、公约和协定的规定，对附录二所列举的各种海洋物种应予保护，则应免除该国根据本公约的规定，对附录二所列举的，由在该国注册的船只捕获的、并符合上述其他条约、公约或国际协定的规定而进行捕获的各种物种标本进行贸易所承担的义务。

（五）尽管有第三条、第四条和第五条的规定，凡出口依本条第（四）款捕获的标本，只需要引进国的管理机构出具证明书，说明该标本是依照其他条约、公约或国际协定规定取得的。

（六）本公约不应妨碍根据联合国大会2750C字（XXV）号决议而召开的联合国海洋会议从事编纂和发展海洋法，也不应妨碍任何国家在目前或将来就海洋法以及就沿岸国和船旗国的管辖权的性质和范围提出的主张和法律观点。

第十五条　附录一和附录二的修改

（一）下列规定适用于在成员国大会的会议上对附录一和附录二的修改事宜：

1. 任何成员国可就附录一或附录二的修改提出建议，供下次会议审议。所提修正案的文本至少应在会前一百五十天通知秘书处。秘书处应依据本条第（二）款第2项和第3项之规定，就修正案同其他成员国和有关机构进行磋商，并不迟于会前三十天向各成员国发出通知；

2. 修正案应经到会并参加投票的成员国三分之二多数通过。此处所谓"到会并参加投票的成员国"系指出席会议,并投了赞成票或反对票的成员国。弃权的成员国将不计入通过修正案所需三分之二的总数内;

3. 在一次会议上通过的修正案,应在该次会议九十天后对所有成员国开始生效,但依据本条第(三)款提出保留的成员国除外。

(二)下列规定将适用于在成员国大会闭会期间,对附录一和附录二的修改事宜;

1. 任何成员国可在大会闭会期间按本款的规定,以邮政程序就附录一和附录二提出修改建议。要求审议;

2. 对各种海洋物种,秘书处在收到建议修正案文本后,应立即将修正案文本通知成员国。秘书处还应与业务上和该物种有关的政府国机构进行磋商,以便取得这些机构有可能提供的科学资料,并使与这些机构实施的保护措施协调一致。秘书处应尽快将此类机构所表示的观点和提供的资料,以及秘书处的调查结果和建议,通知成员国;

3. 对海洋物种以外的物种,秘书处应在收到建议的修正案文本后,立即将其通知成员国,并随后尽快将秘书处的建议通知成员国;

4. 任何成员国于秘书处根据本款第 2 或第 3 项的规定,将其建议通知成员国后的六十天内,应将其对所提的修正案的意见,连同有关的科学资料和情报送交秘书处;

5. 秘书处应将收到的答复连同它自己的建议,尽快通知成员国;

6. 秘书处依据本款第 5 项规定将上述答得和建议通知成员国后三十天内,如未收到对建议的修正案提出异议,修正案即应在随后九十天起,对所有成员国开始生效,但依据本条第(三)款提出保留的成员国除外;

7. 如秘书处收到任何成员国提出的异议,修正案即按本款第 8、第 9 和第 10 项的规定,以邮政通信方式交付表决;

8. 秘书处应将收到异议的通知告知成员国;

9. 秘书处按本款第 8 项的规定发出通知后六十天内,从各方收到赞成、反对或弃权票必须占成员国总数一半以上,否则,修正案将提交成员国大会的下一次会议上进行审议;

10. 如收到成员国投票已占一半,则修正案应由投赞成或反对票的成员国的三分之二多数通过;

11. 秘书处应将投票结果通知所有成员国；

12. 如修正案获得通过，则自秘书处发出修正案被接受的通知之日起后九十天，对各成员国开始生效。但按本条之第（三）款规定提出保留之成员国除外。

（三）在本条第（一）款第3项，或第（二）款第12项规定的九十天期间，任何成员国均可向公约保存国政府以书面通知形式，对修正案通知提出保留。在此保留撤销以前，进行有关该物种的贸易时，即不作为本公约的成员国对待。

第十六条　附录三及其修改

（一）按第二条和第（三）款所述，任何成员国可随时向秘书处提出它认为属其管辖范围内，并由其管理的物种的名单。附录三应包括：提出将某些物种包括在内的成员国的名称、提出的物种的学名，以及按第一条第2项所述，与该物种相联系的有关动物或植物的任何部分或衍生物。

（二）根据本条第（一）款规定提出的每一份名单，都应由秘书处在收到该名单后尽快通知成员国。该名单作为附录三的一部分，在发出此项通知之日起的九十天后生效。在该名单发出后，任何成员国均可随时书面通知公约保存国政府，对任何物种，或其任何部分，或其衍生物持保留意见。在撤销此保留以前，进行有关该物种，或其一部分，或其衍生物的贸易时，该国即不作为本公约的成员国对待。

（三）提出应将某一物种列入附录三的成员国，可以随时通知秘书处撤销该物种，秘书处应将此事通知所有成员国，此项撤销应在秘书处发出通知之日起的三十天后生效。

（四）根据本条第（一）款的规定提出一份名单的任何成员国应向秘书处提交一份适用于此类物种保护的所有国内法律和数量的抄本，并同时提交成员国对该法律规章的适当解释，或秘书处要求提供的解释。该成员在上述物种被列入附录三的期间内，应提交对上述法律和规章的任何修改或任何新的解释。

第十七条　公约之修改

（一）秘书处依至少三分之一成员国提出的书面要求，可召开成员国大会特别会议，审议和通过本公约的修正案。此项修正案应经到会并参加投票的成员国三分之二多数通过。此处所谓"到会并参加投票的成员国"系指出席会议并投了赞成票，或反对票的成员国。弃权的成员国将不计入为通过修正案所需三分之二的总数内。

（二）秘书处至少应在会前九十天将建议的修正案的案文通知所有成员国。

（三）自三分之二的成员国向公约保存国政府递交接受该项修正案之日起的六十天后，该项修正案即对接受的成员国开始生效。此后，在任何其他成员国递交接受该项修正案之日起的六十天后，该项修正案对该成员国开始生效。

第十八条　争议之解决

（一）如两个或两个以上成员国之间就本公约各项规定的解释或适用发生争议，则涉及争议的成员国应进行磋商。

（二）如果争议不能依本条第（一）款获得解决，经成员国相互同意，可将争议提交仲裁，特别是提交设在海牙的常设仲裁法院进行仲裁，提出争议的成员国应受仲裁决定之约束。

第十九条　签署

本公约于一九七三年四月三十日以前在华盛顿开放签署，在此以后，则于一九七四年十二月三十一日以前在伯尔尼开放签署。

第二十条　批准、接受、核准

本公约需经批准、接受或核准，批准、接受或核准本公约的文书应交存公约保存国瑞士联邦政府。

第二十一条　加入

本公约将无限期地开放加入，加入书应交公约保存国保存。

第二十二条　生效

（一）本公约自第十份批准、接受、核准或加入本公约的文书交存公约保存国政府九十天后开始生效。

（二）在第十份批准、接受、核准或加入本公约的文书交存以后，批准、接受、核准或加入本公约的国家，自向公约保存国政府交存批准、接受、核准或加入的文书之日起九十天后对该国生效。

第二十三条　保留

（一）对本公约的各项规定不得提出一般保留。但根据本条或第十五条和第十六条的规定，可提出特殊保留。

（二）任何一国在将其批准、接受、核准或加入本公约的文书交托保存的同时，可就下述具体事项提出保留：

1. 附录一、附录二或附录三中列举的任何物种；

2. 附录三中所指的各物种的任何部分或其衍生物。

（三）成员国在未撤销其根据本条规定提出的保留前，在对该保留物种，或其一部分，或其衍生物进行贸易时，该国即不作为本公约的成员国对待。

第二十四条　废约

任何成员国均可随时以书面形式通知公约保存国政府废止本公约。废约自公约保存国政府收到书面通知之日起十二个月后生效。

第二十五条　保存国

（一）本公约正本以中、英、法、俄和西班牙文写成，各种文本都具有同等效力。正本应交付公约保存国政府。该政府应将核证无误的副本送至本公约的签字国，或加入本公约的国家。

（二）公约保存国政府应将批准、接受、核准或加入、本公约的生效和修改、表示保留和撤销保留以及废止的文书签署交存情况通知本公约所有签字国、加入国和秘书处。

（三）本公约生效后，公约保存国政府应立即将核证无误的文本根据联合国宪章第一百零二条，转送联合国秘书处登记和公布。

各全权代表受命在本公约上签字，以资证明。

五、国际古迹保护与修复宪章

（第二届历史古迹建筑师及技师国际会议于1964年5月25日在威尼斯通过 1964年5月25日生效）

世世代代人民的历史古迹，饱含着过去岁月的信息留存至今，成为人们古老的活的见证。人们越来越意识到人类价值的统一性，并把古代遗迹看作共同的遗产，认识到为后代保护这些古迹的共同责任。将它们真实地、完整地传下去是我们的职责。古代建筑的保护与修复指导原则应在国际上得到公认并作出规定，这一点至关重要。各国在各自的文化和传统范畴内负责实施这一规划。1931年的雅典宪章第一次规定了这些基本原则，为一个国际运动的广泛发展做出了贡献，这一运动所采取的具体形式体现在各国的文件之中，体现在国际博物馆协会和联合国教育、科学及文化组织的工作之中，以及在由后者建立的国际文化财产保护与修复研究中心之中。一些已经并在继续变得更为复杂和多样化的问题已越来越受到注意，并展开了紧急研究。现在，重新审阅宪章的时候已经来临，以便对其所含原则进行彻底研究，并在一份新文件中扩大其范围。为此，1964年5月25～31日在威尼斯召开了第二届历史古迹建筑师及技师国际会议，通过了以下文本：

定 义

第一条 历史古迹的要领不仅包括单个建筑物，而且包括能从中找出一种独特的文明、一种有意义的发展或一个历史事件见证的城市或乡村环境。这不仅适用于伟大的艺术作品，而且亦适用于随时光流逝而获得文化意义的过去一些较为朴实的艺术品。

第二条 古迹的保护与修复必须求助于对研究和保护考古遗产有利的一切科学技术。

宗　旨

　　第三条　保护与修复古迹的目的旨在把它们既作为历史见证，又作为艺术品予以保护。

保　护

　　第四条　古迹的保护至关重要的一点在于日常的维护。
　　第五条　为社会公用之目的使用古迹永远有利于古迹的保护。因此，这种使用合乎需要，但决不能改变该建筑的布局或装饰。只有在此限度内才可考虑或允许因功能改变而需做的改动。
　　第六条　古迹的保护包含着对一定规模环境的保护。凡传统环境存在的地方必须予以保存，决不允许任何导致改变主体和颜色关系的新建、拆除或改动。
　　第七条　古迹不能与其所见证的历史和其产生的环境分离。除非出于保护古迹之需要，或因国家或国际之极为重要利益而证明有其必要，否则不得全部或局部搬迁古迹。
　　第八条　作为构成古迹整体一部分的雕塑、绘画或装饰品，只有在非移动而不能确保其保存的唯一办法时方可进行移动。

修　复

　　第九条　修复过程是一个高度专业性的工作，其目的旨在保存和展示古迹的美学与历史价值，并以尊重原始材料和确凿文献为依据。一旦出现臆测，必须立即予以停止。此外，即使如此，任何不可避免的添加都必须与该建筑的构成有所区别，并且必须要有现代标记。无论在任何情况下，修复之前及之后必须对古迹进行考古及历史研究。
　　第十条　当传统技术被证明为不适用时，可采用任何经科学数据和经验证明为有效的现代建筑及保护技术来加固古迹。
　　第十一条　各个时代为一古迹之建筑物所做的正当贡献必须予以尊重，因为修复的目的不是追求风格的统一。当一座建筑物含有不同时期的重叠作品时，揭示底层只有在特殊情况下，在被去掉的东西价值甚微,而被显示的东西具有很高的历史、考古或美学价值,并且保存完好,足以说明这么做的理由时才能证明其具有正当理由。评估由此涉及的各部分的重要性以及决定毁掉什么内容不能仅仅依赖于负责此项工作的个人。

第十二条 缺失部分的修补必须与整体保持和谐,但同时须区别于原作,以使修复不歪曲其艺术或历史见证。

第十三条 任何添加均不允许,除非它们不至于贬低该建筑物的有趣部分、传统环境、布局平衡及其与周围环境的关系。

第十四条 古迹遗址必须成为专门照管对象,以保护其完整性,并确保用恰当的方式进行清理和开放。在这类地点开展的保护与修复工作应得到上述条款所规定之原则的鼓励。

发 掘

第十五条 发掘应按照科学标准和联合国教育、科学及文化组织1956年通过的适用于考古发掘国际原则的建议予以进行。遗址必须予以保存,并且必须采取必要措施,永久地保存和保护建筑风貌及其所发现的物品。此外,必须采取一切方法促进对古迹的了解,使它得以再现而不曲解其意。然而对任何重建都应事先予以制止,只允许重修,也就是说,把现存但已解体的部分重新组合。所用粘结材料应永远可以辨别,并应尽量少用,只需确保古迹的保护和其形状的恢复之用便可。

出 版

第十六条 一切保护、修复或发掘工作永远应有用配以插图和照片的分析及评论报告这一形式所做的准确的记录。清理、加固、重新整理与组合的每一阶段,以及工作过程中所确认的技术及形态特征均应包括在内。这一记录应存放于一公共机构的档案馆内,使研究人员都能查到。该记录应建议出版。

六、佛罗伦萨宪章

（国际古迹遗址理事会于 1982 年 12 月 15 日登记 1982 年 12 月 15 日生效）

国际古迹遗址理事会与国际历史园林委员会于 1981 年 5 月 21 日在佛罗伦萨召开会议，决定起草一份将以该城市命名的历史园林保护宪章。本宪章即由该委员会起草，并由国际古迹遗址理事会于 1982 年 12 月 15 日登记作为涉及有关具体领域的"威尼斯宪章"的附件。

定义与目标

第一条 "历史园林指从历史或艺术角度而言民众所感兴趣的建筑和园艺构造"。鉴此，它应被看作是一古迹。

第二条 "历史园林是一主要由植物组成的建筑构造，因此它是具有生命力的，即指有死有生"。因此，其面貌反映着季节循环、自然生死与园林艺人希望将其保持永恒不变的愿望之间的永久平衡。

第三条 作为古迹，历史园林必须根据威尼斯宪章的精神予以保存。然而，既然它是一个活的古迹，其保存必须根据特定的规则进行，此乃本宪章之议题。

第四条 历史园林的建筑构造包括：
a. 其平面和地形；
b. 其植物，包括品种、面积、配色、间隔以及各自高度；
c. 其结构和装饰特征；
d. 其映照天空的水面，死水或活水。

第五条 这种园林作为文明与自然直接关系的表现，作为适合于思考和休息的娱乐场所，因而具有理想世界的巨大意义，用词源学的术语来表达就是"天堂"，并且也是一种文化、一种风格、一个时代的见证，而且常常还是具有创造力的艺术家的独创性的见证。

第六条 "历史园林"这一术语同样适用于不论是正规的，还是风景的小园林和大公园。

  第七条 历史园林不论是否与某一建筑物相联系——在此情况下它是其不可分割的一部分——它不能隔绝于其本身的特定环境，不论是城市的还是农村的，亦不论是自然的还是人工的。

  第八条 一个历史遗址是与一桩值得纪念的历史事件相联系的特定风景区，例如：一桩主要历史事件、一个著名神话、一场具有历史意义的战斗或一幅名画的背景。

  第九条 历史园林的保存取决于对其鉴别和编目情况。对它们需要采取几种行动，即维护、保护和修复。

维护、保护、修复、重建

  第十条 在对历史园林或其中任何一部分的维护、保护、修复和重建工作中，必须同时处理其所有的构成特征。把各种处理孤立开来将会损坏其整体性。

维护与保护

  第十一条 对历史园林不断进行维护至为重要。既然主要物质是植物，在没有变化的情况下，保存园林既要求根据需要予以及时更换，也要求有一个长远的定期更换计划（彻底地砍伐并重播成熟品种）。

  第十二条 定期更换的树木、灌木、植物和花草的种类必须根据各个植物和园艺地区所确定和确认的实践经验加以选择，目的在于确定那些已长成雏形的品种并将它们保存下来。

  第十三条 构成历史园林整体组成部分的永久性的或可移动的建筑、雕塑或装饰特征，只有在其保护或修复之必要范围内方可予以移动或替代。任何具有这种危险性质的替代和修复必须根据威尼斯宪章的原则予以实施，并且必须说明任何全部替代的日期。

  第十四条 历史园林必须保存在适当的环境之中，任何危及生态平衡的自然环境变化必须加以禁止。所有这些适用于基础设施的任何方面（排水系统、灌溉系统、道路、停车场、栅栏、看守设施以及游客舒畅的环境等）。

修复与重建

第十五条 在未经彻底研究,以确保此项工作能科学地实施,并对该园林以及类似园林进行相关的发掘和资料收集等所有一切事宜之前,不得对某一历史园林进行修复,特别是不得进行重建。在任何实际工作开展之前,任何项目必须根据上述研究进行准备,并须将其提交一专家组予以联合审查和批准。

第十六条 修复必须尊重有关园林发展演变的各个相继阶段。原则上说,对任何时期均不应厚此薄彼,除非在例外情况下,由于损坏或破坏的程度影响到园林的某些部分,以致决定根据尚存的遗迹或根据确凿的文献证据对其进行重建。为了在设计中体现其重要意义,这种重建工作尤其可在园林内最靠近该建筑物的某些部分进行。

第十七条 在一园林彻底消失或至多只存在其相继阶段的推测证据的情况下,重建物不能被认为是一历史园林。

利　　用

第十八条 虽然任何历史园林都是为观光或散步而设计的,但是其接待量必须限制在其容量所能承受的范围,以便其自然构造物和文化信息得以保存。

第十九条 由于历史园林的性质和目的,历史园林是一个有助于人类的交往、宁静和了解自然的安宁之地。它的日常利用概念必须与它在节日时偶尔所起的作用形成反差。因此,为了能使任何这种节日本身用来提高该园林的视觉影响,而不是对其进行滥用或损坏。这种偶尔利用一历史园林的情况必须予以明确规定。

第二十条 虽然历史园林适合于一些娴静的日常游戏,但也应毗连历史园林划出适合于生动活泼的游戏和运动的单独地区,以便可以满足民众在这方面的需要,不损害园林和风景的保护。

第二十一条 根据季节而确定时间的维护和保护工作,以及为了恢复该园林真实性的主要工作应优先于民众利用的需要。对参观历史园林的所有安排必须加以规定,以确保该地区的精神能得以保存。

第二十二条 如果一历史园林修有围墙,在对可能导致其气氛变化和影响其保存的各种可能后果进行检查之前,其围墙不得予以拆除。

法律和行政保护

第二十三条 根据具有资格的专家的建议,采取适当的法律和行政措施对历史园林进行鉴别、编目和保护是有关负责当局的任务。这类园林的保护必须规定在土地利用计划的基本框架之中,并且这类规定必须在有关地区性的或当地规划的文件中正式指出。根据具有资格的专家的建议,采取有助于维护、保护和修复以及在必要情况下重建历史园林的财政措施,亦是有关负责当局的任务。

第二十四条 历史园林是遗产特征之一,鉴于其性质,它的生存需要受过培训的专家长期不断的精心护理。因此,应该为这种人才,不论是历史学家、建筑学家、环境美化专家、园艺学家还是植物学家提供适当的培训课程。还应注意确保维护或恢复所需之各种植物的定期培植。

第二十五条 应通过各种活动激发对历史园林的兴趣。这种活动能够强调历史园林作为遗产一部分的真正价值,并且能够有助于提高对它们的了解和欣赏,即促进科学研究、信息资料的国际交流和传播、出版(包括为一般民众设计的作品)、鼓励民众在适当控制下接近园林以及利用宣传媒介树立对自然和历史遗产需要给予应有的尊重之意识。应建议将最杰出的历史园林列入世界遗产清单。

注释 以上建议适用于世界上所有历史园林。适用于特定类型的园林的附加条款可以附于本宪章之后,并对所述类型加以简要描述。

七、关于原真性的奈良文件

（1994年12月12～17日世界遗产委员会第18次会议于泰国普吉（Phuket）通过）

背　景

在美国圣菲召开的世界遗产委员会第16次会议上，围绕着《实施世界遗产公约操作指南》中的原真性检验，有关文化遗产原真性的议题被深入讨论。根据ICOMOS（译者注：国际古迹遗址理事会）的建议，世界遗产委员会希望，通过专家们国际性的讨论，文化遗产原真性的概念和应用被进一步地详细阐述。

日本政府慷慨资助在日本历史名城奈良举办一次重要的国际专家会议，以进一步检验关于《世界遗产公约》的原真性问题。

为了筹备奈良会议，在ICOMOS、ICCROM* 和世界遗产中心的合作下，挪威和加拿大政府于1994年1月31日至2月2日在挪威卑尔根主办了一次预备研讨会。以《关于世界遗产公约的原真性会议》为名的研讨会文集由挪威 Riksantikvaren 出版。

1994年11月1日至6日召开的"关于原真性的奈良会议"上，来自28个国家的45名与会者讨论了许多与原真性的定义和评估有关的综合性议题。应当看到，世界上一些语言中并没有恰当的词汇来准确表达原真性这个概念。

《关于原真性的奈良文件》包含着专家们深入思考的成果。世界遗产委员会注意到存在着一种普遍共识，即原真性是界定、评估和监测文化遗产的一个本质要素。专家们对于考察世界上的文化多样性以及多样性的多种表达方式给予了特别关注，其范围从古迹和遗址，经由文化景观，到非物质遗产。尤其重要的是，有关文化遗产原真性的

---

* 译者注：ICOMOS指国际古迹遗址理事会，ICCROM指国际文物保护和修复研究中心。

概念和应用根植于特定的文化环境中，应得到相应的考虑。

专家们认为，扩大世界上不同地区之间和专家团体之间关于文化遗产多样性的对话，对于进一步提炼与文化遗产有关的原真性概念和应用极为重要。ICOMOS、ICCROM 和世界遗产中心鼓励这种持续的对话，适当的时候它将得到世界遗产委员会的注意。

建 议

鼓励世界遗产委员会在评价被提名列入《世界遗产名录》的遗产时，考虑包含在《关于原真性的奈良文件》中的原则和观点。

前 言

1. 我们，聚集于日本奈良的专家们，感谢富有慷慨精神和智慧勇气的日本政府及时地提供一个论坛，使我们可以对遗产保护领域的传统思想发起挑战，并就拓展我们视野的途径和手段进行论辩，它将为文化多样性和遗产多样性在保护实践中带来更多的尊重。

2. 我们也认识到世界遗产委员会所提供的讨论框架的价值。委员会希望，原真性检验的应用，能以给予所有社会的社会价值观与文化价值观以充分尊重的方式进行，能在考察那些提名给《世界遗产名录》的文化遗产的突出的普遍性价值中进行。

3. 《关于原真性的奈良文件》构思于《威尼斯宪章》（1964）的精神之中。它以《威尼斯宪章》为基础，并拓展了宪章精神，以反映当今世界上正在扩展之中的文化遗产的相关内容和利害关系。

4. 在一个逐渐受制于全球化和趋同化力量的世界上，在一个对文化身份的追求往往通过扩张性民族主义和对少数民族文化的压制来实现的世界上，在遗产保护实践中注重原真性，由此产生的本质贡献，就是澄清和阐明人类的集体记忆。

文化多样性和遗产多样性

5. 世界上的文化多样性和遗产多样性，是人类精神丰富性和智慧丰富性不可替代的源泉。保护和加强我们这个世界的文化多样性和遗产多样性，应作为人类发展的一个本质方面被积极推动。

6. 文化遗产的多样性存在于时间和空间之中，它要求尊重其他文化及其信仰体系的所有方面。在多种文化价值观表现出处于冲突状态的情况下，对文化多样性的尊重要求承认各方的文化价值观的合理性。

7. 所有的文化与社会都根植于构成其遗产的物质和非物质的特定表现形式与方法，这些形式与方法应该被尊重。

8. 强调联合国教科文组织的一项基本原则——一方的文化遗产也是人类共同的文化遗产——十分重要。对文化遗产的责任及管理，首先应属于产生它的文化族群，然后属于照管它的文化族群。然而，除上述责任外，对为保护文化遗产而制定的国际宪章和公约的遵守，也迫使对源自宪章和公约的准则和责任的重视。对于每个族群来说，平衡自己与其他文化族群之间的需求是值得高度认可的，只要达到这种平衡不损害他们基本的文化价值观。

价值和原真性

9. 对各种类型和各个历史时期的文化遗产的保护，根植于遗产自身的价值。我们对这些价值的理解能力，部分依赖于有关这些价值的信息源被理解的可信与真实程度。对这些信息源的认识和理解，与文化遗产原初的和后续的特征有关，是评价遗产原真性所有内容的必要基础。

10. 按照上述方式思考并得到《威尼斯宪章》认可的原真性，看来是评审遗产价值的本质因素。在文化遗产的所有科学研究中，在遗产保护与修复规划中，以及在《世界遗产公约》和其他文化遗产目录所采用的提名程序中，原真性的理解均发挥着基础性作用。

11. 有关文化遗产价值及其相关信息源可信性的所有判断，在不同文化之间甚至同一文化内部可能是不同的。因此，以固定标准进行遗产价值和原真性的基本判断是不可能的。相反，对所有文化的尊重则要求，遗产的特性必须在其所隶属的文化环境中被思考和判断。

12. 因此，最为重要和紧迫的是，在每一种文化内部，对遗产的认识应依据遗产价值的特殊性质以及相关信息源的可信性和真实性。

13. 依据文化遗产的性质及其文化环境，原真性判断会与大量不同类型的信息源的价值相联系。信息源的各方面包括，形式与设计，材料与材质，利用与功能，传统与技术，位置与环境，精神与情感，以及其他内在因素和外在因素。对这些信息源的使用，允许对被检验的文化遗产从特定的艺术、历史、社会和科学角度进行详细阐述。

定　义

保护（conservation）：为了认识遗产，了解它的历史和涵义，确保遗产的物质安全和如需的修复和价值提升而设计的所有操作。

信息源（information sources）：使认识文化遗产的性质、特性、涵义和历史成为可能的所有实物、文字、口头和图像的资料。

（注意：本文本在奈良会议闭幕时通过，它需进一步稍作修改以使英文版与法文版完全一致。）

八、巴拉宪章

（澳大利亚 ICOMOS1979 年 8 月 19 日在巴拉制订　1999 年 11 月 26 日第三次修订通过）

回　顾

背景

澳大利亚 ICOMOS＊希望申明，只有一个《巴拉宪章》，即 1999 年正式通过并同样经确认的版本。以前的三种版本现已作为档案文件不再得到澳大利亚 ICOMOS 的官方承认。任何声明使用 1988 年版本（或其他非 1999 年 11 月通过版本）者，所使用的并非澳大利亚 ICOMOS 认可的《巴拉宪章》。对《巴拉宪章》的初始参考应依据澳大利亚 ICOMOS《巴拉宪章》（1999），之后简易格式的《巴拉宪章》就可满足。

澳大利亚 ICOMOS（国际古迹遗址理事会）是由从事遗产保护工作的专业人士组成的顶级团体，它在 1999 年 11 月的全体年会上正式通过了对《巴拉宪章》的修订。修订跟随于一个为带来最新、最好的保护实践之目的而进行的广泛回顾的过程。

修订考虑了自宪章先前被更新以来过去十年在保护实践方面的进步。

诸多变动中最突出的是对文化意义非物质（less tangible）方面的认识，包括那些体现在遗产地利用方面的内容，与一个迹地的关联以及迹地对人们所具有的涵义。

本宪章认识到将民众纳入决策过程的必要性，尤其是与一个迹地有密切联系的人们，不管是本地的还是来自欧洲的，他们可能是街角商店的老顾客，工厂的工人们或是具有特殊价值的迹地的社区保卫者。

＊　译者注：澳大利亚 ICOMOS 指国际古迹遗址理事会澳大利亚国家委员会。

指导遗产地决策的规划程序已被改善了许多。为使之更加清晰，本文件还包括一张流程图。

随着1999年修订的正式通过，之前1988年版宪章现已被淘汰，和1981年版、1979年版一起成为澳大利亚保护哲学发展的档案文件。

更多有关《巴拉宪章》过程回顾、已修订文件或其他相关事宜的咨询，请联系：

澳大利亚ICOMOS秘书处

电话：+61 3 9251 7131 传真：+61 3 9251 7158

巴拉宪章

澳大利亚ICOMOS文化迹地保护宪章 The Australia ICOMOS charter for the conservation of places of cultural significance

前　言

考虑到《国际古迹遗址保护与修复宪章》（威尼斯，1964）和国际古迹遗址理事会（ICOMOS）第五届全体会议（莫斯科，1978）的《决议》，澳大利亚ICOMOS（ICOMOS澳大利亚国家委员会）于1979年8月19日在澳大利亚南方的巴拉制订《巴拉宪章》。宪章修订本于1981年2月23日、1988年4月23日和1999年11月26日通过。

《巴拉宪章》以澳大利亚ICOMOS会员的知识和经验为基础，为文化迹地*（文化遗产地）的保护与管理提供指导。

保护是文化迹地管理的主要部分，是一种不断发展的责任。

宪章为谁制订？

本宪章为那些对文化迹地提供建议、制定决策或承担工作的包括所有者、管理者和监督者在内的人制定一个实践标准。

---

* 文化迹地英文"places of cultural significance"，直译为"具有文化价值的地方"，变通译为"文化迹地"。此译参考：徐嵩龄．文化遗产保护中的"原真性"概念．见：徐嵩龄．第三国策：论中国文化与自然遗产保护．北京：科学出版社，2005：103 - 124．

宪章的使用

本宪章应被整体通读，许多条款是相互依托的。"保护原则"部分的条款常在"保护程序"和"保护实践"部分得到进一步发展。为了方便阅读，宪章中包含了标题，但标题不构成宪章的一部分。

本宪章是完备的，但是有关其使用和应用将在澳大利亚 ICOMOS 后续文件中得到更多解释：

《巴拉宪章指南：文化意义》
《巴拉宪章指南：保护政策》
《巴拉宪章指南：从事研究和编写报告的程序》
《保护重要迹地的共存伦理*法规》

宪章适用对象

本宪章可适用于文化迹地的所有类型，包括具有文化价值的自然的、原住民的和历史的迹地。

其他机构的标准也是相关的，包括《澳大利亚自然遗产宪章》和《原住民和托雷斯海峡岛民文化遗产地保护、管理和利用草案指南》。

为什么保护？

文化迹地可以丰富人民的生活，经常为社区和景观、为过去、为生活过的经历提供一种深邃的激发灵感的关联感受。作为澳大利亚身份和经历的有形表达，文化迹地是重要的历史记录。它们反映着社区的多样性，讲述着我们是谁，以及形成我们和澳大利亚景观的过去。它们不可替代且很珍贵。

必须为当代人和后代人保护文化迹地。

《巴拉宪章》提倡一种谨慎的处理方法进行变动：尽量必要地照管迹地以使之可用，但另一方面尽可能少地变动它们，使其文化意义得以保留。

---

* 共存伦理（Ethics of Coexistence）。

第1条 定义

在本宪章中：这些注解不构成宪章的一部分，可由澳大利亚ICOMOS添加。

1.1 迹地指遗址、地区、地带、景观、建筑物或其他作品，建筑群或其他作品，也可包括组分、包含物、空间和风景。

迹地的概念应宽泛地解读。第1.1条描述的这些要素可包括纪念物、树木、园林、公园、历史事件发生地、城市地区、城镇、工业地点、考古遗址、精神与宗教圣地。

1.2 文化意义指对于过去、现在或未来的人们所具有的美学、历史、科学、社会或精神方面的价值。

文化意义赋存于一个迹地自身、此地的构造、环境、利用、关联、涵义、记录和相关地方、相关事物之中。

迹地对于不同的个体和群体都具有广泛的价值。

文化意义这一术语与遗产价值和文化遗产价值同义。

作为一个迹地持续历史的结果，文化意义可以改变。

新信息可以改变对文化意义的认识。

1.3 构造指一个迹地所有的物质材料，包括组分、组件、包含物和部件。

构造包括建筑物内部和内表面的遗迹，以及被发掘出的材料。

构造可界定空间和迹地意义中的重要组分。

1.4 保护指为了保留迹地的文化意义而照管它的所有程序。

1.5 维护指对一个迹地的构造和环境持续的保护性照管，应与修理加以区分。修理包括修复或重建。

二者所涉区别，以屋顶排水槽相关内容为例：
- 维护——定期检查和清理排水槽；
- 涉及修复的修理——将松动的排水槽复位；
- 涉及重建的修理——替换腐朽的排水槽。

1.6 保存指按照当前状况维护一个迹地的构造，延缓其恶化。

现已认识到，所有迹地及其组分以可变速度随时间发生变动。

1.7 修复指通过去除添加物或重组现存组分，在不引入新材料的情况下，将一个迹地的现存构造回归到一种已知的早期状态。

1.8 重建指将一个迹地回归到一种已知的早期状态，并以其在构造中引入新材料而与修复相区分。

新材料包括从其他迹地抢救得到的再循环材料。它不应损害其他的文化迹地。

1.9 改造指修改一个迹地以适于当前的利用或某种被提议的用途。

1.10 利用指一个迹地的功能以及产生于此地的活动和实践。

1.11 兼容性利用指尊重一个迹地的文化意义的利用，这种利用不影响或最小限度地影响文化意义。

1.12 环境指围绕着一个迹地的地区，它包括视线所及的区域范围。

1.13 相关迹地指对其他迹地的文化意义做出贡献的一个迹地。

1.14 相关事物指对一个迹地的文化意义做出贡献但却不在此地的事物。

1.15 关联指存在于人与迹地之间的特殊联系。

关联包括一个迹地的社会的或精神的价值和文化责任。

1.16 涵义指一个迹地所象征、暗示、唤起或表达的东西。

涵义通常与无形的方面有关，例如象征性的品质和记忆。

1.17 展示指表现一个迹地的文化意义的所有方式。

展示是对构造的处理（例如维护、修复、重建）、对迹地的利用和在此地的活动、对引入的解释性材料的使用多方面的综合。

保护原则

第2条 保护与管理

2.1 文化迹地应被保护。

2.2 保护的目标是保留一个迹地的文化意义。

2.3 保护是对文化迹地实施好的管理的一个主要部分。

2.4 文化迹地应被安全保护，而不是将它们置于危险或脆弱的状态之中。

第3条 谨慎的处理方法

3.1 保护建立在尊重现存构造、利用、关联和涵义的基础上，它要求一种极为必要但却尽可能少地做出变动的谨慎处理方法。

对一个迹地构造的添加、变更和早先处理的痕迹，都可作为此地历史和利用的证据，它们是此地意义的一部分。保护行动应该支持而非妨碍对这些痕迹的认识。

3.2 对一个迹地的变动不应歪曲它所提供的实物的或其他的证据,也不应基于臆测。

第4条 知识、技能与技术

4.1 保护应利用所有能对这个迹地的研究和照管做出贡献的知识、技能与训练。

4.2 传统技术和材料在重要构造的保护上更受推崇。在少数情况下,为保护提供切实收益的现代技术和材料也是适当的。

现代技术和材料的使用必须得到坚实的科学证据或大量实践经验的支撑。

第5条 价值

5.1 对一个迹地的保护应识别和考虑其文化意义和自然价值的所有方面,不以牺牲一种价值为代价而毫无根据地强调另一种价值。

具有自然价值的迹地的保护在《澳大利亚自然遗产宪章》中被解释。该宪章将自然价值定义为,指对生态系统、生物多样性和地质多样性的存在价值所具有的重要性,或者从它们的科学价值、社会价值、美学价值和生命支撑价值方面看,对于当代人或后代人所具有的重要性。

5.2 文化意义的相对程度可导致对一个迹地采取不同的保护行动。

谨慎的处理方法是需要的,因为对文化意义的认识会改变。此条不应适用于认可那些并未保留文化意义的行动。

第6条 《巴拉宪章》的程序

6.1 做出决策前进行一系列的信息收集和分析,能使迹地的文化意义和影响其未来的其他事项得到最好的理解。首先是对文化意义的理解,其次是政策的发展,最后是依照政策对此地的管理。

《巴拉宪章》的程序,或是调查、决策和行动的顺序,在后附的流程图中进行说明。

6.2 管理一个迹地的政策必须以对其文化意义的理解为基础。

6.3 政策的发展也应包括对影响一个迹地未来的其他因素的考虑,比如所有者的需求、资金、外界的限制及其实地条件。

第7条 利用

7.1 一个迹地的可利用之处是其应被保留的文化意义。

7.2 一个迹地应该有兼容性利用。

政策应识别一种利用,或识别为了保留这个迹地的文化意义所进行的多种利用的综合或对利用的限制。对一个迹地新的利用应包括对重要构造和利用只进行最小变动,应尊重迹地的关联和涵义;如果合适,新的利用还应有助于延续对此地文化意义有贡献的实践。

第 8 条　环境

保护要求对促进迹地文化意义的一个合适的视觉环境和其他关联事物进行保留。

新建、拆除、干扰，对环境或其关联事物产生不利影响的其他变动是不恰当的。

视觉环境可包括利用、位置、体量、形式、规模、特征、颜色、纹理和材料等方面。

其他关联事物（例如历史联系）可促进对此地的展示、评鉴、欣赏或体验。

第 9 条　位置

9.1　一个迹地的存在位置是其文化意义的一部分。一座建筑物、一件作品或此地的其他组分应保留在其历史地点中。迁地通常是不被接受的，除非这是确保迹地生存的唯一有效手段。

9.2　一些迹地的若干建筑物、作品或其他组分为了易于迁移而设计，或者已有了迁地的历史。如果这些建筑物、作品或其他组分确实与当前位置没有重大联系，才适于迁移。

9.3　如果某一建筑物、作品或其他组分需被移动，它应移到一个合适的位置，并给予恰当利用。这些行动不应损害其他文化迹地。

第 10 条　包含物*

促进一个迹地的文化意义的包含物、组件和部件应原地保留。对它们进行迁移是不可接受的，除非迁移是确保它们安全和保存的唯一手段；是基于一次临时的处理或展览；是出于文化的原因；是为确保其健康和安全；或是保护此地的唯一手段。应将这种包含物、组件和部件归安到环境允许的且在文化上适宜的地方。

第 11 条　相关地方和相关事物

相关地方和相关事物对一个迹地的文化意义所做的贡献应被保留。

第 12 条　参与

应给人们提供对一个迹地的保护、展示和管理的参与，此地对他

---

*　实际是指迹地中的可移动文物，与"组分"一起，相当于《中国文物古迹保护准则》的"附属文物"。

们有特殊的关联和涵义，他们也对此地有社会的、精神的或其他的文化责任。

第13条 文化价值观的共存

文化价值观的共存应被认识、尊重和鼓励，尤其是在多种价值观有冲突的情况下。

对某些迹地而言，文化价值观的冲突会影响政策发展和管理决策。本条中的术语"文化价值观"指对一个文化群体重要的那些信仰，包括但不局限于政治的、宗教的、精神的和道德方面的信仰。它比与文化意义相关的那些价值观要宽泛。

保护程序

第14条 保护程序

保护视情况可包括以下程序：利用的保留或再引入；关联或涵义的保留；维护、保存、修复、重建、改造和展示；通常还包括超过两种以上的上述保护程序的结合。

有些情况下可能不需要采取行动进行保护。

第15条 变动

15.1 为保留文化意义而进行变动或许是必要的，但是降低文化意义的变动则是不可取的。对一个迹地的变动程度应以此地的文化意义和它的恰当展示为指导。

考虑进行变动时，应在一定的选择范围内研究，以寻求那种降低文化意义程度最低的选择。

15.2 降低文化意义的变动应是可逆的，情况允许时应予以复归。

可逆的变动仅该临时考虑。不可逆的变动应仅作为最后手段被采用，它不应妨碍将来的保护行动。

15.3 对一个迹地的重要构造的拆除通常是不可接受的。然而在某些情况下，作为保护的一部分，少量的拆除是合适的。情况允许时，被迁移的重要构造应被恢复原位。

15.4 对一个迹地的文化意义有贡献的所有方面都应被尊重。如果一个迹地的文化意义涉及不同时期、不同方面的构造、利用、关联或涵义，那么，那种以牺牲一个时期或一个方面为代价而强调或展示另一个时期或方面的做法，只能在被舍弃的、迁移的或减少的部分仅具有微小的文化意义而强调和展示的部分具有大得多的文化意义时，才能被认可。

第 16 条　维护*

维护是最基本的保护，应在一处构造具有文化意义且对其进行维护是保留这种文化意义的必需时采取。

第 17 条　保存

当现存构造或其情形构成了文化意义的证据，或得不到充分的证据允许采用其他保护程序时，保存是合适的。

保存确保构造修建和利用的证据不会模糊。这个程序通常应用于：

· 构造的意义不应被改变的构造证据；

· 已进行了不完全调查，同意采纳与第 26 条至第 28 条相符的政策决议。

当新做法的目的是客观保护这个构造，并且新做法与第 22 条一致时，可进行与保存相关联的新的工作（例如加固）。

第 18 条　修复与重建

修复与重建应揭示一个迹地文化上的重要方面。

第 19 条　修复

如果一处构造存有其早先状态时的充分证据，仅在此条件下修复才是合适的。

第 20 条　重建

20.1　一个迹地因破坏或变更而不完整，且具有充分的证据重现这一构造早先的状态，只有在这种情况下，重建才是合适的。在少数情况下，作为保留这个迹地文化意义的利用和实践的一部分，重建也是合适的。

20.2　在近距离观察或借助附加的展示（说明）时，重建应是可识别的。

第 21 条　必须把改造限制在对一个迹地必不可少的利用方面，这种利用依照第 6 条和第 7 条被决定。

21.1　只有在改造对这个迹地的文化意义造成最小影响时，改造才是可接受的。

改造可包括新服务的引入、一种新的利用，或为保护这个迹地所做的变

---

* 相当于《中国文物古迹保护准则》中的"保养"。

动。

21.2 改造应包括对重要构造的最小变动，而且只能在考虑有另一备选方案之后完成。

第 22 条 新作品

22.1 一个迹地的新作品，比如添加物，在没有歪曲或模糊这个迹地的文化意义，或没有减损对此地的展示和评鉴时，是可以接受的。

如果新作品的位置、体量、形式、规模、特征、颜色、纹理和材料与现存构造相似，那么新作品是和谐的，但应避免模仿。

22.2 就新作品本身而言，它应易于识别。

第 23 条 保护性利用

延续、修改或恢复一项重要的利用是合适的，是保护的首选形式。

它们需要对重要构造进行变动，但是变动应被最小化。在一些情况下，延续一种重要的利用或实践可包括那些有重大价值的新作品。

第 24 条 保留关联和涵义

24.1 人与迹地之间的重要关联应得到尊重和保留，不应被模糊。展示、纪念和庆祝这些关联的机会应被调查和实现。

对许多迹地而言，关联与利用相关。

24.2 包括精神价值在内的一个迹地的重要涵义应被尊重。这些涵义得以延续或复兴的机会应该被调查和实现。

第 25 条 展示

许多迹地的文化意义不是显而易见的，应由展示来解释。展示应增进认识和欣赏，且在文化上得宜。

保护实践

第 26 条 运用《巴拉宪章》的程序

26.1 一个迹地的工作应以研究为先行以认识此地，研究应包括实物的、文献的、口头的或其他证据的分析，提取出合适的知识、技能和训练。

研究结果应被更新，定期进行必要的回顾和修订。

26.2 应以书面声明的形式准备并确立迹地文化意义和政策的正

当性，且伴之以支持性证据。意义和政策声明应被合并到此地的管理计划中。

应通过必要的定期回顾和修订保留最新的意义和政策声明。管理计划可处理其他与此地管理相关的事项。

26.3 如同涉及迹地管理的人们一样，与这个迹地相关联的群体和个体应被提供机会来促进和参与对此地文化意义的认识。如果合适，他们也应有机会参与迹地的保护和管理中。

第27条 管理变动

27.1 分析一个已被提出的变动对迹地文化意义所产生的影响，应参考管理此地的价值和政策声明。继之以分析来修改所提出的变动以更好地保留文化意义是必要的。

27.2 在对一个迹地进行任何变动之前，现存构造、利用、关联和涵义应被充分记录。

第28条 构造的扰动

为了研究或获取证据而对重要构造进行的扰动应最小化。通过构造的任何扰动（包括考古发掘）而对一个迹地进行研究，仅应在其为此地的保护决策提供必不可少的资料，或为获取即将丢失或难得到的重要证据时进行。

除了必要地制定决策外，需对一个迹地构造进行扰动的调查只有在与迹地政策一致时才合适。这项调查应基于重要的研究性问题，这些问题有大幅增加对此地认识的潜力，也不能借助其他途径得到解答，且调查对重要构造的扰动最小化。

第29条 决策的责任

具有管理决策责任的机构和个人应被指定，且对每项这样的决策承担特殊职责。

第30条 指导、监督和实施

有法定资格的指导和监督应维持在所有阶段，任何变动应由具备适当知识和技能的人实施。

第31条 以文件形式保存证据和决议

新证据和新增决议的工作记录应被保留。

第32条 记录

32.1 与一个迹地的保护相关的记录应被置于一个永久性档案馆内，可被公开使用，服从于安全和保密的要求，并且被置于文化上得宜的地方。

32.2 关于一个迹地历史的记录应被保护，可被公开使用，服从于安全和保密的要求，并且被置于文化上得宜的地方。

第33条 被迁移的构造

已经被从一个迹地迁移过的包括包含物、组件和部件在内的重要构造，进行编目和保护应保持与其文化意义一致。

包括包含物、组件和部件在内的被迁移的重要构造，应被保留在可能有的文化上得宜的地方。

第34条 资金

应为保护提供适当的资金。

最好的保护通常涉及最少的工作，可以并不昂贵。

斜体词汇在第1条中被定义。

《巴拉宪章》的程序

（见下图）

澳大利亚ICOMOS，1988

```
认识意义
    ┌─ 识别迹地和关联
    │     保护该迹地并使之安全
    │
    ├─ 收集和记录有关这个迹地的信息以充分认识其意义
    │     文献的  口头的  实体的
    │
    ├─ 评估意义
    │
    └─ 准备一份意义声明

发展政策
    ┌─ 辨认随意义而产生的责任
    │
    ├─ 收集影响该迹地未来的其他因素的信息
    │     所有者/管理者的需求和资金
    │     外部因素      实地条件
    │
    ├─ 发展政策
    │     识别各种选择
    │     考虑这些选择并检验它们对意义的影响
    │
    └─ 准备一份政策声明

管理
    ┌─ 依照政策管理迹地
    │     发展战略
    │     借助一个管理计划实施战略
    │     先于任何变动对迹地进行记录
    │
    └─ 监测和回顾
```

也需要进一步的研究和咨询

部分程序可能需要重复

整个流程可反复进行

调查、决策和行动的顺序

九、实施《保护世界文化和自然遗产公约》操作指南

（2005年2月2日联合国教科文组织与保护世界文化与自然遗产的政府间委员会联合颁布的世界遗产保护指导性文献）

Ⅰ 引言

Ⅰ.A 《操作指南》

1.《实施〈保护世界文化与自然遗产公约〉操作指南》（以下简称《操作指南》）的宗旨在于协助《保护世界文化和自然遗产公约》（以下简称《世界遗产公约》或《公约》）的实施，并为开展下列工作设置相应的程序：

a）将遗产列入《世界遗产名录》和《世界濒危遗产名录》

b）世界遗产的保护和保存

c）世界遗产基金项下提供的国际援助以及

d）调动国内和国际力量为《公约》提供支持。

2.《操作指南》将会定期修改，以反映世界遗产委员会的决策《操作指南》的发展历程可参见以下网址：

http://whc.unesco.org/en/guidelineshistorical

3.《操作指南》主要使用者：

a）《世界遗产公约》的缔约国；

b）保护具有突出的普遍价值的文化和自然遗产政府间委员会，以下简称"世界遗产委员会"或"委员会"；

c）世界遗产委员会秘书处，即联合国教育、科学及文化组织世界遗产中心，以下简称"秘书处"；

d）世界遗产委员会的咨询机构；

负责保护世界遗产的遗址管理人员、利益相关人和合作伙伴。

I. B 《世界遗产公约》

4. 无论对各国，还是对全人类而言，文化和自然遗产都是无可估价且无法替代的财产。这些最珍贵的财富，一旦遭受任何破坏或消失，都是对世界各族人民遗产的一次浩劫。这些遗产的一部分，具有独一无二的特性，可以认为具有"突出的普遍价值"，因而需加以特殊的保护，以消除日益威胁这些遗产的危险。

5. 为了尽可能保证对世界遗产的确认、保护、保存和展出，联合国教育、科学及文化组织成员国于1972年通过了《世界遗产公约》。《公约》确认了世界遗产委员会和世界遗产基金的建立，二者自1976年开始运行。

6. 自从1972年通过《公约》以来，国际社会全面接受了"可持续发展"这一概念。而保护、保存自然和文化遗产就是对可持续发展的巨大贡献。

7.《公约》旨在确认、保护、保存、展出具有突出的普遍价值的文化和自然遗产，并将其代代相传。

8. 已规定了将遗产列入《世界遗产名录》的标准和条件，以评估遗产是否具有突出的普遍价值，并指导缔约国保护和管理世界遗产。

9. 当《世界遗产名录》上的某项遗产受到了严重的特殊的威胁，委员会应该考虑将该遗产列入《濒危世界遗产名录》。当具有突出的普遍价值且已经列入《世界遗产名录》的遗产受到破坏，委员会应该考虑将该遗产从《世界遗产名录》上删除。

I. C 《世界遗产公约》缔约国

10. 鼓励各个国家加入《公约》，成为缔约国。附件1收录了批准/接受公约和正式加入公约的文书范本。签署后的文书原件应呈递联合国教育、科学及文化组织总干事。

11.《公约》各缔约国名单可参见以下网址：
http://whc.unesco.org/en/statesparties

12. 鼓励《公约》各缔约国保证各种利益相关人，包括遗址管理人、当地和地区政府、当地社区、非政府组织（NGO）、其他相关团体和合作伙伴，参与世界遗产的确认、提名和保护。

13.《公约》各缔约国应向秘书处提供作为《公约》实施国家协调中心的重要政府机构名称和地址，以便秘书处把各种官方信函和文件送达该机构。这些机构的地址列表可参见以下网址：http://whc.unesco.org/en/statespartiesfocalpoints

鼓励《公约》各缔约国公开以上信息并保证不断更新。

14. 鼓励各缔约国召集本国文化和自然遗产专家，定期讨论《公约》的实施。各缔约国可以适当邀请咨询机构的代表和其他专家参加讨论。

15. 在充分尊重文化和自然遗产所在国主权的同时，《公约》各缔约国也应该认识到，合作开展遗产保护工作符合国际社会的共同利益。《世界遗产公约》各缔约国有责任做到以下几点：

《世界遗产公约》第6（1）条。

a) 缔约国应该保证在本国境内文化和自然遗产的确认、提名、保护、保存、展出以及代代相传。各缔约国应有关国家的要求就以上事宜提供帮助；

《世界遗产公约》第4条和第6（2）条。

b) 通过一项旨在使文化和自然遗产在社会生活中起一定作用的总政策；

《世界遗产公约》第5条。

c) 并把遗产保护纳入全面规划方案；

d) 建立负责遗产保护、保存和展出事务的机构；

e) 开展科学和技术研究，并制定出消除对本国自然遗产的威胁的实际方法；

f) 采取适当的法律、科学、技术、行政和财政措施来保护这类遗产；

g) 促进建立或发展有关保护、保存和展出文化和自然遗产的国家或地区培训中心，并鼓励这些领域的科学研究；

h) 本公约各缔约国不得故意采取任何可能直接或间接损害本国或公约其他缔约国领土内遗产的措施；

《世界遗产公约》第6（3）条。

i) 本公约各缔约国应向世界遗产委员会递交一份关于本国领土

内适于列入《世界遗产名录》的财产清单（称为《预备名录》）；

《世界遗产公约》第 11（1）条。

j）本公约缔约国定期向世界遗产基金缴款，缴款额由公约缔约国大会决定；

《世界遗产公约》第 16（1）条。

k）本公约缔约国应考虑和鼓励设立国家、公立以及私立基金会或协会，促进保护世界遗产的募捐；

《世界遗产公约》第 17 条。

l）本公约缔约国应该为世界遗产基金的国际募款运动给予援助；

《世界遗产公约》第 18 条。

m）本公约缔约国应该通过教育和宣传计划，努力增强本国人民对本公约第 1 和 2 条中所确定的文化和自然遗产的赞赏和尊重，并使公众广泛了解这类遗产面临的威胁；

《世界遗产公约》第 27 条。

n）本公约缔约国应该向世界遗产委员会递交报告，详述《世界遗产公约》的实施情况和这类财产保存状况；

《世界遗产公约》第 29 条。1997 年第十一届缔约国大会通过《决议》。

16. 鼓励各公约缔约国参加世界遗产委员会及其附属机构的各届会议。

《世界遗产委员会议事规则》第 8.1 条。

I. D 《世界遗产公约》缔约国大会

17. 本公约缔约国大会在联合国教育、科学及文化组织大会常会期间召开。缔约国大会根据《议事规则》组织会议，相关内容可参见以下网址：http://whc.unesco.org/en/garules

《世界遗产公约》第 8（1）条，《世界遗产委员会议事规则》第 49 条。

18. 大会确定适用于所有缔约国的统一缴款比例，并选举世界遗产委员会委员。缔约国大会和联合国教育、科学及文化组织大会都将收到世界遗产委员会关于各项活动的报告。

《世界遗产公约》第 8（1）条、第 16（1）条和第 29 条；《世界遗产委员会议事规则》第 49 条。

I. E 世界遗产委员会

19. 世界遗产委员会由二十一个成员国组成，每年的六月或者七月至少开一次会议。委员会设有主席团，通常在委员会常会期间召集开会。委员会及其主席团的组成可参见以下网址：

http://whc.unesco.org/en/committeemembers

通过世界遗产中心，即世界遗产委员会秘书处，可以和委员会取得联系。

20. 世界遗产委员会根据《议事规则》召开会议，可参见以下网址：http://whc.unesco.org/committeerules

21. 世界遗产委员会成员任期六年。然而，为了保证世界遗产委员会均衡的代表性和轮值制，大会向缔约国提出自愿考虑缩短任期从六年到四年，而且不鼓励连任。

《世界遗产公约》第9（1）条

《世界遗产公约》第8（2）条和《世界遗产公约》缔约国第七届（1989年）、第十二届（1999年）及第十三届（2001年）大会决议。

22. 根据委员会在大会前一届会议期间所作的决定，为尚无财产列入《世界遗产名录》的缔约国保留一定数量的席位。

《缔约国大会议事规则》第14.1条

23. 委员会的决定是出自客观和科学的考虑，为委员会进行的任何评估工作都应该本着彻底和负责的态度。委员会认识到这类决定取决于以下几个方面：

a）认真编撰的文献资料；
b）彻底并且连贯统一的程序；
c）合格专家的评估；以及
d）如有必要，使用专家仲裁。

24. 委员会的主要职能是与缔约国合作开展下述工作：

a）根据缔约国递交的"预备名录"和申报文件，委员会确认将在《公约》下实施保护的具有突出的普遍价值的文化遗产和自然遗产，并把这些遗产列入《世界遗产名录》；

《世界遗产公约》第11（2）款。

b）委员会通过反应性监测（参见第Ⅳ章）和定期报告（参见第Ⅴ章）审查已经列入《世界遗产名录》的遗产保护状况；

《世界遗产公约》第 11（7）条和第 29 条。

c）委员会决定《世界遗产名录》中的哪些遗产应该列入《濒危世界遗产目录》或从《濒危世界遗产目录》中删除；

《世界遗产公约》第 11（4）条和第 11（5）条。

d）委员会决定一项遗产是否应该从《世界遗产名录》上删除（参见第Ⅳ章）；

e）委员会制定向它提交国际援助申请的审议程序，在作出决定之前，进行它认为必要的研究和磋商（参见第Ⅶ章）；

《世界遗产公约》第 21（1）条和第 21（3）条。

f）委员会决定如何发挥世界遗产基金资源的最大优势，帮助缔约国保护他们具有突出的普遍价值的遗产；

《世界遗产公约》第 13（6）条。

g）采取措施设法增加世界遗产基金；

h）委员会每两年向缔约国大会和联合国教育、科学及文化组织大会递交一份关于其活动的报告；

《世界遗产公约》第 29（3）条和《世界遗产委员会议事规则》第 49 条。

i）委员会定期审查和评估《公约》的实施情况；

j）委员会修改并通过《操作指南》。

25. 为了促进《公约》的实施，委员会制定了战略目标，并定期审查和修改这些目标，保证有效消除对世界遗产的新威胁。

1992 年委员会通过的第一份《战略方向》载列于文件 WHC－92/CONF.002/12 附件 Ⅱ。

26. 目前的战略目标（简称为"4C"）是：

1. 增强《世界遗产名录》的可信性；
2. 保证世界遗产的有效保护；
3. 推进各缔约国有效的能力建设；
4. 通过宣传增强大众对世界遗产的认识、参与和支持。

2002 年世界遗产委员会修改了战略目标。《布达佩斯世界遗产宣言》（2002 年）可参见以下网址：

http：//whc.unesco.org/en/budapestdeclaration

I. F 世界遗产委员会秘书处（世界遗产中心）

联合国教育、科学及文化组织世界遗产中心地址：

法国巴黎（7，place de Fontenoy
75352 Paris 07 SP France)
电话：+33（0）1 4568 1571　　传真：+33（0）1 4568 5570
电子邮箱：wh–info@unesco.org　　网址：http://whc.unesco.org/

27. 由联合国教育、科学及文化组织总干事指定的秘书处协助世界遗产委员会工作。为此，1992年创建了世界遗产中心，担负秘书处的职能。联合国教科文组织总干事指派世界遗产中心主任为委员会的秘书。秘书处协助和协调缔约国和咨询机构的工作。秘书处还与联合国教科文组织的其他部门和外地办事处密切合作。

《世界遗产公约》第14条。
《世界遗产委员会议事规则》第43条。
2003年10月21日《通函16号》，可参见以下网址：
http://whc.unesco.org/circs/circ03-16e.pdf

28. 秘书处主要任务包括：

a) 组织缔约国大会和世界遗产委员会的会议；
《世界遗产公约》第14.2条。

b) 执行世界遗产委员会的各项决定和联合国教科文组织大会的决议，并向委员会和大会汇报执行情况；
《世界遗产公约》第14.2条。《布达佩斯世界遗产宣言》（2002年）

c) 接收、登记世界遗产申报文件，检查其完整性、存档并呈递到相关的咨询机构；

d) 协调各项研究和活动，作为加强《世界遗产名录》代表性、平衡性和可信性全球战略的一部分；

e) 组织定期报告和协调反应性监测；

f) 协调国际援助；

g) 调动预算外资金保护和管理世界遗产；

h) 协助各缔约国实施委员会的各方案和项目；以及

i) 通过向缔约国、咨询机构和大众发布信息，促进世界遗产的保护和增强对《公约》的认识。

29. 开展这些活动要服从于委员会的各项决定和战略目标以及缔约国大会的各项决议，要与咨询机构密切合作。

I.G　世界遗产委员会咨询机构

30. 世界遗产委员会的咨询机构包括：ICCROM（国际文物保护和

修复研究中心），ICOMOS（国际古迹遗址理事会）以及 IUCN（世界保护自然联盟）

《世界遗产公约》第 8.3 条。

31. 咨询机构的角色：

a）以本领域的专业知识指导《世界遗产公约》的实施；

《世界遗产公约》第 13.7 条。

b）协助秘书处准备委员会需要的文献资料，安排会议议程以及协助委员会决定的实施；

c）协助制定和实施加强《世界遗产名录》代表性、平衡性和可信性全球战略和全球培训战略，定期报告以及加强世界遗产基金的有效使用；

d）监督世界遗产的保护状况并审查要求国际援助的申请；

《世界遗产公约》第 14.2 条。

e）国际文物保护和修复研究中心和国际古迹遗址理事会评估申请列入《世界遗产名录》的提名财产并向委员会呈递评估报告；以及

f）以咨询者的身份，列席世界遗产委员会及其主席团会议。

《世界遗产公约》8.3 条。

国际文物保护和修复研究中心

32. ICCROM，即国际文物保护和修复研究中心，是一个政府间组织，总部设在意大利的罗马。1956 年联合国教科文组织创建了这个中心。根据规定，该中心的作用是进行调查研究，编撰文献资料，提供技术援助、培训和推行增强公众意识的项目，加强对可移动和不可移动文化遗产的保护。

国际文物保护和修复研究中心地址：

意大利罗马（Via di S. Michele, 13 I - 00153 Rome, Italy）

电话：+39 06 585531　　　传真：+39 06 5855 3349

电子邮箱：iccrom@ iccrom. org　　网址：http://www.iccrom.org/

33. 国际文物保护和修复研究中心和《公约》相关的特殊职责包括：文化遗产培训领域的重要合作伙伴，监督世界遗产文物保护状况，审查由缔约国提交的国际援助申请，以及为能力建设活动出力献策和提供支持。

国际古迹遗址理事会

34. ICOMOS，即国际古迹遗址理事会，是一个非政府组织，总部在法国巴黎，创建于 1956 年。理事会的作用在于推广建筑和考古遗产保护理论、方法和科学技术的应用。理事会的工作以 1964 年《国际古迹遗址保护和修复宪章》（又称《威尼斯宪章》）的原则为基准。

35. 国际古迹遗址理事会和《公约》相关的特殊职责包括：评估申报世界遗产的项目，监督世界遗产文物保护状况，审查由缔约国提交的国际援助申请，以及为能力建设活动出力献策和提供支持。

国际古迹遗址理事会
法国巴黎（49 – 51，rue de la Fédération 75015 Paris, France）
电话：+33 (0) 1 45 67 67 70　　传真：+33 (0) 1 45 66 06 22
电子邮箱：secretariat@icomos.org　　网址：http://www.icomos.org/

世界保护自然联盟

36. IUCN，即世界保护自然联盟（前身是国际自然和自然资源保护联盟），创建于 1948 年，为各国政府、非政府组织和科学工作者在世界范围的合作提供了机会。其使命在于影响、鼓励和协助世界各团体保护自然的完整性和多样化，并确保任何对自然资源的使用都是公正的、符合生态的可持续发展。世界保护自然联盟总部设在瑞士格朗德。

37. 世界保护自然联盟和《公约》相关的特殊职责包括：评估申报世界遗产的项目，监督世界遗产文物保护状况，审查由缔约国提交的国际援助申请，以及为能力建设活动出力献策和提供支持。

IUCN——世界保护自然联盟
地址：瑞士格朗德（rue Mauverney 28 CH – 1196 Gland, Switzerland）
电话：+ 41 22 999 0001　　传真：+41 22 999 0010
电子邮箱：mail@hq.iucn.org　　网址：http://www.iucn.org

I.H 其他组织

38. 委员会可能号召其他具有一定能力和专业技术的国际组织和非政府组织协助各方案和项目的实施。

I.I 保护世界遗产的合作伙伴

39. 在提名、管理和监督工作中采用合作伙伴方式，有力地促进了世界遗产的保护和《公约》的实施。

40. 保护和保存世界遗产的合作伙伴包括：个人和其他利益相关人，尤其是对世界遗产的保存和管理感兴趣并参与其中的当地社区、政府组织、非政府组织和私人组织以及所有人。

I.J 其他公约、建议和方案

41. 世界遗产委员会认识到，密切协调好与教科文组织其他方案和及其相关公约是受益匪浅的。参见第44段中相关全球保护文书、公约和方案。

42. 在秘书处的支持下，世界遗产委员会将保证《世界遗产公约》和其他公约、方案以及和保护文化和自然遗产有关的国际组织之间适当协调工作，信息共享。

43. 委员会可能邀请相关公约下政府间组织的代表作为观察员参加委员会的会议。如受到其他政府间组织的邀请，委员会可能派遣代表作为观察员列席会议。

44. 与保护文化和自然遗产相关的部分全球公约和方案

《关于在武装冲突的情况下保护文化财产的公约》(1954年)
第一议定书 (1954年)
第二议定书 (1999年)
http://www.unesco.org/culture/laws/hague/html_eng/page1.shtml
《关于采取措施禁止并防止文化财产非法进出口和所有权非法转让公约》(1970年)
http://www.unesco.org/culture/laws/1970/html_eng/page1.shtml
《保护世界文化和自然遗产公约》(1972年)
http://www.unesco.org/whc/world_he.htm
《保护水下文化遗产公约》(2001年)
http://www.unesco.org/culture/laws/underwater/html_eng/convention.shtml
《保护非物质文化遗产公约》(2003年)
http://unesdoc.unesco.org/images/0013/001325/132540e.pdf
"人类和生物圈"方案 (MAB)

http：//www.unesco.org/mab

其他公约

《关于特别是作为水禽栖息地的国际重要湿地公约（拉姆萨尔公约）》(1971 年)

http：//www.ramsar.org/key_conv_e.htm

《濒危野生动植物种国际贸易公约》(CITES) (1973 年)

http：//www.cites.org/eng/disc/text.shtml

《养护野生动物移栖物种公约》(CMS) (1979 年)

http：//www.unep-wcmc.org/cms/cms_conv.htm

《联合国海洋法公约》(UNCLOS) (1982 年)

http：//www.un.org/Depts/los/convention_agreements/texts/unclos/closindx.htm

《生物多样性公约》(1992 年)

http：//www.biodiv.org/convention/articles.asp

《私法协关于被盗或非法出口文物的公约》(罗马, 1995)

http：//www.unidroit.org/english/conventions/culturalproperty/c-cult.htm

《联合国气候变化框架公约》(纽约, 1992 年)

http：//unfccc.int/essential_background/convention/background/items/1350.php

II 《世界遗产名录》

II.A 世界遗产的定义

文化和自然遗产

45. 文化和自然遗产的定义见《世界遗产公约》第 1 条和第 2 条。

第 1 条

在本公约中，以下各项为"文化遗产"：

——文物：从历史、艺术或科学角度看具有突出的普遍价值的建筑、碑雕和碑画、具有考古性质成分或结构、铭文、窟洞以及联合体；

——建筑群：从历史、艺术或科学角度看在建筑式样、分布均匀或与环境景色结合方面具有突出的普遍价值的独立的或连接的建筑群；

——遗址：从历史、审美、人种学或人类学角度看具有突出的普遍价值的人类工程或自然与人联合的工程以及考古地址等地方。

第2条

在本公约中，以下各项为"自然遗产"：

——从审美或科学角度看具有突出的普遍价值的由物质和生物结构或这类结构群组成的自然面貌；

——从科学或保护角度看具有突出的普遍价值的地质和自然地理结构以及明确划为受威胁的动物和植物生境区；

——从科学、保存或自然美角度看具有突出的普遍价值的天然名胜或明确划分的自然区域。

文化和自然混合遗产

46. 只有同时部分满足或完全满足《公约》第1条和第2条关于文化和自然遗产定义的财产才能认为是"文化和自然混合遗产"。

文化景观

47. 《公约》第1条就指出文化景观属于文化财产，代表着"自然与人联合的工程"。它们反映了因物质条件的限制和/或自然环境带来的机遇，在一系列社会、经济和文化因素的内外作用下，人类社会和定居地的历史沿革。

附件3

可移动遗产

48. 对于可能发生迁移的不可移动遗产的提名将不作考虑。

突出的普遍价值

49. 突出的普遍价值指文化和/或自然价值是如此罕见，超越了国家界限，对全人类的现在和未来均具有普遍的重要意义。因此，该项遗产的永久性保护对整个国际社会都具有至高的重要性。世界遗产委员会规定了财产列入《世界遗产名录》的标准。

50. 邀请缔约国提名认为具有"突出的普遍价值"的文化和/或自然遗产，以列入《世界遗产名录》。

51. 遗产列入《世界遗产名录》时，世界遗产委员会会通过一个《突出的普遍价值声明》（见第154段），该声明将是以后遗产的有效保护与管理的重要援引文书。

52. 该《公约》不是旨在保护所有具有重大意义或价值的遗产，

而只是保护那些从国际观点看具有最突出价值的遗产。不应该认为某项具有国家和/或区域重要性的遗产会自动列入《世界遗产名录》。

53. 呈递给委员会的提名应该表明该缔约国在其力所能及的范围内将全力以赴保存该项遗产。这种承诺应该体现在采纳和提出合适的政策、法律、科学、技术、管理和财政措施，保护该项遗产以及遗产的突出的普遍价值。

II. B 具有代表性的、平衡性和可信性的《世界遗产名录》

54. 委员会根据第 26 届会议确定的四个战略目标，致力于构建一个具有代表性、平衡性和可信性的《世界遗产名录》。（布达佩斯，2002）

《布达佩斯世界遗产宣言》所在网址：http://whc.unesco.org/en/budapestdeclaration

构建具有代表性、平衡性、可信性的《世界遗产名录》的《全球战略》

55. 构建具有代表性、平衡性、可信性的《世界遗产名录》的《全球战略》旨在确定并填补《世界遗产名录》的主要空白。该战略鼓励更多的国家加入《保护世界文化与自然遗产公约》按第 62 段的定义编撰《预备名录》、准备申请《世界遗产名录》的提名文件（详情请登陆：http://whc.unesco.org/en/globalstrategy）

关于"全球战略"的专家会议报告及构建具有代表性的世界遗产名录的主题研究报告（1994 年 6 月 20-22 日）在世界遗产委员会第 18 届大会通过。（福克，1994）

《全球战略》起初是为保护文化遗产提出的。应世界遗产委员会的要求，《全球战略》随后有所扩展，包括自然遗产和文化自然混合遗产。

56. 鼓励各缔约国和咨询团体同秘书处及其他合作方合作，参与实施《全球战略》。为此，组织召开了区域及"全球战略"主题会议，并开展对比研究及主题研究。会议和研究成果将协助缔约国编撰《预备名录》和申报材料。可访问网站：http://whc.unesco.org/en/globalstrategy，查阅提交给世界遗产委员会的专家会议报告和研究报告。

57. 要尽一切努力，保持《世界遗产名录》内文化和自然遗产的平衡。

58. 没有正式限制《世界遗产名录》内的遗产总数。

其他措施

59. 要构建具有代表性、平衡性、可信性的《世界遗产名录》，缔约国须考虑其遗产是否已在遗产名录上得到充分的代表，如果是，就要采取以下措施，放慢新申报的提交速度：

缔约国第12届会议通过的决议（1999年）。

a）依据自身情况，自主增大申报间隔，和/或；

b）只申报名录内代表不足的类别遗产，和/或；

c）每次申报都同名录内代表不足的缔约国的申报联系起来，或；

d）自主决定暂停提交新的申报。

60. 如果其遗产具有突出的普遍价值，且在《世界遗产名录》上代表不足，这样的缔约国需要：

a）优先考虑编撰《预备名录》和申报材料；

b）在所属区域内，寻求技术交流伙伴并巩固这种合作关系；

c）鼓励双边和多边合作以增强缔约国、负责遗产保护、保存和管理机构的专业技能；

d）尽可能参加世界遗产委员会的各届会议。

缔约国第12届会议通过的决议（1999年）。

61. 委员会决定，在第30届大会（2006年）上暂时试用以下机制：

a）最多审查缔约国的两项完整申报，其中至少有一项与自然遗产有关；和

b）确定委员会每年审查的申报数目不超过45个，其中包括往届会议推迟审议的项目、再审项目、扩展项目（遗产限制的细微变动除外）、跨界项目和系列项目；

c）优先顺序如下所示：

1）名录内尚没有遗产列入的缔约国提交的遗产申报；

2）不限国别，但申报须是名录内没有或为数不多的自然或文化遗产类别；

3）其他申报；

4）采用该优先顺序机制时，如果某领域内委员会所确定的申报

名额已满,则秘书处收到完整申报材料的日期将被作为第二决定因素来考虑。

该决定将会在委员会第 31 届会议(2007 年)上重新审议。

第 24 COM VI.2.3.3 号决定、第 28 COM 13.1 号决定和第 7EXT.COM 4B.1 号决定

II. C 《预备名录》

程序和格式

62. 《预备名录》是缔约国认为其境内具备世界遗产资格的遗产的详细目录,其中应包括其认为具有突出的普遍价值的文化和/或自然遗产的名字和今后几年内要申报的遗产的名字。

《保护世界文化与自然遗产公约》第 1、2 及 11(1)条规定。

63. 如果缔约国提交的申报遗产未曾列入该国的《预备名录》,委员会不予考虑。

第 24COM VI.2.3.2 号决定

64. 鼓励缔约国编撰其《预备名录》,并让景点管理人员、当地和地区政府、社区、非政府组织以及其他相关机构参与编撰过程。

65. 缔约国呈报《预备名录》至秘书处的时间最好提前申报遗产一年。委员会鼓励缔约国至少每十年重新审查或递交其《预备名录》。

66. 缔约国需要递交英文或法语的《预备名录》,且采用附件 2 所示的标准格式,其中包括遗产名称、地理位置、简短描述以及其具有突出的普遍价值的陈述。

67. 缔约国应将已签名的完整《预备名录》原件递交至:联合国教科文组织世界遗产中心 法国巴黎(7, place de Fontenoy, Paris 07 SP, France)

电话: + 33(0)1 4568 1136　　　电邮: wh – tentativelists@unesco.org

68. 如果所有信息均已提供,秘书处会将《预备名录》登记并转呈给相关咨询团体。每年都要向委员会递交所有《预备名录》的概要。秘书处与相关缔约国协商,更新其记录,将《预备名录》上已纳入《世界遗产名录》和已拒绝的申报除名。

第 7EXT.COM 4A 号决定

69. 登录 http://whc.unesco.org/en/tentativelists，查阅缔约国《预备名录》：

第 27COM 8A 号决定

《预备名录》作为计划与评估工具

70.《预备名录》提供未来遗产名录申报信息，是缔约国、世界遗产委员会、秘书处及咨询团体有用的重要计划工具。

71. 鼓励缔约国参考国际古迹遗址理事会（ICOMOS）和世界保护自然联盟（IUCN）应委员会要求准备的《世界遗产名录》和《预备名录》的分析报告，确定《世界遗产名录》内的空白。这些分析使缔约国能够比较主题、区域、地理文化群和生物地理区，确定未来的世界遗产。

第 24COM 号决定第 VI.2.3.2（ii）段文书

WHC-04/28.COM/13.B 1 和 2

请登陆：

http://whc.unesco.org/archive/2004/whc04-28com-13b1e.pdf 和 http://whc.unesco.org/archive/2004/whc04-28com-13b2e.pdf

72. 另外，鼓励缔约国参考由咨询团体开展的具体主题研究报告（见 147 段）。研讨内容参考了《预备名录》评估、《预备名录》协调会议报告、咨询团体以及其他具有资格的团体和个人的相关技术研究。研究报告列表已完成，详见：http://whc.unesco.org/en/globalstrategy

主题研究报告异于缔约国申报遗产列入《世界遗产名录》时编撰的比较分析（见第 132 段）。

73. 鼓励缔约国在区域和主题级别协调《预备名录》。在这个过程中，缔约国在咨询团体的协助下，共同评估各自的《预备名录》，评论空白并确认相同主题。通过协调，《预备名录》得以改进，缔约国可以申报新遗产，且能与其他缔约国合作编撰申报材料。

缔约国编撰《预备名录》过程中的协助和能力建设

74. 要实施《全球战略》，就有必要共同致力于协助缔约国进行能力建设和培训，获取和/或增强在编撰、更新和协调《预备名录》及准备申报材料的能力。

75. 在编撰、更新和协调《预备名录》方面，缔约国可以请求国际援助（见第七章）。

76. 咨询团体和秘书处可在考察评估期间，举办地区培训班，对名录中很少的国家在准备预备名录和申报的方法上提供帮助。

第24COM VI.2.3.5号决定

II.D 突出的普遍价值的评估标准

这些标准起初分为两组，标准（i）至（vi）适用于文化遗产，标准（i）至（iv）适用于自然遗产。

世界遗产委员会第6届特别会议决定将这十个标准合起来（第6EXT.COM 5.1号决定）。

77. 如果遗产符合下列一项或多项标准，委员会将会认为该遗产具有突出的普遍价值（见49-53段）。所申报遗产因而必须：

（i）创造精神的代表作；

（ii）在一段时期内或世界某一文化区域内，对建筑、技术、古迹艺术、城镇规划或景观设计的发展产生过重大影响；

（iii）能为已消逝的文明或文化传统提供独特的或至少是特殊的见证；

（iv）是一种建筑、建筑整体、技术整体及景观的杰出范例，展现历史上一个（或几个）重要阶段；

（v）是传统人类居住地、土地使用或海洋开发的杰出范例，代表一种（或几种）文化或者人类与环境的相互作用，特别是由于不可逆变化的影响下变得易于损坏；

（vi）与具有突出的普遍意义的事件、活传统、观点、信仰、艺术作品或文学作品有直接或实质的联系（委员会认为本标准最好与其他标准一起使用）；

（vii）绝妙的自然现象或具有罕见自然美的地区；

（viii）是地球演化史中重要阶段的突出例证，包括生命记载和地貌演变中的地质过程或显著的地质或地貌特征；

（ix）突出代表了陆地、淡水、海岸和海洋生物系统及动植物群落演变、发展的生态和生理过程；

（x）是生物多样性原地保护的最重要的自然栖息地，包括从科学和保护角度看，具有突出的普遍价值的濒危物种栖息地。

78. 只有具有完整性和/或原真性的特征，且有足够的保护和管理机制确保遗产得到保护，遗产才能被视为具有突出的普遍价值。

II.E　完整性和/或原真性

原真性

79. 依据标准（i）至（vi）申报的遗产须具备原真性。附件4中包括了关于原真性规定的《奈良文件》，为评估遗产的原真性提供了操作基础，概要如下：

80. 理解遗产价值的能力取决于关于该价值信息来源的真实度或可信度。对涉及文化遗产原始及后来特征的信息来源的知晓和理解，是评价原真性各方面的必要基础。

81. 对于文化遗产价值和相关信息来源可信性的评价标准可能因文化而异，甚至同一种文化内也存在差异。出于对所有文化的尊重，文化遗产的审查和评估必须首先在其所在的文化背景中进行。

82. 依据文化遗产类别和其文化背景，如果遗产的文化价值（申报标准所认可的）之下列特征是真实可信的，则被认为具有原真性：

- 外形和设计；
- 材料和实体；
- 用途和功能；
- 传统，技术和管理体制；
- 方位和位置；
- 语言和其他形式的非物质遗产；
- 精神和感觉；以及
- 其他内外因素。

83. 精神和感觉这样的特征在原真性评估中虽不易操作，却是评价一个地方特点和意义的重要指标，例如，在社区中保持传统和文化连续性。

84. 所有这些信息的采用允许文化遗产在艺术、历史、社会和科学方面的价值被充分考虑。"信息来源"指所有物质的、书面的、口头和图形的信息，从而使理解文化遗产的性质、特性、意义和历史成为可能。

85. 在准备遗产申报考虑原真性时，缔约国首先要确认所有适用的原真性的重要特性。原真性声明应该评估原真性在每个特征上的体现程度。

86. 在原真性问题上，考古遗址或历史建筑及地区的重建只有在个别情况才予以考虑。只有依据完整且详细的记载，不存在任何想象而进行的重建，才会被接纳。

完整性

87. 所有申报《世界遗产名录》的遗产必须具有完整性。

第 20 COM IX.13 号决定

88. 完整性用来衡量自然和/或文化遗产及其特征的整体性和无缺憾性。因而，审查遗产完整性就要评估遗产满足以下特征的程度：

a) 包括所有表现其突出的普遍价值的必要因素；

b) 形体上足够大，确保能完整地代表体现遗产价值的特色和过程；

c) 受到发展的负面影响和/或被忽视。

上述条件需要在完整性陈述中进行论述。

89. 依据标准（i）至（vi）申报的遗产，其物理构造和/或重要特征都必须保存完好，且侵蚀退化得到控制。能表现遗产全部价值绝大部分必要因素也要包括在内。文化景观、历史名镇或其他活遗产中体现其显著特征的种种关系和能动机制也应予保存。

将完整性条件应用于依据标准（i）至（vi）的申报的遗产之例证正在开发。

90. 所有依据标准（vii）至（x）申报的遗产，其生物物理过程和地貌特征应该相对完整。当然，由于任何区域都不可能是完全天然，且所有自然区域都在变动之中，某种程度上还会有人类的活动。包括传统社会和当地社区在内的人类活动常常发生在自然区域内。如果对当地的生态并无损害，这些活动就可被视为同自然区域突出的普遍价值一致，具有生态可持续性。

91. 另外，对于依据标准（vii）至（x）申报的遗产来说，每个标准又有一个相应的完整性条件。

92. 依据标准（vii）申报的遗产应具备突出的普遍价值，且包括保持遗产美景的必要地区。例如，某个遗产的景观价值在于瀑布，那么只有临近的积水潭和下游地区同保持遗产美景完整相连，才能满足完整性条件。

93. 依据标准（viii）申报的遗产必须包括其自然关系中所有或大部分重要的相互联系、相互依存的因素。例如，"冰川期"遗址要满足完整性条件,则需包括雪地、冰河本身和凿面样本、沉积物和拓殖(例如,条痕、冰碛层及植物演替的先锋阶段等)。如果是火山,则岩浆层必须完整,且能代表所有或大部分的火山岩种类和喷发类型。

94. 依据标准(ix)申报的遗产必须具有足够大小,且包含能够展示长期保护其内部生态系统和生物多样性的重要过程的必要因素。例如,热带雨林地区要满足完整性条件,需要有一定的海拔层次、多样的地形和土壤种类,群落系统和自然形成的群落;同样,珊瑚礁必须包括,诸如海草、红树林和其他为珊瑚礁提供营养沉积物的临近生态系统。

95. 依据标准(x)申报的遗产必须是生物多样性保护的至关重要的价值。只有最具生物多样性和/或代表性的申报遗产才有可能满足该标准。遗产必须包括某生物区或生态系统内最具多样性的动植物特征的栖息地。例如:要满足完整性条件,热带草原需要具有完整的、共同进化的草食动物群和植物群;一个海岛生态系统则需要包括地方生态栖息地;包含多种物种的遗产必须足够大,能够包括确保这些物种生存的最重要的栖息地;如果某个地区有迁徙物种,则季节性的养育巢穴和迁徙路线,不管位于何处,都必须妥善保护。

II. F 保护和管理

96. 世界遗产的保护与管理须确保其在列入名录时所具有的突出的普遍价值以及完整性和/或原真性在之后得到保持或增强。

97. 列入世界遗产名录的所有遗产必须有长期、充分的立法性、规范性、机制性的和/或传统保护及管理以确保遗产得到保护。该保护必须包括充分描述的边界范畴。同样地,缔约国应该在国家、区域、城市和/或传统的各个级别上,适当保护申报遗产。申报文件上也需要附加明确说明保护措施的条款。

立法性、规范性和契约性的保护措施

98. 国家和地方级的立法性、规范性措施应确保遗产的存在,且保护其突出的普遍的价值以及完整性和/或原真性不因社会发展变迁受到负面影响。缔约国还需要保证这些措施得到切实有效的实施。

有效保护的界限

99. 界限描述是对申报遗产进行有效保护的必然要求。划定界限的意义在确保遗产的突出的普遍价值及其完整性和/或原真性得到充分体现。

100. 依据标准（i）至（vi）申报的遗产，划定界限需要包括所有有形的能够直接体现遗产的突出、普遍价值的区域和特征，以及在将来的研究中有可能增强这些特征加深理解的区域。

101. 依据标准（vii）至（x）的申报，划定界限要反映其成为世界遗产基本条件的栖息地、物种、过程或现象的空间要求。界限须包括与具有突出的普遍价值紧邻的足够大的区域以保护其遗产价值不因人类的直接侵蚀和该区域外资源开发而受到损害。

102. 所申报遗产的界限可能会与一个或多个已存或建议保护区相同，例如国家公园或自然保护区，生物圈保护区或历史文物保护区。虽然保护区可能包含几个管理带，可能只有个别地带能达到世界遗产的标准。

缓冲区

103. 只要有必要，就应设立足够大的缓冲区以保护遗产。

104. 为了有效保护申报遗产，缓冲区是指遗产周围区域，其使用和开发被补充法和/或习惯规定限制，以增加遗产的保护层。缓冲区包括申报遗产所在区域、重要景观，以及其他在功能上对遗产及其保护至关重要的区域或特征。通过合适的机制来决定缓冲区的构成区域。申报时，需要提供有关缓冲区大小、特点、授权使用的详细信息以及一张精确标示界限和缓冲区的地图。

105. 申报材料中还需明确描述缓冲区在保护申报遗产中的作用。

106. 如果没有建立缓冲区的提议，则申报材料需要对此予以解释。

107. 虽然缓冲区并非所申报的遗产的正式组成部分，但是《世界遗产名录》内遗产的缓冲区的任何变动都需经世界遗产委员批准。

管理体制

108. 每一个申报遗产都应有合适的管理计划或其他有文可依的管理体制，其中需要详细说明应如何采用多方参与的方式，保护遗产突出的普遍的价值。

109. 管理体制旨在确保现在和将来对申报遗产进行有效的保护。

110. 有效的管理体制的内容取决于申报遗产的类别、特点和需求以及其文化和自然环境。由于文化角度、可用资源及其他因素的影响,管理体制也会有所差别。管理体制可能包含传统做法、现存的城市或地区设计手段和其他正式和非正式的计划控制机制。

111. 考虑到上述多样性问题,有效管理体制需包括以下共同因素:

  a) 各利益方均透彻理解遗产价值;
  b) 计划、实施、监管、评估和反馈的循环机制;
  c) 合作者与各利益方的共同参与;
  d) 必要资源的配置;
  e) 能力建设;以及
  f) 管理体制运作可信且透明。

112. 有效管理包括长期和日常对申报遗产的保护、保存和展示。

113. 另外,为了实施《公约》,世界遗产委员会还建立了反应监控程序(见第Ⅳ章)和《定期报告》机制(见第Ⅴ章)。

114. 如果是系列遗产,能确保各个组成部分协调管理的管理体制或机制非常必要,应该在申报材料中阐明(见137 – 139段)。

115. 在某些情况下,管理计划或其他管理体制在该遗产向世界遗产委员会提出申报时还没有到位。相关缔约国则需要说明管理计划或体制何时能到位以及如何调动准备和实施新的管理计划或体制的所需资源。缔约国还需要提供其他文件(例如,运作计划),在管理计划确定之前指导遗产的管理。

116. 如果遗产的内在本质由于人类行为而受到威胁,且满足第78至95段规定的原真性或完整性的标准和条件,概述纠正措施的行动计划需要和申报材料一起提交。如果缔约国并未在拟定的时间内采取纠正措施,委员会将会依据相关程序将该遗产从名单上删除。(见Ⅳ.C节)

117. 缔约国要对境内的世界遗产实施有效的管理。缔约国要同其他参与各方密切合作管理遗产,其中包括遗产管理人员、管理权力机关和其他合作者及遗产管理的相关利益方。

118. 委员会推荐缔约国将风险防范机制包括在其世界遗产管理计划和培训策略中。

第28COM10B.4号决定

可持续使用

119. 世界遗产会有各种各样已存和拟开发的使用价值,其在生态和文化上是可持续的。缔约国和合作者必须确保这些可持续使用不会有损遗产的突出的普遍价值，以及其完整性和/或原真性。另外，任何使用应该具有生态及文化可持续性。对于有些遗产来说，人类不宜使用。

Ⅲ 列入《世界遗产名录》的程序

Ⅲ.A 编撰申报文件

120. 申报文件是委员会考虑是否将某项遗产列入《世界遗产名录》的重要基础。所有相关信息都应该包括在申报材料中，且其信息来源须是交叉引用的。

121. 附件3为缔约国就具体类别遗产编撰申报文件提供指南。

122. 缔约国在着手准备遗产申报前，应先熟悉第168段中描述的申报周期。

123. 申报过程中当地群众的参与很必要，能使他们与缔约国共同承担保护遗产的责任。委员会鼓励多方参与编撰申报文件，其中包括遗产管理人员、当地和地区政府、当地社区、非政府组织和其他相关团体。

124. 缔约国在编撰申报文件时，如第Ⅶ.E章节中所描述的那样，可以申请"预备协助"。

125. 鼓励缔约国同秘书处联系，秘书处能够在整个申报过程中提供帮助。

126. 秘书处还能：
a) 在确定合适的地图和照片以及从哪些部门取得这些资料方面提供帮助；
b) 提供成功申报参考案例以及管理方法和立法条款；
c) 为申报不同类别的遗产提供指导，例如文化景观、城镇、运河和遗产线路（见附件3）；
d) 为申报系列遗产和跨界遗产提供指导（见第134至139段）。

127. 缔约国可以在每年的九月三十日前（第168段）提交申报草案以听取秘书处的意见、接受审查。申报草案的提交是自愿的。

128. 任何时候都可以提交申报，但只有在二月一日或之前递交到秘书处且完整的申报（见第132段）才会在次年被世界遗产委员审核，决定是否列入名录。委员会只审查缔约国《预备名录》内列有的遗产（见66段）。

III. B 申报文件的格式和内容

129.《世界遗产名录》申报应依据附件5所示格式提交材料。

130. 格式包括如下部分：

1. 遗产确认
2. 遗产描述
3. 申报理由
4. 遗产保护情况和影响因素
5. 保护和管理
6. 监测
7. 文件
8. 负责当局的联系信息
9. 缔约国代表签名

131.《世界遗产名录》申报是重内容轻表象的。

132."完整"申报需要满足下列要求：

1. 遗产确认

应清晰地定义申报遗产边界，清楚区分申报遗产和任何缓冲区（若存在）（见103－107段）之间的差异。地图应足够详细，能精确标出所申报的陆地和/或水域。若可能的话，应提供缔约国最新的官方地图，注解遗产边界。如果没有清晰的边界定义，申报应被认为是"不完整的"。

2. 遗产描述

遗产描述应包括遗产确认和其历史及发展概述。应确认、描述所有的成图组成部分，如果是系列申报，应清晰描述每一组成部分。

在遗产的历史和发展中应描述遗产是如何形成现在的状态以及所经历的重大变化。这些信息应包含所需的重要事实，证实遗产达到突出的普遍价值的标准，满足完整性和/或原真性声明的条件。

3. 申报理由

本部分应指出遗产申报依据的标准（见77段），且须明确说明依据此标准的原因。基于该标准，缔约国提交的遗产《突出的普遍价值声明》（见49－53段及155段）应明确说明为什么该遗产值得列入《世界遗产名录》。应提供该遗产与类似遗产的对比分析，不论该类似遗产是否在《世界遗产名录》上，是国内还是国外遗产。对比分析应说明申报遗产在国内及国际上的重要性。完整性和/或原真性声明也应一并附上，且须显示该遗产如何满足78－95段所述的条件。

缔约国申报遗产时递交的比较分析不应和委员会顾问机构的主题研究相混淆（见下面的第148段）。

第7EXT.COM 4A号决定

4. 遗产保护情况和影响因素

本部分应包括目前遗产保护情况的准确信息（包括遗产的物理条件和到位的保护措施）。同时，也应包括影响遗产的因素描述（包括威胁）。本部分提供的基本数据信息是将来监控申报遗产保护情况必需的资料。

5. 保护和管理

保护：第五部分包括与遗产保护最相关的立法、规章、契约、计划、机制和/或传统措施，提供实际保护措施操作方法的详尽分析。立法、规章、契约计划和机制文本或者文本摘要应以英文或法文附上。

管理：适宜的管理方案或其他管理体制很必要，应包括在申报文件中，并希望确保管理方案或其他管理体制有效执行。

管理方案或者管理体制文献的副本应附在申报文件后。如果管理方案为非英语或非法语，应附上英语或法语的条款详述。

应提供管理方案或者管理体系的详尽分析或者说明。

申报文件若不包括上述文书则被认为是不完整的，除非在管理方案完成时，依据115段所述提交指导遗产管理的其他文书。

6. 监测

在申报材料中，缔约国应包括衡量、评估遗产保护情况的关键指标、遗产影响因素、遗产保护措施、审查周期及负责当局的标识。

7. 文件

应提供申报所需的所有文件。除了上述文件之外，还应包括照片，35mm幻灯片，图像库，官方形式照片。申报文本应以打印形式和电子文档提交（软盘或光盘）。

8. 负责当局的联系信息

应提供负责当局的详细联系信息。

9. 缔约国代表签名

申报材料结尾应有缔约国授权的官方原始签名。

10. 所需打印副本数量

- 文化遗产申报文件（不包括文化景观）：2 个副本
- 自然遗产申报：3 个副本
- 混合遗产和文化景观申报：4 个副本

11. 文件和电子版

申报材料应是 A4 纸（或信纸），同时有电子版（软盘或光盘）。且至少一个副本应是活页形式，以便影印。

12. 寄送

缔约国应提交英语或法语申报材料，提交地址为：

联合国教科文组织 世界遗产中心　法国巴黎

(7, place de Fontenoy 75352 Paris 07 SP France)

电话：+33（0）1 4568 1136　　传真：+33（0）1 4568 5570

E-mail：wh-nominations@unesco.org

133. 秘书处会保留和申报一起提交的所有相关资料（地图、规划、照片资料等）

III. C　各类遗产提名的要求

跨境遗产

134. 被提名的遗产可能

a）位于一个缔约国境内，或者

b）位于几个接壤的缔约国境内（跨境遗产）

第 7EXT.COM 4A 号决定

135. 跨境遗产的提名应由几个缔约国在任何可能的地方遵照大会公约第 11.3 条共同准备和递交。大会强烈建议各相关缔约国建立联合管理委员会或类似组织监督该遗产的总体管理。

136. 位于一个缔约国境内的现有世界遗产的扩展部分可以申请成为跨境遗产。

系列遗产

137. 系列遗产应包括几个相关组成部分，其属于

a）同一历史文化群体；
b）具有某一地域特征的同一类型的遗产；
c）同一地质、地形构造，同一生物地理亚区，或同类生态系统；

同时，系列遗产作为一个整体（而不是其中个别部分）必须具有突出的普遍价值。

138. 被提名的系列遗产可能

a）位于一个缔约国境内（本国系列遗产）

b）位于不同缔约国境内，不必相连，同时须经过所有相关缔约国同意递交提名（跨国系列遗产）。

第 7EXT. COM 4A 号决定

139. 如被提名的第一项遗产本身具有突出的普遍价值，系列遗产（无论是由一国或是多国提起的）可历经数轮提名周期，递交申报文件并接受评估。计划在数轮周期中分阶段进行系列提名的缔约国可向委员会说明此意向，以确保计划更加完善。

III. D 提名的登记

140. 收到各缔约国递交的申报文件后，秘书处将回执确认收到，核查材料是否完整，然后进行登记。秘书处将向相关咨询机构转交完整的申报文件，由咨询机构进行评估。经咨询机构提请，秘书处将向缔约国索要补充信息。登记的时间表和提名的受理过程在第 168 段中有详细说明。

141. 秘书处在每届委员会会议时拟定并递交一份所有接收到的提名名单，包括接收的日期，申报文件"完整"与否的陈述，以及按照第 132 段的要求将申报文件补充完整的日期。

第 26 COM 14 和 28 COM 14B. 57 号决定

142. 提名周期从递交之日起到世界遗产委员会做出决定之日结束，通常历时一年半，每年二月递交提名至翌年六月委员会做出决定。

III. E 咨询机构评估提名

143. 咨询机构将评估各缔约国提名的遗产是否具有突出的普遍价

值，是否符合完整性或原真性，以及是否能达到保护和管理的要求。国际古迹遗址理事会和世界保护自然联盟的评估程序和形式在附件6中有详细说明。

144. 对文化遗产提名的评估将由国际古迹遗址理事会完成。

145. 对自然遗产提名的评估将由世界保护自然联盟完成。

146. 作为"人文景观"类提名的文化遗产，将由国际古迹遗址理事会与世界保护自然联盟磋商之后进行评估。对于混合遗产的评估将由国际古迹遗址理事会与世界保护自然联盟共同完成。

147. 如经世界遗产委员会要求或者在必要情况下，国际古迹遗址理事会与世界保护自然联盟将开展主题研究，将被提名的世界遗产置于地区、全球或主题背景中进行评估。这些研究必须建立在各缔约国递交的预备名录审议，关于预备名录协调性的会议报告以及由咨询机构或具备相关资质的组织或个人进行的其他技术研究的基础之上。已完成的相关研究列表见附件3第三节和咨询机构的网站。这些研究不得与缔约国在申报世界遗产时准备的"比较分析"相混淆（见第132段）。

国际古迹遗址理事会：
http://www.icomos.org/studies/
世界保护自然联盟：
http://www.iucn.org/themes/wcpa/pubs/Worldheritage.htm

148. 以下为国际古迹遗址理事会和世界保护自然联盟的评估与陈述所遵循的原则。评估与陈述必须

第 28 COM 14B. 57. 3 号决定

a) 遵守《世界遗产公约》和相关的操作指南，以及委员会在决定中规定的其他政策；

b) 做出客观、严谨和科学的评估；

c) 依照一致的专业标准；

d) 评估和陈述均必须遵守标准格式，必须与秘书处一致，同时必须注明进行实地考察的评估员的名字；

e) 清晰分明地指出提名遗产是否具有突出的普遍价值，是否符合完整性和/或原真性的标准，是否拥有管理规划/系统和立法保护；

f) 根据所有相关标准，对每处遗产进行系统的评估，包括其保护状况，并与缔约国境内或境外其他同类遗产的保护状况进行比较；

g）应注明所援引的委员会决定和关于被审议的提名的要求；

h）不考虑或载列缔约国于提名审议当年 3 月 31 日后递交的任何信息。同时应通知缔约国，因收到的信息已逾期，所以不被纳入考虑之列。必须严格遵守最后期限；

i）同时提供支持他们论点的参考书目（文献）。

第 28 COM 14B.57.3 号决定

149. 咨询机构在审查其评估意见后，应在每年的 1 月 31 日以前向各缔约国进行最终征询或索要信息。

第 7 EXT.COM 4B.1 号决定

150. 相关缔约国应邀在委员会大会开幕至少两个工作日前致信大会主席，附寄致咨询机构的复印件，详细说明他们在咨询机构对于其提名的评估意见中发现的事实性错误。此信将被翻译成工作语言，分发给委员会成员，也可在评估陈述之后由主席宣读。

第 7 EXT.COM 4B.1 号决定

151. 国际古迹遗址理事会和世界保护自然联盟的意见分三类：

a）建议无保留列入名录的遗产

b）建议不予列入名录的遗产

c）建议发还待议或推迟列入的遗产

III.F 撤销申报

152. 缔约国可以在讨论该提名的委员会会议之前任何时候撤销所递交的提名，但必须以书面形式向秘书处说明此意图。如某缔约国希望撤回提名，它可以重新递交一份遗产的提名，此时的提名根据第 168 段所列程序和时间表将会被作为一项新提名。

III.G 世界遗产委员会的决定

153. 世界遗产委员会决定一项遗产是否应被列入《世界遗产名录》、待议或是推迟列入。

列入名录

154. 决定将遗产列入《世界遗产名录》时，在咨询机构的指导下，委员会将通过该遗产的《突出的普遍价值声明》。

155.《突出的普遍价值声明》应包括委员会关于该遗产具有突出的普遍价值的决定摘要，明确遗产列入名录所遵循的标准，包括对于完整性或原真性状况及实施保护和管理的要求评估。此声明将作为未来该遗产的保护和管理的基础。

156. 列入名录时，委员会也可就该世界遗产的保护和管理提出其他的建议。

157. 委员会将在其报告和出版物中公布《突出的普遍价值声明》（包括某具体遗产列入《世界遗产名录》的标准）。

决定不予列入

158. 如委员会决定某项遗产不予列入名录，除非在例外情况下，否则该提名不可重新向委员会提交。这些例外情况包括新发现，有关该遗产新的科学信息或者之前提名时未提出的不同标准。在上述情况下，允许提交新的提名。

发还待议的提名

159. 委员会决定发还缔约国以补充相关信息的提名，可以在委员会下届会议上重新递交并接受审议。补充信息须在委员会拟定审议当年2月1日前呈交秘书处。秘书处将直接转交相关咨询机构进行评估。发还的提名如在原委员会决定下达三年内不曾提交委员会，再次递交审议时将被视为一项新提名。提名时依据第168段所列程序及时间表进行。

推迟的提名

160. 为了进行更深入的评估和研究，或便于缔约国对提名进行重大修改，委员会可能会做出推迟提名的决定。如该缔约国决定重新递交被推迟的提名，应于2月1日之前向秘书处提起。届时相关咨询机构将根据第168段所列程序和时间表对这些提名重新进行周期为一年半的评估。

III. H 紧急受理的提名

161. 如某项遗产在相关咨询机构看来毫无疑问符合列入《世界遗产名录》的标准，且因为自然或人为因素而受到损害或面临某种重大的危险，其申报材料的提交和提名的受理不适用通常的时间表和关于材料完整性的定义。这类提名将被紧急受理，可能会被同时列入《世界遗产名录》和《濒危世界遗产名录》（见第 177－191 段）。

162. 紧急受理提名的程序如下：

a) 缔约国呈交提名并要求紧急受理。该缔约国此前已将该项遗产纳入《预备名录》，或者很快会将其纳入《预备名录》。

b) 该项提名应：

i) 描述及定义所提名的遗产；

ii) 根据标准论证其具有突出的普遍价值；

iii) 论证它的完整性和原真性；

iv) 描述其保护和管理体制；

v) 描述情况的紧迫性，包括损害或危险的性质和程度，说明委员会即刻采取行动关乎该遗产的存续。

c) 由秘书处直接将该提名转交相关咨询机构，要求对其具有的突出普遍价值以及对紧急情况、损害和/或危险的性质进行评估。如相关咨询机构认为恰当，须进行实地勘查。

d) 如相关咨询机构判定该遗产毫无疑问地符合列入名录的标准，并满足上述条件，该项提名的审议将被列入委员会下一届会议议程。

e) 审议该提名时，委员会将同时考虑：

i) 列入濒危世界遗产名录；

ii) 提供国际援助，完成提名工作；

iii) 列入名录后尽快由秘书处和相关咨询机构组织后续工作代表团。

III.I 修改世界遗产的范围、原列入标准或名称

范围的轻微变动

163. 轻微变动是指对遗产的范围及对其突出普遍价值影响不大的改动。

164. 如某缔约国要求对已列入世界遗产名录的遗产范围进行轻微修改，该国可于 2 月 1 日以前通过秘书处向委员会递交申请。在征询相关咨询机构的意见之后，委员会或者批准该申请，或者认定范围修改过大，足以构成扩展项目，在后一种情况下适用新提名程序。

范围的重大变动

165. 如某缔约国提出对已列入世界遗产名录的遗产范围进行重大

修改，该缔约国应将其视为新提名并提交申请。再次提名应于 2 月 1 日以前递交，并根据第 168 段所列程序和时间表接受周期为一年半的评估。该规定同时适用于对遗产范围的扩展和缩小。

《世界遗产名录》所依据标准的变动

166. 当某缔约国提出按照补充标准或不同于初次列入的标准，将遗产列入名录，该国应将其视为新提名并提交申请。再次提名应于 2 月 1 日以前递交，并根据第 168 段所列程序和时间表接受周期为一年半的评估。所推荐遗产将只依照新的标准接受评估，即使最后对补充标准不予认定，该项遗产仍将保留在《世界遗产名录》上。

世界遗产项目名称的更改

167. 缔约国可申请委员会批准对已列入世界遗产名录的遗产名称进行更改。更名申请应至少在委员会会议前三个月递交秘书处。

III. J 时间表——总表

168. 时间表	程　　　序
9 月 30 日 （第一年以前）	秘书处收到各缔约国申报材料草稿的自定期限
11 月 15 日 （第一年以前）	秘书处就申报材料草稿完整与否答复提名的缔约国，如不完整，注明要求补充的信息
第一年 2 月 1 日	秘书处收到完整的申报材料以便转交相关咨询机构评估的最后期限 申报材料必须在格林威治时间 17 点以前到达，如当天为周末则必须在前一个星期五的 17 点（格林威治时间）以前到达 在此日期后收到的申报材料将进入下一轮周期审议
第一年 2 月 1 日~3 月 1 日	登记、评估完整性及转交相关咨询机构 秘书处对各项提名进行登记，向提名的缔约国下发回执并将提名内容编目。秘书处将通知提名的缔约国申报材料是否完整 不完整的申报材料（见第 132 段）不予转交相关咨询机构进行评估。如材料不完整，相关缔约国将被通知于翌年 2 月 1 日最后期限以前补齐所缺信息以便参与下一轮周期的审议 完整的申报材料由秘书处转交相关咨询机构进行评估
第一年 3 月 1 日	秘书处告知各缔约国申报材料接收情况的最后期限，说明材料是否完整以及是否于 2 月 1 日以前收讫

续表

168. 时间表	程　　序
第一年 3月~翌年5月	咨询机构的评估
翌年 1月31日	如有必要，相关咨询机构会要求缔约国在评估期间，最迟在翌年1月31日之前递交补充信息
翌年 3月31日	缔约国经秘书处向相关咨询机构转呈其要求的补充信息的最后期限 向秘书处呈交的补充信息应依照第132段中具体列出的数量准备复印件和电子版。为了避免新旧文本的混淆，如所递交的补充信息中包含对申报材料主要内容的修改，缔约国应将修改部分作为原申报文件的修正版提交。修改的部分应清楚地标出。新文本除印刷版外还应附上电子版（光盘或软盘）
世界遗产委员会年会前六周 翌年	相关咨询机构向秘书处递送评估意见和建议，由秘书处转发给世界遗产委员会及各缔约国
世界遗产委员会年会开幕前至少两个工作日 翌年	缔约国更正事实性错误 相关缔约国可在委员会大会开幕至少两个工作日致信大会主席，附寄致咨询机构的复印件，详细说明他们在咨询机构对于其提名的评估意见中发现的事实性错误
世界遗产委员会年会（6月/7月）翌年	委员会审议提名并做出决定
一俟世界遗产委员会年会结束	通知各缔约国 凡经委员会审议的提名，秘书处将通知该缔约国有关委员会的决定事宜 在世界遗产委员会决定将某处遗产列入世界遗产名录之后，由秘书处书面通知该缔约国及遗址管理方，并提供列入名录区域的地图及突出的普遍价值声明（注明适用标准）
世界遗产委员会年会结束	每年委员会会议结束之后，秘书处随即公布最新的《世界遗产名录》 公布的名录将注明提名项目列入世界遗产名录的缔约国名称，标题为："根据公约递交遗产提名的缔约国"
世界遗产委员会年会闭幕后一个月	秘书处将载列世界遗产委员会全部决定的公布报告下发各缔约国

Ⅳ 对世界遗产保护状况的监测程序

Ⅳ.A 反应性监测

反应性监测的定义

169. 反应性监测是指由秘书处、联合国教科文组织其他部门和咨询机构向委员会递交的有关具体濒危世界遗产保护状况的报告。为此，每当出现异常情况或开展可能影响遗产保护状况的活动时，缔约国都须于2月1日以前经秘书处向委员会递交具体报告和影响调查。反应性监测也涉及已列入濒危世界遗产名录及待列入的遗产如第177－191段所述。同时如第192－198段所述，从《世界遗产名录》中彻底剔除某些遗产之前须进行反应性监测。

反应性监测的目标

170. 通过反应性监测程序时，委员会特别关注的是如何采取一切可能的措施，避免从世界遗产名录中剔除任何遗产。因此，只要情况允许，委员会愿意向缔约国提供这方面的技术合作。

《公约》第4条

"本公约缔约国均承认，保证第1条和第2条中提及的、本国领土内的文化和自然遗产的确定、保护、保存、展出和遗传后代，主要是有关国家的责任……"

171. 委员会建议缔约国与委员会指定的咨询机构合作，这些咨询机构受命代表委员会对列入世界遗产名录的遗产的保护工作进展进行监督和汇报。

来自缔约国和/或其他渠道的信息

172. 如《公约》缔约国将在受公约保护地区开展或批准开展大规模修复或建设工程，且可能影响到遗产突出的普遍价值，世界遗产委员会促请缔约国通过秘书处向委员会转达该意图。缔约国必须尽快（例如，在起草具体工程的基本文件之前）且在任何难以逆转的决定做出之前发布通告，以便委员会及时帮助寻找合适的解决办法，保证遗产的突出的普遍价值得以维护。

173. 世界遗产委员会要求检查世界遗产保护情况的工作报告必须包括：

a）说明自从世界遗产委员会收到上一份报告以来，遗产所面临的威胁或保护工作取得的重大进步。

b）世界遗产委员会此前关于遗产保护状况的决定的后续工作。

c）有关遗产赖以列入世界遗产名录的突出的普遍价值、完整性和/或原真性受到威胁、损害或减损的信息。

第 27 COM 7B.106.2 号决定

174. 一旦秘书处从相关缔约国以外的渠道获悉，已列入名录的遗产严重受损或在拟定期限内未采取必要的调整措施，秘书处将与有关缔约国磋商、证实消息来源和内容的真实性并要求该国对此做出解释。

世界遗产委员会的决定

175. 秘书处将要求相关咨询机构评价获取的信息

176. 获取的信息与相关缔约国和咨询机构的评价一起以遗产保护状况报告的形式呈交委员会审阅。委员会可采取以下一项或多项措施：

a）委员会可能认定该遗产未遭受严重损害，无须采取进一步行动；

b）当委员会认定该遗产确实遭受严重损害，但损害不至于不可修复，那么只要有关缔约国采取必要措施在合理时间期限之内对其进行修复，该遗产仍可在世界遗产名录上保留。同时委员会也可能决定启动世界遗产基金对遗产修复工作提供技术合作，并建议尚未提出类似要求的缔约国提起技术援助申请；

c）当满足第 177 - 182 段中所列要求与标准时，委员会可决定依照第 183 - 189 段所列程序将该遗产列入濒危遗产名录；

d）如证据表明，该遗产所受损害已使其不可挽回地失去了赖以列入世界遗产名录的诸项特征，委员会可能会做出将该遗产从世界遗产名录中剔除的决定。在采取任何措施之前，秘书处都将通知相关缔约国。该缔约国做出的任何评价都将上呈委员会；

e）当获取的信息不足以支持委员会采取上述 a），b），c），d）项中的任何一种措施时，委员会可能会决定授权秘书处采取必要手段，在与相关缔约国磋商的情况下，确定遗产当前状态、所面临的危险及充分修复该遗产的可行性，并向委员会报告行动结果；类似措施包括派遣人员实地调查或召集专家会谈。当需要采取紧急措施时，委员会可批准通过世界遗产基金的紧急援助筹措所需资金。

IV. B 《濒危世界遗产名录》

列入《濒危世界遗产名录》的指导方针

177. 依照《公约》第11条第4段,当一项遗产满足以下要求时,委员会可将其列入《濒危世界遗产名录》。

a) 该遗产已列入《世界遗产名录》;

b) 该遗产面临严重的、特殊的危险;

c) 该遗产的保护需要实施大规模的工程;

d) 已申请依据公约为该遗产提供援助。委员会认为,在某些情况下对遗产表示关注并传递这一信息可能是其能够提供的最有效的援助(包括将遗产列入《濒危世界遗产名录》所传递的信息);此类援助申请可能由委员会成员或秘书处提起。

列入《濒危世界遗产名录》的标准

178. 当委员会查明一项世界遗产(如公约第1和第2条所定义)符合以下两种情况中至少一项标准时,该遗产可被列入《濒危世界遗产名录》

179. 如属于文化遗产:

a) 已确知的危险——该遗产面临着具体的且确知即将来临的危险,例如:

i) 质料严重受损;

ii) 结构特征和/或装饰特色严重受损;

iii) 建筑和城镇规划的统一性严重受损;

iv) 城市或乡村空间,或自然环境严重受损;

v) 历史原真性严重受损;

vi) 文化意义严重受损。

b) 潜在的危险——该遗产面临可能会对其固有特性造成损害的威胁。此类威胁包括:

i) 该遗产法律地位的改变而引起保护力度的减弱;

ii) 缺乏保护政策;

iii) 地区规划项目的威胁;

iv) 城镇规划的威胁;

v) 武装冲突的爆发或威胁；

vi) 地质、气候或其他环境因素导致的渐进的变化。

180. 如属于自然遗产：

a) 已确知的危险——该遗产面临着具体的且确知即将来临的危险，例如：

i) 作为确立该项遗产法定保护地位依据的濒危物种或其他具有突出普遍价值的物种数量由于自然因素（例如疾病）或人为因素（例如偷猎）锐减；

ii) 遗产的自然美景和科学价值由于人类的定居、淹没遗产重要区域的水库的兴建、工农业的发展（包括杀虫剂和农药的使用，大型公共工程，采矿，污染，采伐等）而遭受重大损害；

iii) 人类活动对保护范围或上游区域的侵蚀，威胁遗产的完整性。

b) 潜在的危险——该遗产面临可能会对其固有特性造成损害的威胁。此类威胁包括：

i) 该地区的法律保护地位发生变化；

ii) 在遗产范围内实施的，或虽在其范围外但足以波及和威胁到该遗产的移民或开发计划；

iii) 武装冲突的爆发或威胁；

iv) 管理计划或管理系统不完善或未完全贯彻。

181. 另外，威胁遗产完整性的因素必须是人力可以补救的因素。对于文化遗产，自然因素和人为因素都可能成为威胁，而对于自然遗产来说，威胁其完整性的大多是人为因素，只有小部分是由自然因素造成的（例如传染病）。某些情况下，对遗产完整性造成威胁的因素可通过行政或法律手段予以纠正，如取消某大型公共工程项目，加强法律地位。

182. 在审议是否将一项文化或自然遗产列入《濒危世界遗产名录》时，委员会可能要考虑到下列额外因素：

a) 政府往往是在权衡各种因素后才做出影响世界遗产的决定。因此世界遗产委员会如能在遗产遭到威胁之前给予建议的话，该建议往往具有决定性。

b) 尤其是对于已确知的危险，对遗产所受的物质和文化损害的判断应基于其影响力度之上，并应具体问题具体分析。

c）对于潜在的危险必须首先考虑：

ⅰ）结合遗产所处的社会和经济环境的常规进程对其所受威胁进行评估；

ⅱ）有些威胁对于文化和自然遗产的影响是难以估量的，例如武装冲突的威胁；

ⅲ）有些威胁在本质上不会立刻发生，而只能预见，例如人口的增长。

d）最后，委员会在作评估时应将所有未知或无法预料的但可能危及文化或自然遗产的因素纳入考虑范围。

列入《濒危世界遗产名录》的程序

183．在考虑将一项遗产列入《濒危世界遗产名录》时，委员会应尽可能与相关缔约国磋商，制订或采纳一套补救方案。

184．为了制订前段所述补救方案，委员会应要求秘书处尽可能与相关缔约国合作，弄清遗产的现状，查明其面临的危险并探讨补救措施的可行性。此外委员会还可能决定派遣来自相关咨询机构或其他组织并具备相应资历的观察员前往实地勘查，鉴定威胁的本质及程度，并就补救措施提出建议。

185．获取的信息及相关缔约国和咨询机构或其他组织的评论将经秘书处送交委员会审阅。

186．委员会将审议现有信息，并就是否将该遗产列入《濒危世界遗产名录》做出决定。出席表决的委员会成员须以三分之二多数通过所有类似决定。之后委员会将确定补救方案，并建议相关缔约国立即执行。

187．依照《公约》第11条第4段，委员会应将决定通告相关缔约国，并随即就该项决定发表公告。

188．由秘书处印发最新的《濒危世界遗产名录》。同时也可在以下网站上获取最新的《濒危世界遗产名录》：http：//whc.unesco.org/en/danger

189．委员会将从世界遗产基金中特别划拨一笔相当数量的资金，对列入《濒危世界遗产名录》的遗产提供可能的援助。

对于《濒危世界遗产名录》上遗产保护状况的定期检查

190．委员会每年将对《濒危世界遗产名录》上遗产的保护状况进行例行检查。检查的内容包括委员会可能认为必要的监测程序和专家特派团。

191. 在定期检查的基础上,委员会将与有关缔约国磋商,决定是否:

a) 该遗产需要额外的保护措施;

b) 当该遗产不再面临威胁时,将其从濒危世界遗产名录中删除;

c) 当该遗产由于严重受损而丧失赖以列入世界遗产名录的特征时,考虑依照第192-198段所列程序将其同时从世界遗产名录和濒危世界遗产名录中剔除。

IV. C 《世界遗产名录》内遗产彻底除名的程序

192. 在以下情况下,委员会采取以下步骤,把《世界遗产名录》内遗产除名:

a) 遗产发生蜕变,丧失了其作为世界遗产的决定性特征;

b) 遗产在当初提名的时候便因为人为因素导致其内在特质受到威胁,而缔约国在规定时间内又没有采取必要的补救措施(见第116段)。

193. 《世界遗产名录》内遗产因为严重蜕化,或者缔约国没有在限定的时间内采取必要的补救措施,此遗产所在缔约国应该把这种情况通知秘书处。

194. 如果秘书处从缔约国之外的第三方得到了这种信息,秘书处会与相关缔约国磋商,尽量核实信息来源与内容的可靠性,并且听取他们的意见。

195. 秘书处将要求相关咨询机构把他们对所收到信息的意见提交委员会。

196. 委员会将审查所有可用信息,做出处理决定。根据《保护世界文化与自然遗产公约》第13(8)条的规定,委员会三分之二以上的委员到场并投票同意,该决定方能通过。在未就此事宜与缔约国协商之前,委员会不应做出把遗产除名的决定。

197. 应通知缔约国委员会的决定,同时尽快将决定公布于世。

198. 如果委员会的决定变更了目前的《世界遗产名录》,那么,变更内容会体现在下一期的《世界文化遗产名录》中。

V 有关《世界遗产公约》实施的《定期报告》

V.A 目标

199. 要求缔约国经由世界遗产委员会将其通过的法律和行政条款以及实施《世界遗产公约》采取的其他行动报告提交教科文组织大会,其中包括其领土内世界遗产的保护状况。

《世界遗产公约》第29条,和缔约国第11届大会(1997年),以及联合国教科文组织第29届大会决议

200. 缔约国也许会需要咨询机构和秘书处的专家意见,咨询机构和秘书处(在相关缔约国同意的前提下)会寻求进一步专家意见。

201.《定期报告》主要有以下四个目的:

a)评估缔约国《世界遗产公约》的执行情况;

b)评估《世界遗产名录》内遗产的突出的普遍价值是否得到长期的保持;

c)提供世界遗产的更新信息,记录遗产所处环境的变化以及遗产的保护状况;

d)就《世界遗产公约》实施及世界遗产保护事宜,为缔约国提供区域间合作以及信息分享、经验交流的一种机制。

202.《定期报告》不仅对更有效的长期保存遗产起到了重要的作用,而且提高了执行《世界遗产公约》的可信性。

V.B 程序和形式

203. 世界遗产委员会:

a)采用附录7中的形式和注解;

b)邀请成员国政府每六年提交一次《定期报告》;

c)决定按下表逐个区域地审查缔约国的定期报告:

地 区	对遗产的检查	委员会年度检查
阿拉伯	1992 年	2000 年 12 月
非洲	1993 年	2001 年 12 月/2002 年 7 月

续表

地　　区	对遗产的检查	委员会年度检查
亚太地区	1994 年	2003 年 6 月~7 月
拉丁美洲和加勒比地区	1995 年	2004 年 6 月~7 月
欧洲和北美洲	1996 年/1997 年	2005 年/2006 年 6 月~7 月

d) 要求秘书处与咨询机构合作，发挥缔约国、主管部门及当地专家的作用，根据上文 c) 段下的时间表制定定期报告的区域性策略。

第 22 COM Ⅵ.7 号决定

204. 上面提到的区域性策略应该体现当地的特征，并且能够促进缔约国间的合作与协调。这一点对于那些跨界遗产尤为重要。秘书处会就这些区域性策略的制定和执行事宜与缔约国磋商。

205. 为期六年的定期报告周期结束后，会按上表标明的顺序对各区域进行评估。首个六年周期后，新周期开始前，会留出一段时间，评估和修正定期报告机制。

206. 缔约国的定期报告主要包括以下两部分：

a) 第一部分包括缔约国通过的法律和行政条款，为执行《保护世界文化与自然遗产公约》采取的其他行动，以及在这一领域获得的相关经验的细节。特别是与《保护世界文化与自然遗产公约》中具体条款所规定义务的相关情况。

b) 第二部分阐述了在缔约国领土内特定世界遗产的保护状况。本部分应完整说明每个世界遗产的情况。

附录 7 中提供了格式注解。

本格式在委员会的第 22 届大会上通过（1998 年，京都）。2006 年首个定期报告结束后，可能修订现有格式。为此，目前尚未对该格式做出任何修改。

207. 为了便于信息管理，缔约所提交的报告必须一式两份，一份英文，一份法文，并同时提交电子版本和纸印版本。提交地址如下：

联合国教科文组织世界遗产中心

法国巴黎

(7, place de Fontenoy 75352 Paris 07 SP France)

电话：+33 (0) 1 45 68 15 71　　传真：+33 (0) 1 45 68 55 70

Email：wh-info@unesco.org

V.C 评估和后续工作

208. 秘书处将国家报告整理,并写入"世界遗产区域性报告"。可获得"世界遗产区域性报告"的电子版:http://whc.unesco.org/en/publications 及文本(世界遗产系列文件)。

209. 世界遗产委员会认真审查《定期报告》所述议题,并且就不足之处为相关区域的缔约国提出建议。

210. 委员会要求秘书处、咨询机构与相关缔约国磋商,根据其《战略目标》制定长期"区域性计划",并且将该计划上交以供考虑。计划应该能够准确地反映当地世界遗产的需求,并且协助提供国际援助。委员会还表示支持《战略目标》与国际援助之间的直接联系。

Ⅵ 鼓励对《世界遗产公约》的支持

Ⅵ.A 目标

《世界遗产公约》第 27 条

211. 目标如下:
a) 加强能力建设与研究;
b) 提高民众意识,使其逐渐理解并重视保护文化与自然遗产的重要性;
c) 增大世界遗产在社会生活中的作用;
d) 增加地方及全国民众参与保护、展现遗产活动的人数。

《世界遗产公约》第 5(a)条

Ⅵ.B 能力建设与研究

212. 委员会根据"战略目标",致力于缔约国内的能力建设。
《布达佩斯世界遗产宣言》(2002 年)
全球培训策略

213. 委员会认识到为了保护、保存、展出世界遗产,高技能以及多学科的方法是必不可少的,为此,委员会通过了"世界文化和自然遗产的全球培训策略"。"全球培训策略"的首要目标是确保多数参与者获得必要的技能，以便更好地实施《公约》。为了避免重复，同时为了有效实施策略，委员会将确保与以下文书之间的联系：构建具有代表性、平衡性、可信性的《世界遗产名录》的《全球战略》、《定期报告》。委员会将每年评审相关培训议题、评估培训需求、审阅年度报告并为进一步的培训提供建议。

"世界文化和自然遗产的全球培训策略"于世界遗产委员会第25届会议通过（芬兰赫尔辛基，2001年）（见文书WHC-01/CONF.208/24附件X）

全国培训策略和区域性合作

214. 鼓励缔约国确保其各级专业人员和专家均训练有素。为此，鼓励缔约国制定全国培训策略，并把区域合作培训作为战略的一部分。

研究

215. 委员会在有效实施《公约》所需的研究领域展开并协调国际合作。既然知识和理解对于世界遗产的确认、管理和监测起着至关重要的作用，那么还鼓励缔约国提供研究所需资源。

国际援助

216. 缔约国可向世界遗产基金申请培训和研究援助（见第Ⅶ章）。

Ⅵ. C 提高认识与教育

提高认识

217. 鼓励缔约国提高对世界遗产保护需求的认识。尤其应确保准确记载世界遗产状态，并在当地进行宣传。

218. 秘书处向缔约国提供援助，开展活动，以提高公众对《公约》的认识，并告知公众世界遗产所面临的威胁。秘书处会就如何筹划及开展"国际援助"资助的现场推广与教育项目向缔约国提出建议。也会征求咨询机构和国家有关部门关于此事项的建议。

教育

219. 世界遗产委员会鼓励并支持编撰教育材料，开展教育活动，执行教育方案。

国际援助

220. 鼓励缔约国开展世界遗产相关教育活动,如果有可能,让中小学校、大学、博物馆以及其他地方或国家的教育机构参与其中。

《世界遗产公约》第 27.2 条

221. 秘书处与联合国教科文组织教育部及其他伙伴合作,开发并出版世界遗产教育培训教材:"世界遗产掌握在年轻人手中"。此教材供全世界的中学生使用。此教材也适用于其他教育水平的人群。

可访问:

http://whc.unesco.org/education/index.htm 查阅"世界遗产掌握在年轻人手中"

222. 缔约国可向世界遗产基金申请国际援助,以提升遗产保护意识,开展教育活动与方案(见第Ⅶ章)。

Ⅶ 世界遗产基金和国际援助

Ⅶ.A 世界遗产基金

223. 世界遗产基金是信托基金,是《公约》依据"联合国教科文组织财务条例"的规定建立的。此基金由《公约》缔约国义务或者自愿的捐献及基金规章授权的其他来源组成。

《世界遗产公约》第 15 条

224. 基金财务条例写进文书 WHC/7 内,可登录以下网址查阅:http://whc.unesco.org/en/financialregulations

Ⅶ.B 调动其他技术及财务资源,
展开合作,支持《世界遗产公约》

225. 应尽可能发挥世界遗产基金的作用,开发更多资金来源,支持国际援助。

226. 根据《公约》第Ⅴ部分的规定,在符合活动或项目开展的情况下,委员会决定,应该接受世界遗产基金收到的用于以下活动或项目的捐款:国际援助活动和其他联合国教科文组织《世界遗产名录》遗产保护项目。

227. 要求缔约国除了向世界遗产基金义务捐款之外,还要对《公约》提供自愿支持。自愿支持包括向世界遗产基金提供额外捐款，或者直接对遗产提供财政或技术援助。

《世界遗产公约》第15（3）条

228. 鼓励缔约国参与联合国教科文组织发起的国际集资活动，旨在保护世界遗产。

229. 如果缔约国或者其他组织个人捐款支持这些活动或是支持其他联合国教科文组织的世界遗产保护项目，委员会鼓励他们通过世界遗产基金捐款。

230. 鼓励缔约国创立国家、公共和私人基金或机构，用来筹资支持世界遗产保护。

《世界遗产公约》第17条

231. 秘书处支持调动财政或技术资源，保护世界遗产。为此，秘书处在遵守世界遗产委员会和联合国教科文组织相关指南和规定的前提下，与公共或私人组织发展伙伴关系。

232. 秘书处在为世界遗产基金展开外部筹资时，应该援引："联合国教科文组织与私人预算外集资相关的指示"以及"调动私人资金的指导方针和选择潜在合作伙伴的标准"。这些文件可以在以下网站获得：http://whc.unesco.org/en/privatefunds

"联合国教科文组织与私人预算外集资相关的指示"（第149EX/Dec.7.5号决定的附录）和"调动私人资金的指导方针和选择潜在合作伙伴的标准"（第156EX/Dec.9.4.号决定的附录）

VII. C 国际援助

233. 《公约》向各缔约国提供国际援助，保护其领土内的世界文化和自然遗产、《世界遗产名录》内遗产以及符合名录要求的潜在世界遗产。当国家不能确保足够的资金时，国际援助辅助国家保护、管理世界遗产及《预备名录》内遗产。

见《世界遗产公约》第13条（1&2）和第19~26条

234. 世界援助主要来源于世界遗产基金，世界遗产基金是依据《世界遗产公约》建立的。委员会决定两年进行一次国际援助。

《世界遗产公约》第Ⅳ部分

235. 世界遗产委员会应缔约国的请求，协商分配各种国际援助。

国际援助有以下几种，按照优先性依次排列如下：
　　a）紧急援助；
　　b）筹备性援助；
　　c）培训与研究援助；
　　d）技术合作；
　　e）教育、信息和意识提高援助。

Ⅶ. D　国际援助的原则和优先权

　　236. 国际援助将优先给予那些《濒危世界遗产名录》内遗产。委员会规定了具体的预算项目，确保世界遗产基金相当一部分用来救援《濒危世界遗产名录》内的遗产。
　　《世界遗产公约》第 13（1）条
　　237. 如果缔约国拖欠世界遗产基金的义务或是自愿捐款，那么该国没有资格享受国际援助，但是这一条不适用于紧急援助。
　　第 13 COM Ⅻ. 34 号决定
　　238. 委员会也会根据"地区计划"的优先顺序分配国际援助，以支持其"战略目标"。这些"地区计划"是作为《定期报告》的后续活动采纳的，委员会定期评审这些计划（见第Ⅴ章）。
　　第 26 COM 17.2 号、26 COM 20 号和 26 COM 25.3 号决定
　　239. 委员会在分配国际援助时，除了按照上面 236~238 段所说的优先性顺序外，还会考虑以下因素：
　　a）引起推动及倍增效应（"种子基金"），具有吸引其他财务或技术捐赠的可能性；
　　b）申请国际援助的国家是否为联合国经济社会发展政策委员会所定义的最不发达国家或低收入国家；
　　c）对世界遗产采取保护措施的紧急性；
　　d）受益缔约国是否有法律、行政措施或者（在可能情况下）有承付款项，用来开展活动；
　　e）活动对于进一步达到委员会制定的"战略目标"的影响；
　　第 26 段
　　f）活动满足反应监测过程和/或《定期报告》地区分析所定需求的程度；

第 20 COM XII 号决定

g)该活动对科学研究以及节省成本的保护技术的示范价值；

h)该活动的成本和预期结果；

i)对专家培训和大众的教育价值。

240. 平衡对文化与自然遗产的资源分配。委员会将定期检查这种平衡。

VII. E 总表

241.

国际援助种类	目的	最高预算额	提交请求的截止期限	核准机关
紧急援助	这些援助用于《濒危世界遗产名录》内遭受明显及潜在威胁的遗产及《世界遗产名录》内遭受严重损坏的遗产，或由于突然、不可预料的现象遭受迫切威胁及重大损失；救援也可能用于处在意外环境中的遗产。这些不可预料的现象包括土地沉陷、大火、爆炸、洪水和诸如战争等的人为灾难。此类援助不用于那些由渐进的腐蚀、污染和侵蚀造成的损害和蜕化。这些救助只用来救助那些严格与保护世界遗产有关的紧急情况（见第 28 COM 10B 2. c 号）。如果有可能的话，这些救助会用来援助同一缔约国的多处遗产（见第 6EXT. COM 15.2 号决定）。最高预算额适用单个世界遗产。 要求援助： (i)采取紧急措施保护遗产； (ii)构建遗产的紧急方案	最多 75000 美元 多于 75000 美元	任何时间 2月1日	委员会主席 委员会
筹备性援助	要求援助： (i)准备或更新适合列入《世界遗产名录》的国家《预备名录》内的遗产； (ii)在同一地理文化领域内组织会议，协商各国家《预备名录》； (iii)准备《世界遗产名录》的申报文件（其中可能包括准备遗产与其他类似遗产的对比分析）（见附录 5 的 3c）； (iv)准备世界遗产保护所需培训和研究援助及技术合作的申请。 筹备性援助优先满足《世界遗产名录》内没有遗产或遗产很少的缔约国的申请	最多 30000 美元	任何时间	委员会主席

续表

国际援助种类	目的	最高预算额	提交请求的截止期限	核准机关
培训和研究援助	要求援助： (i) 在世界遗产的识别、监测、保存、管理以及展现领域培训各个级别的工作人员和专家，培训以团体培训为主； (ii) 对世界遗产有利的科学研究； (iii) 致力于解决世界遗产保存、管理与展现问题的研究； 注释：如果向联合国教科文组织提出个人培训的请求，首先要填写由秘书处准备的表格"奖学金申请"表格	最多30000美元 最多30000美元	任何时间 2月1日	委员会主席 委员会
技术合作	要求援助： (i) 对于列在《濒危世界遗产名录》和《世界遗产名录》上的遗产给予专家、技术支持，以保存、管理、展现遗产； (ii) 缔约国为保存、管理、展现《濒危世界遗产名录》和《世界遗产名录》内遗产所需要的设备； (iii) 为保存、管理、展现《濒危世界遗产名录》和《世界遗产名录》内遗产所需的低利率或零利率贷款，这些贷款可能是长期可偿还的	最高30000美元 多于30000美元	任何时间 2月1日	委员会主席 委员会
教育、信息和意识提高援助	要求援助： (i) 用于地区和国际级别的计划、活动和会议： - 帮助在国内或特定地区内增大对《世界遗产公约》的兴趣； - 在执行《世界遗产公约》过程中提高对不同议题的认识，推动更多方参与实施《公约》。 - 经验交换的渠道； - 帮助开展联合教育、信息以及宣传活动，特别是年轻人参加到世界遗产保护活动中来； (ii) 用于国家级别的会议： - 组织特别会议，让《公约》得到更好地了解，特别是组织有年轻人参加的会议；根据《世界遗产公约》第17条，创立国家世界遗产协会； - 为总的宣传《公约》和《世界遗产名录》，准备、讨论教育和信息资料（例如：宣传手册、出版物、展览会、电影、大众传媒工具），有年轻人参加尤为重要。本援助不用于某项特定遗产的宣传	最多5000美元 在5000美元和10000美元之间	任何时间 任何时间	世界遗产主席董事 委员会主席

Ⅶ.F 程序和格式

242. 鼓励所有申请国际援助的缔约国在申请的构想、计划和拟定期间，与秘书处和咨询机构进行磋商。为了协助缔约国申请国际援助，委员会可应要求为其提供国际援助的成功申请案例。

243. 国际援助的申请表格可参阅附录8，第Ⅶ.E章的总表概述了提交的种类、金额以及截止期限和核准批准机构。

244. 用英语或者法语提出申请，联合国教科文组织国家委员会、联合国教科文组织缔约国常驻代表团和/或相关政府部门会在申请上面签字并且向上提交。

联合国教科文组织世界遗产中心

法国巴黎（7, place de Fontenoy 75352 Paris 07 SP France）

电话：+33 (0) 1 4568 1276　　　传真：+33 (0) 1 4568 5570

E‑mail：wh‑intassistance@unesco.org

245. 缔约国可用电子邮件申请国际援助，但是必须同时提交一份正式的签字书面申请。

246. 必须提供申请表中所要求填写的一切信息。在适当或必要的时候，可以随申请表附上相关信息、报告等。

Ⅶ.G　国际援助的评估和核准

247. 如果缔约国的国际援助申请信息完整，秘书处在咨询机构的帮助下会通过以下方式及时处理每一份申请。

248. 所有文化遗产国际援助的申请都由国际古迹遗址理事会和国际文物保护和修复研究中心评估。

第13 COM Ⅻ.34号决定

249. 所有混合遗产国际援助的申请都由国际古迹遗址理事会和国际文物保护和修复研究中心和世界保护自然联盟评估。

250. 所有自然遗产国际援助的申请都将由世界保护自然联盟做出评估。

251. 咨询机构所使用的评估标准在附录9中列明。

252. 所有提交主席批准的申请都可以随时提交给秘书处，主席在做出适当的评估后会批准该申请。

253. 主席不能批准来自本国的申请。委员会将审查这些申请。

254. 所有提交委员会审批的申请要在二月一日或之前交到秘书处。秘书处会将这些申请在下届会议时提交给委员会。

VII. H　合同安排

255. 联合国教科文组织与相关缔约国政府或/及代表要达成协议：在使用国际援助的时候，必须要遵守联合国教科文组织规章，同时要与之前批准的申请中所描述的工作计划和明细保持一致。

VII. I　国际援助的评估和跟踪

256. 在整个申请程序结束12个月之后，将开始对国际援助申请进行监测和评估。秘书处和咨询机构会对评估结果进行比较，委员会将对这些结果定期进行检查。

257. 委员会将对国际援助的实施、评估和后续工作进行评论，以便评估国际援助的使用效力并重新定义国际援助的优先顺序。

VIII　世界遗产标志

VIII. A　前言

258. 在世界遗产委员会第二届大会上（华盛顿，1978年），采用了由米歇尔·奥利芙设计的遗产标志。这个标志表现了文化与自然遗产之间的相互依存关系：代表大自然的圆形与人类创造的形状方形紧密相连。标志是圆形的，代表世界的形状，同时也是保护的象征。标志象征《公约》，代表缔约国将坚守《公约》，同时指明了列入《世界遗产名录》中的遗产。它与大众对《公约》的了解相互关联，是对《公约》可信度和威望的认可。总而言之，它是《公约》所代表的世界价值的集中体现。

259. 委员会决定，由该艺术家提交的标志可用于任何颜色或任意尺寸的艺术品中，这主要取决于技术水平和艺术品的特性。但是标志上必须印有"world heritage（英语"世界遗产"）、Patrimoine Mondial"（法语"世界遗产"）的字样。但各国在使用该标志时，可用自己本国的语言来代替"Patrimoine Mondial"字样。

260. 为了保证标志尽可能地引人注目，同时避免误用，委员会在第 22 届会议（京都，1998 年）上通过了《世界遗产标志使用指南和原则》（Guidelines and Principles for the Use of the World Heritage Emblem），内容在后续段落有所说明。

261. 尽管《公约》并未提到标志，但是委员会提议用标志标示该遗产受《公约》的保护，并被列入自 1978 年以来一直沿用的《世界遗产名录》。

262. 世界遗产委员会负责决定世界遗产标志的使用，同时负责制定如何使用标志的政策规定。

263. 按照委员会在其第 26 届大会（布达佩斯，2002 年）上的要求，世界遗产标志、"世界遗产"名字本身，以及它所有的派生词都已根据《保护工业产权巴黎公约》第 6 条进行了注册，因此受到该《公约》的保护。

第 26COM15 号决定

264. 标志还有筹集基金的潜力，可以用于提高相关产品的市场价值。在使用标志的过程中，要注意在以下两者之间保持平衡，即在正确使用标志增进《公约》目标的实现，并在世界范围内最大限度地普及《公约》知识；以及预防滥用标志，如不正确、不适当的以及未经授权、出于商业或其他目的滥用标志之间保持平衡。

265. 《世界遗产标志使用指南和原则》，以及质量控制的模式不应成为就推广活动开展合作的障碍。负责审定标志使用的权威机构（见下文），在做出决定时需要参照参照物。

VIII. B 适用性

266. 本文所述的《指南和原则》涵盖了以下各方使用标志的所有可能情况：
 a. 世界遗产中心；
 b. 联合国教科文组织出版处和其他联合国教科文机构；
 c. 各个缔约国负责实施《公约》的机构或国家委员会；
 d. 世界遗产；
 e. 其他签约合作方，尤其是那些主要进行商业运营的机构。

VIII. C 缔约国的责任

267. 缔约国政府应该采取一切可能的措施，防止未经委员会明确承认的任何组织以任何目的使用标志。鼓励缔约国充分利用国家立法，包括《商标法》。

VIII. D 世界遗产标志的正确使用

268. 列入《世界遗产名录》的遗产应标有标志和联合国教科文组织标识，但要以不毁坏遗产为前提。

制作标牌，庆祝遗产列入《世界遗产名录》

269. 一旦遗产列入《世界遗产名录》，该缔约国将尽一切可能附上标牌，来纪念这一事件。这些标牌应向公众介绍该国的情况，并且告知外国参观者该遗产具有特殊的价值且已得到国际社会的认可。换句话说，该遗产无论对该国还是世界来说，都具有非同寻常的意义。除此之外，该标牌还有另外一个作用，就是向公众介绍《世界遗产公约》，或者至少告知世界遗产和《世界遗产名录》的概念。

270. 委员会就标牌的生产采用以下指导方针：

a）标牌应该挂放在容易被游客看到的地方，同时标牌不能破坏遗产的景观；

b）在标牌上应该显示世界遗产标志；

c）标牌上的内容应该能够体现遗产突出的普遍价值；考虑到这一点，内容中应该对遗产的突出特点加以描述。如果愿意的话，缔约国政府可以使用各种世界遗产出版物或世界遗产展览对相关遗产的说明。这些内容可直接从秘书处获得；

d）标牌上的内容应该参照《保护世界文化和自然遗产公约》，尤其是《世界遗产名录》及国际社会对列入《名录》的遗产的承认（但是，不必具体指出是在委员会的哪届会议上提出的）。有时候标牌上的内容应使用多种语言。这一点很有必要，因为会有很多外国游客前来参观。

271. 委员会提供了以下内容作为范例：

"（遗产名称）已经列入《保护世界文化和自然遗产公约》中的

《世界遗产名录》。遗产列入《名录》说明该项文化、自然遗产具有突出的普遍价值,对它的保护符合全人类的利益。"

272. 在这段话的后面,还应该简要介绍相关遗产。

273. 此外,国家政府应该鼓励世界遗产在诸如信笺抬头、宣传手册,以及员工的工作服等物体上广泛使用世界遗产标志。

274. 授权负责推广《保护世界文化和自然遗产公约》和世界遗产相关产品的第三方应突出显示世界遗产标志,而且在特定产品上应避免使用不同的标志或标识。

VIII. E 世界遗产标志的使用原则

275. 有关权威机构在决定使用标志的过程中,应遵循以下原则:

a) 标志应用于所有与《公约》的工作有密切关系的项目(包括在技术和法律许可的最大范围内,应用于那些已得到批准或已通过的项目上),以推广《公约》。

b) 在决定是否授权使用标志时,应首先考虑相关产品的质量和内容,而非投入市场的产品数量或预期的财务回报。审核通过与否的主要标准是所申请产品与世界遗产的原则与价值相关的教育、科学、文化和艺术价值。对于那些印上标志后没有教育意义的或是教育意义很小的产品,如茶杯、T恤、别针和其他旅游纪念等,不应予以批准。对于以上规定也有例外,例如委员会会议,或者揭幕仪式。

c) 所有涉及授权标志使用的决定都应该明确表述,同时必须与《保护世界文化和自然遗产公约》明确表示和隐含的目标和价值保持一致。

d) 除非依照这些原则得到授权,任何商业机构都不得直接在其产品上使用标志,或以此表示对世界遗产的支持。虽然委员会承认,任何个人、组织或公司都可以自由出版或生产它们认为对世界遗产有利的产品,但委员会是唯一有权授予世界遗产标志使用权的官方机构,且它的授权必须遵守上述指南和原则。

e) 只有当标志的使用与世界遗产直接相关时,其他签约合作方才能得到使用标志的授权。而且,申请机构只有在其所在国的主管当局批准后才能得到使用授权。

f) 如果使用申请不涉及具体的世界遗产,或者不是中心环节,例如一般性的学术研讨会和/或有关科学问题或保存技术的讨论会,那么标志的使用一定要根据上述指南和原则取得明确的批准。在使用标志的申请中,要明确体现标注的使用的方式,而且这种方式预计能够促进《公约》的工作。

g) 通常标志的使用权不能授予旅行社、航空公司,或任何其他商业机构的商业用途,除非在某些特殊情况下,或是总体上世界遗产,或是特定的世界遗产能明确从中获益。这类使用申请需要与指南和原则保持一致,同时得到相关权威机构的批准。

秘书处不会因为标志使用的财政补偿,而接受旅行社或其他类似机构的任何广告、旅游或其他促销计划。

h) 如果在标志的使用过程中产生了商业利益,秘书处应该确保世界遗产基金也从中分得部分收益。秘书处应该与相关方签订合同或其他协议,以确定协议的性质,管理项目和资金收益条款的分配。对于所有将标志用于商业目的的情况,秘书处和其他审议者在批准使用标志申请的过程中所发生的高于常规的一切人力或物力的成本都应该由提出申请方支付。

国家权威机构也要确保该国的遗产或者世界遗产基金能够分得相应的收益,确定协议的性质,管理项目和资金的分配。

i) 如果赞助商需要制造产品,而且秘书处认为有必要进行销售,那么合作伙伴(或多个合作伙伴)的选择至少应与"有关联合国教科文组织与私人额外预算资金来源进行合作的方针"、"利用私人资金和选择潜在合作伙伴的指南"以及其他委员会规定的集资规定保持一致。对于生产这些商品的必要性,必须做出书面声明,并且得到委员会的批准。

"联合国教科文组织与私人预算外集资相关的指示"(附在第149EX/Dec. 7.5号决定中)以及"调动私人资金的指导方针和选择潜在合作伙伴的标准"(附在第156EX/Dec. 9.4号决定中)。

VIII. F 使用世界遗产标志的授权程序

国家权威机构的初步认定

276. 如果国家或国际项目只涉及本国的世界遗产,国家权威机构可授权国家实体使用标志。国家权威机构的决定应遵守相关指南和原则。

277. 缔约国需要向秘书处提供负责管理标志使用的权威机构的名称和地址。

1999 年 4 月 14 日通函 http://whc.unesco.org/circs/circ99-4e.pdf

要求对内容进行质量控制的协议

278. 标志使用的任何授权申请都需遵循以下步骤：

a) 申请应该说明标志使用的目的、使用时间及使用地域。该申请应提交世界遗产中心董事。

b) 世界遗产中心主任有权根据指南和原则批准使用标志。遇到指南和原则尚未涉及或完全涵盖的情况，主任将申请提交主席，如果遇到很难处理的情况，主席会将该申请提交委员会做最后决定。有关授权使用标志的年度报告都将提交世界遗产委员会。

c) 如授权在不确定的时期内在广泛行销的主要产品上使用标志，生产商承诺与相关国协商，就有关其境内遗产的图片和文字取得其同意，同时生产商还应提供获取同意的证明，且秘书处不承担任何费用。报批的文书须以委员会任意一种正式语言，或相关国家的语言书写。缔约方用于批准第三方使用标志的草拟范本应按以下格式填写：

内容批准表：

作为负责批准有关该国［国家名称］世界遗产的图文的官方机构，［国家主管机构的名称］在此向［生产商名称］证实，它已提交的世界遗产［遗产名称］图文已［通过审批］［如做出以下变更便可通过审批］［未通过审批］。

（删除不适用的条目，并按需要提供文字或经签名的变更清单的变更后副件）。

注释：

建议在文本的每一页上都注明国家主管人员姓名的首字母。

自收到申请之日起一个月内，国家主管机构应该做出答复，批准文本内容。如果生产商未接到答复，可视为该内容已得到默许，除非该国家主管机构提出书面申请，需要延长批准时限。

提交给国家主管机构的申请所使用的语言应按照双方的需要，可为委员会的两种官方语言中的一种，或者是遗产所在国的官方语言（或是其中一种官方语言）。

d) 在审阅并且认为可批准申请后，秘书处应该与合作伙伴之间签订协议。

e）如果世界遗产中心主任没有批准标志的使用，秘书处会以书面形式通知申请方。

VIII.G 缔约国政府有权进行质量控制

279. 标志使用的授权与国家主管机构对相关产品实施的质量控制密切相关。

a)《公约》的缔约国是唯一能够批准出现在其境内遗产世界遗产标志下面的行销产品内容的机构。

b) 合法保护标志的缔约国必须审查标志的使用情况。

c) 其他缔约国也可决定审查所申请的使用方式，或者将提议提交给秘书处。缔约国政府负责指定相应的国家机构，并且通知秘书处他们是否希望审查所申请的使用方式，或明确指出使用方式不适当。秘书处持有国家主管机构清单。

IX 信息来源

IX.A 秘书处存档的信息

280. 委员会将所有与世界遗产委员会和《保护世界文化和自然遗产公约》缔约国大会的资料存入数据库。该数据库可以在以下网址得到：http://whc.unesco.org/en/statutorydoc

281. 秘书处将确保《预备名录》和世界遗产提名文件副本（包括地图和缔约国提交的相关信息副本）已存入硬拷贝，同时在可能的情况下保存电子版本。秘书处也安排对已列入《世界遗产名录》的遗产的相关信息进行存档，其中包括咨询机构发表的评估和其他文件、任何缔约国提交的信件和报告（包括被动测量和定期报告），以及秘书处和世界遗产委员会发出的信件和材料。

282. 存档材料的格式应适宜长期保存。将提供保存纸制和电子文件的相关设备。所需的设备也将按要求提供给缔约国政府。

283. 委员会将协商讨论列入《世界遗产名录》的提名名单，并敦促缔约国将提名材料的副本发布在网站上，并且通知秘书处。其他打算提名的国家可以利用这些信息确认和完善本国国境内遗产的提名材料。

284. 咨询机构对于每一项提名的评估意见和委员会所做的决定都可以在以下网站得到：http://whc.unesco.org/en/advisorybodies

IX. B 世界遗产委员会成员国和其他缔约国的详细信息

285. 秘书处保存了两个电子邮件清单：一个是委员会成员联系方式（wh‑committee@unesco.org），另一份是缔约国联系方式（wh‑states@unesco.org）。缔约国必须提供所有相关邮箱地址，以建立清单。电子邮件清单补充但不会取代传统的邮寄方式，但秘书处可通过电邮及时发表有关文件的适用性、会议计划的变更，以及其他与委员会成员和其他缔约国相关事宜的声明。

286. 发给缔约国的函件可以在以下网址获得：http://whc.unesco.org/en/circularletters。

另外还可登录另一个网站链接到公共网址，但其权限受到严格限制。该网站由秘书处负责维护，包括针对委员会委员、缔约国和咨询机构的详细信息。

287. 秘书处还在同时维护另外一个有关委员会决议、缔约国大会决议的数据库。这个信息库可以从以下网址登录：http://whc.unesco.org/en/decisions。

第28COM9号决议

IX. C 面向大众的信息和出版物

288. 在可能的情况下，秘书处也提供标注为面向大众，有关世界遗产的不限版权和其他相关问题的信息。

289. 与世界遗产有关的信息能够在秘书处网站（http://whc.unesco.org）、咨询机构网站和图书馆中获得。网上可以获得的数据库清单以及相关网站链接也能在参考书目上找到。

290. 秘书处出版了大量有关世界遗产的出版物，包括《世界遗产名录》、《濒危世界遗产名录》、《世界遗产简要介绍》、《世界遗产论文》系列、简报、宣传册和信息工具包。此外，其他专门为专家和大众准备的信息也得到了发展。《世界遗产名录》出版物能够在参考书目中找到，或者可登录到以下网址：http://whc.unesco.org/en/publications。

这些信息资料将直接分发给大众，或者通过缔约国或世界遗产合作伙伴建立的国际网络间接向大众公开。

第九部分

中国风景名胜区事业大事记

(1978~2010 年)

中国风景名胜区事业大事记

(1978~2010 年)

1978 年

1978 年 1 月 福建省崇安县革命委员会研究对武夷山进行规划建设。当年 5 月，成立崇安县武夷山规划队。当年，南京工学院副院长杨廷宝教授率南京工学院建筑研究所设计组，与崇安县武夷山规划队一起开始对武夷山风景区进行全面规划。

1978 年 2 月 中央统战部副部长李贵、中共四川省委常委、四川省委统战部部长任景龙到青城山风景区视察。当年，四川省财政拨款 20 余万元维修青城山宫观，修葺山门及建福宫旅游服务设施。

1978 年 2 月 国家建委在济南市召开第三次全国园林绿化工作会议，研究修改《关于加强城市园林绿化工作的意见》。文件明确了风景区、森林公园、城市公共绿地、绿化生产用地由城市园林部门统一管理，不得多头领导等有关事项。文件要求分级确定自然风景保护区；自然风景区要保持完整的自然风貌；风景区建设要纳入城市总体规划统筹安排。

1978 年 3 月 6~8 日 国务院召开第三次全国城市工作会议。会议研究制定了《关于加强城市建设工作的意见》。文件针对"文化大革命"期间风景名胜资源遭受严重破坏的状况，明确要求：对现有的园林、绿地、名胜、古迹和风景区，要加强管理。被非法侵占的，要一律限期退出。破坏文物、古迹的，要追究责任，严肃处理。对重点保护的革命旧址和历史性建筑，要划出必要的保护区，禁止在保护区范围内修建其他新的建筑。

1978 年 3 月 由于"文革"期间年久失修，加之人为破坏，南京中山陵和明孝陵损坏严重。南京市文管会会同市城建局邀请设计部门和施工单位的工程技术人员。对两陵损坏状况进行逐项检查，并研究维修方案。国家文物局专门批准 60 万元人民币作为两陵维修费用，并于当年下拨40万元。自此，中山陵和明孝陵维修工程开始（两陵维修工程至1980年底基本完工）。

1978年3月 中共湖北省委书记韩宁夫视察武当山风景区，与郧阳地区、均县领导酝酿开发武当山风景区事宜。当月，湖北省革命委员会副主任李夫全率有关部门负责人考察武当山，现场决定修筑由老营至乌鸦岭的公路（该公路于翌年7月开工，1983年通车）。

1978年4月4日 中共中央批准了第三次全国城市工作会议研究制定的《关于加强城市建设工作的意见》（中发［1978］13号）并转发全国。

中发［1978］13号文件提出关于加强城市建设工作的意见，文件第11条强调：各城市都要搞好园林绿化工作；对现有的园林、绿地、名胜、古迹、风景区，要加强管理，被非法侵占的，要一律限期退出。文件还明确由城市建设主管部门负责管理风景区工作。自此，我国自然风景区作为一项公共资源管理事业正式纳入中央人民政府部门的管理。

1978年4月 江苏省基本建设委员会采取措施贯彻中共中央13号文件和国务院第三次全国城市工作会议精神，明确指出要加强风景名胜区管理。

为摸清江苏省风景名胜资源的基本情况，由江苏省基本建设委员会牵头，省文化局、测绘局、旅游局、文管会等部门参加，开展对全省风景名胜资源的系统调查。

1978年4月15日 安徽省池州地区革命委员会作出《关于做好九华山对外开放准备工作的几个问题的讨论纪要》。纪要中明确：池州地区革委会负责同志经与青阳县革委会和九华山管理处研究，决定九华山大队划归九华山管理处建制。纪要强调要对九华山风景区统一规划，加强领导；要加强九华山的园林建设，搞好山林管理；改善九华山基础服务设施并扩大接待能力；落实宗教政策并积极安排僧尼的生活。

1978年4月28日 天津市外事办公室向中共天津市委上报《关于恢复盘山风景区及保护其山林古建的请示报告》。5月13日，天津市领导胡昭衡率市建委、市政工程局等部门负责人考察盘山，决定建立盘山风景区，并建立盘山游览区管理所，隶属蓟县城建局，编制30人。

1978年5月　外交部、公安部、解放军总参谋部等部门批准山东省泰安、泰山风景区正式对外开放。当月，外国驻华使节357人，先后分4批访问泰安并游览泰山风景区。

1978年6月　经浙江省革命委员会批准，温州地委决定成立温州地区雁荡山管理局，核定行政编制30人；雁荡山管理局设党委办公室、行政科、接待科、保卫科、园林建设科。

1978年7月　泰安地区革命委员会撤销，成立泰安地区行政公署。泰安地区行政公署批准泰山管理局为泰山风景区管理机构。

1978年9月　国务院副总理方毅考察峨眉山风景区，对景区的资源保护、开发、建设等提出三点建议：要清理土地和林权，要退耕还林恢复景观，要先作出总体规划，逐年建设。

1978年9月　福建省泉州市建设局、泉州市文化局联合编写的《泉州市清源山风景区规划说明书》（初稿）完成。

1978年10月　国家城建局在广东肇庆鼎湖山风景区召开风景旅游城市座谈会，研究部署城市风景区的管理工作以及风景区规划问题。全国16个风景旅游城市和风景区的代表出席了座谈会。

1978年10月1日　中共陕西省委书记李尔重视察华山风景区，题写"南天门"，并指示有关部门拨款31万元，整修镇岳庙、南天门、迎阳洞、中峰、东道院。

1978年10月1日　广东省委书记刘田夫对肇庆鼎湖山风景区的规划建设作出指示：鼎湖山的规划要沿着天然瀑布、古寺、原始森林来规划。庆云寺的古建筑要保存下来，不要把它拆掉。四个大殿要尽量想办法修好，大殿的修复要保持原貌。

1978年11月30日　四川省委主要领导亲自在新华社记者贺小林写的呼吁保护九寨沟的内参上作了具体批示，有关部门下令停止在九寨沟采伐木材。至此，九寨沟自然资源保护工作开始得以落实。

1978年12月4～10日　国家建委在山东济南召开全国城市园林绿化工作会议。会议文件明确提出："要分级确定自然风景保护区。全国著名的风景名胜、有独特的自然景观并有相当规模的风景区，如杭州西湖、无锡太湖、桂林山水、山东泰山、四川峨眉山、江西庐山、安徽黄山等，应列为全国性的自然风景保护区。所有自然风景保护区应设立专门管理机构，负责保护、管理、建设、接待和组织游览活动。"

会议对风景区的设立、保护、规划、建设、管理等都提出了具体的指导性意见。会议提出的风景区工作意见对于我国风景名胜区事业的发展具有重要的历史意义，同时为风景名胜区及其管理机构的设立提供了可行性依据。

1978年12月中旬 杭州西湖风景区开始对"文化大革命"期间遭到破坏和年久失修的著名历史名胜古迹岳飞墓、岳王庙进行重建整修，对灵隐寺进行大修，对飞来峰石窟造像及摩崖石刻进行修整。

1978年12月20日 安徽省革命委员会发出《关于九华山管理处体制问题的通知》。通知指出：九华山是景色秀丽的旅游避暑胜地和佛教名山，国家已确定对外开放。为了切实搞好山区的各项建设，保护好庙宇、文物古迹，做好旅游接待工作，必须加强领导。通知中明确：决定批准成立九华山管理处，定为县级单位，属安徽省和池州地区双重领导，以池州地区为主。暂定编制30人；九华大队归管理处领导。通知还明确了其他相关事项。

1978年 武汉东湖风景区管理处制订《武汉市东湖风景区园林建设规划（草案）》，随后编写《东湖风景区总体规划说明（草案）》。

1979年

1979年1月 浙江省舟山地区行政公署派工作组进驻普陀山，对"文革"期间遭受破坏和损毁的文物古迹、寺院庵堂进行维修和恢复。

1979年2月 国家城市建设总局在杭州召开的全国风景区工作座谈会上，确定山东泰山、安徽黄山、四川峨眉山、杭州西湖、江西庐山为全国首批开展资源调查和总体规划的风景区。

1979年2月 四川省革命委员会批准峨眉山风景名胜区对外开放，并提出风景区工作应"以旅游为中心，以文物古迹为内容，在'秀'上做文章，为社会主义现代化建设，祖国统一，加强和扩大国际反霸统一战线三件大事服务"方针性的指示。同时建立峨眉山统一管理机构——峨眉山管理局（1989年改组为峨眉山管理委员会）。

1979年2月 福建武夷山开始恢复和建设风景区，在云窝整理出27处历史胜迹，修复十几处楼、台、亭、阁。自此，福建省和建阳地区行署分期分批投入资金用于武夷山风景区的修复和基础设施建设。

1979年2月12日 《人民日报》刊登了《东湖等风景区被占用

破坏情况严重》的群众来信，并刊登评论员文章《保护园林和风景区》。

评论员文章指出："国务院明确规定：对现有的园林、绿地、名胜、古迹和风景区，要加强管理，不得任意侵占。被非法侵占的，要一律限期退出。我们要坚决执行新宪法和国务院的规定。各地要认真清查园林风景区被侵占的情况，凡是非法侵占的，不管办了什么手续，不管是谁批准的，都要迁出。领导机关、驻军单位更要带头迁出。被破坏的园林风景区、名胜古迹，要有计划、有步骤地恢复和整修，争取尽早开放。"

1979年2月19日　福建省崇安县政府决定成立崇安县武夷山规划队。5月，在崇安县武夷山规划队的基础上成立崇安县武夷山建设委员会，负责武夷山风景区的管理和开发建设工作。

1979年3月12日　国务院颁发《关于成立国家建筑工程总局、国家城市建设总局的通知》（国发[1979]70号）。国家城市建设总局成立，邵井蛙同志任国家城市建设总局局长。国家城市建设总局为国务院直属局，由国家建委代管。

国务院[1979]70号文件规定：全国自然风景区由国家城市建设总局归口管理。自此，国家城市建设总局正式承担管理与维护自然风景区的职责。当年，根据国务院赋予的职能，国家城市建设总局园林绿化局组建，负责全国园林绿化和自然风景区工作。文件还作出"统一规划、统一建设、统一管理公园和风景区"的规定。

园林绿化局的成立，直接促进了我国风景名胜区的设立，风景名胜区开始进入实质性筹建阶段。

1979年3月17日　四川省灌县革命委员会发布《保护青城山风景区林木》的布告，落实护林国家政策。

1979年3月　四川省委第一书记赵紫阳到峨眉山风景区视察后明确指出：峨眉山建设的主要任务是搞好风景，发展旅游事业，为四个现代化服务。赵紫阳一再指出要先把峨眉山总体规划搞好。

四川省建委根据四川省委、省革命委员会关于"峨眉山要搞总体规划"以及"把峨眉山规划好、建设好、保护好、管理好"的指示，成立了由四川省相关部门组成的峨眉山风景区规划工作组，赴现场编制总体规划。峨眉山风景区总体规划于5月底完成初稿，经过修改、充实，于当年底完成并上报四川省人民政府审批。

1979年3月　浙江省革命委员会批准舟山地区行政公署《关于重新修复普陀山,对外开放、恢复适当宗教活动》的报告。

1979年3月　国家城市建设总局在杭州召开自然风景区工作座谈会。出席会议的有18个省、自治区、直辖市的城建园林部门、21个风景区管理单位的代表及有关部门的专家、干部,共约70人。座谈会交流了自然风景区的保护、建设、管理工作经验,会议进一步修改了《关于加强自然风景区保护管理工作的意见》,提出22个拟报请国务院批准的国家级自然风景区。

此次会议首次明确提出"风景名胜区"名称,进一步研究了重点风景名胜区的保护和规划工作。

1979年3月　国家城市建设总局在杭州召开自然风景区工作会议后,浙江省建委城建局以浙建城字［1979］第58号文《关于调查自然风景区的通知》发至各县革委会办公室,开始对风景名胜资源进行普查。普查工作截止到1980年底,有48个市县上报了风景材料,其中,具有一定规模、景观比较集中的风景区有19处。

1979年4月7日　浙江省革命委员会以浙革发［1979］57号文件作出批复：为了开展旅游事业,保护文物古迹和自然风景,同时体现我国宗教信仰自由政策,同意建立普陀山管理局,对普陀山逐步进行整修,边整修,边开放。

1979年4月28日　根据浙江省革委会浙革发［1979］57号文件,舟山地区行政公署发布《关于普陀山整修开放有关问题的通知》(行署［1979］61号),通知指出：建立浙江省舟山地区普陀山管理局,归属行署领导。

1979年4月　国家城建总局郑孝燮、周干峙,顾问陈占祥,兰州城建局局长任震英前往浙江省富春江—新安江考察了严子陵钓台、七里泷、白沙大桥、千岛湖等处。考察结束后,四人联名向城建总局报告,建议将富春江—新安江列为国家级风景名胜区。

1979年5月　浙江省舟山地区行政公署发布《关于加强保护普陀山文物古迹、园林风景的通告》。在"文化大革命"中,普陀山的风景名胜遭到了严重破坏,景区内随意开山采石,挖运黄沙,毁坏文物古迹,滥伐树木的情况十分严重。《通告》对遏制破坏普陀山风景名胜资源的活动起到重要作用。

1979年5月16日　中共青岛市建设局委员会发文成立青岛市崂

山风景区管理处,隶属于青岛市园林局,开始实施对崂山风景区的管理。

1979年5月23日 中共乐山地委决定峨眉山风景区的万年寺、洪椿坪、报国寺对外开放。

1979年5月25日 根据四川省委文件精神,中共乐山地委决定对外开放乐山乌尤寺。

1979年6月5日 国家建委内刊《基本建设情况反映》第11期刊登国家城建总局《自然风景区的管理工作亟待加强》情况报告,报告指出:我国自然风景资源十分丰富,历来是人民群众的游览胜地,也是搞好"风景出口"、发展对外旅游业极为有利的条件。但是,目前全国自然风景区的保护、管理和建设工作很不适应发展旅游事业的需要。

1979年6月28日 国家城市建设总局发布《关于加强城市园林绿化工作的意见》([1979]39号)文件。《关于加强城市园林绿化工作的意见》要求进一步落实中央13号文件的精神,提出建立全国风景名胜区体系,进行分级管理;风景名胜区内要实行统一规划、统一管理;禁止损害风景名胜面貌和损害环境的建设等意见。

1979年6月28日 江苏省基本建设委员会明确:风景区包括在城市园林绿地范围内,由城市园林部门统一管理、认真保护。同时还提出:"分级确定自然风景区,设立专门管理机构,负责景区保护管理和规划建设。"

1979年7月11~15日 中共中央副主席邓小平视察安徽黄山风景区。小平同志在视察时对当地的领导同志指示:"要有点雄心壮志,把黄山的牌子打出去。""黄山开发的首要问题是提高服务质量,搞好环境卫生;其次是搞好道路、交通、住宿、设备等建设。""你们的物产很丰富,这里将是全国最富的地方之一。"

1979年7月23日 泰安行署向山东省革命委员会上报"关于加强泰山建设与管理工作的报告"(泰行发[1979]140号)。

报告就建设好、管理好泰山提出具体意见:改革泰山管理体制,加强泰山管理机构。建议把所有经营和管理泰山的单位,如文物、林场、果园、商业服务、花圃园林、水利养殖、治安保卫等都纳入泰山管理局管理范围,以便对泰山统一规划,统一建设,统一管理经营,减少矛盾,防止各自为政。

1979年7月29日 中共安徽省委作出《关于发展黄山旅游事业的讨论纪要》。纪要指出:为了贯彻落实邓小平同志的指示,狠抓黄山旅游事业,省委在黄山连续一周召开会议,讨论研究了黄山的当前工作和发展规划、建设方针、管理体制等问题。

纪要提出:根据黄山的现状和今后的发展,必须尽快作出总体规划,指导建设。为实施这些规划,决定在省革委会直接领导下,由省建委、计委、农业、林业、水利、交通、测绘、环保等部门参加,成立黄山自然风景区规划领导小组,由省革委会负责同志直接主持,对黄山进行总体规划。

1979年7月30日 中共中央副主席邓小平同志赴崂山风景名胜区考察。陪同小平同志考察崂山的有海军司令员叶飞、山东省委第一记白如冰和青岛市委书记刘众前等人。

1979年7月 浙江省杭州市园文局根据国家城市建设总局绿化会议要求将古树名木分为一、二级进行普查的决定,对西湖风景名胜区内的古树名木进行全面普查。调查的内容包括树高、胸径、茎围、病虫害情况、土壤结构、立地条件及古树位置示意图和彩色照片等,并建立较为齐全的档案。

1979年7月 中共中央副主席邓小平对发展黄山旅游事业作重要指示后,中共安徽省委常委在黄山召开会议,万里、顾卓新、赵守一等出席会议,专题研究发展黄山旅游事业,决定成立黄山管理局和黄山规划领导组,景区正式对外开放。

1979年8月11日 新疆维吾尔自治区革命委员会副主任王振文、田仲同志召集自治区计委、建委、外办、城建局等有关单位的负责同志开会,研究了天池风景区的建设问题。此次会议批准成立了"天池风景区管理处"。明确规定天池风景区由阜康县革委会管理,天池风景区的规划、建设和管理的日常业务工作由自治区城建局归口管理。会后,阜康县立即按照自治区的要求,组建了"新疆天池风景区管理处"。

1979年8月 山东省青岛市成立崂山风景点恢复领导小组,组织人员进山勘察,着手恢复崂山的摩崖石刻,该项工作于1982年8月初基本完成。初步查清崂山残存摩崖石刻及题刻121处,此后增补106处,合计227处。当年,青岛市园林管理局接管太清宫,对殿宇进行修缮,添置了各种器具,并由青岛市文化部门负责重塑神像。

1979年9月5日　山东省泰安地区行政公署印发《泰山规划初步意见》，明确泰山景区规划总面积为125平方公里，山东省人民政府批转省建委《关于搞好泰山风景区规划工作的意见》。1979年初，泰山风景区开始编制第二部泰山规划，该规划由国家城市建设总局及省建委派5名专家参加，泰山管理局、泰安县城建局参与编制完成。1980年4月15日，该规划经山东省人民政府批准实施。

1979年10月8日　黄山管理处升格为安徽省黄山管理局。黄山管理局下设办公室、接待处、后勤处、园林处、公安局、计划基建处。1980年，增设卫生处。至此，黄山管理局共设7处1室35个科和科级单位。

1979年10月　经浙江省人民政府批准，杭州市园文局对原杭州市园林技术学校进行重组，成立杭州市园林技工学校，为杭州的风景园林行业培养专业技术人才。

该校1979年与1981年招收高中毕业生，学制2年，开设园林绿化专业。园林技校的毕业生与培训班学员，主要分配在杭州西湖风景区的相关部门。

1979年11月4日　武汉市园林局邀请武汉市城市规划设计院马同训、北京市园林局罗子厚、上海市园林局颜文武和叶金培、杭州市园林局施奠东等，制订《东湖风景区1981～2000年规划建设说明》，首次提出武汉市东湖风景区分设"6区24景"。

1979年11月7日　福建省泉州市清源风景区管理处正式成立（后改为清源山风景名胜区管理处）。同年12月，福建省建设委员会拨款5万元整修清源风景区景点。

1979年11月9日　江苏省基本建设委员会向国家城建总局提交报告，报告明确：经调查，已初步确定太湖风景名胜区范围，该范围包括苏州市、无锡市、无锡县、吴县、宜兴县的10个景区，49个景点。

1979年11月23日　泰安地区行政公署向山东省革委会报送《关于加强泰山建设与管理工作的报告》（泰行发［1979］140号）。报告提出几点意见：一、改革泰山管理体制，加强泰山管理机构；二、搞好泰山建设规划；三、建设泰山，维护泰山的资金来源，可学习峨眉山的办法，采取多头投资。

1979年12月25日　国家城建总局园林绿化局在1979年工作总

结中指出：国家城市建设总局在杭州召开自然风景区工作会议后，全国各地对风景区的保护、建设引起重视，开始加强风景区工作。四川、安徽、辽宁等省的主要领导同志亲自过问风景区工作，关心风景区的建设问题。四川峨眉山、新疆天山天池、辽宁千山等风景区相继建立健全了管理机构。山东泰山、江苏太湖风景区的管理机构也在抓紧筹备建立。一些重点风景区如杭州西湖、峨眉山、庐山、泰山、黄山、千山、桂林漓江、武汉东湖等开始了风景名胜资源调查和风景区总体规划的编制工作。峨眉山、千山、桂林漓江、杭州西湖、武汉东湖、青岛崂山、岳麓山、北戴河、肇庆星湖—鼎湖山等风景区已完成初步规划。

1979年　进驻四川九寨沟的两个国营林场从风景区迁出。

1979年　江西省建委归口管理风景区工作，各地（市）由建设局主管风景区工作，结束了江西省风景区无主管部门的历史。

1979年　湖北省委书记陈丕显针对"文革"后武汉东湖风景区建设和发展中存在的问题指出："要把围墙全部拆除，一律向群众开放。"

1979年　国务院副总理王任重指出："风景区搞什么围墙？墙要拆，要开放。"王任重同时指出"东湖（武汉）湖面应该统一起来管理"。

1979年　武汉东湖风景区管理部门在给湖北省、武汉市有关部门的情况报告中反映："我们请按原中南军政委员会会文字第088号通令规定，将东湖风景区规划范围内的土地、山林、湖沼，重申前令，统归国有，并由东湖风景区管理处统一管理。"

1979年　武夷山风景区所在地福建省崇安县成立武夷山建设委员会，武夷山建设委员会邀请南京工学院建筑学家杨廷宝教授，与当地管理者调查研究武夷山风景区的规划、保护和建设问题。

1980年

1980年2月　经福建省人民政府批准，在崇安县武夷山建设委员会的基础上成立"福建省武夷山管理局"。武夷山管理局为正处级事业单位，隶属建阳地区行署。管理局内部机构设：办公室、接待科、财务科、基建科、园林科、商业科、保卫科。同年底，建阳地区建委批准武夷山管理局增设人事科和宣传科。

1980年3月20日　山东省泰安县政府印发《关于加强泰山风景名胜区管理的通告》。

1980年4月6日　山东省基本建设委员会向山东省人民政府提交《关于搞好泰山风景区规划工作的意见》。意见指出：根据第11次省长办公会议关于加强我省自然风景区管理的意见，省建委于3月21日召开了由省旅游局、文物局、文化局、林业厅、城建局和部分市、地、县有关负责同志参加的座谈会，对全省风景区规划工作进行了初步探讨。

1980年4月12日　四川省建委向四川省人民政府提交《关于峨眉山风景区总体规划审查意见的报告》。《报告》中指出：根据四川省委"把峨眉山规划好、建设好、保护好、管理好"的指示，为了保证总体规划的实施，要解决风景区的小区规划和单项规划设计问题、风景区的建设资金问题、风景区的保护问题和风景区的管理问题。

1980年4月15日　山东省人民政府批转山东省建委《关于搞好泰山风景区规划工作的意见》（鲁政发［1980］42号）。文件指出：省政府同意省建委《关于搞好泰山风景区规划工作的意见》。

1980年4月　武夷山管理局提出武夷山风景区总体规划方案的《编写说明》。《编写说明》明确的内容有：由福建省建设厅牵头，抽调建阳地区建委、福州、厦门和武夷山管理局等单位的规划设计人员组成规划小组，深入武夷山风景区，对风景名胜资源进行综合考察。

1980年5月2日　江苏省基本建设委员会关于《国家、省级风景区规划、设计需报省组织评议的通知》（苏建城群［80］第11号）。通知指出：为了保证国家、省级风景区的风景建设质量，经研究决定所有国家和省级风景区的规划、设计统一报省，由省组织园林学术委员会评议、通过，而后再行建设。

1980年5月9日　山东省人民政府发布《关于成立山东省自然风景名胜古迹管理委员会的通知》（鲁政发［1980］57号）。通知指出：为了加强对自然风景、名胜古迹工作的领导，研究处理全省自然风景、名胜古迹规划、建设、保护、管理等重大问题，决定成立山东省自然风景名胜古迹管理委员会。

1980年5月25日　中共四川省委第一书记谭启龙到乐山大佛风景区视察。谭启龙强调：要搞好农业全面规划，发展多种经营，搞好旅游事业。

1980年5月　国务院批转国家文物事业管理局、国家基本建设委员会《关于加强古建筑和文物古迹保护管理工作的请示报告》。

1980年5月　陕西省华山管理委员会决定设立华山风景区规划领导小组。

1980年6月30日　国家环境科学学会和世界野生动物基金会（WWF）签署协议，在四川卧龙建立"中国保护大熊猫研究中心"。自此，四川卧龙保护区的大熊猫科研工作全面展开。

1980年7月8日　中共中央副主席邓小平同志在中共四川省委书记杨汝岱陪同下，视察都江堰风景区。邓小平同志在二王庙侧面的一个平台参观，听灌县外事办公室主任赵光鑫的介绍，这里是为了纪念1958年3月毛泽东主席视察此地而修建的，并由华裔英国女作家韩素音起名为"幸福台"。邓小平同志严肃地说："不要把人当成神，叫观景台为好。"

1980年7月27日　中共湖北省委第一书记陈丕显在研究建设武当山的会议上指示：建设武当山的目的，是发展旅游事业，弘扬古代文化艺术，振兴鄂西北经济。

1980年8月1日　江苏省基本建设委员会发布《关于严格控制在园林风景游览区安排建筑物的规定》（苏建城金［1980］第204号）。文件规定：一、凡在列为省级园林、风景区、古迹保护范围内和在历史文物附近兴建旅游宾馆、居民住宅或其他建筑物，不论是哪一级哪一个部门确定的项目，都必须经当地园林管理和规划部门的同意，并报当地政府和省建委审查批准。二、各设计单位在上述范围内设计建筑或高大构筑物，必须根据审批的地点及设计方案进行设计，不得擅自违背或变更审批意见。

1980年8月12日　辽宁省领导同志多次到凤凰山考察工作，对凤凰山风景区的疑难问题进行专题调研。在政府有关部门的协调和支持下，成立凤凰山风景区管理处；先后重修了"紫阳观"、"斗母宫"、"观音阁"和"碧霞宫"，整修了进山公路和西山游人步道等，凤凰山风景区的文物古迹得到恢复和保护。

1980年8月30日　江苏省人民政府发布《关于成立江苏省太湖风景区建设委员会的通知》（苏政发［1980］155号）。通知指出：为了加强太湖风景区的保护、规划、管理、建设等工作，发展旅游事业，为四化建设服务，决定成立江苏省太湖风景区建设委员会，由包厚昌同志任主任；办公室设在江苏省城镇建设局内。

1980年8月30日 安徽省人民政府侯永副省长召集省建委、计委、民委等部门的负责同志，就九华山建设中几个具体问题进行研究，并作出《关于研究解决九华山建设中几个具体问题的会议纪要》。

纪要明确了九华山管理处的隶属关系；提出了九华山总体规划的指导思想和编制工作安排等。纪要强调：今后，九华山的一切基建设施，均应按总体规划逐一进行实施。

1980年9月1日 国家建委批复山东省人民政府《关于泰山索道问题的报告》，传达国务院副总理谷牧同意在泰山建索道，并"请以建委名义批复"的批示。

1980年9月5日 山东省泰安地区行政公署发出《关于印发泰山规划初步意见的通知》。《通知》中明确的内容包括：规划原则、景区范围、景区主题与风格、景点分析、营林绿化、水系治理、游览道路、服务和公用设施安排、风景区保护等。

1980年10月6日 山东省泰安地区行政公署发出《关于建立泰山风景名胜管理委员会的通知》（泰行发 [1980] 117号）。通知指出：根据省府 [1980] 57号《关于成立山东省风景名胜古迹管理委员会的通知》精神，决定成立"泰山风景名胜管理委员会"。通知公布了管理委员会主任、副主任以及委员的名单，同时明确将管理委员会的办事机构设在泰山管理局。

1980年10月30日 泰山管理局改为山东省泰山风景区管理局，负责泰山风景区的管理与建设，由泰安地区行政公署与山东省基本建设委员会双重领导，以泰安地区行政公署领导为主。保留泰安地区文物局，继续与泰山风景区管理局合署办公。

1980年11月1~6日 中国建筑学会园林绿化学术委员会在云南省昆明市召开"风景名胜区及新型公园规划设计专题学术研讨会"。参加会议的专家、学者以及相关部门的代表共135人，交流的论文和资料85篇。研讨会着重讨论了我国风景名胜区及新型公园在规划、保护、建设和管理方面的学术问题。

1980年11月21日~12月3日 福建省武夷山管理局召开"武夷山风景名胜区总体规划座谈会"，应邀参加座谈会的有国家城建总局园林局、北京市、上海市等地的领导，北京大学、清华大学、同济大学以及福建省建委、省科协、省土建学会等单位的403位专家和有关负责同志。与会专家对武夷山风景名胜区总体规划进行了讨论和评议，并提出了补充修改意见。

1980年　受万里同志的委托，清华大学建筑学院为黄山风景名胜区作（总体）规划设计。

1981年

1981年1月　江苏省城镇建设局成立，内设园林绿化处，主管全省城市绿化和风景名胜区业务。

1981年2月10日　国家城市建设总局会同国务院环境保护领导小组、国家文物事业管理局、中国旅行游览事业管理总局，向国务院提交《关于加强风景名胜保护管理工作的报告》。报告指出："文化大革命"期间，不少风景名胜受到严重破坏，树木被砍伐，环境被污染，文物古迹被毁坏。有的游览胜地被长期占用，变成了禁区。广大群众和部分全国人大代表、政协委员一再呼吁，要求加强对风景名胜的保护管理工作。报告认为：要划定风景名胜区的范围，建立健全管理体制和管理机构，制订有关法令和规章制度，加强风景名胜的保护管理工作已刻不容缓。

1981年3月　山东泰安开展以讲文明、讲礼貌、讲卫生、讲秩序、讲道德，心灵美、行为美、语言美、环境美为主要内容的"五讲四美"文明礼貌月活动。此后，泰山在全国风景名胜区中率先开始创建文明山、文明城活动。

1981年3月17日　国务院以国发〔1981〕38号文件批转国家城建总局、国务院环境保护领导小组、国家文物事业局、中国旅行游览事业管理总局四部门《关于加强风景名胜区保护管理工作的报告》。文件系统阐明风景名胜区工作的方针政策，是新中国成立以来有关风景名胜区工作的重要的指导性文件。

《报告》明确指出：风景名胜区的保护、管理和规划建设业务，由各级城市建设部门归口负责，涉及环保、文物、旅游、农林、商业服务等方面的问题，应在省、市、自治区人民政府领导下，由城建部门牵头，商同各有关部门协调解决。《报告》还明确指出：原设在风景名胜区的文物单位和旅游服务机构等，应遵守和执行风景名胜区的规章制度和管理机构的统一管理。

1981 年 4 月 12 日 江苏省城镇建设局发布《江苏省古树名木评价鉴定标准》。标准中阐述：古树名木在研究历史文化、生物、气象及环境保护等方面均有重要作用，也是风景资源的重要组成部分，具有科学和观赏的双重价值。

标准根据古树名木在历史文化、经济、科研、观赏等方面的价值，将其分为三级：存活五百年以上的国家级优树列入一级保护；存活 300～500 年的省级优树列为二级保护；不够一、二级条件者列入三级保护。

1981 年 4 月 27～29 日 中共中央总书记胡耀邦视察泰安。其间，胡耀邦详细视察泰山、岱庙的文物古迹、风景名胜、山林绿化、服务网点、道路建设和卫生管理状况。视察期间，胡耀邦专门找有关负责同志，询问泰山风景区和泰山管理的情况，指示有关部门应把泰山搞成全国第一流的旅游景点。胡耀邦夜宿岱顶宾馆，就如何管理好泰山风景区作出重要指示。

1981 年 5 月 江西省建委组织开展全省范围的第一次风景名胜资源普查评价工作。这次普查面积达 616 平方公里，景区、景点（景物）1612 个。

1981 年 6 月 1 日 北京市人民政府批准成立十三陵特区办事处。十三陵特区办事处为北京市昌平区政府的派出机构，属全民所有制自收自支事业单位，承担明十三陵、居庸关长城和银山塔林三处全国重点文物保护单位的管理、保护和经营。

1981 年 6 月 1 日 北京市人民政府决定成立"八达岭特区办事处"。八达岭特区办事处为延庆县人民政府的派出机构，负责八达岭长城风景名胜区的管理和保护。

1981 年 6 月 11 日 国家城市建设总局发布了《风景名胜资源调查提纲》。与此同时，还下发了《申请列为国家重点风景名胜区的有关事项》。在各省、自治区、直辖市建设行政主管部门对本省区风景名胜资源调查和评价的基础上，共有 22 个省、自治区、直辖市人民政府提交了 55 个风景区的申报材料，申请列为我国第一批国家重点风景名胜区。

1981 年 6 月 23 日 安徽省人民政府发布《关于加强黄山风景区保护管理的布告》。布告明确指出：黄山的资源和景物是国家宝贵财富，风景区内一切资源统由黄山管理局管理。其地形、地貌、水体、山石、动植物和建筑物要严加保护。黄山的开发和建设,由黄山管理局根据统一规划,组织实施,任何单位和个人不得违反。布告还对黄山风景区的建设项目审批、封山育林、景区商业网点管理、导游服务、环境卫生和景区社会秩序等方面做出明确规定。

1981年6月23~30日 由浙江省建委主持,在杭州召开了浙江省第一次风景区工作会议。主要风景区管理部门的负责同志和省级有关部门的负责同志参加了会议。清华大学、同济大学、浙江美术学院、杭州大学和上海园林科研所的教授、专家也应邀出席。会议学习了国发(1981)38号文件。交流了风景区的情况和经验,并讨论了今后的工作。朱畅中、汪国渝、丁文魁同志就风景区的保护和规划理论等方面作了专题报告。

1981年7月 在清华大学建筑系副教授周维权主持下编制完成《普陀山风景名胜区规划大纲》。《规划大纲》于1982年4月1日由浙江省人民政府委托省基本建设委员会批复原则同意。

1981年8月25日 国务院办公厅转发《联合调查组关于杭州西湖风景名胜区情况调查报告》的通知,通知强调:任何单位都不准在西湖风景区内新建、扩建与风景、旅游无关之建筑物。

1981年8月 浙江省富春江—新安江风景名胜区规划组完成《富春江—新安江风景名胜区规划大纲》的编制工作。规划组由同济大学金大钧任组长、董鉴泓任副组长。组员有:同济大学葛如亮、朱锡金、丁文魁、邬人山副教授等30人。

1981年9月5日 山东省泰安地区行政公署发出《关于印发〈泰山规划初步意见〉的通知》(泰行发[1981]81号)。通知明确指出:规划意见已报省审批,在省里未批复以前,暂按上报的这个规划意见执行。通知要求对规划意见要广泛宣传,认真执行。所有在风景区内的单位,都要服从泰山风景区管理局的统一规划和管理,遵守风景区的各项规章制度。

1981年9月17日 中共中央书记处书记、国务院副总理谷牧在国家计委副主任柴树藩以及辽宁省、丹东市领导的陪同下视察了凤凰山风景区。谷牧在视察中指出:"有了较好的风景资源,就要把它保护好,规划建设、管理好。"

1981年10月10日 国务院作出《关于加强旅游工作的决定》。决定提出需要解决三个主要问题:旅游基础设施问题、国内旅行社问题、风景区的开发和保护问题。

决定指出：要充分发挥我国的古老文化、山水名胜和多民族这些特点，开展具有中国特色的健康文明、丰富多彩的旅游活动。决定还指出：各地人民政府以及城建、园林、文物、文化等部门要根据国内外游客的兴趣和需要，相应增加内容健康的旅游文化设施或娱乐场所。

1981年11月20日　时任全国政协第五届常委的吴亮平先生写信给中共中央总书记的胡耀邦同志，信中指出："（古城苏州）现在的状况是决不能再继续拖延下去了，如果任其破坏下去，那将是对我们民族和国家的犯罪。"邓小平同志在吴亮平先生的信上作了重要批示："胡耀邦同志阅，此信转江苏省委研究，采取有效措施，予以保护。"胡耀邦、陈云等中央领导同志在吴亮平先生的信上作了批示。

1981年11月30日　上海《文汇报》公开发表全国政协第五届常委的吴亮平先生和国务院古籍整理规划小组组长匡亚明先生的《古老美丽的苏州园林名胜亟待抢救》的调查报告。

1981年12月　安徽省黄山风景区为了加强对景区内的标志性树木——迎客松的保护，开始对迎客松实行专人24小时守护。此举在国内外自然资源保护中尚属首例。

1981年12月11日　福建省人民政府发出《关于加强武夷山自然保护区和风景区建设的座谈纪要》，将武夷山自然保护区和武夷山风景区合并成立武夷山管理区。1983年2月19日，福建省人民政府发出《关于武夷山自然保护区和风景区体制问题的批复》，将武夷山自然保护区和武夷山风景区分开管理。

1981年　根据中美文化协议，应美国国家公园管理局的邀请，国家城建总局秦仲方同志率团考察美国国家公园。这是我国政府风景区主管部门第一次正式派团考察国外国家公园。

1981年　中国建筑学会园林绿化学术委员会在昆明召开风景名胜区规划设计学术讨论会。

1981年　吴亮平、匡亚明等给中央写信，呼吁采取积极措施，紧急抢救、保护古老美丽的苏州古城和园林名胜，并建议有计划、有步骤地把苏州建成全国头等风景旅游城市。邓小平同志先后两次对苏州的古城保护做了批示。

1981年　为了贯彻落实中央和国务院有关文件精神，进一步明确成立风景名胜区的具体工作的方针、政策和办法，国家城建总局先后编发了《风景名胜资源调查提纲》、《风景名胜区规划内容及审批办法》、《申请列为国家重点风景区的有关事项》、《关于加强城市和风景名胜区古树名木保护管理的意见》等文件。

1982 年

1982年1月13日　四川省人民政府作出《关于峨眉山风景区总体规划的批复》（川府函［1982］1号）。批复指出：省人民政府原则上批准省建委《关于峨眉山风景区总体规划审查意见的报告》和《峨眉山风景区总体规划》，望按此执行，并在执行中不断补充和完善。至于建设的进程，需量力而行，建设资金需根据我省财力的可能性，逐年进行安排。

1982年1月　中国建筑学会园林绿化学术委员会向中国建筑学会递交了《关于召开"中国园林学会成立大会"的请示报告》（［82］建学园字第1号文）。

1982年2月　国家城建总局在北京召开全国城市绿化工作会议期间，中国建筑学会园林绿化学术委员会代理主任委员秦仲方召开了到会的和京、津地区的学术委员会议，传达了中国建筑学会（82）建会字第一号文"关于同意成立中国园林学会的批复"。会议决定成立"中国园林学会筹备委员会"。下设临时筹备办公室，由国家城建总局园林绿化局、北京林学院园林系、北京市园林局、北京市园林科研所、天津市园林局各抽一名同志组成。

1982年2月14日　山东省泰安市人民政府发出《关于加强泰山管理几个问题的紧急通知》（泰政发［82］第38号）。通知要求在泰山规划区范围内，立即停止乱建房屋。正在施工的违章建筑（包括公房、私房）必须立即停工、拆除，已建成的待查清情况后处理。通知强调：禁止在泰山规划区内乱占土地、山滩，立即停止乱打山石。

1982年2月20日　中共中央主席胡耀邦就《人民日报情况汇编》第45期《泰山管理混乱有待改进》一文批示：泰山的脏、乱情况应尽快解决，希望泰山能办成一流的旅游点。

1982年2月20~26日　国家城市建设总局在北京召开全国城市绿化工作会议。来自全国各地和有关部门的代表共190人参加会议。

会议讨论制订《关于城市园林绿化地管理条例》、《加强城市和风景名胜区古树名木保护管理的意见》以及其他相关法规文件。

1982年3月15日 中共泰安地委、泰安行署决定将泰山风景管理局、地区文物局、泰山林场交泰安市（县级）统一管理，分别成立泰安市园林局、文物局（1984年5月13日，两局合并成立泰安市泰山文物风景管理局）。

1982年3月20日 中共泰安市委、市政府按照泰安地委、泰安地区行署的指示，会同泰山风景区管理局和泰山林场组成调查组，对泰山前麓乱建房屋、乱打山石等问题进行现场查看和调查后，向泰安地委、泰安地区行署上报《关于对在泰山前麓乱建房屋、乱打山石等问题的处理意见的报告》。

1982年3月29日 泰安地委、行署批转泰安市委、市政府《关于在泰前山麓乱建房屋、乱打山石等问题的处理意见的报告》。批复明确要求：限期采石单位停止采石，整平石场，按景区规划补栽树木，并保证成活。令长期占用古建筑的17户居民和3个单位限期搬出。

1982年3月30日 国家城市建设总局发出《关于加强城市和风景名胜区古树名木保护管理的意见》，对古树名木的范围进行了界定，并提出了保护管理的具体意见。

1982年3~4月 国家城市建设总局会同全国政协城建组、文化部分别邀请部分在京政协委员和有关园林、建筑、城市规划、地理、文物、旅游、环保、美术等方面的专家召开会议，讨论加强风景名胜资源保护问题，并对申请我国第一批国家重点风景名胜区的名单进行评议。

1982年4月1日 浙江省基本建设委员会批准舟山行署的《普陀山风景名胜区总体规划纲要》。

1982年4月26日 国务院副总理万里视察北京石花洞风景区。万里在视察石花洞一、二层景观时指出：石花洞是一座天然的"艺术宫"，这些自然景物画家画不出来，雕塑家做不出来。因此在开发利用时要妥善保护，好好利用，制订管理章程。

1982年5月3日 中共泰安市委、市政府（县级）印发《关于加强泰山管理和建设情况的简报》。简报指出：根据胡耀邦同志的重要指示和陈慕华给省委负责同志的信，决心抓紧治理泰山"脏、乱、差"问题，立即把工作重点转向山城管理和建设。5月10日，泰安市政府印发《泰山卫生管理试行办法》。5月19日，泰安市人大常委会第13次会议通过《关于加强泰山风景区管理的通告》和《泰山风景区暂行管理条例》。

1982年5月4日　第五届全国人大常委会第23次会议通过《关于国务院部委机构改革实施方案的决议》。决议将国家基本建设委员会、国家城市建设总局、国家建筑工程总局、国家测绘总局、国务院环境保护办公室合并，设立城乡建设环境保护部，任命李锡铭为部长。全国城市园林绿化和风景名胜区工作由城乡建设环境保护部内设的市容园林局（原园林绿化局与环境卫生局合并为市容园林局）主管，下设风景名胜区处。

1982年5月30日　江苏省五届人大常委会第14次会议批准颁布《江苏省风景名胜保护暂行条例》。这是我国省级人大通过并颁布涉及风景名胜区保护管理的第一个地方法规。

条例明确指出：风景名胜是国家的重要资源和社会的宝贵财富。条例对风景名胜点、区范围划定作出明确规定。条例明确规定：市、县人民政府要编制风景名胜建设规划；国家重点风景名胜点、区，根据需要，可以成立专门管理机构。跨行政区域的风景名胜点、区，在服从统一规划的前提下，可由当地城市建设或园林部门和风景名胜管理机构分别管理。

1982年7月2日　福建省人民政府颁布《关于加强武夷山风景区保护管理的布告》。布告中明确：风景区范围为绝对保护区，崇阳溪以东备用地为二级保护区。布告提出了对绝对保护区实行封山育林，严禁毁林种茶和上山砍伐林木等项保护措施。

1982年7月24日　山东省泰安市人民政府制定《泰安管理试行办法》。

1982年7月30日　江苏省人民政府发布《关于保护中山陵园、雨花台陵园的布告》。布告明确规定：禁止任何单位和个人侵占陵园的土地，正在侵占的要立即停止；禁止任何单位和个人在陵园区内开山采石、毁林开荒、筑坟立碑和破坏水系、水源；禁止在陵园的建筑物和竹、木、碑、石上刻画涂写，狩猎放牧；不准破坏公共设施和污染环境；在陵园区及其保护区范围内，今后不得进驻新的单位。

1982年7月　中共江苏省委发出《关于禁止在风景区开山采石的

通知》。

1982年8月　中共南京市委和南京市人民政府正式成立中山陵园、雨花台烈士陵园调查组，调查"两陵"土地被侵占情况。当年，中共南京市委为加强对"两陵"的管理和保护，决定中山陵园管理处和雨花台烈士陵园管理处从南京市城市建设局划出，为市属一级单位，其全民事业性质不变。

1982年9月　中山陵园风景名胜区管理局工程师孙永春在中山陵园后山发现265株黑松枯死，松针赤红色，树龄在30~60年生，取样后送南京农业大学经专家鉴定为松材线虫萎蔫病。这是在我国风景名胜区首次发现松材线虫。

该病虫害是松树的一种毁灭性病害，危害大、蔓延快。紫金山由于遭受松材线虫病的危害，景观和生态环境受到严重破坏，造成多方面的危害和重大经济损失。

1982年9月28日　中国建筑学会园林学会筹委会在京、津地区的筹备委员召开会议，会议拟定于当年10月底召开"中国建筑学会园林学会"成立大会。

1982年10月10日　全国人大常委会委员长万里在湖北省武当山风景名胜区视察南岩、紫霄宫时指示：这些文物很珍贵，要保护好。

1982年10月28日　城乡建设环境保护部会同文化部、国家旅游局向国务院提交《关于审定第一批国家重点风景名胜区的请示》。请示根据有关专家评议的意见，提出44处申报第一批国家重点风景名胜区的名单，报请国务院审定。

在请示中提出五点意见：一、抓紧编制国家重点风景名胜区的规划，划定管理范围；二、加强对风景名胜区的领导，实行统一管理；三、严格保护风景区植被和地形地貌，维护自然生态；四、积极稳妥地做好风景名胜区的开发建设工作；五、继续做好风景名胜资源的调查、评价和鉴定工作。

1982年11月8日　国务院以国发（1982）136号文件批准同意城乡建设环境保护部会同文化部、国家旅游局向国务院提交的《关于审定第一批国家重点风景名胜区的请示》，公布全国第一批44个国家重点风景名胜区，并要求各地区、各部门切实做好风景名胜区的保护和管理工作。

1982年12月17~20日　全国人大常委会委员长彭真视察四川峨

眉山风景区。在听取了《峨眉山风景区总体规划》执行情况的汇报后指示：首先得保护好绿化好峨眉山，同时对峨眉山的地质、生物等自然资源也可制成标本模型、音像资料，系统地组织陈列和印行，这既是一种形象的爱国主义宣传教育，又是一种科学知识的普及工作，还能产生一定的经济效益。

1982 年　美国第一次组织国家公园代表团来华考察我国风景名胜区。

1983 年

1983 年 2 月 9 日　邓小平同志视察苏州市虎丘和留园风景区。在视察过程中，邓小平同志对陪同的江苏省、苏州市领导同志说：苏州园林是老祖宗留给我们的宝贵遗产，一定要好好加以保护。小平同志一再叮咛：要保护好这座古城，不要破坏古城风貌，否则，它的优势也就消失了。要处理好保护和改造的关系，做到既保护古城，又搞好市政建设。

1983 年 3 月 14 日　经国务院批准，四川省人民政府发出《关于成立四川省汶川县卧龙特别行政区的通知》（川府发〔1983〕30 号），在卧龙正式建立特别行政区。建立特别行政区是根据中央、四川省委的要求，贯彻"以保护为主，林副结合"的方针，同时也是禁止乱砍滥伐森林资源和乱捕滥猎野生动物，正确处理自然资源保护和社区群众利益的矛盾的重要举措。自此，保护和抢救大熊猫的工作成为卧龙特别行政区的重要职责。

1983 年 4 月　浙江省杭州市人民政府发出《关于认真做好西湖风景名胜区林业三定工作几个问题的通知》（杭政〔1983〕47 号）。当年 6 月，杭州市园林管理局会同西湖区人民政府组成了西湖风景名胜区林业"三定"工作队。经过一年半的工作，完成西湖山林定树发证工作。1984 年 12 月 6 日，召开发证大会上，"三定"工作遂告一段落。自此，西湖风景区内 3818 公顷林地长期山林权限不清、养护管理困难的问题得以解决。

1983 年 5 月 28 日　城乡建设环境保护部、文化部发布《关于在建设中认真保护文物古迹和风景名胜的通知》。

1983 年 5 月　在洛阳召开的中国地方志规划会议上，新编《黄山志》被列入"六五"期间国家社会科学发展规划的重点项目之一。编纂工作始于1983年10月,1988年3月由黄山书社出版。

新编《黄山志》作为新中国成立后出版的山水志,在许多方面作了积极的探索和创新,新设了自然环境、旅游和管理等篇,体现了鲜明的时代特色。1990年,该志荣获安徽省新编地方志优秀成果奖志书类一等奖。

1983年5~6月 应美国国家公园管理局的邀请,城乡建设环境保护部曹大赝、甘伟林同志赴美国考察美国国家公园体系。此次应邀出访是我国设立风景名胜区之后,国家建设主管部门首次就风景名胜区建设发展赴国外进行考察学习。

中美双方商定:中国每年派一名专家参加世界国家公园研习班。自此,从1983~1988年,城乡建设环境保护部连续5年派专家和工作人员参加世界国家公园研习班。

1983年6月10~15日 中国建筑学会所属园林绿化、城市规划、建筑设计、建筑历史、建筑经济五个学术委员会在福建武夷山联合召开"风景名胜区规划与设计学术讨论会"。到会代表120人,交流论文及资料49篇。会议就风景名胜区的规划、保护、建设与管理进行了交流与研讨,起草了《风景名胜区规划与建设纲要》,并向国家有关主管部门提出了涉及风景名胜区规划与建设的6条建议。

1983年8月5日 泰山风景名胜区中天门至南天门客运索道竣工。泰山索道公司随之成立。中共泰安地委、泰安行署在中天门索道站举行通车典礼。中共中央政治局委员王震、国务委员谷牧为通车剪彩。泰山索道架于中天门至月观峰之间,全长2078米,相对高差610米,是我国风景区第一条大型现代化往复式客运索道,1981年7月动工兴建。

1983年8月27日 国务委员谷牧根据泰山管理局管理人员反映泰山违章建筑事宜后,立即作出批示:"泰山的建筑必须统一规划,泰山必须统一管理,那些各自为政,自占自建,不服从统一领导的行为,不管是什么系统,什么单位,都需坚决地纠正。"

1983年9月15~22日 城乡建设环境保护部在辽宁省鞍山市千山风景名胜区召开"全国风景名胜区工作座谈会"。会议总结交流了风景名胜区规划、建设和管理工作的经验;讨论修改了《风景名胜区管理暂行条例》、《风景名胜区规划编制和审批办法》两个文件的草稿；提出并研究了开创风景名胜区工作新局面所面临的任务。

1983年9月 杭州市委报请浙江省委同意，决定将杭州市园林管理局改为杭州市园林文物管理局，主要负责杭州西湖风景名胜区的管理和资源保护。

1983年10月6日 中共中央办公厅、国务院办公厅转发《中央领导同志对西湖风景区内违章建房问题的批示》。国务院办公厅发出通知，要求在杭州西湖风景名胜区内，无论中央、地方、军队所属的正在施工的违章建筑以及有争议的违章建筑，都立即停止施工，银行立即停止拨款，要求浙江省按照国务院有关规定和杭州市城市总体规划，对已经建成和尚未建成的违章建筑（包括有争议违章的）逐项进行调查、核实，提出处理意见。与此同时，国务院要求城乡建设环境保护部和有关部门立即赴浙江省对此事协助调查处理。

1983年10月8日 杭州市人民政府发布命令，立即冻结西湖风景名胜区内在建的违章建筑。

1983年10月 国务院总理赵紫阳视察四川省九寨沟风景名胜区并做出指示：一定要把九寨沟保护好。

1983年11月10日 国务院办公厅发出《关于制止和清理在庐山风景名胜区建房的通知》。通知指出：由于大量建房，管理不善，造成环境污染，严重地破坏了庐山的自然面目。这种情况如不坚决制止，将给人民和子孙后代造成恶果。

1983年11月15～17日 经中国科协同意、中国建筑学会批准，在江苏省南京市召开中国建筑学会园林学会（对外称"中国园林学会"）成立大会，出席第一届中国园林学会会员代表大会的正式代表142名。会议推选秦仲方为理事长，汪菊渊、陈俊愉、程绪珂、甘伟林为副理事长，由甘伟林兼秘书长，经常务理事会提名，学会聘请顾问12名。

会议期间，许多风景园林界专家学者提出：风景名胜区是个独立性的行业，应该有自己的行业性组织。

1983年11月 国家主席李先念在国务院秘书长杜星桓的陪同下视察武夷山风景名胜区，并亲笔题词："武夷胜景，山不能破坏，水不能污染。"

1983年12月29日 浙江省人民代表大会常务委员会发出《关于颁布〈杭州市西湖风景名胜区保护管理条例〉的通知》（浙人大

[1983] 150号）。

《条例》主要规定了西湖风景名胜区的范围以及外围保护地带的范围，提出了保护责任和保护要求；制订了保护西湖水体、山林、防止污染、打井汲水、湖中养殖、船只管理等具体办法等。该《条例》的颁布使西湖风景名胜区的保护和管理工作有了法律依据。

1983年　　国务院开展《国家重要领域技术政策研究》课题。国家建委系统负责"风景区政策研究"部分。该项课题由北京大学谢凝高教授等参加。该课题研究为期两年。总课题获1988年国家科学技术进步一等奖。

1984年

1984年1月　　中共中央总书记胡耀邦到贵州省毕节视察工作后，对贵州省、地领导说："要把打鸡洞建设好。"（"打鸡洞"即贵州省织金洞风景名胜区）

1984年1月　　国务院发文（国发［1984］136号）建立"四川南坪九寨沟风景名胜区管理局"，文件明确：九寨沟风景名胜区管理局与四川南坪九寨沟自然保护区实行两块牌子、一套班子的管理体制。

自此，九寨沟风景名胜区管理局成立，九寨沟风景名胜区正式对公众开放。

1984年1月　　由杭州市园文局和浙江省园林学会共同发起创办的《园林与名胜》杂志创刊号发行。主办单位创办该刊的目的是为促进风景园林行业的交流，互通信息，推动风景园林管理工作。《园林与名胜》杂志是改革开放之后，第一个面向社会发行并以反映风景名胜区行业为主要内容的刊物。

1984年2月19日　　国务院办公厅发出《关于制止在骊山风景名胜区乱建乱占、破坏风景名胜的通知》。通知要求：一、立即对骊山风景名胜区内的一切非法买卖、租赁土地、破坏风景名胜、乱占乱建等问题进行一次清理。二、按照国务院有关规定，抓紧骊山风景名胜区总体规划（包括地下热水资源的保护和管理规划）的编制工作。三、加强骊山风景名胜区的统一管理。在骊山风景名胜区范围内的党政军民所属各单位都要按照规划服从风景名胜区统一管理。

1984年3月17日　　中共中央书记处书记、国务委员谷牧视察辽宁省兴城县，谷牧在观看了海滨、温泉和城内一些文物古迹后指出：兴城有这么好的海滨、温泉和这样好的明代古城，在全国不多了。要充分利用，一定要保护好，要搞好宣传，让国内外更多的人了解兴城。

1984年4月12日 中共中央总书记胡耀邦视察武汉东湖风景名胜区磨山环山道路工程并看望了施工部队。视察期间，胡耀邦与施工部队的干部和指战员进行亲切交谈，高度赞扬武汉部队指战员参加磨山风景区建设的行动。应指战员的要求，胡耀邦为施工部队题词："东湖挥洒爱民汗，装点磨山赶西湖。"

1984年4月17日 国务院办公厅在关于庐山风景名胜区管理体制等问题的批复中，再次对庐山风景名胜区的保护、规划、建设和管理工作提出严格要求：必须坚决制止这种不顾后果地破坏国家风景名胜资源的歪风。要抓紧庐山风景名胜区规划的编制工作，在规划批准之前，不得搞新的大型建设项目。同意成立庐山风景名胜区管理局。管理局全面负责庐山风景名胜区的保护、规划和建设，统一管理风景名胜区范围内的园林、文物、环保、旅游、宗教等方面的工作。

1984年5月8日 江苏省人民政府根据吴县境内风景资源不断受到破坏的情况，明确指出：吴县境内木渎、东山、西山、光福等景区是太湖风景区的精华所在，严格禁止开山采石、乱葬坟墓等影响景观的行为。

1984年5月14日 河南省人民政府发出《关于成立河南省嵩山风景名胜区管理委员会的通知》（豫政［1984］57号）。通知指出：由于多头领导，缺乏统一规划和管理，在风景名胜区的建设、管理和使用等方面都存在着许多问题，很不适应形势发展的要求。通知明确指出：成立嵩山风景名胜区管理委员会。管委会的主要任务是：负责讨论审批嵩山风景名胜区的长远规划和年度工作计划；检查督促风景名胜管理部门贯彻落实党的文物、宗教、旅游接待政策；讨论决定有关管理区的一些重大问题。

1984年5月25～26日 中共中央总书记胡耀邦在视察南岳衡山风景名胜区时指示："古镇、古庙，重要的是管理，浩劫后，古东西没有了，空荡得很，要有所恢复。"胡耀邦指着忠烈祠享堂正面蒋中正题写的匾额说："是原物吗？什么时候挂的？挂的好。统战工作是我们始终的任务。有的人为国家、为民族生存而牺牲了，应该重视，应该纪念。有的人还健在,在国外,在台湾。祖国统一是大家的工作嘛。"

1984年7月7日 国家主席李先念发布主席令,任命芮杏文为城乡建设环境保护部部长,免去李锡铭的城乡建设环境保护部部长职务。

1984年7月9日 国务院办公厅发出通知。通知指出:近几年来,不少地方风景名胜区被乱占乱建,自然景观和人文景观受到严重破坏。对此,中央领导同志多次指出,必须坚决加以制止,并进行调查,严肃处理。通知强调:国务院要求,所有违章建筑,都应一视同仁,严肃处理;要切实加强西湖风景名胜区的保护和管理。在杭州的所有部门单位,在建设方面都必须服从城市规划的安排,服从杭州市人民政府的统一领导和管理。任何单位(包括中央和国务院部门、省和市属机构及军队系统)都不准在西湖风景名胜区内新建、扩建与风景名胜无关的建筑物。

1984年7月20日 中国贵州溶洞奇观摄影展览在北京中国美术馆开幕。中共中央政治局委员王震,全国政协副主席、中国科协主席、著名科学家周培源出席开幕式并为展览剪彩。出席开幕式的还有全国人大常委会副委员长韩先楚、黄华和中央有关部门、北京市的负责人以及首都各界人士500多人。

1984年7月 中共中央总书记胡耀邦在北戴河指出:"我们自己国家的人,想看看祖国的山河,这不是提倡不提倡,是群众有这个需求。我们要适应这个需要,满足群众这个要求。"

1984年8月18日 国务院副总理万里、国务委员谷牧视察辽宁省兴城县。对当地旅游疗养区的开发作出重要指示。万里指出:"我回去后,让城乡建设环境保护部派人,来帮助你们搞规划。"谷牧插话:"要欢迎外地人来此搞建设,但一定要统一规划。"万里指出:"兴城这么好个地方,不能随便建(疗养院),该拒绝的要拒绝。"

1984年9月 北京大学地理系谢凝高教授根据北京大学综合大学的优势,组织了与风景科学相关的16个学科的专家教授,成立了北京大学风景研究室;风景研究室设在地理系,并开始培养风景方向的研究生。

1984年10月 城乡建设环境保护部将"泰山风景名胜资源综合考察评价及其综合利用研究"列入1984~1987年部级重点科研项目,

委托北京大学地理系承担该项课题。重点科研课题于1988年4月通过专家鉴定，获部级科技进步一等奖。

1984年10月25日~11月2日 中法地质学家组成6人联合考察组，对泰山风景名胜区进行地质考察，并开展中国泰山宇宙地质研究。

1984年11月 城乡建设环境保护部在同济大学举办第一期风景名胜区领导干部研习班，这是我国建设行政主管部门举办的第一个风景名胜区行业领导干部研习班。

在研习班学习期间，来自全国各地风景名胜区的领导干部经酝酿讨论，一致认为成立风景名胜区行业组织非常重要，建议城乡建设环境保护部协助筹备风景名胜区协会。

1984年12月 中国园林学会风景名胜学术委员会在南宁市召开学术年会，有10位代表在会上宣读论文，会议着重讨论了风景名胜资源的保护问题，发出《进一步保护风景名胜资源》呼吁书。会议决定成立风景名胜学术委员会信息网，并出版网刊《风景名胜信息》两期。

1984年12月 北京大学地理系风景研究室主任谢凝高教授主持城乡建设环境保护部的重点课题——"泰山风景资源综合考察评价及其保护利用研究"。参与该课题研究的有北京大学16个学科的师生80人，课题研究为期三年。

该课题于1987年12月结束。1988年4月，该课题研究经专家评审，通过国家鉴定，并获城乡建设环境保护部科技进步一等奖。该课题经专家评审后一致认为：这项课题成果在我国尚属首次，工作的开创性，涉猎的深度和广度，处于全国领先地位。

1985年

1985年1月 《人民日报》发表《天下奇观——贵州打鸡洞》一文，并刊登照片7幅。中共中央总书记胡耀邦看后，在昆明云、贵、川三省主要领导干部会议上说："织金溶洞（指打鸡洞）是世界上第一的，我给你们宣传一下。"

1985年2月25日 湖南省人民政府向国务院报送《关于加快武陵源风景区开发建设的请示报告》。

1985年4月13日　经武汉市委、市政府决定，将东湖风景区管理处升格为东湖风景名胜区管理局，并建立党组，直属武汉市人民政府，至1985年底，东湖风景区管理局已有职工1334人。

1985年5月　城乡建设环境保护部市容园林局向各省、自治区、直辖市风景名胜区主管部门和国家重点风景名胜区发函，调查了解有关成立中国风景名胜区协会的意见，得到被调查单位和部门的普遍赞同和支持。

1985年5月　国家科委批准设立城乡建设环境保护部城市建设研究院。城市建设研究院建立之后，为我国风景名胜区的规划建设、法规和制度建设和相关重大课题的调查研究等做了大量工作。

当年，中国园林和风景名胜区行业的理论刊物——《中国园林》编辑部划归城市建设研究院管理（1994年重新隶属中国园林学会）。

1985年6月7日　国务院正式批准并发布《风景名胜区管理暂行条例》。《风景名胜区管理暂行条例》的颁布，标志我国风景名胜区管理和风景名胜资源的保护开始走上法制化轨道，该《条例》是中央人民政府颁布的第一部适用于我国风景名胜区管理的专项法规。

《条例》内容涉及风景名胜区的定义、属性、设立、审批、管理、规划、保护、利用、法律责任等17项重要内容。《条例》明确由城乡建设环境保护部主管全国风景名胜区工作，地方各级人民政府城乡建设部门主管本地区的风景名胜区工作。

1985年6月12日　国务院副总理万里就《人民日报情况汇编》332期所刊《经商者蜂拥而至泰山幽静风景区》一文作批示："请即加强管理，要立些法律性的规定，大家遵守。"

1985年8月9日　中国、新西兰洞穴联合考察队在织金进行为期3天的考察，先后考察了织金洞、金狮洞、响水洞及三甲河流域。

1985年8月19日　城乡建设环境保护部批准设立城市建设管理局，下设风景名胜处，原市容园林局和市政公用事业局撤销。

1985年10月26日　中共中央总书记胡耀邦在中共河南省委书记杨析综的陪同下视察嵩山风景名胜区并参观了少林寺、塔林景区。在听取登封县委书记白福治的工作汇报后，胡耀邦指示："嵩山旅游资源很丰富，要请一些专家，统一搞个规划。"在汇报到少林景点建设时，胡耀邦指出："少林寺每天游客很多，周围房舍比较乱，要统一规划，可以参照南方一些旅游点的建设，要有地方特色。"

1985年10月　城乡建设环境保护部城建局在武汉东湖召开风景名胜区管理工作座谈会。会议期间，与会代表对如何筹备全国性风景名胜区协会，进行了具体研究和讨论。

1985年12月12日　全国人民代表大会六届三次会议第13次常务委员会会议正式批准我国加入联合国教科文组织《保护世界文化和自然遗产公约》。

1985年12月　城乡建设环境保护部向国家经委作了成立中国风景名胜区协会的汇报，并根据国家经委有关的规定，起草了协会章程，提交了申报材料。

1985年12月　城市规划学术委员会召开第三届委员会，进行换届选举。选举吴良镛为主任委员，周干峙、王凡为副主任委员。城市规划学术委员会决定下设城市交通规划、区域规划与城市经济、居住区规划、风景区规划、历史文化名城区域规划设计和城市规划新技术应用等六个学组。

1985年　泰山风景名胜区确立了风景、文物、林场三位一体的管理体制，被城乡建设环境保护部作为范式在全国风景名胜区推广。改革开放之后，山东省泰安市委、市政府针对泰山管理中存在的多头管理、各自为政的情况，借地改市的机遇，对泰山风景名胜区体制进行改革。

1986年

1986年1月　江苏省扬州市计划委员会同意复建瘦西湖二十四桥景区。扬州市瘦西湖公园二十四桥景区主体建筑"熙春台"及游廊、十字阁复建工程于1988年12月竣工。

1986年1月27日　邓小平同志在广西壮族自治区主席韦纯束等人的陪同下再次视察桂林漓江。当时正逢枯水季节，江水很浅，游船行进吃力，邓小平同志在视察过程中指出：乘船游江是桂林旅游的一项重要活动，现在乘的都是比较大的游船，是不是可以改一改，不一定乘大船，也可乘帆板船。游漓江还是坐小船的好，人数少，可以慢慢看。

1986年3月20～22日　城乡建设环境保护部城市建设局和中华旅游纪念品联合开发总公司在上海举办"旅游纪念品观摩洽谈会"。

洽谈会旨在促进各地风景名胜区之间的旅游纪念品生产和经营方面的横向联系。来自全国各省区建设行政主管部门、园林主管部门以及风景名胜区的代表92人参加了洽谈会。城乡建设环境保护部城市建设局副局长林家宁出席会议并讲话。

1986年5月 城乡建设环境保护部再次向国家经委作了关于成立中国风景名胜区协会的工作汇报。

1986年5月 四川峨眉山重建华藏寺工程项目启动。国家为该项目拨款350万元，由西南建筑设计院依据史料设计，峨眉山风景名胜区管委会负责组织承建。项目当年破土动工，总建筑面积1695平方米，建筑布局与昔日华藏寺、砖殿格局相吻合。1972年4月8日，由于峨眉山金顶703电视台动力机房职工违反机房安全规定，引发了震惊全国的金顶大火灾，华藏寺、锡瓦殿、金殿付之一炬，造成巨大的损失。

1986年7月 中国园林学会风景名胜学术委员会在贵州省安顺市召开溶洞风景学术讨论会。到会代表60人，发表论文26篇。为使溶洞风景学术研究向纵深发展，会议提出成立溶洞风景学组。

1986年8月9日 原国务院副总理、国务委员谷牧在贵州省委书记胡锦涛及地、县领导陪同下视察了织金洞风景区，在视察过程中，谷牧一再指示，这些都是国宝，一定要保护好，建设好，并亲笔题"此景闻说天上有，人间那得几回游。"一词。

1986年9月13日 原国务院副总理、国务委员、国家旅游协调组组长谷牧从北京电话通知贵州省委：织金洞要加快建设步伐，今年做好前期工作，明年大上，后年向外开放。

1986年9月 南京市人民政府成立南京钟山风景名胜区管理委员会。

1986年9月26日 中国、法国合作溶洞考察队来织金洞风景区进行溶洞考察。中国科学院教授张寿越，法国洞穴联盟科学家让彼埃尔·巴尔巴利等中、法有关专家14人参加考察。

1986年10月 中国园林学会风景名胜学术委员会在张家界举行第二届年会。到会代表110名，发表论文58篇。会议集中讨论风景名胜区规划问题。会议认为，通过几年来的实践，风景名胜区规划水平在深度和广度上都有较大提高，一支多学科的风景名胜区规划和科研队伍已经逐步形成。

1986年10月23~26日　泰山、华山、衡山、恒山和嵩山五个风景名胜区在山东省泰安市召开"五岳风景名胜区管理工作研讨会暨首届年会"。会议的宗旨是就五岳的总体规划、科学管理等方面进行探讨和研究。会议讨论通过了《五岳风景名胜区管理工作研讨会章程》；根据《章程》规定，从1986年开始，五岳每年举行一次年会，探讨五岳景区管理体制改革，磋商保护、建设工作的经验。

　　1986年10月　城乡建设环境保护部委托泰山风景名胜区管理委员会编写泰山申报世界自然遗产材料。泰安市政府成立以副市长曲进贤为组长的编写领导小组，并从相关部门抽调人员赴京参加编写工作。当年11月底，完成5万多字的申报材料。其间，得到北京大学谢凝高、国家文物局罗哲文等专家教授的指导。

　　1986年11月26日　城乡建设环境保护部委托同济大学建筑城市规划学院培训中心举办第二期风景名胜区领导干部研究班。研究班学习期间，20余位领导干部应杭州《园林与名胜》杂志社的邀请，就风景名胜区的管理体制问题进行座谈。与会者呼吁：多头管理和分治的弊病，已经严重制约了风景名胜区事业的正常发展，改革风景名胜区的管理体制刻不容缓。国务院应建立国家风景名胜区管理机构；要尽快制订配套的风景名胜资源保护和管理法规。

　　1986年12月3日　湖南省人民政府办公厅发出《关于加强武陵源风景旅游区统一管理的通知》。决定成立湖南省人民政府武陵源办公室，由省政府副秘书长翁晖任主任。办公室负责协调主管部门制订规划并监督执行；协助主管部门审批基建项目；监督与旅游有关方针、政策的执行；协调风景区各相关方的关系。

　　1986年12月10日　城乡建设环境保护部副部长廉仲对泰山申报世界自然遗产材料审定并签字。随后，申报材料连同泰山影集、幻灯片一并上报中国联合国教科文组织全国委员会。

　　1986年12月25~29日　中国园林学会风景名胜学术委员会在广东省珠海市举行第二届信息工作会议，来自全国各地60个单位的80名代表参加会议。中国园林学会理事长秦仲方亲临会议指导。会议总结了信息网二年来工作；会议认为《信息报》越办越好，达到了传递信息的作用，得到各省区有关部门的好评。

　　1986年　据城乡建设环境保护部城建局风景名胜处统计，44处国家重点风景名胜区总面积为1.3万平方公里，职工总数为2.93万人，年接待游人1.54亿人次，全年收益1.9亿元人民币，基础设施建设和景区维护资金投入1.17亿元人民币。

1987年

1987年1月4日 泰山风景名胜区管委会成立泰山古树名木研究多学科技术顾问组。顾问组由山东农业大学、山东林校、泰安气象局，包括观赏树木学、植物学、植物生理学、土壤学、昆虫学、气象学等学科的7位专家、教授组成。并与泰山风景名胜区管委会的相关科室技术人员联合组成"泰山古树名木研究"课题组。

1987年3月 江苏省太湖风景区建设委员会、广东省星湖风景区管理委员会、福建武夷山管理局联名向全国44个国家重点风景名胜区管理部门发出《关于成立中国风景名胜区协会的倡议书》，倡议组建中国风景名胜区协会。

1987年3月15日 城乡建设环境保护部城建局向全国各地美术、设计工作者和爱好者征集国家风景名胜区标志的图案设计方案。图案设计方案要求体现祖国的自然美和中华民族悠久历史的人文美。杭州《园林与名胜》杂志社受城乡建设环境保护部城建局的委托，负责标志设计方案的征稿、组织评选等具体工作。

1987年4月3日 江苏省人民政府对太湖风景区建设委员会管辖的风景区进行调整。将太湖风景区划分为苏州、无锡两大片，苏州片包括苏州市、常熟市、吴县、吴江县；无锡片包括无锡市、无锡县、宜兴市。共设13个景区和锡山市的泰伯庙、泰伯墓2个独立景点。两片分别由苏州、无锡两市人民政府统一领导。

1987年4月 全国人大常委会委员长彭真视察井冈山风景名胜区时说："当一个共产党员不看看井冈山是一大憾事。"彭真在题词中写道：井冈山根据地革命先烈永垂不朽。

1987年5月 城乡建设环境保护部再次向国家经委送交了《关于申请成立中国风景名胜区协会的函》。

1987年5月1~15日 浙江省风景名胜与公园考察组一行4人，应美国加利福尼亚州公园与娱乐委员会（California State Park and Recreation Commission）委员尼斯比特（上届委员会主席）的邀请，在加州进行了为期两周的考察访问。考察组由浙江省城乡建设厅厅长魏廉带队,成员有杭州市规划局、舟山市普陀山管理局和温州市雁荡山管理局的负责同志。

1987年5月7~8日 国务院副总理万里、中共中央书记处书记胡启立和城乡建设环境保护部部长叶如棠在广西桂林风景名胜区考察。万里副总理指出:"桂林这个地方太高的建筑不行,五层以上的房子不能太多,最好是二、三层……,不能像旧金山一样,都是大建筑,这样的话,山水都没有了。建筑不要搞一种颜色,不要搞得与山的颜色一样,造型不能搞方盒子、火车厢。"

万里副总理还对广西壮族自治区和桂林市的党政领导说:"你们现在的体制有问题,桂林到阳朔必须有一个统一的管理机构。"

1987年5月17日 中共中央政治局委员、国务院副总理田纪云在视察泰山风景名胜区建设情况时指出:泰山是个好地方,旅游业发展很快,每次来看都有新内容。在岱顶,田纪云说:"泰山管得不错,搞得很整洁,很卫生。"在视察中,田纪云多次强调泰山建设要与泰山景观相协调。在岱庙,田纪云看到有的现代建筑与古建筑不协调,当即指示:要进行改造。

1987年5月25~27日 首届泰山国际登山活动在泰安举行。中共山东省委副书记、代省长姜春云、中国登山协会主席史占春和国家机关有关部门、济南军区负责人及11个国家和地区的外宾336人应邀出席。50个运动队的305名运动员参加登山比赛,泰安市万名市民也参加了登山活动。

1987年5月26~28日 联合国教科文组织世界遗产中心委托世界自然保护联盟(IUCN)国家公园与保护区委员会副主席、世界遗产专家卢卡斯博士到泰山风景名胜区进行实地考察。卢卡斯考察后指出:"泰山除具有双重价值的景观外,还有纯自然的景观,这是一个好的特点,这意味着中国贡献了一种特殊的、独一无二的遗产。它为我们开拓了一个过去从未做过,也从未想过的新领域。"

1987年6月10日 城乡建设环境保护部颁布《风景名胜区管理暂行条例实施办法》。《条例实施办法》进一步明确了各级风景名胜区设立的条件;对风景名胜资源调查内容和资源评价提出了具体要求;对风景名胜区的规划、建设、资源保护以及管理监督作出了具体规定。同时颁布的还有《条例实施办法》的三个附件:《风景名胜区调查评价提纲》、《关于申请列为国家重点风景名胜区申报材料的规定》

和《关于风景名胜区规划内容和上报材料的规定》。

1987 年 8 月 14 日　国家土地局发布《关于加强风景名胜区土地管理工作的通知》。通知指出：风景名胜资源是国家的宝贵财富。目前风景名胜区土地管理仍是薄弱环节，机构不健全，管理制度不完善。据各地反映，风景名胜区土地买卖、出租、非法转让等现象比较严重；随意改变土地性质的情况普遍存在；炒卖土地牟取暴利、越权批地、乱建滥占等违法事件屡屡发生，严重地破坏风景名胜区的生态环境、人文景观及自然历史风貌，给风景名胜区土地带来不可弥补的损失。采取有力措施，保护和管理好风景名胜区的土地，已是当务之急。

1987 年 9 月　中国园林学会风景名胜学术委员会在山东青岛召开风景名胜区规划建设问题学术研讨会。会议明确了开发建设风景名胜区的指导思想。会议提出：改革管理和健全法制是当前亟待解决的问题。与会代表对山东半岛沿海风景区（点）的规划提出了建设性意见。

1987 年 10 月　城乡建设环境保护部会同全国政协科技组、文化组在北京邀请部分政协委员、有关专家以及城建、文物、林业、环保、地质、财政、宗教等部门的代表，讨论评议各地要求列为国家重点风景名胜区的名单。与会专家对申报名单提出了一些调整建议。

1987 年 10 月　黄山风景名胜区首创"景点封闭轮休"保护措施，即对核心景区的重要景点，每隔 3～5 年实施封闭轮休一次，以使生态环境和植被得到恢复，"景点封闭轮休"保护措施的实行，旨在实现黄山生态资源的永续利用。这一保护措施于 1989 年 4 月被写入安徽省人大常委会通过的《黄山风景名胜区管理条例》，以法规的形式固定下来。

1987 年 12 月 7～11 日　联合国教科文组织世界遗产委员会在法国巴黎举行第十一届全体会议，我国的泰山风景名胜区和长城、故宫、敦煌石窟、秦始皇陵（包括兵马俑坑）、北京猿人遗址 6 项文化和自然遗产被批准列入《世界遗产名录》。

1987 年　城乡建设环境保护部批准成立城镇建设标准研究中心，挂靠在中国城市建设研究院，城镇建设标准研究中心负责包括风景园林行业标准技术在内的归口管理。

1987 年　泰山风景名胜区开始编制第三部泰山规划。《泰山总体规划》由北京大学编制。该规划1993年由国务院批准实施,规划面积125平方公里。泰山风景名胜区2004年委托清华大学对总规进行修编,新修编的规划面积为171.1平方公里。

1988年

1988年1月3日 中国联合国教科文组织全国委员会就我国文化和自然遗产列入《世界遗产名录》致函城乡建设环境保护部（教科全字[1988]001号）。专函指出：联合国教科文组织世界遗产委员会于1987年12月中旬召开了第十一届全体会议。会议正式批准我国泰山风景名胜区、长城、故宫、敦煌石窟、秦始皇陵（包括兵马俑坑）和北京猿人遗址6项文化和自然遗产列入《世界遗产名录》。

1988年1月19~20日 由部分风景名胜区、有关省区城乡建设厅的代表参加的中国风景名胜区协会筹备组在山东泰安成立。城乡建设环境保护部城建局风景名胜处副处长马纪群任中国风景名胜区协会筹备组组长。中国风景名胜区协会筹备组召开第一次筹备会议。来自城乡建设环境保护部以及13个省、市的10个国家级风景名胜区、4个省级风景名胜区的代表、领导和专家32人参加了会议。

筹备组完成了中国风景名胜区协会章程（草案）的草拟工作,组织力量对章程初稿广泛征求意见。会议还研究提出了协会工作机构的设置方案。

1988年1月 由浙江省园林学会和杭州市园林文物局主办的《园林与名胜》,自1988年第一期起更名为《风景名胜》改由中国风景名胜区协会筹备组和杭州市园林文物局共同主办,并作为中国风景名胜区的行业刊物。

1988年3月15日 城乡建设环境保护部向国务院呈报了《关于审定第二批国家重点风景名胜区的报告》。根据国务院颁布的《风景名胜区管理暂行条例》的有关规定,考虑各方面专家评议情况,《报告》中提出40处风景区作为第二批国家重点风景名胜区,提请国务院予以审定。

1988年3月28日 国务院决定组建建设部,原城乡建设环境保护部撤销,林汉雄任建设部部长。原城乡建设环境保护部城建局改为建设部城建司,主管全国城市园林绿化和风景名胜区工作。原园林处和风景名胜处合并为风景园林处。为了适应风景和园林工作的开展，经建设部批准，几个月后又重新分设风景名胜处和园林绿化处。

1988年3月24日 国家经委以经体〔1988〕20号文件正式批准成立中国风景名胜区协会。

1988年3月 新中国成立以来第一本系统研究风景名胜区的论文集《风景名胜研究》出版。论文集由丁文魁主编，许耀明、林源祥任副主编，由同济大学出版社出版。论文集收集了全国40余所高校、科研机构和相关主管部门50余位各学科作者的最新学术成果，内容涉及风景名胜区管理、风景资源保护、规划设计理论、风景美学、历史与民族文化、风景地学、旅游科学等，论文集还介绍了世界国家公园的情况。

1988年4月2~22日 建设部委托中国风景名胜区协会与同济大学、联合国教科文组织共同举办"保护泰山资源讲习班暨第三期全国风景名胜区领导干部研习班"。以芬兰城市规划与环境保护专家朱格利多博士为首的联合国教科文组织专家组在泰山风景名胜区考察期间，应邀参加了研习班的开学典礼，并应邀为研习班进行专题讲授。50位来自国家重点风景名胜区和部分省级风景名胜区的领导干部参加学习。

1988年4月19~21日 泰山风景名胜资源综合考察评价及保护利用研究专题评审会在山东省泰安市召开，与会专家、学者对泰山的地质、水文、气象、植被、文学、美学及保护利用等专题研究成果进行评议；由北京大学承担的"泰山风景名胜区资源综合考察评价及保护利用研究"专项课题成果通过评审。

1988年5月 同济大学城市建筑规划学院博士刘滨谊应用卫星遥感、航测技术和计算机图像处理技术，首次进行大规模集取风景名胜资源信息的尝试。该项研究以江西省三清山风景名胜区为中心，集取了1/4景陆地卫星D号（LANDSATD）记录的专题地图（TM）数字磁带（CCT）图像数据，其覆盖范围为$8000km^2$，并借助计算机图像处理技术，对风景名胜区的环境、景观资源等信息数据进行了分类提取。

1988年6月 中国风景名胜区协会筹备组在浙江省杭州市召开第二次筹备工作会议。

1988年6月14~29日 应四川省建设委员会邀请，以斯坦尼·

艾布莱特为代表的美国国家公园管理局西部地区局访华考察组来我国，对四川省九寨沟、黄龙、青城山、剑门蜀道等国家重点风景名胜区进行了考察，并与四川省建设委员会草签了《四川省建设委员会和美国国家公园管理局西部地区局友好交流合作协议书》。

1988年7月　由美、英、法、西德、荷兰、瑞典、中国等7个国家22名洞穴专家组成的国际洞穴资源考察队，对贵州省织金洞风景名胜区等洞穴区域进行考察。考察结束后，专家组一致认为织金洞完全可以列入世界洞穴名录。

1988年8月1日　国务院同意建设部向国务院呈报的《关于审定第二批国家重点风景名胜区的报告》，审定公布第二批40个国家重点风景名胜区。

1988年8月4日　建设部副部长叶如棠在视察黑龙江省五大连池风景名胜区时指出："五大连池的火山景观资源具有很高的观赏价值和科研价值。近期的工作主要是突出保护，要将目前有限的财力、物力投放到保护上去。"叶如棠还指出："风景名胜资源应推行有偿使用。"

1988年8月29日~9月1日　建设部在辽宁省丹东市召开"风景名胜区经济政策座谈会"。建设部、辽宁省建设厅以及部分风景名胜区的领导同志参加了会议。

1988年9月1日　建设部正式向民政部呈报《关于申请成立中国风景园林学会的函》（建城字［1988］第207号文）。

1988年9月16日~10月3日　应浙江省城乡建设厅邀请，美国加利福尼亚州公园和娱乐委员会委员（前委员会主席）尼斯比特夫妇及一行考察了浙江普陀山、雁荡山、南湖、富春江—新安江—千岛湖四个国家重点风景名胜区，并与风景名胜区管理机构就风景名胜资源的保护、管理等共同关心的议题进行了座谈和交流。

1988年10月7日　建设部发出通知（城建字［1988］第269号），重申风景名胜资源和风景名胜区管理工作是各级人民政府的重要职责，风景名胜资源属国家资源，不属于任何部门和单位所有。通知还指出：要改变过去风景名胜区内各业务部门和单位各自为政的旧格局，保证统一规划和管理的实施。

1988年10月24日　建设部向国家科委呈报《关于申请成立中国风景园林学会的函》（建城字［1988］第314号文）。

1988年11月　在河南省洛阳召开的"六大古都保护规划第二届学术研讨会"上，全国政协提案委员会副主任、国家文物委员会委员郑孝燮指出：龙门石窟是具有世界意义的，应特别加以保护。龙门风景名胜区应该保护好，应避免像北京八达岭长城地区建筑过乱的现象发生。风景区附近的建筑要加以控制，不能搞违章建筑。

1988年12月31日　国家科委以国科发综字［1988］第850号文件批准成立中国风景园林学会。

1988年　建设部城市建设研究院成立风景园林建设研究室，1992年改为风景园林研究所。

1989年

1989年1月10日　建设部向民政部补报"关于中国风景园林学会组织机构与需要编制"的报告。

1989年2月17日　民政部批准成立中国风景园林学会（民社函［1989］第69号文）。

1989年2月　中国风景名胜区协会筹备组在北京召开第三次筹备工作会议。

1989年3月25~28日　中国风景名胜区协会在广西壮族自治区桂林市举行成立大会，成立大会的同时召开了中国风景名胜区协会第一届会员代表大会。参加会议的有建设部和各省、自治区、直辖市建设厅（建委）负责风景名胜区工作的领导同志以及国家重点风景名胜区和省级风景名胜区的代表共230人。

会议选举建设部部长林汉雄为名誉会长，建设部副部长储传亨为第一届中国风景名胜区协会会长，甘伟林、杜恒产、施奠东、李正明为副会长，马纪群为秘书长。大会还决定设置协会的工作机构：协会秘书处、宣传信息中心、资源保护工作部、管理干部培训部、技术干部培训部、经营管理工作部。

1989年6月30日　泰山研究会成立，下设17个专业组。这是国内第一个山岳风景名胜区文化研究学会。

1989年7月28日　联合国教科文组织（UNESCO）官员依什瓦瑞博士和世界自然保护联盟（IUCN）国家公园和自然保护区委员会主席爱迪斯维克博士对我国泰山风景名胜区进行考察。通过考察和听取汇报，联合国教科文组织和世界自然保护联盟官员对泰山风景名胜资源管理和保护工作给予赞赏和高度评价，两位专家还提出泰山应建立自然博物馆等建议。

1989年8月15日 中共中央政治局常委、书记处书记李瑞环在山西省委书记李立功等的陪同下，到五台山风景名胜区考察。李瑞环指出：要加强对风景名胜区的保护管理工作。李瑞环还指出：这些文化遗产很珍贵，对研究古代木结构建筑、文化艺术有着很高的价值，不仅应保管好，还应办个唐代实物荟萃展馆，以供古建、绘画、考古等专家和游客研究、观赏。

1989年10月4日 中国园林学会第八次常务理事扩大会议在北京召开，会议对成立中国风景园林学会的筹备工作和园林学会的工作总结进行了讨论。

1989年11月6日 黑龙江省人民政府发布《黑龙江省镜泊湖风景名胜区管理规定》（黑龙江省人民政府第29号令）。该文件明确规定：黑龙江省镜泊湖管理局是湖区的管理机构，负责对湖区保护、开发和建设实行统一管理。

《黑龙江省镜泊湖风景名胜区管理规定》是当时省级人民政府发布的较为完善的风景名胜区管理法规性文件。

1989年11月17~20日 经国家科委和民政部批准中国风景园林学会成立，中国风景园林学会成立大会在杭州市召开，来自全国各地的代表和来宾220余名参加了大会。会议推选周干峙为中国风景园林学会理事长，汪菊渊、陈俊愉、程绪珂、甘伟林、李嘉乐、陈威、胡理琛、杨玉培为副理事长，秘书长由李嘉乐兼任。

会议决定设立城市绿化、园林植物、风景名胜区、风景园林经济与管理、园林规划设计五个专业学术委员会，设立组织、学术、科普教育与编辑出版、国际活动四个工作部。

1989年12月4日 "首届中国风景名胜区协会经营管理工作部调研员年会"在南京中山陵风景区召开。会议制订了经营管理工作部的工作任务和工作制度，组建了一支遍布全国各风景名胜区的经营管理调研员队伍。

1989年12月 中国风景名胜区协会在黄山召开"华东六省市国家重点风景名胜区资源保护学术研讨会"，共有26个国家重点风景名胜区的545位代表参加会议。会议主要探讨行业内部如何加强风景名胜资源保护工作，讨论筹建"风景资源保护监督网"和"风景资源档案库"问题；与会代表还交流了各单位在风景名胜资源保护方面的经验。

1989年12月 清华大学周维权教授编著的《中国古典园林史》出版。该专著对我国璀璨的古典园林文化作了深入全面的论述，其中有关我国名山大川的论述对我国风景名胜区和世界遗产的理论研究具有重要意义（1999年10月该书的第2版出版）。

1989年12月 我国第一部《风景区规划规范》开始制订。《风景区规划规范》是国家计划委员会下达的《1989年工程建设国家标准制订修订计划》项目之一，由中国城市规划设计研究院承担主编任务，建设部城建司为主编部门，国家旅游局、国家环境保护局、国家文物局、国家土地局以及建设部城建院、浙江省建设厅、安徽省建设厅、四川省城规院、江西省城规院等9个单位为参编单位。《风景区规划规范》编制组于12月在北京成立，中国城市规划设计研究院张国强任编制组长。

1989年12月26日 全国人大常委会第七届十一次会议通过《中华人民共和国城市规划法》。《城市规划法》明确规定：在编制城市规划时，要注意保护历史文化遗产、城市传统风貌、地方特色和自然景观。

1989年12月27日 建设部以（89）建城字第619号文向全国建设系统发出《关于成立中国风景园林学会的通知》。通知指出：为适应我国城市园林绿化、风景名胜区事业和风景园林学科发展的需要，经国家科委和民政部批准，成立中国风景园林学会。

1989年 中共中央总书记江泽民视察江西井冈山风景名胜区时指示："人们到井冈山来，可以观光浏览，但不应是一个单纯的旅游，还有一个学习的问题。通过瞻仰革命摇篮，从中可以吸收丰富的精神养料。我看这一点相当重要，特别对教育我们的后代是很重要的。"江泽民为井冈山风景名胜区题词："继承和发扬光荣的井冈山革命传统。"

1990年

1990年1月 中国风景名胜区协会宣传信息中心和《风景名胜》

杂志社联合主办的"首届全国风景名胜导游图大赛授奖仪式"在杭州西湖举行。自1989年3月以来，由中国风景名胜区协会宣传信息中心和《风景名胜》杂志社联合发起的"首届全国风景名胜游览导游图大奖赛"活动，得到了全国各地风景名胜区的积极响应和大力支持。

1990年2月7日 保加利亚旅游协会、洞穴联合会副主席阿立克赛·加诺夫教授等一行5人专程赴云南九乡风景名胜区考察地下溶洞。阿立克赛·加诺夫副主席指出：九乡溶洞群极有希望成为世界一流的洞穴博物馆。

1990年2月28日 中共中央政治局常委、中央书记处书记李瑞环在山东省委书记姜春云等领导同志的陪同下，考察了泰山风景名胜区。在考察期间，李瑞环听取了泰山风景名胜区管理委员会负责人关于泰山风景名胜区工作的情况汇报。李瑞环指出："泰山管理得确实不错。"李瑞环对泰山的雄伟壮观赞叹不已，对泰山风景区"三位一体"的管理体制给予了充分肯定。

1990年3月19日 建设部城建司司长汪光焘在"首届全国风景名胜区经营管理工作经验交流会暨经营商品交易会"上指出：风景名胜区的经营活动不是以最佳经济效益为主要经营目的，而是在保护好风景区的自然景观、人文景观和科学价值的前提下，因地制宜地对风景名胜区的各类资源进行综合的、科学的开发利用。保护是第一位的，开发、利用风景区资源的目的是为了更好地保护。这就是风景名胜区经营管理的指导思想。

1990年3月19~25日 中国风景名胜区协会在南京召开"首届全国风景名胜区经营管理工作经验交流会暨经营商品交易会"。来自全国各地的70多个风景名胜区的260多位代表参加会议。会议分别以大会发言、分组讨论和专题讲座等形式进行交流。大会收到书面交流材料20篇。

1990年4月 由湖南省建委主持召开的"湖南省风景名胜区工作会议暨协会成立大会"在湖南省郴州举行。会议选举产生了湖南省风景名胜区协会第一届理事会。

1990年5月5日 中国风景园林学会第二次全体常务理事会在北京召开，会议决定：聘任施奠东为风景名胜区专业委员会主任，聘任丁文魁、马纪群、张国强、赵旭光、张延惠、谢凝高、熊世尧为风景名胜区专业委员会副主任。

1990年7月1~5日　中国风景名胜区协会资源保护工作部在安徽省天柱山召开"第一届全国风景名胜资源保护网工作会议"。来自各省、自治区、直辖市国家重点风景名胜区的75位代表参加了会议。会议期间，与会代表一致呼吁国家尽快制订《风景名胜区法》；会议还通过了就风景名胜资源保护问题给建设部部长林汉雄同志的公开信。

会议组委会编印并向与会代表发放了《风景名胜保护手册》。会议决定设立中国风景名胜区协会资源保护网并向122个资源保护监督员颁发了证书。

1990年9月1日　中国风景名胜区协会资源保护工作部主办的《风景名胜保护》内部刊物创刊。该刊物为季刊，编辑部设在黄山风景名胜区，王桂梭、梁师文担任主编，王莉彬任责任编辑。

1990年9月1日　泰山被建设部命名为全国第一个"环境卫生先进风景名胜区"。中共山东省委副书记马忠臣获悉后当即批示："此称号来之不易，望今后严格要求，向高标准、高水平进军。"

1990年9月3日　建设部发出《关于发布中国国家风景名胜区徽志的通知》（建城字［1990］439号）。正式向全社会公布中国国家风景名胜区徽志图案。

1990年9月11日　峨眉山举行隆重的金顶华藏寺重建竣工典礼及佛像开光法会；同时举办经济贸易洽谈会、书画展览会等盛大的旅游文化活动。来自海内外的高僧大德、名人信士、新闻媒体以及各级党政官员，全国26个省市自治区的代表等1200余人参加法会活动。

1990年9月14~17日　第一届泰山国际学术研讨会（第四届泰山登山活动项目之一）在山东省泰安市举行，联合国教科文组织驻华官员、中国联合国教科文组织全国委员会、国家文物局、山东省有关部门和日本、新加坡及国内文化界、学术界、科技界的知名专家学者156人出席。会议收到论文60篇。

1990年9月24日　建设部下发《关于学习泰山经验，加强风景区环境卫生管理的通知》。

1990年10月15~19日　中国风景园林学会风景名胜区专业委员会在河南省焦作市、济源市召开成立大会暨第一次活动。风景名胜区专业委员会副主任委员、委员25人出席会议。成立大会于15日在焦作市召开，中国风景园林学会副理事长甘伟林、李嘉乐、胡理琛、建设部城建司副司长柳尚华以及河南省建设厅、焦作市的有关部门领导出席会议。

1990年10月17日 国务院副总理邹家华为武当山风景名胜区题词：要保护和管理好武当山。

1990年11月27~30日 中国风景名胜区协会经营管理部在广东肇庆星湖风景名胜区召开了"经营管理工作部调研员第二届年会"。来自全国33个风景名胜区的55位调研员和部分领导同志参加会议。

1990年11月27日~12月7日 联合国教科文组织世界遗产委员会和建设部在山东省泰安市举办第四期全国风景名胜区领导干部研习班（保护中国泰山壁画研讨班）。研习班地点是中国风景名胜区协会设在泰山的管理干部培训部。会议期间，共有18位国内外专家教授和有实践经验的风景区领导同志讲课，来自34个国家重点风景名胜区和部分省级风景名胜区的44名领导干部参加了学习。该研讨班以风景资源保护和管理业务基础知识为主要学习内容。国内外专家、学者应邀对中国壁画保护、修复技术和理论等进行研究探讨。

1990年12月 黄山风景名胜区被联合国教科文组织世界遗产委员会批准列入《世界遗产名录》。

1990年 建设部城市建设研究院风景园林建设研究室申请了国家自然科学基金研究项目"风景名胜区生态经济的管理决策理论研究"，为风景名胜区生态保护和开发利用的综合管理提供理论依据。

1991年

1991年1月 中国风景名胜区协会第一届二次常务理事（扩大）会议在贵州召开。为了加强协会与建设行政主管部门的工作联系，常务理事会决定筹建"秘书处驻京办事组"，同时决定增设"科研教育工作部"，将协会宣传信息中心改名为"宣传信息工作部"。

为配合建设部《风景名胜区法》的起草工作以及资源保护、规划等方面的工作，会议决定编辑《风景管理法规文件》汇编资料；举办第一期风景名胜区技术干部培训班。

1991年3月 根据《中国风景名胜区年鉴》编辑办公室提供的资料，截至1990年底，我国的国家级、省级和市（县）级风景名胜区已达455处。其中国家重点风景名胜区84处，省级风景名胜区230

处、市（县）级风景名胜区 140 处。455 处风景名胜区分布在 29 个省、自治区、直辖市。

1991 年 3 月 7~10 日　建设部城建司在福建太姥山召开"全国风景名胜区工作会议筹备座谈会"。会议邀请部分省建设厅（建委）和全国部分风景名胜区以及中国风景名胜区协会的有关负责同志共 36 人参加。建设部风景名胜处处长马纪群代表建设部城建司介绍了建设部准备召开全国风景名胜区工作会议的计划。

1991 年 4 月 21 日　中共中央总书记江泽民在视察乐山大佛时对在场的四川省和乐山市领导同志说："乐山大佛是你们的骄傲，也是我们中华民族的骄傲，你们一定要把它保护好。"

1991 年 5 月 25~28 日　建设部城建司在陕西华山风景名胜区召开全国风景名胜区工作会议第二次筹备工作座谈会。参加会议的有云南、四川、贵州等省、自治区建设行政主管部门的负责同志、部分国家重点风景名胜区以及中国风景名胜区协会的代表共 32 人。会议讨论了将于当年 10 月在北京召开的全国风景名胜区工作会议的四个主要文件：《全国风景名胜区工作报告提纲》、《全国风景名胜区事业"八·五"发展规划纲要》、《中华人民共和国风景名胜区法》和《关于风景名胜区资源有偿使用的意见》。

1991 年 5 月 26~29 日　中国风景园林学会在江苏省扬州市召开首届风景园林美学研讨会。著名美学家李泽厚教授、园林学家汪菊渊教授及各地代表 60 多人出席会议。会议收到论文 50 余篇并汇编成集出版。全体代表发出《慎重对待在风景名胜区修建索道问题》呼吁书。

1991 年 6 月　同济大学风景科学研究所成立。该所是在同济大学原"风景旅游发展研究中心"的基础上创办的。在建设部等国家有关主管部门的支持下，该所承担了大量诸如风景名胜区总体规划、详细设计以及相关基础理论研究工作，在协助国家培训风景名胜区管理干部等方面做了大量工作。

1991 年 6 月 18 日　联合国教科文组织总干事马约尔参观考察泰山风景名胜区。马约尔考察泰山后指出："泰山不但有自然和文化的价值，而且有精神和力量的内涵。"

1991 年 6 月 26 日　中国联合国教科文组织全委会、建设部在北京人民大会堂举行泰山、黄山列入《世界遗产名录》证书颁发仪式。

泰山、黄山风景名胜区的代表接受联合国教科文组织驻华代表泰勒先生颁发的证书。

1991年6月26~27日 中国风景名胜区协会经营管理工作部在重庆市缙云山、北温泉、钓鱼城风景名胜区召开西南片区联络会议,到会的有贵州红枫湖、织金洞、四川峨眉山、金佛山,重庆市缙云山、北温泉、钓鱼城、长江三峡区片的丰都名山等国家重点风景名胜区。

1991年7月28~30日 由中国风景名胜区协会宣传信息部牵头,全国溶洞风景信息交流会在辽宁省本溪水洞风景名胜区召开。全国各地15个溶洞风景区以及中国城市规划设计研究院等单位的代表30余人参加了会议。会议代表和专家就我国风景溶洞的历史、现状发展趋势以及溶洞资源的保护、管理、开发和建设中存在的问题展开了探讨和交流。

1991年7月6~9日 中国风景名胜区协会第一届二次理事会在吉林省吉林市召开。理事会理事和特邀代表共167人参加会议。中国风景名胜区协会顾问、原四川省副省长丁长河,中国风景名胜区协会顾问、原建设部园林局局长牟锋出席了大会。建设部城建司副司长柳尚华向大会致辞。

会议审议并通过了协会秘书长马纪群作的《中国风景名胜区协会工作报告》,并就《中华人民共和国风景名胜区法》、《关于风景名胜资源有偿使用的意见》和《"八五"期间风景名胜区事业发展规划纲要提纲》三个文件进行了认真的讨论。

1991年8月 中国国家风景名胜区丛书《庐山》分册首发式在江西省庐山举行。建设部于1988年决定编辑出版一套"中国国家风景名胜区丛书",并确定丛书的组稿、编辑以及出版工作由中国风景名胜区协会宣传信息工作部(《风景名胜》杂志社)负责。经过两年多时间的筹划,在各地风景名胜区的大力支持和编者的共同努力下,首先完成了《庐山》分册。

1991年10月 国务院总理朱镕基在江西视察时指出:江西旅游资源丰富,井冈山、庐山要发挥自己的优势,大力发展旅游业和第三产业,这也是筹措资金的重要途径。

1991年10月28日 中国规划学术研究会中国风景环境专业委员会在广西桂林成立。中国风景环境专业委员会选举清华大学建筑系教授朱畅中为主任委员,李长杰、熊世尧、胡理琛为副主任委员。

1991年10月31日 全国人大常委会委员长李鹏为泰山风景名胜区题词:保护自然遗产,建设东岳泰山。

1991年12月 由中国地理学会、区域旅游开发研究会等单位联合主办的首届全国丹霞地貌旅游开发学术讨论会在广东省仁化县丹霞山召开。来自全国20多个省、自治区、直辖市、香港的专家学者以及各地丹霞地貌风景名胜区的代表50人参加了会议。据会议统计,届时全国已发现的丹霞地貌有200余处,其中约有30处被列为国家级或省级风景名胜区。

1991年12月22日 中共中央总书记江泽民在中共中央书记处候补书记、中央办公厅主任温家宝的陪同下,视察贵州红枫湖风景名胜区。江泽民在视察红枫湖风景名胜区时,听取了红枫湖风景名胜区党委和清镇县负责同志的汇报后指出:风景区不仅要搞好建设,更重要的是搞好资源保护和风景区规划。江泽民强调:风景区要注意搞好对外宣传工作,要有各种宣传资料,要使游客了解风景区的情况,这样才能扩大影响。

1991年12月 据有关部门统计,全国风景名胜区总面积已达8.5万平方公里。

1992年 北京市人民政府颁布《关于加强八达岭—十三陵风景名胜区规划管理的规定》(北京市人民政府[1992]第23号令)。

1992年

1992年3月27日 中国风景名胜区协会在辽宁省兴城召开的"全国风景名胜区部分专家和领导干部座谈会"上,与会代表通过了致建设部领导的一封信。信中就保护和开发风景名胜资源的一些重大问题所取得的共识指出:改革风景名胜区管理体制是时代赋予的历史使命;改革风景名胜区管理体制势在必行。信中还提出了改革风景名胜区管理体制的基本思路。

1992年4月 根据国务院办公厅的批示,建设部对17个省、自治区、直辖市人民政府向国务院上报的38处申请列入国家重点风景名胜区的名单进行审理。

1992年4月22~25日 经国务院批准,建设部在山东省泰安市召开全国风景名胜区工作会议。来自全国各地风景名胜区和各省、自治区、直辖市建委（建设厅）、国务院各有关部门的代表以及专家、教授代表和特邀代表近280人参加了会议。

国务院副总理邹家华同志专门为大会题词："保护好、管理好、建设好我国的风景名胜区，为加强两个文明建设做出新的贡献。"建设部副部长周干峙在会上作了题为"开拓奋进，面向未来，进一步发展我国的风景名胜区事业"的工作报告。建设部部长侯捷、总规划师储传亨做了重要讲话。会上还表彰了全国风景名胜区系统的59个先进集体，184名先进工作者。

1992年5月27日 世界自然保护联盟（IUCN）高级顾问桑塞尔博士（Jim Tho Rsell）、世界自然保护联盟国家公园与自然保护区委员会主席卢卡斯博士（Bing Jucshs）在建设部、中国联合国教科文组织全委会有关负责人的陪同下，对湖南省武陵源风景名胜区进行为期3天的实地考察。

1992年5月31日 受联合国教科文组织世界遗产委员会委托，世界自然保护联盟（IUCN）高级顾问桑塞尔博士（Jim Tho Rsell）、世界自然保护联盟国家公园与自然保护区委员会主席卢卡斯博士（Bing Jucshs）到云南石林风景名胜区的李子箐石林、乃古石林、长湖、大叠水、芝云洞等景区进行实地考察。

1992年5月 泰山风景名胜区开始对风景区内的古树名木实行统一编号挂牌，并对古树名木登记拍照、采集标本、建档立卡。已列入世界遗产清单的23株千年名木，以单株或树群株登记专立档案。1993年底，该项工作结束。

1992年6月3~5日 世界自然保护联盟（IUCN）高级顾问桑塞尔博士、世界自然保护联盟国家公园与自然保护区委员会主席卢卡斯博士在建设部风景名胜处副处长曹南燕、建设部国际合作司处长呼忠平以及四川省建委有关负责人的陪同下，对四川省黄龙风景名胜区进行为期3天的实地考察。

1992年6月2~6日 中国风景名胜区协会在四川峨眉山召开"中国风景名胜区森林植被古树名木保护管理研讨会"。建设部城建司司长汪光焘、中国风景名胜区协会副会长甘伟林、协会秘书长马纪群分别致电祝贺。

1992年6月5~6日 世界自然保护联盟（IUCN）高级顾问桑塞

尔博士和世界自然保护联盟（IUCN）国家公园与自然保护区委员会主席卢卡斯博士考察九寨沟风景名胜区。

1992年6月30日　建设部向国务院呈报《关于加强风景名胜区工作的报告》。报告分析了我国风景名胜区的基本情况，针对风景名胜区建设起步晚、基础差以及存在的一些亟待解决的问题，提出加强风景名胜区保护、建设与管理的具体措施。

1992年7月8～20日　联合国教科文组织举办的《保护世界文化和自然遗产公约》签订20周年纪念活动在巴黎开幕。建设部城建司风景名胜处处长马纪群等一行10人，赴法国巴黎参加此次纪念活动。纪念活动期间，中国"世界遗产图片展"在联合国教科文组织总部主楼大厅展出。

1992年8月2日　建设部向国务院呈报《关于审定第三批国家重点风景名胜区的报告》。提出35处申报第三批国家重点风景名胜区的名单，报请国务院予以审定。

1992年9月3日　国务院办公厅批准建设部《关于加强风景名胜区工作的报告》（国办发〔1992〕50号），并转发给各省、自治区、直辖市人民政府和国务院各部委、各直属机构，要求贯彻执行。

1992年9月4日　法国圣·米歇尔市政府代表团一行四人，到泰山风景名胜区参加登山节活动，并考察泰山风景名胜区，代表团同泰山风景名胜区管委会就泰山与圣·米歇尔山两座同属世界文化和自然遗产的名山建立友好山达成意向。

1992年9月9～12日　中国风景园林学会信息网在黑龙江省牡丹江市镜泊湖风景名胜区召开成立会议。参加会议的有来自全国各地的风景名胜区、园林管理部门、规划设计和科研机构、各省市风景园林学会以及企业的代表共73人。

为加强风景园林科技成员和信息的交流，中国风景园林学会信息委员会决定筹备创办《风景园林》内部交流资料。

1992年9月　中国风景名胜区协会举办中国风景名胜区协会高级研讨班，组织部分风景名胜区的管理干部赴德国、瑞士进行工作考察。

1992年11月16日　为提高风景名胜区的管理和服务质量，建设部印发《风景名胜区环境卫生管理标准》（建城〔1992〕812号）并在全国风景名胜区开展创建卫生山、安全山和文明山活动。

1992年11月14~18日 中国风景园林学会风景名胜专业委员会和中国城市规划学会风景环境学术委员会在浙江省杭州市联合召开风景名胜研讨会。研讨会通过了《国家风景名胜区宣言》、《国家风景名胜区所面临的挑战、危机与机遇》、《国家资源应实行统一管理》三个重要文件。

1992年12月14日 联合国教科文组织世界遗产委员会（WHC）全委会第十六届大会在美国新墨西哥圣菲召开，大会正式批准将武陵源、九寨沟、黄龙风景名胜区列入《世界遗产名录》。武陵源、九寨沟、黄龙是我国第一批作为世界自然遗产地列入《世界遗产名录》的国家重点风景名胜区。

1993年

1993年1月 中国风景园林学会信息委员会创办《风景园林汇刊》，作为信息网内部交流的不定期刊物，主要刊登有关风景园林的学术理论研讨、发展战略、政策法规研究、规划设计研究成果和工程实例分析的相关工作报告、论文及译文等内容。

1993年1月5日 国家科委以国科发信字〔1993〕014号文件批准《中国园林》行业学术刊物的主办单位由中国建筑学会园林学会改为中国风景园林学会。

1993年1月22日 中共中央政治局常委、国务院副总理朱镕基视察普陀山风景名胜区。朱镕基在视察时指出："普陀山不仅是舟山的普陀山，也是全国人民的普陀山，也是世界人民的普陀山。""普陀山风景名胜区很有特色，是观世音的基地，威信很高，在国际上也有一定影响，要切实保护好，保护它的自然景观和原有风格，要加强旅游资源开发和基础设施建设，不要把普陀山洋化了。"

1993年2月28日 建设部和中国联合国教科文组织全国委员会在北京人民大会堂举行世界遗产颁证仪式。全国人大常委会副委员长廖汉生、全国政协副主席马文瑞、建设部部长侯捷、中国联合国教科文组织全国委员会主任滕藤和湖南省副省长郑培民出席颁证仪式。联合国教科文组织世界遗产委员会总干事马约尔向武陵源风景名胜区的代表颁发世界遗产证书。

1993年3月17日~4月5日 为了做好对申报第三批国家重点风

景名胜区的审批工作,根据国务院领导的批示精神,由建设部牵头组织国务院办公厅秘书局、国务院法制局、国家计委社会司、林业部营林司、国家环保局自然保护司、国家文物局研究室、国家旅游局资源开发司参加的调研组,到福建、海南、贵州、四川等省进行实地考察。

1993年5月 同济大学风景科学与旅游系成立。该系在为国家风景名胜区事业培养专业人才、协助全国风景名胜区培训管理干部的同时,承担了许多诸如风景名胜区总体规划、详细设计以及相关基础理论研究工作。

1993年7月8日 前全国人大常委会委员长万里再次视察北京石花洞风景名胜区。万里听取了石花洞风景区开发规划的汇报。

1993年8月 中国科学院地理研究所及第一届国际洞穴大会副秘书长宋林华组织美国、英国、法国、瑞士、葡萄牙、澳大利亚、意大利等国的17位喀斯特与洞穴专家,对云南石林风景名胜区进行考察。

1993年9月 同济大学风景科学与旅游系副教授丁文魁著的《风景科学导论》由上海科技教育出版社出版。该著作第一次将风景科学作为一门新兴的综合性学科提出并加以阐述。《导论》系统论述了风景科学的定义、风景科学的主要任务、风景科学的研究领域,风景科学的学科分支以及风景科学与其他学科的关系。

1993年9月1日 西北五省区风景名胜区协会在陕西华山风景名胜区成立。

1993年9月3日 《山东省志·泰山志》首发式在泰安市举行。《泰山志》由中共中央总书记江泽民题写书名,中共中央政治局委员、山东省委书记姜春云作序。国务院总理李鹏为《泰山志》题词,山东省省长赵志浩等领导人出席《泰山志》首发式。

1993年10月 建设部总工程师、建设部风景名胜区管理办公室主任汪光焘提出编制一份全面回顾我国风景名胜区事业发展历程、发展目标和未来对策的纲领性文件,并以《中国风景名胜区形式与展望绿皮书》的形势予以发布。

当年11月底~12月初,建设部将《绿皮书》初稿分别印发给在苏州召开的中国风景园林学会第二次全国代表大会和在广东肇庆星湖召开的中国风景名胜区协会第二次全国代表大会的与会代表,广泛征求意见。

1993年11月28~30日 中国风景园林学会第二次全国会员代表大会在江苏省苏州市举行。参加会议的有来自全国各省、自治区、直辖市的会员代表和来宾共170余人。

与会的部分专家、学者就杭州西湖风景名胜区在湖边违法建造高层饭店的问题，起草了《制止在杭州西子湖畔违法建造高层饭店的呼吁书》，与会的124名代表在呼吁书上签了名。

1993年11月30日 贵州织金洞风景名胜区被国际旅游洞穴协会接受为正式成员，成为亚洲第一个加入国际旅游洞穴协会的溶洞风景名胜区。

1993年12月10日 中国风景名胜区协会第二次全国代表大会在广东肇庆星湖风景名胜区召开。建设部部长侯捷、原建设部副部长、第一届中国风景名胜区协会会长储传亨、建设部副部长李振东出席会议并作重要讲话。来自建设部、国务院有关部委和各省、自治区、直辖市建设厅（建委）有关负责同志、国家重点风景名胜区和省级风景名胜区的代表共280人出席了会议。

会议选举原建设部副部长李振东为第二届中国风景名胜区协会会长，马纪群任秘书长。

1993年12月20日 建设部印发《关于印发〈风景名胜区建设管理规定〉的通知》（建城［1993］848号）。

《风景名胜区建设管理规定》是我国风景名胜区行政主管部门发布的专项法规，对规范我国风景名胜区内的各项建设项目和开发活动具有重要意义。

1993年 为适应风景园林发展的需要，加强科技成果和信息交流，中国风景园林学会信息网主办的内部刊物《风景园林汇刊》第一期发行。

1994年

1994年1月10日 国务院发文公布第三批国家重点风景名胜区，此次公布的国家重点风景名胜区共35处。

1994年3月4日 建设部印发《关于发布〈中国风景名胜区形势与展望〉绿皮书的通知》（建城［1994］150号）。《绿皮书》第一次提出"严格保护、统一管理、合理开发、永续利用"风景名胜区工作方针。

《绿皮书》介绍了我国改革开放以来，建立国家风景名胜区管理体系的基本情况，对风景名胜区事业十五年的发展进行了回顾。《绿皮书》指出：全国风景名胜区仍然面临管理体制不顺、违规建设开发以及风景区内人工化、城市化倾向严重、对风景名胜区事业的性质认识模糊等严峻形势。

1994年3月8日　建设部在北京召开"加强国家风景名胜资源保护新闻发布会"。建设部部长侯捷、国务院副秘书长张克智、建设部副部长李振东出席新闻发布会。新闻发布会上，宣读了全国人大常委会副委员长费孝通给新闻发布会的一封信。新闻发布会由建设部副部长李振东主持，建设部部长侯捷到会并发表了重要讲话。

1994年3月31日　浙江省千岛湖风景名胜区发生32名台湾游客、2名导游、6名船员遇害的特大刑事案件。根据党中央、国务院的指示精神，浙江省委、省政府高度重视，在当地人民群众的紧密配合下侦破并处理了案件。

该案件的发生引起海内外极大的关注，为全国风景名胜区行业鸣响了安全防范的警钟，全国各级风景名胜区管理部门认真总结此案件的教训，强化风景名胜区的安全管理工作。

1994年3月　根据国务院批准的建设部"三定方案"，为了加强对全国风景名胜区工作的领导和管理，更好地协调风景名胜区工作中与各有关部门的关系，决定设立建设部风景名胜区管理办公室，城建司司长任办公室主任。

1994年4月22日　江苏省人民政府批转省建委等部门《江苏省风景名胜资源费征收办法》的通知（苏政发［1994］33号）。该《办法》对风景名胜资源费收缴的对象、范围、内容、标准、方式以及资源费的使用管理做出明确规定。

1994年4月　江西省建设厅对全省风景名胜区布局进行调整和充实，并在全省组织开展了第二次风景名胜资源调查、评价工作。

1994年6月24日　中共中央总书记江泽民在福建省清源山风景名胜区视察。

1994年6月22～30日　浙江省建设厅与杭州大学旅游学院在浙江省金华市双龙风景名胜区联合举办浙江省首届风景名胜区领导干部研讨班。来自浙江省各级风景名胜区的30余名领导干部参加了研讨班。

1994年8月22~26日 由中国地理学会喀斯特与洞穴专业组、中国风景名胜区协会、国家自然科学基金会、国家旅游局、中科院地理研究所、云南省建设厅等部门联合组织的"喀斯特与洞穴风景旅游资源开发与保护国际学术研讨会"在石林风景名胜区召开。会后,出版发行了此次会议的专题论文集《喀斯特与洞穴风景旅游资源研究》。

1994年9月3日 中国风景名胜区协会在山东省泰安市召开会议,授予泰安市人大常委会主任曲进贤"风景卫士杯"。该荣誉奖项是建设部为表彰对风景名胜区事业作出突出贡献的地方党政干部而设立的。曲进贤是获"风景卫士杯"的第一位地方领导同志。

1994年9月25~28日 由中国风景园林学会主办的第三届全国溶洞风景会议在湖南武陵源风景名胜区的索溪峪召开,来自13个省、自治区、直辖市的近20个大型溶洞和部分国家级、省级溶洞风景区管理部门的140位代表参加会议。中国风景园林学会副会长胡理琛、中国风景园林学会风景专业委员会主任委员施奠东、建设部城建司王早生以及知名专家、香港和日本友人出席会议。

1994年10月12~24日 泰山风景名胜区代表团赴德国访问,与德国有关部门签订泰山与阿尔卑斯山建立友好山意向书。1998年,经山东省人民政府批准,中国泰山与德国阿尔卑斯山正式结为友好山。

1994年10月25日 中国风景名胜区协会发出《关于编辑〈中国风景名胜博览〉系列书画丛书的通知》(中景协[1994]7号)。从1995年开始,《中国风景名胜博览》编辑部开展征稿编辑工作。《中国风景名胜博览》由中国风景名胜区协会主办,《中国风景名胜博览》编辑部承办。

1994年11月11~13日 中国风景名胜区协会在浙江省普陀山召开第二届二次常务理事会。建设部副部长、中国风景名胜区协会会长李振东在会上作了书面讲话;建设部城建司副司长、中国风景名胜区协会副会长柳尚华、中国风景名胜区协会秘书长马纪群分别作了报告。在会上,风景名胜区的代表分别介绍了工作经验。

1994年11月14日 建设部部长侯捷签发《中华人民共和国建设部令》(第39号),建设部令明确:《风景名胜区管理处罚规定》已于1994年11月1日经部第十七次常务会议通过,自1995年1月1日起执行。

1994年12月 承德避暑山庄及周围寺庙、武当山古建筑群被联合国教科文组织世界遗产委员会批准列入《世界遗产名录》。

1994年12月 由中国风景名胜区协会主办,中国风景名胜区协会科教宣传部和上海同济大学风景科学研究所承办的学术理论刊物《风景科学》第一期(试刊号)出版。

1994年12月 中国风景名胜区协会在浙江千岛湖风景名胜区召开"中景旅游第二次会议"。会议决定筹建中景旅行社,通过旅行社的组织网络,交流信息,开发客源,加快景区经济发展。

1994年 中国风景园林学会出版编辑工作部与科普教育工作部在北京联合召开会议。会议主要讨论1994年工作计划及中国风景园林学会出版编辑工作部和科普工作部今后4年内的工作重点。1994年,中国风景园林学会主办的三个国内外公开发行的刊物——《中国园林》、《园林》、《风景名胜》全年共发行65万份。

1994年 在世界自然保护联盟(IUCN)以及其所属的世界自然保护地委员会(WCPA)的协调和努力下,第一届海峡两岸自然保护会议在大陆召开,开启了海峡两岸国家公园暨保护区在自然保护方面经验交流桥梁,随后,海峡两岸在自然保护领域的经验交流相继展开。

1995年

1995年2月 建设部总工程师、建设部风景名胜区管理办公室主任汪光焘在回答《风景名胜》杂志社记者时指出:我们回顾了历史,20世纪50、60年代的破坏引起了70年代我们的呼吁、调查,最后在80年代初期,逐步开始建立和完善风景名胜区事业,形成了一个完整的体系,而这个体系的形成是历史教训得来的。汪光焘还指出:我国的风景名胜区实际与国际通行的国家公园是一个含义。风景名胜资源的开发利用是必然的,但要立足于保护,保护是永续利用的基础。

1995年3月26~28日 中共中央总书记江泽民在湖南省委书记王茂林、省长杨正午陪同下视察武陵源风景名胜区。江泽民听取了湖南省委、省政府领导同志的汇报并题词:"把张家界建设成为国内外知名的旅游胜地。"

1995年3月29日 建设部发布《风景名胜区安全管理标准》(建城〔1995〕159号)。《标准》着重从游览安全管理、治安安全管理、交通安全管理和消防安全管理四个方面对风景名胜区提出具体要求。

1995年3月30日　国务院办公厅发出《关于加强风景名胜区保护管理工作的通知》（国办发[1995]23号）。

通知强调：风景名胜资源属国家所有，必须依法加以保护。各地区、各部门不得以任何名义和方式出让或变相出让风景名胜资源及其景区土地。风景名胜区是风景名胜资源集中、环境优美、供广大群众游览的场所，其性质不得改变，不准在风景名胜区内设立各类开发区、度假区。要认真执行风景名胜区总体规划，严格控制各类建设活动。

1995年4月　在国务院颁布《风景名胜区管理暂行条例》10周年之际，建设部会同全国人大法制办、国务院法制局、公安部等部门组织调查组到江西、安徽两省对《条例》执行情况进行实地调查。

通过此次调查也反映出各地在贯彻执行条例中，存在区域发展不平衡问题。有的地方风景名胜区管理体制不顺，有的地方片面追求旅游经济效益，存在违反规划和污染环境的项目。

1995年5月5日　建设部发出《关于贯彻落实国务院办公厅〈关于加强风景名胜区保护管理工作的通知〉的通知》（建城[1995]242号）。通知要求各地要根据国务院办公厅通知精神，研究落实贯彻执行的各项措施，尚未编制总体规划的风景名胜区，要加快编制进度，尽快报批实施；要严格执行风景名胜区总体规划；各级建设行政主管部门要继续加强对风景名胜区的行业管理和监督检查。

通知强调：各地区、各部门不得以任何名义或方式出让或变相出让风景名胜资源及其土地，不准在风景名胜区内设立各类开发区、度假区等。对违反上述规定的行为，要及时纠正，严肃处理。

1995年5月　建设部风景名胜区管理办公室主任汪光焘为《风景科学》刊物的纪念国务院颁布《风景名胜区管理暂行条例》十周年专辑撰文——《风景名胜区的发展与思考》，文章指出：在国务院批准的建设部三定方案里，特别讲到了建设部具有履行生物多样性保护的义务和职责，明确要加强城市规划区和风景名胜区内的生物多样性的保护。这就使我们的工作与世界环境发展大会精神以及二十一世纪议程密切联系起来，同时也给风景名胜区工作增加了新的内容与含义。

1995年5月31日　为纪念国务院颁布《风景名胜区管理暂行条例》十周年，建设部部长侯捷，建设部副部长、中国风景名胜区协会会长李振东、建设部科学技术委员会主任、中国风景名胜区协会名誉会长储传亨应邀为中国风景名胜区协会学术理论刊物《风景科学》题词。

侯捷的题词是:"保护、建设、管理好风景名胜区,促进风景名胜区事业的发展。"李振东的题词是:"严格保护,强化管理,开创风景名胜区工作的新局面。"储传亨的题词是:"增强风景名胜资源保护意识,努力发展风景名胜区事业。"

1995年5月31日　建设部正式发文,决定聘请26名同志为建设部风景名胜专家顾问。建设部聘请的风景名胜专家顾问是储传亨、朱畅中、陈从周、郑孝燮、谢凝高、孙筱祥、周维权、罗哲文、王献溥、潘江、梁永基、陈昌笃、李嘉乐、甘伟林、胡理琛、丁文魁、马纪群、施奠东、陈安泽、林源祥、张国强、陈明松、熊世尧、钱振越、朱观海、胡喜来。

1995年6月7日　建设部在北京人民大会堂召开国务院颁布《风景名胜区管理暂行条例》实施十周年座谈会,全国人大常委会副委员长程思远、建设部部长侯捷、副部长李振东、国务院法制局副局长徐立麟到会并讲话。建设部有关部门、各省、自治区、直辖市建设行政主管部门、部分国家重点风景名胜区的代表和有关专家学者参加了会议。

会议认为《风景名胜区管理暂行条例》实施十年来,取得了三方面的显著成就:一是对风景名胜资源进行了全面的调查,为科学合理地建立各级风景名胜区奠定了基础,建立了国家级、省级、县(市)级风景名胜区体系。全国已有国家级风景名胜区119处,省级风景名胜区512处,总面积约9.6万平方公里,占国土面积的1%。二是明确了风景名胜区事业的性质和作用。三是明确了风景名胜区事业的发展方向和工作重点。

1995年7月　国家计委、中科院地理研究所、石林风景名胜区管理局联合邀请国际洞穴协会主席丁·詹姆斯以及奥地利、美国、英国、澳大利亚的世界著名洞穴、喀斯特与环境保护专家,在石林召开"石林申报世界遗产研讨会"。

1995年9月23~25日　中国风景园林学会风景名胜专业委员会在四川峨眉山召开年会。会议的主题是探讨迈向21世纪的中国风景名胜区;来自全国各地的20多位专家学者出席了会议,发表论文20

多篇。

1995年10月5~8日　第四届全国风景溶洞会议在贵州省织金洞风景名胜区召开。来自各省、自治区、直辖市的100多位代表和地质洞穴专家出席了会议。会议结合风景溶洞快速发展的形势，对风景溶洞保护、管理、开发利用的特点进行了积极的讨论。

1995年10月31日　建设部组织部分省、市建设系统的120多位领导和专家对湖南省南岳衡山风景名胜区的古建筑进行考察。

1995年10月　第一届全国风景湖泊会议在杭州西湖风景名胜区召开，黑龙江镜泊湖、吉林松花湖、江苏太湖、福建金湖、武汉东湖、贵州红枫湖、浙江富春江—新安江（千岛湖）、湖南洞庭湖和杭州西湖等国家级风景湖泊和山东济宁北湖、江苏徐州云龙湖的代表以及有关专家学者参加了会议。会议探讨了风景名胜区湖泊治理的科学途径，研究分析了风景湖泊保护和利用的最佳模式，交流风景湖泊保护和管理的经验。

1995年10月　中国风景园林学会风景名胜专业委员会在武陵源召开第三届溶洞信息交流会和第四届年会。13个省（市）近20个大型溶洞的代表参加会议。会议的主要议题为如何应对溶洞旅游的迅速发展。会议要求提高溶洞的管理水平，加强对溶洞研究的理论指导。

1995年11月22日　美国驻华使馆新闻文化处参赞毕斯里、美国教育交流中心卢永威主任受美国"地球友好"组织的委托，向建设部风景名胜区管理办公室捐赠一台摄像机。建设部外事司副司长沈建国、建设部风景名胜区管理办公室副主任、城建司副司长柳尚华参加捐赠仪式，并向美国驻华使馆官员介绍了建设部主管业务领域和中国风景名胜区的概况。

1995年　中国科学院地质与地球物理研究所有关专家开始对北京石花洞风景名胜区洞穴石笋气候变化记录和洞穴环境变化进行长期观测研究，并在石花洞发现了中国第一例石笋年生长层样品。在此基础上，专家们利用石花洞石笋年层厚度序列定量重建了北京地区自春秋战国以来共2650年的夏季温度，这是迄今为止中国最长的逐年温度记录，也是全世界最长的石笋逐年温度记录。

1995年　中国科学院地理所与富春江—新安江风景名胜区的瑶琳洞景区管理部门合作，启动洞穴景观恢复与保护科研项目。

中国科学院地理所在对瑶琳洞展开大量科学研究的基础上，对瑶琳洞进行规划设计，出版了《瑶琳洞形成与环境》专著，该研究项目代表了我国洞穴学研究的最新成果。

1996 年

1996 年 1 月　中国风景名胜区协会第二届二次理事会在江西省庐山风景名胜区召开。建设部副部长李振东到会并做了工作报告。贵州省建设厅、安徽黄山、江西庐山、四川峨眉山、福建清源山、本溪水洞等风景名胜区的代表分别就风景名胜区的建设、保护、管理和体制改革交流了经验。

1996 年 1 月　中国风景园林学会第二届二次理事扩大会议在徐州召开。会议表彰了 19 个先进集体和 73 个先进个人，公布了评选出的 39 篇优秀论文。建设部部长侯捷作了书面讲话；中国风景园林学会理事长周干峙作了题为《总结经验，发扬成绩，推动风景园林事业深入发展》的工作报告。中国风景园林学会副理事长、建设部城建司副司长柳尚华在闭幕式上作了总结讲话。

1996 年 1 月 24 日　建设部、国家旅游局在广东省肇庆星湖风景名胜区举办全国"星湖杯"风景区导游大赛。

1996 年 3 月 16 日　福建省武夷山市人民政府发出《关于成立福建武夷山保护管理委员会的通知》（武政［1996］综 56 号）。通知指出：为了加强对武夷山自然和人文景观的保护和管理，积极推进武夷山申报世界遗产，经研究成立武夷山保护管理委员会。武夷山保护管理委员会由武夷山政府、武夷山风景名胜区管理委员会、武夷山自然保护区管理局的主要领导组成。

1996 年 3 月　广东省肇庆市人民政府向肇庆星湖风景名胜区管理局颁发了国有土地使用证。这次土地使用证的颁发，明确了肇庆星湖风景名胜区的范围和土地权属，有利于风景名胜区的管理和风景名胜资源保护。

1996 年 3 月　建设部风景名胜区管理处处长王早生赴美国，与美国国家公园和保护区协会普利泽主席以及美国风景园林师协会环境部主任苏姗女士洽谈有关合作事项。双方一致同意建立文化交流关系，共同促进和推动中美双方在资源保护领域的交流与合作。

1996 年 4 月 8 ~ 11 日　建设部在福建省武夷山召开"全国风景名

胜区保护管理工作研讨会"。建设部城建司、法规司、各省、自治区、直辖市建设行政主管部门、福建省内国家级风景名胜区以及新闻单位的代表60余人参加会议。

研讨会由建设部城建司风景名胜处处长王早生主持,建设部风景名胜区管理办公室副主任、城建司副司长柳尚华到会并讲话。研讨会讨论了《中华人民共和国风景名胜区法》(征求意见稿)、《风景名胜区规划编制审批办法》(征求意见稿)、《风景名胜区管理标准》(讨论稿)三个重要法规文件。

1996年5月 联合国教科文组织世界遗产中心高级顾问吉姆·桑塞尔博士和国际古迹遗址理事会科学委员会主席德·席尔瓦教授考察乐山大佛。

1996年5月 以美国未来基金会主席、美国国家公园协会董事长查尔斯·哈维尔为团长的美国国家公园考察团一行12人,先后考察了北京、桂林、杭州、苏州、黄山等地的风景名胜区。建设部风景名胜区管理处处长王早生陪同美国国家公园考察团考察。

1996年6月27日~7月3日 建设部在北京中国历史革命博物馆举办"全国风景名胜区展览"。全国人大常委会副委员长王光英、建设部部长侯捷、副部长叶如棠、李振东、毛如柏、储传亨、原国务委员谷牧等领导参观了展览。展览由中国风景名胜区协会承办;参加展览的有国家重点风景名胜区和部分省级风景名胜区以及台湾、香港、澳门地区等130多个单位和部门。展览期间,有4万余人参观了展览。

1996年9月2日 国务院副总理吴邦国视察天山天池风景名胜区。吴邦国副总理考察完天池风景名胜区后,在自治区召开的专题汇报会上提出天池风景区保护与发展的问题,并请自治区给予高度重视。

1996年10月 "第二届全国风景湖泊工作研讨会"在贵州省红枫湖风景名胜区召开。全国11个省区的20多个国家级、省级风景湖泊的50多位代表出席了研讨会。在研讨会上,福建金湖、江西仙女湖等湖泊风景区的代表相继作了经验介绍。会议进一步交流我国风景湖泊保护、管理的经验,探讨湖泊治理的科学途径。

1996年10月16~18日 "第三届一次五岳年会"在泰山风景名胜区召开。来自五岳风景名胜区的代表和有关专家60余人参加会议。

与会代表指出:当前风景名胜区出现的一些严重问题,一度被制止的破坏风景资源的活动又猖獗起来；风景名胜区城市化、商场化、人工化倾向严重等。与会代表还提出将风景区基础设施建设资金纳入国家和地方财政预算，风景区的门票和经营服务收益应遵循"取之于景区，用之于景区"的原则。

1996年10月22~25日 "第五届全国风景溶洞会议"在广西桂林风景名胜区召开。来自14个省、自治区、直辖市的100余位风景溶洞的代表和有关专家出席了会议。中国风景园林学会秘书长杨雪芝到会并讲话；桂林市有关领导、中国风景园林学会风景名胜专业委员会副主任谢凝高等出席了会议。建设部风景名胜专家、溶洞联谊会负责人张国强作了重要讲话。

1996年11月29日 建设部发出《关于开展创建文明风景名胜区活动的通知》（建城［1996］611号）。决定在全国风景名胜区开展创建文明风景名胜区活动。

1996年12月6日 在墨西哥历史文化名城梅里达举行的联合国教科文组织第20届世界遗产大会上，峨眉山—乐山大佛风景名胜区、庐山风景名胜区被联合国教科文组织世界遗产委员会批准列入《世界遗产名录》。

1996年 清华大学教授周维权编著的《中国名山风景区》出版。该书对著名山岳风景名胜区的形成及发展、山岳风景名胜资源等进行详细的论述。周维权教授在十几年的时间里，先后考察我国著名山岳近40处，阅读各种文献书籍，走访管理人员和寺院僧侣，取得了大量第一手资料。

1996年 泰山风景名胜区在1985年管理体制改革的基础上，进一步确立了风景、文物、林业、旅游四位一体的管理体制，增强了泰山风景名胜区管理委员会对风景区实施统一管理和统筹协调的职能。

1996年 云南玉龙雪山风景名胜区管委会与中科院寒旱区环境与工程研究所共同建立中国第二个冰川观测站——"玉龙雪山冰川与环境观测研究站"，对我国季风海洋性冰川以及冻土、水资源、环境变化等开展了一系列课题研究，取得了丰硕的成果，也为玉龙雪山冰川资源的开发利用，提供科学研究平台。

1997年

1997年5月　中国风景名胜区协会在天津盘山风景名胜区召开工作会议。会议遵照建设行政主管部门的有关文件精神，在认真做好社团整顿，不断完善协会组织机构的同时，根据第二届会员大会的建议对协会工作进行安排。

1997年5月　中国风景名胜区协会在北京组织召开"风景名胜区旅游联合体座谈会"。会议就风景名胜区如何面对市场经济新形势开展行业经营工作进行了探讨和研究。

1997年7月8～10日　中国风景园林学会园林植物专业委员会在山东省泰安市召开第五次学术年会。出席会议的有17个城市的50余位代表。大会共收到学术报告和论文21篇，泰山古树名木专家组杨式冒等应邀参加会议。

1997年7月11日　建设部发出《关于授予黄山等七个风景名胜区文明风景名胜区称号的通知》（建城［1997］227号），命名黄山风景名胜区、峨眉山风景名胜区、泰山风景名胜区、鞍山千山风景名胜区、普陀山风景名胜区、本溪水洞风景名胜区为第一批文明风景名胜区，并予以表彰。

1997年7月20～23日　中国风景名胜区协会在北京召开中国风景名胜区旅游工作研讨会。建设部城建司副司长、中国风景名胜区协会副会长柳尚华、建设部城建司风景名胜处副处长曹南燕、中国风景名胜区协会秘书长马纪群出席会议。会议邀请泰山、华山、武汉东湖等风景名胜区的代表以及王尔康、谢凝高等专家近20人参加会议。会议主要针对在全国风景名胜区系统建立"旅游联合体"的有关问题进行了讨论。

1997年8月12日　建设部部长侯捷在建设部会见应邀来中国访问、考察的美国国家公园代表团保罗先生一行。侯捷部长向美国客人介绍了中国风景名胜区的概况，并欢迎美国同行给我国风景名胜区工作多提建议。中美双方还就中美两国国家公园领域共同关心的问题进行了广泛的交流。

1997年8月25日　建设部副部长赵宝江在建设部会见应邀来中国访问、考察的美国国家公园代表团保罗先生一行。参加会见的还有建设部城建司司长、建设部风景名胜区管理办公室主任林家宁、城建司副司长柳尚华等。

1997年10月 中国风景名胜区协会在武汉东湖风景区召开"风景名胜区旅游联合体座谈会"。这次会议是1997年5月在北京召开"风景名胜区旅游联合体座谈会"之后,协会再次组织的针对市场经济高速发展的新形势,风景名胜区如何开展行业经营工作进行研讨。

1997年10月16~18日 全国第二次风景名胜区旅游工作研讨会暨首届一次中景旅游经营联合体会议在武汉东湖风景区召开。建设部城建司风景名胜处处长曹南燕、中国风景名胜区协会秘书长马纪群出席会议。来自泰山、庐山、武夷山、南京钟山、五大连池等风景名胜区以及河北保定中景旅行社的代表参加了会议。

会议起草并通过了《中景旅游经营联合体章程》,成立了"中景旅游经营联合体"并组建了联合体领导机构。

1997年11月8日 我国第一个由风景名胜区发起成立的资源保护组织——武夷山风景名胜区保护协会成立。国务院副总理钱其琛为武夷山风景名胜区保护协会的成立发出贺信。建设部城建司司长、建设部风景名胜区管理办公室主任林家宁、中国风景名胜区协会秘书长马纪群等被聘为保护协会顾问。保护协会第一批有59个会员单位,会员861人。

1997年12月 国务院领导同志对杭州西湖风景名胜区内违法砍伐树木事件做出批示,要求对此事认真查处。此次事件是一家宾馆在未经杭州市风景园林主管部门审批的情况下,在西湖风景名胜区内擅自砍伐树木47株(包括香樟、枫香、青冈、水杉、马尾松等14个树种,最大根径达66厘米),并将938平方米的山体推为平地,严重破坏了西湖风景名胜区的生态环境和景观。

1998年

1998年3月11日 黄山风景名胜区慈光寺山门当天下午5:25被烧毁。慈光寺是建于明代万历年间的古建筑群,背依高峰,三面环山,慈光寺山门是慈光寺的重要组成部分。

1998年3月24~28日 联合国教科文组织世界遗产委员会在荷兰阿姆斯特丹召开《世界遗产全球战略——自然和文化遗产专家会

议》。建设部风景名胜专家顾问、北京大学谢凝高教授应邀出席会议并在会上作了题为《中国的名山——自然和文化的有机融合体》的报告,得到与会专家的高度评价。

1998年4月10日 建设部发出《关于做好文明风景名胜区、公园示范点推荐工作的通知》(建城函[1998]91号)。通知就文明风景名胜区、公园示范点的创建和推荐工作,明确了活动宗旨、推荐范围、推荐条件、推荐工作要求等内容。通知还附了《文明风景名胜区标准》和《文明公园标准》。

1998年5月6~8日 芬兰自然资源保护专家与欧洲自然生态行署专员抵湖南省南岳衡山风景名胜区,对南岳衡山的自然资源保护和自然资源分布情况进行考察。

1998年5月8日 建设部风景名胜区管理办公室与美国内政部国家公园管理局在北京签署《国家公园及其他自然与文化遗产地的管理和保护谅解备忘录》。双方就国家公园及其他自然与文化遗产地的资源保护、管理、休闲娱乐和公共教育等共同关心的方面进行合作,希望在有关公园和保护地管理和运作的信息交流、非正式教育活动方面加强联系。建设部风景名胜区管理办公室主任林家宁与美国内政部国家公园管理局局长罗伯特·斯坦顿(Robert Stanton)在谅解备忘录上签字。

1998年5月8~20日 美国国家公园管理局局长罗伯特·斯坦顿(Robert Stanton)一行11人,在建设部风景名胜区管理办公室、风景名胜处的有关负责同志陪同下,对我国江苏苏州、浙江杭州西湖、金华双龙洞、江西龙虎山、庐山等风景名胜区进行考察。

1998年5月25日 建设部、国家文物局和中国联合国教科文组织全国委员会审查通过中国的世界遗产标牌图案,并在北京人民大会堂举行颁发仪式。

为了规范中国世界遗产标牌,建设部、国家文物局和中国联合国教科文组织全国委员会对中国世界遗产标牌的设置等作出了具体规定。

1998年5月25日 建设部、国家文物局、中国联合国教科文组织全国委员会在北京人民大会堂联合举行向山西平遥古城、江苏苏州古典园林和云南丽江古城颁发世界遗产证书仪式。全国政协副主席孙孚凌、建设部部长俞正声、副部长赵宝江、中国联合国教科文组织全国委员会主任韦钰、联合国教科文组织驻华代表野口昇、国家文物局局长张文彬等出席了仪式。

1998年7月2日 美国总统克林顿访问广西桂林。克林顿在桂林市园林局领导同志的陪同下游览了桂林骆驼山风景区,与桂林市园林局干部职工座谈并作了关于城市环境保护问题的即兴演讲。

1998年7月8日 中央文明办、建设部、国家旅游局在北京联合召开表彰大会,对首批命名的十个"全国文明风景旅游示范点"进行表彰。中央文明办副主任胡振民、建设部副部长叶如棠、赵宝江、国家旅游局局长何光晖到会并发表讲话。

首批全国文明风景旅游区示范点是:安徽黄山风景名胜区、江西庐山风景名胜区、四川峨眉山风景名胜区、山东泰山风景名胜区、广西桂林漓江(叠彩山至阳朔)风景游览线、广东肇庆星湖风景名胜区、浙江杭州西湖风景区环湖景区、北京颐和园、河北承德避暑山庄、江苏苏州园林虎丘山风景名胜区。

1998年8月 由武夷山风景名胜区管理委员会和福建林学院合作研究的武夷山风景名胜区竹子风景资源多媒体信息系统建成。该系统是根据1989~1990年间在对武夷山风景区内野外调查获取的数据进行集中整理的基础上,建立包括图片、文字和声音信息的竹子风景资源多媒体数据库系统,以提供多媒体信息的展示和数据查询。

1998年8月25日 武夷山风景名胜区保护协会主办的内部保护工作简报——《碧水丹山》创刊。简报设了资源保护、规划管理、环境整治、信息技术和研究探讨等栏目。

1998年8月10~22日 "第三届海峡两岸自然保护会议"在北京召开。会议进一步确定了海峡两岸在自然保护领域的学术交流机制。

1998年8月18~21日 由福建省将乐县人民政府主办的"第七届全国风景溶洞工作研讨会"在福建将乐召开。研讨会的主题是"重视保护自然遗产,科学利用风景溶洞。"来自各省区溶洞风景区的100多位代表参加研讨会。建设部风景名胜专家顾问张国强在会上发表了讲话。中国地质学会岩溶专业委员会委员林钧枢作了题为《洞穴的开发与保护》的发言。

1998年9月1~20日 联合国教科文组织世界遗产委员会派出专家,对我国的泰山、黄山、武陵源、九寨沟、黄龙5个列入《世界遗产名录》的风景名胜区进行五年一度的考察监测。专家们认为：在遗产地的保护和管理方面，黄山风景名胜区可以作为"世界楷模"。专家们也指出了我国世界遗产地管理方面存在的突出问题，对个别遗产地商业摊点多、旅游接待和服务设施失控、管理人员以及游客环境意识较差等提出了严厉的批评。

1998年9月7~9日 国际古迹遗址理事会项目协调员亨利·克利勒博士和罗马古迹修复研究中心项目协调员尤嘎·昭克莱特博士到达福建武夷山风景名胜区，就申报世界遗产情况进行考察指导。

1998年9月 联合国教科文组织世界遗产委员会官员在对我国湖南省世界遗产地——武陵源风景名胜区进行五年一度的遗产监测时指出："武陵源的自然环境已经像一个被围困的孤岛，局限于深耕细作的农业和迅速发展的旅游业的范围内，城市化对其自然界正在产生越来越大的影响。"世界遗产委员会专家严厉地批评说："武陵源风景区现在是一个旅游设施泛滥的世界遗产地区。"

1998年10月22日 国际风景旅游洞穴协会在意大利撒丁岛召开第三届国际风景旅游洞穴代表大会，中国科学院地理所林钧枢研究员在会上作了"浙江瑶琳洞风化洞石景观的恢复试验"和"浙江瑶琳洞旅游特征"学术报告，与会代表认为：该项研究很重要，涉及旅游洞穴保护与可持续发展，数据图表详实，论述清晰。

1998年12月28日 依据陕西省委、省政府1998年12月4日作出的《中共陕西省委、陕西省人民政府关于深化旅游体制改革，加快旅游产业发展的决定》（陕发[1998]16号），决定将华山风景名胜区的门票专营权、华山风景名胜区核心景区的管理、开发、建设等职权交给陕西旅游集团公司的下属公司——华山旅游发展股份有限公司。

这一作法违反了国务院办公厅（国办发[1995]23号文件）有关"各地区、各部门不得以任何名义和方式出让或变相出让风景名胜区资源及其土地"等规定。

1998年12月 北京大学世界遗产中心成立。该中心是在北京大学风景研究室的基础上成立的，北京大学教授谢凝高任该中心主任。中心的成立得到了北京大学校长和国家有关部门领导及联合国世界遗产中心主任冯德勒斯特先生的大力支持。北京大学世界遗产中心是我国第一个世界遗产研究中心。

1998年　中国和加拿大合作泰山管理项目启动。该项目系中国和加拿大两国总理签订有关两国三个合作项目之一，合作项目的中方由国家发改委和国内贸易部牵头。经双方磋商，确定泰山管理项目的框架，通过加拿大国家公园与中国风景名胜区管理经验的结合，共同实施"风景名胜区客户服务项目"。

1998年　为提高风景名胜区干部员工的管理素质和专业水平，探索培养风景名胜区专业管理人才的路子，经中国风景名胜区协会和山东农业大学的共同努力，山东农业大学开办"风景专业大专班"。

1999 年

1999年1月20日　建设部发布《关于授予崂山等4个风景名胜区文明风景名胜区称号的通报》（建城［1999］11号），《通报》命名崂山风景名胜区、胶东半岛海滨风景名胜区——刘公岛景区、雁荡山风景名胜区、武夷山风景名胜区为第二批文明风景名胜区并予以表彰。

1999年2月　建设部召开部分风景名胜专家顾问座谈会。建设部副部长赵宝江出席座谈会并讲话。出席座谈会的建设部风景名胜专家顾问有储传亨、李嘉乐、张国强、陈昌笃、胡理琛、潘江、甘伟林、郑孝燮、马纪群、林源祥、陈安泽、谢凝高、王献溥、丁文魁、周维权等。建设部风景名胜区管理办公室主任李东序、副主任郑淑玲、风景名胜处处长李如生参加了会议。

在座谈会上，与会专家顾问呼吁风景名胜资源是国家珍贵的不可再生的资源，要立即制止将风景名胜资源纳入企业资产上市。

1999年3月30日~4月2日　受联合国教科文组织世界遗产委员会的委派，世界自然保护联盟（IUCN）专家莱斯·莫洛伊博士对武夷山风景名胜区申报世界遗产工作进行实地考察。莫洛伊在为武夷山风景名胜区的题词中写道："武夷山是中国人民永续利用自然资源的永久性象征。"

1999年3月　四川九寨沟在风景区内开通以石油液化气为燃料的绿色环保观光车，统一实行循环载客游览，确保汽车尾气达标排放。成为全国第一个开通以石油液化气为燃料的绿色环保观光车的风景名胜区。

1999年4月 泰山风景名胜区发生大规模松树烂皮病。至5月25日，发生松树烂皮病的面积已达1万亩，严重发病区发病株率达到80%以上，不少古树名木也出现枯死现象。此次森林病害危害程度之大，危害范围之广，为新中国成立以来首次。泰山风景名胜区管委会通过专题研究，制定并实施防治方案，到6月中旬，森林病害——松树烂皮病得到控制，治理工作全面完成。

1999年5月 国务院参事王秉忱、吴学敏就国家重点风景名胜区保护和管理问题先后对湖南、贵州等省的国家重点风景名胜区和世界遗产地进行调查。王秉忱、吴学敏在对湖南武陵源世界自然遗产地保护情况进行调查后指出："武陵源世界自然遗产资源非常珍贵，不可再生，要采取比一般风景区更为严格的特别的保护措施。"

此次调查结束后，王秉忱、吴学敏向国务院领导提交专题建议，国务院领导对专题建议高度重视。国务院总理朱镕基、副总理钱其琛、温家宝分别作出批示。

1999年6月6日 清华大学资源保护与风景旅游研究所成立。研究所第一任所长为郑光中教授。该所参与了众多与风景名胜区和世界遗产相关的科研和规划项目，致力于中国风景名胜区和保护区体系的研究、教学和实践工作。研究所的研究领域包括：世界遗产地和风景名胜区保护管理相关的理论和实践研究，涉及资源保护、旅游管理、社区协调、体系规划等；世界遗产地申报相关工作，涉及申报文本编制、提名地保护管理规划、遗产地预备名录研究等。

1999年6月21日 胡锦涛同志到福建省冠豸山风景名胜区考察。胡锦涛在冠豸山石门湖景区对当地连城县领导同志说：旅游兴县这个提法很好，也很有生命力。

1999年7月2日 国务院总理朱镕基、副总理李岚清、钱其琛、温家宝分别在教育部、建设部、外交部、文化部《关于推荐青城山—都江堰等列入〈世界遗产名录〉的请示》上签字。

1999年7月27~28日 由台湾自然生态保育协会和中国风景名胜区协会联合主办的"海峡两岸风景地学研讨会"在台北召开。建设部城建司司长李东序、风景名胜处处长李如生参加了此次研讨会；参加此次研讨会的有中国风景名胜区协会、各省区有关主管部门的负责同志、相关院校的专家学者以及部分风景名胜区的负责同志。

1999年8月6日 国务院总理朱镕基、副总理李岚清、钱其琛在国务院秘书二局呈报的关于黄山风景名胜区管理体制的报告上圈阅。其中钱其琛副总理批示：黄山管理体制保持稳定为宜。崔占福同志批示：安徽省府、民政部、建设部、旅游局的意见是一致的，即建议黄山市和黄山风景名胜区管理体制应保持稳定，目前不做大的变动为宜。

1999年8月23～24日 联合国教科文组织世界遗产中心、中国联合国教科文组织全委会秘书处、建设部风景名胜区办公室在峨眉山共同举办"中国自然遗产国家战略研讨会"。来自联合国教科文组织世界遗产委员会、联合国教科文组织世界遗产中心、世界自然保护联盟（IUCN）、美国国家公园管理局、中国国家环保总局、各地方有关部门以及我国7个世界遗产地和部分风景名胜区负责同志参加了研讨会。

1999年8月26～27日 联合国教科文组织世界遗产中心项目官员依斯瓦伦应都江堰市邀请，考察都江堰市申报世界遗产工作。依斯瓦伦实地考察了都江堰、二王庙、离堆公园、伏龙观、青城山等景点后指出：都江堰应该获得全世界人民的了解和保护，青城山自然文化风貌出类拔萃。

1999年8月27日～9月6日 国务院新闻办、联合国教科文组织联合在法国巴黎联合国教科文组织总部举办的99巴黎·中国文化周活动期间，成功举办了中国世界自然和文化遗产展览。

1999年9月2日 建设部城建司在对贵州省黄果树风景名胜区门票专营权问题的答复中指出：门票是政府对风景名胜资源实行统一管理的重要手段，是国家利益的唯一体现，也是风景名胜区保护管理的重要经济来源……门票经营权的转移，不仅使政府失去了必要的保护管理资金，也使国家对风景名胜资源的所有权受到肢解，属于"变相出让风景名胜资源"的行为。

1999年9月9日 国务院总理朱镕基视察九寨沟风景名胜区后，对九寨沟风景名胜区给予高度评价。朱镕基总理说："不虚此行，绝无仅有，阿坝州有这样的风景区，保护好森林资源，把山绿化起来，变成到处是青山绿水，加上通信发达，交通畅通，旅游业就发展起来了。发展旅游，没有飞机场不行，有了飞机场和配套的高速公路才能加快旅游发展。"朱镕基总理指示："一定要请高水平的专家做好九寨沟的规划，按规划把九寨沟建设好、保护好、管理好。"

1999年9月15日 建设部发出《关于授予衡山等5处风景名胜区文明风景名胜区称号的通报》（建城〔1999〕232号），《通报》命名衡山风景名胜区、五台山风景名胜区、九华山风景名胜区、南京钟山风景名胜区——南北麓景区（中山陵园）、太湖风景名胜区——梅梁湖景区（鼋头渚）为第三批文明风景名胜区并予以表彰。

1999年9月20~23日 武汉东湖风景名胜区管理局和《风景名胜》杂志社共同主办的"第四届全国风景湖泊工作研讨会"在武汉召开。来自全国的风景湖泊的近30个单位的100余位代表参加了研讨会。研讨会的主题是"保护风景湖泊，优化生态环境。"与会代表对湖泊风景名胜区的管理体制进行了讨论，并提出了建设性意见。

1999年9月20~28日 应美国联邦政府内政部邀请，经国务院批准，建设部副部长赵宝江率团到美国就国家公园管理体制进行专题考察和友好访问。在美考察访问期间，赵宝江副部长与内务部巴比特（Babbitt）先生进行了会晤；与国家公园管理局斯坦顿（Stanton）以及美方有关人员就美国国家公园政策与行政管理、规划、预算与投资等方面的问题进行了座谈。

1999年9月27日 建设部风景名胜区管理办公室与美国内政部国家公园管理局在美国华盛顿签署《关于中美谅解备忘录1999~2001年行动计划》。建设部风景名胜区管理办公室副主任郑淑玲与美国内政部国家公园管理局罗伯特·斯坦顿（Robert Stanton）在谅解备忘录上签字。

1999年9月 国务院出台新的法定休假制度，每年国庆节、春节和"五一"法定节日加上倒休，全国放假7天。自此，全国各风景名胜区在假日旅游经济的带动下，游客量大幅度增长，与此同时，假日旅游经济也给风景名胜区的管理和资源保护带来了巨大的压力。

1999年10月3日 贵州省马岭河峡谷风景名胜区，因游客过多，限乘20人的缆车，超载乘坐了36人，致使索道缆绳突然断裂，酿成14人死亡，22人重伤的特大伤亡事故。

1999年10月6日 中共中央政治局常委、全国人大常委会委员长李鹏到峨眉山风景名胜区视察，李鹏在视察中指出："峨眉山管理得很好。"李鹏指示"一定要把这个'双重遗产'保护好，开发利用好，造福人民"。

1999年10月21日 中央文明办、建设部、国家旅游局发出通知，授予云南昆明石林风景名胜区等10个风景名胜区、旅游区（点）第二批全国文明风景旅游区示范点称号。

第二批全国文明风景旅游区示范点是：云南昆明石林风景名胜区、福建武夷山风景名胜区、辽宁鞍山千山风景名胜区、江苏扬州蜀岗—瘦西湖风景名胜区、河北秦皇岛山海关景区、广东深圳湾华侨城旅游度假区、贵州黄果树风景名胜区、陕西华山风景名胜区、湖北武汉东湖风景名胜区、北京八达岭长城风景名胜区。

1999年10月28日 国务院总理朱镕基视察宁夏西夏王陵风景名胜区。朱镕基在视察时指示："看了西夏陵，使我受到一次深刻的爱国主义教育，西部地区是中华文明的发源地，要保护好这些文化遗产，你们要把西夏王陵修一修，把挖开的地方修一修，搭个大棚，像秦始皇兵马俑一样，让人好参观，发展旅游。"

1999年10月22～26日 中国风景名胜区协会在广西桂林召开"风景名胜区行业可持续发展道路研讨会。"来自全国部分省、直辖市、自治区建设厅（建委）、园林局、各省风景名胜区协会、30多个国家重点风景名胜区的负责同志和专家60多人参加了会议。建设部城建司风景名胜处处长李如生、中国风景名胜区协会秘书长马纪群出席会议并讲话。

峨眉山风景名胜区管理委员会主任马元祝在谈到峨眉山资源上市两年多的情况时指出：实践证明风景名胜区上市会给管理、保护带来诸多矛盾，加重了风景区管理机构的债务和负担，使自身陷入保护管理无力、运转困难的局面。

1999年10月28日～11月6日 中国和加拿大合作泰山管理项目实施过程中，根据中加政府中国城市综合发展项目泰安示范项目的日程安排，泰山风景名胜区赴加拿大学习考察团参加了中加泰山管理项目培训班，并考察了加拿大第一个国家公园——班夫国家公园，学习考察团与班夫国家公园管理层进行了座谈交流。

1999年11月2日 黄山风景名胜区荣获联合国教科文组织1999年度国际文梅利娜·迈尔库里文化景观保护与管理荣誉奖。

1999年11月10日 建设部发出《关于发布国家标准〈风景名胜区规划规范〉的通知》（建标［1999］267号）。通知指出：由建设部会同有关部门共同制订的《风景名胜区规划规范》，经有关部门会审，批准为强制性国家标准，编号为GB50298～1999，自2000年1月1日起实施。

1999年11月20日　由建设部立项的国家行业标准课题——《国家风景资源保护评价指标体系》（征求意见稿）完成。该标准由中国风景名胜区协会资源保护工作部负责起草编制，安徽师范大学生态环境研究室协助编制。在编制过程中，先后得到建设部风景名胜处、城镇建设标准研究所、中国风景名胜区协会以及黄山风景名胜区管理委员会的支持。

该标准课题自1997年12月启动，经历了资料收集整理、拟订与修改课题大纲、调查与分析研究以及咨询与论证等大量的系统性基础工作，先后4次易稿。

1999年12月1日　在摩洛哥召开的联合国教科文组织世界遗产委员会第23届大会上，正式通过将福建武夷山、重庆大足石刻列入《世界遗产名录》。福建武夷山风景名胜区是继泰山、黄山、峨眉山—乐山大佛之后，我国第四个列入《世界遗产名录》的世界文化与自然遗产地，也是全世界第22个世界文化与自然遗产地。

1999年12月27日　国务院副总理温家宝在全国城乡规划工作会议上发表题为《切实加强城乡规划工作　推进现代化建设健康发展》的重要讲话，温家宝在讲话中指出："风景名胜区集中了大量珍贵的自然和文化遗产，是自然史和文化史的天然博物馆。"

温家宝在讲话中强调："搞好风景名胜区工作，前提是规划，核心是保护，关键在管理。加强风景名胜区的规划、保护和管理工作刻不容缓。"温家宝强调："近年来许多地方片面追求经济收益，对风景名胜资源过度开发，使许多重要的风景名胜资源遭到不同程度的破坏和污染，一些风景名胜区自然和文化景观正在迅速退化和消失。这种'自杀'行为必须立即制止。"

1999年12月28日　云南省政府发布第91号令，颁布实施《云南省"三江并流"国家重点风景名胜区管理规定》。云南省人民政府授权省建设行政主管部门，统一负责"三江并流"风景名胜资源的管理工作，专设云南省"三江并流"国家重点风景名胜区管理局履行具体的管理职责。

1999年12月　厦门市鼓浪屿风景名胜区日光岩景区通过ISO14000环境管理体系认证。鼓浪屿成为我国风景名胜区行业第一个通过ISO14000环境管理体系认证的风景名胜区。

2000年

2000年1月1日　由国家质量技术监督局、建设部联合发布的《风景名胜区规划规范》正式开始实施，该规范为强制性国家标准，是我国第一部关于风景名胜区规划的专项技术规范。该规范由建设部城市建设司负责主编，由中国城市规划设计研究院会同国家文物局、国家土地管理局、国家环境保护总局、建设部城市建设研究院、浙江省建设厅、安徽省建设厅、四川省城乡规划设计研究院、江西省城乡规划设计研究院等有关单位和专家参与编制完成。经建设部1999年11月10日以建标〔1999〕267号文件批准，并会同国家质量技术监督局发布。

2000年1月2日　建设部在福建武夷山召开"全国文明风景旅游区示范点座谈会"。建设部职工思想政治工作研究会会长郭锡权、建设部文明办主任王志朝参加了会议。武夷山、黄山、泰山、峨眉山等风景名胜区以及颐和园的代表在会上交流了创建全国文明风景旅游区的经验。

2000年1月　为贯彻落实建设部《关于进一步规范社团管理，深化人事制度改革，建立和完善部属社团自养自律机制的通知》精神，中国风景名胜区协会结合实际工作需要，对协会工作和机构做出改革调整。

改革调整的具体事项包括：把原分散在全国各地的工作部集中到北京，在协会秘书处下设资源保护工作部、宣传工作部、经营工作部等，并明确了各工作部的负责人。

2000年1月5日　中国风景名胜区协会《风景资源保护简报》创刊。由中国风景名胜区协会资源保护部负责编辑并负责向全国风景名胜区和相关部门发送。中国风景名胜区协会秘书长马纪群为《风景资源保护简报》撰写了发刊词。

2000年2月21~25日　联合国教科文组织世界遗产中心、世界自然保护联盟、日本环境厅在日本东京、屋久岛举办了东亚世界遗产地生物多样性保护研讨会。参加会议的有中国、柬埔寨、印度尼西亚、日本、韩国、老挝、马来西亚等国代表。建设部城建司和国家环保总局自然保护司派员参加了会议。

2000年2月27~28日　联合国教科文组织世界遗产委员会委派世界遗产专家莱斯·莫洛伊博士到四川省都江堰市,在青城山—都江堰自然与文化陈列馆的多功能厅,听取青城山~都江堰申报世界自然与文化遗产工作汇报。建设部外事司司长李先逵主持汇报会。会后,莫洛伊博士参观了青城山—都江堰自然与文化陈列馆。

2000年3月13~16日　由中国风景名胜区协会与中国国际贸易中心联合主办的"畅游21世纪——全国风景旅游资源、旅游用品、工艺品博览会"在北京举行。建设部有关领导同志参观了博览会。

2000年3月13日　国务院办公厅发布《关于加强和改进城乡规划工作的通知》(国办发[2000]25号)。《通知》就加强城乡规划工作强调:一要充分认识城乡规划的重要性;二要切实加强和改进城乡规划编制工作,严格规范审批和修改程序;三要加强城乡规划实施的监督管理,推进城乡规划法制化;四要加强对城乡规划工作的领导。

《通知》明确:"各地区、各部门不得以任何名义和方式出让或变相出让风景名胜资源及其景区土地","不准在风景名胜区内设立各类开发区、度假区等。"同时明确:任何地区、部门都没有将"风景名胜区的经营权向社会公开整体或部分出让、转让给企业经营管理"的权力。

2000年3月16日　黄山风景名胜区管理委员会在北京人民大会堂举行荣获国际文化景观保护与管理荣誉奖颁奖仪式。黄山风景名胜区荣获联合国教科文组织1999年度国际文梅利娜·迈尔库里文化景观保护与管理荣誉奖,是我国风景名胜区首次获此殊荣。

全国人大常委会副委员长周光召、全国政协副主席陈慕华、安徽省人大常委会主任孟富林、建设部副部长赵宝江、中央文明办副主任胡振民、国家旅游局副局长孙钢、国家文物局局长张柏、安徽省省长蒋作君、联合国教科文组织北京办事处代表野口昇先生、中国联合国教科文组织全国委员会秘书长张学忠和黄山市委书记臧世凯等出席颁奖仪式。

2000年3月22日　由中国社会科学院环境与发展研究中心举办的"转轨时期人类文化与自然遗产管理研讨会"在北京召开。国务院法制办、国务院发展研究中心、建设部、国家旅游局、国家林业局、文化部等有关方面的负责人,中国风景名胜区协会、中国风景园林学会、北京大学、清华大学等部门的负责人和专家学者等近60人参加了会议。研讨会就转轨时期国家文化与自然遗产资源管理体制、经营方式以及与国际接轨问题、自然与文化遗产的定义和立法问题、国家自然与文化遗产资源的价值及其分类、国家自然与文化遗产保护以及管理体系的改革、世界国家公园的经验教训等问题进行了研讨和交流。

2000年4月15~16日 建设部副部长赵宝江到陕西省华山风景名胜区考察调研。此次考察调研是为了研究贯彻国务院办公厅《关于加强和改进城乡规划工作的通知》（国办发［2000］25号）文件精神。赵宝江副部长在华山风景名胜区重点考察了景区规划建设管理、景观保护、环境卫生、经营管理以及管理体制情况，听取了省、市有关部门的情况汇报，并对华山风景名胜区的管理体制和资源保护等问题，提出了具体意见。

2000年4月18~20日 建设部部长俞正声就风景名胜区管理问题在四川省进行调研。俞正声部长先后考察了青城山—都江堰、峨眉山风景名胜区，对青城山—都江堰的环境整治和峨眉山的综合管理水平给予了高度评价。4月20日，俞正声部长在峨眉山主持召开了风景名胜区工作座谈会，参加会议的有九寨沟、黄龙、青城山—都江堰、峨眉山—乐山大佛等风景名胜区的负责同志。

2000年4月28日 建设部发布《关于加强风景名胜区规划管理工作的通知》（建城［2000］94号）。《通知》要求各地近期对风景名胜区规划编制实施情况以及建设活动进行一次全面检查，重点检查违反规划、擅自进行开发建设的行为；在风景名胜区设立各类开发区、度假区的行为以及以各种名义或方式出让或变相出让风景名胜资源及景区土地的行为。

2000年4月30日 中国和加拿大合作项目——泰山管理项目组历时一个半月，编辑完成《泰山客户服务管理手册》。该手册制定规范标准30余项，岗位职责介绍60余个。该项目是我国风景名胜区行业与加拿大合作的第一个资源管理项目。

2000年5月 四川省温江中学学生朱丹给中共四川省委书记周永康写信，建议加强乐山大佛的保护，并随信寄人民币100元以捐赠大佛维修。周永康向乐山市委、市政府批转了朱丹同学的信，要求乐山重视大佛的保护工作；此事在全国引起了很大的反响。

2000年5月22~25日 由中国联合国教科文组织全国委员会、

建设部、国家文物局共同举办的"中国世界遗产地工作会议"在苏州召开。中国联合国教科文组织全委会秘书长张学忠、建设部城建司司长杨鲁豫、国家文物局副局长马自树以及苏州市的有关领导到会并讲话。来自全国各地23处世界遗产地管理机构的代表以及部分省、自治区、直辖市相关部门的代表、专家共100余人出席了会议。

2000年5月23日 建设部调研组在贵州省建设厅有关领导的陪同下,在黄果树风景名胜区就管理体制、运作机制、经济收益状况以及景区存在的问题进行调研。参加此次调研的有中国风景园林学会副理事长甘伟林、建设部办公厅原副主任郝圣锟、建设部城建司风景名胜处调研员赵健溶、建设部政策法规司副处长李锦、中国城市规划设计研究院风景所副所长唐进群等。

2000年6月13日 建设部部长俞正声和副部长赵宝江召开会议听取建设部调研组关于《风景名胜区管理暂行条例》执行情况、风景区管理体制和规划、假日经济、西部开发、风景区分类分级管理以及股票上市等七个专题调研汇报和综合报告的汇报。俞正声部长认为提交的报告有内容、有观点、有见解、不落俗套,调研取得了很大的成绩,并决定将部分报告内容呈送国务院领导阅示。俞正声要求调研组根据讨论情况对调研报告进一步修改完善。

2000年6月14日 国务院办公厅转发九部委《关于进一步发展假日旅游的若干意见》(国办发[2000]第46号)。《意见》要求:要适应假日旅游新形势的需要,加强组织协调工作;努力提高旅游服务水平,加强社会服务系统协作配合;要抓好旅游景区景点的扩容和疏导工作;加强对假日旅游的管理和引导。《意见》提出建立全国假日旅游部际协调会议制度。

2000年6月22日 中国联合国教科文组织全国委员会、建设部、国家文物局在北京人民大会堂联合举办世界文化遗产证书颁发仪式,向福建武夷山、北京颐和园、天坛、重庆大足石刻颁发世界遗产证书。

全国政协副主席张思卿、建设部副部长赵宝江、教育部副部长韦钰、国家文物局局长张文彬、联合国教科文组织北京办事处代表野口昇先生,中国联合国教科文组织全国委员会秘书长张学忠等出席颁证仪式。

2000年6月25日 福建省泉州市人民政府颁布177号令,明令禁止在古城名山范围内开发房地产,严禁任何单位和个人以任何名义和方式出让或变相出让清源山风景名胜区资源和景区土地,对清源山风景名胜区 62 平方公里保护范围内的建设行为实施严格控制,统一规划管理。

2000 年 7 月 8 日 建设部副部长赵宝江在泰山风景名胜区中天门索道改建工程初步论证会议上指出:风景名胜区的建设和管理,必须严格按照国务院批复的总体规划进行,认真听取专家的意见,保护好历史文化遗产。

2000 年 7 月 13 日 中国和德国合作建设泰山门票数字化管理系统签字仪式在山东省泰安市举行。该系统于当年 10 月 1 日建成并投入使用,从而在全国风景名胜区行业率先实行门票的数字化管理。

2000 年 7 月 14 日 中央文明办、建设部、国家旅游局、国家宗教事务局联合发出《关于坚决制止风景旅游区封建迷信活动的通知》(文明办[2000]6 号)。《通知》强调:要加强风景旅游区的规划和建设管理,要严格执行国家和地方有关法规,未经主管部门批准严禁修建庙宇寺观等建筑;严禁在风景旅游区内乱建带有封建迷信色彩的景观;严禁在风景旅游区内设置各种封建迷信活动场所。

2000 年 7 月 21 ~ 28 日 为了贯彻落实江泽民总书记两次关于安全生产的重要批示和国务院一系列文件精神,建设部决定在全国建设系统开展一次安全生产大检查。建设部部长俞正声带队对华东地区包括风景名胜区客运索道和核心景区的游览设施等进行了检查,并对存在的事故隐患提出了整改建议和处理意见。

2000 年 7 月 30 日 ~ 8 月 1 日 美国国家公园代表团一行 11 人在建设部城建司风景名胜处左小平的陪同下,到武夷山风景名胜区考察。美国国家公园代表团团长、佛罗里达州大沼泽地(Everglades)国家公园主任迪克·瑞认为:武夷山依法管理、保护规范,在美国就有名气,我们慕名而来主要是考察交流保护和管理的成功办法。

2000 年 8 月 4 日 建设部在《关于对泰山中天门索道改建问题的批复》(建城函[2000]247 号)中指出:"泰山索道改建工程,明显违背了国务院批准的《泰山风景名胜区总体规划》,也违背了《国务院办公厅关于加强和改进城乡规划工作的通知》(国办发[2000]25 号)文件精神和建设部《风景名胜区建设管理规定》规定的程序,造成了不良的社会影响,应追究决策人的责任。"

2000年8月7日　云南省人民政府办公厅发布《关于成立云南省世界遗产管理委员会的通知》（云政办发［2000］159号）。通知明确：省政府决定成立云南省世界遗产管理委员会。云南省省委常委、常务副省长牛绍尧任世界遗产管理委员会主任，分管副省长陈勋儒任副主任；世界遗产管理委员会办公室作为该委员会的日常执行机构设在云南省建设厅，并与新成立的"三江并流"风景名胜区管理局合署办公。

2000年8月12~14日　由八达岭特区主办的"首届八达岭世界人类文化遗产学术研讨会"在八达岭风景名胜区举行。应邀出席会议的有中国长城学会副会长罗哲文等35名专家学者。埃及驻华大使馆参赞阿迪夫·萨利姆、印度考古勘测局局长浦那查、印度泰姬陵文物保护专家萨尔玛、联合国教科文组织驻中国代表董为博士以及八达岭特区的领导参加了会议。

2000年8月20日　由中国风景名胜区协会资源保护部编辑的《全国风景名胜区名录》编辑印制完成。《名录》编辑过程中，统计收录了全国国家级、省级、市（县）级风景名胜区680个，其中国家级风景名胜区119个，省级、市（县）级风景名胜区561个。《全国风景名胜区名录》还收录了香港特别行政区的11个风景区和历史人文景点，澳门特别行政区的9个风景区和历史人文景点；台湾省的6个国家公园和24个风景区。

2000年8月26~30日　中国风景名胜区协会在辽宁省丹东市组织召开"风景区假日经济可持续发展分析会"。来自8个省区的19个风景名胜区的代表参加了会议。会议期间，与会代表对风景名胜区现行管理体制及其存在的问题、风景名胜区行业与旅游行业的关系等议题进行了讨论。会议期间，与会代表还考察访问了朝鲜人民民主主义共和国的国家风景名胜区——妙香山。

2000年9月8日　捷克植物学博士罗斯莱·欧维斯娜女士和蒂斯纳·库斯罗先生对湖南省南岳衡山风景名胜区的南岳树木园进行科学考察。南岳树木园作为中国最大的亚热带树种基因库，收集有亚热带树种91科341属1065种。

2000年9月12~14日　建设部在湖南省长沙市召开"加强风景名胜区游览安全管理座谈会"。会议主要研究如何做好"十一"黄金周期间风景名胜区合理扩容、疏导和安全防范管理工作，加强对游览活动安全工作的管理。建设部副部长赵宝江出席会议并作了重要讲话。湖南、安徽等省建设行政主管部门的领导以及12个国家级风景名胜区的主要领导参加了会议。

2000年9月15日 中央文明办、建设部、国家旅游局联合在广东肇庆召开全国创建文明风景旅游区示范点工作座谈会,福建厦门鼓浪屿风景区等10个风景名胜区、旅游区(点)被授予第三批全国文明风景旅游区示范点称号。

第三批10个全国文明风景旅游区示范点是:云南昆明世界园艺博览园、福建厦门鼓浪屿风景区、吉林长春净月潭风景名胜区、宁夏沙湖、江西南昌滕王阁、浙江雁荡山风景名胜区、山西五台山风景名胜区、山东青岛崂山风景名胜区、河南洛阳龙门风景名胜区、重庆大足石刻风景旅游区。

2000年9月18日 山东省建设厅发出《关于对泰山风景名胜区管理委员会、泰山旅游索道集团股份有限公司在泰山风景名胜区中天门索道建设上违规问题的通报》。通报指出:泰山风景名胜区管理委员会、泰山旅游索道集团股份有限公司,未经批准在泰山风景名胜区实施中天门索道建设工程,严重违反了国家有关政策法规的规定。并对两单位在这一项目建设中出现的问题进行通报批评。

2000年9月18日 "第五届全国风景湖泊研讨会"在江苏省徐州云龙湖风景名胜区召开。来自全国24个省、自治区、直辖市风景湖泊管理者以及专家共100多位代表出席了研讨会。与会代表认为:随着国家长假制度的出台,数以千万计的游客在一个相对较短的时间内集中于风景区,突破了景区的承受能力,超量的游客对景区生态资源构成了威胁。

2000年9月25日 四川省人民政府批准成立四川省世界遗产管理委员会。管理委员会主任由主管副省长担任,管理委员会成员包括四川省建设厅、文化厅、林业厅、环保局等相关部门以及世界遗产地所在州或市政府的代表。四川省世界遗产管理办公室作为该委员会的日常执行机构,设在四川省建设厅。

2000年9月28日 湖南省第九届人大常委会第八次会议审议通过《武陵源世界自然遗产保护条例》。条例明确:省人民政府建设行政管理部门应当会同林业、环境保护、国土资源等有关行政管理部门按照各自的职责,做好武陵源世界自然遗产保护的监督管理工作。条例对世界自然遗产的管理机构、规划与建设、环境与资源保护以及法律责任等作出具体的规定。

2000年10月9~15日 建设部风景名胜区管理办公室与美国内政部国家公园管理局在四川省都江堰市联合主办了"中美国家公园生物多样性保护研讨会"。参加会议的有10位国内外从事生物多样性保护研究的专家学者以及50多位来自全国各地风景名胜区的负责人。建设部城建司副司长王凤武代表建设部风景名胜区管理办公室出席会议并致辞。

2000年10月24日 "国际风景旅游洞穴保护和重建学术研讨会"在浙江省桐庐召开。来自中国、澳大利亚、法国、意大利、韩国、西班牙、瑞士、美国等13个国家的专家、代表出席了学术研讨会。中国科学院地理科学和资源研究所、中国地质科学院水文地质工程地质研究所、中国地质科学院岩溶地质研究所、南京大学、南京农业大学的专家学者以及部分洞穴风景名胜区的负责人参加了会议。

2000年10月 福建武夷山风景名胜区成立我国第一个世界遗产监测中心。监测中心的主要任务是：与联合国教科文组织世界遗产中心进行信息交流；运用科学监测技术，开展武夷山风景名胜区管理委员会管辖范围内遗产地的自然与文化遗产项目的常规监测和反应性监测。与武夷山自然保护区管理局、闽越王城博物馆的监测部门保持紧密联系，互通信息，最终建立武夷山遗产地监测体系。

2000年11月27日 在澳大利亚昆士兰州凯恩斯市举行的联合国教科文组织第24届世界遗产委员会上，我国青城山—都江堰、龙门石窟、明清皇家陵寝、安徽古村落被联合国教科文组织批准列入《世界遗产名录》。至此，我国已有各类世界遗产27处。

2000年12月7~13日 中国风景名胜区协会与建设部干部学院在北京举办"风景名胜区规划规范与资源保护研修班"。参加研修班的有来自全国各地风景名胜区的管理干部36人。研修班学习期间，建设部城建司副司长王凤武、建设部城建司风景名胜处处长李如生看望了全体学员并作了重要讲话。

2000年12月20日 建设部发出《关于授予武陵源等5处风景名胜区文明风景名胜区称号的通报》（建城［1999］232号），《通报》命名武陵源风景名胜区、青城山—都江堰风景名胜区、清源山风景名胜区、武当山风景名胜区、井冈山风景名胜区为第四批文明风景名胜区并予以表彰。

2000年12月21~22日 中国风景名胜区协会常务理事办公会议在北京召开,有来自全国各地仍在风景名胜区工作岗位和各省区建设行政主管部门的常务理事成员28人出席了会议,建设部城建司副司长王凤武、城建司风景名胜处处长李如生出席了会议。中国风景名胜区协会秘书长马纪群主持了会议。

2000年12月22日 中国风景名胜区协会表彰先进交流学习活动在北京举行。来自全国风景名胜区的160多位代表参加了交流学习活动。建设部副部长赵宝江到会看望了会议代表并作了重要讲话。在交流学习活动大会上,中国风景名胜区协会授予30个单位"风景名胜区行业先进单位"荣誉称号。授予91个单位"风景名胜区行业先进集体"荣誉称号,190名同志被授予"风景名胜区行业先进个人"荣誉。

2000年12月25~27日 建设部在广州市召开"全国风景名胜区工作会议",重点研究贯彻落实温家宝副总理关于风景名胜区工作指示和国办发〔2000〕25号文件精神。建设部部长俞正声、副部长赵宝江到会并作了重要讲话;来自31个省、自治区、直辖市的建设行政主管部门和110多个国家级、省级风景名胜区的代表参加会议。会议表彰了5个文明风景名胜区和全国风景名胜区系统41个先进集体和148个先进个人。

2000年12月 经建设部主管部门和中国风景园林学会批准,《风景园林汇刊》向北京市新闻出版局申请作为内部交流资料的正式批准号。北京市新闻出版局按有关规定,要求《风景园林汇刊》不作为刊物,同时确定于2001年起正式更名为《风景园林》(《风景园林》至2002年共编辑了48期)。

2000年 建设部城市建设研究院风景园林研究所完成建设部科学技术司课题《建设科技"十五"计划及2015年发展规划》的风景园林部分。

2001年

2001年1月21日 建设部风景名胜区管理办公室在北京召开风景名胜专家顾问座谈会。应邀出席座谈会的建设部风景名胜专家顾问有郑孝燮、李嘉乐、张国强、王秉洛、陈昌笃、孙筱祥、潘江、甘伟林、马纪群、林源祥、陈安泽、谢凝高、周维权、梁永基、罗哲文。建设部城建司副司长王凤武参加了座谈会。

与会风景名胜专家顾问就我国风景名胜区的立法、管理体制改革、后续人才的培养等问题提出了建议和意见。专家顾问对风景资源股票上市问题表示极大的关注并提出反对意见。

2001年1月 北京大学在北京大学景观规划设计中心的基础上成立北京大学景观设计学研究院。

2001年2月中旬 武夷山风景名胜区遗产监测中心开始对遗产地的大气、水质、生物、噪声、古迹遗址等13项专业内容进行监测。同时,将各种监测数据及时在互联网上对外公布。

2001年3月1日 国务院总理朱镕基在国家旅游局等六个部门的汇报上批示:现在只搞旅游开发区建设,不顾生态环境破坏问题已经越来越严重了,搞得不好要把老本吃掉了。

2001年3月9日 建设部、国家环保总局发布《关于国家重点风景名胜区开展创建ISO14000国家示范区活动的通知》(建城〔2001〕51号文件)。

《通知》要求风景名胜区要加强ISO14000环境管理体系的学习和研究,充分提高认识,将创建和保持良好的资源状况和生态环境作为积蓄风景名胜区发展后劲和强化管理工作的重要保障措施。

2001年3月14~25日 建设部与中国联合国教科文组织全国委员会、云南省建设厅在北京民族文化宫联合举办"三江并流"申报世界遗产大型图片展。全国人大常委会副委员长许嘉璐、全国政协副主席赵南起、周铁农出席展会开幕式并剪彩。云南省副省长牛绍尧主持开幕式,建设部部长俞正声为展会致辞,中国联合国教科文组织全国委员会主任韦钰、云南省省长李嘉廷到会并讲话。

2001年3月26日 建设部致四川省建设厅《关于对四川省风景名胜区出让、转让经营权问题的复函》(建城函〔2001〕80号)。《复函》重申了国务院办公厅发布《关于加强和改进城乡规划工作的通知》(国办发〔2000〕25号)中明确的内容:"各地区、各部门不得以任何名义和方式出让或变相出让风景名胜资源及其景区土地","不准在风景名胜区内设立各类开发区、度假区等。"

2001年3月30日 中国风景名胜区协会在北京召开"规范工作

人员着装试点工作座谈会"。四川峨眉山、黄龙、河北野三坡、北京八达岭长城等风景名胜区的代表参加了座谈会。与会代表就加强风景名胜区综合执法、统一执法的问题进行了探讨，对规范景区管理人员的服装和标志提出了建设性意见。中国风景名胜区协会秘书长马纪群到会并讲话。

2001年3月31日　　中国风景名胜区协会根据建设部、国家环保总局发布《关于国家重点风景名胜区开展创建ISO14000国家示范区活动的通知》（建城〔2001〕51号）文件精神，制定并公布了《风景名胜区ISO14000国家示范区申报和评选办法》。《办法》对风景名胜区ISO14000国家示范区的条件、评选范围、申报及审批程序等相关事项作出具体要求。

2001年4月5~6日　　国务院总理朱镕基率国家有关部门负责同志，在湖南省委书记杨正午、省长储波的陪同下在武陵源风景名胜区视察。朱镕基总理就武陵源风景名胜区的生态环境保护做出了重要指示，要求加快武陵源风景区内违法违规建筑物的拆迁，加大退耕还林和绿化的力度。

2001年4月8日　　陕西省华阴市玉泉院五朝山庙会期间，来自各地的6万多香客和游人云集朝拜。由于大量香客拥堵在南部通往华山西山门的陇海铁路立交桥涵洞，造成涵洞内22名香客被踩踏死亡，6人受伤。4月10日，国务院和陕西省联合调查组进驻华山风景名胜区调查"4·8"事件。12日，华阴市委常委会会议通报了"4·8"特大事件情况，总结反思"4·8"事件的教训。

2001年4月11~13日　　第一届中国武夷山世界遗产节在武夷山风景名胜区举行。参加世界遗产节的有全国人大常委会副委员长吴阶平、曹志，中国联合国教科文组织全国委员会、建设部、国家文物局的有关领导和联合国教科文组织驻中国代表处文化项目官员木卡拉先生等，中国27个世界遗产地管理机构和列入我国世界遗产预备清单的代表以及新闻单位记者200余人。联合国教科文组织总干事松浦晃一郎为世界遗产节发来贺电并为遗产节题词。世界遗产节期间还举办了世界遗产论坛。

2001年4月20日　　建设部发布关于《国家重点风景名胜区规划编制审批管理办法》（建城〔2001〕83号）。《办法》共有21个条款，对国家重点风景名胜区总体规划和详细规划的编制、审批程序作出具体规定。

2001年5月16~18日 根据建设部领导的指示，建设部城建司组织中国风景名胜区协会、中国风景园林学会调查组，并会同国家文物局、河北省建设厅，对承德避暑山庄外八庙风景名胜区内违规建设"山庄动物园"事件进行初步调查。6月4~5日根据建设部领导的批示，建设部城建司副司长王凤武率调查组，会同河北省建设厅，再次赴承德市进行实地调查。

2001年5月17~19日 中共中央总书记江泽民视察黄山风景名胜区。江泽民考察了黄山风景名胜资源和旅游经济发展情况。考察期间，江泽民对黄山风景名胜区各项事业的发展给予肯定，抒写了《登黄山偶感》，并对黄山风景名胜区的发展作出指示：黄山是祖国大好河山中的瑰宝，是得天独厚的旅游资源，要切实保护好，同时要开发利用好。不仅要使之成为风光秀丽的旅游景地，而且要使之成为进行爱国主义教育的重要场所。

2001年5月中旬 中国风景园林学会园林植物专业委员会在山东省泰安市召开第七届学术会议。会议认为：泰山风景名胜区有古树名木1400株，近年来依靠专家，开展科学试验，在古树名木的保护研究方面做出了突出成绩，总结了丰富的经验，推动了古树名木的保护和复壮工作。

2001年5月 四川省乐山大佛风景名胜区内的"东方佛都"项目未按规划和未履行报批程序，擅自建设仿阿富汗巴米扬大佛工程，受到国家有关主管部门的批评和制止，已建成的巴米扬大佛雏形被永久性封闭。

2001年5月 北京市园林局组织有关科研院所和大专院校对北京市市级以上风景名胜区进行了历时两年多的大范围生物多样性本底调查。通过风景名胜区生物多样性本底调查，摸清了北京市风景名胜区内的珍稀物种及群落的分布情况，为北京市风景名胜区总体规划编制提供了科学的依据。

2001年6月7日 浙江省建设厅发出《关于重申不得将风景名胜区资源出让转让的通知》（建规发[2001]97号）。通知指出：日前，新闻媒体报道了舟山市普陀山区朱家尖风景旅游管委会将普陀山国家重点风景名胜区内的朱家尖乌石塘景区的经营权进行拍卖后，引起全国风景名胜区专家及有关部门的极大关注。

通知重申：不能以任何理由和名义将"风景名胜区的经营权向社会公开整体或部分出让、转让给企业和个人经营管理"，"风景名胜区门票不属于经营内容，不应将风景名胜区门票专营权出让或转让。"

2001年6月8日 河南省焦作云台山风景名胜区子房湖内惊现国家濒危野生动物——桃花水母。桃花水母是地球上最原始、最低等的无脊椎腔肠动物之一，最早诞生于6.5亿年前。云台山是迄今为止我国发现桃花水母纬度最高的地方，在黄河以北地区也是首次发现，在中国独一无二。

2001年7月1日 四川九寨沟风景名胜区管理局在成都建立的九寨沟旅游网站（www.jiuzhaigouvalley.com）正式开始试运行。九寨沟旅游网站是我国风景名胜区管理机构建立的第一个具有电子商务功能的旅游服务网站，构建了以网络为基础的国际化旅游平台。网站以控制游客数量、保护生态环境、拓展旅游服务市场为宗旨，通过建立国际性旅游网络营销平台，实施网上购票和网络化营销。

2001年7月14~26日 国务院委托国家计委牵头组织，由建设部、国土资源部、国家环保总局、国家文物局、国家旅游局和国家林业局参加的国务院联合调研组，对陕西省、四川省部分风景名胜区和国家文物管理部门管理和经营权出让转让问题进行了为期13天的专题调研。建设部城建司风景名胜处处长李如生、中国风景名胜区协会厉色作为调研组成员参加了此次调研。

2001年7月16日 中国联合国教科文全国委员会与建设部共同在北京人民大会堂举行青城山—都江堰、西递—宏村、苏州古典园林（扩展）三地的世界遗产证书颁发仪式。

2001年7月20日 建设部向河北省建设厅发出《关于对承德避暑山庄外八庙风景名胜区内违规建设"山庄动物园"问题意见的函》（建城函［2001］218号）。将建设部调查组的调查报告转发给河北省建设厅，并要求河北省建设厅和承德市人民政府对承德方正旅游发展有限公司和秦皇岛市安盈机械化工程有限责任公司在承德避暑山庄风景区内违规建设山庄动物园项目遵照有关法规严肃查处。

2001年8月2日 建设部转发关于山东省建设厅《关于对泰山风景名胜区管理委员会、泰山旅游索道集团股份有限公司在泰山风景名胜区中天门索道建设上违规问题的通报》的通知。通报指出：泰山风景名胜区管理委员会、泰山旅游索道集团股份有限公司，未经批准在泰山风景名胜区实施中天门索道建设工程，严重违反了国家有关政策法规的规定，其做法是错误的，教训是深刻的。

泰安市政府已责令泰山风景名胜区管理委员会、泰山旅游索道集团股份有限公司作出深刻检查，并就此事在全市予以通报

2001年8月21日 "泰山网"（http：//www.m-tai.com）正式开通，泰山网以泰山文化、泰山旅游和泰安地方经济三大版块为特色，是面向全球的综合信息网络化数字平台。泰山风景名胜区综合性网站的开通，标志泰山文化传播进入网络化时代。

2001年8月29~30日 中国风景名胜区协会在北京召开"中国风景名胜区协会2001年常务理事工作会"。建设部原副部长赵宝江、建设部城建司副司长王凤武、城建司风景名胜处处长李如生、城建司园林绿化处处长曹南燕出席会议；会议由中国风景名胜区协会秘书长马纪群主持。

2001年9月10~11日 中国风景园林学会风景名胜专业委员会在新疆天山天池风景名胜区召开学术年会。与会代表就风景名胜区的定义、定性、定位，如何正确处理保护管理和开发建设的关系以及风景名胜区发展战略等理论问题展开讨论并取得共识。

2001年9月13日 中央文明办、建设部、国家旅游局联合在京召开电视电话会议，授予浙江普陀山等10个风景名胜区、旅游区（点）第四批全国文明风景旅游区示范点荣誉称号。

第四批10个全国文明风景旅游区示范点是：浙江普陀山风景名胜区、云南丽江古城风景旅游区、安徽九华山风景名胜区、湖北武当山风景名胜区、甘肃麦积山风景名胜区、河南嵩山风景名胜区、湖南衡山风景名胜区、新疆喀纳斯风景旅游区、黑龙江镜泊湖风景名胜区和内蒙古阿尔山风景旅游区。

2001年9月27日 肇庆星湖风景名胜区通过建设部、国家环保总局联合验收组对肇庆星湖创建风景名胜区ISO14000国家示范区活动的检查验收，被建设部、国家环保总局授予"风景名胜区ISO14000国家示范区"称号。肇庆星湖成为风景名胜区行业第一个"风景名胜区ISO14000国家示范区"。

2001年10月1~7日 "十·一黄金周"期间，泰山风景名胜区进山游客达14.74万人，收入895万元，同比增长37.12%。进山游客和门票收入均居纳入预报的全国十大景区之首位。

2001年10月8日 在国务院总理朱镕基、温家宝副总理、湖南省主要领导以及有关专家的高度重视下，湖南省张家界市武陵源区人民政府正式实施了武陵源风景名胜区内违规违章建筑的大拆迁。

这次大拆迁是我国风景名胜区设立以来旨在保护自然遗产资源的规模最大、投资最多、最受社会关注的拆迁工作。大拆迁计划3年并分两期完成，两期工程共投入资金2.15亿元，共拆除违规违章旅游接待设施124家，搬迁常住户546家，涉及农民1791人，拆迁建筑面积达19.1万平方米。

2001年10月10日 中国和加拿大合作泰山景区管理项目成果交流会在泰山风景名胜区举行。国务院体改办、国家计委、财政部、建设部、外经贸部、国家文物局、林业总局、旅游局及联合国教科文组织驻中国办事处、加拿大驻中国使馆的官员、专家参加会议，与会官员、专家听取了泰山风景名胜区管理项目运作及实施情况汇报。

2001年10月16～17日 中国风景名胜区协会第三届会员代表大会在峨眉山风景名胜区召开。建设部部长俞正声为大会发来了贺信。原建设部副部长赵宝江、中国风景名胜区协会第二届会长李振东、建设部城建司副司长王凤武、原建设部城建司司长林家宁等出席会议并讲话。

会议选举原建设部副部长赵宝江为第三届中国风景名胜区协会会长，选举马元祝、马纪群、王翔、王凤武、李传旺、张群、张时洪、陈素伟、陈先珍、杨秀珠、林家宁、黎志为第三届中国风景名胜区协会副会长（以姓氏笔画为序），林家宁兼任秘书长。

2001年10月23日 中国科协批准成立《中国园林》杂志社（科协宣发出字［2001］086号）。中国风景园林学会主办的《中国园林》学刊创办十多年间，编辑工作一直由学会秘书处下属的编辑部负责，该体制难以适应形势发展需要。

2001年11月13～14日 建设部在湖南省张家界市武陵源风景名胜区召开《全国生态敏感和世界遗产风景名胜区规划工作座谈会》。建设部城建司副司长王凤武到会并讲话。来自20个风景名胜区和建设部办公厅、城乡规划司及中国风景名胜区协会、中国风景园林学会、中规院等单位的负责同志参加了会议；会议邀请了北京大学教授谢凝高和中国社科院研究员张晓到会做专题报告。

2001年11月26日 由中国风景名胜区协会主办，《中国风景名胜博览》编辑部负责编辑的《中国风景名胜博览》书画丛书完成并出版。这套丛书共五卷，先后收录、介绍了我国世界遗产地、国家重点风景名胜区和部分省市级风景名胜区共计200多个。该套丛书的编辑完成和出版发行，得到了建设部、各省、自治区、直辖市建设行政主管部门以及全国各级风景名胜区的大力支持，得到有关专家、顾问的指导。

2001年12月20日　中国风景名胜区协会第三届二次常务理事会在安徽省黄山风景名胜区召开。中国风景名胜区协会会长赵宝江、中国风景名胜区协会副会长兼秘书长林家宁到会并讲话。

2002年

2002年1月1日　中国风景名胜区协会主办的《风景资源保护简报》改版为《风景名胜工作通讯》月刊。

2002年1月7日　建设部部长汪光焘在全国建设工作会议上指出：要防止和杜绝种种急功近利和破坏性开发的发生。尤其对具有突出意义和普遍价值的自然景观和文物古迹，特别是世界自然与文化遗产，要保持其完整、真实的存在并传之于后世。要严格实施规划，风景名胜区内不得设立开发区、度假村，更不得以任何名义和方式出让或变相出让风景名胜资源和景区土地。

2002年1月18日　四川省第九届人民代表大会常务委员会颁布《四川省世界遗产保护条例》。条例明确：省人民政府建设、文化行政管理部门按照各自的职责，负责全省世界遗产保护利用的监督管理工作。条例对世界遗产资源保护、管理职责、总体规划、旅游环境容量以及违法处罚等方面都作出了相应的规定。条例还明确：任何单位和个人不得擅自出让或变相出让世界遗产资源。

2002年2月5日　建设部城建司与中国风景名胜区协会在建设部301会议室联合召开在京风景名胜区专家座谈会。应邀出席座谈会的建设部风景名胜区专家有郑孝燮、陈昌笃、甘伟林、王秉洛、谢凝高、潘江、陈安泽、张国强、李嘉乐、梁永基、孙筱祥、宋林华、郝圣锟、陈明松、杨锐、贾建中、郑玉歆、张晓等。建设部副部长仇保兴、原中国风景名胜区协会会长储传亨、原建设部副部长、中国风景名胜区协会会长赵宝江、建设部城建司司长李东序、副司长王凤武、中国风景名胜区协会副会长兼秘书长林家宁等参加了座谈会。建设部部长汪光焘在座谈期间，专门到会看望了与会专家。

2002年3月1日　国务院总理朱镕基在国家旅游局等六部门《关于规划建设国家旅游度假区、国家生态旅游示范区、国家旅游扶贫实验区有关工作的请示》上批示：请旅游局、建设部、环保总局认真研究彭珮云同志批来的谢凝高同志的意见。现在只搞旅游开发区建设，不顾生态环境破坏问题已经越来越严重了，搞得不好要把老本吃掉了。

2002年3月10日　国务院总理朱镕基在中央人口资源环境座谈会上讲到人口资源环境面临问题时指出："有些地方在旅游开发中任意破坏自然景观和人文景观。"

2002年3月10~11日　中国风景名胜区协会在四川省都江堰市召开"全国风景名胜区创建ISO14000国家示范区工作研讨会"。中国风景名胜区协会副会长兼秘书长林家宁主持了会议，中国风景名胜区协会会长赵宝江对会议作了重要指示，会上还宣读了建设部城建司副司长王凤武致会议的信。国家环保总局科技标准司副司长赵英明以及四川省环保局、都江堰市的有关领导出席了会议。

2002年3月20~21日　"第六届海峡两岸国家公园暨保护区研讨会"在台北召开。此次研讨会由台湾省公园学会主办，建设部、国家林业局、国家环保总局、国家海洋局、中国科学院组团赴台北市参加了此次研讨会；参加研讨会的还有各省区相关部门的代表，有关院校的专家学者以及风景名胜区、自然保护区的负责同志。建设部城建司风景名胜处助理调研员左小平、中国风景名胜区协会副秘书长刘强参加了研讨会。

2002年4月5~10日　建设部组织调查组赴华山风景名胜区，针对媒体报道的华山违规建设青柯坪、巨灵索道等问题进行实地调查。

2002年4月24日　建设部就组织调查组赴华山风景名胜区调查的情况致函陕西省人民政府。建设部在致函中指出：经调查，华山青柯坪索道建设项目违反了经国务院批准的《华山风景名胜区总体规划》，违反了国办发［2000］25号文件有关风景名胜区重大建设项目的审批规定。致函提出：立即停止华山青柯坪索道建设和巨灵索道的筹建工作，并等候处理；仙峪景区开发规划及巨灵索道项目的建设应按规定办理报批手续，待批准后方可实施。

2002年4月6日 厦门鼓浪屿风景名胜区通过建设部、国家环保总局联合验收组对风景名胜区创建ISO14000国家示范区活动的检查验收,被建设部、国家环保总局批准授予"风景名胜区ISO14000国家示范区"称号。

2002年4月19日~5月7日 建设部城建司组织考察团赴美国,就美国国家公园管理等内容进行培训和考察。考察团实地考察了夏威夷火山国家公园、珍珠港国家纪念地、米湖国家公园、约塞米蒂国家公园、大峡谷国家公园、旧金山海岸公园、金门大桥、华盛顿国家纪念公园等。

2002年4月25日 文化部、国家文物局、国家计委、财政部、教育部、建设部、国土资源部、国家环保总局、国家林业局联合发布《关于加强和改善世界遗产保护管理工作的意见》(文物发〔2002〕16号)。《意见》对进一步改善和加强我国世界遗产的保护管理工作提出要求。

2002年5月2日 国务院总理朱镕基在国务院秘书二局呈报的建设部《关于报送对黄山有关问题的情况的函》上批示:请太华、仲林同志阅。要重视黄山的规划和保护。

2002年5月15日 国务院发出《关于加强城乡规划监督管理的通知》(国发〔2002〕13号)。通知指出:近年来,在城市规划和建设中出现了一些不容忽视的问题,对历史文化名城和风景名胜区重开发、轻保护;在建设管理方面违反城乡规划管理有关规定,擅自批准开发建设等。通知强调:风景名胜资源是不可再生的国家资源,严禁以任何名义和方式出让或变相出让风景名胜区资源及其景区土地,也不得在风景名胜区内设立各类开发区、度假区等。

2002年5月17日 国务院发布《关于发布第四批国家重点风景名胜区名单的通知》(国函〔2002〕40号),审定批准第四批32个国家重点风景名胜区。

2002年5月24日 陕西省代省长贾治邦主持召开省长办公会,专题研究华山索道问题。会议在听取有关情况的汇报后,对陕西省旅游集团公司违规建设、陕西省建设厅监管不严和省政府办公厅督办不力提出了严厉批评。会议认为,建设部对处理华山索道的三条意见是正确的,应认真贯彻执行。会议决定:责令陕西省旅游集团公司立即无条件停止在华山风景名胜区内的一切建设活动,撤出人员,撤出设备。

  2002年6月1日 福建省第九届人民代表大会常务委员会颁布《福建省武夷山世界文化与自然遗产保护条例》。条例明确了武夷山世界遗产的保护坚持依法保护、科学管理、加强监督、永续利用的原则。条例对世界遗产地的管理范围、机构职责、规划与管理、文化遗产保护、自然遗产保护以及法律责任等作出规定。

  2002年6月4日 为了有效保护世界上最大的石刻佛像——乐山大佛，中国科学院成都分院副院长关晓岗率乐山大佛科学保护项目专家组一行17人，对乐山大佛的保护现状以及存在的问题进行现场考察。专家组根据前期广泛搜集的石刻文物保护资料和科研成果，针对乐山大佛防风化、防江水侵蚀以及保护性治理等进行了调查分析。

  2002年6月10日 温家宝副总理在《国内动态清样》第1451期报道"南岳衡山景区遭人为破坏"上批示：请云川、光焘同志阅。

  2002年6月13～17日 为落实温家宝副总理在《国内动态清样》第1451期上的批示精神，建设部城建司副司长王凤武率调查组会同湖南省建设厅，对南岳衡山风景名胜区违法违规建设，风景名胜资源遭到人为破坏的情况进行实地调查。

  2002年6月15日 中国风景名胜区协会正式向世界自然保护联盟（IUCN）驻瑞士的总部递交加入世界自然保护联盟的申请材料。

  中国风景名胜区协会于年初向建设部主管部门提出加入世界自然保护联盟的申请，经建设部和外交部的批准后，中国风景名胜区协会在上半年组织专人启动并筹备申请加入世界自然保护联盟的工作。

  2002年6月24～29日 联合国教科文组织第26届世界遗产大会在匈牙利首都布达佩斯召开，共有50多个国家和地区的代表参加此次会议。由中国联合国教科文组织全委会、建设部、国家文物局、云南省、西藏自治区、河南省、澳门特别行政区及苏州市共二十多位代表组成的中国代表团参加了会议。

  2002年6月28日 河北省承德市风景名胜区协会成立。在成立大会上，选举产生了第一届团体会员单位与协会理事会，通过了《承德市风景名胜区协会章程》。

  2002年6月 新华社播发了《大兴土木使南岳三峰美景损容》一稿，引起了中央领导同志的高度关注，国务院总理朱镕基和副总理温家宝相继就南岳衡山风景名胜区资源环境保护问题做出重要批示。

2002年6月　九寨沟风景名胜区管理局、黄龙风景名胜区管理局与四川大学、阿坝州政府共同出资，合作设立四川大学九寨黄龙旅游经济研究中心。研究中心的研究范围包括旅游企业经营与管理咨询、教育培训、项目投资咨询和地方经济发展研究等。

2002年7月3日　国务院副总理温家宝在国务院收文见传4857号"网称南岳三峰大兴土木"一文上批示：如此大兴土木，不仅破坏景区，而且引起山体灾害，情况不知确否，请参酌。

2002年7月15日　湖南省建设厅向建设部呈交《关于南岳衡山风景名胜区违规建设情况的调查处理报告》（湘建城［2002］276号），根据建设部建办城函［2002］290号《关于请认真核查、清理衡山风景名胜区建设项目的意见》和湖南省委领导的有关批示精神，做出对南岳衡山风景名胜区违法违规建设调查情况处理汇报。

2002年7月17日　建设部作出《关于认真查处南岳衡山风景名胜区违规建设问题的复函》（建城函［2002］158号）。复函明确要严格按照有关法律法规和国发［2002］13号文件的要求，对有关单位和责任人严肃处理，要求湖南省建设厅立即组织对南岳衡山风景名胜区违法违规建设项目进行全面清查，凡破坏资源、违法违规的建设项目，应一律限期拆除，并依法追究有关单位及有关人员的责任，在此基础上在两个月内提出景区的综合整治方案。

2002年7月26~30日　由建设部稽查办公室牵头，房地产业司、规划司、城建司联合参加的"福建莆田南山别墅山庄"建设情况调研组，对福建莆田南山别墅山庄违规开发建设情况进行调研。

2002年7月27日　黄山与瑞士少女峰缔结友好山关系签字仪式和黄山—少女峰视频电子邮件开通仪式在黄山风景名胜区北海宾馆举行。黄山风景名胜区管委会副主任胡学凡和少女峰铁路公司董事长卡多·古洛蒂分别在协议书上签字，安徽省省长许仲林和瑞士前联邦主席阿道夫·奥吉为视频邮件开通揭幕。

2002年7月31日　中国风景园林学会根据中国科协《关于同意成立〈中国园林〉杂志社的批复》，经建设部同意办理了《中国园林》杂志社的相关手续。中国风景园林学会以［2002］景园学字第21号文明确：杂志社实行企业化管理（由中国风景园林学会投资30万元）。中国风景园林学会副理事长王秉洛担任《中国园林》杂志社社长（企业法人代表）。

2002年8月2日 建设部、中央机构编制委员会办公室、国家发展计划委员会、财政部、监察部、国土资源部、文化部、国家旅游局、国家文物局联合发布《关于贯彻落实〈国务院关于加强城乡规划监督管理的通知〉的通知》（建规［2002］204号）。通知要求设在风景名胜区内的所有单位，除各自业务受上级主管部门领导外，都必须服从管理机构对风景名胜区的统一规划和管理。不得将景区规划管理和监督的职责交由企业承担。

通知还明确要求加快建立全国城乡规划和风景名胜区规划管理动态信息系统。

2002年8月8日 国务院副总理温家宝在8月1日的《互联网信息择要》题为《有人在换着角度"吃"泰山》的报道上批示：对开山采石应严格规划和管理，在风景名胜区内应当明令禁止，山体、植被破坏，难以恢复，所付的代价甚多，教训极其深刻。

2002年8月14日 建设部发布《关于立即制止在风景名胜区开山采石加强风景名胜区保护的通知》（建城［2002］213号）。

《通知》强调：任何部门、任何单位和任何个人不得在风景名胜区内进行或批准进行开山采石、挖沙取土以及其他任何形式的严重破坏地形、地貌和自然环境的活动。《通知》要求各地有关部门立即组织力量进行全面清理整顿，限期恢复植被，要进行专项调查，并依照法律法规追究有关单位和人员的责任。

2002年8月16日 中国社会科学院环境与发展研究中心在北京召开"中国的世界遗产管理之路"研讨会。建设部、国家文物局、民政部、全国人大环资委、中国风景名胜区协会、中国地质博物馆、北京大学、清华大学、复旦大学、同济大学、中国社会科学院以及世界遗产地的管理人员、专家学者及新闻媒体80人参加了会议。联合国教科文组织北京办事处的文化官员杜晓帆先生应邀出席了会议并参加了讨论。

2002年8月16~27日 四川九寨沟风景名胜区首次对风景区游人步行道进行全路段实地调查。调查期间，采用GPS对道路进行全方位定位和长度测量，对游径的生态环境影响评价采用"游径问题评价法"，评价指标采用游径变宽、游人另辟路径以及由于游人践踏引起的植物根部暴露三项指标；对游径的景观和美学影响评价则采用问卷调查的方式，取得了相关人群对九寨沟木栈道评价的直接资料。

2002年8月17日　建设部城建司副司长王凤武率调查组,对新闻媒体报道济南市长清区北马套村在泰山风景名胜区内违法开山采石的情况进行调查。山东省建设厅根据国务院领导的批示和山东省人民政府主要领导的具体指示,也组织本省有关厅局和济南市、泰安市政府进行联合调查并提出处理意见。

2002年8月20日　广东省建设厅在江门市召开"全省园林绿化和风景名胜区工作会议",同时召开广东省风景园林协会成立大会(广东省风景园林协会的前身是广东省风景名胜区协会)。

2002年8月24日　国务院总理朱镕基在国家旅游局《关于对南岳衡山景区违规建设情况的调查报告》上批示:"要下决心整顿拆除,重新规划,重整山河,旅游业才有真正的前途。"

2002年8月26日　建设部在京召开"全国城乡规划和风景名胜区保护工作电视电话会议"。各省、自治区、直辖市和城市的分管领导以及有关部门领导参加会议。建设部部长汪光焘在会上发表了重要讲话。

2002年8月　清华大学资源保护与风景旅游研究所受安徽省黄山市委托,开始黄山风景名胜区总体规划。在泰山和梅里雪山总规的理论基础上,本次规划运用国际先进的风景名胜区规划理念、方法和技术手段,在规划目标体系、分区管理、游客体验管理、游客时空分布模型、高峰日指定旅游产品与销售、监测体系、缓冲区社区协调、风景名胜区规划环境影响评价等方面均进行了大量原创性的探索。

2002年9月2日　"世界遗产保护论坛国际会议"在四川省乐山市召开。会议通过了《乐山宣言》,宣言提出:保护世界遗产是全社会的共同义务,更是各级政府的首要任务。各级政府承担着履行国际公约的职责,应加强对自然与文化遗产的保护和管理,建立健全权威、全面、科学的世界遗产决策机构,建立权威的世界遗产保护专家委员会。

2002年9月5~8日　中国科协在四川省成都市举行第四届学术年会。中国风景园林学会遵照中国科协学术年会的主题和宗旨,积极申办专题分会场,并商请四川省建设厅、成都市建委、成都市园林局共同承办会议。全国有关专家学者200余人参加会议,提交论文摘要84篇。

专题分会的议题是:"国家自然与文化遗产保护和人居环境园林

绿化建设。"会议内容涉及风景园林综论、自然与文化遗产的保护和利用、园林绿地规划设计与园林植物等领域。

2002年9月 中国风景名胜区协会和南京中山陵园管理局共同举办"2002年南京·中国风景名胜区旅游纪念品联谊展示交易会"。中国风景名胜区协会会长赵宝江、中国风景名胜区协会副会长兼秘书长林家宁以及南京市领导同志出席了展会开幕式并剪彩。

2002年9月20~21日 中央文明办、建设部、国家旅游局在四川峨眉山市召开的全国创建文明风景旅游区示范点经验交流会，10个风景名胜区、旅游区（点）被授予第五批全国文明风景旅游区示范点称号。

第五批10个全国文明风景旅游区示范点是：北京天坛公园、吉林松花湖风景名胜区、江苏花果山风景名胜区、江西三清山风景名胜区、海南三亚南山文化旅游区、四川九寨沟风景名胜区、云南中国科学院西双版纳热带植物园、山西大同云冈石窟、湖南岳麓山风景名胜区、河南开封市龙亭湖风景旅游区。

至此，全国已有5批共50个风景名胜区、旅游区（点）荣获全国文明风景旅游区示范点称号。

2002年9月25~27日 建设部在湖南省张家界市召开"全国风景名胜区保护工作会议"。建设部部长汪光焘、建设部副部长仇保兴出席会议并讲话。

根据会议公布的统计数据，2002年全国已有国家重点风景名胜区151个，总面积达62719平方公里。2001年全国国家重点风景名胜区总游客量达9.88亿人次，比十年前增加了6倍；从业人员达13.32万人，比十年前增加了3倍；固定资产投资额达21.25亿元。

2002年9月27日 建设部在湖南省张家界市召开《全国风景名胜区保护工作会议》，建设部副部长仇保兴出席会议并作重要讲话。仇保兴列举了风景名胜区存在的不文明、不利于可持续发展、也不合法的六种开发利用方式：一是长官意志式的开发；二是崇洋媚外式的开发；三是一哄而上式的开发；四是急功近利式的开发；五是盲目错位式的开发；六是杀鸡取卵、竭泽而渔式的开发。

2002年10月8~20日 受联合国教科文组织世界遗产中心的委托，世界自然保护联盟（IUCN）的遗产专家吉姆·桑塞尔和莱斯·莫洛伊两位专家，对我国云南省"三江并流"申报世界自然遗产提名地进行了为期12天的实地评估考察。

2002年10月14~28日 中国风景名胜区协会会长赵宝江带队对吉林松花湖、河北苍岩山两处风景名胜区进行执法情况调研。此次调研是为了贯彻落实中央领导同志的指示和国务院13号文件精神，主要针对风景名胜区总体规划及详细规划的编制、机构设置及管理、干部职工培训等方面的问题，并就加强执法力度和管理等提出建议和措施。

2002年10月15日 国务院领导同志同意中央机构编制委员会办公室报送的《研究世界遗产审核、申报和管理工作责任分工问题的会议纪要》。

2002年10月15~17日 清华大学建筑学院与联合国教科文组织世界遗产中心、中国联合国教科文组织全国委员会、建设部、国家文物局共同举办联合国教科文组织保护世界遗产公约签订30周年纪念大会及学术研讨会。

2002年10月17~24日 中国风景名胜区协会组织部分风景名胜区的领导和部门负责同志赴西藏自治区雅砻河风景名胜区进行考察交流。在这次考察交流中，黑龙江镜泊湖、辽宁千山、山东泰山、崂山、武汉东湖、四川都江堰等风景名胜区以及协会秘书处开展了支持雅砻河风景名胜区管理局的捐助活动。

2002年10月 四川省世界遗产管理办公室制订了《四川省世界遗产景观生态网络工程》规划方案，其中的关键内容是建立遗产监测体系和实施管理培训计划。

2002年11月3日 为纪念国务院批准设立中国风景名胜区20周年，中国风景名胜区协会会刊《风景名胜工作通讯》编辑部组织编辑《纪念中国风景名胜区事业20周年——辉煌的历程》专刊。专刊收录了几代党和国家领导同志视察风景名胜区的珍贵历史图片30余幅，收录反映我国风景名胜区事业20年来的创业和发展历程的论文18篇。

2002年11月6日 建设部发出《关于加强城市生物多样性保护工作的通知》（建城［2002］249号）。通知指出：生物多样性是人类赖以生存和发展的基础。加强城市生物多样性保护工作，对于维护生态安全和生态平衡、改善人居环境等具有重要意义。

2002年11月6~7日 国务院副总理温家宝、钱其琛分别在建设部部长汪光焘同志《关于泰山风景名胜区内违法开山采石的调查报告》上圈阅。

2002年11月8日 建设部风景名胜区管理办公室主任李东序与美国内政部国家公园管理局副局长唐纳德·默菲（Donald W Murphy）共同签署联合声明。根据1998年5月8日建设部风景名胜区管理办公室与美国内政部国家公园管理局签署的《国家公园及自然文化遗产地保护和管理谅解备忘录》中第8条规定，双方同意延长备忘录的有效期并交换了信函。

2002年11月9日 世界自然保护联盟（IUCN）在瑞士总部召开的第57次会议上通过了中国风景名胜区协会的申请，接纳中国风景名胜区协会为世界自然保护联盟（IUCN）的正式会员。

2002年11月11~29日 由建设部城建司司长李东序任团长、中国风景名胜区协会副会长兼秘书长林家宁为副团长的赴巴西、古巴国家公园考察团，对巴西圣保罗、库里蒂巴、里约热内卢、玛瑙斯、福斯·杜伊瓜苏和古巴哈瓦那等城市的国家公园、城市和风景园林建设进行了考察。考察团分别在库里蒂巴、里约热内卢、玛瑙斯和哈瓦那等城市与当地有关城市建设、环境和国家公园的管理部门进行专题座谈和工作交流。此次考察是建设部"国外国家公园管理体系比较研究"课题项目内容。

2002年11月19日 国务院副总理李岚清在《旅游企业经营文物单位带来严重后果——关于文物保护与发展旅游的思考》上批示：近年来有些地方将文物保护单位交旅游企业经营的做法有蔓延趋势，看来不妥。文物是不可再生的国家宝贵资源，保护文物是政府的责任和行为。文物无疑可以在充分保护的前提下被合理利用来开展旅游，但这并不能被认为可以交给企业去经营赚钱。两者的目标并不完全一致，如果硬将其合二为一，势必会影响文物的保护而造成严重后果。不知妥否，请酌示。

与此同时，国务院副总理钱其琛也批示：对历史文物要有效保护合理利用，只有保护好才能永续利用，旅游部门不能经营文物企业。

2002年11月19日 建设部信息化工作领导小组办公室、科学技术司、城乡规划司、城市建设司发出《关于开展城市规划和风景名胜区监管信息系统建设试点工作的通知》（建科信函［2002］143号）。

通知对国家重点风景名胜区监督管理信息系统试点工作的主要内容、主要工作任务、试点工作的计划进度及工作成果、试点工作的组织与分工以及系统建设试点的工作提出了具体要求。

2002年12月1日 建设部批准发布由中国·城市建设研究院风景园林研究所主持编制的园林行业标准——《园林基本术语标准》（CJJ/T91—2002）。《园林基本术语标准》中第6节"风景名胜区"首次列入了11个词条，明确规定了风景名胜区的基本术语。

2002年12月10~11日 由中国城市规划设计研究院风景园林规划设计所负责编制的我国第一个省域风景名胜区体系规划——《贵州省风景名胜区体系规划》评审会在贵阳市召开。会议对体系规划提出进一步完善充实的意见后认为：作为我国第一个省域风景名胜区体系规划，具有较强的前瞻性、包容性、科学性和指导性，是个好规划，予以通过。

2002年12月18日 世界自然保护联盟（IUCN）总部致函中国风景名胜区协会，接纳中国风景名胜区协会为世界自然保护联盟（IUCN）正式会员。

2002年12月28日 建设部、国家文物局、中国联合国教科文组织全国委员会、中国历史博物馆在北京中国历史博物馆联合举办"神州风采——世界遗产在中国"大型展览。全国人大常委会副委员长王光英、全国政协副主席孙孚凌等出席了开幕式。

2002年12月 以泰山、黄山、武陵源风景名胜区作为试点单位的《国家重点风景名胜区监督管理信息系统》的建设工作开始启动。

该系统由建设部信息化工作领导小组办公室以及建设部科技司、城乡规划司、城建司统一协调组织，以国家重点风景名胜区为监测对象，基于遥感技术、GIS技术、MIS技术和网络技术等高新技术，采用遥感、地形、总体规划、详细规划数据比对和专家判读的方法，实现大范围、可视化、短周期的动态监测效果，为政府监督管理、宏观决策和依法行政提供科学依据。

2002年12月 黄山风景名胜区在核心景区建成我国第一个高山生态消防管网。该项分期实施的高山防火接力水网工程，将五里桥新二水库的水经过两个水泵的加压、串接，提升740米至天海水库和玉屏楼蓄水池，再通过核心景区沿游道铺设的管网，适时实施高山游道两侧生态植被抗旱保绿和森林防火。

2002年 中国·城市建设研究院风景园林研究所参加建设部《建设事业技术政策纲要》中城市园林和风景名胜区保护部分的编制。在国家风景园林行业发展的中远期层面对我国风景名胜区的数量及发展趋势进行了规划预测。

2003 年

2003 年 1 月 1 日 中国风景名胜区协会主办的会刊《风景名胜工作通讯》更名为《中国风景名胜》月刊，中国风景名胜区协会会长赵宝江为新版会刊题写了刊名。更名后的《中国风景名胜》仍为面向全国风景名胜区行业的内部刊物，为了使刊物更好地服务景区，更加贴近风景区的实际，《中国风景名胜》编辑部在栏目设置、内容安排以及刊物的理论性、综合性等方面都做了较大改进。

2003 年 1 月 7 日 建设部部长汪光焘在全国建设工作会议上指出：风景名胜区不能交给企业管理，不能以委托经营、租赁经营、经营权转让等方式，将风景名胜区规划管理和资源保护监管的职责交给企业承担。

2003 年 1 月 16~17 日 建设部风景名胜区管理办公室在四川省成都市召开"国家级重点风景名胜区申报工作座谈会"。来自各省、自治区、直辖市建设行政主管部门以及四十多个风景名胜区的 150 位代表参加了会议。此次座谈会的主要目的是研究如何端正申报工作的指导思想，改进申报工作的方法、标准和程序，提高申报工作的质量，为进一步加强风景名胜区管理工作打下坚实的基础。建设部城建司司长李东序、城建司副司长王凤武到会并讲话。

2003 年 1 月 20 日 经工商管理部门批准，《中国园林》杂志社正式成立。自此，《中国园林》杂志社作为企业法人单位，面向市场，实行独立运作和经营。《中国园林》杂志兼顾社会效益和经济效益，逐步形成了自己的风格和特色，为推动园林行业和风景名胜区行业学术理论的发展发挥了重要作用。

2003 年 1 月 24 日 新华社播发的"武当山遇真宫'招商'招来大火焚身"，这一重大责任事故引起国家、湖北省、十堰市有关领导和部门的高度重视，也在社会上引起广泛的关注，有关部门随即组织专家到现场进行了调查，取证。在查清事故原因以及责任后，湖北省十堰市纪委对丹江口市、武当山特区文物管理部门的相关责任人给予了严厉处分。

2003年2月10日 经建设部、国家环保总局联合验收组对南京中山陵园风景名胜区创建ISO14000国家示范区活动检查验收，南京中山陵园被两部局批准为"风景名胜区ISO14000国家示范区"。

2003年2月21日 国务院副秘书长马凯在建设部《关于进一步加强和改进风景名胜区工作的请示》上批示：1. 属于部门职责范围内的工作，请建设部抓好落实；2. 涉及其他部门的，商有关部门共同加强管理；3. 涉及较大的新政策（如"对风景区内的居民点的迁移比照移民建镇、退耕还林等模式办理，所需资金从门票等收入中解决"），请商有关部门专题研究论证后按程序办理。妥否，请尤权同志核报家宝同志批示。

国务院总理温家宝2月24日作出批示：同意马凯同志意见。

2003年2月25日 国务院副总理李岚清在《互联网信息择要》（特刊第44期）《巴米扬大佛在乐山复活》的报道上批示：看起来有点难以置信，如确属实，要依法查处这种无法无天的行为。抄家正、光焘、齐翔同志。

2003年2月26~27日 中国风景名胜区协会第三届三次常务理事会在福建省清源山风景名胜区召开。中国风景名胜区协会会长赵宝江、中国风景名胜区协会顾问李振东、建设部城建司副司长、中国风景名胜区协会副会长王凤武、中国风景名胜区协会副会长兼秘书长林家宁、建设部城建司风景名胜处处长李如生出席会议并作了重要讲话；安徽省、四川省、江苏省建设厅和北京市园林局的有关领导以及常务理事单位的代表46人参加了会议。

2003年2月27日 庐山风景名胜区为了加大对世界遗产保护的力度，在江西省委、省政府的支持和广大社会公众的关注下，对核心景区内严重影响自然景观的牯岭旋转观景台实施爆破拆除。这是庐山有史以来第一次在风景名胜区的核心景区内爆破拆除有碍观瞻的建筑物，也是庐山落实世界遗产保护的重要举措。

2003年2月 四川省委书记张学忠视察峨眉山风景名胜区。张学忠在峨眉山提出："要以对祖先、对后人负责的态度把世界文化和自然双遗产保护好、管理好、永续利用好。要做到人无我有，人有我优，把峨眉山建成中国第一山。"

2003年3月 由中国城市规划设计研究院风景园林所组织编写的《风景规划——〈风景名胜区规划规范〉实施手册》出版。该书由张国强、贾建中主编，中国建筑工业出版社出版。

2003年3月6日 四川九寨沟风景名胜区管理局决定对风景区内违规违章建筑进行治理整顿和全面检查，开始全面拆除核心景区内荷叶、树正、则渣洼三处的经营性房屋建筑。

2003年3月 南京中山陵园风景名胜区开始实施列入南京市政府老城改造三年建设重点目标的环境综合整治项目。整个环境整治项目预期四年，总投资40个亿，对驻区内的13个自然村，9个居民片区，4720户居（农）民和31家工企单位实施搬迁，总拆迁面积为83万平方米。此次综合整治项目是中山陵建陵80年来最大规模的环境整治拆迁。

2003年3月11日 建设部办公厅发出《关于开展国家重点风景名胜区综合整治工作的通知》。通知决定在全国国家重点风景名胜区开展综合整治工作。通知明确了国家重点风景名胜区综合整治工作的主要内容，还公布了《国家重点风景名胜区综合整治工作方案》和《国家重点风景名胜区标志、标牌设立标准（试行）》。

2003年3月18日 中国风景名胜区协会世界遗产工作委员会在四川省都江堰市成立。中国风景名胜区协会会长赵宝江、副会长林家宁出席了成立大会。建设部城建司、规划司、中国规划协会、四川省建设厅、都江堰市委、市人民政府等领导到会祝贺。来自建设部、中国风景名胜区协会、四川省建设厅以及全国各地22个世界遗产单位的领导和代表共50多人参加成立大会。

2003年3～7月 我国部分地区发生非典型肺炎疫情，对广大人民群众的健康和生命安全构成极大的威胁。面对突如其来的灾难，全国各级风景名胜区管理部门积极采取各种措施应对"非典"疫情，有效开展抗击"非典"行动，确保了风景名胜区顺利度过"非典"难关。

2003年4月7～9日 中国风景名胜区协会在广西北海市举办《风景名胜区规划和管理研讨班》。来自全国部分风景名胜区的技术管理干部和部分从事风景名胜区规划设计的技术人员共82人参加了研讨班。研讨班邀请中国城市规划设计研究院风景所原所长张国强、中国社科院环境与发展研究中心研究员张晓、清华大学建筑学院副教授杨锐等作了专题讲座。研讨班还邀请峨眉山风景名胜区管理委员会副主任陈洪根、武夷山风景名胜区管理委员会遗产局副局长陈炳言，就风景区管理工作经验作了专题介绍。

2003年4月9日 建设部部长汪光焘专程带领有关人员赴浙江省淳安县,对1月3日一份内部刊物反映浙江省"淳安县茶园镇在千岛湖内大规模填湖造地"问题进行现场调查。在调查中,汪光焘部长就淳安县茶园经济园区违反《国务院关于加强城乡规划监督管理的通知》建设经济开发区的问题做出重要指示。

2003年4月11日 建设部发出《关于做好国家重点风景名胜区核心景区划定与保护工作的通知》(建城[2003]77号)。通知要求国家重点风景名胜区管理机构应尽快完成对核心景区的划定工作;要编制核心景区专项保护规划;确定核心景区保护重点和保护措施;落实核心景区的保护责任;加强对核心景区保护工作的监督。

通知强调:建设部将结合国家重点风景名胜区遥感监测系统的建立,严格实施对核心景区保护的动态监测。

2003年4月17日 国务院副总理曾培炎在建设部关于瑞丽江—大盈江风景名胜区总体规划的《请示》和《批复》(国务院交办813号,部国秘件77号)上批示:从最近审批的云南等两个风景名胜区规划看,从其内容要求,规划格式、深度方面都不一致,建议编制一个指导性文件,使各地提高规划的规范性和科学性。请建设部研究。

2003年5月31日 福建省人大常委会通过并颁布实施《福建省武夷山世界文化和自然遗产保护条例》。该条例设总则、规划与管理、文化遗产保护、自然遗产保护、法律责任和附则6章,共有45条。条例的颁布对福建省武夷山世界文化和自然遗产的管理、规划和保护具有重要意义。

2003年6月1日 当今世界最大的水利枢纽工程——长江三峡水库成功下闸蓄水。据有关部门统计,三峡成库后,库区风景点被完全淹没的共计25处,而新增有游览价值的风景点可能达77处。

2003年6月12日 《旅游中国周刊》在北京召开"'非典'危机与景区建设研讨会"。建设部办公厅、城建司和政策研究中心,中国社科院环境综合研究所和旅游研究所,中国风景园林学会、中国风景名胜区协会、北京大学、北京市园林局以及八达岭长城风景名胜区等单位的负责人、专家教授应邀参加了研讨会。

2003年6月25日 建设部下发《关于印发〈国家重点风景名胜区总体规划编制报批管理规定〉的通知》,并公布《国家重点风景名胜区总体规划报批文件格式》。

2003年7月2日　联合国教科文组织世界遗产委员会在巴黎召开的第27届世界遗产大会上，由于我国的"三江并流"同时满足《保护世界文化和自然遗产公约》所要求的自然遗产的全部四条标准，世界遗产委员会决定将"云南三江并流保护区"列入《世界遗产名录》。

至此，我国列入《世界遗产名录》的世界遗产地达到29处。

2003年7月3日　联合国教科文组织世界遗产委员会决定将北京十三陵和南京明孝陵作为明清皇家陵寝的一部分列入《世界遗产名录》。从而使我国明清皇家陵寝世界文化遗产项目扩展为5处。此前，2000年被联合国教科文组织世界遗产委员会批准列入《世界遗产名录》的明清皇家陵寝是明显陵、清东陵、清西陵。

2003年7月4日　国务院副总理曾培炎在中办秘书局《近期社会动态专报》第101期《加强我国世界文化遗产保护迫在眉睫》（国务院收文绝515号，部国秘件164号）上批示：请汪洋阅。转建设部、国土资源部阅。

2003年7月9日　《中国青年报》记者张可佳在题为《世界文化遗产都江堰再建新坝箭在弦上》的报道中指出：4月28日，都江堰水利工程管理局曾邀请四川省的水利、文物、建设、环保、规划等方面的专家实地勘测并论证要在距都江堰鱼嘴分水堤1310m处修建宽1200m，高43m的杨柳湖大坝。

建坝消息传出后，也引起社会的广泛关注。联合国教科文组织世界遗产中心驻北京办事处官员埃德蒙·木卡拉就此事向中国联合国教科文组织全国委员会和建设部提出了质询。

2003年7月　在美国国会举行的关于气候变化的听证会上，北京石花洞风景名胜区洞穴石笋气候变化记录和洞穴环境变化研究成果作为科学证据为科学专家首次引用；石花洞的温度记录成为国际气候学界所建立的北半球最近两千年平均温度序列的重要组成部分和全世界共享的科学财富。

2003年8月1日　建设部、国家文物局、中国联合国教科文组织全委会及四川省政府有关部门领导和专家组成调查组到都江堰市，对都江堰水利工程管理局在距都江堰鱼嘴分水堤1310m处拟修建杨柳湖大坝事件进行调查。调查组察看了现场，听取了有关方面的汇报。

2003年8月7日　建设部城建司和山东泰安市人民政府共同组织

的"东北和华北地区国家重点风景名胜区综合整治工作经验交流会"在山东泰安市召开。

2003年8月29日　四川省人民政府作出了决定：停止距都江堰鱼嘴分水堤1310m处的杨柳湖工程前期建设。

2003年8月　重庆市风景名胜区管理部门对长江三峡新景观调查命名计划启动。三峡蓄水后，在一批文物古迹永沉江底的同时，一些新景点随着高峡平湖浮出水面。重庆市风景名胜区主管部门要求：当年8月底以前，各地必须对新景观进行普查，然后交由专家重新评审、命名。

2003年9月2日　浙江省发出建规发[2003]18号《关于"两江一湖"风景名胜区违规建设问题的通报》。《通报》对淳安县千岛湖风景旅游局和建德市风景旅游局未能严格按照国务院、建设部和省有关条例、规定进行选址审批，对杭州西亚控股有限公司在"两江一湖"风景名胜区实施景区（点）工程建设，负有监督不力，管理不到位的责任。杭州西亚控股有限公司在没有取得风景名胜区主管部门审批手续就开工建设，违背了国务院通知和建设部等九部委通知的规定和要求，是一种违规行为。《通报》要求进行整改，予以全省通报批评，并提出处理意见。

2003年9月5日　建设部在重庆市巫山县召开全国部分国家重点风景名胜区参加的风景名胜区管理体制研讨会。建设部政策研究中心的有关领导同志、中国社会科学院的专家、部分风景区所在地的政府领导以及风景名胜区主要负责人共49人参加了研讨会。建设部政策研究中心副主任王珏林主持会议并讲话。

2003年9月2～7日　由中国风景名胜区协会、河北省建设厅、承德市人民政府联合主办的"第一届中国风景名胜区摄影展"在河北省承德市举行。

2003年9月5～7日　中国风景名胜区协会会长（扩大）工作会议在河北承德避暑山庄召开。中国风景名胜区协会会长赵宝江、中国风景名胜区协会副会长兼秘书长林家宁、河北省建设厅厅长朱正举、承德市副市长王克、中国风景名胜区协会副会长马纪群、马元祝等出席了会议。

2003年9月8～17日　世界自然保护联盟（IUCN）在南非德班召开第五届世界公园大会。经国务院批准，我国派出了由国家环保总局祝光耀副局长任团长,由外交部、建设部、国家环保总局、国家海洋局、驻南非使馆、驻德班总领馆、中国联合国协会、中国风景名胜区协会组成的代表团参加了大会。经我部城建司推荐、外事司批准,城建司风景名胜处处长李如生和中国风景名胜区协会厉色作为代表团成员参加了大会;中国风景名胜区协会单独组团以非政府组织和IUCN会员的身份应邀出席了大会。

2003年9月16~19日　中国风景名胜区协会资源保护工作委员会成立大会暨专家学术报告会在青海省西宁市召开。来自中国风景名胜区协会秘书处、青海省建设厅、安徽省建设厅以及16个资源保护工作委员会成员单位的48位代表参加会议。会议还邀请了中国科学院研究生院、清华大学、同济大学和北京园林局的专家教授为会议做了专题学术报告。中国风景名胜区协会会长赵宝江出席会议并做了重要讲话。

2003年10月2日　建设部部长汪光焘国庆期间在北京市几个风景名胜区进行调研后,对北京市风景名胜区工作作出指示。

2003年11月5日　四川省委书记周永康在蒋巨峰关于《九寨—黄龙的水量及景观变化情况的报告》(国务院收文传9607号,部国秘件334号)上的批示:看到这个报告,很高兴,多年担心缺水对九寨—黄龙景区的影响,有了一个答案。但还需要长年坚持不懈有专人跟踪观测研究,以有效保护好这一世界遗产。

2003年11月16~19日　全国风景名胜区保护与发展战略研讨会在鸡公山国家重点风景名胜区召开。

2003年11月18日　建设部发布《关于国家重点风景名胜区监督管理信息系统建设工作指导意见》(建城〔2003〕220号),正式启动国家重点风景名胜区监管信息系统建设工作。

2003年11月20~29日　建设部派出三个检查组对部分国家重点风景名胜区综合整治工作进行抽查。在此之前,为了落实全国风景名胜区综合整治的各项工作,建设部2003年3月、8月、9月先后在重庆、泰安、乌鲁木齐分别召开了国家重点风景名胜区综合整治工作经验交流会,分阶段、分地区推动国家重点风景名胜区的综合整治工作。

2003年12月12日　国务院副总理曾培炎在建设部部长汪光焘报送的《永嘉县在楠溪江国家风景名胜区滥建电站的调查报告》上批

示：重视来信，处理得力。请汪洋同志阅。

2003年12月16~17日 中国风景名胜区协会、《中国风景名胜》编辑部与黄山风景区管委会联合主办的"首届中国著名山岳风景名胜区信息年会"在安徽省黄山风景名胜区召开。黄山风景区管委会副主任吴积顺到会并致欢迎辞，中国风景名胜区协会常务副秘书长周雄、安徽省政府办公厅信息处处长王信到会并讲话，《中国风景名胜》副主编厉色作了总结发言。17个著名山岳风景名胜区负责人和代表参加了会议。

2003年12月23日 建设部下发《关于表彰全国国家重点风景名胜区综合整治先进单位、先进个人的通报》。授予北京市园林局风景名胜处等41个单位"国家重点风景名胜区综合整治先进单位"称号；授予李满等145名同志"国家重点风景名胜区综合整治先进个人"称号。

2003年12月25~26日 建设部在福建武夷山召开"全国风景名胜区综合整治工作会议"。会议总结风景名胜区综合整治工作，部署今后的工作。建设部副部长仇保兴到会并发表了题为《坚持科学发展观 推进风景名胜区事业可持续发展》的重要讲话。

2003年12月27~28日 中国风景园林学会风景名胜专业委员会在杭州市召开年会，会议主题为"中国风景名胜区的保护和协调发展"。45位代表出席会议，发表论文15篇，与会代表围绕会议主题，就风景名胜区的价值定位、立法、管理等问题进行研究和探讨。与会专家一致呼吁，应给予风景名胜区应有的法律地位，建立健全相应的管理和监测机构，对我国的自然与文化遗产实行更好的保护。

2004年

2004年1月13日 国务院发布《第五批国家重点风景名胜区名单的通知》，公布第五批国家重点风景名胜区26处。至此，我国国家级风景名胜区已达177个，并有16处国家重点风景名胜区被联合国教科文组织列入《世界遗产名录》。

2004年2月11日 建设部在北京召开第五批国家重点风景名胜区命名授牌会议，建设部副部长仇保兴到会并作重要讲话。

2004年2月15日 国务院发出《国务院办公厅转发文化部、建设部、文物局等部门关于加强我国世界文化遗产保护管理工作的意见的通知》（国办发［2004］18号）。文化部、建设部、文物局等部门《关于加强我国世界文化遗产保护管理工作的意见》指出：保护管理的形势仍十分严峻，一是一些地方世界文化遗产保护意识淡薄；二是少数地方对世界文化遗产进行超负荷利用和破坏性开发，存在商业化、人工化和城镇化倾向；三是管理体制不顺，管理层次总体偏低，有的地方机构重叠，职能交叉；四是保护管理法制不健全，存在有法不依和无法可依的情况；五是保护管理经费严重不足。

2004年3月5日　在全国人大十届二次会议上，有31位代表向大会提交了建议，坚决反对都江堰世界遗产地上马修建杨柳湖水坝工程。在随后召开的全国政协十届二次会议上，33位政协委员（其中5名为中科院院士）也向大会提交了同样的议案。

2004年3月5日　由建设部风景名胜区管理办公室和香港康乐及文化事务署（香港康文署）联合主办的《中华瑰宝——中国风景名胜展》在香港中央图书馆开幕。建设部风景名胜区管理办公室主任李东序在推介会开幕典礼上致欢迎词，建设部城建司风景名胜处处长李如生主持了开幕典礼。我国的八达岭长城、泰山、黄山、九寨沟等16个世界自然和文化遗产地参加了此次推介会的展示活动。

2004年3月26~28日　"中国风景名胜区协会第二届二次理事会"在海南省三亚市召开。中国风景名胜区协会会长赵宝江、中国风景名胜区协会副会长兼秘书长林家宁出席会议；中国风景名胜区协会副会长李传旺、黎志、马元祝、张群、张时洪、马纪群以及江苏建设厅、四川建设厅、武夷山风景名胜区等副会长单位的代表等150人参加了会议。

2004年3月　安徽黄山风景名胜区为了重现20世纪80年代因自然衰老而枯死的扰龙松，恢复"梦笔生花"奇景，将一株高达175cm、基径11.8cm、树龄50余年，且外形相似的黄山松成功移植到44.4米高的笔峰尖端。从此，结束了近20年塑料树替身的历史。

2004年3月　吴大诚、邓宇民、张庆成、李长春等23位全国政协委员在全国政协十届二次会议上提交《关于加强国家重点风景名胜区管理和投入的建议案》（提案号：1692）。提案指出：一些地方过度开发风景名胜资源，使环境资源遭受破坏，一些风景名胜区"城市化、商业化、人工化"现象严重，自然和人文景观正在迅速退化和消失。建议国家加强风景名胜区的管理和投入力度。

2004年4月12日 中国风景名胜区协会在厦门市举办"2004年全国重点风景名胜区总体规划编制及报批管理培训班"。建设部城建司风景名胜处处长赵健溶、中国·城市建设规划设计研究院副院长王磐岩以及同济大学教授严国泰在培训班作了专题讲座和答疑。

2004年4月16日 中国联合国教科文组织全国委员会在北京人民大会堂举行"三江并流"、"云冈石窟"、"明十三陵"、"明孝陵"世界遗产证书颁发仪式。国务委员陈至立出席了证书颁发仪式。教育部副部长章新胜、建设部副部长黄卫、国家文物局副局长张柏以及联合国教科文组织驻京办代表杜名那克女士到会并讲话。会议由中国联合国教科文组织全国委员会秘书长田小刚主持。

2004年5月1日 山东省泰安市人民政府以政府令的形式公布实施《泰安市实施泰山风景名胜区管理相对集中行政处罚权规定》。这项法规包括14个部分，共计538条；涉及与风景名胜区行业有关的建设、文物、林业、园林、旅游等行政主管部门的行政执法，同时涉及规划建设、土地、地质矿产和水资源、安全生产、卫生、环境保护、物价、交通、道路交通安全、工商行政管理共十个方面的行政执法内容。

2004年5月1日 《中国建设报》决定设立风景园林专版，并于当年6月4日出版第一期。

2004年5月15～16日 由建设部政策研究中心和中国风景名胜区协会主办的全国风景名胜区体制改革创新工作座谈会在南京召开。来自全国70个风景名胜区的140位代表参加了会议。会议由中国风景名胜区协会副会长马纪群主持，建设部政策研究中心副主任王珏林、南京市副市长许慧玲、江苏省建设厅副厅长王翔等有关领导出席了会议。

2004年6月 根据国务院第28届世界遗产大会筹备小组领导同志的指示精神，按照建设部关于第28届世界遗产大会筹备会议的工作部署，建设部对世界遗产地的保护管理工作情况进行了检查。此次检查由建设部、各省（自治区）建设厅和直辖市园林局的负责同志以及部分专家组成7个小组，分别对颐和园、天坛、丽江古城、三江并流、泰山、洛阳龙门石窟等19个世界遗产地的保护工作进行了检查。

2004年6～11月 安徽省黄山风景名胜区专门设立迎客松气象观

测站，并成立国内多学科、高水平古树保护专家组，定期对迎客松进行检查。采取综合措施对一棵古树名木加以保护，在我国尚属首次。

2004年6月15日 国务委员陈至立在《国内动态清样》第1807期《世界遗产都江堰核心区出现违规建筑》上批示：请保兴同志阅查。

2004年6月22日 国务院副秘书长汪洋同志在《互联网信息择要》（特刊第771期）《网称房地产开发蚕食青城山世界文化遗产保护区》上批示：请光焘同志阅。

2004年6月28日~7月7日 联合国教科文组织第28届世界遗产大会在江苏省苏州市召开。国家主席胡锦涛为会议发贺辞；国务委员陈至立、联合国教科文组织总干事松浦晃一郎、大会主席奥姆勒瓦、联合国教科文组织执行局主席弗雷德、联合国教科文组织世界遗产中心主任巴达兰、世界遗产公约缔约国大会主席贾拉利以及来自世界各国的500多名代表出席了会议。中国联合国教科文组织全国委员会、建设部、文化部、国家文物局的领导及有关部门负责人出席了会议。

2004年7月1日 全国人大通过并颁布施行的《行政许可法》第12条规定："有限自然资源开发利用、公共资源配置以及直接关系公共利益的特定行业的市场准入等，需要赋予特定权利的事项"可以设定行政许可，这不仅为政府通过特许经营权的准入方式向旅游服务市场开放风景名胜区的经营性项目提供了法律依据，而且也界定了风景名胜区特许经营的法律属性。

2004年7月中旬 联合国教科文组织世界遗产中心主任弗朗西斯科·巴达兰先生一行在28届世界遗产大会结束后，对黄山风景名胜区进行了为期3天的考察。

巴达兰在考察中指出："黄山的资源是一流的，保护是成功的，管理是有效的，应该在世界遗产专门会议上进行交流。"巴达兰指出："黄山世界遗产地精心的管理经验值得推广到全中国和世界各个国家和地区。"

2004年7月23日 国务委员陈至立在建设部副部长仇保兴报送的《关于世界遗产都江堰核心区出现违规建筑有关情况报告》上批示：调查认真，很好。

2004年7月29~30日 中国风景名胜区协会和千山风景名胜区

管委会在辽宁千山共同召开"第二届中国著名山岳风景名胜区（千山）信息年会"。17个著名山岳风景名胜区的代表参加了会议。中国风景名胜区协会副会长兼秘书长林家宁，鞍山市副秘书长徐刚毅，中国风景名胜区协会副会长、千山风景名胜区管委会主任张群出席了会议。

2004年7月　联合国教科文组织世界遗产中心主任弗朗西斯科·巴达兰先生视察峨眉山风景名胜区后评价说：自然与文化遗产价值非常高，保护措施非常有效，印象非常深刻。

2004年7月　安徽黄山风景名胜区为加强对风景区大气监测，并为监管大气污染提供科学依据，在全国山岳风景名胜区中率先建成与国内200多座大中城市联网的大气自动监测系统，同时，每日可向进山游客发布黄山风景名胜区空气质量报告。监测数据表明，黄山风景名胜区的空气质量常年保持"优"级最好水平。

2004年8月5日　经建设部、国家环保总局联合验收组对浙江普陀山风景名胜区创建ISO14000国家示范区活动的检查验收，普陀山被建设部、国家环保总局批准为"风景名胜区ISO14000国家示范区"。

2004年8月12日　建设部发出《关于加快国家重点风景名胜区监管系统建设的通知》（建城函［2004］172号）。通知指出：目前已经完成监管系统开发、运行和试点工作，并初步建立起首批14个省（市）、18个世界遗产地、国家重点风景名胜区的监管信息系统，取得阶段性成果。通知要求2004年国家重点风景名胜区监管信息系统建设工作要在31个省（市、自治区）和177个国家重点风景名胜区全面展开；2005年要完成全国第一轮国家重点风景名胜区核心景区的开发建设和规划实施情况的遥感监测工作。

2004年8月16日　国务院副总理曾培炎在国家信访局上报的19名专家、教授《关于改动桂林至阳朔高速公路施工线路的再次紧急建议》上批示：请汪洋同志研处。汪洋同志批示：春贤同志，建议采取适当方式进一步听取专家意见，优化方案，交换看法，做好工作。

2004年8月18日　经山东省泰安市人民政府批准，泰山管理行政执法局正式挂牌对外办公。新成立的泰山管理行政执法局与泰山风景名胜区管理委员会合署办公，内设秘书科、行政执法科和5个执法大队、9个执法中队，共计160人。泰山管理行政执法局被赋予的职能为：在泰安市行政区域内的风景区规划范围集中行使14大类538项行政处罚权。

2004年8月28日 全国人民代表大会常务委员会批准我国加入《保护非物质文化遗产公约》。

2004年8月31日~9月3日 建设部城市建设司委托干部学院在北京举办"领导干部风景名胜区监督管理信息系统培训班"。来自全国30个省、自治区建设厅、直辖市园林局和177个国家重点风景名胜区的210位领导干部分两期参加了培训。

2004年9月11~12日 中央文明办、建设部、国家旅游局在四川省峨眉山风景名胜区召开由4个省文明办、11个全国文明风景旅游区示范点主管领导和有关专家参加的研讨会,对《全国文明风景旅游区评选和管理办法》、《全国文明风景旅游区评选暂行标准》初稿进行讨论和修改。中央文明办以及建设部、国家旅游局有关部门负责人参加了会议。

中国风景名胜区协会受三部局的委托承担《全国文明风景旅游区评选暂行标准》的起草和修改工作。

2004年9月20~23日 由联合国教科文组织(UNESCO)、建设部风景名胜区管理办公室、中国联合国教科文组织全委会秘书处、世界自然保护联盟(IUCN)共同主办的"中国世界遗产生物多样性保护国际研讨会"在云南省昆明市召开。

出席国际研讨会的有联合国教科文组织、建设部风景名胜区管理办公室、中国联合国教科文全委会秘书处、世界自然保护联盟、中国风景名胜区协会(CLHSA)、保护国际(CI)、联合国基金会/联合国国际伙伴基金(UNF)、美国大自然保护协会(TNC)、野生动植物保护国际和世界自然基金会(WWF)以及其他中外自然保护组织、研究机构、世界遗产地的官员、负责人和代表共160人。

会议达成了广泛共识并草签《关于"中国世界遗产生物多样性项目(CWHBP)"的承诺》。

2004年10月4日 国务院副总理曾培炎专程到浙江省雁荡山风景名胜区视察工作。

2004年10月18~20日 由中国风景名胜区协会牵头组织并与中国市长协会、四川省建设厅联合举办的首届中国风景名胜区可持续发展论坛暨高新技术产业和风景名胜区高峰会在九寨沟风景名胜区召开。全国人大环境与资源保护委员会副主任叶如棠,中国风景名胜区协会会长、中国市长协会会长赵宝江,四川省副省长王怀臣等到会并讲话。来自部分大专院校、科研机构的专家以及40多个地方政府、40多个风景名胜区、15家高新技术企业的230位代表出席了会议。

2004年10月28日~11月10日 建设部组织由城建司领导和有关专家组成的五个检查组,对七个省的13个国家重点风景名胜区综合整治情况进行了抽查。

此次检查的内容主要包括建设部实施综合整治工作两年来,国家重点风景名胜区在机构设置和职能、总体规划编制与实施、拆除违法违规建筑、监管信息系统建设以及风景区标志、标牌设置等方面的情况。

2004年10月 清华大学规划院风景旅游数字技术研究所成立。该所成立之后,承担了大量风景名胜区规划实践项目,业务范围包括世界文化与自然遗产、风景名胜区、自然保护区等保护性用地的理论研究、申报咨询与规划实践;区域景观规划理论与实践研究,数字风景区技术研究与实践等。

2004年11月 江苏南京中山陵园管理局出台《中山陵园风景名胜区生态景区建设纲要》。《纲要》以科学发展观为指导,确定了中山陵园风景名胜区生态景区的发展模式。

2004年11月17~25日 世界自然保护联盟(IUCN)第三届世界自然保护大会在泰国曼谷的王后国际会议中心召开。泰国王后以及一些国家的政要出席开幕式并致辞。来自世界各国和国际机构的会员代表、政府官员、专家学者和自然保护组织的近6000多位代表出席了会议。经国务院批准,我国派出政府代表团参加了大会。建设部城建司风景名胜处左小平作为代表团成员参加了大会。中国风景名胜区协会厉色和杭州西湖风景名胜区委员会风景管理局局长高小辉以IUCN会员代表身份出席了大会。

2004年11月28日~12月13日 建设部风景名胜区管理办公室副主任李如生率学习考察团一行19人,赴荷兰进行学习考察。学习考察团在荷兰ITC总部、国家环境评价机构、阿纳姆市、奈梅亨市、RAVON组织(私人性质的两栖和爬行类研究的非政府组织,其组成人员主要是志愿者)、Hoge国家公园以及Beemster世界文化遗产地等有关部门和组织进行了学习考察。

2004年12月9日 首届全国行业协会新成就汇报展览会在北京

展览馆隆重开幕。中国风景名胜区协会代表全国风景名胜区行业参加了展览并设计布置了展位。展出期间,中国风景名胜区协会向参观者发送了大量的宣传资料,展示我国风景名胜区行业协会在建设行政主管部门的指导和支持下所取得的成就。

2004年12月21日 中国风景名胜区协会主办的第三届中国著名山岳风景名胜区(武夷山)信息年会在福建武夷山风景名胜区召开。来自20个著名山岳风景名胜区的53位代表参加了会议。建设部信息中心副主任郝力作了《国家风景名胜区信息化建设》的专题讲座;《中国风景名胜》副主编厉色在会上介绍了在泰国曼谷召开的世界自然保护联盟(IUCN)第三届世界自然保护大会的情况。中国风景名胜区协会常务副秘书长周雄作了会议总结发言。

2004年12月27~29日 由中国风景名胜区协会、浙江省风景名胜区协会、西湖风景名胜区管委会联合举办的"风景名胜区保护与管理体制论坛"在杭州市召开。中国风景园林学会理事长周干峙、杭州市委书记王国平、杭州市代市长孙忠焕、建设部风景名胜区管理办公室副主任李如生、中国风景名胜区协会副会长兼秘书长林家宁及部分风景名胜区管理机构负责人应邀参加论坛。建设部风景名胜专家顾问郑孝燮、孟兆祯、罗哲文、谢凝高等应邀出席论坛。

2004年 四川黄龙风景名胜区管理局与中国科学院植物研究所合作建立中国科学院植物研究所黄龙博士工作站,为更好保护黄龙风景名胜资源提供科学研究和科技人才培养平台。

2005年

2005年1月14日 中国风景园林学会在北京科技会堂召开第三届第六次常务理事会。中国风景园林学会理事长周干峙、副理事长孟兆祯、谢凝高、甘伟林、王秉洛、胡运骅、任春秀和秘书长杨雪芝等30人出席会议。建设部城建司副司长陈蓁蓁、中国科协学会学术部副部长孙铭到会讲话。

2005年1月 中央文明办、建设部、国家旅游局联合印发《全国文明风景旅游区评选和管理办法》(文明办〔2005〕1号),正式启动全国文明风景旅游区和全国创建文明风景旅游区工作先进单位的评选表彰工作。

2005年1月 山东省泰安市委、市政府对泰山风景名胜区管理体制进行了改革完善，此次体制改革是泰山风景名胜区设立以来历次重大体制改革的延续，实现了风景名胜区管理在责、权、利三方面的统一。建设部在泰安市召开会议，对泰山风景名胜区的体制改革进行推广。

2005年1月21日 国务院学位委员会第二十一次会议审议通过了《风景园林硕士学位设置方案》，决定设置风景园林硕士专业学位。

2005年2月5日 建设部信息化工作领导小组办公室、建设部科技司在北京组织召开"国家重点风景名胜区监督管理信息系统及应用成果"验收会。

2005年2月 中央文明办、建设部、国家旅游局在北京民族文化宫召开全国创建文明风景旅游区工作座谈会。中央文明办副主任翟卫华、建设部副部长仇保兴、国家旅游局机关党委常务副书记刘铁森出席会议并做了重要讲话。来自中央文明办、建设部、国家旅游局，各省、自治区、直辖市文明办、建设厅（园林局）、旅游局的有关领导及风景名胜区、旅游区（点）的负责人120人参加会议。

2005年3月1日 国务院学位委员会发出《风景园林硕士学位设置方案的通知》（学位［2005］5号），并将风景园林硕士专业学位设置方案印发给有关单位。《通知》批准设立在职人员攻读的风景园林硕士专业学位。

2005年3月8日 中国风景园林学会召开专家座谈会，讨论加强风景园林学科建设问题。与会专家就学科名称、风景园林学的继承与创新、当前学科建设的主要任务等交换了意见。

2005年3月26日 中国风景园林学会在北京林业大学召开中国风景园林教育座谈会。20多所高校的专业负责人到会交流了各院校风景园林相关专业的设置及学生培养工作。根据与会代表的要求，学会决定筹备成立中国风景园林学会风景园林教育分会。

2005年3月 全国政协委员相小青在全国政协十届三次会议上提交《关于加大对贵州省风景名胜区建设专项资金投入的提案》（提案号：1294）。提案指出：贵州财政基础薄弱，资金投入有限，导致景区的建设由于资金紧缺而滞后，基础设施不完善。提案建议加大对贵州省风景名胜区建设资金的投入。

2005年3月 中国社会科学院民族学与人类学研究所研究员、全国政协委员何星亮在全国政协十届三次会议上递交《关于文化与自然遗产的保护和开发必须与当地民族文化相协调的建议》的提案。

2005年3月　《人民日报》社市场信息中心联合100多家权威行业协会及30多家权威网站共同举办的民意调查大型公益活动中，推选出2005年"中国顾客十大满意风景名胜区"。

2005年4月10日　中央文明办、建设部、国家旅游局发出《关于印发〈全国文明风景旅游区暂行标准〉的通知》（文明办［2005］8号）。

《暂行标准》包括思想教育、管理机制、服务质量、景区环境、资源保护、安全防范、社会经济和创建活动八个方面的内容，其中设定检查项目二十六项，检查要点一百零五个，基本涵盖了风景名胜区、旅游区（点）工作各方面的内容。

2005年4月17~18日　中国风景名胜区协会在武汉东湖召开"中国风景名胜协会信息联络员工作会议"。来自黄山、庐山、武陵源、三清山、武夷山等40个国家重点风景名胜区的50多位有关负责同志参加了会议。

2005年4月　中国风景园林学会向国务院学位委员会、建设部、教育部、中国科协等部门提交了《关于要求恢复风景园林规划与设计学科并将该学科正名为风景园林学科（Landscape Architecture）作为国家工学类一级学科的报告》。

2005年4月21日　建设部办公厅发出《关于对国家重点风景名胜区经营权出让问题的复函》（建办城函［2005］225号）。复函明确指出：我部不同意你省（福建省）连城县人民政府将冠豸山风景名胜区总面积46平方公里的核心景区旅游资源经营权出让给厦门华荣泰实业有限公司。复函还强调：风景名胜区在国家所有、政府监管、符合规划的前提下，鼓励社会各方面投资开发风景名胜区。风景名胜区门票是政府对风景名胜资源实行统一管理的重要手段，风景名胜区管理机构可在风景区门票收入中支付对风景名胜区开发投入的回报，但不得将风景名胜资源和门票专营权出让或转让给企业垄断经营。

2005年4月29日　国家发改委印发《关于进一步规范游览参观点门票价格管理工作的通知》。

2005年5月2日　国务院副总理曾培炎到三清山风景名胜区视察指导工作，福建省省委书记孟建柱、省委副书记、常务副省长吴新雄陪同并汇报三清山申报世界自然遗产工作。

2005年5月15日　中国风景名胜区协会第三届三次理事大会在福建省武夷山风景名胜区召开。中国风景名胜区协会会长赵宝江，建设部城建司副司长、中国风景名胜区协会副会长王凤武，中国风景名胜区协会副会长兼秘书长林家宁出席了会议，中国风景名胜区协会副会长郭晓梅、王翔、张群、陈先珍，安徽省建设厅等副会长单位的代表，建设部城建司世界遗产与风景名胜管理处处长赵健溶、中国风景名胜区协会专家委员会主任甘伟林以及各理事、常务理事共210位代表参加了会议。

2005年5月　世界自然保护联盟（IUCN）专家莱斯·莫洛伊（Les Molloy）博士到三清山风景名胜区考察，对三清山申报世界自然遗产工作提出了指导性意见。

2005年5月　黄山风景名胜区与美国约瑟米蒂国家公园建立友好公园，双方签署了《中国黄山风景名胜区与美国加利福尼亚州约瑟米蒂国家公园建立友好公园的协定》。

2005年6月19日　建设部科技司在九寨沟风景名胜区召开"十五"国家科技攻关计划"城市规划、建设、管理与服务的数字化工程"项目、"数字城市综合应用示范研究"课题与"数字九寨沟"示范工程专题验收会。国家"十五"重点科技攻关项目"数字九寨沟"示范工程一期顺利通过建设部科学技术司验收。

2005年6月28日　建设部办公厅发出《关于做好2005年国家重点风景名胜区监管信息系统建设工作的通知》（建办城函［2005］423号）。通知指出：目前已完成省级主管部门和国家重点风景名胜区监管信息系统安装运行43处，多处国家重点风景名胜区监管信息系统正在积极筹建中，有13处世界遗产地已率先完成了首期遥感监测核查。

2005年6月　由荷兰专家戴安（Daan）教授、简·利尤（Jan Leeuw）教授和建设部专家组成的调研工作组到三清山风景名胜区考察调研。

2005年7月22日　全国文明风景旅游区评选表彰工作领导小组办公室印发《全国文明风景旅游区暂行标准测评细则》。《测评细则》对中央文明办、建设部、国家旅游局联合颁布的《全国文明风景旅游区暂行标准》中的各个要点和得分进行了细化分解，使《暂行标准》

在测评检查过程中更具操作性。

2005 年 8 月 2~3 日 第四届中国著名山岳风景名胜区（庐山）信息年会在江西省庐山风景名胜区召开。40 余名山岳风景名胜区的代表参加了会议。

2005 年 8 月 黄山风景名胜区实施的"黄山市松材线虫病预防体系工程"一期工程建成，黄山景区松材线虫病的综合预防体系形成，该体系工程陆续建成以监测松材线虫病为主的景区病虫害监测网络，设立黄山风景区森林病虫害监测站和温泉、天海、松谷及南大门 4 个监测分站，下设 16 个监测点、检疫检查站，设置 4 个票房复检站，配备专职监测员，形成景区内植物调运检疫的双重防线。

2005 年 8 月 17~22 日 为总结风景名胜区在加强党风廉政建设和贯彻落实中共中央关于《建立健全教育、制度、监督并重的惩治和预防腐败体系实施纲要》的情况和经验，由中央纪委驻建设部纪检组组长姚兵同志带队，驻建设部纪检组、监察局和建设部城建司有关负责人参加的联合调查组，对四川峨眉山、江西庐山风景名胜区的党风廉政建设情况进行了调查。

2005 年 8 月 27 日 建设部办公厅下发《关于做好 2005 年度国家重点风景名胜区综合整治工作的通知》（建办城［2005］69 号），通知要求，为全面深入推进风景名胜区资源保护与环境整治工作，全国重点风景名胜区综合整治工作顺延至 2007 年。

2005 年 8 月 29 日 建设部办公厅发出《关于表彰 2004 年度国家重点风景名胜区综合整治先进单位的通报》（建城函［2005］71 号）。决定授予 38 个单位"国家重点风景名胜区综合整治工作优秀单位"荣誉称号；授予 28 个单位"国家重点风景名胜区优秀标志"荣誉称号；授予 12 个单位"国家重点风景名胜区监管信息系统建设达标单位"称号。

2005 年 8~9 月初 中央文明办、建设部、国家旅游局组织三个联合测评组，依照《全国文明风景旅游区暂行标准》，分别对 22 个省、自治区、直辖市推荐的 22 个风景名胜区、旅游区（点）进行全面测评。

2005 年 9 月 15 日 建设部城建司在建设部网站、城建信息网上发布公告，面对社会征集国家自然遗产、国家自然与文化双遗产徽志。征集活动在社会上引起较大反响，《中国建设报》、《中国建设信息》杂志、中国景观艺术网、《中国风景名胜》等50多家媒体转载了公告。活动共收到国内各行业及香港地区346人的来稿715件,其中自然遗产稿件330份,国家自然与文化双遗产稿件385份。

国家自然遗产、国家自然与文化双遗产徽志征集活动,经过面向社会征集稿件、专家评审、网上投票等程序,评出入围作品50幅、优秀作品10幅。

2005年9月24~25日 世界首届湖泊旅游论坛在浙江省千岛湖风景名胜区召开。参加论坛的有17个国家和地区的62个著名湖泊,16所大学、15个市县风景旅游管理部门及10家著名规划设计企业的管理者、代表200多人。世界休闲组织董事会主席德雷克·卡塞博士担任论坛名誉主席;国际湖泊组织、欧洲旅游教育协会和英国谢菲尔德哈莱姆大学等机构的代表参与了此次论坛,一些国内外著名的旅游专家、学者和著名湖泊旅游经营管理者在论坛上作了演讲。

2005年10月12日 四川省阿坝州人民政府、九寨沟风景名胜区管理局、美国加州大学、四川大学共同主办的"科研合作研讨会"在九寨沟风景名胜区举行。在研讨会上,美国加州大学校长戴恩斯、四川大学校长谢和平分别陈述了建立"九寨沟生态与可持续发展国际研究中心"的意向。

2005年10月13~14日 建设部在四川省九寨沟风景名胜区召开"国家重点风景名胜区监管信息系统暨数字化景区建设工作会议"。各省、自治区建设厅、直辖市园林局负责风景名胜区监管工作同志,全国19个世界遗产地和纳入2005年建设部监管信息系统建设计划的50个国家重点风景名胜区主要负责同志、监管信息系统专职人员参加了会议。

2005年10月31日 江西省政府成立了以副省长危朝安为组长的江西省三清山申报世界自然遗产工作领导小组,并在三清山风景名胜区召开第一次领导小组工作会议,组织专家正式着手编写三清山申遗文本。

2005年10月 中国科学院地质与地球物理研究所博士刘强带队,该所的帕特里克·里瓦尔(Patrick Rioual)法籍研究员、储国强副研究员、孟凡超博士生等对内蒙古扎兰屯风景名胜区内柴河景区进行火山口湖泊形态、地貌及水文特征调查,选择月亮天池(原称基尔果天池)作为古气候环境变化的研究对象。2008年,根据在月亮天池中心部位钻取的湖底沉积物岩芯，该所的项目"全新世以来大兴安岭中段地区高分辨率的古气候变化与生态环境响应记录研究"获得国家自然科学基金委员会基金项目支持，项目执行期限为2009年1月～2011年12月。该项目的目标是要通过对月亮天池的沉积物岩芯研究，获得大兴安岭地区过去21000年来的古气候、古环境变化信息，为探讨东亚季风演化规律以及与全球气候变化的关系提供科学依据，同时也推动扎兰屯风景名胜区地质科普活动的开展。

2005年11月4日　建设部城建司下发《关于搞好国家重点风景名胜区数字化建设试点工作的通知》（建城景函［2005］143号）。

通知指出：建设部城建司拟在全国选定部分国家重点风景名胜区作为试点，同时启动国家重点风景名胜区管理平台等有关数字化建设。通知提出了国家重点风景名胜区数字化建设试点工作的基本目标、试点景区的选定、试点建设进度安排，并明确了试点建设的其他几项主要工作。

2005年11月6日　黄山风景名胜区慈光寺山门在被烧毁7年后重建落成。

2005年11月14日　建设部城市建设司发出《关于做好2005年国家重点风景名胜区综合整治总结与考评工作的通知》（建城景函［2005］152号）。通知要求认真做好2005年国家重点风景名胜区综合整治检查和考评工作，及时总结工作成果，扎实推进边整边改，进一步做好2005年度国家重点风景名胜区综合整治工作。

2005年11月26日　克罗地亚科技教育体育部部长助理、中克科技合作联合委员会克方主席雷多万·富克斯（Radovan Fuchs）、普利维斯国家公园主任鲍里斯拉夫·佩里卡（Borislav Perica）等，在我国科技部国际合作司欧亚处长和四川省、阿坝州等有关领导的陪同下，对九寨沟风景名胜区进行考察。

经中克双方协商，决定克罗地亚的普利维斯国家公园与我国九寨沟风景名胜区结为跨越欧亚的友好景区，实现自然遗产资源管理、科研和客源等方面的互通和交流。

2005年11月30日　中央文明办、建设部、国家旅游局发布《关于拟表彰全国文明风景旅游区和全国创建文明风景旅游区工作先进单位的公示》。

此次列入全国文明风景旅游区候选名单的有四川峨眉山风景名胜

区等11个单位；列入全国创建文明风景旅游区工作先进单位候选名单的有北京八达岭长城景区等49个单位。

2005年11月　浙江省建设厅委托浙江省风景名胜区协会主持的"浙江省风景名胜区特许经营管理"研究项目正式启动。该研究项目由浙江工商大学旅游学院具体承担。

2005年12月6日　建设部和中国联合国教科文组织全委会在北京召开了申报遗产专家审查会，会议由建设部世界遗产和风景名胜区管理处左小平主持，建设部城建司副司长王凤武、中国联合国教科文组织全委会秘书长杜越到会并讲话。

2005年12月12日　中共峨眉山风景名胜区管委会委员会作出《中共峨眉山管委会委员会关于实施"兴边富民"工程的决定》。

2005年12月10~24日　泰山风景名胜区赴美国考察团对美国的国家公园管理、基础设施建设、园林绿化、森林防火、人性化服务、大型游乐项目建设等进行了考察。

2005年12月22日　国务院发出《关于加强文化遗产保护的通知》（国发[2005]42号）。通知强调：要充分认识保护文化遗产的重要性和紧迫性；加强文化遗产保护的指导思想、基本方针和总体目标；着力解决物质文化遗产保护面临的突出问题；积极推进非物质文化遗产保护。

2005年12月28~29日　中国风景园林学会风景名胜专业委员会在杭州召开中国风景名胜区"护牌"会议。会议主题是维护中国国家风景名胜区的性质、功能和作用。来自北京、山东、河南、浙江等省区的40多位专家学者参加了会议。

2005年12月31日　国务院下发《关于发布第六批国家重点风景名胜区名单的通知》（国函[2005]107号），公布第六批国家重点风景名胜区名单。

此次公布的第六批国家重点风景名胜区共10处。至此，我国的国家级风景名胜区已达187处。

2005年　由中国风景园林学会和北京林业大学共同主办的学术刊物《风景园林》正式发刊。该刊为我国风景园林事业的发展以及风景园林学科理论学术交流提供了重要的平台。

2006 年

2006 年 1 月 10 日　建设部城市建设司发出《关于公布数字化景区建设试点名单的通知》（建城景函［2006］5 号）。通知指出：建设部城建司确定北京八达岭等 18 个国家重点风景名胜区为数字化景区试点单位。通知要求纳入试点的国家重点风景名胜区，按照建城景函［2005］143 号通知要求，积极做好数字化景区建设的实施准备工作。

2006 年 1 月 11 日　中央文明办、建设部、国家旅游局在北京民族文化宫联合召开全国创建文明风景旅游区工作表彰大会，向受到表彰的 11 个全国创建文明风景旅游区和 49 个全国创建文明风景旅游区工作先进单位的代表授牌并颁发证书。中宣部常务副部长、中央文明办主任吉炳轩、建设部副部长仇保兴、国家旅游局局长邵琪伟出席会议并讲话。

2006 年 1 月 11 日　中国风景园林学会在北京科技会堂召开了第三届第七次常务理事会，到会的常务理事 28 名。

常务理事会由学会常务副理事长甘伟林主持。城建司副司长王凤武介绍了近年来建设部在风景名胜区管理和保护方面开展的工作，重点介绍了风景名胜区立法方面的进展。甘伟林副理事长汇报了学会 2005 年的各项工作。王秉洛副理事长简要介绍了第八届中日韩风景园林学术研讨会的情况。

2006 年 1 月 12 日　建设部下发《关于公布首批〈中国国家自然遗产、国家自然与文化双遗产预备名录〉的通报》（建城［2006］5 号）。此次公布的首批中国国家自然遗产预备名录名单 17 处；首批中国国家自然与文化双遗产预备名录名单 13 处。

《通报》指出：设立《中国国家自然遗产、国家自然与文化双遗产预备名录》，是进一步完善我国自然遗产、自然与文化双遗产保护机制的重要举措，也是实现我国遗产资源保护管理工作可持续发展的保障。

2006 年 2 月 8 日　国务院下发《关于加强文化遗产保护工作的通知》。《通知》要求进一步加强对文化遗产的保护，并决定从 2006 年起，每年 6 月的第二个星期六为我国的"文化遗产日"。

2006 年 2 月 10 日　国务院在广州召开风景名胜区工作座谈会，

国务院副总理曾培炎出席座谈会并作重要讲话。国务院副秘书长张平、建设部部长汪光焘出席并讲话。出席座谈会的还有国家发改委、环保总局、林业局、旅游局、国务院法制办、国务院研究室、四川省人民政府及部分省区主管部门和风景名胜区的代表。会议听取有关部门和地方对《风景名胜区条例》和风景名胜区管理等方面的意见，研究进一步加强风景名胜区保护、利用和管理工作。

2006年2月24日　福建省人民政府办公厅发出《关于设立武夷山景区保护管理协调委员会的通知》（闽政办[2006]39号）。通知明确了武夷山景区保护管理协调委员会的主要职责。通知还明确：福建省副省长苏增添任武夷山景区保护管理协调委员会主任，福建省建设厅厅长林坚飞任常务副主任，三位副主任分别由南平市、省政府办公厅和省发改委的领导同志担任。武夷山景区保护管理协调委员会下设办公室，挂靠省建设厅，负责办理日常事务。

2006年3月7日　建设部办公厅发出《关于做好2006年国家重点风景名胜区综合整治工作的通知》（建办城函[2006]117号）。通知明确了2006年国家重点风景名胜区综合整治工作的重点，并对综合整治考评的原则，对监督检查规范上报材料以及表彰奖励提出了具体要求。

2006年3月7日　建设部办公厅下发《关于做好2006年国家重点风景名胜区监管信息系统建设工作的通知》（建办城[2006]13号）。通知要求各地建设行政主管部门搞好国家重点风景名胜区核心景区范围的核定工作；督促国家重点风景名胜区管理机构按有关规定及时上报基础资料；按照建设部遥感监测督查通知要求，组织有关国家重点风景名胜区做好遥感监测核查和整改工作。

2006年3月9日　中共峨眉山风景名胜区管委会委员会作出《中共峨眉山管委会委员会关于加快景区社会主义新农村建设的意见》。《意见》要求充分认识加快景区社会主义新农村建设的重要意义。《意见》明确了新农村建设指导思想、方针和目标任务，提出了推进景区新农村建设的措施。

2006年3月16～17日　建设部城建司在浙江省嘉兴市召开全国风景名胜区工作座谈会。会议研究部署了2006年风景名胜区重点工作。城建司司长李东序主持会议并讲话，来自全国各省区市建设行政主管部门有关负责同志30余人参加了会议。

2006年3月23日 教育部恢复风景园林专业的本科招生,风景园林专业被列入教育部公布的2006年高考新增专业名单(作为2006年高考新增的25个专业之一)。

2006年3月 全国政协委员梁亮胜在全国政协十届四次会议上提交《关于防止对风景名胜区进行破坏性开发的提案》(提案号:4310)。提案建议:加快制定科学、完善的景区规划,对核心景区给予绝对保护;成立国家风景名胜资源保护委员会,加强对景区保护工作的指导和监督;加大对破坏性开发行为的责任追究和处罚;修订《风景名胜区管理暂行条例》,细化保护风景名胜资源的有关规定。提案还建议:希望尽快出台《风景名胜资源保护法》。

2006年3月 致公党中央副主席、全国政协副秘书长吴明熹在全国政协第十届四次会议上提交《关于加强我国风景名胜资源保护的几点建议的提案》(提案号:2116)。

提案指出:面对层出不穷的景区违法、违规问题,我国缺乏有效的监督和管理,对损害和破坏风景名胜区资源的案件查处缺乏有力的法律依据,因此,风景名胜区保护最关键的问题、最需要解决的问题就是立法。提案建议:要加大中央财政对国家重点风景名胜区资源的保护和支持力度;建立行政责任追究制度和监督检查制度。

2006年4月5~6日 中国风景名胜区协会主办的第五届中国著名山岳风景名胜区(武当山)信息年会在湖北省武当山风景名胜区召开。来自全国各地26个风景名胜区的60多位代表以及湖北省建设厅和湖北省风景园林学会的有关负责同志参加了会议。

2006年4月8日 建设部城建司在云南省昆明市召开国家重点风景名胜区数字化景区建设工作交流座谈会。座谈会主要交流了数字化景区试点建设进展情况,研究落实下阶段工作任务。建设部城建司副司长王凤武到会并讲话,黄山、九寨沟等24个数字化景区建设示范、试点单位的60余人代表参加了会议。

2006年4月10日 中国风景名胜区协会第三届五次常务理事(扩大)会议在广州市白云山风景名胜区召开。中国风景名胜区协会会长赵宝江,中国风景名胜区协会副会长、建设部城建司副司长王凤武,中国风景名胜区协会副会长兼秘书长林家宁出席了会议,中国风景名胜区协会副会长郭晓梅、王翔、马元祝、李传旺、张群以及部分副会长单位的代表、部分省区行业主管部门的领导及常务理事、理事代表共90余人参加了会议。

2006年4月12日 建设部发出《关于加强风景名胜区防火工作的通知》（建城［2006］80号）。通知指出：入春以来，部分地区气温迅速回升，降水偏少，风势较强，森林火险等级不断升高，部分风景名胜区出现了火情，给风景名胜区资源与环境造成了威胁。

通知要求进一步增强风景名胜区防火工作的责任感和紧迫感；强化组织领导，层层落实责任；加强火源管理，从源头上消除火灾隐患。

2006年4月16~17日 建设部派出调查组，对新闻媒体报道嵩山风景名胜区内发生的违法违规事件进行调查。

2006年4月18日 建设部城建司向仇保兴副部长呈《关于国家自然遗产、国家自然与文化双遗产徽志征集活动有关情况的报告》，获准向社会公布国家自然遗产、国家自然与文化双遗产徽志。

在2005年面向社会征集遗产徽志来稿的基础上，城建司组织有关专家对国家自然遗产、国家自然与文化双遗产徽志方案进行了重新研究设计，最终确定了以大汶口文化遗址出土的陶尊上的日月山纹图案作为国家自然与文化双遗产徽志的基准图案；以大熊猫图案作为国家自然遗产徽志的基准图案。

2006年4月20日 建设部发布《关于河南省嵩山风景名胜区开山炸石破坏山体情况的紧急通报》（建城［2006］93号）。通报指出：经调查发现，嵩山开山炸石、乱搭乱建、圈建土地等问题非常严重，对嵩山局部山体已经造成不可逆转的严重破坏，违反了国务院颁布的《风景名胜区管理暂行条例》、国办发［2000］25号和国发［2002］13号文件的有关规定。

通报要求各地行政主管部门会同有关部门，立即组织力量对本地区风景名胜区进行全面检查和清理整顿，坚决制止开山采石等违法行为，限期恢复植被；对因开山采石使风景名胜资源遭受严重破坏，山体难以恢复要进行专项调查并依照法律法规追究有关单位和人员的责任。

2006年5月9~11日 由建设部主办的城镇和风景区水环境治理国际研讨会在杭州市召开。来自国内外的近450名专家、学者和政府机构、风景区管理代表参加了会议。建设部副部长仇保兴出席会议并作主题发言；美国国家公园管理局副局长唐纳德·墨菲应邀在开幕式上介绍了美国国家公园管理局的资源保护与管理经验。大会特邀的美国国家公园管理局、联合国教科文组织、世界自然保护联盟、中国科学院、中国工程院等机构和组织的近40名中外专家、学者参加了会议研讨。

2006年5月9日 建设部副部长仇保兴在城镇和风景区水环境治理国际研讨会主题发言中，对电影《无极》剧组在云南省世界遗产地——三江并流风景名胜区范围的碧沽天池风景区造成的生态"毁容"行为提出了严厉批评。

2006年5月11日 建设部发出《关于严格限制在风景名胜区内进行影视拍摄等活动的通知》。通知要求进一步加强对风景名胜资源的保护，严格限制在风景名胜区内进行影视拍摄活动。

2006年5月上旬 三清山风景名胜区管委会与中山大学生命科学院就生物多样性综合科考事宜达成合作协议。中科院华南植物研究所所长彭少麟任项目总负责，另外由植物学、生态学、土壤学、鱼类学、昆虫学、动物学、鸟类学方面等数十位知名专家和学者承担相关项目内容。

2006年5月13日 黄山风景名胜区与美国加利福尼亚州约塞米蒂国家公园在人民大会堂举行建立友好公园关系的签字仪式。黄山风景名胜区管委会副主任程迎峰与美国约塞米蒂国家公园主任迈克尔·托福森（Michael Tollefson）签署《黄山风景名胜区与约塞米蒂国家公园建立友好公园的协议》。

安徽省副省长田唯谦，建设部风景名胜区管理办公室主任、城建司司长李东序，安徽省省政府副秘书长余焰炉，黄山市委副书记、市长李宏鸣及美国国家公园管理局副局长唐纳德·墨菲及美国国家公园管理局、约塞米蒂国家公园有关负责人等出席签字仪式。

2006年5月13日 建设部风景名胜区管理办公室与美国内政部国家公园管理局在北京签署《中美谅解备忘录2005~2007年行动计划》。建设部风景名胜区管理办公室主任、城建司司长李东序，外事司副司长郑淑玲，美国国家公园管理局副局长唐纳德·墨菲，美国驻华使馆科技参赞沈岱波，美国国家公园管理局、约塞米蒂国家公园有关负责人等出席签字仪式。李东序与唐纳德·默菲（Donald W·Murphy）在谅解备忘录上签字。

2006年5月16日 三清山风景名胜区管委会邀请世界遗产中心

亚太地区负责人景峰、世界自然保护联盟（IUCN）地质专家克利斯·伍德教授、美国约塞米蒂国家公园主席迈克·托利福森、建设部城建司世界遗产和风景名胜区管理处左小平、加拿大皇家建筑学会亚太地区总裁许信群在庐山参加了三清山申报世界自然遗产文本评审会，对三清山申报世界遗产提出指导意见。

2006年5月20日　联合国秘书长科菲·安南先生在考察我国安徽省黄山风景名胜区时指出：我认为联合国教科文组织把黄山列入世界文化与自然遗产是一个非常正确的选择；中国人民为保护和维护这块世界遗产地所付出的不懈努力令我们赞叹！

2006年5月26日　建设部和国家旅游局在云南省大理市联合召开全国旅游小城镇发展工作会议，建设部部长汪光焘在会上就全国旅游小城镇发展作了重要讲话。汪光焘指出：因地制宜发展小城镇在我国城镇化过程中有着特殊的位置，发展旅游小城镇是社会主义新农村建设的具体实践。小城镇依托当地的历史文化资源、风景名胜资源、自然环境、民族民俗的独特资源优势发展，形成了从第一产业向第二产业跨越发展的推动机制，促进了地区经济发展和农民增收。

2006年6月8日　建设部发布《关于进一步做好创建文明风景名胜区工作的通报》（建城函［2006］156号）。《通报》要求加强对风景名胜区文明创建活动的组织领导，加大创建工作的力度，创新活动形式，丰富创建工作的内涵，严格掌握创建标准，建立长效管理机制，深入、持久、扎实地开展文明风景名胜区创建活动。

2006年6月10日　在我国第一个"文化遗产日"，安徽省黄山市召开科学技术大会，表彰一批科学技术获奖项目。其中黄山风景名胜区北海景区的"梦笔生花"黄山松移栽成活，获科技一等奖。

2006年6月18日　峨眉山金顶十方普贤开光暨华藏寺恢复落成庆典隆重举行。来自海内外（包括印度尼西亚、日本、韩国、美国和台、港、澳地区佛教界代表）的高僧大德，诸山长老与各界名人、信士、嘉宾、官员3000余人，近100家中外旅行社和82家新闻媒体人士参加开光和庆典盛会。

2006年6月22日　由建设部和中国联合国教科文组织全国委员会举办的五岳申报世界自然与文化遗产研讨会在湖南省长沙市召开。建设部城建司副司长王凤武、中国联合国教科文组织全国委员会秘书长田小刚以及湖南省建设厅有关领导同志到会并讲话，来自中华五岳管理机构的负责人和有关专家40人参加了会议。

2006年6月 浙江省风景名胜区协会主持的"浙江省风景名胜区特许经营管理"研究课题，经过浙江省风景名胜区协会常务理事会讨论并进一步修改完善后，正式形成《浙江省风景名胜区特许经营管理研究报告》。研究报告对规范浙江省风景名胜区的管理，探索激励与约束机制，建立与我国风景名胜区相适应的特许经营制度具有重要的现实意义。

2006年7月3日 杭州西湖风景名胜区开始实施《杭州西湖风景名胜区社会主义新农村建设规划》。规划提出"生产发展、生活宽裕、乡风文明、村容整洁、管理民主"总体要求。

2006年7月5日 建设部在北京举行《国家自然遗产、国家自然与文化双遗产预备名录》暨第六批国家重点风景名胜区命名授牌新闻发布会。会上公布了首批中国国家自然遗产、国家自然与文化双遗产预备名录。建设部总规划师陈晓丽、中国联合国教科文组织全国委员会秘书长田小刚、建设部城建司副司长王凤武出席新闻发布会并回答了记者提出的问题

2006年7月8~16日 联合国教科文组织第30届世界遗产大会在立陶宛首都维尔纽斯召开。我国的四川大熊猫栖息地和河南安阳殷墟分别作为世界自然遗产和世界文化遗产被联合国教科文组织世界遗产委员会批准列入《世界遗产名录》。

2006年7月19~20日 根据国务院领导同志的批示，建设部组织调查组，对山西省方山县违规出让北武当山风景名胜区管理权等问题进行调查。

2006年7月24~28日 三清山风景名胜区召开第一届国际花岗岩地质地貌研讨会。会议邀请了国内数十个地质科研机构，一百多个景区代表，来自美国、英国、德国、荷兰、日本、澳大利亚等国的国际地质地貌专家和部分国内知名地质专家共同参加了会议。

2006年7月28~31日 2006中国武夷山首届森林生态旅游节暨全国旅游院校大学生户外运动邀请赛在武夷山开幕。活动以"发展生态旅游，共建绿色家园"为主题，旨在以武夷山良好的生态环境为依托，搭建森林生态旅游发展平台，展示丰富的森林生态旅游资源，推进森林生态旅游和户外运动的开展。

2006年7月 新疆天山天池风景名胜区管理委员会和中科院新疆

分院、新疆生地所举行了博格达生物圈资源普查签约启动仪式，这标志着博格达生物圈资源普查工作正式启动。博格达生物圈保护区是我国西北地区第一个纳入联合国"人与生物圈"网络保护区的单位。

2006年8月15日 中国联合国教科文组织全国委员会秘书长田小刚在接受《中国建设报》记者采访时指出：世界遗产委员会最主要的关注点：一是保护，二是保护，三还是保护。我国作为遗产大国，应该加强《保护世界文化和自然遗产公约》的学习，提高认识和管理水平，在科学、合理规划的前提下，寻求世界遗产保护与发展的平衡。

2006年8月16日 国务院副秘书长张平对山西省北武当山风景名胜区违规出让管理权问题作出批示：建议同意建设部意见，由建设部会同国土资源部、监察部督促山西省人民政府对违规事件及有关责任人严肃查处，并上报处理结果。

2006年8月19日 国务院副总理曾培炎对山西省北武当山风景名胜区违规出让管理权问题作出批示：这是一起违反国家关于风景名胜区有关规定的案件，也是一起当前土地违法违规中"以租代征"的典型案件，查处结果要公开见报。

国务院总理温家宝对山西省北武当山风景名胜区违规出让管理权问题做出批示：同意培炎同志批示。

2006年8月28~29日 国家旅游局、国家环保总局、建设部在四川九寨沟风景名胜区召开全国生态旅游现场会。建设部副部长仇保兴、国家旅游局局长邵琪伟、国家环保总局副局长吴晓青、四川省副省长王怀臣等领导同志出席会议并讲话。

2006年9月4~6日 由中国风景名胜区协会经营管理工作委员会主办，新疆喀纳斯旅游有限责任公司承办的全国风景名胜区经营管理经验交流会在新疆喀纳斯风景区召开。中国风景名胜区协会副会长兼秘书长林家宁参加会议并讲话；来自全国各地风景名胜区的约30名代表参加了会议。

2006年9月6日 国务院第149次常务会议通过《风景名胜区条例》。

2006年9月6~8日 受联合国教科文组织世界遗产委员会的委托，世界自然保护联盟（IUCN）世界遗产专家桑塞尔博士赴重庆武隆对中国南方喀斯特申报世界自然遗产项目进行考察。建设部、中国联合国教科文组织全国委员会、外交部以及云南省、贵州省、重庆市等部门的有关领导和负责人，中国科学院、中国工程院的有关专家陪同桑塞尔博士考察。

2006年9月10日 重庆市召开中国南方喀斯特申报世界自然遗产专家座谈会。中国联合国教科文组织全国委员会主任、教育部副部长章新胜，中国联合国教科文组织全国委员会秘书长田小刚，建设部城建司副司长王凤武，外交部副处长宋长虹，云南省、贵州省、重庆市有关领导和负责人以及有关专家出席了座谈会。

2006年9月11日 建设部城市建设司发出《关于开展国家重点风景名胜区综合整治互查工作的通知》（建办城函［2006］605号）。通知对国家重点风景名胜区综合整治互查工作的检查重点、互查方式、检查人员组成、行程安排以及检查成果等进行部署。

2006年9月18日 泰山风景名胜区代表团赴英国北爱尔兰首府贝尔法斯特参加第二届世界地质公园大会。在此次大会上，泰山被批准为世界地质公园。会后，代表团考察了贝尔法斯特的巨人堤世界地质公园，苏格兰的大峡谷、尼斯湖、克诺贝峭壁世界地质公园、格伦莫尔国家森林公园。

2006年9月19日 国务院总理温家宝签署中华人民共和国国务院令第474号，正式颁布《风景名胜区条例》。

《风景名胜区条例》的颁布实施，是我国风景名胜区事业发展的一个新的重要里程碑，它标志着我国政府对风景名胜区资源实行规范化、法制化保护和管理又步入了一个新的更高的阶段。《风景名胜区条例》自2006年12月1日起施行。

2006年9月22日 建设部部长汪光焘一行在福建省副省长苏增添、建设厅厅长林坚飞、泉州市市委书记郑道溪、市长朱明等人的陪同下，对清源山风景名胜区进行实地考察。汪光焘部长对清源山风景名胜区的保护、管理工作给予了充分的肯定。

2006年10月7~13日 根据建设部与世界自然保护联盟（IUCN）2004年关于中国世界自然遗产地生物多样性合作项目承诺，由世界自然保护联盟专家约翰·马敬能（John Mackinnon）和世界自然保护联盟中国项目官员塞思·库克（Seth Cook）、李宁和中国风景名胜区协会厉色组成的考察组，对福建武夷山世界遗产地进行了专项考察。考察结束后，考察组向建设部提交了《福建武夷山世界遗产地生物多样性保护状况考察报告》。

2006年10月10~31日 中国风景名胜区协会组织由部分会员单位、风景名胜区管理机构的领导和技术管理干部参加的代表团,赴美国进行"中国遗产地与风景名胜区可持续发展"培训和考察。

2006年10月12日 建设部下发《关于认真做好〈风景名胜区条例〉宣传贯彻工作的通知》(建城函[2006]275号)。《通知》要求各省、自治区、直辖市建设行政主管部门和各级风景名胜区,要充分认识《条例》的重要意义,认真组织好《条例》的宣传;要切实抓好《条例》的贯彻落实。

2006年10月19日 建设部下发《关于对山西省方山县违规出让北武当山风景名胜区管理权等问题的通报》(建城[2006]249号),对山西省方山县人民政府违规出让北武当山风景名胜区的管理权、建设权、收益权等权利和违规开发建设的问题进行了全国通报,并责令限期整改。

2006年10月30日 建设部在北京召开《风景名胜区条例》宣贯工作电视电话会议。建设部相关部门和各省、自治区、直辖市建设行政主管部门的负责同志以及国家级风景名胜区的代表出席了会议。建设部部长汪光焘、建设部副部长仇保兴、国务院法制办公室副主任张穹出席会议并作了重要讲话。在电视电话会议上,四川省、安徽省、泰安市、峨眉山管委会、庐山管理局的负责同志分别代表地方建设行政主管部门、地方人民政府和国家级风景名胜区作了发言。

2006年10月31日 四川卧龙中国保护大熊猫研究中心圈养大熊猫已达119只,约占全世界圈养量的60%,是世界上最大的圈养大熊猫种群。

2006年10月 由四川省科技厅组织、中科院成都生物研究所支持承担的国家"十一五"科技支撑计划重大项目"典型脆弱生态系统重建技术与示范"项目"生态脆弱区世界自然遗产地生态保育技术开发"课题开始实施。该项目以九寨沟和黄龙两个世界自然遗产地为主要研究对象,并得到科技部正式批准立项。

2006年11月2日 文化部公布《国家级非物质文化遗产保护与管理暂行办法》(文化部令第39号)。办法指出:"国家级非物质文化遗产"是指列入国务院批准公布的国家级非物质文化遗产名录中的所有非物质文化遗产项目。国务院文化行政部门负责组织、协调和监督全国范围内国家级非物质文化遗产的保护工作。

2006年11月10日 温家宝总理对中央人民广播电台《内参》第276期刊登的"国家级风景名胜区厦门万石植物园违规兴建高尔夫球场"文章作出重要批示。

为落实温家宝总理批示,建设部于2006年11月24日向福建省建设厅下发了《关于请立即制止并调查处理鼓浪屿—万石山风景名胜区万石植物园高尔夫球场开发建设行为的通知》(建办城函[2006]769号),并立即组织有关人员对《内参》反映的问题进行了调查处理。

2006年11月12~19日 为了落实世界遗产地生物多样性保护项目,增进我国自然遗产地与国际自然保护界的沟通、交流与合作,建设部有关部门与世界自然保护联盟联合组团,由建设部城建司司长、建设部风景名胜区管理办公室主任李东序率领代表团一行九人,对意大利国家公园及政府自然遗产资源管理机构进行工作考察和访问。

2006年11月14日 文化部公布《世界文化遗产保护管理办法》(文化部令 第41号)。

2006年11月中旬~月底 根据建设部办公厅《关于做好2006年国家重点风景名胜区综合整治工作的通知》精神,建设部组织全国各省、自治区建设厅和直辖市建委(园林局)在国家级风景名胜区中开展综合整治互查工作。

2006年12月1日 中国风景园林学会网站"中国风景园林学会网"(www.chsla.org.cn)正式开通。

2006年12月1~3日 中国风景名胜区协会主办的第六届中国风景名胜区信息年会在广东省丹霞山风景名胜区召开,有45个风景名胜区的82位有关代表参加了会议。中国风景名胜区协会副会长兼秘书长林家宁到会并作了讲话。会议宣读了中国风景名胜区协会会长赵宝江的贺信。

2006年12月15日 国家文物局将重设的《中国世界文化遗产预备名单》提交中国联合国教科文组织全委会,并由中国联合国教科文组织全委会报送联合国教科文组织世界遗产中心。入选《中国世界文化遗产预备名单》有35个项目。

2006年12月21日 建设部在广西桂林召开全国风景名胜区综合整治工作经验交流会。来自全国各省、自治区、直辖市建设行政主管部门有关负责同志以及187个国家重点风景名胜区代表200多人参加了会议。建设部副部长仇保兴到会并讲话。

2006年12月16~30日 建设部城建司世界遗产与风景名胜管理处组织中国风景名胜区协会以及泰山管理行政执法局、杭州西湖风景名胜区管理委员会行政执法局、福建武夷山风景名胜区管理委员会办公室的负责同志,在北京共同起草《风景名胜区条例实施办法(草案)》、《风景名胜区门票管理办法(草案)》和《风景名胜资源有偿使用费管理办法(草案)》。

2006年12月18~20日 中国风景名胜区协会三届三次会长(扩大)会议在云南省丽江—玉龙雪山风景名胜区召开。中国风景名胜区协会赵宝江会长,中国风景名胜区协会副会长兼秘书长林家宁、建设部城建司世界遗产与风景名胜管理处处长赵健溶,云南省建设厅、云南省丽江市、中国风景名胜区协会副会长单位的有关领导和部分特邀代表35人参加了会议。

2006年12月 中国·城市建设研究院风景园林研究所承担完成的我国第一部地级市域风景名胜区体系规划《漳州风景名胜区体系规划》在福建省通过了专家评审。该规划以风景名胜资源的有效保护和利用为基础,以社会经济发展协调为目标,补充和发展了福建省风景名胜区规划体系。

《漳州风景名胜区体系规划》于2008年获得国际风景师联合会(IFLA)亚太地区的规划奖。

2006年12月 建在峨眉山金顶上的四川省最高的电视发射塔被拆除。这座高达78米的电视发射塔建于1970年。

2006年12月 安徽省黄山建成全国山岳风景名胜区第一个森林防火水网,使黄山风景名胜区的森林防火和生态保护实现了科技化。

2006年 建设部督促云南省建设厅对《无极》剧组在云南三江并流国家级风景名胜区千湖山碧沽天池景区破坏资源的违规行为进行依法查处。云南省建设厅和当地人民政府依据地方法规对《无极》剧组法人单位的破坏行为作出了9万元罚款的决定,对负有责任的香格里拉县人民政府分管副县长作出了免去副县长职务的处理。

2007年

2007年1月10日 建设部向国务院上报《关于对厦门鼓浪屿—

万石山国家级风景名胜区建设高尔夫球场问题查处情况的报告》（建城〔2007〕6号）。在报告中提出对此事件的处理意见：要求福建省建设厅和厦门市市政园林局根据要求，立即停止高尔夫球场建设，按规定程序报批；建议福建省人民政府依据国务院相关文件要求，调查并追究相关人员责任。

2007年1月27~28日　中国—欧盟生物多样性项目专家组到都江堰市考察了《都江堰市生物多样性保护策略与行动计划》的制订和执行情况，该项目是中国唯一的县级区域生物多样性战略行动计划。都江堰市遗产办、环保局、林业局等相关部门向专家组进行了汇报，并详细介绍了《都江堰市生物多样性保护策略与行动计划》的制定和执行情况。

2007年1月30日　经国务院批准，同意将三清山风景名胜区作为中国政府2008年向联合国教科文组织申报世界自然遗产的唯一项目。建设部部长汪光焘在三清山风景名胜区申报文本上签字。

2007年1月　九寨沟风景名胜区与克罗地亚普利维斯国家公园结成友好景区。九寨沟风景名胜区管理局与克罗地亚的普利维斯国家公园合作开展"九寨沟世界遗产地环境与生物多样性保护研究"课题。该课题计划完成时间为2009年12月。

2007年1月　为配合北京2008奥林匹克运动会和残奥会，北京市决定对北京市五十个景区景点进行无障碍改造，中国·城市建设研究院风景园林研究所受北京市旅游主管部门委托，负责编写《北京旅游景区无障碍建设与改造指导意见》。

2007年1月　九寨沟风景名胜区管理局开始与美国国家公园进行交流、培训合作项目。1~12月，九寨沟风景名胜区管理局先后派出三批共9名工作人员参加在美国约塞米蒂国家公园、美国华盛顿大学开展水体监测、水文监测、大气监测、生态恢复、外来物种入侵、动物调查、GIS应用、社区管理与建设、讲解、景区经营等培训合作项目。

2007年1月　由浙江省风景名胜区协会与浙江工商大学旅游学院共同编制的《浙江省风景名胜区特许经营管理研究报告》（初稿）完成。

浙江省风景名胜区协会召开常务理事会，组织对研究课题初稿进行讨论及进一步修改完善，最后形成《浙江省风景名胜区特许经营管理研究报告》。

2007年2月5日 中共延庆县委、县政府做出《关于进一步理顺八达岭特区管理体制及调整机构设置的意见》（延发［2007］11号）。意见指出：通过理顺八达岭特区的管理体制和机构设置，进一步强化特区办事处作为县政府派出机构的行政管理职能，建立以八达岭特区党委、特区办事处为主体的统一领导和管理体制。

2007年2月5日 湖南省南岳衡山风景名胜区全面启动景区大拆迁。当日，位于南岳衡山半山腰的麻姑山庄亦成功爆破拆除，另对禹王山庄、古松招待所等7处楼堂馆所相继实行爆破拆除。湖南省建设厅副厅长、湖南省申遗办主任王智光等有关领导亲临现场指导工作。

2007年2月7日 国家环保总局、建设部、文化部、国家文物局联合发出《关于加强涉及自然保护区、风景名胜区、文物保护单位等环境敏感区影视拍摄和大型实景演艺活动管理的通知》（环发［2007］22号）。

《通知》强调：对未经许可，擅自在上述敏感区域内进行影视拍摄和大型实景演艺活动的，要依法予以制止，限期恢复原状或采取其他补救措施，并处以罚款。对造成破坏情节严重的，要依法追究有关单位和人员的责任。

2007年3月 黄山风景名胜区启动"古树名木电子信息库建设工程"。该工程在2002年以来古树名木调查的基础上，严格按照技术规定要求，采取内外业调查相结合的方式，对景区范围内的古树名木资源进行全面调查，形成包括古树名木所在位置的GPS位置点文件数据，建立古树名木的完整的资料档案，并建立古树名木电子信息库，实行微机动态监测管理。

2007年3月 全国政协委员蓝志龙在全国政协第十届五次会议上提交《关于国家要禁止在风景名胜区内乱凿岩刻字的提案》（提案号：1567）。提案建议国家主管部门加强管理，制定风景名胜区新添摩崖石刻审批制度。属于省级风景区的，报省主管部门批准；属于国家级风景区的，报国家主管单位批准，对涉及的部位、题刻内容要严格把关，对报请的题写者应该制订出全国统一的"准入"条件或标准。

2007年3月9日 湖北省建设厅在对钟祥大洪山黄仙洞景区检查督办风景名胜区综合整治工作时，发现该景区违反《风景名胜区条例》规定，擅自出让景区经营权、管理权，进行违规开发建设。检查组现场责成钟祥市建设局立即对在建工程下达《停工通知书》。

2007年3月29~30日 建设部部长汪光焘在湖南省副省长徐宪平等陪同下，专程到南岳衡山风景名胜区考察调研。考察期间，汪光焘部长在南岳主持召开了《风景名胜区条例》宣传贯彻工作座谈会。

2007年3月29日 建设部发出《关于做好2007年国家级风景名胜区监管信息系统建设工作的通知》（建办城函［2007］197号）。

《通知》要求：进一步提高对风景名胜区监管信息系统建设工作的认识；切实加强国家级风景名胜区监管信息系统软、硬件环境建设；认真做好国家级风景名胜区监管信息系统建设检查验收。

2007年4月3日 建设部发出《关于做好国家级风景名胜区综合整治全面验收的通知》（建办城函［2007］207号）。

通知指出：对在综合整治工作全面验收中不合格和全国排名后十位的国家级风景名胜区，将在全国通报，限期整改。整改后仍不合格的，建设部将向国务院提出建议撤销其国家级风景名胜区命名。

2007年4月3日 建设部发出《关于印发〈国家级风景名胜区徽志使用管理办法〉的通知》（建城［2007］93号）。《管理办法》对国家级风景名胜区徽志的使用和管理等作了相应的规定。

2007年4月7日 建设部发出《关于开展中国风景名胜区设立二十五周年宣传活动的通知》（建办城函［2007］217号）。

2007年4月22日 建设部调查组赴湖北省对钟祥大洪山违规建设案件进行调查。建设部调查组提出初步处理意见：一是建议湖北省人民政府责成钟祥市人民政府立即终止钟祥市旅游投资开发有限公司和美景公司签订的合同。二是责成湖北省建设厅依照有关规定分别提出拆除、经济处罚等具体意见，并追究企业负责人的相应责任。三是建议湖北省人民政府追究钟祥市人民政府有关领导的相应责任，并将处理结果抄送建设部。四是建设部将就大洪山风景名胜区黄仙洞开发建设违法违规行为，向全国风景名胜区进行通报。

2007年4月26~29日 三清山风景名胜区生物多样性与生态保护研讨会在三清山天伦宾馆召开。中国科学院院士、沈阳大学校长孙铁珩，中科院沈阳应用生态研究所高级工程师张吉娜、魏柏，中山大学生命科学学院教授廖文波，江西省野生动植物保护管理局局长朱云贵，三清山党政领导等共计50多人参加了研讨会。

2007年4月26日 世界自然保护联盟（IUCN）专家克利斯·伍

德和保罗·丁沃尔应邀来三清山风景名胜区指导申遗工作,并对三清山申报世界自然遗产工作提出了指导性意见。

2007年4月27日 福建省人民政府办公厅转发福建省建设厅《关于武夷山景区保护管理协调委员会议事规则的通知》(闽政办[2007]83号)。

《武夷山景区保护管理协调委员会议事规则》对协调委员会组成和办事机构、议事范围、议事原则、议事程序以及协调委员会办公室具体职责等作出规定。

2007年4月27日 国家测绘局、建设部发布《关于启用泰山等第一批19座著名山峰高程新数据的公告》。国家测绘局、建设部联合向11个省区的测绘行政主管部门、建设行政主管部门发出通知,对著名山峰高程标志设立工作进行了部署。《公告》指出:国家测绘局将会同建设部,在这些山峰设立统一的高程标志碑。

2007年4月 "九寨沟生态环境与可持续发展战略规划国际研讨会"在四川九寨沟风景名胜区召开。来自四川大学、美国加州大学的有关教授、专家学者对生物、生态、水文、气象、环境、社会、经济等方面基础数据库的建立,人类对自然环境的影响、自然遗产地管理、生态与环境变化以及对全球气候变化的影响等相关议题进行了讨论。

2007年5月3~5日 建设部部长汪光焘就三清山申遗、景区农民就地就业与集镇安居、风景名胜区体制等问题在三清山风景名胜区进行调研。建设部办公厅副主任靳军安、城建司副司长王凤武,江西副省长洪礼和、省政府副秘书长张桃生,省建设厅领导刘永思、马志武以及上饶市领导陪同调研。

2007年5月10日 建设部办公厅发出《关于印发〈国家级风景名胜区综合整治验收考核标准〉的通知》(建办城函[2007]291号)。此次发布的《国家级风景名胜区综合整治验收考核标准》分为机构设置管理职能、总体规划编制实施、违规违章建设查处、监管信息系统建设、标志标牌规范设置和管理规章制度建设六个方面,考核要点内容为17项。

2007年5月12~13日 根据中央文明办、中宣部领导以及建设部领导同志的重要批示,建设部组成由部文明办副主任宋志军、城建司世界遗产与风景名胜区管理处和中国风景名胜区协会有关负责人参加的调查组赴千山风景名胜区，对人民网、新浪网、中国青年报等多家网站和新闻媒体报道的首批全国文明风景旅游区——辽宁千山风景名胜区"五一"黄金周期间收费、管理等方面的问题进行调查。

2007年5月15~19日　中国联合国教科文组织全委会秘书长田小刚、建设部城建司副司长王凤武、外交部国际司参赞林莎、建设部城建司世界遗产和风景名胜区管理处左小平以及有关专家、教授到三清山检查指导三清山风景名胜区申遗工作。

2007年5月21日　联合国教科文组织和中华人民共和国教育部及中国联合国教科文组织全委会，宣布在中国设立亚太地区世界遗产培训与研究中心。亚太地区世界遗产培训与研究中心总部和自然遗产培训与研究中心设在北京大学，文化遗产培训与研究中心设在同济大学，遗产维护工程培训与研究中心设在苏州。

2007年6月6~8日　国际地貌协会专家皮奥特·米扬（Piotr Migon）、迈克尔·托马斯（Michael Thomas）应邀来三清山风景名胜区，对三清山的地质地貌进行实地考察。

2007年6月6~22日　四川大学和美国华盛顿大学在九寨沟风景名胜区联合开展有关民俗文化、大熊猫栖息地、森林、地质、考古、生态学等多学科的研究。

2007年6月23日　第31届世界遗产大会在新西兰基督城召开，中国广东省开平碉楼与村落和中国南方喀斯特两个申报项目通过表决，被列入《世界遗产名录》。其中中国南方喀斯特包括云南石林、贵州荔波和重庆武隆。自此，我国的世界遗产项目总数达到35处（其中文化遗产25处、自然遗产6处、文化与自然遗产4处）。

2007年6月25~26日　由中国风景名胜区协会和泰安市人民政府共同举办的"风景名胜区综合执法工作研讨会"在山东省泰安市召开。中国风景名胜区协会会长赵宝江、山东省政府法制办主任高存山、中国风景名胜区协会常务副会长兼秘书长林家宁、建设部城建司副巡视员曹南燕、建设部世界遗产和风景名胜区处处长赵健溶等到会并讲话；来自全国各省、直辖市、自治区建设行政主管部门和风景名胜区49个单位的109名代表、专家参加了研讨会。

2007年6月28日　中央文明办、建设部、国家旅游局给辽宁省文明办、建设厅、旅游局发出《关于对千山风景名胜区"五一"期间收费和管理问题调查报告的复函》（文明办函［2007］7号）。复函指出：中央文明办、建设部、国家旅游局决定，对千山风景名胜区进行通报批评，责令其限期整改。

2007年7月12日　中国风景名胜区数字化建设论坛在湖南省张家界市武陵源风景名胜区召开。建设部城建司副司长王凤武，张家界市副市长邓立佳等领导同志分别在开幕式上致辞。来自全国24个数字化建设试点风景名胜区有关负责人共120余人参加论坛。

2007年7月12~16日　三清山风景名胜区召开"东亚—北美间断分布与生物多样性"国际学术研讨会。

2007年7月19~20日　建设部在四川省峨眉山风景名胜区召开贯彻《风景名胜区条例》促进风景名胜区综合整治现场经验交流会。来自全国各省、自治区、直辖市建设行政主管部门以及部分国家级风景名胜区的负责同志120人出席会议。建设部城建司司长李东序、副司长王凤武到会并讲话。

2007年7月20日　根据建设部《关于做好国家级风景名胜区综合整治全面验收工作的通知》（建办城函［2007］207号）的要求，建设部组织了10个验收考评组，分别对各省、自治区、直辖市的约100个国家级风景名胜区的综合整治情况进行现场检查考评。

这次建设部组织的专项检查考评工作是国家级风景名胜区设立以来，参检人员和被检景区数量最多、检查考评周期最长的一次。

2007年8月23日　美国大峡谷国家公园主任史蒂夫·马林（Steve Marin）先生和环境教育部主任雅格布·菲利诺（Jacob Fillino）先生，抵达河南省焦作云台山风景名胜区进行考察访问。访问期间，史蒂夫先生一行与云台山风景名胜区管理局就双方在公园管理模式、景区规划、科学普及、环境保护、市场运作和人员培训等方面进行了交流。

2007年8月27日　由建设部风景名胜区管理办公室和美利坚合众国内政部国家公园管理局共同主办的中国云台山风景名胜区与美国大峡谷国家公园缔结姐妹公园签约仪式暨新闻发布会在北京人民大会堂举行。云台山风景名胜区管理局局长韩跃平和美国大峡谷国家公园主任斯蒂文·马林分别在《中国云台山风景名胜区与美国大峡谷国家公园缔结姐妹公园议定书》签字。

出席签约仪式的还有美国大峡谷国家公园主任助理杰克博·费林先生，建设部城建司副司长王凤武、外事司副司长郑淑玲、河南省建设厅副厅长张代民、建设部城建司世界遗产与风景名胜区管理处左小平等。

2007年9月1~3日　建设部在北京农业展览馆举办"中国风景名胜区二十五周年综合成就展"。来自全国各省、自治区、直辖市的近170个风景名胜区和相关单位参加展览,此次展览是中国风景名胜区事业二十五年来在机构与法规建设、科学规划与管理、资源保护与监测、精神文明建设等方面取得显著成绩的一次检阅,也是对风景名胜区行业整体形象的一次集中展示。

2007年9月11日　为庆祝中国风景名胜区设立二十五周年,建设部风景名胜区管理办公室联合大自然保护协会、世界自然保护联盟(IUCN)共同主办的"八达岭长城杯"中国风景名胜区摄影大赛暨全球国家公园风光摄影展在北京八达岭长城风景名胜区展出。大赛收到了来自全国187个国家级风景名胜区选送的550幅摄影作品,同时还有132位著名摄影师、摄影爱好者报送的841幅摄影作品。经大赛组委会评选后展出的400幅摄影作品中有82幅获奖。

2007年9月29日　建设部部长汪光焘到五大连池风景名胜区进行视察。汪光焘部长对五大连池风景名胜区在保护、建设、管理等工作所取得的成绩给予了充分肯定,并勉励五大连池管委会要坚持科学发展观,注重景区的环境保护,严格管理好珍稀的风景名胜资源,着力打造一个安全、整洁、文明、舒适的风景名胜区。

2007年10月16日　建设部发出《关于印发〈国家级风景名胜区监管信息系统建设管理办法(试行)〉的通知》(建城[2007]247号)。

《国家级风景名胜区监管信息系统建设管理办法(试行)》提出了国家级风景名胜区监管信息系统建设和监测核查工作坚持"统一标准、科学监测、精心核查、客观反映"的基本准则。《办法》设总则、系统建设、监测核查、专门人员、监督管理和附则六章,共三十二条。

2007年10月16~23日　世界自然保护联盟(IUCN)专家彼得·沙迪先生对三清山风景名胜区进行实地考察。参与实地考察的还有世界遗产中心地质专家克利斯·伍德教授,云南昆明理工大学教授梁永宁等。建设部城建司世界遗产和风景名胜区管理处、江西省建设厅城规处、三清山风景名胜区管委会有关负责人全程陪同。

2007年10月17日　杭州西湖风景名胜区管理委员会经报杭州市人民政府法制办法律审查通过并备案,正式公布《〈风景名胜区条例〉行政罚款自由裁量权适用规则》、《〈杭州西湖风景名胜区管理条例〉行政罚款自由裁量权适用规则》,并自2007年12月1日起实施。这是我国风景名胜区行业第一个涉及风景区的自由裁量权的法律文件,同时,也创造了风景名胜区内行政执法的规范性、适应性处罚公式。

2007年10月28日　全国人大常务委员会第三十次会议通过《中华人民共和国城乡规划法》。

《城乡规划法》明确了城乡建设和发展,应当依法保护和合理利用风景名胜资源,统筹安排风景名胜区及周边乡、镇、村庄的建设。风景名胜区的规划、建设和管理,应当遵守有关法律、行政法规和国务院的规定。

2007年10月30日　北京石花洞风景名胜区管理委员会与中国科学院地质与地球物理研究所签署建立"中科院地质与地球物理研究所岩溶沉积与古气候实验室北京石花洞观测站"协议并举行了揭牌仪式。北京石花洞观测站的建立,对于研究地球古地理、古气候等具有重要意义。

2007年10月31日　建设部城建司下发《关于做好国家级风景名胜区监管信息系统网络平台开通运行工作的通知》(建城景[2007]157号),通知指出:国家级风景名胜区监管信息系统网络平台(后简称网络平台)运行调试工作已经完成,定于2007年12月1日正式开通运行。

该网络平台的开通运行,实现了我国国家级风景名胜区遥感监测等信息数据的网络化传输和政务信息发布,实现了政府行政主管部门面向风景名胜区行业提供政策法规以及相关文件资料的查询服务,同时也促进了风景名胜区行业之间工作信息的交流,提升了我国风景名胜区的信息化管理水平。

2007年11月1~4日　由北京大学世界遗产研究中心和北京大学考古文博学院共同主办的"北京论坛"分论坛——"世界遗产论坛"召开。来自世界各国和国内的著名遗产专家参加论坛并展开学术交流。在此次论坛期间,提出建立遗产学的建议。

2007年11月5~8日　中华人民共和国建设部、中国联合国教科文组织全国委员会、四川省人民政府共同主办的第三届世界自然遗产大会在四川省峨眉山召开。建设部副部长齐骥、中国联合国教科文组织全委会秘书长田小刚、四川省人民政府副省长王宁、联合国教科文组织世界遗产中心副主任基肖尔·劳（Kishore Rao），世界自然保护联盟（IUCN）、保护国际（CI）以及部分国家、地区相关机构、世界遗产地的负责人和专家代表400余人参加了会议。

2007年11月7日　联合国教科文组织世界遗产中心副主任基肖尔·劳（Kishore Rao）参观峨眉山博物馆和游人中心后认为：峨眉山是一个能够给人留下深刻印象、回味无穷的世界遗产地。峨眉山对世界遗产的管理和保护，不仅在中国、在亚太地区和世界范围内对正在申遗的地区来说，都堪称典范。

2007年11月8~10日　来自世界各国的自然保护专家对九寨沟世界自然遗产地进行了考察。在听取了九寨沟风景名胜区管理局的汇报后，联合国教科文组织世界遗产中心副主任基肖尔·劳（Kishore Rao）指出：他非常欣赏九寨沟管理层所做的工作，对于九寨沟的社区管理、景区交通系统建设和游客限量等工作，他非常感兴趣，这些方面九寨沟已经成为其他世界遗产地的典范，九寨沟的经验值得其他世界遗产地学习。

2007年11月10~11日　由中国风景名胜区协会主办的第七届中国风景名胜区信息年会在四川省宜宾市蜀南竹海风景名胜区召开。中国风景名胜区协会副会长兼秘书长林家宁、建设部城建司副巡视员卢英方、四川省建设厅副厅长杨光以及四川省宜宾市政府有关部门的领导出席了会议。来自全国48个风景名胜区100多位代表参加了会议。

2007年11月12日　山东省泰安市代表团与日本富士山协会在日本东京举行签字仪式，泰山风景名胜区与富士山正式结为"友好山"，泰安市副市长林华勇与日本富士山协会会长、众议员堀内光雄签署"友好山"协议；泰山风景名胜区党工委书记、管委会主任谭业刚及泰安市有关部门负责同志出席了签字仪式。

2007年11月30日　建设部发出《关于请督促部分国家级风景名胜区限期整改的通知》（建城函［2007］359号）。通知要求有关省级建设（园林）主管部门督促有关方面加大工作力度，限期整改。通知强调：对整改后验收仍不合格的，将报请国务院撤销其国家级风景名胜区命名。

通知附件公布的综合整治不合格的十个国家级风景名胜区：辽宁

省金石滩、福建省桃源洞—鳞隐石林、山东省胶东半岛海滨（成山头景区）、湖北省大洪山（钟祥景区）、湖南省猛洞河、广西壮族自治区桂林漓江、长江三峡（重庆市辖区）、四川省石海洞乡、贵州省赤水和云南省瑞丽江—大盈江。

2007年12月1日 建设部在北京人民大会堂召开"贯彻落实《风景名胜区条例》，推进风景名胜区综合整治总结会议"。全国人大环资委副主任叶如棠、全国政协资环委副主任杨魁孚出席了会议。建设部党组书记、副部长姜伟新主持会议，建设部副部长仇保兴作工作报告，国务院法制办副主任郜风涛就《风景名胜区条例》执行情况发表讲话，建设部城建司司长李东序宣读表彰决定，全国人大常委会副秘书长孙伟、中纪委驻建设部纪检组长姚兵、原建设部副部长、中国风景名胜区协会会长赵宝江、中国联合国教科文组织全委会秘书长田小刚以及国务院有关部门司局、各省、自治区、直辖市政府副秘书长应邀参加了会议，各省、自治区、直辖市建设主管部门、各国家级风景名胜区管理机构的负责人共计700余人参加了会议。

在会上，建设部授予峨眉山等10家管理机构"国家级风景名胜区综合整治十佳单位"的荣誉称号，授予八达岭特区办事处与十三陵特区办事处等43家单位"国家级风景名胜区综合整治工作优秀单位"的荣誉称号；授予秦福荣等20位同志"国家级风景名胜区综合整治优秀工作者"的荣誉称号，授予李晓肃等175位同志"国家级风景名胜区综合整治先进工作者"的荣誉称号。建设部还向二十五年来为中国风景名胜区事业发展做出突出贡献、在全行业有重要影响的谢凝高、陈素伟、姬保山、马纪群、马元祝、张国强、张延惠、李正明、姚国钧、冯关芳10名老同志颁发了国家风景名胜区事业发展突出贡献奖。

2007年12月18~19日 由中国风景园林学会风景名胜专业委员会主办，杭州西湖风景名胜区管委会承办的2007年中国风景园林学会风景名胜专业委员会年会在杭州金溪山庄召开。此次年会的主题是：风景区·原生态·原住民。来自全国各地的风景名胜区管理机构、政府主管部门、风景园林规划机构的有关领导、专家140余人参加了会议。

2007年12月25日 中国风景园林学会在北京召开第三届第九次常务理事会议。中国风景园林学会理事长周干峙、副理事长孟兆祯、谢凝高、甘伟林、王秉洛、张树林、胡运骅、任春秀和秘书长杨雪芝出席会议，建设部原总规划师陈晓丽应邀列席会议。到会常务理事30人。会议的主要议题是审议学会2007年工作和2008年计划要点；审议第四届全国会员代表大会的准备工作。

2007年12月26日　在建设部召开的"全国国家级风景名胜区综合整治情况通报新闻发布会"上，建设部城建司司长、风景名胜区管理办公室主任李东序通报了2003年以来全国国家级风景名胜区综合整治工作情况。

2007年　中国·城市建设研究院风景园林研究所受建设部城建司委托，主持完成《风景名胜区分类标准》和《国家级风景名胜区分类》研究。这是我国第一部关于风景名胜区的基础性标准，对我国风景名胜区实行分类管理、提升风景名胜区总体规划的科学性、实现我国与世界国家公园资源分类体系的接轨具有重要意义。该项研究工作于2004年开始。

2007年　中国·城市建设研究院风景园林研究所承担国家"十一五"科技支撑计划项目——现代服务业共性技术支撑体系与应用示范工程课题："数字旅游服务示范工程"。该课题跨越行业行政主管部门的界限，在12个国家级风景名胜区开展数字化示范工程，探索中国特色的旅游目的地资源营销商业模式、数字旅游服务模式和运营机制，以及相关的标准规范。

2007年　中国·城市建设研究院风景园林研究所承担并完成"北京市风景名胜区村庄民居景观风貌研究"。该研究通过对北京市风景名胜区内30余处村庄的农宅风貌调研，对村庄民居风貌与风景名胜区的关系、历史演进和乡土特色进行综合评价。该研究还在探讨风景名胜区农宅的演变规律的同时，从政策、经济、产业、城乡关系等方面提出存在的问题及相应的对策。

2008年

2008年1月8~9日　中国风景名胜区协会第三届四次理事会议在四川九寨沟风景名胜区召开。中国风景名胜区协会会长赵宝江、建设部城建司副司长、中国风景名胜区协会副会长王凤武、中国风景名胜区协会副会长兼秘书长林家宁出席会议，中国风景名胜区协会副会长陈素伟、四川省建设厅副厅长杨光以及中国风景名胜区协会副会长单位、常务理事和理事单位的代表共160人参加了会议。

2008年1月中旬 我国南方大部分地区遭遇了五十年不遇的低温、雨雪和冰冻天气，造成了南方14个省受灾。全国14个省的风景名胜区在这场冰雪灾害中都遭受了很大的损失，冰雪灾害影响到100余处国家级风景名胜区，受灾严重的有贵州、湖南、湖北、江西、安徽和广西壮族自治区等省（区）的50余处国家级风景名胜区。

2008年1月下旬~2月初 政协全国委员会办公厅于2007年11月向中央办公厅、国务院办公厅报送了《关于我国世界文化遗产保护情况的调研报告》，党中央和国务院领导同志对《报告》反映的问题及世界遗产保护建议高度重视，对世界遗产地保护提出了加强管理，克服重申报、轻管理的明确指示。按照中央领导和国务院领导批示精神，根据《保护世界文化和自然遗产公约》，建设部组织了由建设部有关部门、行业协会以及部分专家参加的调研组，分别对22个世界遗产地的保护状况展开调研。

2008年2月26日 中央文明办协调组、建设部、国家旅游局在北京召开评选表彰第二批全国文明风景旅游区协调会。中央文明办协调组副组长涂更新、建设部文明办副主任宋志军、国家旅游局综合协调司副司长刘小军参加会议。

中央文明办协调组、建设部文明办和城建司、国家旅游局综合协调司委托中国风景名胜区协会对《全国文明风景旅游区暂行标准》进行修改。

2008年3月17日 湖南省红十字会在长沙市举行了隆重的捐赠结对仪式，普陀山风景名胜区管委会、普陀山旅游协会和普陀山红十字会的10多名代表当场向张家界、韶山、衡山、凤凰四个风景名胜区捐赠人民币60万元，用于今年特大冰雪灾害后风景名胜区的恢复建设工作。同时，普陀山风景名胜区管委会30余名中层以上干部与灾区30名孩子结成扶贫助学对子。

2008年3月21日 根据国务院关于机构改革文件精神（国发[2008]11号），正式组建住房和城乡建设部，不再保留建设部署名，建设部更名为住房和城乡建设部。姜伟新任住房和城乡建设部部长。

2008年3月22~26日 中央文明办协调组、住房和城乡建设部、国家旅游局在杭州西湖召开《全国文明风景旅游区暂行标准》修改工作会议。中央文明办协调组、住房和城乡建设部、国家旅游局、中国风景名胜区协会以及峨眉山风景名胜区管理委员会、杭州西湖风景名胜区管理委员会、泰山风景名胜区管理委员会、北京颐和园和深圳华侨城旅游度假区的有关负责同志参加了会议。

2008年3月 联合国世界旅游组织和联合国教科文组织在黄山设立了中国首个世界遗产地旅游管理与可持续发展观测站。对黄山生态环境因子变化、遗产地规划执行情况、遗产地旅游发展效益、影响遗产地保护管理因子变化情况、遗产地游客需求调查分析报告等一系列相关问题进行观测，为联合国世界旅游组织对遗产地旅游管理与可持续发展提供数据资料，更好地促进遗产地的保护管理工作。

2008年4月9日 国家发展改革委、财政部、国土资源部、住房和城乡建设部、国家林业局、国家旅游局、国家宗教事务局、国家文物局联合发布《关于整顿和规范游览参观点门票价格的通知》（发改价格〔2008〕905号）。

通知强调：对依托国家资源的世界遗产、风景名胜区、自然保护区、森林公园、文物保护单位和景区内宗教活动场所等游览参观点，不得以门票经营权、景点开发经营权打包上市。要做好门票价格管理工作，遏制门票价格竞相攀比、过快上涨；加强对风景名胜区、世界文化遗产门票收入"收支两条线"管理，确保按规定用途使用。

2008年4月30日 住房和城乡建设部信息中心发出通知，通知明确：根据国务院关于机构改革文件精神，建设部已更名为住房和城乡建设部，经研究，决定将原建设部网站域名www.cin.gov.cn更名为www.mohurd.gov.cn。

通知明确：新域名的住房和城乡建设部网站于2008年5月1日正式起用。

2008年5月12日 四川汶川发生里氏7.8级的特大地震（后经重新评估确定为8级），给当地及周边地区带来了重大的生命和财产损失。同时，也使该地区青城山—都江堰、卧龙、四姑娘山、夹金山脉大熊猫栖息地以及西岭雪山、四姑娘山、白龙湖、天台山、龙门山等多处世界遗产地和国家级风景名胜区蒙受重大损失，大量的自然和人文资源遭受严重破坏。此次地震还波及四川、甘肃、陕西三省的黄龙寺—九寨沟、峨眉山—乐山大佛、贡嘎山、麦积山、天台山等风景名胜区。

2008年5月13日 住房和城乡建设部办公厅发出《关于做好住房城乡建设系统抗震救灾和防范次生灾害工作的紧急通知》（建办质电〔2008〕34号）。通知指出：四川省汶川县发生的里氏7.8级强烈地震，已造成重大人员伤亡，大量房屋和市政公用设施受损。我部已启动了建设系统破坏性地震应急预案Ⅰ级响应，成立了抢险救灾工作指挥部，由姜伟新部长担任指挥长，黄卫副部长担任副指挥长；成立了由部相关司局主要负责同志组成的工作小组；组织专家组赶赴灾区协助和指导抗震救灾工作。

2008年5月21日 中国风景名胜区协会发出《关于在全国风景名胜区行业开展"众志成城团结互助，抗震救灾重建家园"风景名胜区专项捐助倡议书》。倡议书指出：5月12日发生在四川汶川的特大地震破坏性大，波及面广，受灾地区也是我国风景名胜资源的集中地区，全国风景名胜区行业同仁要以实际行动投入抗震救灾，帮助灾区恢复在地震中受到重创的自然文化遗产资源。

2008年5月23日 第32届世界遗产大会官方网站公布了联合国教科文组织世界遗产委员会《关于三清山申遗32 COM 8B.6决议草案》，建议基于世界遗产第七条标准（具有最显著的自然现象或特殊的天然美景，在美学方面具有重要价值）将三清山风景名胜区列入《世界遗产名录》。

2008年6月5日 中央文明办、住房和城乡建设部、国家旅游局联合发布《关于印发〈全国文明风景旅游区标准〉（2008年版）的通知》（文明办〔2008〕12号）。

2008年版标准从整体上提高了文明创建内容在标准中的比例，突出了文明风景旅游区创建标准的特点，整体内容更加完善、合理，整体结构更趋严密，基本满足了对风景名胜区、旅游区（点）硬件设施、机制规章和效果质量的测评要求，明显提高了标准的可操作性。

2008年6月6日 住房和城乡建设部办公厅发布《关于开展受灾地区风景名胜区灾情状况和游览安全评估工作的通知》（建办城函〔2008〕329号）。通知要求：立即组织开展对风景名胜区内人员伤亡情况、历史古建和古迹损毁情况、珍稀动植物损毁情况、重要景物、景点损毁情况，房屋建筑设施损毁情况，道路交通设施损毁情况，电力、通信、供水等景区基础设施以及山体、林木损毁情况进行综合评估。通知要求：编制恢复重建规划；组织具备安全游览条件的风景名胜区恢复正常运营。

2008年6月6日　根据建设部《2007年工程建设标准规范制定、修订项目计划》（建标［2007］125号）的文件要求，《风景园林标志标准》编制组成立暨第一次工作会议在天津市召开。住房和城乡建设部标准主管部门领导，编制组全体成员会同有关负责制订《风景园林标志标准》参编单位的专家共计30多人出席了会议。会议期间，天津师范大学、天津市园林局等单位提交了制订完成的《风景园林标志标准》编制大纲。

2008年6月14~17日　为贯彻落实建设部办公厅《关于开展受灾地区风景名胜区灾情状况和游览安全评估工作的通知》（建办城函［2008］329号），住房和城乡建设部城建司副司长王凤武率调研组，对四川、甘肃两省部分风景名胜区"5·12"汶川大地震受灾情况进行了实地调研，并分别在川、甘两省召开座谈会，听取了川、甘、陕三省建设厅和部分受灾风景名胜区关于灾情损失和重建工作的汇报。

2008年7月2~10日　第32届世界遗产大会在加拿大魁北克城举行。联合国教科文组织总干事松浦晃一郎和国际古迹遗址理事会主席参加了大会的开幕仪式。世界遗产委员会对来自全球41个国家的47个候选世界遗产项目进行了评审投票，共审议批准27处新世界遗产地（其中文化遗产地19处，自然遗产地8处），并对4项世界遗产进行了扩展。

经世界遗产大会188个缔约国全体代表热烈讨论，同意将中国福建土楼和福建三清山列入《世界遗产名录》。

2008年7月4日　中央文明办、住房和城乡建设部、国家旅游局联合发布《关于推荐第二批全国文明风景旅游区和全国文明风景旅游区工作先进单位的通知》（文明办［2008］18号）。通知指出：三部门组织力量对各地报送的首批全国文明风景旅游区进行复查，符合条件的予以公布确认，不符合条件的不再保留荣誉称号。

2008年7月初　为做好四川省"5·12"特大地震受灾风景名胜区恢复重建工作，解决景区灾后评估和恢复重建规划编制配套工作经费，中国风景名胜区协会根据住房和城乡建设部城建司支持受灾地区风景名胜区重建家园工作总体安排，组织部分风景名胜区对受灾地区风景区进行对口募捐。

2008年7月10日　国务院办公厅发布《关于印发住房和城乡建

设部主要职责内设机构和人员编制规定的通知》（国办发［2008］74号），通知指出：根据第十一届全国人民代表大会第一次会议批准的国务院机构改革方案和《国务院关于机构设置的通知》（国发［2008］11号），设立住房和城乡建设部，为国务院组成部门。将原建设部的职责划入住房和城乡建设部。

通知中明确规定了住房和城乡建设部城市建设司的职责之一为：承担国家级风景名胜区、世界自然遗产项目和世界自然与文化双重遗产项目的有关工作。

2008年7月21日　山东省政府第17次常务会议通过《泰山风景名胜区服务项目经营管理办法》。7月30日，山东省人民政府以第205号令颁布《泰山风景名胜区服务项目经营管理办法》，并明确于当年9月1日起实施。

《办法》明确规定：泰山风景名胜资源属于国家所有。《办法》对泰山风景名胜区内的旅游服务经营性项目的准入和资源有偿使用费的收取、管理和使用等作出明确的规定。

2008年7月28日　住房和城乡建设部、文化部、国家文物局在2008北京国际新闻中心召开"中国文化遗产与自然遗产的传承和保护集体采访会"，就中国的文化和自然遗产保护情况接受中外记者提问。国家文物局副局长张柏、文物保护司副司长柴晓明，住房和城乡建设部城市建设司巡视员王凤武、城乡规划司副司长孙安军和文化部社会文化司司长张旭分别就记者提出的世界文化和自然遗产保护、世界遗产的申报、管理以及非物质文化遗产保护和传承等问题作出说明并回答了记者的提问。

2008年8月20日　住房和城乡建设部发布第83号公告，批准《风景名胜区分类标准》为行业标准（编号为CJJ/T121—2008），该行业标准自2008年12月1日起实施。《风景名胜区分类标准》的主编单位是城市建设研究院。

2008年8月30日　中国风景名胜区协会《中国风景名胜》编辑部对全国国家级和省级风景名胜区的基本情况进行调查统计。调查统计结果表明：截至2008年8月30日，全国有风景名胜区885处，总面积为18.12万平方公里，占国土总面积的1.89%。其中，国家级风景名胜区187处，总面积85492平方公里；省级风景名胜区698处，总面积95753平方公里。

2008年10月5~14日　世界自然保护联盟（IUCN）第四届世界自然保护大会在西班牙巴塞罗那国际会展中心隆重召开。来自世界各地177多个国家的7500多名IUCN的会员和合作伙伴以及政府部门、非政府组织、工商企业和社会团体的代表参加了大会。住房和城乡建设部城建司世界遗产和风景名胜处处长赵健溶作为中国政府代表团成员参加会议；中国风景名胜区协会《中国风景名胜》副主编厉色以非政府组织和IUCN会员代表身份出席大会。

2008年11月17~19日　住房和城乡建设部和中国风景名胜区协会在黄山市召开"中国风景名胜区保护与发展大会暨中国风景名胜区协会第四届会员代表大会"。

中国风景名胜区协会会长赵宝江、住房和城乡建设部城建司巡视员王凤武、黄山市市长陈强、住房和城乡建设部城建司副巡视员曹南燕、安徽省建设厅原巡视员陈素伟等领导同志出席会议。应邀出席会议的还有国务院法制办、国家发改委社会司、国家旅游局规划发展与财务司的有关负责人以及部分国际组织的官员和代表。来自各省、自治区建设厅，直辖市建委（园林局）以及国家级、省级风景名胜区的有关负责同志、代表以及有关专家共650人参加了大会。

2008年12月　清华大学资源保护与风景旅游研究所受建设部委托，对我国世界遗产中混合遗产的国家预备名单工作进行预研究（在2009年1月17~18日在北京召开的"中国世界自然和自然文化双遗产预备名录研讨会"上，清华大学资源保护与风景旅游研究所杨锐教授发表"完善中国混合遗产预备清单的国家战略预研究"主题演讲）。

2009年

2009年1月15日　由中国风景名胜区协会主办的内部刊物《风景工作参考》创刊。中国风景名胜区协会会长赵宝江为第一期《风景工作参考》（创刊号）撰写创刊词并题词。该刊物为半月刊，由《中国风景名胜》编辑部负责编印。

2009年1月17~18日　由住房和城乡建设部城建司、联合国教科文组织中国全国委员会秘书处、亚太地区世界遗产培训与研究中心主办，世界自然保护联盟（IUCN）、联合国教科文组织世界遗产中心（WHC）协办的中国世界自然和自然文化双遗产预备名单研讨会在北京新大都饭店国际会议中心举行。住房和城乡建设部城建司副司长李如生、中国风景名胜区协会副会长兼秘书长王凤武、世界自然保护联盟（IUCN）保护地项目负责人戴维·谢泼德（David Sheppard）、中国联合国教科文组织全国委员会秘书长方茂田、世界遗产中心（WHC）项目专员罗恩·范·奥厄斯（Ron Van Oers）、美国国家公园管理局（NPS）国际事务部主任乔纳森·帕特南（Jonathan Putnam）等有关政府官员、国内外世界遗产专家和预备名单遗产地代表120余人参加了研讨会。

2009年1月23日 住房和城乡建设部、联合国教科文组织中国全委会决定将"中国丹霞"作为中国2009年世界自然遗产正式提名项目，住房和城乡建设部部长姜伟新在"中国丹霞"申报文本上签字。24日，经国务院同意，该项目正式上报联合国教科文组织世界遗产中心。

2009年2月23~27日 根据《全国文明风景旅游区评选和管理办法》，中央文明办、住房和城乡建设部、国家旅游局将第二批全国文明风景旅游区候选名单和拟保留荣誉称号的首批全国文明风景旅游区名单通过"中国文明网"予以正式公示（http://www.wenming.cn）。中央文明办、住房和城乡建设部、国家旅游局同时公布了联系方式，广泛听取社会各界意见，接受广大群众监督。

2009年3月12日 中国风景名胜区协会第四届理事会第一次会长及常务理事会议在浙江省舟山市召开。中国风景名胜区协会会长赵宝江、住房和城乡建设部城市建设司副司长李如生、中国风景名胜区协会副会长兼秘书长王凤武出席会议，部分省（直辖市）建设厅（园林局）领导同志以及副会长和常务理事单位的140位代表参加了会议。

2009年3月24日 中央文明办、住房和城乡建设部、国家旅游局在京联合召开表彰第二批全国文明风景旅游区电视电话会议，授予江西井冈山风景名胜区等15个单位"全国文明风景旅游区"称号，北京八达岭长城景区等55个单位"全国创建文明风景旅游区工作先进单位"称号。中央文明办专职副主任王世明，住房和城乡建设部党组成员、驻部纪检组长郭允冲，国家旅游局党组成员、副局长杜江出席会议并为第二批全国文明风景旅游区代表授牌。

2009年5月4日 财政部发布《关于印发〈国家级风景名胜区和

历史文化名城保护补助资金使用管理办法〉的通知》（财建〔2009〕195号）。

《管理办法》明确指出：根据国务院《风景名胜区条例》和《历史文化名城名镇名村保护条例》有关规定，中央财政对国家级风景名胜区和历史文化名城保护安排专项补助资金，用于国家级风景名胜区和历史文化街区的规划编制等工作。《管理办法》还明确了国家级风景名胜区和历史文化名城保护补助资金使用范围、资金申报程序以及补助资金申报时间等项内容。

2009年5月26~28日　在丹霞山举办首届丹霞地貌国际学术讨论会之际，丹霞山风景名胜区邀请美国国家公园管理局代表及泽恩国家公园园长参加会议并考察丹霞山。同时，在国家住房和城乡建设部的主持下，双方就缔结友好姊妹公园工作计划达成初步意向。后经双方沟通与协商，最终确定合作协议并各自报请国家公园主管机构审查批准。

2009年5月26~29日　由中国地质学会旅游地学与地质公园分会、中国地理学会地貌第四纪专业委员会、中山大学、中国丹霞地貌旅游开发研究会、丹霞山风景名胜区管委会联合举办的首届丹霞地貌国际学术讨论会在广东省韶关市召开。中纪委驻住房和城乡建设部纪检组组长龙新南、广东省副省长林木声、住房和城乡建设部城建司副司长李如生等有关领导，国际地质科学联合会（IUGS）秘书长彼得·鲍布罗斯基、国际地貌学家协会（IAG）副主席迈克尔·克罗泽等来自14个国家和6个中国丹霞世界自然遗产系列提名地的领导和专家150余人参加了会议。

2009年6月16~17日　中国风景名胜区协会秘书处在浙江省淳安县千岛湖召开了全国风景名胜区信息宣传工作年会。中国风景名胜区协会副会长兼秘书长王凤武、浙江省建设厅总规划师周日良、中国风景名胜区协会副会长陈素伟，浙江省淳安县、千岛湖风景旅游局的领导同志以及来自全国90余个国家级和省级风景名胜区、省建设行政主管部门和风景名胜区协会的代表160余人参加了信息宣传工作年会。

2009年6月26日　在西班牙塞维利亚召开的第33届世界遗产大会上，我国五台山申报世界文化遗产获得通过。世界遗产委员会一致认为，五台山符合世界遗产第（Ⅱ）、（Ⅲ）、（Ⅳ）、（Ⅵ）等4条标准，遗产保存和保护管理状况良好，具有高度的真实性和完整性，决定将其作为文化景观列入《世界遗产名录》。

至此，中国已有38处世界遗产。其中文化遗产27处，自然遗产7处，文化和自然混合遗产4处。

2009年7月6日 住房和城乡建设部发出《关于做好国家级风景名胜区规划实施和资源保护状况年度报告工作的通知》（建办城函[2009]584号）。通知对年度报告的报送单位、报送内容和方式、报送时间等有关事项提出具体要求。通知还请各省、自治区住房和城乡建设厅、直辖市建委（园林局）按照通知要求，加强本辖区内国家级风景名胜区年度报告上报工作的督促检查。

2009年7月10～12日 中国风景名胜区协会在甘肃省敦煌市召开第四届理事会第二次全体工作会议。中国风景名胜区协会副会长兼秘书长王凤武、中国风景名胜区协会副会长石大鸿、陈素伟、曹南燕以及甘肃省建设厅副厅长梁文钊、甘肃省敦煌市政府领导出席会议。来自中国风景名胜区协会副会长单位、常务理事单位及部分会员单位及部分省（自治区、直辖市）建设（园林）主管部门的260余位代表出席了会议。

2009年8月9～10日 中国风景名胜区协会在山东省泰安市召开全国各省、市风景名胜区协会暨风景名胜区统一管理、综合执法经验交流会。中国风景名胜区协会会长赵宝江、住房和城乡建设部城建司副司长李如生、泰安市委书记、市人大常委会主任杨鲁豫、中国风景名胜区协会副会长兼秘书长王凤武、山东省住房和城乡建设厅巡视员昝龙亮等出席会议并讲话。来自全国各地风景名胜区行业协会及风景名胜区代表共130余人出席了会议。

会议听取了泰山风景名胜区管委会主任谭业刚关于泰山风景名胜区管理体制、综合执法的发言。贵州省风景名胜区协会、河北省风景园林学会及温州市风景名胜区协会的代表作了经验交流发言。

2009年8月17日 中国南方喀斯特世界遗产地与美国猛犸洞国家公园《中国南方喀斯特世界遗产地与美国猛犸洞国家公园建立友好公园关系的协议》的签字仪式在北京新大都饭店隆重举行。

签字仪式由住房和城乡建设部计划财务与外事司巡视员郑淑玲女士主持。贵州省荔波县遗产办主任陆兴华、云南省石林风景名胜区管理局局长李正平、重庆市武隆县风景名胜区管理局副局长周涛和美方代表帕特·瑞德（Pat Reed）先生，分别代表中国南方喀斯特世界遗产地与美国猛犸洞国家公园在《中国南方喀斯特世界遗产地与美国猛犸洞国家公园建立友好公园关系的协议》上签字。

2009年8月18日　中国风景名胜区协会秘书处发出《关于风景名胜区开展自驾游示范基地创建活动的通知》。通知就自驾游示范基地的作用、示范基地申报程序、示范基地评定方式以及示范基地复查制度等作出具体说明。

《风景名胜区自驾游示范基地评定标准》作为通知的附件也同时发出。自驾游示范基地评定标准涉及基础设施、经营管理、文明服务、宣传推介四个方面的24项内容。

2009年8月20日　北京市园林绿化局公园林场风景区处与中国风景名胜区协会秘书处召开北京市风景名胜区工作交流会议。来自北京市各风景名胜区近20位负责同志出席了会议。参会人员就如何加强北京市风景名胜区工作，编辑出版《中国风景名胜区游览手册——北京分册》以及在"中国风景名胜网"建立北京市风景名胜区分平台和链接的相关事宜进行了充分讨论。

2009年8月28日　中国风景名胜区协会成立20周年暨"中国风景名胜网"上线发布会在北京举行。中国风景名胜区协会会长赵宝江、中国风景名胜区协会副会长兼秘书长王凤武、部分国家级风景名胜区领导、多国驻华大使、世界自然保护联盟（IUCN）代表、旅行社及相关企业代表应邀出席了此次发布会，多家媒体对此次活动进行了报道。

2009年9月3日　中国风景名胜区协会秘书处发出《关于开展风景名胜区数字化示范基地活动的通知》。通知指出：根据中国风景名胜区协会四届二次理事会决议，协会拟开展的风景名胜区数字化示范基地活动，通知明确了风景名胜区数字化示范基地活动的工作目标、申报要求、评定办法、工作安排和命名与宣传推广等有关工作事项。

2009年9月10日　住房和城乡建设部发布《关于第二批中国国家自然遗产、国家自然与文化遗产预备名录的通知》。通知指出：经组织专家对各申报项目资源价值、管理状况综合审查，北京市房山岩溶洞穴及峰丛地貌等26个项目符合中国国家自然遗产、国家自然与文化遗产预备名录标准，准予列入第二批《中国国家自然遗产、国家自然与文化遗产预备名录》。此次批准公布的国家自然遗产有18处，国家自然与文化双遗产有 8 处。

2009 年 9 月 11~13 日　中国风景园林学会 2009 年会在北京清华大学举行。本届年会以"融合与生长"为主题，有国内外 400 余名风景园林工作者参会。年会开幕式由中国风景园林学会理事长陈晓丽主持。住房和城乡建设部副部长仇保兴向会议发来书面致辞，住房和城乡建设部城建司副司长陈蓁蓁等到会讲话。

两院院士、清华大学教授吴良镛，美国风景园林设计大师，原哈佛大学设计研究生院风景园林系主任彼得•沃克（Peter Walker），两院院士、中国风景园林学会名誉理事长周干峙，中国工程院院士、中国风景园林学会名誉理事长孟兆祯，国际风景园林师联合会（IFLA）副主席、韩国首尔国立大学教授安东晚分别作主旨报告。会议发布了"中国风景园林北京宣言（审议稿）"。

2009 年 9 月 13 日　中国浙江省千岛湖和加拿大千岛湖结为友好景区合作协议签字仪式在加拿大千岛湖举行。中国浙江省千岛湖风景名胜区和加拿大千岛湖的代表正式签署了《中加千岛湖友好合作协议书》。

2009 年 9 月 16 日　中国风景名胜区协会在西藏自治区山南地区泽当镇召开中国风景名胜区规划与资源保护利用研讨会。中国风景名胜区协会副会长韩跃平、西藏自治区建设厅副厅长卢英方、山南地区行署副专员王寿平、中国风景名胜区协会副秘书长周雄、西藏山南、林芝、阿里等地区以及全国各省区部分风景名胜区的代表 50 余人参加会议。

2009 年 9 月 24 日　风景名胜区自驾游示范基地授牌仪式在浙江省千岛湖风景名胜区举行。中国风景名胜区协会副会长兼秘书长王凤武出席授牌仪式并致辞。千岛湖是中国风景名胜区协会开展自驾游示范基地创建活动以来第一个荣获自驾游示范基地的风景名胜区。

2009 年 10 月 7 日　世界自然保护联盟（IUCN）顾问詹姆斯•桑塞尔（James Thorsell）先生一行在住房和城乡建设部有关负责同志的陪同下抵达新疆天山天池，在天山天池风景名胜区进行考察和座谈，对天山天池等风景区以高山湖泊开展申报世界自然遗产工作进行技术指导。

2009 年 10 月 13~15 日　由中国人民对外友好协会、中国风景名胜区协会和九江市人民政府主办，庐山风景名胜区管理局承办的"首届中国庐山世界名山大会"在庐山召开。中国人民对外友好协会会长陈昊苏、中国风景名胜区协会会长赵宝江、江西省省长助理胡幼桃、九江市市委、市政府领导以及来自欧洲山脉协会、美国、澳大利亚、奥地利、巴西、德国、菲律宾、罗马尼亚、南非、坦桑尼亚等国的世界名山代表出席了会议。

在此次大会上，庐山倡议和与会世界名山共同发起成立"世界名山协会"，与会代表共同草签了《世界名山协会章程》并发表了《庐山宣言》；会议决定将世界名山协会总部设在庐山。

2009年10月15日　住房和城乡建设部在北京召开国家级风景名胜区监管信息系统及网络平台研讨会。住房和城乡建设部城建司副司长李如生到会，并就风景名胜区监管信息系统和数字化建设的意义及成绩、监管信息系统和数字景区存在的主要问题以及今后的任务做了重要讲话。会议由住房和城乡建设部城建司世界遗产和风景名胜区处处长赵健溶主持。来自10余个省份的国家级风景名胜区的领导及专业人员参加了会议。

2009年10月25日　由中国风景名胜区协会、乐山市人民政府联合主办的"中国峨眉山—乐山大佛首届自驾车旅游节"在峨眉山风景名胜区隆重开幕。中国风景名胜区协会会长赵宝江、乐山市市长蒋辅义、中国风景名胜区协会副会长兼秘书长王凤武、四川省建设厅副厅长杨光、中国汽车流通协会副秘书长陈东升以及峨眉山等风景名胜区的领导参加了开幕仪式，国内媒体及国内9个省市的自驾游俱乐部、自驾游车友会的近1000辆自驾车的游客和各界3000余人参加了此次活动。

在开幕式上，中国风景名胜区协会副会长兼秘书长王凤武向峨眉山—乐山大佛风景名胜区颁发《风景名胜区自驾游示范基地证书》并授牌。

2009年11月9日　福建省人民政府办公厅《福建省人民政府办公厅关于加强世界遗产和风景名胜区保护管理的通知》（闽政办[2009]185号）通知指出：近几年来，我省一些地方擅自出让或变相出让了景区门票专营权，在一定程度上造成景区管理薄弱、资源破坏和国有资产流失。通知要求：一、正确处理好保护与利用的关系。二、禁止出让世界遗产和风景名胜区门票专营权。三、鼓励民间资金投资建设世界遗产和风景名胜区内交通、服务等设施。四、明确部门职责，加大保护力度。

2009 年 11 月 30 日~12 月 12 日 中国风景名胜区协会与住房和城乡建设部同济大学城市建设干部培训中心在上海同济大学联合举办了"全国风景名胜区管理干部培训班"。这次培训共有来自全国 27 家单位 47 名风景名胜区管理干部和工作人员参加，全部获得全国继续教育主管部门认定的住房和城乡建设部同济大学城市建设干部培训中心的结业证书。培训期间，学员还实地考察了上海浦东新区、世博会场馆、上海城市规划展示馆及江西三清山风景名胜区。

2009 年 12 月 4 日 由中国风景名胜区协会、中国文物学会、福建省南平市人民政府、福建省武夷山市人民政府主办的世界遗产保护高峰论坛在福建省武夷山市隆重举行。两院院士、原建设部副部长周干峙，中国风景名胜区协会会长赵宝江，国家文物局古建筑专家组组长、中国文物学会名誉会长罗哲文，中国文物学会名誉会长、国家文物局专家谢辰生，住房和城乡建设部、福建省政府相关单位领导及世界遗产专家、学者和中国世界遗产地、申报世界遗产地单位代表共 160 余人出席此次论坛。论坛发布了《中国世界遗产保护高峰论坛武夷山倡议书》。

2009 年 12 月 4~6 日 中国风景名胜区协会成立 20 周年暨第四届二次常务理事大会在福建省武夷山风景名胜区召开。中国风景名胜区协会会长赵宝江、福建省人民政府副省长洪捷序、住房和城乡建设部城建司副司长李如生、人事司副司长郭鹏伟、中国风景名胜区协会副会长兼秘书长王凤武、福建省建设厅总规划师王建萍、福建省南平市和武夷山市的领导同志出席会议，部分中国风景名胜区协会副会长、副会长单位、常务理事、理事单位代表以及美国大自然保护协会（TNC）中国部的代表共 200 余人参加了会议。

国务院原秘书长、第四届全国政协副主席、中国风景名胜区协会名誉会长王忠禹为协会题词"发挥桥梁纽带作用，开创协会工作新局面，祝贺中国风景名胜区协会成立二十周年"。原建设部部长，全国人民代表大会环资委主任汪光焘为大会发来贺信。住房和城乡建设部副部长仇保兴为会议作了书面讲话。中国风景名胜区协会会长赵宝江作了重要讲话。中国风景名胜区协会副会长兼秘书长王凤武做了总结讲话。武夷山、泰山、峨眉山—乐山大佛和杭州西湖风景名胜区的代表就资源保护和管理做了主题发言。

2009年12月14日　丹霞山风景名胜区与美国泽恩国家公园双方负责人在风景秀丽的美国泽恩国家公园正式签订缔结友好姊妹公园协议书。

2009年12月15日　国家测绘局、住房和城乡建设部发布《关于启用北武当山等第三批24座著名山峰高程新数据的公告》（第2号）。公告指出：根据《中华人民共和国测绘法》、《中华人民共和国测绘成果管理条例》和《风景名胜区条例》，经国务院批准，公布北武当山等第三批24座著名风景名胜区山峰高程新数据。

2009年12月23日　世界遗产证书颁发仪式暨纪念中国联合国教科文组织全国委员会成立30周年、联合国教科文组织驻北京办事处建立25周年活动在北京人民大会堂举行。国务委员刘延东出席活动并向山西、江西、福建、云南、贵州、广东和重庆等省市颁发世界遗产证书。教育部部长袁贵仁、住房和城乡建设部副部长仇保兴、文化部副部长赵少华、国家文物局局长单霁翔、联合国教科文组织副助理总干事唐虔先生、教科文组织驻北京办事处主任辛格先生等国际组织代表以及相关省市代表300多人出席了活动。

2009年12月28日　国务院发布《关于发布第七批国家级风景名胜区名单的通知》（国函〔2009〕152号）。通知指出：第七批国家级风景名胜区名单已经国务院审定，现予发布。此次公布的国家级风景名胜区共21处。

通知强调：风景名胜区是中华民族珍贵的、不可再生的自然文化遗产。地方各级人民政府要正确处理开发利用与资源保护的关系，科学规划、统一管理，切实做好风景名胜资源的保护和管理工作。国务院有关部门要密切配合，加强对风景名胜区有关工作的指导和监督检查，促进风景名胜区可持续发展。

2010年

2010年1月4日　云南省住房和城乡建设厅下发《云南省风景名胜区项目建设和经营法定手续程序的通知》（云建景〔2010〕1号），通知根据《风景名胜区条例》、《云南省风景名胜区管理条例》和《国务院办公厅关于加强和规范新开工项目管理的通知》（国办发〔2007〕64号）的有关规定，下发《云南省风景名胜区项目建设和经营法定手续程序》、《风景名胜区建设项目选址意见书》、《风景名胜区建设许可证》和《风景名胜区准营证》，并要求遵照执行。

2010年1月18日 住房和城乡建设部城市建设司与中国风景名胜区协会在海南三亚热带海滨风景名胜区召开风景名胜区详细规划工作研讨会，邀请部分省建设厅主管风景名胜区规划的领导和部分院校、设计单位专家以及部分景区主管规划负责同志，共同就"切实落实《风景名胜区条例》、科学编制风景名胜区详细规划"的主题进行了交流和研讨。与会代表结合风景名胜区详细规划存在的问题和各自的工作实际开展讨论并提出建议。

2010年1月26日 住房和城乡建设部在北京召开第七批国家级风景名胜区新闻发布会。住房和城乡建设部顾问周干峙、中国风景名胜区协会会长赵宝江、住房和城乡建设部城建司司长陆克华、城建司副司长李如生以及国务院有关部门的代表，第七批国家级风景名胜区所在省区的建设行政主管部门、所在地党政有关部门以及风景名胜区管理部门的代表参加了新闻发布会。

新闻发布会后，国务院法制办阎东星处长作了关于《风景名胜区条例》的讲座，中国城市规划设计研究院风景所贾建中所长作了关于风景名胜区规划的讲座。与会代表就风景名胜区资源保护和管理等相关问题进行了座谈。

2010年1月26日 住房和城乡建设部城建司副司长、风景名胜区管理办公室副主任李如生在第七批国家级风景名胜区新闻发布会上指出：在风景名胜区工作取得新的进展的同时，我们也要看到，各地风景名胜区的发展很不平衡。主要问题是：一是保护不严格。受利益驱动，一些地方"重开发、轻保护"的现象仍然突出，过度开发建设的势头尚未得到有效遏制；二是管理不到位。一些风景名胜区管理体制不顺，管理机构不健全，没能较好地履行相应的管理职能，管理水平有待提高。三是经营不规范。少数地方仍然存在非法随意出让转让风景名胜资源的经营权和管理权的情况。

2010年2月15日 中共中央总书记胡锦涛到福建厦门鼓浪屿风景名胜区，亲切看望风景名胜区第一线辛勤工作的同志们，并向广大游客致以节日的问候。

胡锦涛总书记参观了岛上经典的老别墅文化旅游景点——海天堂构，观看了漳州木偶剧团的掌上木偶展示表演，听取了鼓浪屿历史文化介绍；而后游览了鼓浪屿核心景点之一皓月园。鼓浪屿风景区党工委书记程建明向总书记汇报了鼓浪屿的风景名胜区发展情况。

2010年3月14~15日 由中国风景名胜区协会主办，重庆市武隆县人民政府承办的世界自然遗产保护和管理讲座在重庆市武隆县举行。世界自然保护联盟（IUCN）亚洲保护地项目首席官员皮特·沙迪（Peter Shadie）应邀作了关于"世界自然遗产资源的科学保护及有效管理"主题讲座。中国常驻联合国亚太经社会代表刁鸣生、中国风景名胜区协会副会长陈素伟、重庆市园林局局长助理葛怀军及我国13处世界自然遗产地、世界文化和自然双遗产地、国家自然遗产地以及世界遗产申报单位的30余位领导同志、专家参加了讲座。

2010年3月23日 中国风景名胜区协会第四届三次理事会，中国风景名胜区协会第四届理事会第三次全体会议于在武汉东湖风景名胜区召开。来自中国风景名胜区协会的副会长单位、理事单位和部分会员单位以及部分省（自治区、直辖市）建设（园林）行政主管部门的274名代表参加了会议。应邀参加会议的还有中国电子学会、科技部高技术研究发展中心、全国汽车服务高科技产业化委员会等嘉宾。

中国风景名胜区协会会长赵宝江在开幕式上作了重要讲话。武汉市副市长刘顺妮、湖北省建设厅副厅长张学锋、住房和城乡建设部城建司世界遗产与风景名胜管理处处长赵健溶到会并讲话；武汉东湖风景名胜区工委书记、管委会主任石大鸿向大会介绍了东湖风景名胜区的情况和经验。中国风景名胜区协会副会长、杭州西湖风景名胜区管委会党委书记王水法作会议总结。

会议讨论并通过了2009年协会秘书处工作回顾和2010年工作设想；通过了关于中国风景名胜区协会副会长变更和常务理事、理事及会员单位增补、变更的议案和组建成立"中国风景名胜区协会工作指导委员会"的议案。

2010年3月24日 武汉东湖生态旅游风景区与来汉参加中国风景名胜区协会第四届三次理事会的杭州西湖代表团签署了《杭州西湖与武汉东湖签订战略合作协议》。杭州西湖风景名胜区党委书记王水法，武汉东湖生态旅游风景区工委书记、管委会主任石大鸿代表双方签署了战略合作协议，中国风景名胜区协会副会长兼秘书长王凤武出席了签约仪式。

2010年3月30日 国家发改委"城市与风景名胜区遥感信息综

合服务"应用示范卫星应用高技术产业化专项课题启动会在四川省青城山—都江堰风景名胜区召开。住房和城乡建设部、中国风景名胜区协会、发改委宏观经济研究院、青城山—都江堰风景名胜区管理局和北京东方道尔等20个单位40余人参加了此次会议。在会上，发改委宏观经济研究院研究员曾澜解读高技术产业化专项立项背景、重要意义和实施要求；住房和城乡建设部信息中心副主任郝力明确本项目任务部署；中国风景名胜区协会新技术研究推广中心主任高蕴华对景区示范建设制定标准体系、提高服务质量提出指导建议；青城山—都江堰风景名胜区管理局局长鲁洪斌介绍景区灾后重建规划实施及本项目示范筹备情况。

2010年4月9日 北京八达岭长城风景区和加拿大渥太华里多运河景区结为友好景区，并在八达岭关城广场举行了隆重的合作备忘录签约仪式。这是中加两国首都的世界遗产地首次缔结友好合作关系。

2010年4月10日 2010年中国风景名胜区景区文化论坛在浙江省普陀山召开，这是中国风景名胜区协会景区文化研究会成立后举办的首次活动。中国风景名胜区协会会长、建设部原副部长赵宝江，辽宁省原副省长张荣茂，浙江省住房和城乡建设厅副厅长应柏平，中国风景名胜区协会副会长、浙江省普陀山风景名胜区管委会党委书记蒋宝华以及来自24个景区的50余位领导、专家参加了论坛。

会议期间，与会代表还参加了"第二十届普陀之春旅游节"开幕式，并实地观摩和考察了普陀山风景名胜区。

2010年4月17～20日 2010中国森林生态旅游暨丹霞山国际生态旅游度假带建设高峰论坛在广东省韶关市隆重举行。来自国内各地100多名生态、经济、旅游等领域的知名专家、学者，省内外风景名胜区和旅游界的领导等，围绕"探索生态旅游天人和谐发展之路，探讨韶关市大丹霞旅游开发之路"主题，共同探讨中国森林生态旅游可持续发展之路以及丹霞山国际生态旅游度假带的建设模式和发展思路。

2009年4月23日 由住房和城乡建设部主办，山西省住房和城乡建设厅、五台山管理局承办的"中国世界遗产保护管理研讨会"在山西省太原市召开。出席研讨会的有住房和城乡建设部城建司、规划司的相关领导，联合国教科文组织北京办事处代表，中国风景名胜区协会代表以及来自16个省、市、自治区住房和城乡建设厅、园林管理局以及所辖世界遗产地管理机构的相关领导和代表，相关科研院所、规划机构的专家代表共100余人。

本次研讨会分别围绕世界遗产价值、世界遗产地保护与监测、世界遗产地规划与管理、世界遗产地社区与旅游四个方面展开主题研讨。此前，住房和城乡建设部召开了"联合国教科文组织《世界遗产公约》第二轮定期报告亚太地区研讨会"，对世界遗产地提交定期报告工作进行了指导和部署。

2010年4月27~29日　应中国风景名胜区协会秘书处和河南云台山风景名胜区邀请，北京大学专家组谢凝高教授、陈耀华教授、武弘麟教授、李江海教授一行10人，到云台山风景名胜区进行为期3天的实地考察，为云台山申报世界自然遗产的文本进行前期资料筹备。专家组就云台山风景名胜区的自然景观、地质地貌以及森林植被等内容进行了全面考察研究。

2010年5月15日　中国风景名胜区协会"风景名胜区自驾游示范基地"授牌仪式在辽宁千山风景名胜区举行。中国风景名胜区协会副会长陈素伟、辽宁鞍山市副市长刘桂香、中国风景名胜区协会副会长、千山风景名胜区管委会主任赵忠太、千山党工委书记侯辉等出席仪式。来自北京、天津、河北等地的22家新闻媒体和22家自驾车俱乐部的代表等80余人参加了授牌仪式。

2010年5月18~19日　全国省、市风景名胜区协会经验交流暨中国风景名胜区协会遗产地工作委员会工作座谈会在四川省青城山—都江堰风景名胜区召开。来自住房和城乡建设部城建司世界遗产与风景名胜管理处、四川省住房和城乡建设厅、都江堰市人民政府的领导，全国十余个省、市风景名胜区协（学）会、14处风景名胜区世界遗产地代表及中国风景名胜区协会部分会员单位代表共70余人参加了会议。

座谈会由中国风景名胜区协会副会长兼秘书长王凤武主持。会议的主要内容是研讨国家级协会和省（市）等地方协会统筹协作机制；商讨大陆风景名胜区赴台湾进行展示交流等项目的实施措施；讨论座谈风景名胜区遗产地工作委员会工作方案以及调研总结青城山—都江堰风景名胜区震后恢复建设经验。住房和城乡建设部城建司世界遗产与风景名胜管理处调研员左小平就近年来我国世界遗产取得的成绩、存在问题和下一步工作建议作了发言。

2010年5月27~30日　世界自然保护联盟（IUCN）专家、英国伯恩茂斯大学教授克里斯·伍德，世界自然保护联盟理事、中国科学院植物研究所所长马克平，北京大学地球与空间学院教授李江海等国内外专家在黑龙江省住房和城乡建设厅总工程师贲振富的陪同下，到黑龙江省五大连池风景名胜区指导申报世界自然遗产工作，并在五大连池世界自然遗产提名地举办了为期三天的国际专家专题考察研讨活动。专家组在两天的野外考察时间，对五大连池申报世界自然遗产工作提出了指导意见。

2010年5月　中国南方遭受多轮特大暴雨袭击，江西、福建、湖南等10省区遭受严重洪涝灾害，50年难遇的特大洪水给江西龙虎山、福建武夷山、泰宁等风景名胜区带来了巨大损失。各景区停止接待游客，疏散被洪水围困的游客，全力投入抗灾自救。灾后，在社会各界的大力支持下，各景区投入积极有序的抢修重建工作。

2010年6月5~6日　中国风景名胜区协会摄影专业委员会（以下简称摄委会）在江西省龙虎山风景名胜区召开成立大会。成立大会上，中国风景名胜区协会会长赵宝江同志在会上发表了书面讲话，出席成立大会有中国风景名胜区协会摄委会顾问、河南省副省长秦玉海、江西省建设厅副巡视员曾绍平，江西省鹰潭市委副书记杜德春、市政府市长助理徐鹏程及江西省鹰潭市委、市政府、江西省摄影家协会的有关负责同志以及来自全国风景名胜区的代表等共60余人。

中国风景名胜区协会副会长韩跃平主持会议，中国风景名胜区协会副会长兼秘书长王凤武代表协会向摄委会特聘顾问、主任委员、委员等同志颁发了证书。中国风景名胜区协会摄影专业委员会主任委员宋举浦就摄影专业委员会的工作方向和开展活动作了主题讲话。

2010年6月12日　国务院总理温家宝主持召开国务院常务会议，审议并原则通过《全国主体功能区规划》。会议指出，要建设全国重要的生态功能区和人与自然和谐相处的示范区；国家级自然保护区、风景名胜区、森林公园、地质公园和世界文化自然遗产等1300多处国家禁止开发的生态地区，要依法实施强制性保护，严禁各类开发活动，引导人口逐步有序转移，实现污染物零排放。

2010年6月23日　由中国风景名胜区协会主办的风景名胜资源科学管理研讨会在内蒙古扎兰屯市召开。来自全国各地16个风景名胜区以及相关部门的60余位代表参加会议。研讨会开幕式由中国风景名胜区协会副会长曹南燕主持。中国风景名胜区协会副会长陈素伟、扎兰屯市委常委、常务副市长封树民、内蒙古自治区住房和城乡建设厅城建处处长韩志刚、扎兰屯市政府市长助理、扎兰屯风景名胜区管委会主任刘恩成等到会并讲话。

中国风景名胜区协会副会长、北京十三陵特区办事处常务副主任钟建国和中国风景名胜区协会副会长、新疆天山天池风景名胜区管委会主任迟文杰分别主持了主题发言部分。泰山、峨眉山、新疆天山天池和辽宁千山风景名胜区负责同志分别就如何处理城市与风景名胜区发展的关系、如何实现风景名胜区的统一管理、强化风景区法制建设等方面作主题发言。

2010年6月　在北京召开的第十届世界旅游旅行大会上，黄山风景名胜区从全球45个国家160多个参评单位中脱颖而出，与博茨瓦纳共和国旅游部和黑山共和国旅游部一同荣获旅游目的地管理奖，成为世界旅游业理事会（WTTC）明日旅业奖项4大类（旅游目的地管理奖、保护奖、造福社区奖、全球企业奖）共12个获奖单位中唯一的中国单位。

2010年7月15日　风景名胜区数字化建设论坛在青岛崂山风景名胜区召开。来自住房和城乡建设部风景名胜区管理办公室、山东省住房和城乡建设厅、青岛市住房和城乡建设委员会、青岛市崂山区政府的领导，中国风景名胜区协会副会长单位、常务理事单位以及景区相关代表共约100人参加了论坛。应邀参加论坛的还有中国电子学会、国家发改委宏观经济研究院的领导与专家。中国风景名胜区协会副会长陈素伟主持了论坛。中国风景名胜区协会会长赵宝江、中国风景名胜区协会副会长兼秘书长王凤武出席论坛并作了重要讲话。

论坛主要内容是总结数字化试点景区与示范景区的建设经验，研究探讨如何加快推进全行业数字化建设进程；听取相关领导与专家介绍景区数字化建设进展情况及数字化建设"十二五"期间发展趋势和前沿技术讲座。

2010年8月1日　在巴西首都巴西利亚召开的第34届世界遗产大会上，中国河南省的登封"天地之中"历史建筑群（此前称嵩山历史建筑群）经联合国教科文组织世界遗产委员会批准作为世界文化遗产列入《世界遗产名录》

2010年8月2日　在巴西首都巴西利亚召开的第34届世界遗产

大会上,"中国丹霞"经联合国教科文组织世界遗产委员会批准,被正式列入《世界遗产名录》,成为我国第8个世界自然遗产。

"中国丹霞"项目是中国把全面展示丹霞地貌形成演化过程的贵州赤水等6个丹霞地貌风景区"捆绑"申报自然遗产,包含的6个申报点分别是福建泰宁、湖南崀山、广东丹霞山、江西龙虎山(包括龟峰)、浙江江郎山、贵州赤水。至此,中国的世界遗产地数量已增加到40个。

2010年8月26日　中国风景名胜区协会在西藏拉萨市召开了风景名胜区规划与旅游发展经验交流会。来自全国各省、市会员单位和风景名胜区管理机构的近七十位同仁参加会议。中国风景名胜区协会副会长兼秘书长王凤武、西藏自治区住房和城乡建设厅厅长陈锦、新疆维吾尔自治区住房和城乡建设厅副厅长普拉提·乌马尔厅长到会并作了重要讲话。中国风景名胜区协会副秘书长厉色主持会议,中国风景名胜区协会副会长兼秘书长王凤武在会上作总结讲话。王凤武强调:要贯彻落实国家关于西部大开发的战略,落实中央西藏工作会议的有关精神,加强东西部风景名胜区的对口交流。

2010年8月29日~9月7日　由中国风景名胜区协会副会长、河南云台山风景名胜区管理局局长韩跃平率领的考察团一行5人,赴瑞士、挪威两国开展公务活动和考察学习。此次考察学习是为了加强与世界自然保护联盟(IUCN)的工作交流,学习和借鉴欧洲发达国家先进的景区管理经验和旅游服务理念。

考察团考察了两国的国家公园、旅游基础设施及城市景观,访问了位于瑞士格兰德的世界自然保护联盟(IUCN)。与世界自然保护联盟(IUCN)会员事务部主任昂里克·拉曼(Enrique Lahman)博士、保护地项目总负责人佩德罗·罗萨巴(Pedro Rosabal)先生等进行了工作会谈。

2010年9月13日　由中国风景名胜区协会主办,浙江省淳安县人民政府、千岛湖风景名胜区及《中国摄影报》社作为承办的"千岛湖杯"首届中国风景名胜摄影大展启动仪式在北京京西宾馆举行。中国风景名胜区协会副会长兼秘书长王凤武、中国风景名胜区协会摄影专业委员会主任委员宋举浦、浙江省淳安县人民政府副县长王军、《中国摄影报》主编曾星明等出席启动仪式并致辞。

2010年9月18日　浙江省舟山市科技局于在普陀山组织召开了

由普陀山园林管理处承担、浙江农林大学参加的《普陀山植物景观现状调查评估与规划策略研究》（舟科091033）项目评审会，评审委员会由浙江省风景名胜区协会、杭州西湖风景名胜区管委会及杭州园林设计院等单位的专家组成。与会专家组认为：该项目立题正确，技术路线清晰，方法科学，成果内容丰富，数据真实可靠，同意通过评审，成果达到国内同类研究领先水平。

2010年9月19日　宜春·明月山第四届月亮文化节暨中国风景名胜区自驾游示范基地授牌仪式在江西省明月山风景名胜区举行。中国风景名胜区协会副会长兼秘书长王凤武代表中国风景名胜区协会向江西明月山颁发"中国风景名胜区自驾游示范基地"证书并授牌。

2010年9月26~27日　全国人大常委会委员、环境与资源保护委员会主任委员汪光焘到华山风景名胜区调研国家自然和文化遗产保护工作，全国人大环资委委员张洪飙、周原，陕西省人大常委会副主任李晓东，渭南市人大常委会主任雷孟斌、副市长魏稳柱，华山景区管委会主任霍文军、副主任舒峰等陪同调研。

2010年9月30日~10月2日　中国风景名胜区协会受中国住房和城乡建设部委托组团参加了由西班牙加泰罗尼亚自治政府土地政策和公共事务局、加泰罗尼亚建筑师协会和加泰罗尼亚理工大学共同在巴塞罗那举办的第六届欧洲景观双年展——"流动的景观"。参访团全体成员重点观摩了"国际景观院校（作品）展"、"罗莎·芭芭欧洲景观奖入围作品展示"和"流动的中国——中国（作品）展"，并参加了"流动的景观"主题研讨会和"中国主题日"演讲会。

2010年10月9日　《浙江省风景名胜区建设现状、问题及思路对策研究》课题评审会在浙江建设饭店召开。参加会议的有浙江省住房和城乡建设厅、浙江大学、浙江农林大学、杭州市园文局等单位的专家和领导。会议由浙江省推进城市化工作协调指导小组办公室宋炳坚副主任主持，会议听取了省风景名胜区协会的汇报，与会专家和领导进行了充分讨论，一致同意通过评审。

2010年10月11~15日　第二届世界名山大会在江西省庐山风景名胜区举行。会议由中国人民对外友好协会、中国风景名胜区协会和九江市人民政府联合主办，庐山管理局承办。中国人民对外友好协会、住房和城乡建设部、江西省人民政府、中国风景名胜区协会的有关领导出席了大会开幕式。中国的庐山、泰山、黄山、峨眉山以及美国、奥地利、德国等13个国家的24个座世界名山的代表应邀参加了会议。

此次大会的主题是"环保、旅游、艺术"。大会的宗旨是在增进庐山与各世界名山之间友好交往的基础上，进一步扩大世界名山协会的规模和影响力，巩固世界名山交流格局与合作机制。

2010年10月26日 中国风景名胜区协会2010年全国风景名胜区信息宣传工作年会在南京中山陵园风景名胜区召开。中国风景名胜区协会副会长曹南燕、江苏省南京市副市长陈刚、江苏省住房和城乡建设厅副厅长王翔、南京中山陵园管理局局长王鹏善到会并讲话，中国风景名胜区协会副秘书长厉色主持了会议。来自全国各省区风景名胜区的100余代表和信息联络员及新闻媒体的记者参加会议。

会议期间，中国风景名胜区协会向首批风景名胜区信息联络员颁发了信息联络员证书；举办了新闻通讯写作知识讲座和风景摄影专业技术讲座，还举办了中国风景名胜区协会摄影专业委员会委员摄影作品巡回展。

2010年10月26日 中国风景名胜区协会秘书处在南京国际会议召开全国风景名胜区信息和宣传工作年会期间，组织召开内地和西藏风景名胜区缔结友好景区座谈会。在座谈会上，与会各风景名胜区的负责同志就内地与西藏风景名胜区缔结友好景区关系的事宜纷纷表态并交换了意见；八达岭—十三陵风景名胜区与纳木错—念青唐古拉山风景名胜区、南京钟山风景区与雅砻河风景名胜区、杭州西湖风景名胜区与唐古拉山—怒江源风景名胜区分别达成缔结友好关系的合作意向。西藏风景名胜区向内地风景区负责同志敬献了哈达，双方还互赠了纪念品。

2010年10月29~30日 中国风景名胜区协会协同中国城市科学研究会、中国公园协会在浙江嘉善的古镇西塘联合举办2010国际低碳生态灯光艺术展。中国风景名胜区协会会长赵宝江等有关领导同志以及国内外著名照明设计师等300余人参加了开幕式。10月30日，2010国际低碳生态灯光艺术展组委会还举办了专家论坛。

2010年11月1日 由亚太地区世界遗产培训与研究中心（苏州）与东南大学建筑学院联合主办的"2010年亚太地区古建筑保护和修复技术高级人才培训班"开班。中国教科文全委会副秘书长杜越在开班仪式上致辞。本次培训班是苏州中心成立以来首次举办的面向亚太地区招生的国际培训活动。来自澳大利亚、孟加拉国、意大利、吉尔吉斯斯坦、马来西亚、印度、斯里兰卡、乌兹别克斯坦、泰国、越南和尼泊尔和中国的35名学员，均是古建筑保护与修复领域或相关领域中的中高级以上专业技术人员和管理人员。

2010年11月12日 经南京市委、市政府研究决定，自2010年11月12日起，中山陵陵寝将免费对社会开放。南京市委、市政府对中山陵陵寝免费开放工作高度重视，市委书记朱善璐、市长季建业做了多次专题调研。市政府成立了领导小组，统筹安排和布置免费开放工作前的各项准备。市相关部门密切配合，制定了免费开放后的游览、交通、安保和服务等方案，并多次磋商和修订免费开放的相关应对方案。南京市政府还专门制定了《关于中山陵陵寝免费开放的通告》并正式发布实施。

2010年11月13日 根据中国风景名胜区协会《摄影基地考评办法》，中国风景名胜区协会摄影专业委员会主任委员宋举浦、中国风景名胜区协会副秘书长刘强、江苏省太湖风景名胜区管理委员会办公室主任、中国风景名胜区协会摄影专业委员会委员张晓鸣等对安徽省黟县摄影基地创建活动进行实地考评后，授予安徽省黟县"中国风景名胜区摄影基地"称号。

2010年11月17日 "联合国教科文组织庐山别墅维护和修复研讨会"在庐山举行。此次研讨会的主题是：遗产的原真性、别墅的维护修复、庐山别墅修复框架方案。参加这次研讨会的国际专家分别来自德国、加拿大、澳大利亚、泰国、马来西亚、菲律宾等国，不少专家是国际古迹遗址理事会（ICOMOS）的成员。庐山管理局副局长王迎春、熊伟，调研员李延国以及相关部门领导、有关专家也参加了学习交流。

2010年11月23~24日 根据《关于做好世界遗产地第二轮定期报告工作的通知》（建办城函［2010］700号）要求，住房和城乡建设部城市建设司在北京召开"世界遗产地第二轮定期报告研讨会"。住房和城乡建设部城建司副司长李如生、世界遗产与风景名胜管理处处长赵健溶、调研员左小平出席会议。山东、安徽、湖南、四川、江西、福建、云南、贵州、陕西省住建厅，重庆市园林局及泰山、黄山、武陵源、九寨沟、黄龙等世界遗产地管理机构的有关负责同志和工作人员参加了此次研讨会。

住房和城乡建设部城建司世界遗产与风景名胜管理处处长赵健溶主持研讨会，住房和城乡建设部城建司副司长李如生作了重要讲话。同济大学教授韩锋、东北林业大学教授周志强、英国伯恩茅斯大学教授克里斯·伍德、清华大学讲师庄优波博士分别就世界遗产地突出普遍价值陈述（SOUV）、定期报告调查表Ⅱ填报等进行了讲解和指导。

2010年12月2日 中国风景名胜区协会与广州联碁电子有限公司在台北市举行"关于推动与《台湾风景名胜区LED大屏联播网》合作备忘录"签字仪式。大陆风景名胜区有关领导同志40余人参加仪式并考察了广州联碁公司的母公司立碁电子有限公司总部（台北）。

2010年12月1~11日 应台湾中华文化经济统一促进会的邀请，由中国风景名胜区协会协同国台办海峡经济科技合作中心组织的大陆风景名胜区管理人士参访团一行114人赴台湾参观访问。在台期间，参访团在台北市参加了"锦绣中华——海峡两岸风景名胜区交流推介活动"，向台湾各界介绍了大陆风景名胜区的情况，海峡两岸风景名胜区管理机构同仁进行了业务交流。12月2日至10日，参访团实地考察了台湾地区的阳明山、太鲁阁、垦丁、雪霸、台江、野柳、日月潭、阿里山和东海岸等风景名胜区。

2010年12月12~15日 黄山世界遗产20周年纪念暨2010中国黄山（国际）风光摄影大展活动在黄山市举行。全国人大常委会委员、全国人大环境与资源保护委员会主任委员汪光焘、中国风景名胜区协会会长赵宝江、黄山市委书记王福宏、中国风景名胜区协会副会长兼秘书长王凤武出席开幕式并致辞。住房和城乡建设部、联合国教科文组织驻北京办事处、世界自然保护联盟（IUCN）、世界旅游组织、安徽省有关部门的负责人及部分风景名胜区的代表等300余人出席了开幕式。

这次活动的主题是"科学保护与可持续发展"。同时举行的有2010中国黄山（国际）风光摄影大展颁奖仪式暨获奖作品展、黄山世界遗产高峰论坛、2010中国黄山摄影文化研讨会等文化活动。

附 录

一、相关徽志

国家级风景名胜区徽志

国家级风景名胜区徽志矢量图

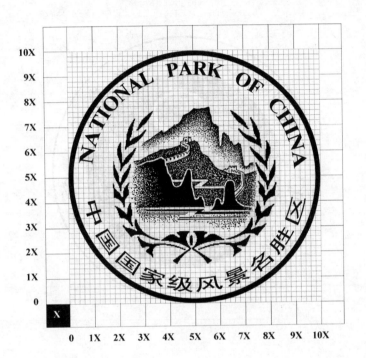

图案说明

徽志为圆形图案,图案中部万里长城和山水图案象征祖国悠久历史、名胜古迹和自然风景;两侧由银杏树叶和茶树叶组成的环形图案象征风景名胜区优美的自然生态环境和植物景观。图案下部汉字为"中国国家级风景名胜区",上部英文为"NATIONAL PARK OF CHINA",意译为"中国国家公园"。

中国国家自然与文化遗产徽志

中国国家自然与文化遗产徽志矢量图

图案说明

徽志由我国第一个世界自然与文化遗产地泰山所在地区（山东省泰安市莒县）的大汶口文化遗址出土陶器上的原始图形构成。图形上部为太阳的造型，中间为火的造型（或云气），下部为山的造型，分别象征自然、人文和山水。寓意我国自然与文化遗产资源的丰富内涵，同时也体现了自然与文化的高度融合。

中国国家自然遗产徽志

中国国家自然遗产徽志矢量图

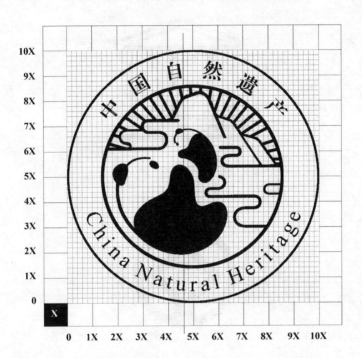

图案说明

徽志构图以中国国宝大熊猫为主体,结合山与水交融的景观图案,以此象征中国国家自然遗产。图案中四周放射状的线条,呈现出强烈的动感,寓意中国国家自然遗产强大的生命力和蓬勃的生机。

联合国教科文组织徽志

世界遗产徽志

中国世界遗产徽志

二、国家级风景名胜区相关资料统计表

（统计截止日期：2009年12月30日）

数量	风景名胜区名称		国务院发布时间	面积（km²）	所在行政区	资源特征
北京							
1	八达岭—十三陵风景名胜区	八达岭	第一批（1982）	32	延庆县	古代遗址
		十三陵		253	昌平区	古代遗址
2	石花洞风景名胜区		第四批（2002）	84.66	房山区	洞穴
河北						
1	承德避暑山庄外八庙风景名胜区		第一批（1982）	2394	承德市	古代遗址、园林景观
2	秦皇岛北戴河风景名胜区		第一批（1982）	366	秦皇岛市	古代遗址、海滨
3	野三坡风景名胜区		第二批（1988）	520	涞水县	山岳
4	苍岩山风景名胜区		第二批（1988）	63	石家庄市井陉县	山岳
5	嶂石岩风景名胜区		第三批（1994）	120	石家庄市赞皇县	山岳
6	西柏坡—天桂山风景名胜区		第四批（2002）	256	石家庄市平山县	山岳、纪念地
7	崆山白云洞风景名胜区		第四批（2002）	250	邢台市临城县	洞穴
天津						
1	盘山风景名胜区		第三批（1994）	106	蓟县	山岳
内蒙古						
1	扎兰屯风景名胜区		第四批（2002）	1234	呼伦贝尔盟	山岳、草原、江河
山西						
1	五台山风景名胜区		第一批（1982）	592.88	五台、繁峙县	山岳、宗教胜地

续表

数量	风景名胜区名称	国务院发布时间	面积（km²）	所在行政区	资源特征
2	恒山风景名胜区	第一批（1982）	147.51	浑源县	山岳、古代遗址
3	黄河壶口瀑布风景名胜区	第二批（1988）	100	吉县	江河
4	北武当山风景名胜区	第三批（1994）	70.5	方山县	山岳、宗教胜迹
5	五老峰风景名胜区	第三批（1994）	300	永济市	山岳
辽 宁					
1	鞍山千山风景名胜区	第一批（1982）	125	鞍山市	山岳
2	鸭绿江风景名胜区	第二批（1988）	824.2	丹东市	江河
3	金石滩风景名胜区	第二批（1988）	120	大连金州区市	海滨
4	兴城海滨风景名胜区	第二批（1988）	47.3	兴城市	海滨
5	大连海滨—旅顺口风景名胜区	第二批（1988）	166.7	大连市	海滨
6	凤凰山风景名胜区	第三批（1994）	216.88	凤城市	山岳
7	本溪水洞风景名胜区	第三批（1994）	44.72	本溪市	洞穴
8	青山沟风景名胜区	第四批（2002）	127.4	丹东市宽甸县	山岳
9	医巫闾山风景名胜区	第四批（2002）	64	北镇市	山岳
黑 龙 江					
1	镜泊湖风景名胜区	第一批（1982）	1200	宁安县	湖泊
2	五大连池风景名胜区	第一批（1982）	1060	五大连池市	地质景观
3	太阳岛风景名胜区	第七批（2009）	88	哈尔滨市	岛屿
吉 林					
1	松花湖风景名胜区	第二批（1988）	500	吉林市	湖泊
2	"八大部"—净月潭风景名胜区	第二批（1988）	103.38	长春市	湖泊、历史遗迹
3	仙景台风景名胜区	第四批（2002）	32	和龙市	山岳

续表

数量	风景名胜区名称		国务院发布时间	面积（km²）	所在行政区	资源特征
4	防川风景名胜区		第四批（2002）	109	珲春市	山岳、江河
江 苏						
1	太湖风景名胜区		第一批（1982）	888	苏州市、无锡市	湖泊
2	南京钟山风景名胜区		第一批（1982）	35.04	南京市	山岳、纪念地
3	云台山风景名胜区		第二批（1988）	201	连云港市	山岳
4	蜀岗瘦西湖风景名胜区		第二批（1988）	7.43	扬州市	湖泊、园林景观
5	三山风景名胜区		第五批（2004）	17.23	镇江市	山岳、湖泊、园林景观
浙 江						
1	杭州西湖风景名胜区		第一批（1982）	59.4	杭州市	湖泊
2	普陀山风景名胜区	普陀山	第一批（1982）	41.07	舟山市	岛屿、宗教胜地
		朱家尖			普陀区	
3	富春江—新安江风景名胜区		第一批（1982）	1928	杭州市、桐庐县、淳安县、建德市、富阳市	江河、湖泊
4	雁荡山风景名胜区	雁荡山	第一批（1982）	406.6	温州市	山岳
		中雁荡山			乐清市	
		南雁荡山			平阳市	
5	嵊泗列岛风景名胜区		第二批（1988）	37.35	舟山市	海滨岛屿
6	楠溪江风景名胜区		第二批（1988）	670.76	永嘉县	江河
7	天台山风景名胜区		第二批（1988）	131.75	天台县	山岳
8	莫干山风景名胜区		第三批（1994）	58	德清县	山岳
9	雪窦山风景名胜区		第三批（1994）	54.9	奉化市	山岳
10	双龙风景名胜区		第三批（1994）	79.7	金华市	洞穴
11	仙都风景名胜区		第三批（1994）	166.2	缙云县	山岳

续表

数量	风景名胜区名称	国务院发布时间	面积（km^2）	所在行政区	资源特征
12	江郎山风景名胜区	第四批（2002）	51.4	江山市	山岳
13	仙居风景名胜区	第四批（2002）	158	仙居县	山岳
14	浣江—五泄风景名胜区	第四批（2002）	73.85	诸暨市	江河
15	方岩风景名胜区	第五批（2004）	152.8	永康市	山岳
16	百丈漈—飞云湖风景名胜区	第五批（2004）	137.2	文成县	山岳、湖泊
17	方山—长屿硐天风景名胜区	第六批（2005）	26.06	温岭市	地质景观
18	天姥山风景名胜区	第七批（2009）	143.13	新昌县	山岳
安　　徽					
1	黄山风景名胜区	第一批（1982）	160.6	黄山市	山岳
2	九华山风景名胜区	第一批（1982）	120	池州市	山岳、宗教胜地
3	天柱山风景名胜区	第一批（1982）	82.46	安庆市潜山县	山岳
4	琅琊山风景名胜区	第二批（1988）	115	滁州市	山岳
5	齐云山风景名胜区	第三批（1994）	110.4	黄山市休宁县	山岳
6	采石风景名胜区	第四批（2002）	64.85	马鞍山市	江河
7	巢湖风景名胜区	第四批（2002）	800	合肥市、巢湖市	湖泊
8	花山谜窟—浙江风景名胜区	第四批（2002）	61.2	黄山市、歙县	洞穴、民俗文化
9	太极洞风景名胜区	第五批（2004）	93.87	宣城市广德县、浙江省长兴县、江苏省宜兴市	洞穴
10	花亭湖风景名胜区	第六批（2005）	254	安庆市太湖县	湖泊、历史遗迹

续表

数量	风景名胜区名称	国务院发布时间	面积（km²）	所在行政区	资源特征
		福　建			
1	武夷山风景名胜区	第一批（1982）	79	武夷山市	山岳、历史遗迹
2	清源山风景名胜区	第二批（1988）	62	泉州市	山岳、历史遗迹
3	鼓浪屿—万石山风景名胜区	第二批（1988）	245.74	厦门市	岛屿、历史遗迹
4	太姥山风景名胜区	第二批（1988）	92	福鼎市	山岳
5	桃源洞—鳞隐石林风景名胜区	第三批（1994）	30.23	永安市	洞穴、地质景观
6	金湖风景名胜区	第三批（1994）	140	泰宁县	湖泊
7	鸳鸯溪风景名胜区	第三批（1994）	66	屏南县	江河
8	海坛风景名胜区	第三批（1994）	71	平潭县	海滨
9	冠豸山风景名胜区	第三批（1994）	123	连城县	山岳
10	鼓山风景名胜区	第四批（2002）	49.7	福州市	山岳
11	玉华洞风景名胜区	第四批（2002）	43	将乐县	洞穴
12	十八重溪风景名胜区	第五批（2004）	50.53	闽侯县	江河
13	青云山风景名胜区	第五批（2004）	52.5	永泰县	山岳
14	佛子山风景名胜区	第七批（2009）	56	政和县	山岳
15	宝山风景名胜区	第七批（2009）	87.8	顺昌县	历史遗迹
16	福安白云山风景名胜区	第七批（2009）	67	福安市	山岳、人文景观
		江　西			
1	庐山风景名胜区	第一批（1982）	330.42	九江市	山岳、历史遗迹
2	井冈山风景名胜区	第一批（1982）	333	井冈山市	山岳、纪念地
3	三清山风景名胜区	第二批（1988）	229.5	玉山县、德兴市	山岳
4	龙虎山风景名胜区	第二批（1988）	220	鹰潭市	山岳、江河

续表

数量	风景名胜区名称		国务院发布时间	面积（km²）	所在行政区	资源特征
5	仙女湖风景名胜区		第四批（2002）	194.7	新余市	湖泊
6	三百山风景名胜区		第四批（2002）	137.6	赣州市安远县	山岳
7	梅岭—滕王阁风景名胜区		第五批（2004）	143.68	南昌市湾里区	江河、历史遗迹
8	龟峰风景名胜区		第五批（2004）	39.3	上饶市弋阳县	山岳
9	高岭—瑶里风景名胜区		第六批（2005）	108.7	景德镇市	山岳、古代遗址
10	武功山风景名胜区		第六批（2005）	365	吉安市、萍乡市、宜春市	山岳
11	云居山—柘林湖风景名胜区		第六批（2005）	680	九江市永修县、武宁县	山岳、湖泊
12	灵山风景名胜区		第七批（2009）	101.5	上饶市上饶县	山岳、江河、历史遗迹
山　东						
1	泰山风景名胜区		第一批（1982）	171.7	泰安市	山岳、古代遗址
2	青岛崂山风景名胜区		第一批（1982）	479.9	青岛市	山岳、海滨
3	胶东半岛海滨风景名胜区	刘公岛	第二批（1988）	3.15	威海市	海滨岛屿、纪念地
		成山头		22	荣成市	
		蓬莱		10.25	蓬莱市	
4	博山风景名胜区		第四批（2002）	73	淄博市博山区	山岳、历史遗迹
5	青州风景名胜区		第四批（2002）	76.54	青州市	山岳、历史遗迹
河　南						
1	鸡公山风景名胜区		第一批（1982）	27	信阳市	山岳

续表

数量	风景名胜区名称		国务院发布时间	面积（km²）	所在行政区	资源特征
2	洛阳龙门风景名胜区		第一批（1982）	9.63	洛阳市	历史遗迹
3	嵩山风景名胜区		第一批（1982）	151.38	登封市	山岳、古代遗址
4	王屋山—云台山风景名胜区	王屋山	第三批（1994）	272.47	济源市	山岳
		云台山		57.2	焦作市修武县	
5	石人山风景名胜区		第四批（2002）	268	平顶山市鲁山县	山岳
6	林虑山风景名胜区		第五批（2004）	317.38	林州市	山岳
7	青天河风景名胜区		第六批（2005）	63.18	焦作市博爱县	山岳、湖泊
8	神农山风景名胜区		第六批（2005）	14.63	焦作市沁阳市	山岳
9	桐柏山—淮源风景名胜区		第七批（2009）	108	南阳市桐柏县	山岳、人文景观
10	郑州黄河风景名胜区		第七批（2009）	20	郑州市	山岳、江河
湖 北						
1	武汉东湖风景名胜区		第一批（1982）	82	武汉市	湖泊、园林景观
2	武当山风景名胜区		第一批（1982）	312	丹江口市	山岳、古代遗址
3	宜昌长江三峡风景名胜区		第一批（1982）	700	宜昌市、秭归县、兴山县、巴东县	江河、峡谷
4	大洪山风景名胜区	随州	第二批（1988）	305	随州市	山岳
		京山			京山县	
		钟祥			钟祥市	
5	隆中风景名胜区		第三批（1994）	209	襄樊市、南漳县、谷城县	历史遗迹

续表

数量	风景名胜区名称	国务院发布时间	面积（km²）	所在行政区	资源特征
6	九宫山风景名胜区	第三批（1994）	210	通山县	山岳
7	陆水风景名胜区	第四批（2002）	110	赤壁市	湖泊

湖　南

数量	风景名胜区名称	国务院发布时间	面积（km²）	所在行政区	资源特征
1	衡山风景名胜区	第一批（1982）	100.7	衡阳市	山岳、古代遗址
2	武陵源风景名胜区	第二批（1988）	397	张家界市	山岳
3	岳阳楼洞庭湖风景名胜区	第二批（1988）	214.73	岳阳市	湖泊、历史遗迹
4	韶山风景名胜区	第三批（1994）	112	湘潭市	纪念地
5	岳麓山风景名胜区	第四批（2002）	36	长沙市	山岳
6	福寿山—汨罗江风景名胜区		200	岳阳市	山岳、江河
7	崀山风景名胜区	第四批（2002）	108	邵阳市	山岳
8	猛洞河风景名胜区	第五批（2004）	226.3	湘西州	山岳
9	桃花源风景名胜区	第五批（2004）	157.55	常德市	山岳
10	紫鹊界梯田—梅山龙宫风景名胜区	第六批（2005）	56.7	娄底市	农耕文化、洞穴
11	德夯风景名胜区	第六批（2005）	108	湘西州	山岳、民族民俗文化
12	苏仙岭—万华岩风景名胜区	第七批（2009）	46.1	郴州市	山岳
13	南山风景名胜区	第七批（2009）	186	邵阳市	高山草场
14	万佛山—侗寨风景名胜区	第七批（2009）	168	怀化市	山岳
15	虎形山—花瑶风景名胜区	第七批（2009）	118	邵阳市	山岳
16	东江湖风景名胜区	第七批（2009）	280	郴州市	湖泊

海　南

数量	风景名胜区名称	国务院发布时间	面积（km²）	所在行政区	资源特征
1	三亚热带海滨风景名胜区	第三批（1994）	226.45	三亚市区	海滨

广　东

数量	风景名胜区名称	国务院发布时间	面积（km²）	所在行政区	资源特征
1	肇庆星湖风景名胜区	第一批（1982）	19.52	肇庆市	湖泊

续表

数量	风景名胜区名称		国务院发布时间	面积（km²）	所在行政区	资源特征
2	西樵山风景名胜区		第二批（1988）	14	佛山市南海区	山岳
3	丹霞山风景名胜区		第二批（1988）	215	韶关市仁化县	山岳
4	白云山风景名胜区		第四批（2002）	20.98	广州市	山岳
5	惠州西湖风景名胜区		第四批（2002）	19.6	惠州市惠城区	湖泊
6	罗浮山风景名胜区		第五批（2004）	214.82	惠州市博罗县	山岳
7	湖光岩风景名胜区		第五批（2004）	4.7	湛江市麻章区	湖泊
8	梧桐山风景名胜区		第七批（2009）	31.8	深圳罗湖	山岳
广 西						
1	桂林漓江风景名胜区		第一批（1982）	1160	桂林市、灵川县、兴安县、阳朔县	江河、地质景观
2	桂平西山风景名胜区		第二批（1988）	1008	桂平市	山岳、历史遗迹
3	花山风景名胜区		第二批（1988）	3001	崇左市、大新县、凭祥市、宁明县、龙州县	山岳、历史遗迹
四 川						
1	峨眉山—乐山风景名胜区	峨眉山	第一批（1982）	463	峨眉山市、乐山市	山岳、宗教圣地
		乐山				
2	黄龙寺—九寨沟风景名胜区	黄龙	第一批（1982）	2380	阿坝州松潘县	山岳、湖泊
		九寨沟		1400	阿坝州九寨沟县	
3	青城山—都江堰风景名胜区	青城山	第一批（1982）	224	成都都江堰市	山岳、江河历史遗迹
		都江堰				

续表

数量	风景名胜区名称		国务院发布时间	面积（km²）	所在行政区	资源特征
4	剑门蜀道风景名胜区		第一批（1982）	739	广元市、绵阳市	历史遗迹
5	贡嘎山风景名胜区		第二批（1988）	10000	甘孜州泸定县、康定县、九龙县	山岳
6	蜀南竹海风景名胜区		第二批（1988）	172	宜宾市	生物景观
7	西岭雪山风景名胜区		第三批（1994）	639	成都市大邑县	山岳
8	四姑娘山风景名胜区		第三批（1994）	950	阿坝州小金县	山岳
9	石海洞乡风景名胜区		第四批（2002）	161	宜宾市兴文县	洞穴、地质景观
10	邛海—螺髻山风景名胜区		第四批（2002）	616	凉山州冕宁县、西昌市	山岳、湖泊
11	白龙湖风景名胜区		第五批（2004）	682	广元市青川县	湖泊
12	光雾山—诺水河风景名胜区		第五批（2004）	775	巴中市南江县、通江县	江河、洞穴
13	天台山风景名胜区		第五批（2004）	105	成都邛崃市	山岳
14	龙门山风景名胜区		第五批（2004）	106	成都彭州市	山岳
重　庆						
1	缙云山风景名胜区	北泉	第一批（1982）	26.2	北培区、合川区	山岳、古代遗址
		钓鱼城		52.69		
		缙云山		170		
2	长江三峡风景名胜区	巫山	第一批（1982）	1095	巫溪县、巫山县、奉节县、云阳县、万州区、忠县、丰都县、涪陵区	江河、峡谷、历史遗迹
		石宝寨				
		云阳				
		丰都名山				
		白帝城—瞿塘峡				

续表

数量	风景名胜区名称	国务院发布时间	面积（km²）	所在行政区	资源特征
3	芙蓉江风景名胜区	第四批（2002）	100.4	武隆县	江河
4	天坑地缝风景名胜区	第五批（2004）	397	奉节县	地质景观
5	四面山风景名胜区	第三批（1994）	213.4	江津区	山岳
6	金佛山风景名胜区	第二批（1988）	266	南川区	山岳
		贵　　州			
1	黄果树风景名胜区	第一批（1982）	115	安顺镇宁县、关岭县	江河
2	织金洞风景名胜区	第二批（1988）	307	毕节织金县	洞穴
3	潕阳河风景名胜区	第二批（1988）	625	黔东南州镇远、施秉、黄平县	江河
4	红枫湖风景名胜区	第二批（1988）	200	贵阳清镇市	湖泊
5	龙宫风景名胜区	第二批（1988）	60	安顺市西秀区	洞穴
6	荔波樟江风景名胜区	第三批（1994）	118.8	黔南州荔波县	地质景观、江河
7	赤水风景名胜区	第三批（1994）	328	遵义赤水市	江河
8	马岭河峡谷风景名胜区	第三批（1994）	450	黔西南州兴义市	江河、峡谷
9	都匀山—剑江风景名胜区	第五批（2004）	186	黔南州都匀市	山岳、江河
10	九洞天风景名胜区	第五批（2004）	150	毕节大方、纳雍县	江河
11	九龙洞风景名胜区	第五批（2004）	56	铜仁地区铜仁市	洞穴
12	黎平侗乡风景名胜区	第五批（2004）	159	黔东南州黎平县	江河、民族民俗文化
13	紫云格凸河风景名胜区	第六批（2005）	56.8	安顺紫云县	洞穴
14	平塘风景名胜区	第七批（2009）	110	黔南州平塘县	地质景观、江河

续表

数量	风景名胜区名称	国务院发布时间	面积（km²）	所在行政区	资源特征
15	榕江苗山侗水风景名胜区	第七批（2009）	174	榕江县	生物景观、民族民俗文化
16	石阡温泉群风景名胜区	第七批（2009）	54	铜仁石阡县	温泉
17	沿河乌江山峡风景名胜区	第七批（2009）	102.2	铜仁沿河县	山岳、江河
18	瓮安江界河风景名胜区	第七批（2009）	138.6	黔南州瓮安县	生物化石群

云　南

数量	风景名胜区名称	国务院发布时间	面积（km²）	所在行政区	资源特征
1	路南石林风景名胜区	第一批（1982）	350	石林县	地质景观
2	大理风景名胜区	第一批（1982）	1016	大理州	山岳、湖泊
3	西双版纳风景名胜区	第一批（1982）	1202.31	景洪市	生物景观、民族民俗文化
4	三江并流风景名胜区	第二批（1988）	8609	迪庆州、怒江州、丽江市	江河
5	昆明滇池风景名胜区	第二批（1988）	429.88	昆明市	湖泊
6	丽江玉龙雪山风景名胜区	第二批（1988）	957	丽江市	山岳
7	腾冲地热火山风景名胜区	第三批（1994）	52（核心）	腾冲县	地质景观
8	瑞丽江—大盈江风景名胜区	第三批（1994）	672.31	德宏州	江河、民族民俗文化
9	九乡风景名胜区	第三批（1994）	277.93	宜良县	洞穴
10	建水风景名胜区	第三批（1994）	35.93	建水县	山岳、洞穴
11	普者黑风景名胜区	第五批（2004）	176	文山州丘北县	湖泊、岩溶峰林
12	阿庐风景名胜区	第五批（2004）	56.4	文山州泸西县	洞穴

陕　西

数量	风景名胜区名称	国务院发布时间	面积（km²）	所在行政区	资源特征
1	华山风景名胜区	第一批（1982）	148.4	华阴市	山岳、古代遗址

续表

数量	风景名胜区名称	国务院发布时间	面积（km²）	所在行政区	资源特征
2	临潼骊山风景名胜区	第一批（1982）	87	西安市临潼区	山岳、历史遗迹
3	宝鸡天台山风景名胜区	第三批（1994）	124	宝鸡市	山岳
4	黄帝陵风景名胜区	第四批（2002）	22	黄陵县	历史遗迹
5	陕西壶口风景名胜区	第二批（1988）	100	宜川县	江河
6	合阳洽川风景名胜区	第五批（2004）	176.46	合阳县	山岳、湿地
甘肃					
1	麦积山风景名胜区	第一批（1982）	215	天水市	古代遗迹
2	崆峒山风景名胜区	第三批（1994）	83.595	平凉市	山岳
3	鸣沙山—月牙泉风景名胜区	第三批（1994）	87.6	敦煌市	沙漠山泉、历史遗迹
新疆					
1	天山天池风景名胜区	第一批（1982）	548	昌吉州阜康市	山岳、湖泊
2	库木塔格沙漠风景名胜区	第四批（2002）	1880	吐鲁番地区	沙漠
3	博斯腾湖风景名胜区	第四批（2002）	2917	巴州	湖泊
4	赛里木湖风景名胜区	第五批（2004）	1301.4	博州	湖泊
西藏					
1	雅砻河风景名胜区	第二批（1988）	920	山南地区	江河、民族民俗文化
2	纳木错—念青唐古拉山风景名胜区	第七批（2009）	4249.7	当雄县、班戈县	高原湖泊、冰川、民族民俗文化
3	唐古拉山—怒江源风景名胜区	第七批（2009）	8900	安多县	冰川、湖泊
宁夏					
1	西夏王陵风景名胜区	第二批（1988）	40	银川市西夏区	古代遗址

续表

数量	风景名胜区名称	国务院发布时间	面积（km²）	所在行政区	资源特征
青　海					
1	青海湖风景名胜区	第三批（1994）	4236	海北州、海南州	湖泊

三、全国省级风景名胜区相关资料统计表

（截止日期：2009 年 12 月 30 日）

序号	风景名胜区	所在行政区	面积（km²）	景观特征
		北京		
1	慕田峪长城风景名胜区	怀柔区	90	古代遗址
2	十渡风景名胜区	房山区	301	山岳、江河
3	东灵山—百花山风景名胜区	门头沟区	300	生物景观、山岳
4	潭柘—戒台风景名胜区	门头沟区	73	宗教胜地
5	龙庆峡—松山—古崖居风景名胜区	延庆县	248	山岳、古代遗址
6	金海湖—大峡谷—大溶洞风景名胜区	平谷区	285	湖泊、山岳、洞穴
7	云蒙山风景名胜区	密云县	209	山岳、生物景观
8	云居寺风景名胜区	房山区	20	宗教胜地
	天津市暂无省级风景名胜区			
		河北		
1	凉城风景名胜区	涞源县	215	山岳
2	响堂山风景名胜区	邯郸峰峰矿区	41	山岳
3	崇州风景名胜区	涉县	240	山岳
4	白云山—小西天风景名胜区	邢台县	500	山岳
5	陵山—抱阳山风景名胜区	满城县	100	山岳
6	石臼坨岛风景名胜区	乐亭县	88	湖泊
7	秦王湖—北武当山风景名胜区	沙河市	58	湖泊、山岳
8	封龙山风景名胜区	鹿泉市、元氏县	60	山岳
9	白洋淀风景名胜区	安新县、雄县、容城县、高阳县、任丘市	366	湖泊

续表

序号	风景名胜区	所在行政区	面积（km²）	景观特征
内蒙古				
1	辉腾锡勒风景名胜区	乌兰察布市查右中旗	200	生物景观
2	稀拉穆仁风景名胜区	包头市	714	生物景观
山西				
1	芦芽山风景名胜区	宁武、五寨县	321	山岳、生物景观
2	碛口风景名胜区	临县	50	古代遗址
3	晋祠—天龙山风景名胜区	太原市	186	山岳、生物景观、历史遗迹
4	绵山风景名胜区	介休市	54.10	山岳、宗教胜地
5	石膏山风景名胜区	灵石县	30	洞穴、宗教胜地
6	姑射山—仙洞沟风景名胜区	临汾市	40	宗教胜地
7	赵杲观风景名胜区	代县	46.67	历史遗迹
8	百梯山风景名胜区	运城市芮城县	55	山岳、历史遗迹
9	太行山大峡谷风景名胜区	长治市壶关县	220	山岳、历史遗迹
10	老顶山风景名胜区	长治市	85	山岳、历史遗迹
11	黄崖洞风景名胜区	黎城县	30	山岳、革命史迹
12	神龙湾—天脊山风景名胜区	长治市	104	山岳
13	太行水乡风景名胜区	长治市平顺县	430	峡谷、江河、历史遗迹
14	精卫湖—白松林风景名胜区	长子县	7	湖泊、历史遗迹
15	南涅水石刻风景名胜区	长治市沁县	12	湖泊、历史遗迹
16	摩天岭风景名胜区	左云县	300	山岳、历史遗迹
辽宁				
1	沈阳棋盘山风景名胜区	沈阳市	142	山岳
2	铁岭龙山风景名胜区	铁岭市	13.07	山岳
3	丹东大孤山风景名胜区	东港市	140	山岳
4	长山群岛风景名胜区	大连市长海县	3634	海滨岛屿

续表

序号	风景名胜区	所在行政区	面积（km²）	景观特征
5	本溪五女山风景名胜区	本溪市桓仁县	248	山岳
6	熊岳望儿山风景名胜区	营口市	75.5	山岳
7	岫岩药山风景名胜区	鞍山市岫岩县	50	山岳
8	丹东五龙山风景名胜区	丹东市	56.52	山岳
9	锦州北普陀山风景名胜区	锦州市	27.26	山岳
10	丹东大梨树风景名胜区	凤城市	21.31	生物景观
11	抚顺萨尔浒风景名胜区	抚顺市	268	山岳、湖泊
12	丹东天华山风景名胜区	丹东市宽甸县	26	山岳
13	铁岭调兵山风景名胜区	调兵山市	33.35	山岳
14	玉佛山风景名胜区	鞍山市	17.42	宗教胜地
吉　林				
1	满天星风景名胜区	汪清县	56	生物景观、湖泊
2	长白山迷宫风景名胜区	白山市	30	洞穴
3	龙山湖风景名胜区	白山市	420	湖泊
4	青山湖风景名胜区	白山市	10	湖泊
5	叶赫—山门风景名胜区	四平市	128	民族民俗文化、山岳
6	六顶山风景名胜区	敦化市	26.68	宗教胜地、古代遗址、湖泊
7	集安鸭绿江风光带—五女峰风景名胜区	集安市	292.75	江河、山岳
黑　龙　江				
1	二龙山风景名胜区	宾县	25	湖泊
2	桃山风景名胜区	铁力县	1000	生物景观
3	依兰—丹清河风景名胜区	依兰县	460	古代遗址、江河、纪念地
4	兴凯湖风景名胜区	鸡西市	2800	湖泊、生物景观、湿地
5	明月岛风景名胜区	齐齐哈尔市	7.6	岛屿、生物景观、古代遗址

续表

序号	风景名胜区	所在行政区	面积（km²）	景观特征
6	龙凤山风景名胜区	五常县	1840	湖泊
7	延寿山庄风景名胜区	延寿县	99	山岳
8	吉兴河风景名胜区	勃利县	40	湖泊
9	哈达河风景名胜区	哈尔滨	30.7	湖泊、山岳
10	莲花湖风景名胜区	海林	1900	湿地
11	卧牛湖风景名胜区	黑河市	50	湖泊
12	四丰山风景名胜区	佳木斯	15	湖泊
13	柳树岛风景名胜区	佳木斯	10.57	岛屿、生物景观
14	扎龙风景名胜区	齐齐哈尔	2100	湿地
15	碾子山风景名胜区	齐齐哈尔	26.7	山岳、古代遗址
16	街津口风景名胜区	同江市	36	民族民俗文化
17	华夏东极风景名胜区	抚远县	120	纪念地
18	大庙风景名胜区	肇源县	230	宗教胜地、古代遗址
19	虎头风景名胜区	虎林市	250.7	江河、纪念地
20	名山风景名胜区	萝北县	14	岛屿
21	瑷珲古城风景名胜区	黑河市	20	古代遗址
22	山口湖风景名胜区	五大连池市	342.7	湖泊
23	柳河风景名胜区	庆安县	20	湖泊
24	神州北极风景名胜区	塔河县	160	冰雪
25	喀尔喀山风景名胜区	饶河县	200	地质景观、湿地
26	乌苏里江风景名胜区	饶河县	128	江河
27	大顶子山风景名胜区	饶河县	74	纪念地
28	石林风景名胜区	汤旺河	190	地质景观
29	五营风景名胜区	五营	141	生物景观
江 苏				
1	南京雨花台风景名胜区	南京市	1.13	纪念地
2	南京夫子庙—秦淮风光带风景名胜区	南京市	3.14	江河、民俗文化

续表

序号	风景名胜区	所在行政区	面积（km²）	景观特征
3	苏州虎丘山风景名胜区	苏州市	1.25	园林景观
4	苏州枫桥风景名胜区	苏州市	0.14	古代遗址、江河
5	常熟虞山风景名胜区	苏州市常熟市	32.43	山岳、古代遗址
6	镇江南山风景名胜区	镇江市	10.56	山岳、古代遗址、生物景观
7	句容九龙山风景名胜区	镇江市句容市	21.80	湖泊、山岳
8	茅山风景名胜区	镇江市句容市、常州市金坛市	32.0	宗教胜地、山岳
9	盱眙第一山风景名胜区	淮安市盱眙县	3.85	山岳、古代遗址、历史遗迹
10	徐州云龙湖风景名胜区	徐州市	38.5	山岳、古代遗址、历史遗迹
11	新沂马陵山风景名胜区	徐州市新沂市	29.0	山岳、古代遗址、历史遗迹
12	南通濠河风景名胜区	南通市	2.0	江河、古代遗址
13	南通狼山风景名胜区	南通市	5.0	山岳、宗教胜地
14	姜堰溱湖风景名胜区	泰州市姜堰市	26.0	湿地、民俗文化
15	建湖九龙口风景名胜区	盐城市建湖县	60.0	湖泊
16	宿迁骆马湖—三台山风景名胜区	宿迁市	331.08	湖泊、古代遗址
17	宿迁古黄河—运河风光带风景名胜区	宿迁市	49.90	江河
18	邳州艾山风景名胜区	邳州市	20	山岳
浙 江				
1	东钱湖风景名胜区	宁波市鄞州区	56	湖泊、历史遗迹
2	仙岩风景名胜区	瑞安市	19	山岳、江河、生物景观
3	大佛寺风景名胜区	新昌县	11	历史遗迹
4	南北湖风景名胜区	海盐县	10	湖泊、山岳、海滨、历史遗迹

续表

序号	风景名胜区	所在行政区	面积（km²）	景观特征
5	六洞山风景名胜区	兰溪市	9	洞穴
6	石门洞风景名胜区	青田县	20	山岳、江河、植物景观
7	南明山—东西岩风景名胜区	丽水市	12	山岳、民俗文化
8	泽雅风景名胜区	温州市瓯海区	96	民俗文化、山岳、江河、历史遗迹
9	瑶溪风景名胜区	温州市龙湾区	11	江河、山岳、历史遗迹
10	滨海—玉苍山风景名胜区	苍南县	111	海滨岛屿
11	洞头风景名胜区	洞头县	20	海滨岛屿、民俗文化
12	仙华山风景名胜区	浦江县	55	山岳
13	龙潭—郭洞风景名胜区	武义县	61	山岳、地质景观
14	穿岩十九峰风景名胜区	新昌县	7	地质景观
15	岱山风景名胜区	岱山县	10	海滨岛屿、民俗文化
16	寨寮溪风景名胜区	瑞安市	174.8	江河、山岳
17	桃花岛风景名胜区	舟山市普陀区	12	海滨岛屿、生物景观
18	南山风景名胜区	嵊州市	14	地质景观、湖泊、历史遗迹
19	超山风景名胜区	杭州市余杭区	5	山岳、生物景观
20	曹娥江风景名胜区	上虞市	40	江河、古代遗址
21	桃渚风景名胜区	临海市	150	古代遗址
22	鉴湖风景名胜区	绍兴县	25	湖泊
23	天荒坪风景名胜区	安吉县	65	湖泊、生物景观
24	三都—屏岩风景名胜区	东阳市	11	地质景观、宗教胜地
25	大明山风景名胜区	临安市	29	山岳、湖泊
26	沃洲湖风景名胜区	新昌县	40	湖泊、宗教胜地
27	烂柯山—乌溪江风景名胜区	衢州市	160	地质景观、古代遗址
28	九峰山—大佛寺风景名胜区	金华市	50	地质景观、古代遗址、生物景观

续表

序号	风景名胜区	所在行政区	面积（km²）	景观特征
29	鸣鹤—上林湖风景名胜区	慈溪市	30	古代遗址、湖泊
30	吼山风景名胜区	绍兴市	11.4	历史遗迹、民俗文化
31	南麂列岛风景名胜区	平阳县	190	海滨岛屿
32	划岩山风景名胜区	台州市黄岩区	11.5	山岳、江河
33	九峰风景名胜区	泰顺县	136	纪念地、山岳
34	花溪—夹溪风景名胜区	磐安县	51	地质景观、江河
35	钱江源风景名胜区	开化县	54	江河、生物景观
36	天童—五龙潭风景名胜区	宁波市鄞州区	58.6	山岳、宗教胜地、江河
37	三衢石林风景名胜区	常山县	26	地质景观
38	下渚湖风景名胜区	德清县	36.5	湿地、岛屿
39	白露山—芝堰风景名胜区	兰溪市	43.7	古代遗址
40	云中大漈风景名胜区	景宁县	56.9	山岳、古代遗址、生物景观
41	大鹿岛风景名胜区	玉环县	36.79	海滨岛屿、历史遗迹
42	响石山风景名胜区	仙居县	16.3	地质景观
43	箬寮—安岱后风景名胜区	松阳县	15.83	山岳、纪念地
44	双苗尖—月山风景名胜区	庆元县	55.5	山岳、古代遗址
安　徽				
1	浮山风景名胜区	安庆市枞阳县	45	山岳
2	天堂寨风景名胜区	六安市金寨县	37.2	山岳、江河
3	太平湖风景名胜区	黄山市黄山区	260	湖泊
4	敬亭山风景名胜区	宣城市	15.3	山岳
5	白崖寨风景名胜区	安庆市宿松县	57	古代遗址、山岳
6	西山风景名胜区	南陵县	22.6	山岳
7	齐山—秋浦仙境风景名胜区	池州市	25.78	湿地、江河
8	石台溶洞群风景名胜区	池州市石台县	29.3	地质景观

续表

序号	风景名胜区	所在行政区	面积（km²）	景观特征
9	小孤山风景名胜区	安庆市宿松县	8.5	山岳
10	凤阳山风景名胜区	滁州市凤阳县	45	山岳、洞穴
11	涂山—白乳泉风景名胜区	蚌埠市怀远县	66.35	山岳、江河
12	南岳山—佛子岭水库风景名胜区	六安市霍山县	175	山岳、湖泊
13	万佛山—龙河口水库风景名胜区	六安市舒城县	207	山岳、湖泊
14	皇藏峪风景名胜区	宿州市萧县	22.76	山岳
15	八公山风景名胜区	淮南市、凤台县、六安市寿县	90	山岳
16	大龙山风景名胜区	安庆市	120	山岳
17	颍州西湖风景名胜区	阜阳市	24.32	湖泊
18	龙须湖风景名胜区	宣城市郎溪县	110	湖泊
19	铜锣寨风景名胜区	六安市霍山县	47	地质景观
20	大华山风景名胜区	六安市	56	山岳
21	合肥环城公园—西郊风景名胜区	合肥市	32	江河、生物景观
22	紫蓬山风景名胜区	合肥市肥西县	48	山岳
23	五柳风景名胜区	宿州市	26	山岳、湖泊
24	凤凰山风景名胜区	铜陵市	28.4	山岳
25	司空山风景名胜区	安庆市岳西县	46.8	山岳
26	大历山风景名胜区	池州市东至县	26	山岳
27	龙子湖风景名胜区	蚌埠市	36.2	湖泊
28	汤池风景名胜区	巢湖市庐江县	22.5	温泉
福　建				
1	青芝山风景名胜区	连江县	6.5	山岳、地质景观、宗教胜地
2	茫荡山风景名胜区	南平市	86	山岳、江河
3	瑞云山风景名胜区	三明市	13	山岳、江河、洞穴

续表

序号	风景名胜区	所在行政区	面积（km²）	景观特征
4	湄洲岛风景名胜区	莆田市	15.23	海滨岛屿、古代遗址
5	凤凰山风景名胜区	莆田市	10.07	宗教胜地、山岳、生物景观
6	清水岩风景名胜区	安溪县	11.1	宗教胜地、历史遗迹、地质景观、洞穴
7	九龙漈风景名胜区	周宁县	9.5	江河、山岳
8	霍童支提山风景名胜区	宁德市	78	山岳、江河
9	归宗岩风景名胜区	建瓯市	4	山岳、历史遗迹、生物景观
10	七仙洞—陶金山风景名胜区	沙县	3.1	岩溶洞穴型、溶洞、河流
11	天鹅洞风景名胜区	三明市	11.14	洞穴、江河
12	龙硿洞风景名胜区	龙岩市	3.47	洞穴
13	云洞岩风景名胜区	漳州市	12.6	山岳、地质景观
14	风动石—塔屿风景名胜区	东山县	30	海滨岛屿、地质景观
15	灵通山风景名胜区	平和县	15	山岳、江河
16	石竹山风景名胜区	福清市	47.48	山岳、湖泊、宗教胜地
17	湛卢山风景名胜区	松溪县	26	山岳
18	东狮山风景名胜区	柘荣县	13.7	山岳、江河
19	九鲤湖风景名胜区	仙游县	25	湖泊、山岳
20	浮盖山风景名胜区	浦城县	25	山岳、地质景观
21	九侯山风景名胜区	诏安县	5	历史遗迹
22	北辰山风景名胜区	厦门市	12.2	山岳、江河
23	洞宫山风景名胜区	南平市	42.5	山岳、地质景观
24	翠屏湖风景名胜区	古田县	48.7	湖泊、历史遗迹、宗教胜地、生物景观
25	仙公山风景名胜区	泉州市	13.38	山岳、生物景观、江河

续表

序号	风景名胜区	所在行政区	面积（km²）	景观特征
26	前亭—古雷海湾风景名胜区	漳浦县	120.6	海滨岛屿
27	菜溪岩风景名胜区	仙游县	25	山岳、地质景观
28	九龙湖风景名胜区	清流县	75.4	湖泊、洞穴等
29	三平风景名胜区	平和县	17	历史遗迹、洞穴、江河
30	卧龙—南屏山风景名胜区	长汀县	5.2	山岳
31	香山风景名胜区	厦门市	14.04	山岳、古代遗址
32	杨梅州风景名胜区	寿宁县	144	江河、山岳、生物景观
33	姬岩风景名胜区	永泰县	18	山岳、植物景观
34	福宁海湾风景名胜区	霞浦县	102	海滨岛屿
35	乌君山风景名胜区	光泽县	33.6	山岳、地质景观
江　西				
1	麻姑山风景名胜区	石城县	36	宗教胜地
2	青原山风景名胜区	吉安市	30	山岳、湖泊、宗教胜地
3	玉笥山风景名胜区	吉安市	47.5	宗教胜地、古代遗址、山岳
4	白水仙—泉江风景名胜区	遂川县	30.66	山岳、江河
5	汉仙岩风景名胜区	会昌县	48	山岳、江河、古代遗址、历史遗迹、生物景观、纪念地、温泉
6	梅关—丫山风景名胜区	大余县	58.9	生物景观、古代遗址
7	通天岩风景名胜区	赣州市	5.6	地质景观、历史遗迹
8	翠微峰风景名胜区	宁都县	16.1	地质景观、历史遗迹、纪念地
9	罗汉岩风景名胜区	瑞金市	6	山岳、生物景观
10	小武当风景名胜区	龙南县	13.5	地质景观、宗教胜地
11	徒水湖风景名胜区	上犹县	120	湖泊

续表

序号	风景名胜区	所在行政区	面积（km²）	景观特征
12	聂都风景名胜区	崇义县	135	洞穴
13	杨岐山风景名胜区	萍乡市上栗区	30.94	山岳、历史遗迹、宗教胜地、生物景观
14	玉壶山风景名胜区	莲花县	51	山岳、历史遗迹、宗教胜地、纪念地
15	洪岩风景名胜区	乐平市	100	洞穴、地质景观
16	灵岩洞风景名胜区	婺源县	30	洞穴、历史遗迹
17	仙人洞风景名胜区	万年县	30	洞穴、湖泊、纪念地
18	秦山风景名胜区	瑞昌市	123	山岳、洞穴、宗教胜地、纪念地
19	南崖—清水岩风景名胜区	修水县	50	山岳、历史遗迹、洞穴
20	百丈山—萝卜潭风景名胜区	奉新县	155	山岳、江河、生物景观
21	大茅山风景名胜区	德兴市	154	山岳、历史遗迹、纪念地
22	华林寨—上游湖风景名胜区	高安市	178	山岳、湖泊、古代遗址
23	洞山风景名胜区	宜丰县	10	山岳、古代遗址
24	象湖风景名胜区	南昌市	6.65	湖泊、历史遗迹
山　东				
1	千佛山风景名胜区	济南市	14	历史遗迹、宗教胜地
2	龙洞风景名胜区	济南市	21	山岳、历史遗迹
3	大明湖风景名胜区	济南市	1.034	湖泊、历史遗迹
4	大泽山风景名胜区	青岛市	4	山岳、历史遗迹
5	艾山风景名胜区	青岛市	14	山岳、宗教胜地、历史遗迹
6	三里河风景名胜区	青岛市	40.8	湿地
7	马踏湖风景名胜区	淄博市	15.34	湖泊、民俗文化
8	临淄齐故城风景名胜区	淄博市	65.6	古代遗址

续表

序号	风景名胜区	所在行政区	面积（km²）	景观特征
9	沂源猿人遗址溶洞群风景名胜区	淄博市	21	洞穴
10	淄川风景名胜区	淄博市	48.14	山岳、古代遗址
11	沂河源风景名胜区	淄博市	59	山岳、历史遗迹
12	枣庄石榴园风景名胜区	枣庄市	50	生物景观
13	抱犊崮风景名胜区	枣庄市	45	山岳、历史遗迹
14	昆嵛山风景名胜区—牟平景区	烟台市	9.2	纪念地
15	沂山风景名胜区	潍坊市	189	山岳、历史遗迹、宗教胜地
16	老龙湾风景名胜区	潍坊市	44	江河、历史遗迹
17	临朐石门坊风景名胜区	潍坊市	15.7	宗教胜地、古代遗址、历史遗迹
18	水泊梁山风景名胜区—梁山风景区	济宁市	4.6	湖泊、山岳、民俗文化
19	峄山风景名胜区	济宁市	50	地质景观、历史遗迹
20	微山湖风景名胜区	济宁市	63.7	湖泊、生物景观、纪念地
21	泗水泉林泉群风景名胜区	济宁市	22.1	江河、历史遗迹
22	曲阜九仙山风景名胜区	济宁市	35.1	山岳、生物景观
23	水泊梁山风景名胜区—东平湖风景区	泰安市	269	湖泊、山岳、历史遗迹
24	圣水观风景名胜区	威海市	2	宗教胜地、生物景观
25	昆嵛山风景名胜区—文登风景区	威海市	5.48	山岳
26	威海市里口山风景名胜区	威海市	69	山岳、古代遗址
27	荣城赤山风景名胜区	威海市	12.8	宗教胜地、山岳
28	五莲山风景名胜区	日照市	68	山岳、生物景观
29	日照海滨风景名胜区	日照市	100	海滨
30	浮来山风景名胜区	日照市	19.21	宗教胜地、生物景观

续表

序号	风景名胜区	所在行政区	面积（km²）	景观特征
31	莱芜雪野风景名胜区	莱芜市	90	山岳、湖泊
32	蒙山风景名胜区—蒙阴风景区	临沂市	127	山岳
33	蒙山风景名胜区—平邑风景区	临沂市	40.55	山岳
34	莒南天佛风景名胜区	临沂市	51.15	山岳、湖泊、宗教胜地
35	临沭苍马山风景名胜区	临沂市	30	山岳、宗教胜地、生物景观
36	景阳岗风景名胜区	聊城市	59	古代遗址
37	淄博黑铁山风景名胜区	淄博市	10	山岳
河　南				
1	丹江风景名胜区	南阳市淅川县	590	江河、湖泊
2	昭平湖风景名胜区	平顶山市鲁山县	40	湖泊
3	青龙峡风景名胜区	焦作市修武县	108.1	山岳、江河
4	灵山风景名胜区	信阳市罗山县	61.5	山岳、纪念地
5	百泉风景名胜区	新乡辉县市	187.9	山岳、江河
6	薄山湖风景名胜区	驻马店市确山县	84	湖泊
7	环翠峪风景名胜区	荥阳市	24.25	山岳
8	铜山风景名胜区	驻马店市泌阳县	18	山岳、湖泊
9	青要山风景名胜区	洛阳市新安县	42	山岳、江河
10	震雷山风景名胜区	信阳市平桥区	20	山岳、江河
11	五龙口风景名胜区	济源市五龙口镇	128	山岳、生物景观
12	大伾山风景名胜区	鹤壁市浚县	1.29	山岳、历史遗迹
13	浮戏山—雪花洞风景名胜区	巩义市	34.5	山岳
14	嵖岈山风景名胜区	驻马店市遂平县	50	山岳、地质景观
15	南湾湖风景名胜区	信阳市	724.2	湖泊
16	亚武山风景名胜区	三门峡市灵宝县	51.2	山岳
17	老君山—鸡冠洞风景名胜区	洛阳市栾川县	10	山岳
18	云梦山风景名胜区	鹤壁市淇县	26	山岳、纪念地

续表

序号	风景名胜区	所在行政区	面积（km²）	景观特征
19	白云山风景名胜区	洛阳市新安县	168	山岳
20	太昊陵风景名胜区	周口市淮阳县	15	湖泊、古代遗址
21	黄帝宫风景名胜区	新郑市	12	山岳、纪念地
22	天池山风景名胜区	洛阳市嵩县	16.44	湖泊、山岳
23	商丘睢阳古城风景名胜区	商丘市	18.1	历史遗迹
湖 北				
1	西山—赤壁风景名胜区	鄂州市、黄冈市	3	山岳、宗教胜地
2	玉泉寺风景名胜区	当阳市	50	山岳、宗教胜地
3	腾龙洞风景名胜区	利川市	96	洞穴
4	磁湖风景名胜区	黄石市	23.96	湖泊、山岳
5	洈水风景名胜区	松滋市	286	湖泊、山岳、洞穴
6	花纹山竹海风景名胜区	咸宁市	66	山岳
7	漳河风景名胜区	荆门市、襄樊市	280	湖泊
8	三潭风景名胜区	广水市	60	山岳
9	桐柏山太白顶风景名胜区	随州市与河南交界各占一半	75	山岳
10	烈山（炎帝）风景名胜区	随州市	52	山岳、湖泊
11	木兰山风景名胜区	黄陂县	78	山岳、宗教胜地
12	清江风景名胜区	长阳县	207.95	湖泊、山岳
13	神农溪风景名胜区	巴东县	150	湖泊、山岳
14	野花谷风景名胜区	保康县	180	山岳
15	神农架风景名胜区	房县	100	山岳
16	五祖寺风景名胜区	黄梅县	70	山岳、宗教胜地
17	鸣凤山风景名胜区	远安县	452	山岳、宗教胜地
18	黄山头风景名胜区	公安县（与湖南交界，风景区两省各占一半）	110	山岳
19	天台山—七里坪风景名胜区	红安县	122	山岳

续表

序号	风景名胜区	所在行政区	面积（km²）	景观特征
20	枣阳青龙山—白水寺	枣阳市	100	山岳、宗教胜地
21	梨花湖风景名胜区	老河口市	50	山岳、湖泊
22	唐崖河风景名胜区	恩施咸丰	349	山岳
23	神农架风景名胜区	神农架林区	3523	山岳
24	桃花山风景名胜区	石首市	100	山岳
25	雷山风景名胜区	黄石大冶市	54.8	山岳、宗教胜地
26	双龙峡风景名胜区	丹江口市	91.36	山岳
	湖　南			
1	大围山风景名胜区	长沙市	230	生物景观
2	花明楼风景名胜区	长沙市	20	历史遗迹
3	沩山风景名胜区	长沙市	150	山岳
4	龙窖山风景名胜区	岳阳市	74	山岳
5	昭山风景名胜区	湘潭市	6.5	山岳
6	炎帝陵风景名胜区	株洲市	118.6	历史遗迹
7	酒埠江风景名胜区	株洲市	150.8	湖泊、地质景观
8	大京风景名胜区	株洲市	29.7	生物景观、湖泊
9	仙庚岭风景名胜区	株洲市	9.8	山岳
10	天堂山—西江风景名胜区	衡阳市	120	山岳
11	锡岩洞—洣水风景名胜区	衡阳市	96.9	山岳
12	嘉山风景名胜区	常德市	36	山岳
13	桃花江风景名胜区	益阳市	65	湖泊
14	法相岩—云山风景名胜区	邵阳市	109.5	山岳、宗教胜地
15	黄桑风景名胜区	邵阳市	234	山岳、生物景观
16	白水洞风景名胜区	邵阳市	17.06	山岳、深洞、湖泊
17	钟坡风景名胜区	怀化市	16	山岳
18	五强溪—凤凰山风景名胜区	怀化市	26.67	山岳
19	燕子洞风景名胜区	怀化市	38.6	山岳、洞穴
20	九嶷山风景名胜区	永州市	200	山岳、溶洞、民俗文化

续表

序号	风景名胜区	所在行政区	面积（km²）	景观特征
21	浯溪碑林风景名胜区	永州市	106	历史胜迹
22	月岩—周敦颐故里风景名胜区	永州市	57.5	古代遗址、历史遗迹
23	千家峒风景名胜区	永州市	116	民族民俗文化、生物景观
24	天门山—茅岩河风景名胜区	张家界市	156.54	山岳
25	九天洞—赤溪河风景名胜区	张家界市	14.8	山岳
26	溇水风景名胜区	张家界市	203	江河、历史胜迹
27	湄江风景名胜区	娄底市	108.64	湖泊
28	大崃山—波月洞风景名胜区	娄底市	26	洞穴
29	凤凰风景名胜区	湘西自治州	128	民族民俗文化、历史遗址
30	栖凤湖风景名胜区	湘西自治州	431.55	山岳
31	里耶—乌龙山风景名胜区	湘西自治州	300	山岳
32	边城古苗河风景名胜区	湘西自治州	67	江河、民族民俗文化
33	泸溪沅水风景名胜区	湘西自治州	120	山岳
34	酉水—吕洞山风景名胜区	湘西自治州保靖县	65	山岳
35	五雷山风景名胜区	张家界市慈利县	20	山岳、人文景观
36	云阳山风景名胜区	株洲市茶陵县	54	山岳
37	姑婆山风景名胜区	永州市江华瑶族自治县	80	山岳、民族民俗文化
广　东				
1	清远飞来峡风景名胜区	清远清城	51.2	人文景观
2	梅县阴那山风景名胜区	梅州梅县	6	山岳、宗教胜地
3	江门圭峰山风景名胜区	江门新会	55.1	山岳
4	番禺莲花山风景名胜区	广州番禺	3	历史人文遗迹
5	汕头礐石风景名胜区	汕头濠江	20.77	山岳
6	乐昌金鸡岭风景名胜区	韶关乐昌	30	地质景观、历史遗迹
7	英德宝晶宫风景名胜区	清远英德	14	洞穴

续表

序号	风景名胜区	所在行政区	面积（km²）	景观特征
8	阳江凌霄岩风景名胜区	阳江阳春	36.7	洞穴
9	阳江海陵岛海滨风景名胜区	阳江江城	16.94	海滨
10	从化温泉风景名胜区	广州从化	27.86	温泉
11	乐昌九泷十八滩风景名胜区	韶关乐昌	90	江河
12	潮州西湖风景名胜区	潮州湘桥	4.6	湖泊
13	汕尾玄武山风景名胜区	汕尾陆丰	30	山岳
14	云浮蟠龙洞风景名胜区	云浮云城	21.36	洞穴
15	封开龙山风景名胜区	肇庆封开	25.34	山岳、洞穴、历史遗迹
16	怀集燕岩风景名胜区	肇庆怀集	40.36	洞穴
17	平远五指山风景名胜区	梅州平远	13.2	山岳
18	增城白水寨风景名胜区	广州增城	200.2	山岳
广　西				
1	龙虎山风景名胜区	隆安县	7	山岳
2	澄碧湖风景名胜区	百色市区	39	湖泊
3	南山—东湖风景名胜区	贵港市区	2.2	山岳、湖泊
4	水月岩—龙珠湖风景名胜区	玉林市区 北流市 陆川县	7.09（部分景点）	地质景观 湖泊
5	谢鲁山庄风景名胜区	陆川县	4.34	纪念地
6	林溪—八江风景名胜区	三江侗族自治县	20	民族民俗文化
7	香桥岩风景名胜区	鹿寨县	23	山岳
8	勾漏洞风景名胜区	北流市	10	洞穴
9	都峤山—真武阁风景名胜区	容县	36	洞穴、宗教胜地、古代遗址
10	南万—涠洲岛海滨风景名胜区	北海市区	24	海滨岛屿
11	古龙河—白龙洞风景名胜区	宜州市	15	江河、洞穴
12	六峰山—三海岩风景名胜区	灵山县	1.5	山岳
13	太平石山风景名胜区	藤县	65	山岳

续表

序号	风景名胜区	所在行政区	面积（km²）	景观特征
14	八角寨—资江风景名胜区	资源县	40	江河、地质景观
15	青狮潭风景名胜区	灵川县	100	江河
16	龙脊风景名胜区	龙胜各族自治县	70	民族民俗文化
17	元宝山—贝江风景名胜区	融水苗族自治县	250	山岳、江河
18	八仙天池—百崖槽风景名胜区	武宣县	15	地质景观、山岳
19	龙潭—都乐岩风景名胜区	柳州市区	10	地质景观、洞穴
20	大瑶山风景名胜区	金秀瑶族自治县	500	山岳
21	白云山风景名胜区	梧州市区	3.5	山岳
22	青秀山风景名胜区	南宁市区	7	山岳
23	碧水岩风景名胜区	平桂区 钟山县	50	洞穴 历史遗迹
24	宴石山风景名胜区	博白县	24	山岳
25	京岛风景名胜区	东兴市	12	滨海岛屿、民族民俗文化
26	龙泉岩风景名胜区	兴业县	6	山岳、洞穴
27	浮山风景名胜区	贺州市区	20	山岳、江河、古代遗址
28	黄姚风景名胜区	昭平县	89	古代遗址、地质景观
29	珍珠岩—金城江风景名胜区	河池市区	8.5	山岳、江河
30	大化红水河—七百弄风景名胜区	大化县	500	地质景观、民族民俗文化
海　南				
1	东郊椰林风景名胜区	文昌市	16.5	海滨
2	陵水海滨风景名胜区	陵水县	306	海滨
3	石山风景名胜区	海口市	16.86	地质景观
4	临高角风景名胜区	临高县	20	海滨
5	五指山风景名胜区	五指山市	82	山岳
6	七指岭风景名胜区	保亭县	62	山岳
7	南丽湖风景名胜区	定安县	46	湖泊

续表

序号	风景名胜区		所在行政区	面积（km²）	景观特征
8	万泉河风景名胜区		琼海市	46.53	江河
9	木色旅游度假风景区		屯昌县	28	湖泊
10	百花岭风景名胜区		琼中县	50	山岳
11	云月湖风景名胜区		儋州市	35	湖泊
12	东山岭风景名胜区		万宁市	15	山岳
13	万宁县神州半岛风景区		万宁市	56	海滨
14	石梅湾海滨风景区		万宁市	12	海滨
15	琼海万泉河口海滨风景区		博鳌镇	25	海滨
重　庆					
1	大足石刻风景名胜区		大足县	115.5	宗教胜地、古代遗址
2	武隆天生三桥风景名胜区		武隆县	50.0	山岳、地质景观
3	歌乐山风景名胜区	烈士陵园	沙坪坝区	51.0	生物景观、纪念地
		森林公园			
4	南山南泉风景名胜区	南山	南岸区	75.0	生物景观
		南泉	巴南区		纪念地
5	东温泉风景名胜区		巴南区	58.7	温泉、江河
6	璧山青龙湖风景名胜区		璧山县	57.2	山岳、生物景观、湖泊
7	黔江小南海风景名胜区		黔江区	27.1	地质景观、湖泊
8	酉阳乌江画廊风景名胜区		酉阳县	120.0	江河、山岳
9	涪陵小溪风景名胜区		涪陵区	24.0	民族民俗文化、地质景观
10	石柱黄水风景名胜区		石柱县	117.5	生物景观
11	忠县甘井沟风景名胜区		忠县	65.2	山岳、湖泊、古代遗址
12	万州龙泉风景名胜区		万州区	74.0	温泉、洞穴、江河
13	万州潭獐峡风景名胜区		万州区	76.0	山岳、江河
14	万州青龙瀑布风景名胜区		万州区	60.1	江河

续表

序号	风景名胜区	所在行政区	面积（km²）	景观特征
15	万州区歇凤山风景名胜区	万州区	100.5	江河、山岳
16	巫溪红池坝风景名胜区	巫溪县	357.8	生物景观
17	黑石山滚子坪风景名胜区	江津区	179.5	江河、山岳、生物景观
18	梁平百里竹海风景名胜区	梁平县	92.4	生物景观
19	渝北统景风景名胜区	渝北区	14.5	温泉、山岳
20	渝北张关白岩风景名胜区	渝北区	49.1	洞穴
21	万盛黑山石林风景名胜区	万盛区	101.1	地质景观、山岳、江河
22	长寿湖风景名胜区	长寿区	245.2	湖泊
23	铜梁巴岳山风景名胜区	铜梁县	51.0	生物景观、温泉
24	垫江明月山风景名胜区	垫江县	118.1	山岳、生物景观、温泉
25	潼南定明山运河风景名胜区	潼南县	65.0	古代遗址、宗教胜地、江河
26	大宁河小三峡风景名胜区	巫山县、巫溪县	370.00	山岳、江河
27	古剑山清溪河风景名胜区	綦江县	109.9	宗教胜地、江河
28	九重山风景名胜区	城口县	105.56	生物景观、山岳
29	武隆后坪天坑风景名胜区	武隆县	39.0	地质景观
30	酉水河石堤风景名胜区	秀山县	28.7	人文景观、河流
四　川				
1	朝阳湖风景名胜区	成都市蒲江县	49	湖泊
2	自流井—恐龙风景名胜区	自贡市	170	恐龙化石群、古代遗址
3	蒙山风景名胜区	雅安市名山县	154	民族民俗文化
4	九龙沟风景名胜区	成都崇州市	406	江河、生物景观
5	莹华山风景名胜区	德阳市什邡县	276	山岳、江河
6	黑龙潭风景名胜区	眉山市仁寿县	186	湖泊
7	佛宝风景名胜区	泸州市合江市	560	地质景观、生物景观

续表

序号	风景名胜区	所在行政区	面积（km²）	景观特征
8	玉蟾风景名胜区	泸州市泸县	109	历史遗迹、地质景观、古代遗址
9	真佛山风景名胜区	达州市达县	37	宗教胜地
10	罗浮山—白水湖风景名胜区	绵阳市安县	68	山岳、洞穴、湖泊
11	云台风景名胜区	绵阳市三台县	36	宗教胜地
12	鼓城山—七里峡风景名胜区	广元市旺苍县	327	山岳、江河
13	白云山—重龙山风景名胜区	内江市资中县	127	历史遗迹
14	彭祖山风景名胜区	眉山市彭山县	110	民族民俗文化
15	华蓥山风景名胜区	广安华蓥市	80	山岳、洞穴、湖泊
16	百里峡风景名胜区	达州市宣汉县	65	山岳
17	泸沽湖风景名胜区	凉山州盐源县	320	湖泊、民族民俗文化
18	马湖风景名胜区	凉山州雷波县	178	湖泊
19	卡龙沟风景名胜区	阿坝州黑水县	403	地质景观、民族民俗文化
20	云顶石城风景名胜区	成都市金堂县	46	古代遗址、生物景观
21	丹山风景名胜区	泸州市叙永县	204	历史遗迹、洞穴
22	广德灵泉风景名胜区	遂宁市	80	宗教胜地
23	古湖风景名胜区	内江市隆昌县	72	湖泊
24	槽渔滩风景名胜区	眉山市洪雅县	18	湖泊
25	中岩风景名胜区	眉山市青神县	26	宗教胜地
26	白云风景名胜区	南充市蓬安县	51	地质遗迹、江河
27	芙蓉山风景名胜区	宜宾市珙县	55	山岳、古生物化石、温泉
28	筠连岩溶风景名胜区	宜宾市筠连县	135	洞穴、温泉、生物景观
29	田湾河风景名胜区	雅安市石棉县	259	山岳、江河
30	夹金山风景名胜区	雅安市宝兴县	1249	山岳、民族民俗文化、纪念地
31	碧峰峡风景名胜区	雅安市	20	山岳、江河

续表

序号	风景名胜区	所在行政区	面积（km^2）	景观特征
32	叠溪—松坪沟风景名胜区	阿坝州茂县	30	山岳、湖泊
33	米亚罗风景名胜区	阿坝州理县	3688	生物景观、温泉
34	彝海风景名胜区	凉山州冕宁县	110	山岳、湖泊、生物景观、民族民俗文化
35	老君山风景名胜区	宜宾市屏山县	80	生物景观
36	黑竹沟风景名胜区	乐山市峨边县	1508	山岳、江河
37	大渡河—美女峰风景名胜区	乐山市沙湾区	10	山岳、江河
38	龙泉花果山风景名胜区	成都市龙泉驿区	272	生物景观、古代遗迹
39	黄龙溪风景名胜区	成都市双流县	10	江河、古代遗迹
40	窦团山—佛爷洞风景名胜区	江油市	212	山岳、洞穴、历史遗迹
41	乾元山风景名胜区	江油市	30	山岳、洞穴、宗教胜地
42	李白故居风景名胜区	江油市	8	古代遗址
43	龙潭风景名胜区	攀枝花市米易县	62	山岳、江河
44	龙肘山—仙女湖风景名胜区	凉山州会理县	28	地质景观、生物景观、民族民俗文化
45	西山风景名胜区	南充市	12	山岳、古代遗址
46	锦屏风景名胜区	阆中市	37	山岳、园林景观、历史遗迹
47	灵鹫山—大雪峰风景名胜区	雅安市芦山县	350	生物景观、山岳
48	八台山风景名胜区	达川市万源市	120	江河、山岳
49	升钟风景名胜区	南充市南部县	517	湖泊
50	笔架山风景名胜区	泸州市合江市	5	地质景观
51	富乐山风景名胜区	绵阳市	27	民族民俗文化
52	平安风景名胜区	射洪县	60	古代遗址、湖泊、纪念地
53	玉龙湖风景名胜区	泸县	32	山岳、江河、湖泊
54	黄荆十节瀑布风景名胜区	古蔺县	315	生物景观、江河

续表

序号	风景名胜区	所在行政区	面积（km²）	景观特征
55	九狮山风景名胜区	泸州市	11	生物景观、宗教胜地
56	僰王山风景名胜区	兴文县	60	地质景观、民族民俗文化
57	二郎山风景名胜区	天全县	1600	生物景观、江河、山岳
58	亚丁风景名胜区	稻城县	760	湖泊、生物景观、民族民俗文化
59	墨尔多山风景名胜区	丹巴县	932	山岳、民族民俗文化
60	九顶山风景名胜区	绵竹市	402	山岳、生物景观、地质景观
61	天仙洞风景名胜区	泸州市纳溪区	100	山岳、江河、古代遗址
62	龙潭汉阙风景名胜区	达州市渠县	248	江河、洞穴、古代遗址
63	越溪河风景名胜区	宜宾市宜宾县	120	江河、历史遗迹、古代遗址
64	太阳谷风景名胜区	甘孜州得容县	760	山岳、江河、民族民俗文化、生物景观
65	千佛山风景名胜区	绵阳市安县	210	生物景观、江河、宗教胜地
66	三江风景名胜区	阿坝州汶川县	380	江河、生物景观
67	九鼎山—文镇沟大峡谷风景名胜区	阿坝州茂县	327	山岳、湖泊、生物景观
68	神门风景名胜区	巴中市南江县	240	地质景观
69	朱德故里—琳琅山风景名胜区	南充市仪陇县	50	纪念地
70	小相岭—灵光古道风景名胜区	凉山州喜德县	115	地质景观、湖泊、生物景观
71	小西湖—桫椤峡谷风景名胜区	乐山市五通桥区	81	湖泊、生物景观
72	阴平古道风景名胜区	广元市青川	60	古代遗址
73	草坡风景名胜区	阿坝州汶川县	530	生物景观

续表

序号	风景名胜区	所在行政区	面积（km²）	景观特征
74	香巴拉七湖风景名胜区	甘孜州乡城县	211	湖泊、江河、生物景观、民族民俗文化
贵 州				
1	百花湖风景名胜区	贵阳市乌当区	150.4	湖泊
2	安龙招堤风景名胜区	黔西南州安龙县	47.6	古代遗址、湖泊、生物景观
3	百里杜鹃风景名胜区	毕节大方、黔西县	106.66	生物景观
4	绥阳宽阔水风景名胜区	遵义绥阳县	188.88	温泉
5	遵义娄山风景名胜区	遵义市、桐梓县	256	纪念地
6	贞丰三岔河风景名胜区	黔西南州贞丰县	38.22	地质景观
7	泥凼石林风景名胜区	黔西南州兴义市	12.6	地质景观
8	花溪风景名胜区	贵阳市花溪区	350.05	江河、洞穴
9	习水风景名胜区	遵义习水县	200	江河、民族民俗文化
10	福泉洒金谷风景名胜区	黔南州福泉市	36	山岳
11	鲁布革风景名胜区	黔西南州兴义市	200	山岳、湖泊
12	梵净山—太平河风景名胜区	铜仁江口县	72	山岳
13	六枝牂牁江风景名胜区	六盘水市六枝特区	259	民族民俗文化
14	息烽风景名胜区	贵阳息烽县	173.27	纪念地、温泉
15	普定梭筛风景名胜区	安顺普定县	110.6	地质景观、湖泊
16	修文阳明风景名胜区	贵阳修文县	161.5	山岳、地质景观
17	龙里猴子沟风景名胜区	黔南州龙里县	199.7	山岳、生物景观
18	岑巩龙鳌河风景名胜区	黔东南州岑巩县	38.75	山岳、江河
19	余庆大乌江风景名胜区	遵义余庆县	112	地质景观
20	开阳风景名胜区	贵阳开阳县	80.29	地质景观
21	惠水涟江—燕子洞风景名胜区	黔南州惠水县	122.2	洞穴
22	盘县古银杏风景名胜区	六盘水市盘县特区	132	生物景观

续表

序号	风景名胜区	所在行政区	面积（km²）	景观特征
23	盘县大洞竹海风景名胜区	六盘水市盘县特区	82.5	古代遗址、生物景观
24	盘县坡上草原风景名胜区	六盘水市盘县特区	189.5	生物景观
25	剑河风景名胜区	黔东南州剑河县	120	温泉
26	关岭花江大峡谷风景名胜区	安顺关岭县	200	山岳、古生物化石群
27	长顺杜鹃湖—白云山风景名胜区	黔南州长顺县	117	生物景观、湖泊
28	仁怀茅台风景名胜区	遵义仁怀市	100	民族民俗文化、纪念地
29	贵阳香纸沟风景名胜区	贵阳市乌当区	54	生物景观、山岳
30	镇远高过河风景名胜区	黔东南州镇远县	45	山岳、江河
31	从江风景名胜区	黔东南州从江县	212	民族民俗文化
32	湄潭湄江风景名胜区	遵义湄潭县	180	山岳、江河、生物景观
33	平坝天台山—斯拉河风景名胜区	安顺平坝县	51.91	山岳、古代遗址
34	清镇暗流河风景名胜区	贵阳清镇市	86	洞穴
35	贵阳相思河风景名胜区	贵阳乌当区	60	山岳、洞穴、江河
36	南开风景名胜区	六盘水市水城特区	60	地质景观
37	雷山风景名胜区	黔东南州雷山县	218	民族民俗文化
38	锦屏三板溪—隆里古城风景名胜区	黔东南州锦屏县	180	民族民俗文化、江河
39	丹寨龙泉山—岔河风景名胜区	黔东南州丹寨县	75.1	山岳
40	三都都柳江风景名胜区	黔南州三都县	127.2	民族民俗文化、地质景观
41	贵定洛北河风景名胜区	黔南州贵定县	60	民族民俗文化、山岳
42	独山深河桥风景名胜区	黔南州独山县	133.87	地质景观
43	晴隆三望坪风景名胜区	黔西南州晴隆县	84.7	山岳、生物景观

续表

序号	风景名胜区	所在行政区	面积（km²）	景观特征
44	兴仁放马坪风景名胜区	黔西南州兴仁县	83.45	山岳
45	贵州屋脊赫章韭菜坪风景名胜区	毕节赫章县	30	山岳、地质景观、生物景观
46	印江木黄风景名胜区	铜仁印江县	46	生物景观
47	思南乌江白鹭洲风景名胜区	铜仁思南县	94	地质景观、洞穴、古代遗址
48	松桃豹子岭—寨英风景名胜区	铜仁松桃县	104	古代遗址、山岳
49	万山夜郎谷风景名胜区	铜仁万山县	41.5	地质景观
50	玉屏北侗箫笛之乡风景名胜区	铜仁玉屏县	70	民族民俗文化
51	罗甸大小井风景名胜区	黔南州罗甸县	51	地质景观
52	务川洪渡河风景名胜区	遵义市务川自治县	38.3	江河
53	德江乌江傩文化风景名胜区	铜仁地区德江县	46	江河
云　南				
1	漾濞石门关风景名胜区	大理州漾濞县	115	山岳
2	剑川剑湖风景名胜区	大理州剑川县	19	湖泊
3	洱源西湖风景名胜区	大理州洱源县	80	湖泊
4	鹤庆黄龙风景名胜区	大理州鹤庆县	92	山岳
5	弥渡太极山风景名胜区	大理州弥渡县	26.69	洞穴、历史遗迹
6	弥勒白龙洞风景名胜区	红河州弥勒县	30	洞穴
7	屏边大围山风景名胜区	红河州屏边县	50	山岳
8	河口南溪河风景名胜区	红河州河口县	100	山岳、江河
9	个旧蔓耗风景名胜区	红河州个旧市	148	山岳
10	石屏异龙湖风景名胜区	红河州石屏县	150	山岳、湖泊
11	元阳观音山风景名胜区	红河州元阳县	97	山岳、民族民俗文化、生物景观
12	老君山风景名胜区	文山州文山县	67.4	山岳
13	八宝山风景名胜区	文山州广南县	68.3	山岳
14	砚山浴仙湖风景名胜区	文山州砚山县	109	山岳、湖泊

续表

序号	风景名胜区	所在行政区	面积（km²）	景观特征
15	麻栗坡老山风景名胜区	文山州麻栗坡县	180	山岳
16	驮娘江风景名胜区	文山州富宁县	120	江河
17	狮子山风景名胜区	楚雄州武定县	13.6	山岳、民族民俗文化
18	紫溪山风景名胜区	楚雄州楚雄市	850	山岳
19	元谋风景名胜区	楚雄州元谋县	295.66	山岳、地质景观
20	禄丰五台山风景名胜区	楚雄州禄丰县	50	山岳、民族民俗文化
21	永仁方山风景名胜区	楚雄州永仁县	34	山岳
22	牟定化佛山风景名胜区	楚雄州牟定县	30	山岳、民族民俗文化
23	大姚县华山风景名胜区	楚雄州大姚县	110	山岳
24	双柏白竹山—鄂嘉风景名胜区	楚雄州双柏县	100	山岳
25	秀山风景名胜区	玉溪市通海县	67.4	山岳、民族民俗文化
26	抚仙—星云湖泊景区	玉溪市江川县	252	湖泊
27	九龙池风景名胜区	玉溪市	5	古代遗址
28	峨山锦屏山风景名胜区	玉溪市峨山县	120	山岳
29	威信风景名胜区	昭通市威信县	110	山岳
30	盐津豆沙关风景名胜区	昭通市盐津县	70	山岳
31	大关黄连河风景名胜区	昭通市大关县	107	江河
32	彝良小草坝风景名胜区	昭通市彝良县	43.1	山岳
33	珠江源风景名胜区	曲靖市	50	山岳、江河
34	罗平多依河鲁布格风景区	曲靖市罗平县	42.92	山岳、江河
35	彩色沙林风景名胜区	曲靖市陆良县	25	地质景观
36	会泽以礼河风景名胜区	曲靖市会泽县	50	湖泊
37	宣威东山风景名胜区	曲靖市宣威市	27.5	山岳
38	马龙马过河风景名胜区	曲靖市马龙县	28	江河
39	师宗南丹山风景名胜区	曲靖市师宗县	60	山岳
40	孟连大黑山风景名胜区	思茅市孟连县	160	山岳
41	景东漫湾—哀牢山风景名胜区	思茅市景东县	160	山岳
42	思茅茶马古道风景名胜区	思茅市	264	民族民俗文化

续表

序号	风景名胜区	所在行政区	面积（km²）	景观特征
43	景谷威远江风景名胜区	思茅市景谷县	200	江河
44	镇源千家寨风景名胜区	思茅市镇源县	44	山岳
45	普洱风景名胜区	思茅市普洱市	64	山岳
46	临沧大雪山风景名胜区	临沧市临沧县	160	山岳
47	沧源佤山风景名胜区	临沧市沧源县	147.34	山岳
48	云县大朝山—干海子景区	临沧市云县	190.8	山岳、湖泊
49	永德大雪山风景名胜区	临沧市永德县	174	山岳
50	耿马南汀河风景名胜区	临沧市耿马县	146	江河
51	轿子雪山风景名胜区	昆明市禄劝县	253	山岳
52	兰坪罗古箐风景名胜区	怒江州兰坪县	100	山岳
53	保山博南古道风景名胜区	保山市	120	山岳
陕　　西				
1	黄河龙门—司马迁祠墓风景名胜区	韩城市	52	古代遗址、湿地
2	药王山风景名胜区	铜川市	4	山岳、历史遗迹
3	唐玉华宫风景名胜区	铜川市	14	历史遗迹、山岳
4	凤翔东湖风景名胜区	凤翔县	32	历史遗迹、湖泊
5	磻溪钓鱼台风景名胜区	宝鸡市	12	古代遗址、山岳
6	三国遗址五丈原风景名胜区	岐山县	50	古代遗址
7	周公庙风景名胜区	岐山县	7	古代遗址
8	柞水溶洞风景名胜区	柞水县	17	洞穴
9	南宫山风景名胜区	岚皋县	160	山岳、古代遗址
10	瀛湖风景名胜区	安康市	102.8	湖泊
11	香溪洞风景名胜区	安康市	6	宗教胜地
12	楼观台风景名胜区	周至县	323	宗教胜地、温泉
13	玉山风景名胜区	蓝田县	154	山岳、古代遗址
14	翠华山—南五台风景名胜区	长安区	120	地质景观、湖泊

续表

序号	风景名胜区	所在行政区	面积（km²）	景观特征
15	三国遗址武侯祠—定军山风景名胜区	勉县	22	古代遗址、山岳
16	张良庙—紫柏山风景名胜区	留坝县	50	古代遗址、山岳
17	南沙河风景名胜区	城固县	102	湖泊、古代遗址、纪念地
18	南湖风景名胜区	南郑县	8	湖泊、山岳
19	汉中天台山—哑姑山风景名胜区	汉中市	12	山岳、民族民俗文化
20	午子山风景名胜区	西乡县	25	山岳、生物景观、历史遗迹
21	白云山风景名胜区	佳县	4.28	山岳、宗教胜地
22	神木红碱淖风景名胜区	神木县	100	湖泊
23	江神庙—灵岩寺风景名胜区	略阳县	5	古代遗址、历史遗迹
24	红石峡—镇北台风景名胜区	榆林市	31	历史遗迹、古代遗址
25	香山风景名胜区	铜川市	312	纪念地、宗教胜地
26	关山草原风景名胜区	陇县	30	生物景观
27	千湖风景名胜区	宝鸡市	25	湖泊
28	福地湖风景名胜区	宜君县	42	湖泊、历史遗迹
29	月亮洞风景名胜区	山阳县	30	洞穴
甘　肃				
1	兴隆山风景名胜区	兰州市榆中县	295.8	纪念地、山岳
2	焉支山风景名胜区	张掖市山丹县	15	山岳
3	马蹄寺风景名胜区	张掖市肃南县	109.78	历史遗迹
4	马牙雪山—天池风景名胜区	武威市天祝县	10.68	山岳、湖泊
5	贵清山—遮阳山风景名胜区	定西市漳县	70	山岳、生物景观
6	龙泉寺—五龙山风景名胜区	平凉市崇信县	25.3	古代遗址、生物景观
7	莲花台风景名胜区	平凉市华亭县	118.8	历史遗迹、山岳
8	云崖寺风景名胜区	平凉市庄浪县	146	历史遗迹、山岳
9	官鹅沟风景名胜区	陇南市宕昌县	78.31	生物景观

续表

序号	风景名胜区	所在行政区	面积（km²）	景观特征
10	三滩风景名胜区	陇南市徽县	216.5	生物景观、古代遗址
11	万象洞风景名胜区	陇南市武都区	10	洞穴
12	松鸣岩风景名胜区	临夏州和政县	33	山岳、生物景观
13	太子山风景名胜区	临夏州和政县	85	山岳、江河、民族民俗文化
14	黄河三峡风景名胜区	临夏州永靖县	214	历史遗迹、湖泊、湿地、古生物化石群
15	冶力关风景名胜区	甘南州临潭县	300	生物景观、湖泊
16	朗木寺风景名胜区	甘南州碌曲县	1.06	宗教胜地
17	渭河源风景区	定西市渭源县	200	古代遗址
18	肃南—临泽丹霞地貌风景区	张掖市肃南县、临泽县	510	地质景观
19	云屏风景区	陇南市两当县	92.6	古代遗址、山岳
20	石海风景区	临夏州积石山县	54.85	地质景观
青　海				
1	老爷山、宝库峡和鹞子沟风景名胜区	西宁市大通县	159	山岳、江河、生物景观
2	贵德黄河风景名胜区	海南州贵德县	63	江河
3	坎布拉风景名胜区	黄南州尖扎县	102	地质景观、生物景观、宗教胜地
宁　夏				
1	沙湖风景名胜区	银川市、石嘴山市	45.1	沙漠、湖泊
2	泾河源风景名胜区	泾源县	44.9	山岳、江河、历史遗迹、民族民俗文化
3	须弥山石窟风景名胜区	固原市	3	历史遗迹
新　疆				
1	喀纳斯湖风景名胜区	阿勒泰地区	800	湖泊、历史遗迹、生物景观、山岳

续表

序号	风景名胜区	所在行政区	面积（km²）	景观特征
2	那拉提草原风景名胜区	伊犁州	960	生物景观、山岳、江河
3	怪石峪风景名胜区	博州	230	地质景观、江河、古代遗址
4	魔鬼城风景名胜区	克拉玛依地区	120	地质景观
5	西戈壁公园风景名胜区	克拉玛依地区	450	戈壁、湖泊
6	南山风景名胜区	乌鲁木齐地区	120	山岳、生物景观、民族民俗文化
7	水磨沟风景名胜区	乌鲁木齐地区	36	生物景观、历史遗迹
8	白石头风景名胜区	哈密地区	120	生物景观
9	轮台胡杨林风景名胜区	巴州	100	生物景观
10	神木园风景名胜区	阿克苏地区	0.454	生物景观、戈壁
11	火焰山—坎儿井—葡萄沟风景名胜区	吐鲁番地区	1416	山岳、古代遗址、生物景观

西藏自治区暂无省级风景名胜区

四、首批中国国家自然遗产、国家自然与文化遗产预备名录

建设部2006年1月12日发布《关于公布首批〈中国国家自然遗产、国家自然与文化双遗产预备名录〉的通报》（建城［2006］5号），公布首批中国国家自然遗产17处，首批中国国家自然与文化双遗产13处。

类别	序号	名　　称	所在行政区
国家自然遗产	1	黑龙江省五大连池风景名胜区	黑龙江省五大连池市
	2	吉林省长白山植被垂直景观及火山地貌景观	吉林省延边朝鲜族自治州
	3	福建省海坛风景名胜区	福建省平潭县
	4	江西省三清山风景名胜区	江西省玉山县、德兴市
	5	江西省武功山风景名胜区	江西省吉安市、萍乡市、宜春市
	6	河南省云台山风景名胜区	河南省焦作市修武县
	7	湖南省崀山风景名胜区	湖南省邵阳市
	8	重庆市天坑地缝风景名胜区	重庆市奉节县
	9	重庆市金佛山风景名胜区	重庆市南川区
	10	四川省若尔盖湿地	四川省阿坝藏族羌族自治州
	11	四川省贡嘎山风景名胜区	四川省甘孜州泸定县、康定县、九龙县
	12	贵州省织金洞风景名胜区	贵州省毕节织金县
	13	贵州省马岭河峡谷风景名胜区	贵州省黔西南州兴义市
	14	贵州平塘县级风景名胜区	贵州省黔南布依族苗族自治州
	15	云南省澄江动物化石群保护地	云南省澄江县
	16	青海省青海湖风景名胜区	青海省海北州、海南州
	17	新疆喀纳斯自治区级风景名胜区	新疆维吾尔自治区阿尔泰地区
国家自然与文化遗产	1	山西省五台山风景名胜区	山西省五台、繁峙县
	2	安徽省九华山风景名胜区	安徽省池州市
	3	福建省清源山风景名胜区	福建省泉州市
	4	江西省龙虎山风景名胜区	江西省鹰潭市
	5	江西省高岭—瑶里风景名胜区	江西省景德镇市

续表

类别	序号	名称	所在行政区
国家自然与文化遗产	6	河南省嵩山风景名胜区	河南省登封市
	7	湖南省南岳衡山风景名胜区	湖南省衡阳市
	8	湖南省紫鹊界—梅山龙宫风景名胜区	湖南省娄底市
	9	贵州省黄果树风景名胜区及屯堡文化	贵州省安顺镇宁县、关岭县
	10	云南省大理苍山与南诏历史文化遗存	云南省大理州
	11	陕西省华山风景名胜区	陕西省华阴市
	12	甘肃省麦积山风景名胜区	甘肃省天水市
	13	宁夏贺兰山—西夏王陵风景名胜区	宁夏回族自治区银川市西夏区

五、第二批中国国家自然遗产、国家自然与文化遗产预备名录

2009年9月10日住房和城乡建设部发布《关于第二批中国国家自然遗产、国家自然与文化双遗产预备名录的通知》(建城函〔2009〕213号)。公布第二批中国国家自然遗产18处,第二批国家自然与文化双遗产8处。

类别	序号	名　　称	所在行政区
国家自然遗产	1	北京市房山岩溶洞穴峰丛地貌	北京市房山区
	2	河北省承德丹霞地貌	河北省承德市
	3	山西省壶口风景名胜区	山西省吉县
	4	黑龙江省扎龙自然保护区	黑龙江省齐齐哈尔市
	5	辽宁省本溪水洞风景名胜区	辽宁省本溪市
	6	浙江省方岩风景名胜区	浙江省永康市
	7	福建省冠豸山风景名胜区	福建省连城县
	8	福建省太姥山风景名胜区	福建省福鼎县
	9	江西省鄱阳湖湿地	江西省鄱阳县、都昌县
	10	湖南省万佛山—侗寨省级风景名胜区	湖南省怀化市
	11	四川省佛宝—蜀南竹海风景名胜区	四川省长安县、江安县
	12	四川省光雾山—诺水河风景名胜区	四川省江门县
	13	贵州省兴义锥状喀斯特	贵州省兴义市
	14	西藏自治区纳木错	西藏自治区当雄县、班戈县
	15	西藏自治区格拉丹东—长江源	西藏自治区阿里地区扎达县
	16	西藏自治区土林—古格	西藏自治区那曲地区安多县
	17	新疆自治区天山天池风景名胜区	新疆自治区阜康市
	18	新疆自治区赛里木湖风景名胜区	新疆自治区博尔塔拉蒙古自治州
国家自然与文化遗产	1	山西省恒山风景名胜区	山西省浑源县
	2	山西省芦芽山省级风景名胜区	山西省宁武县、五寨县
	3	黑龙江兴凯湖省级风景名胜区	黑龙江省鸡西市
	4	江苏省南京中山陵	江苏省南京市
	5	安徽省天柱山风景名胜区	安徽省潜山县、岳西县
	6	江西省井冈山风景名胜区	江西省井冈山县
	7	山东省济南名泉	山东省济南市
	8	四川省剑门蜀道风景名胜区	四川省绵阳地区

六、中国世界遗产地一览表

（截止日期：2010年12月）

序号	世界遗产地名称	列入《世界遗产名录》时间	所在地	世界遗产委员会评价
			世界文化遗产	
1	长城[1]	1987年12月	辽宁、河北、北京、山西、内蒙古、陕西、宁夏、甘肃等9个省、自治区、直辖市	公元前220年，秦始皇统一中国以后，将原各诸侯国修建于战国时代的一些断续的防御工事连接成一个完整的防御系统，用以抵抗来自北方游牧部族的威胁。明代（1368~1644）又继续修筑，使长城成为世界上最长的军事设施。它在文化艺术上的价值，足以与其在历史上、战略上的重要性相媲美
2	明清故宫[2]	1987年12月	北京市	紫禁城是5个多世纪以来的最高权力中心，它以园林景观和容纳了家具及工艺品的庞大建筑群，成为明、清时代中国文明无价的历史见证
3	莫高窟	1987年12月	甘肃省	莫高窟地处丝绸之路的一个战略要冲。它不仅是东西方贸易的中转站，同时也是宗教、文化的交汇处。莫高窟的492个大小石窟和洞穴庙宇，以其雕像和壁画闻名于世，展示了延续千年的佛教艺术
4	秦始皇陵及兵马俑坑	1987年12月	陕西省	毫无疑问，如果不是1974年被发现，这座考古遗址上的成千件陶俑将依旧沉睡于地下。结构复杂的秦始皇陵是仿照其生前的都城——咸阳的格局而设计建造的。形象逼真的陶俑，连同他们的战马、战车和武器，展现了极高的历史价值
5	周口店北京人遗址	1987年12月	北京市	这一遗址位于北京西南42千米处，遗址的考古工作仍然在进行中。在这里，科学家已经发现了属北京人的中国猿人遗迹，他们大约生活在中更新世时代，同时发现的还有各种各样的生活物品，以及可以追溯到公元前18000年到公元前11000年的新人类的遗迹。周口店遗址不仅是有关远古时期亚洲大陆人类社会的一个罕见的历史证据，而且也阐明了人类进化的进程

续表

序号	世界遗产地名称	列入《世界遗产名录》时间	所在地	世界遗产委员会评价
6	承德避暑山庄及周围寺庙	1994年12月	河北省	承德避暑山庄,是清王朝的夏季行宫,位于河北省境内,修建于1703~1792年。建筑风格各异的庙宇和皇家园林同周围的湖泊、牧场和森林巧妙地融为一体。避暑山庄不仅具有极高的美学研究价值,而且还保留着中国封建社会发展末期罕见的历史遗迹
7	曲阜孔庙、孔林、孔府	1994年12月	山东省	孔子是公元前6世纪到公元前5世纪中国春秋时期伟大的哲学家、政治家和教育家。孔子的庙宇、墓地和府邸位于山东省的曲阜。孔庙是公元前478年为纪念孔子而兴建的,千百年来屡毁屡建,到今天已经发展成超过100座殿堂的建筑群。孔林里不仅容纳了孔子的坟墓,而且他的后裔中,有超过10万人也葬在这里。当初小小的孔宅如今已经扩建成一个庞大显赫的府邸,整个宅院包括了152座殿堂。曲阜的古建筑群之所以具有独特的艺术和历史特色,应归功于2000多年来中国历代帝王对孔子的大力推崇
8	武当山古建筑群	1994年12月	湖北省	武当山古建筑中的宫阙庙宇集中体现了中国元、明、清三代世俗和宗教建筑的建筑学和艺术成就。古建筑群坐落在沟壑纵横、风景如画的湖北省武当山麓,在明代期间逐渐形成规模,其中的道教建筑可以追溯到7世纪,这些建筑代表了近千年的中国艺术和建筑的最高水平
9	拉萨布达拉宫历史区[③]	1994年12月	西藏自治区	布达拉宫和大昭寺,坐落在拉萨河谷中心海拔3700米的红色山峰之上,是集行政、宗教、政治事务为一体的综合性建筑。它由白宫和红宫及其附属建筑组成。布达拉宫自公元七世纪起就成为达赖喇嘛的冬宫,象征着西藏佛教和历代行政统治的中心。优美而又独具匠心的建筑、华美绚丽的装饰、与天然美景间的和谐融洽,使布达拉宫在历史和宗教特色之外平添几分风采。大昭寺是一组极具特色的佛教建筑群。建造于公元18世纪罗布林卡,是达赖喇

续表

序号	世界遗产地名称	列入《世界遗产名录》时间	所在地	世界遗产委员会评价
				嘛的夏宫,也是西藏艺术的杰作。这三处地点风景优美,建筑创意新颖。加之它们在历史和宗教上的重要性,构成一幅和谐融入了装饰艺术之美的惊人胜景
10	平遥古城	1997年12月	山西省	建于14世纪的平遥镇是现今保存最为完好的典型汉族传统城镇。城镇布局集中反映了5个多世纪以来,中国在城市规划和建筑风格方面的变迁。特别值得一提的是,这里的建筑同银行业关系密切。平遥是19世纪至20世纪初期当时整个中国银行业的中心
11	苏州古典园林[④]	1997年12月	江苏省	没有哪些园林比历史名城苏州的园林更能体现出中国古典园林设计的理想品质,咫尺之内再造乾坤。苏州园林被公认是实现这一设计思想的典范。这些建造于11~19世纪的园林,以其精雕细琢的设计,折射出中国文化中取法自然而又超越自然的深邃意境
12	丽江古城	1997年12月	云南省	古城丽江把经济和战略重地与崎岖的地势巧妙地融合在一起,真实、完美地保存和再现了古朴的风貌。古城的建筑经历无数朝代的洗礼,饱经沧桑,它融会了各个民族的文化特色而声名远扬。丽江还拥有古老的供水系统,这一系统纵横交错、精巧独特,至今仍在有效地发挥着作用
13	北京皇家园林—颐和园	1998年11月	北京市	北京颐和园,始建于1750年,1860年在战火中严重损毁,1886年在原址上重新进行了修缮。其亭台、长廊、殿堂、庙宇和小桥等人工景观与自然山峦及开阔的湖面相互和谐、艺术地融为一体,堪称中国风景园林设计中的杰作
14	北京皇家祭坛—天坛	1998年11月	北京市	天坛,建于15世纪上半叶,坐落在皇家园林当中,四周古松环抱,是保存完好的坛庙建筑群,无论是整体布局还是单一建筑,都反映出天地之间的关系,而这一关系在中国古代宇宙观中占据着核心位置

续表

序号	世界遗产地名称	列入《世界遗产名录》时间	所在地	世界遗产委员会评价
15	重庆大足石刻	1999年12月	重庆市	大足地区的险峻山崖上保存着绝无仅有的系列石刻，时间跨度从9世纪到13世纪。这些石刻以其艺术品质极高、题材丰富多变而闻名遐迩，从世俗到宗教，鲜明地反映了中国这一时期的日常社会生活，并充分证明了这一时期佛教、道教和儒家思想的和谐相处局面
16	明清皇家陵寝（明显陵、清东陵、清西陵）	2000年11月	河北省、湖北省	明清皇家陵寝依照风水理论，精心选址，将数量众多的建筑物巧妙地安置于地下。它是人类改变自然的产物，体现了传统的建筑和装饰思想，阐释了封建中国持续500余年的世界观与权力观
17	青城山—都江堰	2000年11月	四川省	都江堰是修建于公元前3世纪的水利工程，至今仍在治理岷江中发挥着作用，并灌溉着成都平原的农田。青城山是道教的发源地之一，著名的道教名山，有一系列古代宫观
18	洛阳龙门石窟	2000年11月	河南省	龙门地区的石窟和佛龛展现了中国北魏晚期至唐代（公元493~907年）期间，最具规模和最为优秀的造型艺术。这些详实描述佛教中宗教题材的艺术作品，代表了中国石刻艺术的最高峰
19	皖南古村落—西递、宏村	2000年11月	安徽省	西递和宏村这两个安徽古村落奇迹般地保留了这种已近消失或者已经发生改变的中国传统农村聚居全貌。西递和宏村的街道结构、建筑和装饰、房屋布局以及人工水系都完好地保存着原始状态
20	大同云岗石窟	2000年12月	山西省	云冈石窟位于山西省大同市西郊，现存洞窟252座和石像51000尊，代表了中国古代5世纪至6世纪时期高超的佛教艺术成就。云岗有5个著名的石窟，是由一个名叫昙曜的人主持修建的，整体布局严整，风格和谐统一，是中国佛教艺术发展史的第一次高峰

续表

序号	世界遗产地名称	列入《世界遗产名录》时间	所在地	世界遗产委员会评价
21	高句丽王城、王陵及贵族墓葬	2004年7月	吉林省	高句丽项目符合入选世界遗产名录六个标准中的五项。包括：它体现了人类创造和智慧的杰作；作为历史早期建造的都城和墓葬，它反映了汉民族对其他民族文化的影响以及风格独特的壁画艺术；它也体现了已经消失的高句丽文明；高句丽王朝利用石块、泥土等材料建筑的都城，对后来产生了影响；它展现了人类的创造与大自然的完美结合
22	澳门历史中心	2005年7月	澳门行政区	澳门历史城区保存了澳门400多年中西文化交流的历史精髓。它是境内现存年代最远、规模最大、保存最完整和最集中的中西式建筑交相辉映的历史城区
23	安阳商代遗址	2006年7月	河南省	与古埃及、巴比伦、古印度媲美，以其甲骨文、青铜文化、玉器、古文历法、丧葬制度及相关理念习俗、王陵、城址、早期建筑乃至中国考古学摇篮闻名于世，文化影响广播而久远，真实性完整性强，具全球突出普遍价值，有良好的管理与展示
24	开平碉楼与村落	2007年6月	广东省	广东开平的碉楼是村落中修建的一种具有防卫功能的多层塔楼式建筑。这些碉楼与周围的乡村景观和谐共存，体现了中西建筑结构和装饰形式复杂而绚丽的融合。这些碉楼和村落反映了海外开平人同故乡人的密切联系，以及19世纪末至20世纪初开平侨民在南亚、澳大利亚、新西兰以及北美国家发展进程中所起的重要作用
25	福建土楼	2008年7月	福建省	世界上独一无二的集居住和防御功能于一体的山区民居建筑的福建土楼，体现了聚族而居之根深蒂固的中原儒家传统观念，更体现了聚集力量、共御外敌的现实需要。同时，土楼与山水交融、与天地参合，是人类民居的杰出典范

续表

序号	世界遗产地名称	列入《世界遗产名录》时间	所在地	世界遗产委员会评价
26	"天地之中"历史建筑群	2010年8月	河南省	"天地之中"历史建筑群是中国古代文明的浓缩,具有极高的历史、艺术、科学价值,列为世界文化遗产实至名归
世界自然遗产				
1	武陵源	1992年12月	湖南省	武陵源景色奇丽壮观,位于中国中部湖南省境内,连绵26000多公顷,景区内最独特的景观是3000余座尖细的砂岩柱和砂岩峰,大部分都有200余米高。在峰峦之间,沟壑、峡谷纵横,溪流、池塘和瀑布随处可见,景区内还有40多个石洞和两座天然形成的巨大石桥。除了迷人的自然景观,该地区还因庇护着大量濒临灭绝的动植物物种而引人注目
2	九寨沟	1992年12月	四川省	九寨沟位于四川省北部,绵延超过72000公顷,曲折狭长的九寨沟山谷海拔超过4800米,因而形成了一系列形态不同的森林生态系。它壮丽的景色因一系列狭长的圆锥状喀斯特熔岩地貌和壮观的瀑布而更加充满生趣。沟中现存140多种鸟类,还有许多濒临灭绝的动植物物种,包括大熊猫和四川扭角羚
3	黄龙	1992年12月	四川省	黄龙风景名胜区位于四川省西北部,是由众多雪峰和中国最东部的冰川组成的。在这里人们可以找到高山景观和各种不同的森林生态系,以及壮观的石灰岩构造、瀑布和温泉。这一地区还生存着许多濒临灭绝的动物,包括大熊猫和四川疣鼻金丝猴
4	三江并流	2003年7月	云南省	三江并流自然景观位于云南省西北山区的三江国家公园内,包括八大片区,面积170万公顷,是亚洲三条著名河流的上游地段,长江(金沙江)、湄公河和萨尔温江三条大江在此区域内并行奔腾,由北向南,途经3000多米深的峡谷和海拔6000多米高的冰山雪峰。这里是中国生物多样性最丰富的区域,同时也是世界上温带生物多样性最丰富的区域

续表

序号	世界遗产地名称	列入《世界遗产名录》时间	所在地	世界遗产委员会评价
5	四川大熊猫栖息地	2006年7月	四川省	大熊猫不仅是中国国宝,也是全球自然保护事业的标志和"旗舰"物种。四川大熊猫栖息地不仅是地球历史与地质特征研究典型区域,是陆地、海洋生态系统和动植物演化的典型区域,是自然景观和美学景观集中的区域,更是生物多样性与特有物种栖息地的全球性典型代表
6	中国南方喀斯特	2007年6月	云南省、贵州省、重庆市	"中国南方喀斯特"在喀斯特特征和地貌景观方面的多样性是无与伦比的,代表了世界上湿润热带到亚热带喀斯特景观最壮观的范例,因而具有突出普遍价值;根据申报材料和许多专家所提供的证据,可以得出结论,中国南方喀斯特—云南石林是最好的自然现象和世界上该类喀斯特的最好参照,是世界上石林地貌的最好范例,是喀斯特特征的模式地
7	三清山	2008年7月	江西省	三清山在一个相对较小的区域内展示了独特花岗岩石柱与山峰,丰富的花岗岩造型石与多种植被、远近变化的景观及震撼人心的气候奇观相结合,创造了世界上独一无二的景观美学效果,呈现了引人入胜的自然美
8	中国丹霞	2010年8月	福建、湖南、广东、江西、浙江、贵州	中国丹霞是中国境内由陆相红色砂砾岩在内生力量(包括隆起)和外来力量(包括风化和侵蚀)共同作用下形成的各种地貌景观的总称。这一遗产包括中国西南部亚热带地区的6处遗址。它们的共同特点是壮观的红色悬崖以及一系列侵蚀地貌,包括雄伟的天然岩柱、岩塔、沟壑、峡谷和瀑布等。这里跌宕起伏的地貌,对保护包括约400种稀有或受威胁物种在内的亚热带常绿阔叶林和许多动植物物起到了重要作用
世界自然与文化遗产					
1	泰山	1987年12月	山东省	庄严神圣的泰山,2000年来一直是帝王朝拜的对象。山中的人文杰作与自然景观完美和谐地融合在一起。泰山一直是中国艺术家和学者的精神源泉,是古代中国文明和信仰的象征

续表

序号	世界遗产地名称	列入《世界遗产名录》时间	所在地	世界遗产委员会评价
2	黄山	1990年12月	安徽省	黄山在中国历史上文学艺术的鼎盛时期（16世纪中叶的"山水"风格）曾受到广泛的赞誉，以"震旦国中第一奇山"而闻名。今天，黄山以生长在花岗岩石上的奇松和浮现在云海中的怪石而著称，对于从四面八方来到这个风景胜地的游客、诗人、画家和摄影家而言，黄山具有永恒的魅力
3	峨眉山—乐山大佛	1996年12月	四川省	公元1世纪，在四川省峨眉山景色秀丽的山巅上，落成了中国第一座佛教寺院。随着四周其他寺庙的建立，该地成为佛教的主要圣地之一。许多世纪以来，文化财富大量积淀。其中最著名的要属乐山大佛，它是8世纪时人们在一座山岩上雕凿出来的，仿佛俯瞰着三江交汇之所。佛像身高71米，堪称世界之最。峨眉山还以其物种繁多、种类丰富的植物而闻名天下，从亚热带植物到亚高山针叶林可谓应有尽有，有些树木树龄已逾千年
4	武夷山	1999年12月	福建省	武夷山脉是中国东南部最负盛名的生物保护区，也是许多古代孑遗植物的避难所，其中许多生物为中国所特有。九曲溪两岸峡谷秀美，寺院庙宇众多，但其中也有不少早已成为废墟。该地区为唐宋理学的发展和传播提供了良好的地理环境，自11世纪以来，理教对中国东部地区的文化产生了相当深刻的影响。公元1世纪时，汉朝统治者在程村附近建立了一处较大的行政首府，厚重坚实的围墙环绕四周，极具考古价值
世界文化景观				
1	庐山	1996年12月	江西省	江西庐山是中华文明的发祥地之一。这里的佛教和道教庙观，代表理学观念的白鹿洞书院，以其独特的方式融会在具有突出价值的自然美之中，形成了具有极高美学价值的与中华民族精神和文化生活紧密联系的文化景观

续表

序号	世界遗产地名称	列入《世界遗产名录》时间	所在地	世界遗产委员会评价
2	五台山	2009年6月	山西省	五台山位于中国山西省忻州市,是中国佛教名山之首,以浓郁的佛教文化闻名海内外。五台山保存有东亚乃至世界现存最庞大的佛教古建筑群,享有"佛国"盛誉,由五座台顶组成,将自然地貌和佛教文化融为一体,典型地将对佛的崇信凝结在对自然山体的崇拜之中,完美地体现了中国"天人合一"的思想,成为一种独特的、富有生命力的组合型文化景观

备注:

①2002年11月中国唯一的水上长城辽宁九门口长城通过联合国教科文组织的验收,作为长城的一部分正式挂牌成为世界文化遗产。

②2004年7月,沈阳故宫作为明清皇宫文化遗产扩展项目列入《世界遗产名录》。

③2000年11月拉萨大昭寺作为布达拉宫世界遗产的扩展项目被批准列入《世界遗产名录》;2001年12月西藏拉萨罗布林卡作为布达拉宫历史建筑群的扩展项目被批准列入《世界遗产名录》。

④2000年11月苏州艺圃、耦园、沧浪亭、狮子林和退思园5座园林作为苏州古典园林的扩展项目被批准列入《世界遗产名录》。

⑤2003年7月北京市的十三陵和江苏省南京市的明孝陵作为明清皇家陵寝的一部分收入《世界遗产名录》。2004年7月,盛京三陵作为明清皇家陵寝扩展项目列入《世界遗产名录》。

七、风景名胜区山峰高程数据表

国家测绘局、住房和城乡建设部根据《中华人民共和国测绘法》、《风景名胜区条例》和《中华人民共和国测绘成果管理条例》，经国务院批准，于 2007 年 4 月 27 日、2008 年 9 月 28 日、2009 年 12 月 15 日分别公布了三批 74 座著名风景名胜区山峰的高程数据。

序号	省（市）	风景名胜区山岳名称	高程数据
第 一 批			
1	山东	泰山玉皇顶	1532.7 米
2	陕西	华山南峰	2154.9 米
3	湖南	衡山祝融峰	1300.2 米
4	山西	恒山天峰岭	2016.1 米
5	河南	嵩山峻极峰	1491.7 米
6	山西	五台山北台叶斗峰	3061.1 米
7	江苏	云台山玉女峰	624.4 米
8	浙江	普陀山佛顶山	286.3 米
9	浙江	雁荡山百岗尖西峰	1108.0 米
10	安徽	黄山莲花峰	1864.8 米
11	安徽	九华山十王峰	1344.4 米
12	江西	庐山汉阳峰	1473.4 米
13	江西	井冈山五指峰	1597.6 米
14	江西	三清山玉京峰	1819.9 米
15	江西	龙虎山龙虎峰	247.4 米
16	山东	崂山巨峰	1132.7 米
17	湖北	武当山天柱峰	1612.1 米
18	四川	青城山老君阁	1260.0 米
19	四川	峨眉山金顶	3079.3 米
第 二 批			
1	天津	盘山挂月峰	856.8 米

续表

序号	省（市）	风景名胜区山岳名称	高程数据
2	河北	苍岩山	1039.6 米
3	河北	嶂石岩黄庵垴	1797.4 米
4	河北	天桂山	1053.5 米
5	江苏	钟山北高峰	448.2 米
6	江苏	金山	43.8 米
7	江苏	焦山	71.0 米
8	江苏	北固山	55.2 米
9	浙江	天台山华顶山	1095.4 米
10	浙江	莫干山塔山	719.0 米
11	浙江	雪窦山黄泥浆岗	971.7 米
12	浙江	江郎山郎峰	816.8 米
13	浙江	方岩	346.8 米
14	安徽	天柱山天柱峰	1489.8 米
15	安徽	琅琊山南天门	248.3 米
16	安徽	齐云山独耸峰	566.7 米
17	福建	武夷山黄岗山	2160.8 米
18	福建	万石山	168.0 米
19	福建	冠豸山	661.1 米
20	福建	鼓山	870.3 米
21	江西	三百山东源峰	1164.5 米
22	河南	鸡公山报晓峰	768.0 米
23	河南	林虑山四方垴	1656.3 米
24	湖南	韶山韶峰	519.1 米
25	湖南	岳麓山	295.6 米
26	湖南	崀山八角寨	816.6 米
27	广东	西樵山大科峰	338.3 米
28	广东	丹霞山巴寨	619.2 米
29	广东	白云山摩星岭	372.6 米

续表

序号	省（市）	风景名胜区山岳名称	高程数据
30	广东	罗浮山飞云顶	1281.2 米
31	安徽	花山	344.1 米
第 三 批			
1	山西	北武当山	1983.8 米
2	山西	五老峰玉柱峰	1702.6 米
3	辽宁	千山仙人台	708.5 米
4	辽宁	凤凰山	835.2 米
5	辽宁	医巫闾山望海峰顶	867.0 米
6	福建	清源山	453.0 米
7	福建	太姥山	871.0 米
8	福建	青云山	1059.2 米
9	河南	云台山茱萸峰	1297.6 米
10	河南	石人山玉皇极顶	2153.1 米
11	河南	王屋山天坛山	1711.3 米
12	湖北	大洪山宝珠峰	1051.4 米
13	湖北	九宫山老鸦尖	1656.6 米
14	广西	桂平西山西山顶	678.9 米
15	重庆	四面山蜈蚣坝	1708.1 米
16	重庆	金佛山	2238.2 米
17	四川	缙云山罇子口	950.3 米
18	四川	西岭雪山日月坪	3210.6 米
19	四川	天台山（四川省）正天台	1251.9 米
20	贵州	斗篷山	1937.7 米
21	陕西	骊山烽火台	916.0 米
22	陕西	宝鸡天台山鸡峰山	2016.4 米
23	甘肃	麦积山	1669.5 米
24	甘肃	崆峒山	2123.3 米

八、相关国内组织机构名录

组织机构名称	组织机构简介	组织机构网址
中华人民共和国联合国教科文组织全国委员会（Chinese National Commission for UNESCO）	中华人民共和国联合国教科文组织全国委员会于1979年2月19日正式成立，是由教育部牵头领导的跨部门政府机构，由教育部、住房和城乡建设部、文化部、外交部等国务院职能部门、国家级公共机构和全国性非政府组织和机构组成。其主要任务是为我国政府、有关部门和出席联合国教科文组织大会的代表团提供有关联合国教科文组织的情况和咨询，负责协调我国有关部门涉及联合国教科文组织的工作，并负责会员国全国委员会的联络工作。中国联合国教科文组织全国委员会秘书处是该组织的常设办事机构，设在教育部，主要任务是处理教科文全委会职责内的日常工作	
中国风景名胜区协会 CNPA（China Association of National Parks and Scenic Sites）	中国风景名胜区协会成立于1989年，是中国风景名胜区行业具有法人资格、非营利性的国家级（协会）社团，接受主管部门中华人民共和国住房和城乡建设部业务指导和监督管理，并在中华人民共和国民政部注册登记，现有会员单位360个。中国风景名胜区协会秘书处设在北京。中国风景名胜区协会于2002年以国家非政府组织身份被正式接受为世界自然保护联盟（IUCN）会员。主办刊物有《中国风景名胜》和《风景工作参考》等	http://www.npachina.com/
中国风景园林学会（Chinese Society of Landscape Architecture）	中国风景园林学会是中国风景园林工作者自愿结成的依法登记成立的学术性、科普性、非盈利性的全国性法人社会团体，是中国科学技术协会的组成部分。中国风景园林学会始于1978年，成立于1989年。中国风景园林学会有8个专业委员会：城市绿化、规划设计、风景名胜区、园林植物、园林植物保护、经济与管理、菊花研究和信息专业委员会，2个分会：花卉盆景分会、园林工程分会，设有中国园林杂志社和中国风景园林规划设计中心，主办《中国园林》、《风景园林》、《园林》、《风景园林通讯》等刊物	http://www.chsla.org.cn/
中国古迹遗址保护协会（ICOMOS/CHINA）Chinese Comission For The International Council on Monuments And Sites	该协会是由从事文化遗产保护与研究的专家学者和管理工作者自愿组成的全国性、非营利性的学术团体，协会的业务主管单位是中华人民共和国文化部。主要从事文化遗产保护理论、方法与科学技术的研究、运用、推广与普及，为文化遗产的保护工作提供专业咨询服务，促进对文化遗产的全面保护与研究	http://www.icomoschina.org.cn/
中国环境保护产业协会（China Association of Environmental Protection Industry）	中国环境保护产业协会成立于1993年（前身为1984年成立的中国环境保护工业协会），是由在中国境内登记注册的从事环境保护产业的科研、设计、生产、流通和服务单位以及中国境内从事环境保护产业的行业专家自愿组成的社会团体。单位会员超过1100家，并通过省市协会联系着上万家企业。	http://www.caepi.org.cn/

续表

组织机构名称	组织机构简介	组织机构网址
中华环保联合会（All-China Environronment Federation）	中华环保联合会是中华人民共和国环境保护部主管，由热心环保事业的人士、企业、事业单位自愿结成的、非营利、全国性社团组织。中华环保联合会的宗旨是围绕实施可持续发展战略，围绕实现国家环境与发展的目标，围绕维护公众和社会环境权益，充分体现中华环保联合会"大中华、大环境、大联合"的组织优势，发挥政府与社会之间的桥梁和纽带作用，促进中国环境事业发展，推动全人类环境事业的进步	http://www.acef.com.cn/Default.aspx
中国国际民间组织合作促进会（China Association for NGO Cooperations）	中国民促会1992年由原国家对外经济贸易合作部（现商务部）正式批准成立；于1993年在国家民政部正式登记注册。截至2008年12月底，中国民促会共有国内会员108家。2007年，中国民促会获得联合国经社理事会非政府组织特别咨商地位。中国民促会自成立以来，一直从事国际民间组织合作事业，并始终与国际上从事发展和合作的民间组织和多双边机构保持着良好的合作关系	http://www.cango.org/newweb/index.asp
中国野生动物保护协会（China Wildlife Conversation Association）	中国野生动物保护协会（CWCA）于1983年12月在北京成立，是中国科协所属全国性社会团体，常设办事机构为秘书处，挂靠在国家林业局。中国野生动物保护协会是一个具有广泛代表性的野生动物保护组织，截止到2005年底，全国已拥有省、地、市、县级协会673个，拥有会员21万多人。它是由野生动物保护管理、科研教育、驯养繁殖、自然保护区工作者和广大野生动物爱好者组成的群众团体，其宗旨是推动中国野生动物保护事业的发展，为保护、拯救濒危、珍稀动物作出贡献	http://www.cwca.org.cn/Index.htm
中国生态文化协会（China Eco-Culture Association）	中国生态文化协会是经民政部批准成立的全国性社会团体。协会的宗旨是弘扬生态文化，倡导绿色生活，共建生态文明	http://www.ceca-cn.org/index.php
中华环境保护基金会（China Enviromental Protection Foundation）	中华环境保护基金会成立于1993年4月，是中国第一个专门从事环境保护事业的基金会，是具有独立法人资格、非营利性的社团组织，2005年获得联合国经社理事会的"专门咨商地位"。理事会由国内外著名人士、社会各界热心环境保护事业的代表和主要捐赠者组成。基金会本着"取之于民，用之于民，造福人类"的原则广泛筹募资金。并将之用于奖励在环境保护工作中作出突出贡献的单位和个人，资助与环境保护有关的活动和项目，促进中外环境保护领域的交流与合作，推动中国环境保护事业的发展	http://www.cepf.org.cn/
中国动物学会（China Zoological Society）	中国动物学会于1934年8月23日在江西庐山宣告成立。是中国动物科学工作者自愿结成，依法在国家民政部登记的全国性、公益性、学术性组织法人社会团体，是中国科协的组成部分，是党和政府联系动物学科技工作者的桥梁和纽带，是国家发展动物科学事业的重要社会力量。学会挂靠在中国科学院动物研究所	http://www.czs.ioz.ac.cn/

续表

组织机构名称	组织机构简介	组织机构网址
中国植物学会（Batanical Society of China）	中国植物学会是非营利性社会团体，是中国科学技术协会的组成部分。中国植物学会成立于1933年，至2008年中国植物学会拥有14138名会员。除台湾省、香港和澳门特别行政区外，全国31个省、市、自治区均成立了植物学会。中国植物学会第十四届理事会下设6个工作委员会、8个专业委员会和4个二级分会	http://www.botany.org.cn/
中国生态学学会（Ecological Society of China）	中国生态学学会是中国生态科学技术工作者和热爱生态学事业的社会各界人士自愿结合、依法成立的全国性、非营利性、学术性的社会团体，是中国科学技术协会的组成部分。现有会员7000余人，其主要任务包括开展国内外学术交流，促进生态学的发展；普及生态科学知识，传播生态学思想，推广生态技术；编辑、出版、发行生态学学科书刊及相关的音像制品；组织全国生态学工作者参与国家生态环境建设政策、法律法规制定和科学决策工作；对国家经济建设中的重大决策进行科学论证和科技咨询，提出政策建议；促进民间国际科技合作等	http://www.esc.org.cn/
中国花卉协会（China Flower Association）	中国花卉协会于1984年11月1日成立，是由花卉及相关行业的企事业单位和个人自愿组成的全国性非营利行业组织。其宗旨是：在政府主管部门的指导下，宣传花卉业在两个文明建设中的地位和作用；组织协调全国花卉科研、推广、生产、销售，促进行业内的分工与合作；维护和增进会员的合法权益；协助政府组织开展行业调研、人才培训、展览展销、信息交流、经验推广等活动，提高花卉业产业化水平，推动花卉业持续健康发展；为发展农村经济、调整农业结构、增加农民收入服务	http://www.chinaflower.org/
中国文化研究会	中国文化研究会成立于1991年，是隶属中华人民共和国文化部的国家一级民间学术团体。中国文化研究会的办会宗旨是：继承和弘扬中华民族优秀传统文化，发掘、整理、保护、研究和发展祖国优秀传统文化遗产，扩大国际文化交流与合作，促进中国文化的现代化与国际化	http://www.zhongyanhui.com/
中国环境文化促进会（China Environment And Culture Promotion Association）	中国环境文化促进会隶属于环境保护部，是具有社团法人资格的跨地区、跨部门、非盈利性质的全国性环境文化组织。主要活动包括开展环境文化理论和生态文明理论的研究；编辑出版《绿叶》杂志；承担国家环境保护总局和环保系统在环境文化方面的评奖、展览展示、精神文明建设及其他社会公益活动；开展环境文化领域的国际交流与合作；归口联系各类文化社团，团结、影响、引导环保民间组织；受国家环保总局委托管理"中国环境大使"相关事宜；完成国家环保总局交办的其他行政事务	http://www.tt65.net

续表

组织机构名称	组织机构简介	组织机构网址
三江源生态环境保护协会（The Snow-Land Great River Environmental Protection Association）	三江源生态环境保护协会是经民政部门登记注册，以藏族人为主体的民间环保组织，它致力于青藏高原地区生态环境与传统优秀生态文化的保护与宣传，关注青藏高原地区的可持续发展	http://www.snowland-great-rivers.org
中国东方文化研究会（China Association Oriental Culture Studies）	中国东方文化研究会（文化部主管）是由有志于东方文化事业的专家、学者和实际文化工作者自愿结合组成的全国性民间高级文化学术团体。中国东方文化研究会的宗旨是发掘和整理东方文化遗产，特别是中国文化遗产，继承和发扬东方文化的优秀传统，为促进国际文化交流和海峡两岸的团结统一，为加强各国人民之间的友好和人类的和平事业服务	http://www.caocs.com，http://www.dongfangwh.com.cn
中国西藏文化保护与发展协会	中国西藏文化保护与发展协会是由热爱西藏文化、关心西藏文化的保护与发展事业的国内外人士自愿联合组成的非政府组织，是具有独立法人地位的全国性非营利社会团体。协会的宗旨：遵守中华人民共和国宪法、法律、法规和国家政策，广泛联系国际国内有关组织和人士，致力于保护和发展西藏文化，维护人权，促进西藏各民族的团结和睦和共同繁荣进步	http://www.tibetculture.net/
中国文物保护基金会（China Culture Relics Protection Foundation）	中国文物保护基金会创立于1992年，是经中华人民共和国民政部批准、并由国家文物局主管的社团法人、公募性基金组织。中国文物保护基金会致力于中国文物保护事业。其宗旨是：筹措文物保护基金，资助文物保护项目，传承优秀的民族传统，弘扬悠久的历史文化，为社会的政治文明、物质文明和精神文明建设做贡献	http://www.ccrpf.org.cn/
中国生物多样性保护基金会（China Biodiversity Conversation Foundation）	中国生物多样性保护基金会是经中华人民共和国民政部、中国人民银行、中国科学技术协会批准注册，专门从事生物多样性保护的民间非营利性组织。它以动员全社会关心和支持生物多样性保护，实施可持续发展战略，建立人类美好的家园为宗旨，其主要任务是：宣传动员社会公众热爱大自然，增强自然保护意识，积极参与生物多样性保护；广泛联络国内外友好团体和人士，通过多种渠道为实现本会宗旨提供支持和资助；组织国内外学术合作与交流，开展科学研究，推广科技成果，提供咨询建议，进行人才培训；设立专业基金和奖励基金，对于为保护生物多样性做出贡献的团体和个人给予资助和奖励	http://www.cbcf.org.cn/
自然之友（Nature of Friends）	自然之友成立于1994年3月31日，是中国最早在民政部门注册成立的民间环保组织之一。创始人是梁从诫、杨东平、梁晓燕和王力雄。全国政协委员、中国文化书院导师梁从诫教授为创会会长，社会文化和教育问题专家杨东平教授为现任理事长。10多年来自然之友累计发展会员一万余人，其中活跃会员3000余人，团体会员近30家	http://www.fon.org.cn/

续表

组织机构名称	组织机构简介	组织机构网址
云南省生物多样性和传统知识研究会 CBIK	云南省生物多样性和传统知识研究会（CBIK）成立于1995年，是一个非营利性民间学术团体，实行会员制，拥有一百多名会员，包括专业研究人员、发展工作者和资源管理人员。CBIK是一个参与式的学习机构，致力于生物多样性保护，社区生计发展，以及在社区和流域水平在资源管理方面的传统知识记录和技术创新，是政府工作的重要补充。CBIK致力于与中国西南地区的当地少数民族、民族社区和当地政府共同工作	http://www.cbik.org/
绿色骆驼志愿者组织（Green Camel）	绿色骆驼志愿者组织是一支民间非营利志愿者团体。有着强烈的环保意识与社会责任感。由饶永发起并筹建，现有预备成员近60人。其中专职志愿者多为来自原内蒙古库布其沙漠的志愿者。短期或季节性志愿者为大专院校师生与社会各界环保人士。"绿色骆驼"（Green Camel）将是为建设若尔盖地区的良好生态环境而长期努力的团队	http://www.greencamel.ngo.cn/
塔林汗（草原之友）民间环保协会	草原之友成立于2002年，主管单位是内蒙古政协。其目标是通过文化多样性保护推动当地生物多样性和环境保护。协会成员来自内蒙古大学和内蒙古社科院等机构，协会成员是在当地长期从事生态经济文化研究的少数民族学者，在官方项目之外开展独立研究	http://www.taliinhan.ngo.cn/
绿色康巴协会（甘孜州生物多样性保护与生态文化协会）	绿色康巴协会致力于雪域高原、江河源头—康巴地区的生物多样性保护和优秀传统生态文化的传播，关注青藏高原的可持续发展。协会已经拥有会员140多人。其中，有许多科技工作者，同时还包括一些藏学研究人员、文化工作者、政府官员、环保机构人员、自然科学者和少数的高僧大德、农牧民群众	http://blog.sina.com.cn/greenkham
北京地球村（Global Village of Beijing）	北京地球村环境教育中心（简称北京地球村）成立于1996年，是致力于公众环保教育的非营利民间环保组织。地球村现有15名全职工作人员，正式注册的志愿者上千人	http://www.gvbchina.org.cn/dqc/
北京市朝阳区绿家园环境科学研究中心（Green Earth Volunteers）	该中心以记者为核心成员的绿家园志愿者，参加活动的志愿者超过4万人。致力于提高公众对知情权的认知和以此维护自己的合法权益；提高公众环境意识；维护公众环境权利。该组织曾多次开展了民间种树，观鸟，保护野生动物，周三生态知识课堂，记者沙龙，生态旅游等活动	http://www.chinagev.org
野性中国工作室（Wild China Film）	成立于2002年，是一家用影像的方式来传播和推广自然保护理念的专业机构；致力于拍摄中国野生生物和自然环境的图片和纪录片，努力实现"用影像保护自然"的信念。使命是：抢救性地拍摄中国的濒危特有物种，通过举办"中国野生动物摄影训练营"壮大自然摄影的队伍，通过"影像计划"为自然摄影师提供资金和设备的支持，并且通过将最好的自然影像来打动并影响公众	http://www.wildchina.cn/index.asp

续表

组织机构名称	组织机构简介	组织机构网址
成都观鸟会（Chengdu Bird Watching Society）	成立于2004年11月1日，是经民政部门批准成立的具有独立法人资格的非盈利性民间社团组织。社团成员包括生物、生态、环境、教育、新闻、艺术等方面的专家学者及广大普通爱好者。本社团活动覆盖四川全省，并涉及中国西部其他地区。目前，成都观鸟会正迅速发展壮大，会员已逾300人，成为中国最活跃、西部地区最大的观鸟组织	http://www.scbirds.org.cn/
绿色昆明（昆明环保科普协会）	绿色昆明是普及环保科学知识、鼓励爱心人士参与公益事业的民间环境保护组织。从2006年6月起开展活动，于2007年12月16日经民政部门批准正式登记注册。该协会分环境教育组、自然保育组和公众宣传组三个工作组	http://www.greenkm.org/index.html
重庆市绿色志愿者联合会	该组织是经重庆市民政局正式登记注册的非盈利性民间环保组织。自1995年成立以来，始终努力于推进政府、公众与企业在环保领域的对话与合作。在生物多样性保护，公众参与，可持续发展教育，生态扶贫等领域内开展环境保护活动，积极开展国际交流与合作，倡导有益于环境的行为和道德规范	http://www.greenu.org.cn/
新疆自然保育（Xinjiang Conversation Fund）	2001年成立于北京。工作领域包括新疆维吾尔族自治区生物多样性保护、与生物多样性保护相结合的社区发展、水污染治理、环境教育、环境与健康、高校环保团体能力建设等	http://www.greenxinjiang.org
福建省绿家园环境友好中心（Fujian Green Home）	福建省绿家园环境友好中心是非赢利性的环保NGO组织，成立于1998年，致力于宣传环境法律、法规、政策、环保知识；传播自然生态环境保护、环保意识。2006年3月28日，绿家园环境友好中心在福建省民政厅申请注册，现有会员2000多人；同时在部分高校设有《绿色家园》环保小组；组织策划活动150多场；在福建省电视台综合频道播放的环保影视片300多部。多年来，累计获得十余个环保奖项	http://www.fjgh.org/Index.asp
阿拉善see生态保护协会（Society Entrepreneur Ecology）	阿拉善SEE生态协会（SEE）成立于2004年6月5日，是由中国近百名知名企业家出资成立的环境保护组织。SEE是会员制的非政府组织（NGO），同时也是公益性质的环保机构，奉行非盈利性原则	http://see.sina.com.cn/
山水自然保护中心	山水自然保护中心是民政注册的生物多样性保护组织，目前的项目主要在中国西部，示范人与自然和谐相处的实例，并推动自然保护在国家和地方政策以及公众意识中的主流化。山水自然保护中心(简称"山水")是保护国际的合作伙伴	http://www.hinature.cn/
南京文化遗产保护与利用研究会	该研究会由南京地区热心于文化遗产资源调查、研究、保护、传播、利用等项事业的热心人士和相关单位发起组织的群众性社团组织。研究会成立以来，参与了"世界遗产论坛"的主办，并积极支持中国遗产网的建设，参与南京地区及江苏省内外的文化遗产的调查和研究	http://www.ccnh.cn/（中国遗产网）

续表

组织机构名称	组织机构简介	组织机构网址
中华世界遗产协会（world Heritage Association Taiwan）	中华世界遗产协会在2003年5月设立，为非营利社团法人。协会成立宗旨是介绍推广世界遗产与保护世界遗产之观念，让国人透过知识与世界接轨；藉由世界遗产之媒介，将人类历史文明面貌与天地自然之美串联起跨越时空的地图	http://www.what.org.tw/what/

九、相关国际组织机构名录

组织机构名称	组织机构简介	组织机构网址
联合国教科文组织 UNESCO （United Nations of Education, Science and Culture Organization）	联合国教育、科学及文化组织属联合国专门机构，简称联合国教科文组织。1946年11月正式成立，同年12月成为联合国的一个专门机构，总部设在法国巴黎，是各国政府间讨论关于教育、科学和文化问题的国际组织。其宗旨是"通过教育、科学和文化来促进各国间的合作，对和平与安全做出贡献，以增进对正义、法治及联合国宪章所确认之世界人民不分种族、性别、语言或宗教均享人权与基本自由之普遍尊重"。该组织拥有193个成员和7个准成员，是联合国系统最大的国际多边智力合作专门机构。该组织通过其许多活动形成了一个庞大的国际智力合作网络，包括：定期和不定期首脑会议、部长级会议、各政府间计划会议及各类专业研讨会，通过与其建立正式合作关系的330个非政府国际组织开展活动等	http://portal.unesco.org/en/ev.php-URL_ID=29008&URL_DO=DO_TOPIC&URL_SECTION=201.html
世界遗产中心 WHC （World Heritage Center）	协助联合国教科文组织处理所有有关世界遗产地的事宜。包括预备名单的整理与确认，世界遗产地名单数据更新；定期的技术研讨会、工作团队组织工作，并负责世界遗产的公众告知与青年教育工作	http://whc.unesco.org/
国际文物保护与修复研究中心 ICCROM （International Center for the Study of Preservation and Restoration）	国际文物保护与修复研究中心是以在文物保护修复研究国际合作为目的的唯一政府间组织。1956年，第九届联合国教科文组织全体大会通过了《国际文物保护修复研究中心章程》。1957年，意大利政府与联合国教科文组织商定将国际文物保护修复研究中心设在罗马。该中心的职责是：收集、研究和传播有关保护和修复文化财产的科技资料；在这一领域协调、鼓励和开展研究，尤其是通过委托团体或专家、国际会议、出版物和专业人员的交流来开展上述工作；在有关文化财产保护和修复的普遍或专门问题上提出建议或忠告；在培训研究人员和技术人员及提高修复工作水准方面提供援助	http://www.iccrom.org/
世界自然保护联盟 IUCN （The World Conservation Union）	世界自然保护联盟（IUCN）是目前世界上最大的、最重要的世界性保护联盟，是政府及非政府机构都能参与合作的少数几个国际组织之一。该联盟于1948年在瑞士格兰德（Gland）成立，共有国家、政府机构以及非政府组织（NGO）的会员约1000个，遍及133个国家。该组织旨在影响、鼓励及协助全球各地的社会，保护自然的完整性与多样性，并确保在使用自然资源上的公平性及生态上的可持续发展。该组织下辖由10000名来自不同研究领域的义务专家组成的6个专业委员会，负责评估世界自然资源，在联盟制定保育措施时提供咨询服务	http://www.iucn.org/

续表

组织机构名称	组织机构简介	组织机构网址
教育与传播委员会 CEC (Commission on Education and Communication)	IUCN下属六个委员会之一,在全球拥有超过600个践行单位,旨在通过教育、推广,提供学习机会推行可持续生态保护行为	http://www.iucn.org/about/union/commissions/cec/
环境、经济与社会政策委员会 CEESP (Commission on Environmental, Economic and Social Policy)	IUCN下属六个委员会之一,在全球拥有1000个成员单位,旨在提供环境、经济、社会、文化方面的专家指导与政策建议,为环境保护、生物多样性保持工作提供有效的决策参考,并促进可持续实践活动的进行	http://www.iucn.org/about/union/commissions/ceesp/
环境法委员会 CEL (Commission on Environmental Law)	IUCN下属六个委员会之一,该委员会将世界各区域的环境法与环境政策专家集结成网络,为世界范围内的相关项目提供专家支持。这些专家都以志愿的方式参与IUCN的活动和法律项目	http://www.iucn.org/about/union/commissions/cel/cel_about/
生态管理委员会 CEM (Commission on Ecosystem Management)	IUCN下属六个委员会之一,该委员会在全球拥有400位生态管理方面的志愿专家,为全球各地的项目提供整合管理方法,推进生物多样性保护和保护地可持续发展	http://www.iucn.org/about/union/commissions/cem/cem_about/
物种保育委员会 SSC (Species Survival Commission)	IUCN下属六个委员会之一,拥有来自全球各国的超过7500名的专家志愿者。可以调配超过100个专家团队和工作团队,其工作目标是维持当今世界的生物多样性水平	http://www.iucn.org/about/work/programmes/species/about_ssc/
世界保护地委员会 WCPA (World Commission on Protected Areas)	IUCN下属六个委员会之一,保护地专家委员会跨140个国家,拥有超过1400个成员,通过提供策略建议,为政府、管理者制定政策提供帮助,并协助保护地增强资金供给和发展能力	http://www.iucn.org/about/union/commissions/wcpa/wcpa_overview/wcpa_about/
国际古迹遗址理事会 ICOMOS (International Council on Monuments and Sites)	国际古迹遗址理事会于1965年在华沙(波兰)成立,由世界各国文化遗产专业人士组成,是古迹遗址保护和修复领域唯一的国际非政府组织。该组织成员包括有关的建筑师、考古学家、艺术史学者、工程师、历史学家、市镇规划师,借助于这种跨学科的学术交流,共同为保护建筑物、古镇、文化景观、考古遗址等各种类型的文化遗产完善标准,改进技术	http://www.international.icomos.org/home.htm

续表

组织机构名称	组织机构简介	组织机构网址
大自然保护协会 TNC (The Nature Conservancy)	大自然保护协会是最主要的自然保护国际组织之一,致力于在全球保护具有重要生态价值的陆地和水域,以维护自然环境、提升人类福祉。协会拥有100多万会员,遍布美国各州,参与管护着总面积达600万公顷的1600多个自然保护区。在拉美、加勒比海、亚太地区以及非洲的30余个国家,协会与合作伙伴携手保护着近5000万公顷的生物多样性热点地区。目前协会在亚太地区的保护工作涉及中国、澳大利亚、密克罗尼西亚联邦、印度尼西亚、巴布亚新几内亚、帕劳群岛和所罗门群岛等	http://www.nature.org/
联合国环境规划署 UNEP (United Nations Environment Programme)	联合国环境规划署成立于1973年1月,是联合国系统内负责全球环境事务的牵头部门和权威机构,总部设在内罗毕。该规划署的宗旨是促进环境领域内的国际合作,并提出政策建议;在联合国系统内提供指导和协调环境规划总政策,并审查规划的定期报告;审查世界环境状况,以确保正在出现的、具有国际广泛影响的环境问题得到各国政府的适当考虑;经常审查国家与国际环境政策和措施对发展中国家带来的影响和费用增加的问题;促进环境知识的取得和情报的交流	http://ch.unep.org.cn/ http://www.unep-wcmc.org/
联合国开发计划署 UNDP (United Nations Development Programme)	联合国开发计划署是联合国从事发展的全球网络。倡导变革并为各国提供知识、经验和资源,帮助人民创造更美好的生活。为166个国家提供发展援助,通过与这些国家的合作,帮助各国应对全球和各国国内面临的发展挑战。联合国开发计划署及其广泛的合作伙伴一起帮助各国进行自身的能力建设	http://ch.undp.org.cn/附属项目:欧盟——中国生物多样性项目 http://www.undp.org.cn/showproject%5Cproject.php?projectid=48197
全球环境基金 GEF (Global Environment Foundation)	由联合国开发计划署创办。截至2009年2月,该基金会所管理的资金达到8700万美元,在全球主持570个大中型项目以及开展370多项活动	http://www.undp.org/gef/05/
世界自然基金会 WWF (World Wide Fund For Nature)	WWF成立于1961年。在中国的工作始于1980年的大熊猫及其栖息地的保护项目,是第一个受中国政府邀请来华开展保护工作的国际非政府组织。1996年,WWF正式成立北京办事处,此后陆续在全国八个城市建立了办公室。自从1996年成立北京办事处以来,WWF共资助开展了100多个重大项目,投入总额超过3亿元人民币	http://www.wwfchina.org/aboutwwf/history/index.shtm

续表

组织机构名称	组织机构简介	组织机构网址
保护国际 CI (Conversation International)	保护国际成立于1987年,是从事保护全球生物多样性的非营利性国际组织。CI的近1000名工作人员来自40多个国家,有2/3的人在生物多样性受威胁最严重的国家做实地工作,其中90%的工作人员是这些国家的公民	http://www.conservation.org.cn/cn/about/content_1.shtml
瑞尔 RARE	瑞尔是运用社会营销保护生物多样性的自然保护组织,至今它已创造了在40多个国家的成功实践。培训并支持来自全球顶级环保组织、当地草根组织以及政府部门的领导者,该组织认为如果无法为社区阶层提供援助,将会减小环保成功的可能性	http://rareconservation.org/
绿色和平 Greenpeace	1971年,12名怀有共同梦想的人从加拿大温哥华启航,驶往安奇卡岛(Amchitka),去阻止美国在那里进行的核试验。他们在渔船上挂了一条横幅,上面写着"绿色和平"。在此后的30多年里,绿色和平逐渐发展成为全球最有影响力的环保组织之一。我们继承了创始人勇敢独立的精神,坚信以行动促成改变。同时,通过研究、教育和游说工作,推动政府、企业和公众共同寻求环境问题的解决方案。绿色和平中国分部于1997年在香港成立,目前在北京和广州设有项目联络处	http://www.greenpeace.org/international/
野生动植物保护国际 FFI (Fauna & Flora International)	野生动植物保护国际参与解决威胁地球生命的问题,致力于在科学基础上,充分考虑人类的需求,选择可持续性的解决方法保护全球的濒危物种和生态系统。在全球获得支持下,有效地保护生物多样性,成就一个可持续的未来	http://www.fauna-flora.org/
国际绿色产业合作组织 IGICO (International Green Industry Cooperation Organization)	全球最大和最富有经验的绿色经济促进机构,在联合国和有关国际组织支持下,参照联合国亚洲太平洋经济社会委员会(UNESCAP)的联合国亚太地区环境状况报告,并由专家和联合国有关机构在中国香港发起成立了由主权国家参加的非盈利性机构	http://www.gico-news.org/
亚太环境保护协会 APEPA (Asia-Pacific Environment Protection Association)	亚太环境保护协会,是由港澳环保专家、商界人士和海外华侨发起,中国及其他有关国家和地区环保科技、环保公益、环保产业专家和有关人士组成的国际区域性公益组织	http://www.apepa-hk.com/index.asp
国际野生生物保护学会 WCS (World Conversation Society)	国际野生生物保护学会致力于保护全世界范围内的野生物和野外生存地。以布朗克斯动物园为旗舰,该学会通过科学,全球性保护,教育和管理全球最大的城市野生动物园系统来达成上述目的。在实施行动的同时,该组织也致力于树立人们对自然和野生物和谐相处的认同观念	http://www.wcs.org/